"十一五"国家重点图书出版规划
教育部哲学社会科学研究重大课题攻关项目

中国传统法律文化研究

······ 总主编 曾宪义 ······

冲突与转型：
近现代中国的法律变革

● 主　编　夏锦文

撰　稿　人　(以撰写章节先后为序)

夏锦文　董长春　韩德明

孙文恺　王　敏　眭鸿明

汤　尧　刘　俊　桂万先

程德文　韩秀桃　陈小洁

中国人民大学出版社

·北京·

《中国传统法律文化研究》
秘书处

负责人：庞朝骥　冯　勇　蒋家棣

成　员：(按姓氏笔画排列)

马慧玥　王祎茗　吴　江　张玲玉

袁　辉　郭　萍　黄东海

中国人民大学法律文化研究中心
曾宪义法学教育与法律文化基金会　组织编写

目　录

第二编　法律体系：在冲突中构建

第三编 司法制度：在冲突中转型

第四编　法律观念：在冲突中变革

引 言

近现代中国的法律变革带给我们无尽的深沉省思。近现代中国处于一个令人不堪回首的艰难时代，中国内部的衰败和外来帝国主义的羞辱性掠夺，如同一对孪生恶魔，给社会带来了深重的灾难。为了制服这对恶魔，在扑面而来的欧风美雨中，在华夏帝国的落日余晖下，中国的仁人志士都投袂而起。百年来一代代最优秀的中华儿女集结在民族主义和国家主义的旗帜下，为了沉睡的万里神州之觉醒，为了古老的文明国家之崛起，为了悠久的中华民族之复兴，毅然地踏上了变革的漫漫征程。无数怀有爱国之心的同胞以自己的青春、热血和生命，表明了中国人在革故鼎新中进军现代化的坚强意志和决心。而近现代中国的法律变革作为这场征程中的一个重要战地，是中国人在本国的历史条件下所展开的一场历史性运动。探寻一个具有中国特色的法律发展道路，是近现代中国的百年之梦。一大批思想家、改革家、法律人在中华民族危机的时刻，把法律变革与救亡图存联系在一起，冲破了传统旧律的束缚，设计出法律变革的种种方案，谱写了中国近现代法律变革的巨幅鸿篇。今天我们仍在继续着前人所未完成的事业。摆在我们面前，需要我们设计并探索的当代中国法律发展道路，应当立足于历史与现实，对近现代中国法律变革与发展的经验进行历史性的解读，这样才能把握未来法律前进的方向，进而推动法律的发展、社会的变迁、人类的进步。

一、法律变革：在传统与现代的交接点上

从一个极其遥远而不能确知的年代开始，中华民族就走上了不断积累、不断融合的发展繁荣之路，其间经历了惨不忍睹的周期性社会大动乱和生命大浩劫，穿越了漫长曲折、波澜壮阔、循环往复的生死考验，最终成功缔造了幅员辽阔、山河锦绣、人文底蕴深厚的神州大地，培育了源远流长、璀璨辉煌、坚韧持久的华夏文明，练就了自强不息、崇伦敬

德、隆礼重法的民族品性。[①] 与此同时，伟大的中华民族在几千年的漫长岁月中积淀了光辉灿烂的法律文明，创立了独具特色的法律体系，形成了绵延不断、特色鲜明、异彩纷呈的法律传统，以卓尔不群、独树一帜而巍然屹立于世界文明之林。博大精深、影响深远的中华法系滋润着古老的中华帝国和相邻的国家与地区，在相当长的时间里居于世界法律文明的前列。它不仅因其作为人类早期法制文明的代表所独具的典型性与示范性，同古埃及法律文明、古印度法律文明、古巴比伦法律文明并驾齐驱，更因其清晰完整的历史沿革、丰富深邃的文化内涵、紧密相承的内在联系、浩如烟海的文献典籍、个性鲜明的民族特色，以及经久不衰、从未中断的发展韧性和生命力，同世界上著名的英美法系、大陆法系、伊斯兰法系、印度法系等并列为世界五大法系。尤为令人赞叹的是，在中华法制文明的长期发展历程中，虽然发生过频繁的王朝更替，却持续不断，一脉相承，表现出明显的内在发展的联系性和历史的因袭性。[②] 只是我们需要注意，这种发展联系性和历史因袭性并不能淹没法律发展过程中的变革性。无论是中国历史上的大型变法活动，如商鞅变法、王安石变法、清末变法修律，还是数次量变型的局部改革，如春秋时期齐国管仲首倡改革并"修旧法"、西汉"缇萦上书"引发的文景二帝刑制改革，还是历代立法无不以前朝法典为鉴进行纵向比较与传承，在体系和内容上袭旧又创新，不断调整律典结构和立法重点，都毋庸置疑地说明，在中国法律发展史上，"变"是一个永恒的旋律。几千年来，中华法律文明正是在周而复始的变革中不断得以进步和发展。

然而，中国古代史上任何一次改制与变法，其规模、力度和影响力都远远不能与中国近代史上自清末修律以来的法律变革相提并论。中国近代这场著名的法律变革作为当时中国社会转型的一个不可或缺的组成部分，是伴随着中国社会内部政治、经济、文化等条件的剧烈变化而同步发生的。[③] 清朝末年，中华帝国已经暮色四起，徒有虚名的天朝盛世、混乱失序的传统社会、日趋尖锐的种种矛盾、连绵不断的人民起义、陈旧腐化的政府、保守侈靡的官员、无力打仗的军队、墨守成规的制度体系、僵化教条的治国思想、庞大而流动的失业人口，合成了一幅天朝崩塌前夕的衰败图景。可惜可叹的是，图景中的君主始终陶醉在昔日盛世的辉煌中，不曾改变其顽固的自我满足、目空一切的传统观念，对西方文明在历经文艺复

---

① 长久以来，古代中国的历史与文化就引起了西方人的广泛兴趣和赞赏，曾经在元帝国生活了17年的意大利著名旅行家马可·波罗，在其所著《马可波罗行记》（冯承钧译，上海，上海书店出版社，1999）中生动地描绘了他在中国的见闻，盛赞中国的富庶和先进，向16世纪中叶的欧洲人提供了当时中国文明最为全面可靠的资料；号称"欧洲孔夫子"的法国启蒙思想家伏尔泰对中国文明的优美与进步尤为关注和褒扬，他把中华民族视为世界上最明智、最开化的文明民族，赋予中国古代文明在世界历史进程中的特殊地位，甚至认为世界史始于中国史。参见［法］伏尔泰：《风俗论》，上册，梁守锵译，北京，商务印书馆，1995；时至今日，美国经济学家在论及"来自东方的挑战"问题时提醒世人注意："我们潜在的对手来自一个与我们如此不同的世界，他们的历史之根如此深邃，如此古老，以至于忽视它们今天取得如此巨大成就的原因，实在是太愚蠢了。"［美］霍夫亨兹、柯德尔：《东亚之锋》，19页，南京，江苏人民出版社，1995。

② 正如伏尔泰认为，中国文明有着悠久深远、绵延不断的历史渊源，"这个国家已有4 000多年光辉灿烂的历史，其法律、风尚、语言乃至服饰都一直没有明显变化"。参见［法］伏尔泰：《风俗论》，上册，梁守锵译，207页，北京，商务印书馆，1995。

③ 有关社会变迁与法律变革的详细论述，参见夏锦文：《社会变迁与法律发展》，南京，南京师范大学出版社，1997；夏锦文：《社会变迁与中国司法变革：从传统走向现代》，载《法学评论》，2003（1）；夏锦文：《实证与价值：中国诉讼法制的传统及其变革》，载《法制与社会发展》，1997（6）。

兴、宗教改革及工业革命后的飞速发展浑然不觉。直到西欧诸国以雷霆万钧之势东来，在鸦片战争的烽火硝烟中强行打破了闭关自守的清帝国的大门，几千年来全国上下的"华夏中心"观念方被彻底打破。近代之中国，变乱纷呈、险象环生、内忧外患、危机四伏。而王朝的兴衰、政权的更迭、社会的转型，是一个现代化的过程，它必然带来相应的法律变革。从第一批"睁眼看世界"倡导者的改制更法，到农民阶级的法律乌托邦；从洋务派的固守传统、稍变成法，到清政府的仿行宪政、师夷西法；从维新派的变法强国、君主立宪，到民主派的建立共和，实行法治……可以看出法律变革始终是近代中国社会变迁的一项核心内容。轰轰烈烈的中国近代法律变革历经清末（1902 年至 1911 年）、南京临时政府（1911 年 10 月至 1912 年 9 月）、北洋政府（1912 年 9 月至 1927 年 4 月）、南京国民政府（1927 年 5 月至 1949 年 10 月）四个阶段，最终在不到半个世纪的时间内形成了一个新的近代化的法律体系——六法体系。正是在法律变革中，中国的法律思想、法律制度、法律文化由传统逐步走向了现代。

当传统与现代这一对概念同时出现在我们的视野时，人们往往习惯性地将其视为简单的对立关系。① 然而，使用传统和现代这种界限似乎明晰的词汇，并不意味着传统与现代之间存在着一个令人一目了然的分水岭，只能说明语言本身的乏力与局限。使用"传统"这个词是为了与"现代"相对接，因为任何法律文明的发展都是由低到高，从传统走向现代。历史学家克罗齐认为，"一切历史都是当代史"②，在传统中蕴藏着现代的因素，在现代里又可见到传统的影子。现代正是从传统中蜕变而来，传统与现代是一个天然的连续体，在传统与现代之间不可能存在空白。法律变革作为一个从传统法律向现代法律转变的历史进程，正处于两者的交接点上。它是一个动态的概念，是一个过程，一种连续和变革；它是一个内涵丰富、具有多样规定性的范畴，是形式合理性和价值合理性的有机结合；它是时代的要求，法制发展的必然，是世界各国法制发展的必经之路，具有普遍的世界意义；它是在传统的基础上，通过对传统的不断扬弃而进行的对法律文化体系的创新，是法律传统在现代社会的存活和延续；它既与法律文化的历史及传统前后相因，又与现当代法律文化的发展及未来密不可分；它既牵动着法律文化的传承与创新，更关乎着整个社会的发展与变迁，任何有关对法律、对社会、对人类的认识几乎都不能脱离对法律变革的探索，包括法学、历史学、文化学、社会学、政治学、经济学、伦理学、心理学、哲学在内的诸多人文社会科学领域也不能回避对法律变革的研究。正因如此，关注法律变革的重大课题日益增多，一切有关法律变革的富有说明力的学说和极具震撼力的实践可谓涵盖了整个人类社会，累积成了一个宏大广袤和精微深奥的知识领域，使法律变革成为一个最具有研究意义的关键词。

事实上，自 20 世纪 80 年代中期以来，"法律变革"、"社会变迁"、"法制现代化"接连成为学术界的热点话题，丰富多彩的学说和成果相继推出，涉及理论法学、法律史学、比较法

---

① 当有关法律变革与法制现代化的研究热潮来临时，西方学者曾经把现代化理论简单地应用于对法律发展的研究，制造了"传统—现代"的两分法，借以概括不同类型的法律。马克斯·韦伯甚至建构了"传统—现代"这种两极对立、互相排斥的社会形态转换图式。这就造成了传统与现代在界限上的模糊性，含有某种独断论的因素，并且与"西方中心主义"内在相联。

② ［意］克罗齐：《历史学的理论与实际》，博任敢译，2 页，北京，商务印书馆，1982。

学、法律实践等诸多法律研究领域。① 学者们的视野遍及五洲，他们的思维跨越古今。无数学者的智慧、热情、著述和经验在向我们诉说，中国近代法律变革是中国法律由传统走向现代化的重要历史进程，这个进程迂回曲折，跌宕起伏，崎岖坎坷，浓缩了人类可能经历的种种悲喜，充满了战争、屈辱、动荡、挑战，承载了革命、变迁、建设和机遇，汇集了矛盾与斗争、前进与倒退、守旧与创新、传统与外化、对立与调和，是一条布满荆棘、充满艰辛、与众不同的道路。它不是某个权威的设计，也不是来自于政治权力的强制，更不是人力的决策，而是符合社会发展进步要求的历史性运动，历史本身的抉择在这一进程中显示了顽强的力量。百年来争取现代法制文明的法律变革史，实际蕴涵了中国法律和中国社会向何处去的艰难抉择，反映了历史发展规律的不可违抗性，给后世留下了极其珍贵的历史启示和极具现实借鉴意义的经验教训。中国近代法律变革惊涛骇浪般的历史给予我们的深刻启迪，会使我们在认真回顾和检视法律变革的原因、成就、发展趋势中，领悟历史发展的必然，从而把握中国法制现代化进程的规律性；在反思和总结这个血与火的年代生成的各种经验教训中，探寻通往自由王国的路径，增强建设社会主义法制国家的主动性和预见性，增添前进的动力与信心；在感受和体验传统与创新的复杂斗争中，设计理想的现代法治大厦，使 21 世纪的中国法律事业更为发达与先进。而所有这些回顾、检视、反思、总结的工作，正是我们当代法律职业者义不容辞的历史使命。

二、近现代中国法律变革的模式分析

对近现代中国法律变革的回顾与反思，应当以分析其模式为出发点和立足点。② 众所周知，法律变革是一个世界性的普遍现象，但同时又存在着发展的多样化模式。不同国家的经济、政治和文化发展水平的不一致，国家形态和政治体制方面的差异以及特定的历史发展、地理环境、自然条件、人口状况等等不同，各国的法律变革也参差不齐，从而使世界法律变革的历史进程呈现出丰富多彩的特点。况且，一定社会、地区或国度的法律发展，总有自身特定的价值系统；它们随着文化的传播与相互影响，又形成反映某些国度共同生产条件的法律发展类型。若干不同的法律发展类型往往逐渐演进为具有不同历史特点和不同变革道路的模式。③ 研究这种多样化的模式是法律变革理论研究中富有意义的课题之一。只有在模式分析的基础上，我们才能理解法律变革的历史运动为什么会产生那些利弊得失，也才能揭示制约中国近现代法律变革进程的特殊规律，并从中加深对支配法律变革历史运动、推进当代法律发展的一般规律的把握。因此，研讨近现代中国法律变革的模式，对法律变革的进程进行描述和总结，其最大的意义就在于对法律变革道路的论证，不仅仅使法律变革的历史变得清晰，而且给后来者提供了借鉴。

---

① 我们认为，"法律变革"、"社会变迁"、"法制现代化"等关键词之间存在着紧密的联系，其研究课题和认知领域往往是相关、交叉甚至重合的。对其中任一语词的研究，实质上就牵连着对其他语词的研究。综合相关研究成果，学者们大多从理论法学（法律变革研究的理论和方法）、法律史学（近代中国法律变革的历史进程）、比较法学（中西方法律文化比较研究、法律移植问题）、法律实践（部门法律变革、司法改革、近现代法学教育）等各个角度对上述语词作了见解深刻、富有创新的研究。

② 需要指出，正如上注所提到的"法律变革"、"法制现代化"等关键词的研究课题和认知领域往往是相关、交叉甚至重合的。因此，对法律变革模式的研究，实质上可归为对法制现代化模式的研究。

③ 参见公丕祥：《邓小平的法制思想与中国法制现代化》，载《中国法学》，1995（1）。

对于世界各国法律变革模式的确定原则、划分类型及建构方法等关键问题，国内外学者给出了精彩纷呈的回应。① 这些富有见地的论述，为我们分析法律变革的模式问题提供了极佳的思想资源。在上述立论的基础上，我们认为，以法律变革的动力来源作为划分法律变革模式的依据或标准，能够更好地认识法律变革的发生和实质，以及在法律文明成长发展中的重要意义，能使我们充分透视法律变革不同模式之间的深层差异性和内在文化底蕴。② 根据这一标准，我们将法律变革的模式分为三类：一是内发型，二是外发型，三是混合型。内发型法律变革是指一个国家或社会的法律因内部诸条件的成熟而从传统走向现代的历史性跃进过程。这种法律变革模式以英国、法国等西欧国家和美国为典型。外发型法律变革则是因一个较先进的法律系统对较落后的法律系统冲击而导致的进步转型。日本、俄国和印度等国的法律变革是这种模式的代表。混合型法律变革是指因各种内外部因素互动作用的合力所推动的一国法制走向现代化的变革过程。中国以及韩国、新加坡等东亚诸国的法律变革可归入此类模式。③ 这三种模式既有共同点，也有差异性，它们构成了世界范围内法律变革运动的色彩斑斓的生动场景。

长期以来，学术界尤其是西方学术界用"冲击—回应"模式来解释中国社会变迁的性质，认为西方的入侵是19世纪中期开始的中国社会变革的主要动因。按此推论，西方法律文化在中国的传播和渗透似乎也成为中国法律变革的主要推动力量，中国法律变革的模式类型也当然是外发型的。这是"西方中心论"的典型表现。诚然，从总体上看，中国社会法律变革的起步方式属于外发型范畴，但诚如公丕祥所指出的："这绝不能截然排却中国社会内部诸多因素矛盾运动对于中国社会法律变革进程的决定性影响。实际上，中国法律变革正是内部因素和外来影响相互作用的历史产物。离开了这一点，我们就无法科学地揭示中国法律变革的历史运动规律。"④ 因此，一方面，从现代化的启动方式来看，混合型法律变革是具有外发型条件的变革，西方法律文化的冲击和影响是激发和推动法律变革进程的重要动因。近现代中国法律变革的过程，就是西方法律文化向中国传统法律文化全方位、多层次地冲击和渗透的过程。在19世纪中期到20世纪中叶的一百年间，从政体形态到司法体制，从法律原则到法律规范体系，从法律编纂到法律实施，中国法制的每一步进展，几乎都在不同程度上反映了西方法律文化的冲击和影响。西方列强在华领事裁判权的确立更深刻地反映了西方司法文化对中国司法制度的直接对抗，是破坏中国司法独立、侵犯中国司法主权的表现。而正是收回领事裁判权的努力，成为从清末到国民党政府的几十年间中国法律变革乃至现代化的

---

① 如西方学者巴林顿·摩尔在1996年出版的《民主和专制的社会起源》这部著作中考察了英国、美国、法国、中国、日本和印度的政治发展道路，提出政治变革的三种模式；亨廷顿在1968年出版的《变动社会的政治秩序》、1975年与纳尔逊合写的《难以抉择：发展中国家的政治参与》一书中，先后提出了政治发展的三种模式（欧洲大陆模式、英国模式和美国模式）和五种模式（自由模式、资产阶级模式、独裁模式、专家政治模式、人民主义模式），参见钱乘旦、陈意新：《走向现代国家之路》，66、67页，成都，四川人民出版社，1987；我国学者则根据起源的不同，把法律变革的多样化道路大致概括成内源的法律变革和外源的法律变革。如罗荣渠：《现代化新论》，123页，北京，北京大学出版社，1993；吕世伦、姚建宗：《略论法制现代化的概念、模式和类型》，载南京师范大学法制现代化研究中心编：《法制现代化研究》，第1卷，13页，南京，南京师范大学出版社，1995。

② 法律变革各种模式的生成，源自于各国社会历史条件和法律文明背景的差异性。

③ 详细论述参见夏锦文：《论法制现代化的多样化模式》，载《法学研究》，1997（6）。

④ 公丕祥主编：《中国法制现代化的进程》，上卷，381页，北京，中国人民公安大学出版社，1991。

重要动因之一。① 领事裁判权体现着外力推进法律变革的典型方式，具有内在扩张力，对中国法律变革的启动发挥了重要的推动作用。正如罗兹曼所说："对于摇摇欲坠而又在推行重大改革方面犹豫不决的清王朝来说，外来冲击的政治后果毫无疑问是灾难性的。但外来冲击又把现代化的榜样摆到了中国人的面前，给中国人为现代化奋斗提供了长期性的推动力，终于在二十世纪初导致了翻天覆地的十年，把以往向外界学到的许多东西付诸实施。"② 总之，"必须明白，中国的变革和现代化肇端于十九世纪西方列强四处扩张以建立西方为中心的世界秩序这样一个背景"③。西方法律文化的冲击对中国法律的变革起到了直接的催化作用，这一冲击释放了原本难以察觉的各种矛盾因素，使中国法制经历了解放而又压迫、毁灭而又创新、得益而又付出代价的百年历程，使传统法律走上了变革之路。

从法律变革的深层动力机制来看，混合型法律变革又是具有内发型基础的变革，社会内部存在着的处于变化状态中的经济、政治基础和条件是推动法律变革进程的主要动力根源，就中国的历史来说，西方法律文化的冲击只不过是法律变革整个内外部综合动力体系中的一个组成部分，而中国社会内部不断发展着的经济基础和政治条件的综合作用，则形成了推进中国法律变革的内在能量和动力。在这里，美国学者柯文针对"西方中心论"思想所提出的"中国中心观"理论是富有见地的。他认为："若干塑造历史的极为重要的力量一直在发挥作用：前所未有的人口压力的增长与疆域的扩大，农村经济的商业化，社会各阶层在政治上遭受的挫折日增等。呈现在我们眼前的并不是一个踏步不前、'惰性十足'的'传统'秩序，主要或只可能从无力与西方抗争的角度予以描述，而是一种活生生的历史情势，一种充满问题与紧张状态的局面，对这种局面，无数的中国人正力图用无数方法加以解决。就在此时西方登场了……尽管中国的情境日益受到西方影响，这个社会的内在历史自始至终依然是中国的。"④ 也就是说，应当以中国自身因素为出发点来探索中国社会法律变革的内在动力。从经济基础看，明末清初出现的商品经济萌芽，到十九世纪初已有很大发展。⑤ 近现代中国商品经济的发展，势必要求有一定的法律制度与之相适应，从而对中国法律变革的进程产生决定性的影响。从政治条件看，在近现代中国，伴随着社会经济结构和经济关系的变化，政治结构也出现了前所未有的新的变革。"当中国与整个世界的变化日益结为一体，并日益卷进造成这些变化的机制之中时，中国政治的构架和特性就发生了深刻而不可逆转的变迁。"⑥ 新政、仿行宪政、社会民主制、君主立宪制等政体形式相继涌现，从而激

---

① 诚如沈家本所言："夫西国首重法权，随一国之疆域为界限，中国之人侨寓乙国，即受乙国之裁判，乃独于中国不受裁判，转予我以不仁之名，此亟当幡然变计者也。方今改订商约，英、美、日、葡四国，均允中国修订法律，首先收回治外法权，实变法自强之枢纽。臣等奉命考订法律，恭译谕旨，原以墨守旧章，授外人以口实，不如酌加甄采，可默收长驾远驭之效。"参见沈家本：《寄簃文存》卷一，《删除律例内重法折》。

② ［美］G. 罗兹曼：《中国的现代化》，271 页，南京，江苏人民出版社，1988。

③ ［美］R. 沃拉：《中国：前现代化的阵痛》，1 页，沈阳，辽宁人民出版社，1989。

④ ［美］P. A. 柯文：《在中国发现历史》，173 页，北京，中华书局，1989。

⑤ 正如罗兹曼所主张的："尽管尚处于前现代阶段，中国的生产和交换方式却又具有诸多的现代因素，如货币的广泛使用，鼓励生产及商业组织者们进行合理性选择的那些久经并被普遍接受的法律行为和制度，为尽可能减少风险和不测而广泛使用契约，为进货方便、卖主和买客众多以及商品规格区别很小为特点的具有高度竞争性的市场等等。"［美］G. 罗兹曼：《中国的现代化》，139 页，南京，江苏人民出版社，1988。

⑥ ［美］G. 罗兹曼：《中国的现代化》，275 页，南京，江苏人民出版社，1988。

发了人们对现代民主政体的向往①，为中国近现代的法律变革提供了条件。总之，当十九世纪西方法律文化传入中国时，尽管中国社会内部尚不完全具备实现法律变革的全部条件，但是法律变革的基础已经开始确立。而西方法律文化的冲击，则是使中国社会的法律变革获得了加速度。

中国近现代法律变革的混合型模式告诉我们：法律变革的后来者绝不能通过刻意模仿而实现自己的目标，它必须以法律变革的基本原则结合本民族的特点进行新的创造，从而以自己独具特色的发展样式汇入世界法律发展的进程。近现代中国的法律变革是中国人在本国的历史条件下所进行的一场历史性运动，有其独特的发展道路。即使在进入所谓的"地球村"时代以后，世界变得更加相互依赖，法律发展中的共同性日益增多，但是世界法律变革与发展的进程并不由此变得呆板划一，而是更加多样化了。中国法律发展的特殊性，恰恰显示了中国法律变革的世界性意义。②

三、近现代中国法律变革的特点

作为混合型法律变革模式的代表，中国近现代法律变革是由各种内外部因素互动作用的合力所推动的法律转型过程。从启动方式来看，西方法律文化的冲击和影响是激发和推动中国近现代法律变革进程的重要动因。在冲突和变革中，绵延几千年的中华法系逐渐瓦解，新的部门法体系逐步建立，古老的刑罚制度开始转向文明，法律的职能发生了根本性的变化，与此相应的法律观念、法律原则也开始走入人心。表现在形式上，历经晚清政府、中华民国南京临时政府、北洋政府、南京国民政府对法律变革的持续推动和不懈努力，以"六法全书"为成果的中国近代法律体系最终形成。然而，我们同时也看到，在立法成果的背后，法律实施的效果却不尽如人意，很多费尽周折新建的法律制度并没有真正实施，预期效果更是成为海市蜃楼。形式与精神、躯壳与灵魂、立法与司法、效力与实效的深刻矛盾和二律背反，成为近现代中国法律变革的重要特征，引人关注，发人深思。而这种现象和特征归因何处，成为学术界研讨的热点。

通常认为，近现代中国法律变革之路是在"学习西方"的指导思想之下，凭借法律移植这一手段不断前行的。③"中国法律近代化，就其内容而言，是通过法律移植，摒弃传统的法律理论和法律体系，而吸收西方法律原则，仿效西方法律制度，进而建立一个以西方近代法律学说为内核，以西方近代法律制度为框架的法律体系。"④ 将法律移植作为中国近现代法律

---

① 洛克伍德认为，"相比之下，在亚洲的所有民族中，唯有中国为现代世界带来了平等主义的传统、个人自由和社会地位流动性的传统、私人财产可以自由买卖的传统、世俗的实用主义和物质主义的传统、以造反权利为后盾的人道政治理想的传统，以及以学问作为获得官职的关键的传统"。[美]威廉·W·洛克伍德：《日本对西方的反映：与中国比较》，40页，载《世界政治》，1956（9）。

② 参见夏锦文：《论法制现代化的多样化模式》，载《法学研究》，1997（6）。

③ 法律移植简单而言就是指一个国家或区域的法律被移植到另一个国家或区域。"法律移植，通常被认为是特定国家（或地区）的某种法律规则或制度被移植到其他国家（或地区）。"（沈宗灵：《论法律移植与比较法学》，载《外国法译评》，1995（1）。）"法律移植，是指一个国家或地区，将其他国家或地区的法律（体系或内容或形式或理论）吸纳到自己的法律体系之中，并予以贯彻实施的活动。"（何勤华：《关于法律移植的几个基本问题》，载《法的移植与法的本土化》，537页，北京，法律出版社，2001。）

④ 张德美：《探索与抉择——晚清法律移植研究》，7页，朱勇"序"，北京，清华大学出版社，2003。

变革的一条基本途径，并不是某种权威力量的控制，也不是人为的决策，而是在当时特定的社会背景和历史条件下，能够得到合理解释的一种历史性抉择。一方面，开启中国法律变革之门的清末变法修律活动，是清政府在极端被动的情形下，以收回领事裁判权从而维持统治为契机和动力，不得已而实施的，这使近现代中国的法律变革从一开始就深受西方的影响。[①]其后的中华民国北京政府、北洋政府、中华民国南京国民政府也秉承了快速移植西律的手法，以维持当朝政府的统治为当务之急，以本国法律与西方法律趋向一致为目的。另一方面，自清末变法修律以来，西风东渐，西方发达国家崭新的法律观念和法律制度对正处于急切变法更张、救亡图存、振兴中华的热忱之中的爱国进步人士有着莫大的吸引力，包括沈家本、孙中山在内的大批思想家、改革家力图从西方法律文化中找寻乱世救国的力量。因此，近现代中国的法律变革不是中国法律的自行转变，而是在稳固统治或民族自救的动机下，以法律的西化为目的的。伯尔曼曾就法律革命说过："法律中大规模的突然变化，即革命性变化，实际上是'不自然的'。"[②]总体而言，近现代中国的法律变革是"不自然的"。

这样，在急切的功利心驱使之下，西方的法律制度被长时间、大规模地移植到了中国。诚然，法律是可以移植的，而且从人类法律发展史来看，法律移植现象古已有之。[③]在美国学者埃尔曼看来，"法律制度自一种文化向另一种文化的移植是常有的事情。当改革是由于物质或观念的需要以及本土文化对新的形式不能提供有效对策或仅能提供不充分的手段的时候，这种移花接木就可以取得完全或部分的成功"[④]。可是，我们应该清醒地认识到，法律制度有其特定的生成环境，它是一个国家和社会法律文明和民族精神的内在逻辑。因此法律移植是一个非常复杂的系统工程，它无法忽略传统的强大力量，"一个社会无论其发展变化是多么迅速，它总是无法摆脱与过去的纽带关系，也不可能与过去的历史完全断裂"[⑤]。传统是不能也不应当割断的[⑥]，它的坚韧、长久使法律移植无法回避继受国的传统与移植法之间可能出现的冲突问题。孟德斯鸠从文化相对主义的立场分析了法律移植的难题："为某一国人民而制定的法律，应该非常适合于该国人民的，所以，如果一个国家的法律竟能适合于另外一个国家的话，那只是非常凑巧的事。"[⑦]人为地把不同国家的法律文化特别是法律意识、法

[①] 领事裁判权作为推进中国法制现代化的外部动力，在中国近现代法律变革中发挥了巨大的作用。详细论述参见夏锦文：《中国诉讼法制现代化的动力机制（1840—1949）》，载《南京大学学报》（哲学·人文科学·社会科学版），1994（4）。

[②] ［美］H. G. 伯尔曼：《法律与革命》，贺卫方、高鸿钧、张志铭、夏勇译，19页，北京，中国大百科全书出版社，1993。

[③] 早在古罗马国家的形成初期，土利乌斯就在改革中采纳了雅典城邦的立法经验。参见张文显：《继承·移植·改革：法律发展的必由之路》，载《社会科学战线》，1995（2）。

[④] ［美］H. W. 埃尔曼：《比较法律文化》，贺卫方、高鸿钧译，140页，北京，三联书店，1990。

[⑤] 公丕祥：《法制现代化的理论逻辑》，354页，北京，中国政法大学出版社，1999。

[⑥] 诚如希尔斯所指出的："只要宇宙还存在着神秘性，只要人类还在其中寻找秩序，只要他们还好奇地希望认识它，那么他们就会创造、完善和依赖于传统。只要他们还希望成为比他们的身躯还多点什么的东西，那么他们就会寻求并创造传统。只要人类还需要规则、范畴和制度，只要他们还不能即兴地创造这些东西，或不是只在某个场合才需要它们，那么他们就将坚守着传统，即使他们骄傲地认为并没有这样做的时候亦复如此。""传统如此重要，其影响如此之大，以致人们不可能完全将它忽略掉。"［美］E. 希尔斯：《论传统》，傅铿、吕乐译，429、10～11页，上海，上海人民出版社，1991。

[⑦] ［法］孟德斯鸠：《论法的精神》，6页，北京，商务印书馆，1982。

律观念、法律心理糅合在一起，表层的相同之处可以调和，可深层的本质性差异则会发生碰撞，这样就会阻碍移植的成功。造成了"橘生淮南则为橘，生于淮北则为枳，叶徒相似，其实味不同"① 的局面。究其缘故，"水土异也"。更何况，中西方法律文化的深刻差异，使得发生在近现代中国的法律移植成为可能的同时②，却因传统的更多否弃而加深了移植的难度。"对意大利人或者希腊人来说，借鉴法国或者德国的法典，更多只具有技术上的意义，而对中国人来说，接受西方的法律学说，制定西方式的法典，根本上是一种文化选择，它意味着要否定许多自己一直珍爱和信仰的事物。因为中国传统文化，在许多方面都与西方有着深刻差异，这些差异又都充分体现于它们各自的法律当中，法律的冲突便不能不同时又是文化的冲突，法律的变革也不能不最终归结为文化的解决。"③

因此，一方面，法律移植不能忽略本土法律资源，如果强行引入不适合本国现实的法律制度，那么这些法律最终会因水土不服而无法存活，美国学者认为，"法律是特定的民族的历史、文化、社会的价值和一般意识与观念的集中体现。任何两个基本国家的法律制度都不可能完全一样。法律是一种文化的表现形式，如果不经过某种'本土化'的过程，它便不可能轻易地从一种文化移植到另一种文化"④。另一方面，移植西法时必须注意文化的三个层面（器物、制度和心理）的彼此适应与和谐，制度上的革新应当取得民众心理上的认同，并与对应的观念更新相伴随。正如公丕祥先生所指出的"缺乏世代相传的民族文化心理的支持与认同，无论现行社会秩序受到现行法律规则怎样强化，它也是脆弱不稳定的"论断。⑤

不幸的是，近现代中国的法律变革运动恰恰陷入了新法与传统脱节、制度与心理割裂的泥潭。中国近现代四类不同形式的政权在移植外来法律时，不约而同地一味追求超前立法、快速立法、大规模立法，却否弃了本国的传统和现实，使匆忙出炉的法律难以融入社会生活的实际领域，难以被人们认同、消化、吸收，最终成为一纸空文。这就是我们对先前提出的形式与精神、躯壳与灵魂何以二律背反这个问题所一路追寻的答案，它由两个紧密相关的逻辑层次推导而成。第一，简单的移植西法，势必脱离中国的本土国情，造成了新法与传统的脱节，从而降低了立法施行的效果，使得已经制定的法律大多停留在具文阶段，未能发挥调整社会关系的实际效力。例如，清末的《破产律》是仿日本相关法律制定的，但当时的中国并没有建立起相应的企业运行机制，因而颁行不久，便应上海钱业大亨之请而暂缓施行。次年，农工商部奏请将该律交法律馆重新统筹编纂，实际上是束之高阁了。又如，清末民间的

① 《晏子春秋·内篇杂下》。

② 法律移植这一法律现象存在的根源正是不同国家和地区法律文化的多样性和差异性。如果两国的法律文化发展程度差异不大，除非受到强制性因素的影响，一般不会发生移植的必要和可能。而中西方法律文化有着迥然的差异，两者的比较可参见张中秋：《中西法律文化比较研究》，36 页，南京，南京大学出版社，2001；两者的差异是有历史根源的，"因为中国法律文化与西方法律文化是在不同文化条件下生长出来的两种法律精神的载体形态，它们之间无疑有着巨大的差异性"。参见公丕祥：《冲突与融合：外域法律文化与中国法制现代化》，载《法律科学》，1991（2）。经济基础、政治制度、地理环境、社会结构、思想条件、历史传统、民族心理等因素的不同，培育出了东西方风格迥异的法律文化。

③ 梁治平：《法辨——中国法的过去、现在与未来》，130 页，贵阳，贵州人民出版社，1992。

④ ［美］格伦顿、［法］戈登、［匈］奥萨魁：《比较法律传统》，米健、贺卫方、高鸿钧译，6～7 页，北京，中国政法大学出版社，1993。

⑤ 参见公丕祥：《法制现代化的理论逻辑》，355 页，北京，中国政法大学出版社，1999。

典买卖行为仍极流行，然而在日本学者起草的《大清民律草案》债编中，却删去了典权，以致远离了社会生活。这样的立法即使以钦定的形式公布于世，也不可能树立起应有的权威。[①]第二，正是由于法律变革为了粉饰某种政治需要，无视当时的国情和实际状况，徒从形式上移植西方法律，因而很难取得广大民众的信任和认同，而这种信任与认同正是法律权威性的根源。更何况，法律变革绝不仅是一个体制变革，更是一个观念变革、文化变革，是从"器物层次的变革"进入"制度层次的变革"，直至"观念层次的变革"的渐进过程。近现代中国的法律变革，以西方法律制度、法律体系的引入为主流，在机械地移植这些先进制度的同时，与之相应的法律观念、法治思想却滞后形成，致使"南橘北枳"，法律文化的制度层面与观念层面经常处于游离甚至断裂状态，法律在实践中的效用自然大打折扣。法律观念的更新需要长期不懈的努力，直到今天仍是我们未竟的事业。

近现代中国法律变革的这一特点，启迪我们注意，在通过引进和移植西方法律的方式实现本国法律变革和法制转型时，绝不能简单根据西法的内容和其立法意图来编制法律，而应深入参酌本国国情和法律文化传统。在法律变革与转型的进程中，外来法律文化资源的意义毕竟有限，我们不可忽视本土的法律文化资源的作用。庞德曾就中国法律传统说过这样一句话："中国在寻求'现代的'法律制度时不必放弃自己的遗产"[②]；苏力也认为，"现代的作为一种制度的法治……不可能靠变法或移植来建立，而必须从中国的本土资源中演化创造出来"[③]。在立法中如何协调中外法律传统，更好地实现法律文化的革新，是一个令所有潜心研究法律发展的人所关注的重大课题。

四、近现代中国法律变革的结果分析

如前所述，近现代中国的法律变革充满了冲突和矛盾。无论是有识之士挽救民族危亡，还是近代不同政权的统治者防止大厦将倾，他们都将法律变革作为必然的选择。从清末到民国，从临时政府到国民政府，虽然代价惨重，而且不如人意之处甚多；或者出于自愿，或者出于无奈，尽管姗姗来迟，中国最终在学习西方法律制度中走上了法律变革之路，反映在结果上就是：法律体系在冲突中构建、司法制度在冲突中转型、法律观念在冲突中变革。

（一）法律体系：在冲突中构建

近现代中国人在追求国家独立、民族复兴的历程中，曾经拥有一个伟大的梦想，那就是希望通过构筑一个现代化的法律体系，尽快实现近则收回领事裁判权，远则达成民族独立、国家富强的目标。为了实现这个梦想，中国近现代的法学家、思想家、改革家们，义无反顾地抛弃沿用了数千年的诸法合体的传统法律体系，在宪政、法治和富强的旗帜感召下，经过近半个世纪的艰辛努力，历经清末和民国，建立了一个包括宪法、行政法、刑法、民法、商法、诉讼法在内的，体系完整、诸法分立、具有近现代特征的法律体系——"六法体系"。

在清朝政权存续的最后十年中，在修律大臣沈家本等人的主持下，修订法律馆等修律机

---

① 参见张晋藩：《中国法制走向现代化的思考》，载《中国法律近代化论集》，15页，北京，中国政法大学出版社，2002。

② 高道蕴等：《美国学者论中国法律传统》，4页，北京，中国政法大学出版社，1994。

③ 苏力：《法治及其本土资源》，17页，北京，中国政法大学出版社，1996。

构参照德、法及日本等国家的成文法体系和法律原则，陆续起草、制定了宪法、刑法、民法、商法、诉讼法等各部门的法律、法规草案。经过南京临时政府、北洋政府、南京国民政府的一脉相承且不断发展，最终在南京国民政府时期形成了一套比较完备的法律体系，即《六法全书》，也称《六法大全》。从1901年到1949年，这一路的法律体系构建历程充斥着东方与西方、传统与现代、中国与外国之间的种种矛盾与冲突。它直接导致了中华法系的解体，在客观上改变了中国古代数千年相传的"诸法合体"的法典编纂形式，明确了实体法之间、实体法与程序法之间的区别，中国封建法律制度的传统格局被彻底打破。同时，因在立法过程中大量引进西方近现代法律学说、法律制度和法律技术、法律术语，中国传统法律的特有品格开始受到很大的冲击。凡此种种，都说明作为中华法系母法的中国传统法律体系，在"西学东渐"潮流的冲击下，已经被迫发生了根本的变化，一套近现代意义上的、与原有法律体系完全不同的法律体系构建了起来。虽然新体系的构建存在着明显的局限性，比如某些保守、落后的内容与先进的近现代法律形式往往同时出现在新修订的法律中，又如不少法律往往未能得到实施，沦为"具法"，但是法律体系的此次构建，是中国历史上自商鞅变法以来最重要的质变型的立法活动，在客观上产生了显著的影响，在中国法律文化史上具有极为重要的地位。

（二）司法制度：在冲突中转型

纵观中国由夏商至明清的法律文化史，传统司法呈现出前后相承的特性和一以贯之的稳定性，并表现出与其他国家的司法完全相异的制度设计和文化底蕴。我们认为，中国传统司法文化在实体价值层面的最大特色是司法的宗法伦理理性。体现儒家伦理精神与价值取向的中国传统司法文化涵盖着如下四个彼此相联的独特品格：引经断狱的礼治主义性质、德主刑辅的德治主义精神、御笔断罪的人治主义色彩、和谐无讼的最高价值理想。[①] 近代的中国，内忧外患，西风东渐，西方司法文化如潮水般涌入华夏大地。在东西方法律文化的冲突中，中国传统的司法制度开始了转型，全新的司法制度和司法机构建立了起来。

1843年外国在华领事裁判权的确立，不仅是中国司法制度半殖民化的标志，也是1901年后清政府在内忧外患的危急形势下启动清末变法改革的直接原因。以收回法权为历史性契机的清末变法修律活动，开启了中国司法现代化的事业。此后，历经清末官制改革中的司法机构架设，以及民国司法制度的发展，近现代司法机构得以创立，司法组织的管理走向法律化，司法机关的权能分配渐为合理，司法制度趋于完备，司法人员的任用逐步规范。在司法转型过程中，大量先进的西方司法原则和制度，如独立审判、公开审判、陪审、回避、合议、民刑分理等，都被移植到了中国。此外，律师制度创设并发展起来，其身份与资格、权利与义务、管理与惩戒，都有了明文规定。监狱的设置和管理也发生了变革，成为刑罚教育、权利保障、法治文明的体现。

（三）法律观念：在冲突中变革

在中国近现代的法律变革之际，救亡图存成为中华民族迫在眉睫的生死攸关问题。为了

---

① 详细论述参见夏锦文：《中国传统司法文化的价值取向》，载《学习与探索》，2003（1）；夏锦文：《中国法律文化的传统及其转型》，载《南京社会科学》，1997（9）。

国家的独立、富强、民主和法治，先进的中国人进行了艰苦卓绝的探索、论辩和斗争。在此过程中，他们的法律观念发生了明显的变化，这种变化既是近代中国社会剧变的反映，也是符合历史潮流的新思想的产物；既以挽救民族危亡为动因，又是促进法律变革的积极因素；它既相对滞后于法律制度的转型，又对下一轮制度变革起着重要的思想先导作用；它既作为文化的深层因素在近现代一时无法迅速蔓延，又因标志着中国法律文化史上旧时代的结束和新时代的来临而显得弥足珍贵。

法律观念的变革是一个多面体。一是从传统的君主专制到近现代的民主共和。随着传统君主专制的没落、民主共和思想的输入和兴起、维新派和三民主义思想对共和的制度设计，民主共和思想在近现代广为流传，并且有了戊戌变法、仿行宪政、辛亥革命等政治实践。二是从家族本位到社会本位。中国古代的家族本位是一种集体本位，是以血缘等级为序列形成的一种集体等级秩序，进而又通过血缘关系的政治化形成政治等级序列，最终凝结为以"君君、臣臣、父父、子子"为观念形态的宗法伦理精神。鸦片战争以后，"睁眼看世界"的知识分子们通过与西方社会的政治制度的比较认识到家族政治等级结构的落后，对中国传统的家族主义进行了深刻的批判，最终在中国近现代形成了社会本位的法律原则。三是权利意识的觉醒。中国传统社会的权利观念是君主权力至上，臣民权利居下。到了近代，随着西方权利思潮的东来，中国人开始在各种论著、报刊、政治运动、法律实践中表达对权利的渴求。近现代中国正是在权利意识走向观念化、宪法化和法律化的过程中，依其自身发展的历史逻辑逐渐向现代社会转型的。四是权力制约理念的兴起。传统中国的政治权力架构是君主专制，当近代西方权力制约理论大量涌入中国时，进步思想家们开始鼓吹君主立宪、君臣共治，传统的权力观念开始动摇。近现代中国在清末仿行宪政，以及民国各政府的政治实践中，都对权力制约进行了不同价值目标的制度设计。五是司法独立思想的确立。近现代中国的司法转型把传统的中国法律从封闭带向了开放的状态，从司法行政合一的司法权运作模式，逐步向司法、行政和立法的分立模式转型，最终走向司法权的独立。

第一编

冲突与回应

第一章

西学东渐：中西方法律冲突的背景及过程

第一节
天朝由盛转衰

一、天朝的理念

以公元前 21 世纪夏王朝建立为起点，中国社会的政治、经济、文化等各个组成部分开始了不断积累、不断发展的辉煌历程。经过几千年的发展和积累，形成了数千年连绵不断的悠久历史、辽阔富饶的万里国土、博大精深的文化传统，以及对外发生过的巨大影响。中国历史上下几千年，朝代不断更替，政权屡次变更。从宏观上观察，隋唐之际是中国古代社会的鼎盛时期，也是中国古代社会体制的和谐阶段。闻名遐迩的贞观之治、开元盛世就是最有力的证明。可是，自唐朝"安史之乱"以后，中国古代社会开始日渐衰微，积淀在封建专制制度内部的种种固有矛盾日益激化，导致整个社会体制开始扭曲。不过，在中国封建社会的后半期，每代王朝仍然无一例外地经历了从开国到繁荣，继而由盛转衰，最终覆亡，被下一个政权取而代之的过程。中国北方满洲贵族集团在明朝废墟上建立起来的中国历史上最后一个封建王朝——清朝，也同样有过国力极为强盛的黄金时代，出现了中国封建社会最后的辉煌——远超汉代"文景之治"、上追唐代"贞观开元盛世"，为中外史家所称道的清代"康雍乾盛世"，奠定了近代以前中国作为"天朝大国"的历史地位，也养成了上至皇亲国戚士大夫，下及平民百姓等社会各阶层潜意识中固步自封的优越感和自我陶醉的消极心理。

清朝入关前，只是一个人口稀少，政治、经济、文化都相对落后的少数民族。入主中原、主宰天下之后，清朝的早期执政者们勤于政事，励精图治，以极高的政治远见和政治谋略，在中原地区站稳脚跟，成功实现了对人口众多、历史悠久、文化根基深厚、价值体系优越的先进汉民族的统治。经过几代君王的大胆探索和文治武功，明末以来残破的国家格局得到了全面恢复和发展，把一个原本文化落后的少数民族统治下的清代中国推向了中国封建主义时代的最后光辉顶点，而且超越前代，威严屹立于世界的东方。"天朝大国"名扬中外，盛世华章高奏入云，这不能不说是中外称颂的一个伟大奇迹。"近代以前的各种文明中，没有哪一种比中国的文明更先进，更优越。"① "康乾盛世无论是在繁荣的质上还是量上，它都远逾前代，具有集大成之势。它是以儒家价值观为核心的中国文化在 18 世纪创造的一个伟大奇迹，而当这个奇迹发生时，传统文化本身也就达到了光辉的顶点。"② 这一百多年来的天朝盛世景象，我们可以从以下几个方面加以回顾。

（一）执掌政权，开疆拓土，形成了稳定的多民族大一统国家，奠定了今天中国的版图

清朝入主中原后，战胜了一系列困难和挑战，取得了如长链般的连环战绩：在顺治朝基本完成统一中国的大业，确立了清朝的统治地位；康熙十二年（1673 年），以吴三桂为首的"三藩之乱"爆发，康熙倾注全国力量，耗时八年光阴，于康熙二十年（1681 年）平定叛乱，把清朝统治迅速推及到全国；康熙二十三年（1684 年）收复台湾，真正实现了对全国的统一；随后开始关注沙俄对我国东北地区的入侵，在多次雅克萨反击战后，于康熙二十八年（1689 年），与沙俄签订了第一个边界平等条约《中俄尼布楚条约》，划定边界，解除了外国势力对清廷的威胁，维持了此后一百六十多年的边境和平局面；康熙二十九年（1690 年）至康熙三十六年（1697 年），康熙三次亲征，击败西北准噶尔部噶尔丹的大规模叛乱，巩固了大一统局面；康熙五十九年（1720 年）又进军西藏，驱逐了准噶尔侵藏势力，实现了收复西藏的战略计划；雍正朝平定了西北地区罗布藏丹津的叛乱，并变更了历代土司坐镇一方的传统，西南土司"改土归流"，也归于中央，实现了对西南地区的统一；乾隆朝的战果更为丰硕，乾隆自己将他一生执政期间亲自筹划而取得的军事成就概括为"十全武功"：两次平定准噶尔、一次平"回部"、两次扫荡金川、一次安定台湾、威服缅甸和安南各一次、两度反击廓尔喀。③ 至此，清朝的统治范围，北至恰克图（今属蒙古，位于俄蒙边界），南尽南海诸岛，西北达巴尔克什湖与葱岭，东南至台湾及其属岛钓鱼岛，东北至外兴安岭、乌第河，极东至库页岛，领土之广远远超过了当代中国。一个规模宏伟、疆域辽阔、管辖有效的多民族中华帝国横空出世，巍然屹立于东方，成为当时世界上最强大的国家之一。

大一统是中国历代执政者推崇的最高境界，也是中华民族的千古情结。"康雍乾"时期所形成的稳定大一统局面，奠定了今天中国的版图，这个成就堪称超越千古，具有非凡的划时代意义。特别值得一提的是，历史上汉、唐、元、明各盛世时期也未能解决的少数民族管辖问题，全乾隆前期已全部解决。清朝对边疆地区和各少数民族真正实现了长期、有效、稳定的管辖，并且使各民族的经济文化纽带联系在一起成为血肉相连、唇齿相依的一个整体。"康雍乾盛世""最有历史意义的是废长城而不用，真正实现了中外一家"④。正如康熙帝首废长城时写的一首诗："莫道岩关险，要荒总一家；戍楼无鼓角，战垒是桑麻。"⑤ 以康熙为代表的清朝统治者的这一政治信念，将中国传统"大一统"理想发挥到了极致。世宗雍正帝曾慷慨陈词："自中外一家，幅员极广，未有如我朝者。""塞外之一统始于元代而极盛于我

---

① ［美］保罗·肯尼迪：《大国的兴衰》，陈景彪、王保存、王章辉、余昌楷译，17 页，北京，世界知识出版社，1990。

② 高翔：《康雍乾三帝统治思想研究》，413 页，北京，中国人民大学出版社，1995。

③ 参见《清高宗实录》，卷一四一四，9～12 页，北京，中华书局，1985。

④ 李治亭：《清康乾盛世》，593 页，郑州，河南人民出版社，1998。

⑤ 康熙：《御制诗集·塞下省览风俗》，卷九。

朝。"而"今六合成大一统之天下，东西南朔，声教所被，莫不尊余"①。这些对盛世"大一统"的生动描述，虽然到乾隆中期才彻底实现，但清朝前期执政者的远大理想和抱负，是以往任何朝代的君王无法望其项背的。盛世的宏伟版图，已达到了中国历史上的极限，远远超过了历史上任何一代盛世，使得当时的神州大地无愧于"天朝大国"的称号。

（二）经济繁荣，国力雄厚，在世界经济格局中居领先地位

"康雍乾盛世"鼎盛之际，不但完成了统一祖国、平定边疆、威服四海的大业，社会经济也发展到封建时代的顶峰。清朝开国时，由于战火刚熄，因此人口锐减，土地荒芜，经济败坏，民生凋敝，种种困苦，不一而足，已形成一幅暗淡而苍凉的可怕景象。"入关"后，八年的"三藩之乱"及随后的一系列平叛战争，又加深了经济破坏的程度和百姓灾难的深重。面对这种社会残破、百姓困苦的窘况，清王朝深刻认识到农业是封建社会的经济基础，"国之大计在农"②，而农业之本在于土地。开垦土地无疑是恢复经济的首要任务。因此，清初统治者采取了招民垦荒、轻徭薄赋的政策，垦荒的热潮在全国兴起，成效显著。据《清会典》所载：顺治十八年（1661年），全国民田总数为549万余顷，到康熙二十四年（1685年），增至608万余顷，此后增长速度不断加快，到乾隆十八年（1753年）为极盛，有708万余顷。另外值得一提的是，康熙时，主要是在内地各省实行垦荒，到雍乾时，垦荒已经深入发展到边疆地区。故有史料称："盖自雍乾时以来，各省军屯民垦，称极盛焉。"③

由于大力实施垦荒，全国的耕地面积不断扩大。随着农业生产恢复正常，人口也在稳步增长，特别是到了乾隆朝，人口大爆炸，数量增长非常惊人。请看下列乾隆朝几个重要年份的人口统计：

乾隆六年（1741年）：14 341万；

乾隆二十七年（1762年）：20 047万（突破2亿）；

乾隆五十五年（1790年）：30 148万（突破3亿）。④

乾隆朝人口增长速度之快是空前的，而人口的迅速增长正是古代农业社会经济繁荣、国力昌盛的重要标志。乾隆自称："百余年太平天下……休养生息，承平日久，版籍日增，天下户口之数，较昔多至十余倍。"⑤

随着农业的发展和人口的增长，中国的制造业、手工业、商业全面繁荣，大小城镇雨后春笋般出现，国家财政储备渐趋雄厚。首先，当时中国的制造业在整个世界经济中占有极为重要的地位，一直到18世纪末，中国在世界制造业总产量所占的份额仍超过整个欧洲5个百分点，大约相当于英国的8倍，俄国的6倍，日本的9倍。⑥其次，当时手工业和商业十分活跃，由此形成许多商品集散中心，进而形成规模不等的城镇。苏州、扬州、杭州、佛山、汉口、北京等著名的繁华商业城市涌现出来。在"康雍"之际，全国已经形成四大商业

---

① 《清世宗实录》，卷八三，5页，北京，中华书局，1985。
② 《清圣祖实录》，卷六，12页，北京，中华书局，1985。
③ 《清史稿·食货一》，卷一二〇，北京，中华书局，1977。
④ 参见《大清会典事例·田赋》，卷一六八。
⑤ 《大清会典事例·田赋》，卷一六八。
⑥ 参见［美］保罗·肯尼迪：《大国的兴衰》，陈景彪、王保存、王章辉、余昌楷译，181～182页，北京，世界知识出版社，1990。

集散中心，这就是"北则京师，南则佛山，东则苏州，西则汉口"①。再次，在农业的生产和工商业繁荣的基础上，清政府的财政储备日趋丰厚。康熙中后期，财政收入持续上升，"出入相抵，有盈无绌，户部库存者，恒不下数千万"②。就连外国人也对盛世中国的经济实力大为赞叹。一个叫安德烈·贡德·弗兰克的德国人研究后得出结论："直到 19 世纪以前，作为中央之国的中国，不仅是东亚纳贡贸易体系的中心，而且在整个世界经济中即使不是中心，也占据支配地位。"③

图 1—1　康熙南巡图。此图描绘了康熙帝南巡的情景，再现了康乾盛世的景象。
　　参见《中国通史》，101 页，北京，光明日报出版社，2004。

（三）在社会安定、经济繁荣、财力富厚的支持下，"康雍乾盛世"创造了盛况空前的文化艺术事业，集历代之大成，堪称辉煌

　　清朝的前身是崛起于明末辽东山区的后金国。后金初建时，还是一个文化落后的奴隶制社会。但满族热心于汉文化，不吝向汉族学习。当它进入中原后，受到高度发展的汉文化的直接影响，从努尔哈赤、皇太极，到顺治、康熙、雍正、乾隆，都大力倡导本民族学习汉文化，以文教治世，在政治体制、国家政策，以及文教礼仪、价值体系等各方面，都与先进的汉族对接起来，在此基础上全面重建新一代文化，从而把中华民族的传统文化推向更高层次，在文化事业上取得了惊世骇俗的飞跃发展。

　　就整个清代学术文化而言，诚如著名清史专家戴逸教授所评："清代载籍之富，学者之众，流派之多，领域之广，业绩之丰，为前世所罕见……其成果浩如烟海，难以计数，超过其他朝代何啻十倍，数十倍。"④ 有学者称，"康雍乾盛世标志性的大型文化工程至少举出历时百年修成的《明史》、踵接《永乐大典》之后，历康雍两朝修成的类书《古今图书集成》和乾隆年间纂修完成的中国古代第一大丛书《四库全书》这三大项"⑤。尤其是《四库全书》的编纂，是乾隆朝最大规模的编书活动。该工程是中国封建文化发展史上一次空前绝后的文化创举。"《全书》的最大功绩，就是对中国 2 000 余年封建文化的一次大总结，进一步说，是对中华民族有文字以来达 4 000 余年传统文化的空前规模的全面继承与阐扬。"⑥ 它集中国数千年文化之大成，令人叹为观止。

　　更为重要的是，以纂修《四库全书》为契机，在二十年的集体编纂中，以纪昀、王念孙、姚鼐等著名学者为代表的学术先锋迅速成长起来，把中国传统文化推向了封建社会的顶峰。清代的诗词超越元明、上追唐宋；清代的戏剧创作同样是名篇迭出，独放异彩；清代的绘画与书法艺术，在盛世艺苑中，颇引人瞩目；清代的学校教育和书院事业，盛况空前；至

---

①　刘献廷：《广阳杂记》，卷四，193 页，北京，中华书局，1957。

②　萧一山：《清代通史》，卷一，北京，中华书局，1986。

③　[德] 安德烈·贡德·弗兰克：《白银资本——重视经济全球化中的东方》，刘北成译，前言，北京，中央编译出版社，2000。

④　王俊义、黄爱平：《清代学术与文化》，戴逸序言，沈阳，辽宁教育出版社，1993。

⑤　郭成康：《康乾盛世历史报告》，7～8 页，河北，中国言实出版社，2002。

⑥　李治亭：《清康乾盛世》，574 页，郑州，河南人民出版社，1998。

于自然科学与技术，虽没有引发科技革命，但仍有相当的成就和独创性。总之，清代盛世时的文化璀璨夺目，是继唐、宋之后又一个群星并出、佳作云集的辉煌时代。

图1—2　四库全书

参见郭成康：《康乾盛世历史报告》，北京，中国言实出版社，2002。

二、天朝兴盛的原因

清代"康雍乾盛世"是中国封建社会发展史上登峰造极的一个盛世，它历康熙、雍正、乾隆三朝，持续一百多年。在这一个多世纪里，中国的疆域、财力、人口、文化等各个方面都超越前世，达到极致。天朝极盛时，国家统一、经济繁荣、政局稳定、社会久安、国力强大、文化昌盛。盛世的辉煌成就和恢弘气势，集中国历史之大成，展现出空前的雄姿盛容。这一空前繁盛的新时代，由康熙帝所开创，经雍正帝大力推进，至乾隆帝中期达到全盛，把中国古代文明发展到了顶峰，也使天朝大国的国力和声威名扬中外。然而，这一历史奇迹的创造者，却是被中原文化视作蛮夷的满洲少数民族。它使原本居于关外的大清国由一个边地小国一跃而为中原帝国，并且步入了海晏河清、国泰民安的鼎盛时代，这不能不令人啧啧称奇。盛世探源，顺理成章地成为我们的重要课题和兴趣所在。

清朝以一个少数民族入主中原后，它所面临的是紧张的局势和严酷的现实。首先，南明抵抗、周边叛乱、三藩割据、沙俄侵扰所带来的严重威胁，都构成了清统一全国、巩固统治的障碍；其次，大乱之后，社会经济崩溃，各地残破不堪，如何摆脱困境，重建封建经济，恢复社会秩序，也是一大难题；再次，满族从关外突然进入广大的中原地区，面对经济发达、人口众多、文化底蕴深厚的汉族人民，如何进行统治和管理，同样面临严重的考验。而其他民族周边林立，各自为政，分合未定，对新生的清朝政权虎视眈眈。能否让他们听命于清朝，也实非易事。在多极矛盾交织的严峻形势下，清朝统治集团从一开始就有了如临深渊、如履薄冰的忧患意识和危机感。而近千万平方公里的大好河山、天子临朝下旨的权力欲望，对于任何执政集团都是不可抗拒的诱惑。一边是险象环生、亟待跨越的重重难关，一边是执掌神州、叱咤风云的迷人诱惑，因此，励精图治、勤政不息，积极探索治国方略，就成了清朝早期执政者们的唯一出路。他们时时感觉自己犹如坐在火山顶上，战战兢兢，一刻也不敢懈怠。唯恐一个错失，就将祖宗基业葬送殆尽，落得个国破家亡的悲惨结局。在这样的心态下，勤勉进取的清朝早期执政者凭借非凡的才能、博大的胸怀、勇于进取的气魄、坚忍不拔的精神、超凡脱俗的个人品质，采取了非凡超群的治国方略，经过几代人不间断的前仆后继，一同创造了辉煌的"康雍乾盛世"，迎来了新世纪的曙光。这里我们略选几项清代著名的治国方略，来说明清朝天国的盛世之源。

（一）理顺满汉关系，采取"参汉酌金"、"满汉一体"、"以汉治汉"的远大政治谋略

满族在发展初期是一个人口稀少、文化落后的弱小民族。据统计，入关时满族人数尚不足汉族的1/10。[1] 当时，"满人在中国的主要问题是使自己作为一个有凝聚力的少数民族能

---

[1]　参见《清世祖实录》，卷八二，2页，北京，中华书局，1985。

够一直掌握权力"①。换言之，"在夺取全国军事胜利之初，清朝统治集团面临着一个严峻的问题：如何以一个只有少量人口，政治、经济、文化都相对落后的少数民族，来统治一个人口众多而且有几千年悠久历史文化、有一整套优越价值体系的先进主体民族？"② 如何看待自己的固有传统，如何对待外来文化，特别是如何对待比自己更为先进的文化，是决定满族能否发展壮大的关键因素。以努尔哈赤、皇太极、多尔衮以及顺治、康熙、雍正、乾隆为代表的清朝统治集团，是一个极有政治远见、极富政治智慧的统治阶层，他们认识到唯有同敌对的汉族士大夫及百姓全面和解，唯有与汉族人民合作，共同参与统治，才能牢固执掌政权。因此，他们采取了"参汉酌金"的基本方针，借鉴参考汉族的优秀文化和成熟制度，同时根据本民族的实际和需要来建立自己的体制；他们倡导"满汉一体"、"以汉治汉"的基本策略，让汉族参与治国，逐渐消弭了来自汉族各阶层的敌意和反抗，终于在中原地区站稳脚跟。这些都是终清之世的最重要的国策，也是保证清朝长治久安的立国基石。

皇太极即位后就开始全力调整满汉的民族关系。他宣布："满、汉之人，均属一体，凡审拟罪犯、差徭公务，毋致异同。"③ 他认为无论汉人，还是蒙古人，对于大清政权都有重要意义，他强调："满洲、蒙古、汉人视同一体。"他打了一个比喻："譬诸五味，调剂贵得其宜。若满洲庇护满洲，蒙古庇护蒙古，汉官庇护汉人，是犹咸苦酸辛之不得其和"④。入关后，无论是摄政时期的多尔衮，还是亲政后的顺治帝，都继承和延续了"满汉一体"的政策以争取民心，获得汉人的支持。先是对汉族表示敬意，例如为崇祯帝发丧、保护圣贤祠堂、奉孔子为先师等，随后在具体施政上，千方百计谋取汉人的支持与合作，吸收汉人参政，起用故明将吏，接受降清汉官，以消除汉人的抵触情绪，从而迅速稳定了大清的统治。正如费正清所言："满族统治者的成功依靠的是按中国方式组织的国家政权以及使用汉人合作者……清代中国的百分之九十仍由汉人统治，清代政权从一开始就不是纯粹的满人政权而是满汉混合的政权，满族统治者只有像其臣民一样汉化，才能维持其权力。"⑤

"参汉酌金"、"满汉一体"、"以汉治汉"的治国谋略取得了巨大的成效。在平民中，清军初入关时的对抗情绪渐趋淡化；在上层统治集团中，满汉官员基本能保持一致，汉官们大多能心悦诚服，顺治朝时曾有汉官感恩而言："皇上日召见臣等，满汉一体，视如家人父子，自今以后，诸臣必同心报国，不复有所顾惜。"⑥ 虽然"满汉一体"并不尽然，民族间的隔膜、猜疑，以及引起的矛盾、冲突无法避免，满汉官员的不平等待遇以及相互排斥的事件也时有发生，但清朝统治集团能够提出并切实贯彻这项国策，主动与汉族人建立和谐的关系，以期达到社会安定、维护其统治的政治目的，已是难能可贵。发展到"康雍"时期，满汉关系已经稳固，进而融合，开始进入一个新的发展时期。清朝在对汉族关系上所取得的成就是前世不可比拟的，我们今天能拥有如此广阔的领土，五十多个民族能和谐地生活在一个大家庭中，很大程度上是得益于清朝民族政策的成功。

① ［美］费正清、赖肖尔：《中国：传统与变革》，陈仲丹译，223 页，南京，江苏人民出版社，1996。
② 曾宪义、郑定：《中国法制史》，203 页，北京，中国人民大学出版社，2000。
③ 《清太宗实录》，卷一，10 页，北京，中华书局，1985。
④ 《清太宗实录》，卷四十二，12 页，北京，中华书局，1985。
⑤ ［美］费正清、赖肖尔：《中国：传统与变革》，陈仲丹译，217、225 页，南京，江苏人民出版社，1996。
⑥ 《清世祖实录》，卷七一，27 页，北京，中华书局，1985。

（二）恢复封建经济，推行富民裕民新策

清朝入关后，为了摆脱经济崩溃、民生凋敝的困境，不得不作出一切可能的努力，首先致力于恢复农业生产，重建封建经济，以奠定国家赖以生存的物质基础。毋庸置疑，农业之本，在于土地。清初历代统治者的一项重大经济措施，就是千方百计招徕流民，鼓励垦荒。自清军入关后，顺治多次颁布垦荒条例。无奈当时战火未熄，百姓流离失所，致使垦荒条例难以实施。康熙继位后，社会渐趋安定，于是朝廷严令各地全面推行垦荒政策，以尽快医治战争创伤，恢复社会经济。康熙元年（1662 年），四辅臣以康熙的名义，发布一道旨令，要求从第二年开始，各省荒地在五年内全部开垦，到规定期限，进行清查，如省内荒地尚多，自总督、巡抚以下官员分别给予处分。① 同时，补充了一些鼓励性的新规，不遗余力，积极动员全国百姓垦荒，对贫苦农民的垦荒费用予以资助，并对垦荒成绩显著者给予奖励。在鼓励垦荒的总政策下，以康熙帝为首的清政府又因地制宜，在各地制定相应的具体政策，指导和落实垦荒的各项措施，致使垦荒成效显著，耕地面积不断扩大。雍正、乾隆同样沿袭了鼓励垦荒的政策，并且在具体操作时作了一些调整，带有更大的优惠和鼓励性。不仅如此，雍乾时的垦荒开始向边疆地区发展，规模可观，这标志着垦荒的深入发展。尤其是乾隆，利用当地驻军屯田的形式，积极在新开辟的边疆地区实施垦荒。在新疆地区、西南地区、关外（东北地区）、内蒙沿江地区等，都进行了规模较大的开垦。总之，由于清初大力实施垦荒，全国土地稳步增加，农民生产积极性不断提高，进而使粮食产量稳定上升，物质财富逐日充盈。

清初统治者在鼓励垦荒的同时，还推行了一系列富民裕民政策。从顺治元年（1644 年）开始，清朝开始拟定赋税制度。顺治十四年（1657 年），颁布了一整套赋税规则，名曰《赋役全书》，同时又编造了"地亩册"（又称"鱼鳞册"）与"户口册"（又称"黄册"）作为《赋役全书》的表和里②，互为引证。到康熙朝，赋税制度进一步完善，基本适应当时的农业发展水平和农民承担赋税的能力。另外，清朝政府还采取了其他各种富民政策，如严禁私派、加征；济贫赈灾；为百姓备荒；给旗人生计之法等重大举措。雍正帝继位后，针对社会积弊，大力整顿财政，杜绝钱粮亏空。而贯彻赋税改革，实行"摊丁入地"，更是值得一提的重大举措。在我国封建时代，农民要缴纳的赋税包括地税和人丁税。所谓"摊丁入地"，就是把人丁税并入地税，按地亩多少来缴税。③ 此举堪称封建社会一次具有划时代意义的赋税变革，它一劳永逸地取消了千百年来所实行的丁银，不仅减轻了广大百姓的丁税负担，也使历代延续的编审户丁制度失去存在价值且于乾隆三十七年（1772 年）终结。除此之外，雍正还大力实施除贱为良、移风易俗的新政，重新激发了各阶层民众的生产积极性，直接促进了经济的繁荣。到了乾隆帝时，广设各类仓库储存粮食、历次在全国普免钱粮等，都是雍正养民裕民、发展经济的重要措施。

---

① 参见《康熙会典·户部开垦》，卷二〇。
② 参见《清史稿·食货二》，卷一二一，北京，中华书局，1977。
③ 目前国内外学术界有关"摊丁入地"的专题论述很多，比较有代表性的是郭松义：《论摊丁入地》，载《清史论丛》（三），北京，中华书局，1982。

（三）严厉整顿吏治，形成了清初政通人和的局面

吏治一向是历代王朝所关注的关键问题。政权兴亡与吏治的清廉与否息息相关。综观中国历史，历代王朝的没落多毁于吏治的败坏，而其兴盛多成于吏治的清明。清代能形成盛世局面，一个关键性的因素就是清初以来对吏治的整饬。

清军入关后，多尔衮就把明亡作为活生生的教材，反复召集百官，总结明亡的教训，提出吏治从严的原则。他制定了严厉的惩贪原则：无论贪赃多少，一经发现，审讯事实无误，就判死刑。他要求各级官吏对各部门各管辖"境内贪官污吏"加耗受贿之事，要"朝闻夕奏"，不得稍有拖延。① 顺治亲政后，继续反腐倡廉，力图建立一代清明政治。他说："朝廷治国安民，首在严惩贪官，欲严惩贪官，必在审实论罪。"② 他狠抓吏治，屡次加大打击贪官的力度，规定了逐次严格的法律。顺治十六年（1659 年），他宣布，"从今始，贪官赃至十两，取消籍没家产，责打四十板，然后流放到席北（今黑龙江境内）地方，不准折赎"③。其严厉的程度较多尔衮有过之而无不及。据初步统计，"自顺治八年（1651 年）到顺治十七年（1660 年）的九年间，顺治亲自批准处理的重要贪污案件达 45 件"④。这使明末吏治败坏的局面得以改观，吏风日见好转，为清朝未来的发展开辟了前进的道路。康熙、雍正随其后，再加整顿，雷厉风行，同时大力表彰清官，凡为官清廉、品行端正及业绩突出者，都给予物质奖励，委以重任。总之，通过表彰重用廉吏和从严打击贪官这两方面的努力，清初社会风气一新，为经济的发展和社会的稳定，重新注入了活力。"康雍乾盛世"局面的打开，不能不归功于吏治的清明。

三、天朝的痼疾

在盛世形成且至鼎盛的过程中，以"康雍乾三帝"为首的统治集团已把封建社会的政治、经济、文化都发展到了极限。与此同时，封建社会固有的矛盾亦不断滋长，趋于表面化。依靠传统统治，已经无力消解这些矛盾，甚至可以说是束手无策。这些在盛世光环掩盖下的隐患，无论是否被统治者们所认识，都已经形成了盛世衰落的预兆。

（一）整个中央统治机构的才智枯竭、日渐堕落，与官场的腐化、吏治的败坏，是天朝后期无法根治的顽疾，也是盛世衰落的根本原因

乾隆朝的文治武功、富有四海，都是顺治以来历代君主励精图治、奋发图强的结果。但到了乾隆中后期，朝廷上下陶醉于已有的业绩，歌功颂德、自鸣得意，统治集团不仅丧失了清朝初年开拓进取的朝气，而且显示出统治智慧的严重缺乏，他们已找不到新的路径将清朝的繁荣推向更高层次，只能"持盈保泰"⑤，采取以维持全盛现状为目标的保守方略。所谓"持盈保泰"，早在《国语·越下》、《易·说卦》等书中就有所专论，是指要做到满而不溢，通畅而无阻，目的就是防止盛极而衰，永远保持一种完满而不衰的状态。从康熙到乾隆，都

---

① 参见《明清史料》丙编，第一册，90 页。转引自李治亭：《清康乾盛世》，65 页，郑州，河南人民出版社，1998。

② 《清世祖实录》，卷五十四，26 页，北京，中华书局，1985。

③ 《清世祖实录》，卷一二五，7 页，北京，中华书局，1985。

④ 周远廉：《顺治帝》，134～136 页，长春，吉林文史出版社，1993。

⑤ 高翔：《康雍乾三帝统治思想研究》，307 页，北京，中国人民大学出版社，1995。

以"持盈保泰"的思想告诫群臣不能懈怠，要居安思危，使大清江山永不衰败，并将"持盈保泰"作为今后的主要政治目标和保住国家强盛的法宝。这反映出清朝前期统治者面对国家全盛时依然头脑清醒、高瞻远瞩、时刻保持危机意识的成熟品格。客观上讲，统治集团"持盈保泰"求安的思想具有一定的哲学内涵，把它运用到政治实践中并不错误。但关键在于，如何理解和实践这种思想，将导致国家命运的截然不同。一种是不断开拓进取，给社会注入新的活力，不断提出解决社会新矛盾的方法。另一种是仅仅满足于现状，力图保持现状，把整个统治集团的智能都用于维持现有的社会发展水平。盛世统治者如果采取了前一种，整个中国近代史也许将被彻底改写，中国也许会冲破封建体制的牢笼而达到前所未有的高度。然而他们选择的是后一种，不是引导社会向前看，继续开拓创新，而是完全回归到传统的轨道，把人们引向对盛世景象的赞美，把已经取得的成就当做完美的理想去追求，这使得社会变得暮气沉沉，思想僵化，无法催生出变革社会的进步思想，无法凝聚推动社会前进的新生力量。加上盛世的一时辉煌，使统治者的头脑日益滋生出骄傲、自大、古今唯己是尊的思想，不思进取，无视现实中的种种矛盾和已出现的问题，导致了百事废弛。于是，整个官僚机构不再勤勉敬业，而是放松了吏治，腐化、堕落、奢靡之风日盛。乾隆六巡江南，奢侈至极。他还大兴土木，劳民伤财。王公贵族和士大夫们，上行下效，纸醉金迷，奢侈糜烂之风日盛，清正廉洁、勤政爱民、积极进取的传统日渐消失。

更严重的是，伴随着统治阶级的奢靡生活，腐败深入到整个政权机构甚至社会肌体之中。到了乾隆中后期，官僚机构开始膨胀老化，失去了往日的活力而追求享乐。朝野上下，贿赂公行，贪污成风。在这种社会风气下，官吏们因循苟且，效率低下，政务松懈。封建社会的这一痼疾在乾隆后期变得十分严重。以权相和珅为首的封建统治集团，吏治败坏，政治黑暗，使政治矛盾日趋尖锐。从乾隆中期开始，人民的反抗和起义就已经连绵不断。

（二）军事力量的衰退和军队的腐化，加重了天朝大国的危机

清政权是在大规模的军事征服与军事镇压之后建立起来的，军事统治是清朝政权的一个显著特点。清朝的正规军由八旗和绿营组成。清军入关前，八旗是强悍善战的军队。入关时所向披靡，战功显赫，为统一全国、平定叛乱、打击外侵立下了丰功伟绩。清入关后，建立起八旗常备兵制，将八旗兵分为"禁旅八旗"和"驻防八旗"两种，前者负责宫廷和京师的守卫，后者负责各地重镇的驻防，均直属于国家而不再归旗主所有。绿营兵以绿旗为标志，以营为建制单位，因而得名。绿营兵大部分驻各省，是清军入关后招募汉人和收编来的汉族地主武装组成的。绿营兵和八旗兵号称"经制之师"，是清朝维持和强化其统治的最主要的暴力工具。可在盛世昌隆的和平年代里，八旗军开始居功自傲，不思进取，加上有以往的战功为傲，凭借权势，横行霸道，生活腐化，军纪败坏，甚至吸食鸦片，敲诈勒索，频繁扰民，无所不为，成为一支徒有虚名、不能打仗、游手好闲、浮华喧嚣的老爷兵。不仅如此，由于清朝中期以后政府的财政危机、军事将领的腐败、清政府禁止旗人从事生产劳动，八旗兵居然不能维持正常的生活。"八旗兵的供给渐渐不足，训练很差，士气低落。以军饷为生的军官和士兵受到了价格上涨的压力，在驻地试着靠饷米过活的穷困八旗兵不得不去当手艺人、小商人或干些坏事以弥补生活。"[1] 而绿营也随着社会风气的腐化而日渐无能。"射箭，

---

[1] ［美］费正清、赖肖尔：《中国：传统与变革》，陈仲丹译，240 页，南京，江苏人民出版社，1996。

箭虚发；驰马，人堕地。"① 可见，清中期以后，"军队腐败、武器废弛已到了惊人的地步"②。清朝军事力量的衰退在白莲教叛乱中令人吃惊地暴露出来，使清朝在这场艰难的胜利中不得不依赖乡勇、团练。"满族士兵已丧失了其战无不胜的声誉。这次官府的取胜实际应归功于所使用的大约三十万地方团练。"③

（三）人口的膨胀是清朝盛世时开始出现并渐趋严重的疾患

清朝全盛时期，社会物质资料增长，经济繁荣，人口增长速度加快。"不言而喻，晚清和近代中国社会史的最显著特点是人口的增长。……从十七世纪末起到十八世纪末白莲教叛乱为止这一长时期的国内和平阶段中，中国人口翻了一番多，从一亿五千万增加到了三亿多。仅在 1799 年至 1850 年时期人口就增长了百分之五十六，所以在十九世纪中叶大叛乱爆发的前夕人口已达四亿三千万左右。"④ 也有学者研究后指出："从乾隆六年（1741 年）到道光二十年（1840 年）鸦片战争爆发前，中国人口从一亿四千万增至四亿一千万，百年间增加三倍。"⑤ 人口的增长过快带来了新的社会问题，那就是地少人多，粮食生产不足。虽然人口数量一直是农业社会繁荣程度最重要的标志之一，但是，人既是社会财富的创造者，亦是物质资料的消费者。人口增长过快，必然导致财富消耗加快，当财富消耗速度超过积累速度时，必然导致严重的压力和危机。"人口的增长最终破坏了作为人口增长原因的繁荣与和平。"⑥

人口的无止境增长趋势在康熙晚期已引起统治者的担心，康熙曾经忧虑地说："今人民蕃庶，食众田寡，山巅尽行耕种，朕常以为忧也。"⑦ 到了乾隆中期，人口的负面作用开始日益严重，成为潜伏于国家肌体深处的无法根治的痼弊。尤其是随着经济的增长，土地收入的增加，土地兼并激烈起来。在土地激烈兼并的同时，人口却在急剧增长，而土地并垦数量又远远赶不上人口的增长速度，这样就形成了土地集中、人口激增、耕地不足的突出矛盾。费正清经研究后认为："在当时，人口对于土地的压力是显而易见的，因为连那些边远地区的人口也呈饱和状态……在中华帝国末期的历史中，人们已在许多方面感受到了人口的增长。如果说人口的增长对农民生活的影响是毁灭性的，那么，它对政治制度的影响也同样严重。"⑧ 在土地兼并激烈、人口快速增长的同时，地价和粮价扶摇直上，通货膨胀现象突出，人民生活更为艰苦，社会矛盾日趋尖锐。与此同时，不断增长的人口和不断加重的负担使越来越多的农民无法温饱，大批破产，从而涌现出大量的流民，产生了一系列严重的社会问题，直接危及社会的安定。而清朝政府的行政管理能力恰恰在国内问题不断严重的情况下，

① 蒋良骐：《东华录》，嘉庆朝，卷七，嘉庆四年正月，北京，中华书局，1980。
② 许庆朴、张福记：《近现代中国社会》（上册），103 页，济南，齐鲁书社，2002。
③ ［美］费正清、赖肖尔：《中国：传统与变革》，陈仲丹译，241 页，南京，江苏人民出版社，1996。
④ 何炳棣：《中国人口的研究，1368—1953 年》，64、278、282 页。转引自［美］费正清：《剑桥中国晚清史》，中国社会科学院历史研究所编译室，上卷，115 页，北京，中国社会科学出版社，1985。
⑤ 许庆朴、张福记：《近现代中国社会》（上册），101 页，济南，齐鲁书社，2002。
⑥ ［美］费正清、赖肖尔：《中国：传统与变革》，陈仲丹译，241 页，南京，江苏人民出版社，1996。
⑦ 《康熙起居注》，第三册，2094 页，北京，中华书局，1984。
⑧ ［美］费正清：《剑桥中国晚清史》，中国社会科学院历史研究所编译室译，上卷，116 页，北京，中国社会科学出版社，1985。

不仅没有相应的发展，反而变得更无效能。治理不良的政府和无法解决的痼疾相互作用，最终导致了天朝的崩塌。

四、天朝的衰败

清朝后期，国家政权运行的机制日渐陈旧，统治集团的佚靡、腐化、失去内部调控能力和解决问题的应变能力，使各种矛盾在社会中显露出来而无力解决。天朝所有的痼疾可以归结为一点，那就是"该社会内部发展潜力已经枯竭，如未补充新的发展因素，等待它的只是衰落与灭亡"①。

首先，正如前文所述，清朝后期，统治集团的堕落腐化，以及统治智力的严重不足，都源于统治者墨守成规，"持盈保泰"，只能维持全盛现状而不能发展。即使面对危机作出小修小补，也无济于事。事实上，在盛世形成过程中，推动社会向前发展的主要因素几乎已经完全耗竭，清代社会面临着发展潜力严重不足的窘境。而墨守成规是不可能长期维持繁荣状态的，只有不断向社会注入新的活力，向社会成员提出新的既具理性又富有刺激性的奋斗目标，才能促进繁荣的深入与盛世的不衰。而皇帝统治才智的枯竭，实质上反映了当时政治制度及其管理模式的没落与过时。

其次，人口膨胀这一痼疾，从表面上看仅仅是一场人多地少、粮食紧张的经济危机，但实质上反映了这样一个事实："传统的生产方式已经不能解决由自己内部产生出来的各种社会问题，历史演进要求采用更加先进的生产技术，对物质资源进行更加有效的开发与利用，对社会财富实行更加合理的分配与占有。"② 换言之，统治集团必须改变传统的治国之道，开拓创新，另辟佳径，才能改变危机四伏的命运。

然而，乾隆及其后的统治者们，始终陶醉在盛世的辉煌中，以"天朝"自居，万邦归我，维持封闭的社会状态，铸成了顽固的自我满足、目空一切的传统观念。他们不仅从未想过甚至反对革新，而且还严厉拒绝西方文明及其在中国可能引起的巨大变革。这一切，可以通过当代著名的法国作家阿兰·佩雷菲特的名著《停滞的帝国——两个世界的撞击》得到说明。这本书描述的是乾隆五十八年（1793 年）九月，西方资本主义第一强国——英国，派出一个以马戛尔尼为首的规模庞大的代表团，跋涉万里重洋，远航至中国，与高宗乾隆在承德避暑山庄的一次历史性会见，它是 18 世纪中国对外关系中最重大的历史事件。通过这一事件，我们可以看到乾隆的拒绝革新与闭关锁国，使得曾经气势恢弘的天朝大国暮气沉沉，活力尽失，最终走向衰败。

对于这次会见，英国付出了巨大的财力和物力，做了精心的准备，但其出使的目的全部落空，西方学者认为，"是一件表面上微不足道的小事导致马戛尔尼最终目的失败：他拒绝叩头——即根据宫廷礼仪，在皇帝面前下拜叩头九次"③。这一"微不足道"的小事反映出两种不同的文化观念。乾隆和他的大臣们自命为"天朝"，认为外国都是蛮夷之邦，理应跪拜；而英国代表团则认为此礼仪有伤国家尊严而断然拒绝。乾隆据此认为英国代表团不恭，于是

---

① 高翔：《康雍乾三帝统治思想研究》，423 页，北京，中国人民大学出版社，1995。
② 高翔：《康雍乾三帝统治思想研究》，431 页，北京，中国人民大学出版社，1995。
③ ［法］阿兰·佩雷菲特：《停滞的帝国——两个世界的撞击》，王国卿、毛凤支等译，译者序言，3 页，北京，三联书店，1993。

生气而草率地把他们打发离去。当时英国使团的人员很多，都是当时英国各个行业各个学科的代表，而且携带了经英王精心挑选的大批礼品，这些礼品都是英国最新的科技发明，代表了资本主义的文明创造，具有极深刻的文化价值，譬如天体运行仪、地球仪、战舰模型、望远镜、秒表、透镜等，礼品中还有大量武器、西洋油画等。英国使者在介绍这些礼品时，不无炫耀之意，但乾隆和他的大臣们却表现出愚昧、自大、麻木不仁、毫无兴趣，可说是一种轻蔑和冷淡。清朝"对外国的创造发明拒不接受……达到登峰造极的地步"①。

如果当时的清朝最高统治集团能够意识到西方新科技的先进价值，并加强与西方的交流与合作，把新知识和新科技运用到部分生产领域，给苍老的盛世注入一点活力，也许就不会迅速衰败，而是会引起中国的巨大变革。正如阿兰·佩雷菲特的分析："如果这两个世界当时增加接触，相互吸取对方最成功的经验；如果那个比其他国家早几个世纪发明了印刷术和造纸、指南针和舵，炸药和火器的国家（中国）同那个刚刚驯服了蒸气，并即将制造电力的国家把各自的发明融合起来，中国人和欧洲人之间的信息和技术交流必将使双方的进步源源不断。这将是一场什么样的文化革命啊！"② 然而，乾隆及其大臣们对盛世的滑落、潜伏的危机浑然不觉，对西方科技的展示不屑一顾，对任何革新都坚决拒绝。西方学者认为乾隆时代的制度最显著的特点就是禁止革新："马戛尔尼及其伙伴是来提议进行交往和贸易的，但他们在中国社会里见到的却是一个封闭社会的典型。那里的制度犹如台球那样结实——它是那么完整、精确、苛求，以至想不服从就会冒很大的风险。要摆脱它要么靠贪污舞弊，或者靠惰性——即什么都不干，而极少靠积极性来实现。禁止革新，只要参照惯例就够了。"③ 费正清也意味深长地说："导致中国衰落的一个原因恰恰就是中国文明在近代以前已经取得的成就本身，要理解中国的衰落，就必须懂得中国早先取得的成就，因为这种成就之大竟使得中国的领袖人物对于灾难的降临毫无准备。"④

正因为清朝的固步自封，拒绝接受西方的科技文明，禁止变革社会，所以"康雍乾盛世"在乾隆中期达到极盛之后，就渐渐失去了早先的朝气和活力，开始暮色四起了。它越来越像一座残破的古堡，疲惫、颓废却又粉饰庄严。马戛尔尼离开中国后说："清帝国好比一艘破烂不堪的头等战舰。它之所以在过去的一百五十年中没有沉没，仅仅是由于一班幸运的、能干而警觉的军官们的支持，而它胜过其邻船的地方只在于它的体积和外表。但是一旦一个没有才能的人在甲板上指挥，那就不会再有纪律和安全了。"⑤ 危机悄然累积，外面的世界天翻地覆地发生着变化，战舰上的指挥官却浑然不觉。接下来的结局，就是丧权辱国的百年伤心史。

----

① [法] 阿兰·佩雷菲特：《停滞的帝国——两个世界的撞击》，王国卿、毛凤支等译，译者序言，4 页，北京，三联书店，1993。

② [法] 阿兰·佩雷菲特：《停滞的帝国——两个世界的撞击》，王国卿、毛凤支等译，译者序言，19 页，北京，三联书店，1993。

③ [法] 阿兰·佩雷菲特：《停滞的帝国——两个世界的撞击》，王国卿、毛凤支等译，译者序言，4 页，北京，三联书店，1993。

④ [美] 费正清：《剑桥中国晚清史》，上卷，中国社会科学院历史研究所编译室译，9 页，北京，中国社会科学出版社，1985。

⑤ [法] 阿兰·佩雷菲特：《停滞的帝国——两个世界的撞击》，王国卿、毛凤支等译，521～523 页，北京，三联书店，1993。

第二节
西方的崛起

一、西方的兴盛

在清朝走向衰败，危机四伏、江河日下的同时，以英国为代表的西方资本主义国家却呈现出蒸蒸日上的发展态势。1640 年，即在清军入关前四年，英国爆发了资产阶级革命。这场意义深远的社会革命持续了二十多年的时间，并从英国逐渐波及了德国、法国、意大利等主要欧洲国家。经过社会革命的洗礼，在 17 世纪后半叶，西方国家先后摆脱了封建专制制度的羁绊，向资本主义商业社会飞速发展。到 1840 年以前，西方各国的资本原始积累已经完成，资本主义商品经济高度发展，新兴科技和文化如日中天。

英国是世界资本主义的先驱，在政治上，英国最早实行了政治变革，建立了第一个西方资本主义民主国家，为后来的西方民主制度树立了榜样。此后，英国在 18 世纪中叶开始了产业革命，18 世纪末期，首先应用蒸汽机于纺织工业，接着推广到其他工业生产部门。1835 年，英国已经拥有蒸汽机 1 950 台。蒸汽机在生产中的运用，是大机器工业最突出的标志之一。进入 19 世纪，英国的工业生产更是突飞猛进，以棉纺织业的用棉量和煤铁的产量为例，1771 年至 1775 年，英国加工的棉花仅 500 万磅，1841 年便达到 5.28 亿磅；1795 年，煤产量为 1 000 万吨，到 1836 年提高到 3 000 万吨；1793 年，生铁产量为 12.5 万吨，1840 年增加为 139 万吨。当时英国工业产量已经占世界工业产量的 45%，成为名副其实的"世界工厂"。与此同时，大型工业城市相继出现，交通运输业日趋发达，出口货物不断增加。正如恩格斯所指出的，当时英国"有居民达 250 万的首都，有许多巨大的工业城市，有供给全世界产品而且几乎一切东西都是用极复杂的机器生产的工业，有勤劳而明智的稠密的人口，这些人口有三分之二从事于工业"[①]。由于工业的发展和人口的增加，开辟新的商业市场就成为英国资产阶级极强烈的渴求，促使他们培育军事力量，更新武器装备，以利于积极进行海外扩张，夺取殖民地。因此，英国的军事力量迅速强大，训练了一支在当时最强大的海军，号称"海上霸主"，至今英国仍是世界十大海军强国之一。在一系列的殖民扩张的过程中，英国形成了一个拥有遍及全球的庞大的殖民地的帝国，号称"日不落帝国"。在科学技术上，英国人创造了许多改变了世界的科技发明，如蒸汽机、火车、自行车、电话等。正是英国把人类带入了蒸汽机时代、铁路时代、电气化时代，并且也在很大程度上促使人类进入了电子时代。英国对收音机、电视机、电子计算机的发明也有重要贡献。有学者称，英国堪称开创现代文明的帝国。[②]

在英国资产阶级革命和工业革命的推动下，西方其他大国也发生了翻天覆地的变革。例如，法国是当时仅次于英国的资本主义国家，法国人民的坚强勇敢、不屈不挠、勤劳智慧等

---

① 《马克思恩格斯全集》，第 2 卷，295 页，北京，人民出版社，1957。
② 参见藤藤主编：《开创现代文明的帝国——英国百年强国历程》，引言，哈尔滨，黑龙江人民出版社，1998。

优秀品质，在 18 世纪末的法国资产阶级革命中就充分体现了出来。经过激烈的反复斗争，革命取得了胜利。此后，法国的工业迅速发展起来。1825 年铁产量为 20 万吨，1840 年达到 35 万吨；煤产量从 1831 年的 176 万吨，增加到了 1847 年的 515 万吨；1815 年至 1840 年间，棉织品产量增加了 3 倍；铁路的修建也迅速发展起来，1830 年至 1846 年，已通车 1 500 多公里。又如，美国资本主义虽然比英法起步要晚，但它在八年独立战争后，建立了美利坚合众国，给资本主义的独立发展提供了可能性。1814 年，美国出现了第一个新式棉纺织工厂。从 19 世纪 30 年代起，开始广泛使用蒸汽机，1840 年，棉纺织业有纱锭 228 万枚以上。同时，为了保护本国的钢铁工业，美国政府以 40％到 100％的重税，限制外国钢铁的进口。美国政府还积极发展交通业，1850 年时，美国的铁路线已经达到了 1.5 万公里，居世界第一。1803 年、1819 年，美国分别从法国、西班牙手中购得大片肥沃土地，领土不断扩张。美国商业发展迅速，19 世纪初，精明的美国人利用欧洲混战之契机，迅速发展商业，获得巨额利润。当英国把侵略的锋芒指向中国时，美国成了一个重要帮凶。再如，德国从 19 世纪 30 年代起，资本主义也有了较快的发展，火车、轮船相继问世，新兴工业城市大量出现，工业和商业都有了迅速的发展。

西方各国社会的变革，经济的突飞猛进，使得当时的西方世界发生了惊人的变化，生产力迅速提升。纺织、冶金、煤炭、机器制造、交通运输成为西方工业的五大基本部门；蒸汽机的台数、钢铁的产量、煤炭的开采量、铁路的长度、轮船的吨位和速度都在飞跃式增长。与此同时，劳动生产率成倍提高。从 1770 年至 1840 年间，每个工人的日生产率平均提高了 20 倍。正如马克思和恩格斯指出的，"资产阶级在它的不到一百年的阶级统治中所创造的生产力，比过去一切世代创造的全部生产力还要多，还要大"[①]。生产力的提高和生产关系的根本性变化引起了社会阶级结构、社会生活领域、思想文化领域的深刻变化。整个西方世界步入了一个全面繁荣的时代，新事物令人目不暇接，人类文明迈上了一个崭新的台阶。

二、西方兴盛的原因

近代以前，世界曾是先进的东方，落后的西方。从西方最繁华的城市——威尼斯远道而来的马可·波罗，看到中国元大都和苏杭繁华的景象，惊为天堂。然而，近代开始，世界悄然变成了先进的西方，落后的东方。当自命为"天朝大国"的封建清朝由盛世滑落转衰时，西方却在迅速崛起，一个地处西欧边陲，面积不过二十多万平方公里的岛国——英国，居然能在一百多年间经济腾飞，19 世纪中叶就成为世界头号强国，并率先开启现代文明的大门，成为现代世界的开路先锋，与很多西方国家一起走向现代世界，从而开创了一个兴盛的西方，这不能不说是一个奇迹。西方现代化的强音，究竟是如何奏响的呢？追本溯源，让我们把目光投向资产阶级革命前的西方。

正当中国清王朝的统治面临重重危机，而文武百官到平民百姓都浑然不觉时，以英、法为代表的西方国家经过文艺复兴、宗教改革和启蒙运动，已经从黑暗的中世纪走出。经过血与火的资本原始积累和残酷的对外殖民掠夺，到 17 世纪中叶和 18 世纪末，西方诸国迅猛发展起来，先后走上了资本主义道路。整个过程可以说是一个环形规律，即：经济领域内商业

---

① 《马克思恩格斯选集》，2 版，第 1 卷，277 页，北京，人民出版社，1995。

资本的发展和积累引起了政治领域的资产阶级革命；资产阶级革命为商业资本的发展开辟道路，扫清障碍，催生出工业资本文明，引发了工业革命；而工业革命又促进了经济领域内生产力的进一步提高和生产关系的深一层变化，从而推动了下一场政治变革；新的政治变革又促使了新的经济变革和发展……由此形成了良性循环，周而复始，促使了整个西方从经济，到政治，到思想文化、价值体系等各个社会组成部分的深刻变革，进而烘托出一个逐渐兴盛的西方世界。

在 14 世纪至 15 世纪，西方的资本主义开始萌芽，到 16 世纪时开始成长发展。综观西方历史，14 世纪末到 17 世纪初是欧洲国家从封建社会向资本主义社会过渡的历史时期，近代工商业已经起步并发展起来，生产力得到了提高，新科技和新发明都被应用于生产部门。资本主义手工工场开始形成，而且发现了美洲新大陆，开辟了新航线，环球航行也传来捷报，这些都为新兴资产阶级提供了广阔的市场。资本主义的蓬勃发展自然会引起阶级关系的变化，西方各国纷纷爆发了资产阶级革命。以英国为例，当时随着资本主义的发展，新兴资产阶级和王权的矛盾越来越深，而以国王为代表的封建贵族却不断加深对平民和资产阶级的盘剥勒索，抵制资本主义的发展。这样就迫使资产阶级与新贵族要求改变现状，这当然遭到了王室的坚决反对。1603 年，斯图亚特王朝上台，以专制和暴力统治英国，各种社会矛盾迅速激化。在这样的背景下，加上经过文艺复兴和宗教改革的洗礼，资产阶级找到了适应自己要求和愿望的思想武器，英国于 1640 年发生了资产阶级革命，经历约半个世纪反复曲折的斗争，第一次在全世界推翻了封建制度，建立了第一个资本主义国家。

英国的资产阶级革命具有划时代的意义，它不仅对本国，而且对欧洲、对全世界都产生了巨大影响。它推动了欧美其他国家资产阶级革命的开展，加速了封建制度的崩溃，标志着世界近代史的开端。尤其重要的是，革命为资本主义的发展扫清了道路，使资本的积累和发展迈上一个新台阶，产生工业资本文明，为英国的工业革命创造了重要的政治条件。具体而言，英国资产阶级运用它所掌握的国家权力，一方面通过大规模的对外战争、殖民掠夺、罪恶的奴隶贸易和征收高额捐税等手段，积累了大量资本，"仅在 1757 年到 1815 年期间就从印度掠夺了价值 10 亿英镑的财富"[①]；另一方面又通过圈地运动和其他残酷手段，把农民逐出家园，迫使他们成为"自由"的雇佣劳动者。这就为工业革命的发生和迅速发展提供了两个关键条件。加上较丰富的资源和便利的交通条件，以及科技的发展所累积的文化知识条件，最终推动了工业革命的诞生及发展。18 世纪 60 年代至 19 世纪三四十年代，英国进行了工业革命。

工业革命极大地提高了英国的社会生产力，使其经济迅速走向繁荣。到 1835 年，英国已经拥有蒸汽机19 335台，用棉量从 18 世纪 70 年代的 500 万磅增加到 1814 年的 5 亿多磅，增长了 100 倍，煤和钢铁的产量也增长了十几倍。新兴工业城市不断出现，工业产量急剧增长，几乎占全世界的一半。到 19 世纪前半期，英国已经成为世界上最强大的资本主义国家。

工业革命在英国首先发生后，很快就向欧洲大陆和北美扩展。法国、德国、美国都相继开始进行工业革命。各国的工业革命也是先从轻纺工业开始，随后蒸汽机、制造业、交通业也都发生了决定性的变化。工业革命对西方的物质文明和精神文明都产生了巨大影响，使整

---

① 陈国庆主编：《晚清社会与文化》，6 页，北京，科学社会文献出版社，2005。

个西方世界由农业社会步入崭新的工业时代。通过工业革命，生产力有了惊人的发展，生产关系发生了根本性的变化。更重要的是，工业革命引起了进一步的社会革命。有学者称，"工业革命不仅是一场生产力的全面革命，也是一场深刻的社会革命"①。随着工业革命的深入，西方世界在政治领域继续进行革命，革命运动不断发生，而且由于工业革命的扩展而更加频繁。1848 年欧洲革命，就是欧洲近代史上规模最大的一次革命，法国、德意志、意大利，以及东欧各国都被革命风暴席卷。这次革命的发生，是因为新兴的工业资本主义与旧的封建势力残余发生了不可调和的尖锐矛盾：英国的议会改革运动，反映了通过工业革命，资产阶级经济实力大大加强后，希望参与对国家的统治和管理的心态；法国的 1848 年革命及其后的起义，也是因为工业的发展要求上层建筑与之相适应；德意志和意大利的统一运动，是由于资本主义工业的发展与原先政治上的四分五裂的尖锐矛盾，使得国家统一成为当务之急；美国的南北战争，是美国北部和西部资本主义工业化与南部种植园奴隶制经济的矛盾日趋突出的结果。

西方通过一系列的资本积累、政治革命、工业革命，以及由此催生出的新的政治革命和改革，最终确立了资本主义制度，并逐渐走上了工业化道路，开创了一个繁盛的新时代。当中国封建社会最后的辉煌——"康雍乾盛世"徐徐落下帷幕时，西方已经打破了封建桎梏，进入了人类历史发展的新阶段——资本主义。"资本主义和封建主义相比，是在'自由'、'平等'、'民主'、'文明'的道路上向前迈进了具有世界历史意义的一步。"② 它解放了生产力，使社会经济以前所未有的速度向前发展，科学技术突飞猛进。一个崭新而朝气蓬勃、后劲十足的西方世界，出现在世人的面前。

三、西学的形成

当西方世界在政治领域爆发巨大革命，在经济领域发生工业革命，从而走向新生、展现繁华时，西方文明也步入了一个新的时代。众所周知，西方文明的进程不是一帆风顺的，它的发展过程具有曲折性、复杂性和不平衡性。古希腊罗马文明是西方文明的摇篮；中世纪则是倒退和落后的信仰时代。在经历过中世纪惊人的黑暗后，愚昧落后的神学世界受到了世俗社会的质疑和挑战。随着世俗社会的兴起和发展，西方人开始对以往落后的神学世界进行深刻的理性省思，同时也开始勇敢地探索新世界。在经历了文艺复兴、宗教改革、启蒙运动、资产阶级革命和工业革命后，西方文化领域内的革命最终走向了胜利。"如果说文艺复兴和宗教改革是对宗教神学的一次反击战，那么，启蒙运动和资产阶级革命以及工业革命则是对宗教神学的一次歼灭战。"③ 从此，自然科学硕果累累，人文科学群星璀璨。内容丰富、体系完备、风格全新的西方文化，或者说"西学"，全面形成并发展起来。

文艺复兴是 14 世纪中叶到 17 世纪初发生在欧洲的伟大的思想解放、艺术创造、科学发现运动，是世界文化发展史上一场最具深远历史影响的思想文化运动，被恩格斯称为"人类以往从来没有经历过的一次最伟大的、进步的变革，是一个需要巨人而且产生了巨人——在思维能力、激情和性格方面，在多才多艺和学识渊博方面的巨人的时代"④，这场思想文化变

---

① 甄修钰编著：《西方文明进程》，183 页，呼和浩特，内蒙古大学出版社，2003。
② 《列宁全集》，2 版，第 37 卷，109 页，北京，人民出版社，1986。
③ 甄修钰编著：《西方文明进程》，244 页，呼和浩特，内蒙古大学出版社，2003。
④ 《马克思恩格斯选集》，2 版，第 4 卷，261～262 页，北京，人民出版社，1995。

革发端于意大利，然后向西欧各地传播。

文艺复兴作为新兴资产阶级的新文化运动，是资产阶级在意识形态领域里的反封建斗争，它以人文主义为指导思想。人文主义是新兴资产阶级的世界观和历史观，它的思想核心是资产阶级的个人主义，其理论基础是资产阶级的人性论。人文主义反对宗教神学以"神"为中心的世界观，主张以"人"为中心；提倡"人性"，反对"神性"；呼吁"人权"，打击"神权"；高扬理性和科学的大旗，批判神秘主义和愚民政策。在政治上，人文主义主张民族独立，反对外来干涉；拥护中央集权，反对封建割据。它反映了新兴资产阶级对自身发展的渴求，也昭示了在它上升时期具有开创新世界的革命朝气和非凡的创造力。人文主义作为一种思潮，是新兴资产阶级在思想文化领域反对封建势力和宗教神学的一场革命，是世界历史上一次伟大的思想解放运动。在这一运动中涌现出一批时代巨人，例如 14 世纪至 15 世纪时被尊称为"早期文艺复兴文学三杰"的但丁、彼特拉克、薄伽丘，但丁的《神曲》、彼特拉克的《歌集》、薄伽丘的《十日谈》都是脍炙人口的名作；又如 15 世纪至 16 世纪时出现了以达·芬奇、米开朗基罗、拉斐尔为代表的艺术先驱，他们被称为"文艺复兴艺术三杰"。

意大利文艺复兴的火种蔓延到西欧其他国家后，各国都涌现出一批时代先锋及其浩瀚成果，涵盖了人文科学和自然科学各个领域。文艺复兴的成就是多方面的，正如恩格斯所说，文艺复兴这个术语没有把这个时代充分地表达出来。① 这个术语是意大利的学者瓦萨里提出的，意为"再生"或"复兴"。然而，它不是对过去的简单恢复，而是对人文科学和自然科学的新创造。与其说它是古典文化的复兴，不如说是近代文化的序曲。虽然很多版本的世界通史都把文艺复兴列在中世纪后期，但近代文化史应该以文艺复兴作为开端，才更符合世界文化史发展的进程。正如有学者所言："十四至十七世纪，是西欧国家从中世纪迈向近代的关键时期。在这一时期中，首先是在意大利，产生了辉煌的资产阶级文化运动，这就是史家所说的'文艺复兴运动'。文艺复兴的核心内容是人文主义，它是初步登上历史舞台的欧洲资产阶级的精神体现。"② 这番话揭示了文艺复兴的实质，表明了它是资产阶级文化的开端，是资产阶级文化体系的一个首要环节。文艺复兴是西方的一次新文化变革运动，开创了资产阶级文化的新时代，可以作为近代文化史的开端。

如果说文艺复兴使西方从落后的神学迷梦中觉醒，那么宗教改革可以视为西方人挣脱中世纪枷锁的初次尝试。与文艺复兴相比，"宗教改革不但在理论上对天主教会进行了系统的批判，而且是一场冲击社会各阶层的全民性运动，它对西方文明进程的影响远远超出了宗教范畴"③。而宗教改革在西方的兴起，是以资本主义生产关系的形成、民族君主国的发展以及新的知识体系和世界观的传播为总背景的。

在宗教改革前，教权与王权的矛盾就时时存在，不可避免。随着新的生产关系的形成以及由此产生的政治力量的变化，王权得到加强，资产阶级的力量也在发展，导致了民族国家的不断强大。但教会依然故我，继续从世俗社幸会聚敛财富，而且越发贪婪、腐化，使教会与世俗的矛盾更为突出。人们开始对教会投以批判和怀疑的眼光，并提出要改革教会。恰逢人文主义者为同时代人提供了重新审视和批判教会的思想和力量，从而使宗教改革迅速发展

① 参见《马克思恩格斯选集》，2 版，第 4 卷，261 页，北京，人民出版社，1995。
② 庄锡昌：《世界文化史通论》，214 页，杭州，浙江人民出版社，1989。
③ 甄修钰编著：《西方文明进程》，125 页，呼和浩特，内蒙古大学出版社，2003。

为一场席卷欧洲的全民性运动。当时德国是宗教改革的发源地，德国市民阶级的代表人物马丁·路德，发表了一系列重要文章，成为这场运动的发起者。路德的宗教改革不仅在德国掀起巨大的波澜，而且也波及了整个西欧，尤其是瑞士卡尔文的宗教改革，受路德影响最深。而他们二人的路德教和卡尔文教在西欧，尤其是荷兰、英国、法国，都得到了广泛传播。宗教改革的发展使教会面临着严重的危机。

发生在 16 世纪的宗教改革，打破了欧洲以罗马教廷为中心的天主教一统天下的局面，削弱了教会的经济实力和声望，尤其是促使人们在宗教信仰、文化价值观念、思维方式等方面发生变化，进一步打碎了教会对人们思想的禁锢，使人们开始重视自身的价值和追求，解放了人们的个性和思想，使人焕发出蓬勃发展的朝气和积极创新的热情。在宗教改革比较彻底的地区，其经济、政治、文化等各个领域都获得了长足的进展，为西方向近代文明的过渡奠定了思想基础。

通过文艺复兴和宗教改革，西方资本主义和人文精神已经有了很大的发展，并且开启了近代文明的大门。不过，这时的西方商业资本仍处于封建制度统治之下，而且经济上没有工业这个强大后盾。而西方要真正步入经济腾飞的新时代，就必须在政治上打倒封建王权，在经济上建立机器大工业，西方开始自然而然地向这个目标前行。因此，文艺复兴和宗教改革之后，从神学迷梦中觉醒的西方人不仅进行了轰轰烈烈的资产阶级民主革命，打破了封建制度的堡垒，同时进行了生产力方面的革命，工业革命浪潮汹涌。不仅如此，政治革命和工业革命还引发了思想文化领域中的革命，发源于英国、鼎盛于法国、波及西欧各国的启蒙运动开始了，它是西方继文艺复兴后的又一次思想解放运动，是人类文明史上的一座丰碑。

启蒙运动不是文艺复兴的简单再现，而是它的深化与拓展。在反封建方面，人文主义者的直接政治目标是建立统一政权的国家，摆脱封建割据，启蒙思想家则把矛头直接指向封建思想和封建制度，要求建立一个符合资产阶级利益要求的民主共和国。在反教会方面，人文主义者倡导的宗教改革肯定人有追求和享受幸福的权利，要求摆脱宗教束缚，使人的个性得到发展，而启蒙思想家们的反教会斗争则表现出鲜明的革命性，他们把反教会提高到了自然神论甚至无神论的高度，并把反教会和反神学的斗争与批判封建制度、建立资产阶级政权直接联系起来。

综观启蒙运动，我们可以感受到它的内容丰富和成果丰硕。启蒙运动持续了近一个世纪，其中有两百多位学者参加，展示出星罗棋布的新思想、新理论。其中涌现的巨人有伏尔泰、孟德斯鸠、卢梭等。启蒙运动是进步思想的大合唱，覆盖哲学、法学、宗教、经济学、政治学、文学、科学技术、教育、艺术等各个领域，是西方近代气势恢弘的一次思想文化大革命。我们还为它的鲜明思想和深远影响所折服。与文艺复兴、宗教改革相比，启蒙运动抛弃了妥协性和保守性。它批判神学思想、扫荡封建意识、宣扬自由平等、重视科技知识，并以其思想火花的彻底性和深刻性，使法国成为启蒙运动的中心，直接孕育出法国大革命。拿破仑得出结论，"法国大革命是思想家的业绩"，"如果没有卢梭，就不会有法国大革命"，被送上断头台的路易十六曾叹息："伏尔泰和卢梭亡了法国。"[①] 启蒙运动和资产阶级革命、工

---

① 易杰雄、高九江：《启蒙推动下的欧洲文明》，339～341 页，北京，华夏出版社，2000。

业革命一起，有力地推动了西方文化领域里的革命，把西方文明推向一个新的历史高度。从此，自然科学日新月异，人文科学人才辈出，内容丰富、体系完备、风格全新的西方文化，或者说"西学"，全面形成并兴盛起来。

四、西学的内容

文艺复兴、宗教改革、启蒙运动、资产阶级革命和工业革命有力地推动了西方文化领域中的变革，革命时代也是文化重生的时代，西方各学科各领域都获得了新生，从神学的婢女变成了文明的主人。随着宗教神学的威风扫地、溃不成军，近代西方文化，也就是"西学"，成长为西方真正的、成熟的、主流的文化，并且人才辈出，不断创新。"西学"的内容极为丰富，涵盖了哲学、文学、艺术、科技等各个方面。

（一）思想领域辉煌灿烂

生产力的发展和社会的变革，必然引起思想和价值观念的变化。西方近代是一个思想的时代，精彩纷呈的思想火花不断涌现，照亮了历史的长空。在哲学方面，出现了启蒙哲学、古典哲学、浪漫主义思潮、功利主义、自由主义、实证主义等。

启蒙哲学主要是法国的机械唯物主义。最初，启蒙哲学还夹杂着自然神论的因素，如笛卡儿的二元论哲学和洛克、伏尔泰的自然神论。但后来，一些启蒙思想家否弃了神的存在，建立了唯物主义一元论。他们比前人更彻底地贯彻了唯物论和无神论，恩格斯称，"18 世纪科学的最高峰是唯物主义，它是第一个自然哲学体系"①。

德国古典哲学在广度、深度、方法上，都远远胜过了理性主义哲学。它综合了理性哲学和经验哲学的众多研究成果，具有包罗万象的完整体系，规模宏大，结构严谨，方法多样。德国古典哲学以四大家为代表：开创"批判哲学"的康德、建立"自我哲学"的费希特、倡导"同一哲学"的谢林、创建"精神哲学"的黑格尔。尤其是开山鼻祖的康德和集大成者的黑格尔，其哲学思想的艰深和复杂程度，甚至连专业哲学家也望而生畏。

稍后便出现了浪漫主义思潮。它最初出现在德国，很快就传到了英国和法国。浪漫主义思潮的出现，其直接原因是欧洲社会对法国大革命普遍感到失望，因为大革命并没有真正实现自由、平等、博爱；而且广大民众对 18 世纪法国启蒙思想感到不满，因为法国大革命就是由启蒙思想所引发的。浪漫主义的核心思想是要求崇尚情感，主张个性自由，它与强调理性的启蒙思想是背道而驰的。浪漫主义尽管是一种文学和艺术运动，但它的自然观和历史观却渗透到当时的哲学和政治思想中，并且产生了普遍、持久的社会影响。

此外还有很多哲学流派。例如，实证主义哲学是最初具有科学主义倾向的哲学，它首先产生于 19 世纪 30 年代的法国，随后在英国获得进一步发展。实证主义的主要代表是法国的孔德、英国的穆勒和斯宾塞；功利主义哲学的主要代表人物是英国的边沁，他主张把人的行为价值判断建立在"功利"的事实基础上，认为个人利益是唯一现实的利益，因而最大多数人的最大的幸福就是功利的原则，分权制的政府能谋求"最大的幸福"。他的学说代表了当时新兴资产阶级的要求；自由主义代表人物是英国的约翰·密尔顿，他反对纯粹的利己主

---

① 《马克思恩格斯选集》，2 版，第 1 卷，18 页，北京，人民出版社，1995。

义，强调人们追求幸福时要平等地顾及一切人的利益，而且个性自由是人类幸福的首要条件，所以他主张建立一个尊重个人自由的政府。

（二）文学艺术风光旖旎

在文学方面，近代西方文学经历了启蒙文学、浪漫主义文学、批判现实主义文学这三个阶段。启蒙文学与维护封建专制君权的古典主义文学相对立，否定以王公贵族为正面人物的创作传统，它歌颂的主要对象是资产阶级和平民。在价值取向上，启蒙文学公然抨击封建制度和神学教会，揭露社会的不公平和不合理，宣扬自由平等的精神。启蒙文学的代表人物有英国"小说之父"笛福，他的主要代表作是《鲁宾逊漂流记》，此外，伏尔泰的《老实人》和《天真汉》、孟德斯鸠的《波斯人信札》、卢梭的《爱弥尔》、歌德的《少年维特之烦恼》和《浮士德》等，都是启蒙文学甚至世界文学中的瑰宝。

浪漫主义是法国大革命和欧洲民族民主运动的产儿，反映了社会民众对启蒙思想引发的法国大革命的失望。反映这种情绪的作家以大胆的想象与夸张等自由手法来表达主观理想，抒发强烈的个人感情，表达对现实的不满，从而形成了浪漫主义文学。它最先产生于德国，后来形成全欧洲性的文学思潮。主要代表人物有英国的拜伦和雪莱、德国的海涅、法国的雨果、俄国的普希金等。浪漫主义文学实际是就是文学上的自由主义，它强调自我和个性的充分表现，反对古典主义的束缚。

如果说浪漫主义产生于资本主义初期，那么批判现实主义则是在资本主义制度普遍确立后出现的一种文学潮流。此时，资本主义社会那种冷酷无情的面目全面暴露出来，人们对自由平等的理性王国的热情已经消失殆尽。这种严酷的现实使人们冷静地分析和批判现实社会，从而形成了批判现实主义的文学思潮。这种思潮最初产生于法国，不久传到了欧美其他各国。司汤达、巴尔扎克、福楼拜、莫泊桑、狄更斯、列夫·托尔斯泰、契诃夫、马克·吐温等，都是这一文学流派的代表人物。批判现实主义的作品有"社会生活百科全书"之美称，在世界文学史上占有重要地位。

在艺术上，西方的绘画、音乐、雕塑、芭蕾、戏剧、电影等，都具有鲜明的风格和丰富的样式。西方近代艺术，从艺术风格上说，包括 17 世纪的巴洛克艺术、18 世纪的洛可可艺术和古典主义艺术；从艺术样式上说，包括绘画、雕塑、建筑、音乐、舞蹈等。"不管哪种艺术，哪种风格，也不论它们之间是否有差异甚至有抵触，它们都有一个共性，那就是世俗理想化的特点——他们既是世俗的，又是理想的。它们体现了世俗审美趣味，可又不仅限于单纯的感官享受，而是仍带有某种类似宗教理想的严肃倾向，即对至善至美的追求。"① 此外，值得一提的是 19 世纪末叶，一门与科学技术有直接关系的新艺术——电影的诞生，它是继建筑、绘画、雕刻、音乐、文学、舞蹈六大艺术之后的新艺术，一般称为"第七艺术"，这是人类智慧的结晶，是科学技术发展的产物。

（三）自然科学成就惊人

科学与神学水火不容，近代西方在自然科学和技术方面进步神速。各国科技天才辈出，科技成就震惊世界，而其科技成就的最突出标志，就是不仅改变了西方人的思维方式和生活

---

① 刘文荣：《西方文化之旅——从阿波罗到"阿波罗"》，242 页，上海，文汇出版社，2003。

方式，同时还改变了人类历史进程的五大科学革命和六大技术发明。"近代西方五大科学革命"，分别是以牛顿和伽利略为首的物理学革命、哈维的生理学革命、拉瓦锡的化学革命、法拉第的电磁学革命、达尔文的生物学革命；六大技术发明，是指最具革命性的、对近现代社会经济和文化影响最大的六项技术发明：蒸汽机、轮船、火车、电话、电灯、飞机的发明。① 此外，自然科学领域涌现出的巨人及其丰硕成果，把人类引入了一个新的时代，使西方的经济和财力发生了根本性的变化。

在数学方面，17世纪法国数学家笛卡儿创立了解析几何学；德国数学家莱布尼兹和英国科学家牛顿创立了微积分；瑞士数学家欧拉创立了变分法、复变函数论；法国数学家柯西创立了"严格微积分学"；众多数学家创立了非欧几何，这是人类对空间认识的一次飞跃；用于求解高次方程的群论、集合论的开设，对现代数学产生了重大的影响。

天文学方面，牛顿由于发现了万有引力而创立了天文学，此后康德的星云假说也是天文学领域的突出成就。物理学方面，除了众所周知的电磁学，还有能量守恒与转化定律这一伟大成就。此外，阴极线和放射性物质的发现，尤其是X射线的发现，冲击了经典物理学的基本定律，为以相对论和量子论为标志的现代物理学的产生奠定了基础。化学方面，17世纪至18世纪末重要的成就有两项：一是英国化学家波义耳批判了炼金术，提出了化学元素说；二是拉瓦锡推翻了统治化学界百年的燃素说。此外还有诺贝尔发明的炸药、门捷列夫发现的化学元素周期律等，都推动了化学和物理学的发展。

生物学方面的重大成果是细胞学说、进化论和遗传理论，达尔文的《物种起源》闻名于世。医学也有了长足的进展，人们先后发现了多种病原体，这对医学的发展有重要意义。细菌学、微生物学、高级神经学的创立，对医学乃至心理学都有深刻的影响。

总之，这是一个新事物层出不穷，令人目不暇接的时代，西学的迅速发展使人类文明的步伐大大加快了。

第三节
资本的扩张与掠夺：西学东渐的原因

一、资本扩张的形态及过程

当"天朝大国"日益没落的时候，西方社会却快速发展起来。而西方的发展和财富的累积，是资产阶级一面残酷剥削本国人民，另一面对外扩大殖民地，进行资本掠夺而完成的。马克思说："美洲金银产地的发现，土著居民的被剿灭、被奴役和被埋葬于矿井，对东印度开始进行的征服和掠夺，非洲变成商业性地猎获黑人的场所，这一切标志着资本主义生产时代的曙光。"② "这种剥夺的历史是用血和火的文字载入人类编年史的。"③

---

① 参见刘文荣：《西方文化之旅——从阿波罗到"阿波罗"》，206、217页，上海，文汇出版社，2003。
② 《马克思恩格斯全集》，第23卷，819页，北京，人民出版社，1972。
③ 《马克思恩格斯全集》，第23卷，783页，北京，人民出版社，1972。

14、15 世纪，欧洲资本主义的最初萌芽，已经开始在地中海沿岸的城市中出现。从 15 世纪末开始，英国出现了分散的资本主义工场手工业。16 世纪英国的对外贸易有了很大的发展，新航路的开辟使英国在海外贸易方面十分有利，资产阶级和商人把越来越多的资本投向海外商业和殖民掠夺事业。16 世纪和 17 世纪，以英国为代表的欧洲国家的海外贸易带有很浓厚的掠夺性质。在西方资本主义原始积累时期，亚非拉各地都惨遭西方国家的野蛮掠夺。17、18 世纪，英法等西方各国爆发了资产阶级革命，给资本主义的发展开辟了道路，随后各国又相继发生了轰轰烈烈、成效巨大的工业革命，西方的工业、棉纺织业、交通运输业等都急剧发展，这使得西方各国更加迫切的需要开辟新的世界市场，并且扩大对殖民地的占领和掠夺。正如列宁所指出的："资本主义如果不经常扩大其统治范围，如果不开发新的地方并把非资本主义的古老国家卷入世界经济漩涡，它就不能存在与发展。"① 19 世纪初，开辟新的更大的市场以推销工业品尤其是纺织品，成为各国资产阶级的迫切要求。中国这个疆域辽阔、物产丰富、人口众多却又科技落后、制度腐朽的大国，自然成为西方各国的目标。

因此，西方各国处心积虑要打开中国的大门，把中国纳入世界市场，以实现其掠夺巨额资本的目的。然而有两个关键事实使西方资产阶级事与愿违。第一，早在乾隆二十二年（1757 年），为了保护封建经济，抵制西方强盗商人对和平贸易的破坏，同时为了消除危及自身统治的外来因素，清政府对于包括贸易在内的对外关系，采取了落后的"闭关"政策，只允许在广州一地通商。三年后，为了掌管贸易，清政府又在广州设立了特许的、专理贸易又兼办外交的"公行"，规定外商来华贸易或者办理其他事务，须经清政府特许的"公行"来经手。"闭关"政策和"公行"制度，是一种严格限制贸易的政策，它不仅阻碍了中国国内资本主义的萌芽和成长，助长了清朝统治集团的消极保守、力图维持现状的思想，而且使中国人闭目塞听，与世隔绝，妨碍了我国对世界先进思想文化和科学技术的学习和借鉴，拉大了我国与西方的差距，严重阻碍了中国近代社会的发展，加深了中华民族的苦难。更何况，后来的历史证明，这种消极落后的闭关政策，根本不可能使中国长期的隔离于世界。尽管在当时，能片面地抵制外国资本主义的掠夺和扩张，但毕竟是治标不治本，可谓简单愚昧。第二个关键事实是，即使随着世界资本主义经济的高涨，中外贸易额在清政府的限制政策下不断增长，但中国在中外贸易中长期处于出超地位，西方国家想从中国掠夺资本的野心不能达到。原因就在于当西方资本主义国家在中国开拓市场，扩大贸易时，以自然经济为基础的封建中国，对西方大工业品需求甚微，而且自给自足的封建经济，对西方资本主义工业品还有着本能的顽强抵抗力。英国运到广州的毛织品、印花布、棉纱、天鹅绒都销路不畅，连连亏本。② 连英商自己也哀叹"销售英国棉制品的时代还没有到来"③。而中国的丝、茶、棉、麻、瓷器、药材等农副产品和手工业品，却为国际市场所青睐。以中英贸易为例，"1781 年至 1790 年，中国输英商品，仅茶叶一项，即达 9 626.783 2万银元。英国输华的商品，从 1781 年至 1793 年，包括毛织品、洋布、棉纱、金属等全部工业品在内，总共才值

---

① 《列宁全集》，2 版，第 3 卷，547 页，北京，人民出版社，1984。

② 比如英国的王牌货——毛织品，在当时还不够精美便宜，而且由于长期以来中国富人习惯用华丽的绫罗绸缎，平民百姓则用自织的结实土布，因此毛织品在中国找不到多少主顾，打不开市场。

③ 严中平：《英国资产阶级纺织利益集团与两次鸦片战争史料》，载《鸦片战争史论文专辑》，28 页。

1 687.159 2万银元"①，仅占茶叶贸易量的 1/6。"直到十九世纪二三十年代，中国每年的出超额仍达 200 万到 300 万两白银以上，而英国每年不得不向中国运来相当数量的白银，来抵补贸易中的逆差。"② 中国是一个传统的白银内流的国家，据估计，从 18 世纪初到 1828 年的百余年中，经欧洲商人输入中国的白银，至少有 5 亿银元。这引起了西方资产阶级的妒忌，也与资产阶级用商品来打开中国市场的初衷相违背。

图 1—3　康乾时期，中国的瓷器大量出口到欧洲。图为 1745 年瑞典东印度公司"哥德堡"号船所载瓷器的碎片，这只船当年因触礁沉没于哥德堡港附近水域，1984 年被打捞出海。

摘自郭成康：《康乾盛世历史报告》，北京，中国言实出版社，2002。

为了打破清政府的闭关政策，同时改变这种贸易逆差的被动局面，以英国为首的西方资产阶级绞尽脑汁，挖空心思，先是向清政府强力交涉，1793 年英国派使臣马戛尔尼，1816 年又派出阿美士德来华交涉，要求清政府放宽对贸易的限制，多开港口，分别遭到了乾隆和嘉庆皇帝的严词拒绝，只得悻悻离去。黔驴技穷的西方资产阶级最终决定把罪恶的鸦片贸易作为打开中国大门的利器。

1757 年，英国占领了印度的鸦片产地孟加拉，竭力发展鸦片贸易。1773 年，英属印度政府确立了对华鸦片政策，并给予东印度公司特权来制造并专卖鸦片。东印度公司迫使或引诱农民种植罂粟，然后加工成鸦片，运到中国。据不完全统计，从 1800 年到 1838 年，40 年间鸦片输华量增加了近十倍，总计不下 42.7 万箱，价值 3 亿元以上。③ 由于鸦片年年走私，改变了中国对外贸易的传统优势，白银流向发生了根本变化，中国由出超迅速变为入超，而且数字惊人上升。英国对华鸦片贸易扭转了英国在中英正当贸易中的不利地位，打开了中国市场，使大量白银源源不断流向西方资本家的手里。据统计，1830 年至 1840 年的十年间，平均每年流出白银七八百万元。巨大的利润驱使鸦片走私船只明目张胆地活跃在东南沿海，"往来如织，不胜繁忙"④。而中国白银大量外流，导致了银贵钱贱，不仅国家财政收入陷于困窘，官俸兵饷也大感支绌，中国陷入银荒兵弱的困境，而人民生活更是每况愈下。马克思指出："从 1833 年起，特别是 1840 年以来，由中国向印度输出的白银是这样多，以致天朝帝国的银源有枯竭的危险。"⑤

二、文化扩张的形态及过程

"掠夺是一切资产阶级的生存原则"⑥。随着西方资本主义的兴起和工业的发展，开辟新的商业市场就成为资产阶级极强烈的渴求，促使他们积极进行海外扩张，夺取资本。西方资

① 丁名楠等：《第一次鸦片战争——外国资本主义侵略中国的开端》，载《中国科学院历史研究第三所集刊》，第一集，117 页。

② 吴雁南：《中国近代史纲》，上册，5 页，福州，福建人民出版社，1982。

③ 参见 [美] 马士：《中华帝国对外关系史》，第 1 卷，张汇文、章巽等译，238～239 页，北京，三联书店，1957。

④ 《鸦片战争》，第五册，9 页，上海，上海人民出版社，1957。

⑤ 《马克思恩格斯全集》，第 9 卷，110 页，北京，人民出版社，1961。

⑥ 《马克思恩格斯选集》，2 版，第 4 卷，560～570 页，北京，人民出版社，1995。

产阶级用海盗掠夺和商品贸易都无法打开中国的门户，于是运用最令人发指的无耻手段——鸦片走私，来掠夺中国的财富。毒品鸦片成为西方资产阶级打开中国大门和谋财害命的阴险工具，给中国带来了严重的祸患。连年贸易入超，白银大量外流，曾经的盛世，如今却财政枯竭，国库空虚。中国的社会危机更为严重，国内矛盾日趋突出。

西方在进行资本的扩张与掠夺的同时，也加紧了对中国的文化扩张。诚然，大规模的文化入侵、"欧风美雨"是在鸦片战争后，伴随着西方列强的炮舰而发生的，但在鸦片战争前，西方社会的文化东来就已经开始了。当西方基本完成了文艺复兴和宗教改革运动，又成功地进行了启蒙运动、资产阶级革命和工业革命，完成了自身近代化之后，就开始向东方进行文化扩张，这主要反映在 1840 年以前的外国传教士来华潮流。

鸦片战争以前来华的传教士是一个复杂的群体，来华的动机也是不一而足。在他们之中，有的是因为 16 世纪欧洲开始宗教改革，新教的出现使天主教在欧洲失去大量信徒，天主教急于在欧洲之外扩大地盘以求发展，从而使一批天主教耶稣会士满怀传教热情来到东方，成为西方文化在东方的第一批传播者；有的是因为 18 世纪后随着新的殖民帝国的崛起，新教各派派遣传教士来东方传教，从而形成了基督教东传的新高潮；也有与此相反，纯为政治目的而来，他们在西方政府的雇佣或资助下，成为西方侵华的先遣队，以传教士的身份从事与宗教风马牛不相及的事情，甚至收集中国的政治、经济、文化和军事情报，以提供给所在国便于进行殖民活动；还有的则是渴望在东方实现淘金梦或者研究古老而神秘的东方文化；等等。但无论如何，传教士是最早的东西文化交流的桥梁，他们在传教的过程中传播西方近代文明，并为鸦片战争以后西方文化的大规模入侵奠定了基石。

为了达到侵略中国的目的，乾隆五十八年（1793 年）英国曾经派使臣马戛尔尼出使中国，提出开放港口、进行通商等要求，但遭到了乾隆帝拒绝。19 世纪初，英国鉴于这一教训，就想利用宗教的伪善面目作掩护，派基督教新教教士深入中国作侵略的先遣部队，于是派出年仅 23 岁的伦敦会传教士马礼逊（Robert Morrison）到中国来。就这样他在 1807 年奉派东来，成为第一个基督教新教来华传教士。1811 年，马礼逊在广州出版了第一本中文西书。之后，传教士们在马六甲、新加坡、巴尔维亚等地创立学校，开办印刷厂，出版书籍报刊，在当地华侨中传播西学，为日后到中国活动打下了基础。"这一阶段，马礼逊等传教士共出版中文书籍和刊物 138 种，属于介绍世界历史、地理、政治、经济等方面知识的，共 32 种，比较重要的有《美理哥合省国志略》、《贸易通志》、《东西洋考每月统记传》等"①，这些书刊杂志，开始了传教士在华人中进行教育活动的历史，也培养了近代中国一批最早的翻译人才。马礼逊等人所出版的西方书籍报刊、开办的新式学校和印刷厂，无论在数量上还是规模上，都不能与鸦片战争后相比，但这是一段历史的开端。近代西学东渐史上的许多第一，比如第一所对华人开放的教会学校、第一本中文杂志、第一家中文印刷厂、第一部英汉字典等，都是从这里产生的。

随着以马礼逊为代表的西方传教士的来华，基督教新教的信仰被带到了中国，他是基督教新教在中国传播的开山鼻祖，又是在中国的伦敦会教会的创始人，还是基督教圣经的最早

---

① 熊月之：《晚清西学东渐史概述》，载《上海社会科学院学术季刊》，1995（1）。

翻译者。马礼逊之后，许多新教徒陆续来到中国传教，这一教派的势力在中国日益扩大，与此同时，很多西方文化也传到了中国。

三、资本扩张与文化扩张的后果分析

西方列强为了海外扩张而掠夺资本并进行文化扩张，给古老的中国社会以巨大的冲击。为打开中国封闭的大门，与中国开展大规模的贸易以满足资本主义经济追求最大商业利润的需要，英国等西方国家长期向中国倾销鸦片，期望达到掠夺中国经济资源，进而摧毁中国的政治、经济、军事力量的目的。无节制的鸦片输入以及由此引起的白银大量流失，使中国社会中已经存在的内外矛盾更加激化，清朝统治的社会根基更为脆弱，人民生活每况愈下，社会经济残败不堪，国家安全岌岌可危。人们开始意识到天外有天，西方已经超越中国。与此同时，西方开始了对中国的文化扩张，西方传教士陆续被本国政府派遣来华。无论是作为西方侵华的先遣部队，以传教的名义搜集情报甚至从事非法活动，还是为了开辟新的宗教地盘，或是出于单纯的传教热情，这些西洋传教士们客观上都促进了西方文化在中国的传播。由于西方传教士是以传播文化作为在中国传教的手段，因此，随着他们来到中国，若干西方文化也传到了中国。资本扩张和文化扩张并驾齐驱，共同催生出一个成果——中外史学家们津津乐道的清末"西学东渐"现象的萌发。①

所谓"西学东渐"，就是"近代以来西方资本主义的宗教学说、科学技术、学术思想在中国的传播"②。在鸦片战争以前，"西学东渐"处于预备阶段和萌芽状态，主要是外国传教士唱主角，传教士所传入的西方文化虽然很多源于欧洲的"旧知识"，但也有不少近代科学的内容，他们的传入，对于古老的中国无异于一股清风，令人耳目一新。③

（一）宗教神学与哲学的传入

传教士来到中国，为了争取中国信徒获得传教的成功，将大批经典宗教书籍翻译过来，广为宣传。他们不仅翻译了《圣经》，而且还翻译和介绍了许多其他宗教书籍。如马礼逊于1819年翻译完成全部新旧约，并在中国零星出版。贺清泰翻译了《古新圣经》，蒋友仁将地位仅次于《圣经》的宗教书籍《轻世金书》翻译为四卷本。此外还翻译了不少宗教传记，例如《德行谱》等。由于中国文化传统悠久，儒家思想根深蒂固，传教士们在传教时，十分注意调和教义和中国文化传统的关系，他们或者从中国经书中有关风俗民情的内容证明教义宣传的道理与中国传统文化相符，或者从中国经典中寻找资料证明教义的真理性，通过附会中国传统文化，来争取中国信徒，获得传教的成功。

在宣扬宗教的过程中，传教士还夹杂着介绍了其他一些西方哲学思想，例如亚里士多德的思想和著作，就是传教士所翻译和介绍的。

（二）西方科技的传入

近代欧洲的天文学处于伟大的变革中，从哥白尼提出著名的"太阳中心说"，到布鲁诺、

---

① 我们认为，资本扩张和文化扩张造成了"西学东渐"这一现象的萌发，但真正大规模的西学东渐，实际上发生在鸦片战争以后，对西学东渐之过程的系统分析，请见本章第四节。

② 曹全来：《国际化与本土化——中国近代法律体系的形成》，41页，北京，北京大学出版社，2005。

③ 参见南炳文等：《清代文化·传统的总结和中西大交流的发展》，246页，天津，天津古籍出版社，1991。

伽利略等人的进一步发展，欧洲的天文学发展很快。西方传教士虽然出于维护宗教的本能而曾经封锁、禁锢西方天文学的最新成果，但由于哥白尼学说的胜利以及科学不可阻挡的前进潮流，他们不得不在传教的过程中附带传播这些先进成果。如法国传教士蒋友仁就在向清朝呈献的《坤舆全图》中明确介绍了哥白尼理论与刻卜勒定理。虽然这些学说曾经受到中国天文学界和士大夫的怀疑，但随着 19 世纪李善兰译出《谈天》一书，这些理论在中国站稳了脚跟。而在介绍西方天文学理论的同时，传教士们还带来了西方先进的天文仪器，例如浑天星球、望远镜、地平日晷、黄道经纬仪、天体仪等先进仪器，并且在钦天监供职，参与了清朝的历法制定活动。《时宪历》的编制，就是传教士和清朝合作的结果。

天文历法离不开精密的计算，随着西方天文学的传入，西方数学也被介绍到了中国。欧洲几何学、三角学、解析方法、概率论、微积分等，都逐渐为中国学者所知晓。先进的西方数学知识的传播引起了我国学者的浓厚兴趣，也激发了他们系统整理和学习西方数学知识的渴望。清代数学巨著《数理精蕴》（共五十三卷）的编纂，就是对传入我国的西方数学进行系统总结和介绍的成果，表明我国学术界对西方数学认真吸收、学习的态度。

与此同时，西方的地理学、物理学都使中国对世界的认识大大提高。传教士对地球形状、世界各洲和洋的分布、寒暖温五带之划分以及各国地理情况的介绍，大大开阔了中国人的眼界，促进了中国地理学的发展。而西方物理学的传播、西洋奇器的引进和制造、西洋火器的传入，都使中国人耳目一新。尤其是西洋火器，它一传入就很快引起了中国社会各阶层的重视，并被运用到实际中去。这主要是由于当时中国与西方有着同样需要武器的背景。西方传教士南怀仁还在制造火器的过程中，总结经验，写成了《神威图说》一书，对西洋火器的制造进行了说明。

当时来到中国的传教士，不少精通医术，于是他们在传教的过程中介绍西医，解剖学的介绍令人瞩目。在清代，不少精通医学和人体解剖学的传教士供职于内廷，讲授解剖知识，西方血液循环方面的知识也有所传入，当时传教士们翻译了很多医书，并在北京传播开来。西方传入的医学理论尤其是人体解剖学方面的知识引起了我国医学界的关注，并影响到他们的研究与治病。而随着西方医学知识的东来，西方药物也涌入中华大地。金鸡纳霜就治愈了康熙皇帝的疟疾；传教士还经常进献葡萄酒作为滋补身体之物。此外，19世纪初陆续来到中国的新教传教士，开始了在中国直接创办医院的活动。嘉庆年间最早来到中国的新教传教士马礼逊于 1820 年创办了一所医院，1827 年东印度公司的郭雷枢创办了眼科医院，1835年美国公理会的伯驾在广州建立医院。1838 年郭雷枢与美国公理会传教士在广州成立了中国医学传教会。① 传教士在中国传播西方医学与药物、创办医院的活动，对于中国医学的发展，起了重要作用，同时也在中国培养了一批西医医生。

图1—4　伯驾在广东开办眼科医院

摘自张海林：《近代中外文化交流史》，目录前页，南京，南京大学出版社，2003。

---

① 参见何哲：《清代的西方传教士与中国文化》，载《故宫博物院院刊》，1983（2）。

（三）语言文学和艺术的传入

西方文字与中国文字完全不同，西方文字属于拼音文字，由字母构成，见字能诵其音；中国文字则属于表意文体，见形不知其音。传教士来到中国后，一个突出的问题就是感觉到语言障碍，学习汉语非常吃力。于是他们喜欢用拉丁文给汉字注音，同时向中国人介绍西方文字。传教士的这些活动对于中国的语言学尤其是音韵学产生了巨大影响。而传教士由于既精通西文，又知悉中文，所以很受清朝重视，成为中外关系中重要的翻译人才，并且因其翻译才能而参与了清政府的外交活动，帮助清政府签订对外条约。

在建筑方面，以生动、优美著称的西洋建筑，也被传入了中国。最先是西式教堂在中国不少地方出现，随后，大量西式教堂的耸立，众多西洋风情画的流传，引发了中国皇帝的兴趣，为了领略异国君主的豪华生活，乾隆皇帝在圆明园内建造了一群西洋宫殿，它们是在外国传教士郎士宁、蒋友仁、王致诚等人的设计和主持下修建的，由谐奇趣、蓄水楼、万花陈、海宴堂、远瀛观等楼组成。同时还吸取了一些中式建筑的特点，使整个建筑群显得千姿百态、富丽堂皇，圆明园因此也成为我国建筑艺术史的瑰宝，同时也是中西文化交流中的奇葩。

西洋画也同时来到了中国。传教士们为了宣扬宗教，大多携带有反映宗教内容的西洋画，并且很多精通画术的传教士喜欢为清朝皇帝画像，以取悦皇上，在这个过程中他们对西洋画进行了直接的传播和介绍，而清朝皇帝对西洋画十分喜爱，意大利人郎世宁尤其为乾隆皇帝所赏识，史称他"康熙中入直，高宗尤赏异，凡名马、珍禽、琪花、异草，辄命图之，无不奕奕如生，设色奇丽"[①]。此外，西方音乐也随着西方乐器传入中国。

第四节
文化的传播与渗透：西学东渐的过程

一、战争与文化传播

正如前文所述，西方资本主义的高度发展，刺激了他们对更大的商品市场、更廉价的工业生产原料和更廉价的劳动力的渴求。因此，地大物博、人口众多而政治腐败、经济落后的中国，很自然地成为西方列强的首选目标。在长期的资本掠夺和文化扩张下，"西学东渐"的脚步渐渐靠近，可是真正意义上的西学传播与渗透，却是在鸦片战争以后，伴随着列强的炮舰而发生的。

长期的无节制的鸦片输入和白银外流，给中国社会带来严重的灾难。它改变了中国对外贸易的长期优势，使白银流向发生了根本的变化，导致财政困难，国库空虚，而且银贵钱贱，危及人民生计，激化了社会危机；鸦片输入的增加，造成中国吸食鸦片的人口越来越多，严重败坏了社会风尚，摧残了广大人民的身心健康；对人身的毒害，摧毁了劳动力，破

---

① 《清史稿·艺术》，卷五〇四，北京，中华书局，1977。

坏了社会生产；鸦片泛滥使军队丧失战斗力，吏治更加败坏。总之，鸦片贸易已经构成了对中国财政、军事和人民身心健康的严重威胁，并且直接危及清政府的统治。

面对这一严重的社会问题，林则徐等一批已经开始"睁眼看世界"的官僚士大夫强烈呼吁取缔鸦片贸易，实施禁烟政策。迫于各方社会压力，也出于维护自身统治、巩固皇权的需要，清政府终于派遣林则徐为钦差大臣，在广东实施禁烟、销烟。对于这一艰巨的历史使命，林则徐有着坚定的决心和严明的作风，"若鸦片一日未绝，本大臣一日不回，誓与此事相始终，断无中止之理"①。他制定的禁烟方针是"将已来之鸦片，速缴到官；未来之烟土，具结永断"②。这就击中了贩毒者的要害。由于林则徐采取了坚决禁烟的措施，英美烟贩被迫先后缴出鸦片"共有19 187箱又2 119袋，共计237.625 4万斤"③。到虎门销烟时，林则徐等人亲临现场监督，将收缴的鸦片全部销毁。林则徐领导的禁烟活动取得了重大胜利。

然而，英国殖民者和大烟贩是不会甘心的，他们掠夺资本的本性无法更改，殖民扩张的野心丝毫不减。因此，对于中国政府这一在主权范围内实施的、完全合乎国际法律规则的行为，图谋已久的英国政府作出了强烈的反应，利用这一机会，以"保护通商"为名出兵中国，发动了震惊中外的"鸦片战争"。他们认为，"应该使用足够的武力，并以西方国家对这个帝国所从来没有过的最强有力的方式进行武力行动的第一回合……必须教训中国政府要他懂得对外义务的时机已经来到了"④。而此时的清朝政府，在政治、军事上已经全面衰颓，因而这场英国蓄意发动的侵略战争，以英国取得全面胜利，强迫中国与之签订《中英南京条约》、《中英五口通商章程及其税则》、《虎门条约》等一系列丧权辱国的不平等条约而告终。

鸦片战争的爆发以及中国的战败，犹如石破天惊，在给中国人民带来一系列深重的灾难的同时，也给古老的天朝大国以巨大的震撼。因为在鸦片战争以前，中国是一个古老、独立而且自给自足的社会。数千年光辉灿烂的悠久历史、辽阔富饶的国土、博大精深的文化传统、自成体系的价值观念，以及中国文化的对外巨大辐射力，这些因素都在客观上奠定了中国作为"天朝大国"的历史地位，从皇室到士大夫，从平民百姓到官家奴婢都有一种优越、自大、固步自封的傲慢心理，清朝上下对西方的经济腾飞和巨大变化，以及这种变化所构成的致命威胁，一直缺乏应有的了解和警觉。如今这种心理却逐渐被西方的资本掠夺和文化扩张，以及由于资本主义的贪婪本性所引发的鸦片战争所打破。中国社会各阶层开始思考"天朝大国"为什么会被击败、中华帝国为什么已经落后、中国应该建立一个什么样的国家等深层问题。这就为西学的传入创造了心理条件。同时，鸦片战争以后，大量西方近、现代思想文化包括哲学思想、学术思想、政治法律观念等，随着战争的炮火而传入了中国。大规模的轰轰烈烈的"西学东渐"开始了。

二、侵略性的文化传播

近代中西文化的深入交流从鸦片战争开始，并以各种形式具体展开。西方文化的传播并

---

① 林则徐：《谕各国夷人呈缴烟土稿》，载《鸦片战争》，第二册，243页，上海，上海人民出版社，1957。

② 林则徐：《信及录》，载《鸦片战争》，第二册，245页，上海，上海人民出版社，1957。

③ 林则徐：《夷船呈缴鸦片一律收清折》，载《鸦片战争》，第二册，102、146页，上海，上海人民出版社，1957。

④ 中国科学院历史研究所第三所编辑：《近代史资料》，18页，北京，科学出版社，1958。

不是在和平的方式下，通过友好往来的手段来进行的，而是伴随着西方资本主义国家血与火的征服，由殖民者用枪炮船舰完成的。西方殖民者通过战争打开了中国的大门，又通过后继的一系列不平等条约，对中国进行政治、经济、文化的全方位、多层次的渗透和控制。这种侵略性的文化传播的显著特点就是：战争不断打开中国的大门，西方文化随之不断地扩大其影响和辐射的层次和深度。对于中国传统文化而言，它处于被动的反应和继受地位，而西方文化，或者说"西学"，则以其军事侵略的深入、战争的胜利、不平等条约的签订、租界的设立所确立的优势地位不断地冲击着中国的古老文化。①

近代西方文化传入中国时，貌似和平方式的非和平背景和不平等地位，使得通商、遣使、传教、翻译等这些常态的和平传播方式，表现出非和平和不平等的形态。鸦片战争以后，西方各国传教士来华传授②、商人来华贸易，外交官来华担任职务，这些本来都是正常的文化交流方式，但在鸦片战争后的近代中国，由于西方根据不平等条约享有种种特权，所以这些活动就被染上了殖民色彩，并且常常成为西方各国干预中国内政、控制中国文化的手段，具有明显的侵略性质。

（一）在西方对中国侵略性的文化传播中，传教士的传教活动是一种非常重要的形式

与鸦片战争以前的传教士不同，战后的传教士在华的活动是多方面的，动机是复杂的，角色是双重的。一方面，战后的传教士是随着鸦片和枪炮进入中国的，充当了资本主义文化侵略的急先锋。在鸦片战争中，有些传教士充当了西方列强的参谋和向导，在战争中扮演了不光彩的帮凶。而在鸦片战争以后的一系列不平等条约中，都有保护传教活动和传教士的内容，在他们身上必然打上了殖民主义的烙印。他们倚仗条约所赋予的特权，迅速地扩大了在华的势力，为西方资本主义的侵略活动服务。

另一方面，从文化传播与交流的角度，鸦片战争以后，传教士充当了近代中西文化交流的媒介，对近代西方文化的传入起了积极作用。首先，他们对近代西方自然科学的传播贡献很大。鸦片战争以后，传教士通过译书、办报、开学堂，将西方的近代科学引进中国。据不完全统计，"在1853年至1911年间，西方科学著作被译成中文的有468部，其中有相当的数目是传教士译的"③。传教士们翻译的大多是各自学科中的启蒙或者经典之作，为这些学科在中国的建立奠定了基础。传教士在中国创办的报刊杂志，占19世纪中国近代报刊的90%以上。传教士创办的近代学校也开设有自然科学的课程，虽然不能与现代相提并论，但在当时，与中国传统的书院相比，却是一个了不起的进步，成为近代西方文化的传播地。其次，传教士对近代人文科学与社会思潮的传播也起了中介和桥梁作用。在这一时期，西方资产阶级的政治新学说成为中国进步人士的思想武器。英美传教士所创办的著名的广学会，就翻译出版了大批的西书，如《文学兴国策》、《中东战纪本末》、《泰西新史揽要》等，这些书对后来维新派思想的形成产生了很大影响。有学者认为，"维新派人士的新知识，有许多是从研

---

① 参见王继平：《论近代中西文化的交流与整合》，载《云梦学刊》，2003（1）。

② 鸦片战争以后的传教活动，与我们在上一节讨论的战前的传教活动不同，战前因为没有不平等条约的保护，传教士的活动相对是正常的，文化传受双方地位基本平等；战后的传教则多了盛气凌人的色彩，具有很强的殖民色彩和侵略性。

③ 王继平：《近代中国与近代文化》，349~350页，北京，中国社会科学出版社，2003。

究广学会书籍中得来的"①。

因此，鸦片战争以后来华的传教士，在西方文化传播过程中，集"天使"与"魔鬼"双重角色于一身，他们有着特权，并且希望依靠这些特权实现自身的目标，也就是在文化上影响中国，进而影响中国的政治和未来。同时也应当看到，传教士们在向中国翻译和介绍近代西方的自然科学成就和人文社会科学思潮方面，起到了不可忽略的作用。

（二）通商是近代西方对中国的一种侵略性文化传播方式

西方资本主义国家处心积虑甚至不惜以输入鸦片和发动战争打开中国的大门，其目的就是要把中国这块疆域广大、人口众多的市场纳入自己的势力范围。因此，近代中西之间的贸易具有殖民和掠夺的性质。西方国家对华贸易的目的并不是想要帮助中国发展民族工业，而是要把中国纳为列强的原料产地和商品销售市场。

然而，在另一方面，中外通商贸易对近代文化的发展有很大的作用。首先，由于通商贸易，中国人开始了解西方文化的先进方面，并加以改造和利用。中国人对西方近代文化的认识与改造经历了一个从表层的器物文化，到中层的制度文化，再到深层的观念文化的过程。鸦片战争中西方先进武器的展现，使中国人意识到西方军事设备的先进，并进一步了解到西方近代工业和科学技术的发达，于是使中国人萌发了向西方学习科学技术和新兴知识的想法。伴随着中西方通商贸易的不断发展，中国人对西学的认识逐渐深入，开始了从器物文化到制度文化，再到观念文化的一系列的文化变革。所以，通商贸易是西方对中国文化传播方式的重要内容。其次，通商也破坏了中国传统的自给自足的自然经济，促使了中国社会内部的商品经济的发展，挖掘出近代资本主义的经济因素，催生出资产阶级这一新的社会阶级力量。这种社会阶层结构的变化，为近代文化的转变与发展奠定了物质基础。中国近代资产阶级新文化，就是在这个基础上成长起来的。

（三）租界的设立、使节往来及外交活动，也是侵略性文化传播的重要渠道

西方文化的传播渠道是多样的。有学者认为："中国对西方文化的了解，除了传教士、洋货外，还有沿海城市的租界。"② 1945 年《虎门条约》的签订，使中国半殖民化程度加深，西方国家开始在中国设立租界。租界有两类：一类是整个城市，比如中国香港；一类是在城市中划出的部分区域，如上海。起初，租界的主权仍属中国，外国人仅有租住权。但随着西方列强对中国的侵略程度不断加深和清政府的日趋衰亡，各地租界对中国的管辖和主权置若罔闻，视而不见。各国在自己的租界内实行直接的殖民统治，使租界成为"国中之国"、"市中之市"。在政治上，他们有独立的行政权、立法权和司法权，设有监狱、法庭、巡捕房、军队这样的国家机器，似乎已经成为外国在中国土地上成立的自治区域；在经济和文化上，它们的财政管理、市政管理、社会结构、文化设施、教育机构亦都西方化了。租界已经不是一个单纯的区域，而是全面而立体的西方社会缩影。从本质上看，租界是中国半殖民化的重要标志，是近代中国耻辱的象征，但另一方面，各国在租界中创办企业、建设公共事业、建立文化教育机构、引进现代城市管理模式等活动，客观上都促使了西方文化在中国的传播。

---

① 杨廷福：《谭嗣同年谱》，57 页，长沙，湖南人民出版社，1995。
② 刘登阁、周云芳：《西学东渐与东学西渐》，5 页，北京，中国社会科学出版社，2000。

虽然这种传播是侵略性的、强制性的，但它对中国的影响和震动是巨大的。

使节往来及外交活动，也加速了西方文化的传播。我们不可否认近代中国的外交具有浓厚的半殖民地色彩，西方各国驻华外交机构往往成为干涉和把持中国内政的工具。但是，外交往来作为西方文化传播的重要手段，其作用仍不可忽视。通过使节往来，中国人打破了传统的优越自大、闭关锁国、以自我为尊的消极心理，了解和接受了西方的新文化，初步形成了开放的心态。例如，清政府正式派出的第一个驻外公使郭嵩焘就是典型的例子。在出使之前，郭嵩焘的思想与洋务派很接近；出使之后，通过切身感受和研究，指出："西洋立国，在本有末，其本在朝廷政教，其末在商贾。造船制器，相辅以益其强，又末中一节也。"① 这种认识西方文化的思维方式，无疑是对洋务派"中体西用"理论的一个超越。中国人一旦走出闭关锁国的氛围，步入近代文化的城域，文化心态自然就发生了根本的变化。而驻外使节归国后撰写并出版的出使游记、笔记，以及所翻译的西方科学和人文著作，使国内传统的士大夫读后也打开了眼界，转变了封建落后的心态。因此，近代的中西外交，虽具有浓厚的殖民色彩和不平等性质，但却是西方文化东来的重要途径。

三、被动性的文化继受

鸦片战争的炮火为中国传来了近代西方文化，传教士的东来、西方商人对华贸易、租界的设立、外交使节的活动等，虽然带有耻辱的殖民色彩，由此引起的种种掠夺和奴役给中华大地带来了深重的灾难，但在客观上，同时也打破了中国传统的文化封闭格局，给传统中国文化注入了生机。在西方侵略性的文化传播下，中国开始了被动性的文化继受，这主要反映在以派遣留学生和引进国外学者专家为主的中外学者交流、翻译西方著作、创办报刊和学校等文化事业等方面。

（一）留学生的派遣和外国学者的来华对中国继受西方文化起了重要作用

传统中国的教育实际只为单纯地培养中国政府文官服务的体系，这种教育机制以封建伦理为知识，以中举入仕为荣耀，以忠孝节义为标准，崇尚四书五经、八股文章。在这种体制下培养出来的士大夫们，既没有强烈的国家民族观念，也不具备使近代中国走向现代化的科技知识和专业技能。留学生的派遣逐渐改变了这一状况。从洋务运动时期中国派遣第一批出国留学的学童开始，到后来的大规模留学运动，近代中国的留学生在继受西方近代文化的种种活动中扮演了重要角色。留学热潮促使近代中国培养了一大批具有近代意识、掌握近代新兴学术的新式知识分子，这些先进知识分子有力地推动了近代中国资产阶级新文化的产生、发展和传播，早期的留学生，多以学习自然科学为主，后期的留学生，尤其是自费留学生，则学习了很多政治、军事、法律、经济等方面的知识。当时国内很多进步人士都提倡留学教育。正如蔡元培所说："一种民族不能不吸收他族之文化，犹之一人之身不能不吸收外界之空气及饮食，否则不能长进也。"② 更重要的是，留学生在国外接受的是与国内书院私塾教育大相径庭的新式教育，他们不仅学习西方的各种近代科学知识，而且通过对西方各种社会政治学说的感悟，接受了资本主义的自由、平等、博爱的新观念，进而耳濡目染，体验了西方

---

① 郭嵩焘：《条议海防事宜》，载《郭嵩焘奏稿》，341 页，长沙，岳麓书社，1983。
② 蔡元培：《说俭学会》，载《蔡元培全集》（三）。

文化的氛围，对比国内中华民族被奴役和欺压的命运，形成了深沉的民族忧患意识、热血沸腾的变革精神、救亡图存的使命感和责任感，其世界观和价值观的改变是巨大的。因此，归国的留学生，不仅成为种种西方近代科学在中国的传播者，而且成为活跃于各学科各领域的领军人物，还成为各种对近代中国产生巨大影响的变革活动的中坚力量，他们对于中国近代化运动的开展和近代文化的兴起有巨大的贡献。清末影响巨大的进化论、自由平等博爱的天赋人权学说、宪政学说、三权分立学说以及初期的各种社会主义思潮，在很大程度上是通过留学生的渠道传入中国，并在中国社会产生了巨大影响。

图 1—5 清末首批赴美的留学幼童

留学生在介绍西学、传播西方新思想方面起了积极作用。摘自芮传明：《中国历史 1000 个基本事实》，203 页，广州，广东人民出版社，2005。

与此同时，近代中国还有一批外国人来华传教、工作，他们也传播了很多西学知识。传教士为发展信徒，扩大影响，翻译了一些西方科学方面的书籍，并且在他们所创办的报刊杂志上、教育机构中传播一些西方新知识新思想。而来中国的企业、学校任职、作研究的人士，大多是某一方面的专家，他们也是传播西方文化的中流砥柱，其中有些外国学者还与中国学者合作出版论著，成为近代中国某一学科领域的创始人。

（二）翻译西方著作，是继受西方文化的重要方式

鸦片战争以后，清朝统治者和士大夫们看到洋枪洋炮的巨大威力后，马上想到要开办翻译机构，大量翻译西方的著作，提出了"中体西用"、"师夷长技以制夷"。19 世纪 60 年代以后，大规模的译述西方著作的工程开始兴起。当时在洋务派的推进下，为了更好的开展自强运动，洋务企业开设了一些翻译机构，如北京同文馆、上海江南制造局翻译馆、广学会、福船政局学堂等。此外，外国传教士创办的墨海书馆等，也翻译了不少西方论著。

当时翻译的西方书籍经历了"由单纯的西方科技著作，向自然科学与社会科学、人文学科等著作并重，甚至后者略占上风的过程"①。起初，中国学者较注重西方的自然科学论著，尤其是对数学、物理、化学、医学、天文的介绍，比较全面系统，为近代自然科学在中国的全面建立奠定了基础。当然，与此同时也会涉及一些有关西方的简单介绍②，以及有关西方法学、地理、历史等方面的书籍。随着近代中国政治和文化变革的深入开展，人文科学和社会科学领域中的译著逐渐增多，特别是进入 20 世纪后，有关西方的政治学、哲学、经济学、心理学等方面的书籍以及反映当时西方各种社会思潮、文化思潮的著作、西方的文艺作品及其他思想文化学术著作被大量翻译过来，促进了中国文化的变革。当时译著占据了中国文化思想界的半壁江山，文学就是以译本小说为开道先锋的，中国的近现代文化就是在经历了西方文化的洗礼后开始扬帆启程的。

（三）废除科举，建立近代新式学堂，开办报刊杂志，同样是继受西方文化的渠道

鸦片战争失败后，传统封建教育的弱点暴露无遗，废除科举成为共识。严复主张讲西

---

① 刘登阁、周云芳：《西学东渐与东学西渐》，22 页，北京，中国社会科学出版社，2000。

② 如江南制造局的《西国近事汇编》。

学，首先就要废除科举和八股，"救亡之道当何如？曰：痛除八股而大讲西学，则庶乎其有救耳。东海可以回流，吾言必不可易也"①。随后，梁启超、康有为也相继提出废除科举，兴办学校。1905 年，在日益高涨的呼声中，清政府废除了在中国延续 1 300 多年的科举制度。这是中国政治和文化史上的划时代的事件，标志着封建传统教育在形式上的寿终正寝。废除科举的根本原因在于封建统治的没落和新兴资产阶级势力的壮大，而它的废除反过来又促进了资产阶级教育事业的发展，尤其是留学运动的进一步开展。废除科举使中国传统教育的方向得到扭转，即教育不再是入仕的台阶，而是人的全面发展与提高的需要。

洋务运动时期，新式学堂也开始兴起。那时兴办的主要是各种专门技术学堂，比如北京同文馆、水师学堂、武器装备学堂等。主要学习自然科学和各种专业技能，附带学一些西方的一般知识，以帮助学生了解西方。到 19 世纪末，各种新式学堂的课程开始涉及人文科学。比如，1902 年京师大学堂的课程，不仅有自然科学和技术，还有法学、经济学、商学等。从此，新式学堂成为传授西方文化的重要途径。

此外，报刊作为西方文化的传播媒介，在西学东渐中发挥了关键性的作用。据统计，近代中国创办的报刊不下百种，自然科学方面就在五十种左右。而且综合性报刊和专门性报刊齐头并进，它们以大量的篇幅向人们展示世界面貌，阐发各种新思想，评论各地时事，传播各国科学知识。这对转变人们的价值观念和思维方式，有着积极而迅速的效果。尤其是 19 世纪末以后的由资产阶级维新派、革命派等新思想代表人物所创办的报刊，更是宣传资产阶级新文化、倡导救亡运动的阵地。大批知识分子通过大量的新式报刊，潜移默化地改变了人们的保守思想，进而成为新文化运动的主力军。

四、中国近代文化发生的方式

西学在近代中国的传播和渗透、中国对西学的了解和继受，对近代中国的学术、政治、社会、制度、心理等各个方面都产生了巨大的影响。这种影响是多方面的。首先，西学的传播改变了传统中国的社会经济结构，促进了生产力的发展和生产关系的变革。科学技术是第一生产力，而西学的重要内容就是西方先进的自然科学，它的传播必然会导致中国经济体制的变革和生产力的提升。在鸦片战争以前，中国是自给自足的农业社会，工业和商业都很不发达。鸦片战争以后，由于西方先进的科技成果传入中国，近代工业逐步建立，商品经济有所发展。虽然在当时这种发展的规模是有限的，但它毕竟是一个根本性结构改变的开端。而诸如冶金、机械制造、化工、纺织、印刷等应用技术的传入，则改变了传统中国社会生产力的要素，促进了中国社会生产力的发展。其次，西学的传播为中国进步人士提供了丰富的思想养料，催生出各种新思想和新潮流，对中国思想界影响重大。由于近代社会风云变幻，民族危机日趋严重，国内形势越发严峻，因此国内新思想喷薄欲出，依次更迭。而西学的传播始终是促使中国新思想产生的重要催化剂。鸦片战争以后魏源提出的以向西方学习为武器的思想、以西方近代工业的传播为前提的洋务思潮、以进化论、君主立宪学说为核心的维新思潮、以天赋人权、自由平等、民主共和为主流的民主革命思潮等，都是在西方文化传播的土壤上发生的。再次，近代西学的传播，动摇和改变了在中国植根几千年的传统价值观念。中

① 严复：《救亡决论》。

国长期以来对待学术的态度是重义理，轻科学。儒家学说被奉为正统学术，科学技术向来被贬为方技、末艺。"凡推步（即天文数学）、卜相、医巧、皆技也……小人能之……故前圣不以为教，盖吝之也。"① 这种对科学技术强烈的轻蔑态度和根深蒂固的否决心理，长期以来统治着中国各阶层，控制着士大夫们的价值取向，实际上也是中国科学技术得不到发展的重要原因之一。鸦片战争后，在西方的先进枪炮的轰击下，人们的视野被打开了，开始认识到科学技术的价值。以经学为中心、各种具体学科尤其是自然科学不发达的中国传统学术格局被打破，门类齐全、自然科学与社会科学并举的学科体系在近代中国建立起来。因此从某种意义上说，西学的传入是近代中国文化学术界的划时代事件，促进了中国近代文化的发展与变革。

西方近代文化的传入是中国文化史上的一大转折，对中国影响巨大。然而，西方文化传播进来后，与中国传统文化发生了矛盾冲突。这种情况有深刻的历史背景和文化渊源。从历史背景上看，在鸦片战争及随后西方列强的一系列侵华活动中，西方资本主义掠夺中国财富、压迫奴役中国人民、挟制清朝政府统治的不良行径，激起了中国社会各阶层对西方列强和外来事物的仇恨。而西方近代文化正是随着西方的鸦片、炮舰一起涌入中国的，因此，深受西方欺凌的中国人在谴责侵略行为的同时，也对西方文化有种本能的排斥心理。更重要的是，从文化渊源的角度看，由于中西方两种文化的源流、形态和模式相距甚远，二者在价值标准、思维方式、行为习惯、风土人情等方面都截然不同。在传统中国社会成长起来、深受封建思想熏陶、并处于封闭社会环境中的中国人，对异域文化是很难接受和认同的。因此中国传统文化和西方文化的矛盾和冲突是很自然的事情。更何况，近代传入中国的西方文化并不都是先进和有价值的，而是泥沙俱下，鱼龙混杂，诸如种族主义、殖民理论、侵略野心，以及西方腐朽没落的生活方式等大量思想毒素，遭到中国的排拒也是理所当然。

在西方文化传入的过程中，矛盾和冲突有时表现得很尖锐。例如，1867 年关于在同文馆招收科甲正途人员学习天文算学，就在清朝引起一场论争。一批大学士和守旧分子认为学习天文数学会导致"正气为之不伸，邪氛因而弥炽"，高唱"以忠信为甲胄，礼义为干橹"。这反映了保守主义者的观点。② 中国近代史上还发生过很多反教会斗争，反映了从官僚到平民百姓的传统文化心理，即尽量护卫自己的传统，不受外来文化影响。

中国传统文化与西方近代文化在历史背景和文化渊源上的差异，构成了近代中西方文化冲突的基础。面对这种差异和冲突，不同社会阶层以及不同的政治利益集团及知识分子群体，都作出了不同的反应，形成了他们各自不同的中国近代文化建构观，力图在不同的利益驱动和价值归属下，建立最能适应近代中国的文化模式。根据时间先后，有如下三种。其一是文化保守主义，又称文化传统主义，这是中国传统士大夫对西方文化的一种最初的本能反应模式，它排斥西方文化，固守中国传统文化的堡垒。其二是在近代中国盛极一时、影响深远的"中学为体，西学为用"论，又称文化折中主义。提出者是戊戌变法时期的孙家鼐。他说："中国五千年来，圣神相继，政教昌明，决不能如日本人之舍己芸人，尽弃其易学西法。今中国京师并办立大学堂，自应以中学为主，西学为辅；中学为体，西学为用；中学有未备

---

① 《新唐书·方技列传》。
② 参见《洋务运动》，第 2 册，33 页，上海，上海人民出版社，1961。

者，以西学补之；中学其失传者，以西学还之；以中学包罗西学，不能以西学凌驾中学，此是立学宗旨。"① "中体西用"论的政治实践，就是后来的洋务运动。这种学说打破了文化传统主义的"华夏中心"观念，是中国传统文化走向近代、中西方文化冲突和整合的最初形态，在当时具有进步意义，但它不符合历史客观发展的状况，蕴涵着本身不可调和的矛盾。这种矛盾在于，"中体西用"论企图在保持本国封建纲常伦理和政治体制的同时，引进西方的器物文化，忽略了西方文化的制度和心理层面，本身就是荒诞不经而且不可实现的。因此，它是传统文化的自我防御机制的本能反应，必然要被新的文化选择所替代。其三是 1919 年以后出现的"全盘西化"论，又称文化虚无主义。它认为中国文化在各个方面都不如西方文化，而中国文化的未来必然就是西方文化，所以应当全盘西化。由于这种论调对民族文化全盘否定，对传统企图连根拔除，忽略了文化的传承性和传统的延续性，所以显然也是错误的。

　　文化传统主义、"中体西用"论和"全盘西化"观，都反映了近代中国人面对西方文化的东来，在探索如何建构中国近代文化的过程中所作的不同探索和尝试。从近代文化史的整体看，这些选择虽然都有一定的合理性，但都不符合中国近代历史的趋势和文化发展的规律。

　　伴随着社会的发展和中西文化交流的发展，中国人对近代文化生成方式的思考和模式选择更为理性和科学，在中西方文化的整合过程中迈出了新步伐。以沈家本、孙中山为代表的进步人士，提出了近代文化生成方式的新取向：兼采古今，融会中西，在继承和弘扬中国优秀传统文化的同时，也借鉴和吸收西方近代文化的精华，使不同的文化因子相互吸收、融合而趋于一体，在中西文化的冲突和整合中顺利完成中国传统文化的近代转换，从而生成适应中国近代形势、合乎中国时代潮流的中国近代新文化。

　　众所周知，每一个民族的文化都有其不可忽视的传统和历史源泉。对于传统文化精华的保持和弘扬，是文化变革和现代性转换的基础。中国传统文化是由中华民族特有的民族性和地域性决定的、数千年世代传承的民族精神及其文化传统的统称，在漫长的历史进程中因其独特的文化品格和制度特征在世界文化中独树一帜。传统文化有其特定的生成环境，它是一个国家和社会的文明和民族精神的内在逻辑。因此近代文化的生成无论采取何种模式，都将是一个非常复杂的系统工程，它无法忽略传统的强大力量，"一个社会无论其发展变化是多么迅速，它总是无法摆脱与过去的纽带关系，也不可能与过去的历史完全断裂"②。诚如希尔斯所指出的："只要宇宙还存在着神秘性，只要人类还在其中寻找秩序，只要他们还好奇地希望认识它，那么他们就会创造、完善和依赖于传统。只要他们还希望成为比他们的身躯还多点什么的东西，那么他们就会寻求并创造传统。只要人类还需要规则、范畴和制度，只要他们还不能即兴地创造这些东西，或不是只在某个场合才需要它们，那么他们就将坚守着传统，即使他们骄傲地认为并没有这样做的时候亦复如此。"③ "传统如此重要，其影响如此之大，以致人们不可能完全将它忽略掉"④。也正如法国学者勒内·达维德强调的那样，"立法

① 《议复开办京师大学堂折》，载《戊戌变法》，第 2 册，426 页，上海，上海人民出版社，1957。
② 公丕祥：《法制现代化的理论逻辑》，354 页，北京，中国政法大学出版社，1999。
③ ［美］E. 希尔斯：《论传统》，傅铿、吕乐译，429 页，上海，上海人民出版社，1991。
④ ［美］E. 希尔斯：《论传统》，傅铿、吕乐译，10～11 页，上海，上海人民出版社，1991。

者可以大笔一挥，取消某种制度，但不可能在短时间内改变人们千百年来形成的同宗教信仰相连的习惯和看法"①。传统是历史的积淀，是一个区域内的民族在历史长河中练就的个性和特色，它永远存活在这个民族的心灵深处而不消失，即使在现代化的今天，它依然由于其恒久的生命力而隐隐透出深沉隽永的光芒。

传统宛如现代的影子，它的坚韧、长久使西方文化的传播无法回避中西方文化和传统之间必然出现的冲突问题，这使"全盘西化"论极为荒谬而且无法实施。但是，传统并不是一成不变的，传统固然具有保守性、稳定性，但同时也具有变化性和发展性。随着历史长河的静静流淌，传统不断更新、转换，改变着内涵和形式。所以，如果把传统绝对化，且固守着传统而排斥外来文化，不思进取，反对变革，这就走向了真理的反面——谬误。对西方文化，应该采取开放的态度，取人之长补己之短，博取兼收，融会中西。正如有的学者所称，"中西文化间有矛盾冲突，同时也有会通融合。所谓会通融合是指异质文化间的相互渗透、相互吸引及一种文化对另一种文化因素的吸收、消化"②。任何一个国家、一个民族的文化，只有放在一个开放的系统中，通过不同的文化交流，吸收一切优秀的文化精华，才富有活力，永葆青春。英国民族学家里弗斯说："各族的联系及其文化融合，是发动各种导致人类进步的力量的主要推动力。"③ 中西文化的会通融合贯穿在整个近代，很多政治家、思想家和其他进步人士都提出类似的主张。从最初林则徐、魏源提出的"师夷长技以制夷"的主张，经洋务运动中"中学为体，西学为用"的思想原则，到中日甲午战争后康有为的君主立宪政治理想、沈家本"参考古今，博稽中外"的修律思想和孙中山等人的民主共和国方案，都表现出对中西文化不同程度的会通融合。康有为在戊戌变法时提出："泯中西之界限，化新旧之门户。"④ 沈家本在主持修订法律期间，始终坚持"参考古今，博稽中外"⑤ 的修律原则。他既反对数典忘祖、一味推崇西法；也反对门户之见，一概摒弃西法。他认为无论是在文化方面还是在法学方面，中西各有所长。而孙中山的思想则更为科学，他认为既要开放式地学习西方文化，又不能全盘照搬，必须从中国的国情出发，并且保持民族的独立地位。他指出："中国几千年来社会上的民情风土习惯，和欧洲大不相同，中国的社会既然是和欧美不同，所以管理社会的政治自然也是和欧美不同，不能完全仿效欧美……我们能够照自己的社会情形，迎合世界潮流去做，社会才可改良，国家才可以进步。"⑥ 他在总结自己的学说时强调："余之谋中国革命，其所持主义，有因袭吾国固有之思想者，有规抚欧洲之学说事迹者，有吾所独见而创获者。"⑦ 孙中山关于融合中西方文化的思想，已经比前人达到了一个更高的境界，那就是：在选择中吸收西方文化、在批判中继承中国传统文化。最终的目的是期望形成既有自己本土特色，又具西方先进性的中国近代文化。

因此，近代中国文化的生成，是近代中西方文化冲突和整合的结果，但它并不是中西

---

① ［法］勒内·达维德：《当代主要法律体系》，漆竹生译，467页，上海译文出版社，1984。
② 龚书铎：《中国近代文化概论》，11页，北京，中华书局，1997。
③ ［苏］托卡列夫：《外国民族学史》，汤正芳译，167页，北京，中国社会科学出版社，1983。
④ 汤志钧：《康有为政论集》，上册，295页，北京，中华书局，1981。
⑤ 沈家本：《历代刑法考》，北京，中华书局，1985。
⑥ 《孙中山选集》，757页，北京，人民出版社，1981。
⑦ 《中国革命史》，载《孙中山全集》，第7卷，60页，北京，中华书局，1981。

文化的简单组合，而是一种新的融合。它是中国优秀传统文化与近代社会历史条件与西方近代的科学技术、资产阶级的民主思想、自由平等的价值观念、前进开放的文化心态有机整合的成果。它既保留了传统文化所包含的优秀品质和民族精神，又吸收了西方近代文化中所代表的崭新的文化特质，并且与中国近代政治经济发展趋势相协调。因此，近代中西方文化的交流与整合，是中国传统文化转换、更新、发展，进而生成中国近代文化的动力和方式。

第二章

西方法律文化的冲击与传统中国法的命运

第一节
西方法律文化的渗透

清末以来，欧美资本主义的扩张促动了传统中国社会的裂变，西方法律文化也协同西方资本主义的强行扩张和西方列强对清王朝的军事侵略和政治干涉而逐渐渗透东方这个具有独特法律文化传统的国度，促使中国传统法律文化完成了一场法文化史上的范式转型，宣告了历时两千余年的中华法律文化传统的终结和现代法律文化范式的逐渐形成。

西方法律文化与中国传统法律文化作为存在鲜明差别且性质根本不同的两种法文化系统，在18世纪中期发生了激烈的碰撞，这种碰撞是以西方法律文化对中国传统法律文化进行强大冲击的方式进行的，并且最终导致了传承两千余年的中国传统法律文化的衰落和现代转型。对于这场盛大的法文化冲击的历史背景及深刻原因，第一章已有深入阐述，本章的探讨重点是总结这场法文化冲击运动的基本过程、具体方式以及具体内容和结果。

西方法律文化建立在近代商品经济的基础之上，伯尔曼系统总结了西方法律文化的十个主要特征：法律制度开始与宗教、政治、道德、习惯等制度区分开来；职业法律家专职从事法律的施行工作；法律成为一种高级学问，法律职业者在独立机构中接受培训；法律学术成为法律制度的构成部分，法律学术描述法律制度，法律制度通过学术阐述而概念化、系统化并得以改造；法律被设想为一个融贯的系统；法律体系内在一种不断发展的机制；法律以一种满足当时和未来需要而对过去进行重新解释的内在逻辑推进自身的发展，法律有自己的历史；法律之于政治作为一种理想而被经常叙述；法律体系的多元论与司法管辖权之间的矛盾冲突既促进法律技术的进化，也使得法律成为解决政治和经济冲突的一种手段；法律的理想与现实、能动性与稳定性、超越性与内在性之间存在着紧张关系，这种紧张关系导致革命对法律体系周期性的剧烈冲击，但这种冲击并不毁灭法律体系的基础。[①] 需要指出的是，伯尔曼对西方传统法律文化特征的总结更多的是从形式方面着眼的，就实质方面而言，西方法律文

---

① 参见［美］H. G. 伯尔曼：《法律与革命》，贺卫方、高鸿钧、张志铭、夏勇译，9~13页，北京，中国大百科全书出版社，1993。

化的内在精义在于天赋人权、契约自由、公平正义、权利平等、民主法治等方面。中国传统法律文化较之西方法律文化无论在形式上还是实质上，都存在极为鲜明的差异。中国传统法律文化具有一种形式与实质浑然一体的独特形式，并鲜明地表现出礼法结合、明德慎刑、义务本位、重刑轻民、法自君出、权重于法、伦理法治、诸法并存的性质。直到 19 世纪中叶，在西方法律文化传入以前，中国还盛行着固有的、完整的封建法律体系和宗法性质的法律文化。

一、西方法律文化的渗透方式

（一）民族精英师夷变法观念的反省式萌发

　　清王朝所沉浸其中的"海清河晏"的"盛世"幻象随着大量西方鸦片的不断舶来而渐渐有所警示，并最终为那场以鸦片贸易自由为名而引发的战争的最终失利而彻底打断了那场闭关锁国的迷梦。至道光朝，清王朝已经陷入了"岌岌乎不可以支日月"① 的境况。封疆大吏林则徐在中国近代史上第一个提出"睁眼看世界"的口号，开始了解和思考西方文化。最初，林则徐、魏源等民族精英对西方文化的关注并不限于法律，而是西方文化整体，特别是那些国家之所以能够强大的决定因素。作为封疆大吏和抗击英军、发动禁烟运动的组织者，林则徐对西方文化之兴趣萌发的直接目的是"探访夷情，知其虚实"，以便克敌制胜，直至魏源才明确提出了"师夷长技以制夷"的思想主张。鸦片战争前的严峻形势，林则徐"日日使人刺探西事，翻译西书，又购其新闻简报"②。林则徐深知"剿夷而不谋船炮水军，是自取败也"③ 的军事道理，但是，若将林则徐对西方列强的关注视角局限于战争取胜维度显然是错误的。固然，林则徐竭力了解西人"船炮水军"状况势必有克敌制胜之直接目的，但他的视角并不限于此，他将视域拓展至整个西方文化和制度。当《世界地理大全》于 1836 年刚在伦敦出版，林则徐便着人译成汉文，并以此为基础编成《四洲志》，其间，将《澳门新闻稿》译成《澳门时报》，着人翻译瑞士人瓦特尔编《万国公法》，另外还委人将德庇时·地尔洼等人撰写的《中国人》和《在中国做贸易罪过记》二书编译为《华事夷言》。甚至在鸦片战争后被罢免发配前往伊犁的途中，还要托好友魏源完成《海国图志》的编撰。由此可见，林则徐所放眼的是整个西方文化和制度。魏源鲜明地提出了"师夷长技以制夷"的观点，认为"不善事外夷者，外夷制之"④，"欲制外夷者，必先悉夷情始，欲悉夷情者，必先立译馆翻夷书始"⑤。魏源在《海国图志》一书序言中明确了他编撰该书的目的："为以夷攻夷而作，为以夷款夷而作。为师夷长技以制夷而作。"⑥ "师夷制夷"思想的提出并非将学习西方的内容范围局限于科技、军事以及商贸领域，该种思想是对西方国家一切先进因素的学习要求，其中，西方政治法律文化构成了民族精英们学习反思的重点内容之一。在《海国图志》一书中，部分内容已经涉及西方国家的政治、法律制度。有关内容对西方国家议会和司法制度进

---

① 龚自珍：《西域置行省议》。
② 魏源：《道光洋艘征抚记》，载齐思和等编：《鸦片战争》，卷六，北京，新知识出版社，1955。
③ 林则徐：《林少穆制府遣戍伊犁行次兰州致姚春木王冬寿书》，载齐思和等编：《鸦片战争》，卷二，北京，新知识出版社，1955。
④ 《海国图志》，卷二，《大西洋欧罗巴洲各国总叙》。
⑤ 《海国图志》，卷二，《筹海篇三》。
⑥ 《海国图志·序》。

行了介绍。魏源赞赏美国国会"两会制"，认为"其国律例合民意测设"，"议事听讼，选官举贤，皆自下始，众可可之，众否否之，众好好之，众恶恶之，三占从二，舍独徇同，即在下预议之人，亦先由公举，可不谓周乎"①。魏源还对美国总统四年一任制大加赞赏："总无世袭终身之事"。"一变古今官家之局，而人心翕然，可不谓公乎。"② 在《海国图志》一书中还介绍了西方国家司法制度上的"主谳狱"刑官制，具体内容涉及"推选充补"以及如有"偏私不公"则"众废之"等制度。

民族精英们"师夷变法"思想的产生，其触动力量既来自于对病入膏肓的清朝封建、腐朽法律的切身体验和深刻思考，也来自于对西方列强之坚船利炮背后的那种异域制度和文化的迷茫和好奇之心。这场法文化反思运动首先是从省思和批判中国传统法律的腐朽桎梏着眼的。早在鸦片战争之前，一批思想进步人士就已经对清朝律例和司法状况进行了深刻反思和无情批判。龚自珍深刻揭批了清王朝吏治腐败以及刑名幕吏操纵司法制造大量冤案的状况，提出了"更法"、"改图"、"变更令"的改革主张，指出："自古及今，法无不积，事例无不变迁，风气无不移易。"③ 大声疾呼："法改胡所弊?""奈之何不思更法?"④ 包世臣作为一名从事刑幕的知名幕僚，经历并感受了清王朝司法的黑暗所在，对为讼所累的庶民艰苦极为感慨："署前守候及羁押者，常数百人，费时失业，横贷利债，甚至变卖典田，鬻妻卖子，疾苦壅蔽，非言可悉。"⑤ 由此，包世臣振言疾呼："天下无一不犯法之官"，清朝司法"无非同有非，无罪同有罪"⑥。因此，林则徐、魏源等人的师夷变法思想的提出，与当时一大批思想进步人士对清朝法律和官制的深入批判以及强烈变法愿望不无联系，如果说龚自珍等人变法思想建立在自我反思基础之上，那么，林则徐、魏源等人的师夷变法思潮则更有眺望域外、找寻参照的性质，已然不是纯粹的自行反思。

(二) 西方列强对征服地法律的"误解"式强制

晚年马克思在其人类学笔记中将关注重点之一落定于西方文明对东方社会的冲击和作用，其中着重批判了西方列强在东方的法律实践。公丕祥读解并总结了马克思关于西方殖民者对待东方法律的态度以及四种做法：第一，只要非欧洲法律对他们有利，就立即予以承认；第二，对非欧洲法律进行"误解"，使之对殖民者有利；第三，用新的法律规定否定殖民地法律的某些规定；第四，用新的法律文件使殖民地的传统法律文明在实际上变形或解体。⑦ 以上四种做法，是西方法律文化传入东方国家的重要方式，也是西方法律文化传入我国的重要方式。

西方列强对中国的资本扩张、鸦片贸易和战争侵略需要合法化，这种合法化的根本做法自然只有通过对清王朝法律的"误解"式强制才得以可能。在这种意义上，与其说19世纪中叶鸦片战争以后所发生的西方法文化对中国传统法律文化的冲击是一种法文化输入，还不如说这种法文化输入在实质上则是一种侵略合法化的话语形式。西方国家"误解"式强制清

① 《海国图志》，卷五十九，《大西洋墨利加州总叙》。
② 《海国图志》，卷五十九，《大西洋墨利加州总叙》。
③ 《龚自珍全集》，《上大学士书》。
④ 《龚自珍全集》，《明良论四》。
⑤ 《为胡墨庄给事条陈清厘积案章程折子》，载《安吴四种》，卷三十一（下）。
⑥ 《为胡墨庄给事条陈清厘积案章程折子》，载《安吴四种》，卷三十一（下）。
⑦ 参见李光灿、吕世伦主编：《马克思恩格斯法律思想史》，737~738 页，北京，法律出版社，2001。

王朝法律的做法首先表现在对中国司法主权的践踏方面,通过一系列不平等条约的签订,确立了领事裁判权制度,制造了"外人不受中国之刑章,而华人反就外国之裁判"① 的不平等司法现象。孟德斯鸠曾经论述战争征服之于民族法律移植之间的关系:"如果政治家们不从征服的权利引申出那样可怕的结论,而只是论述一下这种权利有时可能给被征服的人民带来什么好处的话,那就更好了。"② 在此,孟德斯鸠所指的对象是那些专制腐朽的国家:"被征服的国家通常都是法制废弛的,腐化已经产生;法律已停止执行;政府变成了压迫者。如果征服不是毁灭性的征服的话,这样一个国家,正可以因被征服获取一些好处,谁会怀疑这一点呢?"③ 按照孟德斯鸠的观点,似乎欧洲列强"误解"式强制清王朝法律的目的旨在给被征服国人民带来好处,这显然有违西方列强对中国强行输入法律和侵犯中国主权之目的。

鸦片战争后,西方列强以近代西方国家的法律、外交制度、习惯和礼仪为基础,迫使清政府签订了一系列不平等条约,通过这些不平等条约的签订,西方各国在中国掠夺了巨额的物质利益,也确立了诸种法律特权,其中商业特权和司法特权尤为突出,商业特权以关税特权为核心,司法特权则以领事裁判权为标志。西方列强强制性影响中国传统法的根本理由在于认定中国法的专制、残暴性质,以中国法与西方法律在价值精神上的存在根本差异为借口,要么宣布不遵从中国法,要么通过不平等条约强制要求中国政府修改法律,要么直接通过领事裁判权等形式在中国主权范围内适用外国法律。在强制式"误读"中国法的过程中,西方国家的法律价值标准始终是一个评判中国法优劣的准据,在此,积淀千年的中国传统法律文化价值精神面对坚船利炮护卫的西方法律文化已然失去了话语权。早在 1785 年英国商船"许氏夫人号"(Lady Hughes)炮手因过失杀死中国人而中国判处死刑一案发生后,英方就以自己的法律价值标准对中国法律作出了如下评价:"顺从屈服这种观念对我们来说,似乎是与欧洲人所相信的人道或公正相违背的;假如我们自动屈服,结果就是我们把全部有关道德上及人性上的原则抛弃——我们相信董事部即使冒丧失他们的贸易的危险,也必然赞助我们尽我们的权力来避免这样做。"④ 进而决定不再服从中国的刑事管辖权。在领事裁判权问题上,中国法律的落后性构成了西方国家侵犯中国国家主权的合法性理由。1902 年签订的《中英续议通商行船条约》第 12 款规定:"中国深欲整顿本国律以期与各西国律例改同一律,英国允愿尽力协助以成此举,一俟查悉中国律例情形及其审断办法及一切相关事宜皆臻妥善,英即允弃其治外法权。"⑤ 以条约形式评价中国法的优劣,以领事裁判权的放弃为条件,强制要求清朝政府修改完善律例,这是西方列强强制性"误解"中国法的主要做法和重要表现形式。

需要指出的是,西方法律文化对中国的强制性影响,未必一定需要通过西方国家政府公开采取强权方式而发生作用,法律作为一种社会经济关系的法权表达和利益要求,经常也是依附于经济关系的作用机制潜在地对非西方国家产生影响的,由于近代历史上西方国家对东方社会的经济作用方式是殖民掠夺,从而西方法律文化也附着于这种殖民经济掠夺关系之上,强制性地影响以至要求着中国传统法的适应和顺从。马克思所说的"法和宗教一样是没

① 张晋藩:《中国法律的传统与近代转型》,354~355 页,北京,法律出版社,1997。
② [法]孟德斯鸠:《论法的精神》,上册,张雁深译,167 页,北京,商务印书馆,1959。
③ [法]孟德斯鸠:《论法的精神》,上册,张雁深译,167 页,北京,商务印书馆,1959。
④ 转引自 [英]马士:《东印度公司对华贸易编年史》,第二卷,区宗华译,427 页,广州,中山大学出版社,1991。
⑤ 《辛丑和约订立以后的商约谈判》,转引自李贵连:《沈家本传》,181 页,北京,法律出版社,2000。

有自己的历史的"所表达意旨在于说明法律是一定社会经济关系的法权表达，这句话同样切合于晚清外国法文化在中国的传入过程，即经济关系的实际状况，呼唤着有效合理的法权表达。17世纪晚期以后，尤其是鸦片战争以后，中外商贸活动日趋频繁，不断发生的中外商贸关系也使得现代西方法权观点逐步为国人所接触和了解，现代社会中保证经贸往来、公司制度、信用金融制度、关税制度、商业纠纷处置等得以有效和确立的西方法律制度和有关知识通过具体的中外贸易活动和大量洋商的宣传而渐渐传入。"涉外的商业行为和商业纠纷成了西方近代民商法文化向中国工商界传播的一个重要途径，而西方商人则是其重要媒体。"①

（三）传教士和洋幕宾的宣传灌输

法律文化的冲击和碰撞是一个极为复杂的事件系统，近代西方法律文化在中国的逐步传入既是一个漫长的历史过程，也是东西方两种文明形态发生碰撞背景下的一个特定而重要的领域，并且以多种途径和方式完成。西方法律文化为中国人所了解以至逐步推崇，西方传教士、商人和洋幕宾的作用不可忽视。张晋藩指出："打破中国法文化封闭状态的先锋队，是近代来华的西方传教士。"② 何勤华指出："由于中国近代法学是在移植西方法学的基础上萌芽和诞生的，因此，中国近代法学的形成和发展过程，为外国知识分子尤其是法学专家提供了一个施展自己才华的绝好舞台。可以说，在中国近代法学的诞生过程中发挥最大作用、演出一幕幕精彩历史剧的，就是这一批外国人。而作为第一个时期最先登场的，是西方传教士。"③

传教士在中国的传教活动有一个较早的历史，他们大量涌入中国的时期是在鸦片战争以后。据研究统计，1876年在中国的新教传教士有473人，1889年达1 296人，至1910年，已超过5 000人。④ 按照伯尔曼对欧洲法律传统之形成的历史考察，11世纪中后期发生的教皇革命带来了近代西方第一个法律体系，这个法律体系就是教会法体系，这场革命"把社会划分为相互分离的教会权威和世俗权威，意味着把教会权威建为一种政治法律实体，还意味着相信教会权威有责任改造世俗社会"⑤。"法律被视为完成西方基督教世界使命的一种途径，这种使命是在尘世上建立上帝的王国。"⑥ 这意味着法律与宗教的紧密关系构成了西方法律传统的重要一维，教会不再只为王国的梦想而立，也为救赎的使命而设。从而，传教士前来中国的使命不限于宣传教义，也为传播西方科技、文化和法律而来。传教士们在中国创办报刊，译介和宣扬西方法律著作和思想，认为"他们所带来的信息，不仅可以解决中国道德和精神方面的问题，还能解决政治和经济方面的问题"⑦。西方传教士的文化和法律宣传活动的组织形式，尤以1887年由苏格兰长老会教士韦廉臣创立于上海的广学会影响最为突出，他们在华创办了各种报刊，翻译出版了多部著作，介绍伏尔泰、卢梭、孟德斯鸠、狄德罗等思

---

① 张晋藩：《中国法律的传统与近代转型》，2版，298页，北京，法律出版社，2005。
② 张晋藩：《中国法律的传统与近代转型》，2版，295页，北京，法律出版社，2005。
③ 何勤华：《中国法学史》，第三卷，46～47页，北京，法律出版社，2006。
④ 参见［加］许美德等：《中外比较教育史》，朱维铮等译，65页，上海，上海人民出版社，1990。
⑤ ［美］H. G. 伯尔曼：《法律与革命》，贺卫方、高鸿钧、张志铭、夏勇译，144页，北京，中国大百科全书出版社，1993。
⑥ ［美］H. G. 伯尔曼：《法律与革命》，贺卫方、高鸿钧、张志铭、夏勇译，638页，北京，中国大百科全书出版社，1993。
⑦ 《广学会五十周年纪念特刊》序言。

想家。早在 1833 年，普鲁士传教士郭守腊（K. F. A. Gützlaff，1803—1851）就在广州创办了中国内地第一份中文期刊《东西洋考每月统记传》，该刊在广泛传介西学的同时，也最早在中国介绍了西方宪政法学和诉讼法学等法学科知识。美国传教士丁韪良（A. P. William Martin，1827—1916）于 1865 年出任京师同文馆教习，两年后被聘为国际公法教习，1864 年丁韪良翻译引进了中国历史上第一部法学名著《万国公法》，其后，他还组织有关人员翻译出版了《公法便览》、《星轺指南》、《公法会通》等大量西方法学著作，对中国近代国际公法学的诞生起到了奠基性作用。美国传教士林乐知（Young John Allen，1836—1907）与 1864 年受聘担任上海方言馆英文教习，在华期间，林乐知撰写出版了大量著作，如《中西关系论略》（1875）、《文学兴国策》（1896）、《中东战纪本末》（1896）等。尤其在《中东战纪本末》一书中，在评述了中国封建政治法律的僵化、落后、保守的同时，还介绍和宣扬了近代西方国家先进的宪政理念和制度，具体内容涉及法治理念、法律面前人人平等现代法原则等。另外，林乐知还在其在华创办的中西书院中开设了法律教育科目，有力地推动了近代中国的法律教育以及催生了近代中国最早的大学法学院的创立。另外，该历史阶段在中国进行法律宣传和教育、引进西方法律理念和法律学说的外国传教士还有英国传教士马礼逊、李提摩太、都思于，美国传教士裨治文，德国传教士花之安等，他们在向国人介绍西方法律知识、宣传西方法律思想、传输西方法律文化等方面发挥了重要作用。在《传教士与中国近代法学》一文中，何勤华系统总结了西方传教士在中国传播西方法律文化的作用方式及其对中国近代法学之诞生及发展的重要影响，并将西方传教士在华传播西方法律文化的主要方式概括为以下几个方面：从事法律教育；创办团体、刊物，引进、宣传西方法学；翻译法学著作；著书立说。进而对传教士在中国从事法律教育和宣传活动的性质以及影响作出了深入的思考，对传教士之于中国近代法学诞生的意义进行了以下总结："传教士在近代中国的活动，虽然明显的带有两重性，但作为西方近代资产阶级文化（包括法和法学知识）的携带者和传播者，他们是中国历史上第一批介绍、宣传和阐述西方近代法学的使者，是中国近代法学的启蒙者和奠基者，是中国近代变法活动（如戊戌变法、清末修律等）的积极参与者。不管他们的动机如何，他们的活动催生了中国近代法学尤其是法理学、民法学、刑法学、诉讼法学和国际法学等学科的诞生与成长。"①

　　中国近代史上西方法律文化的传入，也与洋幕宾的作用不可分割。晚清政府在变法修律过程中，为了进一步了解西方法律制度以达到效仿目的，先后聘请和雇佣了多名外国法律专家担任顾问，或担任人才培训机构教职。这些洋幕宾来自西方多个国家，其中来自日本的法律专家数量居首。由于日本是一个东方国家，而且率先效行西方国家推行宪政、实行政制改革并获得巨大成功，因此聘请日本专家来华担任法律顾问成为 1901 年以后清朝政府的主要选择，其中代表性的人员有：岩谷孙藏（1902 年来华），冈田朝太郎、松冈义正（1906 年来华），小河滋次郎、志田钾太郎、今井嘉幸（1908 年来华），织田万（1910 年来华）等。他们或担任政府法律顾问，或担任学馆教习，或参与一些重大的法律修订活动，期间，他们有的对清朝法律进行了深入研究并作出了评述，有的成为清朝高级官僚的私人顾问，还有的直

---

　　① 何勤华：《传教士与近代中国法学》，载何勤华：《法律文化史谭》，318～357 页，北京，商务印书馆，2004。原载《法制与社会发展》，2004（5）。

接参与具体法律的修订过程并发挥了重要作用。外国法律专家作为清朝政府聘请前来的高级顾问和幕宾，能够将外国法理念及法律制度的具体内容带入中国及其法律体系，无疑在传播西方法律文化中发挥了极为重要的作用。

（四）游历和留学海外人士的译介

鸦片战争的失败和随之而来的多个不平等条约的签订，恰恰为海禁废除后的中国大量人员游历和留学海外创造了条件。"师夷变法"思潮激发了一大批人士对西方科技、政治和法律制度的学习热情。在私人踊跃游历和留学海外不久，清朝政府也开始逐步向海外派遣人员留学，其中，留学海外修习法律的人员构成了海外留学人员的重要组成部分。

最初，游历或留学海外人才所修习或所接触的并非法律专业，由于他们在游历和留学海外过程逐渐认识到法律之于富国强邦的重要价值，或出于对西方法律文化的浓厚兴趣，才逐步将主攻方向转向法律。容闳（1828—1912）是中国历史上最早的留学生，留学美国耶鲁大学所获得的是文学士学位，因其后期从事对国民进行民主和法治思想的宣传启蒙工作，后才被耶鲁大学授予名誉法学博士学位。林针于 1847 年应美国之邀从事翻译工作，于 1848 年回国，一年多的海外工作时间，他完成《西海纪游草》著作，在该著作自序中，他简述了美国民主选举和总统制，在其另一著作《救回被骗潮人记》一书中，林针简述了美国律师辩护制度和陪审制度。由此可见，最初留学或游历海外人士对西方法律制度和文化的涉足和关注很大程度上是偶发的，非为出于治国安邦目的而前往海外专攻法学的自觉。

中国近代史上第一位法律留学生是伍廷芳。1874 年，伍廷芳自费赴英国留学，入林肯律师学院（Lincoln's Inn）修习法律，1876 年毕业并获得英国大律师证书。洋务运动发起后的1872 年，清政府首次官方派遣 30 名男童赴美国留学所学专业主要为工程、矿冶、造船、通讯等专业，政治和法律不是首批官派留学学生的指定修习专业。直到 1877 年，福州船政大臣沈葆桢奏请朝廷后派遣船政学生出洋留学，首届出洋留学的船政学生及艺徒共 30 人分赴英、法两国，其中，马建忠、陈季同、魏源、严复是接触和学习西方政治和法律的主要代表。至 1885 年，派遣英、法留学的船政学生所指定的修习专业开始有法律。派赴英国"专习水师、海军军法、捕盗公法及英国文字语言之学者张秉生、罗忠尧、陈寿彭，张秉生、罗忠尧学习拉丁文字及英刑司各种律例、海军捕盗等项公法，皆深知旨要"。派赴法国"专习万国公法及法文法语者：林藩、游学楷、高尔谦、王寿昌、柯鸿年、许寿仁六员"，"莫不尽探奥妙，各具所长，较之前届学生，亦学业较邃，创获实多"①。由此可见，清政府官方派遣留学生前往海外学习法律最初偏重军事法、国际法和刑事司法，至于民商法、经济法、行政法等法律专业不被重视。作为政府官僚高层的洋务派重要代表奕䜣、李鸿章、张之洞等人眼中所看重的是西方的"公法学"，之所以表现出这种取向，实因当时清政府及洋务运动所涉及的与西方列强关系的处理所直接遭遇的便是国际关系问题。每当与西方各国谈判交涉，西方列强"恒以意要挟"，不按国际惯例行事，而中国严重缺乏国际公法人才，难以以法理交涉谈判，以致把持清王朝核心权力的洋务派极为重视"公法之学"，"以资自强而裨交涉"，张之洞甚至将"公法学"列为"洋务五学"之一，他在创立广东水陆师学堂时，曾将学习外

---

① 《光绪十六年二月八日裴荫森奏》（1890 年 3 月 8 日），载《船政奏论汇编》，第四十一卷，光绪十四年（1888 年）刊本，8～12 页。转引自王健编：《中国近代的法律教育》，72 页，北京，中国政法大学出版社，2001。

国"公理公法"作为一项重要科目,足以说明当时清政府对西方法律的兴趣重在军事、国际关系和刑事司法,并没有对现代法的人权至上、宪政国家、契约自由等核心要素有所洞悉以及表现出浓厚兴趣。

真正触动清政府认识到现代西方法律之重要意义的事件是甲午战争,战争的失败使人们认识到:"中国人以为日本的胜利,乃至普及教育和实行法治有成所致。"[①] 清政府和知识界开始反思日本以西方为模式变法图强而获得成功的现象。在这种历史背景下,清政府于1896年派出第一批13名留学生前往日本,其中专门前往修习法律的有唐宝锷、戢翼翚等人。以中央政府、地方政府派遣和个人自费相结合的留学日本活动至1905年、1906年两年达到高潮,据统计,这两年中的中国留日学生均达到8 000人[②],1908年,仅从日本法政大学法政速成科毕业的学生就达1 070人[③],法科留学人员数量之众,足见国人之变法维新、习法图强之愿望强烈。后来,留学欧美专攻法科的留学生也逐渐增多,"自鸦片战争至1949年的100年时间里,中国共向国外派遣了4 500名法科留学生"[④]。

何勤华系统总结了法科留学生在中国近代法学成长中的作用:促进了中国近代法律教育的开展;译介和引进外国法学;创办法学刊物;构造中国现代法学体系。[⑤] 诚然,西方法律文化在中国的影响并最终促动中国传统法的变革,倘若缺乏一大批前往海外的法科莘莘学子的贡献是没有可能的。

(五)洋务派"中法西用"式借鉴和模仿

林则徐、魏源等人所疾呼的"睁眼看世界"、"师夷长技以制夷"仅仅唤醒了国人学习西方的意识,在法律方面还只限于对相关法制的兴趣,没有触及学习和移植西方法律文化的深度谋划。传教士和洋商在华对西方文化的宣扬、中国留学生对西方政治法律专业的修习和著作译介,仅仅能说明中西法律文化在民间和以学识形式发生了接触和对话,依然不是两种法律文化传统的正面交涉。西方列强以不平等条约和领事裁判权形式对中国传统法律的强制性介入和干涉,毕竟还只是武力入侵作为实质内涵的法权形式表现,非为中西两种法制的碰撞和交融,依然不是法律文化意义上的冲击和回应,因为文化在根本上是不能通过强制而发生本质嬗变的。

真正在实践层面促成中西法律文化对话并在制度践行上使得西方法制得以引进并逐步转变中国传统法范式的历史事件,当首推洋务运动。洋务运动作为19世纪中后期由清王朝权力核心人士所发动的一场旨在富国强邦的运动,明确确立了"中体西用"的师夷变法思想原则。在发动和推进学习西方科学技术、军备建设、经济商贸等富国强邦之术运动的同时,也将西方政治法律制度作为一项重要内容加以学习借鉴,从而表现为清王朝官方立场和实权派实践形式推进了西方法律文化在中国的传入。洋务运动对真正促成西方法律文化与中国传统法律文化的交融并导致中华法系的消解发挥了重要功能,尽管洋务派始终秉持"中学为体,西学为用"的信条而推进师夷自强实践,他们却在不经意间颠覆了这个信条,师夷经世致用

---

① [日]实藤惠秀:《中国人留学日本史》,谭汝谦、林启彦译,16页,北京,三联书店,1983。
② 参见[日]实藤惠秀:《中国人留学日本史》,谭汝谦、林启彦译,39页,北京,三联书店,1983。
③ 参见郝铁川:《中国近代法学留学生与法制近代化》,载《法学研究》,1997(6)。
④ 郝铁川:《中国近代法学留学生与法制近代化》,载《法学研究》,1997(6)。
⑤ 参见何勤华:《中国法学史》,第三卷,69~75页,北京,法律出版社,2006。

之实践逻辑展开结果，恰恰是"体"、"用"之本末关系的逆反后果。

论及洋务运动之于西方法律文化传入之功效，如下几点有必要着重强调。其一，洋务运动作为推动西方法律文化传入的一个重要过程，其主导者是官方政府。洋务派重要代表人物有奕䜣、文祥、曾国藩、左宗棠、李鸿章、刘坤、冯桂芬、薛福成、郑观应、张之洞等，他们在清政府中身居要职，掌握实权，代表官方意志。洋务派在推进法制改革方面的一系列举措，如处理国际关系中对国际公法的学习和应用，在经济领域推行的民商、经济法制，选派人员留学修习法律、培养人才，建立近代外交机构，改革国内法制等，都是以官方名义进行。其二，洋务运动在学习和借鉴西方法制的价值准则上，秉持"中体西用"立场，始终将对西方宪政制度和部门法律的学习模仿和借鉴，定位在"今诚取西人之气数之学，以为吾尧、舜、汤、文、武、周公之道"①，"以中国之伦常名教为原本，辅以诸国富强之术"② 的"致用"尺度和目标之上，"中学为内学，西学应世事"③，从而将中西两种本性异质的法律文化传统进行了本、末之分。其三，洋务运动超越了"睁眼看世界"、"师夷长技"的观念倡导层次，将西学东渐的知识形态和法文化对话真正付诸实践，使得西方法律文化的冲击转变成一场具有实际意义的政治、法律行动。应当认为，魏源等人是洋务派的思想导师，但是，仅有"师夷制夷"的观念倡导是远远不够的，必须通过制度落实和实践践行方能使清王朝真正摆脱垂死挣扎的处境。洋务运动经历了一个由模仿西方船炮器具、声光化电的器物文明到借鉴和推行西方政治法律之制度文明的过程。张晋藩系统总结了洋务派推行法制改革的基本内容：首先，使经济活动法律化，主要表现为实行股份制公司、实行融资贷款、以经济合同保证双方的经济利益、保护专利等；其次，培养近代法律人才，主要表现为创办学堂、编译西方法律著作、派遣留学生出国学习等；再次，学习和运用国际法，通过同文馆等学堂译介并教授国际公法、在外交事务处置中运用公法公理进行交涉；复次，建立近代外交机构，按照国际法思想建立近代第一个外交机构——总理各国事务衙门，管理对外交涉事务，处置通商税收事务，办理涉外司法案件等；最后，提出法制改革的具体建议，包括主张编纂矿律、路律、商律、交涉刑律、改革刑律等。④ 其四，洋务运动的深入实践超出了洋务派的预定准则限定，实践效果上超出了"体"、"用"逻辑。由注重西方器物文明的"洋务"自发，嬗变为深思西方制度文明的"精义"，从而洋务运动具有自反性，它承继了魏源等民族先驱的觉醒意识，也牵引出维新派的中西会通和托古改制。洋务派的初衷只是"欲图用浅层的西学挽救日益颓废的政情、国情，达到维护'皇恩永固'的传统秩序"⑤。洋务派最初确立的"中体西用"准则明确了中学与西学之间的这种"体—用"关系。洋务派代表根本上是一批儒学传统的守卫者，只在"独中土以家法为兢，即败之灭绝而不悔"⑥ 的时代境况下感慨泰西诸国之蒸蒸日上，以至认为"中国赋税制度事事远出西人之上，独火器不及"⑦。他们秉持"中学"

---

① 薛福成：《筹洋刍议》，"变法"。

② 《校邠庐抗议·采西学仪》，《戊戌变法》，第一册，28 页。

③ 张之洞：《劝学篇·会道》。

④ 参见张晋藩：《中国法律的传统与近代转型》，2 版，360～365 页，北京，法律出版社，1997。

⑤ 王人博：《宪政文化与近代中国》，21 页，北京，法律出版社，1997。

⑥ 《复王壬秋》，《李文忠公全集·朋僚函稿》，第 19 卷。

⑦ 李鸿章：《置办外国铁厂机器折》，《李文忠公全集·奏稿》，卷九；《筹办夷务始末》，同治朝，卷二五。

的"圣道"地位，认为西学仅为"致用"，伦常道德较之西学则是一种"道—器"二分关系。从而，洋务运动的最初推进不但不能逾越传统伦常道德，更应维护传统，助其发扬光大。然而，"求其用而遗其体"的洋务运动一旦推进深入，势必要遭遇一个不可逾越的实践逻辑背反问题。洋务运动的深入迫使人们必须追问西学的合理之处，以及传统制度和文化的糟粕本源，从而洋务派最后分化出像王韬、郑观应等一批开明的知识精英，他们责难"洋务"官僚派的浅薄，批评其对西学"只袭其皮毛"而不"吸之精髓"，进而将宋明以来的传统理学与西学之间的关系进行了"虚"、"实"界分，认为中学"莫测制作之原，循空文而交谈性理，于是我堕于虚，彼此诸实"①；西学讲究"宜民而利用"，"因非索之虚无也，其事至实"②。最后，洋务运动由最初的注重学习西学之器物文明维度深入到政治法律领域，并为维新派揭批传统法律制度和文化的弊端埋下了伏笔。

（六）维新派的变法和托古改制谋划

西方法律文化在中国的传入不可能仅仅按照"中体西用"的实用逻辑而真正结出硕果，法律文化区别于器物文明的根本所在，在于它既是一种治理国家和统治社会的工具，也是"一种根源于社会共同体的历史价值和规范的产物"③。因此，法律文化的融合和法律移植不同于打造坚船利炮技术的引入那样不必深究其可行性和有效性的条件，作为一种社会历史价值意义上的法律，在文化交融和制度移植上，无法回避其所赖以形成和产生作用的本源性问题，即一个民族的价值形态和知识禀赋。洋务运动的失败是"徒袭皮毛"、"失之精髓"之"中体西用"逻辑的必然结果，也为甲午战争的彻底溃败而实践验证。洋务运动的失败结局，除了导致薛福成、马建忠、王韬、郑观应、陈炽等一批早期改良派从洋务中分化而出，更激发出康有为、梁启超、谭嗣同、严复等一批资产阶级改良派的出场。

区别于洋务派官僚阶层性质，维新派是一批会通中西的知识精英，因身份异质，也因甲午战争后国情局势的变故，维新派之于西方法律文化传入的贡献，在于他们摆脱了"中体西用"的实用逻辑，按照一种融贯中西之学的知识学理逻辑思考中国的变法图强路径和方向，提出"全变"和"变本"理论。

纲常礼教和祖宗之法立国立场下，西方法律不可能真正在中国移植，推行一套全新的法律制度和接受一种异域的法律文化价值准则，必须对变法的理论前提作出论证，这是维新派变法谋划的首要任务。作为维新派的首要代表，康有为会通儒学与西学，而对洋务运动的"枝枝节节而为之，逐末偏端而举之，无其本原"④ 颇为不满。中法战争后康有为潜心学术，成就了变法维新的理论准备，系统提出了"全变"和"变本"思想。康有为首先驳斥了顽固保守派"祖宗之法不可变"的立场，指出"夫方今之病，在笃守旧法而不知变……夫物新则壮，旧则老，新则鲜，旧则腐，新则活，旧则板，新则通，旧则滞，物之理也。法既积久，弊必丛生，故无百年不变之法"。"法者所以守地者也，今祖宗之地既不守，何有于祖宗之法

---

① 《盛世危言·道器》。
② 陈炽：《庸书·格致》。
③ ［美］H. G. 伯尔曼：《法律与革命》，贺卫方、高鸿钧、张志铭、夏勇译，684 页，北京，中国大百科全书出版社，1993。
④ 康有为：《敬谢天恩并统筹全局折》。

乎？夫使能守祖宗之法，而不能守祖宗之地，与稍变祖宗之法，而能守祖宗之地，孰得孰失，孰重孰轻，殆不待辩论矣。"① 与此同时，康有为还狠批洋务派的"自强新政"，认为所有办铁路、开矿务、办学堂、办商务，不过"变事而已，非变法也"，"于救国之大体无成"，只有"筹全局而全变"②。康有为的"全变"和"变本"口号通过其"必变"理论而导出。在其《新学伪经考》著作中，以一种历史计划论思维，提出"公羊三世"说，将社会历史进程阐述为依次进化的三个阶段——据乱世（君主专制）、升平世（君主立宪）、太平世（民主共和），并将晚清界定为由"据乱世"步入"升平世"的历史演化阶段性质。通过《新学伪经考》、《孔子改制考》、《春秋董氏学》、《人类公理》、《公理书》、《实理公法全书》、《大同书》等著作，以及向光绪皇帝的七次上书，康有为系统阐述和论证了他的变法思想，进而在政治法律制度这一重心变法领域，具体提出了变法方案。康有为的变法思想得到了广为宣传和倡导，维新派代表梁启超、谭嗣同等人因袭这一路线，掀起一场声势浩大的变法维新运动。

维新变法在促动中国传统法制变革和西方法律文化传入方面的影响突出表现在以下几个方面。

首先，维新变法运动建立在对传统法律文化的批判和西方学说的反思阐释基础之上，通过学说探讨为变法行动奠定理论基础。康有为的"公羊三世说"是对社会历史发展规律按照一种社会进化论逻辑进行的阐述。梁启超则以进化论和民权思想作为理论支点，并将康有为的"公羊三世说"改进为"三世六别说"，进而深入探讨了"君权"与"民权"关系的基本原理。梁启超深刻思考了变法的根本理据："法何而不变，凡天地之间者，莫不变"，是故"法者，天下之公器也；变者，天下之公理也"③。在论述国家的强大或落后的原因时，梁启超提出并论证了他的"群"理论，认为治国之道应"以群为体，以变为用"。在阐述了"群"理论旨在揭示民族自强的内在原理之后，梁启超进而将"群"理论运用于"君权"与"民权"关系的阐释领域，指出"善治国者，知君之与民，同为一群之中之一人，固以知夫一群之中所以然之理，所常行之事，使其群合而不离，萃而不涣，夫是之谓群术"④。"群"理论逻辑之中的"君权"与"民权"关系，根本在于王权的专制是导致民族难于自强的根本原因，只有"求道"、"合群"的政治制度，即政治上的通达和君民团结、民权本位，才是国家强大的根本条件。1896 年，谭嗣同撰写《仁学》一书，同样为维新变法进行了理论准备。在《仁学》一书中，针对"天不变道亦不变"的顽固派立场，谭嗣同将"仁"或"以太"（"仁"即"以太"）定性为宇宙、社会、心灵之本体，在认定"仁为天地万物之源"的基础上，进而从四个方面阐发了他的变法理论。谭嗣同提出，"仁以道为第一义"，"道之象为平等"，具体含义包括：其一，"中外通"，即与西方沟通和协作，实现通商贸易自由，做到中外平等；其二，"上下通"，应取消封建君主专制的等级制度，依照"君民共主"的精神实行"君主立宪"政治，实现上下平等；其三，"男女内外通"，废除男尊女卑制度，废除三纲五常，实现男女平等；其四，"人我道"，要求消除人我之别，泯灭利害冲突，实现人人平等。⑤

---

① 《上清帝第六书》，《戊戌变法》资料丛刊（二），198 页。
② 《上清帝第六书》，《戊戌变法》资料丛刊（二），216 页。
③ 梁启超：《论不变法之害》。
④ 梁启超：《饮冰室合集·文集》，第二卷，3 页。
⑤ 参见谭嗣同：《谭嗣同全集》，下册，460 页，北京，中华书局，1981。

其次，维新变法的理论准备是一个会通中西的学说思想过程，维新派竭力融通和找寻中西两种截然有别的思想文化的共通内核之所在。文化只能对话与融合，不能替代或强制。维新派代表学贯中西，均具有深厚的传统文化功底，又对西方文化抱以浓厚兴趣并深刻钻研。在变法维新的理论准备过程中，维新派深入思考了中西文化之间的关联因素和共同要素。康有为的家学渊源程朱理学历程以及独好陆王取向，使其深谙传统文化之精义。后游历西方，广泛接触并深入钻研西学，其"公羊三世说"即是春秋大义与历史进化论的学理嫁接。梁启超理学功底深厚，后广泛浏览和译介西方著作，其《新民说》一书，堪称融贯中西学术之精义的一部宪政思想之典范著作。严复更可谓一名会通中西之学的杰出代表，对此，梁启超评价道："西洋留学生与本国思想界发生关系者，复其首也。"[1] 严复因向国人译介西方学术著作之巨而获盛誉，他的译介涉及亚当·斯密、孟德斯鸠、卢梭、边沁、穆勒、达尔文、赫胥黎、斯宾塞等西方思想家的著作。严复感叹"西洋学术之精深，而若穷年莫能殚其业"，并批评国内有志改革之士对西学之理解"去事理甚远"[2]。对传统文化的深切体验和对西方的广泛深入钻研，严复揭示出传统文化之于国家发达强盛的缺陷所在并从西方圣贤著作中发现了西方强大的秘密所在——源于进化论中的个人自由观念和价值。严复论述道："是故富强者，不外利民之政也，而必自民之能自利始；能自利自能自由始；能自由自能自治始，能自治者，必其能恕、能用挈矩之道者也。"[3]

最后，维新变法并不仅仅限于对西方法律文化的宣扬、对中国传统法律文化的批判以及酝酿变法理论之上，维新派还提出了以"托古改制"为总纲的一系列具体变法方案。中西会通与托古改制并举，是维新派的变法旗帜，在倡导"必变"、"全变"和"变本"等核心要素的变法思想的同时，他们提出了一系列涉及内政、外交、教育、军事等方面的变法方案。这套系统而庞杂的变法方案，根本上则是一套倡导君主立宪、引进和效仿现代西方国家政治法律制度的宪政方案，具体包括建立以宪法为核心的法律体系，建立三权分立和变人治为法治模式等。在《公车上书》和《戊戌奏稿》中，康有为明确提出了效仿西方国家实行君主宪制的方案。1895年，康有为在《公车上书》中，提出了公举"议郎"建议，类似欧美君主立宪之国会或议院，同年6月30日，康有为第四次上书，提出"设议院以适下情"建议，并阐述了议院的组成。1898年，在第五次上书中，康有为进一步提出"开国会、定宪法"建议，要求光绪皇帝将"国事付国会议行"，"采择万国律例，定宪法公私之分，大校天下官吏贤否，其疲老不才者皆令冠带退休"[4]。梁启超宣扬资产阶级国家观，起初他倡导卢梭思想，赞赏天赋人权论和义务权利对等说，在后期，梁启超持以一种"开明专制"型的宪政立场，认为"凡专制者，以能专制之主体的利益为标准，谓之野蛮专制，以所专制之客体的利益为标准，谓之开明专制"。主张中国当"以开明专制为立宪之预备"[5]。严复博览西学群书，以一种社会进化论立场，持以"以自由为体，以民主为用"[6] 的宪政立场，鲜明指出天赋人权与

① 梁启超：《清代学术概论》，72页。

② 《郭嵩焘日记》，卷三，912页。

③ 严复：《严复集》，第一册，14页，北京，中华书局，1986。

④ 《戊戌变法》资料丛刊（二），176页。

⑤ 梁启超：《梁启超选集》，457、459、460页，北京，人民文学出版社，2004。

⑥ 严复：《严复集》，第一册，23页，北京，中华书局，1986。

封建君权的对立。

（七）修律家的法律移植行动

西方法律文化的传入，如果不真正从法律制度层面得到确认，那么这种中西法律文化的碰撞将始终只能停留在思想和学术领域，至多也只能在某些国家和社会事务中间或有所反映，尚不能真正认为西方法律文化对中国的国家治理和社会运行产生了真正影响。应当认为，西方法律文化的传入和传统法律文化的嬗变，根本上只能通过法律移植行动而予以表征或获得确认。

刘星指出："我们难以想象存在一个'纯粹域外的法律制度模式'，以及由此而来的一个'纯粹的域外法律移植'，其中，并不存在一个'政治化'的本土法律变革与否、本土广义'立法'与否的斗争策略。法律移植是和当下的'政治'设想密切纠缠的，甚至正是当下'政治'设想的一个组成部分。"① 面临亡国灭种的民族危机，师夷长技和变法求存的理论酝酿和思想鼓吹，迫使清王朝统治者必须采取切实的变法行动。1901 年，清朝统治者不得不发布变法"上谕"，称"世有万古不易之常径，无一成罔变之治法。大抵法积则弊，法弊则更"，"欲求振作，须议更张"②。不久，清廷发出上谕："著派沈家本、伍廷芳，将一切现行律例，按照交涉情形，参酌各国法律，悉心考订，妥为拟议，务期中外通行，有裨治理。"③至此，以沈家本、伍廷芳为代表的清末修律变法运动开始进行。

以沈家本等人为代表的清末修律运动，其指导思想是融会新旧、会通中西、参酌西法、变革旧律。这一指导思想既是清朝统治者的意愿，也是修律家们的变法思想立场。1900 年，清廷上谕中就已经明确了："参酌中西政治"，进行"朝章、国政、吏治、民生、学校、科举、军制、财政"等方面的变法修律方针。沈家本等变法修律运动的组织者和执行人，其思想立场同样是一种会通中西性质的。沈家本认为："西法之中，固有与古法同者。"④ "夫吾国旧学，自成法系，精微之处，仁至义尽，新学要旨，已在包涵之内，乌可弁髦等视，不复研求。新学往往从旧学推演而出，事变愈多，法理愈密，然大要总不外情理二字。无论旧学新学，不能含情理而别为法也，所贵融会而贯通之。"⑤ 清末修律运动在法律编纂的方法上作出了"仿效日本"的选择，其推进则按照"分两步走"的过程进行。修律运动的推进者首先广泛组织人员大量翻译和研究西方国家的法律，进而派遣人员出国考察西方国家的政治法律实践，聘请部分法律专家参与修律活动。沈家本认为："参酌各国法律，首重翻译"，"欲明西法之宗旨，必研西人之学，尤必编译西人之书"⑥。光绪三十一年（1905 年）至光绪三十三年（1907 年），修律派组织人员共译出西方法律法规和法学著作达 100 余部。由于修律运动在技术上有"仿效日本"取向，从而日本法律专家参与修律运动的情况便较为突出，其中较为有影响的日本法学代表有岩谷孙藏、冈田朝太郎、松冈义正、小河滋次郎、志田钾太郎、今井嘉幸、织田万等人，他们有的担任清廷法律顾问，有的参与了部分法律案的起草，

① 刘星：《重新理解法律移植》，载《中国社会科学》，2004（5）。
② 《义和团档案史料》，下册，914、915 页，北京，中华书局，1959。
③ 《清德宗实录》，卷四九八，577 页，北京，中华书局，1987。
④ 沈家本：《裁判所访问录序》。转自李贵连：《沈家本传》，370 页，北京，法律出版社，2000。
⑤ 沈家本：《枕碧楼偶存稿》，卷五。转引自李贵连：《沈家本传》，369 页，北京，法律出版社，2000。
⑥ 《寄簃文存》，卷六，《新译法规大全序》。

或在中国从事法学教育工作。① 沈家本主持下的主要修律成果包括：《大清现行刑律》（1908年编定，1909 年奏进，1910 年颁布施行）；《大清刑事民事诉讼法》（1906 年奏进，未施行）；《大清新刑律草案》（1907 年奏进，多次修改后于 1910 年颁行）；《法院编制法》（1907 年奏进，1909 年颁行）；《违警律草案》（1907 年奏进，1908 年颁行）；《大清商律草案》（190 年奏进）；《刑事诉讼律草案》和《民事诉讼律草案》（1910 年奏进，未施行）；《国籍条例》和《禁烟条例》（1909 年奏准颁行）。

清末修律运动对中国传统法律制度产生了极其重大的颠覆性作用。尽管修律运动所形成的大量法律文件真正颁行的较少，但是深远意义则不限于法律文件是否切实颁行乃至是否予以施行，其深远影响和功能在法文化意义上，它标志着西方法律文化不再表现为法律文化意识的觉醒和法学思想和理论的思索和探讨形态，而是开始表现为一种制度实在，西方法律文化作为一种由法律心理、法律意识、法律理论和法律思想所构成的系统，在东方这个拥有独特法文化传统的国度兑现为一种规范，获得了实在形态。自李悝著《法经》以降，中华法系形式特征表现为"诸法合体，民刑不分"，这种迥异于具有形式合理性的现代西方法系的中华法系因清末修律运动而发生了重大转型。对此，苏亦工评述道："我们似可肯定地说，清末法律改革的直接后果至少从外观上看是基本西化而非中西融合。"② 清末修律所形成的以六部主要部门法为主要代表的成果，标志着中国近代法系的形成。需要指出的是，西方法文化的传入和中国传统法文化的转型并非一种文化对另一种文化的彻底取代，这在文化人类学意义上可以作出理论说明。在文化人类学意义上，任何民族都有其内在独特价值的文化，文化之间不可以进行价值比较，倘若持以某种文化优越于另一种文化或主张以某种文化取代其他文化，则将陷入"种族中心主义"的泥潭。在阿格尼丝·赫勒看来，"所有文化都是平等的，它们不能进行比较，它们都具有同等的价值——这样的主张是一种彻头彻尾的现代主张。……所有在现代之前的文化都是种族中心主义的"③。按照这种逻辑，西方法律文化的传入和中国传统法的模式嬗变，似乎完全是某种"种族中心主义"的文化逻辑表征，这在西方列强以坚船利炮而迫使清王朝签订多个不平等条约的民族危急关头，似乎是没有疑问的。德国法学教授 K. W. 诺尔 1986 年在中山大学的学术报告中曾经指出："如果说接受外国法的内在原因是出于现代化的自愿或者是出于被迫的话，那么，无论土耳其、日本还是中国，现代化的直接压力在当时则好似来自西方列强的不平等条约……由于希望尽快改革，没有更多时间根据国情和吸收外国法律的积极因素以制定出真正切合本国实际的法典，而只能主要地依赖外国法典。"④ 诺尔关于中国法律移植性质的以上判断，同样说明了种族中心主义在清末修律运动中的功效。然而，毋庸讳言，清末修律作为由置身深度民族危机和国家存亡生死关头的清王朝最高统治者所被动作出的选择，形式上着实呈现出一种对西方种族中心主义的屈从。但是，即便是穷途末路的清朝统治者也未完全丧失敷衍而自立的谋虑，更何况直接执笔进行具体修律案拟定的沈家本等一批饱含救国热忱并谙习中西两种殊异法文化精义的人才，

---

① 参见何勤华：《中国法学史》，48～50 页，北京，法律出版社，2006。
② 苏亦工：《明清律典与条例》，345 页，北京，中国政法大学出版社，2000。
③ ［匈］阿格尼丝·赫勒：《现代性理论》，李瑞华译，193 页，北京，商务印书馆，2004。
④ ［德］诺尔：《法律移植与 1930 年前中国对德国法的接受》，李立强、李启欣译，载《比较法研究》，1988（2）。

他们不可能在传统法文化已经渗入其生命的同时，而对一种依附于武装和经济优势之上的外来法律文化而在心灵上彻底臣服，进而背叛传统法律文化。"中体西用"作为洋务派的一种信条，在修律家的心灵世界中依然是一盏明灯。在修律理论准则上，沈家本立场鲜明："当此法治时代，若但征之今而不考之古，但推崇西法，而不探讨中法，则法学不全，又安能会而通之，以推行于世。"① 既要参酌西法，又"不戾乎我国世代相沿之礼教、民情"②。这种理论立场在其主持的律法案中得到了充分体现，以《大清新刑律》为例，参与起草的日本法学博士冈田朝太郎认为："《大清新刑律》是重视礼教的。"③ 董康评述道："新刑律草案四百余条，俱根据《大清律例》，参以各国刑法，权衡其重轻，用意在先教而后刑，皆以忠孝为本，亦即古先哲王之刑期无刑也。无背吾国之良法美意，合于现时之国情。"④ 由此可见，清末修律在外国法文化传入和中国传统法文化转型上的性质，根本上是中西两种不同法律文化的对话和交融，绝非文化种族中心主义意义上的强势文化对弱势文化的一种霸权式取代。

二、西方法律文化渗透的内容

探讨西方法律文化渗透的内容，首先，需要界定西方法律文化与中国传统法律文化根本差异何在及其具体表现方面，因为只有法律文化之间存在差异才涉及渗透和传入。其次，西方法律文化的博大丰富并不必然导致一个该种法律文化的全部方面能有效向另一个国度渗透和传入的结果，西方法律文化渗入中国的广度和深度，决定于传入国的多种因素作用，也决定于输出国希望并如何输出其法律文化。再次，西方法律文化的哪些方面在中国发生了有效渗透，其确认标准是较为复杂的，法律文化的某些方面仅仅作用于中国知识精英的理论和学说层面，有的被兑现到具体法律制度之中，对普通大众的影响常常只限定于对具体生活关系和事件偶然产生作用的领域，他们对思想界的思潮以及外国法律制度的实际内容既无知识，也无兴趣。最后，外来法律文化在本土的渗入，不等于对传统法律文化的彻底替代，根本上只能是一种文化对话和交融状态，从而要精确确定西方法律文化渗入的确切成分，也是难以有结论的。这样，以怎样的标准界定西方法律文化在事实上已经渗入中国，这是一个较为抽象的问题。

鉴于以上原因，我们对西方法律文化渗透内容的界定，从便于说明主要问题的目标出发，只按照两个思路进行阐述总结，一是说明西方法律文化的哪些方面在当时中国的理论思想界得到了重点宣扬和倡导，二是概括列举西方法律文化通过法律移植中介而在中国法律制度上得到了兑现和落实。在阐述方式上，或综合以上两者，或专门列述。

（一）法律本性——公众意志

在中国传统法律文化中，法律根本上则是统治者的意志表达和命令要求，君权神授，法自君出，"法"与"刑"同义，"律"与"法"不分，"法亦律亦，故谓之为律"，足见法律在中国传统法律文化中的本性乃君权意志，庶民和臣子只有服从的义务，他们是意志强加的对

① 《寄簃文存》，卷六，《薛大司寇遗稿存》。
② 《寄簃文存》，卷六，《奏刑律分则草案告成由》。
③ 李贵连：《沈家本传》，298 页，北京，法律出版社，2000。
④ 《董科员青岛赫教习说帖驳议》，转引自李贵连：《沈家本传》，342 页，北京，法律出版社，2000。

象。由于西方法律文化渗入中国的历史时段始于鸦片战争，从而欧洲古典自然法学作为现代西方法学开始起步的核心法律思想文化，势必成为中国知识精英所重点关注、学习、思考和宣扬的对象。其中，卢梭以社会契约论框架所提出的法律思想、孟德斯鸠基于自然规律与人类社会关系的处理而提出的自然法与人定法关系的学说，以及洛克在自然权利学说基础上提出的国家法理论等，成为中国思想先驱和知识精英的宣扬重点。在洛克学说中，国家法律的本源源自人民自然权利向社会的部分让渡，在洛克看来，人民基于惩罚犯罪的需要而向社会让渡全部自然权利中的部分，"当人们最初联合成为社会的时候，既然大多数人自然拥有属于共同体的全部权力，他们就可以随时运用全部权力来为社会制定法律，通过他们自己委派的官吏来执行那些法律，因此这种政府形式就是纯粹的民主政制"①。孟德斯鸠区分了自然法和人定法，自然法"是由事物的性质产生出来的必然关系"②。自然法是人定法的基础，人定法因国家政体的性质不同而不同，他区分了民主政体与贵族政体，阐述了民主政体中法律与人民的基本关系："民主政治还有一条基本规律，就是只有人民可以制定法律"③，因此，孟德斯鸠眼中的法的本性，根本上是由国家政体的性质所决定的，在民主国家，法律是人民意志的表达。卢梭的法律本性公意观思想更为鲜明："法律乃是公意的行为"，"法律只不过是我们自己意志的记录"④。

以上西方自然法学说中对法律之公意本性的界说，在近代西方社会影响深远，也在许多西方国家的宪政和法律实践中得到了有力体现，也成为18世纪中期西方法律文化传入中国的重要内容。早期改良派王韬就从西方议会制的实践运行角度作出了法即公意的观点表达，指出："试观泰西各国……无论政治大小，悉经议院妥酌，然后举行。"⑤ "国家有大事则集议于上下议院，必众论佥同，然后举行。"⑥ 对西方法律文化中法律本性之公众意志的思考和论述，在维新派那里得到了积极响应。康有为起初感兴趣于西方法学中的"公法"概念意涵。在有关"公法"之"公"之含义的解析上，康有为倡言"公"是"公众之公"，"几何公理之公"，"公推之公"，"公"即"众己"，立法应当"合众之见定义"⑦，在康有为看来，历代帝王"一言立法，一言废法"的"圣制"是有悖于"人类公理"和"公意"的。梁启超曾疾呼："法者，天之公器也"⑧，这种法即公意思想在其关于宪政制度的论说中得到了进一步阐发。梁启超在其关于"新民"概念的阐述中指出："国家积民而成，舍民之外，则无有国。以一国之民，治一国之事，定一国之法，谋一国之利，捍一国之忠，其民不可得而侮，其国不可得而亡，是之谓国民。"⑨ 他在将"新民"视作国家主权之主体的基础上，对宪法所提出的民主性要求充分表达了法的公意性质："出于国民之意，成于国民议会。"⑩ 部分思想先驱

---

① ［英］洛克：《政府论》，下篇，叶启芳、瞿菊农译，80 页，北京，商务印书馆，1964。
② ［法］孟德斯鸠：《论法的精神》，上册，张雁深译，1 页，北京，商务印书馆，1961。
③ ［法］孟德斯鸠：《论法的精神》，上册，张雁深译，14 页，北京，商务印书馆，1961。
④ ［法］卢梭：《社会契约论》，何兆武译，51 页，北京，商务印书馆，1982。
⑤ 王韬：《弢园文录外编·达民情》，125 页，北京，中国古籍出版社，1998。
⑥ 王韬：《弢园文录外编·纪英国政治》，178 页，北京，中国古籍出版社，1998。
⑦ 《康有为全集》，第一卷，278 页。
⑧ 梁启超：《论不变法之害》。
⑨ 梁启超：《论近世国民竞争之大势及中国之前途》，《文集》之四，56 页。
⑩ 梁启超：《新中国未来说》，《文集》八十九，7 页。

则从西方宪政和法律运行状况中对法的公意本性作出了判断。严复虽然最早翻译了孟德斯鸠的《法意》（即《论法的精神》），不过，在法的本性问题上，他的相关阐述并没有直达孟德斯鸠关于认定法的性质认定。严复关于法的本性的论述采取了一种较为抽象的逻辑路径，这条路径从国力之所以强大着眼，将国家强大的基础认定为对民众自由权的确认和实现。严复首先通过批判中国专制制度和法律文化对民众自由权的抑制和剥夺而表达出法律不应出自君权和沦为专制统治意志和工具的意涵，指出："秦以来之为君，正所谓大盗窃国者耳。国谁窃？转向窃之于民而已。既已窃之矣，又惴惴然恐其主人或觉而复亡也，于是其法与令蝟毛而起，质而论之，其什八九皆所以坏民之才，散民之力，漓民之德也。"① 这段论述的根本意旨就是国家属于人民，国家的一切权力也属于人民，专制国家的实质就是从人民那里窃取了一切权力，法律不再是人民公意的表达，而成为专制统治者的窃取之物。严复的这种法律性质观因袭了卢梭思想，"剥露了封建君主'窃国大盗'的狰狞面目，撕破了'君权至上'、'君权神授'的神圣面纱，论述了国家是人民的公产的道理"②。

将法律本性认定为公众意志颠覆了传统中国法中"法自君出"的专制法观念，有力撼动了统治合法性的基础，对晚清政府后来的预备立宪和修律变法产生的重要的思想推动作用。

（二）法律目的——共同福祉

中国传统法所内在的法律目的，我们能够从法律思想家的有关论述中，也能够从历代王朝将法律作为统治工具的历史实践中，得出法的目的根本上在于巩固王权和实现统治者利益的结论，以义务本位、重刑轻民、权尊于法等方面为根本内涵的中国传统法，其目的只有一个——王权永固。然而，西方启蒙运动以降所发展形成的法律思想和法治实践，逐步将实现人类福祉上升到法律的最高目的。博登海默将西方法律文化的根本价值概括为正义，同时，又将正义这个抽象宏大的法律价值目标细解为自由、平等、安全、共同福利等基本价值要素，但是，他没有将这些价值要素予以等值对待，而是将共同福利视作高于一切法律价值的首要价值："在这些情形下，正义提出了这样一个要求，即赋予人的自由、平等和安全应当在最大程度上与共同福利相一致。"③ 其实，这种观点早已为边沁作出过近似的表达："一切法律所具有或通常应具有的一般目的，是增长社会幸福的总和，因而首先要尽可能排除每一种趋于减损这种幸福的东西，亦即排除损害。"④

在西方法律文化大量传入中国的历史时期，西方法文化中的法律目的论盛极一时，这无疑会成为西方法律文化向中国渗透的一项重要内容。由于面临亡国灭种的危机，鸦片战争至清末改制过程中的中国民族精英和思想先驱对西方法文化的目的论理解主要是从强国安邦的思维中进行的，尚没有余暇深究现代法律之于社会福祉的本体论意义，更多地还是按照一种"师夷"逻辑和"西用"取向对西方法律文化进行了一种近乎工具主义的解读。但是，这并

---

① 《严复集》，第一册，35～36 页，北京，中华书局，1986。
② 李华兴：《中国近代思想史》，268 页，杭州，浙江人民出版社，1988。
③ ［美］E. 博登海默：《法理学：法律哲学与法律方法》，邓正来译，299 页，北京，中国政法大学出版社，1999。
④ ［英］边沁：《道德与立法原理导论》，时殷弘译，216 页，北京，商务印书馆，2000。

不排除那些竭力倡导西方法律文化的仁人志士对民众命运的深度关切和社会共同福祉的热切期盼，只不过这种关切和期盼因救亡图存心切而无暇深入思考法律的真正境界和至上目的。康有为的"大同世界"畅想中，作为一种至上福祉，其实现方法却主要不是法律途径，仅有"明男女平等各自独立之权"作为"去形界"之关键手段尚与法律关联。梁启超也主要只以天赋人权学说，将平等权视为法律的主要目的："人生者，生而有平等之权，即生而当享自由之福，此天之所以与我，无贵贱也。"[1] 严复视自由为福祉之首选："民之自由，天之所畀也。"[2] "彼西人之言曰：'惟王生民，各具赋畀，得自由乃为全受。'……侵入自由者，斯为逆王理，贼人道。"[3] 这种权贵自由的法律目的观，无疑是卢梭思想的真切转达。修律家沈家本对西方法律文化精义之法律目的论的领悟与表述，则把握在"中西会通"的标准之上，初步体现出"民生、仁爱"的法律目的观，并在具体律法的修订中予以兑现。以修订《大清现行刑律》为例，他在《删除律例内重法析》中，提出"刑法之当改重为轻"为今日仁政之要务，提出删除凌迟、枭首、戮尸、缘坐、刺字等酷刑，这种"仁爱"之心既有因袭中华仁政思想的痕迹，更有转达、宣扬并切实兑现西方启蒙运动以降所日益盛行的"博爱"论法律目的观，在刑法理念上吸收了西方刑罚人道主义思想。

（三）治国方略——法律之治

中国传统法律文化中，礼治、德治、人治是治国思想的主要成分和国家治理的根本状态，乃至鸦片战争前后的清朝帝国，人治国家已极度腐蚀并病入膏肓。西方法律的现代转型根本上就是一条法律在国家治理活动中的地位上升和凸显过程，从启蒙运动法律思想家的理论学说到治理国家的制度实践，既是促成西方国家日益强大的一个先决条件，也是西方法律文化文明发达的一个根本标志。

西方法律文化在中国的传入，从西方列强侵略中国主权并掠夺财富的国家意志上而言，显然具有将法治文明作为侵略行径之辩护词和保护色的性质，但从部分传教士、洋幕宾的法文化传播和宣扬方面来看，也不失有传播文明教化蒙昧的良苦用心。民族精英乃至王权阶层动心于法治方略并推崇宣扬以至无奈推行宪政的目的，要么旨在强国图存，要么掩人耳目以使摇摇欲坠的腐朽统治苟延残喘。不管目的如何，用心何在，西方法治文化的传入构成了中国传统法律文化嬗变的一种极其重要的动力。法治与人治对立而言，法律取代君王成为至上权威，权力以法律为根据并受到法律约束，此乃西方法治文明的根本内涵，也是西方法律文化传入中国的核心要义之一。不过，法治文化在中国的传入，不同时期、不同阶层和不同人士对法治文化要义的理解角度和取舍重点并不完全一致。郑观应看重有法可依："故自有议院，而昏暴之君无所施其虐，跋扈之臣无所擅其权，大小官司无所卸其责，草野小民无所其怨，故断不至数代而亡，一朝而灭也。"[4] 王韬看重有法必依，在英国，"其民亦奉公守法，令甲高悬，无敢或犯"[5]。黄遵宪看重权力规制："余闻泰西人好论权限二

① 《梁启超选集》，《论学术之势力左右世界》，271 页。
② 《严复集》，第一册，35 页。
③ 《严复集》，第一册，3 页。
④ 郑观应：《盛世危言·议院上》，96 页，北京，中国古籍出版社，1998。
⑤ 王韬：《弢园文录外编·纪英国政治》，177 页，北京，中国古籍出版社，1998。

字。今读西人法律诸书，见其反复推阐，亦不外所谓权限者，人无论尊卑，事无论大小，悉予之权以使无抑，复立之限以使之无纵。……一言以蔽之曰：以法治国而已矣。"① 章太炎看重法律的效力："法律既定，总统无得改，百官有司毋得逾越，有不守者，人人得诉于法吏，法吏逮而治之。"② 严复认为法律是"治国之经制"，极力倡导孟德斯鸠之观点，看重法律的权威性，"法之既立，虽天子不可以不循也。"③ 应当认为，西方法治文化理念在中国的传入，改变了传统法律文化中法家对待法律的立场，与法家眼中的"治法"式法治思想形成了鲜明差异。

（四）权力本源——权利至上

西方法律的现代化过程根本上是一个权力本源的追问和权利的发现过程。在罗马法中，当初被译为"法"与"权利"的拉丁字"ius"含义有十余种。直至中世纪，托马斯·阿奎那首次将"ius"的含义界定为"正当要求"，称人的正当要求为"天然权利"。至 17 世纪，资产阶级在革命斗争中发明了"自然权利"武器，举起了"天赋人权"旗帜。自此，"'权利'、'人权'作为上帝赐予或造物主赋予人的资格的观念得到了广泛的认同和传播"④。至 19 世纪中期以后，"权利"和"义务"被作为法律的基本概念予以认定，并为启蒙运动中的法律思想家所大力宣扬。西方法律文化传入中国以前，西方法律思想界对权力、权利、义务的认识至少形成了以下思想观点。洛克较早地表达了国家权力本源于人民的自然权利的思想，他在将生命、健康、自由和财产等权利界定为人的自然权利的基础上，明确指出了国家权力与人民权利的关系："政治权力是每个人交给社会的他在自然状态中所有的权力，由社会交给他设置在自身上面的统治者，附以明确的或默许的委托，即规定这种权力应用来为他们谋福利和保护他们的财产。"⑤ 孟德斯鸠虽然没有对权力的本源作出明确的阐述，不过，他也是一名自然法思想家，他对权利与权力的关系主要是从政体的性质角度作出判断的："共和国的全体人民握有最高权力时，就是民主政治。共和国的一部分人民握有最高权力时，就是贵族政治。"⑥ 卢梭是人民主权思想的鼓吹者，他对主权的性质作出了如下界说："正如自然法赋予了每个人以支配自己各部分肢体的绝对权力一样，社会公约也赋予了政治体以支配它的各个成员之上的绝对权力。正是这种权力，当其受公意所指导时，如上所述，就获得了主权这个名称。"⑦ 天赋人权、主权在民、权利本位是西方法律文化最初传入中国的主权观和权利观，这种思想与中国传统法律文化中义务本位和君权、父权、夫权的"三纲"伦理形成了极大的差异。国人首先对传统文化中所内在的纲常伦理进行了深刻揭批，进而从不同角度宣扬和倡导西方主权在民法律思想，天赋人权和主权在民学说在甲午战争以后的中国思想界盛行一时。郑观应论述道："民受生于天，天赋之以能力，使之博硕丰大，以遂厥生，于是有民权

① 黄遵宪：《日本国志》，279 页，上海，上海古籍出版社，2001。
② 章太炎：《代议然否论》，载于张枬、王忍之编：《辛亥革命前十年间时论选集》，第三卷，95 页，北京，三联书店，1977。
③ ［法］孟德斯鸠：《法意》，卷六，严复译，第十六按语，北京，商务印书馆，1981。
④ 张文显：《二十世纪西方法哲学思潮研究》，491 页，北京，法律出版社，1996。
⑤ ［英］洛克：《政府论》，下篇，叶启芳、瞿菊农译，5 页，北京，商务印书馆，1964。
⑥ ［法］孟德斯鸠：《论法的精神》，上册，张雁深译，9 页，北京，商务印书馆，1961。
⑦ ［法］卢梭：《社会契约论》，何兆武译，41 页，北京，商务印书馆，1980。

焉。民权者，君不能夺之臣，父不能夺之子，兄不能夺之弟，夫不能夺之妇，是犹水之于鱼，养气之于鸟兽，土壤之于草木。"① 何启、胡礼垣论述道："权者乃天之所为，非人之所立也。天既赋人以性命则必界以颁此性命之权；天既备人以百物，则必与以保其身家之权"，"一切之权皆本于天"，"天下之权，唯民是主"，"自主之权，赋之于天，君相无所加，编氓无所损；庸愚非不足，圣智亦非有余"，"夺人自由之权，比杀戮其人相去一间耳"②。在接受和宣扬西方主权和权利至上法律思想过程中，时代精英们各有其理解和侧重。康有为重视平等："人类平等是几何公理"，"以平等之意，用人立之法"，"但人立之法，万不能用，惟以平等之意用之可矣"。倡导人皆享有平等权："公者，从如一之谓，无贵贱之分，无贫富之等，无人种之殊，无男女之异……此大同之道，太平之世，行之人人皆公，人人皆平，故能与人大同也。"③ 康有为的平等权思想主要是从大同世界的目标归宿角度进行畅想的，对平等权之于国家权力关系并未深入企及，从而他的权利思想与西方法律文化中的权利观尚有很大不同。梁启超鼓吹民权，其论说触及了国家与公民的关系，其论说已然深受卢梭共和主义思想影响："国家积民而成，舍民之外，则无有国。以一国之民，治一国之事，定一国之法，谋一国之利，捍一国之忠，其民不可得而侮，其国不可得而亡，是之谓国民。"显见不争的是，梁启超的论述其意尚不在为民谋权，而在合民之力以强国振邦，这种民权思想其实只是其"群"理论的政治法律立场延伸。严复遍览西书，对西方法律文化中的权利与权力更有其深刻领悟，他秉持社会进化论立场，在深刻洞悉西方法律精神基础上，深刻关切着国民的生存状态，努力从西学中探询着解决中国问题的办法。史华兹指出："严复从斯宾塞那里得到的牢固信念是：使西方社会有机体最终达到富强的能力是蕴藏于个人中的能力，这些能力可以说是通过驾驭文明的利己来加强的，自由、平等、民主创造了使文明的利己得以实现的环境，在这种环境中，人的体、智、德的潜在能力将得到充分的展现。"④ 严复尤重自由权利，这是为康有为和梁启超均予以忽略的一项重要权利，严复指出："是故富强者，不外利民之政也，而必自民之能自利始；能自利自能自由始；能自由自能自治始，能自治者，必其能恕、能用挈矩之道者也。"⑤ 深受斯宾塞自由主义思想影响的严复着实竭力倡导了一番公民的自由权利，然而，国难当头势态下的知识精英却将自由权的法律本体论意义进行了一番救亡图存式的工具主义解读，无法真正洞见自由主义思潮中的自由权理论真谛，对此，王人博作出了如下评判："在斯宾塞那里，自由主义是建基于社会有机体的理论假定，然而，斯宾塞理论中个人至上的价值取向并未引起中国严复的重视；相反，由于斯宾塞理论自身的毛病使他误读了斯宾塞……把斯宾塞的'社会有机体优劣'概念偷偷改换为'国家富强与贫弱'概念；把斯宾塞理论中个人自由这样一个自立自足的独立价值从第一位的位置上拉下来，让他成为第二位的工具性东西，并为国家富强效力。"⑥ 这一评述着实道及了严复在理解权力与权利关系上的些许偏差。西方法律文化中主权在民、权利至上理念在中国的深切领悟和正确读

---

① 郑观应：《原君》甲午后续，《郑观应全集》，上册，334页，上海，上海人民出版社，1982。
② 何启、胡礼垣：《〈劝学篇〉书后》，《新政真诠》，第五编。
③ 康有为：《大同书》，253页，北京，中国古籍出版社，1956。
④ ［美］本杰明·史华兹：《寻求富强：严复与西方》，55页，南京，江苏人民出版社，1995。
⑤ 《严复集》，第一册，14页。
⑥ 王人博：《宪政文化与近代中国》，185页，北京，法律出版社，1997。

解，直至以孙中山为首的民主派提出"自由、平等、博爱"思想以后才得到真正表现，至民主革命时期，主权在民、权利至上在法文化意义上的本体论地位有了深入认识，并且开始作为一个民主革命斗争目标致力追求。这种高度认识为孙中山先生所深刻表达："何谓民权？即近来瑞士国所行之制：民有选举官吏之权，民有罢免官吏之权，民有创制法案之权，民有复决法案之权，此之谓四大民权也。必具有此四大民权，方得谓为纯粹之民国也。"① "管理众人的事便是政治。有管理众人之事的力量，便是政权。今以人民管理政事，便叫做民权。"②

（五）宪政理念——分权制约

国家治理中的权力形态及其相互关系，是现代西方法律文化极为重要的制度确认形式和重要依托条件，缺乏制度实在性法律文化难以存在，法律意识、法律理论等法文化抽象要素倘若没有获得制度上的依附，无异于南柯一梦。宪政思想和实践无疑是17世纪以降西方法律文化的重要表征形态，也是促就西方国家发达强大的制度保证。启蒙运动以降的西方法学思潮中，自然法学说宣扬人的天赋权利和自由，社会契约论则将国家权力的本源界定为缔结了社会契约的人民为实现共同利益和安全而让渡的权力。从而，现代西方的国家理论中，主权在民、权力制约、保障权利等成了核心要素和重要价值。为实现这类价值目标，国家政治权力的架构设计便成为诸多思想家竞相论述的主题，也在英国、法国、美国等国的制度实践上予以推行。洛克是提出分权学说的第一人，他在《政府论》中提出了二权分立的政治权力架构要求，旨在通过权力分立来限制权力，实现权力制衡，进而保障人的自由权利。孟德斯鸠在《论法的精神》中确立了法律自由为价值目标，进而设计了三权分立政治制度架构，这一理论设计随后极大地影响了美国的政治实践。卢梭则依其社会契约论提出了民主共和主义学说，将国家的一切权力归还于民，国家权力成为民众权利的一种实现方式。尤为触动国人的是小国日本在甲午战争和日俄战争中的一战而胜，迫使早期改良派、维新派立刻思考日本这个"蕞尔岛国"之所以强大的原因，结论只有一个：明治维新以来日本对西方宪政的效仿实践。

最初将目光投向西方宪政文化的是从洋务派中分化出来的早期改良派王韬、郑观应等人。按照王人博的研究，"由重民、治民到民权、民治这是中国宪政文化的逻辑传递，甚至可以说，它决定了近代中国宪政文化的基本品格"③。而对腐朽专制，本着救亡图强意愿，早期改良派眼中的西方宪政关键在重民。在王韬看来，西方诸国，"因民之利而导之，顺民之志而通之"，"民以为不便者不必行，民以为不可者不得强"④。进而，"天下之治，以民为先。所谓民为邦本，本固宁也"⑤。何启、胡礼垣同样认为："政者，民之事而君办之者，非君之事而民办之者。事既属乎民，则主亦属乎民。"⑥ 如何实现"重民"目标，早期改良派几乎全部将目光投向西方议院制度。不过，在中国如何效仿西方的议院制度，早期改良派的大部

---

① 《孙中山全集》，第一册，384页，北京，人民出版社，1981。

② 《孙中山全集》，第一册，692～693页，北京，人民出版社，1981。

③ 王人博：《宪政文化与近代中国》，33页，北京，法律出版社，1997。

④ 王韬：《弢园文录外编·上当路论时书》。

⑤ 王韬：《弢园文录外编·重民中》。

⑥ 何启、胡礼垣：《新政论议》，《新政真诠》二编。

人员并没有提出明确而具有操作性方案，只有何启等人较为明确地提出了议院设立方案，但限于其传统文化眼界和视域，所提出的议院方案在性质上则是一个"不中不西"、"即中即西"的"开明政治"模式，是一种西方"议院制"与中国幕僚制相互混杂的模式，尚没有真正触及西方议院制度的奥妙。康有为是正式向清廷提出设议院、开国会的第一人。他对西方议会的认识经历了一个由浅入深的过程。通过对西方政治法律著作的研习，于1898年完成《日本变政考》，标志着康有为对西方议会制度认识的深刻转折。他从"民权"视角阐述了西方议会制度，认为："人主为之治，以为民耳。以民所乐举乐选者，使之议国政，治人民，其事至公，其理至顺。"① 结合西方宪政实践，康有为提出他的建立君主立宪国家的三权鼎立制度观点："近泰西政治，皆言三权，有议政之官，有行政之官，有司法之官，三权立，然后政体备。"② 梁启超起先追随其师康有为倡导宪政制度，不过他早期的宪政观所注重的是通过立宪而废除专制并保证公民之权利自由，对权力架构的具体制度缺乏深入阐述。至晚期，梁启超倡导一种"开明专制"，主张中国建成一种相似于普鲁士国王腓力特烈二世和法国皇帝拿破仑式的君主"开明专制"，从而梁启超的宪政和权力架构观点根本上不是对西方宪政理论的逻辑延伸，而是针对中国专制制度状况和国民禀赋，结合近代西方某些国家已经退出历史舞台的宪政模式进行的一种主观色彩鲜明的武断。严复所看重的西方宪政文化要点是民众自由权的保障，并将国民自由权的实现视作国家得以强大的前提条件。按照这个前提，严复对西方宪政文化的中国意义把握，并没有去过多论及权力的分立与制衡主题，而是本着"以自由为体，以民主为用"的价值准则，宣扬天赋人权与封建君权的对立，将宪政理念的核心基石落定于自由权利对专制权力的反抗和制约关系之上，进而将权力的首要功能界定为"教化"民众，以鼓民力、开民智、新民德。严复的这种宪政逻辑可谓极其独特，他没有亦步亦趋地鼓吹西方宪政文化中的权力分立和制衡政体的先进性和中国化引入，而是对宪政之所以得以确立并行之有效的根本前提在救亡图存的中国语境中进行深度判断，结论是自由和民智为先。应当认为，严复的这种认识并不完全偏颇，当代德国法哲学家考夫曼曾经指出，民主的实践"须以国民的政治成熟性与责任感为条件"③。同样认识到了民主与国民素质的关系。具反讽意义的，在西方宪政理念向中国深度传入的时期，清王朝当局也嗅到了这股文化思潮的"用处"，不过他们不是从汲取西方宪政理念之养分而实现富国强邦之目标进行行动谋划的，而是企图利用仿效和推行西方宪政的幌子，于1906年开始进行了一项"预备立宪"活动，并于1908年陆续公布了《资政院院章》、《咨议局章程》和《钦定宪法大纲》三项宪法性文件，目的不在真正推行新政，用心只在"今改行宪政，则世界所称公平之正理，文明之极轨，彼虽欲造言而无词可借，欲倡乱而人不肯从，无事缉捕搜拿，自然冰消瓦解。"④ 这项"预备立宪"活动的实质，只在欺骗中外以使腐朽政局苟延残喘。西方宪政理念和分权制衡政体在中国的恰当读解和积极回应，应是孙中山先生及其追随者关于"五权宪法"和"权能分治"理论的提出及其革命实践，随着《中华民国临时约法》等一系列宪法性文件的陆续出台，西方宪政文化在中国已深入人心。

---

① 康有为：《日本变政考》，卷六按语。
② 《上清帝第六书》，载《戊戌变法》，第二册。
③ ［德］考夫曼：《法律哲学》，刘幸义等译，413页，北京，法律出版社，2004。
④ 载泽：《责请宣布立宪密折》，载《宪政初纲·奏议》，7页，北京，商务印书馆，1906。

（六）司法地位——司法独立

司法理念和制度是西方法律文化系统中的重要构成要素，探讨西方法律文化在中国的传入内容，忽略西方司法理念和制度在中国的传入和影响显然是不妥当的，这不仅因为西方司法理念和制度在整个法律系统中具有独特地位，还因为它与中国传统法律文化之间形成了鲜明反差并深刻影响了后者。

关于司法在法律系统中的重要功能，有论者作出如下界说："从法律的运行机制上来看，法律广泛、抽象的设定和普遍要求，转化为社会成员的具体单个的行为，形成一定的法律秩序，必须要经过司法这一中介环节。在这一中介过程中，要借助于国家权力的力量，通过司法机构的活动来展现法律这种外在的、他律性的社会规范方式的作用，从而使法律在现实的社会中得到实现。可以说，司法机构是法律制度良好运行于其社会制度之中的支点。"① 司法在现代法系统中的这种重要功能，必然要求相应地赋予司法权力一种特殊地位，它必须只由法院和法官掌控，不受其他权力无端干涉。与此同时，权力分立和制衡的国家政体理论要求司法权力能够制约立法和行政两种权力，从而司法独立既作为一种宪政理念予以倡导，也在西方宪政实践中予以贯彻。

形成鲜明差异的是，中国专制法系统中，司法与行政并不作严格界分，州县一级司法机关与行政机关合一，省级虽设有专门司法机关，但其判决权掌握在行政长官手中，中央朝廷中的司法机关根本上是皇帝的审判工具，没有独立性可言。总之，在中国传统法制中，司法等同于行政，根本上只是执行皇帝旨意的工具，皇帝拥有最高审判权。严复是最早较为系统地提出司法独立主张的近代思想家，他所翻译的孟德斯鸠《法意》一书也是当时传播司法独立理念的主要文献。严复指出："所谓三权分立，而行权之法庭无上者，论断曲直，其罪于国家法典，所当何科，如是而止。"② 梁启超有关司法独立的观点、根本是对严复所译之孟德斯鸠《法意》一书中相关思想内容的重申和倡导。梁启超极度推崇孟德斯鸠的三权分立思想，1902 年，他在《法理学大家孟德斯鸠之学说》一文中对孟德斯鸠三权分立思想的重要地位作出了如下阐述："自 1778 年美国独立，建新政体，置大统领及国务大臣，以任行政；置上下两议院，以任立法；置独立法院，以任司法；三者各行其权，不相侵压，于是三权鼎立之制，遂遍于世界。今所号称文明国者，其国家枢机之组织，或小有异同，然皆不离三权范围之意。政术进步，而内乱几乎息矣，造此福者谁乎，孟德斯鸠也。"③ 在充分领会和认同孟氏三权学说的基础上，梁启超对司法独立理念的精义作出了在当时条件下较为深刻的阐释："尚自由之国，必设司法之制，使司法官无罢黜之患者，何也？盖司法官独立不羁，惟法律是依，故不听行法各官之指挥也。"④ 由此可见，梁启超对司法独立理念的认识，着眼于法官的独立精神，洞悉了司法权力的本性，可谓把握了西方法律文化中司法独立理念的精义。在当时的思想界，章太炎也大力宣扬司法独立理念："西方之言治理者，三分其立法、行政、

---

① 韩秀桃：《司法独立与近代中国》，17 页，北京，清华大学出版社，2003。

② 转引自郭志祥：《清末与民国时期的司法独立研究》（上），载《环球法律评论》，2002 春季号。

③ 梁启超：《梁启超法学文集》，范忠信选编，17～18 页，北京，中国政法大学出版社，2000。

④ 梁启超：《梁启超法学文集》，范忠信选编，18 页，北京，中国政法大学出版社，2000。

司法，而各守以有司，惟刑官独与政府抗衡，苟傅于辟，虽人主得行其罚。"① "司法不为元首陪属，其长官与总统敌体，官府之处分，吏民之狱讼，皆主之，虽总统有罪，得逮治罢黜。"尤为值得一提的是，章太炎曾提出了保证司法独立的两项颇具深意的措施：其一，法律的制定不由官府和权势豪门，而由明法律与通晓历史、周知民间利弊之士担任，法律既定之后，总统不得擅改，百官不许违越，有不遵守者，人人均可诉于法吏；其二，政府不得任意黜陟司法官吏，并不得从豪门中选任，而应由"明习法令者自相推择之"，借以保证司法官能够独立行使职权，不受强权者干扰和出身的影响，以能监督行政。② 章太炎的平民直接掌控立法权的论点并无太多合理可取之处，而他提出的法官的平民化主张则深得司法独立精义，其论说逻辑就是通过法官的独立精神而保证司法权独立性和中性化，这着实道及了司法独立的理念要旨。

西方司法独立理念在中国的深刻影响并没有仅仅停留于知识阶层的理论倡导层面，它还在制度层面产生了结果。1906 年，钦颁御旨，改刑部为法部，专管司法行政，改大理寺为大理院，专任司法审判。对此，有论者评述道："这犹如一道死亡宣判：从体制上宣告传统的行政官兼理司法制度的灭亡。"③ 需要指出的是，这项官制改革虽然以推行宪政名义进行，改革之前也派遣人员对日本宪政制度进行了考察，但是，由于议院难以设立，从而司法与行政的分制改革尚不是在宪政框架中进行的，仅仅是区分司法与行政两种职能，还远远不是真正意义上的司法独立。

（七）法律体系——诸法分立

以刑为主、重刑轻民是中国传统法制的重要特点，这与近代西方国家法律发展过程逐步形成的那种以宪法为统领、各种调整不同领域社会关系的部门法之间构成一个合理、融贯的系统的法律体系形成了强烈反差。重刑思想反映出一国的专制状况和统治者唯王权稳固的意志状况，在这种统治意志下，法律就是刑律，就是镇压人民维护王权的工具。西方国家法律体系的逐步形成和完善，表征着社会秩序不完全就是一种统治秩序，社会生产力的提高、经济增长和社会关系多元，要求通过各种不同性质的部门法律加以规范和调整。对此，伯尔曼指出："西方法律的多元论，已经反映和强化了西方的政治和经济生活的多元论，它一直是或一度是发展或成长（法律的成长和政治与经济的成长）的一个源泉。它也一直是或一度是自由的一个源泉。"④ 反观清末变法以前的法律类别情况，大有将中国传统法律中的重刑轻民、诸法合体的性质表现得更为突出的表现特征。根据苏亦工的研究，清代法源"除了《大清律》和《大清会典》以外，经常使用、具有通行效力的法源只有例"⑤。在法律体系视角中，清代通常只有二大部门法——刑法和行政法，当然，清代习惯法也构成了民法的一个重要渊源⑥，但是这种民法只是以民间习惯法形式予以表现的，尚不是法律体系的一个正式部

---

① 《章太炎全集》（三），"刑官第三十七"，83 页，上海，上海人民出版社，1984。
② 参见张晋藩：《中国法律的传统与近代转型》，2 版，351 页，北京，法律出版社，2005。
③ 韩秀桃：《司法独立与近代中国》，99 页，北京，清华大学出版社，2003。
④ ［美］H. G. 伯尔曼：《法律与革命》，贺卫方、高鸿钧、张志铭、夏勇译，12 页，北京，中国大百科全书出版社，1993。
⑤ 苏亦工：《明清律典与条例》，41 页，北京，中国政法大学出版社，2000。
⑥ 参见梁治平：《清代习惯法：社会与国家》，1～2 页，北京，中国政法大学出版社，1996。

门。尤为严重的是，清代主要的两大部门法（刑法和行政法）在调整方法上却都是一种刑罚手段，这无疑又是清代法律的又一重要特征。对此，有论者指出："包括公认的可以作为古代法律的一个部门的行政法在内调整不同社会关系的法律规范几乎无一例外地采用了同样的调整方法，即以刑罚的手段来保障法律调整社会关系的作用，也许这正是人们关于中国古代法律部门划分间争议的症结所在。"①

西方法律多元之观念和制度最初影响中国的途径是经贸关系。自海禁大开，重商思想开始兴起，这既因为中外贸易的增加必须懂得外国商事法律知识，更因为欲对抗外国对中国的经济掠夺，迫切需要通过学习西方国家的做法，制定一大批维护国家和地方经济利益的法律。洋务运动兴起后，为便于兴办与垄断近代工矿、交通等民族经济，洋务派建议编订矿律、路律、商律等。建立和完善中国法律体系的根本动力一方面来自西方列强对中国主权的侵略，尤其是西方列强对领事裁判权的强行攫取，更使清政府被迫萌生变法图强的愿望。对此，张晋藩指出："晚清近十年的修律，就是以收回领事裁判权作为契机的。"② 另一重要动力来源则是国内知识阶层对西方法律文化的宣扬以及对中国变法图强的有力主张。1902 年，张之洞以兼办通商大臣的身份与西方诸国修订商约，英、日、美、葡四国表示，在清政府改良司法"皆臻完善"以后，可以放弃领事裁判权。于时，清朝统治者才下诏书派沈家本、伍廷芳等着手修订法律。在思想者，康有为建议制定民法、商法、诉讼法，尤其重视制定商法以保护民族工商业。康有为指出："其（西方国家）民法、民律、商法、市则、船则、讼律、军律、国际公法，西皆极详明，既不能闭关绝市，则通商交际，势不能不概予通行。然既无律法，吏民无所率从，必致更滋百弊。且各种新法，皆我所夙无，而事势所宜，可补我所未备。故宜有专司，采定各律以定率从。"③ 康有为在重视民商事法律修订的同时，对清朝刑律的修改也提出了建议："今宜采罗马及英、美、德、法、日本之律，重订施行。"④ 与康有为相近，维新派都主张效仿西方国家建立完整的法律体系，他们的中国宪政思想中，重视宪法在法律体系中的突出地位，同时倡导其他部门法的修订和建立。正是在以上两种动力的作用下，清朝政府才于 1902 年始，着手系统修订多部法律。这场修律运动的最终成果是按照大陆法系模式初步形成了一个较为全面的"六法"体系，内容涉及宪法、刑法、民法、商法、诉讼法等主要部门法。自此，中华法系的"诸法合体"、"重刑轻民"特征得到了初步改观，为以后中国法制的近代化进程发挥了奠定基础和明确方向的作用。有必要补充说明的是，"重刑轻民"、以刑罚方法调整社会关系的清代法制的变革对刑法本身的影响也较为深刻。沈家本在主持修订《大清现行刑律》和《大清新刑律草案》之初，深受西方刑罚人道主义、罪刑法定原则等刑法思想的影响，新刑律废除了一些残酷的刑罚方法，如删除了凌迟、枭首、戮尸、刺字等刑罚及缘坐制度，改笞杖为罚金、苦役，并禁止刑讯，确立了以罚金刑、流刑、遣刑、死刑等为主要内容的新刑罚体系。在刑法原则方面，引进了西方的罪刑法定原则，批判并取消了"比附援引"做法。

---

① 张德美：《探索与抉择——晚清法律移植研究》，140 页，北京，清华大学出版社，2003。

② 张晋藩：《中国法律的传统与近代转型》，2 版，301 页，北京，法律出版社，2005。

③ 《上清帝第六书》，载《戊戌变法》，第二册。

④ 《上清帝第六书》，载《戊戌变法》，第二册。

第二节
领事裁判权与华洋诉讼：西方法律制度的强制介入

法律与国家的军事和国际关系之间存在十分紧密的联系，这是毋庸置疑的，也经常成为强国侵略弱国主权和掠夺弱国利益的有力借口和重要手段，切不可将西方法律文化对中国的传入理解成一场温情脉脉的救赎运动。倡导天赋人权、宪政理念和追求实现人类自由的西方法律文化，在传入中国的历史过程中，虽然有效摧毁了封建、腐朽的中华法系，促使中国这个纲常礼教国度对一种先进的法律文明作出了积极响应，却也扮演了一种为西方列强的主权侵略和掠夺财富行径的合法化话语工具。这是一个值得深度思考的法文化传播现象，其意义在于，先进的西方法律文化对传统东方社会的作用目的本来并不具有博爱和拯救内涵，东方社会在西方法律文化冲击下的反省自救并逐步促成自身的法制现代化进程，恰恰只是法文化传入的一个不经意的副产品成果。这一结论深刻反映在西方列强在中国获得领事裁判权以及在华洋诉讼关系中将西方法律制度在中国治域的推行实践之中。

一、领事裁判权：西方法律制度在中国治域的推行

攫取在其殖民地内的"治外法权"是英国等西方列强在殖民地扩张中惯用的手段。英国等西方侵略者对于攫取在华领事裁判权是蓄谋已久的。早在发动鸦片战争前四个月，即 1840 年 2 月，英国政府就拟订了准备在打败中国后强迫中国签订的《对华条约草案》，意欲迫使中国割让香港；如果此举不成，则代之以索取包括领事裁判权在内的多项特权。但在 1842 年 8 月签订中英《南京条约》时，腐败无能的清政府答应了英国提出的割让香港等各项无理要求。因此，在《南京条约》中，尚未直接规定领事裁判权内容。外国在华领事裁判权正式确立于 1843 年 7 月 22 日在香港公布的《中英五口通商章程及其附则》及随后签订的《中英五口通商附粘善后条款》。这两个条约都是《南京条约》的附约，是英国侵略者进一步提出的无理要求。《中英五口通商章程及其附则》中规定："英人华民交涉词讼一款……其英人如何科罪，由英国议定章程、法律发给管事官照办。"① 此时的"治外法权"的范围尚仅限于宁波、上海、广州、厦门、南京等五个通商口岸。但在随后签订的《虎门条约》中，英国政府强调"倘有英人违背此条禁令，擅到内地远游者……交英国管事官依情处罪"，将"治外法权"的适用范围扩大到中国内地。1844 年，美国在强迫中国与之订立的《中美五口贸易章程》（即《望厦条约》）中，将领事裁判权直接由五个通商口岸扩大到中国沿海各个港口，不仅美国人与中国人之间的争讼要由美国领事审理，甚至美国人与其他国家侨民在中国发生的争讼、纠纷，也"应听两造查照本国所立条约办理，中国官员均不得过问"。此后，法、俄、日、奥等近二十多个国家都援引英、美先例，强迫中国与之签订不平等条约，相继取得了在华领事裁判权。至 1845 年，英、美、法三国驻上海领事趁小刀会起义之机，要

---

① 王铁崖编：《中外旧约章汇编》，第一册，42 页，北京，生活·读书·新知三联书店，1957。

挟中国政府修改《上海租地章程》，在租界内设立由外国领事直接控制的"工部局"和巡捕房，攫取了对租界内华人和无国籍人的司法管辖权。西方列强通过订立不平等条约取得在华领事裁判权以后，开始在中国领土范围内直接设立各自的司法机构，来行使这种"法外治权"。西方列强对于其本国侨民间的诉讼，由他们自己建立的"海外司法系统"负责审理。在这种司法系统中，一审基层法院通常是领事法院或由公使和使馆人员组成。上诉法院因各国司法体制不同，其殖民地上诉法院系统的设置也各有差异。以英国为例，其在中国设立"英国驻华高等法院"作为二审法院，三审法院则为英国本土的枢密院。法国海外司法系统中，一审法院是驻华领事法院，二审法院则是设在越南的西贡法院，三审法院是巴黎大理院。

显见不争的是，领事裁判权或治外法权与平等国家之间的外交特权在根本性质上不同，国际法上的外交特权建立在国家平等和相互尊重主权的原则之上，而领事裁判权根本上则是建立在强国对弱国强权侵略的事实之上，领事裁判权关涉国家独立与主权问题，其实质是一种主权侵犯。闭关锁国已久的清王朝统治者及其官员最初并没有充分意识到领事裁判权之于国家主权的动摇和颠覆性性质。1843 年，清政府与英国签订《议定五口通商章程》，其中第 13 款内容如下："凡英商禀告华民者，必赴领事处投票，候领事先行查察，勉力劝息，使不成讼。如有华民赴英国官署控告英人者，领事均应听诉，一律劝息……遇有诉讼，不能劝息，又不能将就，即移请华官，公同查明其事；既系实情，即应秉公办理。英人如何科罪，由英国议定章程法律，令领事照办。华民犯罪，应治以中国之法律。"这是领事裁判权的核心条款，其内容似乎体现了属人原则，表面看来也似乎合情合理。然而，正是这一貌似合乎情理的规定，却潜藏着一种触及一国主权独立与否的重大要害问题。清朝政府及其官员因对现代国际公法知识和国家主权知识的愚昧无知，竟然完全同意了以上条款，"还认为此种方法乃免生事端之良方，因此没有什么反对意见"①。

西方列强在中国领事裁判权的取得，形式上表现为按照属人原则外国的司法制度可以合法适用于中国治域，外国实体法律（或判例法）在中国治域适用于外国人，但是，在实质上，司法裁判权的根本性质在于，外国主权延伸到中国治域，构成对中国主权的侵犯。导致中国治域内实施外国司法制度、运行司法权力的根本原因，颇有必要进行深入分析和阐释。民国学者吴颂皋对此曾发表研究观点：宗教的歧视；文明先进的成见；国势的衰弱。② 梁敬錞归结了西方列强在中国获得领事裁判权的三个原因：（1）中国法制落后、腐败、残酷。（2）中国裁判官无知、缺德、贪婪。（3）中国视外国人为夷狄，谓须以夷狄之法治之。③ 以上论述道及了问题的某些要点，不过，在我们看来，致使西方列强在华获得领事裁判权的原因，还需要作出进一步突出强调。首先，领事裁判权是西方列强主权侵犯和财富掠夺的必要形式和方法。西方国家近代以来的世界性经济扩张，既需要一整套合法化话语系统的标榜，也需要通过具体的法律制度确立和延续其侵略和掠夺的方式和成果。马克思在有关摩尔根人类学著作的阅读笔记中，曾对法律与利益的本质关系作出了如下界定："无论怎样高度估计财产对人类文明的影响，都不为过甚。财产曾经是把雅利安人和闪米特人从野蛮时代带进文明时代的力量。管理机关和法律建立起来，主要就是为了创造、保护和享有财产。"① 这种论断精辟地揭示了法律与财富（利益）的关系，也十分切合于领事裁判权的本质诠释，领事裁判权根本上就是西方列强保障、维护和实现其在华侵略利益的一种法律制度。其次，领事裁判权是不同法律文明际遇的重要表现形态。在人类学意义上，文明没有优劣，法律文明同样如此。但是不同法律文明的际遇关系及其结果，决定于支撑那种法律文明的国家实力及其目的，这种支撑法律文明并由法律文明予以保证的国家实力和目的，其实就是法律文明的先进性内涵，即法律文明可以从功用意义上作出先进性比较。西方列强在华获得领事裁判权的一个重要借口就是中国司法的腐败和残酷，如司法官受贿、刑讯手段的普遍动用、口供至上和自证其罪、酷刑等。在这种意义上，我们也不能完全否认本质上属于主权侵犯的领事裁判权之于中国法制变革而内在的积极意义，尽管这种积极意义并非出自西方列强本愿，国家主权的侵犯和通过领事裁判权形式对掠夺利益的保护行径与近代西方法律文化中博爱精神在此丝毫没有逻辑关联。但是，耐人寻味的是，侵略本愿所攫取的司法裁判权虽然只为其在华人员的权利保障和利益实现服务，实践中，却不得不按照那种经历启蒙和权利斗争的近代西方法律文明的内在逻辑运作，并对东方这个国度中的腐朽和落后的司法制度作出了识别和界定，尽管是一种借口，却无法逾越西方司法文明的逻辑进行实践运作，岂不对中国的司法文明化进程的启动产生了本无教化和拯救目的、却有推动传统法现代转型的深远影响？历史从来没有目的，偶然性经常是它的原因。张晋藩指出："西方侵略者通过领事裁判权，践踏中国司法主权的事实，从某种意义上说来，也激发了晚清改革司法的觉醒。"② 晚清近十年的修律，就是以收回领事裁判权作为契机的。③

领事裁判权对晚清变法修律发挥了极其重大的触动作用，将领事裁判权问题视为清末变法的直接动因已经获得了大批学者的认同，在事实上，以英国为代表的西方列强甚至以领事裁判权的放弃为条件要挟清政府实施变法，尽管这种要挟并非真正出于那种期望中国步入现代法治国家轨道的真诚愿望。1902 年中英签订的商业条约中，英方曾经表示："一俟查悉中国律例情形及其审断办法及一切相关事宜皆臻妥善，即允弃其治外法权。"④ 我们可以对领事裁判权对晚清变法修律的作用逻辑进行如下概括：领事裁判权侵犯国家主权→领事裁判权的借口是中国司法和法律制度的腐朽落后→变法修律可以消除借口之理由而挽回国家主权。其中，自身司法和法律制度的腐朽和落后主要是思想和学术精英的攻击对象，并非统治者和官僚阶层的反思和检讨内容。司法改制和变法修律正是按照这种逻辑而启动的，沈家本对日本的成功经验深有感触："日本旧行中律，维新而后踵武泰西，于明治二十三年间先后颁行民事刑事诉讼等法，卒使各国侨民归其钤束，藉以挽回法权，推原其故，未始不由裁判诉讼咸得其宜。"⑤ 对此，有研究者作出了如下评述："在洋人不会主动放弃他们在华获得的领事裁判权的情况下，唯一的办法就是我们自己改良法律和司法，消除洋人继续保有领事裁判权的

① 《马克思恩格斯全集》，第 45 卷，377 页，北京，人民出版社，1985。
② 张晋藩：《中国近代社会与法制文明》，2 版，359 页，北京，中国政法大学出版社，2003。
③ 参见张晋藩：《中国法律的传统与近代转型》，2 版，301 页，北京，法律出版社，2005。
④ 《辛丑和约订立以后的商约谈判》，转引自李贵连：《沈家本传》，181 页，北京，法律出版社，2000。
⑤ 沈家本：《修律大臣奏呈刑事民事诉讼法折》，载《东方杂志》，1906 (9)。

口实，从而收回这种不应该给予外国人的司法特权。"①

二、会审公廨：外国人在华操控司法权力的方式

司法裁判权的局限性要求西方列强以更为丰富而有效的形式攫取中国的司法权力，这是权力意志的本性，当时的历史状况也在客观上具备满足这种权力要求的条件。由于清政府孱弱无能，西方列强在攫取了领事裁判权以后，强制和欺骗手段并用，进一步扩张领事裁判权，取得了对于外国人与中国人之间争讼（外国人为原告，中国人为被告）的"观审"和"会审"权，由此形成了清末涉外诉讼中的观审制度和"会审公廨"。观审制度是西方列强在华获得领事裁判权以后确立的强行干预中国司法审判的制度。按照早期不平等条约的规定，涉外诉讼一般采用被告主义原则，诉讼由被告方国家司法管辖。但在 1876 年《中英烟台条约》签订以后，西方列强开始强迫中国接受观审制度，即在原告是外国人，被告是中国人的案件中，原告所属国领事官员也有权前往"观审"，中国承审官应以观审之礼相待。如果观审官员认为审判、判决有不妥之处，有权提出新证据、再传原证，甚至参与辩论。"会审公廨"又称会审公堂。是 1864 年英、美、法三国驻上海领事借小刀会起义之机，要挟清政府同意，在外国租界内设立的特殊审判机构。按照 1868 年订立的《上海洋泾浜设馆会审章程》的规定，凡涉及外国人的案件，必须有领事官员参加会审；凡中国人与外国人之间的诉讼，若被告系有约国人，由其本国领事裁判，若被告为无约国人，也须有其本国领事陪审。甚至租界内纯属中国人之间的争讼最终也须外国领事观审并操纵判决。实际上，所谓"会审"只是空有其名，审判权完全被外国领事掌控，中国官员往往仅被当做象征性的陪衬。

观审制度和"会审公廨"根本上则是领事裁判权的扩张和彻底化，更是对中国司法权的深度介入和对中国主权的严重践踏，维护列强侵略中国的既得利益和保障在华侨民权利是观审制度和"会审公廨"的根本性质，同时也是一种对中国主权严重侵犯的形式，这是显见不争的，也是研究观审制度和"会审公廨"首先要作出性质判断的问题。不过，需要指出的是，历史事件从来都不会只由单一的因素构成，历史事件的性质也不应当作纯粹化理解。观审制度和"会审公廨"所隐含的一种含义，还在于西方国家对中国司法和法律的落后性所表达的一种不信任态度，为何"听审"和"会审"？其目的还在于避免中国的司法不公、残暴而带来非理性、不合法判决结果。1876 年，应总理衙门之请，美国人赫德向清政府提交了《改善中国法律与政务的条陈》，其中对中国司法审判提出了一些意见，如"外国人责备中国官员接受贿赂，并力言中国的刑讯方法将使任何无辜的人承认自己为罪犯；相似地，中国人并不相信领事们不接受贿赂，他们指出外国人讯问证人的方法并不总是能使真相大白，并且陪审制度并不经常使审讯公平。再者，外国人保护被控诉人的方法是把提出证据的重担加在控诉人的身上，中国人却要等到犯罪者自己坦白认罪才宣告有罪或判刑"②。应当认为，中西司法制度之间不仅存在巨大差异，而且确实存在落后性与先进性的区别。西方司法制度传入中国之时，已经启蒙运动思想的长期熏陶和资产阶级革命的深刻改造，人道性、公正性、科

---

① 李启成：《晚清各级审判厅研究》，36 页，北京，北京大学出版社，2004。
② 王健：《西法东渐——外国人与中国法的近代变革》，16 页，北京，中国政法大学出版社，2001。

学性等成为司法制度的价值内涵。反观中国司法的积弊之久和腐败残酷，着实让那些已历经西方理性主义无数次洗礼的西方人无法接受中国的司法制度触及其国家和在华侨民之利益。对此，就连清廷官员也有对西方司法制度作出赞赏性评价的。考察美国监狱归来的李圭述道："犯人由巡捕带上堂，先取书置口边，吻略动，仍置原处，此即对书立誓无虚言之意……讯官由绅民公举。每日必有数十案，讯后或即释放，或罚受取保释放，或定罪后转送衙门核夺，或未结则分别押监房，次日再讯。"[1] 张德彝则对西方审判法庭情况作出了如下描述："其承审官十二人，昂然上坐，两造立于左右五步外。事有不平，悉听十二人译断。断之不决，另请十二人，无有刑讯。"[2] 一种异域审判文明让当时国人十分动情。在审判实践，西方国家在华做法也不乏信守法律价值原则之例。以 1905 年《驻沪各国领事商拟修改公堂会审章程》为例，修改后的会审章程第 2 条规定："会审公堂所审各案，除中外会审官员商定有关风化之案应进行密讯外，其余各案均须任人公听。"

图 2—1　19 世纪末期西方人描绘的上海会审公廨中审讯的场面，戴高帽子的为当时西方人的形象。

摘自田涛、李祝环：《接触与碰撞：16 世纪以来西方人眼中的中国法律》，186 页，北京，北京大学出版社，2007。

三、华洋诉讼：中西法律冲突的独特调和

鸦片战争以后，中外交涉事件日益增多，外国来华人员大幅增加，进而涉外刑、民、商事案件大量增加。争讼必然带来司法管辖权问题以及法律适用问题，也是华洋诉讼的核心问题。

在西方列强取得在华领事裁判权、建立观审制度和会审公廨之前的较长一段历史时期中，清朝政府已经审理多起涉外刑、民事案件，这些案件的审理，清朝政府拥有完全的司法管辖权，在适用法律上，体现了适用清朝法律原则，并充分考虑外国人的相关利益。乾隆四十二年（1777 年）曾明谕地方大吏："遇有交涉词讼之争，断不可循民以抑外夷。"乾隆在致英王的信中曾表示："凡遇该国等贸易之事，无不照其周备。"由此可见，鸦片战争以前的清朝政府在审理涉外案件中，在坚持适用本国法原则的前提下，有效保障中、外当事人的法律地位平等，并重视中外关系的妥善处理。中外争讼案件的审判实践也对以上原则和要求进行

---

① 李圭：《环游地球新录》。
② 张德彝：《环海述奇》。

了贯彻，以至洋人对中国政府在部分案件审理中的妥善做法曾予以赞赏，东印度公司日志中曾有如下记载："中国政府在对这些罪犯进行惩罚的过程中所表现出的积极性和热情，引起了极大的震惊，并受到高度称赞，他们（清政府）希望外国人非常满意的愿望已表现在诉讼过程中的每一个阶段，皇帝的命令，允许我们自由地进入正在进行审判的法庭，证明了中国政府希望在这个案件的审判过程中给予极大的公开性……就目前的案件来说，无论困难多大，他常将对犯罪的本国人行使审判权。"① 清朝政府在涉外案件审理上的良好愿望，既无法改变中国司法程序与外国司法程序的殊异差别，也不能杜绝个别案件审理中出现偏袒本国人的情况出现，以及在法律适用结果上令外国人不可理解的情形存在，更无法改变西方列强觊觎中国已久的主权侵犯和财富掠夺之心。在财富掠夺和殖民目标的驱动下，西方国家在涉外案件问题上，并不真正满足于清朝政府的礼让，并不领情清朝政府在司法审判和法律适用上的平等、妥善做法。侵略是全方位的，并且必须找到合法性借口，从而，借助军事优势和战争获胜条件，领事裁判权、观审制度和会审公廨的相继攫取和建立，华洋诉讼的整体情况发生了根本变化，这种变化大致可以从司法管辖权和法律适用两个主要方面予以总结。

首先，在司法管辖权方面，根据有关不平等条约以及附约和驻华各国领事议定的有关章程的规定，领事裁判权以降华洋诉讼在司法管辖权问题上有以下重要变化。其一，凡在华享有领事裁判权的国家，其在华侨民违反中国法律的行为，由该国驻华领事机构或专门设立的司法机构管辖，中国无司法管辖权。其二，中国人与外国人之间争讼，外国人所属国在华领事馆官员有权对中国司法审判机构的审判活动进行"观审"和"会审"。其三，外国租界内设立特殊审判机构，管辖租界内发生的一切案件。总之，在此历史阶段，华洋诉讼的司法管辖权内涵可以作如下高度概括：凡是涉及外国人的案件以及所有在租界内发生的案件，司法管辖权不属于中国政府。由此可以推论的是，在审判程序及证据制度上，凡是由外国负责审理的案件，均遵照外国程序法和证据制度进行审理和判决；外国人参与"会审"的由中国审判机构审理的案件，因外国人实际控制了裁判权，从而其审判程序和证据制度也必须符合外国法律或外国参与"会审"官员的要求。其次，在司法判决的法律适用方面，情况则比较简单。由于华洋诉讼的司法管辖权根本归属西方国家，从而司法判决根本上只是适用西方国家的实体法律。

华洋诉讼中的司法管辖权归属以及实体法律适用的根本性质，无疑就是一个主权侵犯问题，对此不必再作赘述。对于华洋诉讼，特别需要进行深入反思的是华洋诉讼实践过程在传入西方法律文化方面发挥了怎样的作用？华洋诉讼实践中的法律适用具体表现为怎样的状况并反映出什么问题？华洋诉讼怎样促动清朝统治者作出进行法律移植和变法的选择？

在我们看来，华洋诉讼的一个重要特征在于实现中西法律的独特融合，在中国法律存在不足之处的情况下，适用外国法律体现出明显的合理性。中国政府负责审理的涉外案件，即便没有外国官员的"会审"、"参审"介入压力，中国法律之于海禁大开之后社会形势的落后状况，决定了若继续适用这种法律，即便外国不予干涉，判决也难以服众。在华洋诉讼案件

---

① 《史料旬刊》，第十二期，转引自张晋藩：《中国法律的传统与近代转型》，2 版，299 页，北京，法律出版社，2005。

中适用外国法律，当时国人竭力赞同者大有人在。郑观应指出："中外通商日久，交涉之案层见叠出，卒未有办理公平，能折彼族之心而申吾民之气者"，"至于通商交涉之件，则宜全依西例。今海禁大开，外国人无处不至，凡属口岸无不通商，交涉之案无日无之。若仍执中国律例，则中外异法，必致龃龉。不如改用外国刑律，俾外国人亦归我管辖，一视同仁"①。以 1869 年英国人卓尔哲故意杀害中国人王阿然一案为例，案件由英国领事、刑官与上海知县会审，定故意杀人罪均无异议，但在量刑问题上反复辩论，焦点是依英国法律应判绞刑，依中国法律则应判"骈首"之刑。辩论中认为"外域无骈首之文"，绞刑较之"骈首"也更为人道，最后适用英国判例适用绞刑。该案的法律适用，不但没有屈从外国之嫌，倒是显现出刑法的酷刑与人道两种价值取向的合理选择，在此，中西法律的融合是以价值取向的人道化标准实现的。华洋诉讼案件中，西方国家也并非因为要维护本国人利益而一味排斥中国法的适用，也并非觉得中国法的适用反而有利于外国人而放弃对他们国家的法律适用。在法律实践场合，一旦进入法律的内在逻辑，令人意外的是，这种内在逻辑有时不但与主权侵犯之间找不到联系，甚至不再是侵犯主权行径的帮凶。以 1876 年马嘉理一案为例，残害英国翻译官马嘉理的中国地方野匪被中方拿获并获得口供，按律已可定罪，但是英方对中方提供的定罪证据——口供提出质疑："虽按中国律例可作为定罪之据，若按英国律法评议，仍难以信谳。"在此，对英国人有利的口供定罪的中国律例，竟然遭到了英方的质疑，诉讼证明的物证主义反击了口供主义，理性和科学对抗着暴力和强制，西方法在对抗中国法中合理胜出。在此，中西法律的融合则按照理性和科学主义逻辑运作。

　　不过，人道主义、理性主义、科学主义依然只是西方法律的"小逻辑"，在真正涉及国家主权和根本利益的场合，这些"小逻辑"就必须让位于国家主权和利益这个"大逻辑"。在 1903 年《苏报》案中，中西法律的对话逻辑便转换为国家主权和利益这个根本逻辑。《苏报》由中国人陈范等在上海公共租界内编印，因持以反清政府的立场发表文章，清政府与租界总领馆勾结而由巡捕房将陈范等人捕获。依"会审公廨"制度，中国人在外国租界内犯罪可由会审公廨审判，然清政府谋划《苏报》案一为政治镇压，二为通过引渡案犯而实现属人管辖。清廷谋划此案的政治镇压目的尚非为醉翁之意，叵测意图在通过引渡案犯而动摇领事裁判权并实现主权。为此，张之洞申言："此正专为收回主权计，非鄙意不欲重办此六犯也。"② 美国领事古纳本来按照法理行事，意欲将案犯引渡给中方，在其致上海道的信函中此种法理逻辑可见一斑："外人之租界，原非为中国有罪者避难之地……如今之《苏报》一案诸人，一律交华官听其治罪。"会审公堂也表示无权审理该案。但是案件情况报达英、美最高政府那里，回复是命令不得将《苏报》案案犯交与华官。最终，引渡失败，会审公廨判决。个中道理已昭然若揭，《苏报》一案所经历的引渡交涉过程，表面逻辑是一个司法管辖权归属问题，这是法律的固有逻辑；深层逻辑则是一个主权归属和主权独立问题。在此，华洋诉讼中的法律融合性质，根本上是政治驾驭了法律，主权和侵略利益是华洋诉讼中中西法律对话与融合的根本决定力量。

---

①　夏东元编：《郑观应集》，418、502 页，上海，上海人民出版社，1982。
②　转引自李贵连：《清季法律改革与领事裁判权》，载《中外法学》，1990（4）。

第三节
传统中国法的命运

一、近代中西法律文化冲突性质界说

安东尼·吉登斯对"文化"概念进行了社会学界定，认为在社会学视角，文化指人类社会那些通过学习而非遗传获得的方面，这些文化要素只有被社会成员共享、合作和交流才能得以发生，"一个社会的文化既包括无形的方面——信仰、观念和价值，这是文化的内容，也包括有形的方面——实物、符号或技术，它们表现着文化的内容"①。法律文化是人类文化的一个特定范畴，伯尔曼关于法律之三重本质的阐述在一定程度上道及了法律文化范畴的具体方面。按照伯尔曼的观点，法律（文化）既是一种统治工具和实现立法者意志的手段，也是对人类理性所理解的道德准则的一种表达，最后，法律（文化）还是习惯的一种派生物。②可以看出，伯尔曼的观点既将法律文化解读为一种现实的法律规范和制度，又是一种价值追求和道德准则，也是一种因袭而成的社会行为模式。

法律文化是一种思想的社会关系，按照公丕祥的精到界定，"法律文化是在一定社会物质生活条件的作用下，由掌握国家政权的统治阶级所创造的法律规范、法律制度以及人们关于法律现象的态度、价值、信念、心理、感情、习惯及学说理论共同构成的复合有机体"③。按照这种界定，法律文化结构通常可以划分为两个范畴：其一是物质性的法律文化，包括法律制度、法律规范等；其二是精神性的法律文化，包括法律意识、法律心理、法律学说、法律习惯等。

恰恰在 19 世纪中叶，两种性质迥异的法律文化发生了激烈的碰撞，这种碰撞的结果则是西方法律文化在中国的引入和历时两千余年的中国传统法律文化的范式转型。吉登斯从现代性精神世界性蔓延的根本性质的阐释对西方法律文化向东方世界传入的内在机理所在同样有效，在吉登斯看来，现代性（包括西方法律文化）"席卷了整个世界，这首先是因为它们所创造出来的权力。在全球发展的趋势之外，在维持全面自主方面，没有任何其他更传统的社会形式能够与这种权力抗争"④。这种阐释观内在着西方现代性及法律文化价值所具有的一种优越于非西方社会之民族精神和法文化传统的立场，倒不是吉登斯持有一种文化优越论或西方中心主义立场，而是他揭示了西方现代性及其法律文化具有一种自我反思而合法化的力量。就西方法律而言，较之东方传统法律文化的优势或突出功能，在于它促进了资本主义的经济扩张和统治秩序的稳定生成。"古代东方社会的法律文化传统以村社制度、土地公社所

---

① ［英］吉登斯：《社会学》，4 版，赵旭东等译，29~30 页，北京，北京大学出版社，2003。
② 参见［美］H.G. 伯尔曼：《法律与革命》，贺卫方、高鸿钧、张志铭、夏勇译，683~684 页，北京，中国大百科全书出版社，1993。
③ 公丕祥：《东方法律文化的历史逻辑》，4 页，北京，法律出版社，2002。
④ ［英］吉登斯：《现代性的后果》，田禾译，152 页，南京，译林出版社，2000。

有制与个人私有制并存为基础，保留着人类社会原生形态的某些痕迹，具有历史惰性和自我封闭的特征；而西方法律文化则建立在近代商品经济基础之上，与东方法律文化有着不同的价值取向，可以想见，一旦它进入东方社会，必然要与东方法律文化发生撞击。"① 当前，大量论述将中国传统法律文化发生嬗变的契机定性为 19 世纪中叶西方列强的坚船利炮对闭关锁国之中华帝国大门之叩开，这种界定无疑正确地表述了中国传统法文化转型的基本历史背景，我们也可以肯定西方法律文化在中国的传入根本上是西方列强的资本主义扩张和武装侵略的附生性事件，在此，西方法律文化更多地表现为一种为资本掠夺和武装入侵提供合法性的话语系统。关键问题之一在于，这种法文化撞击是怎样进行的？其过程及具体方式如何？也有论述将这场声势浩大的法文化变革运动解读为民族自强求生的一种内生性动力，是"睁眼看世界"精神唤醒下的一种积极行动，尽管这种积极行动更多地带有"师夷长技以制夷"的权宜之举性质。但是，我们认为，西方法文化在中华帝国的传入，更多地表现出一种强势法文化的强制导入性质，是一种外源性法文化转型，对此，张晋藩指出："就法律近代转型而言，传统时期的中国是一个法律与道德不分的封闭型国家，整个社会的调控机制呈现出重教化、轻刑罚，重公权、轻私权，重人治、轻法治，重宗族、轻个人，重伦理、轻是非，重和谐、轻论争的特点。这样的价值取向与近代法制的标志性因素——宪政、共和、法治、权利、司法独立、律师制度等，是背道而驰的。因此，要实现中国法律的近代转型，就必须按照西方近代法制的基本标准来开展本国的法律改革，积极引入近代法制文明的制度、原则和成功经验，这是中国法制近代化必然在总体上呈现出外源性和一定程度的西方化的根本原因。"② 西方法律文化的传入对传统中国法的变革促动作用无疑是十分重大的，而对这场从思想到制度的西方法律文化的冲击和挑战，传统中国法面临一场根本命运选择。与此同时，传统中国法所赖以存在的社会历史条件也正经历着深刻变化，这种变化不仅来自海禁大开后的中外政治、经济、军事关系发生了重大嬗变，还因为自 18 世纪以至更早时期以来，中国社会自身延续和演化结构中的政治、经济、文化等主要因素也发生了重大变化。中国近代社会的现代化发端性质，以费正清为代表的中国问题专家用"冲击—反应"模式进行了界定，在这种理论框架中，传统中国法变革的决定性力量源自西方法律文化的传入和冲击。在公丕祥看来，费正清等人的"冲击—反应"模式解释中国近代社会的现代化性质是有理论缺陷的，"'冲击—反应'模式尽管充分注意到西方文化的冲击对近代中国社会变革的深刻影响，但是把这种影响夸大为决定性的或主导的作用，乃是一种历史的独断论。实际上，近代中国社会与法律文化尽管缓慢但却处在一种变化的过程之中"③。法作为一定社会经济条件的法权表现，其基本性质、具体内涵及存在形式根本上决定于一定社会客观历史条件的实际状况。鸦片战争和海禁大开后的晚清社会，较之绵延数千年的中国传统社会，其客观历史条件状况已经发生了重大变化，人口的急剧增长、地方势力集团的兴起、近代政党的诞生、民族工商业的孕育、商会等社会经济组织的创立、社会生活方式的变化、知识阶层的形成、理论学说的活跃等，在客观上改变了晚清社会的运行秩序，进而为传统中国法的变革既创造了社会条件，也提出了要求。然而，社会客观历史条件的变化欲促使法律规范秩序发生变化，尚需一个导火

---

① 李光灿、吕世伦主编：《马克思恩格斯法律思想史》，729 页，北京，法律出版社，2001。
② 张晋藩：《中国法律的传统与近代转型》，2 版，426～427 页，北京，法律出版社，2005。
③ 公丕祥：《东方法律文化的历史逻辑》，347～348 页，北京，法律出版社，2002。

索，否则，依赖社会客观历史条件的自身力量要么极为缓慢地滋生一种新型法律秩序，要么为守旧势力和统治阶层遏止得难于形成一种适应社会发展状况的法律体系。这种导火索就是西方列强对中国的主权入侵和法律文化传入。传统中国法根本上是一种宗法一体化结构性质，倘若不是因为西方法律文化的传入，它很难自行实现向现代化过渡。应当肯定的是，西方法律文化是一种扎根于资本主义经济和社会政治组织基础上的法律文化，同时这种法律文化又是促进资本主义经济发展和政治民主的重要条件。传统中国法的宗法一体化结构，它无法促进中国社会的资本主义进程，也无法实现民族国家的孕育。按照刘小枫的看法："中国古代社会中并非没有资本主义酵素，而是没有使资本主义酵素生长的机制，相反，却有抑制资本主义酵素滋生的机制，这就是宗法一体化结构。"[1] 这实际上指明，一方面传统中国法无法催生中国的资本主义，另一方面，失去资本主义社会基础的传统中国法也无力自我演化为现代法。传统中国法的近代转型，正是因为西方法律文化的传入而引发。不过，面对异域的法律文化，传统中国法并不必然导致转型和变革，也并非因为西方法律文化的先进性而带动了传统中国法的效仿性，同时也不是因为清末社会秩序的重大变化而使统治者滋生出变法而顺应时势的意志所致，真正推动传统中国法转型的真正动力，刘小枫作出了如下界说："中华帝国的正当性理念位移的动力因素，不是国家理念本身，而是现代国际政治格局中民族共同体的生存诉求。"[2]

二、传统中国法的命运抉择

面对强势西方法律文化，传统中国法必须作出命运选择。这种选择既因为西方法律文化较之中国传统法律文化具有合理性和先进性优势，相形之下中国传统法的积弊和缺失昭然若揭；更因为中华帝国面临亡国灭种的危险，必须通过变法修律实现救亡图存以至富国强邦。由于西方法律文化的传入和国人了解和接受西方法律文化是一个逐步深入过程，也由于各种利益阶层对待西方法律文化的功利目的和价值立场各有不同，更由于中国传统法律文化的积淀久远和博大顽强，从而传统中国法的变革同样也是一个较为漫长且十分曲折复杂的过程。

在制度层面，传统中国法最初在洋务运动阶段获得了一定的内容丰富。出于处理国际政治和商贸关系的需要，在洋务派奏请和主持下，翻译并运用了一部分国际法，将《万国公法》、《公法千章》、《公法便览》等国家公法著作加以翻译，并将其中的有关条款规定及相关知识在处理与外国的关系中予以运用，这使得近代中国的法律系统中开始融入国际法的一定内容，尽管它不是以正式规范性文件的形式予以表现的。可悲的是，在那个丧权辱国的时代所签订的一系列不平等条约，我们也无法否认它们也构成了近代中国法体系的一部分。另外保护和促进民族工商业的起步和发展，洋务派代表向朝廷提出了许多进行专门立法的奏请，树立了商事立法意识。张之洞与刘坤一共同上奏朝廷，提出应引进西方 4 种主要法律，即《矿律》、《路律》、《商律》和《中外交涉刑律》。在此阶段，虽然没有正式制定和颁行商事和经济法律，不过透过洋务派创立股份公司、发展金融、保护经济合同和专利等方面的具体行动，我们已经能够看出，一系列无形的经济、商业规范似乎已跃然纸上，重商主义立法呼之欲出。1903 年，中国历史上第一次仿照西法制定了第一部新法——《钦定大清商律》。1906

---

① 刘小枫：《现代性社会理论》，84 页，上海，上海三联书店，1998。
② 刘小枫：《现代性社会理论》，98 页，上海，上海三联书店，1998。

年，清政府又颁布了《破产律》，以补续《钦定大清商律》的内容。自此，传统中国法框架外新生出一个商事法律部门。李鸿章和左宗棠在近代中国军事和国防法律的萌芽方面也作出了一定的贡献，组织制定了《船政事宜十条》和《艺局章程》两个规章，"这两个规章，可以说是中国最早引入西方军法而制定的法律文件"①。戊戌变法时期，中国掀起了移植西方法律的第一次高潮，其间，介绍宣扬西方法律文化的思潮十分高涨，一系列准立法行动也被推进到一个新的阶段。在此期间，近代政府管理机构的设置（如总理各国事务衙门、农工商总局、矿务铁路总局）、现代军队的建立（如现代陆军和水师）、废除科举制度（如现代学堂的创办）等，不能认为这些行动与传统中国法的变革没有联系，这种政制改革尽管还没有出现以立法机关制定和颁行现代法律规范性文件的形式予以表现，它还只是一系列行动，是行动中的法律，但是，我们也不能否认它所内在的规范性内涵。这些现代行政管理机构的设立和旧制度的废除，说明传统中国法在行政立法道路上开始起步，传统中国法开始丰富自己的行政法内容。不管动机何在，目的如何，1908 年颁布的《钦定宪法大纲》和 1911 年抛出的《宪法重大信条十九条》，至少在形式上表示，传统中国法体系中新生出一种历史上从未有过的效仿西方的宪法文件，它无法被纳入以《大清律例》为统领的清朝封建法体系，从而传统中国法又嬗变出一种根本法法律形态。实现传统中国根本变革的事件无疑是清末修律运动，这项运动按照"参酌各国立法"的思路，最终修订形成了《大清新刑律》、《大清民律草案》、《大清刑事诉讼律草案》、《大清民事诉讼律草案》、《大清刑事民事诉讼法》、《法院编制法》等多部法典或草案，最终宣告了传统中华法系从历史舞台上退场。

传统中国法的命运在形式上就是彻底嬗变，但是，我们不能简单认为肇始于鸦片战争、终结于修律运动的传统中国法在实质上就已经与它的法律文化母体彻底脱胎断脐。尽管近代中国的法律移植运动既迫于内忧，也迫于外患，但是，这场传统法变革不可能是一场完全引进西方法运动，它必须因袭传统法的合理成分，审视当下社会秩序及其性质的变化，同时也会在很大程度上吸收西方法的合理性成分。对此有论者指出："在半殖民地国家法律移植过程中，尽管有时确实存在外力强加的情况，但具体如何移植、移植什么仍然取决于当事国的选择，从一段较长的历史时期来看，法律移植的效果也与当事国的需要息息相关，在这个意义上说，法律移植毫无疑问是一种自愿的选择。"② 从而，尽管清末修律的结果是，由多个部门法构成那个崭新法律体系判然有别于传统中国法，但是我们却不能由此而认为传统中国法的诸多实质精神从此消亡。沈家本在修律之初所确立的"参考古今、博稽中外"、"会通中西"的指导思想并非只是调和各实力集团和利益阶层的一种谋略，它也是那批修律家的法律文化立场。以《大清新刑律》为例，其实质特征就是"资产阶级的刑法理论与旧律中的纲常立法新旧杂糅，既冲突又融合"③。再如，作为一个反例，却因"脱离了中国固有的国情商情，从而使中国第一部商法出现以后，便招致社会各界的非议，其实际作用亦大打折扣"④。

---

① 何勤华、李秀清：《外国法与中国法——20 世纪中国移植外国法反思》，15 页，北京，中国政法大学出版社，2003。
② 张德美：《探索与抉择——晚清法律移植研究》，11 页，北京，清华大学出版社，2003。
③ 张晋藩：《中国近代社会与法制文明》，331 页，北京，中国政法大学出版社，2003。
④ 江旭伟：《中国近代商事立法之启思》，载张晋藩主编：《二十世纪中国法治回眸》，188 页，北京，法律出版社，1998。

　　由此，可以初步得出结论的是，传统中国法的命运或许在形式不再延续，但是，那种已经深度内在于国人意识、习惯和行为中的传统法律文化血脉，是不可能彻底断裂的。

　　另外，传统法的变革作为一个过程，其近代化步伐和现代化进程始终保持着对崭新时代秩序的适应性和对民族奋斗目标的开放性，其形式演化命运势必是一个逐渐系统、完善和复杂化的过程，其实质命运则无法摆脱新生社会事件对其提出的规范性挑战。在这种意义上，传统中国法源自历史，际遇于与现代西方法律文化的对话和交融，也将保持一种内在的自我反思性而面向未来。

第三章

冲突中的法文化抉择

第一节
魏源到康有为：思想家的情结

一、睁眼看世界

近代以前，中国是一个古老、独立而又自给自足的社会。从夏王朝的建立，经文景之治、至贞观之治、开元盛世……中国数千年光辉灿烂的悠久历史中处处闪耀着富有东方气息的迷人风采。尤其是中国历史上最后一个封建王朝——清朝的"康雍乾盛世"，是国力极为强盛、集中国封建历史之大成的黄金时代，在人类的历史长卷中展现了空前的雄姿盛容。宏伟辽阔的疆域、美丽富饶的国土、坚实稳固的经济力量、充裕富厚的国家财政、璀璨夺目的文化盛况、极具东方气质的民族传统，以及对外发生的巨大影响，所有这些因素都奠定了近代以前中国作为"天朝上国"的傲气和威仪，也使得中华民族——上至皇亲国戚士大夫，下及平民百姓等社会各阶层在头脑中潜移默化形成一种固步自封、自我陶醉的优越感。这种优越感经过长期积淀就成为根深蒂固的"华夏中心"观念。多少年来，中国人都是以这种自大的心理和傲慢的态度来看待自己和外部世界，处处以中国为中心，视外国为"蛮夷之邦"、"化外之民"。当盛世转衰，清政府走向暮年，危机四伏、江河日下时，西方资本主义国家却蒸蒸日上、迅速崛起，然而，清朝上下对本国的腐朽败落和重重危机、西方的经济腾飞和巨大变化，以及由于中西力量对比悬殊、西方资本主义对外扩张的野心所构成的致命威胁，不仅一直缺乏应有的了解和警觉，而且依旧固守着妄自尊大、闭塞视听的传统心理惰性。1793年，乾隆皇帝在答复以马戛尔尼为代表的英国使团的通商要求时，夸耀"天朝物产丰盈，无所不有，原不借外夷货物以通有无"[①]，以此拒绝了英方传递的橄榄枝，丧失了一次中外交流的大好机会。1808年，当英国再次派出使节罗尔美尼时，嘉庆皇帝依然在谕旨中宣称："天朝臣服中外，夷夏咸宾，蕞尔夷邦，何得与中国并论"[②]，清朝统治者对外部世界的无知和虚

---

① 《清高宗圣训》，卷二七六。
② 《清实录·仁宗睿皇帝实录》，卷二○二。

骄暴露无遗。在知识界，人们同样是"徒知侈张中华，未睹寰瀛之大"①，对世界大局的变动浑然不知。这种虚骄自大的传统心态，成为网罩在中华民族身上的沉重枷锁，深深制约着人们的思维和活动方式。

但是，清王朝统治的日趋没落、"衰世"迹象的频繁出现，开始引起清朝统治集团的不安。而随着世界资本主义的快速发展和西方殖民主义者野心的不断膨胀，西方列强对中国的资本掠夺和文化扩张开始加强，他们力图把中国这个古老的大国卷入世界经济漩涡中。各国对中国的侵扰也日肆猖獗，侵华活动连绵不断。19世纪初叶的封建士大夫中有少数有识之士开始朦胧地意识到这一点，逐渐睁开睡眼来认识这变化多端的世界和复杂严峻的局势。思想界的这一变化，在鸦片战争之前已经有所体现，虽然在当时并不是很明显，但在"闭关自守"的传统心态控制全中国的鸦片战争前是难能可贵的，可以说为井蛙观天的举国上下吹进了第一缕清新的春风。

鸦片战争以前，"睁眼看世界"这一思想变化主要表现在两个层面。一方面，社会进步人士们在西方资本主义的步步紧逼下，开始关注西方，重视对世界的认识，把认识西方作为反抗西方侵略的重要手段和路径。他们在形势的逼迫下，回归《孙子兵法》中"知己知彼，百战不殆"的战略方针，开始接触时代的脉搏，把视线移向对西方的了解。封建知识分子叶钟进最早提出"采阅外情"②的思想。他写了《英吉利国夷情记略》一文，高度评价了澳门出版的各种新闻纸，认为新闻纸内容广泛，"苟当事留意采阅，亦可觇各国之情形，皆边防所不可忽也"③，明确地指出了"采阅外情"这一重要决策的直接目的是加强边防，以抵制殖民主义的侵略。这种主张在当时是很先进的。随后，广东南海人颜斯综在《海防余论》中也提出了要重视外情的观点："驭夷者必先得其情而后有消其桀骜之气，折冲万里之外。"④爱国主义者姚莹早在鸦片战争以前就开始注意搜集外国书籍，并且深深为外国的侵扰而忧心忡忡，"每闻外夷桀骜，窃深忧愤，颇留心兹事"⑤。从他的著作《东溟文集》、《康輶纪行》中，我们可以感受到一个爱国人士对世界的探索和追求，并为他深沉的爱国心和忧患心理所感动。此后，禁烟先驱林则徐在广东领导禁烟、销烟活动时，认真研究外情，"日日使人刺探西事，翻译西书，又购其新闻纸"⑥，这更反映了"睁眼看世界"潮流的兴起。

另一方面，针对鸦片战争以前以英国为首的西方列强对中国日益频繁的侵扰活动，少数有识之士在着意认识西方的基础上，感到殖民主义侵略的潜在威胁，他们深感忧虑地指出了"外夷"的侵略性，并提出了"以夷伐夷"的反侵略思想。何大庚就一针见血地指出了英国侵华的野心："英吉利者，昔以其国在西北数万里外，距粤海极远，似非中国切肤之患。今则骎骎而南，凡南洋濒海各国……皆为其所胁服而供其赋税。其势日南，其心日侈，岂有厌足之日哉？"⑦ 1827年，近代中国维新思想的先驱者龚自珍看到英国鸦片走私的猖獗活动后

① 魏源：《圣武记》，卷十二。
② 黄顺力：《中国近代思想文化史探论》，4页，长沙，岳麓书社，2005。
③ 魏源：《海国图志》，卷五十二。
④ 魏源：《海国图志》，卷五十二。
⑤ 姚莹：《康輶纪行》，卷十，"海岛逸志"条。
⑥ 《魏源集》，174页，转引自黄顺力：《中国近代思想文化史探论》，5页，长沙，岳麓书社，2005。
⑦ 魏源：《海国图志》，卷十五。

说："粤东互市，有大西洋。近惟英夷，实乃巨诈，拒之则叩关，狎之则蠹国。"[①] 颜斯综则揭露了西方资本主义急于打开中国大门的目的，他剖析后认为，对于"天下富庶无如中华"的中国广大市场，英国早有觊觎和"垄断之心"[②]。殖民者的虎视眈眈和贪婪本性，激发了当时的进步人士提出了一些反侵略的思想，其中颇有见地的是萧令裕的"以夷伐夷"主张。他看到了夷国之间因争利而产生的种种矛盾，指出中国可以充分利用外敌之间的不和，"使相攻击，以夷伐夷，正可抚为我用"[③]。

从总体来看，鸦片战争以前的"睁眼看世界"，是基于西方资本主义对中国的掠夺、侵扰和潜在的威胁，无论是叶钟进的"采阅外情"，还是林则徐的"翻译西书"，他们的初衷都是为了准备反侵略，他们着重关注的是西方的军事技术、武器装备等军事情报。在他们著作中也介绍过西方国家的地理山川、政治制度、风土人情、文化教育等情况，如谢清高的《海录》、萧令裕的《记英吉利》、叶钟进的《英吉利国夷情记略》等，都介绍和传播了一些西方知识，只是范围较窄，而且比较粗浅零乱。然而在古老封闭的中国，这已经是一个从前不可想象的突破，不仅开阔了人们的眼界，而且为鸦片战争以后的思想界深入思考中西差距并着手全面了解和学习西方开辟了道路。

二、船坚炮利下的思考

鸦片战争以前，清王朝的暮年迹象和西方殖民者的侵犯促使中国少数进步人士从妄自尊大的天朝迷梦中苏醒，开始了"睁眼看世界"。这种思想趋势在战前虽不明显，但却是中国近代社会思潮变革进程中承前启后的重要一环。鸦片战争爆发后，中国的战败和中国社会的剧烈变动，给古老的天朝大国以巨大的震撼，而最受震动、最为敏感的莫过于思想界，几千年来全国上下的"华夏中心"观念被彻底打破。伴随着英国资本主义的军舰和大炮的刺激，中国社会各阶层开始思考"天朝大国"为什么会被击败、中华帝国为什么已经落后、中国应该如何应对西方的侵略等深层问题。"睁眼看世界"演变成大规模的轰轰烈烈的时代思潮，思想界的有识之士们将满腔疑虑和熊熊烈焰般的爱国热情，演化为思想领域的深沉理性省思。这种省思具体可以分为两个层面，其一是以魏源、姚莹为杰出代表的近代思想家们，著书立说，加强了对世界知识的全面介绍，促进了中西方的了解和交流；其二是他们在看到东西方在科学技术、军事装备、政治制度、人文思潮等方面的巨大差距后，勇敢地提出了向西方学习先进知识的主张，尤其是魏源"师以长技以制夷"这一著名口号的提出，在近代中国犹如石破天惊，成为船坚炮利的刺激下向西方学习的最有力的呼唤。

鸦片战争以前，由于反侵略战争的需要，思想家们对西方的了解只是集中在武器装备和军事技术层面，对西方的一般知识和先进科技的认识还很模糊。鸦片战争后，伴随着西方资本主义的炮舰，大量近现代思想文化和先进技术传入了中国。而且在见识了洋枪洋炮的巨大威力后，许多有识之士渴望更多地了解西方世界，中国对西方情况的考察由注重军事技术转向对西方国家的历史地理、政治制度、文化传统的全面认识。例如，通过对西方历史地理材料的收集、外国书报的翻译，以及向外国人了解西方等多种方法，林则徐组织翻译了《四洲

---

① 《龚自珍全集》，229 页，上海，上海人民出版社，1975。

② 魏源：《海国图志》，卷五十二。

③ 《粤东市舶论》，转引自黄顺力：《中国近代思想文化史探论》，6 页，长沙，岳麓书社，2005。

志》，把介绍外国情况的范围扩大到世界五大洲三十多个国家和地区。

1841年，林则徐被免职并且发配伊犁，北上途中，与知己魏源彻夜谈心，忧愤在胸、报国无门的林则徐将《四洲志》、一些书报和其他船炮模型图样等资料交付魏源，嘱他编纂《海国图志》，以唤醒国人，放眼世界，救国图存。这次壮怀激越的会晤，却成为两位肝胆相照的朋友最后一次见面。受林则徐付托的魏源，深感责任重大，他辛勤编纂，以林氏的资料为底本，以西方书籍为主干，参以中土著述，博采旁征，于1842年就将《海国图志》的五十卷本刊刻问世，1846年扩充为六十卷，最后于1852年扩充为一百卷。这部巨著是中国当时关于世界各国概况的最为详备的划时代著作，是一部囊括了世界地理、历史、政治制度、经济、民族、宗教、历法、文物的百科全书，它开拓了人们的视野，激发了人们的爱国热情，也加深了人们对西方的认识。有学者称："《海国图志》是最早的一部中国人自己编写的介绍世界各国历史、地理、政治、经济、军事、科技、文化、宗教等各方面的巨著。"[1] 书中不仅介绍了西方先进的科学技术，如"火轮船航河驶海不待风水"，陆运"用火车往来，一时可行百有八十里"[2]，还介绍了西方文化艺术、社会习俗、议会制度等，这些对于长期接受封建传统礼教熏陶的中国人来说，无疑是极为新奇的事情。

魏源的卓越之处在于他不是单纯地为了介绍西方而介绍西方，而是有抵制外国侵略这一个宏伟目标。《海国图志》的总序指出："是书何以作？为以夷攻夷而作，为以夷款夷而作，为师夷长技以制夷而作。"全书以介绍"夷情"入手，以"师夷"为手段，以"制夷"为目的，高瞻远瞩，还制订了完整的"制夷"方案。他认为，要抵制外国侵略，首先就要了解敌情。他说："欲制外夷者，必先悉夷情始"[3]。《海国图志》正是为了洞悉夷情而编著的，因此，魏源对西方各领域的介绍，不是空洞的，而是有着深刻的政治理想，他认为要学习西方的长处，就一定要先了解西方的长处。

在帮助人们了解了西方的"夷情"后，魏源认为应当向西方学习，提出了"师夷长技以制夷"的口号，以及"师夷"的措施。他所谓的"师夷"主要是指学习西方资本主义各国在军事技术上的长处，因为他感觉到西方"船坚炮利"的"长技"，是它战胜中国的主要原因。魏源说，"夷之长技三：一战舰，二火器，三养兵练兵之法"[4]。因此，他主张设翻译馆，译西洋书籍，培养通晓外事的人才；他建议在广州设造船厂、火器局制造轮船、枪炮；训练新的海军，学习西方选兵、养兵、练兵的模式；他同时也认识到西方的长处不局限于军事技术，"人但知船炮为西夷之长技，而不知西夷之所长，不徒船炮也"[5]。他认为西方的"量天尺（测距标尺）、千里镜（望远镜）、龙尾车（火车）、风锯、水锯、火轮机、火轮舟、自来火（打火机）、自转碓、千斤秤（起重机）之属，凡有益民用者，皆可于此造之"[6]。他还主张发展民间资本主义工商业，甚至称赞和憧憬西方民主选举的政治。[7]

① 钟肇鹏：《魏源》，载《中国近代著名哲学家评传》，分章15页，全书85页，济南，齐鲁书社，1982。

② 魏源：《海国图志》，卷五十一。

③ 魏源：《海国图志》，卷二。

④ 魏源：《海国图志》，卷二。

⑤ 魏源：《海国图志》，卷三。

⑥ 魏源：《海国图志》，卷三。

⑦ 《海国图志》，卷五十九、卷六十中，对西方民主政治的优越性有所介绍。

"师夷"是为了"制夷"。能否制夷,关键在于是否善师四夷。"善师四夷者,能制四夷;不善师外夷者,外夷制之。"① 他认为,中国智慧无所不有,只要认真学习西方,就可"尽得西洋之长技为中国之长技",能"因其所长而用之,即因其所长而制之,风气日开,智慧日出,方见东海之民,犹西海之民。"② 中国完全可以超越西方。

魏源的《海国图志》及"师夷长技以制夷"的指导思想,对朝野上下和海内外都发挥了积极的作用。首先,《海国图志》不仅全面介绍了西方,内容丰富,收罗广泛,而且提出了抵制外国侵略的对策,反映了广大爱国人士的愿望和要求,适应了那个时代的政治需要。"师夷长技以制夷"的指导思想还包含着深沉的寓意,这种主张承认"夷"也有长技,有比中国优越的东西存在,这就否认了"天朝"无所不有的僵化意识,摘下了视外国为"蛮夷之邦"的有色眼镜,从而使人们以平等的态度重新认识世界,把中国置身于竞争的世界中。最关键的是,师夷长技、御侮图强作为《海国图志》的灵魂,对洋务派和维新派都产生了很大影响,洋务事业与师夷长技的思想可谓密切相关,是理论与实践的关系;而从思想倾向看,师夷长技是具有资本主义色彩的进步思想,这一思想直接影响到戊戌维新,可以说是变法维新的先导。改良派正是以魏源的思想为出发点,进一步探索了抵制帝国主义侵略的方案,在经济、政治、文化上提出了更明确的救国主张。所以,魏源的前驱先导之功是不容抹杀的。其次,《海国图志》在国外也引起了重大的影响,尤其是促使在当时闭关锁国的日本打开门户,帮助日本人士扩大视野,了解外情,抵抗侵略,进而又对明治维新起了启迪作用。戏剧化的是,魏源的著作和思想,似乎更是为日本设计的。同样是在"师夷长技以制夷"指导思想下学习西方,日本的明治维新取得了成功,而中国的洋务运动、维新变法不仅没有使中国走上独立富强的道路,反而使中国在半殖民地的道路上越陷越深。我们不能不叹惋这位伟大的中国近代思想先驱的杰出著作和卓越思想,未能在本国结出硕果,反而在舶载东瀛后使日本深受启发,进而通过明治维新而飞黄腾达。究其原因,我们下文分析。③

此外,思想界还有不少进步人士出书,加深了人们对西方的了解。如姚莹的《康輶纪行》对西南边疆形势进行了考察,记载了不少西方国家的史地知识;徐继畬的《瀛环志略》对世界近八十个国家和地区的概况作了系统的介绍;梁廷枏的《海国四说》、夏燮的《中西纪事》、何秋涛的《朔方备乘》等,都对西方国家的情况作了较为具体的描述。这些最早向中国人介绍世界概况的著作,反映了当时一批先进的中国人在西方殖民者的船坚炮利下对中国战败和落后之原因的积极思考,体现了他们积极探索外部世界的勇气和寻求真理的信心。虽然这股进步潮流一直遭受着清朝统治集团和封建顽固派的阻挠和反对,但正如马克思所言:既然密闭的棺木已被打开

图 3—1 《海国图志》书影

摘自蒋廷黻:《中国近代史》,37 页,上海,上海古籍出版社,2004。

---

① 魏源:《海国图志》,卷三十七。
② 魏源:《海国图志》,卷二。
③ 请参见本章第三节、第四节中的相关论述。

一道缺口，封建的木乃伊再也不可能安然处之。① 鸦片战争后中国思想界对中外局势的深切思考，冲击了几千年来中华民族昧于世界大势、闭关锁国的传统观念和唯华夏独尊、老大帝国的虚骄心理，启迪着后来的中国人踏上向西方寻求真理的漫长路程。

三、民权与皇权的对立

以魏源为代表的中国最早的一批近代先进思想家们"睁眼看世界"的勇气和向西方学习的战略思想，鼓舞了一代又一代中国人进行着向西方寻求真理的艰难探索。尤其是近代维新思想的先驱者魏源所提出的"师夷长技以制夷"，使越来越多的中国人开始从盲目自大的天朝迷梦中惊醒，开始承认过去不屑一顾的"夷人"的长处。作为近代中国学习西方、改造中国的先驱，魏源并不只限于学习西方的技术，他对西方世界的政治也流露出欣赏和羡慕之意。《海国图志》中《西洋人玛吉士的地理备考叙》一文，就对瑞士和美国的政治制度表现出一定程度的向往。虽然在当时，这种向往仅仅是处于萌芽状态的朦胧意识，人们还没有、也不可能对来自远方的"夷人"作深入的了解，只能直观地感觉到夷人的船坚炮利是击败中国的原因，要抵抗外来侵略，就要学习船坚炮利这一器物层面上的东西，对西方的制度、思想等都还没有进行深入的思考，但随着洋务运动的失败和西方学术潮流的涌进，少数进步思想家们开始立意探寻西方致富强的本原，进而对中国的政治开始了深刻的反思。资产阶级改良派的重要代表人物康有为，接受了西方资产阶级进化论的影响，对封建君主专制制度进行了深刻的批判，倡导爱国人士反对专制，实现民主，并且大力主张民权。中国近代民权运动的兴起，与康有为大倡民权是密不可分的。

在中国近代史上，资产阶级民权思想最初从西方输入并被少数进步的中国人接受和加以传播。中国早期驻英使节郭嵩焘最早使用"民权"，即西方君主立宪制国家中的"民权"。到19世纪80年代，资产阶级早期改良派的民权思想呼声渐大，他们大多通过倡导"民权"来表达他们的理想政治模式。戊戌变法时期，著名的变法领导者、资产阶级改良派思想家康有为把宣传民权思想进一步发展为要求改变专制政治制度的一场政治运动。康有为认为"国者，国民合众为之，非君所得私有也。"② 他还指出，东西方各国重视民权，使"人君与千百万之国民合为一体，国安得不强？吾国行专制政体，一君与大臣数人共治其国，国安得不弱？"③ 这样就从理论到事实上都证明了民权的合理性。在此基础上，凭借着天赋人权论这一民权思想武器，康有为强调人的地位独立和权利平等，他提出："凡人皆天生。不论男女，人人皆有天之体，即有自立之权，上隶于天，人尽平等，无形体之异也"④。康有为还提出，民众的权利是上天赋予的，民权是不可侵犯的，"侵权者谓之侵天权，让权者谓之失天职"⑤。进而，康有为将民权与自由、平等并提，强调民权中自由、平等的内容。他论述最多的是人身自由权："所求自由者，非放肆乱行也，求人身之自由，则免为奴役耳，免不法之刑罚，

---

① 参见《马克思恩格斯选集》，2 版，第 1 卷，692 页，北京，人民出版社，1995。

② 康有为：《春秋笔削大义微言考》。

③ 康有为：《请定立宪开国会折》，中国近代史资料丛刊《戊戌变法》，第 2 册，236 页，上海，上海人民出版社，1957。

④ 康有为：《大同书》，302 页，郑州，中州古籍出版社，1998。

⑤ 康有为：《大同书》，303 页，郑州，中州古籍出版社，1998。

拘囚搜检耳"①。他曾多次上书，要求废除妇女裹足习风；严厉抨击各种人身奴役、非法拘禁和非法拷打的行为。康有为还倡导思想言论自由，认为人民有权批评和反对国家政府的政策。他指出："盖以国为公，人人各自由，发其心志知识……若叛逆不道等词，乃专制君国，自私其国，以抑民意者，岂共和国所宜有哉"②；康有为还用儒家经典来解释资产阶级的平等观，他解释《孟子》的"万物皆备于我"时指出："人人独立，人人平等，人人自主，人人不相侵犯，人人交相亲爱，此为人类之公理，而进化之至平者乎"③。

康有为倡导民权，在当时有其历史进步性，他的民权思想在中国政治思想发展脉络中占有重要的地位。资产阶级改良派在迈向民主的道路上跨出了第一步，这不仅为后来中国资产阶级革命派的民权主义奠定了理论基础，也为无产阶级建立自己的人权理论提供了有益的历史借鉴。而这些民主思想一经出现，便会吸引越来越多民众的关注，启迪中国民众进一步去探索民主制度及民权思想的真谛。

然而，康有为虽然倡言民权，却并不反对皇权，甚至梦想依皇帝之权争取民权。在他的头脑中，皇权思想残余还有很多，这成为康有为"民权"说的根本弱点。其一，他虽然提倡民权、自由、平等，但始终没有绕过皇权这块大石，顽固的认为"未有去人君之权，能制其势者也"④。这使民权实际上仍处于附着于皇权的被动地位，使得他口中的"民权"，只是"皇权"下面的"民权"。"皇权"地位高，"民权"地位低；"皇权"至上，"民权"在次。对皇权的迁就，实际上已埋下了专制复活的隐忧，这使改良派陷入宣传上激进、行动上软弱的矛盾，也给民主思想的深化设置了无形的障碍，成为以后的改革者所不得不面对的两难问题。其二，他妄图靠皇权来实现民权，使他的变法活动是"首商尊君权，次商救民萌"⑤。他企图用光绪皇帝的权力，采取改良主义的办法，在中国弄出一个君主立宪的政体，以实现其民权的目标。但皇权与民权本质上是互不相容、此消彼长的对立物。康有为妄想通过皇权来实现民权，在理论上是矛盾的，在近代中国社会更是根本行不通的。其三，即使是康有为所提倡的"民权"，也不是真正意义上的民权。在他看来，"欲兴民权"，"必先兴绅权"，也就是要求封建政权照顾一下萌芽的资产阶级的利益，这是极不彻底的半截子"民权"。因此，有学者认为，"康有为的'兴民权'实际上是'兴绅权'，即兴资产阶级之权"⑥。其中的局限性显而易见。

因此，当民主革命日益深入之时，康有为就自然而然成了死保皇权、极反民权的一员干将，走向了民主革命的对立面。他竭力反对革命，认为民权不必通过暴力革命来实现："民权自由之与革命，分而为二也。""但言民权自由可矣，不必谈革命也"⑦。戊戌政变失败后，他心甘情愿当清朝"忠臣"，孙中山先生曾多次派人争取他加入革命派，均遭拒绝；他组织过"保皇会"，对抗民主运动；他提出过民主越不彻底越好的谬论，对抗孙中山领导的民主

---

① 汤志钧编：《康有为政论集》，708 页，北京，中华书局，1981。
② 汤志钧编：《康有为政论集》，1122 页，北京，中华书局，1981。
③ 康有为：《孟子微·礼运注·中庸注》，23 页，北京，中华书局，1987。
④ 《康有为全集》，第二集，665 页，上海，上海古籍出版社，1990。
⑤ 马自毅选注：《康有为诗文选》，182～183 页，上海，华东师范大学出版社，1995。
⑥ 马洪林：《康有为评传》，293 页，南京，南京大学出版社，1998。
⑦ 《康有为政论集》，转引自曾宪义总主编、刘新主编：《中国法律思想史》，230 页，北京，中国人民大学出版社，2000。

革命；他拥护袁世凯称帝，攻击当时已经建立的民主共和国；他通电冯玉祥将军，对清室被赶出故宫表示抗议；他临死时，对感谢清朝皇恩念念不忘。总之，康有为始终迷恋皇权，这严重地阻碍了他的民权思想，显示出他思想的妥协性和局限性。也正是因为无法摆脱对皇权的迷信和崇拜，康有为提倡君主立宪，希望民权与皇权在君主立宪政体下和平共处。

四、宪政与三权分立的鼓吹

康有为以西方资产阶级的民权学说为武器，倡言民权思想，这在当时是有积极意义的。他突破了仅仅学习西方"器械"、"技艺"这类器物文化的圈子，跳出了"师夷长技"的局限，主张从根本上引进西方的政治制度和先进思想。但是，他的民权思想有很大的局限性，他并没有冲破资产阶级改良主义的藩篱。他一方面高唱民权，一方面又眷恋皇权，在民权和皇权这两个对立物之间徘徊，甚至到了晚年，他还竭力保皇，成为革命派的对立面。资产阶级先天的局限性，使得康有为始终不能摆脱君主、皇权的阴影，更不可能彻底地追求民权和自由。因此，他背负着"民权"和"皇权"这两大互不相容的巨石，在探索治国的道路上蹒跚前进，最终炮制出一个中国式的君主立宪政体理论。

康有为十分重视政体，在学习了西方的政治学说后，他认为政体可以分为君主专制政体、君主立宪政体和民主共和政体。他追求向往的是君主立宪制，并把建立资产阶级君主立宪制政体作为改良派的纲领。他对君主立宪制的执著追求，来源于他对孟德斯鸠国家学说的理论情结。他指出："孟德斯鸠谓专制之国尚威力，立宪国尚名誉，共和国尚道德。"[①] 孟德斯鸠把资产阶级国家的政治体制分为三类：第一是专制政体，是没有法律约束，单纯由一个君主按照自己的意志与反复无常的性格来管理国家事务；第二是君主立宪政体，是由君主一人统治国家，但受到固定的宪法约束；第三是民主共和政体，是由人民掌握权力的政体。孟德斯鸠对专制政体是厌恶和反对的，对共和政体则深深赞赏。他认为共和政体下的自由、平等，以及对国家的热爱，是整个国家发展和前进的内在驱动力。不过，孟德斯鸠虽然盛赞共和政体，但由于受到英国君主立宪制度的影响，他认为君主立宪才是最理想、最实际的政体。

康有为对孟德斯鸠的政体理论深信不疑，在此基础上，他形成了自己的宪政思想。首先，他激烈地批判和攻击封建君主专制制度，他认为君主专制"上体下尊，而下情不达"，不利于发扬民气。在君主专制政体下，封建皇帝可以恣意妄为，民间疾苦无人问津，封建专制制度成为了社会发展的障碍；而民主共和政体由于尊重人格，崇尚法律，因此前景看好，美国正是民主共和的成功范例，他引用英国人勃拉斯的评论说："美人之能运其民主之制也，以有恭敬爱法守法之念也，盖道德与物质之发明过于政治，而后能成此大业也。"[②] 然而，康有为和孟德斯鸠一样认为共和政体虽然美好，可中国"民智未开"[③]，尚不具备民主共和的条件，唯有"君民共主"的君主立宪政体，才能稳定时局，振兴中华。因此，康有为极力主张

---

① 《中华救国论》，《不忍》杂志第一册，上海，广智书局，1913。转引自马洪林：《康有为评传》，320 页，南京，南京大学出版社，1998。

② 《中华救国论》，《不忍》杂志第一册，上海，广智书局，1913。转引自马洪林：《康有为评传》，320 页，南京，南京大学出版社，1998。

③ 《新民丛报》，第 5 期，《辛亥革命前十年间时论选集》，第一卷，上册，174 页，北京，三联书店，1960。

将君主立宪制移植到中国，并为此著书立说，上书言事，设计了各种各样的中国式方案，比如开议院、设制度局等。

为了构建新政体，康有为屡屡上书皇帝，在光绪二十三年十二月（1898年1月）的第六次上书中，阐述了西方的三权分立学说："近泰西政论，皆言三权，有议政之官，有行政之官，有司法之官。三权立，然后政体备。"① 这种对重建中国政治结构的渴望，也是来源于孟德斯鸠的三权分立学说。孟德斯鸠提倡三权分立的目的在于以权力制约权力，使立法、行政、司法三种权力相互分立、相互钳制，以防止权力的滥用，从而有效地限制王权和制止暴君专政。孟德斯鸠十分关注中国当时的政治，他抨击了清政府的专制："中国是一个专制国家，它的原则是恐怖。"② 他批判了封建中国没有议会，只有皇权专制："一个单独的个人，依据他的意志和反复无常的爱好在那里治国。"③ 孟德斯鸠对中国清朝专制主义一针见血的批判，不仅赋予康有为勇气和力量，而且为维新改革指明了方向。当康有为在孟德斯鸠的理论殿堂中认识到三权分立学说的内容及价值后，他立刻加以宣扬，"自亚里士多德发立法、行政、司法三权鼎立之说，而孟德斯鸠大发之，于是以立院为立法之地。议院者，合一国之民心，举一国之贤才，而议定一国之政，诚官制第一本原也"④。他针对中国封建专制主义盛行的局面，向清政府理性地分析了三权合一的危害："自三权鼎立之说出，以国会立法，以法官司法，以政府行政，而人主总之，立定宪法，同受治焉。人主尊为神圣，不受责承，而政府代之，东西各国，皆行此政体，故人君与千百万之国民，合为一体，国安得不强？吾国行专制政体，一君与大臣数人共治其国，国安得不弱？"⑤ 由此，他进言光绪帝："上师尧、舜三代，外采东西强国，立行宪法，大开国会，以庶政与国民共之，行三权鼎立之制，则中国之治强，可计日待也。"⑥ 康有为提出的以资产阶级分权学说为指导的政治改革主张，显然代表了新兴民族资产阶级分享政权的愿望。

康有为还指出，日本之所以能够崛起，是与推行三权分立制度分不开的。他赞赏说："日本变法之始，先正定官制，可谓知本矣。"⑦ 他认为，中国人对西方发达强盛原因的探寻，从"惊其兵舰精奇"的器物层面开始，中经"叹其知识丰富"的知识层面后，应当归至"赞其政体之善"的制度层面。他认为泰西之强不在炮械军兵，也不全在知识新奇，而"在其政体之善也"⑧。

在立法、司法、行政三权中，康有为特别重视立法权。"三官之中，立法最要。"⑨ 而立法权的主要职能就是建立国家的根本大法即宪法，所以以宪法就成为康有为变政中的核心要务。他把"改定国宪"称为"变法之全体"⑩。而他最向往的是日本式的宪法和君主立宪制。

① 《上清帝第六书》，中国近代史资料丛刊《戊戌变法》，第2册，199页，上海，上海人民出版社，1957。
② ［法］孟德斯鸠：《论法的精神》，上册，张雁深译，127页，北京，商务印书馆，1961。
③ ［法］孟德斯鸠：《论法的精神》，上册，张雁深译，175页，北京，商务印书馆，1961。
④ 康有为：《官制议》，81页，上海，广智书局，1904。
⑤ 《请定立宪开国会折》，中国近代史资料丛刊《戊戌变法》，第2册，236页，上海，上海人民出版社，1957。
⑥ 《请定立宪开国会折》，载《不忍》杂志第五册，上海，广智书局，1913。
⑦ 康有为：《日本变政考》，故宫博物院藏本，卷二按语。
⑧ 康有为：《日本变政考》，故宫博物院藏本，卷一按语。
⑨ 康有为：《日本变政考》，故宫博物院藏本，卷一按语。
⑩ 康有为：《日本变政考》，故宫博物院藏本，卷七按语。

这集中反映在《日本变政考》中摘译伊藤博文的一篇关于日本宪法的演说词里。伊藤博文解释日本宪法的宗旨和基本内容有三条：一是维护君权，二是保障民权，三是确立"三权分立"。对于这篇演说词，康有为赞美道："论议政、行政、司法三权之故，最透矣。"① 而日本宪法中既维护君权，又保障民权的模式，同样是康有为的理想境界，也是政体改革、三权分立的最终归宿。

康有为想通过立宪法、设君主立宪、实行三权分立，对君主的权力加以限制，这种思想的积极意义是显然的。但他的资产阶级改良主义的立场，使他的思想陷入矛盾中。康有为的种种思想和措施，都是为了构建一个君主立宪政体的理想社会，实现皇权与民权的双赢。可是皇权和民权本来就是不可能调和的。在君主制度下，人民不可能真正享有民权，成为自己命运的主人。康有为迷恋皇权，企图在皇权和民权之间进行调和，只能导致他的民权思想的窒息和政体改革的失败。

第二节
太平天国：法律的乌托邦

一、太平天国的梦想

鸦片战争及随后的侵华活动给古老的中华大地带来了深重的灾难，同时也开启了中国近代思想界的大门。在日益严峻的形势下，进步的中国人相继提出了救国图存的光辉思想和变革主张。从以魏源为代表的中国近代先进思想家们"睁眼看世界"及"师夷长技"策略的提出，到资产阶级改良派代表康有为倡导民权、呼吁立宪，中国近代思想家们将火热的爱国情结，化为思想领域中孜孜不倦的辛勤探索。与思想界的呐喊相呼应，上至封建士大夫，下至贫苦农民，各阶层都努力追寻着本阶级的政治理想，革命或改良的运动连绵不断，中国近代社会随之发生着翻天覆地的变化。19世纪中叶爆发的中国历史上规模最大的农民战争——太平天国革命，及其领袖洪秀全建立的太平天国政权，不仅强烈地震撼了清王朝和西方列强，而且有力地激励着中华民族在追求民主和解放的漫漫征程中不断前行。

鸦片战争之后，以英国为首的资本主义侵略者，凭借一系列特权加紧了对中国的掠夺。白银流失、银贵钱贱的现象更为严重。为了弥补战争费用和支付赔款，清政府不断加捐加税，把战争的恶果转嫁到了农民身上，农民负担比战前大大增加。正如马克思所指出的："中国在1840年战争失败以后被迫付给英国的赔款、大量的非生产性的鸦片消费、鸦片贸易所引起的金银外流、外国竞争对本国工业的破坏性影响、国家行政机关的腐化，这一切造成了两个后果：旧税更重更难负担，旧税之外又加新税。"② 清政府的苛逼强夺，加上全国普遍遭受的灾荒、中外反动势力的残酷欺压，广大人民处于饥饿与死亡的境地，农民不得不掀起了起义和反抗的斗争。根据不完全的材料初步统计，"在1840年到1850年这十年间，各地

---

① 康有为：《日本变政考》，故宫博物院藏本，卷十一。
② 《马克思恩格斯选集》，2版，第1卷，692页，北京，人民出版社，1995。

爆发过不同形式的起义上百次"①。这些起义中以两湖、两广最为激烈，其中又以广西为最。规模巨大的农民起义在酝酿着。广东农民洪秀全，对清政府残酷剥削农民的恶劣行径同样非常不满，加上他因科举应试屡屡不中，胸中已对清政府多有怨恨。而鸦片战争后外国资本主义的侵略、清政府的腐朽卖国、广东人民起义斗争的高涨，更激发了他对现实的愤慨。他开始由个人抱恨，逐步走向反清之路。1843 年，洪秀全最后一次到广州应试仍然落第，在抑郁中他研读了七年前偶得的基督教宣传品《劝世良言》，被天父的单一神权思想和基督教义中的平等观念所吸引。他把这本书中的意念，加上中国传统的大同思想，建立了拜上帝会，自称是受上帝旨意下凡拯救世人的使者，是上帝的次子。

为了发展教义，洪秀全写了《原道救世歌》、《原道醒世训》、《原道觉世训》等文章，后来编入了《太平诏书》。在这些文章中，洪秀全描绘了他从儒家经典和基督教义中汲取思想资料所设计的未来理想社会。洪秀全是中国历史上唯一细致描绘农民理想社会的农民起义领袖。只是没有掌握科学世界观的农民领袖不可能按照历史前进的方向去设计未来，他只能遐想唐、虞三代之世，并从中寻找理想社会的模式。他以十分羡慕的心情，赞颂那个遥远的古代："天下有无相恤，患难相救，门不闭户，道不拾遗，男女别涂，举选尚德。"② 特别令他钦羡的是《礼记》中《礼运篇》所描绘的大同世界。他把儒家的大同思想，作为设计人间乐园的基本素材；他把农民阶级迫切要求摆脱贫穷苦难的愿望，作为设计人间乐园的出发点。他又用宗教教义批判中国封建社会的现实情况，批判它是一个"世道乖漓，人心浇薄，所爱所憎，一出于私"③ 的社会，并认为"满洲人以暴力侵入……而强夺其兄弟之产"④ 是完全违背基督教义的。他还表明了他反对外国侵略的思想，"如果上帝助吾恢复祖国，我当教各国各自保管自有之产业，而不侵害别人所有；我们将要彼此有交谊，互通真理及知识，而各以礼相接"⑤。进而，他提出了最终的理想，就是要把"乖漓浇薄"的社会改变成为"公平正直"的社会；要把"凌夺斗杀"的社会改变成为"强不犯弱，众不暴寡，智不诈愚，勇不苦怯"的社会。在这个社会里，"天下多男人，尽是兄弟之辈，天下多女子，尽是姊妹之群。何得存此疆彼界之私，何可起尔吞我并之念？是故孔丘曰：'大道之行也，天下为公。选贤举能，讲信修睦，故人不独亲其亲，不独子其子，使老有所终，壮有所用，幼有所长，鳏寡孤独废疾者皆有所养。男有分，女有归。货恶其弃于地也，不必藏于己；力恶其不出于身也，不必为己。是故奸邪谋闭而不兴，盗窃乱贼而不作。故外户而不闭，是谓大同。'"⑥ 质言之，洪秀全的梦想是建立一个"天下一家，共享太平"的大同社会。在后来刊刻的《天朝田亩制度》中，以洪秀全为首的太平天国领袖们更具体更明确地描绘了他们的理想蓝图："有田同耕，有饭同食，有衣同穿，有钱同使，无处不均匀，无人不饱暖。"⑦ 这也是千百年

---

① 王戎笙、龙盛运、贾熟村、何龄修：《太平天国运动史》，19 页，北京，人民出版社，1986。

② 《原道醒世训》，中国近代史资料丛刊《太平天国》，第 1 册，91 页，上海，上海人民出版社，1959。

③ 《原道醒世训》，中国近代史资料丛刊《太平天国》，第 1 册，91 页，上海，上海人民出版社，1959。

④ 韩山文：《太平天国起义记》，中国近代史资料丛刊《太平天国》，第 4 册，854 页，上海，上海人民出版社，1959。

⑤ 韩山文：《太平天国起义记》，中国近代史资料丛刊《太平天国》，第 4 册，854 页，上海，上海人民出版社，1959。

⑥ 《原道醒世训》，中国近代史资料丛刊《太平天国》，第 1 册，92 页，上海，上海人民出版社，1959。

⑦ 《天朝田亩制度》，中国近代史资料丛刊《太平天国》，第 1 册，321 页，上海，上海人民出版社，1959。

来无数贫苦农民梦寐以求的幸福生活。

太平天国的梦想，反映了农民阶级渴望摆脱贫困实现人人温饱的要求。他们希望建立一个平均的、公有的、自给自足的小农社会。这一社会理想是在清末社会阶级矛盾极其尖锐、社会不公平现象普遍存在的背景下提出的，无疑代表了广大农民的利益，是农民阶级所能构想出的最佳蓝图。而且他们要求平均地主阶级所占有的土地和财富，无疑具有巨大的革命性。然而，由于太平天国的社会理想并非建立在科学世界观上，因此不可避免地陷入矛盾和空想。其一，狭隘的平均主义不可能使人民摆脱贫困。在人类历史上，只有极端贫困的原始社会，生活资料才是平均分配的。当生产力发展到一定程度，出现了剩余产品后，人类就结束了平均主义的历史。原始社会是人类历史上最落后的社会制度，把平均主义作为美好的理想，并不是一种先进的思想，不能代表历史前进的方向。其二，平均主义取消了社会分工和商品交换，也禁止剩余产品的存在，这就使扩大再生产所需的物质资料一点都留不下来。在生产十分落后、社会产品极端贫乏的情况下取消商品生产和扩大再生产，实行公有制和平均分配，只会造成普遍的贫困。其三，平均主义主张在均分了仅能维持人们最低生活水平的生活资料后，其余物质资料都要上缴国库，以显公允。这就将人们的消费水平降低到了最低程度。因此伴随着绝对平均主义而产生的，必然是禁欲主义。这使人们的生活品质极为低下，个人不可能得到充分的发展，进而也不利于整个社会的和谐发展。因此，太平天国的梦想，只是从农民小生产者的眼光出发描绘的理想社会，其实是不切实际的，也是不符合历史潮流的。

二、太平天国的理论基础

在鸦片战争后中外反动势力的剥削和压迫下，以洪秀全为领袖的太平天国领导集团，从基督教义和传统儒学中汲取了思想养料，幻想建立一个自给自足、人人饱暖、没有剥削的理想社会。为了使这个美好梦想得以实现，太平天国农民起义以暴风骤雨之势，雷霆万钧之力，从广西金田起义迅速扩展到半个中国，建立了与清朝政权相对峙的农民政权且时间长达十多年，其规模之大，时间之长，影响之深远，对封建统治打击之沉重，在农民运动史上可谓空前绝后。那么，究竟是什么力量策动、凝聚、维系着全国各地的太平军和农民，将这场起义推向中国农民革命史的最高峰呢？这股强大的力量，就是太平天国的理论根基。理论是行动的先声，历史上每一次大规模的社会运动和社会变革，都源于一定的思想理论。而理论基础是否扎实，是否先进，能否经得起时代的考验，则决定着运动的成败。

太平天国的理论基点，用洪秀全的话说，就是"原道"。他在金田起义前就写了三篇指导性文章，并且统一用"原道"之名，即《原道救世歌》、《原道醒世训》、《原道觉世训》。"道之大原出于天，谨将天道觉群贤"①。他认为只有"原道"才是"天道"、"大道"、"真道"，也只有用"原道"才可以"救世"、"醒世"、"觉世"。

将"原道"这一理论基点发散到各个领域就构成了太平天国的理论基础，即精神上的神权理论、政治上的朴素平等观、经济上的平均主义结合在一起的、多元一体的理论体系。其要义是：崇拜唯一真神"皇上帝"，击灭"阎罗妖"，将乖漓浇薄之世变成公平正直之世，天

---

① 《原道救世歌》，中国近代史资料丛刊《太平天国》，第1册，87页，上海，上海人民出版社，1959。

下一家，共享太平；天下多男人，尽是兄弟之辈，天下多女子，尽是姊妹之群；有田同耕，有饭同食，有衣同穿，有钱同使，无处不均匀，无人不饱暖。

第一，精神上的神权理论是太平天国的理论支柱和思想主宰。中国历史上每代王朝的君主，都宣称自己是真命天子，神化自己的形象，为自己的统治提供合理性证明。洪秀全为了发动起义和建立政权，也必然需要一个精神偶像，以此作为号召起义的凝聚剂。于是他在发动太平天国起义之前，认真做了理论准备，他从基督教义中吸取了"独一真理惟上帝"的思想，创立了拜上帝教，并在三篇指导性文章中阐发了"独一真理惟上帝"、"开辟真神惟上帝"的思想，将其作为教义主旨。例如《原道救世歌》中就有"开辟真神惟上帝，无分贵贱拜宜虔。天父上帝人人共，天下一家自古传。上古中国同番国，君民一体敬皇天。"

为了树立皇上帝的唯一权威，洪秀全必须在思想理论上罢黜诸神，独尊上帝。于是，一方面，他提出"阎罗妖"是与"皇上帝"相对立的一切妖魔鬼怪的总代表，应当群起而攻之。他在《原道觉世训》中把社会划分为"正"与"邪"，或者说"人"与"妖"这两大对立的阵营。"皇上帝"及其子女是"正"的一方，而"阎罗妖"等与皇上帝相对立的一切妖魔鬼怪就是"邪"的一方。这两大阵营的矛盾是不可调和的，因此，"阎罗妖"是"天下凡间我们兄弟姐妹所当共击灭之，惟恐不速者也"① 的革命对象。在洪秀全这里，"皇上帝"是农民革命政权的象征，而"阎罗妖"则是清朝封建皇帝的化身。"正"与"邪"，"人"与"妖"，"皇上帝"与"阎罗妖"的对立，正是现实生活中农民阶级与地主阶级之间阶级斗争的反映。这样，洪秀全就为起义找到了极佳的宗教理论支撑。而这一理论在整个太平天国革命发展过程中都没有改变。直到1859年，洪秀全在洪仁玕所著的《资政新篇》一书的批示中又指出："斩邪留正，杀妖杀有罪，不能免也。"② 可见其神权思想之根深蒂固。另一方面，他在经历了连年科举应试失败的打击后，由一个熟读孔孟经书的典型儒生，转变成了一个反孔黜儒的极端分子。他的反孔思想，因前三次科举均名落孙山而萌发；又因第四次科举失败，从而潜心研读基督教义，并决然与科举仕途决裂而发展；到了金田起义后，他为了巩固政权，大力清除孔孟，其反孔思想越来越激烈。太平天国奉行神权主义，罢黜诸神，独尊上帝，其目的就是使太平天国的理论基础趋于统一，以推翻清朝统治，巩固其政权，从而实现天国统治集团"天下一家，共享太平"的理想社会。

第二，政治上的朴素平等观念。既然"皇上帝"是唯一的天神和主宰，那么天下百姓都是"皇上帝"的子女，彼此之间都是同胞兄弟姐妹，理应平等、相爱、互助。《原道救世歌》称："普天之下皆兄弟，灵魂同是自天来。上帝视之皆赤子，人自相残甚恻哀。"《原道醒世训》中也有关于平等思想的论述。主要有：首先，待人处世要量大，无私。"世道乖漓，人心浇薄，所爱所憎，一出于私"，"福大则量大，量大则为大人；福小则量小，量小则为小人"。其次，天下男女应当相亲相爱，因为都是"皇上帝"的子女，都是兄弟姐妹。"皇上帝，天下凡间大众之父也。""天下多男人，尽是兄弟之辈，天下多女子，尽是姊妹之群。何得存此疆彼界之私，何可起尔吞我并之念？"再次，和为贵，"天下一家，共享太平，几何乖漓浇薄之世，其不一旦变而为公平正直之世也！"

---

① 《原道觉世训》，中国近代史资料丛刊《太平天国》，第1册，93页，上海，上海人民出版社，1959。

② 《资政新篇》，中国近代史资料丛刊《太平天国》，第2册，538页，上海，上海人民出版社，1959。

太平天国这些朴素的平等观念，是西方原始基督教义和中国古代朴素平等思想的杂烩，反映了农民阶级的政治要求和愿望。但是这些思想并没有完全摆脱封建思想罗网，也没有包含近代资产阶级以"民权"为基础的平等原则。更矛盾的是，太平天国以神权理论为理论主干，而神权主义与皇权主义是一母共生的姐妹，神权是皇权的基础，皇权是神权的具体化。洪秀全建立了太平天国后，在政体上必然沿袭在中国延续几千年的君主专制制度，推行皇权主义。天王洪秀全嫔妃成群，奢侈糜烂，与封建帝王无异。尤其是太平天国后期，领导集团腐化严重，独断专行，内讧厮杀，日甚一日。神权主义及其必然衍生的皇权主义，居然能和农民阶级的朴素平等观共存在一个理论体系中，真是令人惊奇不已。

第三，与政治上的平等思想相联系的，是太平天国理论体系中的经济平均主义。由于人人都是平等的，那么在经济上就应当采取绝对平均分配的方案。这主要体现在太平天国于1853年颁布的《天朝田亩制度》中。它规定了"凡天下田，天下人同耕"的原则和平均分配土地和其他生活必需品，其余则归国库的措施。以求建立一个"有田同耕，有饭同食，有衣同穿，有钱同使，无处不均匀，无人不饱暖"①的理想社会。太平天国经济上的平均主义思想，反映了广大农民反对封建压迫剥削，渴望得到土地和平等权利的利益和愿望。但由于脱离社会实际，是行不通的。

太平天国的理论基础，在长达十多年的农民起义实践中，最终被证明是不符合历史潮流的，其价值体系也是扭曲的。精神上的神权理论，强制人们信奉西方的"皇上帝"，不符合中华民族的传统信仰和生活习俗，因此很难产生精神上的凝聚力；政治上的朴素平等思想，起初确实在广大农民之间产生了巨大的号召力和凝聚力，使革命力量迅速扩大到半个中国，但由于它与神权理论及其孪生姐妹皇权主义在本质上相互矛盾，不可共生，因此不可避免的导致太平天国统治集团内部矛盾激化，内讧分裂现象日益严重，人心涣散，国势日衰；经济上的绝对平均主义，更是一张无法兑现的空头支票。对广大贫苦人民而言，"无处不均匀，无人不饱暖"是具有很强吸引力的，但随着时间的推移，由于它不能代表先进生产力发展的方向，而且严重脱离社会现实，所以无法实现。这样就导致广大农民对太平天国的极度失望，太平天国的威信扫地。太平天国的最终失败，根源就在于它的理论基础是不科学的、扭曲的、杂糅的，跟不上近代社会前进的步伐。所以太平天国起义虽然是中国旧式农民革命的最高峰，但它只能是昙花一现，不可能取得最终的胜利。

三、太平天国的制度设计

以"原道"为出发点，太平天国领导集团将精神上的神权理论、政治上的朴素平等观、经济上的平均主义结合在一起，组成了多元一体的理论体系。在这一理论基础的指导和推动下，太平天国执政集团设计了一系列的制度和政策。主要有：以解决土地问题为核心、同时包括政治、经济、文化教育和社会生活各方面内容的革命纲领——《天朝田亩制度》中的土地制度、军政合一的革命政权、城市管理和商业制度、妇女政策、文化制度和外交政策。

（一）均分土地：革命纲领的灵魂

《天朝田亩制度》是太平天国1853年建都天京后不久颁布的，以解决土地问题为核心。

---

① 《天朝田亩制度》，中国近代史资料丛刊《太平天国》，第1册，321页，上海，上海人民出版社，1959。

洪秀全认为土地是上帝的财产，应该平均分配。所以《天朝田亩制度》废除封建土地所有制，把土地平分给农民。它规定："凡天下田天下人同耕，此处不足则迁彼处，彼处不足则迁此处。凡天下田，丰荒相通，此处荒，则移彼丰处以赈此荒处，彼处荒，则移此丰处以赈彼荒处，务使天下共享天父上主皇上帝大福。"①　具体的分田办法是："凡田分九等"，"分田照人口，不论男妇。算其家口多寡，人多则分多，人寡则分寡，杂以九等。如一家六人，分三人好田，三人丑田，好丑各一半。""凡男妇每一人至十六岁以上，受田多逾十五岁以下一半。"其目的是通过平分土地使耕者有其田，从而实现天下百姓"有田同耕，有饭同食，有衣同穿，有钱同使，无处不均匀，无人不饱暖"②　的大同社会，永远过着没有剥削和压迫、没有贫富不均、美好又自给自足的"桃花源"式田园生活。《天朝田亩制度》还规定，以"两"作为社会组织的基层单位。每"两"设两司马一人，总管二十五家的生产、分配、宗教、军事、教育等。二十五家的农民，除耕地外，都要参加副业生产。此外，《天朝田亩制度》还对社会生活各方面都作了原则性的规定。

（二）军政合一：太平天国的政权体制

太平天国建立了一个与清政府对峙的农民革命政权，这个政权的突出特点就是军政合一。

太平天国的最高领导是天王，天王之下设王、侯两种爵位，都能世袭；另设军师、丞相、检点、指挥、将军、总制、监军、军帅、师帅、旅帅、卒长、两司马共十二级职官，不分文武，军政兼管，既可处理政务，也可领军出战。

太平天国的行政机构分为中央、省、郡、县四级，省、郡、县为地方政权。地方官员都由中央委任，县设监军，郡设总制，省级官员未明确规定，多由各王、侯兼任。县以下设乡官，为地方基层政权。

军政合一的政权体制是适应战时需要，并且具有一定民主精神的政权，尤其是乡官的设立对动员广大群众起了积极的作用。

（三）军事共产：城市管理制度

太平天国的城市管理制度主要指天京而言，当时天京的社会组织和城市生活，基本上是在一种军事共产主义的精神下来安排的，具体包括圣库制度、诸匠营和百工衙、女营和女绣锦营。而这些制度在农村并未实行。

在"天下人人不受私，物物归上主"的精神指导下，太平天国在天京实行圣库制度。这项制度早在 1850 年金田团营时已经实行，建都天京后，便在水西门灯笼巷里设立天朝圣库，以总管全国公有财富。圣库制度就是《天朝田亩制度》中的国库制度，即废除私有财产，所有财产归天朝圣库。一切生活所需，皆由圣库按规定供给。实际上后来只准每人有银五两，超过此数者要论罪。在实施过程中，不仅一切征收和缴获都归圣库，而且明令宣布："商贾资本，皆天父所有，全应解归圣库"③。随即把私人房屋、金银、粮食、货物一律收为公有，贵重物品交天朝圣库，一般物资则由典官经管。作为战时的非常措施，圣库制度对严明法纪、

---

①　《天朝田亩制度》，中国近代史资料丛刊《太平天国》，第 1 册，321 页，上海，上海人民出版社，1959。
②　《天朝田亩制度》，中国近代史资料丛刊《太平天国》，第 1 册，321 页，上海，上海人民出版社，1959。
③　张德坚：《贼情汇纂》，中国近代史资料丛刊《太平天国》，第 3 册，275 页，上海，上海人民出版社，1959。

培养革命素质、合理解决供给、密切军民关系、密切上下级关系等起了一定的积极作用。

由于生活统一管理，生产也就必须统一管理。随着圣库制度在天京的实施，便产生了诸匠营和百工衙。这两者都是太平天国国营的从事集体生产的手工业机构，但在组织上和执掌上有所不同。组织上，诸匠营全依军制，各营统一指挥，从总制到两司马均与太平军编制相同；而百工衙则不依军制。职掌上，诸匠营专管工程或生产，不管分配；百工衙则有两类，一类是专管采办、保管和分配的，另一类是兼管生产与分配的。

太平天国自金田起义以来，始终严格区分男营和女营，即使夫妻亦不得相见。定都天京后也沿袭了这一制度，把城内人民分为男行女行，男女分馆。女的除了编入女营外，善女红者则编入女绣锦营。

（四）有限发展：太平天国的商业制度

太平天国在建都天京之初，曾一度废止商业，出示说："商贾资本，皆天父所有，全应解归圣库"。加上对居民取消了家庭生活，生产是集体进行的，产品全由圣库和有关部门分配给天京居民，从而也就取消了商业环节。可这种做法不但无助于社会经济的发展，而且在商品经济发达的江南地区是行不通的。面对现实，1854年，天京恢复了家庭生活，也重建了商业体系，特准许在天京城外交易，设立公营商店，愿为者在国库领本，商店均称"天国某店"，不得私卖。但实行不到几个月，又行不通，各商店都歇业了。后来只好允许私人经营商业，但要求商人必须遵守政府法令，并且绝对禁止鸦片。太平天国还相应地建立了一些商业管理制度和税收制度。由于商业政策的改变，太平天国所管辖的一些城市也开始繁荣起来。

（五）男女平等：太平天国的妇女政策

太平天国根据"天下多男人，尽是兄弟之辈，天下多女子，尽是姊妹之群"的思想，呼吁男女平等，实行解放妇女的政策。在经济上，太平天国主张妇女与男子有平等的地位。《天朝田亩制度》规定："分田照人口，不论男妇。"这使女性享有独立的经济权利；在政治上，妇女有一定的政治地位。太平天国的妇女和男子一样可以参军作战，一样可以因战绩突出而被选拔为各级官员。妇女还有同男子一样参加社会活动、接受教育的机会，并且能够参加考试，有的还考上了"女状元"；在婚姻制度上，太平天国废除了封建买卖婚姻，提倡"凡天下婚姻不论财"，主张婚姻自由；在习俗上，太平天国颁令严禁摧残妇女的恶习，如缠足、买卖奴婢、娼妓、纳妾等。虽然太平天国妇女解放有其局限性，有些地方还不同程度保留着男尊女卑的封建糟粕，但在当时，已经是一个了不起的进步。

（六）先破后立：太平天国的文化制度

在思想文化领域里，太平天国对封建文化进行了一次猛烈的冲击，取得了一定的成就。并且树立了自己的文化风气。

首先，在破的方面，太平天国对维护封建地主统治阶级秩序、毒害人民思想意识的儒、释、道三教的迷信，进行了一次在我国两千多年来农民革命战争史上规模最大的、取缔最认真的查禁活动。"凡一切孔孟诸子百家妖书邪说者尽行焚除，皆不准买卖藏读也，否则问罪也。"[1]

---

[1] 黄再兴：《诏书盖玺颁行论》，中国近代史资料丛刊《太平天国》，第1册，313页，上海，上海人民出版社，1959。

其次，在立的方面，太平天国出版了自己的《旨准颁行诏书》，根据《诏书总目》，它在1856 年前总共颁行了二十四部，是允许人们阅读的书籍。太平天国还极力提倡朴实明晓的文风。"语句不加藻饰，只取明白晓畅，以便人人易解。"① 洪秀全曾批示："惟纯以俗语，不用故实，故实为妖话，悉禁之。"后来洪仁玕也秉承了洪秀全对文风的偏好，要求破除封建八股文的娇艳虚浮、无病呻吟，提倡切实明透、朴实率真的文风。太平天国的文化制度，从内容到形式都给封建文化以有力的打击。

（七）严正有礼：太平天国的外交制度

太平天国爆发时，中国已经进入半殖民地半封建社会，所以，一个很重要的问题就是太平天国的对外政策及其实施。对此，太平天国的基本原则是反对侵略，主张国家独立自主，国家之间应该在平等的原则下相互往来和通商。洪秀全在起义前就表示："如果上帝助吾恢复祖国，我当教各国各自保管自有之产业，而不侵害别人所有；我们将要彼此有交谊，互通真理及知识，而各以礼相接。"② 太平天国正是以这个基本原则来处理与外国的关系。

然而，外国侵略者却始终对太平天国怀有敌意。他们为了巩固和扩大在华的特权，竭力想扼杀革命。当太平天国攻占南京，建立政权后，外国侵略者以虚伪的"中立"作为面纱，其实是想探听革命政权的对外政策，并诱使甚至威胁太平天国承认清政府以前签下的不平等条约。如果不承认这些条约，触犯侵略者的在华利益，那么侵略者"必采取与十年前抵拒各种侵害之同样手段，施以抵拒"③。太平天国毫不示弱，坚持拒绝承认任何不平等条约，并宣告"通商不禁"，禁止买卖鸦片，并警告侵略者不要帮助清政府，"尔等如帮助满人，真是大错，但即令助之，亦是无用"④。后来东王杨秀清比较全面地阐述了太平天国的外交政策："平定时（即推翻清朝统治时）不惟英国通商，万国皆通商，天下之内兄弟也。立埠之事（不平等条约），俟后方定，害人之物（鸦片）为禁。"可见太平天国的外交态度是极为严正的。既坚持独立自主，维护民族尊严，反对不平等条约和外来侵略，又不闭关自守，主张互利通商。这种外交政策一直贯彻革命始终。但是，太平天国的领袖们没能区分外国侵略者与外国人民，他们错误地以为既然同信一个上帝，那么侵略者就是"洋兄弟"。这在一定程度上误导太平天国的英雄们对侵略者失去警惕，未能认识侵略者的真面目。

四、太平天国的法律构造

在定都天京前后，太平天国构建了一系列的制度和政策，以促进革命的发展和政权的稳固。在整个制度体系中，有一个很重要的部分就是法律制度。太平天国的法律制度与中国历史上封建社会的法律相比是根本不同的，它体现了农民阶级及其他广大劳动人民的意志，是捍卫革命政权、维护社会秩序、保护农民阶级及广大劳动人民的利益的有力武器。

---

① 《天情道理书》，中国近代史资料丛刊《太平天国》，第 1 册，355 页，上海，上海人民出版社，1959。

② 韩山文：《太平天国起义记》，中国近代史资料丛刊《太平天国》，第 4 册，854 页，上海，上海人民出版社，1959。

③ 《英国政府蓝皮书中之太平天国史料》，中国近代史资料丛刊《太平天国》，第 6 册，910 页，上海，上海人民出版社，1959。

④ 《英国政府蓝皮书中之太平天国史料》，中国近代史资料丛刊《太平天国》，第 6 册，910 页，上海，上海人民出版社，1959。

(一)《十款天条》：最初的法律形式

早在金田起义之前，洪秀全为了确立拜上帝会教徒的行为规则，以更好地管理教徒，就把"摩西十诫"中的内容加以变更制定出《十款天条》，它的内容是：第一天条崇拜皇上帝；第二天条不好拜邪神；第三天条不好妄题皇上帝之名；第四天条七日礼拜颂赞皇上帝恩德；第五天条孝顺父母；第六天条不好杀人害人；第七天条不好奸邪淫乱；第八天条不好偷窃劫抢；第九天条不好讲谎话；第十天条不好起贪心。① 在金田起义以前，它仅起道德规范作用，没有法律效力。起义后，由教徒发展起来的太平军已经成长为一支农民起义队伍，为了适应日益复杂的斗争形势和险恶的战争状态，1852 年洪秀全在广西永安建制后，正式颁布了《十款天条》，明确规定太平军将士要严格遵守并熟知天条，这就把原先约束教徒道德规范的"天条"，上升为军士们必须恪守的军律。而太平天国的组织形式是军政合一，寓兵于家，军事组织同时也是政治机构和社会的基本组织，因此这些"军律"实际上成为太平天国全民都应遵守的法律。

从金田起义前后到 1853 年建都天京这一阶段中，太平天国这种具有浓厚宗教色彩、适应战时要求的军律，既是拜上帝会教徒的宗教戒条，又是具有强制意义的军纪，同时还是太平天国最初的法律形式。它对太平天国早期革命运动的发展起了很大的促进作用。② 清朝文人张德坚在《贼情汇纂》中认为太平军将士能够在金田起义后短短两年多的时间里，横扫六省，定鼎天京，乃"全恃行军有法"，"严号令，肃纪律"③。正如"要掀起巨大的风暴，就必须让群众的切身利益披上宗教的外衣出现"④，太平天国初期以宗教戒律和军事纪律为主要表征的法律形式，曾使太平天国运动在险象环生的战争状态下日趋高涨。

(二)《天朝田亩制度》：定都后的宪法性纲领

《十款天条》实际上奠定了太平天国法律的基础。1853 年 3 月太平天国定都天京后，统治集团建立了与清政府对峙的农民政权，加紧了立法活动，形成了一套自己的法律，法律建设初具规模。其中最重要的是 1853 年冬颁布的《天朝田亩制度》，它是具有立国指导意义的宪法性纲领。

《天朝田亩制度》是以废除封建土地所有制、平分土地为核心，包括政治、经济、军事、文化、教育、妇女地位、外交等各个方面的内容，意图解决带有国家根本性质的重大问题的治国安邦的总章程，它是制定其他部门法律的根据，是太平天国的根本大法。它的主要内容，我们在上一部分已有所介绍，其主要立法就是作为农民革命主要问题的土地问题，它宣布："凡天下田，天下人同耕，此处不足则迁彼处，彼处不足则迁此处。凡天下田丰荒相通"，以实现"有田同耕，有饭同食，有衣同穿，有钱同使，无处不均匀，无人不饱暖"的理想。

---

① 参见《太平天国印书》，下册，31～32 页。转引自黄顺力：《中国近代思想文化史探论》，424 页，长沙，岳麓书社，2005。

② 参见黄顺力：《太平天国法制思想述论》，载《福建论坛》，1992 (3)。

③ 张德坚：《贼情汇纂》，中国近代史资料丛刊《太平天国》，第 3 册，227～232 页，上海，上海人民出版社，1957。

④ 《马克思恩格斯选集》，2 版，第 4 卷，255 页，北京，人民出版社，1995。

此外，它还对婚姻、宗教、官员奖惩、司法诉讼等各方面作了原则性的规定。在婚姻法上，有关于解放妇女、废除封建买卖婚姻、提倡一夫一妻、保护妇女人身权的法律条款；在民事经济上，有圣库制度和平均分配的供给制度；等等。这些有关婚姻、经济、社会生活等民事方面的法律制度，在上一部分"太平天国的制度设计"中我们已经分析，这里不再重复。

（三）《太平刑律》：太平天国的严刑峻法

1853 年后，太平天国在《十款天条》、《太平条规》等的基础上制定了《太平刑律》，作为太平天国的刑法。这些法律条文已经失传，其详细内容无法查考。据《贼情汇纂》记载，在 1855 年前，具体条文有 62 条，都是军事纪律。内容包括：违反教规罪 11 条，通敌谋反罪 6 条，违反军纪罪 26 条，不敬官长罪 5 条，奸邪淫乱罪 4 条，私藏盗卖财物罪 3 条，斗殴赌博罪 2 条，传播邪教思想罪 5 条，凡触犯以上刑律者，要受到死刑或枷杖的惩罚。[①] 从刑律内容看，为了保持严明的纪律和良好的军风，从而争取到人民群众的拥护，太平天国的领袖们高度重视整肃军纪，对违反军纪的，刑律处罚最多，高达 26 条；为了巩固新生政权，太平天国采取了严厉的镇反措施。通敌谋反罪虽只有 6 条，但刑罚措施特别严厉，轻者斩首，重者施以"五马分尸"、"点天灯"等酷刑；为了使起义始终以宗教为外衣，以教规为行为准则，刑律正式把维系拜上帝会教徒日常生活的宗教戒律作为刑法规范，规定违反教规罪达 11 条。

在量刑上，刑律 62 条中，有 43 条处斩，3 条处"五马分尸"、"点天灯"等酷刑。即使是口角争斗、饮酒赌博、辱骂官长都要"不问曲直，概斩不留"，甚至不能熟记天条、私留禁书、剪发刮面、夫妻同居等都是要斩首的大罪。如此，太平天国的刑律对重罪、轻罪，以至轻微过失，在量刑上几乎无异。这种严重缺乏法制观念的没有标准、不分敌我、不论情由、量刑偏重的做法，不仅难以真正杜绝犯罪，而且会引起人们的反抗和人际关系的离散。

量刑的偏重和没有标准，导致惩罚手段也极为严酷。《太平刑律》的主刑是死刑和枷杖。而死刑就占了 2/3 以上。死刑有三种，一是"点天灯"——将人自顶至踵，裹以纸张麻皮，入油缸内浸片刻，倒植之以松脂白蜡堆足心，用火燃之。二是"五马分尸"——以笼头络颈，和发绫缠，系于马后足，四肢各系一马，数人齐鞭子，瞬息肢解。三是"斩首示众"。太平天国的严刑峻法、重刑惩罚，加上长官的生杀由己、擅自处刑，在打击阶级敌人的同时，也破坏了太平天国军民内部的团结，从而造成了日益严重的离心倾向。[②]

（四）审慎民主：太平天国的诉讼制度

太平天国没有设立专门的司法机关，而是实行司法与行政合一的体制，从中央到地方的各级官员既是行政官员，又负责司法审判，中央最高领导者——天王，享有最高的审判权。

太平天国的领导群体是农民阶级，必然维护农民的种种权益，在诉讼司法程序上试图建立一套审慎、严密、公正又具有民主精神的诉讼制度，主要体现在以下几个方面：第一是逐级上诉制度。《天朝田亩制度》规定："各家有争讼，两造赴两司马，两司马听其曲直；不息，则两司马挈两造赴卒长，卒长听其曲直；不息，则卒长尚其事于旅帅、师帅、典执法及军帅，军帅会同典执法判断之。既成狱辞，军帅又必尚其事于监军，监军次详总制、将军、

---

① 参见张德坚：《贼情汇纂》，中国近代史资料丛刊《太平天国》，第 3 册，227～232 页，上海，上海人民出版社，1957。

② 参见黄顺力：《太平天国法制思想述论》，载《福建论坛》，1992（3）。

侍卫、指挥、检点及丞相，丞相禀军师，军师奏天王。天王降旨，命军师、丞相、检点及典执法等详核其无出入，然后军帅、丞相、检点及典执法等直启天王主断。天王降旨主断，或生或死，或予或夺，军师遵旨处决。"① 为了求得正确的判决，允许层层申诉和复核，最后由天王决断，以尽量避免冤假错案。虽然在当时极为紧张的革命战争时期，太平天国没有也不可能完全依照这种程序进行审判活动，但在许多场合下司法还是审慎的。第二是审判与行刑公开制度。官府在接到百姓投递的状纸后，将要审判时，要将审判日期公开挂牌通知，审判对群众公开，显示何人现犯何罪、如何定罪处刑，行刑也是公开的。尤其在处理危害农民政权的重大犯罪，如镇压敌人和通敌叛变分子时，一般都要召集群众大会或发布文告，"宣示于众曰，某人现犯何罪，应得何刑，对众行刑。"② 有时还让犯罪分子向群众坦白认罪，以宣扬法制，教育群众。如阴谋反革命叛变的周锡能在受审后便向群众坦白说："众兄弟，今日真是天做事，各人要尽忠报国，不要学我周锡能反骨逆天"③。这些规定，在中国历史上是空前的，显示出了农民阶级的创造性和追求民主的勇气。审判与行刑公开所带来的就是公平与公正。吟唎在《太平天国革命亲历记》中曾称赞过太平天国的法庭和审判，"我们首先要加以颂扬的论题就是太平天国的法庭。这些法庭毫无例外地是最严格最公正的……有钱有势的人决不能用不正当的手段胜过穷人。没有最明白最确实的罪证就不能判决或处罚任何一个人。"其"所有的审判全都以是非曲直为准则，而不拘囿于条文，因此很少发生欧洲法庭中因法律上的专门术语及诡辩经常所导致的显然不公正的现象"④。这同清朝司法机关刑讯逼供，贪赃枉法，随意断案形成了鲜明的对比。第三是击鼓鸣冤的直诉制度。太平天国沿袭了中国古代的登闻鼓直诉制度，在中央朝廷及各级政府设置大鼓两面，凡受害申冤或要申诉的人们均可自由击鼓，请审判官主持公道。击鼓鸣冤的日期是固定的，据沈梓的《避寇日记》记载："长毛出告示，听治狱讼，及民间有冤抑不申者，于三、八日期至辕门击鼓，审断曲直，平反冤狱。"⑤

五、太平天国：法律的乌托邦

在以神权理论、朴素平等观、平均主义思想所组成的多元一体的理论体系的基础上，太平天国执政集团设计了以《天朝田亩制度》为根本大法，包括土地制度、政权建设、社会管理、法律构造等一系列的制度和政策。这些制度的推出，在当时具有积极意义，但由于太平天国统治集团是一个没有科学世界观指导的农民阶级，所以在制度运行的过程中产生了难以克服的困难，太平天国的"无处不均匀，无人不饱暖"、"普天之下皆兄弟"、"天下一家，共享太平"的美好理想，最终只能沦落为故纸堆里的乌托邦。

（一）经济纲领的空想

太平天国定都天京后颁布的纲领性文件《天朝田亩制度》，以解决土地问题为核心。它包含了两个内容：一是彻底废除封建土地所有制，平均分配土地给农民；二是建立地方基层

---

① 中国近代史资料丛刊《太平天国》，第 1 册，322～323 页，上海，上海人民出版社，1959。
② 中国近代史资料丛刊《太平天国》，第 3 册，265 页，上海，上海人民出版社，1959。
③ 中国近代史资料丛刊《太平天国》，第 1 册，17 页，上海，上海人民出版社，1959。
④ ［英］吟唎：《太平天国革命亲历记》，下册，456 页，上海，上海古籍出版社，1985。
⑤ 钱大群主编：《中国法制史教程》，381 页，南京，南京大学出版社，1987。

政权，组织农民的劳动和生活。在整个纲领中，贯穿着一个总的精神，即"天下大家处处平均、人人饱暖"的平均主义思想，这集中反映了当时在清朝封建政权统治下，饱受中外反动势力欺压的贫苦农民渴望获得土地，摆脱困境的强烈愿望，也使太平天国革命不仅深受广大农民群众的热烈支持和衷心拥护，而且顺理成章地成为我国农民革命战争史上的最高阶段。这个纲领，就其组织农民积极生产以满足"人人饱暖"的物质需要的目的来说，是正确的；但从现实性的角度看，太平天国希望在落后的小农经济基础上，实现"处处平均"、"天下皆一式"，这是一个不可实现的空想，也是违反社会经济发展规律的。"太平天国的领袖们终究只能从农民的狭隘眼光出发画出了一个平均主义的图案，按照这种图案，每一农家均应平等的保有一定的土地与一定的财产，使得大家仅仅能够生活下去。这种图案是不可能实现的，而且这种图案并不是为着使社会生产力向前发展，却是使社会生产力停滞在分散的小农经营的水平上的。因此这种空想的农业社会主义的理想，在实质上乃是带有反动性的"①。事实上，《天朝田亩制度》并没有得到实现，农民也没有按规定分得土地。1854年，太平军不得不按实际需要和现实可行办法，实行"照旧交粮纳税"② 政策。

《天朝田亩制度》即使勉强实行，其结果也必然是使社会生产力倒退。它并不能解放生产力，只能束缚生产力；它要求绝对平分天下土地和产品，这就超越了反封建的界限而挫伤了农民的积极性；它没有给予商业和独立手工业的合理地位，而幻想一个仅仅是男耕女织、农业与家庭手工业相结合的自然经济，这不符合社会发展的趋向。因此它终究是空想的、行不通的。但正如恩格斯的名言"在经济学的形式上是错误的东西，在世界历史上却可以是正确的"③。《天朝田亩制度》虽然有其空想的一面，但它是太平天国农民领袖们为了建设理想社会而设计的一份美丽蓝图，蓝图对中国广大贫苦农民梦寐以求的土地问题的规划，使太平天国革命赢得了农民群众的支持和拥护，这份支持和拥护恰恰成为太平天国革命生命力的泉源，鼓舞着广大农民和太平军将士们对封建制度作出最猛烈的冲击。

（二）政治平等的覆灭

作为农民阶级的代表，太平天国的领袖们具有两重性：一方面，他们是受剥削受压迫的劳动者，有着要求平等自由的愿望，具有革命性；另一方面，他们又是小生产者和小私有者，具有落后性、保守性、自私性和狭隘性，无法克服自身在思想上、政治上、组织上的弱点，也无法消弭自身的私欲。洪秀全在酝酿起义的时候，将政治上、经济上的平等思想作为发动群众反封建的武器。高唱"天下多男子，尽为兄弟之辈，天下多女子，尽为姊妹之群"，要建立"天下一家，共享太平"的人间天国，但这一切在洪秀全定都天京，做了天王之后却被抛弃到了九霄云外，代之而起的是严格的封建等级制度和特权思想。太平天国的英雄们虽然沉重地打击了清王朝的统治，但其本身固有的农民阶级局限性也在取得阶段性胜利后暴露无遗。在其内部，尤其是高层领导集团中，争权夺利、竞相腐化之风迅速蔓延，无情地侵蚀着太平天国的躯体。定都后，太平天国的领袖们便开始大兴土木，贪图享乐，生活完全腐化堕落。同时，封建等级思想、宗派思想也逐步抬头，对个人权力的向往越来越强烈。森严的

---

① 《纪念太平天国一百周年》，载《人民日报》社论，1951-01-11。
② 张德坚：《贼情汇纂》，中国近代史资料丛刊《太平天国》，第3册，203页，上海，上海人民出版社，1957。
③ 转引自《中国近代史》，83页，西安，西北大学出版社，1988。

等级制度，使太平天国领导人高高在上，而领导集团内部的关系也日渐恶劣，互相猜忌，培植党羽，进行权力斗争，最后导致因争夺权位而严重分裂，自相残杀，削弱了革命力量。原来信奉人人平等，"寝食必惧，情同骨肉"的兄弟，彼此间闹到离心离德，唯权力是尊的地步，其根源就在于农民阶级小生产者的特点，使他们无法克服本身的弱点，也不可能真正把朴素的平等观念落到实处。

更关键的是，从太平天国的理论根基来看，太平天国以神权理论为支柱，而神权是皇权的基础，皇权是神权的具体化，神权主义与皇权主义是密不可分的孪生姐妹。洪秀全建立了太平天国后，在政体上必然沿袭在中国延续几千年的君主专制制度，推行皇权主义，因此太平天国后期，领导集团腐化严重，独断专行，内讧厮杀，日甚一日也就不稀奇了。换言之，神权主义必然衍生皇权主义，而皇权主义与农民阶级在起义之初所幻想的朴素平等观是格格不入的，在政权建立后，统治集团必然会抛弃以往的平等观念，代之以特权思想，权力欲望一发而不可收。原先平等、相爱、互助的美好愿望，就只能是梦境中的桃花源了。

（三）司法公正的沉沦

太平天国起义主要吸引民众、鼓舞民众的是其经济平均、政治平等、法律公正的口号，但是在实际建立的太平天国政权中确认了领导人享有不可侵犯的种种特权。同时，太平天国与生俱来的强烈的宗教色彩也加剧了领导人"替天父代言"的专制思想，其政权仍具有专制集权的特征。统治者对专制特权的迷恋、法制观念的严重缺乏所带来的必然是太平天国的严刑峻法。虽然在战争环境下，严厉的法律、残酷的刑罚在所难免，但罪名含糊、量刑偏重、没有标准，都不可避免地导致内部人心涣散。

太平天国的逐级上诉制度、审判与行刑公开、击鼓鸣冤的直诉制度等，体现了太平天国对建立一套审慎、严密、公正又具有民主精神的诉讼制度的努力追求，反映了农民对司法公正的愿望和要求，与清朝衙门司法中贪赃枉法、任意出入人罪的情况形成了鲜明对比，体现出一定的民主与公开精神，但其实施效果并不理想。第一，从逐级上诉制度来说，一方面，当时还经常处于战争状态，这种程序不太现实，多数案件往往只由军事长官裁断。另一方面，多层次的上诉由于环节过多，过于烦琐，势必影响其效果。事实上，这套比较严格的诉讼程序在当时并未真正施行。第二，在审判方面，太平天国时常采用公开审判的方式，审理时向群众宣告罪犯现犯何罪，应处何刑，有时还让犯罪分子向群众坦白认罪。但是，太平天国在审判时，假借上帝意志、刑讯逼供、任意专断的情况也时有发生。这些落后的审判方式，加上烦琐、未能真正实施的诉讼程序，反映了太平天国司法程序的局限性，也使司法公正、法律平等的美好蓝图沦为给后人留下深刻教训的黄粱一梦。

第三节
洋务运动：物质文明的困惑

一、西方的船坚炮利与洋务运动

鸦片战争前，清朝已经日渐衰微，腐朽的封建统治、落后的经济方式、颓废沉闷的思想文化、故步自封的传统观念，注定了清朝在鸦片战争中的惨败。鸦片战争后的十年，在国内阶级矛盾和民族危机空前严重的时刻，爆发了中国历史上规模最大、时间最长的太平天国农民起义。虽然由于指导思想的不科学、统治集团的堕落、中外反动势力的联合围剿等主客观因素，太平天国起义最终失败了，但波及全国 18 个省、持续 14 年之久的太平天国农民起义极大地震撼了清朝统治的基础，对封建经济、政治、文化造成了巨大的冲击，成为清朝统治者最大的心腹之患，清朝政府曾一度苦于无法尽快镇压起义。起义尚未被平息，第二次鸦片战争就爆发了，清政府又以失败告终。随着《天津条约》、《北京条约》的签订，外国侵略势力由东南沿海扩展到了中国所有沿海并深入到长江中下游，使清朝政府陷入到内忧外患的双重困境，清朝统治的政治危机不断加深。

太平天国革命和两次鸦片战争的失败，严重教训了曾经以天朝上国自居，自我陶醉、妄自尊大的清政府，他们感到，"咸丰年间内患外侮，一进并至，岂尽武臣之不善治兵哉。抑有制胜之兵，而无制胜之器，故不能所向无敌耳"①。在内外交困的时局下，恭亲王奕䜣分析了当时的社会形势："就今日之势论之，发捻交乘（指太平天国），心腹之害也……故灭发捻为先"②，恰逢第二次鸦片战争后各国为了谋取更多的侵华利益，消灭否认不平等条约中列强特权的太平天国，它们向清政府表示愿意帮助镇压太平天国起义，于是清政府决定与西方侵略者联手剿灭太平天国。在中外勾结之下，清政府才凭借洋枪洋炮将起义镇压下去。通过与西方联合镇压太平天国，清朝统治者深感西方船坚炮利的威力。李鸿章说："臣军到沪以来，随时购买外洋枪炮，设局铸造开花炮弹，以攻剿甚为得力。"③"此次克复湖州等地，破敌摧坚，颇得开花炮弹之力。"④军事实践使清政府认识到西方武器的得力，而如仍用弓箭刀矛的旧办法，"断不足以制洋人，并不足以灭土寇"⑤。1866 年，太平天国天京沦陷后的第三年，镇压太平军的地方大员左宗棠也深有感触地指出："中国此前兵力制土匪不足，何况制各国夷兵；前此枪炮制发逆不足，何能敌彼中机器；今则将士之磨练日久，枪炮之制造日精，不但土匪应手歼除，即十数年滔天巨寇亦已扫除净尽。"⑥当时的洋务倡导者大多是镇压农民起义的前线将领，先进的西方武器在战争中的巨大效用，成为最能打动清政府决策的活生生的事例。

两次鸦片战争后的丧权辱国，以及凭借西方船坚炮利才将风起云涌的太平天国农民起义镇压下去的不争事实，使清朝统治集团开始感到西方资本主义国家的厉害，感到自己的衰弱和技不如人。在外敌入侵和国内革命的双重打击下，清政府感到必须学习西方的技术，仿造西方船炮，采取西法练兵，从"洋器"入手，探索求强求富、自存自保的道路，才能挽救清朝颓败的统治，李鸿章曾说："中国欲自强，则莫若学习外国利器；欲学习外国利器，则莫若觅制器之器，师其法而不必尽用其人。"⑦加上在镇压太平军过程中，李鸿章等人发现太平

① 孙毓棠：《中国近代工业史资料》，第一辑，264 页，北京，中华书局，1962。
② 《筹办夷务始末》（咸丰朝），卷八，2675 页，北京，中华书局，1979。
③ 中国近代史资料丛刊《洋务运动》，第 4 册，10 页，上海，上海人民出版社，1961。
④ 中国近代史资料丛刊《洋务运动》，第 4 册，16 页，上海，上海人民出版社，1961。
⑤ 中国近代史资料丛刊《洋务运动》，第 1 册，43 页，上海，上海人民出版社，1961。
⑥ 中国近代史资料丛刊《洋务运动》，第 1 册，17 页，上海，上海人民出版社，1961。
⑦ 《筹办夷务始末》（同治朝），卷二五，10 页，北京，中华书局，1979。

军中已有洋枪洋炮，所以他们警觉到如果枪炮制造技术让民间先于官府学去，那么官兵将无法应付，清朝统治更是危在旦夕了。因此，清政府认为办洋务是刻不容缓的"急务"、"时务"、"要政"。他们把学习西方，引进西方资本主义国家在武器制造、技术生产和自然科学方面的西方先进器物文化作为维护清朝封建统治秩序的强壮剂。于是在西方船坚炮利的刺激下，力图拯救清朝统治的洋务运动开始兴起。而这些组织实施和操纵洋务事业的官僚集团，便被称为"洋务派"。

图3—2　洋务运动时期的江南制造局大门

摘自芮传明：《中国历史1000个基本事实》，199页，广州，广东人民出版社，2005。

二、洋务运动的理论基础

在西方船坚炮利的推动下，洋务运动以解决内忧外患的困境为契机，以引进西方新式军事装备为突破口，以传播和引进西方机器生产和科学技术为内容，兴办了一系列洋务事业。而洋务事业的组织和领导集团——"洋务派"，以李鸿章、张之洞、曾国藩、左宗棠、沈葆桢、丁日昌等朝廷大员为代表，此外还有王韬、郑观应、马建忠、容闳、薛福成等早期改良派人物。从19世纪60年代到90年代，他们在晚清的政治舞台上活跃了三十多年，经历了同治、光绪两朝，被称为"同光新政"。在此期间，他们形成了一个颇具号召力的口号，作为他们的理论基础，那就是从"师夷长技以制夷"发展而来的"中学为体，西学为用"。

鸦片战争以后的西学东渐，使得中西方文化的冲突与纷争加剧，注定了中国在走向近代化的过程中，从一开始就无法摆脱"中学"与"西学"关系的困扰。"中体西用"思想渊源于鸦片战争以后以林则徐、魏源为代表的进步知识分子所表达的向西方学习的思想。作为近代中国最先敢于正视中国历史与现实的思想先驱，林则徐、魏源看到了侵略者船坚炮利的武力威胁，魏源把对西方船坚炮利的认识，概括为"战舰"、"火器"、"练兵之法"，提出了"师夷长技以制夷"的著名论断。这种积极向西方学习的思想主张，冲击了中国封建社会唯我独尊的传统，开创了学习西方先进文明的一代风气，这可以看作是"中体西用"的渊源。学习西方的先进军事、工业技术，以维护封建统治，这是林、魏二人的初衷，也是"中体西用"的实际内涵。洋务派正是在师夷之说的基础上，经过一番研究比较，最后得出向西方学习的结论，发展起"中体西用"这一理论逻辑。

洋务派在"师夷制夷"的学说中汲取了思想资源，随后又建构了他们的思想框架。1861年，冯桂芬在《校邠庐抗议》中初步比较了中国文化（中学）与西方文化（西学），他认为中学有六个方面不如西学："以今论之，约有数端。人无弃材不如夷；地无遗利不如夷；君民不隔不如夷；名实不符不如夷；船坚炮利不如夷；有进无退不如夷。"[1] 在中西方文化对比的基础上，冯桂芬提出要学习西方的长技，尤其是制洋器，以谋求自强，他指出："如以中国之伦常名教为原本，辅以诸国富强之术，岂不更善之善哉？"[2] 冯桂芬的"本辅"说构成了

---

[1]　冯桂芬：《校邠庐抗议·采西学议》，载《采西学议——冯桂芬、马建忠集》，郑大华点校，75页，沈阳，辽宁人民出版社，1994。

[2]　冯桂芬：《校邠庐抗议·采西学议》，载《采西学议——冯桂芬、马建忠集》，郑大华点校，84页，沈阳，辽宁人民出版社，1994。

"中体西用"思想的基本框架，与一直为采西学寻求理论依据的洋务派产生了理论上的共鸣。

光绪二十四年（1898年）闰三月十五日，张之洞在《两湖、经心两书院改照学堂章程片》中明确提出了"中体西用"，他说："两书院分习之大旨，皆以中国（学）为体，西学为用。既免迂陋无用之机，亦杜离经叛道之弊。"① 另外，孙家鼐在《议复开办京师大学堂折》中提出："中国五千年来，圣神相继，政教昌明，决不能如日本人之舍己芸人，尽弃其易学西法。今中国京师并办立大学堂，自应以中学为主，西学为辅；中学为体，西学为用；中学有未备者，以西学补之；中学其失传者，以西学还之；以中学包罗西学，不能以西学凌驾中学，此是立学宗旨。"② 学术界通常认为孙家鼐的这番言论是对"中体西用"思想的明朗、完整的表述。

按照洋务派的观点，"中学"就是指"四书五经"、"伦理纲常"，而"西学"就是西方的洋枪洋炮和先进科技。"中学为体，西学为用"就是指在中学和西学兼容并蓄的文化结构中，突出中学的主体地位，确认西学的辅助作用。也就是在维护封建伦理道德和清朝政府统治秩序的前提下，适当的引进西方近代军事装备和先进科技成果，作为国家的富强之术。而洋务运动，实际上就是"中体西用"的政治实践。洋务派官僚是以"中体西用"为其社会实践的纲领和规范的。如在镇压太平天国中得益于洋枪洋炮最多的曾国藩就主张"师夷智以造炮制船"③，李鸿章也认为必须"取外人之长技，以成中国之长技"④。

"中体西用"作为一种社会思潮和思想理论，不是一成不变的，而是随着洋务运动的发展而不断变化，从洋务运动的发展脉络看，它有一定的发展方向。它经历了由"自强"到"求富"，以及与此相对应的由习"兵战"到习"商战"视角的转换。起初，洋务运动以创办军事工业活动为中心，视角盯在"兵战"上。以曾国藩、李鸿章为代表的洋务派，在外国资本主义侵略势力和国内农民起义的双重威胁下，深深感受到了数千年未曾有过的危机，他们急需学习西方长技，以求清朝封建统治的自强和自立。他们最先是从战争中看到西方的坚船利炮，所以一开始，洋务运动就从"讲求洋器"入手，积极购买和制造船炮。

可是随着洋务运动的开展，许多理论问题和实际问题纷至沓来，当时洋务派对西方的认识已经不仅仅停留在船炮上，他们通过反思，对单纯制器练兵能否达到自强产生了怀疑。当时的事实是，军事工业开办后，原料、经费都面临着严重困难，管理制度和人才也跟不上步伐。这主要是因为洋务派为了尽快达到加强清朝政府武装力量的目的，急功近利地仅仅把资本主义国家整个政治经济体系中的一环军事工业单一地移植到中国，但社会经济发展的稳固基础却没有移植也无法移植，因而在缺乏根基的情况下发生了一连串的畸形现象和矛盾，进而堵塞了军事工业进一步发展的道路。这些问题出现后，洋务派认识到军事工业的发展必须依靠完整的近代工业体系和雄厚的经济支撑。于是他们开始移植西方的近代化设施，从仿造枪炮到仿办铁路、矿业、纺织、电报等民用企业，从"自强"至"求富"，到"寓强于富"。李鸿章指出："古今国势，必先富而能后强，尤必富在民生，而国本乃可益固。"⑤ 洋务运动

① 张之洞：《张文襄公全集·奏议》，卷四七，22页，台北，文海出版社，1970。
② 中国近代史资料丛刊《戊戌变法》，第2册，426页，上海，上海人民出版社，1957。
③ 中国近代史资料丛刊《洋务运动》，第2册，286页，上海，上海人民出版社，1957。
④ 中国近代史资料丛刊《洋务运动》，第5册，119页，上海，上海人民出版社，1957。
⑤ 李鸿章：《李文忠公全集·奏稿》卷二十之《试办织布局折》，25页，台北，文海出版社，1974。

开始兴办民用企业，矿务局、织布局、铁路局、铁路公司、通讯企业等近代企业如雨后春笋般涌现出来，构成了当时中国资本主义企业的主体。到了洋务运动后期，随着国内矛盾的加深和外国商品的流入，为了改变日益严重的对外贸易逆差，在国内一片"商战"的呼声中，洋务派大力建设铁路、炼钢、纺织等重大项目，并且很多官僚地主在这一时期，以投资者的身份加入洋务事业，带动了一些零星的私营纺织业、火柴业等。与此同时，清政府在经历了中法战争的重创后，于1885年成立总理海军事务衙门，编练了中国第一支近代化的新式海军——北洋舰队，这支参照西方国家海军规则来管理的舰队曾被西方评论为是"目前中国唯一战斗力的一个舰队。同时，它还是中国舰队中最难对付的一个"①。可见，洋务派的视野在不断扩大，洋务运动的内涵已经扩展到军事、经济、商业等各个方面，从而赋予了"中体西用"理论更丰富的内涵，使其具有更强的振兴华夏的民族凝聚力。

三、固守传统、稍变成法——洋务运动中的法律思想

洋务运动的理论基础——"中体西用"，在洋务运动兴盛的三十多年间，不仅成为洋务派的共同口号，而且成为思想界占统治地位的思想潮流。人们把这个论断概括为中学是体、是本、是道，而西学则是末、是用、是器。中西必须结合，但要以中学即中国的传统文化为根本。这种理论投射到法律领域，就是洋务运动的法律思想——"固守传统"、"稍变成法"，即以封建正统法律思想为主干，但对某些不涉及统治阶级根本利益的法律制度，参照西方资本主义的相应法律来进行微量的调适和改良，以服务于洋务事业。这也是洋务派代表人物李鸿章、张之洞等人的法律思想中最为突出的部分。

(一) 固守传统，以求支持

洋务派毫不掩饰对中国传统文化的虔诚，坚持封建卫道士的立场，始终把"传统"、"中学"置于"圣道"的地位，尽管提倡学习西方、稍变成法，但始终不突破传统的堤防。他们认为中国传统文化是远超西方而且不可替代的，李鸿章就曾经指出："中国文武制度，事事远出西人之上，独火器万不能及。"②张之洞也同样发表了很多固守传统的论述，如"君为臣纲，父为子纲，夫为妻纲。所谓道之大原出于天，天不变道亦不变之义本也……此其不可得与民变革者也……圣人之所以为圣人，中国之所以为中国，实在于此。故知君臣之纲，则民权之说不可行也；知父子之纲，则父子同罪免丧废祀之说不可行也；知夫妻之纲，则男女平等之说不可行也"③，这表现出他反对当时维新派的变法主张，维护封建纲常礼教的立场。此外，他还进一步阐述了固守中学传统的思想："中学为内学，西学为外学；中学治身心，西学应世事。不必尽索之于经文，而必不悖于经义。如其心圣人之心，行圣人之行，以孝悌忠信为德，以尊主庇民为政，虽朝运汽机，夕驰铁路，无害为圣人之徒也。"④

正是出于维护封建传统的坚定立场，张之洞反对任何触动伦理纲常和封建统治秩序的法律改革，如他认为清末修订的《刑事民事诉讼法》就有违中国传统礼教，于是坚决予以反

---

① 谢俊美：《政治制度与近代中国》，143页，上海，上海人民出版社，1995。
② 《筹办夷务始末》（同治朝），卷二五，9页，北京，中华书局，1979。
③ 张之洞：《劝学篇》。
④ 张之洞：《劝学篇》。

对。他认为，"盖法律之设，所以纳民于轨物之中，而法律本原判实与经术相表里，其最著者为亲亲之义，男女之别，天经地义，万古不刊。乃阅本法所纂，父子必异财，兄弟必析产，夫妇必分资，甚至妇人女子责令到堂作证，袭西俗财产之制，坏中国名教之防，启男女平等之风，悖圣贤修齐之教，纲沦法败，隐患实深"①。他批判清末修订的《刑事民事诉讼法》中关于允许犯罪者的亲属和罪犯本人分财析产的规定，他强调"中国立教首重亲亲，定律：祖父母、父母在，子孙别立户籍，分异财产者有罚，且列诸十恶内不孝一项之小注"。即使改革或者变法，也要坚持"三纲为中国神圣相传之圣教，礼政之原本，人禽之大防"②。

洋务派固守传统，一方面是由洋务运动领导人的特殊身份及其价值观念所决定的。洋务派的代表曾国藩、李鸿章等，都是位于统治集团上层、享有较大实权的朝廷大员。他们的地位、实权，决定了他们的洋务事业不可能触动清朝统治秩序和传统封建礼教，因此他们保皇室、卫礼教、固守中国传统的纲纪法度和道义准则的立场就显而易见了。另一方面，他们固守传统是为了回应来自封建顽固派对洋务事业的反对和责难。洋务运动刚开始时，固守封建法统、反对任何改革的顽固派生怕洋务运动会破坏旧的封建统治秩序和观念，动摇终古不变的封建礼教，因此对西学、对变法坚决抵制，把西学、变法都视为洪水猛兽，他们对洋务派提出的购买和制造船炮、学习西方科技、办新式学堂、兴办工业和商业等都坚决反对。顽固派借助人们所共同尊奉的封建传统对人心的深厚影响，捍卫传统，排斥西学、抵制变法的论调，的确给洋务派出了一个很大的难题，因为洋务派的代表人物们也是以捍卫封建道统为己任、效命于皇室的臣子和儒家信徒。为了说服自己，同时也说服别人，减轻来自顽固派方面的压力，洋务派只能想方设法寻找一条证明中学与西学、传统与变革没有冲突而且能彼此相容、相辅相成、完美互补的路径，于是他们将"固守传统"作为"稍变成法"的前提，来说明两者的主从关系，表示无论是引进西法和西学，还是稍变成法，都不会丢弃原先的传统。这样洋务派在对抗顽固派的驳难时就显得理直气壮、依据充分了。

（二）稍变成法，以图自强

稍变成法是李鸿章、张之洞等洋务派代表人物的法律思想中最为突出的一部分。李鸿章很早就从儒家古训"穷则变，变则通"中推出结论，"一国法度当随时势为变迁"。他说："易曰：'穷则变，变则通'，盖不变通则战守皆不足恃，而和亦不可久也。"③ 他认为，面对外敌，只有变法。他的变法愿望十分强烈："处今时势，外须和戎，内须变法。若守旧不变，日以削弱，和一国又增一敌矣……今各国一变再变而蒸蒸日上，独中土以守法为兢兢，即败亡灭绝而不悔。"④ 他看到了日本通过变革之路而走向富强，于是在给恭亲王奕䜣的信中强调指出："日本以海外区区小国，尚知及时改辙，然则我中国深惟穷极而通之故，亦可以皇然变计矣。"⑤ 因此他认为要改变中国在国际力量对比中的落后地位，必须改弦更张，不能囿于祖宗成法。

---

① 张之洞：《张文襄公全集·奏议》，卷六九，4704～4705页，台北，文海出版社，1970。
② 陈山榜：《张之洞劝学篇评注·劝学篇序》，3页，大连，大连出版社，1990。
③ 李鸿章：《李文忠公全集·奏稿》，卷二四，12页，台北，文海出版社，1974。
④ 李鸿章：《李文忠公全集·朋僚函稿》，卷一九，43页，台北，文海出版社，1974。
⑤ 《筹办夷务始末》（同治朝），卷二五，49页，北京，中华书局，1979。

"稍变成法"是李鸿章"外须和戎，内须变法"纲领的一部分，也是其十多年兴办洋务事业的经验总结。他主张变法的内容与洋务自强关系密切，主要涉及兵制、官制和科举制度。相比之下，张之洞则从立国之道的角度论证了"稍变成法"的重要性。他指出："立国之道，大要有三：一曰治，二曰富，三曰强。国既治，则贫弱者可以力求富强；国不治，则富强者亦必转为贫弱。整顿中法者，所以为治之具；采用西法者，所以为富强之谋也。"①

李鸿章、张之洞采取了一系列改良性的变法措施，并运用到洋务实践中。如李鸿章在教育事业上，对传统科举制度大胆改革、广开新式学堂提高西学地位、设立洋学堂，培养"通洋务、悉夷情"的新型人才；在用人制度上，在洋务企业里聘用技术高超有本领的洋人，但对涉及国家秘密及重大权益之事，则不让洋人插手；张之洞也积极进行教育改革，参照西方模式建立近代教育体制，鼓励留学；等等。

李鸿章和张之洞在稍变成法的问题上，侧重点有所不同。李鸿章重点在于阐述稍变成法的必要性，同时也涉及翻译西法、培养人才、聘用洋人等问题；张之洞则论证了稍变成法的重要性，并且更加关注改良司法制度，改革刑狱。他在参考西法的基础上，提出了程序和量刑上的许多改良措施，如革除吏役，代以警察、改善监狱条件、建议让罪犯学习生产技能、将某些民事案件的部分徒流刑改成罚金刑，等等。虽然这些措施没有触及清朝刑法与司法制度的本质，只是稍作改良，但仍然体现了晚清法制走向近代化的必然趋势。

四、洋务运动的失败——物质文明的困惑

在西方船坚炮利的推动下，以解决内忧外患的困境为契机、以"中体西用"为理论基础、以"固守传统"、"稍变成法"为法律指导思想、以传播和引进西方机器生产和科学技术为内容的洋务事业，历时三十多年，对中国社会的近代化起了推动作用。它揭开了中国资本主义生产方式的序幕，促进了中国民族资本主义的产生；在一定程度上抵制了外国资本主义的侵略；培养了中国第一批新型知识分子和专业人才。尤其重要的是，在法律上，洋务运动冲破了几千年封建传统法文化的藩篱，开启了中国法律的近代化。

然而洋务运动毕竟还是失败了，它没有使中国走向独立富强的道路。当甲午中日战争时泱泱中华大国竟然败给了一个后来居上的东瀛小国，这引起了朝野上下的震惊。严酷的现实暴露了洋务运动的理论基础——"中体西用"不可克服的缺陷，它注定了一度风光的洋务运动在轰轰烈烈之后，必然走向穷途末路。关于这一点，我们有必要从文化的视野来进行分析。盛行于19世纪后半期的"中体西用"，作为近代中国人对西方文化与传统文化一种最初的整合模式，可以说是中国传统文化走向近代的最初环节，它表面上看是理想的，其实却有着深刻的内在矛盾。

根据文化学的理论，"文化"是有层次的结构体系，不仅包括人们活动的对象化成果，而且包括人们在活动中发挥的主观力量与才能。它不仅指物质生产及其产品，而且还包括精神生产及产品。因此，文化的内涵包括这样三个层面：物质文化（器物文化）、精神文化（观念文化）、介于物质文化与精神文化之间的制度文化。在人类社会发展过程中，物质文明最容易被人感知，它居于文化的表层，看得见，摸得着，它是硬件。所以，当文化走向现代

---

① 李青：《洋务派法律思想与实践的研究》，42页，北京，中国政法大学出版社，2005。

化时，物质文化是最容易现代化的；而精神文化是看不见，摸不着的软件，称为"深层文化"。文化的现代化中，最关键的，也最难的就是观念的现代化，它代表的是人的现代化。所以，要衡量现代化的程度，必须用精神文化的现代化来衡量；居于中间的是"带有物质外壳的文化"，是"看得见，摸不着"的文化，即"制度文化"，所以，它是既硬又软的。它比物质文化的现代化难，比精神文化的现代化容易。

因此，任何一种文化，是由最表层的物质文化、中间层的制度文化和核心层的观念文化所构成的。当两种异质文化发生冲突、碰撞时，首先容易相互接触、变化的是最表层的物质文化，进而发展到制度层面，最后才是精神层面。梁启超曾把这个文化规律用三个阶段来概括，他说："近五十年来，中国人渐渐知道自己的不足了，这点子觉悟，一面算是学问进步的原因，一面也算是学问进步的结果。第一期，先从器物上感觉不足，于是曾国藩、李鸿章一班人，很觉得外国的船坚炮利，确是我们所不及，对于这方面的事项，觉得有舍己从人的必要。于是福建船政学堂、上海制造局等等渐次设立起来。第二期，是从制度上感觉不足。所以拿'变法维新'作一面大旗，在社会上开始运动，那急先锋就是康有为、梁启超一班人。第三期，便是从文化根本上感觉不足。"[①] 按照这一理论，洋务运动刚刚开始时，它是处于两种异质文化融合的第一个时期，也是最低级的层次。洋务运动急于应变西方侵略和本国起义而采取的以引进西方先进船炮为核心的"西学为用"，竟不期而然地符合了异质文化接触、冲突、整合始于物质层面的文化规律。但是，洋务派没有注意到，文化的三个层面应当是一致的、和谐的、彼此相适应的，即"体"和"用"应当是统一的。当表层的物质文化开始西化、变革时，物质的变化必然会引出变更制度的要求，不否定现有的制度，不对"体"进行更新，就无法使文化向前发展，而且会导致文化层的畸形。但洋务派仅仅把西方文化理解为一种"用"，忽视它的制度层面和精神层面，割裂了各个文化层面之间的联系，就不能正确认识和理解西方文化，也就不能正确进行文化选择。"中体西用"从一开始就违背了体用相关、道器一致的规律，企图在保存封建政治制度和伦理纲常的基础上，引进西方的物质文化，并用以维护封建统治的根基，这不能不说是一种巨大的矛盾和极为荒唐的空想，在实际操作中是根本行不通的。虽然洋务派积极的制造船炮，开矿设厂，但西方的器用后面还有许多非器用的东西，两者根本不可能割离。更何况，即使引进了较为先进的机器、装备和工业，但管理制度、政治体制以及整个社会机制都是封建的、古老的、落后的，这就使先进的器物文化很难发挥作用。因此，"中体西用"模式所存在的矛盾是无法调和的，其缺陷是先天性的、无法克服的。它不是近代中西方文化冲突与整合的理性反应模式，更不是符合历史发展趋势的文化价值选择。洋务运动最终失败，其根本原因也在于此。

因此，洋务运动发展到后期时，面临着这样一个两难选择：要么坚持"中体西用"，限制西学的引进，使洋务运动停留在一个低层次的现代化程度上；要么摒弃"中体西用"，扩大西学的内涵，在政治领域和制度层面上推进近代化运动，最终冲破封建传统的那个"体"。可洋务派不可能选择后者，他们的立场和观念决定了他们不能也不愿意改变落后的封建传统制度，他们只能在封建制度的母体上嫁接西方先进物质文化的枝叶，其结果必然造成一种畸

---

① 梁启超：《五十年中国进化概论》，载李华兴、吴嘉勋编：《梁启超选集》，833~834 页，上海，上海人民出版社，1984。

形发展的局面。一手欲取新器，一手仍握旧物；新其貌，而不新其心，这就注定了洋务运动的失败。中国在甲午中日战争中的惨败就是对"中体西用"及以其为理论基础的洋务运动的最残酷的批判和最直接的否定，它说明不触动"中体"，即使移植西方先进的物质文化，也不能使中国向前迈进一步。相比之下，日本成功的例子使人们进一步领悟到，只有像日本那样全方位地吸收西方文化，才能使国家真正强大起来。因此，舍弃中国传统文化在科学技术、政治体制和思想观念三方面的落后性，并加以整体性的变革，使文化的三个层面都能得到革新并彼此和谐，才是中国法文化从传统向现代转型进程中所要解决的课题。

第四节
戊戌维新：变法的尝试及局限性

一、改良派仿行西法的鼓吹——维新运动的先声

"中体西用"内在机理的矛盾导致了中国现代化运动的初始阶段——洋务运动收效甚微，最终失败。洋务派是儒学的信奉者和皇权的守护臣，他们不可能也不愿意探寻西方先进的物质文化所代表的文化价值、制度文明和新式思想，他们只是力图把紧密联系的近代科学技术与资本主义社会制度和思想文化割裂开来，单一的引进科学技术而排斥与其相连的深层文化。他们宁可放弃对"西学"的深入学习，也不愿触动已经远远不能适应时代潮流的"中体"，这就决定了洋务运动是一场低层次的近代文化变革，虽苦心经营三十多年却仍然夭折。

洋务派是一个官僚集团，也是一个结构复杂的群体，他们内部的成员因生活环境和社会经历不同，因而政治立场、知识底蕴、政治法律主张都有较大的差异。这种差异不仅在于对学习西方先进器物文化的广度和深度各不相同，更重要的是对西方资本主义的政治、文化体制方面的认识和主张不同。这种差异在洋务运动时期就已经存在，当时还是洋务派的王韬、郑观应、马建忠、容闳、薛福成、陈炽等人，因较多地接触过资本主义世界，对西方文明有更深刻的认识，他们希望按照资本主义的面貌改造国家，争取独立富强。他们与李鸿章、张之洞、曾国藩、左宗棠、沈葆桢、丁日昌等朝廷大吏相比，思想更为前进，眼光更为敏锐，视野更为开阔。这种差异的存在，以及这种差异所造成的他们对学习西方更清醒更深刻的认识，使得他们在19世纪70年代从洋务阵营中逐步分化出来，以更开明的资产阶级改良派的姿态登上历史舞台。

这批改良派人士早在兴办洋务，充当洋务运动的理论倡导者和积极支持者时，就已经较早地发现了洋务运动实效不明显的问题，王韬就曾对洋务事业表示出尖锐的质疑："机器固有局矣，方言固有馆矣，而何以萎靡不振仍如故也？"① 他们不断检讨问题的症结所在，对洋务运动的模式进行了深刻的反思。在此过程中，他们体察到西方的兴盛与社会制度有着密切的因果关系，西方的政治制度和法律制度比西方的先进科技更能推动社会的前进。于是他们

---

① 王韬：《弢园文录外编》，卷二，《变法自强》（下）。

提出了很多重要的意见，其建策的重心大多集中于仿行西法，改革官制，设立议会等，以改良中国的政治体制和法律制度，把向西方学习的内容从器物文明扩展到制度文明。而这是洋务运动从未涉及过的，也是后面的维新运动准备继起而致力之处。他们的思想是洋务思潮到戊戌维新的过渡形态，从 19 世纪 60 年代末到甲午中日战争期间逐步产生和发展。他们对仿行西法的呼吁，是对魏源和洋务思想的继承和发展，同时也是后来康有为、梁启超变法维新运动的先声。

改良派要求学习西方，实行变法的思想，开启了近代中国追寻西方资产阶级民主法制的思想历程。他们认为中国必须仿行西法，"当今之世，非行西法则无以强兵富国"①。他们的变法思想，与洋务派"固守传统"、"稍变成法"的思想不同。他们突破了正统守旧的陈规陋习，认识到"窃维古今有不易之治理，无不变之法治，理为有生所莫外，法贵因时而制宜也。时至今日，中外交涉为千古未有之创局，遂多千古未有之创举"②。王韬深刻又尖锐地指出中国在世界大势中唯变法才是可行之策。他指出："以时局观之，中外通商之举，将与地球相始终矣！"③ 他针对时局，提出了变更法制的要求："法制者国家所以驭下也，执法牵制，其弊必至视为具文，非法制之不善，实心奉行者无人耳，是以一变而其权不操诸官而操诸吏……今欲振作人才，增重国势，则莫如风历在位，开直言极谏之科。欲防吏弊，扫积偷，则莫如变通新法，行法得人。"④ 陈炽也认为："法之易守者慎守之，实课以守法之效，毋庸见异思迁也；法之当变者力变之，实则以变法之功，毋庸后时而悔也。"⑤ 他们认为只有因时制宜，革故鼎新，才能自强独立。"欲图自强，首在变法。"⑥ 改良派对西方的议会和君主立宪制度也表现出浓厚的兴趣，他们坚信西方强大的原因之一就是议会政治，并且认为君民共主是最适合中国国情的理想政治体制，他们提出要改革封建专制制度，仿行西方政治。虽然他们并没有提出在中国如何设立议院的具体方案，但他们在制度层面上对西方的探索在当时有较大的影响，并且成为康有为等资产阶级维新派的宪政思想源头。

改良派呼吁仿行西法、变法自强的依据是外国变法求强的事实和中国的历史经验。在中国历史上，变法而强盛的例子俯拾即是，"汉初以黄老治，蜀汉以申韩兴"，"闻之吕览，治国无法则乱，守法不变则悖，悖乱不可以持国。世移时易，变法宜矣，譬之若良医，病万变药亦万变，病变而药不变，向之寿民今为殇子矣"⑦。改良派还称，日本因变法而强大，他们用了大量的笔墨，说明日本"大小取法泰西，月异而岁不同"，最终"一变而强"，而越南、缅甸等国却因为不能与时俱变，"其亡不旋踵"⑧。

改良派倡导西学、变从西法的思想，表明了他们敢于向先进的西方寻求救国真理的精神。从科学技术到政治制度，只要是可以促使中国富强的，都可以极力提倡。这就引起了思

---

① 夏东元编：《郑观应集·易言三十六篇本·跋》，上册，167 页，上海，上海人民出版社，1982。

② 《筹办夷务始末》（同治朝），卷一，转引自李青：《洋务派法律思想与实践的研究》，147 页，北京，中国政法大学出版社，2005。

③ 李青：《洋务派法律思想与实践的研究》，147 页，北京，中国政法大学出版社，2005。

④ 《弢园尺牍》，卷七，16 页，北京，中华书局，1959。

⑤ 《庸书外篇·名实》。

⑥ 陈虬：《经世博议》，中国近代史资料丛刊《戊戌变法》，第 1 册，218 页，上海，上海人民出版社，1957。

⑦ 转引自张晋藩：《中国近代社会与法制文明》，138～139 页，北京，中国政法大学出版社，2003。

⑧ 李青：《洋务派法律思想与实践的研究》，148 页，北京，中国政法大学出版社，2005。

想上的巨大震动，为维新思想的进一步发展准备了条件，也为后来的戊戌维新提供了丰富的思想资料。但是，我们也要看到，作为一种刚刚兴起的思潮，改良派仿行西法、变法自强的思想有着明显的局限性。甲午中日战争以前，封建守旧思想还占据着统治地位，改良派的呼声并不强，规模和影响也很有限。从他们的思想本身来看，也有很多不足。他们虽然主张变从西法，但又不能完全摆脱封建主义的精神支柱；他们不敢正面提出反抗外来侵略的主张，也看不到外国资本主义的侵略本质，天真地以为只要中国变法自强了，就可以避免外来侵略；他们虽然对西方君主立宪制流露出向往之意，主张君民共主，并因此与洋务派的思想划清了界限，但他们并不准备实行西方的议会民主制度，也不敢设想变更君主专制。在根深蒂固的爱国忠君思想的捆绑下，他们仍然背负着"君为臣纲"的封建礼教，不敢想象没有皇帝的社会。他们甚至用这种传统习惯力量去指摘西方议会制度中君权过轻的现象，他们绘制的中国式议院蓝图与西方议会模式相比可以说是面目全非：议院不是独立的机构，而是从属于君权的咨询机关，是君主专制政治的小小点缀。但无论如何，改良派仿行西法、变法自强思想的鼓吹，反映了尚处于襁褓中的中国新兴资产阶级的愿望，是甲午中日战争后康梁维新运动的先声。

二、变法强国——维新运动的理想

从 19 世纪 60 年代末到甲午中日战争以前，脱胎于洋务阵营的以王韬、郑观应、马建忠、容闳、薛福成、陈炽为代表的资产阶级早期改良派，在看到西方的强大与其制度和文化有其密切关系后，开始关注西方的政治制度和法律思想，并且通过对洋务事业的深刻反思，提出了仿行西法、变法图强、君民共主等口号，把向西方学习的内容由技术层面扩展到制度层面。但是，这些思想终究不过是纸上工夫，并没有真正落实到社会中。大多数人仍然只是热衷于西方的船坚炮利、格致之学、机器工业，在现代化的道路上停留在最初步伐，对西方的制度和思想并没有充分的关注。直到甲午战争的来临，整个局面才发生根本性的变化。

甲午一战之后，中国惨败于小国日本、马关条约的签订、辽东和台湾的割让等严酷事实使先进知识分子倍感时局危急，也使人们在震惊中把目光由西方的船坚炮利转向日本的迅速崛起。尽管 19 世纪 70 年代以来，日本以出兵台湾、并吞琉球、驻军朝鲜显示了它在明治维新后的强盛气象和雄厚实力，但大多数中国人在关注和忧虑日本的崛起和扩张态势之余，仍然认为日本是区区小国，弹丸岛夷。如今，"天朝上国"居然被"弹丸岛夷"打败，这使中国人心理上感受到极大的刺激，人们在极大的震惊中开始真切地感觉到来自于日本的迫在眉睫的压力、中国的力不从心、形势的极度危急。这迫使人们在痛苦、失落、屈辱中，思考日本强大的根源，焦虑自身的处境，探寻自身的弊病，激活民族精神和爱国热情，进而以一定形式的变革去回应外部的挑战。以康有为、梁启超为代表的资产阶级维新派，就是在这样的背景下登上历史舞台，成为时代的先锋。

早在 1888 年，康有为到北京应试时，鉴于中法战争后，帝国主义侵略势力伸入中国西南边陲，民族危机日趋严重，就怀着强烈的爱国热忱，第一次向清政府上书，请求变法图存，他提出了"变成法、通下情、慎左右"的主张，提倡"及时变法"①。这次上书主要是强

---

① 《康南海自编年谱》，中国近代史资料丛刊《戊戌变法》，第 4 册，120 页，上海，上海人民出版社，1957。

调变法的必要性，尚未提出具体的变法内容。由于受到大臣阻挠，这次上书未能到达光绪手中。此后，他潜心研究儒家经学和西方社会政治学说，并把两者结合起来，写成了《新学伪经考》和《孔子改制考》，奠定了变法维新的理论基础。在这段时间里，他还培养了一批维新骨干，梁启超就是他的得意门生。到了1895年的4月、5月间，在全国反对签订《马关条约》的巨大呼声中，康有为怀着满腔悲愤，联合18省应试举人1 300多人联名上书请愿，痛陈割地赔款的严重后果，说明只有变法才能救国的道理，并提出拒和、迁都、练兵、变法以及富国、养民、教民、设议郎等主张。这就是著名的"公车上书"。他建议光绪帝当机立断，破除旧习，更新大政。并提出四项挽救危机的措施："下诏鼓天下之气；迁都定天下之本；练兵强天下之势；变法成天下之治。"① 在上书的后一部分，康有为特别详细地论述了关于"变法成天下之治"的主张，认为这才是中国的"立国自强之策"，而下诏、迁都、练兵都是"权宜应敌"的策略。而变法着重在"富国"、"养民"、"教民"这三个方面的改革，并主张实行"议郎制"。从这些内容看，康有为这次上书所提出的变法主张，比第一次更系统、更带有资本主义改良的性质，反映出康有为的变法维新思想已经成熟。"公车上书"作为康有为发动和领导的一次群众性爱国运动，标志着一个新阶段的来临。自此，酝酿多年的资产阶级维新思想，转变成为具有实际意义的维新运动。虽然都察院以清政府已经在《马关条约》上签字，无法挽回为理由拒绝接受这次上书，而且由于顽固派的阻挠，它也没有到达光绪皇帝手中，但它初步奠定了康有为在变法维新运动中的领袖地位，是资产阶级登上历史舞台的序幕。它不仅是民族觉醒的标志，也是维新思想从兴起向高涨发展的一座里程碑。

在民族觉醒的同时，维新派对甲午一战进行了更深层次的文化思考。他们从日本变法维新的发展战略中，比早期改良派人士更清醒、更深刻地认识到了洋务运动的缺陷，更从日本的迅速崛起中获得了重要启示。他们批评洋务运动"变法不知本原"，"朝士中即有言西法者，不过称其船坚炮利，制造精奇而已，所采用者不过炮械军兵而已。无人知有学者，更无人知有政者"②。他们以西方现代文明体制为参照系，以日本明治维新的成功为范例，最后得出结论，"日本之所以能骤强之故，其本维何？曰：开制度局，重修会典，大改律例而已"③。按照日本明治维新的范例，康有为界定了变法的内涵："购船置械，可谓之变器，不可谓之变事；设邮使，开矿务，可谓之变政。……日本改定国宪，变法之全体也。"④ 所谓"变法之全体"，即从根本上改变封建政治体制，以资本主义政治体制取而代之，实现由此达彼的质变。维新派认为，这种质变不仅是日本强盛的关键原因，而且是维新派推进现代化变革的根本性目标；变法强国，不仅是日本迅速崛起的实质，而且是维新运动的理想。

维新派从历史进化论出发，认为法律是治国之方，随着国家和时代的发展变化，要不断革除旧法，改革时政，明确提出："变者，天下之公理也。"⑤ "凡法立久则弊生，令行久

---

① 康有为：《上清帝第二书》，中国近代史资料丛刊《戊戌变法》，第2册，131～154页，上海，上海人民出版社，1957。
② 梁启超：《饮冰室合集·戊戌政变记》。
③ 康有为：《日本变政考》，故宫博物院藏本。
④ 康有为：《日本变政考》，故宫博物院藏本。
⑤ 梁启超：《论不变法之害》，中国近代史资料丛刊《戊戌变法》，第3册，18页，上海，上海人民出版社，1957。

则奸起。""奸吏弊窦丛生，至于今日，不稍变通，无以尽利也。"① "法行十年或数十年或百年而必敝，敝而必更求变，天之道也。"② 如果时代已变，却仍然沿用旧法，对国家是有害无利的。维新派指出封建法弊非常严重，"今天下法弊极矣"③，而外国侵略势力又日渐猖狂，形势紧迫，"累卵之危，莫有过此"④。在这种国内法弊丛生、千疮百孔，国外虎伺狼窥、敌国林立的局势下，如不变法，无异于坐以待毙。于是，康有为屡次上书，陈言变法。

维新派还根据对世界各国兴亡史的研究，进一步指出："观大地诸国，皆以变法而强，守旧而亡……观万国之势，能变则全，不变则亡，全变则强，小变仍亡。"⑤ 日本区区小岛能够富强，俄国能够开辟疆域，创霸大地，就是因为师学他国，变法自强。实行变法才能富强，如果恪守旧法，不思变革，就会像波兰、缅甸、土耳其、印度、埃及那样沦为殖民地。因此，中国应当仿效西方资本主义国家，制定能够适应新形势的法律。"今宜采罗马及英美德法日本之律，重定施行。"⑥

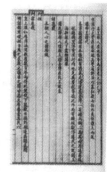

图3—3 记叙康有为上书请愿变法的《公车上书记》书影

摘自蒋廷黻：《中国近代史》，140页，上海，上海古籍出版社，2004。

维新派认为变法必须全面彻底才能收到国富民强的理想效果。康有为就非常反对瞻前顾后、畏缩不前。他明确指出："变或可存，不变则削；全变乃存，小变仍削。"⑦ 梁启超也认为变法必须全面彻底。另外，维新派还认为法律制度无中西之别，西方有的，中国也可以有。变法不必区分中法、西法，只要取之有益，就可以大胆取用。"采西人之意，行中国之法，采西人之法，行中国之意。"⑧ 这就是维新派对中西法律制度的基本态度。

三、君主立宪：维新运动的政治设计

维新派认为变法改制不仅要全面，而且要有重点。而重点就是国家政治法律制度。只有抓住了改革政治体制这一变法之本，变法才能彻底，因此变法要首先从政治法律制度开始。他们要求另立宪法，召开国会，改定法律，实行君主立宪政体。维新派的这种君主立宪观，包括三个层面：一是对封建君主专制的批判和对君主立宪制的垂青；二是对资本主义国家君主立宪制成功范例的肯定；三是他们自己对中国式君主立宪蓝图的设计。

---

① 康有为：《康有为政论集》，69页，北京，中华书局，1981。
② 梁启超：《饮冰室合集·变法通议自序》。
③ 康有为：《康有为政论集》，57～58页，北京，中华书局，1981。
④ 康有为：《康有为政论集》，53～55页，北京，中华书局，1981。
⑤ 康有为：《上清帝第六书》，中国近代史资料丛刊《戊戌变法》，第2册，197～198页，上海，上海人民出版社，1957。
⑥ 康有为：《康有为政论集》，215页，北京，中华书局，1981。
⑦ 康有为：《康有为政论集》，211页，北京，中华书局，1981。
⑧ 梁启超：《饮冰室合集·西政丛书序》。

第一，以康有为为首的维新派追求向往的是君主立宪制，并把建立资产阶级君主立宪制政体作为改良派的纲领。他们把政体分为君主专制政体、君主立宪政体和民主共和政体，并且激烈的批判和攻击封建君主专制制度，他们认为在君主专制政体下，封建皇帝可以恣意妄为，民间疾苦无人问津，封建专制制度成了社会发展的障碍。要想革除因封建君主专制所造成的弊病，根本途径就是逐步推行君主立宪制。而民主共和政体由于尊重人格，崇尚法律，因此前景看好，美国正是民主共和的成功范例。然而，康有为等认为共和政体虽然美好，可中国"民智未开"①，尚不具备民主共和的条件。唯有"君民共主"的君主立宪政体，才能稳定时局，振兴中华。他列举了议会的很多优越性："人皆来自四方，故疾苦无不上闻，政皆出于一堂，故德意无不下达；皆事本于众议，故权奸无所容其私；动皆溢于众听，故中饱无所容其弊；有是三者，故百废并举，以致富强。"② 因此，他希望清政府"上师尧、舜三代，外采东西强国，立行宪法，大开国会，以庶政与国民共之，行三权鼎立之制，则中国之治强，可计日待也"③。

第二，在康有为等维新派进步人士的心目中，日本是中国仿行君主立宪制的榜样。日本明治维新的重要经验是："其条理虽多，其大端则不外于大誓群臣以定国是，立制度局以议宪法，超擢草茅以备顾问，纡尊降贵以通下情，多派游学以通新学，改朔易服以易人心数者。"④ 并称这六大端是"维新自强之大基"，"存亡强弱第一关键"。这里需要指出的是，康有为出于中国变法的迫切需要，尤其是君主立宪的迫切需要，在概括日本明治维新的经验时，把有些内容作了改动，因此这里的表述与真正的日本明治维新史实有差异。

第三，维新派设计了中国的立宪方案。他们将其中的"立制度局以议宪法，超擢草茅以备顾问，纡尊降贵以通下情"等内容具体化为政治改革方案，并建议光绪帝确定下来。该方案的主要内容是：第一，"下诏求言"。即"破除雍蔽，罢去忌讳，许天下言事人到午门递折，令御史轮班监收，谓之上书处"⑤。第二，"开门集议"。即在中央和地方设置"议郎"（议员），组成议会，以通下情。第三，"开馆顾问"，即"请皇上大开便殿，广陈图书，每日办事之暇，以一时亲临燕坐，顾问之员，轮十二员分班侍值，皇上翻阅图书，随宜启问，访以中外之故，古今之宜，经义之精，民间之苦，吏治之弊，地方之情，或霁威下易坐，或茶果颁食，令尽所知能，无有讳避"⑥。第四，"设报达聪"，即开报馆，并翻译外国著名大报，使皇上可周知四海。第五，"开府辟士"。即"令开幕府，略置官级，听其辟士，督抚县令皆仿此制，其有事效，同升之公，庶几宰府多才，可助谋议"⑦。

① 《新民丛报》第 5 期，《辛亥革命前十年间时论选集》，第一卷，上册，174 页，北京，三联书店，1960。

② 康有为：《上清帝第四书》，中国近代史资料丛刊《戊戌变法》，第 2 册，176 页，上海，上海人民出版社，1957。

③ 康有为：《请定立宪开国会折》，中国近代史资料丛刊《戊戌变法》，第 2 册，236 页，上海，上海人民出版社，1957。

④ 康有为：《日本变政考·跋》，故宫博物院藏本。

⑤ 康有为：《上清帝第四书》，中国近代史资料丛刊《戊戌变法》，第 2 册，184 页，上海，上海人民出版社，1957。

⑥ 康有为：《上清帝第四书》，中国近代史资料丛刊《戊戌变法》，第 2 册，184 页，上海，上海人民出版社，1957。

⑦ 康有为：《上清帝第四书》，中国近代史资料丛刊《戊戌变法》，第 2 册，185 页，上海，上海人民出版社，1957。

　　显然，这五大措施都是主要为了通下情，以便于君主裁决。可见在维新派的立宪蓝图里，君权仍然是至高无上的。他们所坚持的是以君权为主的君主立宪制，民权依附于君权。而这正是从日本的君主立宪制中学来的。日本在 1889 年的《大日本帝国宪法》中，就对天皇的权力进行了严格的保障："大日本帝国由万世一系之天皇统治"；"天皇神圣不可侵犯"；"天皇乃国家之元首，总揽统治权，并依宪法各条之规定行使之"；等等。[①]

　　以康有为为首的维新派描绘了一幅美好的君主立宪政治理想蓝图，并且著书立说，积极宣传。可在戊戌变法的高潮——百日维新期间，却并未见诸执行。原因主要有两个方面。第一，光绪皇帝作为中国的封建皇帝，他最关心的还是皇权，因此他对开国会、定宪法并没有多大的兴趣，即使有，也是出于维护皇权、巩固封建统治的需要。他在《振兴庶务兼采西法诏》中说："今将变法之意布告天下，使为百姓咸喻朕心，共知其君之可恃，上下同心，以成新政，以强中国，朕不胜厚望。"[②] 光绪帝在这里所强调的是"咸喻朕心，共知其君之可恃"，即是皇权而不是民权。戊戌时期，张之洞等进呈《劝学篇》给光绪，指出封建纲常不可动摇，封建制度更不可改变，而提倡民权是荒唐的，他认为，"方今中华，诚非雄强，然百姓尚能自安其业者，由朝廷之法维系之也。使民权之说一倡，愚民必喜，乱民必作，纪纲不行，大乱四起，倡此议者，岂得独安独活？且必将动掠市镇，焚毁教堂，吾恐外洋各国，必借保护之名，兵船陆军，深入占据，全局拱手而属他人，是民权之说，固敌人之所愿闻者矣。"[③] 光绪读后，不愿放权的想法更为坚定，并且对《劝学篇》大为赞赏，令各地广为刊印。第二，维新派虽然主张在中国建立君主立宪制政体，但又强调在戊戌时期条件还不成熟，不宜速开议院。梁启超认为："凡国必风气已开，文学已盛，民智已成，乃可设议院。今日而开议院，取乱之道也。故强国以议院为本。"[④] 康有为在《日本变政考》中，更为具体的说明："民选议院之良制，泰西各国之成法，而日本维新之始基也。"但他认为开议院的前提是兴学校以开明智，如学校未成，智识未开，而立即开议院，则是取乱之道。"学校既成，智识既开，而犹禁议会者，害治之势也。"[⑤] 康有为认为当时中国的民智未开，尚不具备开设议院的条件。因此，他认为议院制度虽然在西方盛行，但在中国暂时不可行。谭嗣同也有类似观点："议院者民智已开以后之事也，界限不可不清也。且其权操之国家即行议行，苟民智不开，议者何人？"[⑥] 可见，维新派口中的君主立宪政治体制只是以传播观念为主，并未真正实施。与 20 世纪初的清末立宪相比，这还只是中国争取立宪的初级阶段。它为 20 世纪初的清末立宪运动奠定了思想基础。

四、百日维新：变法的尝试

　　自从 1895 年康有为等维新派发动公车上书后，维新思潮迅速高涨。康有为一面连续上

　　①　参见王晓秋：《戊戌维新与近代中国的改革》，73 页，北京，社会科学文献出版社，2000。

　　②　《清实录·德宗景皇帝实录》，卷四二一。

　　③　张之洞：《劝学篇》，中国近代史资料丛刊《戊戌变法》，第 2 册，223～224 页，上海，上海人民出版社，1957。

　　④　梁启超：《饮冰室合集·古议院考》。

　　⑤　康有为：《日本变政考》，故宫博物院藏本。

　　⑥　《南学会问答》，载《湘报》第 15 号，转引自王晓秋：《戊戌维新与近代中国的改革》，76 页，北京，社会科学文献出版社，2000。

书光绪皇帝，要求变法，一面成立学会，发行报刊，创办学堂，呼吁变法维新，培养变法人才，使变法强国成为一股不可抗拒的时代洪流。1897 年 11 月，德国强占胶州湾，帝国主义列强掀起瓜分中国的狂潮。康有为再次从南方来到北京，第五次上书光绪帝，强烈要求变法，从此变法运动进入全面高涨时期。随着康有为的不断上书和维新派宣传鼓动工作的加强，维新派得到了光绪皇帝的同情以及一部分官僚士大夫的帮助。恰逢 1898 年 5 月一向反对变法的恭亲王奕䜣病逝，从而使变法维新少了一层障碍。维新派以此为契机，催促光绪帝立即变法。面对维新派和一部分官员的迫切要求，希望通过变法从慈禧太后手中获取实权并且挽救甲午中日战争后清朝统治危机的光绪帝终于决心采纳维新派建议，于 1898 年 6 月 11 日颁布了《明定国事诏》，开始变法，实施新政，这份诏书是宣布开始维新变法的政治宣言，从它的颁布到 9 月 21 日发生政变，维新失败，共 103 天，史称"百日维新"。

百日维新期间颁发的新政诏书、谕令共有二百多道，归纳起来，主要内容有以下方面。其一，在政治方面：广开言路，准许大小臣民上书言事，不得阻挠，并且鼓励创办报纸；广举各类人才，诏选宗室王公游历各国，考察各国政治经济情况；裁撤詹事府、通政司等闲散部门，归并内阁及礼部、兵部、刑部办理，撤销督抚同城的湖北、广东、云南三省巡抚；澄清吏治，提倡廉正作风；准许旗人自谋生计，取消靠国家供养的特权。其二，在经济方面：保护及奖励工商业，京师设农工商总局，各省设商务局、商会、商报，讲求商务；注重农业发展，建立新式农场；修筑铁路，开采矿藏；奖励科学发明和创造；改革财政，编制预决算，整顿厘金、漕运。其三，在文化教育方面：废除八股取士制度，改试策论，开经济特科；提倡西学，改书院为新式学堂或者专门学堂；鼓励翻译外国新书，上海设立译书局，培养翻译人才；各省选派留学生出国留学；广办邮政，裁撤驿站。其四，在军事方面：裁汰绿营练勇，各省军队一律改练洋操。仿照西洋兵制更定八旗章程，改刀矛旧器为新式枪炮武器；严查保甲，实行团练；筹建海军，扩大水师学堂，培养海军人才。

"百日维新"是维新运动的顶峰，是康有为等资产阶级维新派几年来努力宣传的结果。从这些诏令的内容看，维新涉及政治、经济、军事、文教等各方面，范围很广。在当时的中国，这些措施都是进步的，同时也表现了维新派的进取精神和爱国思想。但这次改革也有很大的局限性。维新派的本意是想通过这次维新运动达到救亡图存、发展资本主义、建立君主立宪的目的，然而光绪帝所颁布的新政诏令和维新派变法的建议却相差甚远：维新派奔走呼号、梦寐以求的君主立宪政体，光绪帝因受制于慈禧太后为首的顽固派，并且他本身也对开放民权有所疑虑，因此在诏旨中只字未提，更从未实施；康有为再三强调要设的制度局，也没有消息；维新派为了发展中国的资本主义，建议"废漕运"、"裁厘金"，光绪帝未予采纳；维新运动没有触动封建统治基础——封建土地制度；由于中央和地方顽固派的阻挠，新政法令除了京师大学堂外，基本上都是一纸空文。

"百日维新"是中国民族资产阶级走上历史舞台，试图挽救民族危机，变法图强的第一次尝试。在变法运动中，维新派倡导西学，办报立会，批判封建文化思想，使人们打开眼界，为闭塞的中国社会吹进了新鲜的空气，并且在一定程度上冲击了封建主义思想，为后继人士的民主革命运动扫除了一些困难。从这个意义上讲，"百日维新"是近代民主革命前一个重要的准备阶段。但是，"百日维新"最终还是不幸失败了，即使在维新运动期间，很多措施也并没有实施到位，康有为等维新派的很多建议，尤其是对君主立宪的理想设计没有得到一丝一毫的实现。究其原因，就要结合当时的客观历史条件和维新派的主观心理状态，来探究维新运动失败的原因和教训。

我们应当看到，中国的"百日维新"是一场在敌强我弱、力量对比异常悬殊的形势下发生的。中国是世界上受封建主义统治最久远的国家之一，封建势力已经统治中国两千多年，盘根错节，无孔不入。封建势力的强大可以从以下几个方面来分析：其一，从经济基础来看，中国历史上长期以来以小农业和家庭手工业相结合的自然经济结构，对商品经济有一种天然的抗拒力，中国的封建经济在封建统治阶级"重农抑商"的政策下巩固和发展起来，并且很难瓦解。其二，从政治体制看，中国封建统治阶级在两千多年里积累了丰富的经验，建立了一整套极为严密、完备、庞大的封建政治制度和官僚机构；其三，从思想文化看，以纲常名教为核心的封建道德伦理观念和封建主义意识形态，渗透到中国社会生活的各个角落，深深地毒害、麻痹着知识分子和劳动人民。因此，中国始终处于封建主义的大牢笼中，对外面的世界一无所知。而力量如此强大牢固的中国封建统治者，出于维护自身统治利益的本能，始终顽固地抗拒着世界上的一切变化。他们不仅对近代资本主义文明和一切进步事物都顽固仇视和坚决抵抗，而且对中国社会任何一点微小的变革，哪怕是洋务运动那种费尽心机保存中国旧制度的移花接术式的低级改革也绝不允许。当资产阶级维新派登上历史舞台时，他们的对手就是这样有着悠久的统治历史、丰富的执政经验、顽固的保守立场的封建统治集团。维新运动要发展资本主义，变法图强，必然会遭受到它竭尽全力的反扑。"在阶级力量对比悬殊的情况下，改革措施越激烈，失败得也就越快，好比以卵击石，用力越猛，粉碎得越快。"① 从这个意义上说，维新运动的失败具有必然性。

与封建统治集团的强大相对应的，却是刚上台的民族资产阶级的薄弱。中国资本主义自从19世纪六七十年代诞生以来就步履艰难。中日甲午战争以后，资本主义只是有了微小的发展，据统计，"自1872年至1898年，新开办的商办工矿企业才105家左右，资本总额1 660余万元（官商合办、中外合办者，未计在内）"②。这些微弱的资本，在整个中国国民经济汪洋中可谓杯水车薪，微乎其微。经济基础的薄弱必然导致政治力量的薄弱。当时以康有为为首的维新派，手中一无军队，二无实权，和强大的封建顽固势力相比，阶级力量对比相当悬殊。维新派根本没有任何砝码与拼死反对变法的封建反动势力相抗衡。在这样的情况下，维新派只能把希望寄托在没有实权的光绪帝身上，幻想依靠一个软弱无能的傀儡皇帝，通过自上而下的改革来完成他们的维新理想。而光绪的势单力薄，以及他作为一个封建皇帝对放开民权、设立议院、议行宪法等政治改革的本能排斥，使得这一场维新派原本意图实行君主立宪的根本触动封建势力利益的资本主义变革，沦为一场与维新派的政治目标相去甚远、完全没有触动政治体制改革的局部改良。光绪帝能够痛下决心变法，不是因为他有多么远大的政治眼光和多么激进的变法愿望，而是主要因为支持变法有利于他从太后手中夺取统治实权，并且能够缓和当时国内因甲午战争、内忧外患所造成的尖锐阶级矛盾。光绪的主要目的，还是在于通过变法，得到实权并挽救清朝统治的危机。在这样的心态下，光绪帝的变法新政与维新派的变法建议在政治层面差异甚远，只提到练兵和兴学，并未涉及政治改革和

---

① 刘振岚：《戊戌维新运动专题研究》，398页，北京，首都师范大学出版社，1999。
② 严中平：《中国近代经济史统计资料选择辑》，93页，北京，科学出版社，1955。

君主立宪，也是很自然的事情了。

值得一提的是，由于维新派代表着资产阶级上层和开明士绅的利益，有些维新人士还是从地主、官僚、商人分化出来，他们与封建势力还有千丝万缕的联系，因此他们在客观条件上没有力量摧毁封建势力，主观心态上也不愿意并且不敢彻底反对封建主义。比如，从维新派的理论根据来说，他们曾利用康有为的"孔子改制"和"公羊三世"说来攻击宋明理学，打击顽固守旧分子，但可笑的是，他们要进行资产阶级性质的改革，其思想武器却是被历代封建统治者奉为圣人的孔子。他们把孔子装扮成维新变法的祖师爷，"托古改制"，给维新运动挂上"孔圣人"的招牌，借孔子的亡灵来减少改革的阻力，帮助维新派推行变法。维新派要改封建之"制"，却又托封建之"古"，这不能不说是一个奇怪的矛盾，也暴露出手无寸铁的维新派与封建势力的丝丝相连以及他们面对封建势力时的软弱无力。

概括而言，阶级力量对比的悬殊、光绪作为封建皇帝的立场、维新派与封建势力的联系，这些主客观因素造成了维新派没有力量也不愿意彻底改变封建制度，他们虽然主张向西方学习，但又不能摆脱封建势力的绳索，最终使得一场梦想中的资本主义改革变成了一场在不根本动摇封建专制制度基础上的局部改良活动。而当时的封建顽固势力是阻碍社会前进的最反动的势力之一，不推翻这个势力，中国是无法前进的，更不可能使中国近代文化得以发展。因此，虽然维新派比洋务派在对西方文化的认识上前进了一步，他们已经认识到仅仅学习西方的器物文化是没有用的，要想使中国走上国强民富的道路，就必须仿行西法，改革官制，设立议会等，以改良中国的政治体制和法律制度，把向西方学习的内容从器物文化扩展到制度文化。但在实际运作中，维新派不能也不敢根本否定封建专制，他们不可能正面触动"中体"，只能在中国封建统治制度这个"体"的基础上进行一些资本主义的改良，这就决定了他们不可能使文化的三个层面得到和谐的发展，也注定了他们的"百日维新"最终失败。同样是向西方学习，为建立君主立宪制度的资产阶级国家而进行的改革，日本明治维新取得了成功，使日本成为亚洲唯一的资本主义强国；而中国的戊戌维新却昙花一现，沦为泡影，根源正在于此。[①]

第五节
师夷变法：中国的抉择

一、日俄战争——政制的抉择

戊戌维新的夭折使维新派提出的君主立宪主张没有得到发挥，但是却在思想界打开了一扇窗户，西方资产阶级社会思想开始广泛传播，到了 20 世纪初，民族资本主义的初步发展、新式教育和留学运动的蓬勃兴起、资产阶级知识分子群体的频繁出现、西方资本主义学说的大量涌入，使得立宪思想逐步兴盛起来。立宪宣传不断进行，立宪呼声越来越高。1901 年，

---

① 有关戊戌维新与明治维新的比较，请参见王晓秋、尚小明：《戊戌维新与清末新政》，127～139 页，北京，北京大学出版社，1998；刘振岚：《戊戌维新运动专题研究》，398～440 页，北京，首都师范大学出版社，1999。

清政府为了适应帝国主义的需要，缓和国内矛盾，维持其摇摇欲坠的封建统治，宣布实行"新政"，新政的举措很多，但其本质是保持封建制度和礼教不变，只改变某些具体政策法令。中国真正开始宪政运动，是 1904 年至 1905 年日俄战争之后进行的。当时的日俄战争，给正在兴起的立宪思想以巨大的推动。"吾国立宪之主因，发生于外界者，为日俄战争，其发生于内部者，则革命之流行，亦有力者也。二主因之外，则疆吏之陈请，人民之请愿，皆立宪发动之主因。"①

日俄战争的爆发，起因于《辛丑条约》签订后，帝国主义在加紧侵略中国的同时，彼此之间展开了激烈的争夺。俄国在东北的侵略活动，遭到其他帝国主义尤其是日本的反对。日本早有夺取中国东北的野心，因此与俄国的矛盾激化。1904 年 2 月 6 日，日本不宣而战，突然袭击俄国在旅顺的舰队，日俄战争爆发。这场战争是日本与俄国为争夺中国东北及朝鲜的霸权而爆发的，腐朽的清政府却慑于列强的胁迫宣布局部中立，坐视日俄两国在中国领土上厮杀，使当地人民蒙受了巨大的灾难。这场战争到 1905 年 9 月，以俄国的失败而告终，双方订立了《朴茨茅斯和约》，重新分割了日俄两国在中国东北及朝鲜的侵略权益，将中国东北的南部变成日本的势力范围，俄国则继续占据东北的北部。

早在日俄战争爆发之时，中国朝野上下就对这场战争谁胜谁负深为关注。几乎所有的报刊都在报导和评论这场战争。很多人认为，日本的国土只占俄国的 1/50，人口只占俄国的 1/3，战时海陆军也只占俄国的 1/5，以小敌大，以寡敌众，按常理是肯定失败的。但是，也有人认为，"若以两国之内容论，则俄国为专制，日本为立宪；俄国民党皆非战，日本民党皆主战；俄国平民社会悉以革命爆发之心齐向君主，日本平民社会皆以牺牲国家之心齐向外敌……故日本又较俄国为优，鹿死谁手尚须拭目以待"②。但人们又十分盼望立宪的日本能战胜专制的俄国，以此证明立宪政体的优越性，从而使中国走向立宪。③ 在战争结束前，梁启超也撰文指出："自此次战役，为专制国与自由国优劣之试验场，其刺激于顽固之眼帘者，未始不有力也。"④ 可见，以梁启超为首的立宪派把这场战争视为立宪与专制之间的决斗，并期望日本能够击败俄国，为他们要求在中国实行君主立宪的政治主张提供一个有力的佐证。

战争结束，果然如梁启超所料，日本战胜了俄国。国内外舆论在震惊之余，一致认为这是立宪政体战胜专制政体的最好铁证，立宪派要求立宪的信念益坚，并借此更积极地大造舆论。有报纸评论："彼俄之见衄于日也，非俄败于日也，乃专制国之败于立宪国也。"⑤ 中国近代君主立宪的著名代表、江苏名士张謇当时也说："日俄之胜负，立宪专制之胜负也。今全球完全专制之国谁乎？一专制当众立宪尚可倖乎？……日本伊藤、板垣诸人，共成宪法，魏然成尊主庇民之大绩，特命好耳。"⑥ 当时的《时报》要求清政府效法日本，走明治维新的

　　① 中国近代史资料丛刊《辛亥革命》，第 4 册，4 页，上海，上海人民出版社，1957。

　　② 主父：《日俄战争之将来》，转引自吴雁南等：《清末社会思潮》，259 页，福州，福建人民出版社，1990。

　　③ 参见《论中国前途有可望之机》，载《东方杂志》，第 1 卷第 3 期。

　　④ 《新民丛报》第 62 期，载张枬、王忍之：《辛亥革命十年前间时论选集》，第 2 卷，下册，21 页，北京，三联书店，1960。

　　⑤ 《论立宪为万事之根本》，载《东方杂志》，第 2 卷第 10 期。

　　⑥ 罗志渊：《近代中国法制演变研究》，130 页，台北，正中书局，1966。

道路，"先行下诏，期以十年立宪"①。

日俄战争及日本的以小胜大，给中国新的知识分子阶层以巨大的刺激和深刻的影响，它使立宪救国的社会思想蓬勃兴起。"到了光绪三十年（1904 年）俄败于日后，中国一般知识分子阶级乃群信专制政体国之不能自强。日本之以小国战胜大国，一般人俱认为立宪的结果。由是颁布宪法，召集国会，成为社会热烈的呼声。"② "立宪"与往日的"维新"一样，成为中国知识分子的口头禅。当时有人这样记述日俄战争对中国立宪思想兴起的影响："自甲午以至戊戌，变法之论虽甚盛，然尚未有昌言立宪者。政变以后，革新之机，遏绝于上而萌发于下，有志之士，翻译欧美及日本之政治书籍，研究其宪法者众。甲辰，日俄战争起，论者以此为立宪专制二政体之战争。日胜俄败，俄国人民，群起而为立宪之要求，土波诸国，又闻风兴起。吾国之立宪论，乃亦勃发于此时。"③ 这是比较符合历史的记述。

日俄战争的爆发及日本的胜利，极大地推动了 20 世纪初中国立宪思想的兴起。当时，要求实行宪政开始成为立宪派全国性的呼声。《时报》、《中外日报》、《大公报》、《东方杂志》、《新民丛报》等都成为鼓吹宪政的重要阵地。"舆论既盛，朝议亦不能不与为转移。"④ 清政府不能再照旧统治下去了，它必须考虑实施宪政，以巩固自己的统治。

二、师夷变法——中国的思想抉择

如果说日俄战争对中国清末制宪起了突破作用，那么在此前中国收回领事裁判权的希望，就成为中国政府改造旧法、缔造新的法律体系的历史性契机。在这一契机之下，以日俄战争为突破口，中国开始了师夷变法的道路。

1840 年英国政府发动的鸦片战争以及其后西方列强对中国的全面侵略，引起中国社会政治、经济、文化等各方面的深刻巨变。在法律领域，这种深刻巨变的表现之一就是 1843 年清末外国在华领事裁判权的确立，它不仅是中国司法制度半殖民化的标志，也是 1901 年后清政府在内忧外患的危急形势下启动的清末变法改革的直接原因。对清末领事裁判权的历史作一番实事求是地研讨，实为了解中国近代变法修律的必不可少的重要环节。

所谓"外国在华领事裁判权"，乃是以英国为首的西方列强在强迫中国与之订立的不平等条约中规定的一种司法特权。依照这种特权，凡在中国享有领事裁判权的国家，其在中国的侨民不受中国法律的管辖，不论其发生何种违背中国法律的违法或犯罪行为，或成为民事刑事诉讼当事人时，中国司法机关无权裁判，只能由该国领事，或由其设在中国的司法机构依据其本国法律裁判。故领事裁判权也称"治外法权"⑤。它正式确立于 1843 年 7 月 22 日在香港公布的《中英五口通商章程及其附则》及随后签订的《中英五口通商附粘善后条款》

---

① 《立宪平议》，《时报》1904 年 9 月 27 日。转引自吴雁南等：《清末社会思潮》，260 页，福州，福建人民出版社，1990。

② 王世杰、钱端升：《比较宪法》，345 页，北京，中国政法大学出版社，1997。

③ 伧父：《立宪运动之进行》，载《东方杂志》，第 9 卷第 7 期，中国近代史资料丛刊《辛亥革命》，第 4 册，3～4 页，上海，上海人民出版社，1957。

④ 中国近代史资料丛刊《辛亥革命》，第 4 册，10 页，上海，上海人民出版社，1957。

⑤ 曾宪义主编：《中国法制史》，259 页，北京，中国人民大学出版社，2000。

（即《虎门条约》）。①

领事裁判权的确立，给中国带来了长期的、深刻的、多方面的负面影响。一方面，从1843年到1943年外国在华领事裁判权存续的一百年中，治外法权成为以英国为首的、自称文明之邦的西方列强在中国逞凶肆虐、杀人越货，横行无忌的护身符，在中国领地不可思议地出现了"外人不受中国之刑章，而华人反就外国之裁判"②的奇怪现象。另一方面，除了对中国司法主权的践踏、对外国罪犯的庇护、对中国人民利益的侵害之外，它也给清政府带来了难以吞咽的苦果。最令清政府揪心的是，它直接危害了清王朝的统治权。由于领事裁判权的存在，不受清王朝法权管辖的各通商口岸的租界，成为爱国人士，尤其是康有为、梁启超等改良派和孙中山先生领导的革命派的言论之地。对此，清王朝愤怒不已却又束手无策。清王朝封建统治者的这种心境，在著名的1903年上海苏报案中表露无遗。③

清王朝统治地位的岌岌可危，统治者的忧患意识，使得领事裁判权问题成为清朝统治者拂之不去的一块心病。而在1902年清政府对外续订商约时，英、美、日、葡四国又对中国发出了迷人的诱惑，四国声称：如果中国能整顿本国法律使与各西国律例改同一律，他们即允弃其治外法权，"中国深欲整顿本国律以期与各西国律例改同一律，英国允愿尽力协助以成此举，一俟查悉中国律例情形，及其审断办法，及一切相关事宜皆臻妥善，英国即允弃其治外法权"④。由此，回收领事裁判权成了清政府变法修律最重要的动因。诚如沈家本所言：

"夫西国首重法权，随一国之疆域为界限，甲国之人侨寓乙国，即受乙国之裁判，乃独于中国不受裁判，转予我以不仁之名，此亟当幡然变计者也。方今改订商约，英、美、日、葡四国，均允中国修订法律，首先收回治外法权，实变法自强之枢纽。臣等奉命考订法律，恭译谕旨，原以墨守旧章，授外人以口实，不如酌加甄采，可默收长驾远驭之效。"⑤

穷途末路、强国无术的清政府对列强的诱惑深信不疑，昔日，在列强的逼迫之下不得不给予洋人的领事裁判权，假如能通过修订律例而一朝收回，清政府不仅可以统一法权，减少外人干涉，压制租界内的反清活动，还可以雪洗卖国朝廷的恶名。于是慈禧太后颁布了变法上谕："现在通商交涉事宜繁多，著派沈家本、伍廷芳，将一切现行律例，按照交涉情形，参酌各国法律，悉心考订，妥为拟议，务期中外通行，有裨治理。"⑥

这样，清政府在极端被动的情形下被迫以收回领事裁判权从而稳固统治为动力，选择了师夷变法的道路。清末变法修律的主持者和领袖沈家本在主持修订法律期间，始终坚持"参考古今，博稽中外"⑦的修律原则。他对近代西方资产阶级法学理论极为赞叹："其学说之嬗

---

① 有关这两个条约中的领事裁判权规定，参见王铁崖：《中外旧约章汇编》，第一册，42页，北京，生活·读书·新知三联书店，1957。

② 张晋藩：《中国法律的传统与近代转型》，354～355页，北京，法律出版社，1997。

③ 有关上海苏报案，参见李启成：《领事裁判权制度与晚清司法改革之肇端》，载《比较法研究》，2003（4）。

④ 《辛丑和约订立以后的商约谈判》，137～139页，转引自李贵连：《沈家本传》，181页，北京，法律出版社，2000。

⑤ 沈家本：《奏请变通现行律例内重法数端折》，载《大清法规大全·法律部》，卷三，1741页。

⑥ 《大清法规大全·法律部》卷首，1659页。

⑦ 沈家本：《历代刑法考》。

衍推明，法理专而能精，流风余韵，东浙三岛，何其盛也！"① 西方法学著作之丰富，"吾国不能多见"②。日本明治维新以后积极学习西方法学理论和研究西方法律制度，因此日本法学界也是"名流辈出，著述日富"③。沈家本以此说明西方法学确有可学之处。他认为西方资本主义国家的法律较之中国的封建旧律更为文明和进步，应该"取人之长以补吾之短"，为了使修律能够符合清末统治阶级的需要，沈家本明确提出："我法之不善者，当去之。当去而不去，是之为悖。彼法之善者，当取之。当取而不取，是之为愚。"④ 沈家本主持的法律改革，就是在全盘引进西方国家立法的基础上进行的。例如，沈家本吸收近代西方资产阶级古典刑法学派进步的轻刑思想，将旧律中的笞、杖、徒、流、死五刑，改为死刑、无期徒刑、有期徒刑、拘役、罚金；面对"欧美刑法，备极简单"，而旧律死罪条目繁多的差距，在新刑律中酌减死罪条目，执行死刑唯一。沈家本希望中国效法西方的法治，以轻刑治国，他说："刑法乃国家惩戒之具，非私人报复之端，若欲就犯罪的手段以分刑法之轻重，是不过私人报复之心，而绝非国家惩戒之意"⑤，从主观上否定了"以刑为泄忿之方"的封建刑法的报复性和随意性。沈家本还以西方法无明文规定不为罪的原则，废除了旧律中援引比附的制度，提倡实行惩治教育。沈家本对于西方权力分治的阐述，其用意不仅在于改革晚清的司法，也是向晚清的预备立宪进言。他说："近今泰西政事，纯以法治，三权分立，互相维持。其学说之嬗衍推明，法理专而能精，流风余韵，东浙三岛，何其盛也！"⑥ 他认为："东西各国宪政之萌芽，俱本于司法之独立"，"司法独立，为异日宪政之根基"⑦。他认为，清朝的官制"以行政而兼司法"，不符合清末立宪的要求，他根据司法独立的原则，积极营建审判独立的司法制度，在其主持制定的《法院编制法》中，明确规定各审判衙门"独立执行司法权"，行政主官及检察官"不得干涉推事之审判"。

清末的师夷变法和修律活动开始后，一系列以西方法律为模子的法律文件，如宪法、刑法、民法、商法、诉讼法等各部门的法律法规案都相继出台甚至有一部能够得以实施，这一切在客观上推动了中国法律近代化的进程。虽然清末法律变革的功利性动机值得推敲⑧，"从政治现代化的角度看，无论是光绪还是慈禧都算不上是现代化的领导者的代表，他们没有明确的现代化目标和必要的眼界与知识，改革在他们那里与其说是为了某种理想，不如说是为了解决某种问题，巩固地位（尤其是慈禧，还做了大量不符合现代化方向却适合当时政治格局需要的安排），但在结果上却不幸符合了现代化的潮流，因为他们无意间败坏了旧体制，客观上为创立新体制提供了理由"⑨。清末法制的变革及现代法律精神原则的初步确立，

---

① 沈家本：《历代刑法考》。
② 沈家本：《历代刑法考》。
③ 沈家本：《历代刑法考》。
④ 沈家本：《历代刑法考》。
⑤ 沈家本：《寄簃文存》，第六卷。
⑥ 沈家本：《历代刑法考》。
⑦ 故宫博物院明清档案部编：《清末筹备立宪档案史料》，下册，827~843页，北京，中华书局，1979。
⑧ 有学者认为，中国法律近代化的功利性表现极为突出，它从一开始就以收回法权为直接目的，以外国人的满意为价值标准，法律的"先进性"受到渲染，而法律自身的社会适应性注重不够。详见曹全来：《国际化与本土化——中国近代法律体系的形成》（法史论丛），186页，北京，北京大学出版社，2005。
⑨ ［美］沃拉：《中国：前现代化的阵痛》，中译本序，3页，沈阳，辽宁人民出版社，1989。

使近代中国跨出了中国法律近代化的第一步。

领事裁判权作为推进中国法制现代化的外部动力，其作用主要表现为：第一，领事裁判权来自中国社会的外部，是对司法权从属于君权的否定，打破了祖宗成法不可变的传统教条，冲击了传统司法制度，从而迫使中国传统法制改变走向。正如沈家本所述："国家既有独立体统，即有独立法权，法权向随领地以为范围。独对于我国籍口司法制度未能完善，予领事裁判之权，英规于前，德踵于后，日本更大开法院于祖宗发祥之地，主权日削，后患方长。此悬于时局不能不改也。"① 第二，领事裁判权体现着外力推进法制变革的典型方式，具有内在的扩张力。又由于它代表了整套全新的法律文化价值体系，其制度原则适应了中国近现代变化了的经济政治结构的要求，因而，其异质嵌入以及不断发展的过程引发了中国法制的全面变革。正如罗兹曼所说："对于摇摇欲坠而又在推行重大改革方面犹豫不决的清王朝来说，外来冲击的政治后果毫无疑问是灾难性的。但外来冲击又把现代化的榜样摆到了中国人的面前，给中国人为现代化奋斗提供了长期性的推动力，终于在 20 世纪初导致了翻天覆地的十年，把以往从外界尝到的许多东西付诸实施。"② 而收回领事裁判权与列强抗衡的愿望，又促使近现代中国人以西方法制为参照系进行法制改革，从清末到国民党南京政府，中国法制不断地吸收、融合西方法律文化，推动了近现代中国法制现代化的成长与发展。第三，领事裁判权的确立，使西方先进文明的法律制度直接在中国实施，输入了西方自由、平等、人权等法律精神，从而推动了中国立法和司法过程的民主化和现代化，促进了近现代中国人的法律观念和权利意识的提高。③

值得一提的是，直至清廷倾覆，几乎所有的师夷变法修律活动，都无法摆脱领事裁判权的阴影。这一点最明显不过地表现出了半殖民地立法的特殊性。慈禧的变法上谕以不可违抗的命令限定了清末变法修律活动的范围，把中国法律"按照通商交涉情形，参酌各国法律妥为拟议"，如此修律完全不顾中国的社会状况，不是以继承改造中国旧有法律为出发点，无异于把法律的变革等同于法律制度的西方化。由此可见，中国政府强烈的危机感和收回领事裁判权的迫切愿望，使中国近代的法律变革从一开始就深受外国的影响，缺乏对本国社会文化传统的关照。所以说清末变法修律不是中国法律的自行转变，也没有把从根本上改造中国传统社会作为出发点，而是以收回领事裁判权、维持清政府的统治为目的的。伯尔曼曾就法律革命的论题说过："法律中大规模的突然变化，即革命性变化，实际上是'不自然的'。"④ 总体上而言，沈家本所主持的清末变法修律是中国法律现代化过程中的一次"不自然的"变革。反映到内容上，清末修订的法律表现出封建专制主义的传统与近代资本主义最新法律技术成果的奇怪混合，保守、落后的封建法律内容与先进的近现代法律形式同时出现在新修订的法律之中。

三、仿行宪政——中国的实践抉择

以收回领事裁判权为契机，以日俄战争为突破口，清政府在极端被动的情形下被迫开展

---

① 故宫博物院明清档案部编：《清末预备立宪档案史料》，下册，846 页，北京，中华书局，1979。

② ［美］G. 罗兹曼：《中国的现代化》，271 页，南京，江苏人民出版社，1988。

③ 详细论述参见夏锦文：《中国诉讼法制现代化的动力机制（1840—1949）》，载《南京大学学报》（哲学·人文·社会科学版），1994（4）。

④ ［美］H. G. 伯尔曼：《法律与革命》，贺卫方、高鸿钧、张志铭、夏勇译，19 页，北京，中国大百科全书出版社，1993。

了变法修律的实践，从制宪开始，相继颁布了两个宪法性文件：1908 年的《钦定宪法大纲》和 1911 年的《宪法重大信条十九条》。中国历史上首次出现了所谓的近代"宪法"，中国法律发展史进入了一个新的历史阶段。

20 世纪初，面对越来越强大的政治、舆论压力，清政府不得不考虑仿行宪政，企图以更大的政治欺骗活动，来缓和内外矛盾和舆论的强大压力。1905 年，清政府派遣载泽、端方等五大臣出国，赴日本、欧洲考察宪政，史称"五大臣出洋"。为表慎重，清政府还在同年仿照日本"明治维新"设立考察政治馆的先例，设立"宪政编查馆"，专门负责从事宪政准备工作。1906 年 8 月，五大臣考察回国后即上奏实行君主立宪的三大利处：一是"皇位永固"，二是"外患渐轻"，三是"内乱可弭"。他们主张诏定国是，仿行宪政。[①] 为了说明立宪有益无害，他们还在奏折中表示，在中国将要实行的，只不过是"预备立宪"："不知今日宣布之立宪，不过明示宗旨为立宪之预备。至于实行之期，原可宽立年期。"[②] 意思是可以宣布立宪，但可以拖而不行。奏折所言立宪之"三大利"，尤其是第一利"皇位永固"，使慈禧太后等封建统治顽固派的顾虑有所减轻。经反复考虑，西太后终于在 1906 年 9 月发布了"宣布预备仿行宪政"的诏旨。在诏旨中，清政府表示："时处今日，惟有及时详晰甄核，仿行宪政，大权统于朝廷，庶政公诸舆论，以立国家万年有道之基。"但是，"目前规制未备，民智未开"，不能"操切从事，徒饰空文"，只能"分别议定，次第更张"。因此清政府所允诺的仅是"预备立宪"："俟数年后，规模初具，查看情形，参用各国成法，妥议立宪实行期限，再行宣布天下。"[③] 这样就将立宪的期限推向遥远的将来。而且，清政府在这道诏旨中强调，立宪的原则是"大权统于朝廷，庶政公诸舆论"，也就是说，立宪的根本在于巩固皇室的统治权，给予"舆论"即社会大众讨论的只能是"庶政"。因此，所谓仿行宪政，实际上是清政府在革命力量迅速发展的情况下，为了抵制革命，挽救其摇摇欲坠的统治而玩弄的一场政治欺骗活动。在清政府长达数年的仿行宪政活动中，最重要的有两个方面：一是 1908 年的《钦定宪法大纲》和 1911 年的《宪法重大信条十九条》的起草和颁布，二是设置咨议局和资政院。

图 3—4　五大臣出洋考察

摘自张海林：《近代中外文化交流史》，目录前页，南京，南京大学出版社，2003。

《钦定宪法大纲》分为正文"君上大权"（14 条）和附录"臣民权利义务"（9 条）两个

---

① 参见载泽：《奏请宣布立宪密折》，《宪政初纲·奏议》，4～7 页，北京，商务印书馆，1906。
② 载泽：《奏请宣布立宪密折》，《宪政初纲·奏议》，4～7 页，北京，商务印书馆，1906。
③ 《大清光绪新法令》，第一册，第 16 页。

部分，仿照日本宪法，拟实行君主立宪制。第一部分"君上大权"以明确的形式把皇权确定下来。第1条、第2条都规定了皇帝至高无上的权威："大清皇帝统治大清帝国，万世一系，永永尊戴。""君上神圣尊严，不可侵犯。"第3条至第14条则具体罗列了皇帝在各方面的绝对权力，并在许多条文后加上"议院不得干预"等词语，以保证君主的决策不受任何牵制。实际上这些规定仅仅将封建皇帝已经具有的独裁权力加以文字化和法律化。在附录"臣民权利义务"部分，仿照西方宪法的条款罗列了一些权利义务，但对于每项权利和义务，均以"在法律范围内"作为限定语，并规定皇帝"得以诏令限制臣民之自由"①。

显然，《钦定宪法大纲》具有浓厚的封建色彩和皇权保护主义，它严格的遵守了"大权统于朝廷，庶政公诸舆论"的精神。主持编订《钦定宪法大纲》的宪政编查馆在《会奏遵拟宪法大纲及议院选举各法并逐年应行筹备事宜折》中明白的表示："故一言以蔽之，宪法者所以保护君权，兼以保护臣民也。臣等谨本斯义，辑成宪法大纲一章，首列大权事项，以明君为臣纲之义；次列臣民权利义务事项，以示民为邦本之义。虽君民上下同处于法律范围之内，但大权仍统于朝廷；虽兼采列邦之良规，而仍不悖本国之成宪。"② 这说明清政府在其政权日益没落时，仍然企图用政治欺骗的方式，将封建君主专制制度披上"宪政"的外衣，以宪法的形式保护皇帝至高无上的权威与尊严。

《宪法重大信条十九条》是中国近代史上继1908年的《钦定宪法大纲》之后的第二个纲领性宪法文件。它是清朝政府于辛亥革命爆发后、清朝政权崩溃前夕抛出的一个应付时局的急就章，也是清朝统治集团立宪骗局破产的最后记录。1911年，慑于武昌起义的巨大威势，迫于内外形势的强大压力，清政府仅用三天时间就拟订出《宪法重大信条十九条》，并且在条文的规定中，收敛了原先顽固、强硬的态度。在相关条款中相对缩小了皇帝的权力，扩大了议会及政府总理的职权。比如说，《宪法重大信条十九条》第3条规定："皇帝之权，以宪法所规定者为限。"第4条又说："皇位继承顺序，于宪法规定之。"但在《宪法重大信条十九条》第1、2条，仍然强调"大清帝国皇统万世不易"、"皇帝神圣不可侵犯"③。尤其是《宪法重大信条十九条》完全着眼于皇帝与国会之间的权力关系，对于人民的权利义务、国家的基本制度等根本性问题只字不提。

咨议局是清末"预备立宪"过程中清政府设立的地方咨询机构，于1909年开始在各省设立。咨议局的筹建，始于1907年。1908年7月，宪政编查馆草拟了《咨议局章程》及《咨议局议员选举章程》，经奏准朝廷后公布。按照这两个章程的规定，咨议局议员的选举资格和被选举的资格极为苛刻。因此，咨议局并不具备资本主义制度下地方议会的性质，实际上只不过是清朝政府玩弄立宪政治把戏的一个点缀品。而"资政院"是清朝政府在清末"预备立宪"过程中设立的中央"咨询机关"，于1910年设立。同"咨议局"一样，资政院的筹备工作也始于1907年。1909年8月23日，清政府公布包含近70条条文的《资政院院章》。从院章的规定看来，这种"资政院"只不过是承旨办事的御用机构，根本不是近现代意义上的国家议会。

清政府在20世纪初所进行的师夷变法、仿行宪政等变法修律活动，虽然在主观上看是

① 《大清法规大全·宪政部》，卷四，210页，台北，考证出版社，1972。
② 《大清法规大全·宪政部》，卷四，208页，台北，考证出版社，1972。
③ 故宫博物院明清档案部编：《清末筹备立宪档案史料》，上册，102页，北京，中华书局，1979。

一种被动的、被迫进行的法律改革，修律本身也具有极为明显的局限性。但此次变法，是我国历史上最重要的一次法律变革，在客观上产生了重要的影响，在中国法制史上也有着重要的地位。它直接导致了中华法系的解体，为中国法律的近代化奠定了初步的基础，并且在客观上也促进了西方近现代法律思想、法律观念、法律制度的引进和传播。但是，我们发现，这次大规模的学习西法、引进西法的活动，并没有取得实效，很不如意。在师夷变法、仿行宪政的指导思想上，存在着根本的矛盾。一方面，清政府迫于时局，不得不变法、学习并引进西方法律制度，"参酌各国法律"的变法上谕就是要求仿效外国法律形式，来制定新律。但在另一方面，师夷变法、仿行宪政的领导者就是顽固守旧的清政府，他们一直把固守传统、维护封建统治作为变法的实质要求。这两种相互矛盾的目标和宗旨，决定了清末师夷变法、仿行宪政活动的矛盾性和局限性，也造成了清末修订的法律在落后内容与先进形式上的奇怪共存。

更值得注意的是，我们看到，当时很多费尽周折"师夷"而来的法律并没有取得预期的效果，仅仅作为"纸上的法"存在于法典中，却没有得到人们的认同，算不上"心中的活法"，如同一座死火山，了无生气。症结在于，在大规模进行学习西法、法律移植的同时，以沈家本为首的变法修律集团忽略了移植能否成功的关键——本土社会的悠久传统。

体现儒家伦理精神与价值取向的中国传统法律文化涵盖着如下四个彼此相联的独特品格：引经断狱的礼治主义性质、德主刑辅的德治主义精神、御笔断罪的人治主义色彩、和谐无讼的最高价值理想。[1] 中国传统法律文化与西方相比，有着很大的差异。首先，在法的观念上，传统中国的法观念主要以"刑"为核心，而西方法的观念主要以权利为轴心；从法律文化所体现的性质来说，中国传统法律文化是一种公法文化，西方法律文化传统上是一种私法文化；中国法律的权利义务关系偏重集体本位，西方法律则更多地体现个人本位；中国法律受儒家影响而呈现出伦理化的趋势，而西方法律则受宗教控制较深；以"中华法系"为母法的中国法律有一定的封闭性，而以英美法系或大陆法系为典型的西方法律则比较开放；中国法律传统中更多的是人治思想，西方则很早就有了法治意识，等等。[2] 两者的差异是有历史根源的，"因为中国法律文化与西方法律文化是在不同文化条件下生长出来的两种法律精神的载体形态，它们之间无疑有着巨大的差异性"[3]。简言之，经济基础、政治制度、地理环境、社会结构、思想条件、历史传统、民族心理等因素的不同，培育出了东西方风格迥异的法律文化。

因此，当西方法律文化随着法律近代化的浪潮蔓延到中国本土时，两种不同文化的冲突和碰撞就不可避免了。这时，统治阶级面临着一个很关键的问题：应该如何处理西方法律制度与中国传统法律文化资源之间的冲突问题？法制现代化是否意味着对传统法律文化资源的抛弃从而全盘西化？在立法时究竟在何种程度上继承过去的法律文化精神，又如何对待舶来的外域法律文化？这些问题归结到一点，实际上也就是在法律全球化背景下，中国传统法律文化和外域法律文化的如何定位问题，也就是立法活动中，本土化与开放性的关系问题。

---

① 详细论述参见夏锦文：《中国法律文化的传统及其转型》，载《南京社会科学》，1997（3）；夏锦文：《中国传统司法文化的价值取向》，载《学习与探索》，2003（1）。

② 参见张中秋：《中西法律文化比较研究》，36页，南京，南京大学出版社，2001。

③ 公丕祥：《冲突与融合：外域法律文化与中国法制现代化》，载《法律科学》，1991（2）。

在这个即使是当代法律家都感到难以恰如其分把握的问题面前，清政府当时是如何抉择的呢？我们看到，以收回法权为直接目的，以外国人的"满意"为价值标准的清末修律运动，虽然推动了中国传统法律制度的近代转型，推动了中国法治的进程，但却由于盲目急躁地引进外国法律而造成了新法与传统的脱节，并且造成了一系列的弊端。"晚清修律的成果最突出的方法主要是移植西方的法律。在某些人的观念中以为移植了西方的法律，就可以收回领事裁判权，因而新律的某些方面脱离了中国当时的社会实际……晚清所立之法，固然由于清朝的迅速覆亡而大部分没有实施，但从立法者的着眼点来看，他们只重视立法活动，以便用新法来装潢宪政的门面，而轻视实施。"① 也就是说，当时中国仅仅过分引进当时所谓最先进的西方法律制度，却忽略了本国的传统和现实。而先进并不意味着合适，许多法律的制定体现出美好的目标，但却是不美好的过程。传统的力量使不懂传统、冷落传统、抛弃传统的法律近代化运动在浪潮澎湃之后终于风光不再甚至缺陷毕露，使国人不得不在深刻的教训中重新认识和珍爱我们的传统。

清末师夷变法、仿行宪政等变法修律活动的最终失败，使我们深刻体悟到，引进外来先进的法文化，确实是促进本国法律超越传统并向现代转化的便捷路径。但学习西法、引进西法应当以立足本国传统为前提，舶来的法律只有经过选择和改造直至被本土所吸收并进行现代性转换后才会发挥应有的作用。否则，如果仅满足于进口西方法制而不顾及中国传统，那么只会重演"南橘北枳"的悲剧。在我们的当代法制现代化进程中，我们一方面应当积极汲取外来法律的成功经验，搜寻西方法制的高明之处，并把这些优秀的东西加以转换，为我们所用；另一方面必须关照到本民族与国家的优良传统，弘扬中国传统法律文化中的精粹。利用丰富的本土资源，又吸纳世界一切优秀文化成果，应该是我们的胸襟和气度。

---

① 张晋藩：《中国法律的传统与近代转型》，473 页，北京，法律出版社，1997。

第二编

法律体系：在冲突中构建

第四章

走向宪政之路：以"预备立宪"为开端

第一节
仿行宪政的道路

仿行宪政，始于清朝末年的"预备立宪"活动；"预备立宪"，也是中国制宪活动的开端。《钦定宪法大纲》、《宪法重大信条十九条》，是预备立宪过程中制定出来的两个重要宪法性法律文件，也是中国历史上最早的宪法文本。客观地讲，这两个宪法文本为中国后来的宪政实践提供了思想和制度上的铺垫，是有进步意义的。

一、出洋考察政治——预备立宪的策划

清朝末年的"预备立宪"，又被称为"筹备立宪"活动，是清王朝于当时确立的一项重要国策。从宏观上看，确立这一国策的目的，在于为当时已经岌岌可危的清王朝提供一个政治上的缓冲机会，消解各种社会矛盾以使清王朝的统治得以继续维持下去。当然，从理论上进行概括，预备立宪活动亦有如下具体的原因。

（一）预备立宪的原因

清末发起的预备立宪活动，在当时产生了重要的影响并引起了广泛的争论。在分析预备立宪的原因时，有人指出："吾国立宪之主因，发生于外界者，为日俄战争，其发生于内部者，则革命论之流行，亦其有力者也。二主因以外，则疆吏之陈请，人民之请愿，皆立宪发动之助因。"① 这种论述从内外、主次两个方面分析了预备立宪的起因，可谓切中要害。具体言之，预备立宪的原因可以归结为以下几个方面：

1. 从政治制度的层面看，宪政比专制更具优势

在宪政制度的观念层面，日俄战争给国人的启迪就是宪政比专制更具优势。

有学人曾经作过这样的概括："吾国的立宪运动，实起于1905年日俄战役以后"②。清朝末年，中国的东北地区一直吸引着帝国主义列强关注的目光。早在八国联军侵华期间，俄国

---

① 中国史学会编：中国近代史资料丛刊《辛亥革命》，第4册，4页，上海，上海人民出版社，1957。
② 周逸云：《二十年来中国制宪工作的回溯》，载《东方杂志》第28卷，第19号。

出兵占领了中国东北地区。根据 1902 年 4 月 8 日订立的中俄《交收东三省条约》的规定，俄国军队应该在 1903 年 10 月前分三批从东北撤出。在条约规定的期限内，俄国不但没有撤军，反而增兵占领了奉天省城。俄国此举不仅激怒了中国人民，而且还引起了其他帝国主义国家的不满。1904 年 2 月 6 日，在英、美等国家的支持下，日本对驻扎在旅顺港的俄国舰队发动了突然袭击。历时一年半之久的日俄战争，在中国东北爆发。

日俄战争的爆发，引起了中国朝野的极大关注。人们大多认为，日本将在战争中落败，但战争的结果却大大出乎人们的预料，日本在海、陆两条战线上全部击败俄国，并最终于 1905 年 9 月 5 日迫使俄国签订了《朴茨茅斯条约》，把东三省的南部"让给"了日本。日俄战争的结果，在中国朝野引起了轩然大波。因此，有人认为，日本在这场战争中"以小克大，以亚挫欧，赫然违历史之公例，非以立宪不立宪之义解释之，殆为无因之果"①。在日俄战争的推动下，全国出现了"上自勋戚大臣，下逮校舍学子，靡不曰立宪，一唱百和，异口同声"② 的局面。因此，当时曾经出现了这样的评论："自甲午以至于戊戌，变法之论虽盛，然尚未有昌言立宪者。政变之后，革新之际，遏绝于上而萌发于下，有志之士，翻译欧美及日本之政治书籍，研究其宪法者渐众。甲辰，日俄战起，论者以此为立宪专制二政体之战争。日胜俄败，俄国人民群起而为立宪之要求，土波诸国，又闻风兴起。吾国之立宪论，乃亦勃发于此时。"③ 上述评论再次说明，在当时的情势下，国人中的有识之士通过日俄战争大多清醒地意识到：与专制相比，宪政在政治制度上有着无可比拟的优势。

2. 从社会的层面看，社会矛盾的激化要求政治制度的变革

清朝末年，各种社会矛盾日趋尖锐。戊戌变法失败后，以孙中山为首的资产阶级革命派认识到：不推翻清王朝的统治，就不可能达到立宪的目标。1894 年 11 月，在檀香山华侨的支持下，孙中山先生建立了第一个资产阶级革命团体——兴中会。兴中会的设立是"专为振兴中华、维持国体起见"，其基本纲领确定为"驱除鞑虏，恢复中国，创立合众政府"④。这是中国历史上第一次明确提出推翻清王朝专制政治、建立资产阶级共和国的政治纲领。

兴中会成立以后，华兴会、光复会等革命性的政党次第出现。1905 年 8 月 20 日，在孙中山的倡导下，中国同盟会在日本东京正式成立，并确立了"驱除鞑虏，恢复中华，建立民国，平均地权"的纲领。同年 11 月，孙中山将上述革命纲领阐发为民族、民权、民生三大主义，使资产阶级民主革命有了统一的领导组织和理论指导。在上述革命团体和政党的领导下，资产阶级革命派发动了一系列反清武装起义，其中规模较大的起义包括：1895 年的广州起义，1906 年的萍、浏、醴起义，1907 年 7 月的安庆起义，1907 年至 1908 年的黄岗起义、惠州七女湖起义、镇南关起义、钦州马笃山起义等。此外，人民群众自觉的反清斗争也风起云涌，比较著名的有红灯照和义和团运动。

如此严峻的国内革命形势，把本来已经外患成灾的清政府推倒了悬崖边缘。为挽救统治上的颓势，消解如火如荼的国内革命，清政府祭出了"预备立宪"的法宝。

---

① 中国史学会编：中国近代史资料丛刊《辛亥革命》，第 4 册，4 页，上海，上海人民出版社，1957。

② 闵闇：《中国未立宪以前当以法律遍教国民论》，载《东方杂志》，1905 年第 11 期。

③ 伧父：《十年以来中国政治通览·通论》，载《东方杂志》，第九卷，第七号（1913 年 1 月 1 日）。

④ 《孙中山全集》，2 版，第 1 卷，19、20 页，北京，中华书局，2006。

3. 从观念的层面看，民智的觉醒为立宪提供了思想条件

1894 年甲午战争的失败，又一次在中国朝野敲响了警钟。洋务派积三十年心血经营的军事实力，非但不能御敌于国门之外，反而使国人饱受丧权辱国之欺。甲午战争的教训警醒国人中的有识之士：光有先进的器物不足以救国，强大的国家需要先进的制度。1895 年的公车上书特别是 1898 年的戊戌变法，就是中国人试图为构建先进的政治制度而作出的努力。

1898 年 6 月 11 日到 9 月 21 日的 103 天，在中国历史上被称为"百日维新"。在这一百多天的时间里，光绪皇帝在康有为、梁启超等维新派的支持下，陆续下达了几十件有关改革的诏令。这些诏令的内容涉及关于经济、政治、文教、军事等所有的国务要政。虽然戊戌变法最终以失败告终，但它在思想领域产生了巨大的影响。戊戌维新变法，是近代中国谋求政治体制改革的先导，是中国历史上第一次提出的以资产阶级君主立宪制替代君主专制制度的呼声。受戊戌变法的影响，"立宪"成为这一时期中国的流行词语。在思想领域，立宪主张又有民间的立宪主张和官僚的立宪主张之分。

资产阶级立宪派以张謇[①]为代表。1901 年，张謇编著了《变法平议》一书，开始从事立宪活动。在该著作中，张謇主张效法日本，设置议政院和府县议会。1904 年，他又和赵凤昌刻了《日本宪法》送到内廷，希望清政府能够制定宪法，在中国实行宪政。[②] 此外，维新变法失败后流亡海外的梁启超和康有为，分别于 1901 年和 1902 年撰写了《立宪法议》和《公民自治篇》等文章，倡导在中国实行君主立宪制。受立宪主张的影响，国内的诸多报刊如《大公报》、《新民丛报》、《申报》、《中外日报》、《羊城晚报》、《扬子江》等报刊刊登了大量宣传君主立宪主张的文章。

这一时期，清朝统治阶层内部也涌现出了一批主张实行君主立宪制度的官僚。与民间主张立宪改革的呼声不同，官僚立宪派要求立宪的呼声发出于慈禧太后发布改革诏书之后。[③] 官僚立宪派的代表人物有湖广总督张之洞、驻日公使李盛铎、会办商约大臣盛宣怀等人。自 1901 年到 1905 年，许多驻外使臣、封疆大吏纷纷上书要求开国会、立宪法。在朝野立宪派的压力之下，清政府于 1905 年 7 月 9 日正式决定派使团出国考察政治，以决定中国是否要实行君主立宪制政体，用慈禧太后的话表述就是："派各臣公往列国调查之后，果无弊害，即决意实行"[④]。

（二）出洋考察概览

1. 五大臣人员的选定

1905 年 7 月 16 日，光绪皇帝下了一道上谕："兹特简载泽、戴鸿慈、徐世昌、端方等，

---

① 张謇（1853—1926），字季直，号啬庵，江苏南通人。张謇 5 岁入私塾，16 岁中秀才，30 岁中举人；四次京试落第后，1894 年中状元，授翰林院修撰。张謇虽获科举盛名，却不愿做官，而留意于企业和教育。1895 年，受两江总督张之洞的委派，张謇在南通筹办纱厂，后来成为颇具影响的民族资本家。

② 参见中国史学会编：中国近代史资料丛刊《辛亥革命》，第 4 册，158～159 页，上海，上海人民出版社，1957。

③ 1901 年 1 月 29 日，流亡西安的慈禧太后在极度窘困的情况下，打破祖宗之法不可变的成规，发布改革诏书，要求"军机大臣、大学士、六部九卿、出使各国大臣、各省督抚，各就现在情形，参酌中西政要，举凡朝章国故，吏治民生，学校科举，军政财政，当因当革，当省当并，或取诸人，或求诸己，如何而国势始兴，如何而人才始出，如何而度支始裕，如何而武备始修，各举所知，各抒己见，通限两个月，详悉条议以闻"。参见陈宝琛等修：《德宗景皇帝实录》卷 476，北京，中华书局，1987。

④ 《时报》1905 年 8 月 5 日。

随带人员，分赴东西各洋，考求一切政治，以期择善而从。"① 在后来的 7 月 27 日，清廷又下谕增派商务右丞绍英，随同出洋。但就在五大臣准备从北京正阳门火车站准备出发的 10 月 24 日，革命青年吴樾发动了针对出洋五大臣的炸弹行刺。因绍英在爆炸中受伤，徐世昌被任命为巡警部尚书加强京都警戒，五大臣仅余其三而致使出洋考察暂时搁浅。由于五大臣出洋考察的事情早已声闻海内外，清政府只有另行组员。10 月 26 日，清廷下谕："著尚其亨、李盛铎会同载泽、戴鸿慈、端方，前往各国考察政治。"② 这样，出洋五大臣的人员最终尘埃落定。

2. 五大臣的出洋线路图

在出发前，载泽和端方作出了分途出洋的决定：载泽、尚其亨、李盛铎为一路；端方、戴鸿慈为另一路。他们各带随员，都从北京乘火车到天津，换乘兵轮到上海后，再由上海分赴诸国。

端方、戴鸿慈一行 1905 年 12 月 2 日离京，12 月 19 日从上海乘船出发，经日本，先后到达美国、德国、丹麦、瑞典、挪威、奥匈帝国、俄国、荷兰、瑞士、比利时、意大利等国家。上述国家中，只有美、德、奥、俄、意为正式考察的国家。③ 在五个被考察的国家中，端方和戴鸿慈一行在德国停留时间最长，先后两次入境，共计 67 天；美国次之，共计 35 天；奥、俄、意又次之，大致在 10 天左右。1906 年 6 月 4 日，端、戴一行乘船回国，7 月 21 日抵达上海，8 月 2 日由上海启程回京，8 月 10 日回京复命。

载泽、尚其亨、李盛铎一行于 1905 年 12 月 11 日离京，1906 年 1 月 14 日从上海出发，先后到达日本、美国、英国、法国、比利时，其中日、英、法、比被列为考察国家。在被列入考察的国家中，他们在法国停留的时间最长，为 52 天；英国 45 天；日本 29 天；比利时 16 天；并向以上四国递交了国书。他们在美国游历了 15 天，拜会了美国总统。考察完毕后，载泽、尚其亨于 1906 年 6 月 10 日从法国马赛启程回国，7 月 12 日抵达上海，7 月 19 日踏上返京路程，23 日回到北京。李盛铎因赴任出使比利时大臣，留比利时没有回国。

在出洋考察政治的过程中，五大臣与清政府保持着密切的联系，写下了大量的奏折、简报、游历经过及观感。奏折中，有他们考察后得出的结论，也有介绍外国的政治体制及统治得失的经验。

3. 出洋考察的大致结论

五大臣根据他们在国外的所见所闻，认为清政府应该尽快立宪。他们在觐见慈禧太后和光绪皇帝时，"皆痛陈中国不立宪之害，及立宪后之利"④。端方等人还分别呈上了由湖南才子杨度和戊戌变法中的主将梁启超、戴维起草，并经过修正的《请定国是以安大计折》和《奏请宣布立宪密折》。在载泽等人《奏请以五年为期改行立宪政体折》等奏折中，五大臣表达的主要观点，亦即出洋考察的大致结论包括以下几个方面：

① 陈宝琛等修：《德宗景皇帝实录》，卷 546，北京，中华书局，1987。
② 陈宝琛等修：《德宗景皇帝实录》，卷 549，北京，中华书局，1987。
③ 这些国家被分为三类：第一类如上所述，为正式考察的国家，需要向所到的国家元首呈递国书；第二类为"游历"的国家，包括丹麦、挪威、瑞典、荷兰，不必递交国书，但一般要觐见该国家元首；第三类为过境国家，包括日本、瑞士等，不需递交国书也不必觐见该国国家元首，只是随便参观游览而已。
④ 中国史学会编：中国近代史资料丛刊《辛亥革命》，第 4 册，14 页，上海，上海人民出版社，1957。

第一，清政府的立宪改革能够获得帝国主义列强的支持。"海国士夫，亦以我将立宪，法令伊始，必将日强，争相走告，臣等耳闻目见，尤不觉忭庆逾恒。"① 清政府如果要进行立宪改革，帝国主义列强的支持是变法成功的重要因素。

第二，立宪可使清政府外抗帝国列强，内抚革命暴民。在上述奏折中，五大臣继续写道："我国东邻强日，北界强俄，欧美诸邦，环伺逼处，岌岌然不可终日……臣等反复衡量，百忧交集，窃以为环球大势如彼，宪法可行如此，保邦致治，非此莫由。"② 只有立宪，才能兴邦，才能使中国与列强有平等的政治地位。从国内情形看，立宪还可以消除内乱。立宪使革命党"虽欲造言，而无词可藉，欲倡乱，而人不肯从……自然冰消瓦解"③。

第三，立宪已为天下所趋之大势。宪法的作用非常之大，"窃维宪法者，所以安宇内，御外侮，固邦基，而保人民者也"。因此，"观于今日，国无强弱，无大小，先后一揆，全出宪法一途，天下大计，居可知矣"④。在五大臣看来，他们考察过的大多数君主国家在不到一百年的时间内，都次第创立了宪法，实行宪法改革。立宪，已成当时世界范围内的风尚，符合社会发展的潮流。

第四，立宪可以维护君主的权威。针对慈禧太后唯恐立宪会将自己的权力架空的担心，五大臣提出了不同的看法："立宪政体，利于君、利于民，而独不便于庶官者也。考各国宪法，皆有君位尊严无对，君统万世不易，君权神圣不可侵犯诸条。而凡安乐尊荣之典，君得独享其成，艰巨疑难之事，君不必独肩其责……东西诸国，大军大政，更易内阁，解散国会，习为常事，而指视所集，从未及于国君。"⑤ 基于此，宪政不仅不会使君主大权旁落，而且还会使君主强化自己的权威，使其权威更具法定依据。

第五，立宪以效法德国、日本为宜。在实行君主立宪政体的英国、德国和日本三国中，五大臣认为日本的体制最值得中国效仿。英国的三权分立体制，使"君主垂拱于上，而有暇豫优游之乐"⑥，君主没有实质性权力，因此不可效法。端方在德国考察，认为德国的政治体制也值得中国学习："中国近多歆羡日本之强，而不知溯始穷原，正当以德为借镜。"⑦ 在端方看来，德国的宪政经验在于首先建立强大的军事力量。相形之下，载泽一行在日本的考察则更为用心。毕竟，19 世纪日本的迅速崛起引起了中国朝野的高度关注。载泽在《出使各国考察政治大臣载泽等奏在日本考察大概情形暨赴英日期折》中写道："大抵日本立国之方，公议共之臣民，政柄操之君上，民无不同之隐，君有独尊之权……"言语中颇多艳羡之意。此外，载泽还与伊藤博文、法学博士穗积八束等人进行过长时间的单独交流。回国后，载泽等人力挺中国效法日本，因为中日同属东亚之国、同为君主国家……所以，在仿行宪政问题上以日本为操作标杆，当更具可操作性。

---

① 故宫博物院明清档案部编：《清末筹备立宪档案史料》，110 页，北京，中华书局，1979。

② 同上，111 页。

③ 载泽：《奏请宣布立宪密折》，中国史学会编：中国近代史资料丛刊《辛亥革命》，第 4 册，28～29 页，上海，上海人民出版社，1957。

④ 同上，110～111 页。

⑤ 故宫博物院明清档案部编：《清末筹备立宪档案史料》，111 页，北京，中华书局，1979。

⑥ 《出使各国考察政治大臣载泽等奏在英国考察大概情形暨赴法日期折》，载故宫博物院明清档案部编：《清末筹备立宪档案史料》，11 页，北京，中华书局，1979。

⑦ 《到德考察情形折》，载《端忠敏公奏稿》卷 6。

基于上述各种原因，清政府虽心有不甘，但还是勉强地走上了仿行立宪的道路。

二、《钦定宪法大纲》——预备立宪的开端

（一）预备立宪诏的颁布

1906 年 9 月 1 日，清政府以光绪皇帝的名义发布了预备立宪的上谕，该上谕就是当时人们所说的"预备立宪诏"。预备立宪诏宣称："时处今日，惟有及时详晰甄核，仿行宪政，大权统于朝廷，庶政公诸舆论，以立国家万年有道之基。但目前规制未备，民智未开，若操切从事，涂饰空文，何以对国民而昭大信。故廓清积弊，明定责成，必从官制入手……"① 该诏书的主要宗旨可以概括为：（1）需要行宪政；（2）大权应统归于君上朝廷；（3）由于民智未开，宪政不可急于推行；（4）推行宪政的第一步，是改革官制。

预备立宪诏的发布，在朝野引起了广泛的争论。为加强中央集权，清政府利用朝野争论的机会狠抓官制改革。

（二）考察宪政大臣的再次出洋以及宪政编查馆的设立

为拖延立宪时间，清政府于 1907 年 7 月 8 日又发布了"凡有实知预备之方施行之序者，准各条举以闻"的上谕。这道上谕的发布，无疑等于在已经沸腾的油锅下面又添加了一把干柴。朝廷之上，赞成和反对立宪的官僚吵得不可开交；庙堂之外，革命派和改良派也展开了激烈的论战。在这样的背景下，清政府于 1907 年 9 月 9 日再次下谕："命外务部右侍郎汪大燮，充出使英国考察宪政大臣，学部右侍郎达寿，充出使日本国考察宪政大臣，邮政部右侍郎于式枚，充出使德国考察宪政大臣"② 出洋再次考察宪政。这次出洋考察直到 1909 年秋季才全部完结，虽说先后历时两年，但其级别、规模、深度和影响却远不及此前的五大臣出洋考察。特别值得一提的是，在三大臣再次出洋考察宪政期间，光绪皇帝和慈禧太后先后去世。因此，以拖延实行宪政时间为目的的三大臣再次出洋，已经失去了实际的意义。

在再次派出三大臣考察宪政之前的 1907 年 8 月 13 日，清政府为平息民愤颁布了设立宪政编查馆的《考察政治馆改为宪政编查馆谕》——此上谕是对庆亲王奕劻当日奏请事项的答复。该上谕称："从前设立考察政治馆，原为办理宪政，一切编制法规、统计政要各事项，自应派员专司其事，以重责成。著即改为宪政编查馆，资政院未设以前，暂由军机处王大臣督饬原派该馆提调详细调查编定，以期次第施行。"③ 同年 8 月 24 日，奕劻拟定了《宪政编查馆办事章程》上奏，同日即或上谕批准。宪政编查馆的设立，使清政府的预备立宪活动有了一个专门的机构，使人们认识到清政府的立宪活动是有诚意的。此外，宪政编查馆还网罗了一批主张立宪的人物，这些人包括杨度、劳乃宣，以及在后来的"五四运动"中被学生痛打的章宗祥和陆宗舆等人。

在四年左右的时间里，宪政编查馆起草了《宪法大纲》、《各省咨议局章程》、《咨议局议员选举章程》、《各省会议厅规则》、《城镇乡地方自治选举章程》；拟订了《九年预备立宪逐年推行筹备事宜》、《修正逐年筹备事宜》。此外，还与民政部合订了《户籍法》、《结社集会

---

① 《大清德宗皇帝实录》，卷 562。

② 《大清德宗皇帝实录》，卷 577。

③ 故宫博物院明清档案部编：《清末筹备立宪档案史料》，45 页，北京，中华书局，1979。

律》；与会议政务处合订了《内阁官制》、《内阁办事暂行章程》等法律文件。1908 年，宪政编查馆还设立了"考核专科"，分两期派人分赴各省考察宪政的筹备情况。客观地说，宪政编查馆在成立之后为预备立宪作了很多基础性的工作。

(三)《钦定宪法大纲》概述

1.《钦定宪法大纲》的出笼

清政府以"预备立宪"作为消弭革命的政治武器，从内心深处根本不打算实行宪政。因此，朝野的立宪派对清政府拖延立宪时日的做法渐趋不满。他们发表大量的文章，举行各种活动，要求尽快立宪并从速召开国会。一时间，请愿活动遍及全国。据不完全统计，从 1907 年 10 月到 1908 年 8 月，全国各地发起的有组织的"开国会、立宪法"的请愿活动近二十起。① 针对上述局势，清政府采取了软硬兼施的两手：一方面，下令查封"政闻社"，捕拿康有为、梁启超党徒，并将政闻社社员法部主事陈景仁革职拿问；另一方面，对遍及国内 17 省、声势浩大的立宪请愿活动表示让步。为表示"服从多数希望立宪之人心，以弥少数鼓动排满之乱党"②，清政府于 1908 年 8 月 27 日颁布了中国历史上第一部宪法性法律文件——《钦定宪法大纲》，以及《议院法要领》、《选举法要领》和议院未开以前《逐年筹备宪政事宜清单》。

2."钦定"、"宪法"、"大纲"的含义

在《宪政编查馆资政院会奏宪法大纲暨议院法选举法要领及逐年筹备事宜折》中，奕劻等人给予"钦定"以明确的解释。"各国制度，宪法则有钦定、民定之别，议会则有一院、两院之殊。今朝廷采取其长，以为施行之则，要当内审国体，下察民情，熟权利害而后出之。大凡立宪自上之国，统治根本，在于朝廷，宜使议院由宪法而生，不宜使宪法由议院而出，中国国体，自必用钦定宪法，此一定不易之理。"③ 所谓"钦定"，亦即宪法出于君主。

在同一奏折中，奕劻等人也给"宪法"下了一个明确的定义。"夫宪法者，国家之根本法也，为君民所共守，自天子以至于庶人，皆当率循，不容踰越。东西君主立宪各国，国体不同，宪法互异，论其最精之大义，不外数端。一曰君主神圣不可侵犯，二曰君主总揽统治权，按照宪法行之，三曰臣民按照法律，有应得应尽之权利义务而已。"④ 这个从宪法的性质、地位和作用及各方面描述宪法的定义，归结到一点，就是强调君主权力的绝对性和最高性。

在以光绪皇帝名义颁发的《九年预备立宪逐年推行筹备事宜谕》中，"大纲"的含义得到了较好的诠释："将来编纂宪法暨议院选举各法，即以此作为准则，所有权限，悉应固守，勿得稍有侵越。"⑤ 也就是说，这部大纲只是一个具有纲领性质的宪法性法律文件，它为以后正式编纂宪法提供了一个大致的框架。

3.《钦定宪法大纲》的内容及其颁行的意义

《钦定宪法大纲》共分两个部分：第一部分是"君上大权"，共 14 条；第二部分是"附

① 参见韦庆远、高放、刘文源：《清末宪政史》，245～247 页，北京，中国人民大学出版社，1993。
② 《光绪朝东华录》，5722 页。
③ 故宫博物院明清档案部编：《清末筹备立宪档案史料》，上册，55 页，北京，中华书局，1979。
④ 故宫博物院明清档案部编：《清末筹备立宪档案史料》，上册，56 页，北京，中华书局，1979。
⑤ 故宫博物院明清档案部编：《清末筹备立宪档案史料》，上册，67 页，北京，中华书局，1979。

臣民权利义务",共 9 条。其中第一部分可以概括为以下几个方面:(1)第 1、第 2 条廓定了"君上神圣尊严,不可侵犯"的总原则;(2)第 6、第 8 条规定君主享有最高的军事统率、指挥权;(3)第 3、4、11、12 条规定了君主有颁行法律、对立法机关享有发布命令的权力;(4)第 5、第 9 条规定君主享有最高的人事权和赦免权;(5)第 7 条规定了君主对外享有宣战、媾和、订立条约以及派遣使节的权力;(6)第 10 条规定君主总揽司法大权;(7)第 13、14 条规定了皇室经费从国库提支,议院不得议论、干预的问题。第二部分的"附"字,在说明了这部分的地位的同时,也再次强调了该大纲的核心在于强调君权。这个无关紧要的部分由臣民的权利和义务两部分组成:其中前 6 条规定了臣民享有言论、著作、出版、集会、结社、财产、居住、人身等自由和诉讼权利以及依法定资格担任管理及议员的权利;后 3 条规定了公民有纳税、当兵和遵守法律的义务。

《钦定宪法大纲》是以 1889 年《日本帝国宪法》为蓝本展开的,它所规定的君主大权比起日本天皇的权力,更是有过之而无不及。从本质上来说,《钦定宪法大纲》是以宪法的形式给无上的王权披上了一层合法的外衣。为此,章太炎以嘲笑的口吻写道:"秦皇欲推二世三世至于万世,遂为千载笑谈。由今推论,满洲之主可以钦定宪法,秦皇独不可钦定宪法耶?"[1] 但转念思之,在当时特定的历史条件下,《钦定宪法大纲》还是有一定的进步意义的。这种进步表现在以下几个方面:

第一,《钦定宪法大纲》的颁布,第一次确立了宪法在我国法律体系中的最高地位,并从此拉开了我国法制现代化的大幕。可以说,《大纲》的颁布在我国法制现代化的历史上是一件惊天动地的大事。

第二,《钦定宪法大纲》隐约地确立了法律至上的法治原则。例如,《大纲》规定审判权由审判机关依法行使,只服从法律,君上不得"以诏令随时更改"判决。这种置法律高于君权的做法,在中国政治、法律发展史上都是了不起的大事。

第三,《钦定宪法大纲》第一次在我国法律发展史上提出了权利、义务的概念。虽说《钦定宪法大纲》对公民权利只作了简单的规定,但这种简单的规定在中国法制史上也就有划时代的意义。把臣民的权利写入宪法,不仅开启了当时人们的权利意识,也为后来的宪法提供了一个大体上的思路。

不可否认,《钦定宪法大纲》是中国宪政史上的畸形儿——它是封建主义与资本主义杂交的产物。如果将其置于当时特定的历史条件,我们或许会对《钦定宪法大纲》有一种更客观的认识。

三、资政院和咨议局——代议机构的初育

(一)资政院

1. 资政院的筹设

1906 年,在五大臣出洋考察政治回国后,端方等人在《请定国是以安大计折》中就提出

---

① 章太炎:《附房宪废疾六条》,民报第 24 期。参见张枬、王忍之编:《辛亥革命前十年间时论选集》,101 页,北京,生活·读书·新知三联书店,1977。

了建立一个中央级别的议政机关的设想。① 这个中央议事机构不叫做议会，至于其具体名称，在戴鸿慈与当时身为闽浙总督的端方合奏的《改定全国官制以为立宪预备折》中才将该议事机构冠名为"集议院"②。在该奏折中，端方等人还就该议事机构的议员组成数量、议员的地区分配、议事规则等问题提出了具体的方案。这些想法，为后来资政院的筹设提供了基本的框架。

正式提出设立资政院的想法，是由庆亲王奕劻、孙家鼐以及瞿鸿禨三人在奉命厘定中央官制时提出的。在 1906 年 11 月 9 日的《庆亲王奕劻等奏厘定中央各衙门官制缮单进呈折》中，奕劻等以分权的理念，厘定了资政院的地位与职能。"首分权以定限。立法、行政、司法三者，除立法当属议院，今日尚难实行，拟暂设资政院以为预备外，行政之事则专属之内阁各部大臣。"③ 与此同时，考察政治馆还草拟了《设资政院节略清单》和《资政院官制清单》，这两份文件对设立资政院的必要性进行了说明。这两份清单阐明了设立资政院的三大好处：第一，设立资政院可以解决财政上的困难；第二，设立资政院可以借助舆论的力量限制权贵，提高皇权；第三，设立资政院可以牵制民意，平息革命风潮。综合考虑上述因素，并迫于朝野的压力，慈禧太后于 1907 年 9 月 20 日以"懿旨"的形式，宣布筹建"资政院以立议院基础"。

2. 资政院的性质、地位

对资政院的性质和地位，不同的派别持不同的观点。清朝政府设立资政院的初衷，是为政府决策可"资"参考的材料，此点由该机构被定名为"资政院"即可看出。这种观点在《资政院官制清单》中有明确的表达："谨遵谕旨，大权统于朝廷，庶政公诸舆论之意，设此院为采舆论之地，以宣上德，而通下情。第政府有必采舆论而施行之事，而该院无强政府以施行之权，可与政府相互维持，为他日议院之权舆焉。"④ 立宪派对资政院的看法，则在赞许中夹杂着不满。他们认为资政院与国会的差别太大："此自名为资政院，彼自名为国会。一为专制政体之议政机关，一为立宪政体之监督机关。今日人民之所以请愿速开国会者，正欲易专制政体为立宪政体，要求其早日实行，餍天下臣民之望，岂不知资政院与国会截然二物者？"⑤ 革命派对资政院的态度一以贯之：设立资政院是清政府欺骗人民的手段，只有推翻清政府的统治，中国才有希望。

资政院产生于中国社会矛盾全面开始激化的时期——各派别对资政院持不同的观点就是对上述社会矛盾的具体反应，因此它也不可能成为当时大多数人所设想的"议事机构"，而只能成为陈列各种严重矛盾的橱窗。

3. 资政院的组成和议事机制

资政院的组成和议事机制，是根据《资政院院章》⑥ 及其后公布的《资政院议员选举章

---

① "故中央必有议会以代表一国之情，地方亦有议会以代表一方之情。故一国之中下无被壅之情，上无不知之状。今中国中央议会虽未可遽设，亦不可无他种之议政机关以谋和议政事，此于将来宪法之机关，即可以借此为基础。"参见《端忠敏公奏稿》卷 6。

② 故宫博物院明清档案部编：《清末筹备立宪档案史料》，367～383 页，北京，中华书局，1979。

③ 故宫博物院明清档案部编：《清末筹备立宪档案史料》，464 页，北京，中华书局，1979。

④ 《考察政治馆拟具资政院官制清单》，载《中华民国史档案材料汇编》，第一辑，93 页。

⑤ 孙洪伊等：《国会请愿同志会意见书》，载《国风报》第一年第九期，1910 年 6 月 15 日版。

⑥ 《资政院院章》先后公布过四次，修正过三次。1908 年 7 月 8 日，资政院总裁溥伦、孙家鼐等人拟定出十章《资政院院章》中的一、二两章，匆忙公布。1909 年 8 月 23 日，完整的十章 67 条的院章才被呈交于清政府的核心决策机构。此后，在 1911 年 7 月 3 日和 11 月 20 日，清政府又根据形势的发展两次修改了《资政院院章》。最后一次修改院章时，辛亥革命已经爆发。在此情形下，新的院章已形同虚设，失去实际意义了。

程》确定的。院章共分为十章：第一章总纲；第二章选举；第三章职掌；第四章资政院与行政衙门之关系；第五章资政院与各省咨议局之关系；第六章资政院与人民之关系；第七章会议；第八章纪律；第九章秘书厅官制以及第十章经费。从上述内容，我们不难看出《资政院院章》对很多具体事项大多作了规定。

根据院章和议院选举章程的规定，资政院由"钦选"和"民选"两种议员组成。其中钦选议员根据出身、社会地位等方面的差别又有不同的产生办法。例如，王室宗亲、满汉世爵产生的议员由皇帝钦点；而部院衙门的官员以及纳税较多者，在皇帝钦点之前还要在候选人之间进行互选。民选议员由各省咨议局议员互选后，再由督抚复选确定。根据 1909 年 8 月修正的《资政院院章》的规定，钦选议员和民选议员的名额均为 100 人。关于资政院的总裁，清政府早期遴选了溥伦和孙家鼐①出任。由于孙家鼐在资政院正式成立之前去世，因此在资政院于宣统二年八月二十日（1910 年 9 月 13 日召开资政院预备会议）正式成立时，资政院并未按照院章的规定设立总裁和副总裁各二人，而是只有总裁溥伦和副总裁沈家本二人。此后，资政院总裁和副总裁的人事变更非常频繁，但一直未按规定进行遴选却是不争的事实。②

根据《资政院院章》，资政院的议事范围主要包括："一、国家岁出入预算事件；二、国家岁出入决算事件；三、税法及公债事件；四、新定法典及嗣后修改法律事件，但宪法不有此限；五、其余奉特旨交议事件。"③ 实际上，资政院大致属于一个没有完整立法权的议事机构。

资政院的会议分为常年会和临时会两种。常年会每年召开一次，每次三个月；临时会没有定期，如果召开，每次以一个月为限。常年会的开会期间为每年的农历九月一日至十二月一日。如果有特殊情况需要延长会期的，也不得超过一个月的期限。资政院成立后，曾先后于 1910 年和 1911 年召开过两次常年会。1910 年 10 月 3 日召开的第一次常年会，其议员产生方式、会议的组织程序都是按照 1910 年 8 月 23 日修正后的《资政院院章》办理的。第一次常年会因为议事较多，延长了十天的会期，前后历时一百天。1911 年 10 月 22 日，资政院第二次常年会举行。在武昌起义隆隆炮声的伴奏下，濒临破产的资政院选举袁世凯作为内阁总理大臣。

一个多月之后，各省都督府代表于上海开会决定国家大计，决议并通电："资政院已失代表人民之本意，院议各省概不承认。"④ 资政院在全国革命大潮的冲击下寿终正寝。

4. 对资政院的评价

在中国政治和法律发展史上，资政院是一个非常新鲜的事物。不可否认，资政院是清政

---

① 溥伦系皇族近支，道光皇帝长子隐智郡王的长孙。孙家鼐是咸丰九年科状元，文渊阁大学士，在旧官僚中以容易接受新思想见称。

② 资政院总裁和副总裁的人事变动一直比较频繁。宣统三年（1911 年）元月，沈家本回法部任职，副总裁一职由李家驹接任。由于溥伦为清政府办事不力，其职位很快被世续取代。同年 8 月，由于世续"告病"，李家驹出任总裁，达寿出任资政院副总裁。10 月底，李家驹因病免职。到 1912 年 1 月 26 日，资政院江苏民选议员许鼎霖出任资政院最后一任总裁——那时，中华民国南京临时政府已经宣布成立了。

③《考察政治馆拟具资政院官制清单》，载《中华民国史档案材料汇编》，第一辑，95 页。

④《军机处电档》，参见中国史学会编：中国近代史资料丛刊《辛亥革命》，第八册，144 页，上海，上海人民出版社，1957。

府迫于时局的压力而推出的缓兵之计，其目的在于维持已经摇摇欲坠的清王朝的统治。但客观地说，资政院在当时的出现还是有进步意义的。具言之，其积极意义有如下诸端：

（1）从制度建构的角度看，资政院为国民参与国家政事提供了一个形式上的民主平台。在第一次常年会期间，资政院讨论了速开国会案、设立责任内阁和弹劾军机大臣案、开党禁案等当时非常有影响的问题。立宪派在第一次常年会上占据了主动，积极发表对国家大政方针的观点，对清政府的决策产生了相应的影响。因此，我们可以说资政院为人民提供了一个发表自己观点的平台，是资产阶级式的民主制度在中国的最早尝试。

（2）从政治改革的角度看，资政院切实地推进了一些改革。关于国家的大政方针，资政院在其存续期间推出了《钦定宪法大纲》、《宪法重大信条十九条》；在1911年10月30日，清政府根据资政院的奏请发布了开党禁的上谕。在社会风俗方面，清政府基于资政院的申请，于1911年12月7日下令允许官民自由剪发易服。这些改革虽然是被动发生的，但其积极意义却也是有目共睹的。

（3）从意识形态的角度看，资政院的设立、其贯穿的理念和采取的具体措施，推动了现代民主观念在中国的深入。资政院在这方面的进步意义，至少可以分为以下三个层次：第一，资政院秉承了三权分立的制度设计理念，而分权的理念恰恰是西方资产阶级民主的基石。第二，资政院推出的改革措施，使人们深切地意识到清王朝的腐败无能，从而坚定了人们的民主革命信念。第三，资政院中的民选议员所发挥的作用，唤醒了人们参与国家大政方针的民主意识。

（二）咨议局

清朝末年出现的咨议局，是资政院的孪生兄弟，是晚清政府推行"地方自治"的重要机构。在中国近代民主发展的过程中，咨议局也曾发挥过相应的作用。

1. 咨议局的设立过程

在载泽等五大臣出洋考察归来后，实行宪政、推行地方自治的呼声越来越高。在推行地方自治需要相应机构的大背景下，清政府中的一些地方大员对这个机构作出了一些设想。例如，时任两广总督的岑春煊于1907年6月10日（光绪三十三年四月十三日）上书，提出要："速设资政院以立上议院之基础，并以督察院代国会，以各省咨议局代议院……此皆预备立宪之阶级也……省城咨议局即各省之总议院也。"① 岑春煊在奏折中第一次起用了"咨议局"的名称，虽然该咨议局在根本上并不具备地方议会的性质，但这一称谓还是被传承了下来。

在此后的直隶总督袁世凯奏请尽快实行预备立宪的十条建议（1907年7月28日）的推动下，清政府于1907年10月19日下谕旨，命令各省设立咨议局。该上谕指出："前经降旨于京师设立资政院以树议院基础，但各省亦应有采取舆论之所，俾其指陈通省利弊，筹计地方治安，并为资政院储材之阶。著各省督抚均在省会速设咨议局，慎选公正明达官绅创办其事，即由各属及各绅民公举贤能作为该局议员，断不使品行悖谬和武断之人滥厕其间。"② 清政府虽然下旨要求各省设立咨议局，但并未规定咨议局设立的具体办法。因此，清政府于

---

① 《两广总督岑春煊奏请速设资政院代上院以都察院代下院并设省咨议局暨府州县议事会折》，载故宫博物院明清档案部编：《清末筹备立宪档案史料》，上册，501页。

② 《著各省速设咨议局谕》，载故宫博物院明清档案部编：《清末筹备立宪档案史料》，下册，667页。

1908年7月22日又批准并颁布了宪政编查馆和资政院拟制的《各省咨议局章程》以及《咨议局议员选举章程》，并要求各省巡抚奉章于一年内一律办齐。遵循上述旨意，各省巡抚先后建立本省的咨议局筹备处，至1909年10月14日（宣统元年九月一日）"各省咨议局开会之期，除新疆奏明缓办之外，各省一律开办"①。其时，全国共设21个咨议局，即奉天、吉林、黑龙江、直隶、江苏、安徽、江西、浙江、福建、湖北、湖南、山东、河南、陕西、山西、甘肃、四川、广东、广西、云南、贵州。上述咨议局共选出议员1643人，其中并不包括部分咨议局选出的58名候补议员。②

宪政编查馆对各省咨议局议事厅的建筑，还作了大致的要求："其新建者，则宜仿各国议院建筑，采用园式，以全厅重任，能彼此共见互闻为主，所有议长席、演说台、速记席暨列于上层之旁听等，皆须预备，其改造者，亦应略仿此办理。"③ 以江苏省咨议局为例，成立于1909年的江苏省咨议局坐落于南京的湖南路10号。江苏省实业家张謇被推为省咨议局议长，并主持咨议局大楼的建设工作。当时，张謇委派他的学生、南通土木工程专科学校的优秀毕业生孙支厦负责省咨议局大楼的设计及施工。孙支厦除了参考了大量西方近代的建筑外，还专程去日本考察，研究以西洋建筑风格为主的日本公共建筑。"最后，他按照法国文艺复兴时期宫殿式建筑形式，设计、建造完成了这座占地面积5000多平方米的江苏咨议局大楼"④。

从咨议局设立的过程中，我们不难看出清政府所面临的困境，以及咨议局设立的审慎。

2.《咨议局章程》概述

各省咨议局是按照《咨议局章程》⑤ 建立起来的。《咨议局章程》共12章62条，对咨议局的性质、地位、权限以及相应的组织和活动问题作了比较明确的规定。

诚如前述，咨议局的性质在于"采取舆论之所，俾其指陈通省利弊，筹计地方治安，并为资政院储材之阶"⑥。从此，我们大致可以看出，咨议局是议员们对省内事务发表评论的所在。此外，对本省的预算、决算、公债等属于地方治安的事项，也在咨议局议论的范围之内。《咨议局章程》第7章第31条虽然也曾规定"咨议局为一省议会"，但在奕劻等人所上奏折中又被定性为"咨议局即议会之先声"。也就是说，咨议局在性质上只是一个可以为政府决策提供意见，而没有任何实质性权利的附属性机构。这点可以从咨议局的地位上，得到良好的说明。

咨议局与省督抚之间的关系，最能说明咨议局的地位。《咨议局章程》第6、7、8章中的一些条款，对此作了明确的规定。例如，咨议局决定的事件，需要报呈督抚公布施行；如果督抚认为上述决定不当，可以命令咨议局重新议事；咨议局遇到疑难事件，需要督抚批答；督抚有权停止咨议局会议以及解散咨议局；由督抚决定议长、副议长以及常驻议员公费。咨议局与督抚这种劣势关系说明，咨议局不过是行政部门严格控制的、监督的咨询机

---

① 中国史学会编：中国近代史资料丛刊《辛亥革命》，第4册，69页，上海，上海人民出版社，1957。

② 参见张朋园：《立宪派与辛亥革命》，13页。

③ 《东方杂志》，宣统元年（1909年）第五期，《宪政篇》。

④ 《钟山风雨》，2001（5），51页。

⑤ 参见《大清光绪新法令》第二册，4~14页；另参见故宫博物院明清档案部编：《清末筹备立宪档案史料》，下册，670~683页。

⑥ 故宫博物院明清档案部编：《清末筹备立宪档案史料》，下册，667页，北京，中华书局，1979。

构，根本不具备有决定权的议事机构的性质。

《咨议局章程》还规定了咨议局的会议制度和权限。咨议局的会议分为常年会和临时会两种，"常年会每年一次，会期以四十日为率，自九月一日起，至十月十一日止，其有必须持续会议之事，得延长会期十日以内。""临时会于常年会期之外，遇有紧要事件，经督抚之命令，或议员三分之一以上之陈请，或议长、副议长及常驻议员联名陈请，均得召集。其会期以二十日为率。"① 关于咨议局的权限，《咨议局章程》第 6 章第 21 条作了如下规定："一、议决本省应兴革事件，二、议决本省岁出入预算事件，三、议决本省岁出入决算事件，四、议决本省税法及公债事件，五、议决本省担任义务之增加事件，六、议决本省单行章程规则之增删修改事件，七、议决本省权利之存废事件，八、选举资政院议员事件，九、申覆资政院咨询事件，十、申覆督抚咨询事件，十一、公断和解本省自治会之争议事件，十二、收受本省自治或人民陈请建议事件。"② 从形式上看，《咨议局章程》赋予了咨议局以诸多权力，但由于督抚的掣肘，咨议局的权力很少能够落到实处。

3. 咨议局的议员构成和活动

咨议局由议长、副议长和常设议员组成常驻机构，构成咨议局的核心；此外，咨议局还有一些办理日常事务的行政机构，如办事处。办事处处理咨议局中的一般公务、会计等繁杂公务。各省咨议员并非由选民直接选举产生，而是由选举人先行选出若干"议员选举人"，再由议员选举人选举咨议院的议员。《咨议局章程》对选举人的条件也作了严格的规定：具有本省籍贯且年满 25 岁的男子，在本地办教育或其他公益事业满 3 年著有成绩的，中学以上学校毕业或举贡生员以上出身的，曾任文官七品、武官五品以上未被参革的，在本省有 5 000 元以上营业资本或不动产的。③ 而对外省人的选举资格，《咨议局章程》规定了更为苛刻的条件。总之，《咨议局章程》对选举人的资格作了籍贯、年龄、性别、出身、受教育程度等限制，到后来能有机会参加选举的人少得可怜。以直隶为例，1909 年的总人口数为 25 932 133 人，能有资格参加选举的选民总数只有162 585人，占人口总数的0.63％。通观 21 个省的选举人与人口总数之比，没有哪个省超过了 1％。特别值得一提的是，各省选民总数与人口总数的平均百分比为 0.40％。④ 如此多的限制因素，决定了咨议局议员大多数都曾担任过清政府各级机关中的官吏，或者曾取得过秀才、举人、进士等功名的知识分子，还有部分富商和地主。咨议局议员的构成，又决定了他们的不同政见。

各省咨议局从宣统元年九月一日（1909 年 10 月 14 日）成立，到宣统三年九月初八（1911 年 10 月 10 日）武昌起义爆发，前后经历了两年的时间。在两年的时间里，咨议局的活动大致在以下三个方面展开：第一，从 1909 年 9 月到 1910 年 10 月，各省咨议局联合起来组织了三次大规模的敦促清政府速开国会、组织责任内阁、颁布宪法的请愿活动，并在全国范围内产生了广泛的影响；第二，各省咨议局虽然不是完整的立法机关，但却通过了大量的议案，内容涉及经济、政治、社会、国家主权等各个方面，这些议案在当时也发挥了不小的

---

① 《咨议局章程》第 7 章第 32、33 条。
② 《宪政初纲·奏议》，676 页，北京，商务印书馆，1906。
③ 参见张培田、陈金全：《清末预备立宪的史实讨论》，载《湘潭大学学报》，2004（6）。
④ 关于此处援引的数据，参见傅怀锋：《试析清末民众的政治参与》，载香港中文大学《二十一世纪》，2004 年 2 月号，总第 23 期。

作用;第三,各省咨议局还发动群众,组织了大规模的护路、护矿等维护国家主权的运动。咨议局的上述工作,为推进中国的民主政治、启发民智都发挥了很大的作用。

武昌起义爆发后,各省咨议局或者消逝,或者改头换面变成民国初期的地方机构。在其存续期间,各省咨议局发挥的作用是不同的,且各省咨议局开会的场面也是各有千秋。例如,有些咨议局竟然"开会三四十日,议员不发一言者居半数焉"①。即便如此,咨议局同资政院一样,在当时的中国社会都绝对是再新鲜不过的事物。怀着满腔政治热情的国人,通过咨议局参与到了国家大政方针的讨论之中,为民主政治在中国的实践作了一次先期的排练。客观地说,咨议局对推动中国的民主进程发挥了积极的作用。

四、《重大十九信条》——特殊条件下的急就章

《重大十九信条》,其全称为《宪法重大信条十九条》,它公布于宣统三年九月十三日(1911 年 11 月 3 日)——那时,革命的烈火已经燃遍了全国。这部在朝野立宪派和资产阶级革命派的联合压力下产生的宪法纲要,意在挽救当时已经风雨飘摇的清政府。尽管《重大十九信条》没能实现其最初的立法目的,但作为中国历史上第一部议会君主制的宪法文本,该信条相对于《钦定宪法大纲》还是具有相当的进步意义。

(一)《重大十九信条》产生的历史背景

《重大十九信条》是清政府在特定的历史条件下,推出的一棵救命稻草。具体言之,清政府颁布《重大十九信条》的原因可以概括为以下几个方面。

第一,民间立宪派制定议会君主制宪法的舆论压力,要求清政府尽快召开国会、制定宪法。早在清政府派出五大臣出洋考察归来后,舆论界对制定日本式的还是英国式的君主立宪制宪法就已经展开了争论。大体上来说,官僚立宪派主张确立强化皇权的、日本式的君主立宪体制;而资产阶级立宪派则主张建立限制皇权的、英国式的君主立宪制度。在后者看来,英国式的宪法能够扩大民权、限制君权,如此才能达到通过宪政改革达到富国强兵的目的。例如,杨度指出:"立宪之事,不可依赖政府,而惟恃吾民自任之。"②梁启超也指出,在制定宪法的问题上,"万不能如日本为单纯的钦定之形式,若其宪法之内容如何,则在所必争也"③。资产阶级立宪派发出如此呼声的最终理念在于:宪法作为国家的根本法,其制定必须由全体国民参与,对包括君主在内的全体国民均具有法律效力。制定英国式的、协定宪法的途径是召开议会,由议会制宪。反之,如果先制定宪法、后召开国会,制定出来的宪法只能是钦定宪法。

有鉴于此,资产阶级立宪派以《时报》、《大公报》、《申报》、《国风报》等为阵地,宣传他们的政治主张,并在全国范围内引起了广泛的共鸣。

第二,资产阶级革命派发起的反清革命,已成燎原之势。资产阶级革命派以坚决推翻清政府的统治为奋斗目标。即便是在清政府公布了《钦定宪法大纲》之后,他们的这一目标也

---

① 《浙江巡抚增韫奏咨议局宜研究全国共同之利弊并调查各国地方事业之成绩折》,载故宫博物院明清档案部编:《清末筹备立宪档案史料》,下册,708 页。

② 刘晴波主编:《杨度集》,211 页,长沙,湖南人民出版社,1986。

③ 梁启超:《申论种族革命与政治革命之得失》,载《饮冰室合集》文集之十九。

没有改变。在《民报》发行一周年的纪念演说中，孙中山重申了革命党的目标，即"扑灭他的政府，光复我们民族的国家"①。从 1907 年到 1911 年，革命派先后组织了八次起义，并最终于 1911 年 10 月 10 日发动的武昌起义中获得成功。在武昌起义爆发后一个多月的时间里，全国有 14 个省份先后宣布独立。在轰轰烈烈的革命大潮中，清政府被迫解散皇族内阁并推出了《重大十九信条》，以期通过系列措施挽救清政府的统治危机。

第三，具有立宪思想的陆军第二十军统制张少曾以及第二混成协统蓝天蔚发动的兵谏，成了《重大十九信条》的直接催产素。1911 年 10 月 27 日，具有立宪思想的军人张少曾、蓝天蔚奏请立宪。迫于这种压力，清政府于 10 月 30 日连下若干道谕旨，其中包括《准开党禁颁布特赦谕》、《实行宪政谕》、《著溥伦等迅拟宪法条文交资政院审议谕》以及《组织完全内阁不再以亲贵充国务大臣谕》。② 11 月 2 日，清政府又发布了《组织完全内阁并令资政院起草宪法谕》，宣称："另简袁世凯为内阁总理大臣，组织完全内阁。所有大清帝国宪法著即交资政院起草，奏请裁夺实行，用示朝廷好恶同民，大公无私之至意。"③ 第二天，张少曾、蓝天蔚等人联名向清政府提出了《政纲十二条》④，要求清政府"立决可否，明白宣示……"同日，清政府发布了《择其颁布君主立宪重要信条谕》，宣称"采用君主立宪主义，并先拟具重大信条十九条……择期宣誓太庙，将重要信条立即颁布……宣誓天下。将来该院（资政院——作者注）草拟宪法，即以此为标准"⑤。在内外交困的窘境下，清政府推出了《宪法重大信条十九条》。

（二）《重大十九信条》的内容与特点

《宪法重大信条十九条》的内容为："第一条，大清帝国皇统万世不易；第二条，皇帝神圣不可侵犯；第三条，皇帝之权，以宪法所规定者为限；第四条，皇位继承顺序，于宪法规定之；第五条，宪法由资政院起草议决，由皇帝颁布之；第六条，宪法改正提案权属于国会；第七条，上院议员，由国民于有法定资格者公选之；第八条，内阁总理大臣由国会公举，皇帝任命，其他国务大臣，由总理大臣推举，皇帝任命。皇族不得为总理大臣及其他国务大臣并各省行政长官；第九条，总理大臣受国会弹劾时，非国会解散，即内阁辞职，但一次内阁不得为两次国会之解散；第十条，陆海军直接皇帝统率，但对内使用时，应依国会议决之特别条件，此外不得调遣；第十一条，不得以命令代法律，除紧急命令，应特定条件

① 孙中山：《民报周年纪念演说词》，载《民报》第十号。

② 参见故宫博物院明清档案部编：《清末筹备立宪档案史料》，96、97 页，北京，中华书局，1979。

③ 故宫博物院明清档案部编：《清末筹备立宪档案史料》，98 页，北京，中华书局，1979。

④ 张少曾等人提出的《政纲十二条》为："一、大清皇帝万世一系。二、立开国会，于本年之内召集。三、改定宪法由国会起草议决，以君主名义宣布，但君主不得否决。四、宪法改正提案权专属国会。五、海陆军直接由大皇帝统率，但对内使用，应由国会议决特别条件遵守，此外不得调遣军队。六、格杀勿论、就地正法等律，不得以命令行使。又对一般人民，不得违法随意逮捕、监禁。七、关于国事犯之当人，一体特赦擢用。八、组织责任内阁，内阁总理大臣，由国会公举，由皇帝敕任。国务大臣，由内阁总理大臣推任。但皇族永远不得充任内阁总理大臣及国务大臣。九、关于增加人民负担及婤和等国际条约，由国会议决，以君主名义缔结。十、凡本年度预算，未经国会议决者，不得照前年度预算开支。十一、选任上议院议员，概由国民对于有法定特别资格者公选之。十二、关于现时规定宪法、国会选举法及解决国家一切重要问题，军人有参与之权。"参见中国史学会编：中国近代史资料丛刊《辛亥革命》，第 4 册，96 页，上海，上海人民出版社，1957。

⑤ 故宫博物院明清档案部编：《清末筹备立宪档案史料》，102 页，北京，中华书局，1979。

外，以执行法律及法律所委任者为限；第十二条，国际条约，非经国会议决，不得缔结，但媾和宣战，不在国会开会期中者，由国会追认；第十三条，官制官规，以法律定之；第十四条，本年度预算，未经国会议决者，不得照前年度预算开支。又预算案内，不得有既定之岁出，预算案外，不得为非常之财政处分；第十五条，皇室经费之制定及增减，由国会议决；第十六条，皇室大典不得与宪法相抵触；第十七条，国务裁判机关，由两院组织之；第十八条，国会议决事项，由皇帝颁布之；第十九条，以上第八、第九、第十、第十二、第十三、第十四、第十五、第十八各条，国会未开以前，资政院适用之。"①

通观上述《宪法重大信条十九条》的内容，我们不难看出它的特点：

第一，从形式上看，《重大十九信条》把国家权力在国会、内阁和皇帝之间作了明确的划分。与此前公布的《钦定宪法大纲》相比，《重大十九信条》虽然也规定了皇帝有着至高无上的地位，但皇帝的很多权力却受到了其他国家机构的制约。在《重大十九信条》中，国会的地位显得更为突出。

第二，从性质上看，《重大十九信条》带着更浓重的资产阶级的烙印。这里值得一提的是：《重大十九信条》是由资政院制定，由清政府颁行的。1911 年 11 月 2 日清政府发布的《组织完全内阁并令资政院起草宪法谕》，给予资政院以独立的制定宪法的权力。经过朝野立宪派多年的努力，资政院的性质最终发生了重大转变，显露出立法机关的性质。与《政纲十二条》相比，《重大十九信条》的内容更为丰富。造成这一结果的原因，并非皇帝愿意自己的权力受到限制，而是当时特定的危机窘境以及资政院反映了资产阶级立宪派的某些要求。

第三，从总的精神旨趣看，《重大十九信条》仿行了英国的议会式君主立宪制。虽然英国至今都没有成文宪法，但"议会至上"的原则一直是英国宪法中的惯例。也就是说，在英国宪法制度中，议会具有无可争议的、至高无上的地位。《重大十九信条》对皇帝权力的限制以及对议会地位的凸显，正是秉承了英国式宪法制度的精义，也是资产阶级立宪派和某些官僚立宪派所追求的政治目标。

(三)《重大十九信条》颁布的意义

毋庸赘言，《重大十九信条》的颁布把清末的立宪活动推向了极致。从最初的立法目的而言，《重大十九信条》被清政府视为消弭革命烈火的灭火剂以及挽救危局的灵丹妙药，但《重大十九信条》最终并没能遏制住清政府迈向灭亡的步伐。当然，从中国宪政发展的历史长河来看，《重大十九信条》的积极意义自不待言。诚如杨幼炯先生指出的那样，《重大十九信条》是"有清一代之唯一宪法，亦我国历史上之第一次宪法也"②。在当时的历史条件下，《重大十九信条》的积极意义至少可以概括为以下两个方面：

第一，《重大十九信条》是民主共和精神在宪法文本上的制度表现。在中国这样一个具有两千多年专制传统的国度里，君上大权在国家权力的位阶中一直处于绝对的、至高无上的地位。《重大十九信条》以分权理念为依托而对君主权力所作的限制，不啻为中国民主制度发展历史上的第一道曙光。它的公布，对民主共和思想在中国的发芽、扎根，作出了有意义的、制度上的尝试。

---

① 《宣统政纪》，卷四十一；亦可见《宪政初纲·奏议》，102～104 页，北京，商务印书馆，1906。
② 杨幼炯：《近代中国立法史》，56 页，北京，商务印书馆，1936。

第二，与《钦定宪法大纲》相比较，《重大十九信条》在立法技术方面体现出了较大的进步。《钦定宪法大纲》是对日本《明治宪法》的简单抄袭，谈不上有更多的立法技术可言；《重大十九信条》是在对西方特别是英国的宪政精义作了比较深入研究的基础上，结合中国自身的实际情况制定的一个宪法文本。因此，我们可以说《重大十九信条》从外在表现形式上看带有更多的技术成色。

从改良派倡导仿效西方资本主义国家进行政治制度改革的舆论开始，到清政府之覆亡，晚清的预备立宪活动持续了近半个世纪的时间。在这段时间里，清政府迫于时局的压力，以"中体西用"的理念为指导，开始了从早期的洋务运动到后期的预备立宪的一系列改革。尽管这些改革没能挽救清政府政治上的颓势，但却使早期被视为异端邪说的自由、平等、分权、宪法等观念和制度平民化、合法化乃至制度化。这种变迁是晚清时期中国的有识之士进行制度上的探索的重要成果，对推进中国的民主进程发挥了重要作用。

同时，我们还应该看到：由于中国传统文化的强大惯性，西方的制度被移植到中国后都发生了不同程度的扭曲。诚如美国学者费正清所言："受到现代变化压力影响的中国文化是历史上所有文化中最具特色、最独立、最古老、最能自我满足、最平衡、最厚实的文化。因此，在过去150年里中国所发生的间断性革命也是历史所要求的最深刻、最大规模的社会变化。"[1] 在这样的大背景下，清末立宪活动表现出了中、西理念混杂的"四不像"形态。例如，西方民主宪政制度以扩大民权为最终依归，而中国所推行的宪政改革几乎没有提到民权。这种现象根源于中国历史上对民权的忽视，是上述中、西观念混杂形态的最好体现。

总之，在看到清末预备立宪的局限性的同时，我们也不能无视它对中国近代民主制度建设的积极意义。用历史而不是现代的眼光看待历史，才能对历史进行较好的还原，并对时人产生有益的启迪。

第二节
民主共和的早期实践

一、南京临时政府的建立——共和初立

（一）湖北军政府的成立与"各省都督府代表联合会"

1. 湖北军政府的成立

1911年10月10日晚9时，资产阶级革命派打响了武昌起义的第一枪。到11日晚和12日凌晨，革命党人不仅控制了武昌，还攻占了汉口、汉阳。武昌起义获得成功。

怎样建立政权和建立什么样的政权，是摆在胜利后的革命党人面前的首要问题。11日下午，革命党人在讨论组建政府事宜时，推举清军协统黎元洪为都督，原湖北省咨议局议长汤化龙为民政总长。由于黎元洪坚辞都督之职，革命党人遂于当晚成立了谋略处，作为策划和

---

① ［美］费正清：《观察中国》，25页，成都，四川人民出版社，1992。

决定重大军政事务的机关。谋略处成立后，一些重大决定相继出台：改中国为中华民国；湖北革命领导机关定名为中华民国军政府湖北都督府；革命军旗为十八星旗；等等。这些决议均以都督黎元洪的名义通电全国，湖北军政府正式闯入人们的视野。

此后，湖北军政府先后公布了一系列关于政治、军事以及刑事等问题的法令。这里特别值得一提的，是由宋教仁起草，并由湖北军政府于1911年11月9日公布的《中华民国鄂州约法》。《鄂州约法》包括总纲、人民、都督、政务委员、议会、法司、补则等七章，共60条。①《鄂州约法》以自由、平等、博爱和天赋人权为思想指导，以分权原则为理论基础，对政府的组建和权力运行机制作出了比较明确的规定。《鄂州约法》是资产阶级革命党人颁布的第一个带有宪法性质的重要文件。虽然该《约法》由于错综复杂的革命形势等因素没能有效地实施，但它在当时还是产生了重要影响：此后独立的一些省份制定的政府组织纲要大多以其为蓝本——《江西临时约法》从内容到形式几乎完全与其相同，而且它也构成了此后出台的《中华民国临时约法》的雏形。

2. 各省都督府代表联合会的召开

"武汉义旗天下应，推翻专制共和兴。"②在武昌起义的感召下，革命的烈火迅速燃遍了全国：10月，湖南、陕西、山西、云南、江西相继宣布独立；11月，上海、贵州、浙江、江苏、广西、安徽、广东、福建、四川宣布脱离清政府而独立。遍布全国的轰轰烈烈的革命运动，使清政府的统治迅速土崩瓦解。

在各省相继宣布独立后，组成一个统一的中央政府以取代清政府统治的问题，成为当时的革命党人和业已独立的各省的当务之急。1911年11月7日，黎元洪以湖北军政府都督的名义致电独立各省，征询组织临时中央政府的意见。11月9日，黎元洪致电独立各省，要求各省速派代表到武昌开会，筹建临时中央政府。③在几乎与此同时的11月11日，江苏都督程德全、浙江都督汤寿潜联合上海都督陈其美也通电各省，倡议"于上海设立临时会议机关，磋商对内、对外妥善之方法"，并"务请各省举派代表，迅即莅沪集议"④。汉、沪两地争夺临时政府所在地的情形以及革命形势的发展，使各省都督府代表联合会的召开分也为三个阶段。

第一个阶段，是从1911年11月15日到28日在上海召开的。其间作出的决议包括：将此次会议命名为"各省都督府代表联合会"；"承认武昌为民国中央军政府，以鄂军都督执行中央政务"；并于11月23日决议各省代表同赴武昌，讨论组织临时政府。⑤第二个阶段，是从11月30日到12月8日在汉口举行的。11月29日，11省23位代表会集于武汉，30日正式召开会议。会议选举湖南代表谭人凤为议长，也作出了一些重要的决议，其中最重要的当属12月3日正式通过了《中华民国临时政府组织大纲》。此后，由于11月27日汉阳失守而苏浙联军于12月2日攻克南京，会议遂于12月4日作出会址迁往南京的决议。因此，第三个阶段的会议，是从1911年12月12日到31日在南京举行的。南京会议也作出了一些重要决议，如选举孙中山为中华民国临时大总统、修正《临时政府组织大纲》、改用阳历，以中华民国纪元等。

---

① 参见《宋教仁集》上册，350～354页，北京，中华书局，1981。
② 吴玉章：《辛亥革命》，29页，北京，人民出版社，1961。
③ 参见台湾"中华民国史研究中心"：《中华民国史事纪要》（初稿），867～868页，1974。
④ 《民主报》，1911-11-14。转引自《辛亥革命在上海史料选辑》，752页，上海，上海人民出版社，1966。
⑤ 参见刘星楠：《辛亥各省代表会议日志》，载《辛亥革命回忆录》，第6集，242～246页，北京，中华书局，1963。

（二）《中华民国临时政府组织大纲》

1911 年 12 月 2 日，在汉口召开的各省都督府代表联合会，推选江苏代表雷奋、马君武，湖北代表王正廷 3 人拟定《中华民国临时政府组织大纲草案》。12 月 3 日，联合会议决《中华民国临时政府组织大纲》4 章 21 条，并于当日予以公布。由于革命形势的变化，《中华民国临时政府组织大纲》分别于 1911 年 12 月 16 日、12 月 31 日和 1912 年 1 月 2 日被修改了三次。

关于行政权，《临时政府组织大纲》规定：中华民国政治制度采取总统制，临时大总统不仅是国家元首，而且也是政府首脑。临时大总统有统帅陆、海军的权力；在参议院同意的情况下，临时大总统还有宣战、媾和、缔约、设立临时中央审判所、制订官制以及任免国务员、外交专使的权力。临时大总统下辖各部，各部长为国务员，辅佐临时大总统办理各部事务，并对临时大总统负责。临时大总统由各省都督府代表选举产生，每省有一票表决权。

关于立法权，《临时政府组织大纲》规定：参议院由每省都督府委派三名参议员组成，是行使立法权的机关。参议院的职权包括议决暂行法律、预算、税法、币制、发行公债、检查政府出纳、宣战媾和、缔约和建立临时中央审判所的权力；议决临时大总统交付审议的事件；答复临时大总统咨询事件。参议院由议员选出正、副议长主持院务。一般的议案，以到会议员过半数同意为有效，而对宣战媾和及缔约等重大事项，必须到会议员的 2/3 同意，才能议决。

关于司法权，《临时政府组织大纲》规定：临时中央审判所为行使司法权的机关。

《临时政府组织大纲》是资产阶级革命派制定的一部政府组织法。通观《临时政府组织大纲》的内容，我们可以看出其具有以下几个方面的特点。

第一，在权力运行的理念上，《临时政府组织大纲》采取了三权分立的基本理论。即国家权力被分为总统为首的行政权、参议院代表的立法权和临时中央审判所所代表的司法权，三种权力相互制约。

第二，在国家政体的设计上，《临时政府组织大纲》采取了总统制共和制的政体。纵观中国宪政改革的历史，我们会发现国人走了一条从仿行日本、英国再到美国宪政方式的道路。《临时政府组织大纲》没有规定大总统对参议院负责，却规定了各部部长"辅佐大总统办理本部事务"。如此等等的类似规定，确立了新组建的临时政府的总统制共和制的政体形式。

第三，《临时政府组织大纲》反映出资产阶级革命派效仿西方宪政分权理念的不彻底性。此点最集中体现在《临时政府组织大纲》确立了一院制的议会制度。按照西方资产阶级国家的分权理念，立法权在各种权力中具有首要地位。因此，为保证各种权力之间的均衡，将权力最大的立法权一分为二、使立法权内部相互制约几乎已成通例。但《中华民国临时政府组织大纲》却采取了权力更为集中的一院制。

第四，《临时政府组织大纲》没有明确规定人民的权利等至关重要的问题。分权的最终依归是保障公民的权利。《临时政府组织大纲》没有对公民权利作出明确规定，致使它对分权理念的设计和贯彻最终失却了价值追求。

虽然如此，我们也不可否认《中华民国临时政府组织大纲》的积极意义。这种积极意义可以概括为以下几个方面：

第一，《中华民国临时政府组织大纲》，以法律的形式肯定了辛亥革命推翻统治了中国长达两千多年的封建帝制。共和之取代专制，是总体的趋势，符合历史发展潮流。

第二，《中华民国临时政府组织大纲》，为南京临时政府的建立提供了法律依据。《临时政府组织大纲》为南京临时政府的组建构建了一个基本的框架，并对后来一系列政府的组建产生了相应的影响。

第三，《中华民国临时政府组织大纲》，在中国开创了"先立宪、后建国"的宪政理念。此点，是对上述第二个方面意义的一个深入和挖掘，也是笔者认为的《临时政府组织大纲》的最重要意义。依法成立国家、组建政府的理念，在中国一直缺少相应的土壤。《临时政府组织大纲》因袭了1787年美国费城制宪会议"先立宪、后建国"的做法，在当时的中国应该说是具有划时代的历史意义。

（三）南京临时政府的成立

就在各省都督府代表联合会在选举黄兴和黎元洪谁出任临时大总统问题上为难的时候，孙中山于1911年12月25日从海外回到上海。11月29日，各省都督府代表联合会在南京召开选举临时大总统会议。出席会议者共有17省的代表45人，以及2名列席的华侨代表。根据每省一票的选举原则，孙中山以16票的绝对多数当选为中华民国南京临时政府第一任大总统。1912年1月1日，孙中山宣读了《临时大总统誓词》，发布了《临时大总统宣言书》，宣誓就职并发布了中华民国南京临时政府的成立、任务以及其内政和外交方针。

孙中山根据"不问其党与省"，"惟才能是称"[1]，联合"海内名宿"以及"部长取名，次长取实"[2] 等原则，组建政府。1912年1月3日，各省都督府代表联合会选举黎元洪为副总统。此后，中华民国南京临时政府的重要组成人员也相继走马上任。

中华民国南京临时政府各部总长、次长

	总长	次长
陆军部	黄 兴	蒋作宾
海军部	黄钟英	汤芗铭
外交部	王宠惠	魏辰组
内务部	程德全	居 正
财政部	陈锦涛	王鸿猷
司法部	伍廷芳	吕志伊
教育部	蔡元培	景耀月
实业部	张 謇	马君武
交通部	汤寿潜	于右任
参谋部	黄 兴	钮永建

---

① 中国第二历史档案馆编：《中华民国史档案资料汇编》，12页，南京，江苏人民出版社，1981。

② 居正：《辛亥札记》，载武汉大学历史系编：《辛亥革命在湖北史料选辑》，173页，武汉，湖北人民出版社，1981。

中华民国南京临时政府秘书处及各局局长

秘书处	秘书长	胡汉民
	总务组	李肇甫、熊成章、萧友梅、吴永珊、任鸿隽
	军事组	李书城、耿伯钊、石瑛、张通典
	外交组	马素、张季鸾、邓家彦
	民事组	但焘、彭素民、廖炎
	电务组	谭熙鸿、李骏、刘鞠可、黄芸苏
	官报组	冯自由、易廷熹
	收发组	杨铨
法制局长		宋教仁
印铸局长		黄复生
公报局长		但焘

南京临时政府成立后，参议院亦于 1912 年 1 月 28 日正式成立。次日，参议院选举林森、陈陶恰为正、副议长（由于陈陶恰很快辞职，王正廷于 3 月 15 日被补选为副议长）。2 月 5 日，李肇甫被选为审议长。至此，中华民国南京临时政府的各个部门基本确立。

中华民国南京临时政府是一个资产阶级性质的政府。革命党人在南京临时政府中的重要地位，就是对临时政府性质的最好诠释。南京临时政府的成立，确实具有非比寻常的意义：第一，南京临时政府的成立，为清政府的覆灭敲响了丧钟。它的成立表明，两千多年的封建专制制度在中国已经成为历史。第二，南京临时政府的成立，标志着中国资产阶级革命的阶段性胜利。经过长期的革命斗争，资产阶级革命派终于通过自己的努力建立了政权，将自己的理念转变为改造中国的政治制度。南京国民政府的诞生，唤醒并进而强化了中华民族的民族意识。第三，南京临时政府的成立，催产了《中华民国临时约法》的诞生。临时政府颁布的，以《中华民国临时约法》为纲的一系列政治、经济和文化方面改革的法令，为中国未来的发展勾勒了一个大致的框架。《中华民国临时约法》是中国资产阶级制定并正式颁行的第一部根本法，它为后来中国旧民主主义革命所推动的宪政改革勾勒出了一个大致的发展方向。

二、民族、民权、民生——共和的理论基础

（一）三民主义的提出

1894 年 11 月 24 日，孙中山召集何宽、李昌、邓荫南、郑金等二十余人，在檀香山的首府火奴鲁鲁提出建立一个以"振兴中华、挽救危局"为宗旨的团体，并将这个团体定名为"兴中会"。会议通过的孙中山拟定的《兴中会章程》，并没有明确提出武装反清的主旨，而是为了振兴中华的目的，争取华侨的支持以筹集资金。但加入兴中会的秘密誓词却颇具革命性，这个颇具革命性的秘密誓词是："驱除鞑房，恢复中国，创立合众政府。"[①] 兴中会的入

---

① 《孙中山全集》，2 版，第 1 卷，20 页，北京，中华书局，1981。

会誓词，把推翻满清王朝同建立资产阶级共和国结合起来，从而使兴中会的革命活动打上了资产阶级民主革命的烙印。

兴中会在成立后曾发动了一系列的反清武装起义，但均以失败告终。受这些革命运动的感染，中华大地上反帝、反封建主义的革命斗争日渐高涨。1904 年前后，随着全国范围内的革命运动的兴起和民主共和思想的广泛传播，国内又陆续出现了若干革命团体。在这些革命团体中，比较著名的有湖南的华兴会、湖北的科学补习所和浙江的光复会。为了将全国范围内的革命力量联合起来，孙中山提出应该建立一个统一的革命政党，以领导全国范围内的民主革命运动。

1905 年 8 月 20 日，中国同盟会在东京举行成立大会，大会通过了黄兴等人起草的《同盟会章程》，并确定了孙中山提出的革命纲领："驱除鞑虏，恢复中华，建立民国，平均地权"。同年 11 月 26 日，同盟会创办了机关刊物《民报》。在《民报发刊词》中，孙中山第一次将同盟会的 16 字纲领归结为民族、民权、民生三大主义，亦即仍为当代人所熟知的"三民主义"。

孙中山的三民主义思想，是在近代中国民主革命的事件中逐步形成的。兴中会的秘密入会誓词，是民族、民权主义形成的标志。1896 年到 1897 年，孙中山游历欧美等国家，研究了孟德斯鸠的三权分立学说，考察了美国、英国、法国等国家的国家制度，从而坚定了通过资产阶级革命建立共和国的理想。同时，他通过对这些立宪国家的深入考察，发现这些国家的人民仍然处于无权和贫困的境地。针对这种情况，孙中山为了消解资本主义的弊端，积极研究了当时的经济学说和社会改革方案。他根据亨利·乔治的"单税社会主义理论"以及约翰·密尔的土地国有理论，提出了解决中国民生问题的方案。孙中山所作的这些智识上的探索，为三民主义的出台作了理论上的铺垫。

1903 年秋天，孙中山在日本创立青山军事学校时，首次提出了"驱除鞑虏，恢复中华，创立民国，平均地权"的口号。[①] 此后，中国同盟会继续沿袭了这一纲领。1905 年，孙中山在《民报》发刊词中进一步把这一口号阐发为民族、民权、民生的三民主义。而在此后的《军政府宣言》和《民报》创刊周年纪念演说中，孙中山又对三民主义作了具体的阐释，从而形成了孙中山辛亥革命时期的三民主义思想体系。再到后来的 1924 年，孙中山先生又把三民主义发展为"联俄、联共、扶助农工"的新三民主义。

（二）三民主义的含义

什么是三民主义？孙中山围绕这三民主义曾作过非常多的演说，也写过不少的著作。在民国十三年（1924 年）1 月 27 日的演讲中，孙中山对三民主义作了如下概括："三民主义就是救国主义……何以说三民主义就是救国主义呢？因三民主义系促进中国之国际地位平等，政治地位平等，经济地位平等，使中国永久适存于世界，所以说三民主义就是救国主义"[②]。三民主义从具体内容上来说，就是民族、民权和民生。关于三民主义的具体含义，孙中山在

---

① 参见《孙中山全集》，2 版，第 1 卷，262 页，北京，中华书局，1981。

② 孙中山：《三民主义》，1 页，长沙，岳麓书社，2000。此书是岳麓书社从《孙中山全集》中涉及三民主义的篇章抽出，并参考了台湾国民党中央党史委员会编订的《国父全集》而成的。因此，本节以后的引文将主要参酌此书。

1906 年 12 月 2 日纪念《民报》创刊一周年的演讲中论述道："我们革命的目的是为众生谋幸福，因不愿少数满洲人专利，故要民族革命；不愿君主一人专利，故要政治革命；不愿少数富人专利，故要社会革命。这三样有一样做不到，也不是我们的本意。达了这三样目的之后，我们中国当成为至完美的国家"①。下面，我们就三民主义的具体内容分别叙述之。

1. 民族主义

民族主义发达于 19 世纪，盛行于 20 世纪。在孙中山看来，日耳曼脱离拿破仑的羁绊、意大利脱离奥匈帝国而统一、芬兰之脱离俄国而独立以及波兰的复国等，都是民族主义的具体表现形式。孙中山认为，民族主义在中国有两层目的，即消极目的和积极目的。关于这一问题，孙中山先生论证道："夫汉族光复，清朝倾覆，不过只达到民族主义之一消极目的而已，从此当努力猛进，以达民族主义之积极目的也。积极目的为何？即汉族当牺牲其血统、历史与夫自尊自大之名称，而与满、蒙、回、藏之人民相见议程，合为一炉而冶之，以成一中华民族之新主义，如美利坚之合黑白数十种之人民，而冶成一世界之冠之美利坚民族主义，斯为积极之目的也"②。因此，孙中山先生所说的民族主义绝不是狭义的反对满族人的民族主义，充其量推翻满族的统治只能算是民族主义的低级目标。民族主义的目的在于形成一个大的中华民族的概念，使全中国的各族人民联合起来，积聚和联合各种力量以使中国能够屹立于世界民族之林，成为一个世界强国！

那么怎样才能实现民族主义的目标呢？在从民国十三年（1924 年）1 月 27 日到 3 月 2 日的六次演讲中，孙中山专门论述了这个问题。他认为，在中国民族主义已经丧失殆尽的情况下，民族主义的恢复无外乎两种途径。第一种，"是要令四万万人皆知我们现在所处的地位"③。中国当时正处于生死关头：中国正遭受着来自帝国主义列强的政治力的压迫、经济力的压迫和列强人口增加的压迫。在知晓了我们现在所处的困境后，中国人定能觉醒并为民族主义的恢复而努力。第二种途径，是构建团体。孙中山认为："我们失了的民族主义，要想恢复起来，便要有团体，要有很大的团体。我们要结成大团体，便先要有小基础，就是宗族团体。……中国人照此作去，恢复民族主义，比较外国人是容易得多"④。因为中国人有很重的家族和宗族观念，将这两种观念大而化之，使之兑变为"国族"的观念，就能改变中国人一盘散沙的现状，从而使民族主义得以恢复。

孙中山不仅详细解释了民族主义的含义，还对实现民族主义的基本途径作了详细的分析。这种详细的分析还体现在恢复民主主义的技术层面上："恢复我一切国粹之后，还要去学欧美之所长，然后才可以和欧美并驾齐驱"⑤。继承我们自己的道德、智识和能力等国粹，再吸收发达国家的长处，我们才能够成为世界上的一流国家，才能恢复我们的民族主义！

2. 民权主义

孙中山认为，"民权就是人民的政治力量。……政就是众人的事，治就是管理，管理众

---

① 孙中山：《三民主义》，256 页，长沙，岳麓书社，2000。
② 孙中山：《三民主义》，240 页，长沙，岳麓书社，2000。
③ 孙中山：《三民主义》，47 页，长沙，岳麓书社，2000。
④ 孙中山：《三民主义》，53 页，长沙，岳麓书社，2000。
⑤ 孙中山：《三民主义》，66 页，长沙，岳麓书社，2000。

人的事便是政治。又管理众人之事的力量，便是政权。今以人民管理政事，便叫做民权"①。在孙中山看来，除了进行民族革命而外，还要进行政治革命。政治革命的目标就是建立民主的立宪政体。它所要解决的问题是人民享有民权，然后组建政府实现对众人的管理。基于此，孙中山把民权思想同西方资产阶级的自由、平等、博爱思想联系起来，阐发了他关于民权主义的观点。

孙中山指出，国家的政治大权包括政权和治权两个部分。政权完全交由人民掌握，人民可以直接管理国事，这样的政权就是民权，也叫做人民权；治权要完全交到政府的机关手中，要政府有很大的力量，治理全国事务，因此这样的治权也叫做政府权。孙中山认为，政权和治权要分开：政府就像机器，人民就像工程师。人民掌握的政权的内容主要包括四个方面：（1）选举政府官吏的选举权；（2）罢免自己所选官吏的罢免权；（3）创制法律的创制权；（4）修正并要求政府执行新修正的法律的复决权。根据中国的具体情况，孙中山认为政府掌握的治权包括以下五个方面的内容：（1）行政权；（2）立法权；（3）司法权；（4）考试权；（5）监察权。其中第（4）、（5）是孙中山结合中国的实际情况提出的。考试权可以为国家遴选真正的人才，以杜绝资本主义国家大量存在的"人不能尽其才"的弊端；监察权，也就是弹劾权。②

怎样实现民权主义呢？"人民要怎么样管理政府，就是实行选举权、罢免权、创制权和复决权。政府要怎么样替人民做工夫，就是实行行政权、立法权、司法权、考试权和监察权。有了这九个权，彼此保持平衡，民权问题才算是真解决，政治才算是有轨道"③。通过上述论述我们不难看出，公民权利的保障是孙中山民权主义的根本。要保障人民参与国家的管理，就必须废除专制制度，以分权的理念来组建共和国。民权的实现需要进行政治革命，而"讲到政治革命的结果，是建立民主立宪政体"④。

因此，推翻专制政权，以分权理念构建资产阶级的民主共和国，乃是民权主义的精髓。

3. 民生主义

孙中山认为，"民生就是人民的生活、社会的生存、国民的生计、群众的生命"⑤。因此，民生问题就是解决人们的生存问题，它是政治的中心、经济的中心问题。民生主义，孙中山认为是一个"讲十天或二十天也讲不完全"、"现在还是没有定论"的概念，因此最好的解决方法就是通过列举民生的办法来解释民生主义的概念。

"国民党对于民生主义定了两个办法：第一个是平均地权；第二个是节制资本。只要照这两个办法，便可以解决中国的民生问题"⑥。由于中国资本主义生产关系尚不发达，因此解决了地权问题，通过社会革命才能解决的民生问题在中国就解决了一多半。

基于地权问题在中国的特殊性，孙中山提出了解决中国土地问题的具体方式。"中国今工商尚未发达，地价尚未增加，则宜乘此时定全国之地价。其定价之法，随业主所报以为

---

① 孙中山：《三民主义》，69～70 页，长沙，岳麓书社，2000。
② 参见孙中山：《三民主义》，159～164 页，长沙，岳麓书社，2000。
③ 孙中山：《三民主义》，164 页，长沙，岳麓书社，2000。
④ 孙中山：《三民主义》，252 页，长沙，岳麓书社，2000。
⑤ 孙中山：《三民主义》，167 页，长沙，岳麓书社，2000。
⑥ 孙中山：《三民主义》，189 页，长沙，岳麓书社，2000。

定；惟当范围之以两条件：一、所报之价，则以后照价年纳百分之一或百分之二以为地税。二、以后公家有用其地，则永远照此价收买，不得增加；至若私相卖买，则以所增之价，悉归公有，地主只能得原有地价，而新主则照新地价而纳税。有此二条件，则定地价毫无烦扰欺瞒之弊，盖此二条件，为互相牵制者也"①。这些具体的措施，就是解决当时中国民生问题的具体途径。

三民主义的政纲，是一个相互联系的有机整体，其内容极为丰富。民族主义发源并发展了同盟会纲领中的"驱除鞑虏，恢复中华"的提法；民权主义之发轫于"建立民国"，就像民生主义根源于"平均地权"一样。民族主义、民权主义和民生主义，分别要求在中国进行民族革命、政治革命和社会革命。三民主义在当时是一套逻辑体系严密的政治纲领，它涉及社会生活的最重要的几个方面。

但三民主义的政纲，是半殖民地半封建社会情形下的中国民族资产阶级革命的旗帜。它体现了民族资产阶级和小资产阶级在政治、经济上的革命要求，反映了中国人民要求民族独立与民主权利的迫切愿望，成了当时动员中国人民起来推翻封建君主专制制度，并进而建立资产阶级民主共和国的有力思想武器。三民主义的政治纲领，在当时的亚洲也产生了重要的影响。

三、军政、训政、宪政——共和的革命途径

(一) 军政、训政、宪政的共和途径

三民主义的政治纲领，为建构资产阶级民主共和国提供了理论基础。但通过什么样的具体途径来建设资产阶级民主共和国呢？在《中国同盟会革命方略》中，孙中山回答了这个问题。他认为，创建中华民国的过程要分三个阶段进行，以逐步完善资产阶级的民主与法制。这三个阶段就是"军法之治"、"约法之治"和"宪法之治"等三个具体的革命程序。

孙中山提出创建民主共和国的途径要分三步走的观点，是结合中国的实际情况推论而出的。他指出，封建君主专制制度在中国根深蒂固、源远流长。在这种有着浓重的封建专制传统的国度里，创建资产阶级民主共和国的任务是极为繁重的。这个任务必须有计划、有目的地完成，而绝不可能一蹴而就。基于这种思想，孙中山先生提出了建立资产阶级共和国的三个阶段的设想。

建立共和国的第一个阶段是"军法之治"，即军政时期。军政时期是"军政府督率国民扫除旧污之时代"。这个时期各地发动起义或争取策动新军反正，使人民脱离清政府的统治，"军队与人民同受制于军法之下"。"军队为人民戮力破敌，人民供军队之需要及不妨其安宁。""即破敌者及未破敌者，地方行政，军政府摄之，以此扫除积弊"。在这一阶段，兴利除弊的任务非常繁重。例如，在政治上，要解决政府之压制、官吏之贪婪、差役之勒索、辫发之屈辱等一系列问题；在经济上，要废除捐税之横暴、兴起农工商实业之利源、修道路；在法律上，要废除旧有的残酷刑罚；在风俗上，要革除缠足、吸食鸦片等陋习……总之，一幅百废待兴的景象。军政时期，"每县以三年为限"，但对一些不足三年而获得破旧立新的地

---

① 孙中山：《三民主义》，246 页，长沙，岳麓书社，2000。

方，也可以提前解除"军法之治"①。

建立共和国的第二个阶段是"约法之治"，即"训政"时期。这个时期是"军政府授地方自治权于人民，而自总揽国事之时代"。这个时期，约法取代了军法。"军政府以地方自治权归之其地之人民，地方议会议员及地方行政官皆由人民选举。凡军政府对于人民之权利义务，及人民对于军政府之权利义务，悉规定于约法，军政府与地方议会及人民各循守之，有违法者，负其责任"②。训政时期一般以6年为限，6年期满即解除约法之治，而公布宪法。

建立共和国的第三个阶段是实行"宪法之治"的"宪政"时期。这是一个"军政府解除权柄，宪法上国家机关分掌国事之时代"。这一时期，"军政府解兵权、行政权，国民公举大总统及公举议员以组织国会。一国之政事，依于宪法行之"③。至此，共和性质的中华民国才真正诞生。

根据上述共和国缔造的途径，我们可以看出军政是中华民国奠基的时期；训政是中华民国的过渡时期；而宪政则是整个国家进入正规的以宪法为统治的根本法的时期。也只有在这一时期，共和国的民主和法制才健全完善起来。总体上看，孙中山先生的上述设想是符合中国的实际情况的，体现出了他实事求是的科学精神。

（二）共和国的蓝图

经过以上三个革命程序所建立的资产阶级民主共和国是什么样子呢？孙中山认为，中华民国不能，也不可能沿袭西方资本主义国家的三权分立原则，并以此作为建立中华民国的根本原则。结合中国的实际情况，出于杜绝资本主义国家弊端的考虑，孙中山提出了五权分立的国家机构设计理念。

孙中山所讲的五权分立，除了行政、立法和司法三权以外，还包括考试权和监察权。在《民报》创刊周年庆祝大会上的演说中，孙中山论述了这两种权力。考试权可以帮助国家遴选合格的官吏，使之更好地为人民服务，成为合格的人民公仆。考试权不能属于行政部门，因为"考试权如果属于行政部门，那权限未免太广，流弊反多，所以必须成了独立机关，才得妥当"④。监察权，则"专管监督弹劾的事。这机关是无论何国皆必有的，其理为人所易晓。但是中华民国宪法，这机关定要独立"⑤。

孙中山提出的五权宪法的原则，是对资产阶级所倡导的三权分立的发展，也是孙中山经过长期的探索后发现的一个解决中国问题的理论成果。五权宪法的主张，是近代中国资产阶级民主和法制思想发展到高峰的历史产物。

四、《中华民国临时约法》——共和宪政的奠基

（一）《中华民国临时约法》的制定与公布

根据《修正中华民国临时政府组织大纲》第17条的规定，在参议院未正式成立之前，

---

① 《孙中山全集》，2版，第1卷，295~297页，北京，中华书局，1981。
② 《孙中山全集》，2版，第1卷，297~298页，北京，中华书局，1981。
③ 《孙中山全集》，2版，第1卷，298页，北京，中华书局，1981。
④ 孙中山：《三民主义》，257页，长沙，岳麓书社，2000。
⑤ 孙中山：《三民主义》，257页，长沙，岳麓书社，2000。

各省都督府代表联合会暂行参议院的职权。据此，联合会于 1912 年 1 月 5 日至 2 月 27 日选举景耀月、张一鹏、吕志伊、王有兰、马君武五人为"起草员"，负责起草《中华民国临时约法草案》。此后，联合会又选举林森等九人负责审查《临时约法草案》。1912 年 2 月 1 日、2 日，《申报》连续刊登了署名为"起草员景耀月"等 5 人起草的《中华民国临时约法草案》。自 2 月 6 日至 3 月 8 日，参议院（于 1912 年 1 月 28 日正式成立）先后三次召开会议，审议《临时约法草案》。1912 年 3 月 8 日，参议院通过《中华民国临时约法》，并咨请临时大总统予以公布。

1912 年 3 月 8 日，袁世凯宣誓就职临时大总统的电文到达南京参议院；3 月 9 日，孙中山临时大总统向全国宣布袁世凯的宣誓电文。次日，袁世凯在北京就任中华民国临时大总统。1912 年 3 月 11 日，孙中山以《临时政府公报》第 35 号公布《中华民国临时约法》。这样，中华民国历史上的第一个根本法应运而生。

（二）《中华民国临时约法》的内容及特点

《中华民国临时约法》共 7 章（总纲、人民、参议院、临时大总统副总统、国务员、法院、附则）56 条。[①] 从性质上来说，它是中国资产阶级革命派用以组织国家政权的根本法。因此，《临时约法》规定了组建国家过程中所遇到的最根本问题。概括起来，《中华民国临时约法》的主要内容包括以下几个方面：

1. 关于中华民国的国体，《临时约法》明确将其定位为民主共和国。《临时约法》第 1 条和第 2 条明确规定："中华民国由中华人民组织之"、"中华民国之主权属于国民全体"。这些规定明显不同于中国历史上所强调的"主权在君"原则。"主权在民"原则之写入宪法性的法律文本，对民主共和观念在中国的确立和传播产生了重要的作用。关于国家性质的这些规定，也是孙中山的三民主义思想在宪法性法律文件中的具体体现。

2. 关于中华民国的政体，《临时约法》将其定位为共和制国家。从根源上来看，《临时约法》设计的政治体制秉承了三权分立的基本理念。虽然在政府的各分支中，总统享有很大的权力，但其权力与此前的《临时政府组织大纲》相比还是受到了更大的限制。《临时约法》第 4 条规定："中华民国以参议院、临时大总统、国务员、法院行使其统治权"。此规定就是分权原则的具体体现。为使《临时约法》第 4 条的规定更具可操作性，《临时约法》第三、四、五、六章对上述问题又作了更为详细的规定，并从而构成了该法的主体部分：第三章规定了立法机关的权限和运作方式；第四章和第五章规定了行政机关的权力及其运作方式；而第六章则规定了司法机关的权力。《临时约法》所确立的中华民国的政权组织形式，就是分权原则指导下的共和制国家。

3. 关于中华民国的国家结构形式，《临时约法》以民族主义为指导将中华民国定位为统一的多民族国家。《临时约法》总纲中的第 3 条明确规定："中华民国领土为二十二行省、内

---

① 《中华民国临时约法》存在若干不同的版本。据考证，1912 年 3 月 11 日《临时政府公报》第 35 号所公布的版本与 1912 年 1 月至 4 月南京参议院编印的《参议院议事录》和《参议院议决案汇编》刊行的版本，是最为权威的。我们这里引用的《中华民国临时约法》的内容，出自中华书局 1982 年出版的《孙中山全集》第 2 卷第 219～224 页。其内容与上述两个权威版本并无二致。因此后关于《临时约法》的内容均出自《孙中山全集》，故不再另行注解。

外蒙古、西藏、青海。"对内外蒙古、西藏和青海采用列举式的规定，在当时是极具针对性的。自 1840 年以来，内忧外患的中国迫于帝国主义势力的压迫，领土遭受着外族严重的威胁。《临时约法》庄严地宣布，这些被帝国主义国家觊觎多时的领土，不容置疑地属于中华民国的不可分割的部分。不站在将中华民族视为一个整体的民族主义的高度，上述表达方式是绝对不会出现在作为根本法的《临时约法》之中的。因此，我们可以认为，强化中华民族的民族意识，是《中华民国临时约法》的重要内容之一。

4. 关于公民的民主权利和义务，《临时约法》也作了相对明确的规定。《临时约法》第 5 条至第 15 条，规定了公民的各种权利。这些权利包括公民的平等权利、人身自由权利、经济权利、政治权利。此外，第 13、14 条分别规定了公民有依法纳税和服兵役的义务。不可否认，基于当时的特定历史条件，《临时约法》对公民权利的规定还有一些重要的缺陷（例如，《临时约法》并没有保证男女两性的平等），但《临时约法》对公民权利的明确规定还是为分权找到了一个最终的价值归宿。毕竟，公民权利的有效保障才是宪政的最终价值依归。与分权这种限制国家权力的手段相比，公民权利的保障才是最终的目的。

5. 关于《临时约法》在整个国家法律体系中的地位。《临时约法》自身给予其"高级法"的法律地位。《临时约法》对其自身高级法地位的保障，是通过以下两方面的措施实现的：第一，第 54 条明确规定其效力与宪法等同——"中华民国之宪法由国会制定，宪法未施行以前，本约法之效力与宪法等。"第二，第 55 条明确规定了《临时约法》具有更复杂的修改程序——"本约法由参议院参议员三分以上，或临时大总统之提议，经参议院五分四以上之出席，出席员四分三之可决，得增修之。"

从上述内容，我们不难看出《临时约法》是一部带有资产阶级共和国性质的宪法性法律文本。从整体上看，这部宪法性法律文件较好地反映了当时各阶级之间的力量对比关系。以此为出发点，我们可以从中推演出《临时约法》以下几个方面的特点：

第一，《临时约法》限制了总统的权力。《临时约法》是在南北议和时期起草，并于孙中山辞去临时大总统而袁世凯即将上任时公布的。在这样的复杂形势下，《临时约法》扩大了代表资产阶级革命派的参议院的权力，而对临时大总统的权力进行了必要的限制。这种限制，也反映了革命派对即将出任中华民国临时大总统的袁世凯的疑虑。例如，1912 年 2 月 9 日南京参议院在审议《临时约法》时，一位湖南参议院就忧心忡忡地说道："现在清朝的君主专制虽然已经推翻，但是我们把建设的事业，委托他们官僚，他们能够厉行我们党的主义，替人民谋福利呢？这种期望，我不免有些怀疑。尤其是就袁世凯的历史说，他的政治人格，有很多令人难以信任的地方。他从小站练兵，戊戌政变，以至于今日南下作战与进行和议的过程，所有的行动，都是骑着两头马的行动。一旦大权在手，其野心可想而知。"[1] 基于此种特定情形，临时大总统的权力受到限制也就不足为奇了。

第二，《临时约法》确立了责任内阁制的共和制政体形式。这种改变是相对于《中华民国临时政府组织大纲》所规定的总统制而言的，也是限制总统权力的一个延续。《临时约法》扩大了参议院的权力，确立了责任内阁制。例如，《临时约法》规定参议院有弹劾临时大总统、国务员以及查办官吏贿赂、违法事件的权力，而这些权力都是《临时政府组织大纲》中

---

[1] 蔡寄鸥：《鄂州血史》，186 页，上海，龙门联合书局，1958。

所没有涉及的。

第三，《临时约法》规定了约法自身的法律效力以及严格的修正程序，这些也是《临时政府组织大纲》所没有的。对约法效力和严格修正程序的规定，也是基于限制总统权力的根本出发点。包括临时大总统在内的任何人都必须奉《临时约法》为具有最高法律效力的法律文件，也不得滥用自己的行政权力修改之。

综上，我们可以看出限制总统权力、扩大参议院的权力，是《临时约法》相较于《临时政府组织大纲》的最重要的特点。

（三）《中华民国临时约法》公布的历史意义

虽然《中华民国临时约法》有一定的局限性，但从约法本身的内容、性质和特征来看，它还是具有重大的积极意义的。毛泽东在总结近代中国宪政运动时，对《临时约法》作了如下评论："民国元年的《中华民国临时约法》，在那个时期是一个比较好的东西；当然，是不完全的，有缺点的，是资产阶级性的，但它带有革命性、民主性。……我们对资产阶级民主不能一笔抹杀，说他们的宪法在历史上没有地位。"[1] 这样的评价是客观的、中肯的。《临时约法》是对辛亥革命胜利成果的制度肯定，是对武昌起义以后各省军政府制定的"临时约法"的继承和发展，是中国近代民族资产阶级对中国近代宪政运动的重要制度贡献。具体说来，《中华民国临时约法》公布的历史意义有以下几个方面：

1. 在政治上，《临时约法》废除了中国传统的封建专制制度，而代之以资产阶级民主共和国的政治体制。

2. 在经济上，《临时约法》肯定了资本主义的生产方式。对私有财产和经营权的保护，反映了当时中国民族资产阶级发展我国民族经济的信念，符合中国当时的实际情况。

3. 在思想上，《临时约法》使民主共和观念深入人心。它使人们更深刻地认识到，专制的帝制已经不符合时代发展的潮流。正如刘少奇在谈到这个问题的时候所说的那样："辛亥革命使民主共和国的观念从此深入人心，使人们公认，任何违反这个观念的言论和行动都是非法的。"[2]

4. 在国际上，《临时约法》在亚洲民主宪政运动史上树立了一面旗帜，是一部颇具影响的资产阶级民权宪章。

当然，我们也不能忽视《临时约法》的局限性。它没有坚决地举起反帝、反封建主义的大旗，因此也没能成为鼓舞人们不断将革命进行到底的武器；它对人民民主权利的保障也不够彻底，从而使其缺少相应的社会基础而没能得到广大劳动人民的支持。与此同时，它却为大地主、大买办窃取国家权力提供了并不完全有效的羁绊。因此，当袁世凯上台后，《临时约法》遭到遗弃的命运也就是不可避免的了。1914年3月，已经大权在握的袁世凯召开了所谓的"约法会议"，同年5月1日炮制出一部代表大地主、大买办阶级的《中华民国约法》（又被人们称为"袁记约法"）。《中华民国临时约法》就这样走完了自己在中国近代宪政史上的所有历程。

---

① 《建国以来毛泽东文稿》，第4册，502页，北京，中央文献出版社，1990。
② 《刘少奇选集》，下卷，135页，北京，人民出版社，1985。

第三节
宪政与专制的博弈

在我国法制现代化发展的进程中，反复性是其鲜明的特点之一。所谓反复性，就是指在法制及法律意识等因素从传统向现代转型的过程中，往往体现出传统和现代的因素交相占据优势的情形。在我国宪政制度现代化的路途上，这种反复性主要表现为宪政与专制的博弈。而这种宪政与专制的博弈，最早又体现在《天坛宪草》制定和颁布的过程中。

一、《天坛宪草》——对专制无奈的限制

（一）《天坛宪草》制定的历史背景

1912 年 3 月 10 日，袁世凯在北京就任中华民国临时大总统。袁世凯的上台，标志着中华民国北京政府的正式成立，也标志着革命党人用生命和鲜血换来的辛亥革命的胜利果实被袁世凯所窃取。此外，袁世凯的上台，还标志着中国进入了北洋政府统治的时期。

从 1912 年中华民国北京政府的成立到 1927 年南京国民政府的成立，这段时期是为中国的北洋政府时期。这一时期政权的主要特征是，各政府均以一定的军事实力为后盾，打着资产阶级民主制度大旗，实行军阀专制。此时期政权的性质，是以军阀为中心、代表着大地主大资产阶级利益的专制政府。这一时期的政府，一方面以军事实力镇压政治上的反对派、逼迫其他军阀势力就范，并以武力作为保障其政权的最终依归；另一方面，这种以军事力量为核心的政权组织，又以表面上的民主共和政体作为其运作方式，并冀此确立政权的合法性。作为窃取资产阶级民主革命的胜利成果的江洋大盗，袁世凯的行为也带有上述两个方面的特征。

《天坛宪草》的出台也具有其特定的制度背景。1912 年制定的《中华民国临时约法》规定，在《临时约法》施行 10 个月之内，应由临时大总统召集国会、制定新宪法。

《天坛宪草》就是在袁世凯以民主之名而行专制之实的矛盾心态下，由当时的国会制定出来的。

（二）《天坛宪草》的出台与夭折

在《天坛宪草》制定出来以前，《中华民国临时约法》是规制临时政府运行的根本性法律文件。由于《临时约法》的过渡性、临时性，其内容显得过于简单——它既不能有效地限制总统的专权，又没有赋予国会足够的权力。因此，在 1913 年 4 月 8 日国会成立后，制定一部正式的宪法以取代《临时约法》，既符合《临时约法》的规定，也反映了资产阶级革命派的呼声。

但《天坛宪草》的出台远没有那么简单。早在国会成立之前的 1913 年 2 月，临时参议院就曾组成"宪法讨论会"，专门讨论了宪法的原则和重要内容。组成宪法讨论会的 18 名议员，分别来自组成国会的国民党、统一党、共和党和民主党四大党派。宪法讨论会认为，通过制定宪法确立责任内阁制，是当时中国的政体问题所面临的首要任务。在此基本思路的指

导下，袁世凯授意成立以杨度、马良为正、副会长的"宪法研究会"，并提出了构建总统制政体的主张。

根据 1912 年 8 月 10 日公布并实施的《国会组织法》，宪法草案应由国会参、众两院推选数量相等的议员共同起草。据此，国会两院各推选了 30 名议员组成了"宪法起草委员会"，各推选了 15 名议员作为该委员会的候补委员。1913 年 7 月 12 日，宪法起草委员会在众议院会堂举行成立大会，并于 7 月 15 日通过了《宪法起草委员会规则》。在 7 月 19 日举行的宪法起草委员会第三次会议上，蒋举清、杨铭源、王家镶、黄云鹏、夏同和、杨永泰六人被选为理事，国民党籍议员汤漪被选为委员长。委员会还推选张耀曾、汪荣宝、孙钟、李庆芳四人起草宪法的大纲部分，推选黄云鹏与上述四人共同起草宪法的具体条款。宪法起草委员会第三次会议还决定：从第四次会议开始，委员会迁往北京天坛祈年殿继续起草宪法的工作。因此，该委员会所起草的《宪法草案》也被称为《天坛宪草》。

在国会内部，对于建立什么样的政权体制、如何确定总统与内阁、中央与地方之间的关系等问题，存在着不同的观点。国民党主张建立责任内阁制，以实际掌握权力的内阁限制总统的权力；在中央和地方的关系问题上，国民党主张实行地方分权。国会中反对国民党的派别则主张授予总统更多的权力，强化中央集权。由于国民党在议会选举中占据了上风，因此宪法起草委员会的 60 名委员中国民党占据了 28 名，剩余名额除了进步党有 19 名委员外都被一些小的政党成员获得。因之，国民党对制定一部确立责任内阁制、强调地方分权、超过《临时约法》的力度以约束总统权力的宪法充满了信心。

当然，袁世凯也试图以国会为阵地，通过改变国会成员力量对比关系的手段，期望制定一部支持自己专权的宪法。1913 年 5 月 29 日，在袁世凯的支持下，国会中与国民党对峙的统一党、共和党和民主党联合起来，合并为"进步党"。进步党确立的党纲——"取国家主义，建强善政府"——表明了他们与国民党完全不同的政治立场。此外，袁世凯还暗中支持国民党籍的议员从国民党中分裂出来，以期通过这些分裂出来的议员重新组成政党的方式，削弱国民党在议会中的地位。

袁世凯采取的（包括刺杀主张以多数党组织责任内阁的宋教仁）一系列反对国会通过限制其权力的宪法的行动，激起了革命党人的不满。1913 年 7 月 12 日，江西都督李烈钧发布讨袁檄文，随后江苏、安徽、广东等地起而响应，历史上所谓的"二次革命"爆发。在袁世凯的疯狂镇压下，孙中山领导的、以讨伐袁世凯叛离共和行径的南方七省"二次革命"失败了。"二次革命"的失败，使革命党人认识到以武力手段与袁世凯较量是行不通的。也就是说，革命党人认识到在当时限制袁世凯专制苗头最有力、最可行的方式是尽快通过一部宪法，但"二次革命"也同样强化了袁世凯加强专制、扑灭共和的信念。

在此情势下，袁世凯又采取各种政治手段，迫使国会同意先选举总统，再制定宪法。1913 年 10 月 4 日，国会通过并公布了《大总统选举法》。在 10 月 6 日进行的总统投票选举中，经过三次投票，袁世凯以微弱多数当选为中华民国第一任正式大总统，并于 10 月 10 日正式就职。

此后，成为正式大总统的袁世凯，公开地发起干预宪法起草的活动。归结起来，这些干预宪法起草的活动共有三个方面：第一，10 月 16 日，袁世凯无视宪法草案已经过三读程序、出笼在即的事实，公然提出了《增修临时约法案》的要求，并要求国会迅速通过。在《增修临时约法案》中，袁世凯试图增加总统权力的目的一览无余："顾政治能刷新与否，必自增修《约法》始。盖《约法》上行政首长之职任不完，则事实上总揽政务之统一无望。故本大总统之愚以为《临时约法》第四章关于大总统职权各规定适用于临时大总统已觉得有种种困难，若再适用于正式总统，则其困难将益甚。苟此种种之困难，其痛苦仅及于本大总统之一人一身，又何难以补苴弥缝之术相与周旋……"① 袁世凯主张修正《临时约法》的核心，在于扩大总统权力。这些权力包括：总统有权制定官制、官规，任免国务员、大使等文武官员，对外宣战、缔结条约而无须经国会同意。由于新的宪法草案完成在即，袁世凯提出的《增修临时约法案》遭到国会拒绝。第二，要求总统享有宪法公布权。1913 年 10 月 18 日，袁世凯在向国会提交的咨文中责备国会此前未经总统而迳行公布了《大总统选举法》的做法，违背了《临时约法》以及《国会组织法》的规定。以此为契机，袁世凯要求包括宪法在内的法律公布权应由总统行使。袁世凯的目的在于，通过掌握法律的公布权阻挠不利于限制总统权力的宪法的生效，从而将法律的公布权转化为法律的批准权。第三，1913 年 10 月 24 日，在宪法草案进行最后的三读程序时，袁世凯派施愚、顾鳌、饶孟仁、黎渊、方枢、程树德、孙昭焱、余启昌八人，列席宪法起草委员会会议，陈述大总统对宪法草案的意见。针对袁世凯此种干预宪法起草活动的行径，宪法起草委员会以会议规则进行对抗。宪法起草会议规则规定：除国会议员外，任何人无权旁听宪法起草委员会的会议。同时，宪法起草委员会还告诉施愚等人，宪法草案条文已进入三读程序。经三读后的宪法草案，只可进行局部的、修饰性文字的变动，而不得改变具体内容。这样，袁世凯派遣的八位钦差被拒于宪法起草委员会会议的大门之外。

在上述干预宪法草案的举措没能收到太多实效的情况下，袁世凯祭出了最后一招"撒手锏"：暴力干预。为了给暴力干预提供舆论前提，袁世凯于 10 月 25 日通电各省军、政长官，要他们对宪法草案进行逐条的研究，于 5 天内表明对宪法草案的意见。在电文中，袁世凯讲道："国民党人破坏居多，始则托名政党，为虎作伥，危害国家，颠覆政府，事实俱在，无可讳言。此次宪法起草委员会，该党议员居其多数。闻其所拟《宪法草案》，妨害国家者甚多……本大总统忝受托付之重，坚持保国救民之宗旨，确剪及此等违背共和政体之《宪法》，影响于国家治乱兴亡者极大，何敢缄默而不言……各该文武长官，同为国民一分子，且各负保卫治安之责，对于国家根本大法，利害与共，亦未便知而不言。"② 在袁世凯对宪法草案定下如是基调后，各省军政长官大多表达了解散国民党、解散国会、解散宪法起草委员会的主张。张勋、冯国璋等人在电文中指出，国民党"主张奇谬，破坏三权分立之原则"，"非将该党从速禁除，无以定国本之动摇，餍人民之心理"③。

在上述舆论的支持下，袁世凯于 1913 年 11 月 4 日下令解散国民党、撤销国民党国会议员资格，从而导致国会法定人数不足而无法开会。1914 年 1 月 10 日，袁世凯又发布《布告解散国会原因文》、《停止两院议员职务令》，正式解散国会。虽说宪法草案已经于 1913 年 10 月 31 日通过了三读，但由于袁世凯采取的上述措施而使国会无法对这部宪法草案展开审议和表决，北洋政府时期第一部宪法草案就这样胎死腹中了。由于这部宪法草案完成于天坛祈

① 《政府公报》，1913 年 10 月 23 日。

② 《政府公报》，1913 年 10 月 25 日。

③ 吴经熊、黄公觉：《中国制宪史》，上册，50～52 页，上海，上海商务印书馆，1937。

年殿，以示"忠于民国之心，唯天可表"之意，因此又被称为《天坛宪草》。

（三）《天坛宪草》的内容与特点

1.《天坛宪草》的内容

至 1913 年 10 月 31 日完成三读程序的《天坛宪草》，全名为《中华民国宪法草案》。宪法草案共包括前言及国体、国土、国民、国会、国会委员会、大总统、国务院、法院、法律、会计和宪法之修正及解释等 11 章，共 113 条。《天坛宪草》各章的大致内容如下：

第一章"国体"，规定："中华民国永远为统一民主国"。宪法起草委员会对采纳单一制的国家结构形式以及民主国家的性质作了说明。特别是针对中华民国为民主国家的性质的界定，起草委员会深知民主来之不易。所以明确作出如此规定的目的在于："所以使后世之人知民主成立之难，必须常存保全之念"[①]。这样的规定对于防止帝制复辟，巩固民主共和制度还是有一定的积极意义的。

第二章"国土"，规定："中华民国国土，依其固有之疆域。国土及其区划，非法律不得变更之"。关于国土问题，宪法起草委员会认为应采取列举主义，将 22 个行省同蒙古和西藏并列列举，给予蒙古和西藏以与行省同等的法律地位。这样的规定，对于反对帝国主义之分裂中国以及民族分裂主义也是有积极意义的。

第三章"国民"，包括第 3 条到第 19 条的内容。其主要的精神在于规定公民的权利，这种做法是有进步意义的。特别值得一提的是，宪法草案第 19 条关于公民教育问题作了如下规定："国民教育以孔子之道为修身大本"。该规定反映了宪法草案受到了中国传统文化的深刻影响。

第四章"国会"，由第 20 条到第 50 条组成。本章是《天坛宪草》内容最多的一章，反映出革命党人希望通过宪法规定强化议会地位的立宪思路。国会行使国家立法权，由参、众两院组成。"参议院以法定最高级地方议会及其他选举团体选出之议员组织之"，"众议院以各选举区比例人口选举之议员组织之"。本章还对参、众两院议员的资格、会议机制以及会期作了明确规定。特别值得一提的是，宪法草案赋予国会的职权包括：立法权、财政权、建议权、受理请愿权、质问权、不信任权、弹劾权、审判权、兼职权、保障权等，这些规定的目的更主要的是限制行政首脑的专制。

第五章"国会委员会"，包括第 51 条到第 54 条的内容。宪法起草委员会在早期的宪法草案中并没有这些规定。1913 年 10 月 8 日，委员会在拟定宪法条文时，为加强对政府其他部门的监督、总结社会各界人士的意见、参酌法国和智利等国家的宪法，加入了国会委员会一章。国会委员会在性质上是国会闭会期间的常设机构。国会委员会享有受理请愿、建议及质问等权力，但"须将经过事由，于国会开会之始报告之"。

第六章"大总统"，由第 55 条至第 77 条的内容组成，也是宪法草案在篇幅上仅次于"国会"的一章。总共 23 条的内容规定了总统、副总统的产生办法、任期和资格等问题。《天坛宪草》赋予总统的职权包括：公布法律、发布命令、发布紧急令、任免文武官吏、统率陆海军、对外代表民国、宣战、缔结条约、宣告戒严、颁予荣典、宣告免刑、减刑及复权、停止参议院众议院的会议、解散众议院等权力。大总统行使上述权力时，须经国会或国

---

① 《起草委员杨铭源说明》，载吴宗慈：《中华民国宪法史前编》，第四章，101 页，上海，大东书局，1924。

会委员会的同意，这些限制都体现了议会共和制的基本精神。

第七章"国务院"，包括第 78 条到第 83 条的内容。宪法草案规定中华民国政府实行责任内阁制，国务院的性质就是中央政府。国务员通过行使行政权的方式，加强了对总统的监督。

第八章"法院"，由第 84 条到第 89 条组成。规定了法院的性质就是国家的审判机关，还规定了法官的产生办法、薪俸等问题。值得赞扬的是，宪法草案明确规定了法官在审判过程中的独立性——"法官独立审判，无论任何人不得干涉之"。该规定反映出了宪法起草委员会对西方分权制度的理解和运用。

第九章"法律"，由第 90 条到第 94 条组成。对法律的制定、颁布、废止，以及法律与宪法不得抵触的问题作出了规定。

第十章"会计"，包括第 95 条到第 108 条的内容。规定了国家税收、债券、岁入岁出的预算和决算以及审计等一系列问题。

第十一章"宪法之修正及解释"，包括第 109 条到第 133 条的内容。明确规定了宪法修正案的提出主体是国会，但"国体不得为修正之议题"。宪法的解释权属于宪法会议，宪法会议由国会组织。

《天坛宪草》反映出了当时以限制袁世凯的权力为主题的、各种政治力量之间的复杂关系和激烈斗争。

2.《天坛宪草》的特点

《天坛宪草》保持并发展了《中华民国临时约法》的立宪精神，是一部具有资产阶级民主共和国性质的宪法文本。由于制宪的历史时期、制宪主体等各种因素的影响，《天坛宪草》在内容上较《中华民国临时约法》有了新的发展，体现出了时代和其自身的特点。

第一，《天坛宪草》带有浓厚的理想主义色彩。《天坛宪草》以西方资产阶级民主国家所遵行的分权理念为指导，设计了一个责任内阁制的民主共和国模型。这种初衷在当时特定的历史条件下，充满了浓厚的理想主义色彩。在《天坛宪草》经过三读程序之前，袁世凯已经通过各种手段使自己由原来的临时大总统摇身变为正式大总统。袁世凯之身份的改变，就说明了军事强权下民主的脆弱性。此外，按照西方分权理念设计的共和国，应该是先立宪，而后再组织政府。袁世凯通过自己掌握的各种政治、军事力量，使自己在立宪之前就成为政府首脑。在行政力量强大而国会力量弱小的情况下，资产阶级革命派设计的强化议会力量的责任内阁制，只能是纸上谈兵的梦想而无法变成民主共和国的现实。

第二，《天坛宪草》打上了中国传统文化的烙印。这一特点尤其体现在宪法草案第 19 条的规定上，该条规定："中华民国人民，依法律有受初等教育之义务。国民教育以孔子之道为修身大本"。在拟定宪法草案的过程中，宪法起草委员会就如何对待孔教问题曾经发生过激烈的争论。进步党议员陈明鉴提议将孔教确定为国教，在经过激烈争论后的表决中，此提议被否决。但宪法草案在进入到二读程序后，进步党议员汪荣宝等又提出将孔子之道作为国民教育的根本的动议。在数次表决均无结果的情况下，双方达成妥协，从而造就了宪法草案第 19 条的出台。我们姑且不说这种做法是否妥当，第 19 条的内容本身说明：传统力量在宪法起草的过程中有着根深蒂固的影响力。

第三，《天坛宪草》体现出了较强烈的因人立法的倾向。这点主要体现在《天坛宪草》

对大总统权力的限制方面。因为当时的大总统已经确定，而且大总统袁世凯已经显露出违背共和、推行专制的倾向，因此革命党人力图通过宪法限制袁世凯的权力。我们或许可以作如下猜想：如果出任大总统的不是袁世凯，而是坚决打算将国家引向民主共和道路的孙中山，那么《天坛宪草》是否会设计一个总统制共和制的政治体制，也是不可知的事情。因此，我们说袁世凯之出任中华民国正式大总统，对《天坛宪草》的政治体制设计产生了重要的影响。

（四）《天坛宪草》的历史意义

《天坛宪草》虽然夭折在襁褓之中，但由于进步的国民党人在宪法草案拟定的过程中发挥着重要作用，因而还是有着不可抹杀的进步意义的。这些进步意义表现在诸多方面，例如，《天坛宪草》秉承了《中华民国临时约法》的基本精神，规定了责任内阁制；它所确立的三权分立、基本人权等宪法原则也符合当时世界范围内的宪法发展潮流；《天坛宪草》在立法技术和制度设计上也有了很大的进步。

尽管《天坛宪草》存在着若干缺陷，但由于该宪法草案大体上完成了构建宪法制度的基础性工作，而使其成为后人制定宪法的重要蓝本。在北洋政府统治时期，各种不同的政治势力为了实现不同的政治利益，在寻求法律根据时屡次发起对宪法草案的讨论和修正，而《天坛宪草》则自然而然地成了历次制宪活动的基本依据。

二、《中华民国约法》——共和的背叛

（一）《中华民国约法》的出台

中华民国国会和《中华民国临时约法》是阻碍袁世凯专制道路上的两个最有力的障碍物。在袁世凯通过各种手段于1914年年初正式解散国会后，《中华民国临时约法》成了袁世凯攻击的第二个目标。

为了彻底将《中华民国临时约法》架空，袁世凯亲自组建了替代国会的中央政治会议。在1913年12月15日政治会议成立的开幕式上，袁世凯对"平等"、"民主"、"共和"等思想发起了攻击。政治会议议长李经羲也对政治会议的性质进行了相应的描述："政治会议为一种特别组织，大总统之所以召集本会，在使全国邃于学识，富于经验之人才，萃于一室，共谋国利民福……而救国之道，则以扶植强有力之政府为归"[1]。袁世凯在政治会议成立后不久，就向政治会议提出了《约法增修咨询案》。咨询案把《中华民国临时约法》说成是制造社会动荡的重要因素，要求政治会议讨论增修《中华民国临时约法》。由于修正《临时约法》事关重大，政治会议请求另外组织立法机关修正临时约法。

在袁世凯的授意下，1913年12月24日，政治会议讨论并通过了《组织造法机关各项大纲》。该大纲将造法机关冠名为"约法会议"。同时，政治会议还拟定了《约法会议组织条例草案》，交由大总统裁夺。1914年1月26日，袁世凯发布了《组织约法会议组织令》，并公布了《约法会议组织条例》，对约法会议的人员资格、人员构成等问题做出了具体的规定。1914年3月18日，约法会议开幕。在约法会议开幕的颂词中，袁世凯又一次表明了他对

---

[1]　转引自秦孝仪主编：《中华民国政治发展史》，第一册，359页，台北，近代中国出版社，1985。

《临时约法》的反感:"若长守此不良之约法以施行,恐根本错误,百变横生,民国前途,危险不可名状。"①

1914 年 3 月 20 日,袁世凯向约法会议提交了包括七条内容的《增修临时约法大纲》。这个旨在扩大总统权力的大纲包括以下具体内容:

(1) 外交大权归诸总统,对外宣战、媾和及缔结条约,不须参议院或国会之同意。

(2) 大总统制定官制官规,及任用国务员,与外交大使、公使,无须经参议院或国会之同意。

(3) 采用总统制,不置国务总理,各部总长均称国务员,直隶于大总统。

(4) 正式宪法应由国会以外之国民会议制定,大总统公布之;正式宪法之起草权,归于大总统及参政院,其修正权归于大总统与立法院。

(5) 关于人民公权之褫夺回复,大总统得自由行之。

(6) 大总统有紧急命令权,但次期国会开会时,须于 10 日内,提出于国会,得其承认。

(7) 大总统有紧急财政处分权,但次期国会开会时,须得其承认。②

约法会议根据袁世凯提出的《增修约法大纲》,从开始讨论到 4 月 29 日三读通过,前后共用了 40 天的时间便完成了对《临时约法》的修改。修改后的《临时约法》被定名为《中华民国约法》,该约法于 1914 年 5 月 1 日公布,《中华民国临时约法》同时废止。由于《中华民国约法》是在袁世凯的控制下完成的,因此也被称为《袁记约法》。

(二)《中华民国约法》的内容

《中华民国约法》共 10 章,68 条。从内容上看,《中华民国约法》与《中华民国临时约法》以及《天坛宪草》并不存在更多的承继关系。从立宪精神的角度考察,《中华民国约法》完全是对民主共和原则的反动。《中华民国约法》的具体内容如下:

第一章"国家",包括第 1 条至第 3 条的内容。本章确立的人民主权原则,是袁世凯在民主共和的大潮下,因势利导作出的权宜之计。虽然袁世凯最终的目标是推行专制,但在当时的背景下他还不敢明目张胆地确立专制制度。因此在第一章中,《中华民国约法》对主权在民以及中华民国的领土作了规定。

第二章"人民",由第 4 条到第 13 条组成。本章规定了公民的权利和义务。这些权利包括平等权、自由权、诉权、考试权、从事公务权、选举权和被选举权等。在义务方面,《中华民国约法》规定了公民的纳税和服兵役的义务。

第三章"大总统",由第 14 条至第 29 条组成,是《中华民国约法》中篇幅最长的一章。根据本章的规定,大总统对外代表中华民国,是总揽统治权的国家元首;虽然在名义上对人民全体负责,但大总统对立法院、法律案、预算案等享有决定权;大总统还有制定官制官规、宣战媾和、接受外国大使(公使)、缔结条约、宣告戒严、荣典、宣告大赦特赦等权力。这些关于大总统权力的规定,大大强化了总统在国家政治生活中的地位,突出了总统在政府

---

① 《约法会议开会颂词》,载《袁大总统书牍汇编》卷一,39 页。

② 《东方杂志》第十卷第十二号(1914 年 6 月 1 日)。

各机构中的绝对领导作用。

第四章"立法"，由第 30 条到第 38 条组成。本章规定立法权由立法院行使，立法院的组成和议员的选举方法由约法会议决定。此外，本章还规定了立法院的职权、立法院的会议机制与构成、立法院通过的法律案的公布方式以及议员的权利等问题。所有这些规定都透露出一个重要的信息：总统权力对立法院的活动有重要影响。

第五章"行政"，包括第 39 条到第 43 条区区 5 条内容。第 39 条规定的内容确立了大总统在行政活动中的绝对权威："行政以大总统为首长，置国务卿一人赞襄之"。第 42 条的规定同样渗透着这样的精神："国务卿、各部总长及特派员，代表大总统出席立法院发言"。总之，行政机构及其中人员均为大总统的附庸。

第六章"司法"，由第 44 条至第 48 条构成。虽然本章确立了司法独立、审判公开等原则，并且作了法官在任内部的减俸或转职这些有利于司法独立的规定，但第 44 条规定的内容冲淡了这种源于西方民主国家的司法精神。该条规定："司法以大总统任命之法官组织法院行之"，此规定将司法权从总体上置于行政权的控制之下。

第七章"参政院"，只包括第 49 条。该条规定："参政院应大总统之咨询，审议重要政务。参政院组织，由约法会议议决之"。国会在此已经沦落为参政院，成为行政机关的咨询机构、行政机关的附庸。

第八章"会计"，包括第 50 条到第 58 条的内容。本章规定了税收、岁入岁出的预算与决算、紧急状况下的财政问题以及审计问题。在这些问题的处理上，大总统的权力也得到了强化。

第九章"制定宪法程序"，本章所作的规定确立了大总统在宪法制定、公布中的重要作用。如第 61 条至第 63 条的规定："中华民国宪法案，经参政院审定后，由大总统提出于国民会议决定之。国民会议之组织，由约法会议议决之"；"国民会议，由大总统召集并解散之"；"中华民国宪法，由大总统公布之"。如此规定，将宪法从制定到公布的全部程序，都交到了大总统手中。

第十章"附则"，包括第 64 条至第 68 条的内容。本章规定了一些技术性的问题，如《中华民国约法》的法律效力、大清皇帝逊位后的待遇、《中华民国约法》的修正。这些看似技术性的问题，实际上也关涉宪法制定的理念。

总之，《中华民国约法》在关于总统权力的第三、四、五、七章等章节进行了全新的设计，而一些口号性的、意在推行民主共和的规定则因袭了《中华民国临时约法》和《天坛宪草》的规定。总统权力的扩张，是《中华民国约法》在内容上的重要改进。

(三)《中华民国约法》的特点

通观《中华民国约法》，我们不难发现它主要表现为以下几个方面的特点：

(1) 实行总统制，扩大了大总统在国家政治生活中的地位。与《中华民国临时约法》和《天坛宪草》确立的责任内阁制相比，《中华民国约法》将国家的政治制度设计为总统制。立法、行政、司法等机关完全在大总统的控制下运转。

(2) 取消了国会，而代之以总统控制下的约法会议以及为总统提供行政意见的参政院。

(3) 在某些非关键性的、没有威胁到总统权力的问题上，《中华民国约法》因袭了《中华民国临时约法》、《天坛宪草》的某些内容。

因此，我们不难看出《中华民国约法》在旨趣上完全背离了民主共和的精神，它为袁世凯的专制统治提供了一件合宪性的外衣。在《中华民国临时约法》强化总统权力的"民主共和"大旗的掩护下，袁世凯一步一步地向复辟帝制迈进。1915 年 8 月，杨度、严复、刘师培等六人在北京发起成立了筹安会，发表复辟帝制的宣言。经过参政院在程序上的两次推戴，袁世凯于 1915 年 12 月 12 日申令承认帝位，并于次日在居仁堂接受百官朝贺。12 月 31 日，袁世凯正式下令改中华民国为中华帝国，改民国元年为洪宪元年，改总统府为"新华宫"，正式恢复帝制。袁世凯复辟帝制的反动行径激起了全国人民的反对，袁世凯在做了 83 天皇帝后，带着他一手炮制出来的《中华民国约法》走进了坟墓。

《中华民国约法》在中国宪政历史上留下了并不光彩的瞬间。它在内容和精神实质上完全没有超越《中华民国临时约法》以及《天坛宪草》，而仅仅沦落为保障袁世凯恢复帝制的工具。当然，它也从另外一个角度向人们昭示了这样一个道理：自由、平等、民主、共和等理念已经渗入了中国人的精神生活。

三、《中华民国宪法》（《贿选宪法》）——共和的颠覆

（一）袁世凯死后的政局以及《天坛宪草》的续议

袁世凯死后，北洋军阀分裂为直系和皖系两派。由于袁世凯恢复帝制之举遭到全国人民的反对，因此欲行专制之实的各路军阀大多认识到：非通过宪政共和的名义，不能达到专制的效果。在此背景下，各路军事力量都展开了较为频繁的制宪活动，以为巩固自己的统治寻求法律上的支持。段祺瑞在袁世凯死后发现自己有可能成为中华民国第二任大总统，因此他为实现自己的目标开展了一系列活动。首先，他与徐世昌拟定了《袁大总统遗令》，宣告根据《中华民国约法》以副总统黎元洪代行大总统职权。段祺瑞承认《袁记约法》法律效力的根本原因在于：根据该约法，在副总统继任大总统的三日之内，大总统临时选举会必须召开以选举正式大总统。这样，段祺瑞就可以通过自己控制的军事力量，胁迫大总统临时选举会选举自己为大总统。

但全国范围内反对袁世凯的势力不承认《袁记约法》的法律效力。以孙中山为首的资产阶级革命派明确提出了"规复约法"的主张①，并得到西南各省的支持。南北双方就《袁记约法》有效性的争论就此展开。1916 年 6 月 25 日，海军总司令李鼎新等人宣布海军独立并加入护国军。在此情形下被迫屈服的段祺瑞于 1916 年 6 月 29 日副署了黎元洪发表的大总统令："亟应召集国会，速定宪法，以协民志，而固国本。宪法未定以前，仍遵行中华民国元年三月十一日公布之《临时约法》，至宪法成立为止"②。1916 年 8 月 1 日，旧国会恢复，黎元洪被确定为继任大总统；10 月 30 日，冯国璋被选为副总统，段祺瑞被任命为国务总理。在袁世凯死后，新的中华民国政府诞生。

这里值得一提的是，上述恢复的国会是民国二年（1912 年）召开的第一届国会。因此，这次被恢复的国会亦即第一届国会第二次常会。第一届国会第二次常会的重要任务，是续议《天坛宪草》并以其为蓝本起草宪法。自 1916 年 9 月 5 日至 1917 年 4 月 20 日，宪法起草委

①　参见《孙中山全集》，2 版，第 3 卷，305 页，北京，中华书局，1982。
②　李剑农：《戊戌以后三十年中国政治史》，253 页，北京，中华书局，1965。

员会在修正《天坛宪草》的基础上，完成新宪法的二读程序。但就在新宪法尚未进入三读程序的情况下，黎元洪于 1917 年 6 月 12 日发布了解散国会的命令①，《天坛宪草》的续议和新宪法的出台最终流产。

（二）《中华民国宪法》的制定

1. 安福国会与《中华民国宪法草案》的流产

赶走张勋并控制了北京政府的段祺瑞，为了使自己的统治有充分的法律根据，于 1917 年 9 月 29 日发布了成立临时参议院的命令。11 月 10 日，临时参议院在北京召开，并很快通过了《修正国会组织法》、《修正参议院议员选举法》和《修正众议院议员选举法》，而后由代理大总统冯国璋于 1918 年 2 月 17 日公布施行。在此后进行的国会选举中，受皖系军阀控制的安福系成为国会的第一大党，并控制了国会活动。因此，这届国会也被称为安福国会。

1918 年 12 月中旬，安福国会按照段祺瑞的指示废弃了《天坛宪草》，重新起草宪法草案。依据《修正国会组织法》第 20 条的规定，安福国会于参、众两院中各遴选议员 30 名组成宪法起草委员会，并于 1919 年 8 月 12 日完成了新的《中华民国宪法草案》。不幸的是，在这个草案提交国会讨论之前，直皖战争爆发并以皖系军阀的失败而告终。1920 年 8 月 3 日，徐世昌下令解散安福俱乐部；8 月 30 日，安福国会宣布闭会，《中华民国宪法草案》成为不值一文的废纸。

2. 联省自治与《贿选宪法》

1920 年至 1924 年，部分省份掀起了联省自治运动。此运动起因于袁世凯的独裁统治及其后出现的全国范围内的军阀混战。全国范围内的混乱局面，使人民陷于深重的灾难之中。在这样的背景下，具有民主思想的一批知名人士，如张东荪、章士钊等人倡导实行联邦制，以反对独裁统治、保卫民主共和制度。1920 年 11 月 2 日，湖南省率先宣布自治，制定宪法；1922 年元旦公布湖南省宪法，并于同年 12 月根据省宪法成立了新政府。在湖南省自治的影响下，浙江、上海、云南、广西、贵州、陕西、江苏、湖北、福建等省份也纷纷制定了宪法或宪法草案。

毋庸讳言，联省自治运动是资产阶级改良派的政治主张。但联省自治最终却为各地的军阀割据提供了法律上的依据，而民众却未能从这种联省自治运动中获得更多的实惠。但联省自治运动却从另一个侧面表明：当时的中国已进入一个群龙无首的混乱局面。在这样的混乱局面下，出现《贿选宪法》这样的怪胎也就不足为奇了。

《贿选宪法》，是由自 1922 年起开始控制北京国民政府的直系军阀炮制出来的。为了缓和全国范围内的联省自治浪潮以及为自己的统治贴上民主共和的标签，直系军阀胁迫皖系军阀控制的安福国会选出的总统徐世昌退位，并恢复黎元洪的总统职位。1922 年 8 月 1 日，在直系军阀的策动下，第一届国会第二期常会在北京复会。由于政局的动荡，议员们早已对议

---

① 黎元洪解散国会的原因，在于 1916 年发生的"府院之争"。1916 年 8 月，黎元洪提出《府院办事手续草案》，规定总统可以随时出席国务会议。此举引起了身为国务总理的段祺瑞的强烈不满。在双方的斗争中，段祺瑞被免去国务总理的职务。迫于全国各省纷纷独立的压力，1917 年 6 月 1 日，黎元洪邀请张勋进京"共商国是"，而张勋向黎元洪提出的进京条件就是解散国会。第一届国会第二次常会就在这样的政治交易中瓦解了。1917 年 6 月 14日进京的张勋，于 7 月 1 日拥立废帝溥仪复辟。在此情形下，段祺瑞又以"讨逆军"的名义，赶走了张勋而控制了北京政权。

会失却了信心，因此国会经常不能达到法定的开会人数。这种纷乱动荡的局面，也为直系军阀的曹锟展开贿选活动提供了契机。

1923 年 6 月，直系军阀曹锟在美国的支持下发动了"北京政变"——曹锟以总统任期已满为借口，威逼黎元洪下台。为了达到自己当选总统的目标，曹锟不惜重金贿赂国会议员参加国会，以期使国会达到法定的开会人数。1923 年 10 月 5 日，总统选举会召开，出席议员593 人，超过 586 人的法定人数。在大批军警的严密监视下，曹锟以 480 张选票而当选为大总统。次日，宪法会议完成宪法草案全部条文的二读程序；10 月 8 日，完成全部条文的三读程序。1923 年 10 月 10 日，在经历了十多年的制宪历程后，这部经过"贿选"制定出来的《中华民国宪法》最终跟跟跄跄地出现于世人面前。

（三）《中华民国宪法》的内容

1923 年公布的《中华民国宪法》共计 13 章、141 条。这 13 章的内容分别是：国体、主权、国土、国民、国权、国会、大总统、国务院、法院、法律、会计、地方制度、宪法之修正解释及效力。与《天坛宪草》相比，1923 年《中华民国宪法》增加了国土、国权和地方制度三章；删除了国会委员会一章。基于《中华民国宪法》与此前的《临时约法》和《天坛宪草》的承继关系，我们现将 1923 年《中华民国宪法》中较有特色的内容作如下介绍。

1. 在国体方面，《贿选宪法》第 1 条明确规定："中华民国永远为统一、民主国"。这一规定是为了防治帝制的复辟——此前袁世凯以及张勋对共和的反动，推动了本条文规定的出台；鉴于当时轰轰烈烈的联省自治运动，《贿选宪法》对国家的"统一"也作出了明确规定。此外，为了保障民主、统一的国家体制，《贿选宪法》还规定了相应的保障措施：第一，任何机构都不得变更国体，即便是国会也不得讨论变更国体的问题——《贿选宪法》第 138 条规定："国体不得为修正之议题"；第二，宪法赋予各省维护国体的权力和责任。《贿选宪法》第 37 条规定，"国体发生变动，或宪法上根本组织被破坏时，省应联合维持宪法上规定之组织，至现状回复为止"。

2. 在政体方面，《中华民国宪法》规定了责任内阁制的共和政体。与此前的宪法草案大多确立总统制共和制政体不同的是，《贿选宪法》确立了责任内阁制。内阁成员包括国务总理及各部部长，他们无须对总统而只对议会负责。值得说明的是，内阁在发布行政命令时享有副署权。这种副署权的存在，对总统之行使行政权具有直接的牵制作用。该法第 95 条规定："国务员赞襄大总统，对于众议院负责任。大总统所发命令及其他关系国务之文书，非经国务员之副署，不生效力"。

与《中华民国宪法》确立了责任内阁制相适应的是，该宪法与《天坛宪草》相比还限制了总统的权力。《天坛宪草》第 65 条规定："大总统为维持公共治安，防御非常灾害，时机紧急，不能召集国会时，经国会委员会之议决，得以国务员连带责任，发布与法律有同等效力之教令。前项教令，须于次期国会开会后七日内请求追认。国会否认时，即失其效力"。1923 年的《中华民国宪法》删去了此条规定，从而使总统权力受到了一定程度的削弱。

3. 在国家结构形式方面，《贿选宪法》确立了地方具有较大自治权的单一制国家结构形式。1923 年的《中华民国宪法》专章设立了"国权"与"地方制度"，对中央权力和地方权力给予了明确的规定。在国权一章中，宪法列举了中央和地方的立法权和行政权。这些权力包括 15 项"由国家立法并执行"的权力；13 项"由国家立法并执行或令地方执行"的权力；

11 项"由省立法并执行或令县执行"的权力。

赋予地方以较大的自治权，是《中华民国宪法》的重要特征之一。1923 年《中华民国宪法》给予地方的自治权包括：制定省自治法（第 125 条）；省议会享有制定在本省实施的法律的权力（第 127 条第 1 款）；通过直接选举产生省务员，并由其组成省务院，作为省自治行政的执行机构（第 127 条第 2 款）；省立法权的范围包括财政、赋税、金融、治安、实业等各个方面。

此外，为了协调中央和地方之间关系、减少中央和地方权力运行过程中的摩擦，1923 年的《中华民国宪法》还作了如下技术性的规定：省法律不得与国家法律相抵触，否则没有法律效力（第 28 条）；省自治行政机关执行国家行政有违背法令时，国家可依法对其进行惩戒（第 133 条）；省必须承担国家法律所规定的义务，否则中央政府可以凭借国家权力进行强制性的干预；鉴于当时特定的历史状况，为了防止省与省之间结盟与中央政府对抗，《中华民国宪法》第 33 条规定，省不得缔结有关政治的盟约。

概言之，在当时军阀混战的历史条件下，《中华民国宪法》的内容带有很多当时特有的特点。总统权力的弱化，并不能仅仅解释为直系军阀打算构建责任内阁制的共和制政府。依靠军事力量决定国家制度的走向、宪法规定不过是民主共和的招牌的制宪思路，或许发挥了更大的作用。此外，《中华民国宪法》设计的中央和地方的分权的体制，也是对当时中央和地方关系的很好写照。

（四）《中华民国宪法》的特点

1923 年公布的《中华民国宪法》，是中国历史上第一部正式公布的宪法文本。由于受直系军阀的控制，特别是受曹锟实行的"贿选"策略的影响，人们对这部宪法的评价一直是诟病多于褒扬。但客观地说，经过十几年立宪的经验积累和技术改进，1923 年公布的《中华民国宪法》在几个方面都达到了当时的最高水平。

1. 1923 年《中华民国宪法》确立了较为完整的宪法规范体系。该宪法以分权的理念为指导，构建了国家的政治制度、结构形式等根本性的问题。与以前制定的宪法文本相比，1923 年的《中华民国宪法》增加了国土、国权和地方制度等必要的内容，从整体上使宪法的规则体系更为完善。这里我们需要重点提及的是地方自治与司法审查制度。这两项 1923 年《中华民国宪法》确立的新制度，本身就属于现代宪政制度的重要内容。

2. 1923 年《中华民国宪法》对国民权利给予了较多的规定。现代宪政制度的根本理念在于限制国家权力、保障公民权利。在这二者之间的关系中，保障公民权利更是限制国家权力的目的。1923 年的《中华民国宪法》确认了国民的人身自由、政治自由、宗教信仰自由以及在从事公职和私有财产方面的权利。此外，对国民在诉讼、请愿、陈诉等程序性的权利，该法也给予了明确的规定。例如，"两院各得受理国民之请愿"（第 66 条）、"法院依法律受理民事、刑事、行政及其他一切诉讼"（第 99 条）。第 99 条的规定更表达了以保障公民权为本的法治精神："中华民国人民之自由权除本章规定外，凡无背于宪政原则者，皆承认之"。

3. 1923 年《中华民国宪法》在一些技术性规范的运用上，显得更为娴熟。《贿选宪法》的立法技术较此前的宪法文本更为成熟：对宪法的修正、解释；对中央和地方之间可能发生的权利冲突的解决方案等技术性问题的规定，表现出了该宪法在技术上的日趋成熟。

总之，1923 年的《中华民国宪法》是在总结此前十几年制宪经验的基础上制定出来的。

虽然该法的产生过程带有很多污点，甚至该法在其自身的合法性上存在着天然的缺陷，但我们却无法否认它恰恰是近代中国宪政运动不断发展的结果，并在中国近代制宪史上起到了承上启下的作用。

四、《国民政府建国大纲》（1924 年 1 月 20 日）——再造共和

中国近代宪政发展史上的斗争，复杂性和多元性是其重要特征。归结起来，这些斗争均是围绕着民主和专制两大主题展开的。在各派军阀打着宪政共和的旗帜而行专制之实的时候，孙中山先生则为构建真正的民主共和制度而奔走呼号。

（一）护法运动

如前文所述，袁世凯死后的北京政局异常复杂：皖系和直系军阀在北京发起的政权更迭中都拒绝承认《中华民国临时约法》的作用。基于这种情形，孙中山发起了反对北洋军阀政府、维护《中华民国临时约法》尊严的护法运动。

1917 年 7 月，孙中山率领受革命影响的应瑞、应琛两舰和旧国会议员，从上海抵达广州。8 月 25 日召开的国会非常会议，通过了《中华民国军政府组织大纲》，建立了中华民国军政府。在《中华革命军大元帅檄》中，孙中山指出《中华民国临时约法》是"民国开创时国民真意之所发表，而实赖前此优秀之士，出无量代价购得之也。……违反约法，则愿与国民共弃之……尊重约法，则愿与国民共助之"[1]。在孙中山的号召下，四川、湖北、安徽、浙江、湖南、陕西等地组织了护国军、靖国军，起而维持《临时约法》的效力。

由于孙中山先生领导的护法运动缺乏明确的政治内容，因此以维护约法、恢复国会为斗争目标的护法运动缺少相应的民众基础，以致出现了"闻有毁法者不加怒，闻有护法者亦不加喜"[2] 的情形。加之，护法运动以唯利是图的地方军阀为军事上的依托，这也决定了护法运动最终失败的命运。虽然孙中山一再强调："民国约法……此四万万人民公意之表示也，是故袁世凯以洪宪歼之于前而不可，张勋以复辟于后而辄败"，并于 1921 年 1 月在陈炯明的支持下再次发起了第二次护法运动，但这些运动都没能收到恢复共和的实际效果。

此间，孙中山先生为对抗北洋军阀政府无视《临时约法》而推出的《中华民国军政府组织大纲》，是资产阶级革命派对抗军阀损毁约法的重要纲领性文件。

（二）《国民政府建国大纲》

《国民政府建国大纲》由孙中山先生于 1924 年起草，经国民党第一次全国代表大会审议后，并于 1924 年 4 月 12 日公布。《国民政府建国大纲》共 25 条，它以孙中山先生的三民主义和五权宪法为指导思想，提出了建设中华民国的整体方案。如果这套方案在现实中能够实现，那么该方案所设计的中华民国就是一个典型的资产阶级共和国。因此我们也可以说，孙中山先生的《国民政府建国大纲》，为重现"共和"生机提出了一个纲领性的发展方向和路径。现将《国民政府建国大纲》的内容概述如下。

---

① 《中华民国大元帅檄》，载《孙中山选集》，上卷，102 页，北京，人民出版社，1966。
② 《制定宪法大纲宣言》，载《中山丛书》，21 页，上海，太平洋书店，1927。

1. 中华民国建设的内容

中华民国建设的核心任务是实现三民主义，而三民主义的内容之间又存在着不同的价值位阶。具言之，民生居于最重要的地位；其次为民权；最后为民族主义。所谓民生问题，事关全国百姓的生活起居、衣食住行。为满足人民在衣食住行方面的需要，孙中山认为：政府应与人民共同努力，谋求农业的发展，使人民免受饥馑的困扰；与人民共同谋求织造业的发展，使人民有充足的材料用以制作御寒之衣；建筑各式房屋，使人民能够做到居者有其屋；修建道路、整治运河，为人民出行提供便利。这些与百姓衣食住行有关的事情，均是民生问题，是中华民国建设过程中首当其冲的任务。

关于民权问题，孙中山先生认为：政府应大力开启民智，使人民能够正确地行使选举权、罢官权、创制权和复决权四种基本民权。

关于民族问题，孙中山指出了民族的两层含义：第一，民族主义意味着对国内弱小民族的扶植，使各民族能够做到自决自治；第二，民族主义还意味着中华民族作为一个整体的民族，能与外国各族享有平等的国际地位、实现国家独立。

总之，孙中山先生在《国民政府建国大纲》中对三民主义作了更为详尽的阐发，并视其为建设中华民国的根本指导思想。将民族、民权、民生置于如此重要地位的做法，对中国人民探索建设共和国的道路，产生了重要影响。

2. 中华民国建设的程序

《国民政府建国大纲》指出，中华民国的建国程序分为军政、训政和宪政三个必经程序。在不同的时期，各程序的内容又自不同。

军政时期的目标，是通过武装力量扫除阻挠国家统一的障碍，使各省获得独立。在此时期，所有制度都要受军事力量的节制和支配。

训政时期，从各省获得完全独立、平定时开始；训政时期的开始，也意味着军政时期的结束。训政时期的主要目标，在于使一个省内部的全部县获得自治。在筹备各县自治的过程中，政府应当派员进行协助。这些筹备工作包括在该县内进行人口普查、土地测量、组织警察、修路治河等，培训当地人民具体地运用选举权、罢免权、创制权和复决权等等。此外，对于中央和地方对各种事业在筹办中的权利和义务由法律明确规定。

如果一个省内的全部县都实现了自治，那么宪政时期开始、训政时期结束。宪政时期有如下特点：

第一，宪政时期开始后，中央和地方之间实行均权制度。如果某项事务在全国范围内都有一定的影响、事关全国人民利益，则该事务的管辖权属于中央；如果某事务能体现出该省与其他省份的不同而需要根据具体情况作出决策，则该事务的管辖权属于地方政府。中央和地方的关系，既不偏重于中央集权，也不偏重于地方分权。

第二，宪政时期开始后，中央政府成立五院。五院包括：行政院、立法院、司法院、考试院和监察院。在宪法颁行以前，各院长由总统任免，并在总统领导下展开工作。

第三，如果全国有一半以上的省份进入宪政时期，亦即一半以上的省份的县已经实现自治，那么就应该在全国范围内召开国民大会，起草并颁布宪法。

第四，宪法公布后，全国人民根据宪法举行全国大选举，中央统治权由国民大会行使。在选举完成三个月以后，国民政府解散，其权力转移给由全国大选举选出的民选政府。宪法颁布之日，标志着宪政在全国范围内的实现，也标志着中华民国的建成。

孙中山先生的《国民政府建国大纲》，是以资产阶级民主共和思想为指导，围绕着国家构建问题提出的一个纲领性文件。毋庸讳言，南京国民政府的机构设置以及制度建构等很多方面，都因袭甚至完全运用了《国民政府建国大纲》中所提及的部门和制度。它对后人在中国建构怎样的共和国、如何构建共和国等问题都产生了重要的影响。

五、《训政时期约法》（1931 年）与《中华民国宪法》（1947 年）——共和的形式化

南京国民政府的制宪活动，是以孙中山先生的思想为指导的。经过辛亥革命的洗礼，民主共和思想在中国已经深入人心。加之，蒋介石也以总理遗训的执行者自居，因此形式上的民主共和已经成为中国近现代制宪活动中不可动摇的主线。《训政时期约法》与《中华民国宪法》都是在这样的背景下制定出来的。

（一）《训政时期约法》

1. 《训政纲领》的公布

在南京国民政府逐渐稳定以后，国民党根据孙中山先生的建国思想，开始积极设计与训政时期相适应的政治体制。1928 年 6 月，胡汉民、孙科等人从巴黎致电蒋介石，提出国民党应有发动训政的全部权力，政府应该负担起推行训政的全部责任。在其提出的《训政大纲草案》中，他们强调国民党应该按照五权制度建构训政体制，改组国民政府，"以党训政，培植宪政深厚之基"①。在此情形下，国民党二届五中全会于 1928 年 8 月 8 日在南京开幕，会议宣布结束军政，即将进入宪政时期。同年 10 月 3 日，国民党中央常务委员会通过了具有宪法性质的《中国国民党训政纲领》。国民党在训政时期的地位和主要任务等问题被法律化、制度化。

《训政纲领》的主要目标是"施行总理三民主义……训练国民使用政权，至宪政开始弼成全民政治"。也就是说，训政是推行孙中山先生的三民主义，最终实现宪政的目标的必要步骤。《训政纲领》共包括 6 条，具体内容如下：

（1）训政期间，中国国民党全国代表大会代表国民大会领导国民，行使国家政权。在国民党全国代表大会闭会时，中国国民党中央执行委员会执行国家政权。（详见《训政纲领》第 1、2 条的规定）

（2）训政期间的主要任务，是训练国民行使选举、罢免、创制和复决四种权利。这四种权利的娴熟运作，是建立宪政的根基。

（3）国家治权包括行政、立法、司法、考试、监察五个方面，这五方面的治权由国民政府"总揽而执行之"。（见《训政纲领》第 4 条的规定）

（4）关于党权和政权之间的关系方面，国民党中央执行委员会政治会议"指导监督国民政府重大国务之施行"；同时，国民党中央执行委员会政治会议，还负责国民政府组织法的修正和解释。

《训政纲领》的内容至少表现出以下两个鲜明的特点：（1）从形式上看，《训政纲领》贯彻了孙中山先生提出的政权、治权分离的理论。之所以说这种分离只是保留了一个形式，原

---

① 中国第二历史档案馆编：《国民党政府政治制度档案史料选编》，上册，581 页，合肥，安徽教育出版社，1994。

因在于孙中山先生所说的政权属于人民的观点在这里已转而被党权所取代。（2）《训政纲领》突出了国民党在训政时期的地位。国民党成了国家最高的权力机关，处于国家最高训政者的地位。国民党的这种地位，在 1928 年 10 月通过的《中华民国国民政府组织法》中得到了进一步的巩固。《国民政府组织法》规定，"国民政府总揽中华民国之治权"；"国民政府以行政院、立法院、司法院、考试院、监察院五院组织之"。在五院之上，设立的国务会议成为处理国务，联络、协调五院关系，支配五院重大决策的中枢。国民党在国家政治生活中的绝对统治地位得以确立。

根据《训政纲领》和《中华民国国民政府组织法》的规定，1928 年 10 月至 12 月，行政院、司法院和立法院先后成立；1929 年 12 月，考试院成立；1931 年 2 月，监察院成立。五院的先后成立，标志着开始推行训政的南京国民政府已初具规模。

2.《训政时期约法》公布的历史背景

《训政时期约法》的出台，有其特定的历史背景。概言之，这种特定的历史背景包括以下几个方面。

其一，从政治角度看，《训政时期约法》的出台是政治斗争的产物。在《训政纲领》已经确立了国民党在国家政治生活中的绝对地位后，通过约法进一步巩固南京"国民政府"以及蒋介石本人的地位，就成了顺其自然的要求。从表面上看，这种要求也符合孙中山先生的思想：孙中山曾在"革命之方略"中提出训政时期应该颁布约法，以"规定人民之权利义务与革命政府之统治权"，所以孙中山也称训政时期为"约法之治"。基于理论的支持和实际的需要，1928 年 8 月 8 日召开的国民党中央执行委员会第二届五次全体会议，提出了制定颁布约法的建议案。经讨论后，会议作出了"训政时期应遵照总理遗教，颁布约法"的决议。

然而，在二届五次会议结束后不久，从欧洲回国的胡汉民反对制定《训政时期约法》。在 1929 年 3 月国民党举行第三次全国代表大会时，胡汉民也根据孙中山的理论指出：训政时期有总理的遗教作为治党、治国的根本方针，无须另行制定约法。胡汉民利用自己身为国民政府立法院院长的身份，进一步影响国民党内部的重要人物。在胡汉民的影响下，国民党第三次全国代表大会作出了如下决议："总理之三民主义、五权宪法、建国方略、建国大纲、地方自治开始实行法等遗教，已具有训政时期中华民国根本法之实质"，具有正式的法律效力，不需要再制定其他根本法。胡汉民反对制定《训政时期约法》的主张取得了初步的胜利。

但蒋介石利用中原大战胜利后积累起来的军事实力，在与胡汉民的斗争中后来居上，迫使胡汉民辞去了国民政府立法院院长的职务。曾经喧嚣一时的"约法之争"以蒋介石的最终胜利而告终。

其二，从军事的角度看，蒋介石通过中原大战击溃了反蒋同盟。蒋介石妄图通过约法巩固其独裁统治的做法，不仅遭到了地方军阀的反对，也造就了国民党内部改组派和西山会议派等反对派。1930 年 5 月，西山会议派和改组派联合起来在天津召开会议，否认国民党第三次全国代表大会作出的决议，主张召开国民会议，制定约法。8 月 7 日，两派联合冯玉祥、阎锡山、李宗仁等地方军阀，在北平召开国民党中央党部扩大会议，并在会议的宣言中列举了蒋介石违背孙中山先生遗教、以训政之名行专制之实、摧毁民主势力的若干罪状。此外，会议还决定根据孙中山先生的北上宣言和遗嘱，召集国民会议，制定训政时期约法，并责成约法起草委员会组织专家迅速起草。迫于东北军入关后的严峻形势，约法起草委员会迁至太原，并于 1930 年 10 月 27 日公布了中华民国约法草案，即后人通常所说的《太原约法草案》。

《太原约法草案》公布后，在民众中征求修改意见，并将在三个月后提交国民会议审议。由于反蒋同盟在此后爆发的中原大战中失利，《太原约法草案》也成了一纸空文。

其三，从思想的角度看，胡适等人在学界发起了一场围绕着宪法与人权关系的讨论。他们认为，保障人权是宪法的天职。训政时期需要一部约法，以保障人权。胡适在《人权与约法》一文中指出："在今日如果真要保障人权，如果真要确立法律基础，第一件事应该制定一个《中华民国约法》。至少也应该制定一部《训政时期约法》"[1]。胡适的看法代表了当时社会上的主流观点。学界之加入是否制定约法的争论，也为《训政时期约法》的出台起到了推波助澜的作用。

在确立了政治、军事优势的情况下，1931 年 3 月 2 日国民党中央常务会议通过了蒋介石提出的"召开国民会议，制定《训政时期约法》"的提案，并成立"《训政时期约法》起草委员会"。1931 年 5 月 5 日，国民会议召开并于 5 月 12 日通过了《训政时期约法》。同年 6 月 1 日，《训政时期约法》由国民政府公布并实施。

3. 《训政时期约法》的内容

《训政时期约法》共 8 章 89 条。各章目次依次为：总纲、人民之权利义务、训政纲要、国民生计、国民教育、中央与地方之权限、政府之组织、附则。《训政时期约法》制定的目的在于促成宪政。至于何时制定宪法，还政于民，以实施宪法之治，《训政时期约法》并未作出明确规定。

至于《训政时期约法》的具体内容，第一章总纲规定了中华民国的领土范围、主权归属（主权属于全体国民）以及国家的共和性质等根本问题。第二章关于人民权利和义务的规定内容最多，多达 22 条（从第 6 条至第 27 条），其中第 6 条至第 24 条都是关于人民权利的规定。人民权利的范围十分广泛：包括平等权、结社、言论、信仰自由、迁徙自由、财产权、继承权、请愿权、考试权等等多种权利。对于人民的义务，《训政时期约法》只作了较为简单的规定，这些义务大体包括纳税的义务、服兵役和工役的义务、服从公署依法执行职权的义务三个方面。第三章涉及训政纲要的问题，本章以法律的形式确认了《国民政府建国大纲》提出的基本纲领，并赋予了国民党在国家政治生活中的重要地位。第四章关于国计民生的规定，包括第 33 条至第 46 条的内容。本章主要就提高国力、改善人民的生活状况等问题作出规定，包括发展农业、工业、矿业、交通、金融、医疗、保险、劳动保护等各方面的制度。第五章关于教育问题的规定，原则上确立了三民主义在整个中华民国教育体系中的重要地位。在此原则的指导下，男女有平等的受教育机会；国家的教育体系分为公立和私立学校，公、私立学校的法律地位也没有太大的差异，该法第 53 条规定："私立学校成绩优良者，国家应予以奖励及补助"。在国家鼓励华侨教育的情况下，《训政时期约法》还规定了具体的学校资金来源、教育体制等细节性的问题。第六章包括第 59 条至第 64 条的内容，规定了中央和地方的权限。中央和地方的关系继续沿用《建国大纲》所确立的均权制度。基于

---

[1] 《新月》，1929 年第 1 卷，第 6 期。

此，《训政时期约法》对中央和地方的税务、专利、专卖特许权等问题做出了刚性规定。第七章涉及政府如何组织的问题，包括中央和地方政府组织的方式两节的内容，即《训政时期约法》第 65 条到 83 条的规定。本章对国民政府的权限、国民政府的机构设置以及地方政府的权限、设置，作了原则性的规定。特别值得一提的是第 80 条，该条规定："蒙古、西藏之地方制度，得就地方情形，另以法律定之"。此规定反映出当时法律制度制定时根据实际情况、作出灵活性规定的做法。第八章是关于《训政时期约法》的一些技术性规定，包括该法的法律效力、解释权、训政时期结束的原则性时间以及《训政时期约法》生效的时间等方面。

从总体上看，《训政时期约法》首先表现出了对《中华民国建国大纲》的继承性——《训政时期约法》的序言更是明确地规定："中国国民党施行总理三民主义，依照建国大纲，在训政时期训练国民使用政权"。其次，《训政时期约法》的一个特色是强化了国民党在国家政治生活中的重要地位，为蒋介石借民主之名而行专制之实提供了便利。

4. 对《训政时期约法》的简短评价

《训政时期约法》虽然从形式上继承了资产阶级宪法高举的民主自由原则，但它在实质上却为确立国民党一党专制提供了法律根据。正如当时的宪法学家王世杰、钱端升在其著作《比较宪法》中所说的那样："约法虽已颁布，而党治的制度初未动摇，统治之权仍在中国国民党的手中。在党治主义之下，党权高于一切；党的决定，纵与约法有所出入，人亦莫得而非之……约法，并未尝为中国政治划一新的时期"①。

宪法从来都是当权者确立自己统治合法性的最重要法律依据，《训政时期约法》亦概莫能外。它是对蒋介石为首的国民党行使专制之实提供了法律依据的一部约法；是一部使孙中山先生所提倡的三民主义、五权宪法的建国理念只剩一副空壳的约法；是一部反对民主共和的约法。

（二）《中华民国宪法》

《训政时期约法》颁行后，南京国民政府的统治日益趋于专制。针对这种情形，民主党派掀起了规模较大的宪政运动，并迫使国民党政府公布了《五五宪草》。针对《五五宪草》的缺陷，各民主党派和中国共产党对其展开了尖锐的批评，并最终促成了《政协关于宪草问题的协议》的出台。在上述协议的推动下，1947 年《中华民国宪法》在对《五五宪草》进行了较大修改的情况下颁行了。

1.《五五宪草》的颁布及其影响

《训政时期约法》颁行后，以蒋介石为首的南京国民政府加快了迈向专制的步伐。国民党中央执行委员会委员伍朝枢在 1932 年致立法院院长孙科的信中写道："军阀专横，官吏恣肆，对于人民身体、自由任意蹂躏，往往无故加以拘禁。拘时故不经法定手续，拘后则审讯无期，又不开释，致令久羁囹圄，呼吁无门。即有亲友营救，而除托情及贿赂外，更无途径可寻。其结果有不宣布理由而径与释放者，亦有始终拘禁而不予释放者，甚至擅处私刑者。似此黑暗情状，计惟吾国历史上所谓乱世及欧洲中古时代始有之"②。国民党的专制统治遭到了共产党和其他民主党派的坚决反对：以宋庆龄和蔡元培为首的中国民权保障同盟起而为民

---

① 王世杰、钱端升：《比较宪法》，413 页，北京，中国政法大学出版社，1997。

② 吴经熊、黄公觉：《中国制宪史》，上册，85 页，上海，上海商务印书馆，1937。

权而战；以胡适为首的右翼知识分子创办《新月》杂志，发起了人权运动……加之，日本帝国主义发动了"九一八事变"，侵略并进而灭亡中国的野心暴露无遗。值此内忧外患之际，国民党政府于1932年1月在洛阳召开国难会议，参加会议的著名民主人士如沈钧儒、王造时、黄炎培等六十多人联合提出了《救济国难之具体主张》，其中便包括筹备宪政、于8个月内制定出民主主义宪法的主张。

在各民主党派和全国人民制宪呼声的压力下，1932年12月5日召开的国民党四届三中全会被迫宣布于1935年召开国民大会，议定宪法。1933年1月，立法院成立了以孙科为首的、以四十余人组成的"宪法起草委员会"，开始起草宪法。同年6月，宪法委员会拟订了一部有民主精神的宪法初稿。该宪法草案经蒋介石授意进行修正后，于1934年9月由立法院全体会议审议，10月16日完成三读程序获得通过。立法院通过的《中华民国宪法草案》呈报国民政府，转送国民党中央执行委员会政治会议审核。1935年10月，国民党中央常务会议提出了修正宪法草案的几项原则。例如，以三民主义、建国大纲及训政时期约法的精神作为草案的根本；对行政权行使的限制不宜有刚性的规定；中央政府和地方制度应该在职权方面作大致的规定；条款不宜繁多，文字力求简明等。根据这些原则，立法院于10月24、25日对宪法草案重新审议，并于25日通过修正后的宪法草案。1936年5月1日提交国民党中央执行委员会第四届第五十九次会议通过，并由国民政府于5月5日正式公布的《中华民国宪法草案》，通常被称为《五五宪草》。

《五五宪草》共8章，148条。第一章总纲确认中华民国为三民主义共和国，国家主权属于全体国民等根本性的问题；第二章规定了人民的权利和义务，对人民的权利和自由作了列举式的规定：人民享有自由权、平等权、迁徙、言论、著作、出版、宗教信仰、集会结社等各种自由权利；第三章是关于国民大会的规定，国民大会在性质上是最高国家权力机关，由县、市及同等区域蒙古、西藏、华侨选出的代表组成。此外，本章还规定了国民大会的职权、会议机制等根本性的问题；第四章中央政府规定，中央政府由总统及五院组成。此外，本章还规定了总统和五院的职权、性质、地位、任期等问题；第五章关于地方制度的规定，对省议会是地方国家权力机关，县、市议会是地方自治基层机关等重要问题作了原则性的规定；第六章国民经济规定了节制资本、平均地权、发展生产、征税以及公营专卖等事项；第七章教育对教育宗旨、教育经费、教育事业及人员奖励等问题作了相应规定；第八章宪法之施行及修正规定了一些技术性的问题。

由于《五五宪草》不仅确认了国民党一党专政，还为蒋介石的专制统治披上了一件合法的外衣。因此，自《五五宪草》公布之日起，它就遭到了全国人民的反对。有学者指出：宪法是"人民制裁政府的法律"，而"政府中负责制宪的人，仿佛把这个重要原则忽略了"[①]。中国共产党对《五五宪草》也提出了诸多的批评。例如，关于《五五宪草》规定的公民权利问题，共产党人指出："每一种权利，皆附带一种限制，即'非依法律，不得限制之'。在普通法律的限制之下，宪法上的神圣不可侵犯的权利，便要变成很有限的了"。《五五宪草》"没有规定人民自由权利被侵犯时救济的方法，对于男女平权亦没有明文规定……"[②] 这些批

---

① 罗隆基：《我们需要什么样的宪政》，载《自由评论》，1935（1）。

② 《关于宪草的讨论》，载《新华日报》社论，1940-04-07。

评反映了社会各界对一部民主宪法的期盼，为后来的制宪活动提供了必要的积淀。

《五五宪草》公布后，由于全国人民的反对以及抗日战争的爆发，国民党没有召开国民大会，因此《五五宪草》也落了一个不了了之的下场。

2.《政协关于宪草问题的协议》与1947年《中华民国宪法》的颁布

抗日战争结束后，围绕着建设什么样的国家问题，社会各界展开了争论。从总体形式上看，饱受战争之苦的中国人民渴望和平、民主的新生活。1945年8月25日，中国共产党发表了《对目前时局的宣言》。宣言提出了召开各党派和无党派人士参加的代表会议，商讨结束训政、制定民主纲领的问题。1945年8月，毛泽东、周恩来、王若飞一行应国民党政府的邀请，赴重庆进行和谈。10月10日，国、共两党签订了《政府与中共代表会谈纪要》，即人们通常所称的《双十协定》。按照《双十协定》的要求，1946年1月10日至30日，由国民党、共产党、民主同盟、青年党、社会贤达组成的政治协商会议在重庆召开。代表们分成政府组织、施政纲领、军事问题、国民大会和宪法草案五个小组，展开对具体问题的讨论。根据协议，政治协商会议的所有决议均要求五方的一致同意，且无论各方出席人数的多寡均有一票表决权。经过反复的讨论和斗争后，1月31日通过的《政协关于宪法问题的协议》确立了修改《五五宪草》的十二项原则。《五五宪草》修改的十二项原则具体包括以下内容：

（1）根据孙中山先生的思想，确立了五院制的国家机构模式。首先，"修改宪草原则"规定取消有形国大，而代之以无形国大。"全国选民行使四权，名之曰国民大会"（第一项），这里的国民大会就是民盟所提出的无形国大。即国民大会在名义上仍然存在，但不选举代表，也没有具体的机构。如此规定的目的，在于避免使国民大会沦落为国民党控制的最高国家权力机构。此后，第二项规定："立法院为国家最高立法机关，由选民直接选举之，其职权相当于各民主国家之议会"；第三项规定："监察院为最高国家监察机关，由各省及议会及各民族自治区议会选举之，其职权为同意、弹劾及检察权"；第四项规定："司法院即为国家最高法院，不兼管司法行政。由大法官若干组织之。大法官由总统提名，经监察院同意任命之。各级法官须超出党派之外"。第五项规定："考试院为超党派的考试机关"；第六项规定："行政院为国家最高行政机关，行政院长由总统提名，经立法院同意任命之，行政院对立法院负责"。从上述规定中我们不难看出，"修改宪草原则"确立了五院制的国家机构模型。

（2）修改宪草原则确立了各省自治的原则。修改宪草原则第八项规定："地方制度确定省为地方自治之最高单位。省长民选。省得制定省宪，但不得与国宪抵触。省与中央权限之划分依照均权主义规定。"这也是对孙中山先生在《国民政府建国大纲》中表明的思想的延续。

（3）修改宪草原则对人民的权利与自由进行了重新的界定。"原则"第九项规定："（一）凡民主国家人民应享受之自由及权利，均应受宪法之保障。（二）关于人民自由，如用法律规定，须出于保障自由之精神，非以限制为目的……（四）聚居于一定地方之少数民族，应保障其自治权"。这些规定相较于此前的《五五宪草》，是一个明显的进步。

（4）其他技术性的规定。修改宪草原则还对选民的法定年龄；国防、外交、国民经济、文化教育等基本国策；宪法修改权等问题作了明确规定。①

---

① 上述各项原则的具体内容，参见重庆市政协文史资料研究委员会与中共重庆市委党校编：《政治协商会议纪实》（上卷），482～484页，重庆，重庆出版社，1989。

修改宪草原则，将为中国人民构建一个民主的共和国，这也恰恰是国民党所不能接受的。1946 年 3 月 16 日，国民党六届二中全会根据蒋介石的指令，通过了修改"修改宪草原则"的五点要求："（一）制定宪法，应以建国大纲为最基本之依据；（二）国民大会应为有形之组织，用集中开会之方式行使建国大纲之职权。其召集次数应酌予增加。（三）立法院对行政院不应有同意权及不信任权。行政权亦不应有提请解散立法院之权；（四）监察院不应有同意之权；（五）省无须制定省宪"。这五项修宪原则同样遭到民主党派的反对，最终在周恩来的调解下，民主党派与国民党达成如下协议："（一）国民大会为有形组织，行使四权；（二）取消政治协商会议'修改宪草原则'第六项；（三）取消省宪改为'省得制定省自治法'"①。

根据上述协议起草宪法，是此后的主要任务。虽然此后也发生过比较激烈的争论，但张君劢还是根据"（一）欧美民主政治与三民五权原则之折中；（二）国民党与共产党利害之协调；（三）其他各党主张之顾到"的原则起草了宪法。该宪法草案经过王宠惠、吴经熊等人的修改，于 1946 年 12 月 25 日由国民大会通过。在 1947 年 1 月 1 日颁布后，该宪法于同年 12 月 25 日正式实施。这部中华民国公布的最后一部宪法，在历史上被称为 1947 年《中华民国宪法》。

3. 1947 年《中华民国宪法》的内容

1947 年《中华民国宪法》共十四章，175 条。这十四章的内容分别是：总纲、人民之权利义务、国民大会、总统、行政、立法、司法、考试、监察、中央与地方之权限、地方制度、选举罢免创制复决、基本国策以及最后一章宪法之施行及修改。概括起来，其主要内容有如下诸端：

（1）关于中华民国的国家性质。《中华民国宪法》第 1 条和第 2 条规定："中华民国基于三民主义，为民有、民治、民享之民主共和国"、"中华民国之主权属于国民全体"。关于国家主权归属问题，民国制宪史上制定的宪法草案大多将其界定为国民全体，此点并无多大争议。这里值得一提的是第 1 条的规定，它与《五五宪草》规定的"中华民国为三民主义共和国"有所不同。反面观之，将"三民主义"作为"共和国"的定语有着特殊的含义：无论是国民党、共产党还是其他民主党派上台执政，都必须以三民主义作为根本的指导思想。因此在修改宪法时，国民党坚持保留《五五宪草》中的上述规定，而共产党及民主党派坚决反对。最终达成的妥协是在条文中保留了"三民主义"字样，但其意义已经不同于《五五宪草》。就像宪法草案起草人张君劢所说的那样："说中华民国基于三民主义，是承认民国之造成由中山先生三民主义为主动，至于今后之民国，则主权在于人民，故名'民有、民治、民享之共和国'"②。如此规定从法律上否定了国民党一党专政和蒋介石的独裁统治。

（2）关于人民的权利问题，《中华民国宪法》第 7 条至第 24 条作了明确的规定。《中华民国宪法》以列举式的立法手段规定了公民权利，这些权利包括平等权、迁徙权、言论、著作、通信秘密、信仰自由、集会结社、请愿、诉讼、选举、罢免、创制、复决、考试、服公

---

① 夏新华、胡旭晟：《近代中国宪政历程：史料荟萃》，1092～1093 页，北京，中国政法大学出版社，2004。

② 张君劢：《中国新宪法起草经过》，载《再生》，第 204 期。

职、受教育等权利。特别值得一提的是：与《五五宪草》相较，《中华民国宪法草案》取消了对权利行使的限制性规定。该法第 23 条规定："以上各条列举之自由权利，除为防止妨碍他人自由，避免紧急危难，维持社会秩序，或增进公共利益所必要者外，不得以法律限制之"。此规定与《五五宪草》可以法律手段对权利进行限制的立法倾向，恰成鲜明对比。

（3）关于国民大会问题，《中华民国宪法》第 25 条规定："国民大会依本宪法之规定，代表全国国民行使政权"。从根本上，国民大会被定性为掌握国家政权的机关。此外，《中华民国宪法》第三章还规定了国民大会的组成、任期、职权、会议机制、会议地点以及代表权利等问题。从表面上看，国民大会有很大的权力，这些权力包括"选举总统副总统；罢免总统副总统；修改宪法；复决立法院所提之宪法修正案"。但是，由于立法院的存在，国民大会的立法权受到很大的限制。客观地说，这种做法有利于限制国民党以国民大会做挡箭牌，垄断国家政权。

（4）关于中央层面的国家行政机构的问题，《中华民国宪法》第四章至第九章的内容对此作了专门规定。在行政权运行的过程中，由总统和五院组成的中央权力机构相互牵制。具体说来，总统作为国家元首对外代表中华民国，统率陆、海、空军；总统依法公布法律、发布命令，但须经行政院院长副署；总统有缔结条约、宣战、媾和、大赦、特赦、减刑、复权、任免文武官员、荣典等权力；总统可依法宣布戒严，但必须经立法院通过或追认。……从表面上看，总统有很大权力，但这些权力大多不能由总统独立行使。总体上看，《中华民国宪法》所设计的政体形式是责任内阁制，实际上这种政体形式更像是总统制和责任内阁制的混合物。有些学者将其称为"英（责任内阁制）美（总统制）混合制"[1]。

五院组成了中央政府。行政院是最高国家的行政机关，行政院院长由总统提名，经立法院同意任命。立法院是最高国家的立法机关，有权议决法律案、预算案、条约案、宣战案、媾和案、大赦案、戒严案等；对宪法可以提出修正案；此外，立法院还对行政权的行使有着制衡作用。司法院是最高的司法机关，掌管民事、刑事、行政诉讼、审判及对公务员的惩戒权，同时立法院还有解释宪法、统一解释法律和命令的权力；司法院院长、副院长以及大法官由总统提名，经监察院同意后任命。考试院为最高考试机关，掌握考试、任用、铨叙、考绩、级俸、升迁、保障、褒奖、抚恤、退休、养老等事宜。考试院院长、副院长及考试委员由总统提名，经监察院同意后任命。监察院是最高的监察机关，行使同意、弹劾、纠举及审计权；监察院设院长、副院长各一人，由监察委员互相选举产生；监察院对于总统、副总统可以提出弹劾案。

对于五院之间的争执，总统可以召集各院院长协商解决。

（5）关于中央和地方的权限，《中华民国宪法》第十、十一章两章对此作了明确的规定。中央和地方权力划分的原则，承袭了孙中山先生一直提倡的均权主义。具体说来，《中华民国宪法》规定由中央立法并执行的权力有 13 项；由中央立法并执行，或交由省、县执行的有 17 项；由省立法并执行，或交由县执行的有 10 项。除明确列举的事项以外，《中华民国宪法》还规定："如有未列举事项发生时，其事务有全国一致之性质者属于中央，有全省一致之性质者属于省，有一县之性质者属于县。遇有争议时，由立法院解决之"。

---

① 郑大华：《重评 1946 年〈中华民国宪法〉》，载《史学月刊》，2003（3）。

（6）关于公民的政治权利，《中华民国宪法》第十二章作了专门的规定。对选举、罢免、创制和复决四权作出专章的明确规定，是 1947 年《中华民国宪法》的重要特色。该章规定了公民行使选举权和被选举权的年龄限制、选举方式，并对妇女的选举权和被选举权给予的相应规定。此外，对创制、复决权采用了另"以法律定之"的立法方法。

（7）关于基本国策，1947 年《中华民国宪法》分节规定了国防、外交、国民经济、社会安全、教育文化、边疆地区六个方面。较此前的宪法草案或公布的宪法文本，这种做法都体现了 1947 年《中华民国宪法》的独到之处。

（8）相关的技术性规定，在《中华民国宪法》第十四章中作了明确规定。该章对《中华民国宪法》的法律效力、修正和解释等技术性问题作出了规定。

4. 对 1947 年《中华民国宪法》的简短评价

在"修改宪草原则"指导下创制、颁行的《中华民国宪法》，较《五五宪草》有了较大的改善。这种内容上的改善或应归结为以下三个方面的原因：（1）第二次世界大战结束以后，民主共和已经成为世界范围内国家制度发展的不可阻挡的潮流；（2）《五五宪草》公布后，全国范围内展开的讨论和批评，为 1947 年《中华民国宪法》的改进提供了必要的资料和思想上的铺垫；（3）1947 年《中华民国宪法》，是各方面势力均发挥了相应作用的产物。1946 年召开的政治协商会议，在集思广益的基础上通过了《宪法草案案》。《宪法草案案》代表了共产党以及其他民主党派等各种不同社会力量在新的形势下关于宪政问题的意见。《宪法草案案》对《中华民国宪法》的影响，也决定了它必然具有限制国民党一党专政的特点。

在看到 1947 年《中华民国宪法》优点的同时，我们也无法忽视它的缺陷。从其产生的机构看，1946 年召开的以制定宪法为目的的国民大会，是在没有共产党及民主同盟等主要民主党派参加的情况下召开的。从军事的角度看，1946 年 6 月开始的国共两党的全面对峙，已使国家处于全面的内战状态。在这种特殊的情况下，国民党急于通过一部宪法以改变长期以来形成的"以党代国"、推行训政的不良形象，并期望通过实施宪政、还政于民的方式扩大号召力。因此，1947 年《中华民国宪法》的政治意义恐怕远远高于其法律意义，这才是这部宪法公布的真正用意。这样的真正用意，也将 1947 年《中华民国宪法》所主张的民主共和推向了形式化的边缘。

第四节
形式化宪政的确立

从 1905 年载泽、端方等五大臣出洋考察政治，到 1947 年《中华民国宪法》的公布，前后历经不过四十多年的时间。在历史发展的长河中，四十多年的时间跨度不过是弹指一挥间；但在中国近代宪政发展的历史上，同样的四十年却给中国的宪政发展带来了天翻地覆的变化。从早期清政府为挽救统治于水火之中而采取的预备立宪措施，到辛亥革命爆发推翻统治中国长达几千年的封建帝制；从袁世凯称帝到张勋复辟，再到直系军阀曹锟炮制的《贿选宪法》；从康有为、梁启超等人倡导的君主立宪制到以孙中山为首的资产阶级革命派创立中华民国；从《中华民国临时约法》到《中华民国约法》；从《中华民国训政时期约法》到1947年《中华民国宪法》……这一系列事件都表明：民主共和与专制之间的冲突是激烈的，宪政观念已深入国人之心。

民主与专制冲突的激烈性，有中国宪政化道路上出现的民主与专制的轮回、反复为佐证；宪政观念之深入人心的最好证明，就是无论哪一派别登上权力的顶峰后，都打着宪政的旗号为自己的统治提供合法性的根据。

因此，这四十多年时间留给国人最大的财富就是：帝制被人们无情地抛进了历史的垃圾堆，宪政堂堂正正地进入了人们的现实生活。

什么是宪政呢？"主流的看法大概来说，宪政是一种以法治为形式、司法为屏障，以民主为基础、分权制衡为手段，以保障个人自由为终极目标的政法体制"[1]。这是关于宪政概念比较有代表性的描述。从上述概念出发，我们可以进一步推出：宪政的核心价值在于限制国家权力，保障公民权利。正是这样的核心价值，才决定了"宪政"这一近代以来才滥觞人类政治生活领域的制度，迅速在世界范围内获得了独领风骚的地位；正是这样的核心价值，也决定了它必然以共和为基础、以民主为重要的表现形式；正是这样的核心价值，决定了它在确立近代政权合法性的问题上发挥着不可替代的作用。

一、宪政——共和的孪生兄弟

"共和"在人类发展史上一直占有重要地位，并且亦有两千多年的历史了。西周周厉王时期爆发的国人暴动，赶走了暴虐的国王。国王被赶走后，周公和召公共同执政，历史上将这段时期称为"周召共和"——周召共和开辟了中国的新纪元。在古希腊，实行共和制的城邦在伯罗奔尼撒半岛上占大多数；而且，其后的罗马国家也曾经历过共和时期。至今，"现代世界上有180多个国家，已有102个国家成为共和国，而且是不同时期，不同的要求而达到的共同取向。……任何概念都很难成为世界共同认可的称号，唯有共和两字最具有凝聚力"[2]。为什么"共和"对人们具有如此巨大的吸引力？

（一）"共和"的基本含义

从字源上来说，古希腊的共和概念为"res publica"；在英文中，这一名词被翻译为"common wealth"。由字面出发，我们不难看出，"共同的财产"是共和的本意。也就是说，共和国是一个至少有两人以上享有一项共同财产的国家制度。此后，在不同的历史时期，人们曾赋予"共和"以不同的含义。例如，法国思想家孟德斯鸠认为，共和国的原则是美德，没有美德，共和国就不可能存在；同样是法国思想家的卢梭则有不同观点，他认为共和与法治紧密相关："凡是实行法治的国家——无论它的行政形式如何——我就称之为共和国；因为惟有在这里才是公共利益在统治着，公共事物才是作数的。一切合法的政府都是共和制的"[3]。此外，还有一些思想家将平等列为共和的灵魂。总之，从古希腊、古罗马

---

① 王怡：《宪政主义：观念与制度的转捩》，4页，济南，山东人民出版社，2006。
② 苏昌培：《共和观》，143页，北京，社会科学文献出版社，2001。
③ ［法］卢梭：《社会契约论》，何兆武译，51页，北京，商务印书馆，1980。

到中世纪、近代，很多思想家对共和都发表了自己的看法，共和也出现了若干不同的含义。

到了近现代，共和的含义大致被界定为两个方面："一方面，指与君主制相区别的国家和政府的形式，另一方面，指强调平等、政治民主、政治参与，以及公共精神的政治风格，它与个人导向的个人主义、独裁的政治形式都是对立的。"① 正是从这个意义上来说，共和与宪政之间存在着紧密的关系。

（二）宪政与共和的基本关系

宪政与共和是一对孪生兄弟，这种紧密关系体现在它们存在着若干共同的契合性因素。具体言之，这种契合性表现在如下很多方面。

1. 法治构成了宪政和共和的基本因素

法治构成了宪政的基础，没有法治就不可能实现宪政。宪政通过一系列制度安排来规范、限制政府的权力，保护个人权利。在宪政体制下，政府的各个部门都根据法律特别是宪法设计的，宪法对政府全力进行界定、分配和规制，并被设计成相互制衡的模式。其次，法治保障着宪政国家的稳定与发展。也就是说，没有法治也就没有宪政。法治一方面限制了政府的任意权力，另一方面是更能取信于民。

此外，法治也是实现共和的重要因素。法治原则首先要求共和政体要有一部合乎宪政精神的宪法。宪法是宪政的前提，"只要一个宪法体现着宪政理论，只要它是一部有权威的宪法，它就必然限制一切政府权力，甚至人民自由选举出来的代表的权利，而且要以保护个人其他实质性权利的方式"②。法治原则与专制相对立，共和政体首要的精神就在于反对专制。

中国近现代宪政发展的历程，恰恰证明了法治原则在推进宪政和共和过程中的重要性。孙中山先生倡导的三民主义和五权宪法，都渗透着反对专制、强调法治的基本精神。也就是说，在中国近代宪政发展的过程中，民主、共和、法治观念至少在形式上已为人们普遍接受。

2. 分权将宪政与共和联结起来

分权制衡构成了宪政的重要原则。分权思想由来已久，从古希腊的亚里士多德到古罗马的波利比阿、西塞罗，乃至英国古典自然法学家洛克、法国思想家孟德斯鸠，再到美国的开国元勋汉密尔顿……这些思想家无不强调分权。没有分权就没有宪政，"分权学说与制衡理论的混合，它构成了美国宪法的基础"，"分权学说与混合政体理论的混合……是 18 世纪的英国宪政，即均衡政府理论的基本要素"③。宪政与分权不可分割。

同样，上述思想家倡导的共和国，也必须实行分权的统治模式。"凡是各项个人权利未得到可靠保障，权力没有分离的社会，都不存在宪政体制"④。通过分权，宪政与共和联为

---

① ［英］戴维·米勒、韦农·波格丹诺编：《布莱克维尔政治学百科全书》，英文版，534 页，1987。

② ［美］沃尔特·E·莫菲：《宪法、宪政与民主》，信春鹰译，载《宪法比较研究文集》（3），24 页，济南，山东人民出版社，1993。

③ ［英］M. J. C. 维尔：《宪政与分权》，苏力译，17~18 页，北京，三联书店，1997。

④ ［英］哈耶克：《经济、科学与政治——哈耶克思想精粹》，冯克利译，345 页，南京，江苏人民出版社，2000。

一体。

回首中国近代宪政之路，我们不难发现我国的思想先辈们也认识到了分权之于宪政、共和的重要性。孙中山先生强调的分权原则，在中华民国公布的所有宪法草案以及宪法文本中均有所体现。当然，由于封建专制制度在中国长达两千多年的历史积淀，以至于真正的分权很难在旧民主主义革命时期获得实现。这样，宪政、共和、分权在当时的中国也徒具一副迷人的外表了。

3. 宪政与共和存在着共同的"约"的基因

宪政所赖以实行的根据——宪法，是由人民代表制定的，它代表着人们的意愿。从这个角度说，宪政的推行就意味着人们愿意遵循自己的承诺，并以其作为自己行为的准则。同样，"共和"意味着多人能够共同和谐的相处。而多人能够共同和谐相处的前提，就是人们此前有某种共同的约定。"在很早以前，习惯法法院的法官们已经明确地指出了共和政体的基本原则：任何人只要能使国家致富，也允许他发家致富。但是如果他单纯地从共同的财富中榨取私人的财富，那就是不许可的"①。这段话就是对这种约定的较好诠释。也就是说，宪政与共和以"事先的约定"为中介，而存在着紧密的关系。

4. 宪政乃是共和的基础

没有宪政就没有共和，反之亦然。这点在宪政发展的历史上已经被证明：英国的虚君共和制以 1215 年贵族们迫使国王签订《自由大宪章》和几十年后的议会产生为发轫。如果没有《大宪章》，君主和贵族之间就不可能实现和谐的相处，因此双方也就不可能构建一个共和国。同理，1688 年光荣革命后，威廉国王如果不接受确立议会至上的《权利法案》，英国也就不会有现在的责任内阁制的共和体制。美国的发展也说明了宪政与共和之间的关系。1787 年美国宪法以及随后一次性通过的前十条宪法修正案，都说明了这一问题。

关于宪政和共和的基本关系，国人经过几十年的宪政实验已经有了大致的认识。但这种认识在当时的情况下也仅仅停留在表层上，现实的情况阻碍着宪政、共和的真正实现。

二、宪政——民主的表现形式

宪政与民主之间的关系问题，是一个颇具争论性的问题。一些学者在界定宪政的概念时，或者将宪政与民主等同起来；或者认为民主是宪政的一个要素；或者干脆将民主与宪政对立起来，从而将民主排除在宪政之外。民主与宪政到底存在着怎样的关系呢？

我们认为，宪政与民主具有不同的内涵，它们具有不同的旨趣和主张，也有着不同的制度构架和操作规则。但二者之间并非水火不容、彼此没有任何联系，相反，在现代宪法理论中，宪政与民主已经成为互相依存、不可分割的统一整体。由于宪政和民主都重视人的尊严和权利的神圣不可侵犯，因此二者之间的联系是不可避免的。这种联系主要表现在以下方面。②

---

① ［美］约翰·R·康芒斯：《资本主义的法律基础》，寿勉诚译，290 页，北京，商务印书馆，2003。

② 这里对这种联系的两个方面，即"宪政是民主的政治"，以及"民主是宪政的最根本价值追求之一"的观点的相关论述，参见林广华：《论宪政与民主》，载《法律科学》，2001（3）。

（一）宪政是民主的政治

众所周知，严格意义上的宪政的产生是与近代民主政治紧密相关的，是以民主政治为基础、内容的。资产阶级革命胜利后，法治和民主才得以完成完整的结合。就像马克思曾经指出的那样，虽然在14、15世纪地中海沿岸的某些城市已经出现了资本主义生产关系的萌芽，但资本主义开始占据优势是从16世纪开始的。在封建社会后期，资产阶级逐步登上了历史舞台。它利用农民、城市平民组成由自己领导的反对封建势力的阵营，它们以文艺复兴时期形成的民主思想为武器，先后在英国、美国、法国、德国、意大利等国家发动了资产阶级革命。资产阶级革命的胜利，为资产阶级确立民主制度提供了政治上的可能。19世纪以后，资产阶级的民主制度几乎席卷了整个世界。

资产阶级的民主主要有两种形式：一种是君主立宪制；一种是民主共和制。君主立宪制是通过制定宪法以限制君主权力的政权组织形式。君主立宪政体又包括两种具体的类型：其一是议会制的君主立宪制，其二是二元制的君主立宪制。前者君主不掌握实权，其行动受议会的制约，政府对议会负责，这种制度的典型是英国；后者君主掌握实权，由君主任命内阁成员，政府对君主负责，君主的行动不受议会约束，议会行使立法权，但君主对法案有否决权，采用这种政治体制的典型国家是第二次世界大战前的日本。民主共和制是指国家机关或者国家元首经选举产生的一种政权组织形式，它也分为议会制共和制和总统制共和制两种形式。政府由议会中拥有多数席位的政党组成，并对议会负责的国家称为议会制共和国，如1946年到1958年的法国；总统由选举产生并直接领导政府，不对议会负责的国家称为总统制共和国，典型的总统制共和国为美国。

在资产阶级民主发展史上，没有无宪法的民主，也没有无民主的宪法。毛泽东在20世纪40年代"延安宪政促进会"成立大会上发表的题为《新民主主义的宪政》中指出："宪政是什么呢？就是民主的政治"。"世界上历来的宪政，不论是英国、法国、美国，或者是苏联，都是在革命成功有了民主事实之后，颁布一个根本大法，去承认它，这就是宪法"①。从历史发展来开，民主政治在社会政治生活中占据优势时，宪法就完善；反之，宪法就会遭到不同程度的破坏。由此可见，民主是宪政的基本内容。

（二）民主是宪政的最根本的价值追求之一

这种说法的主要原因在于以下几个方面。

第一，民主是宪政产生的基础。民主的精髓，在于国家的一切权力属于人民，民主的普遍化和制度化只有在宪政秩序中才能得到实现。宪政秩序是一种民主政治秩序，是民主存在的基本形式。在奴隶制、封建制社会，国家权力属于统治阶级，被统治者没有民主。随着资本主义经济的发展以及随之而来的资产阶级革命的胜利，人们将通过革命斗争取得的政治上的民主通过法律手段确定下来，因此宪政秩序应运而生。没有民主，就不会有宪政。

第二，民主是宪政运作的前提。宪政理论认为，人民对权力的控制主要是通过法律实现的。民主意味着多数人的统治，因此法律所以能够支配权力，在于它体现着多数人的意志。也就是说，民主的统治形态是法律支配权力的逻辑起点，也是宪政正常运行的基础。

---

① 《毛泽东选集》，2版，第2卷，732～735页，北京，人民出版社，1991。

第三,民主是宪政的核心内容之一。宪政秩序能够通过人民曾表明其意志的宪法调和社会矛盾,从而使这种矛盾保持在秩序的范围内。宪政秩序的这种整合功能是依靠民主实现的,因此民主是宪政的实质所在。

第四,作为民主奋斗目标的人权,也是宪政运作的必然结果。权力总是倾向于扩张,民主的基本内容就是通过法律控制国家权力,以保障人的尊严不受侵犯,最终达到国家权力归还于人民的目的。在宪政秩序下,权利支配权力是民主的必然要求,对权力的控制又为公民的权利、自由提供了有效的保障。

虽然宪政与民主政治是具有不同内容的两个概念——就像古希腊和中世纪存在民主政治但却不存在宪政一样,但我们在看到民主政治未必是宪政体现的民主政治时,必须看到宪政必然是反映民主政治的宪政。也就是说,有民主政治不一定有宪政,但有宪政就一定有民主政治。宪政是民主政治的一种形式、一种形态或一种过程。在当代,宪政构成了我们判断民主政治的基本标尺。

中国近现代的宪政历程虽然坎坷,但打着民主的旗号而欲行专制之实的党派或个人也从来没有忽视宪法的重要性。虽然这种对宪法的重视,仅是为了骗取某种政治资本,以达到最终实现专制的目的。

三、立宪——近代政权合法性的基础

(一)合法性的含义

毋庸讳言,权力是政治的核心,而合法性则是对政治进行的价值判断。法国的政治学家马克·思古德曾经指出:"合法性事实上与治权有关。合法性就是对治权的认可"。"合法性形成了治权的基础,是法治体制中开展政治活动的基础。合法性作为政治利益的表述,它标志着它所证明的政治体制是尽可能正义的,而且是不言而喻和必需的"①。这就意味着:政治权力若要被人们自愿服从,就必须具备合法性;否则,政权就会出现危机。②

一般说来,合法性或曰政治合法性,就是指政治统治依据传统或公认的准则而得到人民的同意或支持。当人们对一个国家终极的权威愿意尽政治义务时,我们就会认为这一权威具备了相应的合法性。显然,一个政权只有在获得人们的自愿拥戴时,其政局才会更稳定、其统治才会更有效力;相反,如果一个政权的合法性根基受到怀疑,政局的动荡也必然要随之而来。

关于政治合法性的概念,人类历史上许多思想家都曾进行过这种智力上的探索。从布丹、霍布斯,到孟德斯鸠和卢梭,他们的学说归根到底都是论证国家政权存在合法性的学说。不过,把"政治合法性"作为核心的概念,是现代政治社会学的贡献。做出这一贡献的具体人物,当首推德国社会学家马克斯·韦伯。在韦伯看来,由命令和服从构成的每一个社会生活系统的存在,都取决于它是否有能力建立和培养对其存在意义的普遍信念。所谓合法性,就是促使人们服从某种命令的动机,因此任何群体服从统治者命令的可能性主要依据统治系统的合法化程度。韦伯从经验事实的角度出发,认为合法性不过是既定政治体系的稳定

---

① [法]马克·思古德:《什么是政治的合法性》,载《外国法译评》,1997(2)。
② 参见林广华:《论政治的合法性问题》,载《探索》,2002(3)。

性，也就是人们对享有权威者地位的确认和对其命令的服从。韦伯认为，现实生活中任何成功而稳定的统治，无论它以何种形式出现，都必然是合法的，因为不合法的统治根本没有存在的余地。①

(二) 政权合法性的不同根基

统治者的权威为什么会得到服从？也就是说政治合法性的基础是什么呢？政治统治的正当理由是什么？关于这个问题，韦伯以经验分析的方法提出了三种类型的合法性基础理论。

一是基于传统的合法性理论，即传统合法性。传统合法性是指人们相信统治者的政治统治符合传统，或者说统治者的合法性来自传统规则。人类历史上存在过的家长制和世袭制，其合法性的基础就是传统或传统的规则。

二是基于领袖超凡感召力基础上的合法性，即个人魅力型的合法性。这种统治的合法性建立在某个超凡魅力人物的英雄气概、非凡品质和献身精神上，人们相信他能带领他们获得幸福，从而愿意服从他的命令。这种统治模式也因此被称为个人魅力型（卡里斯玛型）统治。

三是基于合理合法准则之上的合法性，即法理性的合法性。这种统治的合法性建立在对于正式制定的规则的正当行为的要求之上，人们服从依照法规而占据某个职位并行使权力的统治者，如通过选举获得某职位的政府官员。② 这种统治模型也被称之为法理型统治。

韦伯认为，这三种合法性统治的基础都属于纯粹的理想型，它们从来没有在人类社会和历史中以纯粹的形态出现过。所有经验事实中的统治形式都是这三种类型的混合，但由于不同类型的因素的比重和组合方式可能存在差异，从而使现实的统治模式可能更接近某种类型。韦伯认为，现代化国家中统治的合法性基础，必然是法理型的。③

在人类社会发展的历史上，我们在不同的阶段曾求助于不同的因素来论证某种政治统治的合法性。在人类社会最早期，由于征服、改造自然能力的弱小，人类曾求助于某种神秘的力量来论证权威的合法性；在中世纪神学占统治地位的时期，"君权神授"成为论证政治统治合法性的重要理论；甚至在资产阶级奠定政权的初期，强力一度成为论证统治合法性的重要因素。在现代社会，法律则成为论证上述合法性的最重要手段。

在证明政治统治合法性的各种法律表现形式中，宪法具有无可替代的绝对的重要性。

(三) 宪法是近代政权合法性的基础

宪法在确立政治统治合法性的问题上具有无可争议的地位，这主要表现在以下方面。

其一，从实证的角度看，宪法是国家的根本法，它规定了国家的性质、国家的政权组织形式等根本性的问题。任何一个掌握政权的阶级，在获得政权之后的首要任务，大多是制定宪法以将自己获得的统治地位合法化。通过规定国家制度中的根本问题，掌握政权的统治者在统治权的运用上获得了无可争议的合法性。

其二，从价值取向上看，宪法在于限制国家权力、保障公民权利。公民权利的有效保障是宪法存在合法性的重要依据；因此也是政权存在合法性的依据。关于这一问题，17、18 世

---

① 参见林广华：《论政治的合法性问题》，载《探索》，2002 (3)。

② 参见［德］马克斯·韦伯：《经济与社会》，林荣远译，80 页，北京，商务印书馆，1997。

③ 参见林广华：《论政治的合法性问题》，载《探索》，2002 (3)。

纪的古典自然法学家已经通过各种途径进行了深入的论证。宪法是保障人的自然权利的根本法，因此以保障人权为基本价值取向的宪法自然构成政治统治合法性的基础。

其三，从历史发展上看，宪法也构成了政权合法性的前提。以美国 1787 年费城制宪会议制定了人类历史上第一部成文宪法为例，这部宪法在 1789 年被九个州批准并因此发生法律效力之后，美国的联邦政府才据此成立。美国联邦层面上的所有政府部门，从建立到运行全部具有宪法根据。因此，美国政府的建构也正是因为以宪法为根据而具备了合法性。

近代政治统治的合法性根据在于宪法，这一道理已经为近代以来的中国人认识到。辛亥革命以来的历次立宪活动，无不体现着这一基本原理。在孙中山先生提出的《中华民国建国大纲》等一系列纲领性的文件中，开议会、制宪法而后成立政府，是一基本的建国思路。这一思路，就是对宪法乃近代政权合法性根基的基本诠释。

四、宪法——形式化宪政的表现

宪法与宪政是相互联系、又有区别的两种政治和法律现象。一方面，宪法是宪政的载体，宪政总要通过宪法所确立的制度和程序表现出来；另一方面，宪法又不等于宪政。就像有的学者所说的那样："'宪法'与'宪政'是我们现代政治生活中经常遇到的两个名词，这两个名词的含义和指涉，不但是类别不尽相同，事实上其意义之广狭，内涵之繁简，品质之精粗，以及价值上可欲性之大小高低，也确有其实际上的具体差别"[①]。从当前世界范围内来看，几乎每个国家都有一部宪法，但并非每一部宪法都符合宪政的基本要求。从历史的角度看，宪法的产生要大大早于宪政观念的产生，因此宪政观念及其标准的形成是宪法的理论与实践逐渐走向成熟的标志，也是人类社会物质与精神文明发展的必然结果。因此，二者之间的关系也主要表现在以下两个方面。

（一）宪法是宪政的前提，无宪法则无宪政

有人认为，没有宪法也可能会存在宪政。例如，在立宪运动中，虽然没有宪法却有宪政运动；英国没有成文宪法，但却无人否认英国存在宪政……事实上，没有宪法就不会有宪政。同样作为资产阶级革命胜利后的产物，宪政在辞源上都来源于宪法，宪政就是以宪法为指导的政治运作。我们不应把宽泛地争取民主的运动视为宪政，也不应把英国没有成文宪法视为"没有宪法也可能存在宪政"的根据——毕竟英国存在宪法性法律、宪法惯例、宪法判例等不成文宪法形式。

因此，历史和现实都证明，没有宪法是不会有宪政的。

（二）宪政是宪法内容的实现，但有宪法未必就有宪政

有些国家虽然制定了宪法，但宪法并不确认法律享有最高的权威，而是确认统治者至高无上的地位。在此形势下，宪法成了专制主义和极权主义的国家用以掩盖其本质、欺骗社会舆论从而使其统治合法化的工具。这种情况在人类社会发展的历史上曾不止一次地出现过。《布莱克维尔政治学百科全书》中写道："在过去几个世纪中，普通民众、宪法学家，甚至政治家都倾向于把宪法及其权利法案看作即便不是'到乌托邦去的通行证'，也是反对专制的

---

① 荆知仁：《宪政论衡》，24 页，台北，台湾商务印书馆，1983。

重要保证。然而，今天的事实却已不再如此。现在对宪法中公民权及参与权法案的侵犯（而不是遵守），在大多数国家中已是司空见惯的事情。民主主义的、看上去完美无缺的魏玛宪法在纳粹德国的命运，以及当代一些国家的一党体制、法西斯独裁者和各式各样的军政府对新宪法的颁布和宣传，在实质上使人们放弃了以往那种把宪法视为政治体系的核心的看法"。

因此，能够导致宪政实现的宪法，必须是符合民主、法治以及保护人权的宪政精神的宪法，亦即必须是具有正当性的宪法。这样的宪法需要以下要素：第一，宪法要肯定人民享有国家的统治权，即要确立主权在民的原则。第二，必须为政府的活动设置一个可控制的方案。也就是说，良好的宪法必须是限制政府权力的宪法，任何政府活动，如果超越法律赋予的权限就是违法。从此基点出发，我们不难推出良宪的精神要旨必须含有分权的因子。第三，必须明确违宪审查的机构和制度，在宪法受到破坏时能够采取相应的补救措施和惩罚性措施。违宪审查机构和制度的设立，是宪法在现实生活中能够落实的重要制度保障。第四，必须确立独立的司法制度。第五，宪法必须以尊重和保障公民的人权为最终的目的。只有具备了上述因素的宪法才是好的宪法，也只有好的宪法才能成为宪政实现的基础。

宪法是宪政的外在表现。中国清朝末年的《钦定宪法大纲》、民国初年的《中华民国约法》以及1947年《中华民国宪法》等宪法性法律文件，由于缺少实质上的保障人权的基本理念，而徒具宪法之名，而无宪法之实。因此，这样的宪法是不可能推动宪政在中国真正实现的。

但我们也不能够否认：经过四十多年的宪政运动，形式化的宪法在中国已经确立；宪政的观念逐步深入国人之心。

第五章

从官制改革到行政法制的形成

中国古代社会并不存在严格意义上的行政法，但有着丰富的国家行政管理和官吏管理方面的法律，这些法律是依中国古代等级制国家管理的要求制定的，它适应了中国古代中央集权制的政治体制，对中国古代社会的管理起到了巨大的作用。

但是，鸦片战争以后，中国传统的行政管理的结构受到了西方列强的干预，同时中国进步的知识分子和具有开明意识的官员也认识到传统的行政管理结构已经不适应当时社会的情况。在这样的背景下，清政府开始了官制改革。但这场改革并没有触动传统专制政体的基础，从而呈现出表面化的特征。

以孙中山为首的资产阶级革命派们在辛亥革命前后充分认识到了中国传统行政结构的腐朽与落后，在资产阶级民主共和国的建立过程中，也开始了中国近代行政结构和行政法律的全面建设，奠定了中国近代国家行政管理的新的范型。

第一节
从洋务内阁到《行政纲目》——行政权初立

"英国的大炮破坏了皇帝的权威，迫使天朝帝国与地上的世界接触。与外界完全隔绝曾是保存旧中国的首要条件，而当这种隔绝状态通过英国而为暴力所打破的时候，接踵而来的必然是解体的过程，正如小心保存在密闭棺材里的木乃伊一接触新鲜空气便必然要解体一样。"[1] "随着鸦片日益成为中国人的统治者，皇帝及其周围墨守成规的大官们也就日益丧失自己的统治权。"[2]

马克思的这些论断一方面说明了中国传统政治制度在近代解体与变化的必然性，同时也是我们理解中国近代行政权力的形成与发展变化的契入点。

---

[1] 《马克思恩格斯选集》，2 版，第 1 卷，692 页，北京，人民出版社，1995。

[2] 《马克思恩格斯选集》，2 版，第 1 卷，691 页，北京，人民出版社，1995。

一、中国传统行政体制概述

任何一个国家都需要进行管理，这既是国家政权的表现，也是国家的职能。中国古代也是一样，从夏朝进入国家形态以后，就开始建立各种制度对社会进行全面的管理了。中国长达数千年的发展史形成了独具特色的行政体制和法律制度，虽然中国传统的行政体制和法律制度在近代受到了各种挑战，但在中国传统社会中，它还是发挥了巨大的作用的。

（一）中国传统行政结构的演变

实现国家管理的行政制度是与国家同时产生的。我国早在夏朝时就出现了六卿、稷（掌管农业）、牧正（掌管畜牧业）、车正（掌管车服）、水官（掌管水利）、遒人（掌管皇令）、大理（掌管刑狱）、啬夫（掌管监狱）等官。[①]《尚书·禹贡》还说："禹别九州，随山浚川，任土作贡"。可见，夏王朝不仅有了行使农业、畜牧业、水利、刑狱等管理权能的机构和官员，而且在部落联盟基础上的地方行政区划也问世了。商周时期，国家的各种行政职能进一步发展，如商代的职官开始划分为内服官（中央王朝职官）、外服官（诸侯方国职官）。西周的内服官中又有了卿事寮、政务官常任、民事官常伯、司法官准人，以及大史寮和宰等众多的设置，而且分工也更明确和专门化了。[②]

中国古代严格意义上的行政管理体制是产生于战国时期，是在君主集权政治和职业官僚的基础上产生的。战国以后，秦、魏、赵、楚相继进行了改革，诸侯国君逐渐演变为专制君主。国君们按照"主卖官爵，臣卖智力"[③] 的原则，罗致和组织了一批职业官僚，建立了一整套官吏管理制度，诸如任免、玺印、上计、俸禄等。通过这些制度的实施形成了职业官僚队伍，具体掌握和行使国家的行政权力，与专制君主上下结合，构成了完整的封建官僚政治体制。随着君主集权专制和职业官僚的出现，以各项官吏管理制度为基础的政管理制度就形成了。

秦汉在战国的行政管理制度的基础上，在中央行政上形成了"三公九卿"制，在地方行政上形成了郡、县二级制。"三公"分别是丞相、太尉、御史大夫，其职责分别是：丞相负责全国的行政事务；太尉负责全国的军政事务；御史大夫负责全国的监察事务。九卿分别是：奉常（掌管宗庙礼仪），郎中令（掌管皇帝的侍从警卫），卫尉（掌管宫廷警卫），太仆（掌管马政），廷尉（掌管司法审判），典客（掌管外交与国内少数民族事务），宗正（掌管皇族事务），治粟内史（掌管租税与财政），少府（掌管"山海池泽之税"）。[④]

东汉以来，"三公"已经徒具虚名，国家中央行政管理结构逐步向尚书省、门下省、中书省为核心的三省六部制演变。尚书省最早出现于东汉，称"尚书台"。尚书台在东汉基本上代替了丞相主理全国行政事务。北魏时，尚书省的地位日益提高，北魏孝文帝曾说："尚书之任，枢机之司，岂惟总百揆，缉和人务而已，朕之得失，实在于斯。"[⑤]

---

① 参见《史记》卷四《周本纪》；《左传·哀公元年》；《左传·定公元年》；《左传·襄公十四年》；《左传·昭公十七年》；《国语·周语上》。

② 参见白钢：《中国政治制度史》，80、134 页，天津，天津人民出版社，1991。

③ 《韩非子·外储说右下》。

④ 参见《汉书·百官公卿表》。

⑤ 《魏书》卷二十一上《广陵王羽传》。

门下省起源于东汉灵帝时的侍中寺，魏晋时称门下省，《三国志·魏书·钟会传》裴松之注说："王弼不得在门下"，《唐六典》则称："自晋始有门下省。"[①] 门下省原为皇帝的侍从机构，南北朝时权力逐渐扩大，北朝政出门下，成为中央政权机构的重心。隋唐时与中书省同掌机要，共议国政，并负责审查诏令，签署章奏，有封驳之权。

中书省的出现始于三国时魏曹丕时，曹丕改曹操时所设的秘书令为中书令，遂成中书省。中书省为秉承君主意旨，掌管机要、发布政令的机构。

三省制至隋唐时日臻成熟，三省同为中央行政总汇，形成了由中书省决策，通过门下省审核，经皇帝批准，然后交尚书省执行的中央行政运行结构。

六部起源于汉代省书台之下的诸曹，汉代尚书台曾设诸曹分别处理各项政务，汉成帝时设有四曹，东汉时已设六曹，并且分工日益明确。公元581年，隋文帝即位不久，采纳大臣崔仲方的建议，"依汉魏之旧"建立中央机构。并仿《周官》六官之制在尚书省之下设六部，分管各项政事。六部主要职权分别是：吏部，掌管官吏的任免、考课、升降、调动等事务。户部，掌管户籍和财政收支等事务。礼部，掌管宗庙、祭祀、学校、科举、接待外国使臣等事务。兵部，掌管军队、军械等事务。刑部，掌管司法刑狱等事务。工部，掌管工程、屯田、水利等事务。隋朝的三省六部制，形式上是继承汉魏旧制，实际是总结了秦汉以来的统治经验，发展了封建国家行政管理制度。

隋唐以后，丞相、三省是时设时废，六部之制一直沿用至清末。因而，可以说三省六部制是中国古代国家行政管理的主体结构，国家的各种管理制度和法规均是围绕三省六部制的行政结构而制定的。

（二）中国古代的行政法律

严格意义上来说，中国古代并不存在现代意义上的行政法，所存在的只是类似于现代行政法中的行政官员管理法律的"吏政管理法"，它的主要目标是实现官吏的管理、激励、监控，保持行政管理者的良好素质和正常功用。秦汉以降，吏政管理被纳入了制度化和法律化的轨道，中国古代历代王朝几乎都在吏政管理方面因时制宜，相机变通，使之日臻成熟、严密。纵观中国古代的吏政管理法律，其主要内容有以下几个方面：

1. 明确官员的职权

中国古代行政机构的设置也是有一定的权能划分的，但这种权能的划分并不是通过机构的职能表现出来的，而是通过官员的职权表现出来的。中国古代历朝都通过法律明确官员的职权范围，不仅能使官员准确地行使自己的职权，也有利于对官员是否准确地行使职权进行有效的监督。如唐代就以"令"的形式规定了各级官员的职权，唐开元七年《三师三公台省职员令》规定："左丞相一人，右丞相一人（掌统理众务，举持纲目，总判省事），左丞一人（掌管辖诸司，纠正省内，勾吏部、户部、礼部等十二司，通判都省事），右丞一人（掌管兵部、刑部、工部等十二司，余与左丞同）。"[②] 该令文明确规定了相关官员的职权。

2. 官吏选拔尚贤能、重考试

中国古代官员选拔方式主要有：察举、荐举、征辟、科举、恩荫、贤选等。其中虽仍有

---

①　《唐六典》，卷八，《门下省》。

②　[日] 仁井田升：《唐令拾遗》，栗劲、霍存福、王占通、郭延德译，27～28页，长春，长春出版社，1989。

一些"亲贵"原则的运用，但绝大多数还是尚贤能、重考试的。即使察举、荐举、征辟所选取的对象，也都要求选拔贤德才能者。科举制更是分科选试，不论门第高低和资产贫富，贵贱皆收，在较大程度上实行智能竞争。"誊录"、"锁院"等科场的规定，在一定程度上保证了竞争的公平性，使官员队伍吸收了一批又一批的较优秀的人才。尚贤能、重考试的原则，对于优化职业官僚的人员构成和提高其能力素质都是有裨益的。

3. 严密的考课制度

秦汉以来，对官吏的行政业绩进行考课并予以相应的奖惩，已成为历代固定的制度。历代的考课不仅有道德、才能、业绩、年龄等方面的标准，而且有逐级考核，上计评议等具体实施办法及主管机关。政绩考核与行政权予夺相结合，能够增强行政统属机能，有利于维护良好的行政秩序。

4. 设专职行政监察整饬吏治

独立实施行政监察是中国古代官吏管理中的一项独特制度。监察官员以监督百官、纠劾不法、审覆政刑为主要职能，"阴希帝指"[1]，直接听命和依附于皇帝。专职监察作为一种行政监控，对于维护国家利益，整饬吏治，对于皇帝控制内外官僚等，均发挥重要作用。

中国古代的行政管理体制和吏政管理法律的成熟与完备，是中国古代政治长期发展、不断完善的结果。正是由于在官吏分工建置、官吏选拔、考课和监察等制度的完备，中国古代行政体制才具备了较强的自我调节机能和较强的适应能力，实现了各项行政管理职能。

二、从三省六部到三权分立——清末官制改革的路径

中国古代行政体制及吏政制度的各种弊端在清末全部显现出来了，中国传统的行政理念与西方先进的行政理念发生了全面的碰撞。在适应西方列强的要求和改革中国传统官制弊端的双重压力下，清政府对官制进行了全面的改革。

清末官制改革，实际上从19世纪50年代中期就开始了，至1911年清政府的灭亡结束，历时六十余年。清末官制改革是伴随着历史上的重大事件而发生变化的，我们以此为标志，将清末的官制改革分为四个时期。

(一) 清末官制改革的序幕 (1854—1898 年)

这一阶段的官制改革并未作为正式口号和政治方针而提出来，只是在西方列强的压力和太平天国运动等客观因素的促进下，官制实际发生了变化，这种变化已经具有官制改革的内容和意义。

1. 总理衙门——洋务内阁的设立

鸦片战争以后，中国走向半殖民化的进程日益加剧，1860年《中英北京条约》、《中法北京条约》、《中俄北京条约》签订以后，清政府与列强办理议和及正常的外事往来的活动日益频繁。原设于1860年的"抚夷局"已经不能适应形势的需要了。因此，当时负责对外事务的恭亲王奕䜣于1860年末上奏要求设立"总理衙门"，他在奏折中说："各国事件，向由外省督抚奏报，汇总于军机处……外国事务，头绪纷繁，驻京之后，若不悉心经理，专一其

---

① 《明史》，卷三〇八，《陈瑛传》。

事，必致办理延缓，未能悉协机宜，请设总理各国事务衙门，以王大臣领之。"①

咸丰十一年（1861 年）一月，清政府正式设立"总理各国事务衙门"（简称"总理衙门"或"总署"），任命恭亲王奕䜣、大学士桂良、户部左侍郎文祥为总理衙门大臣，管理各国通商事务。同时命崇厚为牛庄、登州、天津三口通商大臣（即 1870 年以后的"北洋通商大臣"），命钦差大臣苏抚焕兼办上海等处通商事务（即"五口通商大臣"，1866 年以后改为"南洋通商大臣"）。

总理衙门最初依照军机处设立，分设三大臣、四章京、五股等官员及办事机构。总理大臣分为三种：（1）总理各国事务亲王、郡王、贝勒，由皇帝任命，无人员定额；（2）大臣，以军机大臣兼任，也由皇帝任命，无人员定额；（3）大臣以上行走，在内阁、各部院官员中任命，也无人员定额。根据《光绪会典》的规定，总理大臣的职权是"掌各国盟约，昭布朝廷德信，凡水陆出入之赋，舟车互市之制，书币聘飨之宜，中外疆域之限，文译传达之事，民教交涉之端，王大臣率属定议，大事上之，小事则行。"② 可见，与各国签订条约、通商贸易、关税、交聘、定界、海防、传教、文书往来等事宜，都由总理大臣议办，重要事务奏报皇帝裁决。

四章京，即总办章京、帮办章京、章京和额外章京，其主要职责是协助总理大臣办理具体事务。五股，是指分设英、法、俄、美、海防五股，办理与各国的交涉事务。

总理衙门设置后，凡属于对外事务，通商贸易，均由其掌管，变成了包罗万象的洋务衙门，被人称为"洋务内阁"③。它与军机处的关系，分工上也得以明确，凡对内事务归军机处管理，对外事务属总理衙门。

2. 总税务司——洋务税收机关的设立

总税务司的建立是中国海关主权丧失的表现。鸦片战争以后，西方列强在强迫清政府签订的一系列不平等条约中，均明确规定废除中国原有的关税制度和"公行制度"，由外国侵略者强迫清政府规定关税以及所征税钞的使用。

1853 年 9 月上海小刀会起义，占领了上海海关，清政府办理上海海关事务的吴健章逃往租界，英、法、美三国趁机以"协助"中国征收关税为名，介入了上海的海关行政事务。

1854 年 6 月 29 日，驻沪英国领事阿礼国、美国领事马辉、法国代理领事伊担和上海道台吴健章四人在上海举行会议，迫使吴健章接受了如下协议："海关监督的困难，为缺乏干练精明、通晓洋文、遵守条约及关章的人才，为了挽救这缺点，惟有兼用洋人。由道台悉心选任，给以信用证书，这样可以免除困难，办事有效。"④ 随后，1854 年 7 月 12 日，由英、美、法三国各推一人，组成上海海关税务司。

1858 年 10 月，根据于 1858 年 6 月签订的《天津条约》的附约，即中英、中美、中法《通商善后条约：海关税则》关于海关行政问题，作出三项规定：（1）任凭清朝总理大臣邀请外籍人员帮办税务并严查偷漏；（2）海关任用外籍人员办法，各口划一办理；（3）海关兼办港务和航政，其经费在船钞项下拨用。这样一来，西方列强控制整个海关的企图实现了，

① 《筹办夷务始末》（咸丰朝），卷七十一，北京，中华书局，1979。

② 《钦定光绪会典·总理各国事务衙门》。

③ 《中国近代对外关系史资料选辑》，234 页，上海，上海人民出版社，1977。

④ 转引自张晋藩、李铁主编：《中国行政法史》，373 页，北京，中国政法大学出版社，1991。

原有的外籍税务监督制度也就演变成外籍税务司制度了。

1859 年垄断上海税务司的英国人李泰国又在广州组织粤海关税务司。1861 年，买办官僚薛焕在李泰国的授意下，奏请李泰国为统办各口税务的全权代表。对于该奏折，清政府表示同意，奕䜣在复奏时说："外国税务，易于偷漏，中国官员稽察难期周到，臣等亦拟令外国帮办。"①

1861 年在总理衙门之下设立总税务司，英国人赫德于 1863 年出任总税务司。根据《光绪会典》，总税务司的职责是："掌各海关征收税课之事"，"综理全国关税行政与关员任免事务。"总税务司还设统辖各海关的税务司，掌管各海关的关税及行政事务。至此，外国侵略者垄断了中国的海关税务权。

3. 同文馆——洋务学堂的设立

早在总理衙门建立前，恭亲王奕䜣和户部侍郎文祥等人审时度势，提出了六条富国强兵的建议，其中第五条就是计划创办同文馆，教习外国语言文字、历史地理和风俗民情，培养翻译和外交人才。

咸丰十年（1861 年）十二月，在设立总理衙门的同时，设立了同文馆，于同治元年（1862 年）八月正式开馆。同文馆设管理大臣、专管大臣、提调、帮提调及总教习、副教习等职。总税务司英国人赫德任同文馆监察官，实际操纵馆务。先后在馆任职的外籍教习有包尔腾、傅兰雅、欧礼斐、马士等，中国教习有李善兰、徐寿等。美国传教士丁韪良自 1869 年起任总教习，长达三十年。

同文馆初创时只设英文馆，从八旗子弟中选 13 岁至 14 岁的幼童 10 人入馆学习，由英籍教士包尔腾（T. S. Burdon）任英文教习，徐澎琳为汉文教习。1863 年添设法文馆和俄文馆。1865 年后，新建的校舍逐步落成，学习的课程也逐步增加。1866 年恭亲王奕䜣等奏请增设天文算学馆，规定招收 30 岁以下的满汉举人及五品以下京外官员，聘请外籍人为教习。同时奏请将同文馆的课程扩充，引进了许多自然科学和实用技术学科，包括算学、天文、物理、化学、万国公法、医学、生理学和世界史等科目。使同文馆已不是单纯的外国语学堂，逐步具备了专科学校的性质。

光绪二十四年（1898 年）开办京师大学堂，同文馆原设的各门学科都归入京师大学堂内，只留下外国语言文字一科，1902 年全部并入京师大学堂，从而结束了同文馆长达 40 年之久的办学历程。

4. 五口通商大臣

鸦片战争失败后，清政府被迫签订了不平等的中英《南京条约》，开放广州、福州、厦门、宁波、上海五口通商。道光二十二年（1842 年）清政府设置了五口通商大臣，办理外交及通商事务。但五口通商大臣只是个兼职，加钦差大臣头衔，称"五口通商大臣"。

"五口通商大臣"最初由投降派代表人物、两江总督耆英兼任。此后，他利用职务的方便，"会办江、浙、闽三省通商之事"，并于 1843 年 10 月 8 日在虎门与英国签订了《五口通商章程》和《虎门条约》（即《五口通商附粘善后条款》），作为对《南京条约》的补充。于1844 年 7 月 3 日，与美国签订了中美《五口贸易章程》（即《望厦条约》）。于 1844 年 10 月

---

① 转引自张晋藩、李铁主编：《中国行政法史》，373 页，北京，中国政法大学出版社，1991。

24 日与法国签订了中法《五口贸易章程》（即《黄埔条约》），之后又同比利时、葡萄牙、荷兰、西班牙、普鲁士、丹麦等国议约，"将五口通商章程一体颁发"。

清政府于 1844 年在广州正式设置五口通商大臣，处理这些地方的中外交涉事宜。此时的五口通商大臣为专职大臣，最初由薛焕出任。咸丰九年（1859 年），由于外国侵略势力向长江延伸，上海的贸易地位日益比广州重要，清政府于是将五口通商大臣移驻上海。

5. 南洋通商大臣

南洋通商大臣的前身是"五口通商大臣"。1859 年，"五口通商大臣"迁往上海后，名称不定，有时用"上海通商大臣"，有时又用"上海钦差大臣"。1861 年，南洋通商大臣划归总理各国事务衙门管辖。1865 年，两江总督李鸿章出任此职，但通商口岸已经不限于原来的五处，故始用"南洋通商大臣"一词。同治五年（1866 年）改称"南洋通商大臣"，由两江总督兼任，称"南洋大臣"。

根据《大清会典》的规定，南洋通商大臣的职权为："掌中外交涉之总务，专辖上海入长江以上各口，其闽、粤、浙三省则兼理焉。凡交涉之事，则督所司理之，待其上以裁决；疑难者，则咨总理衙门，大事则奏闻。凡税钞则稽察之，按结汇其册以奏销，仍分咨总理衙门及户部备核。其支销者亦如之。"①

6. 北洋通商大臣

1861 年，总理衙门设立的同时，就增设了管理天津、牛庄（营口）、登州（烟台）三口通商大臣，设立了专职官员管理通商事务。1870 年，工部尚书总署行走毛昶熙提出，由于地方官"坐视成败"而不协助，通商大臣处于"有绥靖地方之责，无统辖文武之权"② 的状态，故建议撤销三口通商大臣，仿南洋大臣体制改由直隶总督兼理。奕䜣等总理大臣遵旨议复，支持毛昶熙的建议。1870 年 11 月 12 日上谕称："总理各国事务衙门奏，遵议毛昶熙请撤三口通商大臣条陈一折，洋务海防，本直隶总督应办之事。前因东豫各省匪纵未靖，总督远驻保定兼顾为难，特设三口通商大臣，驻津筹办，系属因时制宜。而现在情形，则天津洋务海防，较之保定省防，关系尤重，必须专归总督一手经理，以免推诿而责专成。著照所议，三口通商大臣一缺，即行裁撤，所有洋务海防事宜，著归直隶总督经营，照南洋通商大臣之例，颁给钦差大臣关防，以昭信守。其山东登莱青道所管之东海关、奉天奉锡道所管之牛庄关，均归该大臣统辖。通商大臣业已裁撤，总督自当长驻津郡，就近弹压，呼应较灵。并著照所议，将通商大臣衙署，改为直隶总督行馆。每年于海口春融开冻后，移驻天津，至冬令封河，再回省城，如天津遇有要件，亦不必拘定封河回省之制。"③

1870 年，三口通商大臣改称为"北洋通商大臣"，加"钦差"之名，由直隶总督兼任，管理直隶（河北）、奉天（辽宁）、山东三省通商、交涉事宜，下设 22 关，兼督海防和办理其他洋务。北洋大臣属总理衙门之下，但无直接隶属关系，只是所办事项由总理衙门承转。李鸿章担任直隶总督兼北洋大臣达 28 年之久，专办外交事务，兴办北洋海陆军，并在北方和长江流域筹办轮船、电报、煤铁、纺织等企业，使北洋大臣地位不断提高，势力远远超过南洋大臣。

---

① 《大清会典》，卷一百。
② 《筹办夷务始末》（同治朝），卷七十七，30～32 页，北京，中华书局，2008。
③ 《大清穆宗毅皇帝实录》，卷二九三，8～10 页，北京，中华书局，1979。

北洋大臣的职权，依《大清会典》的规定："掌北洋洋务海防之政令，凡津海、东海、山海各关政悉统治焉。凡交涉之务，则责成于关道，而总其大纲，以咨决于总署。凡大事则奏陈请旨，凡征榷之务，则关道上其册于大臣，按结奏报，并咨总理衙门及户部以备核。凡洋人游历请照，则给；有照者，则盖印。凡招商之务，则设局派员以经理之，其安设各路电线亦如之。监督掌水陆通商货税之职。"①

（二）百日维新中的官制改革

1895 年 4 月，在甲午中日战争中战败的清政府被迫与日本签订丧权辱国的《马关条约》，同意割让台湾及辽东半岛，赔款二万元的消息传到北京，康有为发动了在北京应试的 1 300 多名举人联名上书光绪皇帝，痛陈民族危亡的严峻形势，提出拒和、迁都、练兵、变法的主张，史称"公车上书"，揭开了维新变法的序幕。在维新人士和帝党官员的积极推动下，1898 年 6 月 11 日，光绪皇帝颁布"明定国是"诏书，宣布变法。到 9 月 21 日慈禧太后发动政变为止，历时 103 天，史称"百日维新"，又称"戊戌变法"。

在此期间，光绪皇帝根据康有为等人的建议，颁布了一系列变法诏书和谕令。主要内容有：经济上，设立农工商局、路矿总局，提倡开办实业；修筑铁路，开采矿藏；组织商会；改革财政。政治上，广开言路，允许士民上书言事；裁汰绿营，编练新军。文化上，废八股，兴西学；创办京师大学堂；设译书局，派留学生；奖励科学著作和发明。这些革新政令，目的在于学习西方的科学、技术和管理制度，发展资本主义，建立君主立宪政体，使国家富强。"百日维新"虽然仅 103 天，但其对中国古代官制结构进行的一系列改革，对中国传统官制向近代行政制度的发展起到了一定的积极作用。

1. 裁撤冗署

1898 年 8 月 30 日，光绪皇帝下达了裁并冗署的上谕，掀开了百日维新中的官制改制中最艰难的一幕。对于中央官府的裁撤，光绪帝在上谕中称："如詹事府本属闲曹，无事可办，其通政司、光禄寺、鸿胪寺、太仆寺、大理寺等衙门事务甚简，半属有名无实，均著即行裁撤归并内阁及礼部、兵、刑等部办理。"②

对于地方官府的裁撤，光绪皇帝的这个上谕说："又外省如直隶、甘肃、四川等省，皆系以总督兼管巡抚事，惟湖北、广东、云南三省督抚同城，原未画一。现在东河在山东境内已隶山东巡抚管理，只河南河工由河督专办。今昔情形确有不同，所有督抚同城之湖北、广东、云南三省均著以总督兼管巡抚事，东河总督应办事宜即归并河南巡抚兼办。""至各省漕运多由海道，河运已属无多，应征漕粮亦多改折，淮盐所行省分亦各分设督销，其各省亦办运务之粮道向无盐场，仅管疏销之盐道，亦均著裁缺归各藩司巡守道兼理。"③

对于其他应裁撤的官员，该上谕称："此外如各省同通、佐贰等官，有但兼水利、盐捕

---

① 《大清会典》，卷一百。

② 徐致祥等：《清代起居注册》（光绪朝），第 61 册，31093～31099 页，台北，《联合报》文化基金会国学文献馆印。另见清华大学历史系编：《戊戌变法文献资料系日》，909 页，上海，上海书店出版社，1998。

③ 徐致祥等：《清代起居注册》（光绪朝），第 61 册，31093～31099 页，台北，《联合报》文化基金会国学文献馆印。另见清华大学历史系编：《戊戌变法文献资料系日》，909 页，上海，上海书店出版社，1998。

并无地方之责者，均属闲冗，即著查明裁汰。"①

为保证裁撤官员的顺利进行，光绪在此上谕中明确说："若竟各挟私意，非自便身图，即见好僚属，推诿因循，空言搪塞，定当予以重惩，决不宽贷。"②

对于光绪帝的这个上谕，当时英国驻华公使窦纳乐评价颇高，他说："这些计划假若严格地来解释，表示在中国政界起个革命差不多。"③

2. 修改则例

清代的则例是中央政府各部就本部门的行政事务作出处置的实例，经由有关人员审议通过，交由皇帝批准生效的单行法律④，在性质上有点类似于部门行政法律。戊戌变法时期各部所遵循的则例基本上是光绪初年、同治、咸丰年间甚至更早时期所形成的，不仅数量庞杂，各级官员无暇阅读，而且很多内容已经不适应时代的需要了。

经李端棻、伍廷芳、康有为等人的多次奏请，光绪皇帝于 1898 年 7 月 29 日下令修订则例："各衙门咸有案，勒成一书，觌若画一，不特易于遵行，兼可杜吏胥任意准驳之弊，法至善也。乃阅时既久，各衙门例案太繁，堂司各官不能尽记，吏胥因缘成奸，舞文弄法，无所不至。时或舍例引案，尤多牵混附会，无论或准或驳，皆恃例案为藏身之固，是非大加删订、使之归于简易不可。著各部院堂官督饬司员各将衙门旧例细心义绎，其有语涉两歧易滋弊混，或貌似详细，揆之情理实多窒碍者，概行删去，另行简明则例奏准施行，尤不得籍口无例可援，滥引成案，致启弊端。如有事属创办，不能以成例相绳者，准该衙门随时据实声明，请旨办理，仍按衙门繁简立定期限，督饬司员迅速办竣具奏。"⑤

3. 改革行政命令的传达方式

戊戌变法之前，清代皇帝的上谕和政府公文的传达方式仍然是传统的驿传方式，速度慢、效率低。而电报等先进的通讯设施早就于 19 世纪 70 年代末、80 年代初引入中国，但却只限于军机处、总理衙门等机构以及驻外公使、地方督抚等联络使用。

戊戌变法中，光绪皇帝始用电报发布命令，但受到地方大员的抵制。对此，光绪帝于 1898 年 8 月 26 日发布上谕说："朝廷振兴庶政，凡交议交查各件，皆系当务之急，各督抚等自当仰体朕怀，各就地方情形认真妥办，随时具奏。乃本年六月以前，所有明降谕旨及寄谕并电旨饬办各件未经覆奏之件尚多，总由疲玩因循，不知振作。著各该将军、督抚即将以前饬令议奏之件迅速具奏。以后奉谕交办之事，尤当依限赶办，克日奏闻，毋得任意延缓，致

---

① 徐致祥等：《清代起居注册》（光绪朝），第 61 册，31093～31099 页，台北，《联合报》文化基金会国学文献馆印。另见清华大学历史系编：《戊戌变法文献资料系日》，909 页，上海，上海书店出版社，1998。关于此次裁撤官员的种类，苏继祖在《清廷戊戌朝变记》中记述得更为清楚："旨裁詹事府、通政司、光禄寺、鸿胪寺、太常寺、太仆寺、大理寺，并湖北、云南、广东三巡抚，东河总督，一并裁撤。及各省无运可办之粮道，无场销盐之盐道，亦均着裁缺。"（中国史学会编：《戊戌变法》，第一册，339 页，上海，上海神州国光社，1953。另见清华大学历史系：《戊戌变法文献资料系日》，913 页，上海，上海书店出版社，1998。）

② 徐致祥等：《清代起居注册》（光绪朝），第 61 册，31093～31099 页，台北，《联合报》文化基金会国学文献馆印。另见清华大学历史系编：《戊戌变法文献资料系日》，909 页，上海，上海书店出版社，1998。

③ 清华大学历史系：《戊戌变法文献资料系日》，918 页，上海，上海书店出版社，1998。

④ 参见苏亦工：《明清律典与条例》，70 页，北京，中国政法大学出版社，2000。

⑤ 徐致祥等：《清代起居注册》（光绪朝），第 61 册，30944～30946 页，台北，《联合报》文化基金会国学文献馆印。

烦降旨严催。嗣后明降谕旨均著由电报局电知各省，该督抚即行遵照办理，毋庸专候部文，以杜其籍口延误。"①

4. 设立新的政府机构

戊戌变法中，光绪皇帝为促进中国经济的发展，下旨设立了一些新的机构，这些机构主要有：国家银行、商务局、农工商总局、矿务铁路总局等。

（1）设立国家银行。中国旧式的钱庄、票号规模小，经营方式落后，不适应近代工商业的需要。于是，清政府于 1897 年初由盛宣怀主持成立了国家银行，总行设在上海，在天津、汉口、广州、汕头、烟台、镇江等处设立了分行。1898 年初又在北京开设京城银行。

1898 年 7 月 13 日，光绪帝发布上谕说明了设立国家银行的意义，"国家设立银行，原为振兴商务，本非垄断利权，即著盛宣怀将银行收存官款，如何议生利息、汇兑官款，如何议减汇费，先与各省关商订明确，切实办理，并著户部咨行各省将军、督抚、各关监督，凡有通商银行之处，汇总官款协饷，如查明汇费轻减，即酌交通商银行妥慎承办，以重商务"②。国家银行的设立，改变了中国传统的金融管理体制，初步建立了近代国家的金融管理体制。

（2）设商务局。1898 年 6 月 12 日，即百日维新的第二天，光绪皇帝就发布了上谕，要求设局讲求商务。他说："商务为富强要图，自应及时举办，前经（总理）衙门议请，于各省会设立商务局，公举殷实绅商，派充股董，详定章程，但能实力遵行，自必日有起色。即著各督抚督率员绅，认真讲求，妥速筹办，总期联络商情，上下一气，毋得虚应故事，并将办理情形迅速具奏。"③ 商务局的设立使近代中国的商业组织及其活动被置于国家的统一管理之中。

（3）设农工商总局。1898 年 8 月 21 日，光绪皇帝同意康有为等人的建议，发布上谕宣布在北京设立农工商总局。上谕说："训农通商为立国大端，前经迭谕各省整顿农务、工务、商务，以冀开辟利源。各处办理如何，现尚未据奏报。万宝之源皆出于地，地利日辟则物产日阜，即商务亦可日渐扩充，是训农又为通商惠工之本。中国向本重农，惟尚专董其事者以为倡导，不足以鼓舞振兴。著即于京师设立农工商总局……其各省、府、州、县皆立农务学堂，广开农会，刊农报，购农器，由绅富之有田业者试办以为之率。其工学、商学各事宜亦著一体认真举办，统归督理农工商总局端方等随时考察。各直省既由该督抚设立分局，遴派通达时务、公正廉明之绅士二三员总司其事。所有各局开办日期及派出办理之员，并著先行电奏。"④

此外，光绪皇帝于 1898 年 8 月 2 日下令设立矿务铁路总局，特派总理各国事务大臣大文韶、张荫桓专理其事，负责统辖各省开矿筑路一切事宜。⑤ 农工商总局、矿务铁路总局的设

---

① 徐致祥等：《清代起居注册》（光绪朝），第 61 册，331071～31072 页，台北，《联合报》文化基金会国学文献馆印。

② 中国史学会编：《戊戌变法》，第 2 册，38 页，上海，上海神州国光社，1953。

③ 徐致祥等：《清代起居注册》（光绪朝），第 61 册，30773～30774 页，台北，《联合报》文化基金会国学文献馆印。

④ 徐致祥等：《清代起居注册》（光绪朝），第 61 册，31035～31037 页，台北，《联合报》文化基金会国学文献馆印。

⑤ 参见徐致祥等：《清代起居注册》（光绪朝），第 61 册，30962～30963 页，台北，《联合报》文化基金会国学文献馆印。

立，对于中国近代农工业、矿务铁路业的发展起到了巨大的推动作用。

　　5. 废八股，改科举

　　中国古代自隋唐开科举考试以选拔官员，这一制度在中国历史上无疑是具有进步意义的。但科举考试至清末时已成"八股取士"，即在内容上只重视圣贤之说，不允许有个人的思想。在形式上专用八股文，不合八股格式者，不得录用。这样使许多具有新思想、新知识，甚至是掌握近代西方科学知识的专门人才被排斥在官员队伍之外，不利于国家行政队伍的建设。对此，许多进步的知识分子们都认识到了这一点，康有为曾说："夫西人之于民，皆思教之而得其用，故自童幼至冠，教之以算数图史，天文地理，化光电重，内政外交之学，惟恐其民之不智；而吾之教民，自总角以至壮岁，束缚于八股帖括之中，若惟恐其民之不愚也者，是与自缚到戈，何以异哉？"①

　　在康有为等人的努力之下，促成了1898年6月23日光绪皇帝发布了"废八股"的上谕："若不因时通变，何以励实学而拔真才。著自下科始，乡会试及生童岁科各试向用四书文者一律改试策论。"② 1898年7月19日，光绪皇帝又发布上谕说明科举考试的内容："乡会试仍定为三场：第一场试中国史事、国朝政治论五道；第二场试时务策五道，专问五洲各国之政、专门之艺；第三场试四书义两篇、五经义一篇。首场按中额十倍录取，二场三倍录取，取者始准试次场，每场发榜一次，三场完毕，如额取中。……嗣后一切考试均以讲求实学实政为主，不得凭借楷法之优劣为高下，以励硕学而黜浮华。"③

　　1898年8月19日，光绪皇帝再度发布上谕，提出了变通科举考试的目的："现在变通科举……各项考试，改试策论，一洗从前空疏浮靡之习，殿试一场为通籍之始，典礼至重，朕临轩发策，虚衷采纳，自必遴取明体达用之才，嗣后一经殿试，即可据为授职之等差，其朝考一场著即停止。朝廷造就人才，惟务振兴实学，一切考试诗赋概行罢停，亦不凭楷法取士，俾天下翕然向风，讲求经济，用备国家任使，朕实有厚望焉。"④

　　戊戌变法虽然失败了，但是重新执权的慈禧太后对新政的内容并没有全盘否定，而是区别对待，在政治体制不变的前提下，分情况酌情处理。这可以从慈禧太后1898年9月26日的上谕得到印证，"所有现行新政中裁撤之詹事府等衙门，原议将应办之事，分别归并以省繁冗，现详察情形，此减彼增，转多周折，不若悉仍其旧。著将詹事府、通政司、大理寺、光禄寺、太仆寺、鸿胪寺等衙门照常设立办事，毋庸裁并。"但"各省应行裁并局所冗员，仍著各该督抚认真裁汰……此外业经议行及现在交议各事，如通商、惠工、重农、育才以及修武备、浚利源，实系有关国计民生者，亟当切实次第举行。"⑤ 这对清末后来的官制改革起

---

　　① 康有为代宋伯鲁拟《请改八股为策论折》，载国家档案局明清档案馆编：《戊戌变法档案史料》，215～216页，北京，中华书局，1958。

　　② 徐致祥等：《清代起居注册》（光绪朝），第61册，38012～38014页，台北，《联合报》文化基金会国学文献馆印。

　　③ 徐致祥等：《清代起居注册》（光绪朝），第61册，30913～30916页，台北，《联合报》文化基金会国学文献馆印。

　　④ 徐致祥等：《清代起居注册》（光绪朝），第61册，31019～31021页，台北，《联合报》文化基金会国学文献馆印。

　　⑤ 徐致祥等：《清代起居注册》（光绪朝），第61册，31253～31258页，台北，《联合报》文化基金会国学文献馆印。

到了重大的作用。

（三）维新运动后的官制改革（1900—1905 年）

洋务运动和戊戌变法的相继失败，1900 年《辛丑条约》的签订，使清王朝统治的危机进一步加剧。为了挽救苟延残喘的清王朝的政权，光绪皇帝于 1900 年 12 月提出了"变通政治，以图自强"的诏谕，说"一切政事尤须切实整顿，以期渐至富强。"又称："法令不更，锢习不破，欲求振作，须议更张。"于是令"军机大臣、大学士、六部、九卿、出使各国大臣、各省督抚，各就现在情弊，考酌中西政治，举凡朝章国政、吏治民生、学校科举、军制财政，当因当革，当省当并，如何而国势始兴，如何而人才始盛……各举所知，各抒所见，通限两个月内悉条议以闻"①。于是，从 1900 年到 1905 年，官制改革先在"变通政治，以图自强"的名义下被正式提出来，并作为政令明确宣布和施行。

1. 特设督办政务处

为加强行政体制改革，光绪二十七年（1901 年）三月特设督办政务处，负责行政体制方面的改革。督办政务处设立的初衷，光绪皇帝说："上年十二月初十，因变通政治，力图自强，通饬京、外各大臣，各抒所见，剀切敷陈，以待甄择……此举事体重大，条件繁多，在体察时势，抉择精当，分别可行不可行，并考察其行之力不力，非有统汇之区，不足以专责成，而挈纲领，着设立督办政务处……该王大臣等，于一切因革事宜，务当和衷商榷，悉心详议，次第奏闻……其政务处提调各官，该王大臣等务择心术纯正，通达时务之员，奏请简派，勿稍率忽。"②《清史稿·职官志》中也说："光绪二十七年，设政务处，以军机大臣领督办事。……三十二年更名会议政务处，隶内阁。""以各部尚书为内阁政务大臣。"③ 督办政务大臣负责制定新政的各项措施，掌管各地官吏奏章及办理全国官制、学校、科举、吏治等事务。

1906 年 11 月，清政府将督办政务处更名为会议政务处，直到宣统三年（1911 年）设责任内阁，会议政务处才并入内阁。

2. 改总理衙门为外务部

光绪二十七年（1901 年）六月，清政府将总理各国事务衙门改为外务部，列各部之首，以加强对外活动，适应帝国主义的要求。

1900 年，在讨论《辛丑条约》时，西方列强就在议和大纲中提出："总理各国事务衙门必须革故鼎新……其如何变通之处，由诸国大臣酌定，中国照允施行。"④《辛丑条约》签订时，则写入"西历本年七月二十四日，即中历六月初九日降旨，将总理各国事务衙门按照诸国酌定改为外务部，班列六部之前；此上谕内已简派外务部各王大臣矣"⑤。

光绪二十七年（1901 年）三月间，美日两国公使代表各国向奕劻、李鸿章等交涉改组总理衙门事宜。不久，西班牙公使葛罗干前来照会说："将总理各国事务衙门改为外务部，冠

① 《光绪朝东华录》，4601 页，北京，中华书局，1984。
② 《光绪朝东华录》，4655 页，北京，中华书局，1984。
③ 《清史稿·职官志·军机处与责任内阁条》。
④ 《西巡回銮始末记》，卷四，《和义十二款译文原稿》。
⑤ 《辛丑条约》，附件十八。

于六部之首。管部大臣以近支王公充之。另设尚书二人，侍郎二人，尚书中必须有一人兼军机大臣，侍郎中必须有一人通西文西语。均作为额缺，予以厚禄。"① 因此，光绪对此下谕说："从来设官分职，惟在因时制宜。现当重定和约之时，首以邦交为重，一切讲信修睦，尤赖得人而理。从前设总理各国事务衙门办理交涉，虽历有年所，惟所派王大臣等多系兼差，恐未能惮心职守，自应特设员缺，以专责成。总理各国事务衙门着改为外务部，班列六部之前。"② 遂于 1901 年 6 月将总理各国事务衙门改了外务部。

外务部的职官，首为总理亲王，下有会办大臣一人、会办大臣兼尚书一人，左右侍郎各一人。原来的总办则改为左右丞（掌机密文移，综领各项事务）、左右参议（掌审议法令）各一人。

3. 设考察政治馆

清政府于光绪三十一年（1905 年）派载泽等 5 大臣分赴东西洋各国考察政治。1905 年 11 月设立考察政治馆，光绪皇帝在上谕中说："前经特简载泽等出洋考察各国政治，着即派政务处王大臣设立考察政治馆，延揽通才，悉心研究，择各国政治与中国体制相宜者，斟酌损益，纂定成书，随时进呈，候旨裁定。"③ 并由政务处大臣负责开办事宜。

考察政治馆的职责主要是调查和提出议案两项，"臣馆司职编制，应一面调查各国宪法成例，拟订草案，一面于各部院各省所订各项法制悉心参考，渐谋统一方法。……至统计一项，所以验国计盈绌，国势强弱，参互比较，以定施政之方，故宜内考全国之情势，外观世界之竞争。此后，各部院、各省应就其所管之事，详细列表，按期咨送臣馆，臣馆总汇各表，即以推知国家现势之若何。"④ 由此可见，考察政治馆的职责是既有调查各国宪法，拟定草案，为制定法律提供参考，又有考察国内之情势，相互比较，以提出施政方针之大任。

光绪三十三年（1907 年）七月，清政府为筹备宪政，将考察政治馆改为宪政编查馆。其职责变化为"编译东西洋各国宪法，以为借镜之资；调查中国各省政治，以为更张之渐"。另外"专办编制法规，统计政要各事项。嗣后，遇有关系宪政及各种法规、条陈，并请饬交该馆议复，以归一律"⑤。这样，宪政编查馆成为清末政治制度改革的核心部门。

（四）预备立宪中的官制改革（1906—1911 年）

预备立宪活动得以展开的一个直接原因是 1905 年的日俄战争，日本以君主立宪小国战胜俄国那样一个专制大国，给清廷上下以很大震动。"日俄之胜负，立宪专制之胜负也"⑥，朝野上下普遍将这场战争的胜负与国家政体联系在一起，认为日本以立宪而胜，俄国以专制而败。于是，数月间，立宪的呼声遍布全国。⑦ 清廷遂于 1905 年派载泽、端方等五大臣出洋考察。次年，五大臣先后回国，上书指出立宪有三大利："一曰皇位永固，二曰外患渐轻，

① 《李文忠公全集·奏稿》，卷八十。
② 《光绪朝东华录》，4685 页，北京，中华书局，1984。
③ 转引自张晋藩、李铁主编：《中国行政法史》，383 页，北京，中国政法大学出版社，1991。
④ 《光绪朝东华录》，5721 页，北京，中华书局，1984。
⑤ 《光绪朝东华录》，5714 页，北京，中华书局，1984。
⑥ 《张季直传记资料》，5 页，台北，天一出版社，1985。
⑦ 参见王世杰、钱端升：《比较宪法》，345 页，北京，中国政法大学出版社，1997。

三曰内乱可弭"①，建议进行"立宪"。但是，他们指出，"今日宣布立宪，不过明示宗旨为立宪预备，至于实行之期，原可宽立年限。日本于明治十四年宣布宪政，二十二年始开国会，已然之效，可仿而行也。"② 光绪三十二年七月十三日（1906 年 9 月 1 日），清廷颁发了《宣示预备立宪谕》，开始了为期十年的"仿行宪政"。

清末预备立宪过程中对行政结构的设置作了大规模的调整和更张，为整个清朝历史所仅见。这一调整和更张的过程促进了中国传统行政结构的近代化，既反映了历史的客观要求，又给后人提供了警醒和鉴戒。

1. 厘定中央官制

1906 年清政府向中外宣布实行预备立宪，并决定先行厘定官制，作为立宪的基础。1906 年光绪皇帝在"宣示预备立宪先行厘定官制"上谕中说："时处今日，惟有及时详晰甄核，仿行宪政，大权统于朝廷，庶政公诸舆论。……廓清积弊，明定责成，必从官制入手，亟应先将官制分别议定，次第更张……以预备立宪基础。"③

1906 年 11 月 2 日，负责议定官制改革的三大臣奕劻、孙家鼐、瞿鸿机提出了官制改革的方案。清政府于 1906 年 11 月 6 日发布上谕，批准了三大臣提出的方案。该方案中，中央行政机构分为十一个部，分别是：外务部、吏部、民政部、度支部、礼部、学部、陆军部、法部、农工商部、邮传部和理藩部。其中，民政部、度支部、陆军部、法部、农工商部、邮传部、理藩部为新增改的中央机构。

另外，内阁军机处照旧，将大理寺改为大理院，都察院改为都御史一人，副都御史二人；六科事中，撤六科，改给事中一职。其余宗人府、翰林院、钦天监銮仪卫、内务府、太医院、各旗营、侍卫处、步军统领衙门、顺天府、仓场衙门保留不改。官职的规定为：除外务部之外，各部均设尚书一人，侍郎二人，各部尚书均充任参与政务处大臣。④

2. 设资政院、咨议局

1907 年 9 月 20 日清政府发布上谕设立资政院，"立宪政体，取决公论，上下议院，实为行政之本。中国上下议院一时未能成立，亟宜设资政院，以立议院基础。"⑤ 1909 年 8 月 23 日颁布了《资政院院章》共十章 65 条，附则两条。

《资政院院章》总纲第 1 条说："资政院钦遵谕旨，以取决公论，预立上下议院基础为宗旨。"第 2 条称："资政院总裁二人，总理全院事务，以王公大臣著有勋劳、通达治体者，由特旨充简。"⑥ 第 10 条规定了议员的人数定额共二百人，其中由宗室王公世爵充者 16 人，由满汉世爵充者 12 人，由外藩王公世爵充者 14 人，由宗室觉罗充者 6 人，由各部、院衙门官充者 32 人，由硕学通儒充者 10 人，由纳税多额充者 10 人，由各省咨议局议员充者 100 人。

① 载泽：《奏请宣布立宪密折》。《宪政初纲·奏议》，4～7 页，上海，商务印书馆，1906。
② 载泽：《奏请宣布立宪密折》。《宪政初纲·奏议》，4～7 页，上海，商务印书馆，1906。
③ 《宣示预备立宪先行厘定官制谕》，载故宫博物院明清档案部编：《清末筹备立宪档案史料》，上册，44 页，北京，中华书局，1979。
④ 参见《庆亲王奕劻等奏厘定中央各衙门官制缮单进呈折》，载故宫博物院明清档案部编：《清末筹备立宪档案史料》，上册，462～470 页，北京，中华书局，1979。
⑤ 《设立资政院派溥伦、孙家鼐为总裁并会同军机大臣拟订院章谕》，载故宫博物院明清档案部编：《清末筹备立宪档案史料》，下册，606 页，北京，中华书局，1979。
⑥ 《大清法规大全·宪政部》，卷 1，2 页，台北，考证出版社，1972。

第 11 条规定了议员的选举方式为"钦选、互选"两种，除 100 位由各省咨议局议员选任资政院议员的为"互选"外，其他均为"钦选"①。

《资政院院章》第 14 条规定了资政院的职权共四项：国家岁出入预算事件；国家出入决算事件；税法及公债事件；新定法典及嗣后修改事件，但宪法不在此限，其余特旨交议事件。但资政院对上述事件并无最终决定权，《资政院院章》第 16 条规定：资政院对上述事项议决后，由总裁、副总裁分别会同军机大臣或各部行政大臣具奏，请旨裁夺。② 可见，这些事项的最终决定权依然在皇帝手中。

尽管清末统治者标榜资政院是"以取决公论，预立上下议院基础为宗旨"的机构，但从其总裁人选、议员构成、职权的行使可以看出，其不过是皇帝的御用机构而已，根本不具备资本主义国家代议机关的性质。

在京城设立资政院的同时，地方咨议局的创设也在同步进行。1907 年 10 月 19 日，清政府发布上谕说："前经降旨于京师设立资政院以树议院基础。但各省亦应有采取舆论之所，俾其指陈通省利弊，筹计地方治安，并为资政院储材之阶，著各省督抚均在省会速设咨议局。"③

3.《钦定行政纲目》的制定

清政府于 1908 年制定了《钦定行政纲目》，明确规定了君主立宪政体的行政原则和议院、政府、法院分别辅助君主行使立法权、行政权、司法权的政权体制。

《钦定行政纲目》以《钦定宪法大纲》为立法依据，"谨按宪法大纲，君主立宪政体，君上有统治国家之大权，凡立法行政司法皆归总揽。而以议院协赞立法，以政府辅弼行政，以法院遵律司法……"④

《钦定行政纲目》将国家事务区分为二，一是国家事务，一是皇室事务，并将这两者分立视为立宪政体的"第一要义"。而《钦定行政纲目》列入的国家事务，"以属于国家行政事务为限，其应属于皇室事务及不属于责任内阁系统者均未列入"⑤。

《钦定行政纲目》的制定目的在于对国家行政事务各部、各司的职权作出明确划分。"是所谓政府者，乃君主行使大权所设机关之一，决非以君主为政府之长，所谓政府，又必先将政府事务分配明确，始知责任之所属也。"⑥

《钦定行政纲目》在内容上分为：国家行政事务类别、国家行政事务分部、国家行政机关等级三个部分。在行政事务类别中将国家行政事务分为：内务行政、外务、军政、财政、司法等五个部分，并分别对应已经所设各部官制，如内务行政对应于理藩部、邮传部、农工商部、学部、民政部；军政部对应于陆军部、海军部。而弼德院、军咨府、行政审判院、审计院皆为"特设机关，而不在责任官制之列"⑦，因而其职责不在《钦定行政纲目》之中。

① 《大清法规大全·宪政部》，卷一，2～5 页，台北，考证出版社，1972。
② 参见《大清法规大全·宪政部》，卷一，2～5 页，台北，考证出版社，1972。
③ 《著各省速设咨议局谕》，载故宫博物院明清档案部编：《清末筹备立宪档案史料》，下册，667 页，北京，中华书局，1979。
④ 转引自张晋藩、李铁主编：《中国行政法史》，366 页，北京，中国政法大学出版社，1991。
⑤ 转引自张晋藩、李铁主编：《中国行政法史》，366 页，北京，中国政法大学出版社，1991。
⑥ 转引自张晋藩、李铁主编：《中国行政法史》，366 页，北京，中国政法大学出版社，1991。
⑦ 转引自张晋藩、李铁主编：《中国行政法史》，367 页，北京，中国政法大学出版社，1991。

《钦定行政纲目》将国家行政机关的等级分为四级，即直接官治、间接官治、地方官治和地方自治。对于此四级划分，《钦定行政纲目》的起草者作了如下说明：是"融会列国陈规，按切我国情事"，"将来终以中央集权为归"。直接官治是指"中央政府所执行政务及特设官吏于各省奉行中央政府所制定法令者"。间接官治指"中央制定法令惟非直接执行，又不特设官吏，即委任各省官府行之者"。地方官治指"中央政府或各省官府所制定法令，使地方官吏奉行之者"。地方自治指"中央政府或各省官府所制法令，委任地方自治体行之者"①。

《钦定行政纲目》对"国家行政事务分别部属，条分而缕析之"，对各部、司职掌列表说明，并加注按语，使之成为"厘定官制，清理财政，编制法令"的依据。虽然《钦定行政纲目》未公开颁布，但其影响了 1911 年清政府出台的责任内阁的结构。②

4. 制定部分行政法律

光绪二十八年（1902 年）清廷颁谕，责成沈家本、伍廷芳等人负责修律。这期间修订和新颁的有关行政管理方面的法律主要有：1908 年 2 月制定的《结社集会律》；1908 年 4 月颁布《违警律》；1909 年闰 2 月颁行的《国籍条例》及后附的实施细则；此外，清政府还先后颁布了《暂定户口规则》、《户口管理规则》、《调查户口执行法》、《各学堂管理通则》等行政管理法规。

5. 地方官制改革

（1）废除学政，设提学使司

清末由于科举改革，使原来的地方官员学政已经不适应时代的需要。1906 年 4 月，光绪皇帝发布上谕："现在停止科举，专办学堂，所有学政事宜，自应设法变通，著即照所请，各省改设提学使一员，统辖全省学务，归督抚节制……所有各省学政，一律裁撤。"③

原来没有设学政的吉林、黑龙江、江苏、新疆各省均增设了提学使，负责"掌教育行政、稽核学校规程，征考艺文师范"④。

（2）改按察使司为提法使司

1907 年 5 月，光绪皇帝下谕旨："各直省官制，前经谕令总核王大臣接续编订，妥核具奏。兹据庆亲王奕劻等奏称：'各省按察使拟改为提法使，并增设巡警、劝业道缺，裁撤分守各巡各道，酌留兵备道'及'分设审判厅，增易佐治员'各节，即应次第施行，着由东三省先行开办，如实有与各省情形不同者，准由该督抚酌量变通，奏明请旨。此外，直隶、江苏两省，风气渐开，亦应择地先为试办。"⑤

《清史稿》说明了提法使司的职责是"掌司法行政，监督各级审判厅，调度检察事务"。提法使司下设总务、民刑、典狱三科，管辖各级审判厅、检察厅。⑥

（3）设交涉使司

设于 1907 年的交涉使司是清末地方处理外交的机构，最先设在奉天和吉林两省。到宣

---

① 本段中引文均转引自张晋藩、李铁主编：《中国行政法史》，367 页，北京，中国政法大学出版社，1991。
② 本段中引文均转引自张晋藩、李铁主编：《中国行政法史》，367 页，北京，中国政法大学出版社，1991。
③ 《光绪朝东华录》，5503 页，北京，中华书局，1984。
④ 《清史稿·职官志六》。
⑤ 《光绪朝东华录》，5688 页，北京，中华书局，1984。
⑥ 参见《清史稿·职官志六》。

统二年（1909年），直隶、江苏、浙江、福建、湖北、广东、云南各省也都设置。交涉使司下设佥事、科员及一、二等译官等，办理公众交涉事务，下设秘书、翻译两科。具体有委员、书记生等办事人员。

(4) 设巡警、劝业二道

1908年以后，各省陆续设置了巡警、劝业二道。巡警道的职权是"专管全省巡警、消防、户籍、营缮、已生事务"。各省只设一员和部分员属。① 劝业道专管一省的农工商业和交通运输，负责振兴实业，下设六科处理事务。

清末的官制改革涉及的范围较广泛，既有中央行政机构的改革，又有地方行政机构的改革；既有对原有机构的改革，又有新设立的机构。这些改革虽然有一些内容是为了适用西方列强的要求，但更多的内容是清政府认识到了其行政管理结构的问题，主动进行改革的。然而，这场改革却在一部分内容上涉及了传统政治结构的基础，使更多的人认识到了中国落后的根本原因不在于官制，而在于帝制，这也可以说是这场改革的另一种进步意义。

三、清末官制改革的特点

清末的官制改革是清政府为顺应当时中国社会的变化而进行的一次大规模的改革，虽然这次改革的目的是为了维护清王朝的统治，但其改革的内容是依西方政治制度的三权分立为样本的，这对于中国近代国家行政结构和行政法律的建设还是有一定的借鉴意义的。

(一) 从被动到主动的改革

纵观清末官制改革的四个阶段，从改革的自觉性上来说是经历了从被动到主动的过程。在1845年至1898年的官制改革过程中，清政府并没有改革行政结构的愿望，完全是在西方列强的要求和逼迫之下进行的。总理衙门的设立是因为对外事务的日益增加而不得已而设；1854年设立的总税务司则完全是在西方列强的要求下设立；五口通商大臣、南洋通商大臣和北洋通商大臣也是迫于与西方列强交往的需要而设立的。这些机构的设立，清政府并没有自觉设立的意愿，而完全是迫于情势的需要被动设立。

百日维新中的官制改革，体现了进步知识分子和少数帝党官员改革政治的一种愿望，体现了清政府中少数人试图裁撤冗署、冗员，提高行政效率以达国家富强的政治目标。在一定程度上体现了清政府改革官制的主动性。

1900年至1905年期间的官制改革则是被动改革与主动改革的混合体。一方面，受西方列强的逼迫，将总理衙门改为外务部，并提高了这一机构的地位；另一方面，为了自强、自救的目的，特设了督办政务处、考察政治馆。这一时期的官制改革，也正体现了清政府逐步地认识到主动改革官制的必要性的进程。

"仿行宪政"中的官制改革可以说是整个清政府都认识到官制改革的必要性和紧迫性的结果，以至于李鸿章、端方、张之洞等人均赞同官制改革，这体现了清政府在末世的情状下主动改革以自救的心理。但这种心理并不能对抗以帝制为核心的中央集权制的行政结构。因而，这注定了这场官制改革的悲剧性结局。但是，这场官制改革，使中国近代历史上有了第

---

① 《宣统新法令》，22册，转引自张晋藩、李铁主编：《中国行政法史》，402页，北京，中国政法大学出版社，1991。

一次在三权分立的基础上的政治实验，这为后来的中国政治结构的形式提供了直接的历史范本。

（二）清末官制改革的目的——立法、行政、司法三权并峙

清末早期的官制改革完全是一种适应西方列强的被动改革，其目的只是为了外交事务的方便，根本不存在自强图新的目的。但从百日维新中的官制改革始，清末的官制改革就有了比较鲜明的自强图新的政治目的。在这样的目的之下，官制改革开始走上了自觉或不自觉的三权分立的道路，虽然百日维新中的官制改革以及 1900 年至 1905 年的官制改革并没有提出三权分立的机构设计，但隐含了这样的要求。

1906 年以后的官制改革相对比较清晰地提出了"三权分立"的原则，并以此为原则设计了具有"三权分立"雏形和君主立宪的政治结构。1906 年 11 月 2 日，受命总司核定官制的庆亲王奕劻等在《奏厘定中央各衙门官制缮单进呈折》中说："按立宪国官制，不外立法、行政、司法三权并峙，各有专属，相辅而行，其意美法良，则谕旨所谓廓清积弊，明定责成，两言尽之矣。"[1] 从宪政编查馆和资政院会奏颁布《宪法大纲》的奏折、清政府颁布的宪法性文件、有关议院及资政院和咨议局的法律规章、审判和法院组织法规中都可以明显地反映和体现出来。设立资政院和咨议局，以奠定将来设立"议院基础"；以司法独立为原则，设立以司法与行政分立、审判独立、检察与审判职能划分为特色的司法机构；通过官制改革，设置责任内阁、中央各部、地方省府州县各级行政管理机构和城镇乡自治组织。

《钦定宪法大纲》、《宪法重大信条十九条》确立了以"三权分立"为雏形的君主立宪制度。《钦定宪法大纲》规定：议院有议决法律权，经君主批准颁布实行（第 3 条）；大臣有辅弼君主行使用人权（第 5 条）；君主总揽司法权并设置审判衙门和委任法官代行司法，依据钦定法律审判案件，皇帝不以诏令随时更改，免涉分歧（第 10 条）；法律为君上实行司法权之用，命令为君上实行行政权之用，两权分立，故不以命令改法律（第 11 条）；等等。

清末的官制改革，尤其是"仿行宪政"中的官制改革，清政府所设计的政治结构已经与其所承继的"祖制"相去甚远了，清政府在不自觉中促进了国家结构的近代化。虽然，它并没有完成以"三权分立"的政治结构对传统政治结构的改造，但是其改革的过程使"三权分立"的政治架构在中国近代社会获得了初始的实践经验。

（三）中央集权——官制改革的实际架构

"一切改革的推进都必然会碰到来自既得利益和传统文化这两方面的阻力。"[2] 对于清末的官制改革，无论其目的是多么的先进，都不能克服中央集权这一传统政治结构的影响。而且在一定的意义上来说，清末的官制改革是新的历史条件下加强中央集权统治的一种手段。这从"大权统于朝廷，庶政公诸舆论，以立国家万年有道之基"[3]，"按立宪国制，立法、司法、行政三权并峙，各有专属、相辅而行"，以期"如是则中央集权之势成，政策统一之效著"[4] 的目标，就可以发现依旧要维持中央集权制的政治目的。

① 故宫博物院明清档案部编：《清末筹备立宪档案史料》，下册，463～464 页，北京，中华书局，1979。
② 陈旭麓：《近代中国社会的新陈代谢》，271 页，上海，上海社会科学院出版社，2006。
③ 故宫博物院明清档案部编：《清末筹备立宪档案史料》，上册，44 页，北京，中华书局，1979。
④ 《总核大臣厘定京内官制折》，载《大清法规大全·史政部》，卷 23。

首先，清政府以重用皇亲勋旧为手段加强中央集权。1906 年的中央官制改革中，在行政部门 13 个大臣和尚书中，满洲贵族 7 人，蒙古贵族 1 人，汉族官员只有 5 人。而在 1911 年的"皇族内阁"中，满族亲贵竟然占总阁员的 69％。①

其次，收地方官员的权力归于中央政府。清政府在确定官制改革的方案时，就有人提出模仿明治维新中的削藩，将地方的财权、兵权一律收归中央。军机大臣铁良称："立宪非中央集权不可，实行中央集权非剥夺督抚财兵两权，收揽于中央政府则不可。"② 随着官制改革的进一步深入，清政府进一步剥夺地方督抚的权力，以加强中央集权。1909 年清政府发布上谕："现在专设陆军部，所有各省军队归该部统辖"。1908 年，清政府拟订清理财政章程，确定向各省派监理员两人。1909 年，清政府又设督办盐务大臣，凡盐务一切事宜，统归该大臣管理。③

以亲贵为核心的清政府在预备立宪过程中，虽然试图自强、自救，但是他们并不能真正从国家的利益出发，而是从维护皇权出发，不断地加强中央集权，致使清末的官制改革从一开始就注定了其失败的命运。

（四）行政权的形式独立——官制改革的结果

清末官制改革增设了大量的行政部门，使封建官制中相对集中的权力得以分化，客观上导致了行政权在形式上独立于皇权。

首先，行政权在形式上有一定的独立性。清末官制改革是以三权分立为国家政治的基本结构的，这体现了对中国传统社会权力结构的变革，使得行政、立法、司法三权在形式上有了简单的分化、独立。行政权形式上的独立为中国近代国家体制的建立准备了一定的条件，反映了与西方资本主义政体模式接轨的动机，相比于旧的封建体制是一种进步。

其次，清末的官制改革在一定程度上完善和扩大了行政国家职能，使国家的行政权能在结构、范围上得到了相对的明确。改总理衙门为外务部，加强了国家的对外职能；农工商部、学部、民政部、邮传部的设立，加强了国家对内的行政管理职能。

再次，清末的官制改革改变了过去行政长官兼职过多的弊病，使之事权专一，有利于推行政务，专心政事。如内阁主要由各部大臣组成，其"分之为各部，合之皆为政府，入则同参阁议，出则各治部务"，使内阁成员能够结合本部门工作实际处理政务。中央机构通过留、改、并、增的改革，部局也较为合理，有利于提高行政效率。在官员的任用上采取以事而定，以职而定的方式，"郎中、员外郎、主事以下，视事务之烦简，定额缺之多寡"，符合行政管理以事定人的精神，改变了过去滥设官职的弊病。

清末的官制改革是国家整个政治体制的大变革、大调整，其规模、深度和广度为前代所无。虽然其目的中杂糅着以三权分立与维护中央集权制的进步与落后的内容，但这次改革毕竟触动了中央集权统治的根基，使人们清晰地认识到了阻碍中国社会在近代变革的最主要的力量是什么，这是清政府在这场改革中所始料未及的。同时，清末官制改革中所设立的一些

---

① 数据引自鞠方安：《试论清末官制改革（1901—1911）中的文官设置及其特点和影响》，载《河南大学学报》，2002（2）。

② 转引自侯宜杰：《20 世纪初政治改革风潮》，79 页，北京，人民出版社，1992。

③ 参见《光绪朝东华录》，5601、5289、5883 页，北京，中华书局，1984。

新的部门也适应了中国社会发展的新要求，体现了一种进步。

第二节
《临时政府组织大纲》——依法行政的初步要求

1911 年 10 月，武昌起义爆发，全国各地纷纷响应。到 11 月，已有 15 个省区宣告独立，相继建立了地方起义政权。为了推翻清王朝的封建统治，建立全国统一的中央政府，各起义省区代表集会武昌，11 月 30 日，正式召开会议，通过了《中华民国临时政府组织大纲》，提出在召集国民会议、颁布宪法之前组织临时政府。12 月 29 日，各省代表又在南京开会，选举刚刚回国的孙中山为临时大总统。1912 年元旦，孙中山在南京宣誓就职，定国号为"中华民国"，建立了中央政府机构。南京临时政府的成立，标志着中国历史上第一个资产阶级民主共和国——中华民国的诞生，它不仅结束了二百多年的清朝统治，也结束了中国两千多年的封建帝制。

孙中山在领导南京临时政府期间，非常重视行政法制建设工作，努力将临时政府的工作纳入法制的轨道，他说："所有各部官制通则及各部、局官制，亟应编定，以利推行。"[①] 在孙中山的大力倡导下，南京临时政府先后制定了《修正中华民国临时政府组织大纲》、《各部官制通则》和各部局（财政、实业、海军、司法等部除外）官制，《大总统咨参议院议决海军部官职令》、《稽勋局官制令》、《临时中央裁判所官制令草案》、《南京府官制》、《文官考试委员会职官令》、《外交官及领事官考试委员职令》等规范。此外，南京临时政府还制定了大量的部门行政法，这些部门行政法大体上可分为军事行政法规、内务警政法规、教育法规、外事法规、财政金融法规、经济管理法规、交通邮电法规、司法行政法规，以及有关地方政权的法规，促进了中华民国南京临时政府的依法行政。

一、《临时政府组织大纲》——南京临时政府的行政架构

辛亥革命以后，1911 年 12 月 2 日，在汉口召开的各省都督府代表联合会议上，与会代表推举江苏代表雷奋、马君武、王正廷 3 人为《临时政府组织大纲》的起草人，拟定《中华民国临时政府组织大纲草案》。12 月 3 日，各省都督府代表联合会议通过《中华民国临时政府组织大纲》，并于当日宣布，共 4 章 21 条。后来由于形势的变化，分别于 1911 年 12 月 16 日、1911 年 12 月 31 日、1912 年 1 月 2 日作了三次修改。

（一）《临时政府组织大纲》的主要内容

修正后的《临时政府组织大纲》[②] 共四章并附则 21 条，其主要内容分述如下：

1. 临时大总统、副总统

《临时政府组织大纲》规定，临时大总统、副总统由各省代表选举产生，以得票满投票

---

① 《南京临时政府公报》第九号，南京，江苏古籍出版社影印版，1981。
② 原文见《南京临时政府公报》第一、二号，南京大总统府印铸局 1912 年编印。

总数 2/3 以上者为当选，代表的投票权每省以 1 票为限。

临时大总统的职权：统治全国之权；统率海陆军之权；得参议院之同意，有宣战、媾和及缔结条约之权；得制定官制、官规兼任免文武官员（但制定官制暨任免国务各员及外交专使，须参议院之同意）；得参议院之同意，有设立中央裁判所之权。

2. 参议院

参议院以各省都督府所派之参议员组成。每省以 3 人为限，其派遣方法，由各省都督府自定。参议院开会时，各省议院有一票表决权。参议院议长，由参议员用记名投票法互选之，以得票满投票总数一半以上者当选。

参议院的职权主要有：决议暂行法律、预算、出纳、税法、币制、发行公债、临时大总统交议事件；决议临时大总统行使宣战、媾和及缔结条约和设立中央裁判所事件；承诺临时大总统制定官制、任免国务各员及外交专使事件；答复临时大总统咨询事件。

参议院议决事件，由议长具报，经临时大总统盖印，发交行政各部执行。临时大总统对参议院议决事件如果认为不以为然，得于呈报后 10 日内声明理由，交会复议。参议院对复议事件，如有到会参议员 2/3 以上同意，仍按前议，交由各部执行。参议院成立之前，暂由各省都督府代表联合会代行其职权，但表决权仍以每省 1 票为限。

3. 行政各部

《临时政府组织大纲》规定，临时大总统之下设行政各部，各部设部长一个，总理本部事务。部长经参议院同意由临时大总统任免。各部所属职责、编制及其权限，由部长规定，并经临时大总统核准施行。

(二)《临时政府组织大纲》的特点

《临时政府组织大纲》在性质上来说，只是一个"国家构成法"①。实际上是一个过渡时期政府组织法，过渡期是"以中华民国宪法成立之日止"。这部"国家构成法"以法律的形式肯定了辛亥革命的胜利成果，在国家形式上以资产阶级民主共和国代替了封建帝制，在政权结构形式上是以三权分立代替了中央集权制，具有重大的历史进步意义。

1. 实行总统制共和政体

《临时政府组织大纲》规定的国家政体是总统制共和政体。从《临时政府组织大纲》的内容上来看，其主要特点有：其一，没有规定总统对参议院负责的内容，即总统不必对参议院负责；其二，各部部长（国务员）与总统之间的关系是"辅佐大总统办理本部事务"，即各部部长是对大总统负责的，而不是对参议院负责的；其三，在参议院的职权中没有设定对各部部长的不信任投票权，即各部部长只要得到大总统的任命，就可以稳坐其位，参议院的信任与否并不重要；其四，在行政各部之上并没有设立内阁总理，总理国务；其五，参议院以各省都督府派议员组成，各省不论大小、人口多寡，一律派三人出任议员，各参议员有一票表决权，这说明各省在参议院中的地位是平等的。

2. 政府内部的权力分配实行三权分立

《临时政府组织大纲》规定临时政府由三部分组成，即行政权由临时大总统、副总统及其领导的行政各部行使；立法权由参议院行使；司法权由临时中央裁判所行使。但是，《临

---

① 《孙中山全集》，第 5 卷，319 页，北京，中华书局，1985。

时政府组织大纲》对于行政各部在政府中的地位及与大总统之间的关系，尤其是与参议院之间的关系没有说明。此外，《临时政府组织大纲》还将在西方三权分立的结构中与行政权并列的司法权设于临时大总统的职权之下，并没有体现出司法独立的特点，更没有涉及司法机关的组织机构和活动原则。因此，在一定意义上来说，《临时政府组织大纲》所实行的三权分立是中央机关内的权力分配中的相对分立。

但是《临时政府组织大纲》也存在着不足。如《临时政府组织大纲》在内容上不完整、不全面，如行政各部在政府中的地位问题、与临时大总统之间的关系问题，中央临时裁判所的地位、性质问题在这部法律中并没有涉及。

（三）南京临时政府的成立

1912 年 1 月 1 日，孙中山在南京宣誓就职，宣读了《临时大总统誓词》，发布了《临时大总统宣言书》，向世界宣告了中国近代第一个资产阶级民主政府的成立，并宣告了南京临时政府的任务、内政外交方针。

1912 年 1 月 28 日，中华民国临时政府参议院正式成立，次日选举林森、陈陶恬[①]为正副议长。1912 年 2 月 5 日选举李肇甫为审议长。

1912 年 1 月 31 日，孙中山颁布了《中华民国临时政府中央行政各部及其权限》[②] 作为设置中央政府各机构的法律依据。同日，各省代表联合会正式通过了孙中山提名的各部部长（国务员），并选举黎元洪为副总统。至此，中华民国政权体制和政府机构基本确立。

《临时政府组织大纲》虽然从名称上说是一部政府组织法，但它实际上是中华民国南京临时政府的"临时宪法"，是一部"国家构成法"。这部法律的意义不仅在于使中华民国南京临时政府的构成有了法律上的依据，更重要的是它确立了一个根本性的原则，即政府必须依法设立。

二、南京临时政府的构成

孙中山于 1912 年 1 月发布的《中华民国临时政府中央行政各部及其权限》，共五条。对中央行政各部的称谓、总长及次长的设定、各部部长管理事务以及次长的职责作了详尽的规定。该法律文件规定，临时政府暂设 9 部，各部设总长 1 人，次长 1 人。总长由临时大总统提名经参议院通过而任命。次长由总统简任，以辅佐总长，整理部务，监督部属各局职员。

依据《中华民国临时政府中央行政各部及其权限》的规定，南京临时政府存续期间的（1912 年 1 月 1 日至 4 月 1 日）政府主要构成及职责如下：

陆军部，管理陆军、军事教育、军事卫生、军事警察、军事司法，编制军队事务、监督所管辖的军人军佐。总长为黄兴，次长为蒋作宾。

海军部，管理海军一切军政事务，监督所管辖的军人军佐。总长为黄钟英，次长为汤芗铭。

---

① 后来陈陶恬辞职，1912 年 3 月 15 日补选王正廷继任。参见张晋藩总主编：《中国法制通史》，第 10 卷，361 页，北京，法律出版社，1999。

② 《临时政府公报》1912 年 1 月 31 日第 3 号。全文可参见中国第二历史档案馆编：《中华民国档案资料汇编》，第二辑，8～9 页，南京，江苏古籍出版社，1991。

外交部，管理与外国交涉及关于外国人的事务，管理、交涉在外中国侨民事务，保护在外商业，监督外交官及领事。总长王宠惠，次长魏辰组。

内务部，管理警察、卫生、宗教、礼俗、户口、田土、水利工程、善举工业及行政事务，监督所辖官署及官员。总长程德全，次长居正。

财政部，管理全国会计、库帑、赋税、公债、钱币、银行、官产事务，监督所辖各官署、府县及公共财产。总长陈锦涛，次长王鸿猷。

司法部，管理刑事、民事、非讼事件，管理户籍、监狱、保护出狱人事务，管理其他一切司法行政事务，监督法官。总长伍廷芳，次长吕志伊。

教育部，管理教育、学艺和历象事务，管理所辖各级学校，监督学生教员。总长蔡元培，次长景耀月。

实业部，管理农工、商矿、渔林、牧猎及度量衡事务，监督所辖各级官署。总长张謇，次长马君武。

交通部，管理道路、铁路、航线、邮信、电报、航舶事务，管理造船事务。总长汤寿潜，次长于右任。

中华民国南京临时政府另设参谋部，由黄兴任总长，钮永建任次长。并设法制局（局长宋教仁）、印铸局（局长黄复生）、公报局（局长但涛）。此外，还没中华民国临时政府秘书处，由胡汉民任秘书长。

1912年1月，法制局拟定了《中华民国各部官职令通则》27条，后修改为《各部官制通则》，1912年3月12日经参议院审议通过。《各部官制通则》将实业部撤销，改设农林部和工商部，这样中华民国政府共设10部。同时规定了各部得设置承政厅和各司、科机构，并规定了各种职员的职级。后来，在《各部官制通则》的基础上，中华民国临时政府又分别制定了各部官制。

中华民国南京临时政府所设立的各部门以及各部门的官制法虽说十分简单，甚至还存在很多的不足。但对于政府须依法设立和须依法行使职权的理念的确立有了实践上的努力，对于中国近代依法行政原则、制度、观念的确立，具有划时代的意义。

三、中华民国南京临时政府的部门行政法

南京临时政府成立以后，制定了大量的部门行政法。这些部门行政法按部门分类，大体上可分为军事行政法规、内务警政法规、教育法规、外事法规、财政金融法规、经济管理法规、交通邮电法规、司法行政法规，以及有关地方政权的法规，这些行政法规共同构成了中国近代行政法律体系。[①]

（一）军事行政法规

军事行政法主要是指由陆军部和海军部所制定的行政法规，用于军队管理、奖惩、军校教育管理等事项。中华民国南京临时政府成立时就设立了陆军部、海军部和参谋部作为军事管理机构。1912年初制定了《陆军部官制》30条，《海军部官制》30条，分别规定了陆军部、海军部的结构。其中陆军部设承政厅和军衡司、军务司、军械司、军需司、军法司、军

---

① 参见张希坡：《南京临时政府司法行政法规考察研究》，载《法学家》，2000（5）。

医司、军学司，各厅、司承部长之命，分掌各自的事务。海军部也设承政厅，另设军衡司、军务司、军械司、军需司、军学司，管理海军事务。

陆军部、海军部建立以后，陆续制定了一系列军事行政法规，以管理军事行政事务。这些法规主要有：

1. 维持治安临时军律。南京临时政府于1912年1月制定了维持治安的《临时军律》，共12条，以惩治军队官兵破坏社会治安、扰乱社会秩序的行为。1912年2月2日陆军部向各省都督和各军司会长发布了《禁止私自招兵募饷文》；1912年2月9日发布《陆军部通饬各军队严禁军人治游聚赌文》；1912年2月，陆军部发布了《宪兵暂行服务规则》，以建立宪兵队伍，加强对军纪的监督检查。

2. 勋章章程。1912年2月，陆军部呈请大总统批准制定军队的赏勋办法。1912年3月1日，孙中山批准了陆军部制定的《勋章章程及图式》，用以对官兵授勋与奖赏。

3. 官佐士兵恤赏表。1912年3月，陆军部发布了《陆军部规定陆军官佐士兵赏恤表》，明确了官兵阵亡或负伤致残抚恤标准。

4. 传染病预防规则。1912年3月，陆军部颁布了《陆军传染病预防规则》，共33条。1912年3月陆军部还颁布了《陆军传染病预防消毒法》，以防止军队中传染病的产生和传播。

5. 军官学校暂行条例。1912年3月，陆军部制定《陆军军官学校暂行条例》，共38条。规定了陆军军官学校的办学宗旨、学制、课程和学校的管理机构，使中国近代的军事学校管理有章可循。

（二）内务行政法规

中华民国南京临时政府内务部的主要职责是管理警察、卫生、宗教、礼俗、户口、田土、水利工程、善举工业及行政事务，监督所辖官署及官员。从其职责上来看，是对国内事务的管理。1912年1月设立的内务部，下设承政厅和警政司、民治司、职方司（即疆理局）、土木司、礼教司、卫生司等六司。其中，警政司掌警察行政、高等警察管理事项及监督管理著作出版、报章事项。民治司掌管地方行政、地方自治、社会团体、选举、户籍、移民等事项。职方司掌核定疆理及土地统计、监理民官土地以及编审图志等事务。土木司掌管土木工程、修理河川道路堤防港湾及调查事务。礼教司掌管宗教寺庙祀典等行政事务，监督僧侣教士、道士，改良礼制及整饬风俗、保护古迹等事项。卫生司掌预防疾病传染、地方病防治及其他公共卫生事务，船舶检疫事务，监督管理医生、医师及药品买卖事务，监督医院、医生会事务。

南京临时政府内务部在其存续期间制定了大量的行政法规，对其所管理的事项进行依法管理。内务使部所制定的主要法律有：

1. 警政管理法律

（1）限制巡警蓄发令。1912年3月发布了《内务部令江宁巡警总监限制巡警蓄发文》规定巡警蓄发以5分为限，不得再蓄长发。

（2）巡警佩用刺刀规则。1912年3月发布了《内务部令复南京巡警总监呈请巡警改佩刺刀并颁布拔刀规则文》，规定了拔刀规则4条，加强对巡警使用刀械的管理。

（3）核准旅店管理规则。为防止罪犯在南京潜踪为害，江宁巡警总局厘定了《旅店管理规则》，共18条，内务部对此核准同意。同时核准了《南京旅店营业取缔规则》，共24条，加强对旅店服务的管理，以防止违法犯罪。

（4）警务学校章程。1912 年 3 月发布了《内务部警务学校章程》，共 10 章 40 条。规定了警务学校的宗旨、学制、学期、课程及考试等制度。

2. 规定慈善救济事务

（1）救济饥民的规定。南京临时政府成立后，孙中山发布了《大总统令内务部转饬南京府知事核办江宁贫民李鼎等呈请抚恤文》和《大总统令南京府知事查明张瀛呈请调查饥民设局平粜情形妥办文》，具体提出了赈济饥民、贫民的政策。

（2）保护慈善事业的政策。1912 年 2 月发布了《内务部令南京府查办馀善堂由》，具体提出了保护慈善事业的政策。

3. 规定了民族、宗教和华侨政策

（1）规定了满、蒙、回、藏各旗待遇之政策。1912 年 2 月参议院通过了《关于满蒙回藏各旗待遇之条件》，共 7 项。体现了民族平等、民族自由的民族政策。

（2）关于回族联合会的批复。1912 年 2 月发布了《内务部批中华民国国民回族马德甫金峙生等组织回民联合会禀请立案呈》，再度指出了中华民国是多民族联合的民主国家。

（3）关于云南干崖土司行政兴革问题的批复。1912 年 3 月，大总统令内务部核办云南干崖土司行政兴革问题的批复，指出各处土司行政如何改革，如何设施，皆在中央政府统筹之中，由内务部负责具体办理。说明了少数民族聚居地区的行政改革由中央政府统筹的政策。

（4）核准成立华侨联合会谕。1912 年 1 月华侨代表上书南京临时政府要求批准成立华侨联合会。对此，《内务部谕稿》称：华侨联合会一事由内务部核准；由于华侨联合会是以爱国和谋取各方公益为宗旨的，准以成立。从而确立了社会团体成立的一般要求。

4. 社会改革的法律

（1）关于禁烟的规定。1913 年 3 月孙中山发布《大总统令禁烟文》指出了鸦片对中国民众的毒害，明确了吸种均禁的政策。对此，内务部先后发布了《内务部咨各省都督及卫戍总督禁止鸦片文》、《内务部令南京巡警总监移交禁烟公所文》、《内务部咨各部及卫戍总督查明有无吸食鸦片人员文》，并成立禁烟公所，具体负责禁烟事宜。

（2）关于禁赌的规定。1912 年发布的《内务部报告禁赌呈》指出赌博为社会之害之最，律法在所必禁的政策。要求各地巡警稽查赌博、出售赌具事宜。后来在《内务部令江宁府知事示禁各乡演戏赛会文》中，强调了在春节时各乡严禁聚众开场赌博，以保治安。

（3）改革称呼的规定。1912 年 3 月发布《大总统令内务部通知各官署革除前清官厅称呼文》和《内务部咨各省革除前清官厅称呼文》，规定官厅职员乃人民公仆，各厅人员皆以官职相称，民间则称"先生"或"君"，废止清朝对官员的称呼。同时废止跪拜礼。

（4）剪辫的规定。1912 年 3 月发布《大总统令内务部晓示人民一律剪辫文》，指出编发之制乃清朝立国后所强行之措施。现在清朝已经覆亡，民众乃新国之民。特令内务部通行各省都督转饬所属地方，凡未去辫者，于令到之日限 20 日之内一律剪除。由是，推动了全国的剪辫运动。

5. 保障人权的规定

（1）劝禁妇女缠足。1912 年 3 月发布了《大总统令内务部通饬各省劝禁缠足文》，该法律文件指出：千百年来，中国妇女深受缠足之害，特令内务部速行通饬各省一体劝禁。有违抗禁令者，给予相当的处罚。此令发布后，在法律上使中国妇女从此免受缠足之苦。

（2）禁止买卖人口。1912年3月孙中山发布了《大总统令内务部禁止买卖人口文》，指出买卖人口对社会的危害，特令内务部编定暂行条例禁止买卖人口，废止以前的人口买卖契约。孙中山还在《大总统令广东都督严行禁止贩卖"猪仔"文》中，特令广东都督严禁"猪仔"出口，并令外交部筹划杜绝贩卖"猪仔"的办法。

（3）开放疍户惰民。闽粤的疍户、浙江的惰民、河南的丐户等都是低于平民的贱民，是等级制度的产物。1912年3月孙中山发布了《大总统令开放疍户惰民等许其一律享有公权私权文》，指出了这一制度的危害，特令疍户惰民等一体享有国家社会之一切权利。并令内务部接到此令，即通饬所属人民一体遵照执行。

（4）保护人民财产。1912年1月28日内务部发布了《保护人民财产令》，共5条。强调临时政府应以保护人民财产为急务。强调"凡人民财产房屋，除经正式裁判宣告充公者外，勿得擅自查封"[1]。并提出5条令文，其内容是：凡在民国势力范围之人民，所有一切私产，均应归人民享有。前为清政府官产，现入民国势力范围者，应归民国政府享有。前为清政府官吏所得之私产，现无确实反对民国证据，已在民国保护之下者，应归该私人享有。现虽为清政府官吏，其本人确无反对民国之实据，而其财产在民国势力范围下者，应归民国政府保护，俟该本人投归民国时，将其财产交该本人享有。现为清政府官吏，而又为清政府出力反对民国政府，虐杀民国人民，其财产在民国势力范围内者，应一律查抄，归民国政府享有。[2]

（三）教育行政法规

孙中山先生十分重视教育事业，辛亥革命胜利之初，他在《命教育部核办女子蚕桑学校令》中说："民国新造，凡有教育，应予提倡，乃足以启文明而速进化。"[3]1912年3月19日，他又明确地提出："学者，国之本也，若不从速设法修旧起废，鼓舞而振兴之，何以育人才而培国脉。"[4]

中华民国南京临时政府成立后设立了教育部，并制定了《教育部官制》。依《教育部官制》，教育部下设承政厅和普通教育司、专门教育司、社会教育司。其中，承政厅掌管学校教职员管理、教育会议、编审教科书以及学校图书馆修建等事务；普通教育司掌管师范学校、中小学和幼稚园等管理事务；专门教育司掌管大学、高等专门学校、派遣留学生、授予学位及国史馆管理等事务；社会教育司掌管通俗教育、博物馆、美术馆以及社会调查统计等事务。我国近代著名教育家蔡元培先生出任教育总长，由于他的努力使中国近代教育体制和教育行政法奠定了基础。

1. 教育体制法律

（1）《新定普通教育暂行办法》。教育部刚成立，蔡元培就令蒋维乔与陆费逵起草"普通教育暂行办法"。1912年1月21日，颁布《新定普通教育暂行办法》，共14条。内容主要有：将学堂改为学校，监督、堂长改为校长；各学校应于元年三月初一日一律开学；初等小

---

① 《临时政府公报》第六号（二月三日）令示，南京，江苏古籍出版社，1981年影印版。
② 参见《临时政府公报》第六号（二月三日）令示，南京，江苏古籍出版社，1981年影印版。
③ 《命教育部核办女子蚕桑学校令》，载《孙中山全集》，第2卷，117页，北京，中华书局，1982。
④ 《孙中山全集》，第2卷，253页，北京，中华书局，1982。

学可以男女同校；停止使用清学部颁布的教科书；小学废除读经等。同时动员全体部员，研究旧学制的利弊，博采各国先例，草拟新学制系统，以奠立民国教育的始基。①

（2）《教育部拟议学制系统草案》。1912 年 3 月由教育部颁布，包括第一草案、第二草案和第三草案。初定全（教育）系统内，毕业年限在 18 年以下；义务教育年限，宜视人民生计酌定之；小学、中学宜互相联接；大学应包含预科和本科等。这一草案，为中国近代新的普通教育体制的建立奠定了基础。

2. 确立教育方针

蔡元培还于 1912 年 2 月 12 日，在《临时政府公报》发表了《教育部长蔡元培对新教育之意见》一文，虽然这不是一部法律，但却是民国以来教育立法的指导方针之一。在这篇文章中蔡元培提出了废除清末的"忠君"、"尊孔"、"尚公"、"尚武"、"尚实"的教育宗旨，主张以军国民教育、实利主义教育、公民道德教育、世界观教育、美感教育作为民国的教育方针。并认为，五者之间应该是相互联系，不可偏废的，"譬之人身：军国民主义者，筋骨也，用以自卫；实利主义者，肠胃也，用以营养；公民道德者，呼吸循环机也，周贯全体；美育者，神经系也，用以传导；世界观者，心理作用也，附丽于神经系，而无迹象之可求"②。蔡元培先生的文章确立了近代中国较为先进的教育方针。

3. 其他教育行政法律

（1）高等教育。1912 年 3 月发布了《教育部通告各省速令高等专门学校开学电文》、《教育部禁用前清各书通告各省电文》，要求各地高等专门学校迅速开学。同时规定，《大清会典》、《大清律例》、《皇朝掌故》、《国朝事实》等科目在高等教育中一律取消。

（2）社会教育。1912 年 1 月发布了《教育部通电临时宣讲办法文》，指出各地的社会教育应根据各地的情况，宣传辛亥革命，并以宣讲国民的权利义务为重点。

（3）派遣留学生。1912 年 2 月孙中山发布《大总统令核办甘霖呈请由美赔款项下给予官费游学美国由》，强调了选派留学生的重要性，由教育部统筹全局，酌核办理此事。

（四）财政金融法规

中华民国临时政府成立之初就设立了财政部，依《财政部官制》，财政部下设承政厅、赋税司、公债司、币制司、库务司、会计司等五司。《财政部厅司职掌规程》具体规定了各厅、司、科的职权。中华民国临时政府存续期间，财政部制定了一系列的财政金融法律，为中国近代财政金融体系的建立奠定了基础。

1. 会计制度的建立

（1）会计法的制定。1912 年初，财政部制定了《会计法草案》，共 8 章 36 条。在该草案中提出了制定会计法的重要意义：会计法不定，则财政整理无从着手；会计法不定，则预算无从办理；会计法不定，则监督之权不能实行。这对于中国近代会计制度的建立具有重要的奠基意义。

（2）出入款项表册报告制度。1912 年 2 月发布了《财政部咨各部、各省都督查照出入款项造册报告并以后按月造报文》，强调统一财政，由财政部会计司拟就"简明报告表册"，将

①　参见《临时政府公报》第三十二号（三月八日）纪事，南京，江苏古籍出版社，1981 年影印版。

②　蔡元培：《对新教育之意见》，载《蔡元培全集》，第 2 卷，9～16 页，杭州，浙江教育出版社，1997。

中华民国临时政府成立以来所有各部局的出入款项造册报财政部核查。这一制度成为近代中国会计核查制度的重要内容。

2. 预决算制度的建立

1912年3月《财政部呈大总统饬各部办理预算文》明确指出："各国财政，皆有预算，以谋收支之适合"。要求各部将1912年3月份应支款项编制概算书，呈财政部送参议院编成预算。并制定了相应的预算程序，即先由中央各部局及各省都督府编制概算表册，分为收入和支出两类，按月报告财政部，由会计司审核汇编成总概算书，呈请大总统公布，并由财政部负责执行，并将执行情况在《政府公报》上加以公布，使财政状况公开透明。

3. 金库（国库）制度的建立

（1）明确收支命令机关和现金出纳机关的权限。1912年2月发布了《财政部咨各省都督划分收支命令机关与现金出纳机关权限文》，规定中央以财政部会计司为收支命令机关，库务司为现金出纳机关，两者相互监督。各省财政厅也以此明确各自权限。

（2）《金库则例》。1912年3月，财政部库务司制定了《金库则例》，共14条。规定国库现金的出纳保管归金库统一办理；金库分中央总库、省库和分库三种；以中国银行行长为金库出纳总代理员。此外，财政部还制定了《金库出纳事务暂行章程》，具体规定了金库现金出纳事宜。

4. 印花税制度的建立

1912年3月29日，参议院通过了《暂行印花税法》和《暂行印花税施行法章程》。明确了印花税适用的范围、适用方法、罚则，规定印花税事务由财政部赋税局管理，不另设专局。这部法律是中华民国临时政府制定的第一部税法。

5. 公债制度的建立

1912年1月，中华民国南京临时政府制定了《中华民国军需公债章程》，共32条。此后，财政部先后制定了《公债执行简章》和《发行公债办法》。此外，1912年1月，孙中山向参议院提出《中华民国有奖公债章程》共9条，但参议院审议后未作决议。

（五）经济管理法规

南京临时政府初建之时，尽管面临着各种困难，但对经济方面的问题仍十分重视。武昌起义后，孙中山在回国的途中就说："此后社会当以工商实业为竞点，为中国开一新局面。至于政权，皆以服务视之为要领。"[①]

中华民国南京临时政府的经济管理法规主要是由实业部，以及后来的农林、工商部所制定的。南京临时政府成立之初，实业部下设承政厅和农政司、工政司、商政司和矿政司等四司。1912年3月12日，参议院通过了《各部官制通则》，该法律将实业部分为农林、工商二部。其中工商部下设工务司、矿务司，农林部下设农务司、林务司和渔务司。实业部及后来的工商部、农林部在南京临时政府存续期间，通过阐述大总统的令文及对兴办各种实业的批复，制定了大量的经济管理法律、法规，对于中国近代经济管理法律制度的建立起了重要的作用。

---

① 《孙中山全集》，第1卷，547页，北京，中华书局，1981。

1. 工矿业管理法律

（1）兴办工业的规定。实业部对《刘金阶胡大华请开办工业四厂禀》和《侨商朱卓文开办工厂请给照拨地呈》的批复中，强调指出：所陈开办缝工、皮工、铁工、鞋工四厂，皆当务之急。

（2）开发矿业的规定。1912 年 3 月 19 日《实业部电安徽都督取消与外人订办铜官山矿合同文》提出了两条开矿原则，其一是矿山国有为各国通例，本部草拟矿法，用意亦复相同。其二是各省如有开办矿业之事，应咨由本部酌核办理，以保矿利。

2. 商业管理法律

（1）商业注册章程。实业部成立后，各地公司、商店呈请注册的立案很多。为此，实业部草拟了《商业注册章程》。1912 年 3 月 8 日《临时政府公报》颁布了《大总统咨参议院提议实业部呈送商业注册章程文》称："敝部成立以来，各埠公司呈请保护、注册、立案、给示等事，纷至沓来。若非妥订一章程，头绪茫然，实无以资遵守之策。""还伏思东西文明国，商业登记，例归初级审判厅职掌，以便商人就近登记，家喻户晓，遇有诉讼质辩等案，易于发见，不滋欺诈。""允宜由敝部详加厘订章程，颁行全国。""酌拟商业注册章程，庶得统一而臻妥善。"① 该章程主要规定一切公司商店，未经注册不得开设。

（2）保护商人的规定。《实业部批无锡商会转呈恒大永源生米行运米被扬州徐司令扣留请派委监验给放呈》、《实业部批杭州商会盛起转呈内河招商局请饬镇江军务部无锡军政分府交还商户呈》的批文中均体现了对商人保护的原则。

3. 保护发展农林渔业的法规

（1）保护农业的规定。1912 年 3 月孙中山发布《通饬各省慎重农事》的令文。在该令文中他强调："若全国耕者释耒，则虽四时不害，而饥馑之数，已不可免，国体所关，非细故也。"他要求各省都督"饬下所司，劳来农民，严加保护。其有耕种之具不给者，公田由地方公款，私田由各田主设法资助，俟秋成后计数取偿。"② 1912 年 2 月 20 日发布了《内务部奉大总统令凡谒陵时被践损伤田苗准照数赔给示文》，也体现了南京临时政府保护农业生产的政策。

（2）保护林木的规定。南京临时政府存续期间，曾下发了多个文件和命令以保护林木，这些文件和命令主要有《实业部批劝业会场树木保护员邵恩绥请拨款出租塘地呈》、《内务部令巡警总监保护树木文》、《内务部令南京巡警总监出示禁止砍伐孝陵树木文》，不仅指出了保护林木的重要性，而且强调对滥伐树木者予以严惩。

（3）发展渔业的规定。南京临时政府曾拟定了《渔业法》由大总统提交参议院讨论，但参议院未作审议。但《实业部批江安渔业公司会请准予立案呈》和《实业部批鱼商陈文翔请设立渔业公司准予立案专利呈》中体现了发展和保护渔业的政策。

（六）交通邮电法规

南京临时政府交通部下设承政厅和路政司、邮政司、电政司和航政司等四司，分别掌管铁路国道、邮政驿传、电报电话和水上运输等事项。南京临时政府交通部也制定了大量的法

---

① 《临时政府公报》第二十九号（三月五日）咨，南京，江苏古籍出版社，1981 年影印版。
② 《孙中山全集》，第二卷，264 页，北京，中华书局，1982。

律法规对交通、邮电事业进行管理。

1. 铁路管理法规

(1) 清理整顿铁路资产的法令。中华民国南京临时政府成立以后，就开始制定法令整顿铁路资产。这些法令主要有：《大总统令驻沪川路公司管理员汪缦卿等移交川路股票筹办蜀军》、《交通部令周璠点收津浦南段购地局银钱卷宗文》等，开始对铁路全面接管。

(2) 改善铁路管理法令。这类的法令主要有：《大总统令交通部整理宁省铁路开车时间文》、《交通部报沪宁铁路添开晚车呈》、《大总统令交通部核办宁省铁路总局协理呈报改良办法加车行驶文》、《交通部令沪宁铁路局收用南京上海军用钞票由》。

2. 航运管理法规

(1) 保护轮船正常行驶法令。《交通部致长江各都督通饬所属保护招商局轮船电文》，该电文决定 1912 年 2 月 29 日轮船开始于长江行驶，并要求武昌、南昌、安庆、苏州各省都督通饬沿江所属民警对航行轮船进行保护，以维护航业的发展。

(2) 发布具体处理航运的令文、批文。这一类的令文、批文有《交通部批上海总商会称内河招商局被诬没收一案》、《交通部批台州旅沪纱业张利生等请核办平安、可贵、水利三商轮公司高价抬运呈》、《交通部批商民谢子修请联合洋商筹设大海轮船公司呈》等。

3. 邮政管理法规

(1) 改定邮政办法。1912 年 3 月 12 日，南京临时政府发布了《大总统及外交部通告各省都督改定邮政现行办法电文》，规定了邮票的管理办法：邮票由中央政府颁发，各省不得另行印用。新颁发之邮票，暂准通行国内。各省现办邮务各洋员，可准其照向章办理。[①]

(2) 邮政管理体制。《交通部令各省邮局全国邮政归邮政司司长直接管辖文》规定："中华民国邮政中西人员，概归该司长所节制。"

(3) 改换邮政匾额的规定。《交通部令南京邮务司通饬所属将匾额邮袋纸张改换民国字样文》，规定凡写"中华民国"的邮品，有关车船妥为寄递。

4. 电报、电话管理法规

(1) 整顿电报法规。《交通部整理电报局通告各省电文》规定上海电政局为全国电政总机关，人员使用、修设线路及解款报表等事项，均由上海电政总局直接管理。

(2) 整顿电话的法规。《大总参统令交通部整顿电话文》，指出电话呼应不灵的现象应由交通部立即设法改进，或加线传达，以资灵敏。

（七）司法行政法规

中华民国临时政府于 1912 年 1 月发布的《中华民国临时政府中央行政各部及其权限》，规定司法部长的职责是：关于民事、刑事、非讼事件、户籍、监狱、保护出狱人事务，并其他一切司法行政事务，监督法官。在《中华民国各部官职令通则》中，又重申上述规定。司法部于 1912 年 1 月成立，总长伍廷芳，次长吕志伊。

1. 司法部的组织法规

依照《司法部官职令草案》（共 5 条）的规定，司法部内设置承政厅和法务、狱务两司。1912 年 6 月 17 日，参议院通过了《司法部官制》（共 7 条），规定了司法部总长及承政厅和各

---

① 参见《临时政府公告》，第 20 号，南京，江苏古籍出版社，1981 年影印版。

司的职责，以及各类职员的定额。司法部制定的《司法部分职细则》，具体规定司法部各厅、司所属各科及各类职员的分管事项。这些法律使司法部的组织机构及其职责分工，一目了然。

（1）承政厅的组织与职责

承政厅①设有秘书长、参事、秘书及六科。秘书长，承部长之命，掌管机要文书，并总理承政厅事务。参事，承部长之命，掌理审议及草拟稿案事务。秘书，承上级官员之命，分掌承政厅事务。承政厅内设以下6科，各科各置科长一人，科员若干人，由部长酌定。六科分别是：1）铨叙科，掌全国法官及其他职员之考试、视察、任免及陪审员、辩护士之身份名籍等事项。2）经画科，掌全国审判厅之设置、废止，审判管辖区及其废更事项。3）统计科，掌全国审判厅民刑诉讼案件及监狱之统计事项。4）稽核科，掌稽核全国审判诉讼费用、罚金及没收物品等事项。5）文牍科，掌理一切公牍函电事项。6）交涉科，掌理华洋会审，及犯人引渡，并其他涉外事项。

承政厅内设置下列事务官：1）庶务官，掌本部厅司各庶务，掌理一切夫役人等事务。2）会计员，掌收支本部金钱事项。3）收发员，掌收发本部文牍事项。4）监印员，掌保管及启用本部印章事项。

（2）法务司的组织与职责

法务司设司长1人，承部长之命，总理本司一切事务。设立以下4科：1）民事科，掌全国民事诉讼，及非诉事件之报告存案事项。2）刑事科，掌全国刑事诉讼，及报告存案事项。3）户籍科，掌全国户籍之报告存案事项。4）执行科，掌赦免、减刑、复权及执行死刑事项。

（3）狱务司的组织与职责

狱务司设司长1人，承部长之命，总理本司一切事务。设以下3科：1）经画科，掌全国监狱之设置，废止及变更事项。2）监视科，掌监督全国狱官，视察罪犯习艺所，及出狱人保护事项。3）营缮科，掌全国监狱之建筑事项。②

2. 律师法草案与律师公会章程

（1）律师法草案

1912年，《临时政府公报》登载《内务部警务司长孙润宇建议施行律师制度呈大总统文》，该呈文从各方面阐述了建立律师制度的重要意义。孙中山在《大总统令法制局审核呈复律师法草案文》③中指出：律师制度与司法独立相辅为用，夙为文明各国所通行，现各处既纷纷设立律师公会，尤应亟定法律，俾资依据。合将原呈及草案发交该局，仰即审核呈复，以便咨送参议院议决。但是，当时的《临时政府公报》上，却没有转载《律师法草案》的全文。在《参议院议事录》中，也未提到律师法的议案。据推测该草案交到法制局后，尚未完成审核程序，南京临时政府即宣告结束。

（2）《中华民国律师总公会章程》

上海《民立报》于1912年1月11日开始连载的《中华民国律师总公会章程》，是了解当

---

① 1912年6月17日，参议院审议通过《司法部官制》。对原南京临时政府所拟《司法部官令（草案）》作修改，将原承政厅改为总务厅，《司法部官制》第5条规定：总务厅"除《各部官制通则》所定外，掌事务如左……"参见罗志渊：《近代中国法制演变研究》，403页，台北，正中书局，1976。

② 参见张希坡：《南京临时政府司法行政法规考察研究》，载《法学家》，2000（5）。

③ 参见《临时政府公报》（1912年3月22日），南京，江苏古籍出版社，1981年影印版。

时律师管理制度的重要历史文献。该章程共计 6 章 18 条。各章的名称是：总纲、资格、会员、职员、职务、公费。

组织律师总公会的宗旨是：巩固法律，尊重人权，经沪军都督核准，咨请司法总长备案，凡本会律师得有在国内各级审判厅及公共会审公堂莅庭辩护之权。

律师资格，分甲乙两项。甲项资格是：（1）曾任各级审判厅推事、检察厅检察官，或取得推事检察官之职位。（2）留学各国法律专科毕业者。（3）法科毕业曾充任法政学堂教习在三年以上者。取得以上三项资格之一者，均得入会充当律师。乙项资格是：（1）本国法律学堂或法政学堂三年毕业者。（2）曾受司法人员名位，视等推事检察官者。取得以上两项资格之一者，均得入会为试用律师。试用期间为一年，十起以上（案件）无谬误失职者，由本会备文咨明各省高等检察厅准其销去试用字样。

会员。入会者须纳入会费 30 元，每年纳经常费 30 元。会员有遵守律师规则之义务。会员违反律师规则，经本会全体议决，呈请高等检察厅请求惩戒。但本厅长官证明其违犯规则呈请惩戒时，不在此限。

职员。本会置会长 1 人，主持全会事务。置副会长二人，赞助会长处理本会事务。置书记员、翻译、会计各员若干人。

律师职务。（1）律师为原告办理诉讼事件时，其职务是：为原告缮具诉词及搜集各项证据，以备携呈法庭；须同原告到庭办理所控事件；于审案时待原告申诉毕，得当庭质问原告及其证人，如被告对于原告及其证人赍诘其证据不充分者，应当查明后再行复问原告及证人；被告或律师向法庭申辩后，原告律师可将被告或律师所申辩之理由向法庭解释、辩解。（2）律师为被告办理诉讼事件时，其职务是：代被告缮具诉词，详细诉辩所控事件，并检齐有益于被告各证据，以备携带法庭；同被告到庭辩护，俾法庭审诉明确依律审判，毋使屈抑；原告及其证人申诉，得将被告辩词说明理由或与被告之证人到庭辩驳。（3）凡买卖契约及遗嘱赠与等，律师均有证明之责。（4）刑事重罪犯无力延请律师，由本会会长指定本会律师代为辩护，以免冤滥。①

南京临时政府在中国近代史上存续的时间并不长，但其在中国近代行政制度和行政法律的建设方面取得了巨大的成就。一方面，南京临时政府通过各种法律、法令废除、改革了中国封建制度中的各种落后的行政制度；另一方面，制定了大量的具有近代先进意义的行政管理法律，为中国近代国家行政管理体制、行政法律的建立奠定了基础。

第三节
依法行政的艰难跋涉

孙中山在辛亥革命和二次革命失败以后，并没有停止斗争，多次在广州建立政权，但都

---

① 参见张晋藩总主编：《中国法制通史》，第 10 卷，419～422 页，北京，法律出版社，1999。张希坡：《南京临时政府司法行政法规考察研究》，载《法学家》，2000（5）。

十分短暂。直到广州国民政府和武汉国民政府的建立，才使中国近代资产阶级民主政府有了一个相对稳定的发展空间，同样也使中国近代的行政法得以发展。

一、《中华民国政府组织大纲》——依法行政的急就章

1917 年 7 月张勋复辟，废弃作为民国立法根本的《临时约法》。张勋复辟失败后，段祺瑞重掌北京政府后，也拒绝召开国会和恢复《临时约法》。对此，孙中山发动了"护法运动"，并数次在广州组成政府，颁布了一系列法律，在一定程度上推动了中国近代行政法的发展。

（一）护法军政府的《军政府组织大纲》

1917 年 7 月 17 日，孙中山由上海抵达广州。不久，海军总司令程璧光与第一舰队司令通电全国，否认北京政府的合法性，并率第一舰队开赴广东。1917 年 8 月 25 日，南下广东的国会议员在广州召开了会议，因不足法定人数，此次会议又被称为"非常会议"或"非常国会"。1917 年 8 月 30 日，"非常国会"通过了《军政府组织大纲》。1917 年 9 月 1 日，"非常国会"选举孙中山为大元帅，唐继尧、陆荣廷为元帅，护法军政府宣告成立。

1918 年 5 月，"非常国会"又通过了《修正军政府组织法案》，将护法军政府的大元帅制改为总裁制，孙中山为七总裁之一。

不久，孙中山与西南军事实力派的矛盾加剧，辞去了大元帅和总裁的职务，护法军政府于 1918 年 10 月解散，宣告了第一次护法运动的失败。

（二）《中华民国政府组织大纲》

1920 年，粤军总司令陈炯明占领广州后，电邀孙中山回广州，重建广州政府。1920 年 11 月 24 日，孙中山偕唐绍仪、伍廷芳由沪赴粤。1921 年 4 月 7 日，"非常国会"通过《中华民国政府组织大纲》，规定大总统为国家元首。孙中山被"非常国会"推选为大总统，于 1920 年 5 月 5 日在广州宣誓就职。

1920 年 5 月 6 日，孙中山正式任命各部部长，伍廷芳为外交部长（兼财政部长），徐谦为司法部长，汤廷光为海军部长，李烈钧为参谋总长，胡汉民为总参议兼文官长，马君武为总统府秘书长，陈炯明为广东省省长。

1922 年，陈炯明发动军事叛变，炮轰总统府，孙中山化装出走广州，转登永丰舰，经香港至上海，第二次护法运动失败。

（三）中华民国陆海军大元帅大本营及其组织机构

1923 年 1 月，讨伐联军将陈炯明逐出广州，孙中山于 1922 年 2 月再次回到广州，于同年 3 月 1 日组建了"中华民国大元帅大本营"。成为当时与北洋军阀政府相对立的最高军政府。

"中华民国大元帅大本营"建立后，设立了各部、局、院、处等行政机构，任命了若干行政官员。军政部长程潜；外交部长伍朝枢；内政部长谭延闿，后由徐绍桢接任；财政部长廖仲恺，后由叶恭绰接任；建设部长邓泽如，后由林森接任；法制局长古应芬；审计局长刘纪文；航空局长杨仙逸，后由陈友仁接任；金库长林云陔，后改为中央银行，仍由林云陔为行长；筹饷总局总办由廖仲恺兼任；兵站总监罗翼群；大理院院长赵士北，后因其主张"司

法不党"，违反了孙中山提出的"以党治国"的方针被免职，由吕志伊接任；总检察厅检察长卢兴原。

由于"中华民国大元帅大本营"是一个军事行政机构，十分重视军事机构的设置。大本营下设总参议，由胡汉民出任，是大元帅智囊团首席成员，参议若干人；参军长由朱培德出任，1923 年 10 月东征陈炯明后由张开儒继任；参谋处参谋长任命蒋介石出任，但其未到任，后由张开儒、李烈钧继任；秘书处秘书长由杨庶堪出任，后其出任广东省省长，由廖仲恺继任。

"中华民国大元帅大本营"自 1923 年 3 月成立至 1925 年 7 月广州国民政府成立，历时 2 年 3 个月，是广州国民政府成立前的临时性过渡政府。其间所制定的法律、法规以及所发布的命令对后来的广州国民政府、武汉国民政府均具有效力。

从护法军政府的《军政府组织大纲》到 1921 年的《中华民国政府组织大纲》的制定，不仅说明了资产阶级民主共和国建立的艰难，也说明了近代法治国家建立的艰难。但孙中山先生对此坚持不懈的努力，更说明了中国进步的民族资产阶级对民主共和国和法治国家的渴望和追求。

二、《中华民国国民政府组织法》——广州国民政府依法行政的政治架构

广州国民政府的建立是孙中山为建立资产阶级民主共和国的又一次努力，这一次努力得到了当时中国最先进的政治力量的支持，孙中山也真正地寻找到了建立民主共和国和法治国家的真正道路。广州国民政府的政治架构和行政法律制度对于中国后来的南京政府和行政立法具有重要的样板意义。

（一）广州国民政府的成立

1924 年 1 月 20 日至 30 日，中国国民党第一次全国代表大会在广州召开。大会确立了孙中山提出的"联俄、联共、扶助农工"三大政策，并通过了以反帝反封建为主要内容的《中国国民党第一次全国代表大会宣言》和《中国国民党总章》。在这次会议上，孙中山作了《关于组织国民政府案之说明》，指出："组织国民政府为目前第一问题。"[1]

根据孙中山的提议，国民党"一大"通过了《组织国民政府之必要提案》，决定了两项内容：其一，国民党当以此最小限度政纲为原则，组织国民政府。其二，国民党当宣传此义于工、商、实业各届及农民、工人、兵士、学生与一般之群众，使人人知设统一国民政府之必要。

同时，公布了孙中山拟定的《国民政府建国大纲》，共 25 条。其主要内容有：（1）国民政府本革命之三民主义、五权宪法，以建设中华民国。（2）建设之首要在民生。（3）其次为民权。故对于人民之政治知识、能力，政府当训导之，以行使其选举权，行使其罢官权，行使其创制权，行使其复决权。（4）其三为民族。故对于国内之弱小民族，政府当扶植之，使之能自决自治。对于国外之侵略强权，政府当抵御之；并同时修改各国条约，以恢复我国际平等、国家独立。（5）建设之程序分为三期：一曰军政时期；二曰训政时期；三曰宪政时期。[2]

---

① 《关于组织国民政府案之说明》，载《孙中山全集》，第 9 卷，101~104 页，北京，中华书局，1986。

② 参见《建国大纲》，载夏新华、胡旭晟等整理：《近代中国宪政历程：史料荟萃》，598 页，北京，中国政法大学出版社，2004。

《国民政府建国大纲》并规定了各个时期的任务和施政要点。

1925 年 6 月 14 日，国民党中央政治委员会决定将中华民国陆海军大元帅大本营改组为国民政府，拟定了《国民党政府改组大纲》和《中华民国国民政府组织法》。这两部法律经国民党中央执行委员会通过后，由时任代大元帅的胡汉民于 1925 年 6 月 27 日发布改组政府令，1925 年 7 月 1 日颁布了《国民政府组织法》，同日宣告中华民国国民政府于广州成立，史称"广州国民政府"。

（二）《国民政府改组大纲》

1925 年 6 月颁布的《国民政府改组大纲》共 6 条，规定了国民政府、军事委员会、监察部、省政府、市政委员会的职权和组织机构①：

1. 国民政府掌理关于全国之政务，以委员若干人组织会议，并于委员中推定常驻委员 5 人，处理日常政务，并设政军各部，每部设部长 1 人，以委员兼任。如有添部之必要，经委员会议决行之。

2. 军事委员会掌理全国军务，以委员若干人组织会议，并于委员中推定 1 人为主席。凡关于军事之命令，由军事委员会主席，及军事部长署名。在军事委员会内设军需等处，分掌职务。

3. 监察部掌监察政府各种机关官吏之行动，及考核款项之收支状况。

4. 惩罚院专治官吏之贪赃不法及不服从政府命令者。

5. 各省设省政府，掌理全省政务，分为内政、外交、财政等厅，每厅设厅长 1 人，并由厅长联席会议推定主席 1 人。

6. 市政委员会。在当时的职业集团、农会、工会、商会、教育、自由职业团体等 6 种团体中，各举 3 人为委员，共 18 人组成市政委员会，并任命一人为市政委员会主席。在市政委员会中设置财政、工务、公安、教育、卫生 5 局，每局委任局长一人。

《国民政府改组大纲》的颁行，奠定了广州国民政府的组织结构，也为后来的南京国民政府的组织结构提供了范型。

（三）《中华民国国民政府组织法》

1925 年 6 月 14 日，国民党中央执行委员会政治委员会第 14 次会议决议改组大元帅大本营为合议制国民政府。1925 年 7 月 1 日，国民党中央执行委员会政治委员会第 25 次会议决议通过了《中华民国国民政府组织法》，共 10 条。并提交国民政府公布。这部法律的主要内容及特点有：

1. 规定"以党治国"原则。在该法律的第 1 条规定："国民政府受中国国民党之指导及监督，掌理全国政务。"② 即执行孙中山提出的"以党治国"的原则。具体而言：国民政府的委员，须由国民党中央执行委员会任免；国民政府要向国民党中央执行委员会负责并报告工作；对于政治方针和立法原则，当先由国民党中央执行委员会下的政治委员会提出和拟定，由中央执行委员会审查通过后，交由国民政府执行。

---

① 谢振民编著，张知本校订：《中华民国立法史》，上册，209～210 页，北京，中国政法大学出版社，2000。
② 参见谢振民编著，张知本校订：《中华民国立法史》，上册，341 页，北京，中国政法大学出版社，2000。

2. 实行集体领导的"合议制政府"。该法第 2、3、5 条规定，国民政府以委员若干人组成，推定 1 人为主席，5 人为常务委员，国务由委员会议执行。如出席会议的委员不足半数时，由常务委员行之。公布法令及其他关于国务之文书，由主席及主管部长共同署名后执行；对于不属各部的事务，由常务委员会委员多数署名后，以国民政府的名义执行。这种集体合议制的政治结构是中国近代政治体制的一次巨大的变革，对后来的中国政治体制产生了巨大的影响。

3. 权能分化不明。该法律没有全面规定国民政府各部及其职权，仅在第 6 条规定了军事、外交、财政等部，而对于其他各部的设置及其权限没有任何规定，更没有涉及立法权、司法权分立的问题。对此，台湾学者谢振民称之为"行一权主义"[①]。

（四）《国民政府监察院组织法》（1925 年 7 月 17 日）

1925 年 6 月，中国国民党中央执行委员会政治委员会决议设立监察院，推举鲍罗廷起草《监察院组织法》。1925 年 7 月 17 日，广州国民政府正式公布《国民政府监察院组织法》，于 1925 年 8 月 1 日正式成立国民政府监察院，由 5 名监察员组成，并推举 1 人为主席。

1926 年 10 月，国民政府公布了修正的《国民政府监察院组织法》，共 14 条。该法第一条规定：国民政府监察院受中国国民党之监督、指导，掌理监察国民政府所属的行政、司法各机关官吏事宜。

监察院的主要职权共六项：（1）发觉官吏犯罪；（2）惩戒官吏；（3）审判行政诉讼；（4）考查各种行政；（5）稽核财政收支；（6）统一官厅簿记及表册之方式。[②]

该法还规定了监察院监察委员职权的行使方式。监察院监察委员行使职权时，可以随时调查各官署之档案、册籍；遇有疑问，各官署主管人员负责为充分之答复；监察院对于官吏违法或处分失当，可以不待人民控告，依职权检举；监察院惩戒官吏时发现官吏涉及刑事犯罪时，应将刑事部分移交司法机关审判，并由 1 名监察委员担任刑事部分原告的职务。

修正后的《国民政府监察院组织法》还规定：监察院不设院长，置监察委员 5 人，审判委员 3 人，并置秘书处，分 4 科，置秘书长、科长、科员、监察员等职员。

（五）广州国民政府的组织机构

1. 中央国家机关的结构

（1）国民政府委员会。国民政府委员会是掌管全国政务的机关。1925 年 7 月 1 日国民政府成立时设立，当时国民政府共有委员 16 人，其中 5 人为常委，他们分别是汪精卫、胡汉民、谭延闿、许崇智和林森，由汪精卫担任国民政府委员会主席。后来常委增至 7 人。1926 年 5 月，由谭延闿接替汪精卫，任代理主席。

（2）国民政府行政各部。依据《中华民国国民政府组织法》的规定，国民政府下设军事、外交、财政各部。除军事部外，其他各部均于 1925 年 7 月设立，各部设部长 1 人，由国民政府委员兼任。后来又陆续增设了交通部（1925 年 11 月），司法行政委员会（1926 年 11 月改为司法部），以及教育行政委员会、侨务委员会、法制编纂委员会和法制委员会。此外，

---

① 谢振民编著，张知本校订：《中华民国立法史》，上册，341 页，北京，中国政法大学出版社，2000。
② 参见谢振民编著，张知本校订：《中华民国立法史》，上册，364 页，北京，中国政法大学出版社，2000。

国民政府另设秘书处，受常务委员会节制。

（3）监察机关。1925 年 6 月，中国国民党中央执行委员会政治委员会决议设立监察院，1925 年 8 月 1 日正式成立国民政府监察院，以监察政府各机关官吏之行为，考核政府各款项的收支状况。由 5 名监察员组成，并推举 1 人为主席。

1925 年 7 月设惩吏院作为对违法官吏的行政惩戒机关，由 5 名惩吏委员组成。1926 年 5 月，国民政府将惩吏院改为审政院。1926 年 10 月将审政院撤销，其职权并入监察院。

2. 地方行政机关的组织结构

广州国民政府成立的同时，1925 年 7 月 1 日颁布了《省政府组织法》，建立了广东省政府。1926 年 10 月，国民党中央与各省区联席会议通过了《省政府对国民政府之关系决议案》、《省政府、地方政府及省民会议、县民会议决议案》。据此，1926 年 11 月修正了《省政府组织法》。

修正后的《省政府组织法》对地方行政制度作了较为具体的规定。其主要内容有：将清末以来的省、道、县三级行政体制改为省、县（市）两级行政体制；将地方行政机关的名称均改为"政府"，即均称"省政府"、"县政府"、"市政府"。同时，将地方政府的行政长官独任制改为集体领导的会员会议制。

（1）省级行政体制。1926 年 11 月公布的修正后的《省政府组织法》第 13 条规定了省政府的性质："省政府于中国国民党中央执行委员会指导监督之下，受国民政府之命令，管理全省政务。"① 省政府实行委员集体领导制，由国民政府任命委员 7 人至 11 人组成省政府委员会，由委员推选常务委员 3 人至 5 人，并由常务委员互推 1 人为主席。

省政府设秘书处，由省政府任命秘书 3 人；下设民政、财政、建设、教育、司法、军事各厅，必要时得增设农工、实业、土地、公益等厅，各厅设厅长 1 人，由国民政府从省政府委员中任命兼任；省政府有权制定地方法规。

1926 年 10 月 20 日，国民党中央各省联席会议作出的《省政府对国民政府之关系议决案》进一步规定了省政府与国民政府之间的关系：1）凡关于一省之事，归省政府办理，凡关系两省以上或全国之事，归国民政府办理。2）外交之事归国民政府办理。3）国民政府与省政府之财政，须划分明白之界限，省财政归省政府管理，国家财政归国民政府管理。②

（2）县级行政体制。1926 年 10 月，国民党中央与各省区联席会议通过的《省政府、地方政府及省民会议、县民会议决议案》规定：县政府之组织，亦采用委员制，由省政府任命委员若干人，分掌教育、公路、公安、财政，于必要时设农工、实业等局，由省政府指定 1 人为委员长。

（3）市级行政体制。1921 年 7 月 3 日，广州护法军政府以中华民国的名义发布的《市自治制度》规定，市分为普通市和特别市 2 种，特别市由内务部认为必要时，呈请政府以教令定之，其余均为普通市。③ 普通市的组织程序与县政府相同，特别市的组织法另行规定。广州国民政府成立后，继续遵循这一法律，以广州为国民政府首府，并于 1925 年 8 月 15 日成立了广州市政委员会，制定了《广州市政委员会暂行条例》。广州市政委员会下设财政、工

---

① 谢振民编著，张知本校订：《中华民国立法史》，上册，356 页，北京，中国政法大学出版社，2000。

② 参见张晋藩总主编：《中国法制通史》，第 9 卷，555 页，北京，法律出版社，1999。

③ 参见谢振民编著，张知本校订：《中华民国立法史》，下册，682 页，北京，中国政法大学出版社，2000。

务、公安、卫生、教育各局。1926 年又增设了土地局。由市政委员长和各局长组成市行政会议，市政委员会的决议案，由市政委员长咨请市行政会议执行，二者发生异议时，报请省政府裁决。

（六）广州国民政府制定的其他行政法律

1. 司法部组织法

孙中山创建大元帅大本营时，时局极不稳定，他来不及进行司法制度的改革，基本上沿用北洋政府的旧制，采取审检合一、司法行政与审判工作合一的体制。其主要结构为：（1）审判机构。中央设大理院，为最高审判机关。大理院内设院长一人，下设民事刑事科、民事庭、刑事庭。各庭设庭长、推事。具体案件的审判采取合议制，以推事 5 人组成合议庭。地方设高等审判厅、地方审判厅和初等审判厅（初等审判厅仅具其名，未实际设立，仍由地方行政官员兼理审判）。审级实行四级三审制。（2）检察机构。检察机构设于审判机构之内，实行审检合一的制度。总检察厅设在大理院内，设总检察长 1 人，检察官数人（至少 2 人），省设高等检察厅，县设初等检察厅。（3）司法行政机构。司法行政工作最初由大理院院长兼管，在大理院内设立司法行政处负责处理具体事务。

广州国民政府成立后，鉴于审判与司法行政机构的混同，1926 年 1 月 21 日发布命令，指出：以前因为"军务紧急，百事草创，以大理院长兼管司法行政事务。不过一时权宜；现在庶政革新，亟应将行政、司法两权划分，各设机关，以明权责。除特委员组设司法行政委员会外，嗣后司法行政事务，无庸大理院兼管，该院前设之司法行政事务处，着即裁撤"①。

广州国民政府同时公布了《司法行政委员会组织法》，规定司法行政委员会直接隶属于国民政府，下设秘书处、民刑事司与监狱司。司法行政委员会的职权为管理民事、刑事、各类非讼事件、户籍登记、监狱及出狱人保护事务，以及其他一切司法行政事务。司法行政委员会设行政委员 5 人，由国民政府特派。

1926 年 11 月，广州国民政府决定将司法行政委员会改为司法部，于 1926 年 11 月 15 日公布了《国民政府司法部组织法》，共 10 条。主要内容有：（1）司法部的职权。"国民政府司法部受国民政府之命令，管理全国司法行政，并指挥、监督省司法行政。"② 司法部设部长 1 人，管理本部事务，并监督所属职员及所辖法院；司法部长于主管事务对于各省、各地方最高级行政长官之命令或处分，认为不合法或逾越权限，得呈国民政府取消之。（2）司法部的机构设置。司法部设秘书处及第一、二、三处，秘书处设秘书长 1 人，其他各处各设处长 1 人，承部长之命分掌各处事务，各处酌量分设科长、科员。（3）各处职权。秘书处掌理关于法院之设置、废止及管辖区域之划分变更事项；关于司法官及其他职员之任免、惩奖并考试事项；关于本部官产、官物事项；关于收发及保存文件事项；关于本部及各法院司法经费之预算、决算并会计事项；关于典守印信事项；关于本部庶务及其他不属各处事项。第一处掌理关于民事事项；关于非讼事件事项；关于民事诉讼审判之行政事项。第二处掌理关于刑事事项；关于刑事诉讼审判及检察之行政事项；关于赦免、减刑、复权及执行事项；关于国

---

① 转引自张晋藩总主编：《中国法制通史》，第 9 卷，897 页，北京，法律出版社，1999。

② 《国民政府现行法规》（上），39 页，伪国民政府法制局印行，1928。载中国人民大学法制史教研室编：《中国近代法制史资料选编》，第二分册，207 页，1981。

际交付罪犯事项。第三处掌理关于监狱之设置、废止及管理事项；关于监督监狱官吏事项；关于假释、缓刑及出狱人保护事项；关于犯罪人识别事项；关于律师事项；关于罚金赃物事项；关于统计表册事项。①

2.《法官考试条例》

1926年5月24日，广州国民政府公布了《法官考试条例》，共四章28条。其主要规定如下②：

(1)应试资格。《法官考试条例》第2条规定：中华民国人民年满22岁以上，具备下列条件之一者，得应法官考试：在本国国立大学或专门学校修法政学科3年以上毕业，有毕业证书者；在外国大学或专门学校修法政学科3年以上毕业，有毕业证书者；在经政府认可之本国公私立大学或专门学校修法政学科3年以上毕业，有毕业证书者；在国内外大学或专门学校速成法政学科一年半以上毕业，并曾充推事、检察官一年以上，或曾在第1款或第3款所列各学校教授法政学科2年以上，经报告政府有案者。

(2)免试资格。《法官考试条例》第3条规定下列情况者经法官考试、典试委员会审查认可，可以免试获得法官资格：在国内外大学或专门学校修法律之学3年以上毕业，并曾在国立大学或专门学校教授主要科目，任职3年以上者；具有前条资格之一，曾任司法官或办更理司法行政事务3年以上，具有成绩，经该管长官认为属实，出具证明书者；曾在法官学校高等研究部修业期满，有毕业证书者。

(3)不得应试、免试的条件。《法官考试条例》第4条规定，即使具有考试、免试的资格，但有下列情形者，不得参加法官考试或免试获得法官资格：曾受五等以上有期徒刑之宣告者；受禁产或准禁产之宣告后，尚未有撤销之确定裁判者；受破产之宣告后，尚未有复权之确定裁判者；有精神病者；亏然公款，尚未结清者；其他法令有特别规定者。

(4)法官考试录取之等第与补缺。《法官考试条例》第5条规定：法官考试录取分为甲、乙、丙三等。其中前项考试之分数平均在85分以上者为甲等，平均分数在70分以上者为乙等，平均分数在60分以上者为丙等，平均分数不满60分者为不及格。《法官考试法》第六条规定：取录甲等者，以推检遇缺先补；取录乙等者，以候补推检遇缺先补；取录丙等者，以书记官遇缺先补。

(5)典试委员会。《法官考试条例》第二章全面规定了典试委员会的组成。法官考试典试委员会由典试委员长、典试委员、襄校委员、监试委员组成。其中典试委员长一人，由司法行政委员在司法行政委员会委员、大理院长、总检察厅检察长中遴选，并呈报国民政府简派；典试委员若干人，由司法行政委员会在司法行政委员会司长、大理院厅长、总检察厅首席检察官、法制编审委员会委员、高等审判厅厅长、高等检察厅检察长、广州地方审判厅厅长、广州地方检察厅检察长以及其他有相当法律学识人员中遴选，并呈请国民政府简派；襄校委员由司法行政委员会在司法行政委员会荐任各职员、大理院推事、总检察厅检察官、高等审判厅推事、高等检察所检察官、各地方审判厅厅长、各地方检察厅检察长以及其他具有

---

① 《国民政府现行法规》（上），39～40页，伪国民政府法制局印行，1928。参见中国人民大学法制史教研室编：《中国近代法制史资料选编》，第二分册，207～208页，1981。

② 参见《国民政府现行法规》（上），103～107页，伪国民政府法制局印行，1928。参见中国人民大学法制史教研室编：《中国近代法制史资料选编》，第二分册，251～255页，1981。

相当法律学识人员中遴选，呈请国民政府派充。监试委员会由司法行政委员会咨由监察院遴选，呈请国民政府派充。

（6）考试方式与科目。《法官考试条例》第三章具体规定了考试的形式与科目：法官考试分为笔试和口试两种，笔试及格者得应口试。笔试、口试均以考试各科目平均满 60 分以上者为及格。

3. 审计法

广州国民政府成立以后，由监察院和法制委员会共同拟订了一系列审计的法律法规，主要有《审计法》、《审计法施行规则》和《监察院单据证明规则》，由国民政府于 1925 年 11 月 28 日同时公布施行。

《审计法》共有 17 条，主要规定了审计的范围、内容、程序和方法。[1]《审计法》第 1 条规定了审计的范围：国民政府的总决算与所属各机关每月的收支计算，特别会计、官有物和政府所发补助费或特与保证之收支计算等均属审计范围。《审计法》第 2 条规定了审计的主内容是审计总决算与主管机关决算报告书金额是否与财政部金库出纳之金额相符；岁入岁出、公有物之买卖、让与及利用，是否与预算相符；有无超过预算及预算外支出。《审计法》第 4、5、6、7 条规定了审计的程序与方法：各行政机关将经常预算送财政部或财政厅审查后，呈国民政府或省政府核定再送监察院备案；经管征税和其他收入之机关，应逐月编造上月收入计算书送监察院审计；各机关亦应逐月编造上月支出计算书连同凭证单据一并送监察院审查；监察院亦可随时派员赴各机关审查账项，如有疑义可行文查讯，或径向被审计单位负责人提出质讯，被审计单位须限期或即时作出答复。该《审计法》还取消了大总统、副总统岁费和政府机密费免审的特权等。此外，还制定了《审计法施行规则》（共 18 条），主要是规定了《审计法》在施行过程中的一些具体做法。

《监察院单据证明规则》计 20 条，主要对单据的使用、出据、保存和证明等一些会计方法作了一系列规定，如收支数目必须以收据凭单为证，收据必须由收款方出具，并须由收款人签名盖章。各机关单位均须备有单据粘存簿，以便粘存各项单据与附件，并编列序号，如须贴印花的，应贴足印花，等等。这些法律使广州国民政府的会计审计工作逐步走上正轨。[2]

4. 工会法

孙中山很早就对工人运动采取了支持的态度，早在 1920 年 11 月他就说："保护劳动，谋进工人生计，提倡工会。"[3] 1922 年孙中山在广州重建护法政府时，对工人运动依然支持，并提供了法律上的保障。1922 年 2 月 23 日的国务会议上通过了《工会条例》[4]，共 20 条，次日孙中山以大总统的名义公布，这是中国近代史上第一部工会立法。

1924 年，在中国共产党和国民党左派人士的努力之下，广州国民政府总结了两年多工会组织的经验，修订了《工会条例》，共 21 条。于 1924 年 10 月 1 日公布实施。这部工会立法是国共合作后实施"扶助农工"政策在立法上的重要成果。

---

① 参见《国民政府现行法规》（上），103～107 页，伪国民政府法制局印行，1928。参见中国人民大学法制史教研室编：《中国近代法制史资料选编》，第二分册，255～257 页，1981。

② 参见史全生：《林伯渠与广州国民政府审计》，载《中国审计报》，2006-06-19。

③ 孙中山：《内政方针》，载《孙中山全集》，第 5 卷，433 页，北京，中华书局，1986。

④ 全文参见上海《民国日报》，1922 年 2 月 26 日，第 6 版。

5. 惩治官吏法

1926 年 2 月 17 日广州国民政府公布了《惩治官吏法》，规定了惩治官员的人员范围、事件范围、惩戒措施、惩戒程序。其主要内容如下①：（1）惩戒人员范围。《惩治官吏法》第 1 条规定了受该法惩戒的人员以文官、司法官及其他公务员为限。（2）惩戒的事件范围。《惩治官吏法》第 5 条规定了惩戒的事件范围为违背誓词和违背或废弛职务的行为。（3）惩戒措施。《惩治官吏法》第 6 条至第 10 条规定了六种惩戒措施，分别是：褫职、降等、减俸、停职、记过、申诫。并分别规定了每一种惩戒措施的执行机构和执行方法。（4）惩戒程序。《惩治官吏法》第 13 条至第 17 条详细规定了惩戒程序。

孙中山领导的广州国民政府在国家行政结构和行政法律上的建设是在中华民国南京临时政府立法的基础上的发展。广州国民政府的建立和运作得到了共产国际和中国共产党的支持，其所制定的各项法律相较于中华民国南京临时政府所制定的法律更具有先进性。

三、《修正中华民国国民政府组织法》——武汉国民政府依法行政的形式化要求

1926 年 10 月国民革命军占领武汉三镇。11 月 8 日，国民党中央政治会议决定迁中央党部和国民政府到武汉。12 月 5 日，国民党中央正式宣布中央党部和政府停止在广州办公，各机关工作人员分批前往武汉，以"中国国民党中央执行委员与国民政府委员临时联席会议"作为临时领导机构，徐谦为联席会议主席。1927 年 2 月 21 日武汉国民政府正式办公。1927 年 3 月 20 日，国民政府新任委员在武昌宣誓就职。

武汉国民政府虽然存续的时间不长，但也制定了大量的行政法律、法规，为中国近代行政法体系的形成和发展也做出了一定的贡献。

（一）《修正中华民国国民政府组织法》

1927 年 3 月，国民党中央在武汉召开了二届三中全会，根据会议决议，中央政治委员会重新制定了《修正中华民国国民政府组织法》②，于 1927 年 3 月 30 日由武汉国民政府公布实施。这部新组织法在内容上有两个方面的变化：

1. 强化中央执行委员会的权力

1925 年《中华民国国民政府组织法》第 1 条规定："国民政府受中国国民党之指导及监督，掌理全国政务。"③《修正中华民国国民政府组织法》则在"中国国民党"之后，加上了"中央执行委员会"。

1925 年《中华民国国民政府组织法》第 2 条规定："国民政府以委员若干人组织之"，新组织法将其修改为"国民政府由中央执行委员会选举委员若干人组织之"。

1927 年《修正中华民国国民政府组织法》第 3 条第 2 款增加了"未经中央执行委员会议决之重要政务，国民政府委员会无权执行；但遇中央执行委员会不能开会时，不在此限"。

---

① 全文见《国民政府现行法规》，上，107～109 页，伪国民政府法制局印行，1928。参见中国人民大学法制史教研室编：《中国近代法制史资料选编》，第二分册，238～240 页，1981。

② 参见《修正中华民国国民政府组织法》，夏新华、胡旭晟等整理：《近代中国宪政历程：史料荟萃》，784 页，北京，中国政法大学出版社，2004。

③ 谢振民编著，张知本校订：《中华民国立法史》，上册，341 页，北京，中国政法大学出版社，2000。

1927 年《修正中华民国国民政府组织法》增加了条款："本法得由中央执行委员会修正之。"

由是可见，1927 年的《修正中华民国国民政府组织法》明确了国民党中央执行委员会行使最高权力，一切军政大权皆归于中央执行委员会。

2. 废除主席制，实行委员集体领导

1927 年《修正中华民国国民政府组织法》第 2 条规定："国民政府由中央执行委员会选举委员若干人组织之，并指定其中 5 人为常务委员。"该组织法没有规定国民政府主席的设置和职权，后来以汪精卫、谭延闿、孙科、徐谦、宋子文五人为常务委员。

1927 年《修正中华民国国民政府组织法》第 3 条规定："国民政府委员处理政务须开会议行之，但日常政务由常务委员执行之。"该条还规定："国民政府委员会议须有国民政府所在地委员过半数之出席，如出席委员不足法定数时，即以常务委员会代之。"

（二）武汉国民政府的行政结构

武汉国民政府于 1927 年 3 月份制定的《修正中华民国国民政府组织法》第 5 条规定："国民政府设财政、外交、交通、司法、教育、劳工、农政、实业、卫生各部。"相较于 1925 年的《国民政府组织法》，新增加了交通、司法、教育、劳工、农政、实业、卫生等部。[1] 同时，《修正中华民国国民政府组织法》第 8 条规定："国民政府委员会下设秘书处，副官处，受常务委员会指挥。"

武汉国民政府成立以后，任命陈友仁为外交部长（代理），宋子文为财政部长，孙科为交通部长，徐谦为司法部长，顾孟馀为教育部长，孔祥熙为实业部长，谭平山为农政部长，苏兆征为劳工部长，刘瑞恒为卫生部长。

（三）武汉国民政府司法行政体制的变化

国民政府对旧司体制的改革肇始于广州国民政府时期，1926 年 9 月 10 日，广州国民政府司法部长徐谦向中国国民党中央政治会议提出了司法改革的具体方针。不久，徐谦又提出了《改革司法说明书》。该《改革司法说明书》很快被国民政府通过，不久组织了由中央政治会议常委会、国民政府各部部长、全国总商会、全国总工会、土地厅长、司法行政委员会主席等组成了改造司法制度委员会，徐谦任主席，并制定了《改造司法制度案》[2]，正式揭开改造旧司法的序幕。

1927 年武汉国民政府成立后，继续进行了司法行政体制的改革。国民政府先后颁布了《新司法制度》、《改造司法法规审查委员会组织条例》、《参审陪审条例》、《新法制实施条例》和《司法行政计划政策》等法律、法规或纲领性文件，推动了司法改革的进行，为武汉国民政府新司法制度的建立，打下了坚实的基础。

1. 《武汉国民政府新司法制度》

1927 年初，武汉国民政府颁布了《新司法制度》对司法行政体制进行了全面的改革，其主要内容如下[3]：

---

① 参见谢振民编著，张知本校订：《中华民国立法史》，上册，341 页，北京，中国政法大学出版社，2000。

② 参见余明侠主编：《中华民国法制史》，267 页，徐州，中国矿业大学出版社，1994。

③ 参见《武汉国民政府新司法制度》，载《国闻周报》，第 9 期新法令汇辑，3～4 页，1927。

（1）改正法院名称、设置和审判权限。审判机关不再为大理院和各级审判厅，而是改称"法院"。中央法院分为二级：最高法院和控诉法院（冠以省名），最高法院设于国民政府所在地，控诉法院设于省城。地方法院也分为二级：县市法院（冠以县市名）和人民法院，县市法院设于县市，人民法院设于乡镇。审级为二级二审制，死刑案件为三审。还分别规定了各级法院的审判权限。

（2）废止"司法不党"。《武汉国民政府新司法制度》规定非有社会名誉之党员，兼有3年法律经验者，不得为法官。法院任用的人员，地方法院由司法厅长提出于省政府委员会任免；中央法院由司法部长提出于国民政府委员会任免。

（3）检察机构的改革。设检察官，配置于法院内执行职务。其职权为：对于直接侵害国家法益之犯罪，及刑事被害人或其家属放弃诉权之非亲告罪，得向法院提起公诉；关于判处死刑的犯罪，得向刑事法庭陈述意见；指挥军警逮捕刑事犯，并执行刑事判决；以及其他法定职务。

2.《参陪审条例》

武汉国民政府于1927年颁布了《参陪审条例》，共32条。其内容主要分为五个方面：第一，规定人民参审员的选出方法，如关于农民的诉讼，由人民法院所在地的农民协会所选参审员1人参审。第二，规定了陪审员的选出方法。第三，规定了参审员、陪审员的资格。第四，规定了参审员、陪审员停止职务和回避的条件。第五，规定了参审员、陪审员的职权。

该条例的制定与颁布是中国近代史上第一次规定参陪审制度，对中国近代陪审制度的建立与完善具有开创性的意义。

武汉国民政府的行政立法在广州国民政府行政立法的基础上又有了进一步的发展，尤其是司法行政立法建立了中国现代意义上的司法体制，创设了一系列先进的司法制度，对于中国后来司法行政体制的发展具有重要的意义。然而，由于蒋介石集团叛变革命，武汉国民政府制定的大量法律并没有得到很好地贯彻执行，依然只是体现了依法行政的形式要求。

第四节
《中华民国国民政府组织法》
——南京国民政府依法行政的形式化要求

1927年4月12日，蒋介石在上海发动政变。于1927年4月18日在南京成立"国民政府"。1928年12月29日，张学良在东北宣布"易帜"，服从南京国民政府的节制，南京政府在名义上统一了全国。南京国民政府成立以后，名义上以孙中山所提出的"权能分治"、"建国三时期"和"五权宪法"等思想为基础，在全国范围内全面地进行了政权建设和法制建设。

南京国民政府的政权建设和法制建设的核心理论是孙中山的"建国三时期"理论中的"训政理论"。孙中山鉴于中国民众在近代的民主智力未开，提出国民党应以"政治保姆"的身份教育国民、训练国民行使民主权利的能力。他说："民国有如婴孩，其在初期，唯有使党人立于保姆之地位，指导而提携之……至于宪政既成，则举而还之齐了。"① 孙中山出于对中国民众智力和素质水平的考虑，设计了宪政发展的三个阶段，即军政时期、训政时期、宪政时期，分别对应军法之治、约法之治和宪法之治三种不同的治理模式。

1928 年 6 月，胡汉民、孙科在赴欧洲考察的途中向南京国民政府提出了《训政大纲》及《训政大纲提案说明书》。1928 年 8 月国民党二届五中全会召开，会议宣布结束军政，进入训政时期。1928 年 10 月 3 日，国民党中央委员会通过了具有宪法性质的《中国国民党训政纲领》。1929 年 3 月 21 日，国民党第三次全国代表大会通过了《确定训政时期党、政府、人民行使政权、治权之分际及方略案》，对训政时期国家政治活动中的国民党、政府、人民之间的关系作了具体的规定。1931 年 6 月 1 日，由国民会议通过了《训政时期约法》，并于同日施行。

但是，从《中国国民党训政纲领》和《确定训政时期党、政府、人民行使政权、治权之分际及方略案》的内容来看，已经完全背离了孙中山的思想，"训政"实际上是国民党"党治政治"，即一党专政。"党治政治"是整个南京国民政府存续期间的指导方针，贯穿于南京国民政府的所有立法活动中。

一、《中国国民党训政纲领》

1928 年 10 月 3 日，国民党中央委员会通过了具有宪法性质的《中国国民党训政纲领》，共 6 条。② 其主要内容有：

1. 中华民国于训政期间，由中国国民党全国代表大会代表国民大会领导国民行使政权。

2. 中国国民党全国代表大会闭会时，以政权付托中国国民党中央执行委员会执行之。

3. 依照总理建国大纲所定选举、罢免、创制、复决四种政权，应训练国民逐渐推行以立宪政之基础。

4. 治权之行政、立法、司法、考试、监察五项付托于国民政府总揽而执行之，以立宪政时期民选政府之基础。

5. 指导监督国民政府重大国务之施行，由中国国民党中央执行委员会政治会议行之。

6. 中华民国国民政府组织法之修正及解释，由中国国民党中央执行委员会政治会议议决行之。

在《中国国民党训政纲领》的基础上，1929 年南京国民政府制定了《训政时期国民政府施政纲领》③；1930 年 10 月 27 日制定了《中华民国约法草案》共八章，211 条；1931 年 6 月 1 日南京国民政府公布了《中华民国训政时期约法》。开始全面推行国民党"一党专制"政权和法制建设。

《中国国民党训政纲领》以及相关法律违背了孙中山先生的思想，成为国民党实行"一

---

① 《致呈敬恒书》，载《孙中山全集》，第 3 卷，151 页，北京，中华书局，1985。

② 参见《训政纲领》，载夏新华、胡旭晟等整理：《近代中国宪政历程：史料荟萃》，803 页，北京，中国政法大学出版社，2004。

③ 全文参见夏新华、胡旭晟等整理：《近代中国宪政历程：史料荟萃》，805～814 页，北京，中国政法大学出版社，2004。

党专制"的法律保障。此后，以蒋介石为首的国民党在中国推行了长达 21 年的"一党专制"政治。

二、《中华民国国民政府组织法》（1928 年）

1928 年 2 月 2 日至 7 日，以蒋介石为首的南京国民政府组织召开了中国国民党二届四中全会，以《中国国民党训政纲领》为依据，制定了《中华民国政府组织法》，共 11 条[①]，其主要内容有：

1. 国民政府受中国国民党中央执行委员会之指挥及监督，掌理全国政务。

2. 国民政府，由中央执行委员会推举委员若干人组织之，并推定其中 5 人至 7 人为常务委员，于常务委员中推定 1 人为主席。

3. 国民政府委员处理政务以会议行之。日常政务，由常务委员执行之。

4. 国民政府委员会议，须有国民政府所在地委员过半数之出席，如出席委员不足法定人数时，即以常务委员会代之。

5. 公布法令及其他关于国务之文书，由主席及常务委员 2 人以上之署名，与各部有关者，并由各该主管部长连署，以国民政府名义行之。

6. 规定国民政府下设的各部。主要有内政、外交、财政、交通、司法、农矿、工商等部，并建立了高最高法院、监察院、考试院、大学院、审计院、法制局、建设委员会、军事委员会、蒙藏委员会、侨务委员会。

7. 规定《中华民国政府组织法》得由国民党中央执行委员会随时修正。国民政府委员于必要时，得提出修正案。

1928 年 10 月 3 日，国民党中央执行委员会通过了《中华民国国民政府组织法》，10 月 8 日由国民政府公布，共七章 48 条，全面地规定了国民政府、行政院、立法院、司法院、考试院和监察院的组成和职权，形成了"五院制"结构的政府体制。

1928 年制定的《中华民国国民政府组织法》从其实质上来说，是国民党反动统治的法律依据和保障。但它的制定也说明近代中国依法组织政府和依法行政已经深入人心，即便是蒋介石集团对此也不能违背，也必须在形式上制定相应的法律来使其专制统治具有合法性。

三、南京国民政府的行政结构

依据 1928 年 10 月 8 日公布的《中华民国国民政府组织法》，南京国民政府逐步成立了五院制的行政结构，这五院分别是行政院、立法院、司法院、考试院、监察院。

（一）行政院

1928 年 10 月 8 日国民党中央执行委员会常务委员会选举谭延闿为行政院院长。10 月 18 日，国民党中央执行委员会常务委员会决议冯玉祥任行政院副院长。1928 年 10 月，南京国民政府行政院成立。

---

① 全文参见夏新华、胡旭晟等整理：《近代中国宪政历程：史料荟萃》，785 页，北京，中国政法大学出版社，2004。

根据 1928 年 10 月 3 日公布的《中华民国国民政府组织法》的规定：行政院是国民政府的最高行政机关。行政院设院长、副院长各一人，由国民政府委员担任。行政院设各部，分掌行政之职权；关于特定之行政事项，得设委员会掌理之。行政院关于主管事项，得提出议案于立法院。提出于立法院之法律案、提出于立法院之预算案、提出于立法院之大赦案等七项事项应经行政院会议议决。行政院会议由行政院长、副院长及各部部长、各委员会委员长组成，由行政院长为主席。①

1928 年 10 月 20 日，南京国民政府公布了《行政院组织法》，共 11 条。其主要内容有②：(1) 规定了行政院下设的各部。《行政院组织法》第 1 条规定行政院下设内政部、外交部、军政部、财政部、农矿部、工商部、教育部、交通部、铁道部、卫生部、建设委员会、蒙藏委员会、侨务委员会、劳工委员会、禁烟委员会。(2) 规定了行政院的内部机构。行政院内设秘书处、政务处，并规定了秘书处和政务处的职权。

(二) 立法院

1928 年 10 月 8 日国民党中央执行委员会常务委员会选举胡汉民为立法院院长。10 月 18 日，国民党中央执行委员会常务委员会决议林森任立法院副院长。1928 年 12 月 5 日，南京国民政府立法院正式成立，立法委员 49 人。

根据 1928 年 10 月 3 日公布的《中华民国国民政府组织法》规定：立法院是国民政府的最高立法机构。立法院设院长、副院长各一人，由国民政府委员担任。立法院设委员 49 人～99 人，由立法院长提请国民政府任命。立法院委员实行任期制，每届任期 2 年。立法院委员不得兼任中央政府、地方政府各机关之事务官。立法院会议以院长为主席。立法院的职权主要是议决法律案、预算案、大赦案、宣战案、媾和案、条约案及其他重要国际事项。③

1928 年 10 月 20 日南京国民政府制定并公布了《立法院组织法》，共 26 条。其主要内容有④：(1) 立法院下设的各委员会。主要有法制委员会、外交委员会、财政委员会、经济委员会。(2) 立法院内置的各机构及其职权。立法院内置秘书处、统计处、编译处。(3) 立法院的其他职权。

1931 年 12 月 30 日修订公布的《国民政府组织法》，对立法院的组成进行了调整，规定：立法院设委员 50 人～100 人，其中半数由法定人民团体选举；立法委员任期 2 年，可以连任，但不得兼任其他官职；立法院会议开会时，各院院长及各部部长、各委员会委员长得列席；在宪法颁布以前，立法院对国民党中央执行委员会负责。

南京国民政府的立法院不同于西方国家的国会，它不是真正的立法机关，也不是民意代表机关，因为立法委员并不是民选的代表。

立法院的职权主要是完成立法。《法规制定标准法》解释说："凡法律案由立法院三读会

---

① 参见夏新华、胡旭晟等编：《近代中国宪政历程：史料荟萃》，787 页，北京，中国政法大学出版社，2004。

② 参见中国人民大学法制史教研室编：《中国近代法制史资料选编》，第二分册，428～430 页，1981。另见夏新华、胡旭晟等编：《近代中国宪政历程：史料荟萃》，855～857 页，北京，中国政法大学出版社，2004。

③ 参见夏新华、胡旭晟等整理：《近代中国宪政历程：史料荟萃》，787～788 页，北京，中国政法大学出版社，2004。

④ 参见中国人民大学法制史教研室编：《中国近代法制史资料选编》，第二分册，430～433 页，1981。

之程序通过、经国民政府公布者，定名为法。"① 根据《立法程序纲领》，提交立法院审议的法律案有四种情况：国民党中央政治会议交议的，国民政府交议的，行政院、司法院、考试院、监察院移送审议的，立法委员联名提出的。立法委员联名提出议案，须有 5 人以上联署。立法院审议法律案时，须开"三读会"，然后付表决。"对于中央政治会议所定之原则不得变更，但立法院有（不同）意见时，得陈述意见于政治会议"，由中央政治会议决定是否变更立法原则。"立法院会议通过之法律案，在国民政府未公布以前，中央政治会议认为有修正之必要时，得以决议案发交立法院依据（决议）修正之。"② 国民党四届一中全会在 1931 年 12 月 26 日修订《国民政府组织法》时，删去了立法院对于条约案的议决权。此后，各项涉外条约不再经立法院审议，改由中央政治会议决定后直接交行政院执行。

（三）司法院

1928 年 10 月 8 日国民党中央执行委员会常务委员会选举王宠惠为司法院院长。10 月 18 日，国民党中央执行委员会常务委员会决议张继任司法院副院长。1928 年 10 月 10 日，王宠惠就任司法院院长。除秘书处、参事处以外，司法院原拟设司法行政署、司法审判署、行政审判署、官吏惩戒委员会。1928 年 11 月 16 日，司法院正式成立。

根据 1928 年 10 月 8 日公布的《国民政府组织法》规定：南京国民政府的最高司法机关是司法院。司法院设院长、副院长各 1 人，院长因故不能执行职务时，由副院长代理；司法院掌理司法审判、司法行政、官吏惩戒、行政审判等项职权；关于特赦、减刑及恢复公民权等事项，由司法院院长提请国民政府核准后施行。司法院关于主管事项，得提出议案于立法院。③

1928 年 10 月 20 日，南京国民政府公布了《司法院组织法》，共 16 条。主要内容有④：（1）司法院下设的各机关。司法院下设司法行政部、最高法院、行政法院、公务员惩戒委员会。（2）司法院下设机关的职权。司法行政部承司法院院长之命，综理司法行政事宜；最高法院对于民刑诉讼事件，依法行使最高审判权；行政法院依法掌理行政诉讼审判；公务员惩戒委员会依法掌理文官、法官惩戒事宜。（3）司法院内置的机关及其职权。司法院内置秘书处、参事处。（4）司法院的其他职权。

（四）考试院

1928 年 10 月 8 日国民党中央执行委员会常务委员会选举戴季陶为考试院院长。10 月 18 日，国民党中央执行委员会常务委员会决议孙科任考试院副院长。1930 年 3 月 6 日，考试院正式成立，考试院下设考选委员会、铨叙部和秘书处、参事处。考选委员会、铨叙部与考试院同时成立。

---

① 《法规制定标准法》（1929 年 5 月 14 日），参见商务印书馆编：《中华民国现行法规大全》，1099 页，北京，商务印书馆，1934。

② 《立法程序纲领》（1933 年 4 月 20 日），参见商务印书馆编：《中华民国现行法规大全》，1100 页，北京，商务印书馆，1934。

③ 参见夏新华、胡旭晟等整理：《近代中国宪政历程：史料荟萃》，788 页，北京，中国政法大学出版社，2004。

④ 参见中国人民大学法制史教研室编：《中国近代法制史资料选编》，第二册，433～434 页，1981。另见夏新华、胡旭晟等整理：《近代中国宪政历程：史料荟萃》，857 页，北京，中国政法大学出版社，2004。

1928 年 10 月 8 日公布的《国民政府组织法》规定：考试院为国民政府最高考试机关。考试院设院长、副院长各 1 人，院长因故不能执行职务时，由副院长代理。考试院掌理考选、铨叙事宜，所有公务员均须经考试院考选、铨叙方得任用。

1928 年 10 月 20 日，南京国民政府公布了《考试院组织法》，共 17 条。其主要内容有①：(1) 考试院下设的机关。考试院下设考选委员会、铨叙部。(2) 考试院下设机关的职权。考选委员会掌管的事项主要有：关于考选文官、法官、外交官及其他公务员事项；关于考选专门技术人员事项；关于办理组织典试委员会事项；关于考选人员册报事项；关于考试其他应办事项。铨叙部掌管的事项主要有：关于公务员登记事项；关于考取人员分类登记事项；关于成绩考核登记事项；关于公务员任免之审查事项；关于公务员升降转调之审查事项；关于公务员资格审查事项；关于俸给及奖恤审查登记事项。(3) 考选委员会设委员长、副委员长各 1 人，委员 5 人至 7 人，铨叙部设部长、政务次长、常务次长各 1 人，均由考试院院长提请国民政府任免。(4) 考试院内置机构及其职权。考试院内置秘书处、参事处。

考选委员会由考试院聘任专门委员 20 人至 40 人。委员长一般由考试院院长兼任，综理本会事务，监督所属职员，并负责执行考选委员会的决议事项。举行考试时，由委员长和 3 名至 5 名委员及专门委员合组典试委员会主持考试，另由国民政府简派监察院监察委员若干人为监试委员监督考试。

(五) 监察院

1928 年 10 月 8 日国民党中央执行委员会常务委员会选举蔡元培为监察院院长。10 月 18 日，国民党中央执行委员会常务委员会决议陈果夫任监察院副院长。1930 年 11 月 18 日，国民党三届四中全会改选于右任为监察院院长，并限期成立监察院。1930 年 12 月 16 日，南京国民政府监察院正式成立，有监察委员 23 人。

1928 年 10 月 8 日公布的《国民政府组织法》规定：监察院为国民政府最高监察机关，其主要职权为弹劾和审计。监察院设院长、副院长各 1 人，院长因故不能执行职务时，由副院长代理；监察院设监察委员 19 人至 29 人，由监察院院长提请国民政府主席依法任免；监察院会议由监察委员组成，监察院院长为会议主席；监察委员不得兼任其他公职，监察院关于主管事项得提出议案于立法院。②

1928 年 10 月 20 日，南京国民政府公布了《监察院组织法》，共 23 条。其主要内容有③：(1) 监察院以监察委员行使弹劾职权，监察员可以单独提出弹劾案。(2) 监察院院长得提请国民政府特派监察使赴各监察区行使弹劾职权。(3) 规定了具体的弹劾程序。弹劾案提出时，由监察院院长另行指定监察委员三人审查，经多数人认为应惩戒时，监察院应即将被弹劾人移付惩戒。(4) 监察院关于审计事项，设审计部掌理；审计部设部长一人，副部长一人，由监察院长提请国民政府分别任命。(5) 规定了审计部的职权。其掌管的事项主要有：

---

① 参见中国人民大学法制史教研室编：《中国近代法制史资料选编》，第二分册，435～437 页，1981。另见夏新华、胡旭晟等整理：《近代中国宪政历程：史料荟萃》，858～859 页，北京，中国政法大学出版社，2004。

② 参见夏新华、胡旭晟等整理：《近代中国宪政历程：史料荟萃》，793 页，北京，中国政法大学出版社，2004。

③ 参见中国人民大学法制史教研室编：《中国近代法制史资料选编》，第二分册，437～439 页，1981。

审计国民政府及各省、各特别市政府岁出岁入之决算事项；审计国民政府所属各机关每月之收支计算事项；审计特别会计收支计算事项。（6）规定了监察院内置机构及其职权。监察院内置秘书处和参事处分掌各自事项。

1931 年 12 月 26 日，国民党四届一中全会修改了《国民政府组织法》，将监察委员的人数增加为 29 人至 49 人。为了加强对地方政府的监察，国民政府于 1934 年 6 月划全国为 16 个监察区，每区设 1 个监察使署，置监察使 1 人，由监察院监察委员兼任，巡回监察本区行政。监察区以一省或数省为界，第 1 区至第 16 区依次是：江苏，安徽、江西、福建、浙江，湖南、湖北，广东、广西，河北，河南，山东，山西，陕西，辽宁、吉林、黑龙江，云南、贵州，四川，热河、察哈尔、绥远，甘肃、宁夏、青海，新疆，西康、西藏、蒙古监察使署。到抗日战争全面爆发以前，第 1 区至第 7 区、第 10 区、第 13 区先后设立了监察使署。

（六）南京国民政府的地方行政结构

1. 南京国民政府的行政区划

南京国民政府成立时，辖区只有东南数省。1928 年 6 月 28 日，国民政府改北京为北平，将京兆地方与直隶省合并为河北省。1928 年 9 月 17 日，新设青海省，将热河、绥远、察哈尔、川边等特别区分别改为热河省、绥远省、察哈尔省、西康省。1928 年 10 月 22 日，又将原甘肃省宁夏道划分出来，设立宁夏省。1929 年 1 月 28 日将奉天省改为辽宁省。至此，全国行政区划包括 28 个省、5 个院辖市、15 个省辖市、1935 个县、43 个设治局、2 个行政区、2 个特别地方。① 其中，省级行政区划有江苏省、安徽省、江西省、湖北省、湖南省、四川省、西康省、云南省、贵州省、广东省、广西省、福建省、浙江省、山东省、山西省、河南省、河北省、陕西省、甘肃省、宁夏省、青海省、新疆省、辽宁省、吉林省、黑龙江省、热河省、绥远省、察哈尔省、南京市、上海市、北平市、天津市、青岛市及蒙古特别地方、西藏特别地方。1932 年 1 月，国民政府迁都洛阳。1932 年 12 月，国民政府回迁，将洛阳改称西京。

2. 南京国民政府的省级行政结构

南京国民政府于各省设省政府，最初采取委员合议制。1927 年 7 月 8 日公布的《省政府组织法》规定：省政府以省政府委员会处理政务，省政府委员会由国民政府任命委员 9 至 15 人组成；省政府委员互推 1 人为主席，省政府每日以委员 2 人轮流值日，协助省政府主席执行日常政务；省政府下设民政、财政、建设、军事、司法 5 厅，各厅厅长由省政府委员兼任；另设秘书处，置秘书长 1 人。

1927 年 10 月 25 日，国民政府修改《省政府组织法》，撤销军事厅、司法厅，将省政府委员人数减为 9 人至 10 人。1931 年 3 月 23 日，国民政府再次修改《省政府组织法》，将省政府委员人数减为 7 人至 9 人，省政府主席改由国民政府从省政府委员中任命。省政府委员会的职权主要是：在不抵触中央法令范围内，对于省行政事项得发省令，并得制定省单行条例及规程；增加或变更人民负担；确定地方行政区划及其变更；议决全省预算、决算；处分省公产及筹划省公营事业；监督地方自治；决定省行政设施及其变更；咨调省内"国军"，

---

① 参见袁继成、李进修、吴德华主编：《中华民国政治制度史》，449～450 页，武汉，湖北人民出版社，1991。

督促所属军警团防"绥靖"地方；任免省政府所属全省官吏。省政府主席的职权是：召集省政府委员会，并任会议主席；代表省政府执行省政府委员会的决议；代表省政府监督全省行政机关执行职务；处理省政府日常及紧急事务。省政府的下属机构增加教育厅，变成民政、财政、教育、建设等4厅及秘书处，各厅厅长由行政院在省政府委员中提请国民政府任命。修改后的组织法还规定，现役军人不能担任省政府主席及委员，但是这项规定从来没有得到过认真遵守，担任各省政府主席的主要是现役高级军官。

3. 南京国民政府市级行政结构

南京国民政府的地方行政结构分省和县两级，但在特别地方，南京国民政府设市，市分为特别市和普通市。1928年7月3日，南京国民政府公布《特别市组织法》和《市组织法》。规定：特别市的设置条件是，国民政府首都、人口在100万以上的城市或有其他特殊情形的城市；普通市的设置条件是，人口在30万以上的城镇和人口在20万以上，但其所收的营业税、牌照费、土地税占该地区年总收入1/2以上的城镇。

特别市归国民政府直辖，市长由国民政府任命；普通市归省政府直辖，市长由省政府呈请国民政府任命。两种市的市政府均设财政、土地、社会、工务、公安5局，必要时可增设卫生局、教育局、港务局；不设卫生局的市，卫生事项由公安局兼管，不设教育局的市，教育事项由社会局兼管，不设港务局的市，港务事项由工务局兼管。

市政府另设秘书处，置秘书长1人、参事2人。市长、秘书长、各局局长和参事合组市政会议，处理各项政务。

1930年5月20日，南京国民政府修订公布《市组织法》，将特别市改为行政院直辖，规定首都及省政府所在地不设公安局，其主管事项由首都警察厅或省会警察机关掌理，市政府秘书长改为列席市政会议。市以下分区，区设区公所，置区长1人、助理员若干人。院辖市、省辖市的区长分别由市长提请内政部、省政府委任。

4. 南京国民政府县级行政结构

南京国民政府在省下设辖县，县设县政府。未经开发的边远地区，在县政府成立以前，以设治局代行其职权。设治局置局长1人、佐理人员若干，局长由省民政厅提出有荐任公务员资格的人选经省政府委员会议决任用。县依区域大小、事务繁简、户口及赋税多少分为三等。

根据1929年6月5日国民政府修订公布的《县组织法》，县政府设县长1人，由省民政厅提出合格人员2至3人，经省政府委员会议决任用；一等县政府下设4科，二等县政府下设3科，三等县政府下设2科，各科科长均直属于县长。此外，各县还设立直属于省政府各厅的公安局、财政局、教育局、建设局，局长由省政府主管厅任免，主管厅对下属局直接行文。

县以下划区，区置区公所，设区长1人、助理员和区丁若干人，区长由省民政厅从训练考试合格人员中委任。区以下辖若干乡（镇）。乡（镇）设乡（镇）公所，置乡（镇）长1人，由县长择任。

因为各省所管辖的县太多，南京国民政府在省、县行政区划实施中多有变通。变通的办法是将数县合为一个区域。如安徽实行首席县长制，江西采取区行政长官制，江苏实行行政督察制。1932年8月，南京国民政府行政院统一地方政制，规定每个省划分为若干个行政督察区，各行政督察区设行政督察专员一人，兼任所驻县县长。行政督察专员即以所驻县县政府为督察专员公署，督察所属各县政务。行政督察专员是省政府派驻各地的代表，本身不构成一级行政机构。

南京国民政府行政结构的建立，不仅是国民党"一党专制"的需要，也是国民党反动派实行国家管理的需要。客观地说，南京国民政府的中央行政结构和地方行政结构对强化国民党"一党专政"起到了促进作用，也对中国近代国家的行政结构的建设，尤其是地方行政结构的建设起到了一定的作用。

四、南京国民政府的行政立法

在南京国民政府的"六法"体系中，惟独行政法没有形成完整统一的行政法典，而是制定了大量的分散的单行的行政法律、法规。这些法律、法规涉及的范围非常广泛，包括行政组织、国家内政、教育、军事、地政、财政、经济、人事、专门职业、行政救济等领域，构筑了庞大的行政法律网络和体系，客观上体现了依法行政的要求。

（一）行政组织法

南京国民政府自1928年始制定、修订了大量的行政组织法。这些行政组织法主要有：《中华民国国民政府组织法》（1928年2月10日公布实施）；《中华民国国民政府组织法》（1928年10月8日公布实施，该组织法体现了"五权宪法"的精神，1931年11月24日修正）；《中华民国国民政府组织法》（1931年6月15日公布实施，该组织法全面体现了《训政时期约法》的精神，1931年12月30日修正并后来多次修正）；《交通部组织法》（1927年6月4日公布实施，1927年8月8日、1927年11月16日、1928年12月8日、1930年2月3日修正）；《外交部组织法》（1927年7月5日公布实施，1927年11月5日、1928年12月8日、1931年2月21日修正）；《省政府组织法》（1927年7月8日公布实施，1927年10月25日、1928年4月27日、1930年2月3日、1931年3月21日修正）；《财政部组织法》（1927年8月10日公布实施，1927年11月11日、1928年12月8日、1929年5月9日修正）；《监察院组织法》（1927年11月5日公布实施，1928年10月20日、1929年9月17日、1932年6月24日、1932年10月17日、1933年4月24日分别修正）；《建设委员会组织法》（1928年3月9日公布实施，1928年12月8日、1931年2月17日修正）；《内政部组织法》（1928年3月14日公布实施，1928年12月8日、1931年4月4日修正）；《侨务委员会组织法》（1928年5月4日公布实施，1929年2月5日、1931年12月7日、1932年8月13日修正）；《蒙藏委员会组织法》（1928年6月18日公布实施，1929年2月7日、1932年7月25日修正）；《审计院组织法》（1928年7月12日公布实施）；《立法院组织法》（1928年10月20日公布实施）；《司法院组织法》（1928年10月20日公布实施）；《行政院组织法》（1929年7月31日、1930年6月10日、1932年8月3日、1936年5月12日分别修正）；《考试院组织法》（1928年10月20日公布实施，1933年2月24日修正）；《铁道部组织法》（1928年11月7日公布实施，1929年11月18日修正）；《铨叙部组织法》（1928年11月17日公布实施，1933年2月24日修正）；《军政部条例》（1928年11月21日公布实施）；《卫生部组织法》（1928年11月24日公布实施）；《农矿部组织法》（1928年12月8日公布实施）；《工商部组织法》（1928年12月8日公布实施）；《教育部组织法》（1928年12月8日公布实施，1929年10月

1 日、1931 年 7 月 6 日、1933 年 4 月 22 日分别修正);《禁烟委员会组织法》(1929 年 2 月 27 日公布实施);《司法行政部组织法》(1929 年 4 月 17 日公布实施);《审计部组织法》(1929 年 10 月 29 日公布实施,1933 年 4 月 24 日修正);《海军部组织法》(1930 年 2 月 4 日公布实施);《实业部组织法》(1931 年 1 月 17 日公布实施,该部由农矿、工商两部合并而成);《公务员惩戒委员会组织法》(1931 年 6 月 8 日公布实施,1932 年 6 月 29 日、1934 年 5 月 22 日修正)。

(二) 内政行政法律

南京国民政府颁布的内政行政法律主要有:《著作权法》(1928 年 5 月 14 日公布实施);《国籍法》(1929 年 2 月 5 日公布实施) 及《国籍法施行条例》(1929 年 2 月 5 日公布实施);《工会法》(1929 年 10 月 21 日公布,1929 年 11 月 1 日实施) 及《工会法施行细则》(1944 年 4 月 28 日公布,1948 年 3 月 25 日修正);《渔会法》(1929 年 11 月 11 日公布,1930 年 7 月 1 日实施);《麻醉药品管理条例》(1929 年 11 月 11 日公布实施);《农会法》(1929 年 12 月 30 日公布实施);《工厂法》(1929 年 12 月 30 日公布实施);《团体协约法》(1930 年 10 月 28 日公布,1932 年 11 月 1 日实施)。《出版法》(1930 年 12 月 16 日公布实施) 及《出版法施行细则》(1931 年 10 月 7 日公布实施);《工厂检查法》(1931 年 2 月 10 日公布,1931 年 10 月 1 日实施);《户籍法》(1931 年 12 月 12 日公布实施) 及《户籍法施行细则》(1946 年 6 月 21 日公布实施);《行政执行法》(1932 年 12 月 28 日公布实施);《警械使用条例》(1933 年 9 月 25 日公布实施);《合作社法》(1934 年 3 月 1 日公布,1935 年 9 月 1 日实施) 及《合作社法施行细则》(1935 年 8 月 19 日公布,1935 年 9 月 1 日施行);《建筑法》(1938 年 12 月 26 日公布实施);《都市计划法》(1939 年 6 月 8 日公布实施);《违警罚法》(1943 年 9 月 3 日公布实施,同年 10 月 1 日施行);《护照条例》(1944 年 7 月 22 日公布实施)。

(三) 军事行政法

南京国民政府颁布的军事行政法律主要有:《陆海空军惩罚法》(1930 年 10 月 7 日公布实施);《兵役法》(1933 年 6 月 17 日公布实施) 及《兵役法施行法》(1947 年 2 月 19 日公布实施);《军事征用法》(1937 年 7 月 12 日公布,1938 年 7 月 1 日实施);《国家总动员法》(1942 年 3 月 29 日公布,1942 年 5 月 5 日实施)。

(四) 土地行政法

南京国民政府颁布的土地行政法主要有:《土地法》(1930 年 6 月 30 日公布,1936 年 3 月 1 日实施) 及《土地法施行法》(1935 年 4 月 5 日公布,1936 年 3 月 1 日施行);《土地登记规则》(1946 年 10 月 2 日公布实施);《土地建筑改良物估价规则》(1946 年 10 月 28 日公布实施)。

(五) 财政行政法律

南京国民政府颁布的财政行政法律主要有:《银行法》(1931 年 3 月 28 日公布实施);《营业税法》(1931 年 6 月 13 日公布实施);《海关缉私条例》(1934 年 6 月 19 日公布实施);《印花税法》(1934 年 12 月 8 日公布实施) 及《印花税法施行细则》(1948 年 4 月 20 日公布实施);《会计法》(1935 年 8 月 14 日公布,1936 年 7 月 1 日实施);《预算法》(1937 年 4 月 27 日公布,1938 年 1 月 1 日实施);《决算法》(1938 年 6 月 9 日公布,1939 年 10 月 1 日实施)；《公库法》（1938 年 6 月 9 日公布，1939 年 10 月 1 日实施）《契税条例》（1940 年 12 月 18 日公布实施）；《所得税法》（1943 年 2 月 17 日公布实施）及《所得税法施行细则》（1943 年 7 月 9 日公布施行）；《房屋税条例》（1943 年 3 月 11 日公布，1946 年 12 月 5 日修正）；《娱乐税法》（1943 年 7 月 8 日公布实施）；《屠宰税法》（1943 年 9 月 16 日公布实施）；《工程收益费征收条例》（1944 年 8 月 19 日公布实施）；《土地税减免规则》（1945 年 4 月 28 日公布实施）；《使用牌照税法》（1945 年 6 月 11 日公布实施）；《证券交易税条例》（1946 年 9 月 12 日公布实施）；《货物税条例》（1948 年 4 月 2 日公布实施）。

（六）经济行政法律

南京国民政府颁布的经济行政法律主要有：《民营公用事业监督条例》（1929 年 12 月 21 日公布实施）；《商标法》（1930 年 5 月 6 日公布，1931 年 1 月 1 日实施）及《商标法施行细则》（1930 年 12 月 30 日公布，1931 年 1 月 1 日实施）；《矿产法》（1930 年 5 月 26 日公布，1930 年 12 月 1 日实施）；《森林法》（1932 年 9 月 15 日公布实施）及《森林法施行细则》（1948 年 2 月 28 日公布实施）；《狩猎法》（1932 年 12 月 28 日公布，1948 年 11 月 2 日修正）；《邮政法》（1935 年 7 月 5 日公布，1936 年 11 月 1 日实施）。《矿场法》（1936 年 6 月 25 日公布）；《商业登记法》（1937 年 6 月 28 日公布实施）及《商业登记法施行细则》（1938 年 5 月 19 日公布实施）；《水利法》（1942 年 7 月 7 日公布，1943 年 4 月 1 日实施）；《专利法》（1944 年 5 月 29 日公布，1949 年 1 月 1 日实施）及《专利法实施细则》（1947 年 9 月公布，1949 年 1 月 1 日实施）；《标准法》（1946 年 9 月 24 日公布实施）；《国家标准制定办法》（1947 年 9 月 27 日公布实施）；《电业法》（1947 年 12 月 10 日公布实施）；《商业会计法》（1948 年 1 月 7 日公布）；《国营事业管理法》（1949 年 1 月 20 日公布实施）。

（七）教育行政法

南京国民政府颁布的教育行政法律主要有：《国民体育法》（1929 年 4 月 16 日公布）；《大学法》（1929 年 7 月 26 日公布实施）；《专科学科组织法》（1929 年 7 月 26 日公布实施）；《职业学校法》（1932 年 2 月 17 日公布实施）；《师范学校法》（1932 年 12 月 17 日公布）；《中学法》（1932 年 12 月 24 日公布）；《小学法》（1932 年 12 月 24 日公布）；《学位授予法》（1935 年 4 月 22 日公布，1935 年 7 月 1 日实施）；《幼稚园设置办法》（1943 年 12 月 20 日公布实施）。

（八）人事管理行政法

南京国民政府颁布的人事管理行政法律主要有：《弹劾法》（1929 年 5 月 29 日公布）；《考绩法》（1929 年 11 月 4 日公布）；《宣誓条例》（1930 年 5 月 27 日公布）；《公务员惩戒法》（1931 年 6 月 8 日公布）；《公务员交付条例》（1931 年 12 月 19 日公布）；《监察委员保障法》（1932 年 6 月 24 日公布）；《县长任用法》（1932 年 7 月 30 日公布）；《公务员任用法》及《公务员任用法施行条例》（1933 年 3 月 11 日公布，1933 年 4 月 1 日实施）；《公务员恤金条例》（1934 年 3 月 26 日公布）；《公务员登记条例》（1934 年 4 月 23 日公布）；《公务员服务法》（1939 年 10 月 23 日公布实施）；《公务人员退休法》（1943 年 11 月 6 日公布实施）；《军法人员转任司法官条例》（1944 年 10 月 18 日公布实施）；《公务人员任用法》（1949 年 1 月 1 日公布）。

（九）专门职业管理行政法

南京国民政府颁布的专门职业管理行政法主要有：《律师法》（1941 年 1 月 11 日公布实施）及《律师法施行细则》（1941 年 3 月 24 日公布实施）；《律师登录规则》（1941 年 9 月 11 日公布实施）；《律师惩戒规则》（1941 年 9 月 13 日公布实施）；《律师检核办法》（1945 年 9 月 22 日公布实施）。《新闻记者法》（1943 年 2 月 15 日公布，1945 年 8 月 23 日实施）。《医师法》（1943 年 9 月 22 日公布实施）及《医师法施行细则》（1945 年 7 月 21 日公布实施）；《助产士法》（1943 年 9 月 30 日公布）；《会计师法》（1945 年 6 月 30 日公布实施）；《会计师检核办法》（1946 年 3 月 12 日公布实施）。

（十）行政救济法

南京国民政府颁布的行政救济法主要有：《诉愿法》（1930 年 3 月 24 日公布实施）；《行政诉讼法》（1932 年 11 月 17 日公布，1933 年 6 月 23 日实施）；《行政诉讼费条例》（1933 年 5 月 6 日公布，1933 年 6 月 23 日实施）。

自 1928 年至 1948 年的 20 年间，南京国民政府制定了大量的行政法规，使中国近代的行政法得到了充分的发展，逐步地形成了较为完全的行政法体系。但是，由于国民党奉行"一党专制"的独裁统治政策，使这些法律徒具形式，并没有在国家治理中发挥出良好的作用。

近代中国自鸦片战争以后就开始了国家行政体制改革和行政法律建设的道路，虽然辛亥革命之前清政府所进行的国家行政体制的改革经历了从被动到主动的过程，但也表明晚清政府试图改变国家行政管理结构以实现变法图强的目的，但专制制度的根本属性决定了它的改革必然失败。辛亥革命以后，中国民族资产阶级革命派们从西方国家的依法行政和行政体制中借鉴了先进的经验，在依法形成国家结构、政府结构和依法行政方面做了巨大的努力。其中，孙中山先生领导下的中华民国南京临时政府、广州国民政府、武汉国民政府所进行的行政法制的建设对于中国近现代行政法制的建设具有开创性的意义。从 1854 年到 1948 年近一百年间，中国在行政法制建设方面的努力虽然有进步与落后、专制与民主的斗争，但这些斗争却使依法行政成为广泛的社会信念，长期地影响着中国近代社会的发展。

第六章

刑法的变革和发展

在中国传统法律向现代的变革中，刑法是很重要的方面，刑法发展在法律发展中具有极其重要的标志性意义，这从《大清新刑律》对于清末变法修律、南京国民政府的刑法对于"六法全书"的意义中可见其地位。这也影响到当代。自十一届三中全会之后所展开的法制现代化进程，也是以刑法的制定（1979 年）为起点的。没有现代刑法，就谈不上现代法律制度，没有刑法现代化也就谈不上法制现代化。因此，近现代中国刑法的发展是近现代中国法律发展的典型体现。

第一节
近现代刑法的变革进程

一、清末刑法的变革

清末变法之前，清朝所用的是律与例合并刊行的《大清律例》。它是乾隆五年（1740 年）颁布遵行的较为完整、严密的定型大法。由于律文不再修改，则把附例 5 年一小修、10 年一大修作为定制，具体分为修改、修并、续纂、删除四项。因此，附例日益充实、发展，地位日益优先、提高，甚至依例断案，因例破律，不仅可以用例修律、补律，而且可以废止律。律例注众多，时而前后抵触，混乱不法状态也就日益严重。近代以来，清王朝并未按照定制，仅在道光二十年（1840 年）、道光二十五年（1845 年）、咸丰二年（1852 年）和同治九年（1870 年）对《大清律例》作了四次修订，终律文 436 条，例文 1892 条，此后直到 1901年再未作修订，表明了腐朽的制度毫无变通之力，已经无法应对新的情势。

西方帝国主义的侵略、太平天国等起义的打击，动摇了清王朝统治的基础。清末修律就是在统治本身受到日益严重的威胁之下，才不得不表面上接受新的法律样式，不得不逐步改变以维护专制特权为主要任务的刑律，才有我们所看到的清末修律的运动。虽然清末修律的最终成果是《大清新刑律》，但不是一蹴而就的，经过了几个阶段，表现为几个方面的阶段性成果。

（一）删修旧法

首先是从删减刑罚中的重刑开始的。传统专制刑法一个明显的特征就是刑罚的畸重和残酷，畸重体现出不平等，残酷就是非人道，这些都为世人所反对，是变革最初的着眼点。沈家本等人提出删除或变革以下的刑罚形式：一是凌迟、枭首、戮尸；二是刺字；三是充军；四是恤刑狱，主要是废笞杖；五是减少死刑。其次是关于刑事责任方面，一是废止缘坐，二是满汉平等。

（二）制定《现行刑律》

由于清王朝规定，正式立宪在九年以后，而新刑律是正式立宪后使用的法律，"颁布尚须时日"，而且《大清律例》三十年来年久失修，存在许多问题，因此修订起来"倍觉不易"，一时难以完成。在此旧律不能适用、新律颁布前又必须有所遵循的情况下，沈家本认为"旧律之删订，万难再缓"。为此决定，仿照日本的做法，在新刑律颁布之前编订一部《现行刑律》，以《大清律例》为基础略加修改，作为"维持于新旧之间"的过渡性的法律，先予公布实行。光绪三十一年（1905年）三月十三日，修订法律大臣奏准先将条例内应删各条，逐细摘出，分为三次，第一次121条，第二次137条，第三次86条，共计344条。① 沈家本等人后又于光绪三十四年（1908年）正月二十九日向清廷呈上了《拟请编定现行刑律以立推行新律基础》的奏折，建议重新开始以前停顿的删改大清律的工作，"踵续其事，以竟前功"，"俟新律颁布之日，此项刑律再行作废，持之以恒，行之以渐，则他日推暨新律不致有扞格之虞"②。并提出了修订现行刑律的四项基本原则。经过一年多的工作，《现行刑律》初稿于宣统元年（1909年）八月告成。同年十二月，经宪政编查馆核议勘正，又发交沈家本等缮写黄册定本。为了与新颁布的《法院编制法》和奏准变通的秋审制度相吻合，经再次修改，《大清现行刑律》最后于宣统二年（1910年）四月七日奉旨颁行。

（三）制定《大清新刑律》

自1906年以后，鉴于制定新律的条件已基本成熟，修律大臣沈家本等开始组织大规模的制定新刑律的工作，他们将中外法典汇集后，便进行比较研究，认为中国法典的名例，"与各国刑法总则无异，北齐律十二章，隐以国政民事分编，与各国刑律目次颇合"。因此，修订法律馆便"参考古今"，按"齐律之目，兼采各国律意"，拟定刑律草案，先后"易稿数四"③，至1907年（光绪三十三年八月）完成。全案分总则、分则两编，总则有十七章，分则有三十六章，共387条。这就是后来一直以之为清末修律的成果但当时并未适用的《大清新刑律》。

二、民国初期的刑法

这一时期包括辛亥革命到南京国民政府成立的十余年时间。主要有三个阶段：辛亥革命及南京临时政府、北洋军阀时期和广州武汉国民政府时期。分类的根据是以政权的性质划分

---

① 参见《大清法规大全·法律部》，卷二，1～30页。
② 《大清现行刑律》卷首奏疏，《大清法规大全·法律部》（续编）第3册。
③ 故宫博物院明清档案馆编：《清末筹备立宪档案史料》，下册，838页，北京，中华书局，1979。

的，尽管时间上不等，而且后两者在时期上又是重叠的。如果不以政权的性质划分，对民初刑事法律史的认识还一时找不到更好的划分办法。

（一）辛亥革命阶段刑法

它包括辛亥革命的爆发和南京临时政府两个时段。由于这一阶段是革命时期，主要任务是夺取政权，一切手段都是围绕这一目标展开，只能"刑与兵合"，因此很难按照法制的理论和观念行事。但也可以看到一些特点，特别是在维护民权和平权上，表现革命后新时代的法律实质。

1911 年 10 月 10 日，武汉新军起义，辛亥革命爆发。11 日，湖北军政府为了维持社会秩序，配合起义部队，颁布了《刑赏令》（又称赏罚令）。这是新政权颁布的第一个刑事法令。该令规定，"藏匿满奴者，买卖不公者，奸掳烧杀者，伤害外人者，扰乱商务者，要约罢市者，违抗义师者，斩。乐输粮饷者，接济军火者，保护租界者，守卫教堂者，率众投降者，劝导乡民者，报告敌情者，维持商务者，赏"。16 日，军政府又颁布了《军令八条》，规定：无论原有及新募兵士等不归编制者，化装私逃者，违背命令不受调遣者，军队干部不遵约束者，强行典当军装者，擅入民家，苛索钱财或私自纵火者，擅自放枪、恐骇行人者，挟私仇杀同胞者，皆斩，而"军队中上自都督，下至兵夫，均一律守纪律，违者斩"。这个"八条禁令"被称为军律之"祖"[①]。军律在其他独立的地方亦存在。这些军律仅是以军人为规范主体，而对民众则适用其他法律。

武昌起义，各省军政府成立后，为了维持社会秩序，调解民刑纠纷，皆援用清末的法律。但是，各省援用的情况不尽相同。有的原封不动的照用。如 1911 年 11 月 9 日，上海县司法长黄发布告示说，现奉民政总长（即上海民政总长李平书）令，"所有本县民刑诉讼，一切暂照从前法律执行"[②]。到了省级以上，就要考虑到清律的整体状况，涉及与新国体相抵触的部分。如浙江光复后，省议会决定将前清刑律草案中"关于法例之规定，第一条但书，第二条乃至第八条，关于恩赦之规定，第六十九条，关于文例之规定，第八十二条，关于侵犯皇室之规定，第八十九条乃至一百条"，"关于内乱之规定，第一百一条乃至一百零七条，关于外患罪之规定，第一百八条乃至一百一十七条，关于妨害国交罪之规定，第一百二十三条、一百二十四条，关于漏泄机务罪之规定，第一百二十九条乃至一百三十五条"，皆删去。把草案中原"称中国者"，改"称民国"，"称臣民者"，改称"人民"，并削除"称御玺制书者"之字样和"宪政编查馆奏定刑律实行后"十二字，等等。然后由都督公布施行，至"中华民国刑法颁布之日，失其效力"[③]。

南京临时政府成立后，同样十分重视法律问题，以体现法治政权的性质（未必说"法治"言辞，但"临时"政府、"临时"大总统的组织体制就与占山为王的军事霸道不同，体现了立宪政治的特点）。如在《南京临时政府宣告各友邦书》中就提出："吾人当更张法律，

①　湖北省暨武汉市政协、中国社会科学院近代史研究所、湖北省博物馆等单位合编：《武昌起义档案资料选编》上卷，416 页，武汉，湖北人民出版社，1981。

②　引自辛亥年 9 月 19 日《民立报》。转引自张国福：《中华民国法制简史》，86 页，北京，北京大学出版社，1986。

③　郭孝成：《中国革命纪事本末》。转引自张国福：《中华民国法制简史》，86 页，北京，北京大学出版社，1986。

改订民刑商法及采矿条例。"3 月 20 日前，司法总长伍廷芳呈临时大总统孙中山，提出"拟就前清制定之民律草案、第一次刑律草案、刑事民事诉讼法、法院编制法、商律、破产律、违警律中，除第一次刑律草案关于帝室之罪全章及关于内乱罪之死刑，碍难适用外，余皆由民国政府，声明继续有效，以为临时适用"之法律。① 经过孙中山提议，参议院多次审议，4月 3 日，二读会决议（省去三读会）：金以现在国体既更，所有前清之各种法规，已归无效，但中华民国之法律未能仓猝一时规定颁行，而当此新旧递嬗之交，又不可不设法补救之法，以为临时适用之。此次政府交议当法律未经规定颁行以前，暂酌用旧有法律，自属可行。所有前清时规定之《法院编制法》、《商律》、《违警律》及宣统三年颁布之《新刑律》，《刑事民事诉讼律草案》，并先后颁布之《禁烟条例》、《国籍条例》等，除与民主国体抵触之处，应行废止外，其余均准暂时适用。惟《民律草案》前清时并未宣布，无从援用。② 我们可把这些决定称为"暂行援用"。此刻是对旧法的暂行援用期。

（二）北洋军阀时期刑法

北洋军阀政府时期是指从袁世凯上台到南京国民政府统一的时期。

1912 年 3 月 10 日，袁世凯在北京就任临时大总统职务，18 日电各省速选派参议员莅会。4 月 8 日，南京参议院宣布休会，迁往北京。29 日，参议院在北京原资政院旧址举行开院式，到会议员 120 人左右。北京参议院是北洋军阀政府的临时立法机关。总体上说，袁世凯时期是专制独裁，但由于参议院为各政党席位所构成，席位多寡会形成权力之间的争斗，也会影响到立法。一般来说，权力集中专制时，刑事立法的特权性就加强，权力斗争较为平衡时，也会有相当妥协而平衡的立法。

1. 出台《暂行新刑律》

袁世凯的北京政府成立之初通过了经由《大清新刑律》删减后的《暂行新刑律》。关于《暂行新刑律》是经何人何时何地出台，是一桩历史公案，经过张国福先生的考证现已经明了。据查袁世凯在 1912 年 3 月 10 日在北京就任临时大总统的当天，就以临时大总统名义发布《暂准援用新刑律令》。北京政府法部为了落实这一命令，拟制了《法部呈请删除新刑律与国体抵触各章等并删除暂行章程文》，3 月 30 日经袁世凯批准。③ 1912 年 4 月 3 日，在北京政府的《临时公报》上，正式发布《法部通行京外司法衙门文》："为通行事，本部修正新刑律与国体抵触各条清单。中华民国元年三月三十日奉大总统批：据呈已悉，所拟删除条款字句及修改字面各节，既系与民国国体抵触，自在当然删改之列。至暂行章程应即撤销。由该部迅速通行京外司法衙门遵照。此批。等因相应刷印原呈，通行京外司法衙门遵照可也。"

《暂行新刑律》对《大清新刑律》的修改如下：删除全章的，第二编，第一章。删除全条的：第 81 条，第 238 条，第 247 条，第 369 条，第 375 条，第 402 条。《暂行章程》第 1条至第 5 条。删除某款的：第 3 条第 1 款。删除部分文字的：第 3 条第 7 款内第 238 条 7 字，第 46 条第 3 款内"封锡职衔出身"6 字，第 246 条第 1 项、第 2 项内"御玺国玺文"各 5 字，

---

① 参见《临时政府公报》，第 47 号（三月二十四日）咨文。

② 参见《参议院议决案汇编》，北京，北京大学出版社，1989 年复印本，甲部一册法制案，119 页，转引自张希坡：《南京临时政府司法行政法规考查研究》，载《法学家》，2000 (5)。

③ 参见张国福：《关于暂行新刑律修订问题》，123~124 页，载《北京大学学报》（哲学社会科学版），1985 (6)。

及第 1 项"制书" 2 字，第 2 项内"之制书" 3 字，第 250 条内"制书御玺国玺文" 7 字，"御玺国玺" 4 字，第 372 条内"第三百七十五条" 7 字。修改字面的：名称改为《暂行新刑律》，律中"帝国"二字改为"中华民国"的有第 2 条，第 3 条，第 4 条，第 5 条，第 7 条，第 108 条至第 113 条，第 116 条，第 125 条，第 133 条，第 230 条至第 233 条，第 350 条，第 352 条，律中"臣民"二字改为"人民"的有第 4 条、第 5 条、第 116 条，第 40 条"复奏"二字改为"复准"，第十四章第 68 条"恩赦"二字应改为"赦免"。条文次序转换的：第 387 条改为第 386 条。① 通过比对就知道，这些修改着重在于革除与皇权体制有关的部分，与南方各独立省及南京临时政府的要求是一致的，也是与当时新政权的性质相吻合，反映出世人的共同性看法。

《暂行新刑律》是直到南京国民政府制定刑律前一直沿用的刑律（除了特别法外）。1912 年 8 月 12 日，北京政府还公布了《暂行新刑律》的施行细则。

2. 出台《暂行新刑律补充条例》

1913 年"二次革命"被镇压后，袁世凯的地位得到进一步巩固。为加强对社会的控制，原有的《暂行新刑律》已不能满足需要。为此，北洋政府在筹备起草刑法草案的同时，作为权宜之计，制订了《暂行新刑律补充条例》。1914 年 12 月 24 日，《暂行新刑律补充条例》公布、实施。

3. 其他方面的修改

民国初期，除了将《大清新刑律》稍加修改即作为刑事基本法适用外，对于清朝法律的其他内容，也通过不同方式，加以修改适用。

其一，对妇女宽免。1916 年 3 月 3 日，司法部发布第 244 号通饬，要求对于犯轻罪的妇女人犯，不依当时正生效的《中华民国暂行新刑律》给予处罚，而是根据清朝法律，对其加以宽免，包括责其丈夫保释。这表面上对妇女有利，实际上更增加了妇女对男子的人身依附性。

其二，自首不减等。1920 年 10 月 28 日，司法部颁布命令，要求对犯罪自首者，不得援引《暂行新刑律》关于自首减等的相关条款，而是以《大清律例·名例·犯罪自首》条规定为依据，不许减等。该命令称："《刑律》第五十一条'犯罪未发觉而自首于官受审判者，得减本刑一等'，本于法庭以衡量之权。查旧律，损伤于人、物不可赔偿、事发在逃、若奸者，并不在自首之律，颇足以资参考。今每见杀人重案，亦多滥引该条，殊属非是。嗣后如有上开各项，不得率行减等。仰该厅、处长转饬所属，一体遵照。此令。"② 清律中自首"得"减等，可能会带来一些副作用，可以改"得"为"可"。但要是自首"不得"减等，又会断绝犯罪人在一定时期内改过的念头，增加司法成本。这一改，意味着强调刑罚本身而不顾刑罚效果。

其三，徒刑复改遣。清季修订新刑律，将遣刑"一律定为徒刑，易以拘禁"。但袁世凯认为，"盖以最新刑事政策，义取感化，服定役于监狱，易发其迁善改过之心，正不必屏诸远方，俾其自甘暴弃，揆当时立法之用意，陈义非不甚高，而不谓行之数年，其结果乃适与

---

① 参见杨鸿烈：《中国法律发达史》，下册，1033～1035 页，北京，商务印书馆，1930。

② 1922 年 9 月《改订司法例规》，1098 页，《旧律不在自首之律者不得率减等令》。

相反，尤以事变而后，盗贼横行，反狱重案，既时有所闻，管狱各官，每穷于防护、法久生弊，<u>亟宜酌量变通</u>，本大总统决定将徒刑改为遣刑"。1914 年 7 月 30 日，政府即公布《徒刑改遣条例》，规定，凡被判处无期徒刑和五年以上有期徒刑的"内乱"、"外患"、"妨害国交"、"强盗"等罪者，一律改为发遣，发往吉林、黑龙江、新疆、甘肃、川边、云南、贵州、广西等地，并许携带家属，编入该处户籍。这样，又公开恢复了封建社会长期施用的遣刑。用类似于流放的刑罚，只能有一个目的，就是增加了对罪犯的处罚，以减少对政权的危害。

其四，易笞。该政府在徒刑改遣不久，又将南京临时政府大总统孙中山早已宣布废除的笞刑，重新恢复适用。该政府所以恢复笞刑，是因为袁世凯窃取政权后，实行独裁卖国的政策，复辟帝制，激起全国人民群起反对，而他对于反对者非杀即捕，所以，使监狱充满，无法再容。为了疏通监狱，除将一些徒刑改遣外，将一些"轻微案件，处短期徒刑者"，改换为笞刑。① 政治会议在核复政府咨文中云："为目前监狱计酌将轻微案件，处短期刑者，改为换刑，自可收疏通之效。"② 1914 年 10 月 5 日，司法部公布《易笞条例》。该条例共 10 条，主要规定，凡犯有"奸非"、"和诱"、"窃盗"、"诈欺取财"、"赃物"等罪名，应处三月以下有期徒刑、拘役或百元以下罚金折易监禁者，以 16 岁以上 60 岁以下之男子为限，"得易以笞刑"，惟"曾充或现充官员或有相当身份者，不适用之"。徒刑，拘役或罚金易监禁者，其刑期一日折笞二。"笞刑由检察官或知事会同典狱官监视，于狱内执行"；"若照犯人体格一次不能终了时，分二次执行之"。笞刑是带有人格侮辱的刑罚。如果像咨文所说，笞刑仅是换刑，为省牢狱之费，那为什么不用于"有相当身份者"，或者易为罚金得了？公开恢复了原来的笞刑，说明北洋军阀政府维护等级的特权性。

4. 修订刑法

北洋政府成立后，首先修订刑律。法律编查会会长章宗祥，副会长汪有龄、董康在原呈文中谈到修订刑法的理由时说："夫刑法之设，所以制裁不法之行为"，故"上年奉令组织法律编查会，极知刑法最关紧要，首先提议修正"。该政府修订刑法，约有两次，包括 1915 年的《刑法第一次修正案》和 1919 年的《刑法第二次修正案》。此外，尚有一次改定。

1914 年，袁世凯令章宗祥等人组织法律编查会，并聘请日本法学博士冈田朝太郎参与修正《中华民国暂行新刑律》，历时八个月，全案告成，是为修正刑法草案。该案共计总则 17 章，分则 38 章，共为 432 条。

1918 年，段祺瑞政府派修订法律馆总裁董康、王宠惠再次修正刑律，是为刑法第二次修正案。全案共两编 377 条。第二次修正案主要是"参考各邦立法，斟酌本国情势"③ 草成的。该案虽名为修正，却更多地吸收了近代西方国家的刑法原则和制度，在体例结构、刑法原则以及具体制度等方面，均有一定的进步。尤其是针对在司法实践中出现的一些与定罪量刑、概念的界定相关的新问题，结合西方法律原则，作出了新的规定，在体例上都作了较大的改动。

《刑法第二次修正案》的完成，但该修正案在北洋政府时期一直未正式颁布、实施。刑

---

① 参见王健编：《西法东渐——外国人与中国法的近代变革》，168 页，北京，中国政法大学出版社，2001。

② 中华民国三年（1914 年）十一月三十日《司法公报》。

③ 谢振民编著，张知本校订：《中华民国立法史》，下册，1090 页，北京，中国政法大学出版社，2000。

法第二次修正案告成后，1919 年修订法律馆又将此案加以文字上之修改，是为"改定刑法第二次修正案"。该案较第二次修正案增加 16 条，共 393 条，其影响不大。

（三）广州、武汉国民政府时期刑法

北洋军阀在北方肆虐的时候，孙中山在南方领导革命。这期间，其主要任务是夺取政权，其军事方式（也有政治方式）成为主要斗争方式，刑事法制也具有相应的特点。

1. 适用《暂行新刑律》

由于《暂行新刑律》是在民国之初出台的，孙中山又是基本上同意的，因此与新法律不相抵触者，均得适用。如《陆军刑律》第 17 条规定："暂行刑律总则与本律不相抵触者，均得适用其规定。"《湖北省惩治土豪劣绅暂行条例》第 7 条也规定："暂行新刑律总则与本条例不抵触者，得适用之。"《党员背誓条例》第 1 条规定：党员犯罪"按刑律加一等以上处罚之"，即比照《暂行新刑律》的有关规定，加重处罚，均是以《暂行新刑律》为基础。刑罚的种类也是按照《暂行新刑律》总则规定，如主刑包括死刑、无期徒刑、有期徒刑、拘役、罚金。从刑包括褫夺公权、没收。有期徒刑分为五个等级：一等有期徒刑，15 年以下，10 年以上；二等有期徒刑，10 年未满，5 年以上；三等有期徒刑，5 年未满，3 年以上；四等有期徒刑 3 年未满，1 年以上；五等有期徒刑，1 年未满，2 月以上。拘役，2 月未满，1 日以上。罚金，一元以上。但并非绝对适用，是按照新思想作了一些修改。

2. 废除补充条例

袁世凯的《暂行新刑律补充条例》，倒行逆施，引发人们的骂声。为了防止上述错误规定影响到广东军政府的刑事审判工作，以孙中山为大总统的广东政府讨论决定废除刑律补充条例。据上海《民国日报》1922 年 2 月 26 日报道：2 月 16 日上午 10 时，总统府开国务会议，各部总次长均出席。是日议决各案中，以废止补充刑律案为最要。此案前由徐谦大理院长呈请，并由国务会议批交法律审查委员会核复。经该会呈复，以为可行。故遂由国务会通告照办。大抵一二日内，将有明令颁布。此后犯重婚罪者，失此保障，实于人道正义关系甚大，等等。其后孙中山于 1922 年 2 月 17 日，以大总统令予以正式宣布："大总统令暂行刑律补充条例应即废除。"①

3. 颁发《陆军刑律》

1925 年 10 月 9 日，国民政府为整顿军纪，加强国民革命军的作战能力，特公布《陆军刑律》。②《陆军刑律》有两编（总则、分则）83 条，主要内容是：第一，规定继续适用《暂行新刑律》总则中可用的部分。如《陆军刑律》第 17 条规定："暂行刑律总则与本律不相抵触者，均得适用其规定。"第二，规定《陆军刑律》适用的范围。《陆军刑律》规定，该律不仅适用于陆军军人、在陆军服务者、与陆军共同作战的其他军种的军人，而且有些罪行，如叛乱罪、私自募兵或强拉民夫、暴行胁迫罪、侮辱罪、强奸罪、掠夺罪、诈伪罪、军用物损坏罪等，在战时也适用于非军人。第三，规定了十二种罪名。叛乱罪，即指"叛乱本党主义而聚众谋叛乱之行为者"，或以军械，军用物品资助敌人，泄露军事上之机密，胁迫长官，

---

① 《孙中山全集》，第 6 卷，87 页，北京，中华书局，1985。

② 参见《国民政府现行法规》，下卷，161～171 页，国民政府法制局 1928 年 3 月印行，复印于中国人民大学法学院资料室。

阴谋不轨，私通敌人而意图叛乱者，或毁弃要塞，阻碍交通，解散队伍，诈传命令，煽惑军心，自损军实而意图利敌者，或意图使军队暴动而煽惑之者。擅权罪，即指不遵命令擅自进退或无故而为战斗者，或未受长官允许私自募兵者，或强占民房或私买公物者，或把持各种机关或截留款项者，或强拉人民充当伕役或强封其舟、车者，或干预他人民刑诉讼事件者。渎职罪，即指军队官兵不尽其所应尽之责，而率队降敌或临阵退却或托故不进者，或故意纵兵殃民者，或无故不就守地或私离守地而失误军机者，或冒功，诿过及赏罚不公者，或收受贿赂，侵吞粮饷，缺额不报，得枪不交，扣饷激变而意图利己者，或当部下多众有犯罪行为，不尽弹压之方法者，或哨兵及卫兵无故离去守地者，或哨兵及卫兵因睡眠或酒醉怠其职务者或卫兵巡夜、侦探及其任警戒或传令之职务，无故擅离勤务所在地或应到之处不到者，或无故不依规则使哨兵交代或违反其他之哨令者，或在军中或戒严地域掌传达关于军事之命令，通报或报告而无故不为传达者或在军中或戒严地域服侦探巡察或侦探勤务而报告不实者；或"保管军事机密之图书物件当危急时，不能尽其委弃于敌之方法致委于敌者"；或在军中或戒严地域掌支给或运输兵器、弹药、粮食、被服及其他供军用钧品无故使之缺乏者，或因取用兵器或弹药之不注意伤毁他人之身体者，或借势勒索，调戏妇女，包庇烟赌，吸食鸦片而不守军纪者。抗命罪，即指反抗长官命令或不听指挥者。暴行胁迫罪，即指对于长官为暴行胁迫者，或对于哨兵为暴行胁迫者，或对于长官或哨兵以外之陆军军人当执行职务时为暴行或胁迫者，或滥用职权而为凌虐之行为者。侮辱罪，即指对于上官而加侮辱或直接以文书侮辱者，或对于哨兵而加侮辱者。强奸罪，即指强奸妇女者。掠夺罪，即指掠夺财物者，或盗取财物或强迫买卖者。诈伪罪，即指捏报军情或伪造关于军事上之命令者，或意图免除兵役、勤务为虚伪之报告者，或军医有伪证之行为者，或冒用陆军制服、徽章或构造谣言以淆惑听闻者。逃亡罪，即指无故离去职役或不就职役者等。军用物损坏罪，即指烧毁或炸毁军用仓库、工厂、船舶、汽车、电车、桥梁及其他战斗用之建造物者，或损坏前列各物及军用铁道、电线、水陆通路或使之不堪使用者，或烧毁露积兵器、弹药、粮食、被服、马匹及其他军用物品者，或毁弃或破坏兵器、弹药、粮食、被服、马匹及其他军用物品者。违背职守罪，即指监视或护送俘虏使之逃亡者，或在乡军人无故逾召集之期限者，或欺蒙哨兵通过哨所或不服哨兵之禁令者，或发礼炮、号炮及其他空炮时，装填弹丸或瓦石者，或军中或戒严地址闻急呼之号报而不集合者，或意图违背服从之义务而结私党或以图书散布者，或违背职守而秘密结社集会及入非政府所许可之党者；或哨兵或卫兵无故发枪炮者。对于犯有上述罪行，要依情节轻重分别判处死刑、无期徒刑和一至五等有期徒刑。第四，规定区别对待的原则。《陆军刑律》规定，在量刑时，对首魁与附从要区别处罚。如第18条规定："叛乱本党主义而聚众谋叛乱之行为者，依下列处断：一、首魁处死刑，二、参与谋议或为群众之指挥者，处死刑或无期徒刑，三、其他任各种职务或附从者，处二等至四等有期徒刑。"对敌前与非敌前犯罪，要区别对待。如第37条规定："哨兵及卫兵无故离去守地者，依下列各款处断：一、敌前死刑，二、军中或戒严地域三等有期徒刑，三、其余五等有期徒刑。"

4. 其他方面规定

（1）废止限制罢工。据上海《民国日报》报道：1922年2月27日，总统府开国务会议，大理院长徐谦提议废止《暂行新刑律》妨害秩序第16章内，关于同盟罢工处刑之条文第224条及其他相关条文。略谓：近今各国劳工问题，日益高涨，各种业务工人同盟罢工之事，层见迭出，唯各国刑法从未对于罢工工人，并无其他犯罪行为而规定处刑者。即前俄帝国及日本现行刑法亦无之。可见世界各国皆不认同盟罢工为有罪。其认为犯罪者，独我国暂行新刑律而已。该律一不合刑法主义，二不合犯罪观念，三不合世界刑法通例，四不合时势趋向，应亟行修正等语。经讨论之后，决议将全文咨国会修正。该案经审查委员会表决通过，由大总统提交国会。1922 年 3 月 14 日广州国会召开非常会议，议决"总统咨请废止新刑律第二百念（即廿——引者注）四条罢工处罪律，通过"。遂后由内务部咨各省，正式宣布："废止暂行新刑律第二百二十四条。"[①]

（2）倡男女平等。1924 年 1 月，《中国国民党第一次全国代表大会宣官》第三部分《国民党之政纲》中规定："于法律上、经济上、教育上，社会上确认男女平等之原则，助进女权之发展。"1926 年，中国国民党第二次全国代表大会关于《妇女运动决议案》中又规定，制定男女平等的法律，规定女子有财产继承权，禁止买卖人口，根据结婚离婚绝对自由的原则，制定婚姻法，打破奴役女性的封建礼教，反对多妻制和童养媳，保护被压迫而逃婚的妇女，对于再婚妇女不得蔑视，宜一律待遇。根据同工同酬的原则，制定妇女劳动法，保护女工和童工。以上修订，都是新三民主义平等观的确认。

（3）规定没收逆产，收归国有或分配给人民所有。依《处分逆产条例》决议案的规定，凡与国民革命为敌者、为帝国主义之工具者、压迫人民以巩固封建制度社会者，侵吞国家地方收入剥削人民生活利益以饱私人贪欲者、操纵金融以动摇革命势力者，军阀、贪官污吏、土豪劣绅及一切反革命者，其财产皆为逆产。该逆产一经发觉，即由国民政府，省政府、特别市政府、县区乡自治机关、中央及各级党部设收之。其处分方法，在革命战争时，得全数收为军事及政费之用，但逆产属于农村耕地者，应以所得利益 30%，用于农村改良土地、设立农民银行等事业，至革命战争终了时，除应仍由政府或国民党保留一部分外，余均分给人民及革命军人，但分配之不动产或利益，不得买卖及转移。当受分配人死亡时须报告该管委员会，另行分配之。

三、南京国民政府刑法

1927 年 4 月，国民政府定都南京，因统一所需，欲整理法律法制，其中刑法是重要的部分。由于北洋政府刑法第一、第二次修正案并未颁行，而一直实行的《暂行新刑律》，时代几经变迁，刑法理论不断进步，《暂行新刑律》已有许多不当之处。"人类进化，犯罪事实亦日新月异，自非从新厘订，不足以示矜慎而昭明允。"司法部部长王宠惠对 1919 年的《改定刑法第二次修正》详加研究，认为大致妥善，即略予增损，编成《刑法草案》，提经国民政府发交国府委员伍朝枢、最高法院院长徐元诰会同王宠惠审查，在审查中补充了"或夫亲"、降低了刑事责任年龄等 22 项具体修改意见。国民政府法制局局长王世杰又提出修改三处。后经司法部审核修改四项[②]，之后付谭延闿、徐元诰、于右任、魏道明、王世杰审查，再交中央开第 120 次常务会议讨论并决议，3 月 10 日公布，7 月 1 日施行。《中华民国刑法》经国民政府明令宣示，原来以 1928 年 7 月 1 日为施行期，后因为《刑事诉讼法》尚在审查中，来

---

① 上海《民国日报》，1922 年 3 月 16 日第 2 版及 4 月 5 日第 2 版。

② 参见谢振民编著，张知本校订：《中华民国立法史》，下册，908～912 页，北京，中国政法大学出版社，2000。

不及制定公布，而认为两法有同时施行之必要，司法部乃呈由国民政府提出第 75 次会议决议展期两月，定自 9 月 1 日起施行，并函经第 147 次政治会议转请中央第 152 次常务会议决议追认。① 史称"二八刑法"。

立法院成立后，开始编纂法典（即后来总结的六法全书）。至 1931 年，民、商、劳工、土地、自治各法，均已先后完成，于是在 12 月指定立法委员刘克俊、史尚宽、郗朝俊、蔡墈、罗鼎组织刑法起草委员会，草拟《刑法修正案》。

刑法需要修正，也是与刑法体系受到特别法的冲击有关的。自《中华民国刑法》施行后，各种特别刑事法令，仍多继续有效，并又迭有颁行。1932 年 3 月第四届二中全会，刘守中等 15 人提议划一刑法案。刑法起草委员会草订《刑法修正案》，阅时近 3 年，先后开会共计 148 次，稿凡 4 易，较"二八刑法"新增 40 条，删去 73 条，修改之条文共 269 条，未改之条文共 45 条。

1934 年 10 月 19 日立法院举行第三届第 75 次会议，讨论《刑法修正案》，先由起草委员刘克俊报告修正案主要内容，10 月 20 日至 27 日，立法院继续开二读会，讨论第二编，分二读会毕，黄右昌、史尚宽以《刑法修正案》第 234 条（通奸罪）被删，妨害婚姻及家庭之幸福至为重大，遂各提新修正案。立法院开三读会讨论《刑法修正案》，凡历 8 日，各委员辩争。内容主要关于刑事责任年龄、刑名、为满 18 岁杀直系血尊亲的刑罚、保安处分、妨害国交、妨害考试、强奸对象、和奸年龄等 16 项，付议表决，采用计票制多数通过。② 立法院于 1934 年 12 月 27 日缮录新刑法全文呈请国民政府届期公布，新刑法后于 1935 年 1 月 1 日公布。新刑法公布后，至 1935 年 3 月，刑法起草委员会复拟具《新刑法施行法草案》，并建议以 1935 年 7 月 1 日为新刑法施行日期，提交立法院第四届第 9 次会议议决通过，呈由国民政府于 1935 年 4 月 1 日公布《中华民国刑法施行法》，并明令《中华民国刑法》自 1935 年 7 月 1 日起施行。史称"三五刑法"。

第二节
法律文化冲突对刑法转型的影响

一、法律文化的核心要素

近几年，从演艺界到学术界、商界、政治界，文化热潮不减。伴随这一思潮，许多人以西方法律文化或者以中国传统法律文化为珍馐、奉作圭臬。实际上，文化如同文物，不能拿来即用，不分场合，不分用途。

在社会历史的研究中，文化常被认为是必要的研究视野。国学大师钱穆先生早年指出："我认为今天以后，研究学问，都应该拿文化的眼光来研究。每种学问都是文化之间的一部分。在文化体系中，它所占的地位亦就是它的意义和价值。将来多方面的这种研究配合起

---

① 参见谢振民编著，张知本校订：《中华民国立法史》，下册，914 页，北京，中国政法大学出版社，2000。
② 参见谢振民编著，张知本校订：《中华民国立法史》，下册，933 页，北京，中国政法大学出版社，2000。

来，才能成一个文化结构比较论"①。还说"一切问题，由文化问题产生。一切问题由文化问题解决。"② 美国学者丹尼尔·帕页里克·莫伊尼汉认为："保守的说，真理的中心在于，对一个社会的成功起决定作用的，是文化，而不是政治。开明的说，真理的中心在于，政治可以改变文化，使文化免于沉沦。"③ 这里意味着，文化改变了社会，推动了社会的进步，并起着直接的决定作用，其他因素（如政治）的作用是间接的，在推动社会进步时必须通过文化这一中介。文化的意义甚至到达生死存亡的高度，如司马云杰所说"文化历史是国家赖以生存的理由"④。

文化有多重要素，论述时就会形成多重视角，但最好不能无所不包。"文化若是无所不包，就什么也说明不了。"⑤ 比如在文化研究范围上，有认为"凡是由人类调适于环境而产生的事物就叫文化"⑥，将文化对象落实在事物上，就显得宽泛而不妥；或者说"文化，从广义来说，指人类社会历史实践过程中所创造的物质财富和精神财富的总和"⑦，这时与其说是界定"文化"的还不如说是界定"人类世界"的，这样的定义对研究者来说太虚幻。

过去的"泛文化"研究，有点漂浮感，就有了"既然文化如此重要，人们研究文化已有百年有余，为什么我们还没有周全的理论和切实的指导方针，而且没有在研究文化的人及制定、管理发展政策的人之间建立起密切的专业的联系"这样的疑问。⑧ 这就要求对于文化的研究和归纳需要极其谨慎。"没有全面的历史知识，没有同时把握异型文化传统的认知能力，没有超脱各种围于专业历史研究常有的偏见的客观的眼光，没有善于从千差万别的历史历史现象中发掘人类世界共同底蕴的思辨头脑，便不可能避免在这类'雷区'在挨炸的命运。"⑨因而文化的研究应当有确定的范围和重点。

几十年来，在社会的基本层面上，人们常将"文化"置于"政治经济文化"三者所组成的结构之中。这可追溯到上世纪中叶。可以说这是看待文化的最宏观视角。过去，毛泽东在论述文化时说，"一定的文化（当做观念形态的文化）是一定社会的政治和经济的反映，又给予伟大影响和作用于一定社会的政治和经济；而经济是基础，政治则是经济的集中表现。这是我们对于文化和政治、经济的关系及政治和经济的关系的基本观点。""一定的文化是一定社会的政治和经济的关系的反映。""而在观念形态上作为这种新的经济力量和新的政治力量之反映并为它们服务的东西，就是新文化。""我们讨论中国的文化问题，不能忘记这个基本观点。""所谓新民主主义文化，就是人民大众反帝反封建的文化；在今日，就是抗日统一

---

① 钱穆：《从中国历史来看中国民族性及其中国文化》，100 页，香港，香港中文大学出版社，1979。
② 钱穆：《文化学大义》，3 页，台北，中正书局，1981。
③ ［美］塞缪尔·亨廷顿、劳伦斯·哈里森主编：《文化的重要作用——价值观如何影响人类进步》，前言第 3 页，程克雄译，北京，新华出版社，2002。
④ 司马云杰：《文化价值论——关于文化建构价值意识的学说》，序第 2 页，西安，陕西人民出版社，2003。
⑤ ［美］塞缪尔·亨廷顿、劳伦斯·哈里森主编：《文化的重要作用——价值观如何影响人类进步》，前言第 5 页，程克雄译，北京，新华出版社，2002。
⑥ 孙本文：《社会的文化基础》，3 页，台北，世界书局，1929。
⑦ 《辞海》（缩印本），1533 页，上海，上海辞书出版社，1979。
⑧ 参见 ［美］塞缪尔·亨廷顿、劳伦斯·哈里森主编：《文化的重要作用——价值观如何影响人类进步》，前言第 3 页，程克雄译，北京，新华出版社，2002。
⑨ 朱维铮：《维新旧梦已成烟——戊戌"百日维新"的前一百年》，载《中华文史论丛》（58），23 页，上海，上海古籍出版社，1999。

战线的文化"① 直到今天，对文化的这种视界仍然存在。这时候的文化包罗万象，是除了政治与经济以外一切。即使在这样的广阔空间，文化还是具有较为确定的要素特征：

第一，文化存在于观念形态，是思想性的，属于意识范围，不是政治经济本身。这是文化存在的形态和属性。就比如茶文化、酒文化，是对茶、酒的观念、思想或反映，不是指茶或酒本身。依此来说，文化很重要，仅是就理论或论题而言的，在认识论、反映论乃至于实践论中并不具有终极意义。

第二，文化是政治经济的反映，政治经济是反映的对象或者是思想性内容的载体，因此，文化具有依附性，这是文化的本质特征。比如饮食文化、服饰文化、建筑文化、体育文化等，就是文化反映或体现于饮食、服饰、建筑、体育等对象上。当然文化产品本身也会有文化，如基督教文化、佛教文化，但反映与被反映、思考与思考的对象、依附与依附的载体，还是应当区分，也是能够区分的。

第三，文化具有时间性，有旧文化和新文化，这是文化的阶段性特征。在涉及时间时，我们知道有如玛雅文化、古希腊罗马文化、古埃及文化、古印度文化，是由某个时代某地域人群的政治、经济和社会生活所表现出来的精神产品和意识。前述毛泽东所指的新文化旧文化是指当时情况而言，不是指"中国文化"或"传统文化"或"古代文化"。

第四，文化具有主体性。这是由文化的观念形态特征所决定的。比如界定不同阶级的文化就有奴隶主阶级文化、封建主阶级文化、资产阶级文化、无产阶级文化的概念，还有界定较模糊的"人民大众的文化"、"达官贵人的文化"，指的是属于那个阶级阶层，或者某一阶级要求和期待。每当出现以群体、阶级或阶层为定语的文化时，通常反映的是文化中以价值观念为核心内容的意识形态。在一定社会，都面对同样的政治经济形态，人们的反映却不同，就说明文化的差异不是认识论中单纯真理性的问题，而是主体选择和取舍的问题，是涉及价值取向的问题。此外，有剥削阶级文化、地主阶级文化的说法，但没有张地主、王老板的文化，因此，文化主体均是指群体（阶级阶层等）。由于群体之间生活上具有一定的独特性，因此又常以一定的地域来概括某种文化类型，如城市文化、乡村文化、北方文化、南方文化等，还有以文化群的地位等来划分的，如主流文化、亚文化、俗文化等，这些对文化的界定，虽然表面上无主体定语，但是概括了群体所在或群体的大小地位，还是与主体有关的。

上述四者可以构成讨论文化要素的初步体系。但在文化的概念结构上，通常是以上述第一、第二点来表述的，就组成了文化的常态结构，如"法律文化"是由"法律"和"文化"构成。第三点涉及文化的时代背景，无需在结构内说明，一般不为文化的定义内涵，仅是作为讨论问题的前提。第四点是文化内涵中必不可少的，任何文化都是某类群体的意识，群体模糊就意味着文化的模糊，比如法律文化，势必要考虑某时期何类人群的法律文化，如果未加以说明，就意味着立法者的法律文化。从这些要素结构中可以看出，文化是一定群体在一定时期反映某种事物的意识。

在文化的要素中，是什么起着最为重要的作用？是文化中的价值观念。塞缪尔·亨廷顿甚至以价值作为文化的定义内容：文化"指一个社会中的价值观、态度、信念、取向以及人

---

① 《毛泽东选集》，2 版，第 2 卷，663～698 页，北京，人民出版社，1991。

们普遍持有的见解"①。他主编的《文化的重要作用》，副标题就是"价值观如何影响人类进步"，可见对价值观的重视。由于价值观是文化要素中观念部分的深化层次，只是在进一步作具体讨论时才被认知。

法律文化是文化中的一部分，一个侧面，其内涵与文化的普遍内涵相统一，文化的内涵对法律文化的界定有指导意义。法律文化是一定群体在一定时期对法律的意识。这已无需再作分析，需要讨论的是其中的核心。温伯格·阿伦·沃森认为：法律文化是"人们对待法和法律制度的态度、信仰、评价、思想和期待"②。实际上，定义中的态度、信仰、评价、思想和期待就会决定"人们"的范围。刘学灵认为："法律文化是社会观念形态、群体生活模式、社会规范和制度中有关法律的那一部分以及文化总体功能作用于法制活动而产生的内容——法律观念形态、法制协调水平、法律知识积淀、法律文化总功能的总和。"③ 该定义就着重说明了价值观的表现方式，而对其他忽略不计。刘作翔教授认为，"法律文化是法律意识形态以及与法律意识形态相适应的法律规范、法律制度、及法律组织机构和法律设施的总和，社会主义法律文化是社会主义上层建筑的总称，是社会主义文化整体中不可缺乏的重要组成部分"④。该定义强调的虽然是意识形态，实际上与价值观无异。张中秋教授认为："作为人类文化重要组成部分的法律文化，主要指内化在法律思想、法律制度、法律设施以及人们的行为模式之中，并在精神和原则上引导和制约它们发展的一般概念及价值系统。"⑤ 说得较明显，而梁治平的"我宁愿把法律文化视为一种立场和方法"⑥ 的说法亦含有价值意义。张文显教授认为，法律文化"为法律现象的精神部分，即由社会的经济基础和政治结构决定的，在历史进程中积累下来，不断创造有关法律和法律生活，特别是权利和义务的群体性认识、评价、心态和行为模式的总汇"⑦。该定义已经特别要求关注价值观的内容与表现形式，其后还作了进一步说明："其中法律评价可以说是法律文化的内核。如果说每种法律文化要素都是一个晶体的话，法律评价可以说是一个晶核，所有的文化要素都围绕着法律评价而结晶。法律评价赋予其要素以倾向性，并在总体上制约文化系统的轨迹和方向，决定法律文化的模式或类型。法律文化的重大发展，包括法律文化模式或类型的转换，往往是由法律评价的变化所引起的。因为法律评价的改变意味着所社会对法律的需求，对权利和义务的主张发生了变化，也意味着废除旧的法律制度、建立新的法律制度的文化动机的形成。"⑧ 对法律文化中价值观认识并不排除多角度和多层次结构分析。在法律文化认识论上，公丕祥先生认为，法律文化具有特殊的品格：首先，一定的法律文化根源于一定的社会物质生活条件。现实的社会关系是创造文化的根源和基础；在法律文化领域中，人的动机、目的、倾向、情感、态度等背后，隐藏着更为深刻的东西，即客观的社会经济必然性，正是它支配着人们行为的动

① ［美］塞缪尔·亨廷顿、劳伦斯·哈里森主编：《文化的重要作用——价值观如何影响人类进步》，前言第 3 页，程克雄译，北京，新华出版社，2002。

② 转引自刘作翔：《法律文化理论》，45 页，北京，商务印书馆，1999。

③ 刘学灵：《法律文化的概念、结构和研究观念》，37 页，载《河北法学》，1987（3）。

④ 刘作翔：《法律文化论》，36 页，西安，陕西人民出版社，1992。

⑤ 张中秋：《比较视野中的法律文化》，29 页，北京，法律出版社，2003。

⑥ 梁治平：《法律的文化解释》，4 页，北京，生活·读书·新知三联书店，1994。

⑦ 张文显：《法哲学范畴研究》（修订版），235 页，北京，中国政法大学出版社，2001。

⑧ 张文显：《法哲学范畴研究》（修订版），246 页，北京，中国政法大学出版社，2001。

机、目的和倾向。其次，法律文化之所以是上层建筑、思想的社会关系的表现形式，就在于它是通过人们的意识而形成的关系，是人的有目的的活动的产物。再次，法律文化作为体现思想的社会关系的一种特殊现象，又不是纯粹的社会意识，而是具有物质外壳的社会意识。[①]因此"法律文化是一定社会物质生活条件的作用下，掌握国家政权的统治阶级所创制的法律规范、法律制度或者人们关于法律现象的态度、价值、心理、感情、习惯以及学说理论的复合有机体。"[②] 这样，我们可以认为，价值观虽然不是法律文化要素的全部，但却是区分不同法律文化的核心成分。

因此，简要地说，法律文化是一定群体在一定时期以价值观为核心的关于法律意识的综合。

二、价值观对 20 世纪初刑法转型的作用

在法史学界，通说认为清末修律的宗旨是"中外通行"[③]。这就意味着"中外通行"是清末修律的终极价值和目的，是中国二十世纪初法制转型的动力，迎合了文化动力论。为了弄清究竟什么才是一个政府改变法制的主要动力、究竟是什么在起作关键作用——是否仅仅依靠文化上的交流——就需要具体联系清末修律的宗旨——来说明。立法宗旨是法律的灵魂，决定着立法的走向，评价某一个或某一时期的法律，首要考察其宗旨，即深层次的价值观。

实际上，成为定论的清末修律宗旨"中外通行"，并未给对清末修律的评价带来充分的证明力，却引起了因果关系上的困惑：对清末修律的两种评价——成功的，为中国近代法制现代化的起点；失败的，是中国法制现代化进程中的教训和警示——都归结于这一宗旨[④]，这令人起疑。我们无法直接判断历史评价中的是非，历史事件中确实可能既有成功的经验又有失败的教训。但从逻辑上看，成功或失败应各有其因，而不能都归责于一，除非对各自原因或因果关系的深入了解不够。"中外通行"若是清末修律的宗旨，它不可能既导致清末修律或法制近代化的成功又导致了它的失败，就需要重新考察。如果这仅仅属于对史实的一般性误解，也可能无需笔墨长论，但这些认识却借助于历史的"定论"，将"中外通行"看着是法制近代化的决定因素，至今仍影响着对法制根据的认识，影响着对中国法制现代化进程的指引，因而必须重新考察，期以"得出一些有益的答案"[⑤]。

---

① 参见公丕祥：《东方法律文化的历史逻辑》，3～4 页，北京，法律出版社，2002。

② 公丕祥主编：《法律文化的冲突和融合》，4～5 页，北京，中国广播电视出版社，1993。

③ 张晋藩：《中国近代社会与法制文明》，246 页，北京，中国政法大学出版社，2003；张晋藩总主编，朱勇主编：《中国法制通史》，第 9 卷，161 页，北京，法律出版社，1999。甚至可见到以此为题的文章，如艾永明：《清末修律的中外通行原则》，载《法学研究》，1999（6）。因而"中外通行"的宗旨似乎已成定论。

④ 褒扬的即认为法制现代化在"中外通行"指引下是成功的有陈顾远先生的《中国法制史概要》，20 页，台北，三民书局，1977；张晋藩总主编，朱勇主编的《中国法制通史》，第 9 卷，156 页，北京，法律出版社，1999；徐岱的《中国刑法近代化论纲》，242 页，北京，人民法院出版社，2003；艾永明的《清末修律的中外通行原则》，载《法学研究》，1999（6）等。贬斥的即认为法制现代化受这一宗旨的影响才失败的见张晋藩的《中国近代社会与法制文明》，247 页，北京，中国政法大学出版社，2003；苏力的《变法，法治建设及其本土资源》，载《中外法学》，1995（5）；赵秉志主编的《刑法基础理论探索》，137 页，北京，法律出版社，2003。

⑤ 有学者注意到了清末历史研究中态度及方法上的欠缺，给予了批判并提出了相应的建议。参见高旗：《近年来中国法律史研究概观》，载韩延龙主编：《法律史论集》，第 2 卷，801 页，北京，法律出版社，1999。

1. "中外通行"仅是修律的途径

所谓"中外通行"，现在认为是指一国的法律基本体系、基本观念、基本价值观、基本制度等与世界潮流合拍，或者说"与国际接轨"①。实际上清代认为的"中外通行"，既不愿意也不可能在价值、观念、制度上接轨国际，仅是清朝的法律，既适合于清人又适合"外人"②。其重点是考虑到外人的习惯，而这些习惯在清人来看是不知晓的。因此中外通行主要是调整"国内"法律，以让"外人"无"扞格"而适应。否则，当外国人不知道或不理解某法律而遵照一些自己熟悉的规则行事时，就失却否定其行为而实施制裁的道理。至于这种调整是自愿还是被迫的，要视历史环境而论。

从历史上看，调整法律免于"扞格"以便能够规范外人的"中外通行"并不是在清末变法时才引起注意，早就有先例，为历代统治者所常用。③

由于唐以前年代久远，我们难以寻找"中外通行"的实际法例。在《唐律》中我们已见到清晰的规定："诸化外人，同类相犯，各依本俗法；异类相犯者，以法律论"。疏议解释说："'化外人'谓番夷之国，别立君长者，各有风俗，制法不同。其有同类自相犯者，须问本国之制，依其俗法断之。异类相犯者，若高丽之与百济相犯之类，皆以国家法律，论定刑名。"④ 之所以对外化人变通适用，是因为唐代化外人前来定居贸易者众多，难免没有纠纷，要解决纠纷就面临着准据何种法律的问题。于是出台这相当缜密的法条，其背后已经蕴涵着丰富的经验和成熟的思考。唐律此条的出现，为解决此类问题确立了必要的法律原则，效果相当显著。比如公元9世纪的时候，唐政府依此很恰当地管理伊斯兰教徒集中地，而为当时的阿拉伯人称赞不已。⑤ 其后历代常依唐制，治理外人多和谐。

大概是由于清政权自身的少数民族性质所决定，与前朝相比，清政府对具有不同习惯的各民族事务更为关注，处理这方面的问题也显得游刃有余。经过积累，清王朝总结了几条原则，如治理少数民族地区要坚持"从俗从宜、各安其习"⑥；在行政立法方面，实行"因俗设官"；在刑事立法和民事立法方面，实行"因其俗以治之"；以及"修其教不易其俗，齐其政不易其宜"⑦。这为后人提供了前鉴，直到今天。

王朝时代，并无"国"之概念，少数民族与外国人区别仅在远近，所谓"外"，不是指外国，仅是外化。如学者说："最初到中国的欧人，以其来自西方，通名之曰番人或夷人，在中国人心目中，番人不过是距中国辽远的藩属，其不同于朝鲜、安南者，仅入贡的时期不一定而已。"⑧ 因此，中外之分辨，不涉及现在认为的国家关系，更谈不上谁的法权问题，因

① 参见艾永明：《清末修律的中外通行原则》，载《法学研究》，1999（6）。
② 此刻还不能说完全用"外国人"的称呼。"外国人"是现在的概念，现在的外国人，在当时更多的用"外化人"或"化外人"，后来渐渐才用"外国人"。
③ 参见苏亦工：《鸦片战争与近代中西法律文化冲突之由来》，载张生主编：《中国法律近代化论集》，50～119页，北京，中国政法大学出版社，2002。
④ 长孙无忌等：《唐律疏议》，刘俊文点校，133页，北京，中华书局，1983。
⑤ 参见张天泽：《中葡早期通商史》，姚楠、钱江译，6～8页，香港，中华书局香港分局，1988。
⑥ 《清世宗实录》，卷八。
⑦ 祁韵士：《皇朝藩部要略》序。
⑧ 王世杰、胡庆育：《中国不平等条约之废除》，3页，台北，1966。转引自苏亦工：《鸦片战争与近代中西法律文化冲突之由来》，载张生主编：《中国法律近代化论集》，71页，北京，中国政法大学出版社，2002。

为天下人都是中国皇帝的臣民。这样，对少数民族的"通行"规则自然而然地运用于所谓的"外国人"身上。

从历史上看，中外习惯上的差异，形成了法律适用中的合理性矛盾，就需要调整国内法，既是治理泱泱大国复杂情形的经验积累，也体现皇室怀柔外邦的"宽仁厚义"。但这仅仅是影响到部分法律，或者说仅是修改部分法律的原因，还不足以引发变法，更不可能将其看作是解决政权危机的途径，特别像清末时期严重的危机。

那么，为什么将"中外通行"看作是清末变法修律的目的？原因可能有三：第一，修律恢复时所具有的外部政治环境。清末的法律久已失修，需要变通。按照清朝乾隆年起的定制，《大清律例》定型以后律文保持不变，而只对例实行五年一小修、十年一大修，但同治九年（1870 年）后再未作修订。在历经甲午战争、义和团、辛丑条约等变故后，清政府意识到法律的落后，连过去反对变法的慈禧太后也认为："世有万古不易之常经，无一成不变之治法……盖不易者三纲五常，昭然如日星之照世。而可变者令甲令乙，不妨如琴瑟之改弦。"① 从当时的情形看，中律"落后"的参照系当是西律，因此才凸显了应该"中外通行"。第二，变法诏书中的措辞。光绪二十八年（1902 年）二月，清廷下诏："中国律例，自汉唐以来，代有增改。我朝《大清律例》一书，折中至当，备极精详。惟是为治之道，尤贵因时制宜，今昔情势不同，非参酌适中，不能推行尽善……并著责成袁世凯、刘坤一、张之洞，慎选熟悉中西律例者，保送数员来京，听候简派，开馆编纂，请旨审定颁发。总期切实平允，中外通行，用示通变宜民之至意。"② 想来这是"中外通行"的官方文件出处。第三，与英美条约中的承诺有关。光绪二十八年（1902 年）八月英国商业大臣马凯与清朝商约大臣吕海寰、盛宣怀在上海议订《通商行船条约》时，在第 12 款中特别规定："中国深欲整顿本国律例，以期与各西国律例改同一律，英国允愿尽力协助以成此举，一俟查悉中国律例情形及其审断办法，及一切相关事宜皆臻妥善，英国即允弃其治外法权"③。此后，美法等国也许了类似诺言。清政府在茫然中抓住了这一救命草，认为如果律例"中外通行"（其实根据原文应是"中西一律"）了，治外法权就可以讨回，因此规定律例的修订应当采用"中外通行"。

但是，上述三方面仅是包含着"中外通行"的因素，还不能断定就是以它为宗旨。第一，从统治者的意识看，需要变的是"令甲令乙"，三纲五常之"经"不能"易"，哪怕影响了"中外通行"。如果制度秩序不变，需要改的仅是"法术"文字，就不能认为以中外通行为宗旨。至于为什么要变法术，是考虑适应新的形势和变化，以便应对当时的窘境。第二，诏书中"中外通行"是指"矿律、路律、商律等类"，属于具体性措施，还须受到其后的"用示通变宜民之至意"的控制，因而不能算作宗旨。第三，假设英美等国的承诺有效，律例的"中外通行"还是不够的，因为条约中还有"审断办法"和"一切相关事宜皆臻完善"的内容，只有后两者完善了，最终才可能"允弃其治外法权"。"中西一律"仅是放弃治外法权的前提之一。何况"中西一律"本身因为"西方"的不明确而难以具体实施，即使明确所指，清政府官员也不会傻到认为大中国完全能够与西洋某国"一律"。因此"中外通行"充其量只能算作清政府"收回治外法权"的途径或手段，甚至仅是幌子而已。不过，

---

① 《光绪朝东华录》，第 4 册，总第 4601 页，北京，中华书局，1958。

② 《清德宗实录》，卷 495。

③ 《光绪朝东华录》，第 5 册，总第 4919 页，北京，中华书局，1958。

这种手段的施展产生了一定的效果，即引入了西方近代的法律样式，促进了中国法制近代化的启动。

2. "收回治外法权"是修律者坚持的目的

其时，对于清统治者来说，与"中外通行"相比，迫切需要的是收回治外法权或废止领事裁判权。

修律者觉察到，"治外法权"是令朝廷极郁闷的事，如果修律能使之收回，将是莫大的功绩，因此将收回治外法权看作是修律的直接目的和价值。沈家本从爱国主义的立场出发向清廷陈辞："国家既有独立体统，即有独立法权，法权向随领地以为范围……独对于我国藉口司法制度未能完善，予领事以裁判之权，英规于前，德踵于后，日本更大开法院于祖宗发祥之地，主权日削，后患方长。此㦬于时局不能不改也"[1]。并以悲愤的心情陈述："伏维我皇太后、皇上深念时艰，勤求上理，特诏考订法律，期于通行中外，法权渐可挽回"。这里清楚地表明了挽回法权是修律的目的，"通行中外"是步骤或手段。沈家本不止一次地表示："中国修订法律，首先收回治外法权，实变法自强之枢纽"[2]。因此将"收回治外法权"看得特别的重要。

但要收回治外法权，又必须参酌西律，之中既有被列强胁迫的因素，又存在法律落后的成分。沈家本认为，"臣等以中国法律与各国参互考证，各国法律之精意固不能出中律之范围。第刑制不尽相同，罪名之等差亦异。综而论之，中重而西轻者为多。……臣等窃维治国之道，以仁政为先。自来议刑法者亦莫不谓裁之以义，而推之以仁。然则刑法之当改重为轻，固今日仁政之要务，而即修订之宗旨也……"[3] 这样，依照西律又成为推行"仁政"和"收回治外法权"必要途径。

表象上看，"中外通行"与"收回治外法权"因果相继，但实际上未必，因为两者的意义不尽相同。"治外法权"的内容不仅比"中外通行"的内容宽泛，而且性质有别。"治外法权"的重点在于司法权，而"中外通行"仅是注重"律例"本身。律例的修订是一国政府内部的事（尽管有时有一定的外部因素），"治外法权"的收回却不一定由己愿。律例通行了（如果可以通行的话），并不代表司法权的收回，两者不是一回事。

"治外法权"的核心是司法权的归属，重点在后来的领事裁判权问题。此前在对待外化人问题上，是由谁来裁（审）判这一问题从权属的角度来说是不存在的，因为司法者都是王朝的官员。但在实践中会涉及何方的官员。一般来说，政府派出的官员可能不懂得当地风俗民情，自然要请教当地人士，会同审理，甚至以当地官员为主。如在《钦定西藏章程》（1793 年）中，为了维护达赖喇嘛在宗教方面的权威，清政府在礼仪方面规定达赖喇嘛稍优于驻藏大臣：驻藏大臣与达赖喇嘛相见，达赖喇嘛正坐，驻藏大臣旁坐；达赖喇嘛坐褥层数较多，驻藏大臣坐褥层数较少，等等。从中我们推理出，如有案件，主审人员为藏人，陪审者是驻藏大臣（因为正坐者，有较大的决定权也）。至于对其他种族的人，处理的原则也会如此，即如美国学者爱德华的说法："当案件仅涉及同一种族之外人时，应由中国官员还是外人首领适用该民族的法律呢？尽管在这个问题上有不同看法，但较为可信的观点似乎是：

---

① 沈家本：《寄簃文存》，卷一，《删除律例内重法折》。
② 沈家本：《寄簃文存》，卷一，2～4 页。
③ 沈家本：《寄簃文存》，卷一，2～4 页。

在唐宋两代，此类事务是留给外人社会自行处理的。"①

清后期，由于外国派来的领事而不是王臣来做裁判者，司法权分离了王权，构成了对王权的威胁，矛盾就突出了。从丧失治外法权到领事裁判权，是王权丧失的实质一步。从内容上看，治外法权与领事裁判权也不同。"治外法权"是指对在国内的外国人司法管辖的权力，如果无权管辖就是丧失治外法权，即外国人具有司法特权。这一解释与有的书籍上不同（当然这些学者不会错误的理解类似事实）。② 领事裁判权，顾名思义，是外国派驻的领事（或代表）在驻在国具有司法裁判权。治外法权说明的是司法的对象，而领事裁判权说的却是司法裁判权的主体。领事不为皇室选派，不代表朝廷，司法权也就非王权之权。因此与治外法权相比，领事裁判权尤为重要。

领事裁判权被清政府看重，是因为帝国主义利用不平等条约，通过观审、自审、会审、建立会审公廨等一系列步骤，拥有了在中国内部的司法特权，所涉及的区域，成为脱离中国权力的独立领地，即殖民地，使得政府的统治力削弱，在国人面前颜面扫地。对于沈家本等法律人士来说，看得比较真切，其痛苦也莫大焉，故而将"收回治外法权"（因为对领事裁判权始终未予以承认）视为修律的宗旨，甚至视为兴国之前提，从他在奏折里急切的要求中可见一斑："倘蒙俞允，并请明降谕旨，宣示中外，俾天下晓然于朝廷宗旨之所在，而咸钦仁政之施行，一洗从来武健严酷之习，即宇外之环伺而观听者，亦莫不悦服而景从，变法自强，实基于此。"③

我们看到，强调收回治外法权，在修律的讨论中大多出自赞成引入西律以补中律之不足的所谓法理派（即平等派）的口中，而张之洞、劳乃宣等礼教派总是怀疑收回治外法权的实际可能性和效果。④ 其实到了后来，收回治外法权已经成为修律的策略：如果坚持收回治外法权为目的，修律的标准就只能是"中外一律"，引入西方法制及平等与法治等观念就不能受到谴责，更不会背负罪名。事实上，就修律过程看，沈家本并不是一味采用西律，而是"融会古今中外"，更多的是发掘中国的法制遗产。但为了应对反对者，他还是强调西律之先进。他认为，在"世界法典革新时代"，应当"取人之长以补吾之短"，"彼法（西法）之善者，当取之，当取而不取是之为愚"⑤。在他主持修律时要求"折冲樽俎"，"模范列强"⑥，以使制订的新律"与各国无大悬绝"⑦。他曾以日本明治维新为例，说明日本明治维新时，也"以改律为基础"，对于西方的法文化"弃其糟粕，而撷其精华"，取得了很大的成功，"卒至民风丕变，国势骎骎日盛，今且为亚东之强国矣"。学者们认为"中外通行"是宗旨，怕也是看到了沈家本经常的提示。当然，修律者从技术的角度，也认为"中外通行"是必须的，乃自己分内的责任。因此说沈家本等认为或要求"收回治外法权"是修律的宗旨，是成立

---

① 高道蕴、高鸿钧、贺卫方编：《美国学者论中国法律传统》，410 页，北京，中国政法大学出版社，1994。

② 参见陈国璜：《领事裁判权在中国之形成与废除》，1 页，台北，嘉新水泥公司文化基金会，1971。

③ 沈家本：《寄簃文存》，卷一，5 页。

④ 如劳乃宣认为："以此为收回领事裁判权之策，是终古无收回之望也。"见《清史·刑法志》。张之洞也认为，实际上，西方各国"专视国家兵力之强弱，战守之成效以为从违。"如按沈家本的认识行事，不仅"难挽法权，而转滋狱讼者也"。见《张文襄公全集·奏议》第 69。

⑤ 沈家本：《寄簃文存》，卷六，《监狱访问录序》

⑥ 沈家本：《奏请编定现行刑律以立推行新律基础折》。

⑦ 沈家本：《寄簃文存》，卷一，《奏虚拟死罪改为流徒折》。

的，起码言辞或表面上需要这么做。但清廷未必也同样认为，对政权有感悟的人都知道司法权背后具有武力维持的暴力因素，故而尽管沈家本不断上疏要求明确所提的宗旨，清廷却一直未允。因此，就统治者而不是修律起草者来看，面临当时的形势，收回治外法权不是解决困境的根本，废止领事裁判权不是变法终极意义上的目标。在辛亥革命后许多年才逐渐收回治外法权的史实也说明，它也不可能构成变法的终极原因。当然，它虽不是修律宗旨，但未排除清政府将它作为修律之策略，继而允许修律者作为启动法制近代化的根据。

3. 清政府"有裨治理"的修律宗旨决定着刑法的走向

"中外通行"、"收回治外法权"被清政府所重视，全看它在统治中的意义。清廷虽然未采纳沈家本等人设此为宗旨的建议，但并不反对修律起草者这样说，不反对参照西律来修定法律，因为它们毕竟是有利的，利于维护岌岌可危的政权，这是更深层次的目的。

从历史上看，清王朝政府早就品尝了外来势力的厉害，治外不成，影响了治内，影响了王朝的威信，因此以海禁为主要政策，力图"躲避"之，建立这样的藩篱以免内部统治中的尴尬，该政策坚持了好几代，平安无事。但鸦片战争开始，禁也禁不住，躲也躲不了。是故，一当英美等国应允放弃治外法权，无论其条件是否能够达到，清王朝很是兴奋，连带变法修律人士也很激动，似乎看到了希望。

英美等国的允诺，引起对收回治外法权的希望，这是国际关系上的理由。对于王朝来说，在国内存在领事裁判权，统治形成了空洞，高昂的头被别人按下，特权少了，令王朝实在不习惯、实在痛苦。而这种状况因下述原因变得更加"恶化"：

第一，租界与革命党人或"造反派"的关系。有领事裁判权，清政府不能去租界清剿革命党，对慈禧等人来说是难以下咽的苦酒，如慈禧下令逮捕康有为，查抄康有为的住处南海会馆，只抓到了他的弟弟康广仁。康有为已于日前离开北京到天津，再由塘沽乘英国轮船"重庆号"到上海，捉拿他的命令已在上海等待他，如果不是英国领事馆帮他脱险而到香港，他免不了献身。梁启超也于8月7日在日本人的保护下，从天津乘日本兵船逃到日本。[1] 在戊戌变法后，租界特别是上海租界成为反清活动的中心。如唐才常所组织的正气会、自立会和自立军，意在长江一带起事，但发动的基地在上海租界。唐才常及容闳等召开"国会"的地点是上海张园，在会上，章炳麟剪去发辫，可见与清朝的对立。开会的要人被清政府查拿时，都匿居租界，并由此逃往海外。其他的如章炳麟的中国教育会、爱国学社，以及我们熟知的中国同盟会、兴中会等反清的政党团体，都是以租界为据点。对于这些革命党，清政府没有良策，因为有领事裁判权的障碍。

第二，租界中的舆论。这一点也是与革命有联系的。在近代，反清舆论所刊载的报章杂志，主要是在租界中印发，比较集中在上海。1903年5月上海的《苏报》聘章士钊主笔宣传革命，主张废除传统封建法文化。邹容的《革命军》在《苏报》上刊载，明确地提出推翻清朝专制统治，以"扫除数千年种种之专制政体"、建立"中华共和国"的民主法制国家为革命目标。对此等谋反叛逆之罪，按《大清律例》都要被处极刑。无可奈何之中，清政府进行了交涉，施加了手段，租界才封了报，判章、邹三年徒刑。对其他报刊的文章更无从追究。对清王朝来说，舆论是文化上的"毒瘤"，租界就是"病灶"，严重危害了统治的思想基础。

① 参见胡绳：《从鸦片战争到五四运动》，下，557页，北京，人民出版社，1997。

这可是比少数人暴动谋反更为严重的事，但清廷无能为力。

第三，领事裁判权使得统治权分裂。法制史学家钱端升先生指出："治外法权之在远东，不可与在近东者并论。近东各国以宗教不同之故，又以奖励欧人营商之故，治外法权之赋予，其始殆出于各国之自愿，继则以成例在先，与之而不疑，初不尽由于外人之要求者也。然在东方则不然。东方各国自始即有率土之滨，莫非王臣之说，而以中国为尤者。凡外人之来中国者，率令服从中国法令，其不服者，非惩办之，则驱逐之，不稍宽假。鸦片之战以前，此类成例不胜枚举，即有一二不明事体之地方长官，任外人自行处置斗殴等案，实不多见。鸦片之役，师亡军败，南京之盟，有非得已者；故各国因江南原定善后条款而取得之治外法权，实非中国由衷之赐，实基于条约而来，初未可以与在近东之治外法权相比拟也。"① 在中国的专制统治中，司法权是王权一部分，对臣民的生杀予夺更是王权中非常重要的，失去了，人民就不会畏惧，统治者就丧失了专制的手段。如果不是这一点，任由洋人管几个案子，无须兴师动众修律，更妄论变祖宗之法。因此统治权被侵夺才是致命而必须挽回的。

由于治外法权、领事裁判权与对内统治相联系，清王朝才非常地在意，本质还在于统治利益。对于维护统治利益来说，如果实现"收回治外法权"、引入进步的近代西方法制有利，就允许去做，谁将它说成是原则，他也不反对。相反，如果这些行为影响了专制统治，使得政权可能失去更多的话，就无须再"中外通行"甚至"收回治外法权"。何为根本再显然不过。对于修律者后来坚持以收回治外法权为宗旨、以"西律"为根据来修律，清王朝急切地下诏予以澄清："惟是刑法之源，本乎礼教。中外各国礼教不同，故刑法亦因之而异……良以三纲五常，阐自唐、虞，圣帝明王兢兢保守，实为数千年相传之国粹，立国之大本。……凡我旧律义关伦常诸条，不可率行变革，庶以维天理民彝于不敝。该大臣等务本此意，以为修改宗旨，是为至要。"② 这段话的主旨很明白：纲常礼教秩序是王权统治的基础、刑法之源、修律的宗旨，尽管西律不同，也千万不能怀疑。在这一段"宗旨"性的规定中，我们哪里还见到什么"收回治外法权"及"中外通行"？再联系清廷同意袁世凯等人举荐后的诏书所言"著派沈家本、伍廷芳，将一切现行律例，按照交涉情形，参酌各国法律，悉心考订，妥为拟议，务期中外通行，有裨治理"③，就易于体会出："有裨治理"才是宗旨。就是说，有裨于皇权的治理，是变法修律的根本目的，清政府从没有放弃，到了关键时刻就不允许用其他的口号来替代。至此，法制近代化的步伐已经不被允许继续迈进。

因此，从统治者而不是修律起草者的角度来看，清末修律的宗旨应是"有裨治理"。"中外通行"、"收回治外法权"是手段，为"治理"的宗旨服务。政权总比法术重要。而西域文化是否能够影响法制的变革，影响的程度如何，全看立法者的需要。

"中外通行"、"收回治外法权"与"有裨治理"，分属于不同的层次，相对于不同的任务而立。就清政府修律而论，后者是前者的目的，前者是后者的手段。清政府将"有裨"专制的"治理"视为修律的最高目标，就预定了变法修律的走向，控制了手段发挥的程度，因此法制近代化不可能深入推进。但由于"中外通行"或"收回治外法权"等手段对"有裨治理"的宗旨有一定的帮助，因而就有存在的时机，清王朝为了挽救颓败的政权而作出的法制

---

① 钱端升：《钱端升学术论著自选集》，430～431 页，北京，北京师范学院出版社，1991。

② 《大清法规大全·法律部》卷首，1～2 页。宣统元年正月二十七日。

③ 《清德宗实录》卷 498。

方面的变革和让步，才使得沈家本等人有机缘推动法制发展，启动了法制近代化。清末修律未能成功，不能归结为"中外通行"或法制近代化所造成；同样，清末法制近代化未能走得更远，是修律时所坚持的"有裨"皇权"治理"宗旨的失败，为政治所连累，这是根本原因。因此，清末法制近代化，因政治变革而起，又因政治束缚而终。无视这些社会基础对价值观的决定作用，仅意图依靠文化本身来改造法制，无异于缘木求鱼。

图 6—1　清末会审公廨外景

清末会审公廨在上海南京路上今上海第一食品商店位置，于 1868 年迁入此，1899 年迁出，历时 30 年。而上海的会审公廨直到 20 世纪 20 年代丁文江任淞沪商务督办时期方收回。照片转引自上海市历史博物馆、上海市人民美术出版社编：《1840S—1940S 上海百年掠影》，64 页，上海，上海人民美术出版社，1992。

图 6—2　清末会审公廨审案场景

审判为华洋共审，堂下华洋人士左右分列，与审判官位置一致。台上站立者为华人判官之助手。洋人列中有华人一名，估计是译员帮办之类。被审者（跪者）旁站立的长辫华人着厚底白边皂靴。照片转引自上海市历史博物馆、上海市人民美术出版社编：《1840S—1940S 上海百年掠影》，65 页，上海，上海人民美术出版社，1992。

第三节
刑法发展中的价值变迁

一、价值在刑法中的表现

1. 法律价值的一般表现

法律价值具有一定的表现场域，它完全寓于法律规范之中。法律规范是国家机关颁布或认可的有强制力保证实施的行为准则。国家颁布或认可，是保证实施是行为规范的先在条件，行为准则是其内在属性。就行为准则来看，它有三类。第一类是"组织型规范"，规定某种社会权益主体的形成，常用"由……组成"、"……建立……"等结构，规定了活动的前提，如"中华人民共和国设立最高人民法院、地方各级人民法院和军事法院等专门人民法院"（现行《宪法》第124条第1款）。第二类是"属性型规范"，不直接规定主体活动，而是赋予或认可主体或主词的某种属性，它包括对概念的界定、状态的说明，通常表现为以"是"（或不是）为谓语的结构，如"最高人民法院是最高审判机关"（我国现行《宪法》第127条），或者以"有"及其类似的词为动词的结构，如"中华人民共和国的一切权力属于人民"（我国现行《宪法》第2条）。第三类是"活动型规范"，规定主体的举止表现，即我们日常所谓的行为，该类规范表现为立法者对"一定主体一定行为的导向"，具有"主体＋行为模式（即标准化行为）"两方面典型结构①，如"公民、法人可以通过代理人实施民事法律行为"（我国《民法通则》第63条）。第三类规范虽然是法律规范中的主要部分，但前两类规范作为后一类规范的铺垫，优先于第三类。

法律价值是一个概括抽象的概念。根据价值的界定，即"是从人们对待满足他们需要的外界物的关系中产生的"②，是"人们所利用的并表现了对人的需要的关系的物的属性"③，它具有如下的要素及关系：主体的需要、物（客体）的固有属性，两者的吻合（或分离）的程度关系。因此，价值就在于主体通过或者利用客体的固有属性来实现自己的目的，目的内容是考察的重点。法律价值，就是社会主体通过或者利用法律的规范来满足自己的需要，或者说是法律能够满足社会主体需要的属性。因而法律价值与法律目的、实质、精神难以割舍。

法律价值体现于法律规范，是法律规范目的内容的抽象。一般来说，法律从没有也不可能规范客观事物，其直接的目的当是调整社会关系。法律所调整的社会关系就是法律关系。

---

① 上述结构与传统法理学中的表述即"假定、处理、后果"不同，笔者曾对传统表述做过评论。见"论法律规范的要素"，载《21世纪的亚洲与法律发展》上卷，190～205页，南京，南京师范大学出版社，2001。当然，所谓"传统"也只是我国许多法理学教科书沿用五十年代苏联学者的看法，并不表示教科书作者作了认真的思考而认为该如此。有的法理学家已经怀疑到传统逻辑结构理论的科学性，于是告诫人们对此"中外法学家至今尚未取得一致意见"，仍然是"非常复杂的问题"。（见张文显主编：《法理学》，65页，北京，法律出版社，1997。）

② 《马克思恩格斯全集》，第19卷，406页，北京，人民出版社，1963。

③ 《马克思恩格斯全集》，第26卷（3），139页，北京，人民出版社，1974。

法理学认为，法律关系的内容有两方面：权益和义务。权益是其主要方面。首先，权益体现于"组织型规范"中。法律规范建立社会性组织机构，其目的是在社会治理中便于集中或者分散某项权力。其次，权益也体现于"属性型规范"中。法律规定概念，实质是为后续行为做准备，以确定权益范围；赋予或排斥社会主体的某种属性，就影响到权益的分配，涉及权益的内容。再次，权益更体现在"活动型规范"中。该类规范表达立法者对社会主体行为的导向，或禁止或允许或鼓励，目的在于保护或限制某种权益。除了权益外，法律的目的还涉及一定的义务，义务是权益的另一种表现形式，是对权益调整的补充。在法律中，权益与义务可以通过对规范的直接分析而得到。现在进一步的问题是，法律规范在保护权益时却设定了另一方的义务即同时又限制了权益，反之亦如此，这样，就不能认为法律是以抽象的权益为目的或价值。法律规范为什么要在保护权益时又限制权益？这就需要考察直接价值本身到直接价值之间的关系，考察权益与权益、权益与义务、义务与义务之间的关系，来探知法律规范深层次的目的即深层次的价值。通过相互关系的考察，就会看到不同权益义务在规范中或有或无、或轻或重、或先或后，这种权益间有无轻重先后的次序关系是秩序的本质。存在于社会上的秩序就是社会秩序，法律规范体现出来（或者说是法律规范维护的）秩序就是法（律）秩序。秩序也是法律规范的价值。秩序价值是通过对个别规范中的权益、义务（初级价值）分析综合抽象而得，是对规范的组合或体系的分析而成。因此，法律规范的深层次目的或价值就在于规范借助于调整法律关系中权益义务内容来维护一定的社会秩序，包括政治、经济、文化秩序。权益义务是秩序的表现或实体，秩序是调整权益义务的根本。孤立的规范中的"权益"、"义务"易于被人们识记，秩序因其相对性、抽象性或隐蔽性常被忽略，或不知何物。

规范与价值的内容还具有另一些特点：

（1）法律规范与价值具有无法分割的直接联系。从现有的法律来看，任何规范都与价值有关，无论古代的或今天的。以此去看其他的规范，也具有同样的感受，不体现价值的规范是没有的，否则它会体现什么？我们看到，法律规范在体现价值的时候，有的予以明确规定（比如某类主体有被选举权，某类主体无选举权），有的是反向规定（如某主体必须履行合同——这是以义务的形式规定，其价值依然含有保护对方的合同履行要求权）。规范与价值互为表里（有时要经过分析，如刑法中的禁止性法律规范）。[1]

（2）价值要素的多样性。价值不仅具有不同层次，如权益义务与秩序，同一类中也各式各样，如权益中有权利、权力，权利中有生命权、健康权、财产权，权力中有立法权、行政权和司法权，司法权中有侦查权、检察权、审判权等，都可以成为规范的价值内容。规范的不同表达式，或否定（禁止）或肯定（鼓励）或其他（允许等），都是从不同方向体现了价值。

（3）关于法权。由于权益中的"益"是"权"的载体（没有它，"权"是虚幻的），表达出与权相关的客观属性（如"财产权"中的"财产"、"健康权"中的"健康"），不能为规范所改变，因而规范调整的目的只能是其中具有的社会属性——权，因此权才是关键。为法律所确认了的权益就是法权，因而"法权"更能集中地反映规范第一层次的价值或实质。世界

---

① 参见公丕祥：《法哲学与法制现代化》，第十四、十五章内容，南京，南京师范大学出版社，1998。

上仅有一部分权益在规范中被确认而成为法权,更多的权益未被规范确认,只有在权益之间发生矛盾冲突时才需要被认定。那些先于法律而存在的权益属于应然权(自然权),构成法权的背景或基础。法权是有限的(可能因为法律语言及立法成本的局限),自然权的内容是无限的。法律对大量的权益无须规定也难以规定,比如权益的增减还存在着自然界的作用(土地长粮食)和主体行为(放弃或销毁)等因素,法律并不涉及。只有当权益的增减与他人有关,构成社会关系冲突,需要国家的介入时(如立法和司法),权益才成为法权。

(4)规范中的价值归属。不论是权益、义务还是秩序,是权利还是权力,作为规范的价值内容,是中性的,规范还会进一步作出价值选择或价值诉求,即赋予"权"以归属。对价值讨论的重点不仅在于认识到规范内涵了价值要素,还在于规范对这些要素的归属具有倾向性,如赋予权益的所有者、在社会主体间分配义务以及认可需要的秩序等,期待人们进行选择,如规定谁具有司法权(力)。只有规定了权益属于谁,才有意义,才是真正的规范。

(5)规范中的自由价值。权利与自由两者是相通的,都是价值内容。依照前述,规范还会规定谁的自由,这才有"规范"意义。因此,说法律以权利(或自由)为本位是对的(尽管不全然,有的规范也以权力为本位),虽然意义不大,但说法律应当以权利(或自由)为本位就不科学了。"应当"是价值导向词,法律规范涉及权益是事实问题,是"一定",不存在"应当"与否,对谁的权益作选择才存在"应当"与否的问题。当然,我们都明白,提倡权利本位,目的在于提倡以民权为本位,这里面就出现了选择。尽管法律规范不仅会规定抽象的权益,也会同时规定权益的归属,不以人的喜厌为转移,但我们还是要将问题说清楚,以免造成概念上的混乱(规范事实本身是不会混乱的)。自由也是如此。马克思说,"法律不是压制自由的措施,正如重力定律不是阻止运动的措施一样……法典就是人民自由的圣经。"[1] 这就意味着,首先认为自由是自然的,存在于法(律)前,不因法律而存亡;其次,自由具有主体性(如定语"人民"),只有在具有主体性而排斥其他主体的时候,法典才起作用,就是说法律赋予了甲的自由就是意味着限制乙的自由,此消彼长,抽象的自由既不减少也不增加;再次,法典的价值对人民来说是自由增加了。我们看到即使在专制时代,法典对人民自由的保护(虽然较少)还是要多于专制的命令,总受到专制者的排斥,因而马克思的说法具有普遍的意义。由此看马克思对法律的价值期待是"人民的自由"而不是抽象的"自由"。依此理,对洛克"法律的目的不是废除或限制自由,而是保护和扩大自由"[2] 的论述也应加上一定的注解。就洛克的本意来说是扩大人民的自由,而这些自由已经在专制时代被法律剥夺,该名句中蕴涵着人民自由的政治价值,只是省略了人民的主体。但如果看句子本身,就难以理解了。因为法律保护和扩大某主体的自由,也就意味着取消或限制另外主体的自由,它们是不能分离的两面,其量同等,因此单讲抽象的自由没有意义。我们说,任何法律规范都体现着法权和自由,尽管不一定(肯定不)合全部人的愿。

(6)关于平等的价值。从单独的法律规范所规定的权益上还不能看出平等与否,平等是一种比较,是权益与权益、义务与义务的比较,表现为不同规范(也可能在一个法条中)直接价值的比较。因此,平等与权益(权力、权利)、义务不是一个层面上的概念,它超出了

① 《马克思恩格斯全集》,第 1 卷,176 页,北京,人民出版社,1956。

② 〔英〕洛克:《政府论》(下篇),叶启芳、瞿菊农译,636 页,北京,商务印书馆,1964。

单独规范中单独权益规定。就每一规范来看，都规定了一定的权益，我们无法评价其平等或不平等，必须经过比较，才会感知平等或不平等。实质上，平等就是两权（或多权）或两义务（或多义务）有无同在、无先无后、无重无轻，因此平等就是平权。权益或义务的不平等就是我们常说的"特权"。平权和特权属于秩序价值，是秩序的两种表现或两种类型，非此即彼。因此，平等是对秩序价值的选择和追求。法制现代化理论将平等视为传统和现代两种法制的根本区别，说的就是传统法制与现代法制的在秩序价值上的不同取向。① 因此，规范目的中的权益和秩序这些价值要素与谁的权益（义务）、什么样的秩序这些价值主张或价值取向是不同的且前后相继的范畴。

2. 刑法价值的表现

刑法价值同样表现于刑法规范。刑法规范就是刑法中所规定的行为准则。它也具有三类。第一类是"组织型规范"。由于刑法是与"刑"有关的，组织型规范就是设定与刑罚权相关的组织主体，如"犯罪分子不具有本法规定的减轻处罚情节，但是根据案件的特殊情况，经最高人民法院核准，也可以在法定刑以下判处刑罚"（《中华人民共和国刑法》第63条第2款）。第二类是"属性型规范"。它不直接规定刑罚主体具体活动的，而是对概念的界定、状态和属性的说明，通常也表现为以"是"（或不是）为谓语的结构，如"明知自己的行为会发生危害社会的结果，并且希望或者放任这种结果发生，因而构成犯罪的，是故意犯罪"（《中华人民共和国刑法》第14条第1款）、"拘役的期限，为一个月以上六个月以下"（第42条），或者以"有"及其类似的词为动词的结构，如"审判由人民法院负责"、"在法律面前，不允许有任何特权"。第三类是"活动型规范"，规定主体的举止表现，即我们日常所谓的行为，该类规范表现为立法者对"一定主体一定行为的导向"，具有"主体＋行为模式（即标准化行为）"的典型结构。在刑法中，该类规范有三种，即规定罪的禁止型规范、规定刑罚的制裁型规范和为了准确认定犯罪和实施刑罚的程序型规范，依中国的立法习惯常将禁止性和制裁型合并在同一法条中即刑法实体法的分则中，而对犯罪刑罚的总体要求和程序规定在刑法总则和程序法中。

刑法"活动型规范"中，价值的体现有其特点。（1）禁止性规范。表现为"主体不得如何行为"，即罪状。它表面上是义务规范，但不能够说价值或实质仅是义务，那是因为人们对刑法的恐惧而造成的印象。从现象上看到的刑法所禁止的行为，是指该行为会对权益造成侵害，之所以禁止是出于对权益的保护。刑法是通过设定义务规范来保护法权，如不得"故意杀人"是保护生命权，不得"盗窃"是保护财产权。刑事法制中的权益既指权利（如人的生命权、财产权等私权），也有权力（如公务等公权，侵犯之就是妨碍公务）。权益的对称就是义务，禁止性规范本身就是义务，这样说还是不够的，刑法经常考虑具体的特定的义务，以区别相同权益受侵犯时，因义务的不同而导致行为性质的不同，处刑则各异，如盗窃、诈骗与贪污。很多情况下义务与权益处于同构中，如渎职。在今天，上述的实质是用客体的概念来说明的。关于刑法保护客体这一称谓，中西刑法学上存在着一定的差异。我国称之为"犯罪客体"，而将犯罪行为（实是动作）直接作用的事物称做"犯罪对象"。在西方，前述"犯罪客体"，被叫做"刑法的保护客体"，而"犯罪对象"则被称为"行为客体"。客体，是

---

① 参见公丕祥：《法制现代化的理论逻辑》，78页，北京，中国政法大学出版社，1999。

与主体相对应的哲学范畴。一般认为，客体是"主体活动所指向的，并反过来制约主体活动的外界对象"①，简而言之，客体是主体认识和实践活动所指向的外界对象，包括有形的、无形的和活动的三类。关于客体与对象这两个概念，哲学上一般都当做同义词使用，在英文中是一个词。② 为了与其他学科相统一，将传统刑法理论中称的客体以实质来概括，以区别于形式，其实它就是禁止性规范中的价值。（2）制裁性规范。该类规范剥夺罪犯的权利（也存在剥夺权力的制裁），而剥夺权益本身也赋予了一项权力，即司法权。因此权益的剥夺和赋予也是该类规范的价值要素，这一点较易理解。（3）程序性规范。程序性规范主要规定参与活动的主体行为的先后顺序，广义上也是行为规范，只不过与禁止性、制裁性规范对主体行为的具体指向有一定的差别。如"对于犯罪分子的减刑，由执行机关向中级以上人民法院提出减刑建议书。人民法院应当组成合议庭进行审理……非经法定程序不得减刑"（《中华人民共和国刑法》第79条）。至于什么样的"建议"、怎样"合议"、"审理"为适当，在文中并未规定，故而为程序型规范。刑法方面的程序型规范也是对权益的设定，更是建立某种秩序（前引的是减刑的司法秩序安排）。因此权益（义务）和秩序价值在这类规范中是很容易分析得到的。

刑法中的组织型规范和属性型规范与其他部门法无异，之中的价值在前面已有说明。但这些规范可能分散在组织法（甚至宪法）、诉讼法以及刑法文件中。

对刑法的分析，重点依然是价值揭示。上述规范体现出"保护权益"、"促进履行义务"的直接价值，这已无须重复说明。刑法之所以要设立规范保护这些具体的权益，是因为这些权益的存在是社会秩序稳定的基础。如人们的财产权益如果受到随意侵犯，社会的财产秩序就不稳定，这是很浅显的道理。要求履行义务的意义也是如此。因此设定权益义务的背后，是对社会秩序的考虑。③ 实际上这种说法并不新颖，仅是一种重复。马克思、恩格斯早就精辟地指出："犯罪——孤立的个人反对统治关系的斗争，和法一样，也不是随心所欲地产生的。相反地，犯罪和现行的统治都产生于相同的条件。"④ 恩格斯更直接更明确地说："蔑视社会秩序的最明显最极端的表现就是犯罪。"⑤ 犯罪是对统治秩序的侵犯，法是保护统治秩序，一目了然。当然统治秩序可以具体划分为政治秩序、经济秩序、社会生活秩序，甚至还有军事秩序、生态秩序等，都可以成为刑法所追求的价值因素。它还可以继续细化，如司法秩序。同前述一样，在性质上，刑法中依然存在平权型和特权型秩序，也同样是区分现代刑法和传统刑法的分水岭。刑法现代化就是特权型刑法的衰微和平权型刑法的兴起。研究刑法的变革就是研究这些价值及其规范表现的变革。

---

① 齐振海、袁贵仁主编：《哲学中的客体和主体问题》，117页，北京，中国人民大学出版社，1992。

② 参见李德顺主编：《价值学大词典》，112页，北京，中国人民大学出版社，1995。

③ ［法］卡斯东·斯特法尼在《法国刑法总论精义》（罗结珍译，中国政法大学出版社，1998）的开篇就写道："社会依据这种作为或不作为对其秩序造成的危害施以刑事制裁。"（第1页）"个人的行为，作为社会秩序的基础，是随着时代的变化与地点的不同而变化的，因此，同犯罪作斗争也要适应这种变化，斗争的方法和目的也是如此。对犯罪现象的社会反应的演变发展正是由此而来。"（第2页）犯罪是"由刑法规定并依据其对社会秩序造成的扰乱进行惩处的行为。"（第6页）还有其他许多。其他教科书如《德国刑法教科书》也有类似阐述。因此所谓危害社会就是危害社会秩序。

④ 《马克思恩格斯全集》，第3卷，379页，北京，人民出版社，1960。

⑤ 《马克思恩格斯全集》，第2卷，416页，北京，人民出版社，1957。

二、清末刑法价值的变化

1. 极端的特权法——清末前刑法的价值

中国刑事法制发展到 19 世纪末，其核心价值已经形成了以皇权为中心的维护等级特权秩序的法制体系。首先表现在严厉且残酷镇压影响政治秩序的犯罪。一是《大清律例》将"十恶"重罪仍列为诸罪之首，成为重点打击的对象。对于谋反、谋大逆、谋叛等罪处罚尤其严苛，不仅本人不分首从凌迟处死、16 岁以上男子亲属一律处斩，而且还定新例：对确实不知情的年仅 11 岁～15 岁的子孙，也要阉割发往新疆伊犁等地给官为奴；为了防止人民聚众反抗和臣属叛逆行为，清朝统治者还任意扩大谋反、谋大逆罪的范围，将"倡立邪教、传徒惑众滋事"，"异姓歃血订盟"结拜兄弟者，边远地区持械格斗、抗官拒捕者，上书奏事犯讳或不当者，都列为谋反罪条，按大逆治罪，严加重惩不予宽恕。甚至对于语言、文字、思想的不检点，也任意炼成大狱，比附"大逆"条例定罪。二是加重惩罚强盗窃盗罪。清律规定对江洋行劫大盗，一律立斩枭示；强盗虽不得财也未伤人，其首犯发黑龙江为奴，得财不分首从皆斩；强盗同居父兄、叔伯与弟虽不知情而得财者，减等论处。窃盗三犯者处绞刑（监候），其父兄、叔伯与弟不论知情与否，得财者必惩罚；即使不知情不得财，父兄也要笞四十。凡强盗窃盗罪犯都要刺臂或刺面。三是袭明制严禁奸党。四是大兴文字狱。其中封建专制集权极端高涨时期的所谓"盛世"——康熙、雍正、乾隆三皇朝，所兴的文字狱案多达一百余起，仅乾隆朝就超过八十起。如顺治、康熙年间，浙江人庄廷拢购买、刻印《明史》一书，因内容有明朝大政、大事，被认为是发故国之思而判定为谋反大逆罪，"得重辟者七十人，内凌迟者十八人"[①]，庄氏本人已死，仍被剖棺戮尸，此案株连的家属及作序者、校补者、刻印者，乃至买卖此书者、事先未能察觉的地方官均遭诛杀，被判处充军的更难以计数。此外如江西考官查嗣庭因《维止录》之书（"维，止"有欲去"雍正"头之嫌）[②]，徐骏因"清风不识字，何故乱翻书"之诗而被处极刑，等等，其犯罪和刑罚无严格、稳定的准则，不法状况十分严重。这些所谓的罪行，不用说无罪过（故意或过失），即使是用极端的客观主义（封建时代的理论）也难以解释，唯一可以说明的是专制者任性和残酷。如乾隆时，广东老人吴英、湖南老人贺世盛，都因向皇帝献策，而被加上"妄议朝政"的大逆罪处死。[③] 又如乾隆时，直隶"病患疯癫之人"王肇基，向皇帝、皇太后呈献"恭颂万寿诗联"，竟以"无知妄作"、"毁谤圣贤"的重罪，判处在闹市"当众杖毙"[④]；甘肃"染患疯病"的王寂元，因病发"不由自主"，投掷词帖，也不能幸免于惨死，被判处凌迟并枭首示众、亲属缘坐的极刑。[⑤] 其他案例，不胜枚举。

其次在刑事责任方面，清朝的特点是种族上刑事责任的不平等。一是旗人犯罪可以换刑、宗室觉罗犯罪可以折罚，自然是以轻为主。二是特殊的体制。在缉捕传讯及刑罚执行方面，宗室觉罗和旗人享有各种优待。乾隆四十七年（1782 年），奉恩将军宗室伊冲殴死雇工，

① 节庵辑：《庄氏史案始末》。
② 参见王先谦：《东华录·雍正四年》。
③ 参见《清代文字狱档》，第一辑。
④ 《清代文字狱档》，第八辑。
⑤ 参见《清代文字狱档》，第一辑。

只判圈禁 80 天，后经皇帝改判也未重断，仅圈禁 1 年而已。至于宗室觉罗的圈禁场所是在特设的宗人府，一般不加锁扭狱具，行动较自由，生活待遇也很优厚。其他旗人也都有各种刑罚执行所在，不与一般民人混杂。

总体而论，清王朝以法律维护特权秩序已经达到了史无前例的程度，具体维护着十二种人的特权，即"十二纲"：君主特权——君为臣纲、民族特权——满为汉纲、官方特权——官为民纲、主人特权——主为奴纲、贵族特权——贵为贱纲、家长特权——父为子纲、长子特权——嫡为庶纲、兄姐特权——长为幼纲、丈夫特权——夫为妻纲、性别特权——男为女纲、传承特权——师为徒纲、级别特权——上为下纲。这里举清朝历代皇帝名讳的规定一例以见一斑①：

清朝历代皇帝名讳一览表

朝代	皇帝本名	改写	备注
康熙前		字不改，在名下贴黄条	
康熙	玄烨	不写玄、烨的末笔	包括以玄、烨为偏旁的字
雍正	胤禛	不写胤、禛的末笔	同上，同一胤字辈改为"允"
乾隆	弘历	不写弘、历的末笔	
嘉庆	永琰	永改成颙，不写琰的末笔	
道光	绵宁	绵改为旻，但不写中间一点，宁中间的心改为小"丁"	
咸丰	奕詝	不写詝的末笔	奕为辈份字，不改
同治	载淳	淳字中的子改为曰	即湻。载为辈份字，不改
光绪	载湉	不写湉的末笔	
宣统	溥仪	不写仪的末笔	溥为辈份字，不改

何其复杂！公文中如未避讳，就要治罪；考试中如不避讳，自然就没有功名。这全然不顾作为大众工具的语言文字习惯，致使其"缺胳膊断腿"。以剥夺他人的自由、健康甚至性命来保护姓名文字的专有权，从这两者的等价可见维护皇权特权达到何等程度。中国法律传统是以绝对皇权为其逻辑起点的法律文化。

因此，到了清末，刑事法制的本质已是极端的特权法。这与人们认为中国法的本质是家族法有细微的差别。特权法包括了维护家族中的特权，家族特权是全部特权中的一个环节，起码逻辑上如此。但王朝的特权法并不以单纯维护家族内的特权为主要任务，那是家族法的任务。不能说皇帝和各级官吏依照父子关系来统治下属，中国就尽皆是家族法。家族的自然性质与君臣的政治性质截然不同。将君臣看作父子的比喻更加说明将皇权设想或比拟为自然的性质，以获得合理性。根据法律史学家朱勇的研究，《大清律例》律文 436 条，90％的条文均是对一般社会成员犯罪与刑罚的规定。有关维护封建伦理秩序的条文仅四十条左右，包括涉及婚姻、继嗣、尊卑关系及亲属之间骂殴杀等方面，在数量上约占总条文 10％。清代律

① 录于中央电视台 2005 年 7 月 2 日中午《百家讲坛》，阎崇年主讲。

例并行，"有例则置其律"。例中涉及伦理秩序条文数的比例稍增于律文内比例，但也不超过15％。而宗族法则不同。在 14 省 30 份清代宗谱中，直接涉及伦理关系的条文占族规条文总数的 37％，高出国家法律相应比例的两至三倍。实际上，在有关"惩过行为"、"尊祖教"、"持家立业"等类的条文中，也贯穿着血缘性伦理原则。① 维持家族内部的伦理秩序，这是宗族法最主要、最直接的任务。不同于国家，宗族成员全体以同祖共宗、血脉一统之关系联结在一起，互相都有着不同亲疏程度的血缘亲属关系。而且宗族共同体不以五服划线，即使是五服之外，只要是同一祖系，即"名分永存"，互相保留尊卑长幼、亲疏嫡庶的伦常关系。宗族权贵又直接以"尊长"身份，统治族众。对于亲属相隐的截然不同的态度，也反映了王朝法与家族法对家族内部义务要求的不同。因此，维护宗族成员之间的伦理关系，对于稳定宗族内部社会秩序、巩固宗族权贵的宗法统治，具有普遍性和直接性意义。国家法律也考虑这一点，但绝不以此为限。皇权专制与自然形成的家族不是同类事物，反皇权特权与反对父子关系不尽等同。

中国固有法制技术细节的精微独到之处，全在于服务于一家之皇朝（而不是遍天下的父母）统治。早在明清之际，中国开明的士大夫对此已有清醒的认识。黄宗羲曾尖锐地指出："三代以上有法，三代以下无法……后世之人主，既得天下，唯恐其祚命之不长也，子孙之不能保有也，思患于未然而为之法。然则其所谓法者，一家之法而非天下之法也。"② 在黄宗羲看来，这种法律实系"非法之法"，他指出："夫非法之法，前王不胜其利欲之私以创之，后王或不胜其利欲之私以坏之。坏之者固足以害天下，其创之者亦未始非害天下者也"。孟德斯鸠同样认为："人们曾经想使法律和专制主义并行，但是任何东西和专制主义联系起来，便失去了自己力量。中国的专制主义，在祸患无穷的压力之下，虽然曾经愿意给自己带上锁链，但都徒劳无益。它用自己的锁链武装了自己，而变得更为凶暴。"③ 法制与专制相结合，就使得法制更加肆意、专制更加嚣张。"由是以君权之无限，虽日日杀人不为过"④。

清末法律文化中的斗争就是维护和反对特权价值观的斗争。人们认识到，维护皇权为核心的专制特权法律文化，是导致落后和腐败的思想工具，最终要被先进的民权法律文化所代替。但这种文化要成为现实的法律制度，需要有一定的条件，需要与原先的思想意识作斗争。改变特权，哪怕是一点点，对专权者来说都是非常难受的事，是极不情愿的，除非它遭到了巨大的外力打击，其主要利益受到了威胁，遇到了前所未有的困难。在有限的局部的防御式的让渡中，清王朝始终以"丢卒保车"的姿态，坚持维护自己的特权，坚守纲常礼教的堡垒。因此，法律文化上维护特权与反特权的斗争是清末修律的主线。清王朝不愿意也不可能放弃刑事法制中的全部特权，只有在维护特权中灭亡了。20 世纪初中国刑法从《大清律例》到《大清新刑律》的转型，就是在这一过程中展开的。

2. 平权价值在战争中显现

中日甲午战争之前，中国刑法如同清朝政权一样虽然已经昭示着颓败，但仍然以不变为

---

① 参见朱勇：《清代宗族法研究》，47～60 页，长沙，湖南教育出版社，1988。
② 黄宗羲：《明夷待访录·原法》，106 页，北京，古籍出版社，1955。
③ ［法］孟德斯鸠：《论法的精神》，上册，张雁深译，129 页，北京，商务印书馆，1987。
④ 张枬、王忍之：《辛亥革命前十年间时论选集》，第 1 卷，下册，704 页，北京，生活·读书·新知三联书店，1977。

策略。甲午战争的失败是一剂醒药。"中日战争意味着古老中国的终结，意味着它的整个经济基础全盘的但却是逐渐的革命化，意味着大工业和铁路等等的发展使农业和农村工业之间的旧有联系瓦解。"① 马克思的这一评价是从经济基础的角度出发的。经济基础影响上层建筑还需要一些环节，其中包括统治集团的意识和行动。"甲午以前，我国朝野士大夫，昧于天下大势，心目中惟以中国处华夏之中，礼义文化远出他邦之上，所有东西各国，非虏即夷，皆不足与我较，此时外交可谓夜郎自大之时期；甲午之役，挫于日本，举国大哗，方知国力为足恃，旧法不足尚，对于外人亦一变前日骄矜之态度，而出之以卑训，前倨后恭，判若两人"② 。此刻变法意识形成，尽管是被迫的。

最高统治者认为，是否需要变法，就看是否有利，"帝党"组织的戊戌变法在掌握实权的"后党"反对中破产。不几年，19世纪初的帝国主义入侵使得最高统治的位置岌岌可危。王亚南在其《中国官僚政治研究》一书中，说得更直截了当："直到八国联军陷大沽，逼天津，破北京，西太后挟光绪帝出奔西北，这爱新觉罗王朝和中国专制的封建官僚统治最后一次最无法掩饰的丑剧才告收场。他们前此应付鸦片战争、英法联军、中日战争时还只表现贪污、颟顸与无能，而这次则全国、全世界明了他们是如何无可救药的顽固、执迷不悟和无知无耻。一切坏的东西一定要让它找机会坏个痛快，才肯罢休的。"不逾两年，慈禧太后拾起了被她践踏过的变法大旗："世有万古不易之常经，无一成不变之治法。穷变通久，见于大易。损益可知，著于论语。盖不易者三纲五常，昭然如日星之照世。而可变者令甲令乙，不妨如琴瑟之改弦。"③

就今天能够见到的资料来看，说慈禧太后一贯反对变法，也是无由的事情，她其实是反对变权，至于具体的"法术"、"甲令乙令"的变化，她才管不了那么多细处，只要不危及她的地位，改弦变令就无所谓。有资料说，1900年6月16日，西方诸国攻打北京时，慈禧召开御前会议，光绪反对招募义和团抗击，遭到慈禧斥责，说"法术不足恃，岂人心亦不得恃乎？今日中国积弱已深，所恃者人心耳，若并人心而失之，何以立国？"④ 对法制落后并不隐瞒。如果认为慈禧戊戌时对待光绪等人就是反对变法，是将大事化小了。慈禧反对的是光绪借变法而变权，脱离垂帘听政。特权才是最重要的。

修律就是维护特权统治的总前提下，出于内忧外患而不得已对特权作了有限的让渡。

在删减旧法时，有人认为除非重的如凌迟、枭首、戮尸等处罚不足以惩戒穷凶极恶之徒，沈家本劝道："顾有唐三百年不用此法，未闻当日之凶恶者独多。且贞观四年断死罪二十九，开元二十五年方五十八，其刑简如此。乃自用此法以来，凶恶者仍接踵于世，未见其少，则其效可睹矣。化民之道，固在政教，不在刑威也。"沈家本还认为：刺字"未能收弼教之益，而徒留此不德之名，岂仁政所宜出此。拟请将刺字款目概行删除"。以盛唐仁政来说明，是为考虑罪犯"人权"的借口。不止是沈家本，刘坤一、张之洞于光绪三十年（1904年），会奏变法恤刑狱9条，要求对笞、杖等罪，仿照外国罚金之法，改为罚银。自古代以来笞、杖二刑终于废弃。同年又议准法律馆所奏：妇女犯笞、杖，照新章罚金。徒、流、

---

① 《马克思恩格斯全集》，第39卷，288页，北京，人民出版社，1974。

② 李大钊：《我国外交之曙光》，载《甲寅》月刊，1917年2月9日。

③ 《光绪朝东华录》，第4册，总第4601页，北京，中华书局，1958。

④ 王俯民：《中华近世通鉴》，上，北京，中国广播电视出版社，1999。

军、遣，除不孝及奸、盗、诈伪旧例应实发者，改留本地习艺所工作，以十年为限，余俱准其赎罪。徒一年折银二十两，每五两为一等，五徒准此递加。由徒入流，每一等加十两，三流准此递加。遣、军照满流科断。如无力完缴，将应罚之数，照新章按银数折算时日，改习工艺。其犯该枷号，不论日数多寡，俱酌加五两，以示区别。光绪三十二年（1906 年），法律馆又奏准将戏杀、误杀、擅杀需拟死罪各案，分别减为徒、流。"自此而死刑亦多轻减矣。"①

缘坐与族诛，原是一种绝对责任，是专制统治阶级为维护政治特权的工具。沈家本认为，缘坐"一案株连，动辄数十人。夫以一人之故而波及全家，以无罪之人而科以重罪。汉文帝以为不正之法，反害于民。北魏崔挺尝曰：'一人有罪，延及阖门，则司马牛受桓魋之罚，柳下惠膺盗跖之诛，不亦哀哉！'其言皆笃论也。""今世各国，咸主持刑罚止及一身之义，与'罪人不孥'之古训实相符合。洵仁政之所当先也。拟请将律例缘坐各条，除知情者仍治罪外，其不知情者悉予宽免。余条有科及家属者准此。"对于缘坐的变革，在阐述中国古代思想的同时，沈家本不得不搬用现代西法中的观念。

对于满汉平等，经数十年的抗争，光绪三十三年（1907 年）九月初三日慈禧下旨："礼教为风化所关，刑律为纪纲所系，满、汉沿袭旧俗，如服官守制以及刑罚轻重，间有参差，殊不足以昭画一，除宗室本有定制外，著礼部暨修订法律大臣议定满、汉通行礼制、刑律，请旨施行，俾率土臣民咸知遵守，用彰画一同风之治。"此后，光绪三十三年（1907 年）十二月初七日同意了沈家本等人的奏议：

> 方今中外交通，法律思想日趋新异，倘仍执旧律划分满、汉之界，不惟启外人轻视之心，尤与立宪前途诸多阻碍。臣等于现行律例详加查考，其满汉歧异之处，同一决责用刑，而民人用笞用杖，旗人独用鞭责；同一发遣定地，而民人应发云贵、两广、新疆者，旗人则发黑龙江宁古塔等处。其他旗人犯罪，或较民人为轻，或较民人为重者，相歧之处尚多，诚如圣谕，不足以昭画一。虽定例之初，原各有因时制宜之道，但纲纪所系，若仍彼此殊异，不足以化畛域而示大公。臣等公同商酌，凡律例之有关罪名者，固应改归一律，即无关罪名而办法不同者，亦应量为变通。除笞杖已改罚金，旗人鞭责业经一体办理外，拟请嗣后旗人犯罪，俱照民人各本律本例科断，概归各级审判厅审理。所有现行律例中旗人折枷各制，并满、汉罪名畸轻畸重及办法殊异之处，应删除者删除，应移改者移改，应修改者修改，应修并者修并，共计五十条，开列清单，恭呈御览。如蒙俞允，即由臣等通行内外问刑衙门一体遵行。庶法权归于统一，足以彰圣主同仁之治。而宪政立有根基，亦可奠万年不拔之业矣。再在外蒙古案件应按蒙古例问拟者，事隶理藩部，此时未便遽议更张，应仍照旧章办理，合并声明。②

降低了刑罚，在另一方面看就是保护或者说是保留了犯罪人的部分权益；强调罪责自负，将个人从家族中独立出来，个人不是家族的附属；强调将个人从种族中独立出来，个人不是种族的附属，个人不以种族而轻重。特权之减、平等之意蕴涵其中。在对这些刑罚变更

---

① 《大清法规大全·法律部》卷首，1 页。清时经过秋审或朝审的案件，分为情实（罪情属实，罪名恰当）、缓决、可矜、留养承祀四类处理。

② 《修订法律大臣奏遵议满汉通行刑律折》，载《大清法规大全·法律部》，卷三，2～3 页。

的说法中，沈家本等人提及中国本土的历史史实，都是中国固有文化的部分，为人们所熟知，避免提及西洋人的历史与做法，同时，也符合当时引入的西方人权（个人之权）的观念。这些改变经受了后来百年历史的考验，少有反复。提醒这一点，在于清末修律既不是全盘西化也不是全然失败。

对于《现行刑法》的制定，沈家本认为应考虑四点：

> 一曰总目宜删除也。刑律承明之旧，以六曹分职，盖沿用《元圣政治典章》及《经世大典》诸书，揆诸名义，本嫌未安，现今官制或已改名，或经归并，与前迥异，自难仍绳旧式，兹拟将吏、户、礼、兵、刑、工诸目，一律删除，以昭划一。

> 一曰刑名宜厘正也。律以笞、杖、徒、流、死为五等，而例则于流之外，复增"外遣"、"充军"二项。自光绪二十九年刑部奏请删除充军名目，改为"安置"，军、流、徒酌改工艺，改笞、杖为罚金，秋审可矜人犯，随案改流，并将例缓人犯免入秋审等因各在案。叠届变通，渐趋宽简，质言之，即"死刑""安置""工作""罚金"四项而已。兹拟将律内各项罪名，概从新章厘订，以免纷歧。

> 一曰新章宜节取也。新章本为未纂定之例文，惟自同治九年以来垂四十年，通行章程不下百有余条，阅时既久，未必尽合于今。兹拟分别去留，其为旧例所无，如毁坏电杆、私铸银元之类，择出纂为定例；若系申明旧例，或无关议拟罪名，或所定罪名复经加减者，无庸编辑。

> 一曰例文宜简易也。律文垂一定之制，例则因一时权宜量加增损，故列代文法之名，唐于律之外有令及格式，宋有编敕，自明以《大诰》、《会典》、《问刑条例》附入律后，律例始合而为一。历年增辑，至今几及二千条。科条既失之浩繁，研索自艰于日力，虽经节次删除，尚不逮十分之二、三。拟请酌加删并，务归简易。①

依据此四点，人们对《现行刑法》的评价颇为消极。如谢振民说："与《大清律》根本无甚出入，与今之《新刑律》亦并未衔接，实不足备新旧律过渡之用"②；江庸在《五十年来中国之法制》一文中也说："是书仅删繁就简，除削除六曹旧目而外，与大清律根本主义，无甚出入"，因而刑法史学家对其不怎么重视。这是有原因的，因为仅就改变的内容看，主要是形式方面，涉及特权本质的不多。看来人们评价的主要标准是权属问题。当然，即使是形式，也会与一定的价值有关。比如，改变六曹分职体现现代司法权的独立、刑名厘正体现刑的宽简、理顺罪名和例文体现法律的便于适用等，无论是形式还是实质，《现行刑律》均迈出了一定的步伐，为后来的刑法还是起到了过渡的作用。比如，总目的删除，在体例上打破了中国数千年来诸法合体的传统形式，为《大清新刑律》直接采用西方资产阶级刑法的体例奠定基础，虽然还没有完全按照西律式样。《大清新刑律》在立法之初就将西方的刑法体例直接移植过来，采用总则和分则的体例表达方式，并没有显示出唐突，就是因为有《现行刑律》的前期铺垫作用。又如，刑名的厘正意味着在中国倡行数千年的刑名体系的解体，由身份刑、身体刑向自由刑期的逐步转化，并增加了罚金。再如，革除了一些与身份有关的犯罪，扩大了民间和民族间的平等。总之，与《大清律例》及清后期的刑事制度相比，特权的

---

① 《清朝续文献通考》，卷 247，9932～9933 页，载《沈家本等奏请编定现行刑律折》。

② 谢振民编著，张知本校订：《中华民国立法史》，下册，1079 页，北京，中国政法大学出版社，2000。

减少和平等的增加是非常明显的。它已成为后来刑事法制变革的基础。因此，我们说，它起到新旧刑律过渡的作用。

对于《大清新刑律》，在制定之初按照以下方案进行：

一曰更定刑名。自隋开皇定律，以笞、杖、徒、流、死为五刑，历唐至今因之，即泰西各国初亦未能逾此范围。迄今交通日便，流刑渐失其效，仅俄、法二国行之；至笞、杖亦惟英、丹留为惩戒儿童之具。故各国刑法死刑之次，自由刑及罚金居其多数。自由刑之名称，大致为惩役，禁锢，拘留三种。中国三流外，有充军、外遣二项。近数十年以来，此等人犯逃亡者十居七、八，安置既毫无生计，隐匿复虑滋事端。历来议者，百计图维，迄无良策。事穷则变，亦情势之自然。光绪二十九年刑部奏请删除充军名目，奉旨允准。只以新律未经修定，至今仍沿用旧例。是年刑部又议准升任山西巡抚赵尔巽条奏，军遣、流徒酌改工艺。三十一年复经臣与伍廷芳议复前两江总督刘坤一等条奏改笞杖为罚金，均经通行在案。是已与各国办法无异。兹拟改刑名为死刑，徒刑、拘留，罚金四种。其中徒刑分为无期，有期。无期徒刑，惩役终身，以当旧律遣军。有期徒刑三等以上者，以当旧律三流，四等及五等，以当旧律五徒。拘留，专科轻微之犯，以当旧律笞、杖。罚金性质之重轻，介在有期徒刑与拘留之间，实亦仍用赎金旧制也。

一曰酌减死罪。死罪之增损代各不同，唐沿隋制，太宗时简绞刑之属五十，改加役流，史志称之。宋用《刑统》，而历朝编敕丽于大辟之属者，更仆难数，颇伤繁细。元之刑政废弛，问拟死罪者，大率永系狱中。《明律》斩、绞始分立决、监候，死刑阶级自兹益密。欧美刑法，备及单简，除意大利、荷兰、瑞士等国废止死刑外，其余若法、德、英、比等国，死刑仅限于大逆、内乱、外患、谋杀、放火、溢水等项。日本承用中国刑法最久，亦止二十余条。中国死刑条目较繁，然以实际论之，历年实决人犯以命盗为最多，况秋审制度详核实缓，倍形慎重，每年实予勾决者十不逮一，有死刑之名而无死罪之实。持较东西各国，亦累黍之差尔。兹拟准《唐律》及国初并各国通例，酌减死罪；其有因囿于中国之风俗，一时难予骤减者，如强盗、抢夺、发冢之类，别辑暂行章程，以存其旧，视人民程途进步，一体改从新律。顾或有谓罪重法轻，适足召乱考。不知刑罚与教育互为消长，格免之判，基于道齐。有虞画像，亦足致垂拱之治，秦法诛及偶语，何能禁胜、广之徒起于草泽，明洪武时所颁大诰，至为峻酷，乃弃市之尸未移，新犯大辟者即至。征诸载籍，历历不爽。况举行警察为之防范，普设监狱为之教养，此弊可无顾虑也。

一曰死刑唯一。旧律死刑以斩、绞分重轻，斩则有断之惨，故重；绞则身首相属，故轻，然二者俱属绝人生命之极刑，谓有重、轻者，乃据炯戒之意义言之尔。查各国刑法，德、法、瑞典用斩，奥大利、匈牙利、西班牙、英、俄、美用绞，俱系一种，惟德之斩刑通常用斧，亚鲁沙斯，卢连二州用机械，盖二州前属于法而割畀德国者，犹存旧习也。惟军律所科死刑俱用铳杀，然其取义不同，亦非谓有轻重之别。兹拟死刑仅用绞刑一种，仍于特定之行刑场所密行之。如谋反大逆及谋杀祖父母、父母等条，俱属罪大恶极，仍用斩刑，则别辑专例通行。至开战之地颁布戒严之命令，亦可听临时处分，但此均属例外也。

一曰删除比附。考《周礼》大司寇有县刑象于象魏之法，又小司寇之宪刑禁，土师之掌五禁，俱徇以木铎，又布宪执旌节以宣布刑禁；诚以法者与民共信之物，故不惮反复申告，务使椎鲁互相警诫，实律无正条不处罚之明证。《汉书·刑法志》："高帝诏狱疑者廷尉不能决，谨具奏附所当比律令以闻"，此为比附之始。然仅限之于疑狱而已。至隋著为定例，即《唐律》"出罪者举重以明轻，入罪者举轻以明重"是也。《明律》改为引律比附加减定拟，现行律同。在唐神龙时赵冬曦曾上书痛论其非，且曰"死生罔由于法律，轻重必因乎爱憎，受罚者不知其然，举事者不知其法"，诚为不刊之论。况定例之旨，与立宪尤为抵牾。立宪之国立法、司法、行政三权鼎峙，若许司法者以类似之文致人于罚，是司法而兼立法矣。其弊一。人之严酷慈祥，各随禀赋而异，因律无正条而任其比附，轻重偏畸，转使审判不能统一。其弊又一。兹拟删除此律，于各刑酌定上下之限，凭审判官临时审定，并别设酌量减轻、宥恕减轻各例，以补其缺。虽无比附之条，至援引之时亦不致为定例所缚束。论者谓人情万变，断非科条数百所能赅载者。不知法律之用，简可驭繁。例如，谋杀应处死刑，不必问其因奸、因盗，如一事一例，恐非立法家逆臆能尽之也。

一曰惩治教育。犯罪之有无责任，俱以年龄为衡。各国刑事，丁年自十四以迄二十二不等，各随其习俗而定。中国幼年犯罪，向分七岁、十岁、十五岁为三等，则刑事丁年为十六岁以上可知。夫刑罚为最后之制裁，丁年以内乃教育之主体，非刑法之主体；如因犯罪而拘置子监狱，熏染囚人恶习，将来矫正匪易，如责付家族，恐生性桀骜，有非父兄所能教育，且有家本贫窭无力教育者，则惩治教育为不可缓也。按惩治教育始行之于德国，管理之法略同监狱，实参以公同学校之名义，一名强迫教育，各国仿之，而英尤励行不息，颇著成绩。兹拟采用其法，通饬各直省设立惩治场，凡幼年犯罪，改为惩治处分拘置场中，视情节之重轻，定年限之长短，以冀渐收感化之效，明刑弼教，盖不外是矣。

编辑蒇事，复命馆员逐条详考沿革，诠述大要，并著引用之法，以析疑义。除分则续行呈进外，谨将总则一编先行缮具清单恭呈御览。伏祈饬下宪政编查馆照章考核，请旨施行。抑臣更有请者，作事艰于谋始，徒法不能自行，修订法律，就时局而论，至为密切，而殊不便于畏难苟安之州县，蹈常袭故之刑幕。将欲实行新律，必先造就人材。近年各省遵旨设立法政学堂，叠见奏报，拟请明谕各督抚认真考核，力筹推广，务使阖省官绅均有法律知识，则一切新政可期推行无弊，实与预备立宪大有关系。①

以上将原文全部引出，是要说明被称为 20 世纪刑事法制变革的重大事件——中国刑事法制的转型起点在当时的确切状况。我们看到，当时并不认为修律是不同以往的革命性举动，与前面的修改相比，这一次无非明显增加了删除比附一条，其他的仅是对以前修改的认同。

在修律的根据方面，有中国古代的特别是唐律的，有西方的，时有所侧重。但并非唐律或西方的都选取，体现了修律者的主动性思想，其中立宪或权力分化是重要的根据，这体现在删除比附一条中。按理说，当时西方刑法中罪刑法定原则已经成形，可以直接引据，但为何没有提及？却主要依据中国古代法律适用原则，同时为增加说服力，搬出立宪的三权分立

---

① 《大清光绪新法令》，第 19 册，26～28 页，载《修订法律大臣沈家本等奏进呈刑律草案折》。

理论。除了在最后说明新政与预备立宪是修律的目标，在其他的部分中均未提及。笔者个人揣测，沈家本已经预感到，删除比附已经不是律学中的技术性修改，是与政治体制相联系的，因此避免对西洋根据的强调，尽管在新律中有明文规定。因此，权力的问题成为修律之根本又是难以直接予以明说的事。而每一次变更，都是对旧有权力秩序的或轻或重的影响或颠覆。

《大清新刑律》的总则和分则后还附有《暂行章程》。其主要内容有：（1）凡危害帝室罪、内乱、外患罪及杀伤尊亲属罪，"处以死刑者，仍用斩"。（2）凡犯毁弃、盗取尸体罪、发掘尊亲属坟墓等罪，"应处二等徒刑以上者，得因其情节仍处死刑"。（3）凡犯强盗罪者，也可"因其情节仍处死刑"。（4）与无夫妇女通奸构成犯罪，双方都要判处刑罚。（5）"对尊亲属有犯，不得适用正当防卫"。对《暂行章程》，我们也应该予以客观的评价。总的来说，《暂行章程》的条目虽少，但却是势力强大的"礼教派"坚持要求写入的内容，也是他们心目中修订刑律的重要前提。首先，对危害皇权或清王朝统治的行为，仍然采取刑罚加重的原则，如第1、第2条即属此类。其次，强调对封建纲常礼教的维护，如对于"无夫奸"，新刑律中未定罪，《暂行章程》强行写入；对于毁弃、盗取尊亲属尸体，新刑律已规定比常人加重的刑罚，但《暂行章程》又规定可在此基础上再加重至死刑；对于新刑律规定的正当防卫制度，《暂行章程》补充了对尊亲属不适用的限定条件。再次，仍然采用封建的重刑主义，反对刑罚中的人道主义，如第1条的规定否定了新刑律关于死刑唯一的原则。总之，《暂行章程》集中反映了以"礼教派"为代表的封建顽固势力的观念和主张，维护皇权和家族权这些等级中的特权意识。因此有人认为有了它，就使得"这部法律具有更浓厚的封建色彩"。但这过于苛求，在专制皇权时代，不特别保护皇权和等级制度，立法又如何出台？这高估了立法者（实际上是起草者）的权力和能量。况且，这五条仅是列为《暂行章程》，非正条也。就其内容来看，充其量是对正条中与其有关犯罪的刑罚的适用，不是规定新的犯罪。这种妥协是有限的，不能以《暂行章程》的局部来否定《大清新刑律》的整体，应当说瑕不掩瑜。当然，妥协也意味着与特权法律文化斗争的激烈和特权法律文化仍具有较强的势力。

当时对"子孙对尊长的侵害能否适用正当防卫"、"和奸无夫妇女罪"争议较大，成为法理和礼教两派斗争的焦点，故一直为历史学家关注，有大量的论述。但就这两条的内容看，系关家族内部的具体关系，涉及家庭伦理或礼教，皇室并不是特别在意的，反而地方官员却贯注了极大的兴趣。因为家族中等级的存在既有利于皇统，也有利于这些"父母官"，任何的否定都是对他们特权的打击。故而特权体制是一个整体，君臣以外还有其他阶层，同皇室一样，他们对否定等级的任何主张都强烈愤慨。反特权，并不等于废除皇帝一个任务。

对于《大清新刑律》的价值作用，世人多有议论，我们这里透过礼教派的责难，来作映衬。张之洞针对新律中有关民主平等的内容时指出："知君臣之纲，则民权之说不可行也；知父子之纲，则父子同罪免丧废祀之说不可行也；知夫妇之纲，则男女平权之说不可行也。"否则便"纲纪不行，大乱四起"[①]。劳乃宣更将清朝之丧归因于此："修律则专主平等自由，

---

① 张之洞：《劝学篇·明纲》。

尊卑之分、长幼之伦、男女之别一扫而空之。不数年而三纲沦、九法殄，纲纪法度荡然无存，一夫振臂天下土崩，而国竟亡矣。"① 将修律与清亡联系在一起，有些夸大其词，可能有责备他人"不听我言、酿成大祸"的意思，但新律重视平等、反对特权起了重大作用是真实的。只要能够在反特权求平等的道路上前进，哪怕是一点点，都是现代性，都是进步。

三、民国初期平权与特权价值观的交替

武昌起义后，临时政府注重民权。在袁世凯政府的《暂行新刑律》前，独立省份颁布了军令，一是维护社会秩序，特别强调商业秩序；二是保护权利，重点是外邦人士和商人的权利。保护商业和商人，是为了满足物资流通，保障供应，而保护外邦人士的权利，是一种策略，集中力量打击清军。对此，武昌的外籍人士承认说："我们也没有想到，革命军在这里统治着，秩序竟然很好。"② "武昌到处人满，商店都开门，生意很好，人民安居乐业。"③ 因为保护了他们的利益，语言中可能带有赞许的成分，但用军令的形式对军队的暴力予以制约，使得生活秩序未尽然破坏，这是事实不假。军令的重心是制约军人，保护民权，同时发出官兵一致的要求，这与清王朝维护等级特权截然不同，必然得到平民的拥护。颁布后，对严明军纪起到了一定的作用。正像后来有人回忆说："军队寄寓民家，绝不妄取一物。如有所借贷，必按时交还。升米斤油之类，请其勿用交还，亦必坚决偿还。至于买卖，则公平交易，不见强买勒卖的行为。"④ 这些话，可能有些绝对，但确实说明一些禁令颁布后，军队的自律性是比较好的。

单就这些零散的军令，还不能维护整个国家的秩序。中华民国临时政府暂时援用作适当修改《大清新刑律》，是有效的办法。清律中有关民间秩序的部分当时还是较适合的，得到了新法官的认可，并不因为政权的更替而绝对无效，说明清末修律成果有一定的包容性。经过数十年的文化上的斗争，皇室已为世人鄙视，皇权正为各省抛弃，等级中的最重要一环"君为臣纲"也从法律中革除。1919 年 3 月 21 日，孙中山将司法总长之呈文咨请参议院审议。指出："窃自光复以来，前清政府之法规既已失效，中华民国之法律尚未颁行，而各省暂行规约，尤不一致。当此新旧递嬗之际，必有补救方法，始足以昭划一而示标准。本部现拟就前清制定之民律草案、第一次刑律草案、刑事民事诉讼法、法院编制法、商律、破产律、违警律中，除第一次刑事草案关于帝室之罪全章及关于内乱罪之死刑，碍难适用外，余皆由民国政府声明继续有效，以为临时适用法律，俾司法者有所根据。""查编纂法典，事体重大，非聚中外硕学，积多年之调查研究，不易告成。而现在民国统一，司法机关将次第成立，民刑各律及诉讼法，均关紧要。该部长所请，自是切要之图，合咨贵院，请烦查照前情议决见复。"⑤ 25 日，参议院召开审议会，议定交"法律审查会审查"⑥。28 日继续审议，嗣

---

①　劳乃宣：《论古今新旧》，载《桐乡劳先生遗稿》。

②　《苏古敦致安格联第 113 号函》，载《帝国主义与中国海关》，北京，科学出版社，1959。

③　《苏古敦致安格联第 118 号函》，载《帝国主义与中国海关》，北京，科学出版社，1959。

④　余家菊：《回忆录》，69～70 页。转引自张国福：《中华民国法制简史》，58 页，北京，北京大学出版社，1986。

⑤　《大总统据司法总长伍廷芳呈请适用民刑法律草案及民刑诉讼法咨参议院议决文》，载《临时政府公报》，1912 年 3 月 24 日第 47 号。

⑥　《参议院议事录》。

后凡关于民事案件，应仍照前清现行律中规定各条办理。唯一面仍须由政府饬下法制局，将各种法律中与民主国体抵触各条，签注或签改后，交由本院议决公布施行。应即咨请查照办理。①

有学者对"暂行援用"原因的解释是，"南京临时政府所以要援用清末的法律，既有客观原因，也有主观因素。就客观看，南京临时政府成立后，一方面，百事待举，另一方面，正在南北议和，谋求妥协的'统一'事业，无暇组织力量，制定法典。就主观看，中国民族资产阶级当时虽然是新生的阶级，是民主主义革命的力量，但是，它也是一个剥削阶级，而且与帝国主义和封建地主阶级有千丝万缕的联系，因此，它可以将清末的法律，适当地加以删改，暂时援用"②。解释中的根据是阶级理论，同是"剥削阶级"就会共同使用同样的法律，较为牵强。以此理论难以说明袁世凯政权对清律作适当修改后出台《暂行新刑律》的举动。

此外，还有旧政权时代的法学人才的继用。当指派伍廷芳为司法部总长后，社会舆论"颇多群疑"时，孙中山在1912年1月6日于南京答《大陆报》记者问，明确指出："伍君上年，曾编辑新法律，故于法律上大有心得，吾人拟仿伍君所定之法律，施行于共和民国……中华民国建设伊始，宜首重法律，本政府派伍博士任法部总长，职是故也。"③对伍廷芳的疑虑，是认为他是清朝旧臣，宠幸之人，是以政权为标准的，而孙中山是以"专业"为根据，用其技术所长，一方面说明治国之法律是专业性技术，另一方面，并不是对旧政权中的一切均予以抛弃，得民心的还是当用。可见，人们对《大清新刑律》中民权内容的增长还是肯定的。

许多学者也按照上述理论来说明袁世凯政权的《暂行新刑律》也具有现代特征。表面上确实看不出它与中华民国临时政府的"暂时援用"的差别，但是我们将其对照就会发现一些问题，从而看出袁世凯政权的价值观区别。

笔者在检索时发现，南京临时政府时期浙江省和伍廷芳呈文中都着重提到了删减"内乱罪"条文，但在北京政府的《暂行新刑律》中并未被删减，这就形成了《暂行新刑律》与临时政府的"暂时援用"的重大区别，而这一点并未被学者关注。因此，为了说明这一区别，列《大清新刑律》有关内乱罪的条文如下④：

第一〇一条　意图颠覆政府、僭窃土地及其他紊乱国宪而起暴动者，为内乱罪。依下列分别处断：

（一）首魁，死刑或无期徒刑；

（二）执重要事务者，死刑、无期徒刑或一等有期徒刑；

（三）附和随行者，二等至四等有期徒刑。

意图内乱，聚众掠夺公署之兵、弹药、船舰、钱粮及其他军需品，或携带兵器公然占据都市，城寨及其他军用之地者，均以内乱既遂论。

---

① 参见《参议院议决案汇编》，甲部一册法制案，119页，北京，北京大学出版社，1989。
② 张国福：《中华民国法制简史》，86页，北京，北京大学出版社，1986。
③ 《孙中山全集》，第2卷，14页，北京，中华书局，1982。
④ 参见《大清新刑律》。

第一○二条　第一○一条之未遂犯，罪之。

第一○三条　预备或阴谋犯第一○一条之罪者，处一等至三等有期徒刑。

第一○四条　知预备内乱之情而供给兵器、弹药、船舰、钱粮及其他军需品者，处无期徒刑或二等以上有期徒刑。

第一○五条　暴动者违背战斗上国际成例，犯杀、伤，放火、决水、掠夺及其他各罪者，援用所犯各条，依第二十三条之例处断。

第一○六条　犯本章之罪，宣告二等有期徒刑以上之刑者，褫夺公权，其余得褫夺之。

《暂行新刑律》中既不对其罪有改，也不对其刑有减，一字未变。唯一可以解释的是当权者袁世凯与革命者的价值观和权益要求是不同的，反映到刑法中就有不同的义务规定，就是说，袁世凯是政权的拥有者，对维护政权的原法条，也一样照搬。就这一点可以看出袁世凯政权存在的（或者说是潜在的）与皇权一致的特权专制性质。

《暂行新刑律》是直到南京国民政府制定刑律前一直沿用的刑律。1912 年 8 月 12 日，北京政府还公布了《暂行新刑律》的施行细则，内容是①：

第一条　在旧刑律时，一罪先发，已经确定审判，余罪在新刑律施行后始发者，依该律第二十四条第一项规定，更定其刑。

第二条　在旧刑律时，已经确定审判之案，于暂行新刑律施行后发觉为累犯者，依该律第十九条，第二十条规定，更定其刑。

第三条　在旧刑律时，一罪先发，已经确定审判，余罪在暂行新刑律施行后始发，并与累犯互合者，依该律第二十五条之例处断。

第四条　新刑律未施行前，已经确定审判而未执行，及遣、流、徒案件在执行中者，按照暂行新刑律之规定，分别执行如下：

一　现决人犯，无论斩，绞，均处绞刑；

二　秋后人犯，例入情实者，处绞刑；

三　秋后人犯，情实，例应声叙免勾，或改缓，及例入缓决者，处无期徒刑；

四　秋后人犯，例应减遣者，处一等有期徒刑十二年；

五　秋后人犯，例应减流者，处一等有期徒刑十年，应减徒者，处三等有期徒刑三年；

六　永远监禁人犯，仍处无期徒刑：其监禁若干年者，按照所定年限，处有期徒刑，但不得逾十五年；

七　遣刑人犯，例应实发者，处一等有期徒刑十二年；

八　流刑人犯，例应实发满流者，处一等有期徒刑十年；流二千五百里者，处二等有期徒刑八年；流二千里者，处二等有期徒刑六年；

九　遣、流人犯，例不实发者，均照原定年限，处有期徒刑；

十　徒刑人犯，按照徒役年限，处有期徒刑；

---

① 参见《现行法令全书》，上册第二编，120～121 页，北京，中华书局，1925。

十一 监候待质人犯，已定罪者，无庸待质，按照所定之刑，依以上各项，分别执行；其未定罪者，再行审理，宣告其罪刑或放免之；

十二 凡改处徒刑人犯，从前受刑期日，均准算入刑期。

第五条 前条第一款、第二款，应候复准文到三日内执行；其余各款，于颁布本则之公报到后七日内执行。

第六条 前条及暂行新刑律第四十条之复准，由司法部行之。

第七条 死刑案件，如犯人系孕妇或罹精神病，虽经复准，非产后满百日或精神病瘟后，不得执行。

第八条 特赦、减刑或复权，由司法总长呈请于大总统，或由大总统交司法总长议复后，宣告之。

第九条 无期徒刑以下各刑，除第五条所规定外，于审判确定后次日执行，但须报告于司法部。报告程序，以司法部令定之。

第十条 本则于暂行新刑律施行法颁布后，废止之。①

该施行细则表达了这样的观念：其一，在未定罪时，依新刑律（即《暂行新刑律》）。其二，已经审判定罪的，依然行刑；并未考虑国体性质的改变而导致罪的变化，也未提及新旧刑法矛盾时如何解决，体现了与清政权衣钵相继承的意味。其三，绝对的死刑唯一，即绞。其四，对孕妇和精神病人，体现了人道精神。虽然有进步也有保守之处，但相比较，废弃罪刑法定、维护政治特权反映了根本性的价值观。于是当袁世凯政权稳固以后，如同其他专制者一样，就不满意于近代十余年所倡导的平等和反特权的态势，力求用法律来维护既得的权力。1912年年底，袁世凯发布《整饬伦常令》，即称："中华立国，以孝悌忠信礼义廉耻为人道之大经。政体虽更，民彝无改。""为此申明诰诫：须知家庭伦理、国家伦理、社会伦理，凡属文明之国，靡不殊途同归。此八德者，乃人群秩序之常，非帝王专制之规也。""惟愿全国人民，恪循礼法，共济时艰。"② 明确表露了对等级秩序的坚持。

为了准确的评价，我们将《暂行新刑律补充条例》引于下：

第一条 刑律第十五条于尊亲属不适用之；但有下列情事之一者，不在此限；

一 嫡母，继母出于虐待之行为者；

二 夫之尊亲属出于义绝或虐待之行为者。

第二条 藏匿刑事暂保释人者，处四等以下有期徒刑，拘役或三百元以下罚金。意图犯前项之罪而顶替自首者，亦同。刑事暂保释人之亲属，为暂保释人利益计而犯前二项之罪者，免除其刑。

第三条 二人以上共犯刑律第二八五条之罪，及第二八六条关于奸淫之罪，而均有奸淫行为者，处死刑或无期徒刑。

第四条 犯强奸之罪，故意杀人者，处死刑。

第五条 强制亲属卖奸或为娼者，依下列处断：

一 女、孙（女）及子、孙之妇，五等有期徒刑或拘役；

---

① 此后并未颁布暂行新刑律施行法。

② 袁世凯：《整饬伦常令》，载《民国经世文编·道德》。

二 妻及在监督权内同居之卑幼,三等以下有期徒刑。

第六条 和好良家无夫妇女者,处五等有期徒刑或拘役。其相奸者,亦同。前项之罪,须相奸者之尊亲属告诉乃论;但尊亲属事前纵容,或事后得利而和解者,其告诉为无效。

第七条 犯刑律第二八九条,第二九条或前条第一项之罪,虽未经有告诉权者之告诉、而因奸酿成其他犯罪时,仍应论之。

第八条 尊亲属伤害卑幼,仅致轻微伤害者,得因其情节,免除其刑。

第九条 依法令、契约担负扶助、养育、保护义务,而强卖、和卖其被扶助,养育,保护之人者,依刑律第三四九条、第三五一条、第三五二条及第三五五条处断。其予谋收受或藏匿被强卖、和卖人者,依前项各条处断,未予谋者,依刑律第三五三条第二项处断。

第十条 三人以上,携带凶器,共同犯刑律第三四九条至第三五二条各第一项之罪者,各依本刑加一等。其本刑系无期徒刑者,得加至死刑。

第十一条 行亲权之父或母,得因惩戒其子,请求法院施以六个月以下之监禁处分;但有第一条第一款情事者,不在此限。

第十二条 刑律第八二条第二项及第三项第一款称妻者,于妾准用之。第二八九条称有夫之妇者,于其家长之妾准用之。本条例第一条第二款称夫之尊亲属者,于妾之家长尊亲属准用之。第五条称妻、子孙之妇及同居之卑幼者,于己之妾、子孙之妾及同居卑幼之妾准用之。第八条称卑幼者,于卑幼之妾准用之。

第十三条 第九条之未遂犯,罪之。

第十四条 犯第四条及意图营利犯第九条之罪者,褫夺公权;犯第二条第一项、第二项,第五条,第九条之罪者,得褫夺之。

第十五条 本条例自公布日施行。①

《补充条例》全面贯彻袁世凯提出的"以礼教号召天下,重典胁服人心"的原则。总的说,主要包括两个方面。第一,增加等级关系方面的犯罪,主要是加强对家族家庭伦常、礼教秩序的维护,进一步明确尊卑长幼亲疏男女的差别。其中有:承认卑亲属无防卫权,扩大亲属相隐的范围,对于亲属之间犯藏匿刑事暂保释人或为藏匿而顶替、自首罪者,免除其刑;扩大和奸罪范围,对和奸良家无夫妇女作了处罚规定;尊亲属伤害卑亲属,减轻处罚;父母惩戒其子,可请求法院施以六个月以下监禁等。第二,增加刑罚。在具体罪行的 12 条中增加了三处死刑。这里以第 10 条"携带凶器"实施略诱妇女或不满二十岁男子罪为例,该罪刑罚从无期徒刑"得"加至死刑。那么,"携带凶器"和"得"二词使得罪的规定变得模糊,刑罚加重,因为"凶器"比武器的范围要大得多,从小刀棍棒到枪支、爆炸物都可能视为凶器。同时,这仅是"携带",而不是用以伤杀人或者配备着作为犯罪的手段或者抗拒抓捕等。"得"是必须,死刑意味着"绝对刑"。还规定了共同犯罪,但未区分首从。以极刑来规范轻重悬殊的犯罪,是贬低人的生命,是立法杀人也。第三,承认妾的地位,在法律上认可一夫多妻。从这些权益失衡看,它是清末的倒退。

---

① 《现行法令全书》,上册第二编,122~123 页,北京,中华书局,1925。

1914 年，袁世凯令章宗祥等人修正《中华民国暂行新刑律》，对于袁政权的刑法修正案，据编查会呈称，其精神约有三端：第一，是"立法自必依乎礼俗"，即修订法律要根据风俗习惯，并要维护封建礼教。根据这一点，修正有四："一则于总则增入亲族加重一章"，即"对于直系尊亲属犯罪者，加重本刑二等，对于旁系尊亲属犯罪者，加重本刑一等，并规定因亲属而加者，许其加至死刑"。二则考虑到"东西各国民法，母党与父党并尊"，而中国封建刑法外祖父母"往往与期亲尊长（即父母等）并论，且有上同祖父母父母者"，因此在"直系尊亲属内加入外祖父母一项"。三则吸收《暂行新刑律补充条例》的内容，规定对尊亲属不得适用正当防卫，与无夫之妇和奸者治罪。四则"尊长对于卑幼于奸非章增强制卖奸之条，于略诱章著强卖和卖之罪"。综上四者，加强了对封建礼俗的保护。第二，是"立法自必依乎政体"，即修正法律要根据北洋军阀政权的性质，并保护该政权的反动统治。根据该精神，修正案首先考虑到"一国之元首，既胥一国而推举之，自应胥一国而尊敬之"，因此，增加了"侵犯大总统罪"一章，规定"对于大总统加危害或将加者处死刑"等，并用极刑来应对该罪的未遂甚至预备，特别保护窃国大盗袁世凯个人的人身安全。其次，由于中国盐税"岁人几与田赋相埒"，为了保护袁世凯政府的财政收入，增加了"私盐罪"一章，规定盐业为伪政府专利，凡是私卖私贩者，予以严惩。第三，是"立法又必视乎吏民之程度"，即修正法律要考虑当时人民反抗北洋军阀日众和法官经验不足的情况。根据该精神，修正案首先考虑到法官的经验不足，将原案允许法官量刑有较大伸缩范围，改为固定的一等刑罚。其次，袁世凯政府由于财力不足，无力修建大量监狱，关押人民，故除把许多较重徒刑改为死刑外，将一等有期徒刑从 15 年减为 12 年，"每级以三年为一等，五等徒刑定为三月未满一日以上，而删除拘役之刑"。这样，从表面上来看，修正案好像是减轻了刑罚，但实际上既保证了北洋政府对人民的镇压，又减轻了它们的财政困难。[①] 该修正案体现了袁世凯用刑法来维护政权的设想。修正刑法草案告竣，1915 年 2 月 17 日，法律编查会便呈请伪大总统饬下法制局审核。该局审核后，又提交参政院核议。该案未议决公布，袁世凯复辟帝制便失败了。

四、南京国民政府刑法典中价值的变化

在"三五刑法"之前，国民政府有"二八刑法"，为第一部刑法典。后有学者对"二八刑法"作总体评述，可见其价值观：

> 一、采用最新法例，有如原则从新法，若新法重于旧法，则以刑轻者为准。犯罪有因果关系，至犯人有无责任，则以能预见结果者为准。累犯有普通特别之别，杀人有谋杀、故杀之分，内乱罪只以着手实行即为成立，伪造文书罪只足损害他人即为成立，过失之范围有确定解释，防卫及紧急行为之范围有明文限制是也。
>
> 二、审酌国内民情，亲等之计算法与服制图大致适合，亦为旧日习惯所公认。至第283 条、第 289 条杀旁系尊亲属者处死刑、无期徒刑，同谋者处 5 年以上、12 年以下有期徒刑，第 284 条凡预谋杀人及有残忍之行为者，皆处死刑，既为大多数通行立法例，就吾国一般民众心理言之，尤有规定之必要。

---

① 参见修订法律馆编：《法律草案汇编》中《修正刑法草案》。

三、实行本党政纲，暂行律第 224 条工人同谋罢工者，首谋处四等以下有期徒刑，与《国民党党纲》保护劳工之意不符，本案概行删去。又如妨害农工商业，其有妨害民生者，本案特定专章，以示注重民生之意。

四、参照犯罪事实，社会进步，犯罪方法亦不同，例如抢夺罪与强盗不同，海洋行劫比强盗罪尤应加重，本案则特设专章。恐吓罪内近以掳人勒赎者为最多，鸦片罪外有吗啡、高根、海洛因皆为毒物，本案则特设专条，以应时势之需要。至于废过失加重之例，增专科罚金之条，改易科罚金之数，其应并科罚金者，不问其曾否得利，以及缓刑年限之缩短，责任年龄之改定，皆视犯人之个性资力以为区别，尤与刑事政策大有裨益。又其编次章次，较暂行律为优，例如骚扰罪与妨害秩序罪同一妨害秩序；妨害水利交通卫生者，同一妨害公安，暂行律各为一章，本案则合并之。杀人与伤害，犯罪之结果不同；窃盗与强盗，被害之法益不同，而暂行律合为一章，本案则分定之。其最为扼要者，则刑期长短，各按犯罪情形分别规定，而废去等级制度，使司法官不得任意高下。至科刑之轻重与加减，则仿德、瑞最新法例，胪举司法官应行注意事项，以为科刑标准，即本案第 76 条所定是也。至暂行律第 119 条、第 123 条，由最高徒刑至罚金，设躐等之规定，极欠妥协，本案分别补入。通观本案全体，按之学理，证之事实，均极允当，洵为完善之刑法。①

"二八刑法"虽然起草和审查比较仓促，时间上紧迫，审查的人数较少，关于刑法的知识和经验有限，但是，提出的基本要求，适当考虑了社会进步、吸收世界之先进之理论，也贯彻国民党的刑事政策，为后面制定刑法作了铺垫。刑法结构上遵照清末修律所制定的体系，也注意吸收最新的法例。在犯罪理论上吸收关于犯罪实质的法益理论，以此来设定犯罪及其刑罚。要求考虑行为人的主观方面，重视累犯。还注意保护劳工和民生。在刑事责任方面，要求法官注意正当防卫和紧急避险，承认行为人所具有的在行为时的正当因素。对刑法原则，规定了罪刑法定原则的新表述。在刑罚理论上，确认了科刑的加减标准，目的是"废去等级制度，使司法官不得任意高下"，制约司法权。总体上看，该刑法在追求平等的道路上是前进了，而不是后退。有人以杀害旁系尊亲属及残忍杀人处死刑（或无期徒刑），看作是封建的表现。笔者认为不能这样戴帽子，因为就人身危险性的角度看，罪犯已失怜悯之人性，情当重惩。所谓封建当指保护封建特权而言。

"三五刑法"是南京国民政府的最后一部刑法典。在"二八刑法"颁布没有几年后即修订刑法典，其理由是："国民政府于十七年三月颁布《中华民国刑法》，同年九月一日施行，是为刑名之总汇，全国所应奉以为准绳者也。乃于刑法之外，又有各种特别刑事法令，或颁行在前，而沿用未废；或制定在后，而变本加厉，如《禁烟法》，则刑法鸦片罪之特别法也；如《危害民国紧急治罪法》，则刑法内乱罪、外患罪之特别法也；如《惩治盗匪暂行条例》，则刑法强盗罪之特别法也；如《惩治绑匪条例》，又专就盗匪中之绑匪而为规定，则特别法之特别法也；如《惩治土豪劣绅条例》，则刑法诈欺、侵占、恐吓及妨害自由等罪杂糅而成之特别法也。此尤就中央颁布之法令而言，更有各省自订之单行条例，如东北及广东之《惩办盗匪暂行条例》，则又于中央之《惩治盗匪暂行条例》以外，别自施行者也；如山西、河

---

① 谢振民编著，张知本审校：《中华民国立法史》，下册，903 页，北京，中国政法大学出版社，2000。

北、河南、浙江等省之《惩治制贩毒品暂行条例》，则又于中央之《禁烟法》以外，别自施行者也；凡此种种，大抵欲矫社会上一时之弊病，而特设严刑峻法以威之。然而夷考其实，收效几何，犯罪人数，有增无减。其尤甚者，省自为政，徒使国家大法，呈支离分裂之象，不独法官适用条文，时感困难，抑且予外人之觇国者以讥评之口实，于理无据，于势不便，诚非法治之国所宜出此。拟请凡刑法中已定有刑名者，其各种特别刑事法令，均予分别废止，如确非得已而必需暂留者，应明定施行期间，并不得延展。所订之刑事单行条例，均与中央法令抵触，尤应一律废止，以示划一，而新耳目，实于顺应舆情，收回法权，均有裨益。"① 戴传贤等12人提议《划一刑法补充办法案》，也是同样的理由："查刑法上已定有刑罚之罪，其歧出之各种特别刑事法令，应予分别废止，已另拟划一刑法案，提请公决，此就平时概括而言也。若万不得已为国家自卫起见，而入于有兵时期，依照《戒严条例》第2条所定，戒严地域分为两种，一警备地域，二接战地域。在此两种戒严地域以内，为确保当地之安宁秩序，自与寻常情形不同，关于刑事案件，原有特别法者，仍先适用特别法，无特别法者，适用刑法，系属一时临时紧急处置。其他地方在戒严地域以外者，则均照划一刑法提案办理，庶几守经达权，两得其当。"② 两方面共同的看法是针对特别法的。特别法规定了特别之权，其中较多的是司法特权，与社会法治对立，冲击刑事法治，也与刑法发展趋势不合。只不过戴传贤等的提议是折中法，给特别法让渡了一个缺口，即战时特定区域，对特别法以限制，算作是妥协。全会于第2次会议决议："交政治会议将各种特别法分别废止，如确非得已，而必需暂留者，应明定施行期间。"中央政治会议于第302次会议决议交居正、覃振、罗文干审议。中央政治会议第28次临时会议决议："《惩治绑匪条例》、《惩治土豪劣绅条例》、《暂行特种刑事诬告治罪法》、《贩运人口出国治罪条例》，均照审查意见废止，交国民政府执行。"国民政府即于1932年4月15日明令将上述特别法废止。《禁烟法》复经居正等审查，认为应交立法院修正，而《危害民国紧急治罪法》、《惩治盗匪暂行条例》亦尚未可遽废，应仍继续施行，自然是考虑到党治军治的需要。时立法院正着手修改刑法，俟修订完成，此各刑事特别法令即可完全废止。③

划一刑法案的提出，是刑法修正的前提。修正案即着手进行。为避免仓促，起草刑法典时，还做了些基础工作。

一是征集修律建议。刘克俊等认为修正刑法非同小可，一方面应依据最新刑法学说，并采择世界各国最新立法例从事整理，另一方面尤应对于我国刑法实施上究有何窒碍之点，周谘博访，以期斟酌妥善，特呈请立法院咨司法院转饬司法行政部、最高法院及各级法院、各省律师公会拟具改订刑法意见，以备采择。惟以抗战发生，各方贡献意见，延至1932年9月间始陆续寄到，刑法起草委员会逐一详加审查，酌量容纳，于是着手起草修正案，至是年年终，将《刑法总则编》修改完竣。至1933年1月，立法院以刑法亟待修订颁行，特加派徐元诰、赵琛、盛振为、瞿曾泽会同起草，该委员会旋开会将刑法总则编修正草案提出逐条详加研讨，至4月审查完毕。

二是开展司法调查。刑法起草委员会为求刑法修正案切合实际情形、易施行起见，各起

① 谢振民编著，张知本校订：《中华民国立法史》，下册，916页，北京，中国政法大学出版社，2000。
② 谢振民编著，张知本校订：《中华民国立法史》，下册，917页，北京，中国政法大学出版社，2000。
③ 参见谢振民编著，张知本校订：《中华民国立法史》，下册，919页，北京，中国政法大学出版社，2000。

草委员会先后赴天津、济南、北平、洛阳、西安、苏州、无锡、上海、杭州等处调查司法状况及监狱情形，并征询各界对于现行刑法（即"二八刑法"）意见，以供草订修正案之参考。7 月，立法院休会，起草委员等齐集青岛开会，历时月余，将刑法分则编修改完竣。该委员会又继续开会，将全部修正草案逐条提出缜密讨论，至 12 月间完成《刑法修正案初稿》，计分 2 编 48 章，共 345 条。①

三是征求对草案的意见。刑法起草委员会编定《刑法修正案》初稿，即刊印千册，分送各报馆、各法学杂志社、各大学、各地律师公会，并咨送司法行政部发交各级法院，征集对于该稿之批评或意见，限于 1934 年 3 月 1 日以前寄回参考。至 4 月初旬，该委员会先后收到各方意见文稿共 50 余份，分别参酌整理，复函请司法院、司法行政部、最高法院各派代表到会陈述，于 4 月下旬，将修正案初稿，重加整理完毕。5 月 5 日，立法院院长孙科函邀司法行政部罗文干、石志泉，法官训练所董康及顾问宝道、赖班亚到院集会，将该案提出共同详慎研究，罗等并各提出意见书，以备参酌采纳。该委员会即依据会议结果，及各意见书集中扼要之点，迭次开会，将整理之稿，逐条讨论通过。至 1934 年 10 月，完成《刑法修正案》，计总则编 12 章，97 条；分则编 35 章，253 条，共 350 条，呈报立法院核提大会公决。

其修正标准，依据该委员会呈报起草经过原文有云：

> 年来刑事学理，阐发益精，国际刑法会议，复年年举行，因之各国刑事立法政策，自不能不受其影响。变动较大者，为由客观主义而侧重于主观主义，由报应主义而侧重于防卫社会主义。然各国社会环境不同，修改法典，自应按照实际需要，在可能范围内力求推进，绝不能好高骛远，标奇立异。现行法施行数年，既已入一般法官及民众心理之中，自不宜多事变动，故本会一方参酌最近外国立法例，如 1932 年波兰《刑法》，1931 年之日本《刑法修正案》，1930 年之意大利《刑法》，1928 年之西班牙《刑法》，1927 年之德国《刑法草案》，1926 年之《苏俄刑法》等，以资借镜。一方复依据考察所得，按照我国现在法官程度、监狱设备、人民教育及社会环境等实在情形，就现行法原有条文，斟酌损益，以期尽善。②

这段报告中讲到了修律的根据，就是刑事学理的发展和国家实际的情形。这与清末的认识有点不同，不是融会中外古今理论，而是各国理论和中国的实际。在犯罪理论方面，侧重于主观主义，这是与当时部分国家法西斯主义抬头有关的。刑罚目的理论方面，侧重于社会防卫主义，使得刑罚成为国家治理的手段，直到今天还是主流理论（有些学者强调报应主义，有些学者要求两者相结合。结合时总有先后，多数还是先考虑社会防卫）。

对于当时国民政府颁布的刑法典，由于其中尚有一些现代性保护人民的因素，共产党领导下的根据地，也在选择适用。例如 1942 年《晋察冀边区惩治贪污条例》第 1 条规定："本条例依据中华民国刑法及中华民国惩治贪污条例之立法精神，并参照边区实际情形制定之。"第 10 条规定："刑法总则、刑事诉讼法之规定与本条例不相抵触者，适用之。"1942 年《晋冀鲁豫边区危害军队及妨害军事工作治罪暂行条例》第 4 条规定："对违犯本条例之行为的治罪，得适用刑法总则之规定。"这里的刑法总则就是"三五刑法"的总则。又如

---

① 参见谢振民编著，张知本校订：《中华民国立法史》，下册，921 页，北京，中国政法大学出版社，2000。

② 谢振民编著，张知本校订：《中华民国立法史》，下册，922 页，北京，中国政法大学出版社，2000。

1941年《山东省各级司法办理诉讼补充条例》第1条规定："各级司法机关对诉讼案件，应遵照国民政府所颁民刑各法及民刑诉讼各法办理，但为适应敌后抗战环境，特制定本补充条例。"

即使关于具体的犯罪，包括分则规定的罪行，根据地也有适用的。1943年《晋察冀边区关于逮捕搜索侦查处理刑事特种刑事犯之决定》第1条规定："普通刑事犯之范围依中华民国刑法之规定。"在1946年6月由边区高等法院发布《关于特种案犯运用刑法的指示》，指出"近来，某些不法之徒，到处横行，无孔不入地大施其破坏和平民主之能事，各级司法部门处理此种案件苦于没有现成法条可以援引，后经我们研究，此种案犯横行的目的主要是在于破坏和平民主建设事业，尽管他们犯罪手段千变万化，其性质上实与刑法分则中内乱罪之罪质相同，"即可以引用国民政府刑法分则"内乱罪"以及其他条文，加以惩处。"总之，司法工作者对于每一案件，应加强调查研究工作，求得案情的真相，权衡犯罪轻重，掌握法律的精神与实质，不冤枉一个可以教育争取的人，也不放松一个罪恶严重的坏人，我们应该坚定地站在人民大众的立场，学会在合法斗争中善于运用法律，保卫人民政府，保卫人民利益，也就是说保卫一切和平民主建设事业，才不愧为为人民服务、给人民当勤务员的司法工作者。"① 因此，说"三五刑法"在当时完全是反动的、封建的，缺乏历史根据，因为该法中特权并未增加。

第四节
刑法形式的发展

虽然价值是法律的核心，但价值是通过规范形式及其体系所表现的。规范形式及其体系与价值内容互为表里，一定的价值通过一定的规范体现，一定的规范总体现一定的价值。规范形式是价值的载体。

一、刑法体例的发展

法典的体例是规范的组合，是法律的外在表现形式，但却与内容息息相关，可折射内容的轮廓。

《大清律例》的结构是自《宋刑统》开始的，反映了皇权专制的特点。《宋刑统》是在总结历代立法经验的基础上，以唐律、后周刑统为蓝本而制定的一部刑书。其编纂一是采用刑律统类的形式，二是分门编排，三是添附敕令格式，组成新体例，即在律条后附以令、格、式、敕条和起请等法条。宋刑统是宋代刑律统类的简称，故除律条外，还附有上述一些法律形式中的相应条款。正如《宋史刑法志》所说的："宋法制因唐律、令、格、式，而随时损益则有编敕。"敕是皇帝发布命令的一种形式。国家设有专门的编敕机构，此后敕律并行甚至以敕代律。与编敕同具重要的一种法律形式和立法活动就是编例。由皇帝裁决的特定案

---

① 张希坡：《中华人民共和国刑法史》，21页，北京，中国人民公安大学出版社，1998。

例，或经皇帝批准汇编的中央司法机关审断的成例，叫做"断例"，以皇帝名义下颁的或由尚书省等官署对下级所作的指令规定，叫做"指挥"①，而由专门机构将断例和指挥加以统编，经过法律程序上升为具有普遍效力的法律形式，这就是编例。在法律编纂方面，封建后世律例合编的体例渊源于此。律外诸变通形式的增加，冲减了律的威严，特别刑法成为极为重要的甚至是主要的法源，刑法典反而位居其次，形式主义的律治为人治让步。

其后，《大明律》在结构上有一些改变。它打破了唐律十二篇目的框架，仿效元典章，改用七篇，除首篇仍为名例外，其余六篇均按中央六部官制编目，分别为吏、户、礼、兵、刑、工。故沈家本评说：大明律"以六曹分类，遂一变古律之面目矣"。这种体系维持了几个世纪。明代还有《大诰》和《问刑条例》。《大诰》是明太祖为警戒臣民而亲自编定的特别刑事法规，其内容主要有刑罚案例、峻令和太祖训诫，其主要功能，一是律外加罪设刑，二是定罪量刑不由法律全凭皇帝喜好。《问刑条例》是明孝宗弘治十三年（1500年）在"大明律不可更改"后的变通，此后律例并行，各皇帝均修订《问刑条例》，在明朝的中后期作为附例置于明律之后，一直影响到清朝。甚至后来"舍律用例"，以例代律，致使刑事法治逾遭破坏。至此，吏、户、礼、兵、刑、工六篇以及律例并用成为典型的中国刑法体系形式。

这种体系是不能适应新型政治体制的。清末，在保住皇权的基本前提下，政治体制被迫向立宪方向转变。刑法的形式，作为的"技术"层面，随之变化，当在允许之中。与立宪依照西方的形式一样，修律参照的也是西方的样式。对西方文明渗透的过程、性质和特点，马克思曾予以论述，公丕祥先生对其总结为："西方法律文化在东方社会生活中的渗透，不过是整个西方文明压迫东方文明的组成部分之一，西方法律乃是西方征服者征东方国家的工具。西方法律文化对东方的冲击，在一定程度上改变和影响了东方法律文化发展的道路。"②

光绪二十八年（1902年）二月，清廷下诏："中国律例，自汉唐以来，代有增改。我朝《大清律例》一书，折中至当，备极精详。惟是为治之道，尤贵因时制宜，今昔情势不同，非参酌适中，不能推行尽善。况近来地利日兴，商务日广，如矿律、路律、商律等类，皆应妥议专条。著各出使大臣，查取各国通行律例，咨送外务部。并著责成袁世凯、刘坤一、张之洞，慎选熟悉中西律例者，保送数员来京，听候简派，开馆编纂，请旨审定颁发。总期切实平允，中外通行，用示通变宜民之至意。"③ 根据这道谕旨，袁世凯、刘坤一、张之洞连衔上奏，强调西方各国"其变法皆从改律入手"。同时，举荐沈家本、伍廷芳主持修律馆，"就目前新政宜改订者，择要译修"④。此后不久，清廷同意袁世凯等的举荐，"著派沈家本、伍廷芳，将一切现行律例，按照交涉情形，参酌各国法律，悉心考订，妥为拟议，务期中外通行，有裨治理"⑤。并且明确了刑律的功能，是立宪预备中的举措。"综其大纲，预备自上者，则以清厘财政，编查户籍为最要，而融化满汉畛域，厘定官制，编纂法典，筹设各级审判庭次之。预备自下者，则以普及教育增进智能为最要，而练习自治事宜次之。"⑥ 由于"刑律与

① 《宋史·刑法志一》。

② 公丕祥：《中国的法制现代化》，31页，北京，中国政法大学出版社，2004。

③ 《清德宗实录》，卷495。

④ 袁世凯：《会保熟悉中西律例人员沈家本等听候简用折》。

⑤ 《清德宗实录》，卷498。

⑥ 《端忠敏公奏稿》，卷6，《请定国是以定大计折》。

宪政关系尤切……新刑律尤为宪政重要之端"①，从此清末修律正式提上日程。

刑法体例的改变，首次出现在清末《现行刑律》中。沈家本认为"刑律承明之旧，以六曹分职，盖沿用《元圣政治典章》及《经世大典》诸书，揆诸名义，本嫌未安，现今官制或已改名，或经归并，与前迥异，自难仍绳旧式，兹拟将吏、户、礼、兵、刑、工诸目，一律删除，以昭划一"②。《现行刑律》便以"名例"为篇首，而去六部。

其后，自《大清新刑律》开始，依据各国刑法的通行做法，确立了分立的总则与分则。

其一是总则。

"总则为全编之纲领"，包括：法例、不论罪、未遂罪、累犯罪、俱发罪、共犯罪、刑名、宥恕减轻、自首减轻、酌量减轻、加减例、犹豫行刑、假出狱、恩赦、时效、时期计算、文例等。《大清新刑律》总则主要采用这样的归类方法：（1）时间效力和空间效力；（2）罪刑法定、刑事责任年龄、刑事责任能力、正当防卫和紧急避险等；（3）未遂、累犯、共犯等；（4）刑罚种类，分为主刑和从刑；（5）刑罚的运用，包括：累犯加重、数罪俱发或数罪并罚、自首、宥减、酌减、缓刑和假释、刑罚的加重或减轻等；（6）提起公诉权和行刑权的时效以及时效的中断等。从刑事立法的科学性来看，《大清新刑律》的总则比起《大清律例》的名例，有了显著的进步，其中有许多内容是以前从来没有的。我们所谓的先进性或近代性，主要指总则。但先进性来源于何处，有学者说"采用了近代资产阶级刑事立法的原理和原则"，我们看不出有对"阶级性"的明显说明，也无由推断其作了掩盖。应该说总则规定完全是专业性的刑法理论，来源于立宪中刑事司法的独立性要求。

这种司法专业型的刑法结构一直持续下来，"三五刑法"是典型的体现。为避免赘述，这里对将"三五刑法"总则列出并作简易分析③：

刑法条文	简要分析
第一编　总　则	刑法分为总则、分则结构，成世界所通用。
第一章　法　例（1～11条） 第一条　行为之处罚，以行为时之法律有明文规定者为限。	一、二条是罪刑法定原则，与时间效力原则相结合。
第二条　行为后法律有变更者，适用裁判时之法律，但裁判前之法律有利于行为人者，适用最有利于行为人之法律。	从新兼从轻。当时其他国家普遍采用，现在多用从旧兼从轻。
保安处分，适用裁判时之法律。 处罚之裁判确定后未执行，或执行未完毕，而法律有变更不处罚其行为者，免其刑之执行。	保安处分是特别的管束，专为保卫社会而设，故以因制时宜为优先。 缺乏对新法中减轻的规定。
第二章　刑事责任（12～24条）	

---

①《宪政编查馆会奏新刑律分则并暂行章程末及议决应否遵宪颁布请旨办理折》，载《大清法规大全·法律部》（续编），卷二。

②《清朝续文献通考》，卷247，9932～9933页，《沈家本等奏请编定现行刑律折》。

③ 根据中央人民政府法制委员会1953年11月印本，转引自《刑法资料汇编》，第6辑，77～143页，北京，中国人民大学出版社，1955。

续前表

刑法条文	简要分析
第十二条 行为非出于故意或过失者，不罚。 过失行为之处罚，以有特别规定者为限。	规定主观方面为要件。
第十三条 行为人对于构成犯罪之事实，明知并有意使其发生者，为故意。	主观方面的界定过宽泛。
行为人对于构成犯罪之事实，预见其发生，而其发生并不违背其本意者，以故意论。	对准故意的定义欠缜密。
第十四条 行为人虽非故意，但按其情节，应注意，并能注意而不注意者，为过失。 行为人对于构成犯罪之事实，虽预见其能发生，而确信其不发生者，以过失论。	"过失"中重视"注意"要素。
第十五条 对于一定结果之发生，法律上有防止之义务，能防止而不防止者，与因积极行为发生结果者同，因自己行为致有发生一定结果之危险者，负防止其发生之义务。	特别规定不作为中的"义务"要素。
第十六条 不得因不知法律而免除刑事责任，但按其情节，得减轻其刑。如自信其行为为法律所许可而有正当理由者，得免除其刑。	对法律认识错误（或无认识）的处理。
第十七条 因犯罪致发生一定之结果，而有加重其刑之规定者，如行为人不能预见其发生时，不适用之。	规定结果犯中的主观因素，坚持主客观相统一。
第十八条 未满十四岁人之行为，不罚。 十四岁以上未满十八岁人之行为，得减轻其刑。 满八十岁人之行为，得减轻其刑。	至此，规定责任年龄的起点是十四岁。规定老人的刑事责任年龄，继承历史，值得参考。
第二十一条 依法令之行为，不罚。 依所属上级公务人员命令之职务上行为，不罚，但明知命令违法者，不在此限。	合法、合令行为的处理。
第二十二条 业务之正当行为，不罚。	业务行为的处理。
第二十三条 对于现在不法之侵害，而出于防卫自己或他人权利之行为，不罚，但防卫行为过当者，得减轻或免除其刑。	
第二十四条 因避免自己或他人生命、身体、自由、财产之紧急危难，而出于不得已之行为，不罚；但避难行为过当者，得减轻或免除其刑。 前项关于避免自己危难之规定，于公务上或业务上有特别义务者，不适用之。	正当防卫、紧急避险，界定过于简单。
第三章 未遂犯（25～27条）	
第二十五条 已着手于犯罪行为之实行而不遂者，为未遂犯。 未遂犯之处罚，以有特别规定者为限。	未遂、中止犯的处理。界定较笼统。
第二十七条 已着手于犯罪行为之实行，而因己意中止或防止其结果之发生者，减轻或免除其刑。	没有以作用来区分主从犯。

续前表

刑法条文	简要分析
第四章 共犯（28～31 条） 第二十八条 二人以上共同实施犯罪之行为者，皆为正犯。 第二十九条 教唆他人犯罪者，为教唆犯。 教唆犯依其所教唆之罪处罚之。 被教唆人虽未至犯罪，教唆犯仍以未遂犯论，但以所教唆之罪有处罚未遂犯之规定者为限。	规定了教唆未遂的部分情形。
第三十条 帮助他人犯罪者，为从犯。 虽他人不知帮助之情者，亦同。 从犯之处罚，得按正犯之刑减轻之。 第三十一条 因身份或其他特定关系成立之罪，其共同实施或教唆，帮助者，虽无特定关系，仍以共犯论。 因身份或其他特定关系致刑有重轻或免除者，其无特定关系之人，科以通常之刑。	设定帮助犯，会混淆与教唆犯的区别。 指"片面帮助"。 身份犯中的共犯，过于具体。
第五章 刑（32～46 条） 第三十二条 刑分为主刑及从刑。 第三十三条 主刑之种类如下： 一 死刑； 二 无期徒刑； 三 有期徒刑：二月以上，十五年以下，但遇有加、减时，得减至二月未满，或加至二十年； 四 拘役：一日以上，二月未满，但遇有加重时，得加至四个月； 五 罚金：一元以上。 第三十四条 从刑之种类如下： 一 褫夺公权； 二 没收。	没有按照以前的立法惯划分刑等。 有期徒刑、拘役的下限很低，与当时各国接轨。无"管制"。 定罚金为主刑。
第三十八条 下列之物，没收之： 一 违禁物； 二 供犯罪所用或供犯罪预备之物； 三 因犯罪所得之物。 前项第一款之物，不问属于犯人与否，没收之。 第一项第二款、第三款之物，以属于犯人者为限，得没收之，但有特别规定者，依其规定。	对没收规定较细。
第四十一条 犯最重本刑为三年以下有期徒刑以下之刑之罪，而受六月以下有期徒刑或拘役之宣告，因身体、教育、职业或家庭之关系，执行显有困难者。得以一元以上三元以下折算一日，易科罚金。 第六章 累犯（47～49）条	采取轻刑易科。

续前表

刑法条文	简要分析
第四十七条　受有期徒刑之执行完毕或受无期徒刑或有期徒刑一部之执行而赦免后，五年以内再犯有期徒刑以上之罪者，为累犯。加重本刑至二分之一。	对累犯的加刑设固定比例。
第四十八条　裁判确定后发觉为累犯者，依前条之规定更定其刑，但刑之执行完毕或赦免后发觉者，不在此限。 第四十九条　累犯之规定，于前所犯罪依军法或于外国法院受裁判者，不适用之。	
第七章　数罪并罚（50～56条）	
第五十条　裁判确定前犯数罪者，并合处罚之。	采用合并原则，至今许多国家在实行。
第八章　刑之酌科及加减（57～73条）	
第五十七条　科刑时应审酌一切情状，尤应注意下列事项，为科刑轻重之标准： 一　犯罪之动机； 二　犯罪之目的； 三　犯罪时所受之激刺； 四　犯罪之手段； 五　犯人之生活状况； 六　犯人之品行； 七　犯人之智识程度； 八　犯人与被害人平日之关系； 九　犯罪所生之危险或损害； 十　犯罪后之态度。	规定了量刑要素。其中一、二、三、五、六、七、八点是罪前要素，四、九点是罪中要素，第十点是罪后要素。值得量刑和立法参考。
第六十二条　对于未发觉之罪自首而受裁判者，减轻其刑，但有特别规定者，依其规定。	也是罪后要素。自首必减，似有不妥。
第九章　缓刑（74条～76条） 第十章　假释（77条～79条） 第十一章　时效（80条～85条）	
第十二章　保安处分（86条～99条）	
第八十六条　因未满十四岁而不罚者，得令入感化教育处所，施以感化教育。 因未满十八岁而减轻其刑者，得于刑之执行完毕或赦免后，令入感化教育处所，施以感化教育，但宣告三年以下有期徒刑、拘役或罚金者，得于执行前为之。 感化教育期间，为三年以下。 第二项但书情形，依感化教育之执行，认为无执行刑之必要者，得免其刑之执行。	将保安处分纳入刑罚，为中国首次。对少年犯以教育。
第八十七条　因心神丧失而不罚者，得令入相当处所，施以监护。 因精神耗弱或瘖哑而减轻其刑者，得以刑之执行完毕或赦免后，令入相当处所，施以监护。	规定刑期在教育过程中的变化。对精神病人以监护。

续前表

刑法条文	简要分析
第九十条 有犯罪之习惯或以犯罪为常业或因游荡或懒惰成习而犯罪者，得于刑之执行完毕或赦免后，令入劳动场所，强制工作。 前项处分期间，为三年以下。	规定劳动改造恶习（或惯犯）。
第九十一条 犯第二八五条之罪者，得令人相当处所，强制治疗。 前项处分，于刑之执行前为之。其期间，至治癒时为止。	对吸毒者治疗。
第九十二条 第八六条至第九○条之处分，按其情形，得以保护管束代之。 前项保护管束期间，为三年以下。其不能收效者，得随时撤销之，仍执行原处分。	保安处分以管束替代。
第九十三条 受缓刑之宣告者，在缓刑期内，得付保护管束。 假释出狱者在假释中，付保护管束。 前二项情形，违反保护管束规则情节重大者，得撤销缓刑之宣告或假释。	缓刑、假释时的管束。

其二是分则。

依据现代的观念，将罪行按照一定的类型进行章节编排。具体见后表。

此后，刑法典均依据总则分则这一体例未曾更改。对此，可以借用学者的评价："自清朝末年清政府全面推行法制改革，传统法律体系解体，中国法律开始了现代化进程。北洋政府时期，中央政权频繁更迭，法律现代化进程时断时续。南京国民政府建立后，加快了法律现代化的步伐。南京国民政府的立法者们总结清末法制改革以来历朝政府在立法方面的经验和教训，吸收西方各国先进的法律理论和制度，同时，保留中国传统法律中的一些原则，以期建立一个既符合法律发展的一般规律，又在一定程度上适应中国社会国情民风的法律体系。以宪法、民法、刑法、民事诉讼法、刑事诉讼法、行政法为主干的六法体系的形成，标志着以现代法律理论为指导、具有现代特征的法律制度在中国最终确立。开始于清朝末年的中国法律现代化进程得以初步完成。"[1] 仅就刑法典来看，这一结论还是有史实根据的。

至此，以西方体例为范本的刑法典结构在中国建立起来。为避免重复，将近代50年刑法典体例结构变化过程表列如下[2]：

---

① 张晋藩总主编，朱勇主编：《中国法制通史》，第9卷，653页，北京，法律出版社，1999。

② 前几列主要参考张国福：《中华民国法制简史》，301～307页，北京，北京大学出版社，1986。

近现代刑法典结构一览表

清新刑律（宣统二年十二月二十五日）	暂行新刑律（民国元年三月三十日）	修正刑法草案（民国五年）未颁行	刑法第二次修正案（民国七年）未颁行	改定刑法第二次修正案（民国八年）未颁行	中华民国刑法（民国十七年三月十日）	中华民国刑法（民国二十四年一月一日）
第一编总则	第一编总则	第一编总则	第一编总则	第一编总则	第一编总则	第一编总则
第一章 法例	第一章 法例	第一章 法例	第一章 法例	第一章 法例	第一章 法例	第一章 法例
第二章 不为罪	第二章 不为罪	第二章 不为罪	第二章 文例	第二章 文例	第二章 文例	第二章 刑事责任
第三章 未遂罪	第三章 未遂罪	第三章 未遂罪预备罪阴谋罪	第三章 时例	第三章 时例	第三章 时例	第三章 未遂犯
第四章 累犯罪	第四章 累犯罪	第四章 累犯罪	第四章 刑事责任及刑之减免	第四章 刑事责任及刑之减免	第四章 刑事责任及刑之减免	第四章 共犯
第五章 俱发罪	第五章 俱发罪	第五章 俱发罪	第五章 未遂罪	第五章 未遂罪	第五章 未遂罪	第五章 刑
第六章 共犯罪	第六章 共犯罪	第六章 共犯罪	第六章 共犯	第六章 共犯	第六章 共犯	第六章 累犯
第七章 刑名	第七章 刑名	第七章 刑名	第七章 刑名	第七章 刑名	第七章 刑名	第七章 数罪并罚
第八章 宥减	第八章 宥减	第八章 亲属加重	第八章 累犯	第八章 累犯	第八章 累犯	第八章 刑之酌科及加减
第九章 自首	第九章 自首	第九章 宥减	第九章 并合论罪	第九章 并合论罪	第九章 并合论罪	第九章 缓刑
第十章 酌减	第十章 酌减	第十章 自首	第十章 刑之酌	第十章 刑之酌科	第十章 刑之酌科	第十章 假释
第十一章 加减例	第十一章 加减例	第十一章 酌加酌减	第十一章 加减例	第十一章 加减例	第十一章 加减例	第十一章 时效
第十二章 缓刑	第十二章 缓刑	第十二章 加减例	第十二章 缓刑	第十二章 缓刑	第十二章 缓刑	第十二章 保安处分
第十三章 假释	第十三章 假释	第十三章 缓刑	第十三章 假释	第十三章 假释	第十三章 假释	
第十四章 恩赦	第十四章 赦免	第十四章 假释	第十四章 时效	第十四章 时效	第十四章 时效	
第十五章 时效	第十五章 时效	第十五章 时效				
第十六章 时例	第十六章 时例	第十六章 时例				
第十七章 文例	第十七章 文例	第十七章 文例				
第二编分则	第二编分则	第二编分则	第二编分则	第二编分则	第二编分则	第二编分则
第一章 侵犯皇室罪	第一章	第一章 侵犯大总统罪	第一章 侵犯大总统罪	第一章 侵犯大总统罪	第一章 内乱罪	第一章 内乱罪

续前表

清新刑律（宣统二年十二月二十五日）	暂行新刑律（民国元年三月三十日）	修正刑法草案（民国五年）未颁行	刑法第二次修正案（民国七年）未颁行	改定刑法第二次修正案（民国八年）未颁行	中华民国刑法（民国十七年三月十日）	中华民国刑法（民国二十四年一月一日）
第二章 内乱罪	第二章 内乱罪	第二章 内乱罪	第二章 内乱罪	第二章 内乱罪	第二章 外患罪	第二章 外患罪
第三章 外患罪	第三章 外患罪	第三章 外患罪	第三章 外患罪	第三章 外患罪	第三章 妨害国交罪	第三章 妨害国交罪
第四章 妨害国交罪	第四章 妨害国交罪	第四章 妨害国交罪	第四章 妨害国交罪	第四章 妨害国交罪	第四章 渎职罪	第四章 渎职罪
第五章 漏泄机务罪	第五章 漏泄机务罪	第五章 漏泄机务罪	第五章 渎职罪	第五章 渎职罪	第五章 妨害公务罪	第五章 妨害公务罪
第六章 渎职罪	第六章 渎职罪	第六章 渎职罪	第六章 妨害公务罪	第六章 妨害公务罪	第六章 妨害选举罪	第六章 妨害投票罪
第七章 妨害公务罪	第七章 妨害公务罪	第七章 妨害公务罪	第七章 妨害选举罪	第七章 妨害选举罪	第七章 妨害秩序罪	第七章 妨害秩序罪
第八章 妨害选举罪	第八章 妨害选举罪	第八章 妨害选举罪	第八章 妨害秩序罪	第八章 妨害秩序罪	第八章 脱逃罪	第八章 脱逃罪
第九章 骚扰罪	第九章 骚扰罪	第九章 骚扰罪	第九章 脱逃罪	第九章 脱逃罪	第九章 藏匿犯人及湮灭证据罪	第九章 藏匿犯人及湮灭证据罪
第十章 逮捕监禁人脱逃罪	第十章 逮捕监禁人脱逃罪	第十章 脱逃罪	第十章 藏匿犯人及湮灭证据罪	第十章 藏匿犯人及湮灭证据罪	第十章 伪证及诬告罪	第十章 伪证及诬告罪
第十一章 藏匿罪人及湮灭证据罪	第十一章 藏匿罪人及湮灭证据罪	第十一章 湮灭证据罪	第十一章 伪证诬告罪	第十一章 伪证及诬告罪	第十一章 公共危险罪	第十一章 公共危险罪
第十二章 伪证及诬告罪	第十二章 伪证及诬告罪	第十二章 伪证诬告罪	第十二章 公共危险罪	第十二章 公共危险罪	第十二章 伪造货币	第十二章 伪造货币罪
第十三章 放火决水及妨害水利罪	第十三章 放火决水及妨害水利罪	第十三章 放火罪	第十三章 伪造货币罪	第十三章 伪造货币罪	第十三章 伪造度量衡罪	第十三章 伪造有价证券罪
第十四章 危险物罪	第十四章 危险物罪	第十四章 决水罪	第十四章 伪造度量衡罪	第十四章 伪造度量衡罪	第十四章 伪造文书印文罪	第十四章 伪造度量衡罪
第十五章 妨害交通罪	第十五章 妨害交通罪	第十五章 危险物罪	第十五章 伪造文书印文罪	第十五章 伪造文书印文罪	第十五章 妨害风化罪	第十五章 伪造文书印文罪
第十六章 妨害秩序罪	第十六章 妨害秩序罪	第十六章 妨害交通罪	第十六章 妨害风化罪	第十六章 妨害风化罪	第十六章 妨害婚姻及家庭罪	第十六章 妨害风化罪
第十七章 伪造货币罪	第十七章 伪造货币罪	第十七章 妨害秩序罪	第十七章 妨害婚姻及家庭罪	第十七章 妨害婚姻及家庭罪	第十七章 亵渎祀典及侵害坟墓尸体罪	第十七章 妨害婚姻及家庭

续前表

清新刑律（宣统二年十二月二十五日）	暂行新刑律（民国元年三月三十日）	修正刑法草案（民国五年）未颁行	刑法第二次修正案（民国七年）未颁行	改定刑法第二次修正案（民国八年）未颁行	中华民国刑法（民国十七年三月十日）	中华民国刑法（民国二十四年一月一日）
第十八章 伪造文书印文	第十八章 伪造文书及印文罪	第十八罪 伪造货币罪	第十八章 妨害宗教罪	第十八章 妨害宗教罪	第十八章 妨害农工商罪	第十八章 亵渎祀典及侵害坟墓尸体罪
第十九章 伪造度量衡罪	第十九章 伪造度量衡罪	第十九章 伪造度量衡罪	第十九章 妨害商务罪	第十九章 妨害商务罪	第十九章 鸦片罪	第十九章 妨害农工商罪
第二十章 亵渎祀典及发掘坟墓罪	第二十章 亵渎祀典及毁掘坟墓罪	第二十章 私监罪	第二十章 鸦片罪	第二十章 鸦片罪	第二十章 赌博罪	第二十章 鸦片罪
第二十一章 鸦片烟罪	第二十一章 鸦片烟罪	第二十一章 伪造文书罪	第二十一章 赌博罪	第二十一章 赌博罪	第二十一章 杀人罪	第二十一章 赌博罪
第二十二章 赌博罪	第二十二章 赌博罪	第二十二章 亵渎祀典罪	第二十二章 杀人罪	第二十二章 杀人罪	第二十二章 伤害罪	第二十二章 杀人罪
第二十三章 奸非及重婚罪	第二十三章 奸非及重婚罪	第二十三章 鸦片吗啡罪	第二十三章 伤害罪	第二十三章 伤害罪	第二十三章 堕胎罪	第二十三章 伤害罪
第二十四章 妨害饮料水罪	第二十四章 妨害饮料水罪	第二十四章 赌博罪	第二十四章 堕胎罪	第二十四章 堕胎罪	第二十四章 遗弃罪	第二十四章 堕胎罪
第二十五章 妨害卫生罪	第二十五章 妨害卫生罪	第二十五章 奸非重婚罪	第二十五章 遗弃罪	第二十五章 遗弃罪	第二十五章 妨害自由罪	第二十五章 遗弃罪
第二十六章 杀伤罪	第二十六章 杀伤罪	第二十六章 妨害饮料水罪	第二十六章 妨害自由罪	第二十六章 妨害自由罪	第二十六章 妨害名誉及信用罪	第二十六章 妨害自由罪
第二十七章 堕胎罪	第二十七章 堕胎罪	第二十七章 妨害卫生罪	第二十七章 妨害名誉及信用罪	第二十七章 妨害名誉及信用罪	第二十七章 妨害秘密罪	第二十七章 妨害名誉及信用罪
第二十八章 遗弃罪	第二十八章 遗弃罪	第二十八章 杀伤罪	第二十八章 妨害秘密罪	第二十八章 妨害秘密罪	第二十八章 窃盗罪	第二十八章 妨害秘密罪
第二十九章 私滥逮捕监禁罪	第二十九章 私擅逮捕监禁罪	第二十九章 堕胎罪	第二十九章 窃盗罪	第二十九章 窃盗罪	第二十九章 抢夺强盗及海盗罪	第二十九章 窃盗罪
第三十章 略诱及和诱罪	第三十章 略诱及和诱罪	第三十章 遗弃罪	第三十章 抢夺强盗及海盗罪	第三十章 抢夺强盗及海盗罪	第三十章 侵占罪	第三十章 抢夺强盗及海盗罪
第三十一章 妨害安全信用名誉及秘密罪	第三十一章 妨害安全信用名誉及秘密罪	第三十一章 逮捕拘禁罪	第三十一章 侵占罪	第三十一章 侵占罪	第三十一章 诈欺及背信罪	第三十一章 侵占罪
第三十二章 窃盗及强盗罪	第三十二章 窃盗及强盗罪	第三十二章 略诱和诱罪	第三十二章 诈欺及背信罪	第三十二章 诈欺及背信罪	第三十二章 恐吓罪	第三十二章 诈欺背信及重利罪

续前表

清新刑律（宣统二年十二月二十五日）	暂行新刑律（民国元年三月三十日）	修正刑法草案（民国五年）未颁行	刑法第二次修正案（民国七年）未颁行	改定刑法第二次修正案（民国八年）未颁行	中华民国刑法（民国十七年三月十日）	中华民国刑法（民国二十四年一月一日）
第三十三章 诈欺取财罪	第三十三章 诈欺取财罪	第三十三章 妨害安全信用名誉秘密罪	第三十三章 恐吓罪	第三十三章 恐吓罪	第三十三章 赃物罪	第三十三章 恐吓及掳人勒赎罪
第三十四章 侵占罪	第三十四章 侵占罪	第三十四章 窃盗强盗罪	第三十四章 赃物罪	第三十四章 赃物罪	第三十四章 毁弃损坏罪	第三十四章 赃物罪
第三十五章 赃物罪	第三十五章 赃物罪	第三十五章 诈欺取财罪	第三十五章 毁弃损坏罪	第三十五章 毁弃损坏罪		第三十五章 毁弃损坏罪
第三十六章 毁弃损坏罪 暂行章程	第三十六章 毁弃损坏罪	第三十六章 侵占罪				
		第三十七章 赃物罪				
		第三十八章 毁弃损坏罪				

就刑法典来看，自《大清新刑律》到"三五刑法"，体系上相袭，逐步实现现代化；实质（价值）上兼顾犯罪行为人的权益，制约司法特权，期望实现现代化。当然，这仅是指刑法典而非特别刑法而言。

二、刑法原则的变化

在清前，中国刑法也规定了一些原则，如唐律实行断狱依正条的法定主义。《断狱律》规定：断狱必须具引律、令、格、式正文，"违者笞三十"；法官断案有误即"出入人罪"，凡"虚立证据，或妄构端，舍法用情，锻炼成狱"，均属"出入人罪"范畴。如属故意，采取反坐原则，如属过失，入人罪的法官减故意入人罪三等处罚，出人罪的法官减故意出人罪五等处罚。许多法制史著作或教材中，认为唐律中有类推，即对于法律上没有明文规定的犯罪行为，可依照最相类似的条款或判例定罪。经仔细分析后，唐律中的类推与我们现在理解的类推有本质的区别，甚至不能称为类推，而是对解释的律定，即严格解释，是法定原则的进一步强调。唐律规定，对于法律没有明文规定，即"诸断罪而无正条"的，具体做法是"其应出者，则举重以明轻"，"其应入者，则举轻以明重"。即对于某种行为应当减轻或免除刑事责任时，则举出与此行为类似但情节较重的条款比照判决，对于某种行为应当追究刑事责任或加重惩处时，则举出与此类似但情节较轻的条款比照判决。例如《贼盗律》规定："诸夜无故入人家者……主人登时杀者，勿论"。若主人将闯入者折伤，较"杀"为轻，虽律无正条，但比照前者，既然杀死都不负刑事责任，那么折伤自然就更不必处罚了。这就是"举重以明轻"。又如《贼盗律》规定："诸谋杀期亲尊长、外祖父母、夫、夫之祖父母、父母者，皆斩"。若是已杀，较预谋未杀的罪为重，虽律无正文，但比照前条，既然预谋杀害期亲尊长都处以斩刑，那么已经实施了的杀害当然更应当处以斩刑，这就是"举轻以明重"。

实际上，之所以"缺法"是立法者认为无须"赘述"，人人都很明了。因此，它不是不规定，而是"未规定"，是省略。强调这些，一是说明要避免形而上学地理解"法定"，二是避免在说到"罪刑法定"时则必称西方首创，而对其他的则一概排斥。唐律对法定原则的完善，有助于封建法网的严密，也反映了当时立法技术的高度发达。这一原则的规定，即使与今天的刑法（哪怕是西方刑法）相比，也是"过而无不及"（因为西方罪刑法定原则也很少进一步对解释加以规定）。这一原则确实得到了遵守，因为还引起唐太宗的担心："比来有司断狱，多据律文，虽情有可原而不敢违法。守文定罪，或恐有怨"①。说明执行者是相当的"严格"了。当然皇帝是例外的。唐初贞观年间，太宗李世民亲录囚徒，见其中有近四百名被判死刑的囚犯情有可悯，于是将他们放归，与家人团聚。同时约定次年秋季行刑时归来就刑。囚犯被太宗的信任与仁义所感动，行刑之时皆按时到官府，竟无一人趁机逃脱。太宗亦被囚犯的诚信所感动，下令赦免了这些囚犯的死罪。② 可以看出罪刑法定在皇权之下难以彻底实现（尤其唐中期后）。除了皇帝之外，应当没有变通。由此看，唐律对司法特权的控制是相当严格的。即使上述情形，也说明审判与赦免分开，权属主体不同。就是这种对司法权的制约方式，体现了"律在行先"的律治原则，才使得唐律为今天的学者称道。唐代的繁荣，应当有律治的功劳。

清律继承唐、明律，有"断罪引律令"条："凡断罪皆须具引《律例》，违者笞三十"；"不为定律者，不得引比为律，若辄引致断罪有出入者，以故失论"③。由此引起关系到清代司法审判的一个基本原则问题：是罪刑法定还是罪刑擅断？持"罪刑擅断说"者认为，在专制制度下，人民无权利，皇帝任意擅断，言出法随。持"罪刑法定说"者认为，据上述法条，中国传统的法律是"绝对的罪刑法定主义"④。对这个问题，我们可否这样认为，近代欧洲启蒙学者提出的罪刑法定主义，针对的是中世纪黑暗的教会法庭和领主法庭所实行的罪刑擅断；而中国古代法制自有其特点，司法审判制度严格置于国家统一权力之下，才有"断罪引律令"的规定，以防司法擅断，侵犯皇权。于是一方面确立"断罪无正条"（有限⑤），一方面又不断修订新的法律及附属条款，以适应司法的需要。因此在《大清律例》的正文外，还有成案、驳案、人情、就地正法等出现，结果，法律条款及附加物的增加，又造成"欲轻则有轻条，欲重则有重款"⑥，正所谓"例太密则转疏矣"⑦，这样"断罪引律令"在内容上引起了混乱，就需要另设特别司法权。特权多见，法治无存。实际上，自唐以降，罪刑法定原则虽在律典中都有规定，但在敕令有加、特别法频出的状况下，就成为具文。

20 世纪，罪刑法定原则最初是在否定比附的情形下确立的。沈家本对于比附的认识是：

---

① 《贞观政要·刑法》。

② 《资治通鉴》（一三九卷·唐纪十）。对这一种做法，有两种评价：一是从目的出发，肯定此举是善意的；二是从法治出发，认为此举违例，应当否定。

③ 《大清律例》（断狱·断罪引律令）律文。

④ 杨雪峰：《明代审判制度》，320 页，台北，黎明文化事业公司，1978。

⑤ 因为《大清律例·名例·断罪无正条》规定，如须比照类推，应加应减，应"议定奏闻"，"恭候谕旨遵行"。

⑥ 《圣祖实录》，卷三三，康熙九年四月辛卯。

⑦ 沈家本：《读例存疑序》。

　　考《周礼》大司寇有县刑象于象魏之法，又小司寇之宪刑禁，士师之掌五禁，俱徇以木铎，又布宪执旌节以宣布刑禁；诚以法者与民共信之物，故不惮反复申告，务使椎鲁互相警诫，实律无正条不处罚之明证。《汉书·刑法志》："高帝诏狱疑者廷尉不能决，谨具奏附所当比律令以闻"，此为比附之始。然仅限之于疑狱而已。至隋著为定例，即《唐律》"出罪者举重以明轻，入罪者举轻以明重"是也。《明律》改为引律比附加减定拟，现行律同。在唐神龙时赵冬曦曾上书痛论其非，且曰"死生罔由于法律，轻重必因乎爱憎，受罚者不知其然，举事者不知其法"，诚为不刊之论。况定例之旨，与立宪尤为抵牾。立宪之国立法、司法、行政三权鼎峙，若许司法者以类似之文致人于罚，是司法而兼立法矣。其弊一。人之严酷慈祥，各随禀赋而异，因律无正条而任其比附，轻重偏畸，转使审判不能统一。其弊又一。兹拟删除此律，于各刑酌定上下之限，凭审判官临时审定，并别设酌量减轻、宥恕减轻各例，以补其缺。虽无比附之条，至援引之时亦不致为定例所缚束。论者谓人情万变，断非科条数百所能赅载者。不知法律之用，简可驭繁。例如，谋杀应处死刑，不必问其因奸、因盗，如一事一例，恐非立法家逆臆能尽之也。①

　　反对比附的根据既有现时立宪和权力分立的政治体制要求，也有中国古代传统，不全然依据于西方。在后来修律时，将否定比附的意见写入了总则，《大清新刑律》是这样表述的："法律无正条者，不问何种行为，不为罪。"这一条是罪的法定，是罪刑法定的简约化。另外，常被人们忽略的还有第一条："本律于凡犯罪颁行以后者适用之。其颁行以前未经确定审判者，亦同；但颁行以前之法律不以为罪者，不在此限。"这是时间效力原则，也属于罪刑法定原则的内容。

　　对于强调法定，修律者是这样看的。沈家本说："一切犯罪须有正条乃为成立，即刑律不准比附援引"。断罪无正条援用比附由来已久，据《汉书·刑法志》："狱疑者，廷尉不能决，谨具奏附所当比律令以闻"。《明律》改为引律比附，清律沿袭明律，"凡律令该载不尽事理，若断罪无正条者，援引他律比附"②。沈家本认为引律比附为"奸滑巧法，转相比况"、"罪同论异"提供了方便，以致"牵就依违……重轻任意，冤滥难伸"③。特别是在清朝，"比附之不得平者，莫如文字狱"。所谓文字狱，"律例既无正条，遂不得不以他律比附，事本微细，动以大逆为言"④。例如，"戴名世南山集"一案，"漫为比附"，牵连极广，"比附之未足为法，即此一狱可推而知矣"⑤。因此，在他起草新刑律时强调："旧律之宜变通者，厥有五端"，其中之一就是"删除比附"。如果于刑律正条之外允许比附援引，不仅与立宪国家的法制原则相抵触，而且还有以下弊病：第一，"司法之审判官得以己意，于律无正条之行为，比附类似之条文，致人于罚，是非司法官，直立法官矣。司法立法混而为一，非立宪国之所宜有也"。颇得现代宪政国家之精义。第二，"法者与民共信之物，律有明文，乃知应为与不应为。若刑律之外，参以官吏之意见，则民将无所适从。以律无明文之事，忽援类似之罚，

---

① 《大清光绪新法令》，第19册，26～28页，《修订法律大臣沈家本等奏进呈刑律草案折》。
② 沈家本：《明律琐言》。
③ 沈家本：《明律琐言》。
④ 沈家本：《明律琐言》。
⑤ 沈家本：《明律琐言》。

是何异以机阱杀人也。"这是现代公权力契约理论的体现。第三,"人心不同,亦如其面,若许审判官得据类似之例,科人以刑,即可恣意出入人罪,刑事裁判难期统一也。因此三弊,故今惟英国视习惯法与成文法为有同等效力,此外欧美及日本各国,无不以比附援引为例禁者。本案故采此主义,不复袭用旧例"①。如果法律上出现某种空白,就应因时因势酌立新法。因此,罪刑法定原则是对司法权的制约,是刑事法制现代化的标志之一。

辛亥革命后,孙中山根据三权分立的要求,在《临时约法》中也阐述了法定的原则。这一原则融会于司法独立的规定中。如第49条规定:"法院依法律审判民事诉讼及刑事诉讼,但关于行政诉讼及其他特别诉讼,别以法律定之。"

南京国民政府《三五刑法》,由于立法院是由众多的立法委员组成,经过一定的立法程序,并参照刑事学理的发展和国家实际的情形,吸收了现代刑法思想,将罪刑法定原则用当时习惯的语句表述在法条中,并置于第一、第二条。具体评述见前列表。

《三五刑法》是中国近代史上的最后一部刑法典。由于参与的人数较多,照顾了各派的利益要求和刑事立法的经验,总结和吸收了西方各国的一些先进原则和制度,同时考虑到中国社会的基本国情,建立了在当时的条件下较成熟的刑法典法律体系,具有一定的现代因素。"西方近代刑法体系是在社会发展、法制进步的前提下,资产阶级为反对罪刑擅断、等级森严及实施残酷刑罚的封建法律制度而建立、并逐步发展起来的。新的刑法体系反映了资产阶级所提出的民主、自由、平等的要求,其直接表现是资产阶级的刑法三大原则:罪刑法定主义、罪刑等价主义、刑罚人道主义。依据罪刑法定主义,犯罪与刑罚,均须由法律明文规定;法律无明文规定者,任何行为不得处罚。罪刑等价主义要求同罪同罚,定罪与量刑,不得因行为人的身份、地位、性别、种族等而区别对待。刑罚人道主义则主张废除肉刑、体罚,建立以自由刑为中心的刑罚体系,同时,改良监狱管理,给犯人以人道主义待遇。中华民国时期的刑法制度一定程度上吸收了此三大原则。《三五刑法》第一条规定:'行为之处罚,以行为时之法律有明文规定者为限'。第二条则以罪刑法定主义为基础确定了从新、从轻原则:'行为后法律有变更者,适用裁判时之法律;但裁判前之法律有利于行为人者,适用最有利于行为人之法律'。对于中国古代因当事人的身份、地位不同而实施同罪异罚的等级法律制度以及以身体刑为主的刑罚体系,民国刑法多依据罪刑等价原则、刑罚人道主义原则作了彻底的变革。"② 这一评价还是较为客观的,界定也是中肯的。

除此之外还提倡以下原则:

一是辩论原则。辩论原则最早是在资本主义国家产生的。资产阶级在革命初期,为了反对封建的司法制度,提出了"保障人权"、"司法民主"、"法律面前人人平等"等口号,并主张废除诉讼制度中的纠问主义,采取弹劾主义,因此,产生了辩论原则。该项原则产生后,被西方资本主义国家普遍采用,成为诉讼制度中一项基本原则。清末预备立宪时,以沈家本为首的修订法律馆在拟定诉讼法草案时,也引进了这个原则,但被清廷否定了。辛亥革命推翻清王朝后,苏杭两州的留学生便首先组织辩护士会(即律师总会),并制定了章程。这是中国最早出现的律师组织。接着,上海的留日学生也倡议组织中华民国律师总公会,拟定了

① 沈家本:《历代刑法考》,《明律目笺》。
② 张晋藩总主编,朱勇主编:《中国法制通史》,第9卷,653页,北京,法律出版社,1999。

总公会章程。南京临时政府内务部警务局长孙润宇鉴于苏沪地区律师公会之组织已于都督府领凭注册、出庭辩护、深得有产者称赞的情况，乃拟具律师法草案，呈请临时大总统孙中山转咨参议院议决施行。参议院虽然未及议决颁行，但南京临时政府颁布的《司法部分职细则》中已规定铨叙科负责掌管辩护士之身份名籍等事项，证明该政府已承认全国各地的律师组织，并实行辩论原则。其后近百年的历史证明，律师对被告人权益的维护起着不可替代的作用，是司法机关与被告人之间事实上不平等关系的平衡器，是特权的障碍，尽管律师制度不可能彻底消灭不平等和特权。

二是禁止刑讯。历代封建王朝为了维护特权、镇压人民的反抗，在审理诉讼案件时，常采用酷刑，实行刑讯逼供的办法，致使成千上万的善良人民，屈打成招，冤死在九泉之下。满清入关，更加野蛮，"奖杀勖残，杀人愈多者，立膺上考，超迁以去。转相师法，日糜吾民之血肉以快其淫威。""其所谓名臣能吏者，何莫非吾民之血迹泪痕所染成者也"。南京临时政府成立以后，临时大总统孙中山为了反对清朝的苛政酷刑，"维持国权，保护公安"，根据人道主义精神，令内务、司法两部通饬所属，"不论行政、司法官属及何种案件，一概不准刑讯。鞫狱当视证据之充实与否，不当偏重口供。其从前不法刑具，悉令焚毁"，"其罪当笞杖枷号者，悉改科罚金，拘留。"为了保证上述规定的执行，令文还宣布，上级官府"不时派员巡视，如有不尚官司，日久故智复萌，重煽亡清遗毒者，除褫夺官职外，付所司治以应得之罪"[1]。这样，就比清末修律时对禁止刑讯的规定进了一步——用制度来彻底地杜绝刑讯。

三是公开审判。南京临时政府成立后，司法机关审理案件，一般采取公开审判的原则，当然，由于局面的混乱，公开性难以完全实现。《临时约法》第50条规定："法院之审判，须公开之，但有认为妨害安宁秩序者，得秘密之。"又如湖北军政府《临时上诉审判所暂行条例》第十四条规定："诉讼之辩论及判断之宣告，均公开法庭行之。但有特别事件，可宣示理由，停止公开。"

现代刑法原则是与现代政治相联系的，专制政权则视现代刑法原则为桎梏。北洋军阀时期，对刑法司法原则作了或明或暗的修改。

其一是干扰司法独立。北洋军阀政府成立后，标榜资产阶级三权分立原则，设立普通法院。该院成立后，表面按司法独立原则审理民刑案件，法官的人身、职业和工资皆受法律保障，如《中华民国约法》第45条规定："法院依法律独立审判民事诉讼、刑事诉讼。"第48条规定："法官在任中不得减俸或转职，非依法律受刑罚之宣告或应免职之惩戒处分，不得解职。"但实际上，不仅法院不能独立进行审判，且法官也没有任何保障。从法院来看，法院是由军阀任命的法官组成。如《中华民国约法》第44条规定："司法以大总统任命之法官组织法院行之。"因此，该院组成后，皆按军阀的意志办事，围绕着军阀的指挥棒转，军阀让他们抓谁，马上就去逮捕，军阀让他们杀谁，立即判处死刑，根本谈不到独立审判的问题。北洋政府司法总长罗文干在《狱中人语》一书中承认说："刑事诉讼法予起草者也，今入狱三月，乃知昔日起草之精神，与今日施行之情况，逈然不同也。"[2] 法官亦无独立意志可

---

① 《临时政府公报》，第二十七号（三月二日）、第三十五号（三月十一日）令示。

② 转引自张国福：《中华民国法制简史》，166 页，北京，北京大学出版社，1986。

言，假若违背军阀们的意志，损害他们的利益，马上就被免职罢官，没有任何保障。正像吴献琛在《旧中国所谓"司法独立"三例》一文中回忆所说："一九一九年，湖北督军王占元，愤其私设之金店在湖北高等审判庭败诉，迁怒于该庭暂代庭长陈长簇，遂一面派其军法处长陈汉卿代该庭长，一面派兵迫陈长簇交印。陈长簇不敢私相授受，逃往南京转赴北京司法部请示。该部畏王占元之威势，不敢抗拒，只得请王另选一人，由部加委而为湖北高等审判庭庭长了事。"① 上述说明，司法权能是军阀权的一部分，要独立只是空想。

其二是限制公开审判。《中华民国约法》第 47 条规定："法院之审判，须公开之。"《法院编制法》第 54 条也规定："诉讼之辩论及判断之宣告，均公开法庭行之。"事实上，该政府在上述规定的同时，又作了很多限制性或否定性的规定，如《法院编制法》第 56 条规定："审判长法庭首席，于开闭法庭及审问诉讼，均有指挥之权。"第 57 条规定："审判长于开庭时，有维持秩序之权。"第 58 条规定："公开法庭，有应行停止公开者，应将其决议及理由宣示，然后使公众退庭。"第 60 条规定："审判长得命旁听之妇孺及服装不当者，退出法庭。"第 61 条规定："有妨害法庭执务或其他不当之行为者"，审判长得命退出法庭。审判公开，是对审判的制约，而这些规定，实际上就赋予了审判长不公开审判的权力。

其三是阻止辩论和辩护。北洋军阀政府在拟定刑事诉讼法草案时，有人主张引用辩护制度，遭到该政府的非议，只允许在审判阶段适用。修订法律馆副总裁罗文干在《狱中人语》一书中谈到此问题时说："世界各国案件，一发生即得延请律师辩护，前年予起草刑事诉讼法初稿时曾主张此制，后予赴欧，闻法院中人金以为不便，遂仍旧制，非至公判时不得享律师辩护之利益，于是被押者乃得任检察官或预审推事宰割矣，其拖延也无如之何，其如何采证也无如之何，是又无怪乎其谓不便利也。"当事人在审判阶段享有的辩护权也不是完全的。如《法院编制法》第 64 条规定，"律师在法庭代理诉讼或辩护案件，其言语举动，如有不当，审判长得禁止其代理辩护。其非律师而为诉讼代理人或辩护人者，亦同。"稍有常识的人都知道，对辩护的限制，就是对司法权的放任。

其四是恢复知县司法。依《县知事兼理司法事务暂行条例》的规定："县知事审理案件，得设承审员助理之。"又依《县知事审理诉讼暂行章程》的规定，县知事"审判方法，由县知事或承审员相机为之"。有了这一规定，其他原则的效力就很微弱了。该规定赋予县知事及承审员任意拘押逮捕、刑讯逼供、主观武断、捏造事实、歪曲法律的权力。因而，他们便利用这种权力，残害劳动人民，保护自己在地区的特权，同时，还利用这种权力，任意敲诈勒索，大发横财。正如毛泽东同志指出："湖南的司法制度，还是县知事兼理司法，承审员助知事审案，知事及其幕佐要发财，全靠经手钱粮捐派，办兵差和在民刑诉讼上颠倒敲诈这几件事，尤以后一件为经常可靠的财源。"② 有了司法权，专权变成堂而皇之了。

考虑到知县的专权可能，形式化的规定了援用复判制度：（1）"前清州县审理案件，承用旧时解勘之制，由府而道而司，层层审转，然后奏交大理院复判。此次定制，将解勘复审之制，一律废除，案经各县判决后，即径送高等审判庭复判"。（2）"前清复判案件，限于例应专奏汇奏之死罪案件。此次定制，则凡判处死刑，无期徒刑或一二等有期徒刑者，均应照

---

① 转引自张国福：《中华民国法制简史》，167 页，北京，北京大学出版社，1986。
② 《毛泽东选集》，2 版，第 1 卷，30 页，北京，人民出版社，1991。

章复判"。（3）"前清各县审理案件，用解勘复审之制，如前所述，故无正式上诉机关，不问当事人有无不服，概由大理院复判。此次定制，则复判案件以未经上诉者为限，其已经上诉者，仍依通常程序办理"①。由于实行知县行政兼司法的制度，而知县本不懂法，大理院难以能够复判得过来，必然造成累讼。正像朱国南在《奇形怪状的旧司法》一文中回忆伪法院玩弄复判制度的丑剧时所说，1923 年，四川射洪县政府兼理司法时，该县柳树沱出了某地主家被盗，并将某地主杀死的案子。地主家属向县府控诉其邻居贫农两弟兄，诬其勾结匪类，复仇凶杀，伙劫财物。县府承审员，仅据地主家属诬告，即判处被告昆仲两人死刑，送呈四川高院复判。高院不从事实研究，先从程序上处理，谓系抢劫杀人，应属军法审判范围，送请川康绥靖公署复判。这样公文往返，拖了一年余，县长换了，承审员亦换了，此案又重新审理，依照四川高院的指示，按军法审判程序，仍判处被告死刑，送请川康绥靖公署复判，复判结果是"本件不受理"。这样又拖延一年余，又换了县长和承审员，再重新审理，按照普通刑事诉讼程序进行，判决后又送四川高院复判，高院复判结果，以为事实尚未讯明，发还原审，重新审判。这样七拖八拖，两名被告已坐了七八年牢。以后此案卷宗归档，历任承审员认为疑案难决，置之不理，高院亦不察问，两名被告长期在监内任劳役达十数年之久！②

其五是应用特别法优先制度。法律，从文件形式上大体上分为两类：一为普通法，一为特别法。所谓普通法是指在全国范围内一般通用的法律，如《暂行新刑律》。所谓特别法是普通法的对称，是指适用于特定时期、特定地点，针对特定人或事的法律，如《惩办国贼条例》。两者的关系，按照法理中的一般原则是特别法优先，但要考虑特别法与普通法制定的性质。低位阶的法不能违背上位阶法的精神和规范。如果相反，就是不正当的，就是多数服从少数或个人。北洋军阀的特别法优先就是如此。北洋军阀政府在司法实践中优先适用特别法，而无特别法时才适用普通法。如大理院判例上字第三五号规定："特别法应先于普通法，必特别法无规定者，始适用普通法。"③ 而这些特别法都未得到参议院的充分讨论。如此，特别法优先的目的就是强调特别法权。

特别法权中的重要部分就是命令。该政府大量地普遍采用军阀总统的命令。如袁世凯、黎元洪、冯国璋、徐世昌、段祺瑞、曹锟、张作霖、吴佩孚的命令，就像皇帝的圣旨一样，是最高的法律，具有最高的法律效力。武昌起义领导人之一张振武，就是依照袁世凯的命令被杀害的。张振武是共进会领导人之一，1911 年 10 月参加领导武昌起义。湖北军政府成立，他任军务部副部长。张振武生性粗率，并对黎元洪不满，常出枪胁之。因此，黎元洪对他怀恨在心。1912 年 8 月，黎元洪与袁世凯密谋，骗张振武入京，准备予以处决。张振武到京后，袁世凯还假惺惺地委任他为总统府顾问，他拒绝受委，并大骂袁世凯。同月 16 日，袁世凯派兵千余人逮捕张振武，囚禁在军政执法处，随即下令："根据黎元洪来电，乞将张振武立予正法，其随行方维同恶相济，并乞一律处决。即着步军统领，军政执法处遵照办理。"④ 当天晚上，军政执法处便依令将张振武推至西单牌楼枪毙。这就是导致后来群起反对军阀政府的"张振武案"。此外还有军阀张作霖杀害李大钊、吴佩孚杀害"二七"罢工工会

---

① 转引自张国福：《中华民国法制简史》，168 页，北京，北京大学出版社，1986。
② 参见张国福：《中华民国法制简史》，169 页，北京，北京大学出版社，1986。
③ 《大理院判例全书》，民国八年上字第三五号判例。
④ 转引自《北洋军阀史料选辑》（上），164 页。

领袖等案。这些熟知的史实说明，北洋军阀政府的刑事法制尤其是特别法就是他们的刀枪。在这种种情况下，刑法典上的罪刑法定原则就失去了意义。其后，国民党专权者制定的特别法和特别的司法制度，一脉相承，绝无遵循现代原则的可能。

三、罪名体系的变化

在刑法中，罪名是具体犯罪的简称和代表，反映出禁止性规范体系的根据和安排。现代的罪名体系最初出现在《大清新刑律》中。

此前，《现行刑律》对《大清律例》已经作了调整。如删除了"职制"之大臣专擅选官、文官不许封公侯、官员赴任过限；无故不朝参公座，奸党，"公式"之照刷文卷、磨勘卷宗、封掌印信，"户役"之丁夫差遣不平，隐蔽差役，逃避差役，"田宅"之任所自置田宅，"婚姻"之同姓为婚、良贱为婚姻，"课程"之监临势要中盐、阻坏盐法，私矾、船商匿货，"礼制"之朝见留难，"宫卫"之内府工作人匠替役，"军政"之边境申索军需、公侯私役军官，夜禁，"关津"之私越冒度官津，诈冒给路引，递送逃军妻出城、私出外境及违禁下海、私役弓兵，"厩牧"之公使人等索借马匹，"邮驿"之占宿驿舍上房，"贼盗"之起除刺字，"斗殴"之良贱相殴，"诉讼"之军民约会、词讼诬告、充军及迁徙，"受赃"之私受公侯财物，"犯奸"之良贱相好，"杂犯"之搬做杂剧，"捕亡"之徒流人逃，"断狱"之徒囚不应役，"营造"之有司官吏不住公廨等。综计全律仍存三百八十九条，而《比引律》则删存及半，依类散入各门，不列比附之目。① 最终，《现行刑律》共三百八十九条。计：名例三十九条，职制九条，公式十一条，户役十二条，田宅十条，婚姻十五条，仓库二十三条，课程四条，钱、债三条，市廛五条，祭祀六条，礼制十九条，宫卫十五条，军政十八条，关津二条，厩牧十条，邮驿十五条，贼盗二十七条，人命二十条，斗殴二十一条：骂詈八条，诉讼十条，受赃十条，诈伪十一条，犯奸九条，杂犯十条，捕亡七条，断狱二十八条，营造八条，河防四条，另附例一千三百二十七条。但其罪名及其类罪名仍同以前。

《大清新刑律》将总则与分则分立。分则"为各项之事例"，主要规定了如下罪名：侵害皇室之罪、内乱之罪、妨害国交之罪、外患之罪、露泄机务之罪、渎职之罪、妨害公务之罪、妨害选举之罪、骚扰之罪、逮捕监禁者脱逃之罪、藏匿罪人及湮灭证据之罪、伪证及诬告之罪、放火决水及妨害水利之罪、危险物之罪、妨害往来通信之罪、妨害秩序之罪、伪造货币之罪、伪造文书及印文之罪、伪造度量衡之罪、亵渎祀典及毁掘坟墓之罪、鸦片之罪、赌博彩票之罪、奸非及重婚之罪、妨害饮料水之罪、妨害卫生之罪、杀伤之罪、堕胎之罪、遗弃之罪、私擅逮捕监禁之罪、略诱及和诱之罪、妨害安全信用名誉及秘密之罪、窃盗及强盗之罪、诈欺取财之罪、侵占之罪、赃物之罪、毁弃损坏之罪。其中完全移植日本刑法典的内容而设立的新罪名有：妨害国交罪、妨害选举罪、妨害往来通信罪。妨害选举罪和妨害往来通信罪是在强调、尊重个人权利。

分则划分的依据是：刑律之大凡自应专注于刑事之一部，推诸穷通久变之理，实今昔之不宜相袭也。是编修订大旨，折中各国大同之良规，兼采近世最新之学说，而仍不戾乎我国历世相沿之礼教、民情，集类为章，略分序次。《春秋》之义，首重尊王，故以关于帝室之

---

① 参见《清史稿·刑法志》。

罪，弁冕简端。内政、外交为国家治安之基本，而选举尤立宪国之通例也，故以内乱、国交、外患、泄露机务、渎职、妨害公务，选举次之。为维持社会之交际，宜注重于公益，故以骚扰、囚捕、伪证、诬告、水火、危害物品、交通秩序、货币、官私文书、度量衡、祀典、鸦片又次之。文明进步，端于风俗，验于生计，故次以赌博、奸非，水道、水源、卫生。而国民之私益，应沐法律保护者，莫如生命、身体、财产，故以杀伤、堕胎、遗弃、逮捕、监禁、掠诱、和诱、名誉、信用、安全、秘密、窃盗、强盗、诈欺、侵占、赃物、毁弃、损坏缀其后焉。[①] 分则首先依据立宪而确立权益的轻重安排，贯彻了民刑分离的原则，删除了旧律中有关民事法律行为的规定；最重要的，是放弃了旧律按六部分类的方法，将刑法从行政法中独立出来；其次，在罪行的确定上，放弃了旧律中传统的名称和概念，而代之以近代刑法的新名称、新概念，放弃了过去一事一例、律例合编的做法，或概括地对某一罪行下定义，或列举某一罪行的主要罪状，避免了律文的烦琐，以刑法科学来治刑法；再次，在刑罚的确定上，基本上采取绝对确定法定刑与相对确定法定刑相结合的原则。这些变化是符合现代刑法的基本原理的，明确的规定是对清后期任意滥用刑罚权的制约，是对刑事司法特权的否定。我们不能认为仍然保护了皇权就说分则没有进步或一无是处。

到了北洋政府时期，各刑法典的罪名体系并没有太大变化。但在对亲属范围的划定方面，《暂行新刑律》以传统的服制图为依据，确定五服亲属的界限。《第二次修正案》又采用寺院法的亲等计算法，以简化亲属等级的区别。再规定对大总统犯罪者，"加重其刑"；内乱罪只要着于实行，就算犯罪成立；侵害外国元首以"友邦"元首为限；单独规定"妨害商务罪"一章等。

南京国民政府的《三五刑法》分总则、分则二编。分则共 258 条，分 35 章，共规定了 35 类罪名：内乱罪，外患罪，妨害国交罪，渎职罪，妨害公务罪，妨害投票罪，妨害秩序罪，脱逃罪，藏匿人犯及湮灭证据罪，伪证及诬告罪，公共危险罪，伪造货币罪，伪造有价证券罪，伪造度量衡罪，伪造文书印文罪，妨害风化罪，妨害婚姻及家庭罪，亵渎祀典及侵害坟墓尸体罪，妨害农工商罪，鸦片罪，赌博罪，杀人罪，伤害罪，堕胎罪，遗弃罪，妨害自由罪，妨害名誉及信用罪，妨害秘密罪，窃盗罪，抢夺强盗及海盗罪，侵占罪，诈欺背信及重利罪，恐吓及掳人勒赎罪，赃物罪，毁弃损坏罪等。罪名的设立，既有适应社会进步、经济发展的因素，也有一些基于固有法律传统的考虑。另外，在陆续颁布的刑事特别法中，还增加了一些新的罪名。

由于通奸罪在当时以及后来都是一个热点话题，被说成是该法本质之典型写照，这里予以重点说明。原修正案第 234 条规定："有配偶而与人通奸者，处二年以下有期徒刑，其相奸者亦同。"对此，当时参与修订的各委员曾有不同的看法。戴修骏谓依第 240 条，本条之罪，未经离婚者，不得告诉，此种限制欠妥。杨公达主张删去本条。黄右昌谓修正案对民事责任与刑事责任未分清，又与刑事政策预防犯罪及减少犯罪之主旨不合，主张恢复"二八刑法"第 256 条，以维系男系血统。陈长蘅谓本条不应删去，但可减为处 6 月以下有期徒刑，傅秉常谓各国立法例有三：（1）英、美诸国认此为民事问题，为男女最平等办法；（2）法国如有夫之妇与人通奸，则犯刑事，如为男子，则须另有条件，此为男女不平等办法；（3）德

---

① 参见《大清光绪新法令》第 20 册，1～2 页。刑律分则草案折。

国、匈牙利则为有配偶而与人通奸者，均处刑，但处刑甚轻。现世立法趋势，多采英、美办法，删去本条，毫无妨碍。陶玄谓维持家庭和平，在配偶双方负责，本条删去与否，均无成见。刘克俊谓现行法仅科有夫之妇与人通奸之罪，殊背男女平等之旨，修正案采用瑞士及德国草案立法例，非离婚不得告诉，藉维家庭之和平。主席付表决，以 40 委员赞成，本条卒被删去。后刑法起草委员会将大会保留并交付之各条文，及各委员所提之新修正案，分别审查完毕。立法院复于 10 月 31 日举行第 78 次会议，提出逐条讨论，共计 25 条，大致均照重行审查之案通过。惟原第 234 条，各委员讨论甚久，辩争最烈。该条为现行法（"二八刑法"）第 256 条规定"有夫之妇与人通奸者，处二年以下有期徒刑，其相奸者亦同"重新审查后，列为第 239 条，规定"与有配偶之人通奸者，处二年以下有期徒刑，其相奸者亦同"。各委员先后发表意见，归纳之可分七派：（1）孙维栋等主张维持现行法第 256 条；（2）焦易堂等亦主张维持现行法第 256 条，但须将原定刑期减为 1 年以下；（3）林彬、史尚宽等主张维持重行审查之案；（4）陶玄等主张维持原修正案；（5）陈长蘅等亦主张维持原修正案，但须将刑期减为 6 个月以下；（6）杨公达等仍主张删去此条；（7）黄右昌主张采用其参照德、奥立法例所拟之新修正案。主席逐一付表决，出席委员 68 人，赞成焦案者 40 人，遂以通过，而此条复由删除而增补。立法院于 11 月 1 日，开三读会，南京市妇女救济会以二读通过之第 239 条违背男女平等原则，具文并派代表呈请复议，主席咨询各委员意见，刘克俊以妇女界之意见，尚有研究余地，请予复议，陶玄附议。梁寒操谓本案如须复议，应采两种方式：一由院长提请中央政治会议决定原则，交本院复议；一由本院委员 2 人以上连署提请复议。史尚宽谓本案尚未开始三读，根本不发生复议问题，如各委员有意见，即可重行讨论。罗鼎谓此例若开，将来有不胜其复议之烦，立法威严，扫地无余。盛振为谓本院对于妇女界之请求，如无圆满答复，将再向中央政治会议呈请发交本院复议，诚不若自动复议为妙。戴修骏谓中政会将来对于本案另定原则，本院复议，自当遵办，与妇女界之请求截然两事。立法院开三读会通过新刑法后，首都妇女等组织力争法律平等同盟会，以该法第 239 条违背党纲政策，与《训政时期约法》第 6 条抵触，呈请中央政治会议核定合于男女平等之原则，交立法院复议。中央委员亦各提出修正意见，叶楚伧、陈璧君等谓新刑法第 239 条不用规定。赵丕廉谓应改为"与有配偶之人通奸者，处一年以下有期徒刑"。王世杰以该条应依下列原则修正之："有配偶之人，与人通奸而虐待其配偶者，应于刑法酌定制裁。"中央政治会议交由法制组审查后，提出第 433 次会议决议："立法院通过之刑法第 239 条，应依男女平等之原则，交立法院修正，各委员所拟修正案，并交立法院参考。"立法院提出第三届第 82 次会议议决付法制委员会会同刑法起草委员会审查。旋审查完毕，提出报告说："本会等第三届第 2 次联席会议提出讨论，佥以本案系沿用现行刑法第 256 条之原文，仅减轻其刑度。且现行刑法系民国十七年经中央第 120 次常务会议议决通过，当已注意于男女平等之原则。兹遵中央政治会议决议，将《中华民国刑法修正案》和第 239 条及第 345 条第 2 项酌加修正，敬候提交大会公决。"立法院于 11 月 29 日，举行第 3 届第 84 次会议提出讨论，当议决，《刑法》第 239 条修正为"有配偶而与人通奸者，处一年以下有期徒刑，其相奸者亦同。"结果仍维持原修正案第 234 条，唯将所定刑度减轻。第 245 条第 2 项仍维持三读通过之案，未加修正。在各方面力量的共同作用下，最后的通奸罪条，一是考虑男女平等，二是降低刑罚，以在保护家庭（家族）利益与个人意志自由之间进行平衡。

必须要说明的是，规定通奸罪并不是"维护封建制度"一句话所能够解决问题的。从上述争议来看，没有人因为维护封建制度而强调设立该罪。家庭关系和家族的秩序并不是只有在封建社会中才予以保护，即使在今后。在那个时代，没有科技手段可以控制性与生殖，法外性行为对家庭关系和人际关系形成影响，引发矛盾，导致冲突，而生殖更可能带来家庭关系的紊乱，导致代际关系的裂痕，影响后代生理心理的成长。其害其恶不能说轻微到不足考虑。当然，我们不能要求在今天也将通奸规定到刑法中，毕竟时代和科技水平不同。虽然现在不入刑法，只是不用刑罚的手段控制，而是用其他规范调整，并不是鼓励提倡。不能以这一差别而认为这一条甚至认为这一部法律是封建的。

四、刑罚体系的确立

刑是对他人权益的剥夺。通俗意义上，刑法就是刑之法，是对刑的规定。因此刑法以"刑"为目标。从刑的不同规定上也可见刑法的发展。

在刑罚体系上，中国古代刑法的规定为当时世界之先进。唐律沿用隋制，设定笞、杖、徒、流、死五种法定刑罚。自此五刑被固定下来，并且有比较细化的等级和行刑方式，以防司法人员的任性，建成了世界历史上封建社会中相当文明的刑罚体系。封建五刑制度不仅用于唐一代，而且影响于宋、元、明、清。唐代五刑制度的最终确立，反映了封建政治、经济的发展与社会文明程度的提高。"刑分几类、类中有等"是中国对世界刑法的重大贡献。

此后，每遇专制恐怖的时期，五刑常遭突破。宋朝创立了刑罚的折杖法，即用杖刑来代替除死刑以外刑罚的执行。这是一种换刑，就是用唐律规定的五刑中的某种刑罚取代其他刑罚或用其他制裁方式替代五刑。它的意义是行刑便利，其报复的非人道性已很显然（唐律笞杖并非仅在于皮肉之痛而还在于羞辱），因而杖死（特别是脊杖致死）的情况就会发生，且日益增加。宋朝还允许其他残酷行刑法。北宋仁宗时针对荆湖地区杀人祭鬼的恶行，更下敕令，有首谋若加功者，处以凌迟刑。其后，元、明、清三代凌迟死刑入律沿袭不变。此外，宋朝还恢复了醢刑、腰斩、枭首、支解、具五刑等法外酷刑。宋代刺配的盛行，开了封建后期各朝复活肉刑的先河。明代的刑制仍继承唐律的五刑制度，即以笞、杖、徒、流、死为法定刑，但是又有很大变化，除增加《大诰》所列种种酷刑之外，还设有充军、枷号、刺字、工役抵罪等刑罚。明律将凌迟刑列为法定。此外明代还广泛使用枭首、灭族酷刑，创设了"瓜蔓抄"，在地方官署边设"皮场庙"。还规定刑罚可以叠加，改变了唐律一罪一罚的定制。这些刑罚的设定，对罪犯的处罚轻重无定，远离了律治的道路。清朝废除了明代厂卫、镇抚司及其所使用的各种酷刑和廷杖之法，沿用五刑，但又增设了五刑外的重刑。一是迁徙发遣充军，分为极边、烟瘴（4 000 里）、边远、近边和附近（2 000 里）五等。二是死刑残酷。清朝的法定死刑仍是斩、绞，又各分"立决"，"监候"两类，同时盛行的残酷死刑有凌迟、枭首、戮尸、锉首扬灰等法外刑[①]，还恢复了刺字。清朝还广泛使用折刑。[②] 然而这不是五刑本身的问题。

---

① 参见《清史稿·刑法志三》。
② 参见《光绪会典事例》卷九九六。

　　清末修律首先修改的是残酷的刑罚。沈家本等人提出在修改或制定刑法前删除凌迟、枭首、戮尸、刺字、充军、笞杖等残酷刑罚，得到了响应，自此掀起了修律的运动。《大清新刑律》终引入现代刑罚体系：死刑、徒刑、拘留、罚金四种。其中徒刑分为无期、有期。无期徒刑，惩役终身，以当旧律遣军。有期徒刑三等以上者，以当旧律三流，四等及五等，以当旧律五徒。拘留，专科轻微之犯，以当旧律笞、杖。罚金性质之重轻，介于有期徒刑与拘留之间，实亦仍用赎金旧制也。其后，除了北洋军阀政府将徒刑复改遣、易笞外，基本依照清末的设定。

　　"三五刑法"在刑罚体系方面，分别规定了主刑和从刑。主刑五种：死刑、无期徒刑、有期徒刑、拘役、罚金。从刑二种：褫夺公权、没收。其中，有期徒刑为2月以上，15年以下；高可加至20年，低可减至2月未满。拘役期限为1日以上，2月未满，高可加至4个月。罚金为1元以上。褫夺公民权为在一定期限内剥夺犯人在公法上的一定资格，包括：第一，为公务员的资格；第二，公职候选人的资格；第三，行使选举、罢免、创制、复决四权的资格。没收的对象可包括：第一，违禁物；第二，供犯罪所用或供犯罪预备之物；第三，因犯罪所得之物。作为对刑种的补充，刑法设立了刑罚易科制度。对于一些轻微犯罪，虽然依法作出刑罚判决，但由于存在某些特定原因，对于罪犯不执行刑罚更为适当时，可根据刑罚易科制，而改以其他方式替代刑罚的执行。"三五刑法"规定了刑罚易科的三种方式：易科罚金、易服劳役、易以训诫。对于适用易科罚金等项制度，法律规定了具体的条件。第一，所犯之罪须为最重本刑三年以下有期徒刑之罪；第二，被宣告判处六个月以下有期徒刑或拘役之刑；第三，受刑人因身体、教育、职业或家庭等关系，执行刑罚明显有困难者。例如，犯人身体不好，若执行刑罚，有可能导致健康恶化；在校学生临近毕业，若执行刑罚，则影响毕业；犯人为家庭生计主要负担人，若入狱服刑，其家庭生活即无着落等。易科罚金的方法为：计受刑人被宣告的刑期，按每日1元至3元的标准折算为罚金，由受刑人缴纳。受刑人无力缴纳罚金者，可易服劳役。对于受拘役或罚金之宣告者，若罪犯的犯罪动机在社会公益或道德上明显可给予宥恕者，可易以训诫。这已经具备了较为完整的近现代刑罚体系。

　　刑罚中的保安处分是新事物，须予以说明。

　　19世纪末至20世纪初，西方各国为进一步防止犯罪（实质是防止危险的人有犯罪的可能），积极维护社会秩序，保安处分制度应运而生。1893年的瑞士刑法草案首先确定保安处分作为刑事制裁的一种。20世纪初三大刑法草案（1908年瑞士刑法草案，1909年奥地利刑法改正草案及德国刑法改正草案）均采纳保安处分。保安处分的目的在于维持社会安定，预防犯罪，尤其重于对犯罪危险的特别预防。某些具有特定情形的人，比如有不良瘾癖，或懒惰成习，或有智力障碍等，在其从事违法行为之后，即使对其实施刑罚也可能达不到预期的目的。但如果对其实施报应刑之外的特别看护，有可能收到更好的保护社会、预防犯罪的效果。南京国民政府采纳保安处分制度，于"三五刑法"中增设"保安处分"专章，加强对于特定之人的特别预防。其保安处分的种类有七种：感化教育处分，监护处分，禁戒处分，强制工作处分，强制治疗处分，保护管束，驱逐出境处分。感化教育处分的适用对象为有违法犯罪行为，但因年龄未满14岁而依法不给予刑事处罚及因未满18岁而减轻处罚者。对于因未满18岁而减轻处罚者，若其宣告刑为3年以上有期徒刑，对其感化教育处分可在刑罚执行完毕或赦免后执行；若其宣告刑为 3 年以下有期徒刑，则在刑罚执行前执行感化教育处分，经过感化教育，认为无必要执行原判刑罚者，可免于执行。感化教育处分于感化教育处所执行，对于年龄未满 14 岁者，可采用家庭方式进行教育。感化教育的期限，最长不超过 3 年。这是教育与刑罚相结合的法制安排。监护处分的适用对象为犯罪但"因心神丧失而不罚"的精神病患者和"因精神耗弱或喑哑而减轻其刑"者。对于后者一般于刑罚执行完毕或赦免后，送入指定的精神病院、医院、慈善团体、最近亲属或其他适当处所予以监护。监护期限为 3 年以下。禁戒处分的适用对象为"犯吸食鸦片或施打吗啡或使用高根、海洛因或其化合质料之罪者"和"因酗酒而犯罪者"。对于前者的禁戒处分于原判刑罚之前执行；禁戒处分执行完毕后，法院认为无执行原判刑罚之必要时，可免于执行原判刑罚；禁戒期限为六个月以下。对于后者一般于刑罚执行完毕或赦免后，送入适当处所施以禁戒。禁戒期限为 3 个月以下。强制工作处分的适用对象为"有犯罪之习惯，或以犯罪为常业，或因游荡或懒惰成习而犯罪者"。对于此类人在其刑罚执行完毕或赦免后，可将其送入劳动场所，强制工作。强制工作处分期限为 3 年以下。强制治疗处分的适用对象为犯传染病、麻风病罪的罪犯。对于此类人于原判刑罚执行前送入相当处所实施强制治疗。强制治疗处分的期间为直至治愈为止。保护管束的适用对象有两类。第一，被宣告处以感化教育处分、监护处分、禁戒处分、强制工作处分者，在实施上述处分之前，可根据情形施以保护管束，以替代原宣告的处分。保护管束期限为 3 年以下。第二，受缓刑宣告及获准假释者，在其缓刑期内及假释期内施以保护管束。被施以保护管束之人，交由警察机构、自治团体、慈善团体、本人的最近亲属或其他适当之人执行。驱逐出境处分的适用对象为被判处有期徒刑以上刑的外国人。在原判刑罚执行完毕或被赦免后，可对其给予驱逐出境处分。

　　保安处分既不是主刑，也不是从刑。它是由法院对于特定的人所作的一种司法方法。就法律条文而言，保安处分重在对于某些具有特定情形的犯罪和罪犯给予特别处理，以弥补普通刑罚所不能达到的保护社会、预防犯罪的功能，有其积极意义。但国民政府对于实行保安处分制度所需的各项配套项目多未能及时确立，包括对于在实行保安处分制度中有决定作用的法官裁量权的训练、保安处分实施场所的规范化管理等。尤其值得一提的是，由于保安处分制度在具体实施过程中具有较大的灵活性，可能会出现滥用，因此，需要予以制约，以控制司法特权。

　　这种将过去属于行政处分的内容规定在刑法中成为保安处分，也是对准司法特权的制约，就是将行政中的司法权或行政司法刑法化、法治化。我们现在为什么不这样做？可能是与对这种刑罚方法的传统定性有关，比如"由于这种措施便于统治阶级以预防犯罪为名，不经法律程序随意逮捕和关押人民群众，因此，为法西斯德国、日本、意大利等国刑法典所广泛采用"[①]。这在法律史上是误解。保安处分在法西斯出生前就已经存在，且不仅是德国等国，其他国家也在应用。当我们的学者在说明保安处分是谁（如国民党）引进时，我们就给它形成了框框，即"因人废言"，使得无人敢去触及。但回避保安处分，一点也不会减少社会中类似保安处分的刑罚存在，甚至更加肆意。

---

① 余明侠主编：《中华民国法制史》，329 页，徐州，中国矿业大学出版社，1994。

第五节
特别法：近现代刑法发展中的毒瘤

前几部分主要讨论的是普通刑事法律，就是具有立法权的组织，并经过了一定的立法程序，以法典化样式制定的刑事法。除了这些经过反复研讨后出台的"正式"法律制度，还存在着一些特别的刑事法制，它们在这一时期起着特别的作用，甚至是巨大的作用，构成了该阶段刑事法制的重要内容。忽视这方面的内容，就意味着对这一阶段刑事法制的认识很不全面。

到底什么是特别法或者什么是普通法，区分起来有一定的难度。通常认为特别法是在特定时间、特殊地区、对于特殊人群、特殊事项或特殊对象而制定的法律制度。这主要是从形式上区分的。实际上人们重视（不论是赞成还是反对）特别法这种规范体系形式，是因为特别法具有特别的功能，笔者的理解是它常维护特别的权益和秩序，具有特别的价值。因此特别法是特殊的主体在特定时间经特殊程序而设定的为了维护特别权益、与普通法的规定不尽一致的法律制度。

在 20 世纪前五十年，各类政府（或者自认为是政府）到底颁发了多少刑事方面的特别规范性文件，可能是难以统计的，那是一个巨量。这里仅作一简介。需要说明的是，因为清末 10 年着力修律变法、制定新的普通法典，南京临时革命政府时间较短，因此都略去。

一、北洋军阀时期

该时期的刑事特别法主要有：1912 年 12 月 15 日公布的《戒严法》，1913 年 4 月 1 日公布的《陆军惩罚令》，1914 年 3 月 2 日公布的《治安警察条例》，1914 年 3 月 4 日公布的《惩戒条例》，1914 年 6 月 5 日公布的《官吏贪赃治罪法》，1914 年 7 月 9 日公布的《海军惩罚令》，1914 年 7 月公布的《徒刑改遣条例》，1914 年 8 月 19 日公布的《官吏违令惩罚令》，1914 年 10 月公布的《易笞条例》，1914 年 10 月 19 日《吗啡治罪条例》，1914 年 11 月 27 日公布的《惩治盗匪法》，1914 年 11 月 29 日公布的《妨害内债信用惩罚令》，1914 年 12 月 4 日公布的《出版法》，1914 年 12 月 6 日公布的《惩治盗匪施行法》，1914 年 12 月 20 日公布的《贩卖罂粟种子令》，1914 年 12 月 20 日公布的《私盐治罪法》，1914 年 12 月 24 日公布的《暂行新刑律补充条例》，1914 年 12 月 29 日公布的《缉私条例》，1915 年 1 月 1 日公布的《乱党自首条例》，1915 年 3 月 19 日公布的《陆军刑事条例》，1915 年 4 月 7 日公布的《海军刑事条例》，1915 年 4 月 13 日公布的《边界禁匪章程》，1915 年 6 月 16 日公布的《惩办国贼条例》，1918 年 1 月 17 日公布的《文官惩戒条例》，1920 年 10 月 20 日公布的《科刑标准条例》等等。其中 1914 年年底为集中颁布的时期。

该时期的特别法中，《惩治盗匪法》相对较为重要。[①] 一是该法制定、颁布之时，有着深

---

① 参见张晋藩总主编，朱勇主编：《中国法制通史》，第 9 卷，505～506 页，北京，法律出版社，1999。

刻的政治背景。袁世凯从 1913 年镇压南方革命党人发动的"二次革命"，并解散国民党、解散国会后，着意建立体现其专制统治的新秩序。而以孙中山为首的革命党人在"二次革命"失败后，也调整战略，重新组建"中华革命党"，并以武力讨袁、再建民主共和国为宗旨。在这种特定背景下，袁世凯授意其御用机构参政院匆匆制定、颁布《惩治盗匪法》，以增加新罪名、加重处罚程度和简化审判程序的方式，达到其打击政治反对派、镇压革命的目的。因此，该法真正目的不是打击偷抢一类的财产犯罪，而是为了打击革命势力、巩固政权的需要。二是在袁世凯复辟帝制失败、病逝北京后，新政府为表示新政权与袁世凯政权的区别，将袁世凯时期制定、实施的诸多法律宣布废止，但该法却被保留，继续生效。1922 年，北洋政府司法部曾发布命令，宣布废止该法，因遭一些地方军阀的通电反对而被迫收回成命，于1923 年恢复《惩治盗匪法》的效力。效力超越某个别政权，这自然归结于该法有适合军阀政权的特殊效用。

该法的特殊性有二：一是在罪刑方面，扩大匪徒之范围，并施加重刑。与《暂行新刑律》相比，《惩治盗匪法》加重了对强盗罪的法定刑。同时，《惩治盗匪法》又新增对"匪徒"罪的规定。根据该法规定，"匪徒"罪适用范围包括："一、意图扰害公安而制造、收藏或携带爆烈物者；二、聚众掠夺公署之兵器、弹药、船舰、钱粮及其他军需品，或公然占据都市、城寨及其他军用之地者；三、掳人勒赎者。"对于上述匪徒罪，均处以死刑。二是在司法制度上置了一些特权。第一，扩大审判机构的范围，授予军事机关审判强盗、匪徒罪的法定权力。根据该法规定，除了审判厅、兼理司法事务的县知事具有法定审判权外，统率军队的高级军官基于路途较远或时间紧迫等原因，亦可行使审判权。第二，《暂行新刑律》第40 条规定："死刑非经司法部覆准回报，不得执行"。但《惩治盗匪法》第 5 条则规定：对于犯强盗、匪徒罪应处死刑者，由该管审判厅或兼理司法事务的县知事审实后，附具全案，报高等审判厅厅长或司法筹备处处长，并转报巡按使，覆准后即可执行。第 8 条规定由军事机关审判的强盗、匪徒死刑案件，则由管辖该军队的最高级长官核办、覆准。不仅如此，于1914 年 12 月颁布、实施的《惩治盗匪法执行法》还对上述程序作进一步简化，将上报候准的死刑案件全宗，简化为只需以电报方式"摘叙犯罪事实"，核准后即可执行，在第 4 条甚至规定了就地正法。第三，对于强盗、匪徒案件，一经判决，即为终审。当事人即使对判决不服，也不得上诉。[①] 两者相比较，司法特权，即军人干预司法、剥夺案犯上诉权、司法机构的判与杀不受牵制的特权，这些才是军阀们真正感兴趣而竭力维护的，该法与军阀专制政权相得益彰。

二、广州、武汉国民政府时期

该时期的刑事特别法主要有：1925 年 10 月 9 日公布的《陆军刑律》，1925 年 7 月 21 日公布的《禁烟条例》，1925 年 9 月 30 日公布的《统一广东军民财政及惩办盗匪奸宄特别刑事条例》，1926 年 3 月 23 日公布的《统一广东军民财政及惩办盗匪奸宄特别刑事补充条例》，1926 年 9 月 22 日公布的《党员背誓罪条例》，1927 年 3 月 30 日公布的《国民政府反革命条

---

① 参见司法部《盗匪案件依法不得上诉批》，1915 年 7 月 13 日 "批贵州高检厅第 7197 号 37 号法"，载 1922年 9 月《改订司法例规》，1108 页。

例》，1927 年 3 月公布的《湖北省惩治土豪劣绅暂行条例》及《湖北省审判土豪劣绅委员会暂行条例》，1927 年 5 月 10 日公布《处分逆产条例》等。

这里简要分析《党员背誓罪条例》。该条例共 8 条，虽然名义上指党员，实际上即指改组后的国民党党员，也包括当时的各种公务人员。其 8 条是①：

1. 党员违背誓言而为不法行为者，分别情形，按刑律加一等以上处罚之。党员任官职而未宣誓者，以已宣誓论。

2. 党员反革命图谋内乱者，不分既遂、未遂，一律处死刑。

3. 党员以职权操纵金融图利自己或他人者，处死刑，没收其财产。

4. 党员舞弊侵吞库款满 1 000 元者，处死刑，并没收其财产。但因公挪移未及弥补者，不适用本条。

5. 在职党员违背党义而犯罪者，永远除名党籍。

6. 知党员犯罪，而不举发者，常人依违警法处罚，党员则以从犯论处。

7. 党员犯处死刑各条之罪，由中央执行委员会组织临时法庭进行审判之。

8. 本条例经中央执行委员会议决，由国民政府公布施行。

对上述规定，有书认为"虽然还不很具体，但却反映出当时对于具有执政党员身份的公务人员严于律己的革命精神"②。笔者认为，这种评价仅反映了该条例的表面（以第一条为主），实际上不是律己，而是律他。第一，党员成为反革命，不是喝酒斗殴，已经不可能被认为是自己人；第二，反革命图谋而不是实施者，即使预备或未遂，一律处死刑，而不采取任何挽救措施，这不是对待自己人的手段，换句话说，对待图谋"反革命"的，定杀不论，这是战争，是战争中极端的手段（对待俘虏也不应当一律处决）；第三，如果是严于律己，实际上仅第一条就足够了。第四，党中央组织法庭，去审理一个党员或公务人员，给司法制度上带来了混乱，在某种意义上也是赋予了党员的超级地位。虽然对于其他罪普通法院还是能审理的，但反革命罪是目的罪，难以把握，何况是非专业性人员和非司法机构。

三、南京国民政府时期

该时期的刑事特别法主要有：1927 年 11 月 18 日公布施行的《惩治盗匪暂行条例》，1928 年 3 月 9 日公布施行的《暂行反革命治罪法》，1928 年 11 月公布的《惩治绑匪条例》，1929 年 8 月 17 日公布施行的《反革命案件陪审暂行条例》，1929 年 9 月 25 日公布施行的《陆海空军刑法》，1930 年 10 月 7 日公布施行的《陆海空军惩罚法》，1931 年 1 月 31 日公布 3 月 1 日施行的《危害民国紧急治罪法》，1935 年 7 月 25 日公布施行的《共产党人自首法》，1936 年 2 月 20 日公布的《维持治安紧急办法》，1936 年 8 月 31 日公布施行的《惩治盗匪暂行办法》，1938 年 8 月 15 日公布《惩治汉奸条例》，1939 年颁行的《共产党问题处置办法》、《防止异党活动办法》，1940 年 7 月 14 日公布的《非常时期维持治安紧急办法》，1943 年 5 月 27 日公布的《妨害兵役治罪条例》，1947 年 5 月公布的《维持社会秩序暂行办法》，1947 年 7 月公布的《戡乱总动员令》，1947 年 7 月公布的《动员戡乱完成宪政实施纲要》，1947 年 12

①　参见《国民政府颁行法令大全》，上册，819～820 页，上海，上海法学编译者印行。

②　张晋藩总主编，朱勇主编：《中国法制通史》，第 9 卷，592 页，北京，法律出版社，1999。

月公布的《戡乱时期危害国家紧急治罪条例》，1948 年 5 月公布的《戒严法》等。[①] 这些刑事特别法规，是国民党刑事立法的重要组成部分，也是国民党维护党治和军治特权，镇压共产党及其他人民团体的最凶恶武器。这里仅取几项分析。

1.《暂行反革命治罪法》

《暂行反革命治罪法》是南京国民政府成立后制定的。为什么在武汉政府已经制定了《反革命罪条例》才几个月时间，南京政府又要重新制定？请注意，刑法典也在此刻同时制定。为什么不将反革命罪列入刑法典？这只能归结为"反革命罪"设定的特殊目的性和特别法具有的特定功能。

下面我们看具体条文：

暂行反革命治罪法[②]

（1928 年 3 月 7 日国民政府公布）

第一条　凡犯本法第二条至第七条所列举之行为者，为反革命。

第二条　意图颠覆中国国民党及国民政府或破坏三民主义而起暴动者。依下列各款分别处断：

一、首魁，死刑；

二、执行重要事务者，死刑或无期徒刑；

三、附和随行者，二等至四等有期徒刑。

犯前项之罪未至暴动而自首者，得减轻或免除其刑。

第三条　意图颠覆中国国民党及国民政府或破坏三民主义而与外国缔结损失国家主权利益或土地之协定者，处死刑。

第四条　利用外力或外资勾结军队而图破坏国民革命者，处死刑。

第五条　凡以反革命为目的而有下列行为之一者，处死刑、无期徒刑或二等以上有期徒刑：

一、以炸药烧毁或其他方法损坏铁路或其他交通事业及关于交通各种建筑物，或设法使不堪用者；

二、引导敌人军队、船舰使侵入或接近国民政府领域者；

三、盗窃、刺探或收集政治军事上重要秘密、消息、文书、图画而交付敌人者；

四、制造、收藏、贩运军用品者；

五、以款项或军需要品接济反革命者。

第六条　宣传与三民主义不相容之主义及不利于国民革命之主张者，处二等至四等有期徒刑。

第七条　凡以反革命为目的组织团体或集会者，其执行重要事务者，处二等至四等有期徒刑并解散其团体或集会。仅止加入团体或集会者，处五等有期徒刑或拘役。

---

① 参见公丕祥：《中国的法制现代化》，366～367 页，北京，中国政法大学出版社，2004；张国福：《中华民国法制简史》，261 页，北京，北京大学出版社，1986；余明侠主编：《中华民国法制史》，335～336 页，北京，中国矿业大学出版社，1994。

② 参见韩秀桃、张德美、李靓编著：《中国法制史（教学参考书）》，756～757 页，北京，法律出版社，2001。

第八条　于本法第二条及第五条第一款所列情形内犯杀伤、放火、决水、损坏及其他各罪者，援用刑律所犯各条依同律俱发之例处断。

第九条　预备或阴谋犯本法第二条至第四条之罪者，得减本刑一等或二等。

第十条　本法之未遂犯，罚之。

第十一条　犯本法之罪宣告二等以上有期徒刑者，褫夺公权。其余得褫夺之。

第十二条　凡于中华民国内或中华民国外犯反革命罪者，无论何人皆依本法处断。

第十三条　本法自公布日施行。

其犯罪在本法公布以前未经确定审判者，亦依本法处断。

在犯罪方面，从上述法条看，所谓反革命的核心内容已经不仅是行为，而增加了与党的主义不合。这显然表示国民党组织和三民主义学说就是一种至上的"革命"的价值，反革命就是反对"党"及意识形态。即使不是明确反对，而是附和随行者，也是不轻的犯罪。那么，什么是"三民主义"，并没有规定，当然不可能规定，因而就会出现有人根本还不知三民主义是什么的时候就成了罪犯。这是逻辑推演，实际上，该条所导致的结果可能（有时必定）是"我说的就是三民主义，你反对我，你就是反革命"。第6条规定"宣传与三民主义不相容之主义及不利于国民革命之主张者"，这样，就从直接反对三民主义，到宣传其他的主义，推进了一步。"不相容"是什么？除了照搬照抄三民主义原文，都可能是"不相容"。而进一步规定宣传不利于国民革命的主张，就从控制学说到控制日常言谈。其"不利于"而不是"有害于"，即便是中性的客观的也可能是"不利于"，可见反革命标准的宽泛模糊性。将没有客观标准的行为规定为犯罪，是专制任性的表现。不是行为而是价值观念构成了罪与非罪的区别，法成为党派工具，成为虚幻体，成为不法。在刑罚方面，比前者增加了刑罚量，如宣传"非革命"主张的，组织集会的，都从处刑三至五等到二至四等；连附和的也要罚未遂（不知如何确定）；数罪并罚未分开不同行为，就会导致一罪二罚。这样，用特别刑维护特别的党权，以此来镇压共产党、反对派和真正革命人士。我们将该条例与后面的特别司法制度相联系，其维护国民党一党专制的价值观就很明显。

即使《反革命治罪法》这样的特别法还不能令党派人物满意，这从胡汉民对《暂行反革命治罪法》修改意见中可见一斑。1930年7月，中央委员胡汉民提议修正《暂行反革命治罪法》，其提案有云：

> 按《反革命治罪法》施行以后，其大体虽尚妥善，然如第7条下半段规定仅止加入反革命团体或集会者，处五等有期徒刑或拘役，则未免太轻。不知一般反革命分子，诡诈百出，苟能搜获其加入反革命团体或集会之证据，已属不易，若于此而犹欲在1年未满之期间以内，希望纠正其犯罪性，事实上恐绝不可能。现在反革命案件，虽已移归普通法院审理，而各处匪患纷起，其为祸视前益烈，论者每以此归罪于普通法院所践行之程序过于苛细，及司法官不明党义者有以致之，然法文上所定之罚则过轻，亦未始非其重要原因之一也。又第6条规定宣传与三民主义不相容之主义，及不利于国民革命之主张者，处二等至四等有期徒刑。从理论上言之，此项规定，本亦无可非议。但一按之实际，则不免感觉其稍涉笼统。且既宣传与三民主义不相容之主义矣，其下文又紧接一及字，则构成此条之罪者，非具备宣传与三民主义不相容之主义，及不利于国民革命之主张两项条件不可，揆之目前情势，似更不无姑息养奸之嫌。况刑法早经公布施行，而本

法所定之罚则，尚系援用旧刑律某等至某等字样，虽国民政府于十七年八月二十五日曾公布有一《特别刑事法令刑等计算标准条例》，足资救济，但适用时究多周折，不如并资改正为宜。①

凡识字者都能看出胡氏指望《反革命治罪法》的制定，尽统天下的心情。将刑作为权柄的工具、司法人员作为帮手的意态昭彰不隐，已经无需加以剖析。

图6—3　20世纪30年代冀东防共自治政府外景

选自1936年2月29日发行的《大众生活》（韬奋主编），所拍照片在此前不久。

2. 《戡乱时期危害国家紧急治罪条例》

到了抗战期间，由于国共合作，蒋介石政府关于政治犯方面有了一定的变通，一些特别法的适用有了一定的收敛。但抗战胜利后，由于内战及专制统治的需要，继续以特别法为"法律武器"。《戡乱时期危害国家紧急治罪条例》是其中之一。摘录如下②：

戡乱时期危害国家紧急治罪条例

（民国三十六年十二月二十五日公布）

第一条　本条例于戡乱时期适用之。

第二条　犯刑法第一百条第一项、第一百零一条第一项之罪者，处死刑或无期徒刑。

通谋外国或其派遣之人而犯前项之罪者，处死刑。

预备或阴谋犯前二项之罪者，处十年以上有期徒刑。

犯前项之罪而自首者，减轻或免除其刑。

第三条　参加以前条犯罪为目的之团体或集会者，处五年以下有期徒刑。

---

① 谢振民编著，张知本校订：《中华民国立法史》，下册，960页，北京，中国政法大学出版社，2000。

② 参见《刑法资料汇编》，第六册，153～155页，北京，中国人民大学出版社，1955。

犯前项之罪而自首者，减轻或免除其刑。

第四条　依前二条之规定自首而免除其刑者，得令入感化教育处所，施以感化教育，感化教育期间为三年以下一年以上，如认为有延长之必要者，得于法定期间之范围内酌量延长之。

第五条　有左（下）列行为之一者，处死刑或无期徒刑或十年以上有期徒刑：

一、将军队交付匪徒，或听其指挥训练者；

二、率队投降匪徒者；

三、将要塞、军港、军用场所建筑物、军用船舰、桥梁、航空机、铁道、车辆、军械、弹药、粮秣及其他军需品、电信器材与一切供通讯转运之器物，交付匪徒，或毁坏或致令不堪用者；

四、煽惑军人不执行职务或不守纪律或逃叛者；

五、以关于要塞、军港、军营、军用船舰、航空机及其他军用场所建筑物之军事秘密文书、图表、消息或物品，泄露或交付匪徒者；

六、为匪徒招募兵役工夫，或募集钱财者；

七、为匪徒之间谍者；

八、为匪徒供给、贩卖或购办运输军用品，或制造军械、弹药及其原料者；

九、为匪徒供给、贩卖或购办军用被服、食粮，或其他供制造被服之材料与可充食粮之物品者；

十、意图妨害戡乱，扰乱治安或扰乱金融者。

前项之未遂犯，罚之。

预备或阴谋犯第一项之罪者，处七年以上有期徒刑。犯第一项之罪而自首者，减轻或免除其刑。

第六条　以文字、图画或演说为匪徒宣传者，处三年以上七年以下有期徒刑。

第七条　犯惩治盗匪条例第二条第一项、第三条第一项、第四条第一项第三款之罪者，处死刑、无期徒刑或十年以上有期徒刑。

第八条　犯本条例之罪者，除军人由军法审判外，非军人由特种刑事法庭审判之。

前项特种刑事法庭之组织，由行政院会同司法院定之。

第九条　依动员戡乱完成宪政实施纲要之规定应处罚者，其审判适用前条之规定。

第十条　前二条案件之审理，得许辩护人员出庭辩护。

第十一条　本条例施行区域，由国民政府以命令定之。

第十二条　本条例自公布日施行。

它改变了原《刑法》（即"三五刑法"）。原内乱罪的规定是这样的：

第一〇〇条　意图破坏国体、窃据国土，或以非法之方法变更国宪、颠覆政府，而着手实行者，处七年以上有期徒刑，首谋者，处无期徒刑。

预备或阴谋犯前项之罪者，处六月以上五年以下有期徒刑。

第一〇一条　以暴动犯前条第一项之罪者，处无期徒刑或七年以上有期徒刑；首谋者，处死刑或无期徒刑。

预备或阴谋犯前项之罪者，处一年以上七年以下有期徒刑。

第一○二条　犯第一○○条第二项或第一○一条第二项之罪而自首者，减轻或免除其刑。

可以比较，两者的处罚有极大的悬殊。这就是特别法的"灵活性"。特别法除了具有实体法的特殊性，还规定了司法的特殊性——特种刑事法庭，以避开普通法院以及普通的审判程序。再与前述胡汉民的"提案"说明联系，就知道这样能够保证"党义"的贯彻。对国民党来说，司法权是一个重要的权属。国民党在其中除了起领导作用，还直接参与，直接掌握司法权。至于宪政，那也不是非要不可的了。国民党是个团体，法通常无法介入，有党治就无法治，除非设想将党治纳入法治的轨道，但在国民党时期是不可能实现的。

还有一个评价的参照，就是与当时的专制刑法相映衬比较。我们看到，这些特别法与当时的德日之党派政策或刑法（或特别刑法）有一些共同之处，为便于对照，选择部分文件条款简列如下：

德国法西斯国社党的政纲①

1920 年 2 月 24 日于慕尼黑

（3）为扶养吾国民族及移殖（吾国）过剩之人口计，吾人要求殖民地。

（4）凡国民之同类，始可作德意志国民。凡属德意志血统者，不论其信仰如何，始可作国民之同类。故犹太人不能视为国民之同类。

……………

（8）凡"非德国人"，而欲入境者，给予阻止。吾人要求：凡"非德国人"自一九一四年八月二日以来，而移入德境者，皆将立即强迫其离开德国。

……………

（10）每个国民之第一义务，必须是精神的或体力工作。一切个人之行动，不许违反共同之利益，但许在有裨益于全体之范围内活动。

（11）废除不劳苦而获得之收入，扑灭"利息的奴隶制"。

……………

（17）吾人要求一适于吾国民族需要之"土地改革"；并为公共利益计，制定一"无代价而没收土地之法律"。废弃土地租金，且阻止各种土地投机。

（18）凡因私人之活动，危害公共利益者，均在吾人反对之列。凡是国民之共同罪人，盘剥重利者，及奸人等等，不论其信仰与种族如何，均应处以死刑。

（19）吾人要求，以德意志之"普通法"而代替以实利主义来维持世界秩序之"罗马法"。

……………

（23）（b）凡"非德意志新闻纸"，在国家批准后方得出版，但不许用德文刊印。

（其他略）

---

① 参见由嵘、张雅利、毛国权、李红海编：《外国法制史参考资料汇编》，374 页，北京，北京大学出版社，2004。

克服国民及德国危险之法律①
（1933 年 3 月 24 日公布）

第一条 国家的法律，除依宪与法定之手续外，由政府决定。

第二条 政府决定的法律，限于不以议会及参事会之存立为对象，得设抵触宪法的规定，但不得抵触大总统的权利。

第四条 关于与外国缔结条约的立法事项，不必立法参与机关的同意，政府得作施行此项条约之必要的规定。

第五条 本法律自公布日生效，至一九三七年四月一日止失效，再如现在的政府发生变更的场合，亦失效力。

（其他略）

关于司法权移归于国之第二次法律②
（1934 年 12 月 5 日）

"国家社会主义"国家之司法权，为单一的，应归属于国。且有为统一行政之必要。"国"既合并普鲁士之司法部，应据下记之规定，承受司法行政直接指导权于各邦。

（其他略）

德国刑法典（法西斯专政时期修改和新增条文）（选录）③
总 则

第二条 （依一九三五年六月二十八日的修正）任何人，如其行为依法律应处罚者，或依刑事法律的基本原则和人民的健全正义感应处罚者，应判处刑罚。如其行为无特定的刑事法律可以直接适用者，应依基本原则最适合于该行为的法律处罚之。

第二编

第八一条 凡着手侵夺德国总统、德国国务总理，或德国政府其他要员的宪法上权力者，或以暴力、暴力的胁迫，或以犯重罪或轻罪的胁迫，强迫或阻碍其一般地或特殊地行使宪法上的职权者，处死刑、无期重惩役或五年以上重惩役。

第九十条之二 一、公然宣布或提及已为外国政府所知悉或已公开的以前的国家机密，因为危及德国的利益者，处三个月以上轻惩役。

第九十条之六 一、任何人或留居国外的德国人，公然发表不真实或很不正确的有关事实性质的言论，危及德国民族的名誉者，处重惩役。

二、（一九四四年九月二十日制定）其情节特别严重者，对德国人得处死刑。

---

① 选自《国社党的法律》，[日]杉村章三郎等著，正中书局中译本。转引自法学教材编辑部、《外国法制史》编写组：《外国法制史资料选编》，725 页，北京，北京大学出版社，1982。

② 选自旧刊《现代司法》第 1 卷第 2 期，转引自法学教材编辑部、《外国法制史》编写组：《外国法制史资料选编》，729 页，北京，北京大学出版社，1982。

③ 选自《刑法资料汇编》第七辑，中央人民政府法制委员会 1953 年编，转引自法学教材编辑部、《外国法制史》编写组：《外国法制史资料选编》，730～735 页，北京，北京大学出版社，1982。

第九十条之七　一、受德国委任与外国政府谈判之人故意使德国蒙受损害者，处死刑。

二、如犯罪对于德国产生不重要的损害，而且不致发生更严重的后果者，得处重惩役。

第一三九条　（依一九三六年七月二日的修正）一、知悉他人预备犯内乱罪、外患罪、损坏国防工事罪、侵害生命的重罪，伪造罪、强盗罪；掳人罪或危害公共安全的重罪的可靠计谋，而不及时报告主管机关或受威胁的人者，处轻惩役。如犯罪未着手实行者，不罚。

二、其情节特别严重者，得处重惩役，如所犯罪的法定最高刑为死刑时，得处无期重惩役或死刑。

第一三四条之二　（一九三五年六月二十八日制定）

一、公然侮辱德国国社党及其分支组织、符号、标识与旗帜、徽章或勋章，或预谋并恶意使其遭受侮辱者，处轻惩役。

（其他略）

日本思想犯保护观察法[①]
（1937 年 11 月 20 日施行）

第一条　对于犯维持治安法上之罪，而已宣告缓刑，或因无诉追之必要，而不提起公诉者，得交付保护观察。对于刑之执行完毕，及准许假出狱者，亦同。

第四条　对于被交付保护观察者，得限制其居住、交友、通信及令其遵守其他适当之条件。

第五条　保护观察之期间为二年，有特别继续之必要时，依保护观察审查会之决议，得更新之。

第十条　将本人委托于保护团体、寺院、教会、医院或适当之人时，对于接受委托之人，得给付因此所生之费用之全部或一部。

第十一条　前条之费用，得依保护观察所之命令，向本人或对本人有扶养义务之人，征收其全部或一部。

第十四条　保护观察所及保护观察审查会之组织及权限及实行保护观察之必要事项，以敕令定之。

（其他略）

对上列法律的评价在"第二次世界大战"后已有总的定论，即法西斯法，是特权法的典型。我们再具体看，那就是较为明显的维护部分人或个别团体的特权。在德国法西斯法中，虽然维护"德意志""全体"，但极其虚幻，如"凡是国民之共同罪人，盘剥重利者，及奸人等等，不论其信仰与种族如何，均应处以死刑"，这时却不论"种族"。又"吾人要求，以德意志之'普通法'而代替以实利主义来维持世界秩序之'罗马法'"。这就是藐视个人权益

---

①　由嵘、张雅利、毛国权、李红海编：《外国法制史参考资料汇编》，433 页，北京，北京大学出版社，2004。

（包括德意志人），抛弃平等。再后来，"政府决定的法律，限于不以议会及参事会之存立为对象，得设抵触宪法的规定，但不得抵触大总统的权利""凡着手侵夺德国总统、德国国务总理，或德国政府其他要员的宪法上权力者，或以暴力、暴力的胁迫，或以犯重罪或轻罪的胁迫，强迫或阻碍其一般地或特殊地行使宪法上的职权者，处死刑、无期重惩役或五年以上重惩役"，大总统不仅与人民个人不能等同，甚至高于政府高于宪法。那么德意志种族、国民全体在总统个人目前就是微不足道的，何来保护？当时民众的狂热、对希特勒的崇拜，固然有许多原因，但专制法的高压，是重要的因素。而日本法西斯法中，甚至规定剥夺他人的权利时还要由被剥夺者付费，这种事情会导致政治利益与经济利益直接挂钩，剥夺他人权利不仅不会受到制约，还会受到激励，就会使得案件猛增。司法者的权限、利益和习惯可想而知了。而在这些条例中，与现代法制背道而驰的对司法权限、司法原则的规定，成为国民党特别法的榜样，和它们共同的特征。

　　3. 特别的刑罚实施体制

　　在刑事特别法中，除了实体法内容外，也有特别司法制度的内容，比如军人司法、党义司法、行政兼司法、特种法庭等。特别权法更注重特别的司法制度。国民党和南京国民政府所设立的特别司法制度，却是充分地运用了特别法对抗或规避普通法典以维护特别权益的功能，并发挥极致。从1927年4月对共产党人进行清党屠杀时起，以蒋介石为首的国民党政权对外退让（尽管近来的史料证明国民党也抗日，并不是完全的投降派，但作为国家主要的军事力量，没有对抗战进行有效的组织，致使形成了八年的抗战时间，难辞其咎）、对内镇压，成为近代史上黑暗时期。其中，行使司法职能的特别体制起着重要的作用。

　　第一，建立特务系统。主要有两大派系，一是军统，一是中统。按照蒋介石的指定，"军方"特务组织活动的重点在军队方面，如军队、军事机关及军事院校，而尤重于对非蒋系地方实力派军队的监视、拉拢、收买与破坏；"党方"（中统）特务组织活动的重点在党政部门、社会团体和民众组织。而对付中共和一切表同情、声援与支持中共的国内外的个人与组织，则是两大特务组织共同反对与打击的目标。

　　两特务组织究竟捕杀了多少中共党人和进步人民，难以确切算清。据有限的文字记载："1928年至1930年，党务调查科逮捕中共高级干部19人、中级干部80人、下级干部15 000人"；1931年岁末，中共中央政治局候补委员、中共中央保卫局局长顾顺章被"党方"派驻武汉"特派员"蔡孟坚密捕后，"党方"特务组织"在全国各地与共产党作地下战斗的战绩突然辉煌起来"，南京、上海、杭州、苏州、汉口、天津、北平、河北、陕西、河南、安徽、贵州等地的中共领导机构和党组织不断遭到破坏，据"党方"特务头目徐恩曾"自己的记录"称：自1931年至1937年间经其捕获的中共党人计有：中共中央委员以上干部40余人，中共省市级干部829人，中共县市级干部8 199人，中共区委以下干部与普通党员15 765人，中共领导之少年先锋队、全国总工会、反帝大同盟、中国互济会等"赤色群众"5 000人，以上合共为29 836人。①

　　特务所使用的手段绝不是普通的公开审判。其有如：一是暗杀。如1933年6月18日暗杀中央研究院总干事杨铨，1934年11月9日暗杀中共党员、察哈尔抗日同盟军副总司令吉

---

① 参见中国第二历史档案馆藏《国民政府档案》一（2），481页。

鸿昌，1934年11月14日暗杀上海《申报》总经理史量才，1935年11月上旬于广西梧州暗杀王亚樵等等。二是密捕。如对马寅初先生，在抗战时期，由于对四大家族垄断金融事业不满，蒋介石立即令军统特务将他逮捕，先后关进重庆和息烽集中营。三是缘坐。一人有罪，究及妻子、亲属甚至部属。如张学良、杨虎城二位将军被捕后，其妻子、儿女，秘书、副官和他们的家属，都被逮捕关押。四是刑讯。特务们刑讯方法是极其残酷的。据李任夫在《军统特务机关息烽集中营黑幕》一文中说，"至于刑讯的残酷惨毒，更是一言难尽。一般体刑毒打，固属家常便饭，即水火交攻（用开水烫、铁火烧）亦时有所闻。我亲身经历，从镣铐到毒棒，都曾尝过滋味。此外所见毒刑，经常尚有几种：如灌辣椒水、钻刺指甲和上电刑等"。五是密杀。特务杀人的方法，经常采用的是棒杀、刀砍、活埋、枪毙等。枪毙有两种：一为快板，二为慢板。快板即一枪处决，慢板是先打臀部或四肢，经反复折磨后，再处决。六是集体杀害。如1949年11月25日，杀死了囚禁在白公馆的七十多人，26日，国民党政府令将囚禁在重庆城内新世界饭店看守所的二百多人，骗到中美所刑场，开枪射击，有的打死，有的打伤，接着一起推入坑内埋掉。美蒋特务在反革命的大屠杀中，就连未满周岁的婴儿也不放过。

我们看到，这些刑事司法职能的特殊组织、特殊手段的根本目的（或曰"唯一宗旨"）在于效忠蒋介石个人，维护蒋介石一己之独裁和一党专制。两大特务组织在确立与维护蒋介石独裁统治中，起着公开的党政军机关所难以起到乃至不能起到的作用，从而获得与公开的党政军机关平起平坐、并行不悖的地位，乃至凌驾于一切公开机关和一切法律典章之上，不受党政军机关的节制，不受法律典章与司法部门的约束，成为蒋介石一人之下而在万人之上，只按蒋的谕令行事，而不管法律为何物的无法无天的社会肿瘤、政治毒瘤般的组织！

国共重庆谈判时，中共代表郑重要求取消特务机关中统、军统等，于是政治协商会议在"和平建国纲领"决议中，规定要"严禁司法及警察以外任何机关或个人有拘捕、审讯及处罚人民之行为，犯者应予惩处。政府已公布之提审法，应迅速命令施行"，其矛头针对的也是中统、军统特务组织之为非作歹。为了"和平建国"、"民主宪政"，两大组织被命令解散。但事实上，蒋介石对两大组织进行了改头换面，变为"国防部保密局"、"中国国民党中央执行委员会秘书处党员通讯局"，其主要人员被移入新组织内，性质功能照旧，直至退守台湾。

从上述来看，法院组织法虽然没有规定美蒋特务机构有参与审判权，但实际上它们却时时都在秘密地进行逮捕、审讯和杀害进步人民的活动，是中国有史以来最野蛮最凶残的法西斯审判组织。

第二，建立特殊的法院法庭。如特种刑事临时法庭、军法会审、县长兼理司法和军法等。

第三，建立各种反省院和感化院。反省院和感化院是一种惩罚兼洗脑的机构，目的是从思想上维护专制。由于名义上不同于监狱，其实与刑罚——剥夺自由无异。

抗战爆发，国共合作。1937年9月中旬，中国共产党代表秦邦宪与中国国民党代表康泽面议《国共两党共赴国难宣言》并正式于宣言稿本上签字。9月21日，秦邦宪、叶剑英、康泽、张冲及蒋介石在孔祥熙寓所会谈。9月22日，国民党政府中央通讯社发表《中共中央为公布国共合作宣言》。9月23日，蒋介石发表对上述宣言之谈话，从而"宣布了统一战线的成功，建立了两党团结救国的必要基础"。国共两党第二次合作，经过西安事变后长达9个

图6—4 当时江苏反省院的新闻报道之一

选自《良友》（画报）1935年第102期，14页。

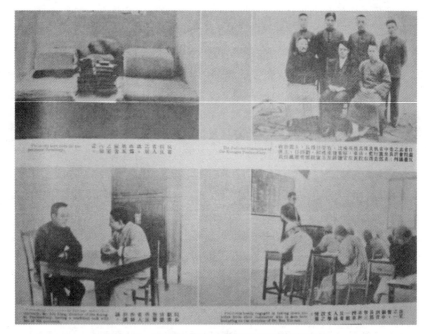

图6—5 当时江苏省反省院的新闻报道之二

选自《良友》（画报）1935年第102期，14页。

多月艰苦努力，终于形成，以国共两党团结合作为核心、为基础的抗日民族统一战线自此确立。国民党政府司法当局逐步采取了若干兑现蒋介石曾经对中共承允之政治诺言的行动，继陆续释放各地监狱与反省院中被关押的中共党人之后，1938年1月1日，根据国防最高会议第39次会议之议决，下令裁撤各地反省院，规定凡在院"反省"之人，均准"保释出院"；

11 月 19 日，明令《反省院条例》废止。[1] 但是，前述的特别司法制度，并未消除，对待共产党人和其他反对专制独裁的人士的压迫越加隐蔽、随性，依然严酷。

在国民党统治时期，党治与军治相结合，残酷地镇压共产党人，前文已经有说明，处死了几十万革命人民，但是它还是失败了，它的失败与它的专制、与它的特别刑事法制有极大关联。这是特别法的后果。

总体上，特别法与普通法相比较时，特权因素在增加。至于特别法与无法（仅有命令）相比较，还是朝"法"治进了一小步，因为"凡存在法律的地方，人类的行为在某种意义上已成为非任意性的或必要的"[2]。

---

[1]　参见孔庆泰：《国民党政府政治制度史》，507 页，合肥，安徽教育出版社，1998。

[2]　［英］哈特：《法律的概念》，84 页，北京，中国大百科全书出版社，1996。

第七章

民法的形成与演进

第一节　从《大清民律草案》到《中华民国民法》

一、从《户婚律》到《大清民律草案》——民法部门的出现

我国古代法律制度，虽然诸法合体，民刑不分，但不乏民事法律制度。如古代的贵族援用的"礼"，可谓典型的民事规范。梅仲协曾言"礼为世界最古最完备之民事法规也"，"以现代语言，礼乃确定权利义务之所在，使各知其本分，毋相争夺，此即民法之目的也"，"贵族之物质生活，颇为优裕，经济上不甚发生问题，故礼所定者，大抵以关于人事及亲属二方面多耳。"① 不过，客观而言，中国古代统治者更重刑法规范的颁行与实施，即使法规完备的唐代，其法典中涉及民事关系的仅有户籍、婚姻、田宅、钱债等不系统的内容，并且，多以刑罚制裁作为追究责任的方式。中国古代民事法律制度发展缓慢，源于长期的自然经济与专制体制。"重农抑商"与"重刑主义"，使得商品生产与交换被扼制在极狭小的空间内。由于商品经济极不发达，使得"自由、平等、公平"等法权要求，无从阐发。换言之，中国古代缺乏民法产生与发展的基本条件。相应地，中国古代社会也缺乏尊重权利的理性主义思维方式，恰如昂格尔所指出的："前苏格拉底学派所创造的，对自然现象的理性主义研究恰恰是古代中国所缺乏的。"②

自 1840 年鸦片战争，中国由闭关锁国被动地接受西方文明，到 1911 年辛亥革命建立民主政体，到 1912 年清帝退位，再至民国北洋政府的成立，中国延续了两千余年的封建传统社会的政治结构被废除。而封建政治结构的废除，又直接冲击、影响着封建的道德系统和主体的社会意识，同时也使得家族体系的功能产生变异。在传统社会政治结构解体的过程中，新的稳定的政权统治体制未能迅速地、有效地建立。因此，19 世纪末 20 世纪初，实际上处于新旧交替的过渡时期，"人民既愤独夫民贼愚民专制之政，而未能组织新政体以代之，是政治上之过渡时代也；士子既鄙考据词章，庸恶陋劣之学，而未能开辟新学界以

---

①　梅仲协：《民法要义》，14～15 页，北京，中国政法大学出版社，1998。

②　[美] R. M. 昂格尔：《现代社会中的法律》，吴玉章、周汉华译，122 页，南京，译林出版社，2001。

代之，是学问上之过渡时代也；社会既厌三纲压抑虚文缛节之俗，而未能研究新道德以代之，是理想风俗上之过渡时代也。"① 不过，值得注意的是，其时商品生产交换领域的拓展、西方民法理念的冲击、社会思想意识的觉醒，恰为中国现代民法制度的诞生设置了充裕的条件。

1907 年 6 月（光绪三十三年五月），民政部大臣善耆在给清廷的奏折中写道："查东西各国法律、有公法私法之分。公法者定国家与人民之关系，即刑法之类是也。私法定人民之关系，即民法之类是也。二者相因，不可偏废"，于是，他指出"窃以为推行民政，澈究本源，尤必速定民律，而后良法美意，乃得以挈领提纲，不知无所措手。拟请饬下修律大臣斟酌中土人情政俗，参照各国政法，厘定民律"②。此后不久，修订法律馆和礼学馆开始起草总则、债权、物权、亲属、继承五篇，并总合为《大清民律草案》。具体的分工是修订法律馆负责起草民律草案前三编总则、债权、物权，后两编亲属与继承由礼学馆制订。起草工作正式开始于 1907 年，至 1911 年 8 月完成。内容包括总则、债权、物权、亲属、继承五编，共计 1 569 条。其中，总则、债权、物权三编，由日本东京控诉院判事松冈义正起草，亲属、继承两编由陈录、高种、朱献文起草。《大清民律草案》是中国有史以来第一部民法典草案。该草案编制体例主要参考《德国民法典》和《日本民法典》，采取"潘德克吞式"（Pandekten System），前三编内容对大陆法系的诸多民法理论，如私有财产权不受侵犯、意思自治、契约自由、过失责任等重要原则作了确认，对大陆民法中的民事主体、代理、法律行为、时效及物权、债权等一系列制度，作了较系统、全面的移植。后二编除采信大陆及日本民法理论、制度外，还沿袭了中国封建礼教的一些内容。因 1911 年 10 月发生辛亥革命推翻帝制，清王朝覆亡，该法未及颁行。

清末制定民律与其间社会主体渴望司法主权这一良好愿望有关。就此而言，《大清民律草案》较多地强调了对最先进民法理论和立法成果的吸收，故而在许多方面与中国实际生活有所脱节。

独立司法管辖权是国家主权的重要组成部分，然而 19 世纪中期，通过和《中英五口通商章程》《中英五口通商附粘善后条款》，英、法、美、德等 17 个国家在中国取得了领事裁判权，使得中国的司法主权残缺不全。③

晚清开始，清王朝及诸多社会组织一直致力于收回领事裁判权。清朝末年，"外侮迭乘，海禁大开，与列强缔结条约，每损及法权。光绪二十八年（1902 年），吕海寰、盛宣怀在沪修订各国商约，英、日、美三国均允许俟中国律例情形，审断办法，及其他事宜皆臻妥善，即放弃其领事裁判权。基于英、美等西方列强允诺放弃领事裁判权的条件是'中国律例及审断办法皆臻完善'，故而，实行变法革新有了强劲的精神动力。于是直隶总督袁世凯、湖广总督张之洞、两江总督刘坤一会衔奏请派员修订法律。"④ 袁世凯、张之洞、刘坤一在保荐沈

① 梁启超：《过渡时代论》，载《清议报》82 期。

② 《光绪朝东华录》，第 5 册，总第 5682、5683 页。

③ 英人与华民"倘遇交涉词讼，管事官不能劝息，又不能将就，即移请华官公同查明其事，既得实情，即为秉公定断，免滋讼端。其英人如何科罪，由英国议定章程、法律发给管事官照办。"

④ 谢振民编著，张知本校订：《中华民国立法史》，下册，741 页，北京，中国政法大学出版社，2000。

家本、伍廷芳修订法律的奏折中，再三提及制定民商法律和刑事法律的重要价值。[1]

清廷遂于同年四月初六日，明发谕旨略谓："现在通商交涉，事愈繁多，著派沈家本、伍廷芳，将一切现行律例，按照交涉情形，参酌各国法律，悉心考订，妥为拟议，务期中外通行，有裨治理。"时伍氏方充美、日、秘三国公使，尚未回国。沈氏任刑部左侍郎，以编纂新律，恐有难以施行，于光绪二十九年（1903 年）奏请将大清律例交刑部先行删节，以备过渡之需。[2] 光绪三十一年（1905 年），清廷以变法事未见成效，"承办人员向无讲求，未能洞察原委"，随派载泽等五大臣分赴东西洋各国，考察政治。是年十月，清廷谕督办政务处王大臣，设立考察政治馆，研究各国政治。而且，至光绪三十三年（1907 年），中外政治，一并"悉心考核"[3]。光绪三十三年十一月，清廷根据庆亲王奕劻等奏请，颁诏将考察政治馆该为宪政编查馆。光绪三十三年七月初五，庆亲王奕劻等在《庆亲王奕劻等奏请改考察政治馆该为宪政编查馆》奏折中，曾明确提到了"编译东西各国宪法，以为借镜之资，调查中国各省政治，以为更张之渐"[4]。

在宪政编查馆成立同时，清廷派定沈家本、俞廉三、英瑞为修订法律大臣。为更好地实现"编纂之事，必有主事之政策，行事之机关，议事之方式"，宪政编查馆大臣奕劻等特于光绪三十三年九月初五，奏请开办独立的法律修订机构——修订法律馆。奕劻等在《奏议复修订法律办法折》中，对法部、大理院会奏之"请特开修订法律馆"及"以法部、大理院专司其事，并请钦派王大臣为总裁，各部院堂官为会订法律大臣，各督抚将军为参订法律大臣"等事宜，特别强调云："查编纂法典，与订立单行法不同，法典之大者，如民法商法、刑法、民事诉讼法、刑事诉讼法诸种。"光绪三十三年（1907 年）十月二十七日，沈氏等开馆办事，专掌修订各项法律。[5]

与此同时（光绪三十三年），民政部奏请厘定民律，称："各国民法，编制各殊，而要旨宏纲，大略相似。举其荦荦大者，如物权法，定财产之主权；债权法，坚交际之信义；亲族法，明伦理之关系；相续法，杜继承之纷争，靡不缕析条分，着为定律。中国律例，民刑不分，而民法之称，见于尚书孔传。历代律文，户婚诸条，实近民法，然皆缺焉不完……因时制宜，折中至当，非增删旧律，别着专条，不足以昭书。"[6]

可见，为摒弃西方列强的"领事裁判权"，收回司法主权，客观上影响了清末民律创制。19 世纪末 20 世纪初的民法制度创制的开始，就深受西方先进法律理念的影响。可以说，收

---

① 参见李贵连：《沈家本年谱长编》，115 页，台北，成文出版社，1992。

② 参见谢振民编著，张知本校订：《中华民国立法史》，下册，741 页，北京，中国政法大学出版社，2000。

③ 《光绪朝东华录》，总第 5528 页。

④ 故宫博物院明清档案部编：《清末筹备立宪档案史料》，上册，49～51 页，北京，中华书局，1979。

⑤ 参见谢振民编著，张知本校订：《中华民国立法史》，下册，744 页，北京，中国政法大学出版社，2000。另据史料记载，修订法律下设提调二人，总纂四人，纂修、协修各六人；另设案编、译书、庶务三处，设总办一人，译员、委员若干人（无恒额），都以谙法律人员充任。参见赵尔巽等：《清史稿》，3463 页，北京，中华书局，1979。宣统二年（1910 年）开列修订法律馆衔名，除沈家本、俞廉三外，有提调四人，总核一人，总纂五人，纂修十二人，协修各十二人，校理官三人，校对三人，集掌二人，共四十四人。参见李贵连：《沈家本传》，262 页，北京，法律出版社，2000。宣统三年（1911 年），修订法律馆改为法制院。参见张德泽：《清代国家机关考略》，295 页，北京，学苑出版社，2001。

⑥ 谢振民编著，张知本校订：《中华民国立法史》，下册，741～742 页，北京，中国政法大学出版社，2000。

回领事裁判权成为清末民律创制的直接形成动因之一。[①]

制定民律草案前三编所依据的主要是各国的现有成法和最新法学理论，采纳各国通行的民法原则；以最新最合理的法律理论为指导。后两编则以中国的传统礼教与民俗为依据，充分考虑中国特定的国情民风，确定最适合中国风俗习惯的法则，并适应社会演进的需要。

民律前三编在起草者松冈义正的影响下，以日、德、瑞士民法典为参照，体例结构取自德国民法典。在总则编中，采取了私有财产所有权不可侵犯、契约自由、过失致人损害应予赔偿等资产阶级民法的基本原则。在债权编中，规定了债权的标的、效力、让与、承认、消灭以及各种形式债的意义和有关当事人的权利义务等。在物权编中主要规定了对各种形式的财产权的法律保护及财产使用内容等。

民律后两编则能够表现出对"国粹"的遵从。根据民律草案的起草原则，所有涉及亲属关系以及与亲属关系相关联的财产关系，均以中国传统为主。这两编主要参照现行法律、经义和道德，注重吸收中国传统社会历代相沿的礼教民俗。第四编亲属对亲属关系的种类和范围、家庭制度、婚姻制度、未成年人和成年人的监护、亲属间的扶养等作了规定。这一编体现了浓厚的家族本位特色，确定了家长在家庭中的特殊作用。第五编继承规定了自然继承的范围及顺位、遗嘱继承的办法和效力以及对债权人和受遗人利益的法律保护。

《大清民律草案》虽未颁行，但该法意味着我国继受欧洲民法的开端，并且，该法在形式和内容上均改变了中国古代的"诸法合体"、"民刑不分"的法律编纂体系。在其法律精神的价值层面上，《大清民律草案》的制定，表明中国从否认民权向有条件确认民权，尤其是私权的重大价值取向的转变。同时，《大清民律草案》的制定，还标志着中国近现代政治国家创制民法典的开始。

二、《民国民律草案》——民事立法的进一步发展

辛亥革命后，北洋政府大体沿用前清的律令。1912 年 3 月 11 日，民国政府公布了《临时大总统宣告暂行援用前清法律及暂行新刑律令》。就民事法规，民国初期没有另行制定，而是承认前清律中关于民事部分为现行之有效部分。1914 年，大理院的一份判决云："前清现行律关于民事各件时与国体及嗣后颁行成文法相抵触之部分外，仍应为继续有效。至前清现行律虽名为'现行刑律'，而除刑事部分外，关于民商事之规定，仍属不少，自不能以名称为刑律之，故即误会其已废。"[②] 大清现行律中的"民事有效部分"，实际调整着当时的民事活动。修订法律馆在北京重开民律的起草工作。即设法典编纂会（后改为法律编查会或修订法律馆），以《大清民律草案》为蓝本，重新起草民国民律草案。1914 年法律编查会开始修订民律草案，至 1926 年《民国民律草案》编成共 5 编，史称民律第二次草案。司法部通令全国法院作为条理引用。

该草案总则由余棨昌起草，债编由应时、梁敬缚起草，物权编由黄右昌起草，亲属、继

---

① 受到收回领事裁判权这一动因的影响，清末除了加强立宪及《大清民律草案》等重大法律的颁行外，审时度势的帝王及官员，还派遣留学生赴日本等国度学习包括民法在内的法律，组织翻译国外法律与法学著作，开办法学院校，聘请国外法学专家，采取一系列措施，以求领会和掌握"世界最普遍之法则"和"后出最精确之法理"。这些举措对中国民法现代化的步伐加快具有重大的帮助。

② 潘维和：《中国近代民法史（下）》，28 页，台北，汉林出版社，1982。

承两编由高种起草。全文共 5 编 1 745 条。民律草案偏重社会利益的保护。《民国民律草案》分为总则、债权、物权、亲属、继承五编。其中债权编改动较多，采用了瑞士债务法一些原则和制度。民律草案完成时，北京政变已经发生，解散了国会，因而该草案未予公布。这部法典草案虽未正式颁行，但当时的司法部通令全国法院作为条理引用。①

三、大理院民事判例——民事立法的补充

从 1912 年开始，北洋政府大理院即编辑了《大理院制决录》。自 1919 年起，开始编辑《大理院判例要旨汇览》，将案件事实进行必要的整合后，对判决之理由作出阐释，并将之汇集成书。经过编辑、汇集的"判决要旨"内容简洁，条理清晰，易于操作。

民国北洋政府时期，判例的法律地位虽无正式的制度肯认，但在司法实践中，多是法官裁判的参考资源，具有"备参考，供取资"的地位，有时还具有观念上的指导作用。民国北洋政府时期的司法机关历次所编汇判例的作用多是解释法律或补充法律不足，如 1914 年大理院上字第 207 号判例，对"不当得利"制度的司法适用设立了典范。② 其时的判例，主要是受了德、日等大陆法系国家判例制度的影响。法律上虽然没有拘束力，但实践上有事实上的效力或曰"类法律效力"。与中国传统的"例"在法律上有最高效力的情形大不相同。1915 年北洋政府大理院《法院编制法》第 37 条曾规定："大理院各庭审理上告案件，如解释法令之意见与本庭或他庭成案有异，由大理院长依法令之义类，开民事科或刑事科或民刑两科总会审判之"，强调了大理院诸庭审理的新案及其裁判，应关注并参照大理院成案。③ 故而，大理院判例虽无正式的法律效力，但司法机关的态度表明，它是民事立法的补充。更值得注意的是，由于大理院的积极引导，各级法院在具体的司法活动中多对判例进行参考，形成了各级法院尊重判例、适用判例的现象，或将判例与相关律文、法律解释一起援用。随着司法判例汇编进程的规范化、经常化，判例时常与成文法条一起出版，使得判例在北洋政府之后的南京政府时期依旧具有独特的地位。

民国初年的物权法在继受绝对物权理论同时，大理院通过判决还创设了"所有权社会化"即强调所有权人权利行使时的宪制原则。民国二年上字 166 号判例指出，所有权固于物权中为最强，然土地所有人对于法令所认许之权利者亦不能擅行行使所有权，而排除他人合法权利使之丧失功用而归于消灭。换言之，所有人在行使权利时，应以法令所许及不害他人合法权利范围内，而非绝对无限制者。并且，判例还就所有权人受限制而生的损害，如无法律明文，该所有人自可请求相当之赔偿之额。当事人若不能协议，则审判衙门当就讼争之点，实际调查而为公平之判断。

---

① 对此，有两种说法，有的以 1915 年所编的民律亲属编为第二次民律草案，1926 年的民律草案为第三次民律草案；有的认为 1915 年的亲属编并不是一个完整的民律草案，因此将 1926 年的民律草案作为第二次民律草案。

② 参见《大理院判例要旨汇览》，第一卷，83 页，1919。

③ 民国大理院是在前清大理院的基础上进一步完善发展而来的。光绪三十二年（1906 年）九月，大清帝国实施官制改革，将司法行政与司法审判业务分隶法部（原刑部）与大理院（原大理寺），使之分权相维，此为大理院之始，十二月法部奏准皇帝颁行《大理院审判编制法》，在法律上确立大理院及其以下各审判厅局之司法裁判不受行政衙门干涉的原则，宣统二年（1910 年）二月再修订《大理院审判编制法》改颁《法院编制法》，但未及实施，武昌军兴，清朝颠覆，中华民国开国。参见黄源盛：《民初法律变迁与裁判（1912—1928）》，1 页，台北，政治大学法学丛书之四十七，2000。

民国初年大理院尊重判例以及通过判例认同习惯的品格，直接影响到后世的立法和司法。恰如黄源盛先生所言："二十世纪初、中华民国肇建初年的大理院判决例或解释例，总会在台湾的六法全书或法学著作里不经意地出现。对台湾的法律人而言，它就像英美法判例里常见引用的数个世纪以前的古老判例，是个令人疑惑的谜样的文字符号，它既是现行法制的法源，但却又让人搞不清楚这些古老法律的残简断篇与我们身处现代世界的关联。"①

尤值得一提的是，大理院及后来的司法机构对习惯适用中所形成的判例。这些判例不仅对其间的司法裁判提供了参照内容，更为司法主体"尊重本土习俗"的理性思维方式的确立奠定了基础。民国初年，民法典尚未颁行，故而审判机构相当重视对民间习惯的援用。《大理院判例要旨》中，对适用习惯的多种规则进行了罗列，如关于"法律之效力优于习惯"、"习惯优于未颁布之草案"、"适用习惯之前提"、"不适法习惯无效"、"习惯法成立要件"、"习惯法成立之基础"、"习惯法之最重要之要件"、"习惯互有取舍之理由"、"罕见习惯的效力"等具有代表性的习惯适用规则，均规定了解决方案。

在《大理院判例要旨》序言中，审判机关对适用习惯之判例及应用情形进行了列举，如："前清破产律虽经明文废止，关于商人破产只得适用地方特别倒号之习惯或一般破产条理；关于合伙之规定现行法律尚无明文，自应依照法律'无明文者，应用习惯法则，无习惯法则者，应用条理'之原则以为判断。"② 而法律如此规定，正是"以图审判官之易于依据也"③。由于"法律无规定者适用习惯，无习惯者适用条理，故习惯之适用必法律无规定始可"，而"民法草案既未颁行，当然无引据之效力，应依向来习惯以为根据"。《大理院判例要旨》中，对适用习惯的多种规则进行了罗列，如关于"法律之效力优于习惯"、"习惯优于未颁布之草案"、"适用习惯之前提"、"不适法习惯无效"、"习惯法成立要件"、"习惯法成立之基础"、"习惯法之最重要之要件"、"习惯互有取舍之理由"、"罕见习惯的效力"等具有代表性的习惯适用规则，均规定了解决方案。其中，关于习惯法成立必须符合以下四个要件：一是律无明文；二是确有习惯事实（物的要素）；三是为该地所普行，当事人均共信为有拘束其行为之效力（心的要素）；四是不违背善良风化、公共秩序。以上四要件，"有一不备，断难予以法之效力"④。

民国三年（1914年）上字453号判例云："不动产议卖之草契，两造如有反悔则应负相当责任而仍许解约，至其解除时之责任如何，各地习惯不同，自当根据契约地之习惯以为判

---

① 在现行法制建立以前，民国曾经历了前辈民法学家胡长清所谓的"判例法制度"时期长达二十余年，在这段期间，职司司法审判的大理院，由于国会立法功能不彰而几乎完全欠缺制定法作为审判的依据，乃不得不大量进行司法造法的实践，并且通过法令的统一解释权与体系化的判例汇编，创造出指导日后立法的法律原则，在这个制定法的空窗期阶段，大理院无异地正起着该个时代该个社会中最重要的造法功能。参见黄源盛：《民初法律变迁与裁判（1912—1928）》，1页，台北，2000（政治大学法学丛书之四十七）。

② 《大理院判例要旨·民律》，载民国北洋政府司法部《司法公报临时赠刊》，2页，43期。

③ 邵义：《民律释义》，1页，北京，中华书局，1917。

④ 《大理院判例要旨》还对适用习惯的判例进行了例举，如关于破产适用习惯和条理的判例有民国三年（1914年）十二月二十三日上字954号债务纠葛一件、同年十月十二日上字909号钱债涉讼一件、二年九月二十四日上字115号匿财拖欠一件，适用习惯之前提的判例主要有三年七月二十一日上字554号立继纠葛一件、二年七月十七日上字540号堤工纠葛一件、三年七月十四日上字526号赎地纠葛一件、二年十二月十三日上字177号赎田纠葛一件，等等。参见《大理院判例要旨·民律》，载民国北洋政府司法部《司法公报临时赠刊》，2~4页，43期。

断之标准。"① 民国三年（1914 年）上字 955 号判例云："商业中以牙行为业之人代委任人所为之买卖，相对人如不依约履行时则当事人有特别订定或地方有特别习惯外，牙行对于委任人须负履行之责任。"② 民国四年（1915 年）上字 227 号判例有云："依行为性质或习惯，通常认为法律行为内容之事项如非行为人特表示除去之意思，则该事项即为其行为内容，有拘束行为人之效力。"③ 民国四年（1915 年）上字 2200 号判例，亦表明尊重习惯之姿态，其判决称："天津习惯钱商凭折川换所付之款，既系应先作还本，年终还利息，即应从其习惯，认其为原本之清偿。"④ 民国五年（1916 年）上字 820 号判例，指出"法无明文规定则应遵从习惯及条理"。该判例云："民律未经颁布施行，关于财团法人之事项尚无明文规定，除有习惯法则外自应准据条理以为判断。"⑤ 民国四年（1915 年）上字 2351 号判例则强化了习惯的自在之效力，即便行为符合法律行为一般要件，但如欠缺习惯上之特别要件，该行为便无习惯上之效力。该判例云："习惯法则如关于法律行为之成立有一定之要件时，则凡未备要件，其行为虽已属实，要不能于习惯法上发生效力。"⑥

在此之后的民国民商事司法事务中，司法工作人员一般均能够尊重民商事习惯，亦不敢忽视民商事习惯调查的价值，也能够在调查的成果中，寻找具有司法意义的民商事习惯。⑦ 如民国六年（1917 年）上字 501 号判例，则明确指示法官于审判实践中援用习惯，其判例称："记名债权之让与按诸常理，虽无须债务人之同意即得对抗债务人，但现在吾国法律尚无明文规定，则各地方如果有特别习惯自应仍从其习惯。"⑧ 民国八年（1919 年）上字 1042 号判例有云："契约之解除如无特别法规或习惯，自应不拘方式，故买卖契约之解除如无特别法规或习惯，不以退回交单为必要方式。"⑨

四、六法体系中的民法——民事立法形式的完善

民国南京政权建立后，由法制局编纂民法典。1928 年 12 月设立立法院，负责法典编纂工作。1929 年 1 月，立法院设立民法起草委员会，从同年 2 月 1 日起开始编纂民法典。⑩ 起草完毕，分别于 1929 年 5 月 23 日、10 月 22 日、11 月 30 日和 1930 年 12 月 26 日由国民政府公布了总则、债、物权和亲属、继承等五编。随后，又分别颁布了各编的施行法，民国民法分别正式实施。该法典采用大陆法系多国采信的民商合一体制，包括总则、债、物权、亲属、继承五编，共 29 章，1 225 条。《中华民国民法》之制定，是以《民国民律草案》为基

---

① 周东白编辑：《最新大理院判决例大全》，卷下，147 页，上海，大通书局，1927。
② 周东白编辑：《最新大理院判决例大全》，卷下，189 页，上海，大通书局，1927。
③ 周东白编辑：《最新大理院判决例大全》，卷下，26 页，上海，大通书局，1927。
④ 周东白编辑：《最新大理院判决例大全》，卷下，108 页，上海，大通书局，1927。
⑤ 周东白编辑：《最新大理院判决例大全》，卷下，16 页，上海，大通书局，1927。
⑥ 周东白编辑：《最新大理院判决例大全》，卷下，26 页，上海，大通书局，1927。
⑦ 《中国民事习惯大全》的编纂者始终认为："民律尚未公布施行，一切民事仍依民间习惯，设遇民事上发生纠葛，若不明悉当地习惯，则办案之法官、律师或行政官无可依据。是本书兼备司法官行政律师参考之用。"参见施沛生等编：《中国民事习惯大全》，凡例第 1 页，上海，广益书局，1924。
⑧ 周东白编辑：《最新大理院判决例大全》，卷下，96 页，上海，大通书局，1927。
⑨ 周东白编辑：《最新大理院判决例大全》，卷下，34 页，上海，大通书局，1927。
⑩ 由傅秉常、焦易堂、史尚宽、林彬、郑毓秀五人组成，并聘司法院长王宠惠、考试院长戴传贤及法国人宝道（Padoux）为顾问，以何崇善为秘书，胡长清为纂修。

础，采用了德国民法的编制体例和概念体系，并参考了日本民法、瑞士民法、苏俄民法和泰国民法。该法典与当时德国民法为代表的法典相比，就其体系、结构和包容的领域，均有较充分的移植内容。①

民国时期，民法制度纳入"六法体系"之中，而六法体系的完成又使得民法制度进一步完善。1912 年上海法政学社以《中华六法全书》为名开始出版系列法规汇辑；1913 年商务印书馆以《中华六法全书》为名出版系列法规汇编。1941 年左右就出现了附有立法要旨、立法理由、判例、解释例、参照条文的《六法全书》版本，这标志着六法体例的全面完成。

民初的政治民主思想及体制的建立为其时民法典创制提供了帮助。尤其是 1912 年民国创建之后，虽有其间经历了两次复辟帝制的政治现象，但是民主政治体制最终得以在形式上保存下来，与此同时，国家的立法、司法以及公众的思想意识越来越与民主、自由、平等理念相融合。国家职能不再如专制体制下仅以"镇压、平叛、御外"为要务，而是愈加关爱"私权"或"民权"。就法律实践而言，将普通百姓的民事交往问题，作为国家事务的重大决策，而不是将民事交往视为民间琐事，或从属于国家的秩序安排。民主、自由等源自商品交往主体的法权要求已被立法者所认同，并开始在普通社会主体之中形成合力。中国民法现代化所需求的主体思想意识已逐步构筑。

民国初期的民主政治体制还依据西方国家基于市民社会所积累的法律文化资源，确立了源自商品生产交换领域法权关系的法律原则，即人民主权、最基本人权、三权分立、法治国家等原则。就这些原则与民法现代化关系而言，人民主权原则确认了国家以保障人民各项权利为主旨，这一原则内含了民事主体地位平等原则。人民的法定权利包括民事交往中的基本权利。最基本人权原则在民法方面主要表达为"维护公民权利能力平等"这一基本的人权。三权分立原则框定了民事立法、司法以及对民事交往进行行政管理的三权相互独立、相互制约之效用，为民事立法、民事司法权力的独立奠定了制度基础。法治原则还强调了法律赋予权利、尊重社会公序良俗的重要性。上述民主体制所确立的基本法律原则，对破除中国传统的专制法律文化、抛弃身份等级制度，树立现代民法理念，均有重大的影响。

中国民法近代化的历史进程，始于 20 世纪初清末修律，以《大清民律草案》的起草为开端；以《中华民国民法》的颁行及南京国民政府六法体系的建立和健全为完成标志。该民法典虽然在国民党统治区施行了 20 年，但始终与广大民众生活相剥离。新中国成立后，中共中央废止了包括民法典在内的国民党"六法全书"。

民国民法典，以德国、瑞士等国民法典为蓝本，以保护所谓"社会公益"为主要任务，突出强调了"社会本位"。如实行物权法定主义，不允许以契约或依习惯创设物权，以便维护公益。而事实上，由于国民党政府实行的是专制统治，"维护公益"只能是纸上谈兵。况且在中国社会仍然承袭封建传统观念和宗法家庭法制的条件下，"与商品经济相适应的现代法律观念很难得到社会成员的广泛认同。而封建的传统法律观念在国家至上和社会本位的招牌下就获得新的发展"②。

纵向观察从清末至民国的民法制度史，可以发现以下几个共同的特征。

---

① 该民法典因为长期战乱，始终与广大民众生活相脱离。
② 公丕祥：《法哲学与法制现代化》，544 页，南京，南京师范大学出版社，1997。

第一，继受大陆法系特别是德国民法。采纳大陆法系并非出于价值观念上的理由，而是一种技术上的考虑，或功利性的动机使然。德国民法较之于法国民法，为后出之法典，而后出之法理具有先进性，故而，一般认为，制定在后的法典，其立法技术及法典内容更为进步。

第二，《中华民国民法》采民商合一体例。因其间意大利学者摩坦利尼（motanelli）首倡民商合一主义，得到各国学者赞同，瑞士民法、泰国民法和苏俄民法均采民商合一主义。因此，国民党中央政治会议第183次会议通过立法院院长胡汉民等的提案，决定起草民商合一的民法典。《中华民国民法》的民商合一与意大利民法典等彻底的民商合一，有程度上的差别。不另行制定商法典，而将属于商人通则之经理人、代办商，及属于商行为之交互计算、行纪、仓库、运送营业及承揽运送等契约，订入民法典。在民法典外，尚有公司法、票据法、海商法及保险法等民事特别法。①《大清民律草案》、《民国民律草案》本计划采民商分立，于民法典之外，将另行制定商法典。虽与民国南京政权的法典有区别，但由于两民律草案事实上均未有实行，故而，从制度史而言，民商合一体例成为中国民法制度初创时代的重大价值取向。

第三，清末民初的民法创制基本上以继受外国法，实行法律移植为主线。在民法内容上多仿欧陆各国民法，如法人制度、禁治产制度、物之分类、债权规则等，多采德、日、瑞、俄民法相关制度。民法典"和德意志民法及瑞士民法和债编逐条对校一下"，"有百分之九十五是有来历的，不是照章誊录，便是改头换面"②。可见，民国民法典对大陆法系国家民法的移植具有整体性、全面性。

虽然《中华民国民法》颁布不久，即发生日本帝国主义侵略中国的事变，中国长期处于战争状态，致使这一民法典不能发挥其作用，但并不能以此否定其间的法律继受特性及法律移植的效果。

有诸多法律移植不符合其时社会实际状况，如《大清民律草案》规定土地债务、不动产质权等，本为我国旧有习惯所没有。反之，习惯上有的"老佃"，"典权"等却缺乏规定，显出编订者对我国实际情况研究欠深，不能将先进法理与本土的传统法律文化予以有机结合。

第二节
中国近现代民法对域外法律的移植

19世纪中叶之前，中国的悠久历史和辉煌文化在中国人的心理上造成一种对西方文明排拒的心态。鸦片战争之后，中国由闭关锁国到被动地接受西方文明。社会主体开始重新评判中国传统，学习西方政治、文化等方面的可取之处，探寻在传统与现代之间找到调节点。经

---

① 参见梅仲协：《民法要义》，20页，北京，中国政法大学出版社，1998。
② 吴经熊：《法律哲学研究》，27页，上海，会文堂新记书局，1933。吴经熊认为这不能叫抄袭，"我们的民法虽然大部分以德、瑞民法做借镜"，乃"无巧不成书，刚好泰西最新法律思想和立法趋势，和中国原有的民族心理适相吻合，简直是天衣无缝"。

历西方冲击之后的清王朝统治者终于明白，为保持其自身的既得利益，也必须进行政治改革。19世纪末20世纪初，清王朝开始较有系统地革新制度，包括奖励工商、创建政府职能机构、鼓励留学、着手实施宪政改革、创制现代意义上的法律等。在西方和近邻日本的明治维新成功示范效应的影响下，逐步接受西方的政治、法律理念。其中，现代民法理念的植入具有特别的历史价值。

清末统治者就开始注重移植西方法律文明。虽然这种"移植"，具有功利主义色彩，且严重忽视中国社会的经济、政治与文化特质。但客观而言，清末对西方现代民法文化的移植，对中国法制的近代化乃至现代化均具有一定的历史意义。

法律移植是法律承受或法律交往的特殊形式。严格讲，法律移植是一个国家或地区主动地、有选择地自愿采纳和接受其他国家或地区法律的过程。① "法律制度自一种文化向另一种文化移植是常有的情况，当改革是由物质或观念的需要以及本土文化对新的形势不能提供有效对策或仅能提供不充分之手段的时候，这种移花接木就可以取得完全或部分的成功。"② 在民法现代化过程中，法律移植具有特别的意义与价值。一般认为，与西方市民社会所孕育的"私法文化"不同的是，中国传统法律文化体现出"公法文化"的特征。③ 我国历史上现成的符合现代法治的本土资源较少。事实亦然，由于中国历代统治者奉行"重农抑商"或"重农轻商"政策，导致商品经济极不发达，因而，中国始终未形成只有在商品经济广泛拓展条件下才能阐发的以"自由、平等、独立"为价值依归的现代性因素。与之对应，直接反映商品经济运行、表达"自由、平等、独立"等现代性因素的民法文化也从未产生。并且，身份社会、封建体制、关注战争利益使得社会主体严格服从于等级观念，故而，其间的法律制度只能成为维护专制、不平等的工具。即便在习惯规则以及其他伦理道德观念中存有一些民法资源，但专制的皇权体制往往将其效力遏制在狭小的范围之内。

清末民初的商品经济即便赋予了民法诸多现代性因素，但与民法现代化的目标相比，还需要认同并加大对西方民法文化的移植力度；传统法律文化诸多不利于民法现代化的成分存在于其时社会现实之中，所以，在结构、体系及内容上恰当地移植西方民法文化能够补充民法制度的缺漏，并能提高制定法的效益，减少不必要的成本开支；而且，虽然法律不能脱离政治国家的意志制控，但在商品经济条件下，各国的法律构造的价值内涵则应当具有同质性，故而，各国间的法律移植才具有可行性。

基于上述认识，中国19世纪末20世纪初民法现代化初期的立法机关和思想家，对西方的民法制度采取了全方位的"移植"态度。清末筹备立宪过程中，为了使所颁行的法律规则更能表达"后出最精确之法理"，宪政编查馆、修订法律馆一方面，派遣留学生赴日本等国度学习法律、组织翻译国外法律与法学著作、开办法学院校、聘请国外法学专家如日本法学博士志田钾太郎、松冈义正专任起草法律，采取一系列措施，以求领会和掌握"世界最普遍之法则"，力求学习并移植"后出最精确之法理"。

为学习和仿效西方先进民法制度，立法者特别重视外国法律和法学著作的翻译。清末从1904年4月1日修订法律馆开办起，至1909年11月，修订法律馆译出西方各国刑法、民

---

① 参见公丕祥：《法制现代化的理论逻辑》，367页，北京，中国政法大学出版社，1999。
② ［美］H. W. 埃尔曼：《比较法律文化》，贺卫方、高鸿钧译，14页，北京，三联书店，1990。
③ 参见张中秋：《中西法律文化比较研究》，78~117页，南京，南京大学出版社，1999。

法、诉讼法、商法、国籍法、法院编制法、监狱法等十几个国家的几十种法律和法学著作。其中涉及民法方面的有：德国、日本、法国、奥国等民法典，日本学者的《继承法》、《民法理由》、《总则》、《物权》、《债权》等法学著作。就《大清民律草案》而言，其前三编直接由日本法学家松冈义正起草，后两编也主要是仿效日本。

一、体例的域外移植

其时，恰遇西方社会全球性法律重组和法典化道路，这一法律现象又直接影响了清末民初的民事立法，于是，"制定法"在清末民初的法律体系构造中有特殊地位，制定法的强化是随着法律移植行动而同时出现的一个立法现象，并成为清末民初民法制度创制的重要环节。

《大清民律草案》、《民国民律草案》、《中华民国民法》在体例上都克服了以往诸封建法典民刑不分、诸法合体的弱点，初步打造了独立、科学、系统、完整的民法典，体现了一定的进步意义。这三部法典在体例上均移植于大陆法系以德国为代表的编纂模式，内容上更是确立和贯彻了近代民法的基本原则，从而奠定了近代民法的基础。①

南京国民政府的民法，以清末《大清民律草案》和北洋政府时期《民国民律草案》为基础。编纂中参照德、日、瑞等国家的民法规则，并注意采纳其实英美国家的部分民法制度，进行系统的民法典编纂。如效法意、瑞士及英美等国，实行民商合一；参照德国立法，将消灭时效规定于总则编而将取得时效规定于物权编；参照最新的苏联民法，在民法典增设"法例"一章。②

二、总则的域外移植

《大清民律草案》第一编总则，分8章17节，共223条。章目分别为：法则、人、法人、物、法律行为、期间及期日、时效、权利之行使及担保。总则效仿1907年瑞士民法第1条，从法律渊源上将习惯法放在法理前，确认了习惯于民法的重要的地位。即：民事，本律所未规定者，依习惯法，无习惯法依法理；确立诚实与信用原则，规定"行使权利履行义务依诚实及信用方法"（第2条）；效仿日本民法，规定妻为限制行为能力人（第9条、26～30条）；将妻的法律地位划定于"准禁治产人"（第31条）；效仿日本民法，设禁治产和准禁治产人，其中禁治产人设监护人，准禁治产人设保佐人（第18条至第25条）；效仿日本、瑞士民法规定成年人为"满二十岁者"并"有识别能力者"具完全行为能力，突破了旧律中以丁年为成年的规定（第9、10条）。

总则第一次在中国规定法人制度（第三章），将法人分为社团法人及财团法人。社团法人又细分为有经济目的的和无经济目的的（第67条至第69条）社团法人。对外国法人成立制度设一条规定（第66条）。总则第四章还专章规定了物的概念，明确否定了旧律中将奴婢视为物的传统立法例；第五章确立了法律行为的相关规则，契约一节中规定了契约的一般原

---

① 参见孟祥沛：《中日民法近代化研究》，华东政法大学博士学位论文，2004。

② 梅仲协认为，民国"民法，采德国立法例者，十之六七，瑞士立法例者，十之三四，而法日苏联之成规，亦尝撷取一二，集现代各国民法之精英，而弃其糟粕，诚巨制也"。梅仲协：《民法要义》，初版序，北京，中国政法大学出版社，1998。

理；效仿日本民法专门规定取得时效及消灭时效。

《大清民律草案》还在总则中确立了近代民法的人格平等原则。人格平等是私有财产、契约自由等基本规则产生和存在的基础。《大清民律草案》在总则编第 4 条，根据大陆民法制度明确规定，"人于法令限制内得享受权利或担负义务"，草案为本条加附按语指出，"凡人无男女老幼之别，均当有权利能力，否则生存之事不得完全。"在第二章第二节"行为能力"的按语中又强调，"凡人既因其行为而有取得权利或担负义务之能力"。

《中华民国民法》以"社会公益"作为立法的基本出发点，以其时西方社会普遍形成的"社会本位"为法典的立法原则。在法典总则中便强调以维护公共秩序和善良风俗为原则。第 2 条规定："民事所适用之习惯以不背于公共秩序或善良风俗者为限"。同时，注意对契约自由进行限制。第 74 条规定："法律行为系乘他人之急迫、轻率或无经验使其为财产上之给付，或为给付之约定，依当时情形显失公平者，法院得因利害关系人之申请，撤销其法律行为或减轻其给付"；第 148 条规定："权利之行使，不得以损害他人为主要目的"。为维护社会秩序、保护社会公益，民法强调在确定法律享受权利、承担义务的同时，结合善良习惯进行民事交往。

《中华民国民法》总则第二章"人"中还对大陆法所规定和体现出来的平等原则作了肯定；第 6 条规定"人之权利能力，始于出生，终于死亡"的规定，强调了权利能力的平等；第 7 条，胎儿以将来非死产者为限，关于其个人利益之保护，视为既已出生。

三、债权的域外移植

《大清民律草案》第二编"债权"，分 8 章 26 节，共 654 条。章目分别为：通则、契约、广告、发行指示证券、发行无记名证券、管理事务、不当得利、侵权行为。《大清民律草案》根据近代大陆法国家的普遍原则，确立了契约自由原则。第 513 条明确规定："依法律行为而债务关系发生或其内容变更消灭者，若法令无特别规定，须依利害关系人之契约。"债权编效仿德国民法第二编，确立为债务关系编，全面保护债权人、债务人双方权利，该编详尽规定债权人权利。依据大陆法规则，第二章至第七章规定七种关于债的发生原因，即：契约、广告、发行指示证券、发行无记名证券、管理事务，不当得利及侵权行为等。其中指示证券、无记名证券当时在我国并不发达；将租赁分为使用租赁和用益租赁（第 636 条至第 686 条）。

民国民法典债权编在具体规范上，仿照德国民法，用"租赁"替代"使用租赁"与"用益租赁"；还效仿西方国家"权力社会化"立法态势，对契约自由进行限制。如民国民法典第 148 条规定："权利之行使，不得以损害他人为主要目的"。

《大清民律草案》在债权制度上的侵权行为规则中，采大陆法通行的过错责任原则，即："因故意或过失侵犯他人之权利而不法者，于因侵害而生损害负赔偿之义务。"第 946 条和第 947 条，规定了因故意或者过失违背保护他人之法律的和以背于善良风俗故意加损害于他人的，均应负损害赔偿的责任。在具体的侵权行为责任上，依照德、日规则，规定了多种特殊侵权行为，如：教唆人和帮助人的共同加害人的法律责任；官吏、公吏以及其他依法令从事公务的职员致害他人的侵权责任；法定监护人的赔偿责任；共同侵权行为、共同危险行为人的赔偿责任；动物致人损害的赔偿责任；雇佣人过错推定责任；等等。在对待侵权损害赔偿的方法与确认路径上，确定了对伤害身体者，受害人可以请求赔偿定期金；对于侵害身体、自由或者名誉者，可以请求赔偿精神损害的制度。在救济权利设置上，确立了适用返还原物的责任形式，并对共同加害人连带责任作了规定。

债权制度上的侵权行为规则上最具代表性的移植是"无过失责任"的引入。民国民法典在赔偿责任问题上以过失责任为基础，以无过失原则为补充。民法中涉及适用无过失原则的内容很多，如第 606 条规定："旅店或其他以供客人住宿为目的之场所主人对于客人所携带物品之毁损丧失所负之赔偿责任"；第 607 条规定："饮食店浴堂之主人对于客人所携带通常物品之毁损丧失所负之赔偿责任"。第 634 条规定："运送人对于运送物之丧失毁损或迟到所负之赔偿责任"，等等。

为维护社会秩序、保护社会公益，根据其实大陆法的通行规定，在规定当事人权利时，结合我国风俗习惯和人情世故，允许斟酌义务人之经济状况及其他具体情况在一定程度上减免义务人的责任。例如，第 218 条规定："损害非因故意或重大过失所致者，如其赔偿致赔偿义务人之生计有重大影响时，法院得减轻其赔偿金额"；第 220 条规定："债务人就其故意或过失之行为，应负责任。过失之责任依事件之特性而有轻重，如其事件非予债务人以利益者，应从轻酌定"。第 252 条规定："约定之违约金额过高者，法院得减至相当之数额"；第 318 条规定："债务人无为一部清偿之权利。但法院得斟酌债务人之境况，计其于无损害于债权人利益之相当期限内，分期给付，或缓期清偿。给付不可分者，法院得比照前项但书之规定，许其缓期清偿。"①

《中华民国民法》在侵权行为法的编制体例上沿用了民国民律草案对大陆法的移植的做法，但在具体编排上有所变化，这就是将侵权行为法的债编第一章第一节第二款的位置变为第五款。规定了侵权行为的归责原则；是对于故意以背于善良风俗之方法加损害于他人者，亦视为有过错；对于违反保护他人之法律者，推定其有过错，确定了过错推定责任原则；规定了共同侵权行为，规定了共同侵权行为的连带责任、共同危险行为和共同加害人的种类。②

四、物权的域外移植

《大清民律草案》第三编"物权"分 7 章 9 节，共 339 条。章目分别为：通则、所有权、地上权、永佃权、地役权、担保物权、占有。物权编有诸多内容移植于德日民法。编制上"担保物权"为专章（第六章），具体设置抵押权、土地债务、不动产质权、动产质权。该草案第六章第三节效仿德国民法设"土地债务"一节。该草案受"移植""后出之法"理念之影响，未能够既受中国特有的"典权"制度，而是在第六章四、五节中参照德国民法设动产质权和不动产质权。

民国初年的物权立法及司法活动中，根据其间西方社会通行的"社会本位"观念，通过立法、判例移植了大陆法诸多关于权利的限制规则。最具代表性的是物权法上的"物权法定主义"。"物权法定主义"见于大理院民国四年（1915 年）上字第 659 号判决，该判例要旨称："凡物权不能由权利人随意创设，而妨害物之利用以创设物权者，尤非法所应许。"民国

---

① 孟祥沛：《中日民法近代化比较研究》，华东政法大学博士学位论文，2004。

② 参见杨立新：《中国侵权行为法的百年历史及其在新世纪的发展》，载《国家检察官学院学报》，2001（1）。

初年，司法者还通过判例确立了西方民法的普遍准则"所有权行使的限制"规则，强调了行使所有权以"不害于他人合法权利"为条件。当然，民国民律草案及司法，对大陆法国家所有权绝对理论也有所继受，在制度中确立了"所有权绝对行使"规则，民国四年（1915 年）上字 739 号判决云"凡不动产之所有人本于所有权之效力，无论对于何人均可主张"。

五、亲属法的域外移植

《大清民律草案》、《民国民律草案》和《中华民国民法》中有关亲属法的规定，基本上反映出了中国近现代亲属法对大陆法国家相关制度的移植现象。

《大清民律草案》亲属编虽然因事关礼教，由修订法律馆会同礼学馆起草，但相关内容却表现出移植国外法的特色。亲属编共分 7 章 14 节，共设 143 条，即通则、家制（包括总则、家长及家属）、婚姻（包括成婚之要件、婚姻之无效及撤销、婚姻之效力、离婚）、亲子（包括亲权、嫡子、庶子、嗣子、私生子）、监护（包括未成年人之监护、成年人之监护、保佐）、亲属会、扶养之义务。其体例与其时德日民法典之编排基本一致，表达了"注重世界最普遍之法则"的立法宗旨。

《大清民律草案》第四编"亲属"以宗法家族制度为主线，详细规定宗亲、外亲、妻亲；在亲等、亲属分类问题上，采用寺院法亲等计算法，并保留我国古代服制图以补充。关于结婚之形式要件，效仿日本民法采用法律婚主义，而不承认事实婚姻，规定"婚姻从呈报于户籍吏而生效力"（第 1339 条）。法典根据大陆法国家一般规则，设立监护人、监督人制度（第五章），并以亲属会保障、限制监护监督人行为（第 1417 条，第 1421 条至第 1429 条）。

《中华民国民法》亲属编共分七章设 171 条。七章为通则、婚姻、父母子女、监护、扶养、家、亲属会议等。亲属编的制定和颁行，完成了中国亲属法从古代向近、现代的转变。亲属编参考了德国与瑞士的民法，同时也吸收了日本、法国民法以及苏俄民法的经验。《中华民国民法》亲属编采用罗马法计算法，主要是因为：（1）"罗马法之计算，依血统之远近，定亲等之多寡，合于情理，寺院法源于欧西宗教遗规，其计算亲等不尽依亲疏之比例，加两系辈不同，从其多者；定亲等之多寡，则辈数较少之系，往往不分尊卑，同一亲等，于理不合。"（2）"我从前所以采用寺院法者，以其与昔日之宗亲服制图相对勘，凡五等制以内之宗亲，可以寺院法四亲等包举之而无遗，故凡前清民律草案以迄最近各种草案，均以寺院法计算亲等，令亲属之分类，既从根本上改革，分为血亲与姻亲两大别，已与所谓服制图者不生关系，自应择善而从，改用罗马法。"[1]

民国亲属法吸收了外国的先进立法经验，确立了男女平等、个人独立、婚姻自由的原则，并完善了收养制度。

六、继承的域外移植

《大清民律草案》第五编为继承编，分 6 章 7 节，共 110 条。章目分别为通则、继承、遗嘱、特留财产、无人承认之继承、债权人或受遗人之权利。继承编对财产继承、宗祧继承制规定，更多富有传统家族体制性质。不过规则中"亲等同，则同为继承人"，"继承人有数人

---

① 史尚宽：《亲属法论》，61 页，北京，中国政法大学出版社，2000。

时不论嫡子庶子均按人数平分"表达了跟从西方"平等"家族理念之愿望（第 1466 条、第 1474 条）。

《中华民国民法》根据西方意思自治原则，采用遗嘱自由规则，该法第 1187 条规定，"遗嘱人于不违反关于特留分规定之范围内，得以遗嘱自由处分遗产"，表达意思自治原则的遗嘱继承优先于法定继承。

总体而言，清末民初对西方法律制度的移植具有普遍性、彻底性，虽然移植解决了诸多法律适用上的问题，建立了全新的现代民法体系。但必须承认，法律移植是一种有限度的行为。民法是民族特色极强的法律规范，积极发扬光大传统文化中优异的民事规则，创制中国特色的民法制度，同样是民事立法的历史使命。一个独立的不依赖于他国的国家，不应受外在的强制或精神的制约，而应主动地、自愿地移植他国优良的法律规则。遗憾的是，在清末民初的民事立法中，制定的法典不论在形式上，还是内容和结构上，均与德国、日本民法具有惊人的相似，有的条文在用词、表述方法等方面甚至完全一样。在我看来，法典中除了对西方国家在商品经济条件下产生的，体现共同性因素的法律规则的移植尚具有合理性和积极价值之外，其他内容并无全盘接纳的充分理由。

在清末民初民法典创制过程中，还有一件令人扼腕遗憾之事，直到今天仍难以释怀，那就是其间由政府主导、举办过两次大规模的民商事习惯调查运动，这本可为民法现代化渗入有益的本土资源，但这两次习惯调查所积累的习惯资料，对当时的法律创制并未起到应有的帮助。尽管清末和民国初年的部分思想家非常关注民商事习惯，而且在其之后的立法机构的立法理想，亦试图"准诸本国习惯"，但受到客观条件和立法者主观因素的限制，清末民初的民商事习惯调查之所得，尚未能充分而高效地反映于立法之中。即便是相当关注习惯价值的民国立法机构，在其所颁行的民商事法律制度中，其多数规则仍旧是"移植"西方的相关民法规范。于此期间的法学家亦很少顾及到这两次大规模习惯调查运动，他们所专注的依旧是"法律移植"、"制定法"等问题。

20 世纪中叶之后的中国社会，在对待法律移植、制定法与尊重传统法律文化之间的关系上，依旧以法律移植、制定法为主线。包括习惯在内的传统民法文化仍未得到应有的重视，关注传统法律文化和民族性的理念在国家立法行为中基本上被否定。立法者的立法观念更多地偏重于"制定法"的创制，而忽略对民间习惯的认同；"法律移植"思维一直占据法律实践的主导地位，法律尤其是民事法律的"西方化"，事实上成为 20 世纪中国法律"发展"的基本主题。于是，民法与本土社会资源的脱节，便成为一种常态，典型的例证如：婚姻家庭法律中否定传统婚约、婚礼等民间习俗的法律效力；合伙组织法律规则中否定合伙人入伙、退伙协议关于合伙人分别责任的商业交往惯例；物权法律制度中排斥传统典当习惯的援用，排拒有益于弱势群体权益的典权规则，等等。其实，我们注意到，许多时候，社会主体面对脱离本土社会风俗习惯的"制定法"，只能敬而远之，主体之间遇有纠葛，多于国家的制定法之外寻求解决方案。而这一现象的滋生蔓延，无疑又成为中国民法现代化的制约因素。

法律移植如果没有根据本国或本地区社会生活条件，即使同主体一定的有意识和有目的活动密切联系，也会对法律制度产生不利的影响，甚至使这一国家的法律丧失独立的品格。"西方文明在科学、技术以及工业、商业方面也许卓越不凡，但是，这并不能证明将西方的某些价值和制度连同其权利树立成一个普遍标准是正当的。"包括法律在内的制度，"若要连贯成理，就必须出自某种特定的文化和文明传统"①。因此在法律移植中，如何处理好本土社会的物质生活条件与吸收外来法律文明的关系，对一个国家和社会的法律发展，具有极其重大的意义。

第三节
中国近现代民法对传统法文化的固守

一、固守之内容与层面

中国固有民法规范具有多元性。中国古代的民法制度不仅仅存在于正史的法条之中，还体现在习惯、例文中。如典当、典权制度。古代的"例文"、"以例辅律"，甚至"以例破律"，通过对颁行例文来修改或改变正律中的许多规定。民法中的许多规则可以在"例文"中寻着。

古代民法与主体的身份密切关联，在户役、田宅、钱债之中，规范财产关系的律例条文，大多为禁止性的消极规范，盗卖田宅、违禁取利、费用受寄财产等，均禁止为一定行为，很少从权利视角来规定。从禁与罚层面表达主体的民事地位，更似一种"义务本位"体制，然这一独特的立法方式，同样能够反映出主体所享有的权利。黄宗智先生注意到，清律户役、田宅、婚姻、钱债绝大部分仍然置于刑事惩罚内，"根据对违法这些权利的惩罚来排列"，"而不是明言的、确定的原则或权利"。但不论法的意图如何，它实际结果是保护了权利。② 如《大清律》户律田宅门"盗卖田宅律文"规定，典卖及侵占他人田宅者，田一亩、屋一间以下，笞五十；每田五亩、屋三间加一等，罪止杖八十、徒二年。系官（田宅）者，各加二等。若强占官民山场、湖泊、茶园、芦荡及金银铜锡铁冶者，（不计亩数）杖一百、流三千里。这样的规定，事实上从另一个层面表述了现代意义上的"物权"精神。"负欠私债违约不还者"可施以刑罚，也从这一层面维护了"债权人"权益。

《大清民律草案》的起草者未能充分地将固有民法规则和继受民法规则加以调和，而是把二者简单地拼凑在一起。民国《民律草案》的起草，由于受到其时大理院司法经验的影响，起草者能够关注继受的民法制度与固有民法规则的融洽，故而，立法者尽量用传统的固有民法制度及观念评判继受内容的实用价值及表述方式。如固有民法的典当、典权制度有一百多种规则（大清律例及有关之民事习惯）。民国四年确立《清理不动产典当办法》十条，民初大理院先后形成三十五项判例要旨、七项解释例要旨，这些初步成果为民国《民律草

---

① ［英］A. J. M. 米尔恩：《人的权利与人的多样性——人权哲学》，夏勇、张志铭译，4～5页，北京，中国大百科全书出版社，1995。"每一个理论家都宣布一些他认为适用于任何法律制度的原则，而事实上，最好是把他们每个人都理解为是对某个民族的法律制度的描述，在哈特那里是英国，在德沃金那里是美国，而在哈贝马斯那里是德国。"美国人并不需要如哈贝马斯所阐释的下面这些教诲：多样性的价值、组织原则找不到的"先验的"基础、民主的重要性或合法政治制度的前提条件。参见［美］理查德·A·波斯纳：《道德和法律理论的疑问》，苏力译，107、124页，北京，中国政法大学出版社，2001。

② 参见黄宗智：《法典、习俗与司法实践：清代与民国比较》，21～26页，上海，上海书店出版社，2003。

案》最后形成"物权编"第八章《典权》一章奠定了基础。① 民国《民律草案》颁行时，还注意法律用语与固有民法尽量保持一致。

至民国十七年（1928 年）南京国民政府起草民法典时，依然试图贯彻"参以各国法例，准诸本国习惯"原则，汲取光大了《民律草案》对待习惯的态度，并接收和继承了清末政府和北洋政府从事立法调研的法学家和法律工作者们二十余年辛勤劳动的丰硕成果。民国十七年（1928 年）十二月，"中央政治会议"委员胡汉民、林森、孙科等提出，民法立法原则由中央决定，特拟订民法总则编立法原则草案，提请公决，并于其第 168 次会议议决通过立法原则计 19 条。其中，第 1 条便强调了对以习惯为代表的传统民法规范的固守："民法所未规定者依习惯，无习惯或虽有习惯而法官认为不良者依法理。"故而，民国十八年（1929 年）的民法典第 1 条明确规定："民法所未规定者，依习惯；无习惯或虽有习惯而法官认为不良者，依法理。"第 2 条还规定："凡任意条文所规定之事项，如当事人另有契约，或能证明另有习惯者，得不依条文而依契约或习惯，但法官认为不良之习惯不适用之。"对于民法总则的立法理由，原起草说明书列举了四点，其中，关于内容的第一点便阐述了"习惯的地位及习惯适用的范围"，其说明是："习惯之效力，欧美各国立法例本自不同。我国幅员辽阔，礼俗互殊，各地习惯，错综不齐，适合国情者固多，而不合党义违背潮流者亦复不少，若不严其取舍，则偏颇窘败，不独阻碍新事业之发展，亦将摧残新社会之生机，殊失国民革命之本旨。"故而，"此编根据法治精神之原则，定为凡民事一切须依法律之规定，其未经规定者，始得援用习惯，并以不背公共秩序或善良风俗者为限"②。

（一）债权的传统固守

就债权中的损害赔偿规则而言，对传统的固守还是比较丰富的。中国传统的损害赔偿规则有诸如备偿、偿所减价、折判赔偿、追雇赁钱、责寻、免责等多种形式，但整体而言，规则较为零散，侵权责任构成的要求比较严格，许多规则还与刑罚追究相结合。随着《大清民律草案》、《民国民律草案》和《中华民国民法》的出现，损害赔偿方面的规则一方面开始与"世界最普通之法则"看齐，如《大清民律草案》在侵权行为法中规定了主要的侵权损害赔偿的确定和具体方法，在这些内容中，提到了在侵害财产的侵权救济中可以适用返还原物的责任形式；另一方面，在具体规则中，如在毁损他人之物时，加害人得向受害人赔偿其物之减价额。该规定则源于中国古代侵权行为法中的"偿所减价"制度。《民国民律草案》第三部分规定的是损害赔偿的原则和方法，第 270 条规定"赔偿其物因毁损所减少之价额"，与中国古代侵权行为法中的偿所减价的制度相同。《中华民国民法》规定财物损害的赔偿方法，其中关于赔偿所减价的规定，亦含有损益相抵的意义。③

（二）物权的传统固守

我国古代固有法的"家族物权利益"在社会民事生活中有诸多表现。固有法中存在着种类繁多的财产共有关系，如属于家族共有的特有财产祀产、祭田、坟山、坟地等，及属于家族共有的一般财产，磨房、麦场、水渠等。在家庭或家族中，处分权人与所有者还可

---

① 参见张生：《民国初期民法的近代化》，182 页，北京，中国政法大学出版社，2002。

② 谢振民编著，张知本校订：《中华民国立法史》，下册，755～756 页，北京，中国政法大学出版社，2000。

③ 参见杨立新：《中国侵权行为法的百年历史及其在新世纪的发展》，载《国家检察官学院学报》，2001（1）。

依据条件分享物权。民事习惯一般承认"典卖宅地须先问亲邻"，承认永佃权人、铺底权人的先买权。当物之所有人处置不动产时，永佃人、铺底人因其有效的先手物权行为，享有先买权。

继受的大陆法规则，时常与中国传统规则具有吻合的一面，如物权法中的"所有权行使限制"规则，强调了行使所有权以"不害于他人合法权利"为条件。这一准则恰与固有民法中的家族共有制度、典权制度、先买权制度等法律精神是一致的。

"祀产"专为祭祀祖先而设，传统民法将之作为家族共有财产，明确限制其用益、处分权。大理院民国四年（1915 年）上字 771 号判决对处分祀产的行为进行了限制，祀产系共产性质，其所有权属于同派之各房，自其维持祖先祭祀之宗旨。除非遇有子孙生计艰难或重大纠葛，并得各房全体同意时，仍得分析典卖或为其他之处分行为。此种规则强调了所有权人行使权利时的限度。规则既关注到宗族利益，又注重私权的经济效用。

典是中国固有法中特有的物权制度。民国初期的民法编物权制度中，确认了不动产典权制度；动产典当则由动产质权制度予以规范。固有法对于典的规定主要体现在"现行律典买田债条"，该规则确定了典卖与绝卖的通行规则；民国四年（1915 年）北洋政府司法部颁行的《清理不动产典当办法》，对不动产典期、回赎办法之民间习惯作了系统确认；此外，依据民国初年遵从习惯的司法理念，司法机关可以将本地域的区分于一般规范的典的习惯进行援引。民国初年，学者多主张典权为用益物权，但一般均不否定其内含的担保性质。

民国北洋政府司法总长江庸在论及当时的民事立法时，认为《大清民律草案》之所以应当修正，其主要理由之一便是"前案多继受外国法，于本国固有法源，未甚措意，如《民法债权篇》于通行之'会'，《物权篇》于'老佃'、'典'、'先买'，《商法》于'铺底'等全无规定，而此等法典之得失，于社会经济消长盈虚，影响极巨，未可置之不顾。"对清末立法的上述评判，直接影响了民国北洋政府的民商事立法行为。至民国南京国民政府起草民法典时，依然试图贯彻"参以各国法例，准诸本国习惯"原则，汲取光大了前人对待传统的态度，在民国十八年（1929 年）颁行的民法物权编中，对我国传统习惯中的典权设有专章规定，理由是："我国之有典权，由来已久，此种习惯，各地均有，盖因典仅用找贴之方法，即可取得所有权，非若不动产质于出质人不为清偿时，须将其物拍卖，而就其卖得价金内扣还，手续至为繁复。且出典人于典物价格低减时，尚可抛弃其回赎权，于典物价格高涨时，可主张找贴之权利，有自由伸缩之余地，实足以保护经济上之弱者。故本法特设本章之规定。"①

北洋政府大理院在保留典权这一传统规则的同时，还用移植的"物权绝对"原则对固有典权制度加以改造，使之进一步适应其时所接纳的新式法律体制和权利观念。如在制度上依据大陆法"一物一权"原则，确立了同一不动产上不得有矛盾权利存在，对原有民间习惯"典权者再行典卖"制度进行了改造，以避免一物相冲突权利的并列。民国五年（1916 年）上字第 887 号判决云："就同一不动产上先后设定之物权，若均为不动产典权，则依现行律中禁止重复典卖田宅之明文，自不能不认其后之典约为有效"。

---

① 谢振民编著，张知本校订：《中华民国立法史》，下册，776 页，北京，中国政法大学出版社，2000。

（三）亲属法的传统固守

《大清民律草案》的亲属和继承两编，为修订法律馆会同礼学馆起草的，因而吸收传统伦理和习惯的内容也较多。《大清民律草案》亲属编，将亲属分为宗亲、外亲及妻亲，规定"同宗不得结婚"，"结婚须由父母允许"，"亲等应持之服仍以服制图所定"，"行亲权之父母于必要之范围内可亲自惩戒其子"以及女子无地产继承权等内容，规定了诸多继受传统宗亲家族制度，如第 1330 条、第 1338 条规定，同宗不得结婚，结婚须由父母允许。草案设立专章规定了"家制"，赋予家长特别的权力。草案对嫡子、庶子、嗣子、私生子等身份作了确认，第 1380 条、第 1387 条还规定"妻所生子为嫡子"，"非妻所生子为庶子"。

民国十九年（1930 年），立法院在起草亲属、继承两编时，特"制定调查表多种，发交各地征求习惯，复就前北京司法部之《习惯调查报告书》妥为整理"，以为立法之参考。① 之所以特别关注亲属继承两编对习惯的认可，缘于亲属继承与民间百姓的生活关系密切，主体的交往中运用固守民法规范进行行为调整的几率要高于物权、债权交往方面对习惯的援用。恰如民国十九年（1930 年）十二月十四日天津《大公报》之时评文章所言："按亲属继承两编所规定者，悉为身份关系，故于法律的社会生活，最为密切，其立法亦缘是十分困难，间尝详绎内容，虽不必一一当意，然大体上要能于新旧思潮中，辟得一立足点。""中国在宗法社会有数千年历史，王者所务为敬天法祖，民间习惯则谊笃亲亲，因是礼隆追远之祭，情深嗣续之思，历代制律，首列服制，家族生活夙重宗祧。"② 庞德曾对民国民事立法遵从传统习惯的风格表示赞赏，他认为民法典是中国法学家对现代法典精心研究和明智选择的结果。③

（四）继承法的传统固守

中国传统社会中继承行为规则、原则、参与人、身份及财产范围、效力等内容，均具确定性，直到近代因移植西方法，从而产生了国家法如何顺应本土规则，即传统民法的固守问题。传统法律中，承继宗祧等"承嗣"或"继嗣"规则和对财产的承继或"承受"，统一构造了宗祧和财产的"继承"制度。这种"继承"制度有质的规定性，即：嫡长继承家庭身份及核心；如为独子，家产由独子承受；多子则分析家产。承继均触及财产和身份。《大清民律草案》的立法者试图将本土的"继承"习俗和大陆民法典中的"继承"规范结合起来，使得两者统一于法条。《大清民律草案》将财产继承者分为继承人和无继承时的"应承受遗产

---

① 参见杨幼炯：《近代中国立法史》，379~380 页，北京，商务印书馆，1936。及至 20 世纪 80 年代，我国台湾地区所修订的"民法典"，依旧于首条规定："民事，法律所未规定者，依习惯；无习惯者，依法理。"其第 2 条："民事所适用之习惯，以不背于公共秩序或善良风俗者为限。"同时，我国台湾地区"立法机关"在修订理由中，还特别强调了习惯的价值，"谨按我国幅员辽阔，礼尚殊俗，南朔东西，自为风气，虽各地习惯之不同，而其适用习惯之范围，要以不背公共秩序或善良风俗为限，庶几存诚去伪，阜物通财，流弊悉除，功效斯著。此本条所由设也。"参见"中华民国民法"，第 2 条立法理由。

② 《新民法亲属继承两编之精神》，《大公报》（民国十九年十二月十四日，天津），载胡霖、吴鼎昌等：《论评选辑》，载《国闻周报》，1930 年七卷第 50 期。当然，该时评同时认为，新民法亲属、继承两编之公布，只是突出强调了遵从民间善良习惯，而反对"尊亲权，崇男系"所带来的"恶习"。因为"尊亲权，崇男系，养成家庭社会间之依赖性，加重男女不平等之恶风习。迄今人心丕变，物质一新，环境所迁，旧日桎梏，已到无可束缚之境而制定身份关系之新法律乃渐成切要之需求，今日新民法亲属继承两编之公布，实即顺此潮流而来者也。"

③ Roscoe Pound, Comparative Law and History as Bases for Chinese Law, in Harvard law Review (1946), Vol. 61.

人"（第 1468 条），将配偶、亲女列入"应承受遗产人"中。继承编事实上肯定了宗祧继承制，仍然继续实行着宗祧继承制度。[①] 具体制度还显示出男女不平等观念，如对亲女、配偶、直系尊亲属、亲兄弟、家长之地位、排序规则均能表现出传统不平等观念。

二、清末民初的民商事习惯调查与传统之固守

清代末年，宪政编查馆及修订法律馆为立宪及起草民律、商律草案之需要，于各省区成立宪政调查局，组织多方面力量对民商事习惯进行了广泛的调查。民国初年，北洋政府司法部根据审判官员的呈请，通告各省区审判机构创设民商事习惯调查会，也开展了全国性的民商事习惯调查运动。这两次调查运动，基本上反映了统治者对民商事习惯的立法和司法价值的认同。

清末民初的民商事习惯调查，一方面，为当时的相关法律的创制提供了深厚、翔实的资料；另一方面，这两次大规模的习惯调查运动本身，也是中国的法制近代化乃至法制现代化历史进程中的厚重一笔。

（一）清末民初民商事习惯调查的起因

自 1840 年鸦片战争，中国由闭关锁国被动地接受西方文明，到 1911 年辛亥革命建立民主政体，1912 年清帝退位，再至民国北京政府即北洋政府的成立，中国延续了两千余年的封建传统社会的政治结构被废除。从社会调整的方法论以及立法技术角度而言，政治体制、社会结构的过渡性质，势必钳制或制约法律规范化、系统化的发展，而与此同时，以"习惯"为代表的民间规范体系则获得相对自由的拓展空间。历史事实表明，清末民初的法律实践恰是"例案已烧矣而无新法典"之"过渡时代"也，因而，司法对习惯的依赖是前所未有的。

清代的封建官僚政体和民国初年的政治体制，均认可民间习惯的独特功能和家族组织对民间纠纷的裁决权。这恰是国家政权渗透至乡土社会的最好例证。它同时反映了清末民初国家与社会之间的协调、互动关系。国家政权对乡村社会的渗透一般通过两种形式，一是直接干预、领导乡村社会的经济、文化、教育事业；二是对大量的民间杂务及百姓纠葛交由乡村社会组织自行办理和处置。

虽然说国家从来没有放弃过对民事纠纷的司法权，但总体而言，我国传统社会的调整模式，是一种国家法律统领和社会调整方法多元并存的结构。国家对民间组织运用习惯调整一般性私权纠葛，多持放任态度。所谓"清官难断家务事"，一方面反映了国家司法的渗透力的限度；另一方面，也表达了国家对琐碎的民间事务调整的厌烦心态，以及由此形成的对习惯调整的依赖心理。

在历史上，自秦朝到清朝末年，国家的地方权力体系历经了乡官制、职役制至保甲制等多种形式。但国家权力一般不可能完全渗透到乡村，乡村的具体事务往往依靠宗族体制、乡绅、习惯和各种村规民约。这一现象至清末民初时代有了更清晰的表达。清代末期，中国人口已达数亿，平均一个县的人口达 20 万左右，每县的田赋、日常公务以及琐碎的民事和治安等本是官府的事务，往往需要族长等通过以习惯为内核的宗族法、村规民约予以完成。

家族组织处理民间纠纷主要依靠业已形成的形形色色的习惯规则。基层的村落组织里甲

---

① 参见张晋藩：《中国法律的传统与近代转型》，452 页，北京，法律出版社，1997。

和保甲一方面有权制定乡规民约；另一方面，可以根据乡规民约调处民事纠纷，对违背乡规民约的成员进行处罚。

传统的诉讼观念也使得习惯在清末民初的民商事关系中起着重要的作用。社会主体因受传统"无讼"、"息讼"思想的影响，也以争讼为耻，因此，民间的许多民商事纠纷不经官府，在家族内部了结完事。而且，政府机关与民间组织往往设法使民"无讼"或"息讼"，民国初年，在地方政府的干预或倡导下，乡村还按条规多设立"反讼会"，作为社会改良的一部分计划。①

清末民初作为依旧保持传统文化风格的时代，在主体的具体争议的解决途径上，有三个倾向值得注意：一是国家的司法运作往往不能满足主体的基于伦理道德评价的利益要求，即合乎传统的情理评判逻辑的价值追求。加之晚清地方官吏利用民间争讼获取不当利益的行径，也引发百姓对诉讼的厌恶心理。晚清州县官多任用胥吏分管衙务，胥吏虽是诸项吏务的包办人，但不由官府领受薪俸，而靠向诉讼主体要求规费为生。因而，胥吏经常乘受理民间争讼之机，敲诈勒索民财。民众往往因一点轻微的民事案件，就会"破败家业"②。二是中国社会多种纠纷解决方式的存在，又为"无讼"、"息讼"、"厌讼"等思维及行为的发达设置了可能性。如其时地方自治和传统社会乡村组织的自在性的自治特质，对社会基层纠葛的处置权是极富有效力的，"宗族处理继承、立嗣、祭祀等事务，行会管理贸易和公平竞争，而乡村负责地产诉讼及买卖契约或租赁契约"③。三是在清末民初特有的"转折型"司法体制下，社会主体往往对刚刚引入的西方司法理念和司法模式缺乏信赖力，因此，主体多将进入衙门诉讼作为一种不得已的救济途径。

清末民商事习惯调查的直接起因，是清政府筹备立宪及民商法律的修订。具体而言，为"法律的修订"而进行的清末民商事习惯调查，有三点史实值得关注。

一是筹备立宪及修订法律的资料收集、编制与统计之需要。光绪二十八年（1902年），吕海寰、盛宣怀在沪修订各国商约，英、日、美三国均允许俟中国律例情形、审断办法及其他事宜皆臻妥善，即放弃其领事裁判权。于是直隶总督袁世凯、湖广总督张之洞、两江总督刘坤一会衔奏请派员修订法律。袁世凯、张之洞、刘坤一在会保沈家本、伍廷芳修订法律的奏折中，已经提及到"风土人情"对于制定民商法律和刑事法律的重要价值。

光绪三十一年（1905年），派载泽等五大臣分赴东西洋各国，考察政治。光绪三十三年（1907年）十一月，清廷根据庆亲王奕劻等奏请，颁诏将考察政治馆改为宪政编查馆。得随时派员分赴各国各省实地考察，并得随时咨商各国出使大臣及各省督抚代为调查一切。光绪三十三年（1907年）九月十六日，宪政编查馆大臣庆亲王奕劻等专门奏请于各省设立调查局。

二是"求最适于中国民情之法则"的"良法"愿望。在宪政编查馆成立及于各省设立调查局的同时，该馆大臣奏请简派大员修订法律。三是"调查各省民情风俗"的官员上书。光绪三十三年（1907年）五月，大理院正卿张仁黼便上书朝廷，指出："凡民商法修订之始，皆当广为调查各省民情风俗所习为故常。"光绪三十三年六月初九日，法部尚书戴鸿慈等

---

① 参见［英］S. 斯普林克尔：《清代法制导论》，张守东译，142 页，北京，中国政法大学出版社，2000。
② 刘广安：《中华法系的再认识》，16～17 页，北京，法律出版社，2000。
③ ［英］S. 斯普林克尔：《清代法制导论》，张守东译，139 页，北京，中国政法大学出版社，2000。

《奏拟修订法律办法折》中，就修订法律之前期事务，强调了"至若先事之预备，则在调查习惯。"光绪三十三年七月，湖广总督张之洞也在其《遵旨核议新编刑事民事诉讼法折》中，表述其对于现代各国法律制度与"民情风俗"关系之见解。

清末民商事习惯调查虽然规模巨大，但在历行 4 年之后却因清王朝被废而中止。民国七年（1918 年）初，民国北洋政府又重开民商事习惯调查运动。这次调查运动，直接起因于审判官员的呈文。民国六年（1917 年），奉天省高等审判厅厅长沈家彝向北洋政府司法部"呈请创设民商事习惯调查会"。呈文系于民国六年（1917 年）十月三十日呈递，十一月二日到部，同年十一月九日指定照准。

民国民商事习惯调查的起因与清末调查的原因有所不同。清末的调查更多是为了清末的大清民律"适于中国民情"，而民国的调查虽基于尚未启动的民法颁行的需要，但更实在的缘由是民商事纠纷调处和审判的需要。单豫升在《民商事习惯调查录·序》中称：审理民事及商事诉讼每苦无实体法规以为依据，恒用习惯为判案之帮助。

（二）清末民初民商事习惯调查的过程与范围

清末民初民商事习惯调查运动，前后延续了二十年之久。其间，历经辛亥革命、清廷覆灭、民国成立、二次革命、洪宪帝制、张勋复辟、军阀割据混战等事件。在此政局动荡、战乱频繁的混乱局面下，民商事习惯调查的进程、调查范围受到较大影响，尤其是部分资料的整理被迫中断。即便如此，从清末的宪政编查馆、修订法律馆到民国北洋政府司法部、高等审判厅，那些从事民商事习惯调查的学者、官员和具体调查人员，均能够坚持可贵的敬业精神和事业理想，努力完成这项有益于民众和社会发展的调查工作。

清末民商事习惯调查肇始于光绪三十三年（1907 年）。自光绪三十三年九月开始，清末的民商事习惯调查随同各省调查局的设立及《大清民律草案》的创制而启动，但正式的全国性的调查运动于宣统二年（1910 年）方全面展开。

从现存有关资料可以看出，清末民商事习惯调查的启动、具体运作和组织均相当严密。清末民商事习惯调查开始后，在中央由宪政编查馆、修订法律馆统领其事，在各省则成立"调查局"，并由督抚总其责任。具体事务由调查局法制科负责，在各府县设调查法制科，各地除专职调查员之外，地方官如知县及地方乡绅一般都参与习惯调查。值得注意的是，清末的商事习惯调查大多由各地商会承办。

清末民商事习惯调查虽然规模极大，随着调查事宜的推进，各地陆续向中央组织者报告调查情况。报告一般呈送宪政编查馆和修订法律馆。清末民商事习惯调查规模巨大，涉及的地域范围和调查的事项均相当广泛，调查的收获也相当丰富，取得了丰硕成果，宪政编查馆暨修订法律馆陆续获得了近九百册民商事习惯调查报告书。但在进行约 4 年之后因清廷被废而停止。

清末民商事习惯调查的地域范围极其广泛，这可以从民国初年的《各省区民商事习惯调查报告文件清册》中，考证出清末民商事习惯调查的地域范围是极其广泛的。清末调查至民国初年调查，各省区民商事习惯调查报告文件，除重复文件外，共计 949 册，加上附属文件，总计 959 册。① 如扣除民国初年所得 72 册，清末民商事习惯调查报告类文件总计

---

① 参见《各省区民商事习惯调查报告文件清册》（第一期），62 页，民国北洋政府《司法公报》第 232 期。

887 册。

清末民初民商事习惯调查的对象主要是各阶层的社会大众，有贫苦农民、手工业者、商贩、公司企业的经营者、普通市民、僧侣、地方官员、教师、司法工作者等。

民国民商事习惯调查肇始于民国七年（1918 年）。司法部参事厅作出规划，要求各省高等审判厅处仿照奉天高等审判厅设立民商事习惯调查会。民国七年一月二十九日，司法部参事厅草拟了令文呈交时司法总长江庸先生核定，随即于同年二月一日通令各省（司法部训令第 68 号），要求各省高等审判厅处成立民商事习惯调查会。训令发往各省区后，民商事习惯调查事务遂至通告全国。嗣后，除少数边远地区之外，各省区均已先后成立民商事习惯调查会，开始了全面地民商事习惯调查运动。

民国初年民商事习惯调查的具体运作相当规范。对于此次民商事习惯调查，司法部特委任参事汤铁樵"综其事"。在组织机构方面，中央由司法部负总责，其附设之法律修订馆（当时已恢复，以取代原来附设于司法部的"法律编查会"）专其事。各省区则在高等审判厅内设"民商事习惯调查会"作为专门机构，并配备管理者和调查人员。民国七年二月司法部通令全国各高审厅处一律附设民商事习惯调查会，各省区高等审判厅处积极组织成立民商事习惯调查会，开展民商事习惯调查活动。

民国七年民商事习惯调查事务开始后，大多数省区很快即将各自的第一期调查报告书送司法部。1918 年至 1921 年之间为民商事习惯调查的高峰时期，此后便渐渐归于沉寂。民国初年的民商事习惯调查的地域范围也相当广泛，按照各高等审判厅处呈报的民事及商事习惯调查报告计，民商事习惯调查涉及 16 省及 3 个特别区都（时全国计 22 行省及 3 特别区域），获民事及商事习惯调查合并报告 67 册。

（三）习惯调查运动凸显了对传统民法文化遵从的理念

清末和民国初期的民商事习惯调查，主要目的是为当时的民商事立法提供资料准备，同时，这两次民商事习惯调查又都为当时乃至之后的司法和执法，提供了重要的参考依据。

宣统三年（1911 年）八月，修订法律大臣俞廉三等在向朝廷奏请审议《大清民律草案》时，专门就编纂民律中采纳业已调查的民商事习惯的过程，作了陈述。就《大清民律草案》的内容而言，其时调查的民事习惯对民事立法有一定的影响。《大清民律草案》的第一条便对习惯的地位作了规定："民事，本律所未规定者，依习惯法；无习惯者，依条理。"就该条所云的立法理由是："谨按凡关于民事应先依民律所规定，民律未规定者，依习惯法，无习惯法者则依条理断之。条理者，乃推定社交上必应之处置，例如事君以忠，事亲以孝，及一切当然应遵奉者皆是。法律中必规定其先后关系者，以凡属民事审判官不得藉口于律无明文，将法律关系之争议拒绝不为判断，故设本条。"

就总则中主体的权利能力、行为能力、责任能力的设计而言，该法虽然参照大陆法国家的立法例，确立了伦理人的"自然人"法律人格，但立法者根据调查收集的各地关于"重夫权"的传统习惯，在草案的第 4 条、第 9 条、第 26 条、第 28 条等条文中，严格限制妻子的具体民事权利和行为能力。如第 9 条规定："达于成年兼有识别力者，有行为能力，但妻不在此限。"该条的立法理由是："谨按达于成年兼有识别能力者，其智能完全发达，又有识别利害得失能力，则以之为有行为能力者，使得因自己之法律行为而取得权利，担负义务，实为适宜。但妻虽已达于成年兼有识别力，然为尊重夫权，与维持一家平和起见，其能力应受限制也。"当然，基于"维持一家平和起见"这一同一目的，该草案第 28 条又规定了妻子在特定条件下之行为能力，该条称："妻得夫允许独立为一种或数种营业者，于其营业与独立之妇有同一能力。前项允许夫得撤销或限制之，但其撤销或限制不得与善意第三人对抗。"其立法理由为："谨按妻之营业须经夫之允许者，为尊重夫权与维护家室平和起见，并非因其能力欠缺也，则经夫允许而营业之妻，就其营业视为有完全能力，是欲使由营业而生之诸种行为，均得灵敏为之，然妻于营业若有不胜任时，其夫仍得撤销或限制之，但其撤销或限制对于善意第三人当然无效，盖妻之限定能力与未成年者之限制能力不同，故不得因此而损害第三人之利益也。"

关于自然人的民事责任能力，该草案亦依据当时主要地区的习惯，于第 10 条规定"满二十岁者为成年人。"其立法理由云："本案采多数立法例及旧有习惯，认定满二十岁为成年。此本案所由设也。"①

总之，清末民事习惯调查所得确对清末的民事立法产生了深刻的影响。习惯调查对立法的这种影响，加之立法时所采纳大陆法"原本后出之法理"，使得清末的民事立法，具有明显的承前启后的过渡性时代特色。恰如有学者所言："清末立法者对传统习惯的强调，则突出地反映了中国古代民法走向现代化初期的特点。"②

民国时期，立法和司法机关对民间的习惯或惯例依旧给予了足够的重视。不仅如是，而且民国初年的法学家、政治家还认为清末立法对习惯的尊重不足，杨元洁在《中国民事习惯大全》"序"中也认为："我国地大物博，风尚各殊，共和肇造，五族一家，而本其历史地理之关系，习俗相识，至今不改。溯自前清变法之初，醉心欧化，步武东瀛，所纂民律草案大半因袭德日，于我国固有之民事习惯考证未详，十余年来不能施行适用。"而"孟德斯鸠认习惯为国民性之表现，恒与一国文化相亲徐，赫胥黎又认习惯为民族运动递演而来，历数世纪而遗蜕犹在。可见，民族之有习惯，如形之无影，时相附丽，不可须臾离惟。"③ 对清末立法的上述评判，直接影响了民国北洋政府的民商事立法行为。北洋政府司法部发起民商事习惯调查运动，多少受到了民初法学家、政治家的思想影响。

民国时期司法机关尤其重视对习惯的适用，而且还通过司法确立了适用标准。一是"法律已设规定即无适用习惯的余地"，二是"是否有利于法律关系的弱者"。民国初年司法机关已要求审判人员应从"是否有利于法律关系的弱者"而定适用方向。在民国十八年（1929年）的民法典中，有要求司法人员应随"有利于某人"而引据习惯的限制规则，如第 450 条规定："租赁定有期限者，其租赁关系，于期限届满时消灭。未定期限者，各当事人得随时终止契约。但有利于承租人之习惯者，从其习惯。"三是"以不违反公序良俗者为限"。民国三年（1914 年）上字 733 号判例指出："习惯法成立要件有四，而以无背于公共秩序者为要件之一。本案上告人主张之旧有习惯具备其他条件与否，兹故不论，然其因船长之故意或过

---

① 《大清民律草案》物权编和债权编，由延聘的日本法学家松冈义正和志田钾太郎起草，因而，这两部分对中国本土的民事习惯几没有吸收。

② 刘广安：《传统习惯对清末民事立法的影响》，载《比较法研究》，1996（1）。

③ 基于以上认识，杨元洁认为，《中国民事习惯大全》的出版，"固可备各级法院及法校教授之参考，更可作全国风俗改良之前驱。"参见杨元洁：《中国民事习惯大全序》，施沛生等编：《中国民事习惯大全》，序 1 页，上海，广益书局，1924。

失所加入他人之损害而可以免责，则因贪利而为过重之积载或过重之拖带将毫无民事上之责任，牟髦他人之生命财产，其弊何可胜言。是故此项旧习惯即使属实而为公共秩序计，亦断难予以法之效力。"① 四是"必须是公信公认的"。法官所援用的习惯"必须是公信公认的"。民国二年（1913 年）上字三号判例，明确确认了习惯法成立的要件，即："（一）有内部要素即人人有确信以为法之心；（二）有外部要素即于一定期间内就同一事项反复为同一之行为；（三）系法令所为规定之事项；（四）无背于公共之秩序及利益。"② 民国司法院第 2078 号司法解释，曾告诫各级法院法官，在采纳习惯作为依据时，需注意该习惯的公信力。该解释云："关于族中事务之决议，必依族众公认之规约或习惯而为之者，始有拘束族人的效力。"民国"最高法院"于十七年（1928 年）上字第 613 号判例中，还明确规定："习惯法之成立，须以多年惯行之事实及普通一般人之确信为基础。"因此，习惯存在与否，一方面需要当事人依法提出证据，另一方面需要法院依据职权进行必要的调查。民国十三年（1924 年）上字第 1432 号判决曾明确指出："习惯法则之成立，以习惯事实为基础，故主张习惯法则，以为攻击防御方法者，自应依主张事实之通例，就此项多年惯行，为地方之人均认其有拘束其行为之效力之事实，负举证责任。如不能举出确切可信之凭证，以为证明，自不能认为有此习惯之存在。"

除了以上对援用习惯的限制外，民国五年（1916 年）上字 51 号判例还表达了援用习惯与遵从当事人意思自治之间的关系，该判例有云："不关公益之习惯法则与契约相抵触者，为尊重当事人意思起见，自应以契约为准。"③

清末民初的民商事习惯调查不仅影响了当时的立法与司法，而且还影响了当时人们的思想意识，引发了较为普遍的热衷于社会调查的良好风气，启动了广泛关注风俗民情，尊重本土文化的社会风尚。

第四节
传统民法与继受民法的冲突与整合

一、继受民法与民法现代化之误区之一：对西方"权利社会化"观念的接纳及教训

民法的现代化，属于法制现代化即法律发展范畴。它所要探究的乃是民法制度与社会发展之间的互动关联结构及民事法律制度成长的动态模式；它所要确立的，是同国际民法文化既相协调、统一又充满浓厚的民族特色的制度设置；它所要展示的，是我们这个民族从民法思想、法律行为、立法模式到司法结构等多个领域的发展进程。当代中国的民法现代化既要顺应经济全球化带来的全新法权要求，又要尊重确实存在的法律本土文化及其创新。

---

① 周东白编辑：《最新大理院判决例大全》，卷下，5 页，上海，大通书局，1927。
② 周东白编辑：《最新大理院判决例大全》，卷下，1 页，上海，大通书局，1927。
③ 周东白编辑：《最新大理院判决例大全》，卷下，30～31 页，上海，大通书局，1927。

（一）"权利社会化"是顺应西方历史潮流的重大法律史实

依照民法制度的历史演变，一般将历史上的民法分为三个时期：一是"义务本位"时期。"良以人类进化之始，即在固结团体，以御强敌，而固结团体之要件，首在牺牲小己，事事服从，于是形成义务之观念，法律遂以此义务观念为其中心观念。"二是"权利本位"时期。随着社会的发展，"个人主义逐渐发达，法律遂由义务本位进于权利本位"。权利本位的观念，将法律的立足点指向权利或以权利为重心。"法律与权利同时存在，而法律现象，其本位即是权利。"① 三是社会本位时期。"个人主义发达的结果，于不知不觉中酿成种种之流弊，于是学者主张，法律最终之目的不在于权利之保护，而在于社会生活之安全与健全，法律之中心观念亦随之而变，此即所谓社会本位者是也。"② "社会本位"以"权利社会化"为主要载体，从 19 世纪末开始直至今天，始终受到人们的普遍关注，并成为大多数国家民法制度的基本价值定位。

自 19 世纪末开始，西方社会经济的迅速发展，大企业的兴起，工业、科技公害的出现，如果仍依据自罗马法以来形成的权利绝对、契约自由、过错责任原则来对待民事交往，则不仅不能实现个体权益，相反会导致个体人格的缺损。资本主义初期所形成和确立的"权利绝对"、"权利本位"等尊重市民社会私权的传统，势必要受到随着时代变迁而出现的"社会中心主义"思潮的冲击。法律的本位体制也当然地要受到当时社会经济、政治、文化影响，所以，"权利的社会化"、"社会本位"思想渐渐成为西方国家创制法律体系的主导原则；国家的立法开始将"社会利益"或"公共利益"作为座右铭。

应当说，西方社会在 19 世纪末 20 世纪初广泛出现的"权利社会化"思潮是适合其时代的一种法律现象。这是因为：首先，在成熟的商品经济领域，对权利的限制是一种应然的法权关系。因为主体权利虽然是现实地、客观地存在着的，但主体在商品交换过程中，只有充分尊重他人的利益才能获得自身的利益；商品生产交换中的个体利益的实现，必然要尊重由若干个体利益构成的社会利益；交往者如无视他人及社会利益，则不能获得社会道德规则的支撑，也难以兑现其参与商品生产交换时的初衷。所以，对西方自由经济体制时期盛行的"权利绝对"、"权利本位"原则进行修正，使私人权利受到一定限制，实为商品经济领域的内在法权关系。③ 况且，19 世纪末 20 世纪初开始的现代社会，社会利益在与国家利益及职能比较时，国家这一共同体已经难于担当起民众信任的角色，其利益也移转至制控这一"怪

---

① 张知本：《社会法律学》，54 页，上海，法学编译社，1931。

② 胡长清：《中国民法总论》，43 页，北京，中国政法大学出版社，1997。社会本位观与狄骥"社会义务中心"观念又密切关联。狄骥认为："凡作为一个人都应当完成一种社会职务，因此他有完成这种职务的社会义务"，"财富的持有者，因为持有该财富的事实，而有完成社会职务的义务"，社会主体通过其社会角色，只有完成对社会的义务，维持狄氏所关注的"社会连带关系"，其行为才能获得社会保证。参见［法］莱翁·狄骥：《拿破仑法典以来私法的普遍变迁》，徐砥平译，15～16 页，会文堂新记书局，1937。

③ 主体在社会交往过程中，只有充分尊重对方的权利才能获得自身的权利和利益，因为"对群体的关心与诸个体的自我供给的另一面是相应的。"参见［德］京特·雅科布斯：《规范·人格体·社会》，冯军译，23 页，北京，法律出版社，2001。亦如柏格森所言，尊重社会利益及社会道德，是一种组织体内在结构的必然要求。即使我们在理论上处于一种对他人的义务、责任状态之下，但我们事实上处于对我们自己的权利享有，对由我们自愿组织的共同体所约定的自己义务状态之中，因为这种"我们的"共同体整体利益业已构成了"社会自我"。参见［法］亨利·柏格森：《道德与宗教的两个来源》，王作虹、成穷译，2～8 页，贵阳，贵州人民出版社，2000。

物"的官僚身上。因此理性的价值取向只能指向"社会利益"①。

其次,"权利社会化"是"权利绝对"原则发展及自我修正的历史逻辑。到了19世纪末,西方社会商品经济已经历了数百年的生长与发展历程,使得私权至上、契约自由思想根深蒂固。即便在西方前资本主义社会,因为有过以商品生产交换为主旨的罗马城邦的存在与繁荣,使得权利、自由、平等、秩序等法律精神早已渗透人心。古代罗马国家对商品生产交换体制的客观维持和尊重私权的法律构造,造就了被后世资本主义世界奉为精神支柱的"权利神圣"、"私权至上"、"个人本位"等观念。古罗马社会繁荣的商业活动和利益集团,为尊重权利的"权利中心"思想的形成和具有权利理性精神的法律规则的产生奠定了基础。即便从欧洲中世纪之后的城邦兴起开始起算西方商品经济的开始以及由此阐发的自由、权利思想的发端,到19世纪末已有数百年的历史。西方社会由于有着数百年并且没有断裂的"权利绝对"、"意思自治"的思想脉络,故而,在19世纪末20世纪初特有的社会生活条件下出现"限制权利"、"权利社会化"、"权利本位"等观念,当然不足为奇。

(二)"社会本位"观未必适合清末民初时期的民法实践

之所以说"社会本位"观念未必适合清末民初时代的中国民事立法、司法,主要基于三个理由:

首先,就一般层面分析,实行立法、司法的"社会本位"尚有一个逻辑上的悖论及伦理道德上的风险。英国学者米尔恩曾言,"共同体由其成员组成,没有共同体的成员,它就什么也不是。因此,共同体利益必定同一于其成员的共有的利益。'共同体的利益'这一说法只是'共同体成员的共同利益'的一个缩写"②。特别是在商品经济条件下,只有个别的、真实的主体合法权利得到充分自由地行使,特定的、适时的权利限制才显得必要。因而,私人利益并不以社会利益为指向,相反社会利益必须以个体利益的充分实现为价值定位。如果我们背离这一本源于社会经济生活条件的法权要求,结果只能是大多数的权利要求的隐匿甚至消亡,而盗用"社会利益"的不道德的或有强力支撑的个人、团体的非正常权利要求甚至个别人的不良欲望则可能得到满足。③

其次,就中国特有的国家与社会的历史进程而言,"权利社会化"与清末民初商品经济初创这一基本国情不相符合。对私权的限制以及"社会本位"这一法律理念,虽然顺应了西

---

① 贝尔认为,国家"在各种公司和民众团体要求补贴和应享权力的四方争夺之下被扭曲成一团,同时又吞食越来越多的政府专款,膨胀成一个真正意义上的利维坦"。但贝尔也不得不承认,"西方社会既然缺少公民心(即乐于为公众利益作出牺牲的自发意愿),又没有一种政治哲学来证明社会优先和分配的常规原则的合理性"。因此,实行以社会利益为中心的制度和政策,似乎还存在着一定的风险。参见〔美〕丹尼尔·贝尔:《资本主义文化矛盾》,赵一凡等译,71页,北京,三联书店,1989。

② 〔英〕A.J.M.米尔恩:《人的权利与人的多样性——人权哲学》,夏勇、张志铭译,48页,北京,中国大百科全书出版社,1995。

③ 台湾民法学者陈锐雄曾言,"何谓公共利益,因非常抽象,可能言人人殊。"因此,"社会利益"或"公共利益",在某些缺乏道德心或别有用心的人那里,可能导致"为我所用"之现象。参见陈锐雄:《民法总则新论》,913页,台北,三民书局,1982。按照斯密在《国富论》中的观点,注重私人利益的个人,"他在追求他自己的利益时促进社会的利益,常常比他实在想促进时还更有效果。我没听说过,那些装作是为公众的利益做交易的人做了更多好事。"转引自〔美〕米尔顿·弗里德曼、罗斯·弗里德曼:《自由选择:个人声明》,8页,北京,商务印书馆,1982。

方社会的历史发展潮流及相关的社会变革，但这种法律理念未必适合清末民初的中国社会。因为这一时代的中国社会较为规范的商品生产交换领域之雏形才刚刚出现，尚未形成气候，其间由新生的商品经济所阐发的主体自由、平等、独立等权利要求也刚刚开始影响社会主体的思维方式；争取私权或民权的呼声才有"一丁点"佐证之地；青年学子作为时代的"弄潮儿"也刚有"民主"、"自由"之初始体验与感受。总之，权利神圣、意思自治等民法精神仅仅是个从商品经济中刚脱胎而来的新生儿，这时的中国社会尚无任何对其实行限制的客观理由，更无于民事立法中确立所谓"权利社会化"的任何借口。中国特有的历史现象表明，19世纪末20世纪初的国家立法及社会思维方式，最恰当、最适时的选择应当是：顺应商品经济的发展潮流，进一步确认、建立反映商品经济以"自由、平等、独立"等为内容的法权要求的民法规范，真实地、全面地保障私权主体权利之绝对享有和行使，捍卫商品交易中的主体充分自由与平等。

然而，历史史实却遗憾地告诉我们，19世纪末20世纪初的中国社会并没有跟从于商品经济初生的法权要求及价值走向，而是"人云亦云"式地追逐着西方商品经济发展几百年之后的"限制权利"及"社会本位"思潮，莫名其妙地走上了西方社会经历数百年才开始的"权利社会化"道路。

其时的国家立法行为乃至学界精英们的思辨，均纷纷接纳、吸收"为社会公益而限制自由、制约权利"等"权利社会化"这些西方时尚。清末民律草案中有很多条款表达了"权利社会化"的思想；民国南京政府时期的民法制度，以德国等国民法制度为蓝本的同时，突出强调以保护所谓"社会公益"为立法主要任务，强调了"社会本位"。如实行物权法定主义，不允许以契约或依习惯创设物权，以便维护公益。

在思想文化领域，大多数"有远见"的政治家、社会学家、法学家如胡汉民、江庸、胡长清、张知本等，竭力主张法律的"社会本位"，反对传统的"权利本位"观念。如北洋政府司法总长江庸在评价前清民律草案时，突出强调前清民律草案尚未能充分反映"社会本位"精神，他指出："前案仿于德日，偏重个人利益，现在社会情状变迁，非更进一步以社会为本位，不足以应时势之需求。"① 民国南京政权时代的学者们更是普遍认为，社会已经是限制权利的时代，只有社会利益才是法律架构之中心。

再次，西方社会一个多世纪的"权利社会化"思想和行为历程并未有过成功的例证。相反，某些国度的法律实践恰恰说明高奏"社会公益"只能贻误社会的进步与发展。德国纳粹党取得政权后，即以社会中心主义为依据，打着"维护公共利益"的旗号，无偿征收土地所有权，结果导致个人财产权利遭受严重损害；日本石田文次郎等人将权利作为一种个人对社会、对国家的义务手段，是为实现"国家目的"而赋予个人行为的法力，只有为维护国家目的，法律才给予所有权以保护，这种压制所有权理论恰与日本"国家本位主义"相得益彰，成为日本军国主义的御用工具。② 我国从清末民初开始的遵从"社会本位"的思潮，事实上也误导了之后一个世纪的中国法律实践，使原本就缺乏尊重私人利益和私权保障传统的中国，又一步"提升"至西方历经几百年方迈入的"限制私权膨胀"和"讲求社会公益"理念

① 参见杨鸿烈：《中国法律发达史》（下），1057页，上海，上海书店出版社，1990。
② 参见［日］甲斐道太郎等：《所有权思想的历史》，199页，东京，有斐阁，1979。

之上。民国时期的民法制度虽然突出保护"社会公益"，强调"社会本位"，而事实上，由于国民党政府实行的是专制统治，"维护公益"也只能是纸上谈兵。况且在中国社会仍然承袭封建传统观念和宗法家庭法制的条件下，"与商品经济相适应的现代法律观念很难得到社会成员的广泛认同。而封建的传统法律观念在国家至上和社会本位的招牌下就获得新的发展"①。

时至今日，在我国相关的立法和司法实践中，虽然没有出现明显的因空乏的"社会利益"而擅夺主体私权的武断行为，但少数职权者或社会强势团体往往存有"职权本位"、"行业本位"、"集团本位"意识，在行使国家权力或控制某些社会经济运行机制时，还时常会援用自清末民初民法现代化初期即已确立的"社会本位"观念，来随意解释"社会利益"或"公共利益"，以此损害社会主体合法权益，甚至把自己的价值判断强加给整个社会。特别是当所有权行使与所有权限制（实为强制）要求产生矛盾时，如居民房屋拆迁、征收等纠纷中，部分职权者或社会强势团体则可能会片面实行所有权强制，而损害所有权人私权。这种限制或剥夺权利主体的不动产权益现象在一定时期、一定地区还具有普遍性。应当说，造成这些不良现象与我国民法现代化初期便倡导的"社会本位"观念密切相关。

二、继受民法与民法现代化之误区之二：全方位"法律移植"及"制定法至上"的教训

关于清末民事立法的"编辑之旨"，根据宣统三年（1911年）八月就《大清民律草案》，俞廉三、刘若曾等向朝廷的关于《民律前三编草案告成奏折》中所称的四个因素中，有三点均涉及对西方先进法律文化的跟从、移植之愿望。②

"编辑之旨"第一因素是"注重世界最普遍之法则"，即希望民商事交往规则与国际社会一般规则接轨，以实现同一规则之下的交往公平理想。奏折认为"瀛海交通于今为盛"，"一遇相互之诉讼，彼执大同之成规，我守拘墟之旧习，利害相去，不可以道里计"。所以，"为拯斯弊，凡能力之差异，买卖之规定，以及利率时效等项，悉采用普遍之制，以均彼我，而保公平"③。就具体制度而言，各西方国家的法律制度对其时法律意识的变化有不同程度的触动。

"编辑之旨"之二端是"原本后出最精确之法理。"奏折认为"学术之精进，由于学说者半，由于经验者半"，所以"各国法律越后出者"，愈能体现最新的学说和最新的经验，因此采取世界最精确的法理，"义取规随，自殊剽袭"。可见，奏折一方面强调学术的国际性，另一方面强调"后出之法理"的先进性。因此，要保持法理的"学术精进"；就必须效仿他国先进之法律规范，尤其是"关于法人及土地债务诸规定，采用各国新制，既原于精确之法理，自无凿枘之虞。"④"编辑之旨"之第四端为"期于改进上最有利益之法则。"奏折认为，只是从传统中寻求改进上最有利益之法，是"改进无从"的。现代发生变革之际，更不能因循于"拘古牵文"。因此，民律草案特设债权、物权详细之区别，即强调立法对时事的跟随

---

① 公丕祥：《法哲学与法制现代化》，544页，南京，南京师范大学出版社，1998。
② 参见俞廉三、刘若曾等编：《大清民律草案》，1～4页，宣统三年修订法律馆铅印本。
③ 俞廉三、刘若曾等编：《大清民律草案》，3页，宣统三年修订法律馆铅印本。
④ 俞廉三、刘若曾等编：《大清民律草案》，3页，宣统三年修订法律馆铅印本。

和移风易俗的重要性，因为"知匡时救弊，贵在转移，拘古牵文，无裨治理"。有鉴于此，"特设债权、物权详细之区别，庶几循序渐进，冀收一道同风之益"①。

其时，恰遇西方社会全球性法律重组和法典化道路，这一法律现象又直接影响了清末民初的民事立法，于是，"制定法"在清末民初的法律体系构造中有特殊地位，制定法的强化是随着法律移植行动而同时出现的一个立法现象，并成为清末民初民法制度创制的重要环节。

不过，法律移植是一种有限度的行为，一个独立的不依赖于他国的国家，应当基于主动地、自愿地移植思维和行为之中，而不应受外在的强制或精神的制约；而且，民法是民族特色极强的法律规范，积极发扬光大传统文化中优异的民事规则，创制中国特色的民法制度，同样是民事立法的历史使命。因此，在西方社会法律重组及法典化条件下，能够独立地依据自己的价值观念，既自主地吸收西方法律制度中对我们法律创制有益的法律规范，又能够保持民族性和承继传统优异法律文化是一件值得致力实行的事情。

遗憾的是，在清末民初的民事立法中，除了那些对西方在商品经济条件下产生的共同性因素的接纳，尚具有合理性和积极价值之外，制定的法典中较少顾及我国的特殊国情和历史传统。其民法典制定，不论在形式上，还是内容和结构上，均与德国、日本民法具有惊人的相似，有的条文在用词、表述方法等方面甚至完全一样。

与此同时，清末民初虽然举行过两次大规模的民商事习惯调查运动，但客观而言，这两次习惯调查所积累的习惯资料，对当时的法律创制并未起到应有的帮助。尽管清末和民国初年的部分思想家非常关注民商事习惯，而且在其之后的立法机构的立法理想，亦试图"准诸本国习惯"，但受到客观条件和立法者主观因素的限制，清末民初的民商事习惯调查之所得，尚未能充分而高效地反映于立法之中。即便是相当关注习惯价值的民国立法机构，在其所颁行的民商事法律制度中，其多数规则仍旧是"移植"西方的相关民法规范。在清末民初轰轰烈烈的民商事习惯调查同时，于此期间的法学家，亦很少顾及这两次大规模习惯调查运动。在这之后的法学研究与清末民初的学界并无二致，学者一般均专注于"现代性因素"以及"法律移植"、"制定法"等问题的研究。

三、清末民初民法继受与固守之启示

（一）构建以权利为中轴的民法制度

1. 民法的权利本位的内在构造

我们要构建以权利为本位的民法制度，首先要解剖并确立权利本位观念的内在构造。一般观点认为，"权利本位"存在于权利与义务、权利与权力这两种关系之中。"在整个法律体系中，应当以权利为起点、核心和主导。权利本位存在于两种关系中，一是权利与义务的关

---

① 俞廉三、刘若曾等编：《大清民律草案》，3~4页，宣统三年修订法律馆铅印本。"编辑之旨"所言之第三因素，即是"求最适于中国民情之法则。"奏折认为，民情风俗、"种族之观念"各有不同，民律草案不能完全模拟西法"强行规扶，削趾就履"。如"亲属、婚姻、继承等事，除与立宪相背，酌量变通外"，其途"或本诸经义，或参诸道德，或取诸现行法制，务期整饬风纪以维持数千年民彝与不敝"。为"求最适于中国民情之法则"，清末政府发动了全国性的民商事习惯调查。

系，另一是权利与权力的关系。"① 在权利义务关系中，权利本位表明，权利是目的，义务是手段，法律设定义务的目的在于保障权利的实现；权利是第一性因素，义务是第二性因素，权利是义务存在的依据和意义；义务是权利的对象化，义务通过权利表现自己的价值，并处于受动的、待价的或待命的状态。可见，在权利与义务关系中，主张权利本位，反对义务本位，意在弘扬人的自主意识和主体精神，认可与扩充人们的自由空间。②

在权利与权力的关系中，权利本位意味着，主体的权利是国家权力的源泉，也是国家权力配置和运作的目的和界限，"国家权力的配置和运作，只有为了保障主体权利的实现，协调权利之间的冲突，制止权利之间的相互侵犯，维护和促进权利平衡，才是合法的和正当的。"③ 在权利与权力关系中，主张权利本位，反对权力本位，使得社会主体的权利能够彻底地从权力的包围和侵蚀中解放出来，真正实现市民社会与政治国家的分离，并且，政治国家的一切权力和行为都应当服从市民社会的权利要求。

不过，全面地考察权利本位观，应当说，权利本位是一个既牵扯应有法权，又涉及现有权利和义务设置的关乎法律价值取向的重大问题。为别于传统的权利本位观，必要时可以使用语词"以权利为中心"替代"权利本位"一词。"以权利为中心"不仅应当获得主体的认可，更应当顺应社会物质生活条件的法权，扩展其运用之领域，使之于更广阔的相对空间内，施展其价值母体的充裕材质，播撒其更丰硕的理性种子。"权利本位"的相对体，可以归纳为以下几个领域。一是应然与实然接合领域，即应有权利向现有权利转化的权利确认这一动态领域。在这一领域，"以权利为中心"意味着：权利虽可以由法律确认、设定并为法律所保护，但权利直接决定于社会物质生活条件的法权要求，尤其决定于社会经济关系之权利要求。因此，权利是社会经济生活条件下法权关系即应有权利的体现。法律对权利的确认与保护，仅仅反映了政治国家在其自身价值取向指引下，对应然法权要求自觉或不自觉地主观取舍过程。应有权利是现有立法的依据和本源，一切现有法律制度的架构均须服从和跟随于应有权利。

二是实然领域，即现有的权利义务法律规则的设置、运行等动态领域。这一领域又可以分为二个层面：(1) 法律规则的设置。在此层面，权利的设定是基础性的法律创制方法，义务的设定仅因为权利而具有立法意义。(2) 法律的实施阶段。在此层面，权利的行使是第一位的，义务的履行是相对于权利的必要行为，是权利实现的保障和手段。

2. 以赋予主体权利为民事立法起点

作为一种涉及民事立法价值取向的观念，民事立法应当以赋予主体权利为出发点，并由此设置相对义务。在法律上处处以确认人的价值尊严、确认人格平等为基点。赋予人的权利和确认人的价值尊严实质上是一回事，只有承认人的人格、尊严，才能通过法律规定人的权利。由权利确认进行立法，本身已表明立法者尊重了人的尊严、价值，以权利为本位。

法律规定的现有权利虽然与义务相伴而生，基于主体应有权利的内在要求，在经过政治国家中介使应有权利演绎为现有权利时，当然应以权利为立法价值指向。就民法赖以生存的市民社会的成员交往，尤其是商品生产交换条件而言，其内在法权要求构成了国家颁行民法

---

① 张文显：《20 世纪西方法哲学思潮研究》，506~507 页，北京，法律出版社，1996。

② 参见张文显：《20 世纪西方法哲学思潮研究》，507 页，北京，法律出版社，1996。

③ 张文显：《20 世纪西方法哲学思潮研究》，507 页，北京，法律出版社，1996。

的基本内核。立法者应当真实地确认反映源于人的尊严的神圣性，有着深厚的社会物质基础的应有权利。立法者能否树立权利本位思想，认同其对市民社会和政治国家的有益价值，把应有权利转化演绎为现有权利，架构起权利本位的全新民法制度，关键的因素"取决于他们对人的价值及其应有权利的态度，取决于他们是否尊重人的价值及其应有权利。"① 相反，如果立法者对社会物质生活条件下的应有权利缺乏应有的尊重，则不利于完备民法的诞生，甚至会出现滞后、背离社会物质生活条件，违背人的尊严与价值的"恶法"。

3. 民事义务仅是为了满足权利人的利益而设置

民事义务是民事主体为满足权利人的利益而依法为某种行为或不为某种行为的一种被约束状态。权利义务虽然是一对对立统一概念，确认权利就意味着设置义务，但在民法制度的构造中，权利本位表明，义务仅仅是为权利而生存，其实质是为了满足权利人的利益。因此，权利的行使除了不得干涉、侵犯他人权利，不损害由具体的私人利益所构成的社会利益之外，还应自觉履行自己在具体民事法律关系中的义务，以使权利的行使和实现更为真实。

当然，民事义务虽然对应于权利并为满足权利而设立，但民事义务承担者并不因为他人的权利而丧失自己的独立人格与其他权益，义务人与权利人是彼此平等的。权利与义务两者相互依存，享有权利者往往要承担相对应的义务，义务的承担者也必然拥有相应的权利。权利人往往在履行义务时，行使和实现自己的权利。根据"权利本位"精神，所有民事法律关系的参加者，都可称之为"权利主体"。

建立起尊重权利的民法制度，是社会物质生活条件的应然法则。不论在应然性的市民社会主体交往的法权关系面前，还是在实然性的法定权利面前，我们均没有其他选择方式。

在现阶段，尊重权利，构造权利为中轴的民法制度，还应处理好以下几个关系：一是必须充分认知社会主义市场经济条件下阐发的主体应有权利，并在市场经济的发展与社会变迁的历程中，不断废止滞后于社会经济发展的民事规则，积极认可和制定社会物质生活条件中新生的法权要求。二是要以更完备的法律规则，保护现有民事权利的有效实现。这一任务已不单单是民事立法自身的事，还有赖于行政法律制度的健全完善，尤其是合理干预民商事活动的经济行政法律制度，更应当在保护权利和制约权力、职权领域，有所作为。换言之，经济行政法律制度对民商事活动的干预，必以主体的私权保障为目标，即使对主体权利进行必要干预、限制，也只能基于"扩展更多的权利"这一基本条件。三是处理好实体权利和程序权利的关系。民法作为实体法，是主体权利的肯认规则，而诉讼法则是对权利实现的程序保障规则。在市场经济条件下，主体的权益受到侵犯所形成的救济需求，客观上要求诉讼法律制度的公正、快捷与可靠。只有具备了完善、公正的程序法律，民事主体的权利方能真实地得到实现。

（二）民法继受并不否定传统习惯之接纳

中国民法现代化不仅是一项深远的建设工程，而且是一项多种文化碰撞、交融的历史过程。围绕这一系统工程，势必交织着对西方法的移植、传统法文化的继承和当代法律创新这三位一体的交融。

1. 中国民法现代化离不开以习惯为代表的传统文化这一社会基础

每一个民族的法律文化，都有其不同于其他民族的特性。在任何一个国家或地区，民法

---

① 公丕祥：《法哲学与法制现代化》，251～252 页，南京，南京师范大学出版社，1997。

现代化的形成和成就总是取决于自身特定文化背景。当然也有部分学者认为，我国传统社会，根本就没有可资承继的民法资源，现代法律制度也没有认同或吸收传统法的社会机理，就连"民法"这个词都是舶来品。至于人格独立、人格平等、意思自治等精神，在我们民族的精神中更无立锥之地，因此，在中国是不可能从历史出发来建立民法制度的，不可能等待民法的自然生长。这些观点的原本旨意是否定中国古代法律文化中由"国家本位主义"所滋生的轻视私权的封建专制传统，但却忽略了中国古代事实上存在的民事法律制度，尤其是中国本土中自然生存的"习惯法权"①。客观而言，正是"中国这样一个封建传统根深蒂固的国家"，才有更富价值的"资源可资法治建设"，因为传统专制体制压抑着私权领域中主体太多的权利要求。这些权利要求积蓄太久，当现代市场经济体制和民主政治给了它一缕阳光时，它便蓬勃欲发，不可扼制。因而，中国不是没有任何创制民法的本土资源，而是我们的思维定势中，习惯了传统专制的不平等、不自主的历史表征。这种思维定势，极容易模糊我们视线，看不见历史上权利遭受扼制状态下的人格独立、人格平等、意思自治等权利要求。于是，当代中国市民社会业已阐发的人格独立、平等、自主等应有权利和饱含的民族精神也就不易被人们接受。无奈，基于"不可能等待民法的自然生长"，只有移植国外民法制度。

作为民族文化积淀的习惯在中国古代社会关系调整中占有重要的地位，在我国古代和近代的民商事规则中，立法者一直关注、强调习惯的重要性。"习惯"是国家法律之外的、民间的行为规则的类名称或总称，它包含风俗礼仪、民间习俗、交换惯例等。习惯生成于社会物质生活条件，并制约着法律创制，是具有民族特性的"法权"现象。② "习惯法权"蕴涵着诸多有益因素，国家要颁行符合物质生活条件法权要求的"良法"，必须尊重这一生成于市民社会物质生活条件的丰富资源。我国传统习惯饱含着深刻的"法律伦理主义"精神。如果我们抛弃传统法律伦理主义的宗法基石、君权至上、人治主义糟粕，剔除"习惯"的历史惰性，保持其独特的多元调整结构，汲取其注重道德规则法律渗透、伸张个人信念伦理、强调个人社会责任、重视风俗礼仪等精华，并将其贯彻于民法制度的构造之中，必然有助于民法现代化所需求的"民族性"品格的树立，对当代民法现代化具有不可低估的深邃价值。

2. 对制定法的推崇并不意味着遏制"习惯法权"

客观而言，习惯确有一种历史的惰性。它时常反映人民对现存秩序维持的保守心态，阻挠历史的创造力，但习惯自有其独特的价值。对制定法的推崇并不意味着遏制主体的习惯权利要求。民法是民族特色极强的法律规范。中华民族有灿烂辉煌的法律文明，历史留给我们大量的中华民族引以为豪的优良风俗习惯。积极发扬光大优异的民事习惯，创制中国特色的民法制度，同样是当代民事立法任重道远的历史使命。

许多学者感到，自古以来形成的习惯，具有"原始性"和"陈旧性"，即使有现实意义

---

① "谓我国自古无形式的民法则可，谓无实质的民法则厚诬矣。"参见胡长清：《中国民法总论》，16 页，北京，中国政法大学出版社，1997。

② "法权"作为主体在社会物质生活条件中的直接的权利要求，它存在于主体的相互交往活动之中，是人的价值和尊严的确证和表现。"法权"关系是客观存在的，相对于现实社会的国家法律制度，"法权"具有优先性，它构成了主体"法定权利"的基础，并且是评价现有法律制度的基本价值尺度。

之习惯，只需通过制定法方式予以确认，而不必采取"习惯法"这一原始的创法模式。米尔恩曾认为，"习惯制度所服务的目的是社会保守……就是大体维持一个共同体的生活方式以其既有形式不加改变"。而某些习惯完全可能被创新的法律构造所吸收。① 波斯纳也一直认为，由专门人员来制定和执行规范，具有巨大的优越性。②

基于对制定法的价值认同，许多学者感到，中国古代以来之习惯，已无可取价值，无法律认可必要，即使有现实意义之习惯，只需通过制定法模式予以确认，而不必采取认可习惯而使之形成"习惯法"这一原始的创法方式。其实，对制定法的价值的推崇，仅仅涉及对习惯转变为法律规则的方式评价。习惯在法律制度中始终具有重大实践意义和理性价值。恰如哈耶克所指出的，经验主义的进化论传统观念关于"制度应当为习惯留下余地"的论述，实质上是一种尊重"自由的价值"体现，在此，"自由的价值主要在于它为并非出自设计的发展提供了机会，而且一个自由社会之所以能够发挥其有助益的作用，在很大程度上也取决于自由发展起来的种种制度的存在。如果对于业已发展起来的各种制度没有真正的尊重，对于习惯、习俗以及所有那些产生于悠久传统和习惯做法的保障自由的措施缺乏真正的尊重，那么就很可能永远不会存在什么真正的对自由的信奉，也肯定不会有建设一自由社会的成功努力存在。"③ 而且，从法律创制的技术而言，那些创造了种种成文制度的立法者，从来也没有证据证明他们的才智和能力超过了世俗习惯所凝含的智慧和能量，因为，习惯是"透过长期的试错演化而形成的，且构成了我们所承袭的文明"，它们"历经数代人的实验和尝试而达致的成就，包含着超过了任何个人所拥有的丰富经验"④。

历史上，成文法的创制虽然具有重大意义，但中国社会的特殊性表明，某些时期，统治者忽略习惯法，即使有比较发达的成文法，由于原来所熟知的习惯被成文法所湮灭，法律制度往往远离百姓的认知范围，因为成文法以其创制的神秘特征与深奥的用语，可能使得法律陌生起来，执法者往往不能详察案情、敏于思考了。官吏的司法、执法行为，更多地机械对照法律条文办事，且大多数情况下不去考虑相对人的意见或争辩，社会主体在神秘的成文法面前不知所措，只能避而远之，消极地观望法律。中国特有的社会结构表明，真正能够得到有效实施的法律制度，往往是那些来自于民间社会习惯规则的习惯法。

在社会制度构造中，习惯有多种具有历史连贯性和多元结构并存的调整模式：一是由国家法律认同为"习惯法"，将其纳入法律体系，即"习惯法"模式。二是由国家通过立法程式，直接将民间有益的习惯，纳入成文的法律规范之中，成为制定法规则的细胞，即"习惯成文法"模式。三是依旧生存于国家法律之外，继续其"习惯"性质的延续，并由这种"习惯"构成一个"习惯自在调整"系统，指导一定社会主体的行为（不排除条件成就时被政治

① 参见［英］A. J. M. 米尔恩：《人的权利与人的多样性——人权哲学》，夏勇、张志铭译，138页，北京，中国大百科全书出版社，1995。其实，社会保守未必全部发生在习惯制度上，米尔恩也不得不承认，只要由既定的规则支配的行为本身，"也使特定场合下的某些行为方式保持不变，并因此有助于社会保守。"参见该书，139、140页。
② 参见［美］理查德·A·波斯纳：《法理学问题》，苏力译，6～7页，北京，中国政法大学出版社，2002。
③ ［英］弗里德利希·冯·哈耶克：《自由秩序原理》，上，邓正来译，70～71页，北京，三联书店，1997。
④ ［英］弗里德利希·冯·哈耶克：《自由秩序原理》，上，邓正来译，71页，北京，三联书店，1997。

国家所选择，而转变其性质），即"习惯自在调整"模式。① 这三种模式可以统称为"习惯调整模式"，对当代的法律制度而言，均具有不可忽略的借鉴价值。

"习惯法"模式通过"认可"这一法律创制活动，体现着法律"实用、现实、可操作和亲民"的可贵特性；"习惯成文法"模式，则通过法典化道路或其他法律创制方式，对习惯进行吸收，体现法律的"规范、系统、清晰"的法律技术品质；而"习惯自在调整"模式，通过民间组织对习惯的运用，表达习惯的强劲的协调、整合功能，实现法律与习惯的形式与内容的融洽。

值得我们思考的是：没有经历过如英美"法官造法"历史的中国古代社会，为什么能够长期存在着经由具有立法权的君主和有司法权的官府所确认的习惯法规则和体系？其实，这个问题并不难得出结论：中国古代社会能够出现制定法与习惯法并存现象，与中国古代社会特有的国家与社会结构具有紧密的关联。

历史学家发现，中国古代与西方古代国家的形成发展有所不同，中国古代国家的出现并非由于生产工具的重大改进，而是与固有亲属组织的变化有关；这种国家并不把以地缘关系取代血缘关系作为条件，而是在很大程度上保留并且依赖血缘组织及其原则。中国古代"亲缘的政治化和政治的亲缘化，造成一种家国不分、公私不立的社会形态，其反映于法律，则是内外无别、法律与道德不分。这里，法律与社会形态确实具有一种紧密的内在关联"，国家与社会"二者原则的贯通以及两个领域间界限模糊不定"②。"在传统的东方世界，国家与社会之间的分离运动产生了与西方世界迥然相异的历史后果，国家与社会之间不仅存在着彼此分别的情形，而且更表现为一种相互依赖、内在同一的状态。"③ 这种特殊格局，深刻地影响着东方社会法律调整机制的基本面貌。在古代中国社会，以农村公社制度为基础的法律调整机制的一个突出特点，便是习惯在其中占有重要地位，"这些在日常社会生活交往过程中形成的风俗习惯持续一定时期以后，逐渐地固定化、规范化和制度化，日益取得法权的意义。"④ 其中，经国家统治者认同的习惯则具有习惯法的性质。传统君主从来不曾想到，而且也不可能任意改变这些世代相传的古老的习惯规则，而是往往利用这些习惯规则来调整社会生活，强化对社会的统治。⑤

3. 习惯与法制现代化进程中民法精神的弘扬

就我国传统习惯而言，习惯饱含着深刻的"法律伦理主义"精神。东方社会特殊的历史条件，国家与社会的有限分离，国家成文法与社会习惯的有机结合，政府权能与民间参与的有机联系，人为秩序与自然秩序的相互弥补，必然制约东方法律类型的生存与构造。法律伦

---

① 习惯的最终去向一般有四种情形：一是由国家法律认同为"习惯法"，将其纳入法律体系。对现存的习惯，国家可以依据其利益和意志，确认某些习惯具有法律规则的性格，使这一部分习惯变成有国家强制力保证的"不成文"法律规则。二是由国家通过立法程式，直接将民间有益的习惯，纳入成文的法律规范之中，成为制定法规则的细胞。三是依旧生存于国家法律之外，继续其"习惯"性质的延续，并由这种"习惯"构成一个"习惯调整"系统，指导一定社会主体的行为（不排除条件成就时被政治国家所选择，而转变其性质）。四是某些习惯将不再存在，被时代的变迁所掩埋。从法律制度的视角，除了第四种之外，上述几种情形都值得关注。

② 梁治平：《清代习惯法：社会与国家》，6 页，北京，中国政法大学出版社，1996。

③ 公丕祥：《法制现代化的理论逻辑》，179 页，北京，中国政法大学出版社，1999。

④ 公丕祥：《法制现代化的理论逻辑》，180 页，北京，中国政法大学出版社，1999。

⑤ 参见公丕祥：《法制现代化的理论逻辑》，182 页，北京，中国政法大学出版社，1999。

理主义恰是在这种社会特殊因素中的法权表现，而西方长期市民社会的历史运动，必须造就出法律形式主义架构。① 在法律伦理主义精神成长历程中，习惯具有极为重要的贡献。

相对而言，中国传统法律文化中，尤注重追求信念意义上的法律伦理，将法律作为道德上正义性的追求手段。传统中国的伦理精神，主要通过习惯体系中道德的地位、习惯表达方式予以体现。② 一是"法德共行"。法律和以道德为内核的习惯，并行共进，互相弥补不足，相辅相成，共同实现社会调整之目的。在一定社会领域内，国家时常放任习惯调整模式的功能发挥，这恰是一种国家社会良性互动的雏形。二是"法德相融"，即国家立法者将以道德为内核的习惯纳入法律规范之中，转变为习惯法或内含习惯的成文法规则。这一伦理精神，既贯彻于"法认同德"形式，也贯穿于"以德入律"形式。习惯所凝含的传统礼治主义、泛道德主义、人治主义，不仅在"法德共行"方式下有多种体现，而且在"法德相融"方式中，也有丰富的表征。

传统的法律伦理主义虽是一种家族本位和君权本位的表征，但对当代法制建设，尤其是民事法律的创制仍具有重大的意义，其所表露出的追求实质正义的"法律人文精神"，"对世俗、习俗的适应的理性法律秩序"和"修己安人的社会衡平意识"，对造就现代民法精神，具有非凡的价值。③

"法律人文精神"主要表现为：一方面，在"法德共行"方式下，国家没有将社会关系的调整领域全部交给法律制度，而是让习惯及道德调整占据相当广泛的领域④；另一方面，在"法德相融"方式中，法律人文精神突出了习惯规则在法律中的渗透，突出了"道德"、"仁"、"义"为本体的个人信念伦理系统。尤其是"以德入律"往往成为法律与道德密切关系的重要表征。

在"法德共行"方式下，"德行教化"展现了习惯的感化约束机制。儒家思想中特别强调用礼仪道德去感化人的内心，通过人们的品德修养和内在觉悟实行自我控制。哈耶克在评价"习惯内含的道德因素"与自由的关系时，曾指出，"许多伟大的自由倡导者都始终不渝地强调着这样一个真理，即如果没有根深蒂固的道德信念，自由绝不可能发挥任何作用，而且只有当个人通常都能被期望自愿遵奉某些原则时，强制才能被减至最小限度"⑤。我国古代的儒家"德行教化"思想，虽然尚未构成"伟大的自由倡导"，但突出道德的地位，对善良风俗的养成，对控制法律强制的限度，价值不同寻常。不论是持"性善论"的孟子还是持

---

① 参见公丕祥：《法制现代化的理论逻辑》，179～197 页，北京，中国政法大学出版社，1999。

② "伦理主义精神"更应当体现为一种行动过程，而"道德调整模式"则表现为一种伦理精神展现的逻辑归论。波斯纳认为，"道德的"与"伦理的"这两个词常常被人们混用。"伦理的"最好是留下来指一系列试图回答"我应当如何生活"的努力，而"道德的"最好是用来指属于道德问题内一系列强调对他人之义务的答案。参见理查德·A·波斯纳：《道德和法律理论的疑问》，苏力译，5 页，北京，中国政法大学出版社，2001。

③ 参见公丕祥：《法制现代化的理论逻辑》，194～196 页，北京，中国政法大学出版社，1999。

④ 现实条件下，法律调整也无法排斥道德调整的应有领域，道德调整也不能够穷尽所有领域。一方面，许多道德原则没有法律的支持，如说谎既非侵权也非犯罪，慈善也非法律义务，丑陋的群体诽谤也因为法律未及而往往受到宪法的保护；另一方面，有许多为法律制裁的行为却与道德无关，如限定价格、驾车不系安全带、雇佣非法外国人、非自愿的违约，等等。参见［美］理查德·A·波斯纳：《道德和法律理论的疑问》，苏力译，126 页，北京，中国政法大学出版社，2001。

⑤ ［英］弗里德利希·冯·哈耶克：《自由秩序原理》（上），邓正来译，72 页，北京，三联书店，1997。

"性恶论"的荀子，均强调了后天可以改变先天之性，靠礼仪道德感化内心，以保持发展人的性善或改变人的性恶。朱熹则从所谓的"天理"出发认为：由于人的气禀有厚薄之分，故对气禀厚者用礼、德教化，对气禀薄者不仅教于礼德，还要用政刑处罚。纵观古代和近现代史实发现，触犯强制性法律规范而适用刑罚的"气禀薄"或"不可教训"的毕竟是少数人，绝大多数人还是在习惯尤其是道德的感化约束中自觉履行其社会责任。虽然说法律自身也有一定的教育功能，但由于法"居上治下"，民只是在"幸免"之中逐步本能式地理解法的威慑作用，并无理性的法律观念。

法律认同的习惯，往往能够包容"予民于权"、"劝赏"等激人上进的合理因素。社会的发展，事实上是与法律上对人的权利确认和不断扩展密不可分，人类文明的每次进步都包含着法律对人的权利的确认和保护。中华法律文化虽然呈现"诸法合体"、"民刑不分"的特征，而且，就民事规则而言，带有身份性质和其他封建色彩的规范占据主导地位。但不容忽略的是，法律所确认的习惯法规则，一方面有许多调整身份关系的封建色彩，另一方面，也不乏体现"平等、自由"等权利要求的内容。从当代民法制度的构造而言，确实需要充分认知习惯法和习惯成文法在法律构造的价值，强化民法制度的权利因素，对诸如相邻权、债权实现方式、亲属关系等多方面，认可或吸收民间优良的习惯，以弘扬习惯所蕴涵的伦理道德精神，激励人们"团结互助"、"平等合作"、"诚实信用"、"尊老爱幼"等向善意识。

对世俗、习俗的适应的理性法律秩序观念，则要求社会成员服从现存秩序同时，按照"礼"把自己塑造为和谐发展的人格。中国古代伦理法制，具有礼治主义性质，我国传统社会自然经济基础和宗法制度，决定了儒家"礼治"思想在调整方式中的主导地位。在历史发展中，"礼"不仅成为"别贵贱，序尊卑"的标准，更是社会秩序的调整手段，以致"道德仁义，非礼不成；教训正俗，非礼不备；分争辩讼，非礼不决……"① 人通过把握"礼"的规则进行自己的行为，把自己融入社会伦理秩序体系之中，以高尚的伦理道德规则，约束自己，善待他人，完善自己。社会秩序始终是个人价值的根基，是个人发展的条件。因此，礼的规范要求，使得个人与社会、他人的关系，达到并保持"协调、平衡、和谐"的境地。

礼与民法制度有天然的联系，梅仲协先生甚至认为："礼为世界最古老最完备之民事法规也"，"礼乃确定权利义务之所在，使各知其本分，毋相争夺，此即民法之目的也"②。礼的内容主要涉及人事及亲属事宜。但值得思考的是，礼往往最能体现"身份"与不平等，为何又与民法精神相融合。③ 对此，张晋藩先生认为："以差等为基本特征的礼，本来是与平等、等价、有偿的民法原则相矛盾的，其所以能够调整民事法律关系，第一，以伦理纲常名教为集中代表的礼，是适用于任何等级、任何地区、任何民族的，具有共同的约束力，被赋予民

---

① 《礼记·典礼》。
② 梅仲协：《民法要义》，14～15页，北京，中国政法大学出版社，1998。
③ 至清代社会，随着商品生产、交换活动的逐步频繁，由商品交易主体组成的同乡会馆、商帮会馆，日渐增多。这些商业性质的行会，有较为系统、细致和专业的商业习惯法和行规，行会习惯得到发展。这些习惯法往往能够涉及商业生产、营销的多个领域。可贵的是，商业习惯法尤为注重对自由竞争的商业行为进行有效的维护和必要的限制。但遗憾的是，行会组织有时会被强力势力所左右，利用所谓的"行业习惯"，对付雇工组织和同盟罢工，或达到排斥异己，欺行霸市的目的。随着清末商品经济发展和行会组织的反社会性倾向的滋生，使得行业习惯渐渐衰落。

事一般法的性质；第二，同一等级之内的成员，平等地遵守适用于本等级的礼，从而体现了民法的平等原则。可见，礼的基本精神既调整着纵向的不平等主体间的关系，又调整着横向的平等主体间的关系，使差别原则与共同原则既矛盾又统一。"①

"修己安人的社会衡平意识"，强调了个人在社会关系中的角色和社会责任。传统法律伦理主义，注重伦常，虽然人的个性全面发展及人格独立性，会受到损害甚至摧残，但宗法伦理责任强调个人服从群体的责任意识，有益于民法制度的实施。法律伦理主义中的群体意识，往往表达了人的社会性的必然要求，"以'仁'为要旨的人的类意识对个人的道德实践与日常行为产生决定性的影响，要求修己与安人的内在统一，在这一过程中，有效地发挥国家的衡平功能，亦有助于人的社会化"②。这一点，恰是民法制度实行中需要的"主体社会责任"意识，它有利于主体自觉地平衡自由与责任之关系，恰当地行使权利，实现民事利益。

西方法制的历史进程表明，他们追求法律伦理主义的努力尚无法动摇由"大陆民法文化"确立的法律形式主义这一坚强的法律体制；即使在社会理性思辨能力和法官权威比较突出的当代美国，法官造法式民法文化也不可能真正实现"实质正义"这一人类理想。如果我们抛弃传统法律伦理主义的宗法基石、君权至上、人治主义等糟粕，汲取其注重道德规则法律渗透、伸张个人信念伦理、强调个人社会责任、重视风俗礼仪等精华，并将其贯彻于民法制度的创制中，必然有益于法律伦理主义精神在民事法律制度中展现，并由此体现中国民法的民族性品格。

民法制度对"法律伦理主义"精神的汲取，可以通过两种方式实现，一是通过法律规范吸收习惯规则这一"习惯成文法"模式，使优良的伦理道德规范获得国家法律的强力支撑。如在物权法的"建筑物区分所有权"、"相邻关系"，债权法的"无因管理"等法律制度中，将传统的伦理道德为核心的习惯贯彻其中，使伦理道德法律化，实现"以德入律"的法律伦理主义的独特品格，以保证优良道德规则在社会成员的精神乃至行为领域产生广泛的渗透力。二是可以通过国家认可习惯的"习惯法"模式，对体现伦理精神的优良习惯，予以法律认同，赋予法官一定的自由裁量权，由法官根据善良的伦理精神，裁判案件，从而实现"法德相融"等单纯的成文法规则所不可能达到的目标。

法律伦理主义精神的有机弘扬，将伴随着西方法律文化留给我们的理性精神和法律形式主义的合理成分，成为中国民法制度创制的一大特色。如果我们忽略甚至有意放弃中国传统的法律伦理主义精神，最终只会走进西方民法文化不同中心模式的框架内，甚至掉入西方社会为我们设计好的"法律殖民主义"陷阱，并由此丧失中国民法制度的独特品格。

（三）民法继受、固守与公权干预的限度

在民法现代化历程中，一个不可轻视的问题便是"公权干预私权之限度"。现实的民商事交往领域，时常出现诸多私权与公权冲突的现象，如：市场交易主体的权利要求与政治国家职权主体的权力要求，呈现"两极分化"的现象；代表私权利益的民法制度与代表公权的经济法律制度的冲突与矛盾现象。就民法制度而言，突出的问题是：公权力对民事主体的独立、自主地位的排斥和公权力对民事交往的过度干预。而且，由于市场经济体制的某些宽容

---

① 张晋藩：《清代民法综论》，27～28页，北京，中国政法大学出版社，1998。
② 公丕祥：《法制现代化的理论逻辑》，196页，北京，中国政法大学出版社，1999。

和私权主体权利滥用的不正常体验，部分私权主体权利行使中损害社会利益、他人利益的现象，也时有发生。

在民事交往领域，一方面，民事交往主体的私权"要求"不断扩张，并向法律的创制机构施加压力，要求更广泛的自由、平等、秩序；另一方面，国家机构的职权主体凭借其掌握国家权力主体授予的国家行政、司法等具体职权，在管理、调控社会经济活动中，试图拥有更多的管理和制约性职权。缺乏约束的职权者甚至希望或通过抑制、削弱部分主体的权利要求，来谋取超现实的权力。尤其是部分职权者因为其畅行无阻的权利滥用体验，还会进一步导致他们对权力要求的非理性扩展。比如，市场经济条件下，法律赋予了市民社会成员前所未有的经济、文化等方面广泛的权利，而与此同时，法律又根据市场经济要求，缩减了原有体制下部分国家机关的职权。但部分职权者可能很难在较短的时期内适应自身权利被限制甚至被夺取之现实，故而，在市场经济运行的适当时候（往往是机制运行的矛盾焦点上），职权者会凭借其职权，以种种借口从相关社会主体那里重新夺回失去的权力。

民法确认了市民社会商品生产、交换的主体的独立经济利益，确立的是市民社会私权主体的经济交往的"自由、平等"等基本法权要求，以及市民社会生活的其他权利要求。因为"民法是以私人的利益为目的的"①，所以，作为私权体现和实现的基本法律制度的民法，在维护、保护私权交往中，地位特别。也正是因为民法规则与市民社会的密切关联，要求立法者在民法制度的创建过程中，要给予更多的关注，付出更多的精力。而且，同样基于民法与市民社会的特殊关联，需要立法者具有更高的理性思维能力，以及关爱私权的优良品格和善良德性。

在民事立法中，立法者应特别关注民事主体的权利在整个法律（包括公法在内）中的位置，应当防范民事权利设置出现"过度"和"不足"两种偏向。为此，首先，立法者应当详尽地考察市民社会具体法权关系，尤其应当详尽地考察市民社会商品生产交换条件所阐发的主体利益要求；其次，立法者应当将市民社会成员的各种权利要求置于政治国家的形形色色的权力需求之中，在其中找寻相对应的权利关联。在此基础上，以市民社会利益为根本的价值取向，进行过滤、筛选和平衡。

我国自改革开放以来，作为体现、维护"私权"的民法有长足的发展。尤其是随着市场经济体制的确立和民主政治建设的成就，民法确认了越来越多的客观存在的市场经济的法权关系，颁行了诸如《公司法》、《合伙企业法》、《独资企业法》、《合同法》、《担保法》等大量的法律规范。② 这些规范不仅有效地维护了市民社会的私权要求，也为政治国家的行政、司法等公权的走向设置了路标。民法作为私法的本质属性得到了张扬。就其现实意义而言，民法的发展对于区分市场自发配置资源与政府干预的不同价值目标，深化经济和政治体制的改革，保护各经济利益主体的独立、自主的地位和合法权益，增强社会成员的权利意识，实现法治国家以及更好地与国际通行规则趋同，均具有重要的现实意义。

现代市场经济条件下，由于国家干预的面越来越广，不受国家干预的私权领域已不复存在，经济法对私权的干预渗透是个典型表征。在创制良好的私权规则——民法的基础上，应

---

① ［法］孟德斯鸠：《论法的精神》，下册，张雁深译，191 页，北京，商务印书馆，1963。
② 《证券法》、《票据法》等法律规范中，公权力干预成分较重。

同时顺应市场经济所需求的公权力干预的要求，创建规范的经济法这一公法体系，服务于市民社会成员的经济交往。作为公权的施行、维护和保障的经济法，更是私权的保护神。经济法的构造，只有在调控、管理、保护私权的目标充分展现的时候，才具备其相对独立的价值。经济法具体规则的设置，必须充分考虑市民社会的私权的结构和布局，从而表达经济法在调整、控制、管理、协调市民社会经济交往中的作用。经济法的立法必须尊重孕育私权的市场经济的客观规律，如价值规律、供求规律、资源配置规律、竞争规律等。同时，经济法必须坚持解放和发展生产力、坚持维护市场经济的安全和秩序的基本原则。

19 世纪末以来，民法的"权利不受干涉"原则，受到了社会经济、政治、文化变迁的冲击，经济的迅速发展，大企业的兴起，工业、科技公害的出现，如果仍依据绝对的意思自治、契约自由、过错责任原则来对待民事交往，则不仅不能实现个体权利及利益，相反会导致个体人格的损害。因此"社会的权利"思想成为西方创制民法体系的主导原则，民事立法与实践开始注重社会公共利益的维护。权利主体行使权利时，如无视他人及社会利益，则缺乏社会道义支持，也难获法律准许。

对社会主体权利的必要限制，实为对权利的扩展。因为主体权利虽然是现实地、客观地存在着的，但主体在商品交换过程中，只有充分尊重对方的利益才能获得自身的利益。同时，主体利益与社会利益之间也绝不是平行的，个体利益的实现，必然要尊重由若干个体利益构成的社会利益。只有这样，主体的权利方能得以顺畅行使，权利行使所获得的利益才更具有社会意义。

因此，主体权利行使受限制时，必须以拥有权利的绝对行使为前提。一个权利受限制的人不可能是失去自由权利的人。在此问题上，法德民法典及相关规则的表述具有示范价值。法德民法典均能以权利的行使绝对原则为基本价值取向，而以权利限制为例外，《法国民法典》第 544 条规定："权利是指，以完全绝对的方式，享有与处分物的权利，但法律或条例所禁止的使用除外"。次条规定："非因公益使用之原因并且事先给予公道补偿，任何人均不受强迫让与其权利"。《德国民法典》第 903 条规定："在不违反法律和第三人的范围内，物的所有人可以随意处分其物，并排除他人的任何干涉"。各国此后的民事法律基本上沿袭了法德民法典的立法旨意，根据诚实信用原则、公序良俗原则和权利不得滥用原则，通过公法和私法自身对权利进行限制。

许多国家还对权利的限制规定了明确的条件。这些条件主要有：限制权利只有为公共福利的目的一般才能被允许；只有依照法律才能进行；对权利限制造成的损害赔偿的方式有所规定。有的法律还规定权利限制的损害赔偿必须在对公共利益和当事人的利益进行公平的衡量之后确定，对损害赔偿的高低有争议时可以向地方法院提起诉讼。

（四）全球化条件下民法的继受与创新

在全球化面前，我们既要固守、继受优良的传统民法文化，也要适时地应对全球化带来的全新法权关系，处理好本土化与国际化之间的关系。国际经济发展全球化的历史进程，必将深刻地影响各国法律制度的建设，全新的法律模式、法律体系、法律文化将应运而生。中国的法律制度必然要顺应、适应这一历史剧变带来的国际经济、社会环境。"既有的法律系统必将发生显著的变化，固有的法律价值准则也将面临着新的挑战，现行的法律机制有待调整与革新。""对于那些反映全球市场经济运行规律、体现人类法律文明前进方向的外域法律文化的有益因素，无疑应当加以吸收和采纳。"①

中国正致力于与国际社会更广泛的经济交往，已经并正在认同、确认更多的国际民事活动规则。如在商标、专利、贸易合同等民事领域通过修正国内立法，对国际社会作出必要的权力让渡与平衡，认同国际通行规则，以使国内民事法律与国际民事规则有效的同一，更好地实现国家政治、经济、社会和文化利益。

经济全球化对民法制度的影响广泛、深远，国际经济交往复杂、多样，而国际交往规则的产生，又基于多国家的权力平衡，因此，国际交往规则这一特性使法律的稳定性的内涵受到挑战。一方面，一国法律必须及时适应不断变化的国际交往；另一方面，又必须依据本国与他国主权的平衡、协调后达成的共同规则，及时修正一国主权下的国内立法。这一特征，多少改变了传统国家立法的纯粹自主与法律相对稳定特色。

一般而言，国际民事交往规则的国内法律确认与民法制度并不矛盾。就民法典的创制而言，对经过国家意志确认的并相对成熟的国际民事规则，可直接写进民法典；对虽经国家确认但可能会因时因地变化的国际民事规则可暂不写入民法典；对国际通行的民事习惯、惯例，民法典可作出认可；对于双边协议和其他不具有普遍适用意义的国际交往规则，一般不宜在民法典中确认；对其他民事非实体性规范则可纳入一般国际私法理论范畴。

随着我国成为世界贸易组织的成员，在国际民事交往规则与国内民事立法问题上，集中表现为如何处理、协调好"民法制度与世贸组织相关规则"之间的关系，构造良好的经济交往环境。世贸组织规则体系，具有约束缔约方政府的国际公法性质，不直接干涉私人之间跨国私权交往，也不能直接成为缔约方国内法院适用根据。② 但是，该规则体系，要求各缔约方承诺削减关税和非关税壁垒，按照各项协定的要求开放市场，对知识产权提供约定的最低限度保护标准，使政府行为接受法院的监督等。世界贸易组织的宗旨在于通过大幅度降低关税、非关税及其他阻碍贸易正常进行的壁垒，减少各成员方的国内立法和贸易政策措施对国际贸易的限制和干预，优化世界性资源，以便在更大范围内实现各成员方资源的市场配置。正是基于世贸组织规则的上述特征和宗旨，以及经济交往的私权性质，意味着作为私法的我国民法制度，应当按照其要求进行必要的修正、废止和补充。

世贸组织的运行规则内含着诸多体现自由、平等、公平理念的原则，如：贸易自由化原则、非歧视性原则、透明度原则、可持续发展原则、公平贸易原则，等等。这些原则与坚持"私权神圣"、"身份平等"、"意思自治"为根本价值取向的民法精神在很大程度上存在契合之处。面对世贸组织的运行规则，中国社会尚缺少与市场经济相适应的经济、文化环境，缺少公平竞争、统一开放的市场、自由平等的市场主体和健全的司法制度，并且，存在许多民

---

① 公丕祥：《全球化与中国法制现代化》，载《法学研究》，2000（6）。

② 鲁格曼认为，WTO 的成员是政府，WTO 机构本身实际上只是一个主要由贸易法律师组成的约 200 人秘书处，或者说是一个人手不足、负担过重的技术性官僚机构，而且毫无政治影响。而关贸总协定和世界贸易组织的历史，就是一小拨热心肠的技术官僚，为了自由贸易的更广阔利益，经常带着机会主义的企图使国家政府之间互相提供特许权的历史。参见［英］阿兰·鲁格曼：《全球化的终结》，常志霄等译，8、23 页，北京，三联书店，2001。

法制度与市场经济本质相冲突的现象。①

　　为此，需要我们依据全球化交往的物质生活条件，不断扩展、修正国内立法。如在市场主体法律构造中，应取消限制企业组织形式的法律规制，保证市场主体自由选择组织形式和平等地位的实现。通过修改对外贸易方面的法律法规和三资企业法律制度，逐步放宽贸易权的获得及其范围；又如在物权制度中，应克服财产归属关系不明确、财产利用关系不充分现象，扩展如农业土地用途、增加如国际融资担保等多种制度；在交易规则制度上，应取消合同法中保留的公权干预成分，规定国际交易规则中通行的如不当影响、责任相抵、损益相抵等制度。再如我国原知识产权制度，有许多规则尚未达到 TRIPs 协议关于工业产权和版权的保护标准，其中有对外国驰名商标的保护、对未公开信息和商业秘密的保护以及当事人能否请求法院对行政决定进行审查等。我国现已根据 TRIPs 的标准，分别对相关规则进行了修正。这些措施无疑有益于民法制度的体系完善。

---

　　①　参见湖北《WTO 与中国民商法律制度》课题组：《挑战与回应——WTO 与中国民商法》，载《法商研究》，2002（2）。值得注意的是，该文仅是于规则及原则的表象层次上理解"WTO 基本精神与民商法理念"的"很大程度"的契合，甚至将这种契合归因于经济自由主义的外在努力。其实，因为民法制度与商品生产交换条件密不可分，而全球化条件实质上正是商品生产交换条件的扩展，因此，全球化物质生活条件所阐发的法权要求和于此基础建立的世贸组织规则，当然契合于各国民法制度的基本准则和原则。

第八章

交易的自由：商事法律的确立

第一节
从《大清商律草案》到《民国商事规则》

一、从重农抑商到《大清商律草案》——商法部门的出现

古代罗马国家对商品生产交换体制的客观维持和尊重私权的法律构造，造就了被后世资本主义世界奉为精神支柱的"权利神圣"、"私权至上"、"个人本位"等观念。古代罗马社会的商业的辉煌，一方面树立了遵从商品交往的"自由、平等、独立、秩序"等内在法权的意识；另一方面造就了众多实力雄厚的商业集团，这种集团性质虽然还不能等同于近代社会得以振兴市民社会的组织体，但这些集团的利益需求客观上制约着国家的政治走向和法律创制。尊重利益集团经济方面需求，往往是产生以私权为维护中心的政治构造及法律制度的基石。罗马社会的繁荣的商业活动和利益集团，为尊重权利的"权利中心"思想的形成和具有权利理性精神的法律规则的产生奠定了基础。昂格尔始终认为，社会交往中的利益集团的形成，是民主秩序和法治体制的基础，而这一点恰是古代中国社会所缺乏的。

中国传统的政治法律思想却是重农抑商或重农轻商。回顾中国历史，商在每一阶段都处于被压抑和轻贱的法律地位。周王朝就有过商人身份法的雏形：士大夫不杂于工商，商不厚，工不巧，忠不力，不可以成治；士之子不知义，不可以长幼；工不族居，不可以得官，族不乡别，不可以入惠；族居乡别，业分而专，然后可以成治。中国历史上关于士、农、工、商的"秩序"的划分，将商人置于四民之末，使得贱商、抑商、轻商成为一种普遍的社会观念。

究其原因，中国古代社会为了顺应自然经济所生的身份体制的需要，为了战争、称霸需要，为了君王为中心的经济政治利益的需要，只会强化对农业的依赖并加大对商事交往的抑制力度。首先，中国传统社会以小农经济为其社会根基的必然，也是大一统思想要求稳定的社会结构的必然。小农经济就是要保证农民被固定在土地上，由此保证社会的安定，故而，试图破坏这种稳定都属于叛逆行为。

其次，偏重战争的体制也需要抑制商事的繁荣。琼斯在考察亚洲专制政治的特征时，认为亚洲许多国家都遭受过异邦人的征服和统治，采取专制主义的统治形式是这些国家的共同

特点。其中战争利益成为这些国家首当其冲的要务，而战争必然导致国家的专制及国家本位观念的形成。战争需要强大的物质资源的保障，于是，农民被牢牢地控制在土地上，不容许商事交往的普遍出现，社会生活势必以农业为根本。应当说，早期社会，商业的存在价值还是受到统治者的肯定的。① 但春秋战国时期，诸侯争雄，必强化耕作地位，"舍本事而事末作，则田荒而国贫"②。秦国统一后，继续推行重农抑商的政策，政策上将商人和罪犯比作一类人。汉初的思想家们仍多主张重本抑末，贾谊提出"驱民而归之农，皆著于本"，贬低商人的社会地位，汉武帝时"始税商贾车船，令出算"，对商车辆课税；继而颁布对工商业者征税及防范隐匿财产的算缗令和告缗令。③ 汉代之后，各朝代基本上沿袭了春秋战国时代形成的重农抑商或重农轻商政策，并发展了制约民间商事交往的"禁榷"制度。

再次，重农轻商、重农抑商有着深刻的思想根源。凡是在精神上支持、拥护专制皇权为核心的国家利益至上的外化观念与理论，均会被统治者们接纳，并使那些观念与理论得到国家权威的保护。强调用"力"、用"势"、用"术"的法家"治世"、"治民"观念与"以德教化"、"以德服人"的儒家"修身、齐家、治国、平天下"的思想，都同样受到统治者青睐。就法家"重农抑商"和儒家"重农轻商"两种不同提法而言，法家的"重农抑商"本身并无独立的价值取向，仅仅是防民和国家利益至上的工具；儒家的"重农轻商"，看似有明确独立的道德评价意义，因为在儒家眼中，商和工皆是私利、奸邪、诡诈的祸源，故而从性本善的立场倡导"向善、务本"意识。其实，儒家的价值理念也是"国家利益至上"，与法家不同的仅是：儒家的国家利益观念来源于社会的基础单位"家"的观念，由"小家"而及"大家"、"国家"，将人们对家的情感，对长辈的孝道，转化为对国家的情感和对君主的忠心，将家庭、家族的礼法，延伸到国家中人与人的不平等与尊上、有序的观念确立。并通过"德行教化"的方式予以实现。而法家的国家利益至上则是地道的"贱民"、"惩民"、"防民"思想的归结。可见，法家直接强调国家的集权与专制，儒家突出维护宗法制度，两者虽然实现价值取向的方式不同，但殊途同归。由他们的观念与思想的互补与相融，构造起"国家本位主义"为主干的封建专制体制的思想基础。

显然，自然经济、身份体制、军事利益、君王为中心的封建专制统治的需要，不可能给"商品生产交换条件"留有充足的"领地"。作为政治势力发动机的城市及市民社会亦未得以建立。相应地，尊重私权的意识在中国从未形成气候。

明代中叶以来，中国传统的社会经济生活发生了巨大变化。农产品的进一步商品化，工商业空前繁荣；社会劳动分工的细化与专业生产的地区化，促进了跨地区贸易的活跃。与之相适应的是一个全国范围内贸易市场已经形成。活跃着一个商人阶层，并根据市场形势的变化而不断地创造出新的商事关系和新的商事交易手段。

明中期后以至清，经商人数明显增长，虽然专制体制下的抑商政策并未松动，但弃农或弃文经商的情形开始增多，随着商品经济的发展，交易市场上出现大量商人，商品经济有了较大发展。

出于实现"师夷长技以制夷"的主张，维新思想的代表人物郑观应、王韬、薛福成等提

---

① 《易经·系辞下》记载，神农造商，致"日中为市，致天下之农，聚天下之货，交易而退，各得其所"。
② 《管子》，卷二十二，《海王第七十二》。
③ 参见《汉书》，卷六，《武帝纪第六》。

出重商的口号，认为商业乃国之本，商人为"四民之巅"，西人视"商为创造国家、开物成物之命脉"，"有商则士行其所学而益精，农可通其所植而益盛，工可售其所作而益勤"①。由此，中国社会开始重新审视传统的重农抑商政策，发展工商业逐渐成为社会主体、统治者的共识。随着清末新政和民间实业救国运动的开展，商品经济地位被提升到富国富民的高度。

自 1840 年鸦片战争，中国由闭关锁国被动地接受西方文明，到 1911 年辛亥革命建立民主政体，1912 年清帝退位，再至民国北京政府即北洋政府的成立，中国延续了两千余年的封建传统社会的政治结构被废除。而封建政治结构的废除，又直接冲击、影响着封建的道德系统和主体的社会意识，同时也使得家族体系的功能产生变异。在传统社会政治结构解体的过程中，新的稳定的政权统治体制未能迅速地、有效地建立，因此，19 世纪末 20 世纪初的"清末民初"，实际上处于新旧交替的过渡时期，"人民既愤独夫民贼愚民专制之政，而未能组织新政体以代之，是政治上之过渡时代也；士子既鄙考据词章，庸恶陋劣之学，而未能开辟新学界以代之，是学问上之过渡时代也；社会既厌三纲压抑虚文缛节之俗，而未能研究新道德以代之，是理想风俗上之过渡时代也"②。

清末民初的社会生活的变化，尤其是商品经济的发展，深刻地影响着商事法律制度的地位和作用。晚清开始的大规模的商品交往与繁荣景象，既缘于西方社会经济、文化乃至政治现代化理念的冲击或影响，更植根于 16 世纪业已拓展的市场转化现象所形成的物质和精神基础。我们知道，封建土地关系开始松懈、平民阶层中间的市场关系的繁荣、人口的增长、地权分化、农业集约化和商品化、货币经济和契约化等现象，构成了晚清社会的特殊景观。③扩大土地垦殖与农业集约化，一方面缓解了人口压力，另一方面，"在一个土地私有关系日益普遍的时代，土地的开垦和改良遂成为地权分化的一个重要契机。……随着土地关系的松懈，契约关系上升为土地交易中的主要模式，各种类型的土地契约因此而迅速地发展和流行起来，在人口稠密的地方，商品生产逐渐成为家庭生计中不可或缺的部分"④。民间土地买卖现象的空前繁荣，使得各种交易方式得到长足的发展，如为买卖利益而生成的借贷关系，就有典、当、剂、抵、押等多种担保方式予以保障。

要发展商品经济，则必须保护私人财产权利的行使与自由。就清末之前的封建经济体制而言，社会主体虽然可以经营农工商等业，但财产所有权及相关经济权利受到严重的限制。⑤

---

① 赵靖主编：《中国近代经济思想资料选辑》，中册，60 页，北京，中华书局，1982。

② 梁启超：《过渡时代论》，载《清议报》，82 期。

③ 参见梁治平：《清代习惯法：社会与国家》，167 页，北京，中国政法大学出版社，1996。傅衣凌先生曾提出"明清社会变迁论"，认为从 16 世纪开始，中国在政治、社会和文化方面发生一系列变化，虽然这些变化时有中断甚至后退，但最终仍未摆脱世界经济发展的共同规律。吴承明先生则认为，中国市场的转化、商品经济的领域拓展也是从 16 世纪即明嘉靖、万历间开始的。这时出现的徽商、山西商、陕西商等大商帮即相当于马克思所说的"特殊的商人阶级"、希克斯所说的"专业商人"。参见吴承明：《中国的现代化：市场与社会》，27 页，北京，三联书店，2001。

④ 梁治平：《清代习惯法：社会与国家》，167～168 页，北京，中国政法大学出版社，1996。

⑤ 如《大清律》承袭传统习惯规定："凡祖父母、父母在，子孙别立户籍，分异财产者，杖一百。若居父母丧而兄弟别立户籍，分异财产者杖八十。"理由是："祖父母、父母在，子孙不得私财，礼也。居丧则兄弟犹侍乎亲也，若遂别立户籍，分异财产，均为不孝，故有杖一百、八十之罪。仍令合籍共财。"沈之奇：《大清律辑注》，215 页，北京，法律出版社，2000。

至清末，情况发生了较大的变化，私人财产权利得到国际制度的强有力的保护。① 光绪二十一年六月（1895 年 7 月），清政府曾发过一道上谕："叠据中外臣工条陈时务……如修铁路、铸钞币、造机器、开各矿、折南漕、减兵额、创邮政、练陆军、整海军、立学堂；大约以筹饷练兵为急务；以恤商惠工为本源。此应及时举办。"② 以此为标志之一，表明清末的统治者开始注意对私权的保护，并且"恤工惠商"，扶植私人资本，发展商品经济。总之，清末的经济和政治方面的制度变革，为商品经济的发展奠立了良好的制度基础。1895 年至 1913 年间，民族资本工业发展速度年均 15％。民国初年，北洋政府依旧继承清末新政时期的经济自由制度，因此，虽然社会动荡不安，但经济仍持续以较高速度发展，1912 年至 1920 年，年均增长 13.8％。1911 年，全国共有工厂 20 749 家，其中近代工业企业 521 家，资本为 15 965 万元左右，绝大部分为私人资本，近代银行金融资本约 4 000 万元，钱庄典当资本 1.6 亿元。商品经济得以发展的同时，清末的商业社团日益增多，仅商会（含总会和分会）就有 900 余个。③ 1911 年，全国商会会员有 14 万余人，外商会员 3 万余人，中小企业主几十万人，雇用工人 120 多万人。④

清末民初商品经济发展的同时，国家机关开始注意并颁行顺应经济交往的商事法律规则。光绪二十七年（1901 年）五六月，刘坤一、张之洞提出"遵旨筹议变法谨拟采用西法十一条折"，奏折中指出："欧美商律最为详明，其国家又多方护持，是以商务日兴。中国素轻商贾，不讲商律，于是市井之徒，苟图私利，彼此相欺，巧者亏逃，拙者受累，以故视集股为畏途，遂不能与洋商争衡，况凡遇商务讼案，华欠洋商则领事任意要索，洋欠华商则领事每多偏袒"，"必中国定有商律，则华商有恃无恐，贩运之大公司可成，制造之大工厂可设，假冒之洋行可杜"⑤。

光绪二十八年二月初二（1902 年 3 月 11 日），清政府发布上谕，指出"近来地利日兴，商务日广，如矿律、路律、商律等类，皆应妥议专条"⑥。随着新政运动及法律修订事务的拓展，光绪二十九年二月（1903 年 3 月），清廷命载振、伍廷芳、袁世凯等编订商律。从光绪三十年（1904 年）至光绪三十二年（1906 年），清末的商事立法主要由商部、修律大臣主持。这一期间的主要成果是《钦定大清商律》与《破产律》。其间，商部还拟订了《公司注册试办章程》、《商标注册试办章程》、《奏定商会简明章程》、《商人通例》等商事法规。立法

---

① 如《大清民事刑事诉讼法》在"判案后查封产物"一节中规定："凡封票纸查封被告本人之产物，如产物系一家之公物，则封本人名下应得之一分，他人之分不得株连。""凡左列各项不在查封备抵之列：一，本人妻所有之物。二，本人父母兄弟姐妹及各戚属家人之物。三，本人子孙所自得之物。"这表明清末统治者已开始承认并关注私人财产权利的正当享有和行使。参见刘锦藻编：《清朝续文献通考》卷 254，刑 13，2 版，9996 页，杭州，浙江古籍出版社，2000。

② 《光绪朝东华录》，总 3631 页，北京，中华书局，1958。

③ 在清代，在绝大多数大型城镇，一般有两种类型的商业行会，第一种，由当地手工艺人根据专项技艺或产品组成的行会；第二种，来自同一地区的商人（他们往往做大宗交易）组建的行帮。参见［英］S. 斯普林克尔：《清代法制导论》，张守东译，113 页，北京，中国政法大学出版社，2000。

④ 以上资料参见许涤新、吴承明主编：《中国资本主义发展史》，第一卷，679、858 页，北京，人民出版社，1990；桑兵：《清末知识界的社团与活动》，274 页，北京，三联书店，1995；许毅：《关于中国资本主义、社会主义生产方式诸问题》，载中国现代史学会编：《二十世纪中国社会史研究》，38 页，北京，当代世界出版社，1998。

⑤ 朱寿朋、张静庐：《光绪朝东华录》（四），总 4763 页，北京，中华书局，1958。

⑥ 《清实录·德宗景皇帝实录》，卷 495，537 页，北京，中华书局，1987。

机关相继颁布商事法律规范，旨在保护商品交往，期望通过法律形式肯定商事活动的自由本性，确立商事主体财产权利、保护商事主体设立自由、行为自由等基本的商品交往法则。①

清末民初的商品经济的发展，孕育着丰厚的民商事法权关系，商品经济的进一步发展始终离不开商法制度的创建与发展。光绪三十三（1907 年）后，清末商事立法进入第二阶段，主要由修订法律馆、宪政编查馆与各部共同主持修律工作，光绪三十四年（1908 年），修订法律馆又聘请日本学者志田钾太郎和松冈义正分别帮同编订商律，拟具《大清商律草案》、《破产律》。次年完成《大清商律草案》（"志田案"），内分总则、商行为、公司法、海船法、票据法五大部分，共 1 008 条。这是中国有史以来第一个商事法典，但由于清亡而未及颁行。该法典的体例，基本上与日本 1899 年《商法典》一致。其以商法为独立法典（而不是与民法合典），更是模仿日本及当时欧陆民商分离体制。此外，清政府农工商部根据 1907 年、1909 年两次商法大会上所形成的《商法调查案》，复加修订而成《商律草案》。除此之外，还起草了《大清银行则例》（1908 年奏准颁行）、《银行注册章程》（1908 年奏准颁行）、《银险章程》（草案）（由农工商部拟订，宪政编查馆审核，1910 年送资政院审议）、《运送章程》（由农工商部起草，宣统二年八月送资政院审议、十二月获准颁行）等。其时还编定了《公司法草案》6 编 312 条、《海船法草案》6 编 263 条；《票据法草案》3 编 94 条。上述草案亦为礼聘的日本法学博士志田钾太郎所帮同考订。

《大清商律草案》在提交资政院核议时，被指抄袭日、德等国商法，不合中国国情。宣统二年（1910 年），各商会认为，修订法律馆所编之《大清商律草案》，系直接采取日本法，恐于国情不甚相合。于是，各商会实际访查商场习惯，并汇总此前业已开展的部分省区的商情调查及商事习惯调查所得，采纳其间具有普遍性意义的规则，参照各国最新立法例，编成《商法调查案》上呈政府。对此《商法调查案》，农工商部复加修订，亦定为《大清商律草案》，奏请清廷提交资政院核议。然而，由于清廷的瓦解，该草案"惟未及议决，即归废弃"②。清末的诸多商事法律制度虽然未及施行，但商事习惯调查对清末商事立法事实上产生过直接影响。清末山东省调查局在论及商事习惯调查时，曾明确认识到：商法"但有公司律、破产律，其有待于改良、增订者盖甚多。但欲编订商法，亦非咄嗟所能立办。查各国商法多采用商事习惯法，以商事委曲繁变，非专其业者不能深知。今欲编订商法，自非调查各地习惯不足以为立法之根据，此馆章调查商事习惯之所由来也"③。

二、北洋政府时期的商法

民国初年，重商思潮和工商业的大力发展，商事法律的创制显得愈加重要。1911 年辛亥革命后建立的中华民国南京临时政府，在公司制度方面最初是沿用清末的《商人通例》与

---

① 《大清民律草案》明确规定："所有权人于法令限制内，得自由使用、收益、处分其所有权，他人不得稍加妨害。若他人干涉其所有物时，得排除之。""债权得向债务人请求给付或请求不履行之损害赔偿。"

② "农工商部提出《大清商律》草案于资政院。此项草案系采取各商会所编成之商法调查案，复加修订而成，内容较为完备。惟未及议决，即归废弃。"参见杨幼炯：《近代中国立法史》，74 页，商务印书馆，1936。此草案共为二编，一是商法总则 7 章共 84 条；二是公司律 6 章共 334 条。该书第 329 页另载："民商事法规之编纂，始于民国三年，当时农商部本前清资政院未议决之《商律草案》，并参以全国商务总会所起草，上于政府之《商法调查案》，略加修改，呈请大总统公布施行。"

③ 《山东调查局商事习惯报告书目录》序言。

《公司律》及《公司注册试办章程》。民国初年北洋政府及之后的南京政府，均注意对商事交往进行有效的法律调整。民国二年（1913 年），张謇任农林工商部总长，第一计划即在立法，"惟法律非旦夕可期"，乃将清末农工商部经商场习惯调查而编订的《大清商律草案》中的《公司律》之一部改称《公司条例》，并参以全国商务总会所起草上呈于政府之《商法调查案》，略加修改，呈由袁世凯于民国三年（1914 年）一月十三日，以教令第 52 号公布，并废止前清通行之《商法总则》及《公司律》。① 农商部修订《商人通例》和《公司律》、《公司注册试办章程》，将《公司律》改名为《公司条例》。与清末《公司律》相比，北洋政府的《公司条例》包含的范围更加广泛，具体内容上也有许多改变，例如重新规定了公司的类型，将公司分为无限公司、两合公司、股份有限公司和股份两合公司；规定公司均为法人，并对各类公司的具体运作规定作了进一步的细化，体例上也更加接近现代西方公司制度。这一切都是以清末商法作为其制定基础的。《公司条例草案》分总则、无限公司、两合公司、股份有限公司、股份两合公司 5 章，共 249 条。《商人通例草案》分商人、商人能力、商业注册、商号、商业账簿、商业使用人及商业学徒、代理商 7 章，共 73 条。在此基础上，又略加修改而成《公司条例》、《商人通例》。

《商人通例》1914 年 3 月 2 日第 27 号教令公布，9 月 1 日正式施行《公司条例》和《商人通例》。由于其未经法律制定程序，故不称为"律"而称"例"。《商人通例》、《公司条例》，体裁上仿日商法，内容采自德国之新商法。为配合《商人通例》的实施，1914 年 7 月 19 日，由总统教令公布了《商人通例实施细则》、《商业注册规则》、《公司条例实施细则》；1914 年 7 月 20 日，公布修正了《公司注册规则》；1914 年 8 月 17 日，农商部颁布了《商业注册规则实施细则》、《公司注册规则实施细则》。

民初的商事立法就其内容而言，与清末有着密切的关联，又有诸多发展，商事立法的内容大大丰富了。《公司条例》颁行后，一直未能臻于妥善。民国四年、五年（1915 年、1916 年）法律编查会分别编订了《破产法草案》、《公司法草案》，亦未经立法机关议决颁行。自 1922 年至 1925 年，修订法律馆又先后编成《票据法》第一、第二、第三、第四、第五各次草案。②

民国十七年（1928 年）七月，工商部以商法为处理商事之重要法规，亟应着手修订，以为实施之资，特组织工商法规讨论委员会。该会成立后，考虑到当时公司林立之状态，特别强调了"准乎党纲，酌诸国情"的原则，重视对业已调查之习惯的法律肯认，拟具《公司法草案》8 章 256 条，经工商部呈由行政院提出第 14 次会议决议通过，并提经中央政治会议第

---

① 民国初年，农工商部又将《大清商律草案》之《商法总则》改称《商人通例》，呈经袁世凯于同年三月二日以教令第 27 号公布，并明定于民国三年九月一日，与《公司条例》同时施行。参见谢振民编著，张知本校订：《中华民国立法史》，下册，804～805 页，北京，中国政法大学出版社，2000。

② 民国初年的民商法体例，以分编为例，"其编制体例，仍大致为民法与商法各独立为一法典。修订法律馆虽有民商合编之拟议，终以改编之业。繁而难举，非假以岁月，不克事，而当力图改进司法，收回法权之际，又未便将此等关系重要法典，置为缓图，故仍分别修订。"至民国十八年（1929 年）六月，"中央政治会议于第 183 次会议决议编订民商统一法典。立法院遵照此项决议案，编纂民法时，即将通常属于商法总则之经理人及代办商，商行为之交互计算、行纪、仓库、运送营业及承揽运送均并人债编，其他商事法之不能合并者，则分别制定单行法。"参见谢振民编著，张知本校订：《中华民国立法史》，下册，802 页，北京，中国政法大学出版社，2000。

175 次会议决议交立法院审议。①

清末修订法律馆根据日本律例，起草商法时曾编有《票据法草案》三编 15 章凡 94 条，并提交宪政编查馆审核，旋以政变，未及颁行。此《票据法草案根据》主要依据海牙的国际票据交往规则，并参酌德日两国之票据法而成，编制悉仿假案，编首冠以总则，采日本之例，未顾及对中国特有之习惯规则的援用。民国十一年（1922 年），修订法律馆重新起草《票据法新案》，"特别选派工作人员分赴各省调查票据习惯"，"阅数月蒇事，是为修订法律馆第一次草案"。与此同时，修订法律馆法国顾问爱斯加拉亦起草《商法法典》，是为修订法律馆第二次草案。爱氏起草商法之旨趣，依据所提报告，特别提及已调查之商事习惯之价值："修订中国商法法典，能保存中国旧有之商事习惯，复参合以新商法适用之条规，庶法典一颁，自无窒碍难行之虑矣。"为证明援用习惯之重要价值，爱氏专门进行了如下论证："各国立法例趋向，大要可分为三，一为拉丁法系，一为日耳曼法系，一为盎格鲁撒克逊法系。中国将来立法，首在参酌国情，对此三种法系，轩此而轻彼，或轩彼而轻此，均不得当。法兰西虽为编制法典之先进国，其模范非人所可驾而上之者，然鄙人犹不敢偏袒法国立法制，盖深知其制度之实在内容，与最初所编纂法典，微有不同。至提议将德国法典译本或采用英国法制，作为中国法典，鄙人更不敢赞同也。""质言之，鄙人于起草法典之际，以个人考虑为先，更就各国法家对于立法例所下评论，得其旨趣，然后从事起草，故草案之条文，不啻将中国旧有之习惯，及各国立法上之经验，合为一物也。"②

基于上述旨趣，爱斯加拉亲赴南方进行实地考察，调查商界票据习惯。③ 遗憾的是，爱氏于起草《票据条例》的过程中，可能由于"或告鄙人以中国票据习惯上大不划一，欲就各地不同一之习惯，规定大纲，颇非易事"，因此，爱氏在起草《票据条例》时，又较多地关注了"国际统一之规定"。对此，法律史学家谢振民先生注意到，相比之下，爱氏的实际立法行为，没有民国十一年（1922 年）的修订法律馆第一次草案更加注意对于国内各地习惯之尊重。修订法律馆第一次草案"则置重于实际上之应用，务求推行尽利，故博征英美德日先例，以谋票据信用之巩固，及流通力之增加，并尽量采纳各地之习惯，以期适合国情"④。

民国十七年（1928 年）七月，工商部继续起草《票据法》，同年八月的上海讨论会又特别强调"以吾国历来关于票据之习惯为考镜，以期将来推行之合轨"。该《票据法草案》经立法院 45 次会议提出报告，经过多次讨论，基本上形成了统一思路，即"历年来关于票据之判例，多依据各地之习惯，或由法官以条理判断，在上海一埠，各国领事多援用各该国票据法，与我国国情相违"，故而，"票据法实有制定之必要"⑤。

民初的商事立法，在《商律草案》的基础上编订了《商人通例》与《公司条例》，又增订了《商事条例》，多次草拟《票据法草案》、《公司法草案》、《海船律案》、《保险契约法草案》。许多规范体现出进步性，特别是《公司条例》确立了公司的法人地位，借鉴大陆法系

---

① 参见谢振民编著，张知本校订：《中华民国立法史》，下册，806 页，北京，中国政法大学出版社，2000。
② 谢振民编著，张知本校订：《中华民国立法史》，下册，814～815 页，北京，中国政法大学出版社，2000。
③ 参见《司法部总务厅、江苏省高等检察厅、审判厅函告修订法律馆法国顾问爱斯加拉赴苏调查商事习惯》、《爱斯加拉赴南方调查费清单》，中国第二历史档案馆 1049—2872、1049—2387、1049—2388 号档案。
④ 谢振民编著，张知本校订：《中华民国立法史》，下册，816 页，北京，中国政法大学出版社，2000。
⑤ 谢振民编著，张知本校订：《中华民国立法史》，下册，822 页，北京，中国政法大学出版社，2000。

国家的立法模式，结合当时实际情况，规定了各类公司制度。

三、南京国民政府法律体系中的商事规则

南京国民政府成立后，立法机关开始进行民法典的制定工作，1929 年 5 月，编成民法总则编，并于同年 10 月先行公布施行；1929 年 11 月，颁布民法债编、物权编，于 1930 年 5 月 5 日施行；民法亲属、继承两编至 1930 年 12 月公布，1931 年 5 月施行。《民法债编》分通则、各种之债 2 章，共 604 条，其中第 1 章通则又分债之发生、债之标的、债之效力、多数债务人及债权人、债之移转、债之消灭 6 节，第 2 章各种之债分买卖、互易、交互计算、赠与、租赁、借贷、雇佣、承揽、出版、委任、经理人及代办商、居间、行纪、寄托、仓库、运送营业、承揽运送、合伙、隐名合伙、指示证券、无记名证券、终身定期金、和解、保证 24 节。《民法债编》将商事交往中的经理人及代办商、商行为之买卖、交互计算、行纪、仓库、运送营业、承揽运送等，按照债权行为的"各种债"的特别规则予以规定，并将之作为民法典的重要组成被纳入《六法全书》。

《民法债编》中涉及商事交往的规范主要有：一是关于财货买卖的规定。其言买卖者，为"当事人约定一方移转财产权于他方，他方支付价金之契约。当事人就标的物及其价金互相同意时，买卖契约即为成立"（第 345 条）。法典还就买卖双方的权利义务、买卖效力、特别买卖进行了规定。有关特种买卖的条文中，对按样定货、分期付款等进行了规定。二是交互计算规则。交互计算是"当事人约定以其相互间之交易所生之债权债务为定期计算，互相抵销而仅支付其差额"（第 400 条）。交互计算为常见的商事行为，民初《商事条例》有相似规定。三是有关经理人及代办商的规定。法条规定，经理人系"有为商号管理事务，及为其签名之权利之人"；"经理权得限于管理商号事务之一部或商号之一分号或数分号"（第 553 条）。所谓代办商，"非经理人而受商号之委托，于一定处所或一定区域内，以该商号之名义，办理其事务之全部或一部之人"（第 558 条）。四是具体的商事行为规范。民法较为详尽地规定了诸多商事行为规则，如居间、行纪、互易、租赁、承揽、寄托、承揽运送、证券、仓储、出版等。

在民法典创制之前，民国政府为了商事交往的秩序考虑，曾编定、颁行过一些商法规范。1928 年 7 月，工商部官员认识到，商法为处理商事之重要法规，应着手修订，以为实施之资，故组织工商法规讨论委员会，编纂全面的工商法规。工商法规讨论委员会旨在研究中央交该部审查的工商法令；起草由部长提交或者本委员会三人以上之提出或由国内各工商团体之建议，并认为有编订必要的法律条例；修订由部长提交或本委员会三人以上之提出或由国内各工商团体之建议，并认为有修改必要的已经公布的法律条例。①

该委员会成立后，"以我国公司林立，需用公司法甚殷，乃准乎党纲、酌诸国情，本历年事实上之经验"② 开始着手起草《公司法》。先形成《公司法原则草案》，经"中央政治会议"会议议决和委员的审查，加以修正，形成了《修正公司法原则》，审查修正案通过后交立法院。《公司法原则》分总则、无限公司、两合公司、股份有限公司、保证有限公司、股

---

① 参见《工商法规讨论委员会规则》，载《工商法规辑览》，北京，中华书局，1930。
② 谢振民编著，张知本校订：《中华民国立法史》，下册，806 页，北京，中国政法大学出版社，2000。

份两合公司 6 章，计 36 条。这些规则事实上构成了公司法的中心内容。① 此后，立法院召集商法起草委员会委员、民法委员会委员以及工商部部长等审查通过了《公司法草案》。

在民法典颁行之后，坚持民商合一的南京民国立法机关，从商事活动的实际出发，颁行了诸多直接触及商事行为的法律规范。其中 1934 年颁行的《破产法》最具代表性。北洋政府时期，已编订有《破产法草案》，司法部曾通令各级法院参酌援用，但草案适用效果并不理想。南京民国政府创立初期，最高法院对无破产法时的司法问题，曾要求各级法院遇有破产情形，适用习惯或条理以为裁判。然司法实务中可援用习惯或条理较少，故而，国民政府司法部于 1934 年编订了《破产法草案》，共 333 条。

南京民国政府时期，基本完成了商事法律制度的现代化。商事法律规则的创立是商事法制现代化的前提条件。中国商事法制由清末开始，经历民初，到南京政府时期基本完成。在这一历程中，社会观念开始由封建传统体制下“重农抑商”、“重农轻商”、“淡泊私权”向尊重商品经济交往主体的利益、“关注私权”转变。商事法律制度对维护商品生产者、经营者的利益，平衡公私利益转化关系，维护社会经济秩序，起到了重要作用。

南京民国政府的立法，基本上继承与发展了清末以来的商事立法风格，全方位地继受日德商法，在票据、保险等商法规范创制问题上，几乎完全取材于西方规范。清末在短暂的时间内制定出《钦定大清商律》、《破产律》、《商律草案》等具有近代性质的商事法律，取得了商法现代化的初期成果，民国之后的立法者继续依旧“参考各国通例，斟酌本土国情”进行广泛的商事立法活动，北洋政府先后《商人通例》、《公司条例》、《商事条例》、《票据法》、《破产法》、《海船律案》、《保险契约法草案》，进一步充实了商事法律制度的内容。南京国民政府成立后，将商事立法事项列入立法议程，专门成立商法起草委员会，负责商事法律的修订、起草工作。立法机关在较短的时期，颁行了民法典、公司法、票据法、破产法、银行法、保险法等涉及商事交往的法律规范，建立了较完备的商事法律制度。总体而言，商事法律规范体系已初步建立，基本完成了商事立法的体系化和现代化。

第二节
中国近现代商事法律的继受

一、商事法律体系的继受

中国现代的商事法律制度体系是从西方移植过来的。罗马时代商事活动的普及，有关商或贸易的法规已相当完备。随着近现代市民社会成长、发展，反映商事主体权利要求的“商法”精神得以确立，商法体系渐趋完备。清末民初商法移植时基本上是构筑在大陆传统商法体系之上的。所不同的是，清末和民国北洋政府采信了法国为代表的独立商法体制，即民商分立体制；而南京民国政府采纳的是民商合一的立法体制。

---

① 参见立法院秘书处：《立法院公报》，1929 年 9 月第 9 期。

在欧陆商法的发展过程中，以法国、德国为代表均实行民商分立模式。1807年《法国商法典》分通则、海商、破产、商事法院4编，共648条，这类国家有荷兰、西班牙、比利时、希腊、意大利以及葡萄牙等。《德国商法典》1897年制定、1900年实施，受《德国商法典》影响的国家主要有日本、奥地利、瑞典等。日本1881年聘请德国人起草商法，分总则、海商、破产3编，1 064条。该法典于1890年4月27日经元老院讨论通过公布，定于次年1月1日起正式实施，是为日本旧法。大陆法国家虽然多采法、德民商分立的法典编纂体例，但自从瑞士首开民商合一编纂体例之后，民商合编的体例也就作为一种新的模式被逐渐仿效。1881年，瑞士根据宪法，制定债法，1883年，《瑞士债务法》开始生效。瑞士实行民商合一体例。继瑞士之后，1922年10月苏俄民法典规定了公司法规范，这也被认为是民商合一的一种形态。我国清末民初商事立法之际，已有学者认识到民商法关系的立法意义，学者陈武、刘泽熙在其所著《商法（总则、分则）》中，涉及了民商关系，解析了民商法的联系和区别，并分析了民商立法的趋势。[①]

1907年，清政府翰林院侍讲学士朱福洗向清政府奏请慎重私法编纂，并推荐日本法学博士梅谦次郎为起草员，首次明确提到编纂民商合一法典的主张，强调"中国编纂法典之期后于各国，而所采主义学说不妨集各国之大成为民商法之合编"[②]。当时受聘起草商律的志田钾太郎也表示反对民商分立模式，其认为："商法法典之存在，仅本诸沿革上之理由，非出于现今文明社会之所必要者"，"自法制之沿革上并比较上论之，往古文明最进步之罗马法，并无自民法法典分离之商法法典。今日商业最发达之英美二国，亦无可与民法明确区别之商法。折中德法两系之《瑞士债务法》亦综合民法与商法而成者"。但鉴于其时"收回治外法权"的迫切性和政策上考虑，志田钾太郎还是帮助清王朝拟订了《大清商律》。[③]

清末"民商合一的法典编纂体例"主张，遭到修订法律大臣沈家本、俞廉三等官员反对。民律起草之前，《钦定大清商律》、《破产律》等即已起草颁行，从立法成本考虑，也无实行民商合一之必要，故而，清末形成了民商分立的体例。

"民商合一"观念及立法思想在民初成为主导思想。民初民法立法时，民商立法模式问题又引起人们的关注。尽管民初学者推崇民商合一的立法体例，但这并未最终改变当时民商分立的立法模式。北洋政府修订法律馆曾"延聘私法专家修订私法法典，内应实际社会之要求，外察挽回法权之情势，利在速成、刻不容缓，因此决定整理积年关于近世新立法之资料、及变法以来习惯上之贡献、新式之判例，而厘定民法、商法二种法典。私法学界虽有民商二法合并之高论，迫以国家利害，未遑从容讨论矣。"[④]"自民国十一年至十四年……其编制体例，仍大致为民法与商法各独立为一法典。修订法律馆虽有民商合编之拟议，终以改编之业，繁而难举，非假以岁月，不克事，而当力图改进司法，收回法权之际，又未便将此等

①　参见陈武、刘泽熙：《商法（总则、会则）》，"绪论"，并木活版所，1905年东京印行。

②　《修订法律大臣沈家本等奏议复"朱福洗奏慎重私法编别选聘起草客员"折》，载《政治官报》光绪三十四年十月十五日第373号。

③　参见何勤华、李秀清：《外国法与中国法——20世纪中国移植外国法反思》，240～241页，北京，中国政法大学出版社，2003。

①　李忻：《商法上之商事问题》，载《法学会杂志》，1922（7）。

关系重要法典，置为缓图，故仍分别修订。"①

南京国民政府时期，民法的起草被列入日程，1929 年 1 月，民法委员会、商法起草委员会分别成立。1929 年 2 月至 1930 年 12 月，民法委员会先后完成了民法总则编、亲属编、继承编，初步完成了民法的法典化。民法的制定，深刻地影响着商法典编纂的独立性，正如学者所言："编纂民法债编之始，首应解决者，即民商两法是否合一之问题。"② 对于民商合一，这时的学者主要是支持的态度。中央政治会议第 180 次会议核准了编订民商统一法典的提案，胡汉民、林森的"提案"称，查民商分编，始于法皇拿破仑法典。维时商人有特殊之地位，势不得不另定法典。然查商法所规定者，仅为具有商业性质之契约，至法律上原则或一般之通则，仍须援用民法。实行民商合一，"更符本党全民之精神"③。

1929 年 6 月，中央政治会议第 183 次会议通过决议，决定编订民商统一法典。立法院遵照该项决议，后经立法院审议通过"提案审查报告"。在该审查报告书中，胡汉民、林森等又从历史关系、社会进步、世界交通、各国立法趋势、人民平等、编订标准及体例、民法与商法的关系八个方面论述了民商合一的合理性。由此，南京民国立法机关最终确立了民商合一的立法模式。

二、商事法律原则的继受

商事法律的移植还表现在对商事法律原则的继受之上。大陆民商法律发展中形成的主体地位平等、意思自治、商事交往的营利性、权利社会化等原则，在清末民初的商事法律中均有不同程度的体现。

第一，对主体地位平等、意思自治原则的汲取。清末《公司律》和《商人通例》的颁行，使社会主体经济权利和自由得以拓展；并开始改变中国传统的商事交往主体"官商"、"民营"的不平等现象，使得参与商品交往的所有商主体均享有平等保护的法律依凭，为商事主体顺然地、自由地参加社会经济生活提供了便利。

清末光绪二十九年十二月（1904 年 1 月）颁布了由商部载振和伍廷芳共同主持起草的《商人通例》和《公司律》。清末《公司律》是商部在仓促之间采集西方各国商法草拟而成，它以英国 1862 年公司法、1865 年合股公司法以及 1899 年《日本商法典》为参照本而制定。《公司律》依据西方公司制度，确立了资本的平等性，从法律上赋予商办企业与官办或官商合办企业以平等的地位，赋予普通商人与官商平等地位，"在中国历史上第一次按照近代股份责任原则，而不是按照出资人或经营人身份确定权利义务，在近代中国公司制度诞生中具有开创性的意义"④。

总体而言，《商人通例》、《公司律》放松了政府对经济的控制，其中规定"凡设立公司赴商部注册者，务须将创办公司之合同、规条、章程等一概呈报商部存案"⑤。这就以法律形式废除了官方的特许批准和垄断，使公司的设立在秩序上仅须登记注册，与国际惯例一致。

---

① 谢振民编著，张知本校订：《中华民国立法史》，下册，802 页，北京，中国政法大学出版社，2000。
② 胡长清：《中国民法总论》，25 页，北京，商务印书馆，1935。
③ 《民商统一法典提案》，载方俊杰：《最新商事法论》，345～346 页，庆业印务局，1938。
④ 张铭新、王玉洁：《略论清末〈公司律〉的产生及特点》，载《法学评论》，2003（3）。
⑤ 《公司律》第 2 条，《大清法规大全》，第 6 册，3022 页。

这一法律举措对鼓励主体自由参与贸易，公平竞争，平等对话，提高了制度保障。

第二，对商事交往营利性原则的采信。清末的商律不仅采取了不同于中国传统商事习惯的近代公司、商事行为、票据、保险、股东等概念及相关制度，而且在制度构造中充分体现了商事行为的营利性原则。如《公司律》规定了近代公司的组织构架、运营方式，在否定中国传统的商事行为习惯的同时，强调了现代商事交往的营利性原则。《商人通例》共 9 条，对"经营商务"的一般条件作了规定，并明确规定公司为商人的一种。《公司律》与《商人通例》内容比较丰富，触及经营的规范甚多，为公司运作及商业利益的获取提供了法律保障。

《公司律》共 11 节 131 条。清末的《公司律》依照大陆法国家公司体例，将公司分为合资公司、合资有限公司、股份公司及股份有限公司四种形式，并开始区分有限责任与无限责任。《公司律》第 1 条："凡凑集资本、共营贸易者名为公司。"《公司律》结构亦如大陆法国家之一贯体例，强调了对股东利益的全面维护，如合资有限公司和股份有限公司负有限责任，股东仅以出资额为限对公司负责。《商人通例》中对股东资格做了规定，凡男子自 16 岁成丁后即可经商而成为股东。第二节股份。内容涉及股东认股的程序手续、具体责任、股东权利、股东会的召集与议事规则、董事局成员的产生、议事规则及查账人的权利与责任等等。官员可以入股；公司由股东选举经理、董事、查账人（查察人）；董事至少 3 人，至多不超过 13 人，组成董事局；董事局成员人数必须为单数；查账人最少为 2 人。第三节 17条，股东权利各事宜；第四节 17 条，董事；第五节 6 条，查账人；第六节 13 条，董事会议；第七节 9 条，众股东会议；第八节 6 条，账目；第九节 7 条，更改公司章程；第十节 6条，停闭；第十一节 5 条，其他事项。上述规则，基本包含了对股东权益的保护机理，以及商事交往利益驱动机制。

第三，对"权利社会化"思潮及立法原则的吸收。一般认为，"社会本位"以"权利社会化"为主要载体，从 19 世纪末开始直至今天，始终受到人们的普遍关注，并成为大多数国家民商法制度的基本价值定位。"社会的权利"思想成为西方创制商法体系的主导原则，国家立法与司法将"社会公共利益"的维护作为主旨；权利主体行使权利时，如无视他人及社会利益，则缺乏社会道义支持，也难获法律准许。

19 世纪末 20 世纪初的中国民商事立法，追逐着西方商品经济发展几百年之后的"限制权利"及"社会本位"思潮，在商法制度建设中，则在毫无国情依据之情形下，革除了用以捍卫商品经济条件生存和发展的民法"权利绝对"、"意思自治"精神，而"一步到位"式地移植、实行西方社会刚成立的"社会本位"立法主旨观念。清末商律中有许多条款表达了"权利社会化"思想。民国南京政府时期的包括商法基本规则在内的民法制度，以大陆民法制度为蓝本的同时，突出强调以保护所谓"社会公益"为立法主要任务，强调了"社会本位"。

三、商事法律内容的继受

在商事法律内容上，移植西方制度是一种法律创制中的常态。亦就《公司律》而言，清末公司律内容基本上为移植西方国家渐进成熟的公司规范，如关于股东的权利义务的规定，与其时大陆多国规定相同或相似，第 36 条："附股人不能以公司所欠之款抵作股银"，即不得以对公司所享有的债权作为出资；第 39 条："公司不能自己买回及抵押所出股票"；第 41 条规定，股东若逾期不缴纳股银超过一定期限，则丧失股东权利；第 46 条规定："公司董事局每年应召集众股东举行寻常会议，至少以一次为度"，公司还可因需要举行"特别会议"；第 48 条规定，董事应向股东报告经营状况，股东有权查阅账目；第 58 条："凡公司有股之人股票用己名者，无论股本多少，遇有事情准其赴公司查核账目；"第 63 条规定，董事由股东公举产生，公司董事至少三人，至多不超过十三人，必须"举成单数为合例"，董事任期为一年；第 74 条规定了董事的禁止竞业义务，"董事未经众股东会议允许，不得做与该公司相同之贸易"。第 114 条规定，董事局欲将公司创办合同或公司章程更改，必须由众股东会议议决；第 115 条规定，众股东会议议决，必须股东在场者有股东全数之半；其所得股份必须有股份全数之半；若不能如上所限，而在场者股东以为事在可行者已居多数，可以暂时决议公司事，将决议之事登报并通知众股东，限一月内重集会议，从众决定。

具体而言，清末《公司律》对西方制度的继受主要包括以下几个方面。首先是继受大陆法系的注册登记制度。1904 年初接连颁布的《奏定商会简明章程》、《商人通例》、《公司律》放松了政府对经济的控制，其中规定"凡设立公司赴商部注册者，务须将创办公司之合同、规条、章程等一概呈报商部存案"①。从而以法律形式废除了官方的特许批准和垄断，使公司的设立与国际惯例一致，仅须登记注册即可。

其次，《公司律》继受了大陆法系公司的有限责任制度，意味着股权为基础的公司体制开始建立。《公司注册试办章程》第 5 条规定"凡各省各埠之公司、厂、行号、铺店等，一经遵照此次奏定章程赴部注册，给照后，无论华、洋商，一律保护。其未经注册者，虽自称有限字样，不得沾《公司律》第 9 条、第 29 条之利益"。《公司律》第 9、29 规定，合资有限公司（股份有限公司）如有亏蚀、倒闭、欠账等情，查无隐匿银两、讹骗诸弊，只可将其合资银两之尽数（股份银两缴足），并该公司产业变售还偿，不得另向合资人（股东）追补。这里，法律规定了"有限责任"所涉及的权利义务，凡经商部核准注册登记的合资有限公司、股份有限公司，在经营中仅以出资额对外承担责任，此外，债权人"不得另向合资人（股东）追补"。

这种合资有限公司的建立，改变了中国传统的合伙经营方式的责任形态。合伙形式是一种资产共有体制下的共同经营模式，投资者不以出资额为限对外承担责任，二是对外承担无限的连带责任。其投入的资产所有权与合伙经营权合二为一。合伙这种经营方式风险大，其资金筹集的能力、规模均相对较弱，加之合伙经营决策的分散性，难以适应快节奏的商品交往的顺畅进行。故而，《公司律》引入的有限责任制度是一次制度的飞跃。有限责任制度重在保障投资者的利益，并有利于资本的积累和商人利益维护。

再次，关注保护小股东的权益使小股东的利益得到了特别的保护，相关保护规则被置于《公司律》的显要位置。《公司律》第 100 条规定，召开股东会议时有一股者得一议决之权，但若 1 人有 10 股以上，则公司章程须酌定 1 人 10 股以上议决之权之数，如定 10 股为 1 议决之权或 20 股为 1 议决之权，依此类推。这一规定对于保护小股东的权利，防止大股东滥用权利具有重要价值，对众多中小投资者来说，亦具有鼓励投资，参与商品交往的指引

---

① 《公司律》第 2 条，《大清法规大全》，第 6 册，3022 页。

作用。

《公司律》所规定的公司种类、公司的运作方式、权利义务均与中国传统商事组织类型、活动方式、权利义务等差距很大，清末立法的功利性使得商事立法限于对西方制度的全盘汲取，而忽略对中国传统商事规则继受。①由于商律仓促制定，很难通过社会交往很快地消解这种移植性的法律规范。立法者如商部虽然认识到移植外国商事规定的局限性以及存在的与中国固有的商业规则的冲突，并重视商会和商人的意见，请商会协助调查全国各地商人的商业习惯及其对政府制颁商事法令的意见，但由于清王朝覆亡使继受传统商事习惯的良好愿望成为泡影。商人在两次商法讨论大会上形成的草案虽被农工商部于1910年修订成《大清商律草案》送交资政院讨论，但未及通过，清廷灭亡。

《公司律》及《商人通例》尽管存有诸多局限性，但它引入了在组织方式、经营规则、法律责任的承担均具有先进性的西方公司制度，是中国民商法制现代化开端的重要组成部分。

南京民国政府1929年通过的《公司法》，虽然"参酌国情"，创制中注意结合实际商事交往情况，但移植的内容依旧普遍。该法总计233条，1929年12月30日公布，并定于1931年7月1日起施行。关于公司种类的规定。该《公司法》将公司种类划分为无限公司、两合公司、股份有限公司、股份两合公司四种。《公司法》第3条明确确定公司是法人。《公司法》依据西方公司法规范，对公司的对外投资进行了一定的限制，如《公司法》第11条规定："公司不得为他公司之无限责任股东，如为他公司之有限责任股东时，其所有股份总额不得超过本公司实收股本总数四分之一。"《公司法》还根据其时盛行的公司监督理念，规定了公司经营责任，如第148条规定了董事的"注意义务"，第151条规定了监察人可代表公司对董事提起诉讼的制度。《公司法》还在突出了公司的营利性质同时，强调了保护小股东利益的重要性。《公司法》"除因袭《公司条例》之旧制，重视防弊外，主要以德国和日本公司法为蓝本，采干涉主义，管制严密，立法旨意本于'节制资本'之意义，对于小股东之利益，特予以保护，并限制大股东之权益"②。

1934年，南京民国政府在制定《破产法》时亦能反映出对大陆法制度的移植。北洋政府时期，已编订有《破产法草案》，司法部曾通令各级法院参酌援用，但"大理院采用其法理著为判例者，仅寥寥数点而已"③，法律适应性不佳。最高法院民国十九年（1930年）上字2284号判例就指出："破产法未颁行以前遇有破产清形，自应适用习惯或条理以为裁判。"虽在司法实务中，可以适用习惯或条理作为审判依据，但这毕竟不是正式法律，且因习惯的差异性，各级法院在审理破产案件时颇感不便。鉴于上述原因，国民政府司法部于1934年即行编订《破产法草案》，共333条。但"其所根据之材料，亦仅限于德国及日本之旧法与现行法，且于此等材料，亦未能慎重选择"④。其内容与1915年北洋政府的《破产法草案》，均对中国传统习惯及司法积累的数年判例解析，未能有效汲取。

---

① 当然，这种法律移植亦非全面或严密，如《商人通例》对商人仅定位于经营商务贸易买卖贩运货物者，将其他商事行为排除在商主体范围之外。《公司律》对公司的独立法人资格与地位亦未作系统规定。

② 王文杰：《台湾公司法律制度的变迁与发展》，载《比较法研究》，1999（3）、（4）。

③ 谢振民编著，张知本校订：《中华民国立法史》，下册，840页，北京，中国政法大学出版社，2000。

④ 梅汝璈：《新破产法草案之特征与理论》，载《中华法学杂志》，1935年6卷1期。

对此，法国顾问爱斯嘉拉曾言，"草案对于纯粹学理上之构造，极其精良，但其性质，则嫌太为抽象，且其对于受一种完全不同之精神所陶冶之西方立法，采取过甚，而对于中国商业应用实际之所在，反无相当注意。"① 外国学者宝道也认为，草案不适用于中国国情，中国已有之商业习惯，各处并非一律，其特点亦有时与现今外国商业习惯大相径庭。故以德国法律为主要母法之详密的破产法，如本草案者，施行时必至与许多地方上久经遵从、而在商业社会占有重要地位之习惯相冲突。②

四、商事管理制度的继受

清末民初的商事立法中，触及诸多关于商事监管方面的规则，具有代表性的规则，主要存在于商事单行法，如破产法、海商法、银行法、保险法之中。其中，银行法中的监管规则最具特色。银行法规是应新式银行业的发展而产生的。我国近代银行法规，最早的为清光绪三十四年（1908 年）颁布的《银行通行则例》，共 16 条，规定了各种期票、汇票的贴现、短期拆息、经理存款、放出款项、买卖生金银、兑换银钱、代收公司银行商家票据、发行期票、汇票等规则。民国成立后，兴华汇业银行、中国银行、交通银行相继成立，北洋政府先后公布了《兴华汇业银行则例》、《中国银行则例》、《交通银行则例》、《劝业银行条例》等特种银行法规。1920 年，北洋政府财政部协同"银行法规修订会"，继续修改、编订银行法规，旋即有《修正银行法（草案）》、《银行法施行细则（草案）》、《储蓄银行法（草案）》拟成，但均未能提交国会议决。南京国民政府成立后，继续强化对银行业的立法。1931 年制定了《银行法》，为改善银行制度，《银行法》确立了多种监管规则，如"营业范围之确定"、"防遏不当之竞争"、"谋银行改善之进步"。根据《银行法》对银行经营范围及主体、资本总额的限制及其增减、银行的事前和事后监督、银行出资人股的禁止、银行兼业的范围、银行的信托业务、分行制度的采用、法定公积金的最低额、外国银行的取缔等方面作了系统规定。其中，严格规定了银行的设立程序。《银行法》规定凡是"收受存款办理放款及或票据贴现、汇兑及或押汇"之一业务者均为银行；若经营"前项业务而不称银行者，视为银行"。银行设立采特许主义，银行非经核准不得设立。对于组织形式，《银行法》规定可采股份有限、两合、股份两合以及无限公司等组织形式，且前三种公司形式的银行资本一般应达 50 万元，而无限公司形式的银行只须达到 20 万元即可。非公司组织经营银行业务的，应在银行法施行后三年内变更为公司组织，作为过渡办法。《银行法》还规定了"不完全"的分业模式。从理论上说，银行应以存款、放款、贴现、汇兑为其范围，可兼营仓库业、保管业、债权的取偿、金钱的收交以及有价证券的买卖等，但《银行法》禁止银行从事保险业务。

就具体制度而言，有诸多严格监管规则。为加强监管，《银行法》采用了事前监管主义，即非经主管部门核准登记，发给营业证书后，不得开业；凡创办银行者，应先订立章程，载明银行名称、组织、住所地、资本额、营业范围、投资人信息等相关的事项，呈请财政部或呈由地方主管官署转请财政部核准登记后，方得设立；并规定如系招股设立之银行，须订立招股章程，呈请财政部或呈由地方主管官署转请财政部核准后，方得招募资本（第 3 条）；

---

① 谢振民编著，张知本校订：《中华民国立法史》，下册，840 页，北京，中国政法大学出版社，2000。

② 参见［法］宝道：《对于破产法草案之意见》，载《中华法学杂志》，1934 年 5 卷 10、11、12 期合刊。

对于经主管部门核准登记的银行，还应经主管部门或由其委托的地方主管官署验资，如认为确实，才能予以核准登记发给银行营业证书、开始营业（第6条）。"我国银行失败之祸源，不在支付准备之短少，乃在董事及其重要职员之违法行为，欲制止之，惟检查耳"①，《银行法》还规定，财政部可以随时命令银行报告营业情形、提出文书账簿（第23条），也可于必要时派员或委托所在地主管官署，检查银行的营业及财产状况（第24条），而检查员又须于检查终了十五日内，将检查情形呈报财政部或呈由所在地主管宜署转报财政部查核（第26条）；凡银行不良贷款、重要职员的舞弊情形，均应详细记入。

1928年9月，南京国民政府金融监理局在全国经济会议上提出《保险条例草案》，分总则、设立及营业、投资之准备、凭单及赔款、职员、监督、纳税、罚则、附则，9章，共39条，该法案属于保险业法范畴。因金融监理局后被撤销，该案未进入立法程序。1937年1月11日公布修正后的《保险法》。《保险条例草案》、《保险法》均注意并强化了保险业的监管制度。

商事管理制度的变革与继受，还表现在商会组织的自治与商务管理上。至清末，随着商品经济的发展，商人更已成为一个有意识、有实力的群体。工商业者开始组织有效的商会、会馆、公所等机构，加强商人之间的沟通与对商事交往行为的管理。这种利益追求和商业活动的管理需求，需要相应的管理规则的系统化、法制化。其时商会组织的管理规则，还为政府的管理制度构造设定了基础。清政府还通过由商部直接管理商会，来加强中央与地方商人的关系，从而削弱地方势力。②

传统社会对商事的管制多以"抑商为主，或且以肥己为心，故商务之中一涉官场，必多窒碍"③。而且商事方面的纠葛，时常掺和刑罚方式进行裁定，从事商事活动常被置于官府强制之下，很难有"商人自治"现象的发生。随着商会等组织的出现，清政府赋予了商会对商事纠纷一定限度的调处权。商人开始了自治管理与官府管理的统一。商事组织可以适时对商事纠纷进行裁决。商人对于商会也寄予了浓厚的期望。清政府以商部奏准颁行《商会简明章程》规定商会有权调解中国商民之间发生的纠纷，如两造不服，商会有权向地方衙门"秉公申诉"，直至向清政府商部报告。1902年成立的上海商业会议公所在其章程中，就指出"商务中最要者，钱债一事，而地方有司往往视为细故，虽经控告，无非延宕了事，以致奸商刁险目无法纪，有故意倒闭潜逃等事"，对此商会要出面解决，一切以"秉公以闻，以除积弊"为准则。④

各地商会纷纷建立了对商事纠纷的调处制度。商会调处商事纠纷改变了传统的官府统揽纠纷调处权现象。并且，因为采取当事人平等规则，使得参与调处的当事人有权抗辩、申辩，对查明事实真伪很有帮助。而且，主持或参加调处商事纠纷者多为商界或地方重要人物，对商务及商人习俗有较充分把握，有利于商事纠纷的公平恰当解决。

---

① 马寅初：《普通银行法（草案）具体说明》，载田雪原主编：《马寅初全集》，第五卷，杭州，浙江人民出版社，1999。

② 参见余英时：《中国近世宗教伦理与商人精神》，105页，台北，联经出版事业有限公司，1989。

③ 《中华文化通志·工商制度志》，369页，上海，上海人民出版社，1998。

④ 参见《商会简明章程》，载《东方杂志》第一期。

第三节
中国近现代商事法律对传统的固守

　　清末民初的商事立法主要以法律移植作为主线，移植法的对象尤以日德商法为重，许多商事类法律如票据法、保险法等在立法内容上，多取材于日德商法，有的甚至是全盘照搬。当然，在这一时期的商事立法过程中，也非全方位、完全的法律移植，我们注意到，在一些具体的商事制度上，存有对中华传统商事规则的继承性一面。如南京国民政府的公司法、破产法等，都呈现出一定的传统性。国民政府在《公司法》制定过程中，商法起草委员会多次讨论，对具体制度进行细致分析，以实现公司体制在社会经济生活的运行，立法中再三强调"参酌国情"原则的贯彻，注意大小股东利益的平衡和公司等社会责任的保持。民国《破产法》还规定了与中国社会相适应的"和解制度"、"调协制度"，一定程度上固守着中国的传统。

一、商事法律原则对传统的固守

　　光绪三十年（1904 年），清政府颁行《钦定商律》，包括《商人通例》9 条和《公司律》131 条，之后又颁行了《商会简明章程》；光绪三十二年（1906 年），清王朝颁行《破产律》，但因与其时商事交往实际情况不相符合，故于次年废止。清政府颁行《商会简明章程》之后，各地商会如雨后春笋不断涌现。大量商会组织的出现，一方面反映了其时中国商品生产、交换活动的广泛性特质，另一方面，这种市民社会所要求的组织体雏形的诞生，也意味着中国市民社会在广泛的领域开始孕育并生成。

　　清王朝《钦定商律》之后，修订法律馆在日本学者志田钾太郎的协助下起草《大清商律》，完成了总则、商行为、公司律、票据律、海船法五编。然而，当时各地刚组建的商会组织的成员们认为，修订法律馆所编定的《大清商律》由于直接采纳日本商法规则，恐与我国国情、商情不相符合，而商事法律规范关系国家利益及商人权益，因此，完善的商法应当基于深入的商事习惯调查。故而，光绪三十三年（1907 年）六月，上海立宪公会发起成立了商法起草委员会，决定实际访查商场习惯，参照各国最新立法例，自行编纂商法草案。至宣统元年（1909 年）年底，上海相关商会组织已完成了《商法总则》、《公司律草案》，经商会第二次大会通过，呈请清王朝中央机关施行。为使上述草案能获准颁行，商会组织特别附加了《商法总则调查案理由书》和《公司律调查案理由书》。[①] 而且，这些草案为全国各商会"专聘通晓商律之士，调查各埠习惯，参酌法理编纂而成，于实施之际不无裨益。"[②] 这种"联合全国商人自造商法草案，要求政府施行"[③] 的愿望虽然最终并未实现，但在中国近代立法史、社会史乃至中国的法制现代化历程中均具有不可忽略的价值。

---

　　① 参见谢振民编著，张知本校订：《中华民国立法史》，下册，804 页，北京，中国政法大学出版社，2000。
　　② 《大清新律令》，续编卷八，宣统二年五月三十。
　　③ 其时上海商务总会会长李云书语。《商法特会第一日记事》，载《申报》，1907—11—20。

由商会所拟订的《商法总则》及《商法总则调查案理由书》明显表达了遵从传统资源——商事交往习惯的风格，其间有多个条款触及对商事习惯的认同，如第 34 条规定："商人仅承顶他人之营业，而并不用原有商号者，非照商业惯习上有应承认之义务，由承顶人出名公告，于原欠各债款，不负其责任。"对此，立法理由云："仅将营业脱让，与营业随商号一并脱让时，其事情特异。""本条所生之债务，当然为不归承顶人担负者。故非商业习惯上有应承认之义务，承顶人尽可置之不问。"① 第 55 条规定："商业雇佣人，于其所应尽之劳务及应得之报酬，非有特订之契约，应照各该地之习惯定之。"立法理由云："关于商事之内部关系，有契约者从契约，无契约者从习惯。此系一般原则，德国新、旧商法皆同。惟旧商法或从习惯，或从裁判所之推测。倘必经官，恐非商界之福，故消除之。"② 第 70 条规定："修业期间以修业契约定之。若不以契约确定时，则依各业之规约或按各该地之习惯而定之。"立法理由云："徒弟修业必有期限。日本于工商业见习期者本定十年，明治五年后改为七年，而民间沿用旧习多，仍以十年为率。德国则不拘年限，而委之以契约。契约所无者，或征之于各业，或听之于各地，实较日本为便利。我国幅员辽阔，商界之风气各殊。即就修业期间而论，工商各业，大都以六年为满（俗谓之帮三年学三年），而所结契约，仍各随双方之意思。至各业之规约，各省不同，甚则各府、各县不同。各地之习惯，各府各县不同，甚则各乡、各镇不同。从德国主义，听其自由最为适宜。若解约之期，在试验期内与试验期后亦可自由，但不能无区别耳。"③

二、商事法律内容对传统的固守

清末的商事立法的移植性较强，很少顾及传统法律资源的固守问题，如公司律在内容上主要参照外国的公司立法，较少考虑本国的国情和商业习惯。当然，我们也可以从零散的规则中看出一些制度对本土法律资源的继受。如在清末的《公司律》中，规定的"合资公司、合资有限公司、股份公司、股份有限公司"四种法定公司形式。其中合资公司为无限责任公司，与中国传统的合伙极为相似，从而顾及了中国的传统经营习惯。在制定《破产律》时，立法者注意到听取"各处条陈"的商会和商务议员意见，"调查东西各国破产律，及各埠商会条陈、商人习惯，参酌考订，成商律之破产一门"④。光绪三十二年（1906 年），商部拟具《破产律》后，送沈家本、伍廷芳审核，奏"商部修律大臣会奏议订商律续拟破产律折"。该《破产律》于光绪三十二年（1906 年）四月奏准颁行。从内容上看，《破产律》在受理破产主管机构方面体现出本土化现象。"观清国立案者，能注意于此，不模仿外国之条章，除时弊而置重实际之运用，可谓极当之处置矣"⑤；在《破产律》制定过程中，商部开始注意各地商会的意见，也开始进行商事习惯的调查，沿袭中国习惯较多。虽然光绪三十三年（1907 年）十月明令废止了《破产律》，但"此律废止后，大理院仍于兼顾商业习惯之中，间或援用其

①　张家镇等编、王志华校：《中国商事习惯与商事立法理由书》，43 页，北京，中国政法大学出版社，2003。

②　张家镇等编、王志华校：《中国商事习惯与商事立法理由书》，63～64 页，北京，中国政法大学出版社，2003。

③　张家镇等编、王志华校：《中国商事习惯与商事立法理由书》，71 页，北京，中国政法大学出版社，2003。

④　《光绪政要》，卷 32，15 页，台北，文海出版社，1985。

⑤　［日］加藤正次：《读大清新破产法》，王凤翘译，载《法政学交通社杂志》，1907（5）。

法理，以裁判破产之案件，而由其判决例，遂创立一种不完全之破产制度"①。

就民国的商事立法而言，民国初年及之后的南京政府时期，均注意对商事习惯调查所得给以认同。民国成立初始，法律编查会于民国四年、五年分别编订了《破产法草案》、《公司法草案》。自1922年至1925年，修订法律馆又先后编成《票据法》第一、第二、第三、第四、第五各次草案。② 次年，张謇任农林工商部总长，乃将清末农工商部经商场习惯调查而编订的《大清商律草案》中的《公司律》之一部改称《公司条例》，并参以全国商务总会所起草上呈于政府之《商法调查案》，略加修改，呈由袁大总统于三年一月十三日，以教令第52号公布，并废止前清通行之《商法总则》及《公司律》。③

《公司条例》颁行后，一直未能臻于妥善。民国五年（1916年）法律编查会编定之《公司法草案》，亦未经立法机关议决颁行。民国十七年（1928年）七月，工商部以商法为处理商事之重要法规，亟应着手修订，以为实施之资，特组织工商法规讨论委员会。该会成立后，考虑到当时公司林立之状态，特别强调了"准乎党纲，酌诸国情"的原则，重视对业已调查之习惯的法律肯认，拟具《公司法草案》8章256条，经工商部呈由行政院提出第14次会议决议通过，并提经中央政治会议第175次会议决议交立法院审议。④

总之，民国初年北洋政府和之后的南京政府所颁行的商法草案以及相关的单行商法，基本上体现了"参以各国法例，准诸本国习惯"的立法精神。历史史实亦表明，其"参以各国法例，准诸本国习惯"的立法精神，实质上完全继承了清末立法机构所坚持的"原本后出最精确之法理"和"求其最适于中国民情"的法律创制原则。即便是民国南京政府的商事立法，一方面继承了清末新政时的立法成果和北洋政府的立法成果，继续参照"世界普遍遵行之法则"和"原本后出最精确之法理"；另一方面，又在"注重世界普遍之法理"的基础上，颁行了基本上能够表达"求其最适于中国民情"的法律制度。

民国民商事习惯调查活动开展后，司法机关则更有援用习惯进行审判的品格。在此之后的民国商事司法事务中，司法工作人员一般均能够尊重商事习惯⑤，如民国六年（1917年）

---

① 谢振民编著，张知本校订：《中华民国立法史》，下册，840页，北京，中国政法大学出版社，2000。

② 民国初年的民商法体例，以分编为例，"其编制体例，仍大致为民法与商法各独立为一法典。修订法律馆虽有民商合编之拟议，终以改编之业。繁而难举，非假以岁月，不克事，而当力图改进司法，收回法权之际，又未便将此等关系重要法典，置为缓图，故仍分别修订。"至民国十八年（1929年）六月，"中央政治会议于第183次会议决议编订民商统一法典。立法院遵照此项议案，编纂民法时，即将通常属于商法总则之经理人及代办商，商行为之交互计算、行纪、仓库、运送营业及承揽运送均并人债编，其他商事法之不能合并者，则分别制定单行法。"参见谢振民：《中华民国立法史》，下册，802页，北京，中国政法大学出版社，2000。

③ 张謇出任袁世凯政府的农商总长后，注重对本土商事习惯的遵循，在呈袁世凯的公文中提出，前清农工商部奏交资政院会议之商律总则、公司律二编草案，系采取上海总商会及商学公会、预备立宪公会等所呈送之商法调查案修订而成，而该商会等则由专聘通晓商律之士，调查各埠商业习惯，历时三载，然后参酌法理，编纂而成……因为急需应用起见，拟即用为工商部现行条例，改商律总则为商人通例、公司律为公司条例。为此，"呈请大总统交付国会议决公布，作为工商部现行条例。"政府在此奏议下，《商人通例》、《商事条例》等案，即由农商部赶速拟订，呈请颁布。参见"请用前清（商律）、（公司律）为工商部现行条例呈"，载《张季子九录》（政闻录一卷七），张怡祖编辑，360~361页，台北，文海出版社，1983。

④ 参见谢振民编著，张知本校订：《中华民国立法史》，下册，806页，北京，中国政法大学出版社，2000。

⑤ 《中国民事习惯大全》的编纂者始终认为："民律尚未公布施行，一切民事仍依民间习惯，设遇民事上发生纠葛，若不明悉当地习惯，则办案之法官、律师或行政官无可依据。是本书备供司法官行政官律师参考之用。"参见施沛生等编：《中国民事习惯大全》，凡例第1页，上海，广益书局，1924。

上字 501 号判例，则明确指示法官于审判实践中援用习惯，其判例称："记名债权之让与按诸常理，虽无须债务人之同意即得对抗债务人，但现在吾国法律尚无明文规定，则各地方如果有特别习惯自应仍从其习惯。"① 民国八年（1919 年）上字 1042 号判例有云："契约之解除如无特别法规或习惯，自应不拘方式，故买卖契约之解除如无特别法规或习惯，不以退回交单为必要方式。"②

民国十五年（1926 年）七月二十六日，司法部关于"梧州有顶手习惯此类案件须参酌办理令"的答复（照令广西高审厅，第 248 号），亦强调了遵循习惯的司法价值。司法部的答复云："查原呈所称，本州铺底顶手已历百年，商人基于习惯，各就便利起见，无论在商会各坊公局、自治会或本铺交易均同一效力，不加制限，其顶手单据与不动产契约无异等语，事关人民权利至巨，如果该地方确实有此习惯，将来遇有此类案件发生，自须参酌此项习惯办理。"为此，要求"抄发原呈，令仰该厅知照并转令苍梧地方审判厅知照"。

司法部之所以要"抄发原呈"，源于原呈"所言极是"。此一原呈能够真切地反映民商事交易主体对司法机关"援用习惯"进行审理的迫切愿望。③

尽管清末和民国初年的思想家、司法机构非常关注民商事习惯，而且在其之后的立法机构的立法理想，亦试图"准诸本国习惯"，但受到客观条件和立法者主观因素的限制，清末民初的民商事习惯调查之所得，尚未能充分而高效地反映于立法之中。即便是相当关注习惯价值的民国立法机构，在其所颁行的民商事法律制度中，其多数规则仍旧是"移植"西方的相关法律制度。

三、商事管理制度对传统的固守

商事管理制度是商事活动及法律中的基本组成部分，商事交往要形成稳定、有序的秩序与关系，就必须有严格的商事管理制度。商事管理制度一般涉及两个层面，一是指商事交往群体内部各种规范；另一种是对外部其他群体之间关系的调整制度。清代商事交往的内部关系主要有商人个体（商号）与行、牙人（牙行）之间的关系、商人与商人之间的关系、商人与学徒伙友等的关系、行业内的派别关系、会馆和公所等行业机关的经理者与行业内其他商人的关系等。商事交往外部关系通常触及行业与行业之间的协作及国家对商事交往的管理关系。在生产商、牙商或行、贩运买卖商、零售买卖商、消费者等之间；清代政府对商业社会秩序的管理，通常表现为商人与"衙胥"之间的关系。清末立法时，基本上废止了上述的商事管理制度，以近代西方商事管理规则为基调。

在商会对商事事务的管理上，商会组织不仅关注、加强对内部商事活动，而且还自行进行商事习惯调查，创立有特色的商事法律草案。但商人组织遵从习惯的社会愿望多与国家法理念冲突。光绪三十三年（1907 年）六月，由上海立宪公会发起成立的商法起草委员会，所实行的访查商场习惯的行动，充分表达了商事交往主体争取自由、平等的愿望，也反映了刚刚形成的中国市民社会组织参与政治国家立法、司法活动的企盼。然而，政治国家的政治理想和统治利益，未必能够吻合于市民社会主体的良好愿望，尤其当"参照、移植各国最新立

---

① 周东白编辑：《最新大理院判决例大全》，卷下，96 页，上海，大通书局，1927。
② 周东白编辑：《最新大理院判决例大全》，卷下，34 页，上海，大通书局，1927。
③ 参见《梧州有顶手习惯此类案件须参酌办理令》，3～4 页，载北洋政府司法部《司法公报》，225 期。

法"成为立法者的主导思想的条件下，一般而言，难有试图表达"跟从商界惯习"的以商会为代表的市民社会组织的发言机会。

最能证实政治国家价值走向与市民社会主体愿望分歧的历史事例，便是关于商业合伙中合伙人的责任形态的法律与习惯规则的冲突问题。商业合伙中，关于合伙人分别按出资比例清偿债务，确系商界多年固有习惯。然而，清末由修订法律馆聘请日本学者所创制的《大清商律》，并未关注中国商事交往中的这一习惯，而是依据日本及大陆法国家的一般规则，规定合伙人对合伙债务承担连带（连合）责任。对此，清末宣统元年（1909 年）上海第二次制定商法大会上，即有上海部分商会代表提出修正修订法律馆之相关法律规则，但立法机构对此并未予以理会亦未对制度进行调整。民国建立后，商人社团一直坚持按照"合伙人按出资比例偿债"的商界习惯，请求立法及司法机关尊重习惯并改造法律规范。并且，在实际的商事交往中，这一习惯事实上一直被商人用以对抗法律规范。民国十五年（1927 年），民国北洋大理院曾对上海商会组织的关于"合伙债务由合伙员自行分担"的呈请，虽然从法理上予以否定，但却有条件地承认相关习惯的适用效力；至民国十七年（1928 年），上海各商业社团仍然主张合伙责任分别制，反对合伙的连带责任，为此，一些商业社团上书上海总商会和相关立法、司法机关，要求尊重商界习惯，但国家的立法机关始终未更改相应的法律规则。

第四节
商事法律的本土化问题

一、法律移植与商事法律本土化

伴随着全球性法律重组和法典化道路，法律移植日益成为法律制度构造的重要环节。美国学者谢尔曼（Sherman）曾言："就整个 19 世纪和 20 世纪的法典编纂来说，现代立法机关在很大程度上可以被看作是查士丁尼庞大的罗马法机关的翻版，前者只不过是适应时代的需要，披上了现代语言的外衣。"[1] 事实亦然，19 世纪中叶之前，资本主义国家，维护商品经济主体私权交往的代表性法律，主要就是 1804 年的《法国民法典》，但 19 世纪末 20 世纪初开始，掀起了由欧洲开始扩展到整个世界的，仿照罗马法及《法国民法典》的法典编纂运动。[2] 应当说，这一现象从本质上来说，是这一时代的全球化现象所内生的全球商品生产交

---

[1] 转引自杨振山等主编：《罗马法、中国法与民法法典化》，47 页，北京，中国政法大学出版社，1995。

[2] 这一时期各国颁行的具有代表性的法典，主要是 1896 年《德国民法典》、1889 年《西班牙民法典》、1912 年《瑞士民法典》、1898 年《日本民法典》、1916 年《巴西民法典》等。一般认为，近代以来，全球范围内的法律重构运动，主要有两次：一是私法领域，即 19 世纪末 20 世纪初，仿照《法国民法典》的法典编纂运动；二是公法领域，即第二次世界大战以后，在欧美兴起扩展到第三世界的宪法法院、宪法委员会和司法审查制度的构建。参见朱景文：《比较法社会学的框架与方法》，569 页，北京，中国人民大学出版社，2001。

换条件所阐发的相同法权关系使然。① 然而，遗憾的是，在这一时期的法律重构，除了对共同性因素的接纳现象具有理性价值，其他表征多是"不计个性，不量国情"的全方位的法律移植现象，其间的法典编纂，不论在形式上，还是内容和结构上，均惊人的相似，不论是地处欧洲的国家，还是地处亚洲或美洲的国家，很少顾及自身的特殊国情和历史传统，所颁行的法律规则，往往没有太多的区别。而这一切，与绝对的法律移植观念，有密切的关联。如对私法的构造，时人总是谈论依据何种体例，移植何国法典。所幸的是，德国因为有尊重民族精神的思想家萨维尼，因此，在其身后不久颁行的德国民法典，尚具有杰出的民族特色。遗憾的是，令萨氏没有想到的，19世纪末刚刚面世的《德国民法典》，旋即成为全盘"移植"的对象，在短暂的时间内，已有许多结构相同、相似的法典问世。

法律移植，如果没有根据本国或本地区社会生活条件，即使同主体一定的有意识和有目的活动密切联系，也会对法律制度产生不利的影响，甚至使这一国家的法律丧失独立的品格。其实，"西方文明在科学、技术以及工业、商业方面也许卓越不凡，但是，这并不能证明将西方的某些价值和制度连同其权利树立成一个普遍标准是正当的。西方对西方人来说也许是最好的，但以为它对人类的大多数来说是最好的，则没有根据。"包括法律在内的制度，"若要连贯成理，就必须出自某种特定的文化和文明传统"②。因此，对于西方的法律制度，"属于不同传统的人们没有任何理由接受它"，或囫囵吞枣地予以移植。③"事实上，当产生于西方文化的宣称为'科学'的方法随随便便地适用于非西方国家的情形时，它就会招致将非西方文化置于普罗科拉斯提斯之床的危险，或者对非西方民族在移植法和固有法之间的内在斗争视而不见。"④ 可见，在法律移植中，如何处理好包括继承传统法律文化、认同善良的风俗习惯在内的本土物质生活条件，与吸收外来法律文明的关系，如何移植全球性商品经济所阐发的，具有一般性、共同性和普遍意义的因素，对一个国家和社会的法律发展，具有极其重大的意义。

清末对西方法律文明的移植，对中国法制的近代化乃至现代化均具有一定的历史价值。在法律的价值层面上，《钦定大清商律》等私法的制定，表明中国从否认私权向有条件确认私权这一重大价值取向的转变。

但我们必须尊重确实存在的法律本土文化，确认民俗习惯，弘扬中华民族法律伦理主义精神，从而造就中国商法制度的独特品格。作为民族文化积淀的习惯在中国古代法律构成中

---

① 而且，法律移植恰恰表达了一种值得关注的，自罗马法理性光芒消散许久之后，又一次"理性"思维现象。在社会物质生活条件发生重大变迁的历史时期，这些国家的立法者，能够用理性的方式，去观察普遍化的商品经济，尊重由此生成的具有共同性法律价值的法权关系，用理性的判断力，确认谱写时代的全新规则。

② ［英］A. J. M. 米尔恩：《人的权利与人的多样性——人权哲学》，夏勇、张志铭译，4～5页，北京，中国大百科全书出版社，1995。

③ 对于法律制度所适用的原则与理论而言，也存在一个"国情"问题，没有普遍适用的法律原则及法学理论。"每一个理论家都宣布一些他认为适用于任何法律制度的原则，而事实上，最好是把他们每个人都理解为是对某个民族的法律制度的描述，在哈特那里是英国，在德沃金那里是美国，而在哈贝马斯那里是德国。"美国人并不需要如哈贝马斯所阐释的下面这些教诲：多样性的价值、组织原则找不到的"先验的"基础、民主的重要性或合法政治制度的前提条件。参见［美］理查德·A·波斯纳：《道德和法律理论的疑问》，苏力译，107、124页，北京，中国政法大学出版社，2001。

④ ［日］千叶正士：《法律多元》，强世功等译，4～5页，北京，中国政法大学出版社，1997。

占有重要的地位，所以在我国近代的民商事立法中，要在吸收以罗马法为代表的大陆法系优良制度同时，必须和中国的风俗民情的实际情况相结合，重视、吸收或认同善良的传统习惯。

二、权利社会化与商事法律原则的本土化

在成熟的商品经济领域，对权利的限制是一种应然的法权关系。因为主体权利虽然是现实地、客观地存在着的，但主体在商品交换过程中，只有充分尊重对方的利益才能获得自身的利益。同时，主体利益与社会利益之间也绝不是平行的，个体利益的实现，必然要尊重由若干个体利益构成的社会利益。只有这样，主体的权利方能得以顺畅行使，权利行使所获得的利益才更具有社会意义。

权利的法律构造，如很少甚至根本不顾及社会利益，不仅缺乏一般的社会道义的支持，也难以逃避应然法权的谴责。权利主体如无视他人及社会利益，则不能获得社会道德规则的支撑，也不会获得国家法律的允许。19世纪末20世纪初的现代社会对西方自由经济体制时期的盛行的"权利绝对"、"权利本位"原则进行修正，使私人权利受到一定限制，实为对社会主体权利的扩展。因为主体权利虽然是现实地、客观地存在着的，但主体在社会交往过程中，只有充分尊重对方的权利才能获得自身的权利和利益，因为"对群体的关心与诸个体的自我供给的另一面是相应的。"[1]

罗马社会的繁荣的商业活动和利益集团，为尊重权利的"权利中心"思想的形成和具有权利理性精神的法律规则的产生奠定了基础。[2] 即便从欧洲中世纪之后的城邦兴起开始起算西方商品经济的开始以及由此阐发的自由、权利思想的发端，到19世纪末已有数百年的历史。但是，我国清末民初时代的"社会本位"观是立法价值上的一个历史误区。

就清末民初中国特有的国家与社会的历史进程而言，"权利社会化"与清末民初商品经济初创这一基本国情不相符合。其间由新生的商品经济所阐发的主体自由、平等、独立等权利要求也刚刚开始影响社会主体的思维方式，这时的中国社会尚无任何对其实行限制的客观理由，更无于民商事立法中确立所谓"权利社会化"的任何借口。然而，清末民初的商事立法中有诸多规则强调了"权利社会化"思想。这是很值得重新反思的历史话题。

三、商事习惯与商法本土化的价值取向

每一个民族的法律文化，都有其不同于其他民族的特性。在任何一个国家或地区，商法制度的形成和成就总是取决于自身特定的文化背景。当然有学者认为，现代法律制度没有认同或吸收传统商事交往习惯的社会机理。作为民族文化积淀的传统商事习惯在中国古代社会关系调整中占有重要的地位，在我国古代和近代的民商事规则中，立法者一直关注、强调习

---

① ［德］京特·雅科布斯：《规范·人格体·社会》，冯军译，23页，北京，法律出版社，2001。

② 古代罗马社会的商业的辉煌，一方面树立了遵从商品交往的"自由、平等、独立、秩序"等内在法权的意识；另一方面造就了众多实力雄厚的商业集团，这种集团性质虽然还不能等同于近代社会得以振兴市民社会的组织体，但这些集团的利益需求客观上制约着国家的政治走向和法律创制。尊重利益集团经济方面需求，往往是产生以私权为维护中心的政治构造及法律制度的基石。昂格尔始终认为，社会交往中的利益集团的形成，是民主秩序和法治体制的基础，而这一点恰恰是古代中国社会所缺乏的。

惯的重要性。

我国传统习惯饱含着深刻的"法律伦理主义"精神。如果我们抛弃传统法律伦理主义的宗法基石、君权至上、人治主义糟粕，剔除"习惯"的历史惰性，保持其独特的多元调整结构，汲取其注重道德规则法律渗透、伸张个人信念伦理、强调个人社会责任、重视风俗礼仪等精华，并将其贯彻于民商事法律制度的构造之中，必然有助于现代化所需求的"民族性"品格的树立，对当代民商法制现代化具有不可低估的深邃价值。

客观而言，习惯确有一种历史的惰性。它时常反映人民对现存秩序维持的保守心态，阻挠历史的创造力，但习惯自有其独特的价值。对制定法的推崇并不意味着遏制主体的习惯权利要求。基于对制定法的价值认同，许多学者感到，包括商事交往习惯在内的中国传统习惯，已无可取价值，无法律认可必要，即使有现实意义之习惯，只需通过制定法模式予以确认，而不必采取认可习惯而使之形成为"习惯法"这一原始的创法方式。

其实，对制定法的价值的推崇，仅仅涉及对习惯转变为法律规则的方式评价。

习惯在法律制度中始终具有重大实践意义和理性价值。尤其在中国社会，"亲缘的政治化和政治的亲缘化，造成一种家国不分、公私不立的社会形态，其反映于法律，则是内外无别、法律与道德不分。这里，法律与社会形态确实具有一种紧密的内在关联，"国家与社会"二者原则的贯通以及两个领域间界限模糊不定"[①]。这种特殊格局，深刻地影响着东方社会法律调整机制的基本面貌。传统君主从来不曾想到，而且也不可能任意改变这些世代相传的古老的习惯规则，而是往往利用这些习惯规则来调整社会生活，强化对社会的统治。[②]

就我国传统习惯而言，习惯饱含着深刻的"法律伦理主义"精神。在法律伦理主义精神成长历程中，习惯具有极为重要的贡献。相对而言，中国传统法律文化中，尤注重追求信念意义上的法律伦理，将法律作为道德上正义性的追求手段。传统中国的伦理精神，主要通过习惯体系中道德的地位、习惯表达方式予以体现。传统的法律伦理主义虽是一种家族本位和君权本位的表征，但对当代法制建设，尤其是民商事法律的创制仍具有重大的意义，其所表露出的追求实质正义的"法律人文精神，""对世俗、习俗的适应的理性法律秩序"和"修己安人的社会衡平意识，"对造就现代民商法律精神，具有非凡的价值。[③]

法律认同的习惯，往往能够包容"予民于权"、"劝赏"等激人上进的合理因素。社会商品交往的发展，事实上是与法律上对人的权利确认和不断扩展密不可分。商事交往现象以"平等、自由"等权利要求的内容，而诸多商事交往习惯表达了"平等""自由"的法权要求。从商法制度的构造而言，确实需要充分认知习惯在法律构造中的价值，认可或吸收商事交往中优良的习惯，以弘扬习惯所蕴涵的伦理道德精神，激励商事交往中的"团结互助"、"平等合作"、"诚实信用"等向善意识。

法律伦理主义还要求社会成员服从现存秩序同时，按照"礼"把自己塑造为和谐发展的人格。我国传统社会自然经济基础和宗法制度，决定了儒家"礼治"思想在调整方式中的主导地位。礼的规范要求，可以使得民事交往中的个人与社会、他人的关系，达到并保持"协调、平衡、和谐"的境地。法律伦理精神还强调了个人在社会关系中的角色和社会责任。

---

① 梁治平：《清代习惯法：社会与国家》，6页，北京，中国政法大学出版社，1996。
② 参见公丕祥：《法制现代化的理论逻辑》，182页，北京，中国政法大学出版社，1999。
③ 参见公丕祥：《法制现代化的理论逻辑》，194～196页，北京，中国政法大学出版社，1999。

"以'仁'为要旨的人的类意识对个人的道德实践与日常行为产生决定性的影响，要求修己与安人的内在统一，在这一过程中，有效地发挥国家的衡平功能，亦有助于人的社会化"①。这一点，恰是民商法律制度实行中需要的"主体社会责任"意识，它有利于民商事主体自觉地平衡自由与责任之关系，恰当地行使权利，实现利益。

四、公权干预商事交往的限度问题

现代商品交往过程中，由于国家干预的面越来越广，不受国家干预的私权领域已不复存在，经济法对私权的干预渗透是个典型表征。在创制良好的商事交往规则基础上，应同时顺应商品交往所需求的公权力干预的要求，创建规范的制约、监督商事交往的公法体系，服务于市民社会成员的经济交往。作为公权的施行、维护和保障的法律制度，是商事交往的保护神。公权力干预只有在调控、管理、保护私权的目标充分展现的时候，才具备其应有的价值。因此，对公权力的具体干预规则的设置，必须充分考虑商品交往这一社会基本生活条件的结构和布局，从而表达公权在调整、制控、管理、协调市民社会经济交往中的作用，即必须尊重孕育私权的商品经济的客观规律，如价值规律、供求规律、资源配置规律、竞争规律等。

清末民初以来，民商法的"权利不受干涉"原则受到了社会经济、政治、文化变迁的冲击。如果仍依据绝对的意思自治、契约自由、过错责任原则来对待民商事交往，则不仅不能实现个体权利及利益，相反会导致个体人格的损害。权利主体行使权利时，如无视他人及社会利益，则缺乏社会道义支持，也难获法律准许。

对民事主体权利的必要限制，主要来自于权利行使绝对要求的内在制约，是权利行使绝对法权中应有之物，而非权利行使绝对要求之外的强制。自由内含责任，绝对内含限制，权利内含义务。比如在商事交往关系中，权利和自由始终存在"一个人必须屈从于另一个人的意志"，另一个人凭借权利内在的"专断"，"可以强制他人以某种具体方式作为或不作为"②。可见，权利本身就有限度并受限制，没有无限制的权利。另一方面，对权利绝对的限制，也有来自于外在的强制。因为一个人享有、行使、实现他的权利，必然受到社会多因素的制约，"个人是否自由，并不取决于他可选择的范围大小，而取决于他能否期望按其现有的意图形成自己的行动途径，或者取决于他人是否有权力操纵各种条件以使他按照他人的意志而非行动者本人的意志行事，因此，自由预设了个人具有某种确获保障的私域（some assured private sphere），亦预设了他的生活环境中存有一系列情势是他所不能干涉的"③。其中有些制约因素是权利获取、实现的当然之理，是权利的内在制约，但也有一些是外在的强制，这种强制既可能符合权利的内在法则，也有可能违背权利享有和行使规律。

---

① 公丕祥：《法制现代化的理论逻辑》，196 页，北京，中国政法大学出版社，1999。
② ［英］弗里德利希·冯·哈耶克：《自由秩序原理》上，邓正来译，4 页，北京，三联书店，1997。哈耶克认为，"为了使自由的概念更为精当，我们很可能应当将自由界定为约束与强迫（constraint）的不存在"。但他在论述自由的限制问题时，多使用"强制（coercion）"一词，一般不使用"约束（restraint）"概念（参见该书 3～18 页）。其实，在描述"自由内在制约"中，还是适宜使用"约束"一词；在表达"自由外在限制"时，使用"强制"或"强迫"一词可能更为合适。
③ ［英］弗里德利希·冯·哈耶克：《自由秩序原理》上，邓正来译，6 页，北京，三联书店，1997。

　　当然，我们注意到，对主体权利的限制，绝不能基于空泛的"社会利益"而牺牲市民社会中具体的私人利益。对权利绝对进行限制本身也是市民社会的法权，只不过这一法权是为了更有效地扩展权利的范域、保护权利的权能而已。对权利主体的权利的必要限制，是为了更多权利主体的权利行使与利益获取，是对主体权利的扩展。

　　对权利行使绝对的限制，必须以权利的绝对行使为前提和价值定位。由于"一个人只有在他握有意志的完全自由去行动时，他才对他的这些行为负完全的责任"①。而且，"自由只是为了自由本身才能被限制"②。现代社会权利行使绝对原则虽然受到挑战，但并不因此影响权利的本质特征。权利行使绝对原则依然是市民社会不可动摇的法权。我们知道，商品交换者必须对商品享有绝对的权利。权利不是商品生产、交换活动的结果，而是这一活动的前提。这一法权，意味着在法律上确认商事主体制度同时，要求商品交换者必须对商品享有独立权利，并绝对地、排他地支配所有物享受其利益，其他人不得干涉、妨害、侵犯其权利及相关利益。这种独立的权利的获取和行使是自由的，并且权利人不依赖于他人积极行为就能在法定范围内无条件、绝对地实现其权利。只有如此，商品生产交换者才能在商品生产交换中真实地进行意思表示，商品交换方能真实地实现。

　　上述原理同时表明，在法律上必须确立独立的排他的权利绝对行使制度，以保障市民社会的最基本利益。可见，权利绝对行使是市民社会成员交往的普遍规则，是社会商品生产交换过程中形成的商品关系的内在法权的法律体现。权利不受他人的非法干涉，非依公正的法律程序，包含政治国家在内的社会主体不得擅自干涉、侵害主体的权利，也不得随意限制和剥夺权利。

　　现实社会中，对权利的限制，许多是出于维护空乏的社会利益，出于对静态的社会秩序的维护，很少为了扩大主体的权利。商品生产交换这一物质生活条件所阐发的"尊重社会利益、他人利益"的法权已经表明，对权利主体的权利的必要限制，是为了更多权利主体的权利行使与利益获取，是对主体权利的扩展。"限制权利的目的不是废除或绝对地限制主体权利，而是为了保护和扩大权利。"③ 权利的社会化也绝不是以丧失个人利益为代价的。

---

① 《马克思恩格斯全集》，第 21 卷，354 页，北京，人民出版社，1972。
② ［美］约翰·罗尔斯：《正义论》，何怀宏等译，234 页，北京，中国社会科学出版社，1988。
③ 公丕祥：《合法性问题：权利概念的法哲学思考》，载《社会科学战线》，1992（3）。

第九章

程序的意义：诉讼法制的转型

第一节
从《大清刑事民事诉讼法》到中华民国诉讼法

一、《大清刑事民事诉讼法》——诉讼法独立之开端

在中国，法律"诸法合体"的状况一直延续到 20 世纪初。直至沈家本主持法律馆，开始修订新律时，才将单独的诉讼立法提上了议事日程。不过在此期间修订的《刑事民事诉讼法》仅是清末修律的成果之一，因此在回顾这段时期的诉讼立法时，首先应了解一下清末修律的整个社会背景。

其一，西方法律思想的引进，在观念上为清末修律提供了条件。1840 年鸦片战争以后，随着西方列强的入侵，西方先进的自然科学技术和社会科学成果也传入了中国。当时中国的一些知识分子，开始关注国家的法律制度，他们对清朝的律例和司法制度提出了激烈的批评，并提出了学习西方、进行变法的种种主张。主张"师夷长技以制夷"的魏源便是早期变法的积极倡导者之一。19 世纪末期，资产阶级改良派发动的"百日维新"运动，虽然以失败告终，但是变法维新的思想对中国民众尤其是知识分子起到了一定的资产阶级思想启蒙作用。同时在清朝统治集团的内部，也出现了洋务派的某些局部变法主张，比如张之洞，他提倡要学习西方的自然科学、生产技术，与西方国家交往所需的外国政治、法律知识。这些都为 20 世纪初的"变法"奠定了观念上的基础。

其二，修律是清政府为了维持其统治而不得不作出的选择。1900 年爆发的义和团运动，尽管被中外反动势力联合绞杀了，但这次运动沉重地打击了清政府的统治基础，特别是清政府在镇压义和团运动中充当了帝国主义的同盟军，在镇压义和团运动之后又接受了丧权辱国、条件苛刻的辛丑条约，这让中国人民更清醒地意识到，只有推翻清政府，中国才有出路，中国人民才能摆脱厄运。在这种情况下，清朝统治者一方面彻底投降帝国主义；另一方面为了适应帝国主义政策的需要，防止和瓦解人们的反抗斗争，他们捡起了戊戌变法时期改良派的旗帜，宣布"变通政治"，实行"新政"，企图继续维持风雨飘摇中的统治。1901 年 1 月慈禧太后下诏变法，"世有万古不变之常经，无一成罔变之治法。大抵法积则弊，法弊则

更"，"法令不更，锢习不破，欲求振作，须议更张"①。

其三，不平等条约对清末修律的影响。西方列强自打开中国国门后，就借口清朝法律野蛮落后，攫取了领事裁判权。1902 年，中英签订《通商行船条约》，条约中达成如下协议："中国深欲整顿律例，以期与西国律例改同一律，英国允愿尽力协助，以成此举。一俟查悉中国律例情形及其审断方法及一切相关事宜，皆臻妥善，英国即允弃其治外法权。"② 为了表示对彻底投降的清政府的支持，英国假惺惺地表示在清政府改良司法现状之后，可以放弃领事裁判权。接着日、美、葡等国也作出了类似的承诺。这一许诺刺激了清政府修律的热情，随即光绪皇帝向军机大臣下谕："中国律例，自汉唐以来，代有增改。我朝《大清律例》一书，折中至当，备极精详。惟是为治之道，有贵因时制宜。今昔形势不同，非参酌适中，不能推行尽善。况近来地利日兴，商务日广，如矿律、路律、商律等类，皆应妥议专条。著名出使大臣，查取各国通行律例，咨送外务部。并著责成袁世凯、刘坤一、张之洞，慎选熟悉中西律例者，保送数员来京，听候简派，开始编纂，请旨审定颁发。总期切实平允，中外通行，用示通变宜民之至意。将此各谕令知之。"③

在这种社会背景下，1903 年，清朝政府成立了专门的修律机构，"修订法律馆"和"宪政编查馆"，次年，修订法律馆正式开馆办事，负责拟定奉旨交议的各项法律与各项专门法典，删订旧有的法例与各项章程。1905 年清廷命沈家本和伍廷芳着手改革司法制度。

沈家本在主持修律的过程中，十分重视诉讼法制的建设，他认为："大致以刑法为体，以诉讼法为用。体不全，无以标立法之宗旨；用不备，无以收行法之实功。两者相因，不容偏废。"④ 因此他主张采用西方资产阶级国家的立法方式，将诉讼法从实体法中分离出来。1906 年他主持编成《大清刑事民事诉讼法》。这部诉讼法典是在借鉴西方和日本的审判制度的基础上完成的，也是清末修律馆起草的第一部具有现代意义的诉讼法草案，共分五章，第一章为总则，主要规定了刑事诉讼和民事诉讼共同使用的制度、两种诉讼的区别、诉讼时限、诉讼公堂、各类惩罚等，共计四节；第二章为刑事规则，主要规定了逮捕、拘传、搜查、传唤、关提、拘留、取保、审讯、裁判、执行各刑及开释等刑事诉讼程序，共计七节；第三章为民事规则，主要规定了传票、诉讼之值未逾五百元者、诉讼之值逾五百元者、审讯、拘提图匿被告、判案后查报产物、判案后监禁被告、查封在逃被告产物、减成偿债及破产物、和解、各票及讼费，共计十一节；第四章为刑事、民事通用规则，主要是关于律师（辩护士）、陪审员、证人、上控（上诉）的规定，共计四节；第五章为中外交涉案件的处理规则，规定涉外案件应当依照当时的条约审讯；另外附"颁行例"三条。这部诉讼法草案吸取了西方资产阶级的诉讼法律精神，进行了一系列的诉讼立法活动。

第一，在《刑事民事诉讼法》中区分了刑事诉讼和民事诉讼。关于叛逆、谋杀、故杀、伪造货币官印、抢劫、盗窃等应按照刑法定罪量刑的案件属于刑事案件；关于钱债、房屋、地亩、契约及索取赔偿等，属于民事案件。刑事诉讼、民事诉讼分别有各自对应的诉讼规则。

---

① 《光绪朝东华录》（四），4601 页。
② 《光绪朝东华录》（五），4919 页。
③ 《德宗景皇帝实录》，卷 495。
④ 《大清刑事民事诉讼法》。

第二，废除封建的严刑峻法，原有法律中的缘坐、刺字、笞杖等刑罚永远废止；废除比附，对于任何行为，只有在法律规定为有罪的情况下，才能定罪；审判时禁止刑讯逼供。

第三，主张礼教和法律相分离，提倡男女平等，凡职官命妇，均可由公堂知会到堂供证；主张父祖子孙异财别籍，一人有犯被刑，产物查封备抵，不牵涉妻妾父母兄弟姐妹子孙和各戚属家人的财产。

第四，仿效西方资产阶级法制，实行陪审员制度和律师制度。这是当时的立法大臣沈家本和伍廷芳认为亟须引进的两项制度。他们认为，早在我国西周的时候就有类似于西方陪审制的"三刺"制度，"三刺"中的"讯万民"指的是只有在全国的老百姓都认为可以杀的情况下然后再杀，这种制度可以看成是我国陪审制的开端。但自秦汉已来，再也没有这种制度。陪审制度的设立，有利于监督法官断案，维护公正，以防止"不肖刑官"、"或有贿纵曲庇、任情判断及舞文诬陷等弊"。律师制度之所以要设，是为了给涉案的人"代伸权利"。沈家本认为随着通商口岸华洋诉案日益增多，请外国律师辩护，很难保证真正意义上的公平。为此，必须建立自己的律师制度。重大案件由国家指定律师，一般案件由原被告自聘律师，贫民可由救济会委派律师代伸权利。这样通过律师代理一切质问、对诘、复问各事宜，可以避免双方当事人在诉讼时因惊慌而言辞失措，从而充分保障双方当事人的诉讼权利。

第五，实行申请回避、审判公开和证据制度。承审官遇到以下情形："承审官自被损者；承审官与原告或被告有戚谊者；承审官于该案曾为证人或代理人者；承审官于该案无论现在或将来有关涉利益或损害者"①，都应当向高等公堂声明原因，申请回避，并由高等公堂另派承审官审理。除有伤风化及某些特殊案件外，其余都应当公开审判，并允许案外人旁听庭审，但是无论是旁听者还是涉案当事人，都应遵守法庭秩序，不得喧哗、吵闹，遇有不遵守法庭秩序者应驱逐出法庭，情节严重的判处罚金。在庭审过程中，审判官应分别讯问证人，重视证据不轻信口供，尤其在判决之前，必须细心研究案中各项证据，"两造各证人之名誉若何，所供是否可信；两造所呈之证据；每造前后各供有无自相抵牾之处；权衡两造供词之轻重；权衡两造情节之虚实；所呈证据是否足定被告之罪；证据已足是否为法律所准"②。

第六，司法机构的重新设置。清廷于 1906 年 11 月 6 日下谕，将刑部改成法部，掌管全国司法行政事务；改大理寺为大理院，作为全国最高审判机关；在法部设置总检察厅，作为最高检察机关独立行使检察权。之后，又按照日本体制，将总检察厅设置在大理院内，实行审检合署，并由此形成四级三审制，为以后司法机构的设置奠定了框架。

《大清刑事民事诉讼法》基本上采用了资产阶级的诉讼原则和立法精神，整部法律体现了自由、平等、人权等理念和价值观，提出了诸如"陪审制"、"律师制度"、"证据制度"、"审判公开"等崭新的概念，也正因此，守旧派和礼教派指责该法律"袭西俗产业之制，坏中国名教之防，启男女平等之风，悖圣贤修齐之教"③，最终草案遭到否决。

1906 年，修订法律馆制定了《大理院审判编制法》；1907 年 12 月颁行了具有临时诉讼法性质的《各级审判厅试办章程》；1910 年 2 月又公布了《法院编制法》，采取资产阶级司法

---

① 《大清刑事民事诉讼法》第 10 条。

② 《大清刑事民事诉讼法》第 73 条。

③ 张之洞：《遵旨核议新编刑事民事诉讼法折》，转引自陈刚：《民事诉讼法制的现代化》，107 页，北京，中国检察出版社，2003。

独立原则，强调各级审判衙门"独立执法"，行政各官"不准违法干涉"，同时还公布了《法官考试任用章程》。1911 年初，沈家本等又完成了《刑事诉讼律草案》和《民事诉讼律草案》，其体例和结构均以德、日等国的诉讼法为蓝本，引进了资产阶级的规范和内容，是中国近代第一部刑事诉讼法和民事诉讼法。由于拟成不久，清朝即告灭亡，这两部诉讼法草案均未颁行。[①]

虽然清末颁布的《大清刑事民事诉讼法》以及其他一系列的法律，大部分未得到实施，但是清末的诉讼法制改革尤其是《大清刑事民事诉讼法》的制定，在我国诉讼法制现代化的历史进程中有着非常重要的地位。首先，就制度建设层面而言，清末诉讼法制改革开创了中国诉讼法制现代化之先河，沈家本、伍廷芳等法制改革先驱者的立法行动，宣布了中华大地上绵延数千年的中华法系的华丽落幕，由传统的诉讼法与实体法不分到诉讼法独立登上历史舞台，现代诉讼法体系的架构在这个重要的历史时刻被铭记。诉讼法的独立，在司法实践中也导致了整个国家权力架构的一次重新整合。司法权与行政权相分离，结束了封建集权的权力体系，司法独立这一现代重要司法原则首次在中国亮相，为以后进一步的诉讼法制建设奠定了基础。综观清末诉讼法制改革，在制度建设上已经实现了形式合理性。但由于历史条件所限，这些舶来品并不能很好地在当时的中国生长成熟，诉讼法制建设始终停留在空中楼阁阶段，并没有法律实效的产生。

其次，从法律理念上而言，清末诉讼法制改革引进了西方诉讼法中的价值原则，以自由、平等为基本价值取向的诉讼制度得以贯彻在诉讼法中。废除了刑讯制度，规定了一系列保护当事人平等诉讼权利的辩护、回避、公开审判等制度。这种先进的人权思想的引进，对我国传统的诉讼价值理念造成了巨大的冲击，在这种碰撞中，传统价值理念遭受了前所未有的挑战。传统理念并不再是一枝独秀，公众普遍接受了一次现代诉讼价值理念的洗礼，为将来的诉讼法制改革提供了一定的思想准备。但在当时的历史条件下，传统价值理念是根基深远的大树，难以撼动，所以在此次改革中诉讼法制对其作了妥协和让步，这导致诉讼法制改革的不彻底性和不完全性。

清末诉讼法制改革虽然实效甚微，但其把现代诉讼法制的理念和制度引入了传统中国，引发了诉讼法制现代化与传统诉讼法律文化的矛盾、对立与反思。此次改革虽然仅仅实现了一部分的形式合理性，并没有对传统诉讼法制造成致命威胁。但是，裂痕已经出现，旧的即将死去，新的必会在废墟上重生。诉讼法制现代化的进程已经借由此次改革成为历史的一条支流，势不可挡。

二、南京临时政府的诉讼法

1911 年辛亥革命，一举推翻了统治中国两百多年的清王朝，结束了在我国延续两千多年的封建君主专制制度，建立了具有资产阶级性质的中华民国南京临时政府。1912 年元旦中华民国南京临时政府成立以后，以孙中山为首的资产阶级革命派主张仿效西方国家的司法原则和制度，采行资产阶级"三权分立"、司法独立、法治主义、人道主义思想，积极改革封建

---

① 参见夏锦文：《试论中国诉讼法制现代化的过程与得失（1840—1949）》，载《南京师大学报》（社会科学版），1994（2）。

传统司法制度，创建近代新司法原则和制度，进行了具有革命性和先进性的诉讼法制实践活动，其主要内容包括以下诸方面。

第一，确立司法独立原则。孙中山在吸取三权分立学说和中国古代任用官吏的考试、监察制度的合理因素的基础上，创制了"五权宪法"，称之为"五权分立"，明确表达了"裁判人民的司法权独立"的原则，司法机关不再受行政干涉，只服从法律，独立行使审判职权。在南京临时政府颁布的《中华民国临时约法》中，以根本法的形式明确规定，"中华民国以参议院、临时大总统、国务院、法院行使其统治权"[1]。为了贯彻司法独立原则，1912 年 3 月孙中山在《命司法部将各省审检厅暂行大纲留部参考令》中，主张，"四级三审之制，较为完善，不能以前清曾经采用，遂尔鄙弃"[2]。随即南京临时政府积极筹组临时中央审判所，作为行使司法权的中央机关。至于地方司法机构体制，南京临时政府提出的初步设想方案是：在地方设立高等、地方审判厅和检察厅。在法官的选择上也非常的慎重，所有的司法人员必须经过考试合格方能任用。法官在判案时，不受上级官厅之干涉，法官的任职采用终身制，"法官在任中不得减俸或转职，非依法律受刑罚宣告或因免职之惩戒处分，不得解职，惩戒条规以法律定之"[3]。

第二，设立陪审制度和公开审判制度。孙中山认为，法律是四万万人民公意之表示，其目的是谋求人民共同幸福。司法机关欲维护法律之实质与实现其目的，则应"大小讼务，仿欧美立法，立陪审人员，许律师代理，务为平允"[4]。审判案件时，除"特派精通中外法律之员承审"外，还得"另选通达事理、公正和平、名望素著之人为陪审员"，以期做到"大公无私，庶无出入之弊"[5]。司法部总长伍廷芳就审判姚泽荣一案电报请示临时大总统孙中山时，其中提到"民国方新，对于一切诉讼，应采文明办法，况此案情节极大，尤须审慎周详，以示尊重法律之意"，拟派"精通中外法律之员承审，另选通达事理、公正和平、名望素著之人为陪审员，并准两造聘请辩护士到堂辩护，审讯时，任人旁听"。伍廷芳最后请临时大总统即复照办。[6] 另外，南京临时政府还准备推行公开审判制度。《中华民国临时约法》规定："法院之审判"，除"有认为妨害安宁秩序者得秘密"外，"须公开之"[7]，审判时允许旁听。

第三，推行律师制度。1912 年孙中山在《令法制局审核呈复律师法草案文》中，对孙润宇拟定的《律师法草案》作了批复，"查律师制度与司法独立相辅为用，夙为文明各国所通行。现各处既纷纷设立律师公会，尤应亟定法律，俾资依据。"[8] 他认为建立律师制度，是追求司法公正、更好地保护当事人的诉讼权利的重要保证。为了适应各地纷纷设立律师工会的形势，规范律师职业行为，孙中山还制定颁布了《律师暂行章程》，共 8 章 38 条，对律师的

---

① 《孙中山全集》，第 2 卷，220 页，北京，中华书局，1982。

② 《孙中山全集》，第 2 卷，217 页，北京，中华书局，1982。

③ 《孙中山全集》，第 2 卷，224 页，北京，中华书局，1982。

④ 《孙中山全集》，第 1 卷，194 页，北京，中华书局，1981。

⑤ 《南京临时政府公报》第 20 号，转引自邱远猷：《南京临时政府的司法制度改革》，载《中州学刊》，2001 (6)。

⑥ 参见《辛亥革命资料》，164 页，北京，中华书局，1962。转引自邱远猷：《中国近代法律史论》，313 页，合肥，安徽大学出版社，2003。

⑦ 《孙中山全集》，第 2 卷，224 页，北京，中华书局，1982。

⑧ 《孙中山全集》，第 2 卷，274 页，北京，中华书局，1982。

任职资格、权利义务、律师公会等作了规定。

第四，禁止刑讯，重证据不轻信口供。孙中山反对野蛮的封建司法制度，他说，"在中国……刑事诉讼程序只不过是受刑的代名词——没有任何预审——对被告进行不可名状的、难以忍受的酷刑拷打"[①]。对于这种利用严刑拷打在审讯中获得证据的做法，孙中山主张坚决禁止，他在 1912 年 3 月初发布的《大总统令内务部司法部通饬所属禁止刑讯文》中规定："不论行政、司法官署及何种案件，一概不准刑讯。鞫狱当视其证据充实与否，不当偏重口供。其从前不法刑具，悉令焚毁。"[②] 对于法官枉法裁判的现象，他极其憎恨，"舍证据而任情感，尤非法庭所出"，对于证据不充分的案件，若是民事被告人，"无论有无保人，应一律释放"；对于刑事被告人，应"取保释出候审"。

南京临时政府的诉讼法制改革，在中国诉讼法制的发展史上具有划时代的意义，这不仅体现为诉讼观念以及法制效益的现代化程度的提高，而且反映诉讼法制价值意义上的一大质的飞跃。虽然南京临时政府的短暂存在，未能使诉讼法制在形式上有所创新，在内容上有所发展，但它始终以资产阶级的"自由"、"平等"和"保障人权"为其基本指导思想，以建立资产阶级民主共和国为其政治目标，并且在司法实践中得到了贯彻和实施，从而使诉讼法制观念深入人心，资产阶级诉讼法律思想也得以形成和发展。[③]

三、北洋政府的诉讼法

1912 年 4 月，袁世凯窃取了辛亥革命胜利的果实，在北京建立了"中华民国政府"，史称北洋军阀政府。在政权性质上，北洋政府以一定的军事集团为中心，代表着大地主、大资产阶级的利益，是典型的反革命政权。在统治方法上，北洋军阀政府以资产阶级民主制为其表，以军事实力为其里，表里结合，实行军阀专制，不同派系的军阀为获取中央统治权，一方面，以其军事实力来镇压政治上的反对派，逼迫其他派系的军阀就范；另一方面，借助近代民主共和政体的运作形式，确立自己的合法地位，这在一定程度上也加速了以规范社会秩序、调整社会关系为目的的法律创制活动。在法制建设上，北洋政府除了继续援用清朝末年制定、颁布的一系列法律、法规，以及对清末的法律草案仅作简单修改即颁布、生效外；还引进了西方的法律原则，在清末法制改革未涉及的领域内进行立法活动。以下我们着重考察一下这一时期的诉讼法制建设状况。

第一，审判机构的设置采取四级机构、行政诉讼分立的原则，各级检察机构的设置与审判机构相对应。北洋政府成立之初，对清末颁布的《法院编制法》略加删改，更名为《暂行法院编制法》，继续援用。依据《暂行法院编制法》的规定，国家设初级审判厅、地方审判厅、高等审判厅和大理院负责审判。与各级审判厅相对应，也分别设有初级监察厅、地方监察厅、高级监察厅和总监察厅，负责行使侦查、公诉和监督判决执行等检察权。各级审判机关和检察机关，分别独立行使职权。1914 年 3 月，又公布了《平政院编制令》，从而形成了二元司法体制，即由普通法院系统负责刑事、民事案件的审判，平政院掌管行政案件的裁

---

① 邱远猷：《中国近代法律史论》，307 页，合肥，安徽大学出版社，2003。

② 《孙中山全集》，第 2 卷，225 页，北京，中华书局，1982。

③ 参见夏锦文：《试论中国诉讼法制现代化的过程与得失（1840—1949）》，载《南京师大学报》（社会科学版），1994（2）。

判。除设立普通法院外，北洋政府还设置了两类军事法院，一类是常设机关，即陆海军的"高等军法会审"，另一类为临时机关，即陆海军的"临时军法会审"。

不过在司法实践中，由于经费的拮据，专门司法人才的缺乏，应设立初级审判厅的全国各县级地方难以设立独立的审判机关。1913 年 3 月，北洋政府在应设初级审判厅的县级地方先行设立审检所。审检所内以具有一定法律知识的人出任帮审员，负责审理民事、刑事案件，检察官由该县县知事兼任。但是由于审检所的设置剥夺了地方官吏的审判权，因此遭到了地方的抵制。1914 年 4 月，在无法设立初级审判厅，又无法推行审检所制度的情况下，北洋政府决定撤销初级审判厅，同时废止审检所制度。根据不同情况，在条件较为成熟的县，设立地方审判厅或地方刑事简易厅；在条件较差的县，实行县知事兼理司法，同时公布了《县知事兼理司法事务暂行条例》。1917 年 5 月，北洋政府公布了《县司法公署组织章程》，据此，在未设立独立司法机关的各县，应设立司法公署掌管审判职权。县司法公署由审判官和县知事组成，其中县知事负责检举犯罪、缉捕犯罪、刑事执行等司法事务，司法职权较为广泛。"但是到 1926 年年底，将近十年的时间里，全国两千多个县仅设立司法公署 46 所，百分之九十以上的县级地方依旧实行县知事兼理司法。"①

第二，保证推事（即法官）独立行使审判权。为保证推事独立审判，《临时约法》第 51 条规定，"法官独立审判，不受上级官厅之干涉。"又依照《暂行法院编制法》的有关规定，即使是大理院院长，也"不得指挥审判官所掌握各案件审判"，"（合议庭）评议判断时，庭员须各陈述意见"，"判断之决议，以过半数意见定之"。

第三，严格规定推事的任职条件和职业道德，实行推事保障制度。出任各级审判厅的推事，必须接受一定的法律教育，通过推事录用考试。大理院推事的任职资格更为严格，须具备国内外修习法律三年以上，经考试合格，并具备十年以上的司法实践经验。有此资格者，还需要持有良好的司法工作记录，并由司法部推荐、得到总统任命后，才能上任。对于法官的保障制度，《临时约法》第 52 条规定，"法官在任中部的减俸或转职，非依法律受刑罚宣告，或应免职之惩戒处理，不得解职。惩戒条规，以法律定之"。《暂行法院编制法》在法官的职位、俸禄方面规定得更加周全，该法第 125、126 条规定：非依法律规定，各级官署不得对推事进行调任、借补、停职、免官、减俸；推事虽在惩戒或刑事控告期间，薪俸仍应照给。推事的俸禄职位在得到保障的同时，其道德操守、业余兼职活动也受到了限制。《暂行法院编制法》以及相关法令规定，推事不得参加各种政治团体，不得被选任为各级议会议员，不得经商，不得兼职有报酬的报社编辑等职，也不得沾染不良嗜好。

第四，高昂的诉讼费用。北洋军阀政府为了限制人民的诉讼权利，规定了名目繁多的诉讼费用，如承事抄案费、承发吏送达费、证人和鉴定人到庭费等多项费用。民事案件依照诉讼标的物的价值收取费用，"银十两以下收三钱，百两以下收三两"，诉讼中产生的费用，由败诉的一方承担。

第五，限制辩护和诉讼特权制度。北洋军阀政府《法院编制法》第 64 条规定："律师在法庭代理诉讼或案件辩护时，其语言举动，如有不当，审判长得禁止其代理辩护。其非律师而为诉讼代理人或辩护人者，亦同。"这实质上是为随意剥夺当事人的诉讼权利寻找借口。

---

① 张晋藩：《中国法制史》，337 页，北京，高等教育出版社，2003。

按照当时诉讼法的规定，军阀官僚享有一定的特权，职官为原告时，可以不到庭，允许委托他人代为诉讼；即使军阀官吏犯罪，也可以免受笞刑等。

第六，军法审判广泛存在。由于北洋政府系军阀轮番执政，统治时期常处于军阀混战状态，不断发生战争和戒严，大小军阀利用军法审判干涉司法的现象普遍存在。当时的中央政府由大军阀控制，地方政府为小军阀所把持，大小军阀的军队中都设有军队执法处。根据北洋政府颁布的《陆军审判条例》和《海军审判条例》的规定，军事审判机关不仅审理现役军人的案件，而且续备、后备和退役军人以及军属也都在军法审判的范围内。同时军事审判机关，还随意强行审判其他非军人犯罪的案件。法律规定，在审判与军事有关的刑民事案件中，不准旁听、不设辩护人、不得上诉等，这实质上剥夺了公民起码的诉讼权利。由此可见，在北洋军阀政府的独裁统治下，司法制度具有明显的军事专制独裁的特点。

第七，审判实践中，判例和解释例的普遍适用。北洋政府时期的司法审判中，法院不仅运用法律进行判案，还使用大量的判例和解释例，作为审理同类案件的依据。此时的判例和解释例主要由最高审判机关大理院批准颁布，作为北洋政府法律的补充和重要组成部分之一，判例和解释例对于各级法院提出的疑难问题都具有法律效力。在北洋政府存在的15年间，判例汇编达3 900多条，解释例达2 000多条。由于判例和解释例既具有法律效力，在适用上又比法律更加灵活，所以在北洋军阀政府统治时期，判例和解释例起着特别的作用。

北洋政府的存在是以篡夺辛亥革命胜利果实为基础的，虽号称民国，但其诉讼法律制度却是对南京临时政府的背叛。故在短短十五年间，北洋政府颁行了大量有关司法组织和诉讼程序方面的法律法规，其中不少却是援用清末颁布和草拟的法律。纵观北洋政府统治时期的诉讼法制的实际状况，其诉讼法制的建设仍然沿袭了自清末以来法制建设的通病，不能避免现代化诉讼法制与传统诉讼法律文化之间的深刻矛盾冲突。具体表现在：一方面在法律制度建设上，其诉讼法律体系形式上比清末和南京临时政府时期的诉讼法体系更为先进和完善，不仅使诉讼法从实体法体系中独立出来，更使诉讼法进一步分离，出现了民事诉讼法和刑事诉讼法，其相关的具体法律规定也更加完善。司法机构在清末改革的基础上，更是添设了行政法院来审理行政诉讼，自此三大诉讼法体系已初具雏形，全面登场。在诉讼程序方面更是在清末对西方诉讼制度拿来的基础上，完全复制西方诉讼法内容。这一切，虽在一定程度上使中国诉讼法制的形式建设更推进了一步，但是由于北洋政府的状况，形式上的完美却仅仅是看上去很美的高调。因为在另一方面，从法律理念，价值目标上，北洋政府完全是背离自清末一直以来努力的向现代司法理念的靠拢，而是回头向传统诉讼法律文化的回归。其法律否定了当事人的诉讼权利和平等地位，重新强调了特权阶层的利益，使普通民众不能自由的参与诉讼。而且，军法审判的广泛应用，使诉讼法制更蒙上了阴影，秘密审判和秘密刑讯成为了对形式合理的诉讼法制的反讽。传统价值理念与现代诉讼价值目标之间的又一次对决，以北洋政府冠冕堂皇的诉讼法成为一纸虚文落下了帷幕。简而言之，北洋政府的整个诉讼法制现状就是一个装饰着自由、平等和民主的假面舞会的闹剧，中国近现代诉讼法制的发展在此时期出现了迂回。[①] 然而，道路是曲折的，前景是光明的。传统诉讼法律文化的反扑只是

---

① 参见夏锦文：《试论中国诉讼法制现代化的过程与得失（1840—1949）》，载《南京师大学报》（社会科学版），1994（2）。

面临诉讼法制发展的一次回光返照，这并不能阻挡诉讼法制前进的脚步。

四、广州、武汉国民政府的诉讼法

广州、武汉国民政府成立的基础是第一次国共合作，在历史上是作为一个联合政府存在的。1924 年 1 月 20 日，国民党召开有共产党参加的第一次全国代表大会，通过了《中国国民党第一次全国代表大会宣言》。根据《中国国民党第一次全国代表大会宣言》，1925 年 7 月 1 日，国民党中央在广州将陆海军大元帅府改组为中华民国国民政府。1926 年 7 月，国民革命军自广东出师北伐，攻克武汉。同年 12 月中旬，广州国民政府迁往武汉。1927 年 4 月 12 日，蒋介石在上海发动政变，4 月 14 日，南京国民政府成立。8 月 22 日，武汉国民政府与南京国民政府合并。武汉国民政府的存在至此终结。

广州、武汉国民政府成立期间，孙中山根据新三民主义，为了巩固根据地，推动国民革命运动的发展，制定了一些法律、法令和条例，并且改革了司法制度，从而初步形成了广州、武汉国民政府的法律制度。

广州、武汉国民政府尤其注重司法制度的革新，1926 年 11 月在广州召开了第一次司法改革会议，通过了改造司法制度案。同年 12 月底，武汉国民政府又召开了司法会议，继续进行司法改革。综合而言，广州、武汉国民政府在诉讼立法上有如下革新内容：

第一，司法机构的重新设置。广州国民政府由于当时军务紧急的局势司法机关基本沿用北洋政府旧制，采审检合一、司法行政与审判工作合一的体制。司法机构设置是四级三审制，司法机关由初等、地方、高等审判厅及中央大理院四级组成。检察机关的设置与审判机关并行，中央设总检察厅，地方设初等、地方及高等检察厅。

在武汉国民政府时期司法机关进行了重大变革，改审判厅为法院，实行二级二审制。鉴于"厅"过去多为行政机关的名称，新司法制度将审判厅名称改为法院。同时，简化诉讼程序，四级三审流于复杂，变为二级二审，方便当事人更迅捷地解决纠纷，重新投入社会生活中去。所谓二级，就是设中央法院与地方法院。中央法院又分为两级，即最高法院和控诉法院。地方法院也是两级，即县市法院和人民法院。最高法院设于国民政府所在地，控诉法院设置于省城，县市法院则在县市，人民法院设于镇或者乡村。而所谓二审，是案件原则上实行二审制，但死刑案件则可以实行三审终审制。

武汉国民政府同时废止了检察厅，在各级法院内酌情设置检察官，使之成为法院的一个组成部分。这主要是基于化解审检双方争权夺利的矛盾，又保证双方各自独立行使职权的考虑。

第二，采取了录用法官的考试制度，保证了司法人员的素质。1926 年 5 月 24 日，广州国民政府公布了《法官考试条例》，共 4 章 28 条，对法官的录用任免都作了具体明确的规定。在对参加法官考试资格，如年龄、学历、经历都有严格的规定。考试方式以笔试和面试双重过关形式进行，考试内容覆盖极广，从法律史、各部门法、三民主义到普通社会状况无一不涉及。考试成绩分甲、乙、丙三等级记录，逐级择优录取，遇缺分别递补，不同等级的成绩对应不同等级的司法人员。这种严格的考试资格，深远广博的考试内容，优胜劣汰的考试方式而选择出的人员必能胜任法官这个岗位，能在司法过程中发挥法官应有的作用。

第三，废除司法官不党的禁令。《新司法制度》明确规定，非有社会名誉之党员，兼有三年以上法律经验者，不得为司法官。这一规定将司法机关置于党的控制之下，打破了清末以来法官、检察官不得为政党党员的规定，这也使得司法独立的原则在深入公众人心之初又遭到了破坏。

第四，废止法院内的行政长官制，组织行政委员会处理法院事务。从前各级审判机关内部的行政事务，由各该级审判机关首长负责。改革后，院内行政如收发文、分案、宣判、编造预算决算、会计保管、稽核公费、罚金、赃物、编制统计表册等皆由院内行政委员会处理。这种以行政委员会取代行政长官的做法，主要是为了避免法院内专权。行政委员会的组成情况依据法院级别不同而不同。人民法院的行政委员会由审判官、审判员、书记官各一人组成；县市法院由民、刑庭长、检察官、书记官组成；控诉法院和最高法院均以民事庭长、刑事庭长、首席检察官、书记官组成。

第五，减少诉讼费和状纸费，征收执行费。基于北洋政府时期诉讼费和状纸费过重，当事人难以负担而导致的诉讼成本的增加，武汉国民政府提出诉讼费减少百分之五十，状纸费减少百分之六十，但对于确定判决执行之民事案件，要征收累进执行费。这在一定程度上体现了诉讼法便民、利民的特点。

第六，实行参审、陪审制。1927年初，武汉国民政府公布《参审陪审条例》，共32条，对参审陪审员的选举资格、选举方式、参审陪审员在诉讼中的权利义务做了详细规定。

人民法院除设立审判官外，并设参审员，参与法律及事实之审判。而县市法院及中央法院之审判，除设庭长和审判官行使审判权外，兼设陪审员，参与事实的审判。参审员和陪审员任期均为半年，每三个月改选半数。参审员和陪审员的职权极为广泛，具体而言，就是有权阅卷查证，有权向当事人、证人、鉴定人提问，与审判官近似的审判评议权。审判评议的结果取决于多数。如果审判官和参审员各只有一人，其意见相左时，该审判官有决定权；但参审员不服时，可以申请该法院的直接上级法院审定，该申请须当场申明，并于二日内提出书面申请书，在未经审定以前，应中止该审判的进行，以保证参审权的有效实现。

武汉国民政府对于参审、陪审制的规定，乃我国陪审制度的滥觞，这种前无古人的创举对于以后陪审制度的建立具有重要的参考价值。

广州、武汉国民政府是以新三民主义为施政纲领，第一次国共合作为基础成立起来的。处于政治、军事局势极其不稳定的时期，广州、武汉国民政府从1925年6月成立至1927年被南京国民政府合并的短短两年间，在政权建设的动荡不安中其关于诉讼法方面的改革是匆忙、存在不少缺漏之处的，但其中不少改革措施却是闪烁着现代法治的理性光芒。整个诉讼法制的改革都蕴涵着方便当事人诉讼，简化诉讼流程的思想内涵，尤其是其中的录用法官考试制度和参审、陪审制度，更是开当时我国司法制度之先河，为将来的诉讼法制建设奠定了良好的基础。这个时期的政府已经清醒地意识到了法官在司法过程中的特殊技术要求，从而采用了严格的录用考试制度，让法官成为法律帝国的王侯又跨近了一步。而同时，又意识到了长期以来纯司法官审判的不足，加强了公众的参与性，参审、陪审制又使司法过程不仅仅是在奥林匹斯之山，而是存在于耶路撒冷之巅，与普通社会民众的生活息息相关。这些关于诉讼法制的闪亮改革，无疑为后世的诉讼法制建设照亮了前进的方向。

五、"六法体系"中的诉讼法

1926年7月9日，北伐战争从各地开始，国民革命军从珠江流域逐渐发展到长江流域，国民革命军内部以蒋介石为代表的势力越来越大，1927 年 4 月蒋介石集团在南京自立政府，史称"南京政府"，1928 年张学良宣布东北易帜，服从南京国民政府，南京国民政府名义上统一了全国，此后国民政府法律制度的发展始终以南京国民政府为中心，直至 1949 年解放战争胜利为止。南京国民政府在形式上仍以孙中山的三民主义为最高立法原则，构建了中国历史上第一个形式上现代化的法律体系即"六法体系"，包括宪法、民法、民事诉讼法、刑法、刑事诉讼法和行政法。

（一）司法机关体系

1. 普通司法机关

（1）中央司法机关

司法院。南京国民政府依据 1928 年 10 月公布的《中华民国国民政府组织法》和《司法院组织法》，于 1928 年 11 月 16 日成立了司法院。司法院为最高司法机关，掌理民事刑事审判、司法行政、官吏惩戒、行政审判，以及统一解释法律命令之职权。司法院实际上并不直接行使这些司法权，而是由其下辖的司法行政部、最高法院、行政法院和公务员惩戒委员会等机构来行使，如司法行政权由司法行政部行使，民事刑事审判权由最高法院行使，行政审判权由行政法院行使等。

最高法院。最高法院是在 1927 年国民政府定都南京以后，由大理院改制而成，设于国民政府所在地，管辖不服高等法院及其分院判决而上诉的案件和非常上诉案件，执掌民刑事案件最高审判权及统一解释法律命令的权力。1929 年 10 月《司法院组织法》公布后，统一解释法律命令的职权虽然归司法院行使，但是司法院解释法律的程序是：先由最高法院院长及各庭庭长共同拟具解答，经司法院院长复核后，以司法院的名义公布。所以，最高法院仍然实质性地参与解释法律。最高法院分设民事庭和刑事庭，根据审判事务需要，民事庭、刑事庭分为数个审判庭，管辖一审终审案件及高等法院上诉案件。

行政法院。根据 1932 年 11 月公布的《行政法院组织法》，行政法院于次年 6 月成立，掌理全国行政诉讼审判。行政法院设立于中央政府所在地，地方不设行政法院。行政法院设立数庭，每庭设庭长一人，评事五人，实行五人评事合议制。

公务员惩戒委员会。依据《公务员惩戒法》的规定，凡是国家公务人员的违法行为和职务上的犯罪行为，以及其他失职行为，均要受到相应的惩戒处罚。处罚形式共分六种：撤职、休职、降级、减俸、记过和申诫。公务员的违法及失职行为，主要由中央公务员惩戒委员会受理。该委员会掌管全国高级公务员的违法惩戒事宜；在各省分设地方公务员惩戒委员会，负责惩戒地方中级以下公务员。在性质上，公务员惩戒委员会是直属于司法院的机关，享有一定的司法权利，其审理惩戒案件"不受任何干涉"，除依职权自行调查外，也可委托行政或司法官署调查。在公务员惩戒委员会之外，由国民政府委员会组成政府官惩戒委员会，负责惩戒政务官违法失职。1948 年 4 月，修正公布的《公务员惩戒委员会组织法》规定，在司法院制下设统一的公务员惩戒委员会，无论政务官与事务官，不分中央与地方，公务员惩戒事务全部归其管辖。

司法行政部。司法行政部的前身是南京国民政府成立之初的司法部，1928 年 11 月五院成立时，为了与司法院相区别，更名为司法行政部。1931 年，改属行政院，为行政机关，1934 年 10 月，仍隶属司法院，1941 年，重隶于行政法院。司法行政的职能很广泛，根据

《司法行政部组织法》，司法行政部管理全国的司法行政事务。关于该部对司法活动的监督，《法院组织法》规定，"司法行政部部长监督最高法院所设之检察署及高等法院以下各级法院及其分院"，并有权对被监督人依《公务员惩戒法》办理。关于该部对各地最高级行政长官执行司法行政事务的监督，《司法行政部组织法》规定："司法行政部就主管事务对于各地方最高级行政长官之命令或处分，认为有违背法令或逾越权限者，得提经行政院会议议决后，停止或撤销之。"关于死刑的执行，《刑事诉讼法》规定，司法行政部有死刑复核权。

大法官会议。依据1947年修订公布实施的《司法院组织法》规定，"司法院设大法官会议，以大法官十七人组织之，行使解释宪法并统一解释法律命令之职权。大法官会议，以司法院院长为主席"。由司法院院长和其他十六位资深的法官组成的大法官会议，专门负责解释包括宪法在内的各种法律命令，以保障各执法机关能够统一使用法律。

（2）地方司法机关

高等法院。在首都、省会、行政院直辖市和特别区域设立高等法院，在区域辽阔的地方，设高等法院分院。高等法院管辖关于内乱罪、外患罪及妨害国交罪等刑事第一审诉讼案件、不服地方法院及其分院判决而上诉的案件、不服地方法院及其分院裁定而抗告的案件。高等法院设院长一人，内设民事庭和刑事庭，庭长由推事兼任。

地方法院。在县或市设立地方法院，在区域较小的地方，可以数县市合设一地方法院；在区域辽阔的地方，可以设立分院。地方法院管辖的主要是第一审刑事、民事案件和非讼事件。地方法院设院长和推事若干人，推事在六人以上的，可以分置刑事庭和民事庭。未设地方法院的县市的审判事务，在1936年前由县长兼理，1936年后由县司法处审理。根据1944年9月公布的《县司法处组织条例》，县司法处设立审判官、司法警察等司法人员，县长兼理检察事务。

2. 特别司法机关

（1）军事审判机关

在南京国民政府统治期间，国家长期处于战争状态，设立了特别的军事审判机关，主要审理军人违法犯罪案件，必要时也插手非军人的普通刑事案件，尤其是政治性案件。当时颁布了一系列法规条例，有《惩治盗匪条例》、《妨害兵役法治罪条例》、《国家戡乱时期危害国家紧急治罪条例》、《戒严法》等，根据这些法规条例的规定，军事司法机关对战区内发生的刑事案件拥有优先管辖权。军事审判机关又分为军法会审、普通军事机关和县长或地方行政长官兼理。根据《陆海空军审判法》，军法会审机关分为简易军法会审、普通军法会审和高等军法会审三种，分别审判尉官以下、校官和将官及同等军人犯罪的案件。普通军事机关在一定条件下也有审判权，1937年9月修正公布的《危害民国紧急治罪法》规定，犯该法所定各罪，由该区域最高军事机关审判。依据1938年颁布的《县长及地方行政长官兼理军法暂行办法》的规定，凡依法令应归军法审判的案件，得由县长或者地方行政长官兼理。

（2）特种刑事法庭

特种刑事法庭主要审理威胁南京国民政府政权的"特别刑事案件"，主要包括共产党人和革命群众反抗中外反动势力的案件，审理时采取不同于一般案件的特别诉讼程序。根据《特种刑事临时法庭组织条例》，1928年，国民政府在各省、市设立"特种临时地方法庭"，在南京设立"特种刑事中央临时法庭"，分别审理反革命犯罪和土豪劣绅罪的第一审案和上诉审案。1948 年 4 月，国民政府公布《特种刑事法庭组织条例》。根据该条例，南京成立了"中央特种刑事法庭"，隶属司法院，各省市设立"高等特种刑法庭"，负责审理《戡乱时期危害国家紧急治罪条例》所规定的犯罪案件。

（3）行使司法权的特务组织

南京国民政府为了镇压人民群众的革命活动、维护其统治，除了进行司法制裁外，还依靠多种形式的特务组织，这一时期的特务组织主要有"国民党中央执行委员会调查统计局"（即"中统"）和"国民政府军事委员会调查统计局"（即"军统"）两大系统，同时在"军统"方面还有"中美特种技术合作所"，即"中美合作所"。这些特务组织，对凡是不满美蒋反动统治的人及所谓的有嫌疑的人，不需要经过任何法律程序，就可以秘密地逮捕、监视、审讯、绑架，甚至残酷地杀害。这种由特务机关采用法外制裁的做法，充分揭露了其宪法关于人民自由权利条文的虚伪性。

3. 检察机关

南京国民政府采用审检合署制，将检察机关设置于同级普通审判机关中。最高法院内设立检察署，检察官若干人，其中一人为检察长；高等法院和地方法院设置相同，即设检察官若干人，以一人为首席检察官。检察机关实行垂直领导制，检察长监督各级检察官；高等法院及其分院的首席检察官监督辖区内的其他检察官；地方法院首席检察官监督该院检察官；最高法院检察署受司法行政部部长的监督。检察官有权对刑事案件作出侦查或者不侦查、提起或者不提起公诉的决定，刑事案件判决后的执行也由检察官指挥并监督实施。检察机关虽然设立于各级法院之中，凡是检察机关依然独立实施侦查、提起公诉、实行公诉、协助自诉、担当自诉、指挥刑事裁判之执行以及履行其他法令所定职务的执行等。

（二）诉讼法的制定

1. 刑事诉讼法

南京国民政府的刑事诉讼法，初定于 1928 年，再定于 1935 年。为了与 1928 年 3 月南京政府公布的刑法典相适应，司法部依据原北洋政府的《刑事诉讼条例》，略加修改，修订完成了《刑事诉讼法》，于当年 9 月施行，这是南京国民政府的第一部《刑事诉讼法》，该法分为总则、第一审、上诉、抗告、非常上告、再审、简易程序、执行、附带民事诉讼 9 编，513 条，管辖上采用四级三审制，实行国家追诉主义，将内乱罪、外患罪、妨害国交罪列为高等法院一审案件，罪名最高刑在 3 年以下的案件由初级法院管辖。随着南京政府新刑法的制定，刑事诉讼法也开始修改，1935 年 1 月，新的《刑事诉讼法》颁布，并于 1935 年 7 月开始实施。这是南京国民政府的第二部《刑事诉讼法》，修订后的《刑事诉讼法》分为 9 编，共 516 条。增设了执行保安处分及执行训诫的规定，其管辖上实行三级三审制度，最高法院作为内乱、外患、妨害国交案件的一审机关，其余案件都以地方法院为一审机关。除此之外，国民政府还制定了一些刑事诉讼单行法规，如《共产党人自首法》，《反革命案件陪审暂行法》、《提审法》、《公设辩护人条例》等。

2. 民事诉讼法

南京国民政府先后制定了两部《民事诉讼法》。1928 年南京政府宣告完成统一后，当时的司法部以北洋政府的《民事诉讼条例》为基础，迅速修订完成了《民事诉讼法》，于 1930 年 12 月和 1931 年 2 月分别公布了第一编至第五编第三章和第五编第四章，该法共 5 编，分别为总则、第一审程序、上诉审程序、再审程序和特别诉讼程序，共 600 条。在一审程序中，允许在被告未提出答辩状的情况下作出缺席判决；不服裁定的，可以提起抗告，再抗告的则应以原裁定违法作为理由；在诉讼主体资格方面，明确非法人团体如设有代表人或者管理人，也有当事人能力。由于 1930 年的《民事诉讼法》制定得比较仓促，1933 年，司法行政部提出修正草案，1935 年 2 月 1 日公布了新的《民事诉讼法》，同年 7 月正式施行。新《民事诉讼法》分为 9 编，分别为总则、第一审程序、上诉审程序、抗告程序、再审程序、督促程序、保全程序、公示催告程序和人事诉讼程序，共 636 条。该法在管辖上有了较大的变化，规定不动产诉讼专属不动产所在地法院管辖，契约诉讼在当事人指明债之履行地情况下应属履行地法院管辖，同时，对于财产管理、票据、船舶碰撞、海难救助等特别诉讼作了专属管辖的规定。

3. 行政诉讼法

在北洋政府《行政诉讼法》的基础上，司法院于 1931 年 4 月，拟定《行政诉讼法草案》，1932 年 11 月，国民政府立法院公布《行政诉讼法》，并于次年 6 月施行，该法共 27 条，规定了行政诉讼的提起条件、提起、审理、判决、执行的程序及评事回避等内容。其中对行政法院的判决与裁定，当事人不得上诉或抗告，但可请求再审。对于此法未作规定者，准用民事诉讼法。

4. 法院组织法

1928 年，国民政府司法部参照清末及北洋政府的《法院编制法》，以德、意等国为立法例，拟定《暂行法院组织法草案》，经过修改审议，于 1932 年 10 颁布《法院组织法》，共 15 章，91 条，1935 年 7 月 1 日实施。根据该法的规定，普通法院分为地方法院、高等法院、最高法院三级。地方法院设于县或省辖市，负责审理法律规定的民、刑事第一审诉讼案件和非讼事件；高等法院设于省会、特别区域、行政院直辖市和首都，主要管辖关于内乱罪、外患罪及妨害国交罪等刑事第一审诉讼案件、不服地方法院及其分院判决而上诉的案件、不服地方法院及其分院裁定而抗告的案件；最高法院设于国民政府所在地，管辖不服高等法院及其分院判决而上诉的案件，执掌民刑事案件最高审判权及统一解释法律命令的权力。同时，国民政府采用审检合署，将检察机关置于各级法院之中，但是检察机关仍然是独立行使职权，实施侦查、提起公诉、实行公诉、协助自诉、担当自诉、指挥刑事裁判的执行以及履行其他法令所定职务的执行等。

（三）诉讼制度的特点

第一，构建了比较系统的诉讼法体系和较为完善的司法体制。从立法状况上来看，南京国民政府不仅制定了包含民事诉讼法和刑事诉讼法在内的六法体系，而且就诉讼而言，还制定了行政诉讼法、法院组织法、行政法院组织法、大法官会议组织法、特别审判制度和一些单行诉讼法规，体系上比较完整。在司法体制上，建立了一套从地方到中央的各级司法机关，审级制度经历了四级三审制到三级三审制的过程，取消最高法院分院的设置，确立了唯一的最高审判机构；同时实行审检合一的体制，在审判机构内部设立了检察机构，扩大了检察官的职权。

第二，形式上确立了独立审判原则，实则推行司法党化。在南京国民政府建立初期，国民党对司法仍然进行控制和干预，对于反革命案件，更难以实现审判独立。至 1947 年《中华民国宪法》公布时，其 80 条规定，"法官须超出党派以外，依据法律独立审判，不受任何干涉"，在立法形式上规定了司法独立原则。按照相关的法律，司法院及其所属的最高法院、行政法院等都独立行使司法权，但是，这种独立只是相对于立法院、行政院、考试院、监察院的独立，并不能超越最高权力机构。南京国民政府时期，形式上的国家最高权力机关是国民代表大会，但是国民党假借训政的名义，实行"司法党化"①。实际过程中，国民党对行政审判进行干预，采取司法党人化，要求司法官加入国民党，对反对司法党人化的司法官予以调离或免职等，这些都是对司法独立的破坏。

第三，刑事诉讼法一方面规定对被告人和被害人权利的保护，另一方面对被告人和被害人的权利又予以限制，尤其是特别法设立了诸多的权利限制。如新《刑事诉讼法》规定了被告的辩护权、上诉不加刑原则和羁押期限等，但同时又对被害人的自诉权加以限制，规定只有"告诉乃论罪"的案件和初级法院管辖的轻微刑事案件，被害人才可以提起自诉。又如《中华民国刑事诉讼法》第 311 条规定，"犯罪之被害人得提起自诉，但以有行为能力者为限"，第 360 条规定，"对于直系亲属或配偶不得提起自诉"。《特种刑事案件诉讼条例》规定，对于"危害民国"的政治犯案件，经过二审判决后，"不得上诉"，如不服，只能申请原审法院复审。对于复判的判决，如不服，不能申请再复判。《特种刑事法庭审判条例》规定，"依本条例所为之裁判，不得上诉或抗告"，对处五年以上有期徒刑之判决，始得申请中央特种刑事法庭复判。

第四，民事诉讼中采用"不干涉主义"。"不干涉主义"又称当事人主义，或者处分权主义。《中华民国民事诉讼法》第 192 条规定，"言词辩论以当事人声明应受裁判之事项为始。"第 388 条规定，"除别有规定外，法院不得就当事人未声明之事项为判决"，即法院的裁判，原则上应该以当事人声明之范围及其所提供的诉讼资料为基础，对于当事人所未主张的利益，不得归之于当事人。这种"不干涉主义"，使法官处于中立的地位，能够避免先入为主，较为公正地审判案件。但是因为在当时条件下，当事人的法律知识欠缺，更没有基本的诉讼技巧，也不是所有当事人都有能力聘请律师为其代理诉讼，同时当事人经济能力的不同往往也是其是否能胜诉的关键，故在当时的历史条件下的"不干涉主义"很难实现当事人之间实质上的公正。

第五，行政法院的设置不符合中国的国情。南京国民政府时期的《行政诉讼法》与《行政法院组织法》是照搬法国的体制，而法国行政法院的形成有其特定的历史背景和理论基础，这种体制并不符合当时中国的国情，有些规定也不利于当事人进行诉讼，如将行政法院只设于首都，且须经过两次诉愿后才能起诉到行政法院，起诉条件苛刻，中国地域广阔，交通不便，给人民诉讼也带来了极大的不便。故自 1933 年开院至 1939 年七年间，行政法院收案仅 1 091 件。有些省份如云南、察哈尔、宁夏和甘肃，甚至七年无一件案件起诉到行政法院。

第六，取消了领事裁判权，但又确认美国在华驻军的司法特权。1919 年和 1922 年中国政府在巴黎和会和华盛顿会议上，多次提出废除在华领事裁判权，但是以英美为代表的西方列强以中国法制不健全、司法不独立为理由拒绝取消该项特权。抗日战争爆发后，美国加入

---

① 张晋藩：《中国法制史》，357 页，北京，高等教育出版社，2003。

对日战争，为了鼓励中国坚持抗战，加强与中国的合作，1943 年美英两国分别与中国签订了《关于取消在华治外权及其有关特权的条约与换文》，之后比利时、挪威、巴西、法国、瑞士等国也纷纷取消了在华领事裁判权，这样中国逐步废除了各国在华的领事裁判权。然而，1943 年 10 月，为了取悦美国，国民政府又颁行了出卖国家法权的《处理在华美军人员刑事案件条例》，该条例规定："中华民国政府为便利共同作战，并依互惠精神，对于美军人员在中国境内所犯之刑事案件，归美军军事法庭及军事当局裁判"。之后，国民政府为了得到美国政府更多的军事支援，在 1946 年 6 月该条例有效期届满后，主动将其有效期延长了 1 年，再一次出卖了国家司法主权。

总的来说，南京国民政府时期建立的六法体系，在法律体系上比较完备，司法体制上也较为健全，从西方国家引进了很多先进的司法原则和诉讼制度，如司法独立原则，刑事诉讼法中的上诉不加刑原则，民事诉讼中的当事人主义原则，都具有重要的历史意义，对后世影响深远。但这一时期，因为长期处于战争状态中，再加上国民党的一党专政，使得很多先进的司法原则和诉讼制度没有得到有效实施，在这一时期特殊的审判组织较多，不利于司法原则的贯彻和司法制度的统一，甚至是侵害民众的各种权利。另外，南京国民政府时期的很多诉讼制度都是照搬照抄其他国家的法律制度，并没有结合中国当时的社会背景和本国的国情进行综合考虑而加以适当的取舍，以至于这些制度有些并不能适应中国的现实状况。国民党政权崩溃后，中国共产党中央委员会于 1949 年 2 月发表了《关于废除国民党的六法全书与确定解放区的司法原则的指示》，至此，南京国民政府的"六法体系"全面废除，中国的诉讼法制建设也由此翻开了崭新的一页。

第二节
中国近现代诉讼法律的继受

中国作为古代东亚文明的中心，其华夏法文化历史悠久、内容广博、特色鲜明、遗存丰富，但同时也具有保守性和孤立性。至清中叶以后，中国已经走上了衰败之路，中国的法律也失去了自我发展的能力。统治者依旧奉行"天不变，道亦不变"的教条，坚持"率由旧章"。而伴随着资产阶级革命的爆发，在反对封建司法的专制、专横的斗争中近代西方的法制建立起来了。在资产阶级掌握政权后，建构起体现资产阶级自由、民主、平等、博爱、人权思想的诉讼制度和程序。近代西方诉讼法制的主要特点为：诉讼法与实体法分离、司法与行政分立、实行辩论的诉讼形式、采用自由心证的证据制度。"近现代中国诉讼法制现代化的历史，是伴随着武力而来的西方诉讼法律文化向中国冲击乃至传播、渗透的历史，因此，在中国诉讼法制由传统向现代演变的漫长的历史过程中，西方诉讼法律文化的冲击又有着不可估量的作用。"① 清廷大臣的出洋考察、延请外国专家参与立法、留学生的文化传播和西方传教士在西方法学传入，中国近代法学观、法律制度和原则以及概念术语等的诞生，中国近

---

① 夏锦文：《社会变迁与法律发展》，211 页，南京，南京师范大学出版社，1997。

代法学人才的养成等各个方面所起的奠基作用都使得以清末改制为起点的中国诉讼法制曲折而艰辛的近代化历程继受特点鲜明。

从清末到民国诉讼法律继受了法制先进型国家众多的原则、制度和程序：一是在诉讼程序中，采用了欧美国家的刑事案件公诉制度、公诉附带私诉制度、保释制度、陪审制度和律师制度，承认律师活动的合法性。在审判阶段引入了回避制度、合议制度等制度；在审级制度上，实行四级三审终审制。二是在审判原则上，采用了无罪推定原则、审判公开原则、被告人有权辩护原则、司法独立原则、检察监督原则等现代刑事诉讼原则。三是规定了侦查、预审、合议、公判、上诉、再审、执行等诉讼程序以及强制措施，摆脱了封建司法审判模式，使法律操作程序更趋规范、公正、合理。

一、诉讼法律原则的继受

（一）司法独立原则

中国古代传统的司法体制是行政与司法不分。在专制制度下，皇帝既是国家的最高行政首脑，也是最高的司法官，对于一切大案、要案拥有最后的判决权。九卿会审、朝审和秋审，则体现着一般行政机关对司法的干预。在行政官与司法官共同审理的会审中，司法官员的数量往往少于行政官吏。在中央皇帝控制最高司法权。就地方司法而言，清朝虽于省级设专职司法官，但仍然受制于省级长官总督和巡抚。至于省以下概由行政长官兼任审判官。在以集权为主旨的设置体系中，司法既"没有获得充分的独立，也没有必要的权威"。

高度集权、皇权专制的晚清政府决议仿行宪政、进行新政改革就意味着它必须按照西方的政体原则来创建一套新的机制。具体到司法体制而言，就是按照三权分立的政治架构，把立法权、司法权从行政权中分离出来，建立起符合西方法治原则的新的司法体制。从思想来源上看，晚清司法改革的思想及其在此思想指导下所建立的司法独立体制，是在国门洞开、西方法学知识大量传入的情况下，逐渐形成一种社会思潮。司法独立的理念从清末思想界逐渐到为统治高层所认可。

宪政理论的基本要求是三权分立，既然清政府准备仿行立宪，就不可能回避这一问题。早在官制改革时，立宪派就提出了"司法大权专属法部，以大理院任审判，而法部监督之，均与行政官相对峙，而不为所节制。"[1] 清末司法改革遵循着分权原则，致力于司法权与行政权的分离。从改革的地域上看，按中央、地方次第进行。在中央，立宪派拟制了一个包括设立责任内阁在内的改革中央官制的方案。立法权在议院设立之前，名义上由资政院代行；行政权属内阁与各部大臣；大理院掌管司法权，负责解释法律，主管审判。在地方，改革时间稍晚于中央，改革的主要内容是新型独立的审判厅、检察厅的建立。随着《各级审判厅试办章程》、《法院编制法》等法律的颁行，地方上的审判厅相继筹办，与中央大理院遥相呼应，形成一套自上而下完整、独立的司法体系。从改革的深度来看，司法独立的推行也并非一蹴而就，而是经历了两个阶段：首先是司法权与行政权的分离，使传统的行政、司法不分的局面在体制上正式宣告终结，使审判权获得独立。其次是司法行政权与司法审判权的分离，在审判机构之外分离出独立的检察机构对审判权进行监督，以保证审判的公正性，使监察权获

---

[1] 《光绪朝东华录》总第 5577 页。

得独立。

从改革的内容来看，首先 1906 年的《大理院审判编制法》第 6 条明确指出："大理院以下及本院直辖各审判厅、局，关于司法裁判全不受行政衙门干涉，以重国家司法独立。"如果说《大理院审判编制法》仍属于临时过渡法规的话，那么《法院编制法》的出台则正式确定了这一原则。1910 年宪政编查馆将《法院编制法》上报朝廷，重申"司法与行政分立，为实行宪政之权舆，上年钦定逐年筹备事宜清单，令各省分期等设各级审判厅，即为司法独立之基础"。对此，清廷随即照准。在 1910 年 2 月 7 日正式颁行的《法院编制法》中，全面贯彻了司法独立原则，具体体现在：（1）司法不受行政部门干涉。该法第 163 条规定：本章（第 16 章"司法行政之职务及监督权"）所载各条不得限制审判上所执事务及审判官之审判权。这一规定使司法独立于行政，杜绝了行政部门干预司法的可能性。（2）司法不受检察部门干涉。该法第 95 条规定：检察官不问情形如何不得干涉推事之审判或掌理审判事务。这项规定严格把握了检察机构对审判机关进行监督的尺度，保证了司法审判的独立。（3）审判机关彼此独立。各级审判机关虽有级别管辖的区分，但上级只能依据审级启动监督程序，而不能干预下级的独立审判权。（4）审判人员本身的独立。审判人员在审判案件时唯一的依据只来自国家的法律。该法第 35 条规定：大理院卿有统一解释法令必应处置之权，但不得指挥审判官所掌理各案件之审判。由于大理院卿是国家最高审判机构的最高长官，此项规定自然也杜绝了其他人员对于审判的干预。通过上述四个方面的规定，全面而彻底的司法独立制度正式以法律的形式建立起来。司法独立被近代民主国奉为圭臬，是实行宪政与否的一项重要标准。而中国封建专制政体的本质在于君权一统，这一体制贯穿中国社会近千年，其废除绝非轻而易举，而是充满了重重阻力。不论是中央还是地方，其推行均遭遇到了以监督大理院之审判权为由处处干涉司法独立，法部与大理院矛盾的激化最终引发了部院之争。在地方，司法独立意味着地方长官行政、司法权独揽一身的终结，因此遭到了激烈的抵制和反对。但是，这一原则最终还是以法律的形式得到了确立，使中国封建社会行政司法合一的体制宣告寿终正寝，向宪政之路迈出了根本性的一步。此后这一原则的推行尽管更多地流于制度和形式，但毕竟一举奠定了中国司法现代化的基础，拉开了司法现代化的序幕。①

当时官方或者知识界对于纯粹西方化的三权分立和司法独立的理解，仍然是基于自身的体认和现实的逼迫。司法独立被引入近代中国的初衷，首先是被当做解决几千年中国传统的司法行政合一体制下效率低下、司法腐败的一剂良方。换言之，近代中国司法独立的实践价值并不是来源于对现实社会政治经济条件的考量，而是出于对济世存真方法的追求而存在。这一认识状况和实践价值取向使得清末新政主政者，一开始就从分权、宪政的理想出发，把建立独立的司法体制、实行司法独立视为推行宪政的基础改革工程，认为司法独立即是立宪国之要素，又是法治国之精神所在；并且想当然地认为只要实行宪政改革、推行司法独立，就可以像西方一样尽快富强起来，以摆脱被动局面。司法独立改革的最大特征就是主政者在关注西方诸国宪政体制这一目标时并没有对实现这一目标作细致的理解，表现出不顾现实条件而推行诸项司法改革措施，其结果只能是徒具外形而实质未变。如在九年筹备立宪清单中，在既无适当经费又无合适人才且无配套法律的情况下，要求全国各"州县于二年之间悉

_____

① 参见严昂：《论清末前后的司法特征》，载《苏州大学学报》（哲学社会科学版），2006（4）。

将各级审判厅克期成立"①，于是"法官多用旧人；供勘则纯取旧式，刑讯方法，实未革除；律师制度，尚未采用，虽规模初具，亦徒有其名而已"②。

1911年辛亥革命推翻了清政府，成立了中华民国。临时政府成立后，就着手进行了司法制度的改革。司法独立作为资产阶级法治国家的一项基本制度，早在辛亥革命时期就成为革命党人追求的目标之一。湖北军政府《江夏临时审判所暂行条例》明确申明："本所为图司法独立"而设。其宪法性文献《中华民国鄂州约法》对司法独立的保障作了初步的规定："法司以鄂州政府之名，依法律审判民事诉讼及刑事诉讼。""司法之编制及法官之资格，以法律定之。""法官非依法律受刑罚宣布或应免职之惩戒宣告，不得免职。"在案件审理过程中，为了保证司法独立，不受干扰，湖北军政府规定："审判阶级虽有上下之分，而审判权限则各相分立，虽上级审判，亦不能干涉下级，其他更不待言。""非审判官自违法理，虽司法部不能干涉。""如各部科局人员干涉诉讼，即当酌于惩罚。"这些是中国资产阶级以法律法规的形式对司法独立原则作出的最早宣告。

从民国创立到1947年《中华民国宪法》颁行，其间虽经政权更替、几次反复，但司法独立却始终是政治和法律生活中所标榜的重要原则，并得到相应的立法保障。在设立新式法院的基础上，民国时期对司法独立的法律保障还包括以下方面：首先是分权，即在司法权与其他国家权力之间划分界限，以形成相互之间的分工和制衡。《临时约法》参照西方资本主义国家，把国家统治权分为立法权（参议院）、行政权（临时大总统、国务员）、司法权（法院）。法院由临时大总统及司法总长分别任命的法官组成，依法审判民刑诉讼案件。这样，一个西方式的三权分立的民主共和政体以根本大法的形式得以确立。至1914年《袁记约法》则实际上取消了三权分立的原则，将三权归于行政权，行政权归于大总统。在宪法条文中，表面存在的权力制衡由于其他有关条文的抵销而失去意义。司法权由大总统任命的法官组织法院行使，无异于大总统的一个下属机关。1928年建立的南京国民政府体制的设计和运行是以孙中山"权能分治"、"五权分立"、"权力制衡"理论为指导的。1929年《训政纲领案》规定："治权分行政、立法、司法、考试、监察五项，付托于国民政府总揽而执行之，以立宪政时期民选政府之基础。"1931年《修正中华民国国民政府组织法》规定："国民政府以左列五院独立行使行政、立法、司法、考试、监察五种治权：一、行政院；二、立法院；三、司法院；四、考试院；五、监察院。"其中，司法院为国民政府最高司法机关，掌握司法审判之职权。1947年《中华民国宪法》虽对训政时期的国家权力关系作了局部调整，但五权分立的基本格局仍然保持不变。

其次是法官独立审判地位的法律保障。民国时期，多数时间仿效欧美体制，在形式上保障法官独立审判的法律地位。民国元年的《中华民国临时组织法草案》第六章"法司"规定："法官非依法律受刑罚宣言，或应免职之惩戒宣告，不得免职。"《临时约法》规定："法官独立审判，不受上级官厅之干涉。""法官在任中，不得减俸或转职；非依法律受刑罚宣告或应免职之惩戒处分，不得解职。惩戒条规以法律定之。"1922年的《中华民国宪法》比《临时约法》更进一步，规定最高法院院长的任命须经参议院之同意，"法院独立审判，无论

---

① 杨鸿烈：《中国法律发达史》，下册，919页，上海，上海书店，1990。
② 故宫博物院明清档案部编：《清末筹备立宪档案史料》，下册，1052页，北京，中华书局，1979。

任何人不得干涉之。"南京国民政府时期，1936 年《中华民国宪法草案》第 80 条规定："法官依法独立审判"。第 81 条规定："法官非受刑罚或惩戒处分或禁治产之宣告，不得免职，非依法律不得停职、转任或解俸。"1947 年把《草案》第 80 条修订为"法官须超出党派以外，依据法律独立审判，不受任何干涉。"第 81 条增加了"法官为终身职"一句。就法官审判与司法行政监督之间的关系，《法院组织法》第 90 条规定："本章（司法行政之监督）各条之规定，不影响于审判权之行使。"此外，无论是北洋军阀时期还是国民政府时期都在法律中对法官的人身、职业及工资，以及司法官的选拔、任命、惩戒等作了相应的规定，提供法律保障。从总体上看，民国时期法官独立审判及其法律地位的保障在形式上规定得相当严密。

再次是现代法官的选拔与培训。司法权的独立行使要求法官具备较高的法律业务素质，因此新式法官的培训与选拔就成为司法独立的题中应有之义。《临时约法》规定："法官之资格，以法律定之。"由于司法工作的重要性，对包括法官在内的司法人员的选用要求，往往较之一般文官更高。1913 年 2 月北洋政府公布的《甄拔司法人员准则》规定：只有在国内外大学、法政专业学校修习法律三年以上获得毕业文凭，或在外国速成学习法政一年以上获毕业文凭并曾任推事、检查官，或在国立公立大学教授法学主要科目一年以上及在教育部门认可的私立大学教授法学主要科目三年以上者，才具备担任司法官员的资格。在甄拔时，不仅要考察其学习成绩、工作实绩、办事能力以及道德品质、身体素质等，还要通过最后的甄拔考试加以确定。1930 年国民政府颁布的《高等考试司法官、律师考试条例》规定：司法官考试分初试、学习、再试三个阶段，初试又包括第一试、第二试和面试，分别就国文、党义、国民党组织法及各部门法规进行考核。初试合格者颁发"司法官初试及格证书"。其后经学习阶段后须参加再试，再试又包括笔试、面试和学习成绩审查三项内容，全部合格者，方颁发"司法官再试及格证书"，获得担任司法官的资格。而且，民国时期还设置司法官训练机构作为新式法官训练机构的开端。1926 年改设司法官储才馆。国民政府定都南京后，1929 年改为法官训练所，初隶司法行政部，至 1935 年改隶司法院。对司法官任职资格从严把关以及加强司法官的选拔与培训都在一定程度上有利于司法独立的实现。

民国时期对司法独立原则的推崇及其相关的法律保障在司法实践中取得了一定成效，传统法制中行政与司法不分的陋习得以打破，具有现代法律特质的司法制度开始了它艰难的成长过程；同时，亦出现了一些具备现代法律知识和业务素质，敢于以法治权的新式法官，使司法独立原则在一定程度上得到实现。如民国初年宋教仁被刺案发生后，上海审判厅不顾北洋军阀阻挠，认真调查取证，获得了凶手受国务总理兼内务总长赵秉钧指使的证据。上海审判厅便依照法律，向赵秉钧发出传票，传他到沪备法院传讯。赵虽气得要死，也不能加法官以罪，最终在舆论压力下被迫辞职。[①]

（二）辩护原则

律师在社会生活中发挥着重要作用。在民事案件中律师作为当事人的代理人，在刑事案件中，律师能够起到制约国家权力的作用，这样经过各方的对抗，能够使得案件得到公正的处理。在中国社会的发展史上，也曾出现过士荣、邓析等辩护士、讼师、诉讼代理人，但

---

① 参见经盛鸿主编：《民国大案纪实》，31～33 页，上海，上海人民出版社，1997。

是，他们并非律师，其所代表的，仅仅是一种现象，不具有普遍性，不成其为一种职业，不为国家所认可，与律师及律师职业现象所应有含义和属性相距甚远。

律师制度是一项民主的政治法律制度，是现代国家法律制度的重要组成部分。作为一种法律现象的律师制度是在一国法律发展到一定阶段的产物。最早的律师制度产生于西方古罗马奴隶制时期，近代意义的律师制度发展完善则是 17、18 世纪资产阶级民主革命的积极产物。律师制度传入中国，是自 19 世纪中后期西方帝国主义的侵入，伴随着我国逐步沦为半封建半殖民地社会，这一在西方已有悠久历史的法律现象才出现在中国社会。清朝末年，随着鸦片战争的失败和帝国主义的侵略，外国律师出现在中国，他们先是在"租界"的法庭执行职务，而后在中国法院担任辩护人或代理人。在近代中西法文化剧烈冲突的情景下，建立律师辩护制度乃时势之需。"盖人因讼对簿公庭，惶悚之下，言词每多失措，故用律师代理一切质问、对诘、复问各事宜"，况且"中国近来通商各埠，已准外国律师辩案，甚至公署间亦引诸顾问之列。夫以华人讼案，借外人辩护，已觉扞格不通，即使遇有交涉事件，请其申诉，亦断无助他人而抑其同类之理，且领事治外之权因之更形滋蔓，后患何堪设想"。《刑事民事诉讼法草案》正式引入辩护制度，对律师资格、申请注册、宣誓手续、律师权利、违纪处分、外国律师在通商口岸的公堂办案等作出了规定。第 199、204 条规定了双方律师进行辩护的权利与程序，要求律师"尽分内之责务，代受托人辩护，然仍应恪守法律"。第 200 条要求从事律师职业者必须为法律学堂毕业，经过考试获取能作为律师的凭证。既然律师是一个不同于古代讼师的新式职业，非经过系统严格的法律培训不足以掌握专业知识和技能。对于律师的培养，沈家本等建议兴办法律学堂，"择其节操端严，法学渊深，额定律师若干员，卒业后考验合格，给予文凭，然后分拨各省，以备办案之用。如各学堂骤难造就，即遴选各该省刑幕之合格者，拨入学堂，专精斯业。俟考取后酌量录用，并给予官阶"。

1911 年辛亥革命，清朝政权被推翻。与清末预备立宪同时进行的司法改革也随之中断。以孙中山为代表的资产阶级革命派在废除封建专制制度、打碎旧的国家机器的基础上，仿效西方资本主义国家，建立了民主共和政体性质的国家政治制度。同时，也仿照西方国家的法治原则，确定了全面建立新型法律制度的蓝图。其中包括改革司法审判体制，建立律师辩护制度。

在民国律师制度的建立及宣传方面，著名法学家伍廷芳起到重要作用。伍廷芳为清末著名法律改革家，曾留学欧洲，熟悉西方各国近代政治制度与法律制度。1874 年至 1876 年在英国伦敦林肯律师学院学习，并通过考试获取律师资格，是第一个取得英国律师资格的中国人。1902 年，伍廷芳被清政府任命为修订法律大臣，与沈家本一起，主持晚清修律活动。在修律过程中，他竭力主张全面引进西方各国的法律制度。他的主张得到与其共同主持修律、擅长于中国传统法律的沈家本的支持。1906 年，沈、伍主持编订的《刑事民事诉讼法草案》完成，其中就规定有实行律师辩护制度的内容。沈、伍二人还在向朝廷递交的奏折中将律师制度作为司法改革"亟待实行"的制度之一，作了重点说明。辛亥革命以后，伍廷芳继续致力于中国法律的改革，并得到孙中山的支持。南京临时政府成立以后，伍廷芳被任命为司法总长。伍廷芳一方面主张仿效西方，全面建立新的法律体系，包括建立律师制度。另一方面，利用司法总长的身份，在具体的审判活动中率先推动律师辩护制度的实施。1912 年初，为对前山阳县令姚荣泽一案的审理，在有关律师的立法尚未出台、民国律师制度尚未正式建立的情况下，伍廷芳就坚持改变传统的审判方式，而仿效西方国家，实行新的审判方法。包括司法独立、陪审制，并要求允许律师到庭辩护。为切实实施律师辩护制度，伍廷芳为姚案先后致电孙中山、陈其美（当时任沪军都督，实际控制着对姚案的审判权）、蒋雁行（当时任江北都督）等。在1912年2月28日致孙中山的电文中，伍廷芳说："廷以为民国方新，对于一切诉讼应采文明办法，况此案情节重大，尤须审慎周详，以示尊重法律之意。拟由廷特派精通中外法律之员承审，另选通达事理、公正和平、名望素著者三人为陪审员，并准两造聘请辩护士到堂辩护，审讯时任人旁听。如此，则大公无私，庶无失出失入之弊。"在1912年3月2日致陈其美的信中具体设计了审理姚案的程序："先由辩护士（即律师）将全案理由提起，再由裁判官问原告及各人证，两造辩护士盘诘，俟原告及人证既终，再审被告。其审问之法与原告同。然后由两造辩护士各将案由复述结束。"3月19日再次致书陈其美，强调："法庭之上，断案之权在陪审员；依据法律为适法之裁判，在裁判官；盘诘驳难之权，在律师。"

对于律师制度的实施与确立，孙中山也给以大力支持。1912年2月19日，孙中山在接到伍廷芳关于审判姚荣泽案设想的第二天，即回复伍廷芳；"所陈姚荣泽案审讯方法极善，即照来电办理可也。"1912年3月22日，在关于《律师法草案》的饬令中提出："律师制度与司法独立相辅为用，夙为文明各国所通行。"主张尽快审议《律师法》，以确立律师制度。与此同时，南京临时政府各部门，也都纷纷行动，从官制、立法、舆论等方面为律师制度的正式确立创造条件。南京临时政府成立后，设立司法部为中央政府九部之一。其职掌就包括对于律师业务的管理。《司法部官职令（草案）》第2条规定："司法部承政厅除《各部官职令通则》所定外，并掌事务如下……（四）关于律师之身份事项"。临时政府迁往北京后，1912年6月17日，参议院审议通过《司法部官制》。对原南京临时政府所拟《司法部官职令（草案）》作修改，但管理律师业务的职掌仍被保留。原承政厅改为总务厅，《司法部官制》第5条规定：总务厅"除《各部官制通则》所定外，掌事务如左……（三）关于律师事项。"另外，1912年5月13日，司法总长王宠惠在参议院第五次会议中提出司法院致力解决五大问题。其中就包括律师辩护制度。王宠惠具体说明："近今学说以辩护士为司法上三联之一，既可以牵制法官而不至意为出入，且可代人之诉讼剖白是非，其用意深且远也。且以中国现状而论，国体已变为共和，从事法律之人当日益众。若尽使之为法官，势必有所不能。故亟宜励行此制，庶人民权利有所保障，而法政人才有所展布。此关于辩护制度之所以亟宜创设者也。"

1912年4月初，袁世凯窃取了资产阶级临时政权，建立中华民国北京临时政府。为了维护帝国主义和地主买办资产阶级的统治地位，在继承清末法统的同时，又颁布了大量新的法规。1912年9月16日正式公布实施《律师暂行章程》，从此创立了民国时期的律师制度，北洋军阀执政后，对民国政府所建立的律师制度没有废弃，袁世凯死后，北洋军阀政府又于民国5年、6年、9年、10年先后四次对《律师暂行章程》进行了修改。《律师暂行章程》的颁布，标志着民国初期律师制度的正式建立。该《律师章程》所确立的律师制度，具有以下几个显著特点：明确规定律师为自由职业者、对律师任职资格方面严格限制。清末法制改革，仿效西方大陆法系，实行以法典、法规为主要形式的法律体例，并制定各项法典、法规。民国初年，在立法上沿袭清末法制改革所开创的新体例。《律师暂行章程》的制定以及与律师制度相关的其他各项法律、法规的拟议，在律师制度的立法建制方面，为民国司法体制中律师活动以成文法典、法规为依据的基本风格的形成，奠定了基础。在具体的制度方面，以《律师暂行章程》为代表的民国早期律师制度也体现了对大陆法系的仿效。英国律师制度与欧洲大陆各国律师制度之间存在重大差别。英国作为最早对中国进行大规模势力渗透的列强国家，其文化传统及制度也对中国社会产生重要影响。尤其是英国率先在中国攫取领事裁判权，在中国设立租界以及领事法庭，从而把英国本土颇具其民族特色的司法制度，包括律师制度移植到设在中国口岸城市的领事法庭。清末律师制度拟议之时，经过比较，最终确立以欧洲大陆国家及日本律师制度为基本模式，同时根据中国的实际情形，建立中国律师制度。

民国初年，讨论律师制度，在律师身份上即曾考虑仿照西方普通法系国家对律师进行分类的制度，建立区别律师种类的民国律师制度。其具体做法是将处理上告案件的业务限于少量具有特殊身份的律师，实际上即意味着区分普通律师与上告律师。民国元年北京政府曾拟定《律师法施行法（草案）》，共 4 条。其中第 2 条规定："自《律师法》施行之日起，满二年内，凡依《法院编制法》及其施行法，有充判事官、检事官之资格者，得免律师考试，即充律师。但上告案件，以在国立大学或外国专门学校修法律之学三年以上，得有毕业文凭，或曾在国立大学或其他专门学校充律师考试规则内主要科目之一之教授二年以上者为限。"由此可见，具备处理上告案件的律师仅限于两类律师：第一，取得正式学历的学生；第二，教授。此一草案，当时受到社会各界的议论。多以为对上告律师的限制过于严苛。王锡銮撰文"《律师法施行法（草案）》驳议"，认为，第一，律师处理案件，自起诉，庭审，直至案件终结，是一个完整的过程。如果限制部分律师不得参与上诉案件的处理，实际上是限制了这部分律师的业务能力，也就是限制他们不得任律师。第二，依据《法院编制法》及《律师法施行法（草案）》，任地方法官、高等法官以及上告律师的资格规定方面，严重失衡。第三，当时尚无国立大学，活跃在司法领域的有学历者多为法律专门学校毕业，以《律师法施行法（草案）》的规定，实际上排除了专门学校毕业生充任上告律师的资格，也就等于排除了中国人充任上告律师的资格。由于各界反对，该《律师法施行法（草案）》未获批准，有关上告律师的规定亦被废除。在律师身份上，仍以大陆法系国家的律师制度为依据，不再划分分别具有不同职能的律师种类。

民国初年继续清末关于建立律师制度的思路。《律师暂行章程》正是这一思路的产物。《律师暂行章程》的公布、实施，表明中国律师制度的确立，最终以欧洲大陆国家和日本律师制度为蓝本，形成与大陆法系相适应的基本风格。其后民国律师制度的发展、演变，仍然保持了在《律师暂行章程》中即已形成的基本风格。

1912 年 4 月 5 日，取得临时大总统职位的袁世凯将政府迁往北京，开始了北洋政府的统治时期。袁世凯上台伊始，即下令"暂行援用"清末的法律，《刑事民事诉讼法》（草案）亦包括在内。① 不过，单纯援用旧律，毕竟不能适应新情况的需要，于是，1918 年，北洋政府设立"修订法律馆"，预备大规模的立法活动。北京政府的法律修订业已编成《刑事诉讼法》（草案），司法部改称《刑事诉讼条例》，并拟具《刑事诉讼条例施行条例》13 条，于

---

① 参见李春雷：《中国近代刑事诉讼制度变革研究》，65 页，北京，北京大学出版社，2004。

1922 年 1 月 1 日先在东省特别法院区域施行，同年 7 月 1 日要求全国各法院一律施行，不过，其施行领域只局限于北京政府直接统治下的各省。[①] 自 1928 年 2 月始，南京国民政府司法部花了 3 个月的时间，以北洋政府 1922 年的《刑事诉讼条例》为基础，拟定了新的刑事诉讼法草案，经过中央政治会议第 149 次会议审议通过，于 1928 年 7 月 29 日公布，并定于同年 9 月 1 日施行。建立了公设辩护人制度，规定最轻本刑为 5 年以上有期徒刑者，审判长应依职权指定公设辩护人（第 178 条）。1928 年刑事诉讼法典颁行后不久，刑法典开始修订，相应地，刑事诉讼法典的修改也提上了日程，经过 6 年多的起草、讨论和审议，新的刑事诉讼法典与新刑法典于 1935 年 1 月 1 日公布，并定于同年 7 月 1 日施行。1935 年刑事诉讼法典共分 9 篇，516 条。这部法典较多地参考和借鉴了当时世界各国刑事诉讼立法的趋势，又融汇了多年来法院办理刑事案件的经验，除了在结构体例上有所变动外，在构成内容上也有诸多新的改进，南京国民政府的刑事诉讼法典取法德国、日本等大陆法系国家的刑事诉讼法律制度，在结构上采取职权主义的诉讼模式，包括以下体现现代刑事诉讼特色的强制辩护制度。辩护被分为选任辩护和指定辩护两种：被告于起诉后得随时选任辩护人。被告之法定代理人、配偶、直系或三亲等内旁系血亲或家长、家属得独立为被告人选任辩护人（第 27 条）；辩护人应选任律师充任之，但非律师经审判长许可者，亦得选任为辩护人（第 29 条）；对于按刑法规定最轻本刑为 5 年以上有期徒刑的案件以及高等法院管辖的第一审案件而未经选任辩护人的，审判长应当依职权为其指定（第 31 条）。

从 1906 年中国首次提到律师算起，整整一百多年过去了，律师行业在中国的发展可谓一波三折，命途多舛。民国建元，我们就有了律师法，民国时代则出现了一大批著名的律师：为维护工人权益，施洋大律师喋血街头，为"反动分子"陈独秀辩护，章士钊律师不畏艰险，还有沈钧儒大律师领导的"爱国冤狱赔偿制度"开创了走向政治的先河。民国律师群星璀璨、浩气冲天，有着我们今天不敌的气象与高度。

二、诉讼制度的继受

（一）特免权制度

特免权制度的移植，起源于清末修法。当时的清朝政府，外有列强环伺，内有革命维新，不变法不足以求自存。然而，由于历史条件的限制，中国法制近代化的进程，却是以效仿和移植作为开端的。在修订法律之初，修法大臣沈家本等人就组织翻译了各国刑法和诉讼法，而其中尤以德国和日本的法律为最。这主要在于德日的君主立宪制中君主位高权重，以此为基础的法律更容易被清统治者所接受。因此，清末修法主要参照德、日的法律制度。沈家本在起草《法律编制法》时，甚至专门邀请日本法学家冈田朝太郎为其顾问，帮助审定条文。1906 年，沈家本、伍廷芳编订完成《刑事民事诉讼法》（草案），其中规定了一些证据规则，并设有"证人"一节。在这部草案中，一方面规定了证人作证的义务，如可以传令官员及其妻子到庭作证（第 242 条），"甚至妇人女子、责令到堂作证"，另一方面又规定了不得强迫亲属作证（第 241 条）。这些立法意见不是凭空产生的，考察立法参与者的背景，我们可以发现，沈家本曾经深入地研习过很多国家的法律制度，而伍廷芳本人早年留学英伦，是

---

① 参见李春雷：《中国近代刑事诉讼制度变革研究》，66～67 页，北京，北京大学出版社，2004。

英国林肯律师学院的法律博士（中国获得此学位的第一人），所以在立法思想上自然更多地受到国外法律制度的影响。我国亲亲相隐原则一直强调的是"禁止亲属作证"，而《刑事民事诉讼法》规定的则是"不得强迫亲属作证"，虽只有两三字的差异，但是立法的主旨却大异其趣。前者强调的是亲属不得作证的义务，是证人不适格的规定，后者强调的是亲属不受强迫作证的权利，是赋予证人作证和不作证的选择权，所以可以作为特免权的萌芽。

《刑事民事诉讼法》遭到了以张之洞为首的传统派的反对，这种反对的声音终于使得该法胎死腹中。但是，张之洞等人在反对该草案的奏折中建议，在采用合适的法律之前，可以先行发布某些没有问题的章节作为暂行章程。于是在 1907 年，清政府颁布了《各级审判厅试办章程》。该法第 77 条规定"与原告或被告为亲属者"，"不得为证人或鉴定人"。这个规定又回到了原来的证人不适格。

正式在我国规定特免权的是 1910 年《大清刑事诉讼律草案》。该法效仿日本刑事诉讼法，第一次在我国设立了特免权制度。草案第四节为"证言"，其中第 151 条规定："官吏、公吏或曾为官吏公吏之人所知之事实，如本人或该官厅署称为有关职务上秘密者，非经监督吏员承诺，不得以之为证人而讯问之。"这实际上是关于公共利益特免权的规定。第 152 条规定："左列（因为当时文字竖排右读——笔者注）各人，得拒绝证言：第一，被告人之亲族，其亲族关系消灭后亦同；第二，被告人之监护人、监督监护人及保佐人。"这实际上是关于亲属特免权的规定。第 153 条规定："应行讯问之事实，遇有左列各款情形，得拒绝证言：第一，僧道、医师、药剂师、产婆、律师、公证人或曾居此等地位之人，因受职业上委托应守秘密者；第二，证人之陈述恐致证人或证人之亲族、监护人、监督监护人、保佐人为刑事被告人者，其亲族关系消灭后亦同。"这是关于职业关系特免权和不自证其罪特免权的规定。尽管这部法律因为清政府的覆亡而没有实行，但它却成为后代立法的样本。1910 年12 月编成的《民事诉讼律草案》规定了相似的内容。我国法律制度从亲亲相隐到特免权的转变，就这样"悄悄"完成了。

如果说清末修律是特免权的首次引进，那么民国立法则是特免权在我国的正式确立。刚从封建社会脱胎的民国政府，一方面进行大规模的修订新法，另一方面也对前清颁行的一些法律加以沿用。国民政府形式上统一全国后，开始了统一修法的工作。1928 年的《中华民国刑事诉讼法》洋洋洒洒五百多条，其中关于证据的规定就近百条，"证人"一章多达四十多条。其中第 98 条规定："左列各人，得拒绝证言：（1）为被告之亲属者，其亲属关系消灭后亦同；（2）为被告之未婚配偶者；（3）为被告之法定代理人、监督监护人或保佐人者。"这是对亲属特免权的规定。第 99 条规定："医师、药师、药商、产婆、宗教师、律师辩护人、公证人及其业务上佐理人或曾居此等地位之人，因业务知悉之事实、有关他人之秘密者，得拒绝证言，但经本人承诺者不在此限。"这是对职业关系特免权的规定。第 100 百条规定："证人恐因陈述致自身或第九十八条之关系人受刑事追诉者，得拒绝证言。"这是对不自证其罪特免权的规定。这个立法基本上借鉴了《大清刑事诉讼律草案》，但是却第一次把《大清刑事诉讼律草案》没有实现的目标实现了。

1935 年，新的《中华民国刑事诉讼法》颁布，旧法废止。该法对于证人制度有多处重大改动，尤其对特免权的规定更趋严密。该法第 167 条规定："证人有左列情形之一者，得拒绝证言：（1）现为或曾为被告或自诉人之配偶、五亲等内之血亲、三亲等内之姻亲或家长家属者；（2）与被告或自诉人订有婚约者；（3）与现为或曾为被告或自诉人之法定代理人，或现由或会由被告或自诉人为其法定代理人者。"第168条规定："证人恐因陈述致自己或与其有前条第一项关系之人受刑事追诉或处罚者，得拒绝证言。"第169条规定："证人为医师、药师、药商、助产士、宗教师、律师辩护人、公证人、会计师或其业务上佐理人，或曾任此等职务之人，就其因业务所知悉有关他人秘密之事项受询问者，除经本人允许外得拒绝证言。"

国民政府于1932年颁布的《中华民国民事诉讼法》中关于证人特免权的规定较之刑事诉讼法的规定更为详尽。"证人有下列之情形一者得拒绝证言：（1）证人为当事人之配偶七亲等以内之血亲或五亲等以内姻亲或曾有此姻亲关系者；（2）证人所为证言于证人或有前款关系、或有监护关系之人足生财产上直接损害或致受刑事上追诉或蒙耻辱者；其在亲属关系或监护关系消灭后亦同；（3）证人就其职务上或业务上有秘密义务之事项受讯问者（保密责任免除后出外）；（4）证人非泄露其技术上或职业上之秘密不能为证者"。但证人有前述第一款或第二款情形时，关于下列事实仍不得拒绝证言："一、同居或曾同居人之出生、死亡、婚姻或其身份上之事项；二、因亲属关系所生财产上之事项；三、为证人而与闻之法律之成立或意旨；四、为当事人之前权利人或代理人而就相争之法律关系所为之行为。"

1935年，鉴于各方面的批评意见，国民政府修正了《民事诉讼法》，其中因亲属关系而享有特免权的范围明显缩小，新法规定"证人为当事人之配偶、前配偶、未婚配偶，或四亲等内之血亲、三等亲内之姻亲或曾有此亲属关系者"，可以拒绝证言。此后修法的变动不是很大。1945年的《中华民国刑事诉讼法》第167条规定了亲属的证言特免权，第169条规定了职业关系特免权。《中华民国民事诉讼法》第306条规定了公务秘密特免权，第307条规定了配偶不利证言特免权，职业上、业务上秘密特免权和技术上秘密特免权。

从清末修律到民国立法，中国近代特免权的建立，相对于颇受诟病的陪审制度而言，表现得相当平静。陪审制度因为完全移植于西方，社会认同感上明显要逊色于嫁接于古代"亲亲相隐"之上的特免权制度，这也是特免权在我国波澜不惊落脚的一个重要原因。

（二）回避制度

清末到民国的司法改革还引进、制定了回避制度。在程序正义的诸多标准中，裁判者的中立是最为重要的。程序的中立性起源于英国古老的"自然公正"原则中的另一个内涵—任何人不得作自己案件的法官。不得审理与自己有利害关系的案件，被认为是确保程序中立、防止法官偏私的一个要件。古代中国就有官员回避制度：在东汉时期就已有了回避制度，唐宋以降，各朝俱程度不同地推行回避制度，以明朝最为完备，但与为确保法官中立而设计的司法回避并非一回事。1907年《各级审判厅试办章程》用专节规定法官申请回避之情形：（1）审判官自为原告或被告者；（2）审判官与诉讼人为家族或姻亲者；（3）审判官对于承审案件现在或将来有利害关系者；（4）审判官于该案曾为证人、鉴定人者；（5）审判官于该案曾为前审官而被诉讼人呈明不服。如审判官与诉讼人有旧交或嫌怨恐于审判有偏颇者，应检察官或诉讼人申请，也必须回避。

自1928年2月始，南京国民政府司法部花了3个月的时间，以北洋政府1922年的《刑事诉讼条例》为基础，拟定了新的刑事诉讼法草案，经过中央政治会议第149次会议审议通过，于1928年7月29日公布，并定于同年9月1日施行。1928年的这部刑事诉讼法典分为9编，计513条，其中第一编总则，包括法例、法院之管辖、法院及检察厅职员之回避、被告之传唤及拘提、被告之讯问、被告之羁押、证人、鉴定人、裁判、文件、送达和期限15章。

（三）陪审员制度

尽管沈家本、伍廷芳二人在其上疏之中指出，我国早在《周礼》中即有陪审员之制的雏形，但这只是为了打动统治者的一种附会而已，因此草案之中的陪审员制度实际是西方陪审制度的首次引入。草案规定："凡公堂之有权裁判关于监禁六个月以上，或罚金五百元以上，或徒流以上等罪之刑事案件，及数值三百元以上之民事案件，于未审以前经原告或被告呈请陪审者，应用陪审员陪审"（第209条）。在审讯过程中，陪审员的职责主要的解决事实和证据问题，和有罪无罪的判定；而承审官负责法律的解释与决定。在两造证词及律师诉辩均已听毕之后，承审官即向陪审员将该案所有证据再诵一遍，并加以评论。如有律例问题，务须逐一详解，使陪审员所议决词与例相符（第225条）。随后，各陪审员退堂，进行秘密评议。如确信被告委系有犯所控之罪，则须复曰有罪。如原告证据不足被告所犯情节间有疑义，则须复曰无罪（第226条）。若决词曰无罪，则立刻将被告释放（第228条）。陪审员制度在民国期间的实践体现着司法的民主性。

三、诉讼法律程序的继受

（一）诉讼法独立成案，三大诉讼分理

诉讼法独立成案，改变了诸法合体的法律传统。沈家本一向注重诉讼法制的修订，清末修律中最早拟订的就是诉讼法。沈家本认为中西诉讼法制的差异在于："查中国诉讼断狱，附见刑律，沿用唐明旧制，用意重在简括。泰西各国诉讼之法，均系另辑专书，复析为民事、刑事二项。"他还进一步分析了刑法与诉讼法的关系，指出："法律一道，因时制宜，大臻以刑法为体，以诉讼法为用；体不全无以标立法之宗旨，用不备无以收行法之实功，二者相因，不容偏废。"对刑事诉讼法的地位，沈家本也给予了高度评价，认为诸法中"以刑事诉讼律尤为切要"，并引用"西人之言"，说明"刑律不善不足以害良民，刑事诉讼律不备，即良民亦罹其害"。正是因为沈家本对诉讼法制非常重视，所以在光绪三十二年（1906年）制定的《大清刑事民事诉讼法》（草案）因礼教派的反对而废弃之后，仍孜孜不倦，于宣统二年（1910年）又修订完成了独立的《大清刑事诉讼律草案》。这两部诉讼律的出台，改变了中国长期以来诸法合体的法律传统。并且首次关注到诉讼程序相较于实体法的独立地位，不仅认识到诉讼法对实体法实施的保障作用，而且也指出了刑事诉讼律独立的诉讼价值，这在对于数千年来一直忽视诉讼制度的传统中国来说，无疑是非常先进的思想。

中国古代虽从西周起，已有"狱"、"讼"的初步划分，所谓"争罪曰狱，争财曰讼。"但在整个封建时代的诉讼审判中，民事诉讼与刑事诉讼缺乏严格的界定。这种情况，经过晚清修律，才发生改变。新修订的程序法，以划分民事诉讼与刑事诉讼为基本点，在司法实践中民刑分理，成为晚清司法制度的一大改革，也是中国司法制度走向近代化的特征。早在光绪三十一年（1905年），御史刘彭年便提出民刑分理的奏议，他说："东西各国裁判所，原系民事、刑事分设，民事即户婚、田产、钱债等是也。刑事即人命盗贼斗殴等是也。中国民事刑事不分，至有钱债细故、田产分争，亦复妄加刑吓，问刑之法似应斟酌情节，以示区别。所有户婚、田产、钱债等事，立时不准刑讯，无待游移。至于人命、盗贼，以及情节较重之

案，似未便遽免刑讯，相应请旨饬下修律大臣体察时势，再加详慎，并饬于刑法及刑事诉讼法告成后，即将民法及民事诉讼法克期纂订，以成完备法律，则治外法权可以收回。"①

光绪三十二年四月二十五日（1906 年 6 月 16 日），修订法律馆编成《大清刑事民事诉讼法》（草案），沈家本、伍廷芳在奏请试行折中，对于民事刑事特作如下界定，以便于司法操作："凡关于钱债、房屋、地亩、契约及索取赔偿者，隶诸民事裁判；关于叛逆、伪造货币官印、谋杀、抢劫、盗窃、诈欺、恐吓取财及他项应遵刑律定拟者，隶诸刑事裁判。"又说"中国旧制，刑部专理刑名，户部专理钱债田产，微有分析刑事民事之意。若外省州县，具系以一身兼行政司法之权，管制攸关，未能骤改。然民事刑事性质各异，虽同一法庭，而办法要宜有区别。""仅就中国现时之程度，公同商定简明诉讼法，分别刑事民事，探讨日久，始克告成。"② 此后，沈家本等人在制定的《各级审判厅试办章程》中，不仅贯穿了民刑分理的原则，而且对于民事案件与刑事案件作出进一步的界定："凡因诉讼而审理之曲直者"为民事案件；"凡因诉讼而定罪之有无者"为刑事案件。至宣统二年（1910 年）底，沈家本等又制定《大清刑事诉讼法草案》与《大清民事诉讼法草案》，这是中国第一次将民事诉讼与刑事诉讼分别起草的单行法律。这两个诉讼法，虽因清朝灭亡而未及颁布，但对民国时期的司法审判和程序法的制定，仍有重要影响。

值得一提的是，《大清刑事民事诉讼法草案》以下简称《草案》还没有来得及实施，清王朝即宣告覆灭。从 1906 年拟定《草案》到 1911 年清朝灭亡，清政府筹设行政诉讼机构的工作进行了五年的时间。但是，除了这个《草案》和有关的计划安排外，没有多少实质性的推进行政诉讼制度改革的进展。究其原因，主要是因为现代行政诉讼制度是和立宪体制是紧密相连的，建立行政诉讼制度，既需要有宪政方面的大环境，也需要有行政、司法等相关制度的配合，而清朝直到崩溃之时，这些改革终未兑现，实行行政诉讼制度所需要的条件尚不具备。尽管如此，清末制定《草案》、筹建近代行政诉讼制度的活动仍然有其独立的意义。一方面，作为一种开端，为以后中国行政诉讼制度的进一步形成奠定了基础。《草案》是中国历史上第一部有关行政诉讼制度的法律规范，第一次在法律上允许民众通过行政审判机制来"告官"，并且从法律地位上赋予原告与被告同等的法律权利。这是传统中国法律机制和理念的重大突破，标志着民众私权利能够通过制度化的渠道对抗公权力的时代即将开始。同时，亦表明民众的一种现实诉求，为中国真正启动行政诉讼制度奠定了社会心理基础。另一方面，其所采取的行政诉讼体制对后世也有很大影响，为中国建立行政诉讼审判体制开辟了历史先河，掀开了我国构建行政诉讼制度的第一页。其后的北洋政府、南京国民政府甚至新中国的《行政诉讼法》都受到了《草案》的影响，特别是北洋政府于 1924 年公布的《平政院编制令》与其有诸多相似。《草案》规定的行政裁判院裁判官的身份独立、待遇保障等带有司法独立理念的制度等，都是传统中国前所未有的、体现近代先进理念的司法制度，特别是行政裁判院的受理范围，即与当时西方诸国例如日本相关制度相比较亦不算落后。因此，有学者认为"就本草案之特色言之……可谓开我国行政争讼制度之先河，深值研究中国近代行政争讼制度学者之注意"③。

---

① 《光绪朝东华录》，光绪三十一年五月，5357 页。
② 《光绪朝东华录》，光绪三十一年五月，5504～5505 页。
③ 蔡志方：《行政救济与行政法学》（一），253 页，台北，三民书局，1993。

（二）诉讼构造完整，对抗性增强

作为三大公权力之一，司法权的责任在于公正裁断纠纷，这种思维上的判断权极易受外界干扰。古代司法在行政的羽翼下，未形成独立系统，正当程序难以萌生。这是因为在皇权专制社会，权力的结构和功能缺乏分化和独立所致。作为程序正义的灵魂，分化与独立是指一定的结构和功能演变成两个以上的组织或角色作用的过程，并要求分化后的组织或角色能独立实现其价值，于是明确其相互之间的活动范围、权限以抑制恣意就成为题中应有之义。司法独立是政体结构正义的首要原则，具有根本性。反之，司法不独立而失去中立性，则是危害甚大的程序非正义。有学者认为中立性是司法程序正义的基础，它需要通过决定者（法官）的资格认定、人身保障以及回避制度、分权制衡、公开听证等一系列制度来保障。美国大法官弗兰克富特也说：人们把纠纷诉诸法院解决，是因为相信会受到公平对待。正是"司法制度的组织形式让他们有这种信念"。

在西方宪政理论与实践的影响下，清末司法改革循着分权方向，致力于司法权与行政权的分离。立宪派拟制了一个包括设立责任内阁在内的改革中央官制的方案。立法权在议院设立之前，名义上由资政院代行；行政权属内阁与各部大臣；大理院掌管司法权，负责解释法律，主管审判。在法部与大理院权限之争背景下，修律大臣沈家本坚持司法独立的指导思想，力图划清作为司法行政机关的法部与作为裁判机关的大理院之间的权限。他在《大理院审判编制法》中，提出自大理院以下及直辖各审判厅局，"司法裁判全不受行政衙门干涉，以重国家司法独立大权而保护人民身体财产"。沈家本说："东西各国宪政之萌芽，俱本于司法之独立"，"宪法精理以裁判独立为要义，此东西各国之所同也"。1910年宪政编查馆将《法院编制法》上报朝廷，重申"司法与行政分立，为实行宪政之权舆，上年钦定逐年筹备事宜清单，令各省分期筹设各级审判厅，即为司法独立之基础"。清廷立即照准："立宪政体必使司法、行政各官权限分明，责任乃无诿卸，亦不得互越范围。自此颁布法院编制法后，所有司法之行政事务，著法部认真督理，审判事务著大理院以下各审判衙门各按国家法律审理"。《法院编制法》是中国第一部全国性的法院组织法，赋予大理院以最高审判权，具体规定了全国法院的机构设置、权限及审判职责，传统的司法与行政不分之弊有望得到改观。虽然清廷不可能实行真正的宪政改革，但形式上司法独立原则的确立，毕竟是对以皇帝为首的各级行政官员总揽司法权的否定。司法与行政的分立，确为开启中国理性司法之匙。

效仿西方和日本，改变地方司法与行政合一的体制，推行四级三审制也是清末司法改革的重要内容。地方以省议会为立法机关，以总督、巡抚为地方行政机关，以高等审判厅为地方高级审判机关。同时在府、州县设地方审判厅和初级审判厅。为增强司法裁决的权威性、提高司法效率，《法院编制法》实行三审终审制，规定初级审判厅由1至2名以上推事组成；各省地方审判厅内分民事庭、刑事庭，庭设庭长，置2名以上推事；各省高等审判厅设厅丞1名，内分民事庭、刑事庭，庭设庭长，置2名以上推事。这样自地方至中央就形成了"四级裁判所"：初级审判厅、地方审判厅、高等审判厅和大理院。鉴于在国家作为追诉者具有压倒优势的刑事司法中被告人的弱势地位，沈家本等法理派认识到侦察权、公诉权与审判权的分立对实现刑事程序正义、保障被告方的人权的重要意义，力主审检分离，相应设立各级检察厅，对刑事案件提起公诉。中国初步建立起与西方接轨的司法体制。

尽管古典社会的制度中有制约地方官的制度安排，但是没有产生像检察官这样的制度，现代检察制度的所有内容在古代都没能形成，这对我们当代的司法制度都有着深刻的影响。有人说我们今天的司法制度，是一种超职权主义模式，也就是说，在审理案件过程中，法院、检察院所代表的国家权力依然非常强大，一方面民间的力量显得非常弱小，另一方面检察官和法官之间的冲突又被认为是很犯忌的事情，因此难以建立真正的官方内部竞争机制。在英美国家能够形成这种健康的竞争机制跟他们的文化多元主义有很大的关系，他们允许甚至倡导一定程度的冲突、一定程度的竞争。

建立专门行使侦查、起诉权的检察机关，实现检审分离。检察厅是清末从国外引进的、在中国史无前例的一个机构。根据《大理院审判编制法》、《各级审判厅试办章程》、《法院编制法》的规定，检察厅分总检察厅和高等、地方、初级检察厅，设在相应的审判机关之内。各级检察厅"联为一体，不论等级之高下，管辖之界限，凡检察官应行职务，均可由检察长之命委任代理"。其职权主要包括刑事提起公诉；收受诉状、请求预审及公判；指挥司法警察官逮捕犯罪者；调查事实、汇集证据；监督审判并纠正其错误；监视判决之执行等。清末的检察机构，基本具备了现代检察机关的刑事控诉和审判监督、制约的职能，对实现审判独立、检审分立等程序正义的要求，具有积极意义。

检察制度的出现适应了人类社会司法制度进步的趋势，使国家切实承担起追诉犯罪、伸张正义和维护公益的责任。因这种制度在诉审分离和不告不理的原则下发挥作用，所以不仅能够从根本上克服纠问式诉讼审判的陋习，而且也避免了私诉或团体诉讼的弊端。这正是人类从近代选择检察制度且至今沿袭存续并不断发展加强的原因。

四、诉讼方式的继受

（一）限制刑讯逼供，明确举证责任

为与刑事诉讼模式改革相适应，刑事诉讼证据制度也进行了相应的改革。首先就是对传统证据制度中备受非议的刑讯制度进行了限制。《大清刑事民事诉讼法》规定：在审讯中废除不人道的刑讯和酷刑，并给予诉讼参与人以一定的人格尊严。草案规定，凡审讯一切案件，概不准用杖责、掌责及他项刑具或语言威吓、交逼（第17条）。对于旧例缘坐、刺字、笞杖等刑，业经钦奉谕旨永远废止，应一体遵行（第16条）。如果承审官、巡捕官及各项官员违背上述规定，即行降革治罪（第18条）。同时，在审讯过程中，原告、被告及诉讼关系人，准其站立陈述，不得逼令跪供（第15条）。司法文明程度有所提高。清末禁止刑讯之议，始发于刘坤一、张之洞的会奏变法折中。他们从仁政德化的角度指出："敲扑呼号，血肉横飞，最为伤和害理，有悖民牧之义。"因而主张"除盗案命案，证据已确而不肯认供者，准其刑吓外，凡初次讯供时，及牵连人证，断不准轻加刑责"。对此，沈家本也深为赞同，他指出"中外法制之最不相同者，为刑讯一端"；外国"无论各法是否具备，无论刑事、民事大小各案，均不用刑讯"。而与西方各国"齐一法制，取彼之长补我之短"，乃是修订法律收回领事裁判权的"第一要义"。中国虽然各法未备，但禁止刑讯势在必行。所以，沈家本、伍廷芳在光绪三十一年（1905年）三月二十日上《议覆江督等会奏恤刑狱折》，对刘、张所议稍加修正，一是将"盗案命案"改为"罪犯应死"；二是加上了"流徒以下罪名"，改为"凡初次讯供时，及流徒以下罪名，概不准刑讯"。如此，缩小了刑讯的范围。该奏折在取得清廷的依准后，刑讯在法律上被有条件的废除。其次，为了彻底禁止刑讯，对证据种类也进

行了梳理。刑讯本来就是与"罪从供定"的证据制度相适应的、为获取口供而设的审讯制度。禁止刑讯，关键在于降低口供的重要性，发挥其他证据对定罪量刑的积极作用。刘坤一、张之洞和沈家本等人都看到了这一点，因此主张："除死罪必须有输服供词外，其余流以下罪名，若本犯狡供，果系众证确凿，其证人皆系公正可信，上司层递亲提复讯，皆无疑义者，即按律定拟，奏咨立案。"中国古代法律关于证据制度的规定较为简单，证据种类并未明文列出，而是散见于法律条文之中。清末修律，设专章规定了证据种类，刑事证据有口供、检验笔录、证人证言、鉴定结论、文件证据、物证，并对证人的资格、地位、义务等都作了详细的规定。同时，对于各种证据证明力的高低，《大清刑事民事诉讼法草案》规定"承审官即将两造证据供词细心研究，秉公判断"。这表明清末修律已采用了西方国家普遍采用的自由心证制度。对举证责任，清末的几部法律也作了规定，但略有不同。《大清刑事民事诉讼法草案》要求由原、被告双方共同承担举证责任。《各级审判厅试办章程》规定：证人除两造提供外，"审判官亦得指定之"。将举证责任扩展到审判官。后来的《大清刑事诉讼法草案》则规定，举证责任主要由负责起诉的检察官承担，审判官在必要时，也可以调查特定证据，被告人原则上不负举证责任。"虽然人们批评中国的律典，因其试图以'过分而无益的精确性'来调节一切事情，并且，其目的也在于镇压违法乱纪而不是促进个人自由，但其某些方面却受到外国学者的赞赏——比较显著的是它试图使罪刑相当。"①

1912 年 3 月《大总统令内务司法两部同饬所属禁止刑讯文》、《内务部咨司法部严令所属官厅一律停止刑讯文》、《司法部咨各省都督禁止刑讯文》令司法、内务两部转饬所属：（1）不论行政、司法官署及何种案件一概不准刑讯。"鞫狱当视其证据充实与否，不当偏重口供。"（2）从前不法刑具，悉令焚毁。（3）不时派员巡视，如有不肖官司日久故智复萌，重煽亡清遗毒者，除褫夺官职外，付所司治应得之罪。应当看到在晚清修律、民国法律的创制、北洋时期的法律发展和南京国民政府法律体系的建构之历史过程中限制刑讯逼供、明确举证责任一直客观存在着。无论司法实践中其做法是否成功，其影响成功地传承下来。

（二）肯定被告人的诉讼主体地位，赋予其基本的诉讼权利

《大清刑事民事诉讼法草案》在中国历史上第一次肯定了被告人的诉讼主体地位，并明确规定了辩护制度、律师制度和回避制度，其后的几部法律内容更为详尽。根据这些规定，被告人有权对自己所受到的控诉进行辩护，并随时可以自己选任或由法定代理人为其选任辩护人。如果被告所犯罪行应判 5 年以上有期徒刑或被告人不满 12 岁或是妇女、聋哑、精神病患者，没有请辩护人的，审判衙门或检察官应为其指定辩护人，以维护他们的合法权利。辩护人有权查验证据、查阅案卷、会见被告、与被告通信等，在法庭审判时，辩护人可根据事实和法律自由辩护。被告人对有法定事由的承审官、检察官、书记员、鉴定人、翻译，有权请求其回避。而且被告人、辩护人或法定代理人还享有控告和上告的权利。

辛亥革命以后，苏杭两地留学生便各自组织了律师总会，这是中国最早的律师组织。1912 年 1 月，上海留日法科学生又组织了中华全国律师总工会。该会成立后，经上海都督批准在各地出庭办案。在此以后，各地也建立了律师组织。南京政府统治地区普遍地实行了辩

---

① ［英］斯普林克尔：《清代法制导论——从社会学角度加以分析》，张守东译，85～86 页，北京，中国政法大学出版社，2000。

护制度，其后这一制度的发展无疑伴随着历史的进步。1912 年 3 月颁布的《大总统令内务司法两部同饬所属禁止体罚文》明令"不论司法、行政各官署，审理及判决民刑案件，不准再用笞杖、枷号及他项不法刑具，其罪当笞杖、枷号者，悉改科罚金、拘留"。自南京临时政府始，对被告人诉讼地位的肯定也体现在废止体罚制度上。

第三节
中国近现代诉讼法律对传统的固守

在中国传统的法律制度与文化中，"法"被看成是"刑"的同义语，而历代统治者也极为看重刑罚在惩罚犯罪与控制社会中的作用，因此，中国古代的刑事法律是很发达的。然而，如果从现代实体法与程序法的二分法来看，相对于繁密而酷烈的刑法和刑罚体系，实施刑法与执行刑罚的程序却显得较为薄弱。与此同时，中国古代各朝各代虽然也都有各具特点的一套司法制度和诉讼程序，但它们没有形成单独的形式意义上的诉讼法。尽管如此，作为"中华法系"的一部分，中国古代刑事诉讼制度经历了长期的发展、演变过程，形成了自身的特点。[①]

第一，在法律结构形式上，中国古代的刑事诉讼法，与实体法（刑法）彼此糅和，又与民事诉讼法的规定相互交织。首先，中国古代的法律结构，一般于律典之中规定了各种法律部门的内容，由于中国传统法律以刑事法律为主流，因而刑事诉讼法总是被包含在作为实体法的刑法的法律结构中，这正是所谓"诸法合体"的一种表现。中国传统法律文化所采取的诉讼法与实体法不分的法律结构形式，一直延续到清末。这种特性是与中国封建社会经济条件发展缓慢，"无讼"的社会意识，以及重刑主义传统分不开的。其次，中国古代的实体法大都具有以刑为主、刑民结合的特征，即以定罪、判刑等刑事手段来调整绝大多数社会关系。例如，根据唐以后各代律令中的"户婚"篇或"户"律，对于田宅钱粮家庭婚姻等方面的纠纷的解决，一般都采取科以刑罚的方式进行。正因为如此，中国古代刑事案件与民事案件在诉讼程序上没有太大的差异。在具体的司法实务中，一些用来规范刑事诉讼活动的程序规范往往也可以用于对民事案件的审理活动。

第二，在诉讼组织及操作方式方面，实行司法与行政合一，行政长官兼理司法。古代中国，司法权从属于行政权，不具有独立的地位。从中央到地方，司法权或由行政机关直接行使，或由行政权力加以控制。在中央集权的顶端，皇帝拥有最高的权威，握有"刑罚威狱"大权，有权最终决定一个刑事案件的判决结果，他甚至可以直接接管案件的审判工作，随时于"朝堂受辞讼"，亲自审判人犯。秦、汉时，以廷尉为中央司法机关，廷尉的判决要由皇帝和丞相最后决断。唐时以大理寺、刑事部、御史台为中央执掌司法的机关，但死刑案件，刑部须会同中书、门下二省更议，并奏请皇帝审核决定，名为慎刑，实则增强了行政对司法

---

① 这里关于传统诉讼法制特点的论述，参见夏锦文：《实证与价值：中国诉讼法制的传统及其变革》，载《法制与社会发展》，1997（6）。

的控制。明、清两朝，重大案件除由刑部、大理寺、御史台组成三法司会审外，有时还由六部尚书、都察院都御史、通政史和大理寺卿共同组成九卿会审，这标志着中央行政机关对司法的全面干预。地方上设有专职或兼职的司法官吏，如法曹参军或司法参军，县里设司法佐，代理行政长官审理案件，但无决定权，决定权还在行政长官手中。并且在大多数情况下，地方的行政官吏亲自审案。"作为一县之长，县令在执行其司法功能时，他是万能的，既是案情调查员，又是检察官，被告辩护人，还是法官和陪审员。"① 由于地方司法机关与行政机关直接结合，司法机关逐渐变成了行政机关的附庸。

第三，裁判与追诉职能不分，实行纠问式的诉讼形式。中国古代刑事诉讼的"纠问式"程序，是与专制主义的政治制度和行政、司法不分的司法体制相适应的。从诉讼结构上看，裁判与追诉职能没有分离，而是集中由同一官员或机构承担。不论是通过接受被害人或其他民众的控告，还是通过自行主动的调查，司法官员一旦发现犯罪发生，即有权立案并对案件进行侦讯，对嫌疑人进行刑讯，或收集其他证据，并根据上述活动的结果直接做出判决。在一定程度上，司法官员对犯罪行为追诉活动的结束往往意味着诉讼活动的终结，因为他有权根据自己的调查情况直接确定被追诉人的刑事责任问题。这一特征既适用于地方司法机构的诉讼活动，也适用于中央司法机构甚至皇帝主持进行的审判活动。在这种纠问式诉讼形式下，刑事诉讼中的被告只是被追究的客体、被审问的对象，只有招供的义务，没有任何反驳控诉和进行辩护的权利。

第四，广泛采用刑讯逼供手段。在中国古代从周朝到明清的律令中，刑讯一直被用作获得口供和其他证据的重要手段。刑讯（又称"拷掠"、"拷讯"）长期被披上"合法化"的外衣，所谓"无供不录案"，"罪从供定"，被告不供，则施以刑讯，刑讯逼供成为刑事诉讼的核心环节。自古以来，刑讯记录盈牍累籍，几乎历朝都有。如战国时有："讯囚之情，虽国士，有不胜其酷而自诬矣"②；秦时有"榜椋千余，不胜痛，自诬服"③。汉律规定："会狱，吏因则如章告劾，不服，以掠笞定之"④。至唐代，刑讯更加制度化、法律化。《唐律疏议》"断狱"篇则对刑讯的适用条件、立案程序、工具、适用对象、具体程式和顺序等作出了详尽明确的规定。其中规定："诸应讯囚者，必先以情审查辞理，反复参验犹未解决，事须讯问者，立案同判，然后拷讯"⑤。明律规定："犯重罪，赃证明白，故意恃顽不招者，则用讯拷问。"⑥ 将刑讯作为合法的手段，反映了古代诉讼制度不科学的一面，另一方面也是重口供、轻人权诉讼理念的体现，古代统治者视人命如草芥，不尊重被追诉者乃至证人、被害人的基本人权，而把所有参与诉讼活动的民众均视为可用以认定案情、惩治犯罪的工具。正因为如此，古代的刑讯不仅适用于人犯，而且适用于证人等。

第五，儒家之礼是刑事诉讼活动的最高原则。自汉武帝罢黜百家，独尊儒术后，儒家之礼便构成了封建法律的思想基础，中国古代法成为礼法结合的伦理法的典型。在刑事诉讼活

---

① ［美］G. 罗兹曼主编：《中国的现代化》，127 页，南京，江苏人民出版社，1988。

② 《尉缭子·将理》。

③ 《史记·李斯列传》。

④ 《汉书·杜周传》。

⑤ 《唐律疏议·断狱》。

⑥ 《明会典》。

动中，儒家之礼的作用，主要表现在以下三个方面：其一，以儒家的经义来审判决狱。董仲舒首创以《春秋》经义来审判决狱，儒家之礼于是在刑事诉讼中成为最高原则。董仲舒写了《春秋决狱》，汇集了以《春秋》经义断决的二百三十二个案例，从此以后以儒家经义来审判决狱就成为惯例，世称"春秋决狱"或"经义断狱"，后世也一直相沿未改，至唐代，儒家经义直接规定在律条中，与律具有同样效力，可谓"礼法结合"，因而刑事诉讼活动当然地受儒家礼教的影响。其二，诉讼活动贯彻儒家纲常礼教的原则。作为儒家最重要、最得意的一项礼制的"八议"制度，体现和保护"八议"之人在诉讼权利上的特权，他们在审判中不得通过拷讯取证，而应该依"众证"定罪，并且五品以上官员判处死刑时，允许在家自尽，给予行刑上的优惠。为贯彻宗法家族制度，诉讼中允许亲属间相互隐瞒犯罪事实，即"亲亲得相首匿"和"同居相为隐"等等。其三，建立多种监督程序，做到"明德慎刑"。儒家反对严刑峻法，主张以德入刑，强调教化对臣民的影响和作用，认为治狱与治国一样，应以德为主，辅之以刑罚，科刑只是不得已而为之的最后手段，但不是最好的手段。"明德慎刑"要求，在刑事诉讼活动不仅要防止错杀无辜，并且对有罪者一般也注意慎用刑罚，尤其是慎用死刑。根据"明德慎刑"的要求，中国历代律令均设立了一系列制度，以确保上级官吏对下级官吏、皇帝对全国各级官吏自上而下的监督和约束，保证慎刑思想在刑事诉讼活动中得以贯彻。例如，隋唐以后各代均建立了法官责任制度、御史监察制度、会审制度、直诉制度、死刑复核复奏制度，等等，从而防止刑罚的滥用。

第六，以惩罚犯罪为唯一目标，刑事追诉具有很强的主观随意性，人权遭受严重蹂躏。古代中国拥有发达的严刑峻法体系，却缺失最基本的人权理念，在封建的专制体制之下，统治者往往将刑事诉讼活动作为惩罚异己、控制社会的手段，相应地，刑事追诉手段丰富多样，而且常常可以随意使用，并无所不用其极。英国在13世纪已颁布《大宪章》，保障人权，非经法院审讯，对人民不得逮捕监禁，而在14世纪的中国，却盛行着一种黑暗的刑事追诉制度——诏狱。诏狱由明太祖朱元璋创始，它是指在政府正规的司法系统——"三法司"（刑部、都察院、大理寺）之外，另行设立由皇帝直接控制的刑事追诉系统。朱元璋设立的"锦衣卫"可以随意地逮捕罪犯，实施酷刑，并判刑处决。明朝中后期又设立了"东厂"、"西厂"和"内厂"，由皇帝最亲信的宦官主持。秘密警察体系相互交错，密如蛛网，一有风吹草动，就展开强大的侦查力量，无论是真正的罪犯，还是无辜的人，都因此而沦为追诉的客体，再无人的尊严可言。慑于这种追诉系统的威力及严刑逼供的淫威，被追诉者不仅会自证其罪，甚至会随意牵连他人，统治者也以此来达到剪除异己、清理异党的目的。这种追诉方式，被形象地称之为"瓜蔓抄"，即逮捕或追诉行动像瓜藤须蔓一样，向四面八方伸展，凡是能攀得到的，就攀住不放，辗转牵引，除非当权人物主动停止，否则能把天下人都网罗俱尽。[1] 在此体制之下，人民可能会被随意地起诉或惩罚，即便是最基本的人权，也可以被合法地侵犯或剥夺。

西风东渐，国人始知"大抵法积则弊，法弊则更"，师夷变法成为共识，诚如孙中山先生所言，"中国几千年以来，社会上的民情风土习惯，和欧美的大不相同。中国的社会既然是和欧美的不同，所以管理社会的政治，自然也是和欧美不同，不能完全仿效欧美，照样去

---

① 参见柏杨：《中国人史纲》（下），60页，北京，同心出版社，2005。

做，像仿效欧美的机器一样"①。然而，清末至民国，新立的法大抵是纸面上的法，立法与司法是传统性与现代性之间的矛盾运动，其中，不乏对传统的固守。

一、诉讼法律原则对传统的固守

为论述的方便，这里仅以司法独立低效化为例。虽然从清末到民国存在着保障司法独立的各项法律，清末的司法独立停留在未能实施的纸面上，民国倒产生了一些敢于维护司法独立原则的新式法官，但是从总体上看，民国时期司法独立实现程度是相当有限的，这不仅表现在司法权的行使实际上受到来自各方面的牵制，最明显的例证就是在地方审判中"兼理司法"制度的长期延续，久盛不衰。所谓"兼理司法"是指司法事务由县行政长官兼理，不设普通法院。其主要原因，是北洋政府所设普通法院数量不足使用，于是产生这种司法组织形式。凡未设普通法院的县份，皆由县知事兼理民刑案件，称为兼理司法院。1914 年 4 月，北洋政府颁布《县知事兼理司法事务暂行条例》与《县知事审理诉讼暂行章程》，规定在未设法院各县，县知事得兼理司法事务。县知事审理案件，设承审员助理。承审员最多设 3 人，并设书记员 1 人（最多 3 人），其他还有承发吏、检验吏等，受县知事和承审员监督。司法警察则由县知事公署巡警兼任。在县知事兼理司法各县，应属初级厅或地方厅管辖的第一审民刑诉讼，由兼理司法院审理。1921 年、1923 年对《县知事兼理司法事务暂行条例》、《县知事审理诉讼暂行章程》有所修正，但实质未变。

南京国民政府成立后，于 1927 年 9 月下令暂准援用北京政府的《县知事兼理司法事务暂行条例》和《县知事审理诉讼暂行章程》，1936 年 4 月颁行的《县司法处组织条例》对"兼理司法"制度作了一定的修正，其第 1 条规定："凡未设法院各县之司法事务，暂于县政府设置司法处处理之。"司法处置审判官、书记员、检验员、司法警官等。审判职务，由审判官独立行使（第 3 条）。1943 年 9 月又对该《组织条例》作了修订，将第 9 条原由县长兼理的司法处行政事务（检察行政除外）改为审判官处理，审判官有二人以上者，由主任审判官处理。这样，县长兼理的司法事务，仅剩检察职务一项，这与县行政全权兼理的情况相比确是一大进步。

县知事兼理司法，意味着不论侦查还是审判，皆附属于行政，这实际在很大程度上恢复了行政与司法合一的传统，与现代法治背道而驰。其弊端正如 1926 年各国调查法权委员会的报告所言："盖县知事以行政官兼为检察官，复为推事。乃行使行政官不应掌管之司法职权。而该署所置之承审员，复无新式法院推事之训练及地位；且考试及格后，仍须由县知事遴选充任。……又县知事于初级厅案件判决时，即令其所定之罪为五年徒刑，并无庸以书面裁判。彼等口头判决之办法，为其他司法官署所无。虽刑事案件判决后，得准上诉及复判，而此种救济办法，实不足以防判断不公之弊。……故此种现状，急应改良。"② "兼理司法"制度不仅强化了地方行政机关对司法权的牵制，侵害了司法独立的基础，同时它也是导致民国时期司法黑暗的罪恶渊薮。毛泽东曾指出："湖南的司法制度，还是县知事兼理司法，承审员助知事审案。知事及其幕佐要发财，全靠经手钱粮捐派，办兵差和在民刑诉讼上颠倒敲诈这

---

① 孙中山：《民权主义第五讲》，载孙中山：《三民主义》，132 页，长沙，岳麓书社，2000。

② 《调查法权委员会报告书》，载《法律评论》第 182 期增刊，民国 15 年 12 月 26 日版，112 页。

几件事，尤以后一件为经常可靠的财源。"① 至国民政府时期，改承审员为司法处，并增加由其独立行使的职权；同时相应削减县政府所掌握的司法权力，朝着新式法院的普及迈了一步，但直至新中国成立前夕，由县行政兼理司法的地方仍然占据很大的比例。由于初级审判机关是司法独立的基础，因此在"兼理司法"制度存在之处，不会产生真正意义上的司法独立。

作为资产阶级法制的基本原则，司法独立似乎在民国时期的绝大多数时间内得到了普遍的尊重，至少在法律条文的规定中和政客官僚的口头上如此。但是，若从实际的效果来看，司法独立的范围和程度相当有限，其原因正在于司法独立原则在实施过程中受到各方面条件和因素的制约。

1. 行政权对司法权的牵制。处理好行政与司法的关系是在中国实现司法独立的关键因素之一。但民国时期始终未能形成司法权与行政权相互制衡的合理关系，而行政权对司法权的不合理牵制却是一个普遍存在的现象。就当时的状况，曾在北洋政府担任过总检察厅检察长、大理院院长、司法总长等职的罗文干揭露说："凡行政长官所不喜之人，且夕得而羁押之，检察官又不敢不服从也；凡行政长官所袒护之人，不得逮捕之，检察官又不敢不从也。"② 国民政府时期，法律虽然规定中央最高行政机关为行政院，最高司法机关为司法院，二者各为国民政府所设，各对中央政治委员会负责，但司法权相对于行政权而言，明显处于弱势和受牵制的地位，其表现有二：一是司法经费需由隶属于行政院的财政部及各省政府筹措负担。国民政府把司法经费划分为中央与地方二级，中央司法经费列入国家预算，各省则列入省预算，这实际上把统一于中央的司法权亦划分为二级，中央的司法于是受国家预算的支配，而各省司法则仰仗各省行政机关为其供给。这种体制一方面破坏了国家独立司法权的完整与统一，另一方面由于各地司法经费由省或县行政机关发给，所发经费数额多寡、时间迟早、能否与其他行政经费获得同等比例，完全仰仗有关行政机关的意志，因此地方司法机关不得不与财务行政主管机关周旋联络，保持"良好关系"。这无疑在一定程度上会削弱法院独立审判的威信和力度。行政干预司法的另一表现是县行政兼理司法事务的普遍存在。这种制度具有极大弊端，它不但常因行政官员不精通法律而误审错判，而且当行政官员违法滥权侵犯人民权益时，亦可凭借自己手中的司法权而不被法律追究。司法独立，要求法官在审判中除法律外，不受任何其他方面影响，因此禁止法官兼任其他官职；但国民政府的县长兼理司法，则完全违反各国通行的司法独立精神。

2. 军事干预司法。1926 年，各国治权调查委员会在对中国司法进行实地调查后指出，军人干涉司法是中国司法状况的一大弊端。北洋政府时期，虽然按法律规定，除了战时或宣布戒严时，军事审判机关只管辖军人，非军事人员如不违犯陆、海军的《刑事条例》，军事审判机关无权行使审判权。但是拥兵自立的大小军阀们穷兵黩武，划地为霸，经常以军事审判取代普通司法审判，军事审判机关任意审判与己无关的普通司法案件，警察署也随意办案，查获案件不经法院就擅自判决。军阀大小头目更是随心所欲，随便捕人杀人，在他们眼里，所谓司法独立的制度如同废纸。南京国民政府针对这一弊端，在《中华民国训政时期约法》中规定："人民除现役军人外，非依法律不受军事审判。"进而在 1936 年《五五宪章》

---

① 《毛泽东选集》，2 版，第 1 卷，30 页，北京，人民出版社，1991。

② 罗文干：《狱中人语》，上编，53 页，北京民国大学，1925。

将这一条修改为："人民除现役军人外，不受军事审判"，以完全排除军事对司法审判权的干预。但事实上在国民政府统治中国的 22 年，自始至终未能清除军事对司法的干预。以国民党政府 1944 年 4 月颁行的《特种刑事案件诉讼条例》为例。该《条例》第 1 条规定其适用于"特别刑事审判程序之案件及条例施行前依法令规定由军事或军法机关审理之案件"。这里的"特别刑事案件"实际上指的是共产党人和一切爱国进步人士所犯的"政治案件"。《条例》第 3 条规定，这类案件只要警察官署移送的"即以提起公诉论，法院得进行审判"。第 7 条规定，根据条例进行的判决"不得上诉"。军事对司法的过度干预极大地阻碍了宪法所确立的司法独立原则的最终实现。

3. 政党直接干预司法。北洋政府时期，在第一届国会选举中出现许多违法、舞弊情况，按《选举法》，人们有权向地方、高等审判厅起诉，但司法机关却常常为一党一派控制，很难作出公正判决。如湖北共和、国民两党在参议员选举中，均以各种借口不出席选举会为手段，以达不到选举法规定的必须有 2/3 以上到会的要求，使选举"迟之又迟"，为此，两党互控对方，黄冈地方审判厅为共和党所控制，省高等审判厅掌握在国民党手中，各自偏袒本党，互相抑制，谁也没有受到法律制裁，反而激起更大对立。① 至南京国民政府时期，政党直接干预司法的现象则随着国民党一党专政的建立而达到新的高度。国民政府曾专门下达"党政各机关用人先尽党员，裁人先尽非党员"的通知，司法机关成为清一色国民党的天下。国民党为了镇压共产党员和革命群众，通过特别立法确认和加强国民党干预司法活动的力度。根据 1927 年 12 月的《特种刑事临时法庭组织条例》，各省、市国民党党部有权干预地方特种刑事临时法庭的审判，干预方法是向中央特种刑事临时法庭提出"非常上诉"。国民党中央党部与国民政府亦得干预中央特种刑事临时法庭的审判，其方法是令其复审。这种"特刑厅"虽在社会舆论的压力下于 1928 年裁撤，但后来随着国民党反共内战的加紧进行，国民党当局重又设立特种刑事案件，并订立了更严厉的审判制度，规定特种刑事案件被告人不得要求律师辩护。特种刑事法庭判决后即为终审，立即执行，不得要求上诉。因此，尽管1947 年《中华民国宪法》规定"法官须超出党派以外，依据法律独立审判，不受任何干涉"，但这只能是一纸空文。

4. 财力、人力不足对司法独立的影响。中国的独立司法机关，创始于光绪末年。机构的增设意味着开支和人员的增加。民国初年，由于财政拮据、人手不足，北洋政府为了减少开支，把已设立的县法院复又裁撤。② 其后新式法院虽然又逐步开始设立，但直到民国十五年（1926 年）各国调查法权委员会调查时，全国已设立的新式法院尚未超过 136 所，其中第一审法院仅 89 所，而由县行政官署兼理的地方占全国司法机构总数目的 92％。经正规训练并经考试甄拔的法官共计 764 人，在全部法官数（1 211 人）中占 63％。南京国民政府成立后这一状况有较大改观，据 1937 年的统计数字，全国共设新式第一审法院 298 所，占总数的17％；设县司法处的为 582 所，占总数的 33％，其他仍由县长兼理司法的为 856 处，占总数的 48％，经正规训练和考试的法官为1 955 人（由国民政府考试者1 191 人），在全部法官数（2 700余人）中百分率增至 70％以上。③ 但是，从上述数字中也可看出，新式法院和法官的

---

① 参见李新等：《中华民国史》，第 1 卷上册，185 页，北京，中华书局，1987。
② 参见张玉法：《民国初年山东省的司法变革》，载《社会科学战线》，1993（3）。
③ 参见居正：《十年来之司法建设》，载《中华法学杂志》，1937 年第一卷第五、六期。

有限增长与中国辽阔的疆土、庞大的人口基数相比仍然显得过于缓慢，至抗战胜利时，国民政府在县设立新法院的也只有 600 余县，尚有1 300余县未正式设立法院，仍旧维持县长兼理司法的局面。因此，可以说，司法独立原则在国民党统治时期，并未完全实行。

5. 高级官员法律意识的极度淡薄对司法独立的影响。尽管民国时期的官僚和政客在口头上对司法独立原则极为推崇，但这常常只是应付民意的一种手段。他们实际上对现代法治的内容和要求知之甚少，法律意识极为淡薄。在许多情况下，他们不是故意违法，就是不知如何依法，从民国初年的"罗文干受贿案"可见一斑。1922 年 11 月 28 日，众议院议长吴景濂、副议长张伯烈不经国会讨论，私用众议院院印出具公函，向黎元洪举发罗文干纳贿，并胁迫黎元洪立即下令逮捕之。黎元洪不经国务员副署，直接命令步军统领将罗拘捕，送交地方检察厅。次日，国务院阁员集体到总统府，指责总统直接下令逮捕阁员违法。黎元洪同意交法庭处理，吴景濂等率议员数十人冲进总统府阻止黎盖印下令。按规定，国会有权弹劾国务员，但需经国会通过，也无查办权。11 月 20 日，众议院开会，不追究议长的违法行为，通过了一项查办罗文干案。一个多月后，有关银行证明罗并未纳贿，地方检察厅认为罗文干受贿罪不能成立，于1923 年 1 月 11 日宣布无罪释放。蔡元培于 1922 年 11 月 25 日批评说，法制国家之元首、国会与政治家的活动，应以法律为前提。吴景濂、张伯烈身居众议院议长地位，于私人告密信上私盖众议院印信，坚请黎元洪不依法律手续逮捕阁员是不合法的；黎元洪身为国家元首，对此重大事件不加考虑，听一面之辞而贸然面谕军警速即逮捕也是违法。众议院又匆匆通过查办罗案，如此草率从事，为国会与总统之"自杀"①。淡薄的法律意识和匮乏的法律知识使得民国时期一些握有实权的高级官员有意无意地破坏法律的权威性，极大地干扰了司法独立的实现。

二、诉讼法律制度对传统的固守

（一）法外有"法"

这里的法外之"法"，是指在诉讼实践出现的与诉讼法律相抵触，却在诉讼活动中大行其是的所谓潜规则。排除法外之"法"要求在刑事诉讼中消除这种潜规则的活动空间，保障刑事诉讼法的权威性。

出现潜规则可能有各种原因，比如立法本身的矛盾、立法与司法的背离、传统与现代的冲突、理想与现实的反差等。程序法定要求将刑事诉讼中各项权力的行使都纳入法治化的轨道，但是，法典只是"书面上的法"，将它转化为特定的法律秩序尚有一定的距离，当这种"书面上的法"与"行动中的法"发生不一致，且被实践中的某些做法所实际取代时，潜规则就出现了。潜规则的存在昭示着立法效益的低下，法律执行机制的软弱无力，法律权威的缺失。

由于传统的影响，我国刑事司法活动中素有重实体轻程序的倾向，刑事诉讼法的权威性先天不足，致使刑事诉讼法规定实践中通行的"规则"出现明显差别。这种现象在刑事诉讼法制现代化的整个过程都时有体现。比如，民国初年在刑事诉讼的法律形式上应该说达到了较为完善的水平，不仅搬用了清末从西方资产阶级诉讼法上拿来的陪审制度、公开审判、辩

---

① 1922 年 11 月 26 日《晨报》。

护、回避等制度，而且照抄了西方刑事诉讼法的"自由心证"和无罪推定原则，但在实践中，兼理司法的县太爷却仍然采用传统的坐堂问案、被告人跪地供认、刑讯逼供等方式，同时，广泛使用的军法审判所采取的是"不准旁听"、"不设辩护人"、"不得控诉"、"不得上告"等做法，重新回归了传统的审判方式。这些具有实际效力的做法或"规则"使得标榜"民主"、"人权"的书面上的法条徒具空文。诚如曾被关押过的北洋政府修订法律馆总裁罗文干所说："刑事诉讼法，予起草者也，今入狱三日，乃知昔日起草之精神与今日施行之实况，竟然不同也；并非先有罪而后有刑，实为先有刑罚而后有罪也。"[①] 潜规则、隐形法的存在严重损害了刑事诉讼法的权威，这种现象的发生固然有各种各样的原因，但实际效果使程序法定原则流于形式。

（二）虚置的陪审制度

在我国古代，当时负责审理案件或狱讼的人是行政官员。无论他们是何种身份何种地位，他们在审狱断案时都实行个人负责制。虽然他们的官职高低不同，但是他们在自己的案件管辖范围内都具有近乎独断的司法裁判权。这种个人问案模式显然是古代东方国家奴隶主专制制度的体现。因此，在我国历时数千年的奴隶社会和封建社会中，陪审制度是一个完全陌生的概念。清代以前没有陪审制度。辛亥革命之后，南京临时政府在《中央裁判所官职令草案》中提出了采用陪审制度的设想，但是未能得到实施。1927 年，武汉国民政府在司法制度中提出了建立参审制和陪审制的方案，并制定了《参审陪审条例》，但是也没有得到真正的实行。国民党政府于 1929 年曾颁布关于政治案件的陪审暂行法，规定的陪审官资格是 25 岁以上的国民党党员，该法于 1931 年废止。在国民党统治中国期间，陪审制度只是某些法律条文中的"空头支票"，根本不可能在当时的司法实践中得到兑现。

三、诉讼法律程序对传统的固守

（一）名义上的公开审判

公开审判出现在清末修订的诉讼法中，《刑事民事诉讼法草案》就吸取了日本和西欧的某些诉讼原则和制度，如公开审判等。

《临时约法》第 50 条规定："法院之审判，须公开之；但有认为妨害安宁秩序者，得秘密之。"湖北军政府《临时上诉审判所暂行条例》也规定："诉讼之辩论及判断之宣告，均公开法庭行之。但有特别事件，可宣示理由，停止公开。"

国民党政府的诉讼制度的主要特点：形式上的公开审判，实际为秘密审判。《法院组织法》规定："诉讼之辩论及裁判之宣示，应公开法庭行之；但有害公共秩序或善良风俗之虞时，经法院之决议，得不公开。"在司法实践中，许多案件都是秘密审判执行的。

（二）纸面上的上诉制度

南京临时政府未对上诉制度作统一规定。从各地审判实践来看，已开始实行上诉制度。如湖北军政府为了保证人民的上诉权，专门成立了上诉审判所，负责审理本省"各府庭州县人民上诉事件"。1911 年 12 月上海地方审判检察厅公布的《民刑诉讼章程》规定，实行四级

---

① 罗文干：《狱中人语》上编，52～53 页，北京民国大学，1925。

三审制度。无论民刑案件，凡不服初等审判厅之判决者，得申明不服之理由，依法上诉地方审判厅，至高等审判厅为终审。上诉期限，民事 10 天，刑事 5 天，自判决宣布之日起算。孙中山基本倾向"四级三审制"。在《命司法部将各省审判厅暂行大纲留部参考令》指出："四级三审之制，较为完备，不能以前清曾经采用，遂尔鄙弃。"

北洋政府的诉讼制度，原则上实行三级终审制，并在形式上标榜所谓审判独立、公开审判、辩护原则、上诉制度，以及检察官独立行使职权等等，但在实际上，只不过是军阀专制的点缀品。任何组织形式和诉讼程序，都必须服从反动军阀独裁专制的需要，否则，不论法律规定如何，他们都可以弃之不顾，为所欲为。

四、诉讼模式对传统的固守

清末至民国诉讼模式仍然是纠问式的。中国古代行政司法合一，官吏有举劾和审判处罚犯罪的责任。汉张汤、赵禹所作监临部主，见知故纵之例，是最完全的纠问式诉讼的法律规定，为汉以后直至清末封建专制统治者延续继受。在官吏纠举的侦诉审合一的制度下，刑讯逼供成风，测立之法、拷掠之法推行，官吏枉法裁审，草菅人命的冤假错案无法计量。发生在同治、光绪之交的"杨乃武与小白菜案"是一件轰动朝野、家喻户晓的大案。此案审判过程，迂回曲折，柳暗花明，历经县、府、按察司、省、刑部等七审七决，最终由当时的最高统治者慈禧太后下旨方得以平反昭雪。其历时时间之长，牵涉人员之多，案情之扑朔迷离，使之列为晚清四大奇案之首。"罪从供定"，"杨乃武与小白菜"可谓"屈打成招"之"典范"。审理该案的官员既不贪赃枉法、徇私舞弊，也不以权谋私，绝非有意制造冤案，只是觉得二人"疑似杀人"，所以当堂"大刑伺候"。

在纠问式诉讼盛行时期，刑事诉讼的侦诉审合一。审判机关在没有被害人或其他人起诉的情况下，可以主动地进行侦查、讯问、起诉、审判及决定处罚。作为唯一的司法检控裁判的主体，审判机关集侦查诉讼职能和审判职能于一身，可以任意对当事人或被告人实行秘密审讯、严刑逼供、强迫取供，并且不准申辩。被告人或当事人在纠问式诉讼中没有任何诉讼权利，只有作真实口供的义务。由于推行形式主义的法定证据制度，被告人的口供被认为是最有效力或最好的证据。即使被告人的口供是在拷讯之下被迫地违心地作出的，也被当做定罪量刑的基本的主要的依据。因此，官吏为了取得被告人的口供，普遍对被告人施以刑讯逼供。在纠问式诉讼制度推行时期，被告在被宣告有罪之前，事实就已经受到了刑罚，事实上就被作了"有罪推定"，因而历史上关于这种诉讼制度所造成的许多冤假错案的记载，以及对司法官吏利用这种诉讼制度贪赃枉法、胡作非为的记载，罄竹难书。纠问式诉讼适应了封建专制制度的黑暗和野蛮的统治，但却极大地限制了人们正常生活生产的能力。为了实现私有经济的自由发展，到资产阶级反对封建斗争全面进行之时，废除纠问式诉讼即被提上议事日程。在保障基本人权和追求司法公正的思想指导下，资产阶级在建立民主宪政体制的同时，推行了司法民主化的改革。伴随着三权分立、司法独立机制和无罪推定原则的确立，近代资本主义国家摒弃了封建专制时代检控与审判合一的旧制度，代之以审判与检控以及诉讼完全分离的新制度。这样一来，把诉讼与审判分离的制度的形成，客观上就为检察制度的确立创造了环境和条件。由于确定了诉讼与审判分离的制度，使得审判机关失去了提起纠问式诉讼的基础。再加上近代司法民主改革过程中为防止纠问式诉讼的死灰复燃而规定了"不告不理"的原则，这就从根本上杜绝了任何形式的"不告而理"的延续，从而在巩固民主司法制度的前提下完成了人类近现代刑事诉讼审判制度的建构，使得检察制度的推行，具备了可能性和必然性。①

通过清末修律，形成了仿效日、德的审判独立、控审分离、警检一体化的大陆法系职权主义刑事诉讼模式，这种刑事司法体制为后来的北洋政府、国民党政府所承继。但是，囿于各种历史因素所限，清末的刑事诉讼制度改革进展得并不顺利。这里面既有清廷迅速灭亡，其后军阀割据、战争连绵、无心法制的原因，也与这次改革脱离时代背景也不无关系。其一，审判独立难容于君主集权的专制政体。清政府修订新律，其根本目的不外是巩固皇权，一切可能动摇其统治的举措，都必然会受到打击。而现代化的刑事诉讼制度的核心要素是审判独立，归根结底是要求司法权独立于行政权，在晚清君主集权的政治背景中，实际上就是要摆脱皇权的束缚，这显然不是清政府修订刑事诉讼法所希望的。因此，《刑事民事诉讼法草案》以"悖圣贤修齐之教"的借口被搁置，而在法部与大理院对死刑和重罪案件的最终复核权的争夺中，清廷也是明确地站在代表行政权的大理院一方，司法最终也没能真正独立。为了达到变法强国、苟延残喘的目的，清政府也会容忍一些重大的变革，"但是可以断定的是，只要清政府不愿放弃封建集权的政治体制，资产阶级性质的近代诉讼制度就不可能在中国真正地建立"。其二，保障人权的诉讼价值观难容于当时主流的法律文化。重义务、轻权利，是中国的传统法观念，民权思想是根本不曾存在的。法律，尤其是刑事诉讼制度更是以维护封建君主的无上权威为根本的，司法不过是刑杀威吓的代名词。民众仍然普遍持有轻法厌讼、亲情人伦、乐于服从等级权力的思想观，而毫无权利意识，也没有产生权利需求。而清末刑事诉讼制度改革所模仿的新型诉讼制度，则强调法律对国家权力的约束和对国民个人权利的保护。思想基础的缺乏，使得强行引进的那一套诉讼制度"像油漂浮在水面上一样，始终没有与中国社会水乳交融"。在中国社会起作用的，仍然是沿用了几千年的传统法律文化。这一点对我们正在进行的刑事诉讼现代化改革也是至关重要的。现代化的刑事诉讼制度，于内，它需要刚性的制度、正当的程序、公平的法官，这些制度层面的东西，对于一个社会来说是相当容易的，通过一场法律变革甚至是简单的修改即可完成。于外，它需要民主的政体、法权的观念，以及与法律相适应的文化条件和社会环境，这是极其艰难的。当这些配件条件和支撑因素缺损时，那些所谓"先进"的、"现代化"的法律制度只能悬浮于社会之上，对它很少产生影响，更不可能从根本上改变它。当我们在争论中国的刑事诉讼法制到底向何处去、是仿效英美抑或欧陆时，必须要注意中国刑事诉讼制度的现代化，"必须具有两种参照，国内的和国际的，即法治既要合理地割断自身历史，又要合理地吸取传统文化的精神；既要按照世界上法治化的有益经验安排我们的法治，又要在中国国情下具有独创性和建构性"。只有坚持理性的"拿来主义"，才能促进刑事司法体制改革的最优化。②

清末至民国所欲以建立的新型诉讼法制代表的是一种异质性的法律制度与文化。昂格尔教授在对比分析传统中国法与欧洲法之后认为，中国法也是离"法的支配"的理念最为遥远

---

① 参见张培田：《检察制度本源刍探》，载《中国刑事法杂志》，2000（5）。

② 参见徐小庆、龙浴玉：《清末刑事司法制度改革及其启示》，载《中南财经政法大学研究生学报》，2006（5）。

的一极，处于与欧洲对极的位置上。① 换用季卫东教授的表述则是：如果以法治的有无为坐标轴，那么古代中国居其负极，现代西欧居其正极，其他大多数文明都不过是在这两极之间各得其所而已。② 这意味着中国的刑事诉讼法制现代化必然是背离法律传统的运动，是对既有制度、文化和生存方式的本质性超越，而对极性因素的存在不仅会带来思想观念层面上的无所适从，以至于滋生某种怀古主义式的幽怨，更会导致立法与司法实践中面临着前所未有的难题。

由中国诉讼法制现代化的历史进程观之，传统因素始终在发挥着某种影响力，传统法律或许可以因为革命或者新型立法的颁行而退出历史舞台，但是法律传统却始终与法律变革进程如影随形。③ 这是因为法律传统乃是一种历史文化力量，它"存在于普通民众的法律意识、心理、习惯、行为方式及生活过程之中，因而与一个社会的有机体密不可分。"④ 法律传统的这种文化特质使其超越了制度形态的狭隘作用空间，而成为一种穿越时空的力量。正因为如此，我们可以说："法律传统不仅是过去的概念，而且是现时的概念，甚至是未来的概念"⑤。正因为如此，传统因素必将是刑事诉讼法制变革难以回避的一个问题，而我们也必然正视在传统与现代的冲突与融合之中所呈现出来的各种矛盾关系，并思考这样的问题：传统诉讼文化与现代法制有无可以相容的历史可能性？它在现代刑事诉讼法制变革的进程中存留的限度有多大？

中国的诉讼法律传统，历经数千年的发展和积淀，形成了自身特有的制度规范与价值取向，其中很大一部分是与现代法治的精神和要求相悖的。但是，我们也不能忽略其中仍然可能存在具有生命力的要素，本土资源中仍然存在不少值得挖掘和改造的优秀成分。它们能够为当代中国诉讼法制现代化提供厚实的民族文化传统的基础。正如张晋藩教授所言："传统绝不意味着腐朽、保守；民族性也绝不是劣根性。传统是历史和文化的积淀，只能更新，不能铲除，失去传统就丧失了民族文化的特点，就失去了前进的历史与文化的基础。"⑥ 当然，传统的刑事诉讼法律文化是一个良莠并存的体系，因而在延续传统中的优秀因子的同时，不能简单照搬，而要进行去粗取精，去伪存真的工作，并根据现代法治的要求进行创造性转化。这不仅是作为中华文化继承者的历史责任所系，也是在刑事诉讼变革中必然要面对的现实问题。

文化现象产生于一定的社会经济基础之上，但是它又可以在一定程度上游离于它赖以产生的社会基础。文化观念的连续性常常不会因社会制度的更新而断裂，因而，在新制度建立后，虽然旧的文化观念已经得到了一定程度的变革，但其基本的价值取向仍以各种不同的形式保留下来并与新观念混杂为一个矛盾的复合体，影响甚至可以支配着人们的社会行为。我国当代刑事诉讼法制的价值取向和具体实践仍然深受传统诉讼法律文化的深刻影响——实体

① 参见［美］昂格尔：《现代社会中的法律》，99 页，北京，中国政法大学出版社，1994。
② 参见季卫东：《现代法治国的条件（代译序）》，载《现代社会中的法律》，北京，中国政法大学出版社，1994。
③ 参见公丕祥教授对于传统法律与法律传统的区分，《法制现代化的理论逻辑》，348 页，北京，中国政法大学出版社，1999。
④ 公丕祥：《法制现代化的理论逻辑》，347 页，北京，中国政法大学出版社，1999。
⑤ 公丕祥：《法制现代化的理论逻辑》，347 页，北京，中国政法大学出版社，1999。
⑥ 张晋藩：《中国法律的传统与近代转型》，2 页，北京，法律出版社，1997。

正义至上，程序约束乏力；审判不能真正独立；国家本位主义根深蒂固；犯罪嫌疑人、被告人的诉讼权利得不到有效保障等。

第四节
中国诉讼法制转型的问题与价值

从清末到民国的修法中所产生的诉讼法律突破了传统的中华法系的基本框架，中国诉讼法制现代化也随之拉开了序幕。首先，在形式特征上，它们不仅宣告了中国沿袭数千年的诉讼法与实体法不分的中华法系的的解体，而且，结束了古代中国司法与行政合一，皇帝总揽司法大权的体系，初步确立了司法与行政分立的司法独立原则。其次，在价值意义上，它们也力图吸取西方刑事诉讼法中当事人诉讼权利平等及保障当事人诉讼权利的原则，废除了刑讯制度，规定了辩护、陪审、回避和公开审判制度，也具有一定的进步意义。不过，以自由、平等、人权为价值取向的西方近现代诉讼法制与中国传统的诉讼法制是两个根本对立的价值系统，在传统法律文化观念尚未荡涤的背景下，刑事诉讼法制现代化在价值合理性上不可能有所建树，终究只能以皇权和纲常礼教为依归。①

一、诉讼法律的冲突与融合

以清末改制为起点，中国诉讼法制开始了曲折而艰辛的现代化历程，在社会变迁与法律革命的宏大历史背景之中呈现出独特的发展轨迹。其间，既有西方诉讼法制对传统诉讼法律文化的冲击与挑战，也有二者的相互冲突与融合，同时也体现了当代诉讼法制得以形成的历史逻辑。

中国传统社会法律的一致性在清末民初开展继受西法的行动中很快被打破了。这时国家制定法放弃了两三千年来的中华法系，以欧陆法律取而代之。两种法律体系的背后蕴涵的却是两种截然不同的法律理念。前者体现的是"情、礼、法"和"礼先法后"的中华传统的法律理念，后者体现的则是"法、礼、情"（力求区分法律与伦理道德，并力求法律在社会控制功能上的正当性）的西方法律理念。"情、礼、法"对"法、礼、情"这种新的法律多元主义的出现，冲突与对抗在所难免。于是深入人心的礼教观念与日常生活中活生生的法律与国家制定法产生了巨大的鸿沟。中西两种法律理念从某种意义上来说，恰似对立的两极。而这两种法律理念的差异源于其社会伦理观的不同。中国传统社会的法律实质上是一种伦理法。礼与法并列，其实就是法律的礼俗化、伦理化。儒家伦理的理想体现在中华法系上，便是对家族与阶级的强调与重视。儒家视法律为礼俗的辅助（德主刑辅，礼先法后），两者都以家族伦理为基础，共同维系着一个有等差、有秩序的社会。这是一种自然发生的社会，这种社会关系常与血缘、地缘因素分不开，社会学上称之为初级关系，家族关系、邻里关系是

---

① 参见夏锦文：《试论中国诉讼法制现代化的过程与得失（1840—1949）》，载《南京师大学报》（社会科学版），1994（2）。

其代表，其中家族关系尤为重要。这种自然发生的初级关系以礼为核心，积习成礼。这种自然形成的礼，与前述艾里希所谓的活生生的法律实际上没有多大差别。礼形成后被儒家学说吸纳，儒家编纂出成文的礼书把行为规范系统化了，此时的礼就成为法律的基础。而西方法律的特点大抵是：权利本位、个人本位、天赋人权、民刑二分、实体与程序二分等，这样的法律不分亲疏远近，一视同仁，把一切关系都中性化，在法社会学上被视为是不带感情的次级关系。继受了西方的法律就不应再考虑特殊的伦理关系、身份地位，把自己人与陌生人等同看待。在法律上家族主义瓦解了，除对直系亲属有极少数的特殊规定外，一切亲属方面特殊规定皆已取消。同时，阶级、性别、种族的一切不平等皆已逐渐取消，不再有法律上的差异。当传统的国法在继受中进行了根本性的变革强调个人的权利与正义，而民间活生生的法律依然强调的是群体秩序与和谐的维护，两者必然产生了冲突。

清末民初是一个张扬政治理想的时期，一个基于政治理想而展开政治斗争的时期，并不是一个践行法治的时期。不过在通向法治过程中，那个时代的思想者在制度建设方面作出了身体力行的实践。清末变法运动——沈家本修律，法律制度的创新在清末的变法自强运动中，大量移植了西方国家的法律，借用其概念，攫取其法条，继受其学说。"由朝廷成立修订法律馆，由沈家本、伍廷芳任修律大臣，并聘请日本法律专家冈田朝太郎、松冈义正帮助修律。在修律过程中，西方法律文献纷纷被翻译过来，成为拟定新律的重要蓝本，并且清末修律大抵上按照西方法制的模式对中国传统法律体系进行结构性改造。"[1] 它不仅在形式上改变了古代的'诸法合体'、'民刑不分'的法律编纂体系，而且构成了以宪法为主导的公法与私法相分离、实体法与程序法相区别的西方式的法律体系。到晚清政权垮台前，已经基本上移植了西方大陆法系的结构框架，形成了以《钦定宪法大纲》、《重大信条十九条》、《大清新刑律》、《大清民律草案》、《钦定大清商律》以及《刑事民事诉讼法草案》等为骨干的系统的成文法体系。在沈家本修订新律革除旧法的过程中，没有把从根本上改造中国传统社会作为出发点，而是以收回领事裁判权、维持清政府的统治为目的，因此他虽然使中国法律具有了近代化的外壳，却在移植外国法律的过程中中断了中国法律的传统性。而民间活生生的法律却几乎没有任何改变。他所修订的新法律与传统的价值观念格格不入，无法深入到现实生活。在清末自上而下的修律行动中，近乎全盘西化地继受了西方的法律制度，原有法律规范的一致性被打破，上层的国家制定法革命地西化了，却并没有移植与其息息相关的西方伦理体系。国法只有与固有的伦理息息相关的活生生的法律相配合与合作，才能良好地运行。[2]

清末刑事司法制度改革的失败从清政府开始法制改革之日起，其司法体制的转型进程就显得障碍重重，步履艰难，充分暴露了中西方法律文化的冲突、矛盾以及改革的急功近利。由于清政府的灭亡，清末刑事司法改革以失败而告终。清末司法改革失败的原因是多方面的，其直接原因大致有以下几点：首先是人才的缺乏，法律人才的缺乏是清朝司法改革失败的一个重要原因。这在中央和地方上表现得同样明显，"以目前而论，各衙门司员虽行拥挤，然求其真能办事者亦不多得"。虽然清政府一方面派出留学生到海外学习西方法律，一方面在国内设立学堂聘请国外专家讲授法律。然而法律人才的培养并非是短期内能解决的问题，

---

① 公丕祥：《清末法制改革与中国法制现代化》，载《江苏社会科学》，1996（3）。

② 参见陈伯礼、郑凌、何敏：《从法社会学角度看继受过程中的中国法治》，载《重庆大学学报》（社会科学版），2005（5）。

它需要长期的专业学习和全民族法律意识的提高为基础的。因而人才的缺乏导致了清末刑事诉讼改革中许多先进的诉讼制度的夭折，如律师制度、陪审制度等。1909 年 3 月法部的法官考试，合格者仅 18 人，最后录用了 32 名，这个人数只够省城各级审判厅之用。以至于广西巡抚感叹："无才之困难，将有较无款而更甚者。"其次是资金的缺乏及官僚内部权力斗争的影响。清末刑事司法改革虽然引入了西方先进的诉讼制度，但是由于受到传统法律文化和封建专制势力的影响，使得改革者不得不在某些制度设计上作出妥协和让步。因而它的改革是不彻底的，是进步与落后，传统与现代，民主与专制相互斗争的结果，是相互妥协的产物。参与制定改革方案的各个利益集团大都各谋私利，它的改革方案几乎是皇族统治者和汉族地主阶级企图保存、扩大自己势力的尝试。在《刑事民事诉讼法》中陪审制度就因为受到多方反对而以失败告终，而 1907 年的部院之争则是新旧司法体制的直接交锋。改革之前"外省刑案，统由刑部复核。不会法者，院寺无由过问……"而改革的结果，似乎是两者的职责进行了交换，大理院成为最高审判机关，法部则成为监督机关。为此双方进行了激烈的论辩，最终以双方的妥协告终。资金的匮乏也是失败的关键因素，中央在建立审判厅最初时，就曾让地方政府筹办资金，为解决资金匮乏清政府曾被迫向外国财政借款。资金的匮乏和地方割据势力的斗争引起了各方面矛盾的激发，最终导致清朝政府的灭亡。然而清朝刑事司法制度改革失败的最根本的原因则在于其政治体制的腐败落后。司法的现代化是以社会发展为基础的，很难想象在封建专制体制不变的情况下追求司法独立，这种做法显然是不合时宜的。这导致了清末司法官员的任免制度、管理制度与传统司法体制下的相关制度毫无差别，司法官员的不独立不可能使得司法体制的真正独立。司法改革和政治改革是互动的，但政治改良却应当是其前提条件。虽然清末政府也提出了君主立宪的政治改革方案，但是却受到了层层阻力，最终未能够成功。①

民国时期是中国近代法制现代化进程中具有特殊意义的历史阶段，中国的法律生活在此经历了一场前所未有的深刻变革。对资产阶级法治模式的选择和接纳是这场法制变革的基本特色。司法独立作为一项资产阶级法治的基本原则从而不仅在法律制度层面上被加以确认，同时也作为一项法制观念而得到传播。应该承认，民国各届政府尤其是南京国民政府在现代法制建设上做了大量富有成效的工作，尽管由于其固有阶级本质的封建性和落后性导致了法制建设进程的几度波折、欲进还退，但是，中国法制现代化却由此开始了艰难的成长过程。考察民国时期法制运行的实际状况，不能不看到民国时期司法制度在结构形式与内在价值取向上存在着深刻的矛盾。一方面，在司法体制的法律形式上结束了当时中国司法与行政合一的体制，确立了司法与行政分立的现代中国司法独立原则；尽管还很不彻底，但是大部分诉讼毕竟有大理院、检察厅、审判厅、法院这类专门司法机构受理了，这无疑在一定程度上代表着法制现代化的正确方向。然而，在其内在价值上，这些诉讼法律否定人民的诉讼权利和平等地位，大量超越普遍规则的特别法规的存在使法律体系内部充满矛盾和抵触之处。军阀、官僚、政客或是因其个人或党派私益而有意违法，或是由于法律知识匮乏和法律意识淡薄而无意违法，无视法律形式上的具体规定而各行其是，干预司法活动。县知事兼理司法体

---

① 参见徐小庆、龙浴玉：《清末刑事司法制度改革及其启示》，载《中南财经政法大学研究生学报》，2006 (5)。

制在价值形态上抛弃了现代司法独立的精神，而复归于传统的诉讼法律文化精神，体现了司法的专横和政府的独裁，反映了这种司法制度在其本质上的封建性与反动性。尽管在其阶级性质和权力运作上民国时期的刑事诉讼制度与当代已不可同日而语，但立足于刑事诉讼制度的变革历程，民国时期的司法独立状况为当代中国刑事诉讼制度现代化无疑提供了深刻的历史教训，具有一定的启迪意义。①

清末到民国的法制变革的过程不仅是中国传统法律解体的过程，同时也是中国法律现代化运动的启动过程。这期间的法制改革是个全方位的法律移植过程，引进西方先进的法律制度、法律体系、法律原则和法律理念的过程。同时在这种法制改革中仍然有对传统法律文化的继续和沿袭，为中国法律近现代化运动奠定了良好的思想基础。"在结果上却不幸符合了现代化的潮流，因为他们无意地'破坏'了旧体制，客观上为创立新体制提供了理由"②，对后世产生了积极影响。通过清末修律，形成了仿效日、德的审判独立、控审分离、警检一体化的大陆法系职权主义刑事诉讼模式，这种刑事司法体制为后来的北洋政府、国民党政府所继承。并且，"民国成立，法制未定，元年三月一十一日，司法部呈请临时政府将前清制定法律及草案，以命令公布遵行"因此，《大清刑事诉讼律草案》、《刑事诉讼律草案》、《各级审判厅试办章程》、《法院编制法》等几部法律，经必要的删除修正，一直被国民党政府沿用。直到1928年时，国民党政府的《刑事诉讼法》才制定颁行，而在其中仍能看到清末修律确立的刑事诉讼制度的影子。更深远的意义在于，清末刑事诉讼法的修订，使刑事诉讼法摆脱了多年来依附于刑法的工具法地位，成为一个独立的法律部门，结束了司法与行政不分、权力高度集中的古代司法传统，把具有现代化色彩的刑事诉讼模式首次引进中国。它是中国刑事诉讼制度向现代化迈出的第一步开创了刑事诉讼制度发展的新纪元。③

中国法制的近代转型，不是沈家本主持的十年修律之功，而是半个多世纪输入西方法律文化的积累；不是沈家本一人之力，而是自林则徐、魏源到孙中山几代人的努力；不是简单的法律条文的移植，而是几代中国人思考、探索以至流血牺牲的结果。④ 以司法独立为例，近代中国司法独立是在一种毫无保障的情况下推进的，即无法像立法权那样获得政府和社会的尊重，也无法期望会得到像行政权一样广泛而无节制的权力。同时，从法律发展进程中的三种指导力量来看，历经三百年西方文明进化历史的司法独立原则在近代中国社会的推行，既缺乏哲学的理性和历史的逻辑以使其价值与理念为中国社会所接受，也没有习惯的导引而是将其生成和发展的历史语境整个地弃置到一个陌生的境况中。发展的力量来自本能的反应，而发展的阻力则是习惯的使然，二者皆无可厚非。在这一点上，司法独立在近代中国的发展历程，典型地反映了中国法律近代化的关键问题和疑难之点。因为对于中国社会而言，西方法律精神与中国法律传统不完全是一个简单的优劣、是非问题，毕竟"先进并不必然合

---

① 参见夏锦文、秦策：《民国时期司法独立的矛盾分析》，载《南京社会科学》，1999 (5)。

② ［美］兰比尔·沃拉：《中国前现代化的阵痛——1800 年至今的历史回顾》，3 页，沈阳，辽宁人民出版社，1989。

③ 参见徐小庆、龙浴玉：《清末刑事司法制度改革及其启示》，载《中南财经政法大学研究生学报》，2006 (5)。

④ 参见张晋藩：《中国法律的传统与近代转型》，472～474 页，北京，法律出版社，1997。

适"①。近代以来司法独立的改革在理论与经验两个层面都在昭示我们,近代中国司法独立发展历程的前提条件、近代以来司法改革的价值取向和历史的局限性问题,需要我们"同情的理解"。

二、继受制度的本土性缺失

自清末以来,中国有近百年的继受历史,然而法治进程的艰难却耐人寻味。进入 21 世纪,在建构现代化社会时,西方法律理念在中国仍未落实。以西方现代化的法治社会为参照,通过对中国长期的历史的继受过程的观察,我们会发现国家制定的成文法并非法律的全部,特别强调在实际运作过程中对社会文化中人的全面的法律行为的考察工作,并在此基础上揭示了任何社会文化都可能存有的法律多元主义的现象。法律社会学创始人之一艾里希(E. Ehrlich,1862—1923)就指出,法律不是国家专有的,它内蕴于社会团体或社会习俗之中,因为在社会团体的生活与行动里有自然形成的活生生的法律来规范社会团体的生活。由国家所制定并通用的法规(国法),都可在社群生活中寻其根源,它是"社会团体的内在的秩序"。对他而言,各社会团体的风俗即是广义的法律,而狭义的法律(国法)需以风俗为基础,国家制定法就不是唯一的法律。但是国法基本上是具有垄断性的,只有在国法未明确规定时,才会对活生生的法律(民间法)进行有限的认可。但是国法具有垄断性,并不意味着它同时具有正当性(legitimacy)与有效性(effectively),相反的,它随时面临民间活生生法律对其正当性的挑战与冲突,其有效性也有赖后者的配合与合作。国家制定法如果没有活生生的法律(民间法)的支持,是难以维持的。②

当我们以一种客观的态度来正视中华法系的传统遗产时,我们会发现,一方面,法律传统博大精深,充满着智慧的结晶,另一方面,其中又存在着背离现代法治精神的糟粕性成分。对法律传统进行创造性转化,显然必须区别对待传统之中的不同性质的因素,并进而考察它们与现代法制之间的关系及存留限度,当然,我们应当重点分析那些能够成其为"本土资源"的因素。

首先,在诉讼理念层面,法律传统中仍然存在着可转化的,或可利用的成分,而根据这些成分本身的基本性质及其与现代法制之间的关联度,又可以辨别出两种类型。第一种类型的诉讼理念与现代法治理念之间存在着内在的一致性,或许有时候这种内在的一致性需要深入的揭示和阐发才能为我们所认知,但是这种内在一致性的客观存在可以帮助我们塑造出接纳现代诉讼法制的快捷通道。比如中国古代思想与现代人权观念的可兼容性问题。对此,学界存在着不同看法,亨廷顿认为,儒家思想与西方民主、人权理念有着内在的、不可克服的矛盾:前者是集体主义的,后者是个人主义的;前者是权威至上,后者是自由至上;前者是义务优先,后者是权利优先;前者追求和谐,后者提倡竞争。③ 但是,如果我们能够认真挖掘,就会发现,儒家思想中与现代人权观念之间存在着亲和力,如孔子"有教无类"的思想有利于人权和民主意识的培养;作为儒家思想另一重要特征的宽容思想也可以成为催生民主

---

①　韩秀桃:《近代中国对司法独立的价值追求与现实依归》,载《中国法学》,2003 (4)。

②　参见陈伯礼、郑凌、何敏:《从法社会学角度看继受过程中的中国法治》,载《重庆大学学报》(社会科学版),2005 (5)。

③　参见 [美] 塞缪尔·亨廷顿:《文明的冲突与世界秩序的重建》,58~63 页,北京,新华出版社,1999。

和人权思想的萌芽的土壤，从历史上看，儒家思想比基督教思想更加宽容。又如自由观是人权的理论基础，中国传统的自由观更强调个人自由和社会利益的协调，而这种自由正是现代人权观的应有之义。中国古代也有自然法，中国的自然法在抽象层面上表现为"道"，在现实层面上表现为"乐"。"道"中包含了大量的现代的人权观念，"乐"所营造的氛围催生了人权观念。① 而近代以来国人对人权理念的迅速接纳正是两者之间兼容性和亲和力的现实体现。由此观之，虽然中国传统文化中有许多排斥现代人权观念的因素，但两者之间似乎也不存在亨廷顿所言的不可调和的矛盾，中国传统文化包含着大量的人性和人道思想，可以成为人权观念得以形成的基本条件。有鉴于此，笔者认为，传统文化中的人性与人道思想与现代人权观念非但不是南辕北辙，相反可以殊途同归。

第二种类型的诉讼理念与现代刑事诉讼制度之间并不具有明确的或可以通过深入揭示即可明确的内在一致性，它们之间的关系或许要更加微妙一些。这种诉讼理念一方面对现代诉讼格局的引入产生一种阻抗作用，另一方面由于自身的内在属性和价值，蕴藏着发扬光大的潜能，因此又不能轻易地否弃掉，于是，人们不得不陷入一种欲说还休、欲进还退的矛盾境遇。比如说"和谐"理念。和谐理念乃是中国传统文化的和合性积淀而成，和合性被认为是中国人的天性或国民性，国学大师钱穆指出："中国人乃在异中求同，其文化特征乃为一和合性。西方人乃于同中求异，其文化特征乃为一分别性。"② 这种和合性经儒家学派的一代一代的推广和发展，逐步被延伸到世间万物之上，不仅是一种人生哲学，也是关于社会秩序和政治生活的理想。于是，和谐精神成为中国古代法的基本出发点。传统的诉讼模式，缺乏对抗性，司法官在审判中完全处于支配地位，诉讼参与人则处于被支配地位，案件的公正处理来源于司法官的明察秋毫，法庭的辩论和对抗只具有次要的地位，而辅助当事人进行辩论和对抗则更无存在必要了。鉴此，日本学者野田良之将中国传统的刑事诉讼称为上诉或保护性的诉讼模式，以区别于西方的竞争性诉讼模式。③ 近现代中国刑事诉讼法制现代化的基本目标之一就是要建立控辩平等对抗、法官居中裁判的诉讼结构，传统延续下来的和谐理念对于刑事诉讼法制的改革造成了一定阻抗作用，如何在推进刑事诉讼法制现代化的同时兼顾和谐理念，甚至以之为基本指导思想，的确构成了具有实质意义的挑战。

其次，在具体制度层面同样存在着可作为创造性转化的本土资源。诚然，由于经济基础、社会制度上的根本差异，传统的刑事诉讼制度绝大多数已不可能在现代法治社会中留有一席之地，但是，特定制度及其运行原则在一定范围内的存留和发展仍然是有可能的，证据制度或许就是其中的一个例子。从总体上看，在中国封建专制诉讼中，实行罪从供定、刑讯逼供证据制度，中国传统模式的取证，以取得被告人的口供为核心，实行"罪从供定"，因而被告不仅必须承担举证责任，而且一旦被告不能提出证据证明自己无罪，就必须承认有罪，所以刑讯逼供成为重要的证明方法，也是古代中国证据制度的重要特征。这些显然是古代证据制度野蛮和非现代的一面，但是另一方面，中国古代证据制度的历史不仅悠久，而且在数千年积累的基础上，形成了博大缜密、功能完备的独特体系，其中不乏值得称道和可资借鉴之处。

---

① 参见李道刚：《中国传统人权观念再探—— 一个比较法文化的视角》，载《法制与社会发展》，2005（2）。
② 钱穆：《晚学盲言》，289 页，台北，东大图书公司印行，1987。
③ 参见［日］野田良之：《比较法文化学》，载《比较法研究》，1987（4）。

自清末至民国构建的近乎全盘西化的法律制度是异质法律制度在中国的亚种，我们姑且称之为继受制度。它的先天不足在于它姓"中"，但又没有完全本土化，或者在本土化过程中被误用。

三、诉讼法制的不足及转型的阻滞因素

文化现象产生于一定的社会经济基础之上，但是它又可以在一定程度上游离于它赖以产生的社会基础。文化观念的连续性常常不会因社会制度的更新而中断，因而，在新制度建立后，虽然旧的文化观念已经得到了一定程度的变革，但其基本的价值取向仍以各种不同的形式保留下来并与新观念混杂为一个矛盾的复合体，影响甚至可以支配着人们的社会行为。诉讼法制的价值取向和具体实践受到了传统诉讼法律文化的深刻影响。

（一）实体正义至上，程序约束乏力

诉讼法与实体法不分是中国传统法律的显著特征之一，刑事诉讼法被包含于作为实体法的刑法体系之中，不具有独立的地位。"无讼"的法文化意识根深蒂固，这或许是诉讼法制不发达的一个重要原因。这种在法律结构上不辨诉讼法和实体法的现象久而久之积淀为人们的诉讼观念，程序意识的淡薄成为顺理成章的结果。由于这种传统诉讼观念的影响，长期以来，我国法律界在程序法价值问题上基本上持工具主义立场，认为法律程序只不过是实现实体法的附带的"形式"或"手段"。它直接导致司法实践中"重实体、轻程序"，乃至"程序虚无主义"观念的产生。

在司法实践中，程序意识薄弱、程序约束软化的问题表现得更为突出。它表现为违反法定程序办案，法定程序或被省略或被搁置不用；在审判过程中，程序违法可以在所不问，只要实体正确即可。这固然包含着功利性的因素，但不能不说与传统的程序意识淡薄有关。然而，正如美国大法官威廉·道格拉斯所言："正是程序决定了法治与恣意的人治之间的基本区别。"[①] "刑事诉讼法，予起草者也，今入狱三日，乃知昔日起草之精神与今日施行之实况，竟然不同也；并非先有罪而后有刑，实为先有刑罚而后有罪也。"[②] 曾被关押的北洋政府修订法律馆总裁罗文干所揭露的不只是程序约束的不力，还反映了北洋政府诉讼法制的反动性。

（二）审判不能真正独立

中国传统诉讼法律在司法过程的运行方式上表现为司法与行政合一，行政长官兼理司法，这是"大一统"的封建专制思想在司法领域中的体现。司法与行政不分，助长了行政专横，妨碍了司法官依法审判，迫于外界的干预和压力，审判活动极易丧失客观公正的品质。这种做法与现代诉讼法制所要求的司法独立是截然相反的。

就制度层面而言，司法与行政不分的体制已被彻底废除，但是，行政权优位于司法权、重统一轻分权的观念却仍然在很大程度上影响着中国的权力结构以及司法体制的运行过程。由于政府部门权力过大，高踞于司法机关之上，司法权与行政权相比，始终处于弱势和受牵制的地位，其表现有二：（1）财权上的依附性。（2）人权的受牵制。司法独立的原则是现代

---

① 转引自季卫东：《法治秩序的建构》，3页，北京，中国政法大学出版社，1999。

② 罗文干：《狱中人语》上编，52～53页，北京民国大学，1925。

法治国家所遵循的一条基本司法准则。而在传统诉讼法律文化的氛围中司法不独立，是行政的附属物。这种传统的司法观念和做法仍在很大程度上影响着当代的诉讼法制建设，阻滞着中国诉讼法律现代化的进程。

（三）国家本位主义根深蒂固

在人类刚走出原始的混沌迈进国家时代时，中西思想家对法律的认识曾走过一段共同的道路。无论是在东方还是西方，集团本位具有普遍性。然而，从相同的起点出发，中西法律却走上了两条日益分离的道路。中国法律走上了一条从氏族（部落）到宗族（家族）再到国家（社会）的集团本位的道路，强调国家、家族的整体利益；而西方的法律则历经氏族到个人再经上帝（神）再回到个人，"个人本位"得以彰显。① 在中国传统诉讼法律的制度与实践中，始终贯穿着"国家本位"和"社会本位"的理念。在这种理念要求了维护社会的安全和秩序而不惜抑制个体的利益和欲望，所以在古代人的头脑中并无权利和自由的概念。传统的诉讼价值强调的是惩罚犯罪和维护国家利益，忽视被告人的权利保障。根据这种观念，所有的程序设计和程序保障都只是为了追诉机构和裁判机构查明案件事实真相，适用法律，及时、有效地惩罚犯罪，进而维护社会安宁和公共秩序。为此，在制度设计上，必然表现为控制犯罪的国家机关的权力至上，即一权独大，公民的诉讼地位与权利无法与其抗衡。② 与此同时，家国传统与和谐精神，又使中国传统诉讼文化缺乏竞争和对抗的要素，正是由于这种传统的渗透和影响，近代中国的诉讼形式，虽采用了控辩审分离的近现代诉讼形式，但具体的操作上，总是具有明显的职权主义特征，缺乏对抗因素。

（四）被告人的诉讼权利得不到有效保障

中国传统社会的社会结构就是以血缘、宗法关系为纽带而建立起来的。在家庭内部，首先确定父亲的绝对地位，以父为核心，确定上下贵贱，尊卑长幼秩序，任何一级都不得有逾越行为。家庭的进一步扩大即为国家。中国封建社会这种家庭与国家同质同构的性质，使人从主体的地位降为客体附属物，使每一个社会成员认为自己只有在整体中（家族、集团或是国家）才能昭示自己的存在和全部意义，自己的意志和情感也只有在群体关系中体现出来。所以中国传统文化以国家和家族为本位，从社会群体的角度去审视个体，以群体的意志决定个体意志。在这种传统文化的"驯化"下，个人权利自然便被群体利益取而代之。在这种观念支配下，对于被追诉的人也就没有必要讲什么诉讼权利了。被告人的诉讼权利无论是立法上还是实践中的不重视，在观念上有着共同的原因，即以传统的诉讼意识指导现代的诉讼法制实践，始终把追究对象看作是一个义务主体，而不是看作一个权利主体。

博登海默认为：任何值得称之为法律制度的制度，必须关注某些超越特定社会结构和经济结构相对性的基本价值。人类社会的法律制度中确实需要存在着一些需要在任何可行的社会秩序中予以承认的普遍的、最低限度的正义要求。③ 所试图表述的正是这么一种最低限度的程序正义标准，旨在全球范围内确立起能够普遍适用的、为全人类所自觉共同遵守的价值规范。尽管说这些权利和标准渊源于资产阶级启蒙主义思想，带有很强的西方话语权威的烙

---

① 参见项彬：《中西近代法律文化中法本位之比较研究》，载《政法论坛》，1995（6）。
② 参见龙宗智：《徘徊于传统与现代之间——论中国刑事诉讼法的再修改》，载《政治论坛》，2004（5）。
③ 参见［美］E. 博登海默：《法理学：法律哲学与法律方法》，273 页，北京，华夏出版社，1987。

印，但是，客观而论，它们立基于人类的自然理性，反映了人类社会诉讼机制运作的内在规律。然而，当法律制度的移植者试图将普适价值的理想植入本土化的语境时，他们却发现不得不面对某种困境。梁治平先生真切地描述了由东西方法律传统的对极化所带来的精神困境：西方法律传统"代表了一种精神价值，一种在久远的历史中逐渐形成的传统。问题在于，这恰好不是我们的传统，这里不仅没有融入我们的历史、我们的经验，反倒常常与我们'固有的'文化价值相悖。于是，当我们最后不得不接受这套法律制度的时候，立即就陷入无可解脱的精神困境里面"①。

具体而言，普适价值及相关制度的本土化面临着以下阻滞因素：首先，社会环境和物质基础方面的不足。西方国家的刑事诉讼法制现代化乃是社会现代化的自然产物，刑事诉讼制度和社会环境之间经过长期的互动和磨合，已经完全融为一体。而中国诉讼法制现代化与社会的、经济的现代化同步进行，诸多的矛盾在变革中会表现得更为剧烈。从中国诉讼法制现代化的进程来看，诉讼法的变革基本是移植性的，以西方法律为蓝本的，必然会超越社会发展现状，诉讼理念上的不一致或冲突会使诉讼制度或程序的运作低效化，甚至会丧失最基本的功能。

其次，机构、人员及相关制度的不足。诉讼的有效运作以高素质的、成熟的法律职业集团为基本前提，由素质低下的司法人员来操作外来的、先进的诉讼制度，则会使制度与程序的运作在实践中走样、变形、缺乏实效。同时，与近代刑事诉讼制度运作相配套的一些基本制度如律师制度、司法机构等也尚未发展成熟，也成为诉讼变革的制约因素。而由于人员素质，机构与制度上的不足而导致司法不公、司法腐败、法律规避现象则会使司法活动丧失其应有的公信力，进而也使得社会公众对于司法改革缺乏信任。

再次，权力主体的特权思想以及对于改革的排拒心理。传统法律文化以社会本位和国家本位为价值取向，而传统的刑事诉讼模式也是在职权主导之下运作的，受此影响，实践中某些司法工作人员认为自己是国家的代表，具有天然的权威性，滋生了一种我自为尊、漠视权利的特权思想，对于当事人尤其是被告人的权利、律师的权利尽可能地予以限制甚至剥夺。在此特权思想的指导下，程序的正当化难以实现。与此同时，刑事诉讼的变革，诉讼结构的调整，意味着公共权力的重新划分与配置，一些机关的权力会被加强，而另外一些机关的权力则会被削弱，由此也使之产生了一定的排拒心理，乃至成为变革的阻力。

最后，民众心理准备上的不足。法律传统作为一种历史文化力量，也是以普通民众的法律意识、心理、习惯、行为方式为载体的。民众心理代表一种渊源于传统的"集体意识"。集体意识是迪尔凯姆分析个人与社会之间关系时所使用的一个概念工具，是指一般社会成员共同的信仰和情感的总和，它由于个人意识中的情感和信仰而存在，却有别于个人意识。它是社会的精神象征，有着自己的特性、生存环境和发展方式。② 当这种集体意识与刑事诉讼变革的方向相背离时，则会形成具有实质意义的阻抗力量。传统的刑事诉讼以控制犯罪为主导目标，以社会本位为基本取向，被告人的权利成为可以随意弃置的"鸡肋"。

从清末到民国，继受法律还有一个较为突出的问题是法学理性与科学化的明显欠缺。

---

① 梁治平：《法辩——中国法的过去、现在和未来》，295 页，北京，中国政法大学出版社，2000。
② 参见公丕祥：《法制现代化的理论逻辑》，383～384 页，北京，中国政法大学出版社，1999。

"西方诉讼法律文化在近现代中国的激荡，导致了中国诉讼法律观念和思想的深刻变化。西方诉讼法学理论代表了西方诉讼法律文化的精神内核，它的输入必然地引起中西诉讼法文化在更深层次上的碰撞。然而这一碰撞与领事裁判权的冲击方式不同……这种诉讼法律观念的冲击大致表现在三个方面：第一，西方诉讼法律文化在中国的移植和传播，包括穆勒《名学》、《群己权界论》，斯宾塞的《群学肄言》，孟德斯鸠的《法意》，在中国思想界引起了很大震动。第二，导致一大批中国激进的知识分子赴欧美日留学考察，直接接触西方诉讼法文化，为西方诉讼法学理论的传入开辟另一条途径。第三，一部分士大夫和上层知识分子逐渐接受西方诉讼法律文化，促进了中国近现代诉讼法思想的形成和发展。"[①] 然而，应该承认，长期以来中国的不甚发达的法学基本上是实用法学，理性、科学的法学始终严重缺失。当然，这与中国读书人长久以来的人格依附性传统有密切的关联。学人们经世致用的怀抱和建功立业的热望不仅使之往往忽略了学者应有的学术人格独立和作为学者应追求的理性科学思考，而且还以御用为荣。

诉讼法制现代化是中华民族伟大复兴的重要组成部分，但这一复兴并不是对传统的简单复制，它必须以吸取和同化西方文明优秀成果为前提。但是不可否认的是，我们仍然必须面对和认真对待由于传统诉讼文化的差异、诉讼法制与社会环境的不协调所产生的阻滞。应该看到，这里所谓的阻滞因素，并不一律属于落后的、与现代法治难以兼容的成分，由于传统法律文化本身所蕴涵着的变化潜力，我们仍然有可能在摒弃那些与现代法律精神截然对立的制度和价值的同时，在新的历史条件下更为深入地理解法律传统的价值，赋予其新的存在形式和生命力，从而实现传统诉讼文化的创造性转换，以自己独特的民族性融入世界的诉讼法制的发展过程，并成为人类法律文明的共同财富。

四、诉讼法制转型之过程价值

"只要在社会中存在法，法的实现就一直是并将永远是社会关系的法律形式存在的特殊方式。法的实现是法的存在、作用和执行主要社会职能的特殊方式。如果法的规定不能在人们和他们的组织活动中、在社会关系中得到实现的话，那法就什么都不是。不能脱离开法在社会中实现的机制孤立地理解法。"[②] 换言之，法的实现是法律调整的目标和任务，是法的生命，法的实现作为它的完成的过程，标志着法从规范的可能转化为现实。毋庸讳言，近现代中国诉讼法制的变化是巨大的。在诉讼法律体系结构上，从清末法制改革开始，按照西方法律结构模式来修订法律，使中国诉讼法体系在表面上开始走上转型之路，基本实现了诉讼法与实体法彻底分立的独立的诉讼法律结构；并且逐步建立起了刑事诉讼、民事诉讼及行政诉讼三位一体，以诉讼法典为主体由单行诉讼法规相配套的较为合理的法律体系。从 1906 年《大清刑事民事诉讼法》（草案）的编制，到 1911 年初《刑事诉讼律草案》及《民事诉讼律草案》的拟成；从北洋政府 1921 年《刑事诉讼条例》、《民事诉讼条例》及有关暂行条例的颁布，到南京国民政府"六法全书"法律体系的确立，都充分反映了中国诉讼法制在形式化规范化是有所发展和进步的，但其实现状况是令人遗憾的。[③] 清末制定的诉讼法律，由于草

---

① 夏锦文：《社会变迁与法律发展》，224 页，南京，南京师范大学出版社，1997。

② ［苏联］雅维茨：《法的一般理论》，朱景文译，170 页，沈阳，辽宁人民出版社，1986。

③ 参见夏锦文：《实证与价值：中国诉讼法制的传统及其变革》，载《法制与社会发展》，1997（6）。

案拟定不久清朝便灭亡了，因而并没有真正在社会实际生活中实行。北洋政府和南京国民党政府都规定了一系列诉讼法律，并在法律中规定了辩护、陪审、公开审判等体现民主和人权的制度，尽管在法律形式是严谨的，但其实践则将其化为乌有。这种成文的诉讼法律没有成为人们行为的依据和指南，国家司法机关的行为基础仍然是实际的政治利益的需要，因而，这种情况下的诉讼法律，无论其形式如何完善，都不过是一纸空文。由此构成了中国诉讼法制现代化过程中一大深刻矛盾，即成文的诉讼法与实际运行效果之间的矛盾。①

若从诉讼法律实现的效益来看，清末至民国的诉讼法制转型是令人遗憾的，诉讼法律并未在现实社会生活中高效理性地执行和实现。但是，转型过程本身仍然是有价值的。一方面，通过从清末到民国的法律继受，中国的诉讼法制具备了一定的形式合理性要素。另一方面，也使我们更清晰地认识转型的阻滞因素，启发我们如何进行当下新转型期的立法、司法工作。

法律的形式合理性并非法律的外部形式主义，也不是单纯的程式化或法典化，而是一个确证法治原则和体现法律内在运作逻辑要求的概念。② 从法律制度的整体发展来看，形式合理性的法律表现出一些共有的特征，因此具有形式合理性的刑事诉讼应当具有一些外在特征：一是规范的严谨性，它要求刑事诉讼法作为专业性的法律部门，不仅有特定的概念、术语、分类方法，而且有其系统的原则、原理和逻辑判断、推理方法；二是体系的完整和谐性，它要求诉讼法应该是一个体系完整、结构合理、各层面制度与程序相互衔接协调并形成有机结合的法律系统；三是规则的确定性和易于操作性，它要求法律规范应当明确、清晰、具体，能够尽可能地排除意义上的含糊、弹性、笼统，使公民对于法律的运作获得较为明确的预期，等等。与此同时，形式合理性的法律在具体的部门法实践中，它又可以表现出某些特殊的规定性。就诉讼法制现代化而言，其形式合理性应当具有以下几个要素：

第一，程序法定。程序法定的核心要求是在刑事诉讼中以法律来引导侦查、起诉、审判等国家权力的理性化行使。法律与权力的关系是法律现代化的一个重要问题，历史证明，任何一种权力的理性化行使，应当建立在其合法性的基础之上。③ 这对于刑事诉讼活动而言则显得尤为重要，其原因是刑事诉讼是国家刑罚权由抽象规定到具体实现的过程。在这个过程中，国家机关的侦控权力往往发挥着主导性的作用，并具有一种天然的扩张倾向。因此，为了保障国家权力在刑事诉讼活动中的正当行使，有必要通过形式化的法律来引导和限制权力的行使，这是现代法治理论的必然要求。单纯的使用权力易于演变为专制和暴政，而基于形式化的法律，程序方能成为韦伯所说的"以固定的和不可逾越的'游戏规则'为限制的、特殊类型的和平竞争"。

第二，机构自治。中国古代刑事诉讼制度实行的司法与行政合一，行政长官兼理司法，集侦查、起诉、审判甚至辩护功能于一身，不具备专门化或相对自治的司法机构。这构成了传统型刑事诉讼与现代型刑事诉讼的基本区别之一。按照诺内特和塞尔兹尼克的观点，法治绝不仅是一种抽象的理想，它更应被理解为一种独特的机构体系。"这种体系的主要特征就是形成了专门的、相对自治的法律机构；这些机构在各个规定的权能范围内要求一种有限的

---

① 参见夏锦文：《社会变迁与法律发展》，250页，南京，南京师范大学出版社，1997。

② 参见夏锦文、秦国荣：《法律形式化的意义分析》，载《南京师大学报》（社会科学版），1996（4）。

③ 参见公丕祥：《法制现代化的理论逻辑》，89页，北京，中国政法大学出版社，1999。

至上性。"①

在近现代刑事诉讼中，法律机构的专门化与相对自治显得尤为重要，因为它不仅涉及控诉、辩护、审判等不同职能的分工，而且会与司法组织体制的安排密切相关。为了保证法律机构的专门化与相对自治，司法组织体制的安排往往成为一个复杂的工程，它包括司法机构的设立，司法机构与其他组织和个人的关系，各司法机构之间的关系，不同级别的司法机构之间的关系，司法机关内部关系，司法人员的选任和素质保障，职权和责任等等。不过，刑事诉讼中法律机构的专门化与相对自治最为核心的是两个方面：控审分离与审判独立。

诉讼活动中的审判独立与审判程序的运行紧密地联系在一起，它是指审判人员在具体案件的审理过程中依据法律和理性独立自主地作出各种判决、裁定和决定，不受任何外部因素的干预。具体又表现为两个维度：从主观方面来看，它是一种判断的自由以及据此判断作出结论的自由。审判的实质在于判断：在适用法律时，审判人员需要判断和确定法律的依据及其解释性含义；在认定事实时，他需要判断证据的真伪和证人的可信度；在推进庭审程序时，他又需要对诉讼权利的有无及程序的运行方式作出判断。因此，审判独立要求在审判活动中无论是实体性事项还是程序性事项都应当交由法定的审判主体来独立地作出裁断，只要在其职权范围之内，只要不违背法律的规定，这种判断的自由应当予以保障。从客观方面来看，审判独立意味着一种不受外来因素干涉的自由。诉讼过程往往是一个漫长的过程，诉讼的结果也通常会涉及各种利益的纷争，因此，各种外部因素如国家权力、经济利益、社会舆论等极易通过借助于种种渠道试图影响审判的进程和结果。只有排除外界的非法干扰，在诉讼活动中构建一个相对独立的法律空间，才能够使审判活动不会受到"任何直接或间接不当影响、怂恿、压力、威胁或干涉所左右"②，保证司法的客观和公正。

第三，诉讼结构合理。以刑事诉讼结构为例，它具有如下主要特征：（1）审判中立。这是指在诉讼构造中审判方与当事人互相分离，独立于控辩双方，审判方仅仅作为控辩双方争议的评判和裁断者而存在。控诉方或辩护方的活动各自具有明显的倾向性，但法院作为居间裁判者，始终保持中立和客观，依据证据和法律作出判决。（2）审判中心。这是指在诉讼构造的控辩审三者关系中，审判居于主导和支配地位的，审判方不仅是居中裁判，而且是居上裁判，从而在刑事诉讼活动中确证了司法的权威性和终局性。（3）控辩平等。控辩平等包括三个方面的内容，首先，控辩双方均具有诉讼主体的地位，犯罪嫌疑人虽然处于被追诉境地，但不是诉讼客体。其次，控辩双方在诉讼中均具有平等主体的地位，即便是代表国家的检察官，其诉讼地位在法律上也不能高于只代表自己的被告人。再次，控辩双方享有大致相同或对等的诉讼权利，承担相应的诉讼义务。而考虑到控辩双方在力量上的现实差距，甚至可能在权利义务的分配上适当地向被告方倾斜，以保证两者权利和义务上的平衡。（4）控辩对抗。这是指控辩双方代表着不同的利益，提出相互对立的观点和主张，在诉讼过程中必然发生诉讼行为上的对抗，控方积极进攻而辩方则积极防御。刑事诉讼的性质决定了这种对抗的积极性和激烈性，控方拥有进行控诉的手段，辩方拥有相应的防御手段，控辩之间的对抗

---

① ［美］诺内特、塞尔兹尼克：《转变中的法律与社会——迈向回应型法》，张志铭译，53 页，北京，中国政法大学出版社，1994。

② 联合国《关于司法机关独立的基本原则》第 2 条。

不仅形成了程序上的均衡，而且从不同的角度揭示出事实的真相。①

刑事诉讼结构或曰刑事诉讼构造、刑事诉讼形式、刑事诉讼模式，它是表述刑事诉讼活动中各个主要职能主体的地位、作用和关系的理论范畴。控诉、辩护、审判是刑事诉讼的三大基本职能，诉讼结构的核心问题，是如何配置侦查、起诉、审判程序中控、辩、审三方的法律地位和相互关系。刑事诉讼结构，是指刑事诉讼运作中的基本职能进行组合搭配而建立的框架形式。它受制于一定的诉讼目的，并通过刑事诉讼程序规则加以规范，构成刑事诉讼法律关系和行为的基本框架，它不仅决定刑事诉讼主体的地位、作用和相互关系，还决定刑事诉讼的功能、特征和运行方式，而且反映着刑事诉讼过程中国家权力与个人权利的正当关系。

对于前述之各项阻滞因素，对照新转型期的立法和司法工作，我们可以区分不同情况作出具体的分析。就物质基础或资源条件而言，随着我国经济的持续增长和经济实力的增强，应该能够得到逐步的解决。就机构建设与人员素质而言，通过大力发展法学教育，加强司法人员的职业知识、技能和道德素养，使之成为真正意义上的社会精英，必然能够使公正的司法获得保障。显然，外部性阻滞因素的克服需要社会整体发展的协同作用方能得以完成。而克服刑事诉讼变革直接相关的内部性阻滞因素，则应当把握以下几个原则：

第一，超越诉讼目的类型与诉讼结构类型上的简单二元划分，适度兼容传统的法律价值。为了理论研究的方便，学者们按照韦伯式理想类型的分类法，将刑事诉讼目的和诉讼结构作为带有对极性的划分，前者表述为犯罪控制模式和正当程序模式，后者表述为职权主义模式和对抗主义模式。这种分类虽然"有助于把纷然杂陈的经验事实纳入一个有序的概念工具系统之中"②，从而获得一种理论上的明晰，但是，将这一理想类型的分类直接用于指导刑事诉讼变革的指导，则至少可能带来两个方面的问题：一是容易将犯罪控制与正当程序这两种目的类型、对抗制与职权主义两种结构类型对立化，误以为刑事诉讼变革就是由犯罪控制向正当程序、职权主义向对抗制的非此即彼式的转换，导致形而上学的改革思路。二是容易产生一种认识，即两种类型的相加具有排它的效果，难以接受第三种目的和结构类型的存在和作用。事实上，这两种类型只是一种理论上的分类，在历史和实践的语境中并没有精确的对应客体。正如达玛什卡所指出的，所谓的抗辩式程序和非抗辩式程序其实都是人为创造的概念，在现实中很难找到它们的对应物。③ 即使我们假定这两种类型在历史中都曾经实际地存在过，但是如果将其纳入历史发展的视野，这两种类型之间的分野又会变得极其模糊。第二次世界大战以后原来奉行当事人主义的国家与原来奉行职权主义的国家之间相互学习和借鉴彼此的合理内容，而日本、意大利则改变了原有的职权式审判制度，以当事人主义创了新的审判制度，形成一种你中有我，我中有你的格局。对于中国这个具有悠久历史的国家来说，能否在这两种类型之中适度兼容一些体现传统价值的诉讼理念则又是一个新的课题，而传统诉讼理念的确已经成为当代刑事诉讼变革的又一个变量，发挥着潜移默化却不可忽视的作用。比如说它可能在审判方式方面决定了我们接受对抗制的限度④，也可能影响到我国在

---

① 参见秦策：《刑事诉讼比较原则研究》，中国政法大学博士学位论文，2008。
② 公丕祥：《韦伯的法律现代性思想探微》，载《学习与探索》，1995（5）。
③ 参见［美］达玛什卡：《司法和国家权力的多种面孔》，郑戈译，8 页，北京，中国政法大学出版社，2004。
④ 参见龙宗智：《试论我国刑事诉讼中的对抗制因素及其合理限度》，载《江海学刊》，1998（5）。

侦查程序中赋予律师以何种程度的调查取证权。① 显然，这种作用和影响使理想类型的划分发生了变异，但是变异不一定是异类，而极有可能代表了创造性变革的征兆。因此，超越这种简单的理想类型的二元划分，可以使新型的刑事诉讼制度更有弹性，也更有包容度，能够使现代和传统获得完美的统一。

第二，突破理念上的宏大叙事，立足实践中的现实问题，关注制度上的细节构建。从清末到民国诉讼法的修改，使中国的诉讼制度在诉讼目的、诉讼构造及程序技术等方面都发生了深刻的变革，司法观念的转变也在向纵深发展，保障人权、正当程序的理念不仅为理论界所普遍接受，也得到了司法人员的认可。② 在价值观的层面上，这些理念其实与普通民众关于理想社会的图景也并不矛盾，因为它们毕竟代表着司法活动的文明化和民主化趋势。但是，普通民众或许更为关注具象性的个案运行及其结果，而法律实务人员也会更加关注案件处理所产生的实际效果，当抽象的理念由于缺乏完善制度的支撑而在具体的案件中凸显出某种不得不付出的代价时，人们的承受力则可能会变得极其脆弱，于是对先进的诉讼理念产生排斥心理。因此，与其将宏大的理念与具体的代价裸露在民众面前由其抉择，不如立足于现实的实践问题来进行制度细节上的完备，以尽可能减轻这种代价所带来的震荡。比如在重视被告人人权的同时，建立起针对被害人的物质补偿和精神赔偿制度，以满足被害人的正当的报应需求，取得心理上的平衡；在赋予被告人一般性的沉默权的同时，根据犯罪类型设置一定的例外（如有组织犯罪、贪污贿赂犯罪的例外等）；在确立非法证据排除规则的同时，限制其适用范围，同时对违法取证行为进行综合治理，等等。

第三，摒弃拿来制度，重视制度再生。"亲亲相隐"并非特免权制度的渊源，作为舶来品，从清末修律到民国立法，特免权制度的建立，相对于颇受诟病的陪审制度而言，表现得相当平静。而陪审制度因为完全移植于西方，社会认同感上明显要逊色于嫁接于古代"亲亲相隐"之上的特免权制度，这是特免权在我国波澜不惊落脚的一个重要原因。后来因为政治原因，特免权制度在大陆被人为中断。现行我国台湾地区的特免权制度其实不是在国民党到台湾后新制定的，而是沿用了民国政府时期《中华民国刑事诉讼法》和《民事诉讼法》的规定，只是近年来多次修正而已。现行我国台湾地区"刑事诉讼法"规定证人可以因公务关系（第179条）亲属关系（第180条）、身份利害关系（第181条）、职业关系（第182条）而享有证人作证特免权。其中，亲属特免权的规定近来有所变动。"刑事诉讼法"曾经规定亲属特免权的范围非常宽泛，包括：（1）被告人或自诉人之配偶、五等亲内的血亲、三等亲内的姻亲或家长、家属者；（2）与被告或者自诉人订有婚约者；（3）现为或曾为被告人或自诉人的法定代理人或者现由或曾由被告人或自诉人为其法定代理人者。2003年的修法对此进行限缩，改为"现为或曾为被告或自诉人之配偶、直系血亲、三亲等内之旁系血亲、二亲等内之姻亲或家长、家属者"。我国台湾地区"民事诉讼法"第307条也详细规定了证人的亲属特免权、公共利益特免权和职业特免权。其中亲属特免权的范围包括"当事人之配偶、前配偶、未婚配偶或四亲等内之血亲、三亲等内之姻亲或曾有此亲属关系者"，比"刑事诉讼法"的相关规定要宽泛。在亲属特免权的种类上，除了基于身份的特免权，还

---

① 参见万毅：《程序如何正义》，48页以下，北京，中国人民公安大学出版社，2004。
② 参见龙宗智：《徘徊于传统与现代之间——论中国刑事诉讼法的再修改》，载《政治论坛》，2004（5）。

有不利证言特免权（财产上之直接损害、受刑事诉追或蒙耻辱）。对于职业特免权，没有具体到具体的职业种类，而是笼统地规定了就"职务上或业务上有秘密义务之事项"可以拒绝作证。①

各国都是从本国的政治制度、经济基础、历史传统、文化特色、人们的观念等国情出发，制定与之相适应的法律、法规，其中包括诉讼法。由于诉讼规律和精神文明具有人类共同成果的性质，决定了作为一种法律文化和操作规程（诉讼程序这种管理形式），有其可供借鉴、吸收的价值。在我国，借鉴、吸收的过程，就是"洋为中用"的过程。由于法律属于上层建筑，是经济基础决定并为经济基础服务的，不同的社会形态，有着不同的法制。因此，对外国有益的立法经验，我们要从中国的国情出发，批判地加以吸收。"中国文武制度，事事出于西人之上，独火器万不能及。"历史证明这说法是靠不住的，立足于本土、创造性借鉴西方法律是我国诉讼法制现代化的必由之路。

第四，理性引导民众心理，塑造重构型法律意识。诉讼法制变革离不开强有力的政府架构的推动，这对中国这样一个后发型现代化国家来说尤其如此。自清末以降，中国的诉讼变革几乎都是由政府自上而下来启动和推进的，而这一变革的流产与失效也往往与政府权威的失落、政府对民众尤其是农民法律意识的漠视有关。近现代中国，由于广大地区仍然处于自然经济状态，农民的人口多分布广，能否得到农民的支持是诉讼法制转型成功与否的关键问题。"农村在进行现代化的政治生活中起着'左右大局'的关键作用，'农村奋起'的性质，亦即吸收农民参加政治体系的方式，能够决定今后的政治发展方向。如果农村支持该政治体系和政府，那么这个政治体系本身也就有了可靠保障，不致被革命推翻，这个政府也在某种程度上有希望不被叛乱所推翻。如农村处于反对立场，则该政治体系和政府都会有被推翻的危险。"② 中国近现代诉讼法制现代化的过程中，清末集团、南京临时政府、北洋军阀政府及国民党南京政府都没有也无法解决农民问题，因而无法取得农民的支持，诉讼法制现代化的道路跌宕起伏，步履维艰，其发展只能表现为形式上的、局部的改革，缺乏内在价值的合理性和模式的稳定性，有时甚至伴有历史的倒退。③

在新的转型期，面对经过先西方又苏联再西方的法制借鉴发展轨迹之后留下的纷杂的历史碎片，当下首先要做的不是缝缀在文化断裂中拿来的各项法律制度，而是塑造重构型法律意识。"尽管自身的法律和法律文化观念在现代化浪潮的冲击下其整体架构解体，系统本身解构了，但是，这种解构的过程同时又是系统要素按照新的法律理念重构的过程。在这种模式中，尽管引进和创造了一些新的法律文化观念要素，但传统文化中的许多因素经过功能转化以后又获得了新的生命力。传统法律文化体系尽管从整体上已经解体了，但其内在所包含的许多具有现代性的要素转化为文化传统融于现代法律文化和主体的法律意识之中，在新的系统框架下继续发挥作用，因而，在一定程度上传统得到了延续，社会的发展没有完全被割

① 参见胡铁民：《证人特权制度研究》，苏州大学硕士学位论文，2007。

② ［美］亨廷顿：《变动社会的政治秩序》，张岱云、聂振雄、石浮、宁安生译，317 页，上海，上海译文出版社，1989。

③ 参见夏锦文：《中国诉讼法制现代化的动力机制（1840—1949）》，载《南京大学学报》（哲学人文社会科学版），1994（4）。

断，只不过是以新的形式和面貌在继续发展。"① 在 20 世纪初期以前，世界法律文化趋向于以西方为范式，这导致某些非西方国家在移植西方法律文化时采取不理智的做法，即在脱离自己法律文化传统的基础上全面引进西方法律文化。但在经过长时间的摸索后，大多数西方国家认识到，脱离传统、割断历史，最终并不能使自己成为现代型的法治社会，"非西方地区的法律文化变迁已逐步转到了与本民族历史文化传统相联系的轨道上来"②。只有重构型法律意识才能支撑着现行诉讼法制这件百衲衣更好地发挥作用。

---

① 刘旺洪：《法律意识论》，254 页，北京，法律出版社，2001。
② 张中秋：《略论法律文化》，载《比较法视野中的法律文化》，39 页，北京，法律出版社，2003。

第三编

司法制度：在冲突中转型

第十章

近现代中国司法制度的构造

第一节
领事裁判权下的中西司法制度的冲突

中国百余年的近代历史中最为可贵的法律实践之一就是一直未曾间断的收回治外法权（即领事裁判权）[①] 的努力。作为中国近代司法变革最直接的外部动因，我们有必要在历史背景中探讨一番此中蕴涵的近现代意义。在有些学者看来[②]，协定关税和治外法权是我们认为的不平等的核心，作为核心之一的治外法权更是我们探究中国司法近代化的直接背景。领事裁判权自 1843 年确立之后，经历了清王朝、北洋政府和国民党政府时期，外国在华的治外法权直到 1943 年才在形式上宣布废除，在中国一直存在百年之久。

由于清政府执行闭关锁国的政策，传统的卫道士们"宁可使中国无好历法，不可使中国有西洋人"，偌大中华帝国遂进一步落后于陆续完成资产阶级革命的西方诸强。而国内封建统治也逐渐走向固有矛盾爆发的临界点，国内农民失地、少地情况严重，土地兼并愈发规模化，同时还遭受着高利贷资本和封建垄断性商业资本的压榨，民众生活苦不堪言，因而各地爆发的农民起义层出不穷，严重威胁着清朝政府的统治。清朝政治之腐败，在司法方面的表现尤为突出。由于皇帝掌握着最高司法权，皇权凌驾于法律之上，可以恣意更改法律。而执掌司法的官员由八股取士选出，虽缺乏律例之学的训练，却精于婪索敛财之道，他们往往只重贿赂的轻重，而不问案情的是非。而刑名幕吏更加助纣为虐，枉法循私，操纵狱讼，冤狱

[①] 领事裁判权与治外法权常为研究者混淆。简言之，领事裁判权为"甲国领事在他国得裁判甲国人民"，而治外法权在国际法上的意义则是"在国外的某国人民因外交互惠等原因不受他国司法管辖，仍受本国裁判"。清末民初因翻译等原因，致两个名词常被拿来诠释外国人在华享有的种种司法特权，终成惯例。在 1922 年的华盛顿会议中，中国说帖用"extra-territorial jurisdiction"一词，有论者以此字最贴近中国被侵权的实况。参见李仕德：《英国与中国的外交关系（1929—1937）》，81 页，台北，"国史馆"，1999。根据台湾地区学者展恒举先生的考证，"至光绪年间，始有治外法权之名词，再后至民国七年与瑞士订约，始改称领事裁判权，以别于国际公法上之外交特权，下加括号，声明即系治外法权。可知无论在字面上讲，或从档案研究，治外法权与领事裁判权两个名词，都可适用。惟治外法权，易与国际公法上之外交特权相混，民国七年以后之条约文字，常用领事裁判权，甚少用治外法权，盖由于此"。参见展恒举：《中国近代法制史》，94 页，台北，"商务印书馆"，1973。

[②] 参见蒋廷黻：《中国近代史》（插图本），27 页，上海，上海古籍出版社，2004。

大量出现。内忧之侧，尚有外患。西方资本主义国家已经将扩张政策推向了世界，首当其冲的就是东方的印度和中国。中国在由禁烟而起的鸦片战争中败北，被迫签订了《南京条约》，并在随后的一系列不平等条约中逐步丧失了自己的主权独立和领土完整，中国的社会和国家都发生了前所未有的巨变。

自清政府意识到领事裁判权的危害之后，领事裁判权问题一直是政府的一块心病。列强索取并继续享有领事裁判权最堂而皇之的理由，是中国法律体系的落后而产生的野蛮司法。在晚清国力不足以用强力收回的情况下，改革自身的司法体系以模范列强，成了其唯一的选择。清末司法改革的主要动因之一就在于收回治外法权，以司法改良达到司法权的统一，以图兼具攘外安内之功效。但传统司法体系由于西方法文化，尤其是其西方司法审判观念和制度的输入，其固有的弊端更加彰显；社会矛盾的激化，使得一些非常规的司法审判制度，如就地正法得以广泛推行，更暴露了传统司法的野蛮性质；而近代社会在西方冲击之下发生了巨大的变动，使得传统司法体制渐渐不能满足社会的需要。

一、鸦片战争前的中国司法制度

鸦片战争之前，中国社会处于封建官僚制的传统政权统治之下，清王朝时期的法律制度则是中华法系成型以来封建法制之集大成者，其司法制度更是最大限度集合了封建时期各朝代的通行做法，并且有所创新。

（一）司法机关及司法官吏的设置

我国封建社会时期各朝代都在全国行政体系之侧设立了较为完备的司法审判系统，在中央和地方两个层面安置了不同的职官，以应付全国刑名户婚官司。就整体而言，中国传统司法体制中的司法机关在整体上兼具司法机关和行政机关的双重性质。

在中央层面，各朝代都设立专门的中央司法机关。据《周礼》记载，周代的司法官叫秋官司寇。到了秦朝，司法官名称为廷尉。西汉开国承秦制，廷尉是九卿之一。汉景帝六年（公元前151年），廷尉改称大理。武帝建元四年（公元前137年），又恢复廷尉原名。因此，在西汉，廷尉与大理的名称经常换用。到北齐，廷尉正式更名为大理寺，成为专职的司法审判机关。隋唐时正式演变为三法司：大理寺掌审判权，刑部掌复核权，御史台掌监察权。遇有重大案件时，由大理寺卿、刑部尚书、御史中丞共同审理，称为"三司推事"。至此，各司其职、形式完备的中央司法体制正式在中国建立起来。宋朝的司法体制基本上沿袭唐制，但是进一步加强了皇权，主要表现在专门设立了皇帝的顾问机构审刑院。在审判程序上，大理寺审判的案件经刑部复核之后，还须送交审刑院评议，并最终由皇帝本人亲自裁决。元朝的司法体制"遵用汉法"。明朝则沿袭了三法司的制度，但是具体职权有所变化：刑部成为审判机构，大理寺变为复核机关，两者的功能对调；同时，监察机构则由御史台更名为都察院。

清朝统治者早在入关之前就比较重视对汉制的借鉴和吸收，形成"参汉（吸收明朝法制为代表的汉族封建法制）、酌金（取舍满族固有的习惯法）"的立法路线。清入关正式建都北京后，中央掌管司法事务的部门是"三法司"，即刑部、都察院、大理寺。由于清朝不存在现代意义上的司法独立，因而三法司不是自成系统的司法审判组织，其地位也不同于现代国家政权中的司法行政、检察、审判机关。在具体掌管职能的分配上，刑部是最高司法审判机关，在光绪《会典》中规定，刑部"掌天下刑罚之政令，以赞上正万民"①。都察院是监察部门，据《会典》记载：都察院"掌司风纪，察中外百司之职，辨其治之得失与其人之邪正，率科道官而各矢其言责，以饬官常，以秉国宪"②。大理寺的名称沿用古制，但其地位却与传统肩负审判职能的机关大有不同，转而行使复核职能。据《会典》记载：大理寺"掌平天下之刑名，凡重辟则率其属而会勘"③。顺治年间，三者被解释为："是持天下之平者（刑）部也，执法纠正者（都察）院也，办理冤枉者大理（寺）也。"④ 三法司虽然分立且各司其职，但实际上均是受皇帝直接支配和统治的权力机构，皇帝本人才掌握着国家的最高司法权，不但亲自裁决死刑案件，而且对全国的司法活动进行控制和监督。

清朝是中国封建社会最后一个王朝，其统治者更是将皇帝集权推向了顶峰，"从来生杀予夺之权操之自上"⑤，威柄绝不下移。每一件死刑案件都要"专案具题"，向皇帝专门报告。清朝的死刑案件分为"立决"与"监候"两类：立决就是立即执行；监候则为缓决，等到来年秋天再复核并决定是否执行。死刑案件的终审权在于皇帝，也就是由皇帝本人作出"立决"和"监候"的决定。全国死刑案件最后的复核仪式称为秋审，而秋审的最后一道程序是皇帝勾决，皇帝勾到的立即处决，未勾到的可以缓决一年，多次缓决后则有可能减等免死，因此犯人的生死全在于皇帝的终审裁决。在法律上讲，"全国范围内只有皇帝一人握有死刑裁决权"⑥。除此以外，皇帝还对全国的司法活动进行控制和监督，其主要方式是"汇题汇奏"，即各种案件均要向皇帝报告，而范围更是涉及司法审判事务的各个方面，可以说是事无巨细。在中央，除三法司以外，为保护满人的特殊利益，还设有宗人府、内务府慎刑司、户部现审处等特殊的司法机构。

在地方层面，中国传统社会坚持由地方行政官兼任司法裁判官。《周礼》中就记载有士师、乡士、遂士等负责司法审判的官员。秦朝是我国历史上第一个封建制国家，地方设置为郡县两级制，郡守、县令是地方的行政长官，同时也监理司法审判。秦朝在郡一级设有专门的司法官吏"决曹"，但最终的决定权仍归郡守。秦朝之后的地方司法一直是长官兼理司法。直到宋朝，地方上才增设了专门的司法机关，称为提点刑狱司。除此以外，皇帝还特派专门官员分赴各地审理重大案件。明朝则在省设提刑按察使，掌一省刑名按劾。

在地方，清朝实行行政、司法合一的政权体制。地方长官负责地方的政务、治安、司法、教育等诸多事务，司法统一于行政权力之中。清朝地方行政区划分为省、道、府、县四级。地方司法审判相应分为四级：厅、州、县为第一审级，有权决定笞、杖、徒刑案件；府为第二审级，除负责辖地以内的司法以外，还负责复核下一级上报的刑事案件，提出拟罪意见并上报；省按察使司为第三审级，掌管一省司法并负责复审府级上报的徒刑案件和审讯军、流、死刑案件；总督、巡抚为第四审级，负责批复徒刑案件、复审流刑案件、复审死刑

---

① 《大清会典·刑部》，卷五三，台北，文海出版社，1991。
② 《大清会典·都察院》，卷六九，台北，文海出版社，1991。
③ 《大清会典·大理寺》，卷六九，台北，文海出版社，1991。
④ 赵尔巽等：《清史稿·刑法志三》，卷一四四，北京，中华书局，1976。
⑤ 《大清会典事例》，卷八四七，台北，文海出版社，1991。
⑥ 郑秦：《清代司法审判制度研究》，9 页，长沙，湖南教育出版社，1987。

案件并向皇帝具题。在审级上，可以归结为"逐级审转复核制"①，除田土、户婚等民事诉讼以及笞、杖等较轻的刑事诉讼以外，徒刑以上的案件均纳入此种程序，由州、县第一审级审理后，依律上报上一审级复核，再层层上报，直至有权作出判决的审级批准后才为终审。这一审级制度的运转并不以当事人的上诉为前提，其设计的初衷只在于集权的需要，通过逐级审转复核，将较大案件的终审权逐级上移直至皇帝本人。这一制度既是清末中央集权空前加强的反映，也是司法行政化的体现。这种体制自秦至清一脉相承，贯穿了中国封建社会的始终。司法机关从无到有，从小到大，其本质均在于巩固和加强皇权。无论是中央三法司的专门机构，还是地方行政、司法合一的设置，其本质都是确保皇帝对司法的绝对控制。这种以皇帝为中心的金字塔式的专制结构发轫于秦，贯穿于中国封建社会的始终，至清则达到登峰造极的地步，皇权不仅威严凛然不可侵犯，而且已经被法律所制度化。②

（二）诉讼制度

1. 诉讼法律规范在整个法律体系中的地位

中国古代法律的法典化特征非常明显，历朝历代的刑律、政书相当齐备，也都有一套各具特色的司法制度和诉讼程序，但它们没有形成单独的形式意义上的诉讼法典。诉讼法与实体法（主要是刑事法律）糅合在一起，刑事诉讼与民事诉讼的规定也互相交织（至于行政诉讼，则是近现代政府行政管理活动及行政法制发展的产物）。例如，《唐律·杂律》规定，违反契约欠债不还，凡欠一匹布以上者，违约二十日，"笞二十"；欠二十匹还要加一等，"杖流失"，欠三十匹加二等，欠一百匹还要加等，笞杖外还要责令赔偿。这一规定，不仅把民、刑程序的规定交织在一起，而且把民事责任和刑事责任规定在同一款中。

这种实体法与程序法不分的情况说明在生产力发展的早期，人们对罪与罚的规定往往还纠缠着"什么是罪"、"通过什么步骤定罪"、"罪该如何罚"等许多问题，这种不清晰的立法模式表明当时人们的法律思维还不够严密，尚缺乏必要的立法理念和立法技巧。

2. 诉讼程序的形式主义特征

中国古代的诉讼程序也有一定的形式要件，例如两造在公堂上的位置，证人的位置，公堂上的书状等，但这些形式性规定并不严重影响对案件的审理，更鲜有因违反这类规定而败诉的案例。

3. 诉讼模式

中国古代一直实行纠问式诉讼模式，法官在诉讼程序中起主导作用。一方面，当事人是被调查的对象，不是独立的诉讼主体；另一方面，审问的方式与刑讯逼供分不开，往往以刑讯取得被审问对象的口供作为认定事实的根据。刑讯，作为法定的、普遍的审讯方法，虽有若干法律限制（秦律《封诊式》中对多次改变口供，不老实认罪服罪者，施加刑讯。"诘之极而数訑，更言不服"，"乃笞掠"；唐律中《断狱律》规定，对反复审问和验证而不供认者，可以进行拷问，但总数不得过三次总数不得超过二百），但后来日益滥行刑讯，几成定例。刑事诉讼被告在这里只是被追究的客体，只有招供的义务，没有任何反驳控诉和进行辩护的权利。

---

① 郑秦：《清代司法审判制度研究》，153 页，长沙，湖南教育出版社，1987。

② 参见严晶：《论清末前后的司法特征》，载《苏州大学学报（哲学社会科学版）》，2006（4）。

　　诉讼模式的生成主要是特定的法律体系及法律文化作用的结果。中国古代一直就存在血缘关系决定法律关系的罗网，礼教在宗法制的传统基础上几乎渗透到社会生活的方方面面，诉讼法律关系自然也包括在内；家国一体，政刑合一，司法兼行政官员在审理案件时势必处于一种强势地位（君臣父子之礼在公堂之上恐怕也就是主审官与两造关系的指导原则，不过"讼师"可算得一个例外），由官员主导的诉讼模式不仅显示出君权的强大，也透露出司法走向专横与专制的必然结果。

　　4. 证据制度和证明模式

　　法定证据制度的采用是中国传统诉讼文化的一大特点。法定证据制度又称形式证据制度，是指证据是否确实及其证明力大小，系由法律预先作出规定，法官必须机械地依照法律作出判断结论。中国的封建制证据制度，虽然没有对证据的证明力由法律预先作出规定，而主要凭法官自己决定，但在施用刑讯、迷信被告人口供等方面，却是相同的。中国封建社会的证据制度从秦汉开始就强调口供是定案的基础，所谓"无供不录案"，"罪从供定"；被告不供则施以刑讯，刑讯逼供成为取得被告口供的主要手段。汉律规定："会狱，吏因责如章告劾，不服，从掠笞定之。"（《汉书·杜周传》）唐律规定："诸应讯囚者，必先以情审查辞理，反复参验犹未解决，事须讯问者，立案同判，然后拷讯"（《唐律疏义·断狱》）。明律规定："犯重罪，赃证明白，故意怗顽不招者，则用讯拷问"（《明会典》）。

　　重口供、刑讯逼供等反映出封建制度下法律制度的相通之处——注重形式、言词（特别是口供），证据的证明力与证明效力不存在客观合理的标准。如果依今日之证据判断标准去研读那时的法律文本，我们不免会认为其实施的情况不一定能保证发现事实真相。但是我们同样不应当忘记，在法律从习惯走向成文规则的过程中，它从来就不是一个完美的"翩翩君子"，证据制度的发展甚至可以认为是从一枚畸形的胚胎向正常婴儿的蘖变。

　　5. 非讼纠纷解决模式

　　在国家普遍采用的纠纷解决模式中，除去正式的诉讼以外，封建时期的中国倾向于采用大量的非诉纠纷解决模式来填补。

　　中国"超稳定"的社会结构和独有的文化塑造出了一种全然独立于西方的非诉讼救济方式，这就是家族法诉讼模式。① 中国传统诉讼中既有正式的国家诉讼，同时也存在虽未记载于国家典籍上却实际发挥效用的家族法诉讼，这是中国特有的社会逻辑决定的。自国家产生之后，中国社会最基础的单位是"家"和"族"，集家而成族，集族而成国，而家、族、国呈现出一种严谨的一体性和逻辑性——家国同态、家国一体。无论家政还是国政都以血缘和政治的二重原则为依据而组成。在国家层面上，国家必须大量进行立法和司法活动，创制大量的法典、法律。然而成文法调整方式总会受到各种条件的制约，适时地创制判例因而成为一种值得肯定的制度。而且，中国地广民众，多民族一体，实行封建专制统治，各地经济、文化发展不平衡，国家法律往往难于实施于各地，特别是在一些经济落后、地理闭塞的地方。然而法律只有保持相对的安定才能体现它的实际作用，因而各地方会选在业已存在的宗族组织中建立起符合民族和各地域风情民俗的一套行为规范；况且，这套家族法规范经过历史的检验，证明是实际可用的。由于国家认同家族的地位，承认家长的治家之权，肯定家法

---

　　① 参见李交发：《中国诉讼法史》，第十一章"传统家族法诉讼理论"，北京，中国检察出版社，2003。

族规的社会功能，甚至允许家族组织代行国家基层行政组织的许多职能，以家法族规处理轻微刑事案件和几乎一切的民事案件，家族法诉讼具有了司法的依据。进入宋元之后，家法族规逐渐开始成文化发展，并且"在结构上很多都模仿和接近于封建国家制定法，如有相似于国家制定法的正文、注释、行为规范和相应的法律后果等部分。在内容上，它涉及封建国家制定法中的刑事法律和民事法律的很多方面，与封建国家制定法有广泛、深入和直接的联系"①。而到了明清时期，最高统治者以圣谕的形式将制定家法族规和进行诉讼的指导思想颁布出来，其正式地位可见一斑。如明太祖朱元璋曾颁"上谕六条"，"孝顺父母，尊敬长上；和睦乡里，教训子孙；各安生理，无作非为"②。而当制定家族法进行诉讼的指导思想钦定或官定后，便带来国家对家族法诉讼内容的认可和理解，这就使家族法直接成为一种合法的司法依据，家族法诉讼也就顺理成章了。

中国古代就直接把宗族组织作为家族法诉讼的诉讼机构，在族、房、家三级设置中，族是最高宗族机构，族长拥有广泛的权力，统管全族事务，包括宗族行政权、经济权、立法权和诉讼权；族下设房，房有房长；家是最基层的诉讼机构，家长是一家之长，拥有管理、教育、惩罚之大权，特别是在家内诉讼方面，家长将家法与国法相结合，把家刑与国刑相结合。例如，《宋史·儒林传·陆九韶》记载，在陆九韶家，家长已拥有广泛的对子女的惩罚权，如果子弟不遵家训，儿有过错，"家长令诸子弟责而训之；不改，则鞭挞之；终不改，度不容，则言之官府，屏之远方焉"。家人违反家法，必先受到家法的处罚，由家长实施处罚；但对于家人间发生民事纠纷或轻微刑事案件，大多数情况下，由家长禀申房族依规处理，也就是告族处理；但对于重大刑事案件和疑难案件，则必须送官府审判。就家族法诉讼的惩罚手段而言，常见的大致有这样一些：斥责、辱名、罚拜、锁禁、罚停、革胙、罚钱、记过、出族、除位、送官究办、处死等等不一而足。

在中国，从奴隶制社会脱胎而出的封建王朝凭借"礼"的力量，将以血缘关系为基础的家族和政治国家紧密糅合起来，家法与国法不再截然分离，一套严密的控制系统使个人在一生中无时无地不受身份和等级的约束，因而稳定的封建国家社会结构也就产生了不同寻常的家族法诉讼模式。同时，在古代中国，纠纷的出现一直被视为对"礼"的破坏，良好的社会关系是不允许存在不和谐的，因而在家族内部就出现了解决纠纷的第一道方式，由家长、族长把民事纠纷或轻微刑事案件解决在族内，即使重大刑事案件和疑难案件送到官府之后，国法的处罚也要参考家长的意见，家族和国家处理纠纷的主导思想是一致的，甚至运用的惩罚手段也是相近的。

（三）司法监察机构

中国古代没有专门的司法监察机构，与此职能最相近的要数监察机构了。监督法律、法令的实施，维护国家法律、法令的统一，参与并监督中央和地方司法机关对重大案件的审理活动，是中国古代监察机构及监官的主要职责。

中国古代监察制度起源甚早。战国时，职掌文献史籍的御史就已有明显的监察职能。秦代开始形成制度，之后便成为历代的一项重要政治制度。经过长期的发展，这一制度逐步健

---

① 刘广安：《论明清的家法族规》，载《中国法学》，1988（1）。

② 《清朝文献通考》，卷二十一，《职役》。

全和完备。

公元前 221 年，秦统一中国，建立起专制主义的中央集权制度，并创建了监察制度。中央设立御史大夫，位列三公，以丞相府、太尉府、御史府为其官署，掌管天下文书和监察。在地方上，皇帝派御史常驻郡县，称"监御史"，负责监察郡内各项工作。

汉承秦制，但较秦制更严密。在西汉，中央仍设御史大夫作为长官，御史中丞为副，兼掌皇帝机要秘书和中央监察之职。在地方上，西汉初年废监御史，由丞相随时委派"丞相史"，分刺诸州。汉武帝时，为加强中央对地方的控制，将全国分为 13 个监察区，叫州部，每个州部设刺史 1 人，为专职监察官，以"六条问事"，对州部内各郡进行监督。丞相府设司直，掌佐丞相举不法。朝官如谏大夫加官给事中，皆有监察劾举之权。郡一级有督邮，代表太守督察县乡。宣帝时，会侍御史二人掌法律文书，也有评断决狱是非之权。因特别使命而设的符玺御史、治书御史、监军御史、绣衣御史（亦称绣衣直指）等，分别行使御史的职权。西汉末年，御史大夫更名大司空，御史府改作御史台，由御史中丞主管监察事务。东汉时，御史台称宪台，仍以御史中丞为长官，但职权有所扩大。御史台名义上转属少府，实为最高的专门监察机关。它与地位显要的尚书台、掌管宫廷传达的谒者台，统称"三台"。东汉侍御史，掌纠察；治书侍御史，察疑狱。当时全国分为 13 个监察区，包括 1 个司隶（中央直辖区）和 12 个州。司隶设司隶校尉 1 人，地位极为显赫，朝会时，与尚书台、御史中丞平起平坐，号曰"三独坐"。司隶校尉负责监察除三公以外的朝廷百官和京师近郡犯法者。每州置 1 刺史，用以监察地方政情、受理案件、考核官吏。由于事权混杂，后来刺史逐渐变为凌驾于郡之上的一级地方行政长官，失去监察作用，故改称州牧，州也由监察区变为行政区，地方监察制度便基本瓦解。

到了魏晋南北朝时期，这一时期基本处于封建割据的分裂状态。各朝的监察机构名目不一，但体制与汉代相同，亦有部分变化。魏晋时，御史台不再隶属少府，而成为由皇帝直接掌握的全国性的监察机构。南梁、后魏、北齐的御史台（亦称南台）和后周的宪台，仍以御史中丞为主官，北魏称御史中尉。由于监察长官权势日大，出现了防范监察官员犯法渎职的规定。群臣犯罪，若御史中丞失纠，也要罢官。魏晋以后，为防止监察机构徇私舞弊，以发挥其监察效能，明确规定大士族不得为御史中丞。晋以后，御史中丞下设殿中御史、检校御史、督运御史等，分掌内外监察之权。此时，地方上不再设置固定的监察机构，由朝廷不定期地派出巡御史监察地方官员。此外，御史"闻风奏事"的制度也在这个时期形成。

再说隋唐时期。隋代时，中央的监察机构仍为御史台，长官由御史中丞改为御史大夫，下设治书御史 2 人为副；改检校御史为监察御史，共 12 人，专执掌外出巡察。唐代发展了隋代的监察制度，使监察机构更趋完备。唐初，中央设御史台，由正三品御史大夫为台长，设正四品御史中丞 2 人为辅佐。御史台称宪台，大夫称大司宪。武则天时，改御史台为左右肃政台，中宗后又改为左右御史台。御史台的职权是"掌邦国刑宪典章之政令，以肃正朝列"[①]。御史台下设三院：（1）台院，侍御史属之，"掌纠举百僚，推鞫狱讼"；（2）殿院，殿中侍御史属之，"掌殿廷供奉之仪式"；3. 察院，监察御史属之，"掌分察百僚，巡按州郡，纠视刑狱，肃整朝仪"。唐初全国分为 10 个监察区，称 10 道（后增为 15 道），每道设监察御

---

① 《唐六典》，卷十三。

史 1 人 (先后称为按察史、采访处置使、观察处置使等),专门巡回按察下属州县。唐代进一步扩大了监察机构和御史的权力。御史台享有一部分司法权,有权监督大理寺和刑部的司法审判案件。

谏官系统在唐朝也趋于完备。谏官的设置,秦汉时已有,魏晋南北朝时有较大发展。至唐代,中央朝廷实行三省制,其中门下省的主要职责是匡正政治上的得失,以谏净为任。门下省置散骑常侍、谏议大夫、补阙、拾遗(其中右补阙、右拾遗隶中书省)、给事中等职,举凡主德缺违、国家决策,皆得谏正。其中给事中掌封驳(即复审之意)诏制,权力更重。

宋代的监察机构随着封建专制主义的发展而加强。中央沿袭唐制,御史台仍设三院。地方如设通判,与知州平列,号称监州,有权随时向皇帝报奏,成为皇帝在地方上的耳目。此外,路一级的转运使、提点刑狱公事等,也负有监察州县的责任。为保证监察御史具有较多的从政经验,宋代明确规定,未经两任县令者不得任御史之职。按规定,御史有"闻风弹人"之权,每月必须向上奏事一次,称"月课";上任后百日必须弹人,否则就要罢黜为外官或受罚俸处分,名为"辱台钱"。从此开御史滥用职权之例。御史可以直接弹劾宰相,亦有劝谏之责。御史台还有权分派御史参与重大刑事案件的审理。

元代在中央设御史台,御史大夫秩高从一品,"非国姓(蒙古贵族)不以授"①。还在江南和陕西特设行御史台,其组织与中央御史台相同,作为中央御史台的派出机关。这是元代监察制度的重大发展。全国分为 22 道监察区,各设肃政廉访使(即监察御史)常驻地方,监察各道下属地方官吏。

明代的监察制度随着君主专制中央集权的强化而得到充分发展和完备。中央将御史台改为都察院,"主纠察内外百官之司"。都察院设左右都御史、副都御史和佥都御史。下设 13 道监察御史,共 110 人,负责具体监察工作。监察御史虽为都御史下属,但直接受命于皇帝,有独立进行纠举弹劾之权。明代还建立御史出使巡按地方的制度。出巡之官受皇帝之命,可兼管地方其他事务。担任总督和巡抚的官员,其权力比一般巡按御史要大,有"便宜从事"之权。都察院除执行监察权外,还握有对重大案件的司法审判权。战时,御史监军随同出征。

明代还将地方分区监察和中央按系统监察相结合,专设六科给事中,稽察六部百司之事,旨在加强皇帝对六部的控制。礼、户、吏、兵、刑、工六科,各设都给事中 1 人,左右都给事中各 1 人,给事中若干人。凡六部的上奏均须交给事中审查,若有不妥,即行驳回;皇帝交给六部的任务也由给事中监督按期完成。六科给事中与各道监察御史合称科道。科道官虽然官秩不高,但权力很大,活动范围极广。因此,对科道官的选用十分严格。明律同时还规定,对监官犯罪的处分比对一般官吏要重,"凡御史犯罪加三等,有赃从重论"②。

清代监察机构沿袭明代,又有所发展。在中央,仍设都察院。早在入关之前,皇太极即下诏:"凡有政事背谬及贝勒、大臣骄肆慢上、贪酷不清、无礼妄行者,许都察院直言无隐","倘知情蒙弊,以误国论"③。各级官吏均被置于都察院监督之下。清代都察院以都御史为主事官,其与六部尚书、通政使、大理寺卿等重要官员共同参与朝廷大议。都察院下设 15

---

① 《元史·太平传》。
② 《明史·职官志》。
③ 《大清会典·事例》,卷九百九十八。

道监察御史（清末增至 22 道），专司纠察之事。雍正年间，专察六部的六科给事中并入都察院。六科给事中和各道监察御史共同负责对京内外官吏的监察和弹劾。唐代台、谏并列，明代科、道分设，清代的科、道则在组织上完全统一。监察权的集中，是清代监察制度的一大特点。①

清代，一方面允许监察官风闻言事，直言不讳；另一方面为了防止监察官权力过大，规定御史对百官弹劾要经皇帝裁决。到宣统年间，新内阁成立，都察院被撤销。

中国封建社会历代的监察制度，对于加强政府对官吏的监督、清蠹除害、调整统治阶级内部矛盾，起了一定的作用。它成为加强中央对地方的控制、强化皇权、巩固封建统治的重要手段。但在封建君主专制制度下，监察制度是皇权的附属品，它能否发挥正常作用，与皇帝的明昏有密切关系。同时，由封建政权和封建官吏的阶级本性所决定，监官本身因贪赃枉法而获罪者也不乏其人。②

中国古代监察制度具有以下主要特点：一是组织独立，自成系统。自两汉后，监察机构基本上从行政系统中独立出来，从中央到地方都有专门机构和职官，自成体系。地方监察官直接由中央监察机构统领，由中央任免；作为"天子耳目"的监官有相对的独立性，从而为监察制度的逐渐完善和监察效能的发挥提供了组织保证。二是历代对官吏的监察渗透于考核、奖惩制度之中，并实行重奖重罚。三是以轻制重，对监官采用秩卑、权重、厚赏、重罚的政策，给级别低的监官以监察级别高的官吏的权力。四是监察机构的权力来自皇权。③随着中央集权的加强、皇权的膨胀，监察机构的权力也随之增强，甚至被任意扩大或滥用，致使监察制度畸形发展。如元代的监察制度就带有民族压迫的性质。元世祖时明确规定："凡有官守不勤于职者，勿问汉人回回，皆以论诛之，且没其家"④，但蒙古人不在此限。明代除公开的监察机构六科和都察院外，厂卫等秘密的特务机构也成为监察网的组成部分。

（四）监狱制度

自夏朝开始，中国就建有自己的监狱。据《竹书纪年》载："夏帝芬三十六年作圜土"。"圜土"是监狱的形象称呼。在夏朝，相传夏桀曾把商汤"囚之夏台"，故而后来"均台"和"夏台"都成为夏朝监狱的代称。商承夏制，圜土依然是监狱之名，另外，"羑"、"圉"（《说文解字》："圉，囹圄，所拘罪人"）也是此时监狱的别称。西周仍然沿袭夏商旧制，圜土、囹圄仍为监狱之称。

及至封建王朝，虽然各朝均无独立的监狱法典，但是附于刑律或政书的相关监狱制度还是形成了鲜明的特色。在"诸法合体"的封建立法体系中，监狱立法混列于各朝大法中，缺乏系统性。战国时期，七国普遍开展了变法和制定封建法律的运动。其中以魏国的李悝"集诸国刑典，造《法经》六篇"最为著名，但其有关监狱立法的内容少得可怜。严格地说，在《法经》中，只有《囚法》一篇是有关监狱立法方面的规定。秦朝的监狱法律，也无体系可

---

① 以上有关中国古代历朝监察机构的发展，参见肖遥：《中国古代监察制度今鉴》，载《廉政大视野》，2003（7）；陈兴华：《论新时期的反腐败斗争》，华中师范大学硕士学位论文，2000；孙立忠：《唐代监察制度探析》，载《河南社会科学》，2003（1）。

② 参见陈兴华：《论新时期的反腐败斗争》，华中师范大学硕士学位论文，2000。

③ 参见肖遥：《中国古代监察制度今鉴》，载《廉政大视野》，2003（7）。

④ 《元史》，卷十，《世祖纪》。

言，有关狱制方面的法律只是散乱于《秦律》之中，主要涉及监狱安全管理、劳役管理、生活管理和狱吏责任等方面的内容。汉朝的监狱立法可从汉初的《九章律》中看到。《九章律》以李悝的《法经》为基础，有囚、捕两篇，阐明了有关狱制的规范。《汉书·百官公卿表注》也记载了汉朝曾制定《狱令》。但这些重要文献已经失传，而无从考释。汉朝的监狱立法内容主要是关于对监狱的管理的。如汉朝的囚系制规定，为防止犯人逃跑，囚犯一般戴狱具，着囚衣；禁止囚徒与人交往，违者治罪。东汉时，河东太守焦永"以事彼考，诸弟子皆以通关被系"，家属探监受到严格的限制，甚至不得入监探视。

唐朝，由于封建统治集团执行"宽仁治天下，而于刑法尤慎"的统治政策，因而在摒弃"严刑峻罚"的前提下，崇尚法治，强调立法和执法。唐律十二篇中的《捕亡》篇是追捕逃亡罪犯、加强监狱管理的法律；《断狱》篇是关于审判制度和监狱管理制度的刑事规范。在《武德律》和《贞观律》颁行的同时，在律之外又有《武德令》和《贞观令》，共27目，其第24目为《狱官令》，对唐朝的狱制进行了概述。宋朝因袭唐律制定的《宋刑统》，是该朝颁布的第一部重要法典，"终宋之世，用之不改"。《宋刑统》的捕亡、断狱篇有关监狱方面的律文，也是有宋一代的重要监狱立法，除了其中"一准于唐律"的关于监狱的规定之外，在狱政实践中运用得更为广泛的则是补充的格敕。

明朝有关监狱的法规，在《大明律》中规定得较为集中。《大明律》颁行于洪武三十年（1397年），共460条，是以唐律为基本而制定的一部重要法典，是编纂监狱规则较集中的一部封建大法。有关狱制的规定基本类编在"名例"和"刑律"篇中。名例篇主要确定了狱具与狱囚罪别、量刑以及刑的执行有关的刑罚制度，如在五刑之外又增加了枷号、充军等刑；对徒、流、充军刑的执行，囚犯劳役的种类、年限、再犯从重的原则作了规定。刑律篇的"捕亡"涉及罪犯的条款更加集中，又新增了一些严禁囚犯逃亡，加强监狱管理的条文，如"应捕人追捕罪人"条中规定"受财故纵者"罪与囚同、"囚"系指已招承、已经审实并定拟罪名、被监禁或在役的犯人，并不是嫌疑犯或未决犯。至于"罪人拒捕"、"狱囚脱监及反狱在逃"、徒流犯在役限内逃亡以及官司狱卒所应负的刑事责任，都有从重处理的规定。"断狱"方面共有29条，大部分与监狱相关，诸如囚犯的监禁、戒护、衣粮医药、亲人入视制度以及劳役、提审、拷讯、狱结手续等等都有较明确的规定。

同明朝一样，清朝的主要监狱立法也是集中在大清律的名例、捕亡、断狱各篇。清朝第一部成文法典《大清集解附例》，实际上是《大明律》的翻版，有关监狱条文、狱具规格的规定，基本和明律一样。后来修订的《大清律例》所规定的部分监狱条款，也与明律无异，唯在刑制和民族特权方面作了一些新的补充。此外，康熙时仿照《大明会典》而编纂的《大清会典》，不仅是一部完整的封建行政法典，也是一部对清朝监狱组织制度予以规定的内容颇丰的重要会典。①

封建时期的监狱制度，除现于各部封建法典之中，还有一个重要来源——封建皇帝有关监狱方面的诏令、敕令，其充分显现了封建皇权及专制统治的至高无上。在恤刑悯囚、秋冬治狱、春夏缓刑方面，各朝均有体现。当然，封建时期的监狱制度还存有身份等级的影响，

---

① 以上有关中国古代的监狱立法，参见万安中：《封建制朝代监狱立法特征探微》，载《政法学刊》，2004（2）。

不同身份和地位的犯人在服役中的待遇是不一样的。此外，录囚制度也起到防微杜渐的作用。

录囚是历代君主和有关官吏定期或不定期地审录复核在押人犯的制度。由于拘禁监以关押未决犯为主，狱政与诉讼结成了互相依存的关系，加之专制权力对狱政的全面控制，兼有审刑、治狱功能的录囚制度，便成为治狱的重要手段。而且录囚方式灵活，层次具有多样性，治囚效果较为明显，这也使得历代国家都十分重视运用录囚机制控制刑狱机器。

皇帝录囚是独揽刑狱大权的方式之一。皇帝录囚始于东汉，唐朝以后，录囚改称虑囚，并且形成定制。官吏录囚始于西汉。东汉以后，皇帝频繁录囚致使官吏录囚趋于常规化。由于皇帝录囚范围有限，所以在京内委派朝官、在京外遣使出巡审录狱囚是十分必要的，尤其到明清时期，皇帝尽管仍然御决重大案件，但不再面审囚徒，而是被朝官会审取代，足见官吏录囚日显重要。

多种层次的录囚有利于封建朝廷对狱政活动的宏观控制。皇帝录囚在于理冤狱，整肃官吏弄权玩法和怠惰的官场作风，也借此树立明主治狱形象，控制刑狱导向。录囚还是疏狱的主要手段。在封建狱治中，淹囚是一种常见而又不可忽视的现象。监狱过于拥塞会迅速导致狱内关押条件恶化，各种狱政措施无法落实，并伴生吏治废弛，百姓积怨加深，直至政局不稳的恶果。因此疏狱始终是拘禁监管的重点。而录囚从审判入手疏狱，抓住了问题症结，从而提高监狱承载力和周转率，宽缓监管环境、条件，保证监狱正常展开执法活动。

总体而言，大一统的专制集权制国家是秦朝以降的中国传统社会的法律特质，最典型的就是皇权高于一切。这种至高无上的皇权，造成国家权力在"国无二君"的原则指导下形成了高度集权的局面。以皇权为中心的传统法律，使得古代的立法和司法都深深印刻着专制与集权的印记。首先，皇帝是最权威的立法者，他颁布的诏、令、敕、诰、谕等都具有绝对权威，是广泛指挥国家活动的法律形式。以司法而言，无疑皇帝是最高级别的审判官，皇权是最高的司法权，其权力行使无论是通过"躬操文墨"还是"谕令诏狱"，都预示着这样一个原则：从法律上讲，只有皇帝一人掌握有死刑裁决权。[1]

二、领事裁判权的内容及其影响

自唐迄清，中国封建王朝在处理涉外案件中的原则规定是："诸化外人，同类自相犯者，各依本俗法；异类相犯者，以法律论"。这种做法既尊重了外国人的法律地位，同时也维护了封建王朝的独立司法主权。但是，西方资本主义国家对中国法律始终存有藐视之心，屡有挑衅中国传统司法制度的例子。自1689年英国商船"防卫号"（Defense）事件[2]，到1839年"林维喜"案件，对于此期间发生的数以百计的中外民、刑事案件，中国和西方在法律价值、观念和法律适用上的冲突，一直是存在的。鸦片战争前中国确实以天朝大国自居，但在涉外案件的处理上，中国一方面根据中国的法律行使审判权，另一方面也注意到公正与公平。而西方人对中国法律的蔑视，目的在于摆脱其束缚，而以不平等作为攻击的口实。在坚船利炮的轰击之下，中国逐步丧失了司法主权，领事裁判权逐步确立，这使得中国和西方各国之间

---

① 参见郑秦：《清代司法审判制度研究》，9页，长沙，湖南教育出版社，1987。

② 参见［美］马士：《东印度公司对华贸易编年史》，第1卷，区宗华译，83页，广州，中山大学出版社，1991。转引自张晋藩：《中国法律的传统与近代转型》，352页，北京，法律出版社，1997。

在司法上没有真正的平等可言了。

西方国家企图在中国获得领事裁判权，是由来已久的。早在 1840 年 2 月 20 日预拟的《对华条约草案》中，英国便欲迫使清政府在随后的鸦片战争战败后割让香港，并向中国索取多项特权。该草案说明如果中国当局拒绝割让香港，则须以草案所附《备忘录》各项条款替代。《备忘录》中的第 7 款就明确规定了领事裁判权原则，该条款说："为了在来华的不列颠臣民中维持良好的秩序，并防止彼等与中国臣民之争执与冲突起见，不列颠监管官或总领事，经其本国命令后，得自由设立法庭，制定管辖在华不列颠臣民之规章与条例。任何不列颠臣民在中国领土内犯有任何罪行，应受监管官或总领事为此目的所开设之法庭处理，如实属有罪，其惩处由不列颠当局执行之。不列颠在华臣民在一切诉讼中身为被告时，统由上述法庭审理"①。但在 1942 年 8 月签订《南京条约》时，道光皇帝及清廷屈服于侵略者的压力，接受了侵略者提出的割让香港等一系列要求，因此，《南京条约》未包括领事裁判权的内容。

领事裁判权的确立，始于 1843 年 7 月 22 日在香港公布的《中英五口通商章程及税则》和同年 10 月 8 日签订的《中英五口通商附粘善后条款》（即《虎门条约》）。《中英五口通商章程及税则》规定："英人华民交涉词讼一款"，英国领事有权"查察"、"听讼"，"其人如何科罪，由英国议定章程、法律，发给管事官（即领事）照办"②，当时的适用范围仅限于五个通商口岸。而在《虎门条约》中则规定，英国人违背禁约，"擅到内地远游者"，也要交"英国管事官依情处罪"，中国人"不得擅自殴打伤害，致伤和好"③。这样就将领事裁判权的范围扩大到了内地。1844 年订立的中美《五口贸易章程》（即《望厦条约》）把领事裁判权的范围由五口进而扩大到各个港口城市，同时也不限于在中国的美国侨民与中国人之间，或美国侨民之间的民刑事案件要由美国领事审讯，甚至美国侨民与其他外国侨民在中国发生诉讼，"应听两造查照本国所立条约办理，中国官员均不得过问"④。此后，法国、俄国、德国、日本等近二十个国家也都援英美先例，相继取得了这种特权。总之，依照不平等条约，不论中外混合案件或外国侨民之间的案件，或多国侨民之间的混合案件，根据所谓"被告主义原则"，都由被告到所属国的领事法院接受裁判。

随着清朝国势的日渐衰微，领事裁判权的适用范围逐渐扩大。1853 年 9 月，上海小刀会起义，攻陷上海县城，杀死上海知县袁祖德，活捉苏松太道吴惟彰，建立"大明国"。当时有许多华人逃入租界避难，而清廷地方官无暇顾及租界事务，英美法三国驻上海领事便乘机修改了 1845 年上海道台宫慕久与英国首任驻上海领事巴富尔签订的《上海租地章程》，擅自另定《上海英美法租界地章程》，并根据章程规定在租界内成立了由外国领事直接控制的"工部局"和巡捕房，攫取了对于租界内纯属华人和无约国人的司法管辖权。此后又进一步确认："中国官厅对于居住租界内之华人行使管辖权时"须先得外国领事同意。中国官厅的拘票非经过外国领事加签，不得拘捕租界内任何人。

1858 年在第二次鸦片战争中，俄、美、英、法各国强迫清政府分别订立《天津条约》，

---

① 《英国外交部档案》，转引自严中平辑译：《英国鸦片贩子策划鸦片战争的幕后活动》，载《近代史资料》，1958（4）。

② 王铁崖编：《中外旧约章汇编》，第 1 册，42 页，北京，生活·读书·新知三联书店，1957。

③ 王铁崖编：《中外旧约章汇编》，第 1 册，35 页，北京，生活·读书·新知三联书店，1957。

④ 王铁崖编：《中外旧约章汇编》，第 1 册，54 页，北京，生活·读书·新知三联书店，1957。

强行确定中国官员与外国领事的"会审制度"。对于中国人与外国侨民之间发生的争讼，在调解不成时，即由中国地方官与领事官"会同审断"。1864 年清廷与英、美、法三国驻上海领事协议在租界内设立会审公廨，并于 1868 年订立《上海洋泾浜设官会审章程》，以后又在汉口、哈尔滨、厦门鼓浪屿等地设立了会审机关。这些会审机关名义上还是中国司法机关，形式上规定华洋互控的混合案件，由"华官"与外国领事会审，纯属华人之间的诉讼案件，"即听中国委员自行讯断，各国领事毋得干预"。但事实上，不仅直接与外国人有关的华洋案件外国领事有权参加会审；就是无约国侨民之间的诉讼以及外国人雇佣的中国人参加的诉讼，外国领事也得参与会审。名为"会审"，实则会审公廨完全为外国领事一手把持，任意断案。

根据清政府与各国签订的不平等条约，领事裁判权的管辖范围以是否与中国签订涉及领事裁判权的条约为标准，把在中国的外国人分为"有约国外国人"和"无约国外国人"。据此，领事裁判权主要包括：第一，中国人与有约外国人之间的案件，依"被告主义原则"实施司法管辖，由被告所属国家驻华领事等官员审理。第二，有约国外国人与无约国外国人之间的案件，若前者为被告，由其本国领事实施司法管辖；若后者为被告，则由中国的司法机关实施司法管辖。第三，同一有约国国民之间的案件，由该国领事实施司法管辖。第四，不同有约国国民之间的案件，一般也适用"被告主义原则"，由被告所属国家的领事实施司法管辖。[①]

通过外国列强的逐步紧逼，外国领事取得了观审权、会审权和会审公廨中的司法审判权，以致出现了"外人不受中国之刑章，而华人反就外国之裁判"[②] 的反常现象。领事裁判权是外国列强干涉中国内政、操纵中国司法的重要手段。它严重破坏了中国的司法主权。鸦片战争之前，中国是一个领土完整、主权独立的国家。从唐朝起直到明清，各朝律令之"名例律"都规定了"化外人"的条款，在中国的外国人必须遵守中国王朝的法律、法令。同时，他们的合法权益也受到中国政府的保护，中国政府对来华的外国人拥有完全的司法管辖权，外国人在中国领土上发生的犯罪行为，或者外国人与中国人之间、抑或外国人之间发生诉讼纠纷时，都必须服从中国司法机关的管辖。而领事裁判权乃是鸦片战争后西方列强逼迫中国订立不平等条约的产物，是中国丧失完整、独立的司法权的体现。它不仅使中国的司法机关对涉外案件无权管辖，而且在中国领土上允许外国司法机关行使权力并执行外国法律，这是中国司法制度半殖民地化的深刻写照。

领事裁判权也是外国侵略者在中国逞凶肆暴、走私贩毒的护身符。外国侵略者可以凭借领事裁判权，在中国杀人越货、横行无忌而逍遥法外。鸦片商人及其他罪犯，也可以依靠领事裁判权的庇护，走私舞弊，胡作非为，而中国法律却不能加以制裁。在外国侵略者眼中，

---

① 参见朱勇主编：《中国法制史》，498 页，北京，法律出版社，1999。亦可见于韩秀桃：《变革社会中的法律秩序》，中国政法大学博士学位论文，2002。吴昆吾在其所著的《不平等条约概论》（9～13 页，北京，商务印书馆，1933）一书曾列举了治外法权的主要内容：（1）华洋混合之民事案件，由中外官员各自调处。如果调处不成，则由中外官员会同审断。（2）华洋混合之刑事案件，中国人由中国地方官按照中国法律审判，外国人由各本国领事按照本国法律审判。（3）纯粹外国人的案件，或者外国人混合案件，中国官员均不得过问。转引自何勤华点校：《华洋诉讼判决录》，前言，北京，中国政法大学出版社，1997。

② 赵尔巽等：《清史稿·刑法三》，卷一百四十四，志一百十九。

中国被看作是冒险家的乐园。

领事裁判权还是外国侵略者肆意侵害中国人民的生命财产、镇压中国人民革命运动的工具。在 1903 年轰动中外的"苏报"案中，著名革命家邹容、章太炎就遭到上海租界工部局巡捕房逮捕，被关入租界监狱"西牢"。会审公廨组织额外公堂审讯章、邹，最后判处章太炎三年监禁，邹容两年监禁，他们在西牢内屡遭非法拷打，备受非人待遇。章太炎以其切身经历揭露了西牢的黑暗，使人"咋舌眦裂"，"同系五百人一岁死者百六十人"①。邹容就是因在西牢监禁期间被残酷折磨而失去年轻生命的。

对于外国侵略者这种严重损害中国人民利益、恣意破坏中国司法主权的制度，奉行丧权卖国政策的清朝政府竟然在新起草的法律中加以规定。1906 年编成的《大清刑事民事诉讼律》规定了"中外交涉案件处理规则"，确认"凡关涉外国人案件具依现行条约审讯"；外国人在中国犯罪，一律由其本国领事按照该国的法律审理；等等，反映了清末法律的半殖民地特色，暴露了清政府一味屈从帝国主义意志、投降卖国的嘴脸。显然，领事裁判权制度的确立及其在清末立法中的确认，乃是清王朝法律制度半殖民地化的一个重要标志。

不给西方殖民主义者践踏中国司法主权以口实，尽快废除领事裁判权，反而成为推动晚清制定新律，决心改革司法制度的动力。1902 年，张之洞以兼办通商大臣身份，与各国修订商约。英、日、美、葡四国表示，在清政府改良司法"皆臻完善"以后，可以放弃领事裁判权。为此，清廷下诏："现在通商交涉事益繁多，著派沈家本、伍廷芳，将一切现行律例，按照交涉情形，参酌各国法律，悉心考订，妥为拟议，务期中外通行，有裨治理"②。晚清近十年的变法修律，就是以收回领事裁判权作为契机的。

三、领事裁判权与中西司法制度的冲突

领事裁判权在中国之存在实为中西法律文化在制度层面的妥协。例如，英国在 1785 年许士夫人号商船（Lady Hughes）炮手以过失杀人被判死刑一事中，对中国法律作出如下评价："顺从屈服这种观念对我们来说，似乎是与欧洲人所相信的人道或公正相违背的；假如我们自动屈服，结果就是我们把全部道德上及人性上的原则抛弃——我们相信董事部即使丧失他们的贸易的风险，也必然赞助我们尽我们的全力来避免这样做。"③ 其因此决定"不再服从中国的刑事管辖权"④。由于中西法律在基本观念、体系、价值上的对立，西方人很难理解许士夫人号轮船一案中，中国方面竟然因查不出肇事者而扣留无辜船员；乾隆皇帝又为什么以个人身份决定司法机关的判决。他们向清政府要求"当事人的犯罪行为未经公开明确的证明之前，中国当局不得对任何外国人加以惩处"⑤。

当西方人批评"中国法律，不仅是极为专断的和极为腐败地实施的"，而且大肆指责

---

① 张庸：《章太炎先生问答》。

② 《寄簃文存》卷一，"删除律例内重法折"。

③ ［美］马士：《东印度公司对华贸易编年史》，第 2 卷，区宗华译，427 页，广州，中山大学出版社，1991。转引自张晋藩：《中国法律的传统与近代转型》，353 页，北京，法律出版社，1997。

④ ［美］爱德华：《清朝对外国人的司法管辖权》，载高道蕴等编：《美国学者论中国法律传统》，北京，中国政法大学出版社，1994。

⑤ 美国第 26 届国会第 1 次会议文件、众院 40 号。引自吴孟雪：《美国在华领事裁判权百年史》，38 页，北京，社会科学文献出版社，1992。转引自张晋藩：《中国法律的传统与近代转型》，353 页，北京，法律出版社，1997。

"它（指中国法律）的体系在许多方面与欧洲人公平或正义的观念不相容"[①] 的时候，隐藏在背后的动机却是要逃避中国法律的制裁。在鸦片战争之后，居住在中国的外国人与中国人发生争讼的情况愈加不可避免。尤其在审理过程中，由于使用各自不同的所属国的法律，西方的刑法、民法、程序法、法院组织法等也借由此途径传入中国，中国固有的法制文明开始与西方的法制文明发生激烈的碰撞。

领事裁判权设立之直接动因即为"化外人"在华涉讼的程序和结果无法为西方国家所理解，而借由强权推动所成的领事裁判权更是将中西方司法制度的冲突引入了新的领域。

领事裁判权对于中国司法主权的干涉，不仅限于具体的民事刑事案件的审理，还涉及对中国法律的适用与遵从。[②] 而无论是哪一方面的干涉，都与司法独立的精神相违背，并对司法改革的推进和司法独立制度的真正贯彻实行造成直接的消极影响。

根据《法院编制法》确定的审判管辖原则，各级地方审判厅在各自的地域内享有专属管辖的权力。这一符合司法独立精神的规定，至少在两种情况下会与领事裁判权相冲突：一是对华洋民事诉讼案件的管辖，二是华人与租界内华人之间的诉讼管辖问题。此外，在具体的审判过程中，还涉及传唤当事人、收集证据以及是否允许外国人出庭作证、是否允许聘用外国律师等问题。以强权维持的领事裁判权，往往在与地方各级审判厅相冲突的时候，表现出强词夺理的蛮横。地方督抚和行政当局对外国列强的畏惧，更加深了审判厅在贯彻执行司法独立精神的过程中，即便是委曲受尽，也还是难以求全。

武汉的地方各级审判厅与领事裁判所之间的冲突，具有一定的典型意义。按照法部当时的规定，凡是华洋互控的诉讼案件仍然由夏口厅衙门审理。这是专指华人与洋人之间互控的案件，华人与住在租界内的华人之间发生诉讼案件，并不是华洋诉讼，应当由审判厅来审理。汉口地方、初级审判厅于1910年12月开庭。按照上述规定，新设立的审判厅应该对华人之间的诉讼案件有管辖权。但是由于汉口租界领事的种种阻挠，使得审判厅在实际管辖案件中受到了苛刻的限制，最终不得不做一些变通。[③]

据《法政杂志》记载，汉口地方、初级审判厅在受理"华人与住在租界内华人"案件以后，按照规定，派遣司法警察持票送请所属领事签字后，即可逮捕传讯。但是，"今日迭有华人控诉租界内华人案件，审判厅名承发吏、司法警察持票赴租界内请领事签字，各国领事均不允签行。谓向例只夏口厅出票，请领事署签字。今审判厅，实不便在租界行其逮捕之权。当经审判厅长会同夏口厅丞往谒领袖领事，申明中国现在司法独立，特设审判厅，专理刑民诉讼。凡属华洋交涉控案，照约暂归夏口厅办理。然将来条约改正，华洋诉讼亦应归审判厅办理。至华人控诉租界内华人，则审判厅现时确有逮捕之权。争执良久，该领事仍不允许，监言有违向章，非得有该国政府及公使命令不能承认。厅长无可如何，业经禀由提法使齐关道，据情禀明鄂督。闻议有变通办法。此后，凡有华人控告案件，如原告或被告有一人

---

① 　H. B. Morse, Chronicles of the East India Company to China,（Oxford），转引自高道蕴等编：《美国学者论中国法律传统》，450页，北京，中国政法大学出版社，1994。

② 　1911年《法政杂志》在第六期上详细记载了宣统三年"胡继曾娶英女事"，记述了英国领事干涉中国律例和风俗的规定以及适用中国国籍法的案件。载《法政杂志》，第一年第六期，"记事"，48～49页，1911-06-25。转引自韩秀桃：《司法独立与近代中国》，138页，北京，清华大学出版社，2003。

③ 　参见韩秀桃：《变革社会中的法律秩序》，中国政法大学博士学位论文，2002。

住在各国租界者，援照华洋互控案件办法，仍归夏口厅办理。如先赴审判厅起诉，或业经审判厅审理，尚未判决，旋又牵涉在租界之华人，不得不传案备质者，宜得由审判厅移送夏口厅衙门办理。查汉口全镇，长不过二十英里，半属租界，半属华街，向来夏口厅受理词讼，华洋交涉居其四，华人与租界华人居其三，下余则内地华人互控之案。今华洋交涉仍归夏口厅办理，识者已谓有背司法独立之义，而租借华人互讼案，审判厅复不得过问，则该厅将无事可办矣。司法独立云何哉?"①

第二节
清末官制改革中的司法机构架设

清朝末年，清政府在内忧外患中开始了艰难的改革之路。1901 年 2 月（光绪二十七年正月）清政府在西安行宫宣布实行变法，此后便开始了长达十年之久的官制改革。

1898 年以改革清末政治制度为中心的资产阶级维新运动失败，1900 年义和团运动兴起，同年 8 月，八国联军入侵北京，慈禧、光绪出逃西安，清廷政局动荡，1901 年清政府被迫与帝国主义列强签订《辛丑条约》。面对清朝社会层出不穷的内忧外患以及各种内外矛盾，清政府感到再也不能"因循粉饰"照老样子统治下去了。

1901 年 1 月清廷颁布上谕：切实整顿"一切政事"，"以期渐致富强"，"取外国之长"，"补中国之短"。同年春夏之间，清政府提出"考酌中西政治"，"举凡朝章国政，吏治民生，学校科举，军制财政"实施新政。但由于新政只是对原有的封建政治制度修修补补，并没有给摇摇欲坠的清朝统治带来转机，清朝社会固有的矛盾依然存在，且更趋激化。为缓和各种矛盾，挽救清王朝垂危的命运，以慈禧为首的清朝统治者在"新政"破产后，又接过了维新派"立宪"的旗帜，打出"预备立宪"的招牌。1905 年 7 月慈禧派载泽、端方等五大臣出访欧美、日本，考察各国宪政。同年 10 月设考察政治馆，研究各国政法，招揽人才。1906 年 7 月五大臣回国后，面陈慈禧实行立宪有三大好处：一是"皇位永固"，二是"外患渐轻"，三是"内乱可弭"。同年 9 月 1 日慈禧正式下诏"预备立宪"。并规定立宪的原则是："大权统于朝廷，庶政公诸舆论，以立国家万年有道之基。"

西方列强可以说是清末官制改革的主要动因：随着国内外矛盾的进一步激化，特别是《辛丑条约》签订以后，清政府已经变成了"洋人的朝廷"。西方列强也清楚地知道，清政府虽然不堪一击，但它毕竟有一定的统治基础，还能控制相当的社会资源足以发动一场变法改革，列强寄希望于改革成功，以便利益能得以维持和兑现。帝国主义分子赫德为清政府拟定的《更新节略》就反映了侵略者的这种要求。此外，为了缓解人民群众的反抗斗争、资产阶级革命派及民主潮流的兴起和汉族军阀官僚势力的崛起等各种政治力量所造成的社会压力，也是清政府实行"新政"的主要动机之一。在各种力量的博弈推动之下，清廷在行将没落之

---

① 《法政杂志》，第一年第二期，"记事"，15～16 页，1911-02-25。转引自韩秀桃：《司法独立与近代中国》，140 页，北京，清华大学出版社，2003。

际，终于推出新政，开始实施大规模的官制改革。①

在此背景之下渐次展开的官职改革，既是清政府为了挽回危局的最后努力，也是志士贤人为中华复兴所做的积极尝试。官制改革历行近十年，虽略有成果，最终却不得不随着清王朝的覆灭而归于沉寂。清末这场从中央到地方的官制改革是清王朝在统治垂危之际推行的自救举措，十多年中"仅稍稍更张一二京秩，而外官问题，消归于无何有。推其理由，则京官改制之旨，主于增新署而汰闲曹……至于外官之组织……其层迭之牵制，职掌之混淆"难以尽言。② 这种改革的结果，不但没有在官制裁汰、满汉员缺分配、铨选、裁冗、惩治贪黩、整饬法制、梳理中央和地方关系诸方面吸取历史的教训和采纳众臣的建议，而且使吏治更加败坏，"弊风相仍"③。因此，我们可以从中得出清末官制改革的实质旨在消弭国内外一切进步势力，以挽救清廷的败亡。若论其中的近代积极意义，则有必要细察其中的官制迁延。

一、大理院与各级审判厅的建立

中国法制近代化肇始于清末司法改革。其中，按照西方"三权分立"的理论框架，实行司法与行政分立，打破了中国传统的司法体制，揭开了中国近代司法体制改革的序幕。筹设大理院以及各级审判厅是司法独立运动的核心，也是清末官制改革的重心。

立法、行政、司法三权分立，互为制约、互不统属、相互独立是西方宪政制度的一个基本标志。而中国传统政治体制下正好与此相反：从中央到地方，皆是三权合一、高度集权。因此，晚清政府决意仿行宪政、进行政治改革，就必须按照三权分立原则创建一套新的体制，使立法权、司法权从行政权中分离出来，使传统的专制政体向近代民主宪政体制转变。鉴于日本在立宪前期先后进行了两次大的官制改革，立宪考察大臣遂把日本宪政之成功，归结于"实由官制之预备得宜：诚以未改官制以前，任人而不任法；既改官制以后，任法而不任人"。而"中国非急采立宪制度，不足以图强"④。这一思想始终贯穿于清末新政的始终。同时，新政主持者深知，在作为立法机关的议院一时难以成立的情况下，司法与行政分立则较好实现。因此，分设大理院可以说是清末官制改革的重心。⑤

光绪三十二年（1906 年）七月十三日钦颁上谕："时处今日，惟有及时详晰甄核……廓清积弊，明定责成，必从官制入手，亟应先将官制分别议定，次第更张。"⑥ 第二天，又发上谕："急为立宪之预备，饬令先行厘定官制。"并旨派载泽等"公同编纂，悉心妥订"，奕劻等"总司核定，候旨遵行"。在消化吸收考察政治大臣奏进的考察报告的基础上，奕劻于九月十六日提出了一揽子中央官制方案。在上奏中，认为厘定官制"实中国转弱为强之关键"，"此次官制既为预备立宪之基，自以所定官制与宪政相通为要义。按立宪国官制，不外立法、行政、司法三权并峙，各有专属，相辅而行，其意善法美"。而中国现时的行政司法不分之体制，集中表现为"权限之不分，职任之不明，名实之不符"，其弊端是"以行政官而兼有

---

① 参见郑重：《论清末的官制改革》，载《湖南环境生物职业技术学院学报》，2006（12）。
② 参见《东方杂志》，1907（5）。
③ 《东方杂志》，1907（5）。
④ 故宫博物院明清档案部编：《清末筹备立宪档案史料》，上册，367 页，北京，中华书局，1979。
⑤ 参见韩秀桃：《清末官制改革中的大理院》，载《法商研究》，2000（6）。
⑥ 故宫博物院明清档案部编：《清末筹备立宪档案史料》，上册，463 页，北京，中华书局，1979。

立法权，则必有藉行政之名义，创不平之法律，而未协与情。以行政官而兼有司法权，则必有循平时之爱憎，变更一定之法律，以意为出入。以司法官而兼有立法权，则必有谋听断之便利，制为严峻之法律，以肆行武健。而法律渐失其本意，举人民之权利生命，遂妨害于无形"①。为此，官制改革之始，首要任务是分权以定限、分职以专任、正名以覆实。立法权"当属议院，今日尚难实行"；行政权"专属之内阁之各部大臣"，司法权"专属法部，以大理院任审判，而法部监督之，均与行政官相对峙，而不为所节制"。奕劻的这道奏折，经硃批很快得到实施。九月二十日慈禧颁发懿旨，把"厘定官制谕"的官制改革方案公布，其中"刑部著改为法部，专任司法；大理寺著改为大理院，专掌审判"②。司法独立的进程正式启动。

早在官制改革谕旨颁行之前，考察政治大臣戴鸿慈就在七月六日的奏折中草拟了一个对中央官制通过增置、裁撤、归并等方法进行调整的方案。其中建议把刑部改作内阁之法部，其理由是："刑部掌司法行政，亦旧制所固有，然司法实兼民事、刑事二者，其职在保人民之权利，正国家之纪纲，不以肃杀为功，而以宽仁为用，徒命曰刑，于义尚多偏激。"改并大理寺为都裁判厅，其理由是："大理寺之职颇似各国大审院，中国今日实行变法，则行政与司法两权亟应分立，而一国最高之大审院必不可无。"③ 同时，由于议院一时"遽难成立，此次厘定官制，先就行政、司法厘定，当采用君主立宪国制度"。对行政、司法各官以次编改，"凡与司法行政无甚关系各署，一律照旧"④。而且当时社会之改革思想、宪政意识已有相当的基础，"司法独立为立宪国之惟一主义"⑤，"司法行政分立，为实行宪政之权"⑥，"司法之权，义当独立；而司法之官，必别置于行政官厅之外"⑦ 等认识也已经为当政者所普遍接受。因此，官制改革中法部之改称和大理院之增设皆为新政主持者所格外重视，并被提到"关系到能否收回治外法权"、"关乎中外之瞻观，国运之所系"的高度。应该说，在清末官制改革中，作为司法独立的关键环节的大理院及其运作，能够较典型地反映出整个近代化政治改革方案的利弊得失，同时也为我们考察清末的司法改革及中国法制近代化提供了一个极佳的视角。

在中央层面，由于"京师为立法行政之枢纽，仪式四方"⑧，且大理院作为司法独立之象征而为"中外之观瞻所系"，因而大理院初设之后，即从京师做起，先行制定相关的审判组织法，次第建设。光绪三十二年（1906 年）十月二十七日，在详细考察日本裁判所制度的基础上，"取中国旧制详加分析"，制定了《大理院审判编制法》⑨。这部模仿资产阶级国家法律制定的我国第一部单行法院组织法，共 5 节 45 条，其主要内容为：一是第一次对司法独立有了明确的法律表述，第 6 条规定："自大理院以下及本院直辖各审判厅司，关于司法裁判，

---

① 故宫博物院明清档案部编：《清末筹备立宪档案史料》，上册，463～467 页，北京，中华书局，1979。
② 故宫博物院明清档案部编：《清末筹备立宪档案史料》，上册，471 页，北京，中华书局，1979。
③ 故宫博物院明清档案部编：《清末筹备立宪档案史料》，上册，372～376 页，北京，中华书局，1979。
④ 转引自吴春梅：《一次失控的近代化改革——关于清末新政的理性思考》，159 页，合肥，安徽大学出版社，1998。
⑤ 故宫博物院明清档案部编：《清末筹备立宪档案史料》，上册，75 页，北京，中华书局，1979。
⑥ 故宫博物院明清档案部编：《清末筹备立宪档案史料》，下册，821 页，北京，中华书局 1979。
⑦ 故宫博物院明清档案部编：《清末筹备立宪档案史料》，上册，390 页，北京，中华书局，1979。
⑧ 故宫博物院明清档案部编：《清末筹备立宪档案史料》，上册，484 页，北京，中华书局，1979。
⑨ 参见《大清法规大全·法律部》，卷七，"审判"。

全不受行政衙门干涉，以重国家司法独立大权，而保人民身体财产。"二是第一次从法律上界定了民刑案件，第 3 条规定："自大理院以下，各审判厅局均分民事刑事二类为审判事。"三是初步拟定了大理院的设置和组织章程，第 4 条规定："大理院自实行审判新章之日起，凡于本院审判厅局，一概遵新章程办理。"四是在新的法律没有制定、旧的律例日益烦琐的情况下，明确了大理院判决的拘束力，第 19 条规定："大理院之审判，于律例紧要处表示意见，得拘束全国审判衙门。"五是规定了有关审判的基本制度，如审级、管辖、取证、合议制等。六是规定在各级审判厅内附设检察厅。按照上述规定，到光绪三十三年（1907 年）年底，京师高等、地方审判厅和城谳局基本建成，并开始按照新的审判模式处理案件，其中仅京师地方审判厅即每月处理案件二百起。①

在地方司法制度的改革中，《各级审判厅试办章程》（简称《试办章程》）于光绪三十三年（1907 年）十月二十九日由法部制定并颁布。该章程是根据时任直隶总督的袁世凯编定的《天津府属审判厅试办章程》，并参照同年八月修订法律大臣沈家本奏呈的《法院编制法（草案）》制定的。《试办章程》对审判体制、诉讼程序以及具体的制度作了比《大理院审判编制法》更具体的规定。此后，章程被上报到宪政编查馆，并下发到各省，直到宣统元年（1909 年）始获得实施。此后不久，为加快各省省城及商埠审判厅筹办速度，法部在上述章程的基础上制定了《补订高等以下各级审判厅试办章程》和《各省城商埠各级审判检察厅编制大纲》，并从"经费、建设人员和管辖"三个方面拟就了"各省城商埠各级审判厅筹办事宜"②。这些补充规定和《试办章程》成为各省筹办审判厅的主要指导性原则。

按照"九年筹办事宜"，宣统元年应颁行《法院编制法》，作为各地筹备各级审判厅之准则。对于该法草案，宪政编查馆历经两年多的审核修改，认为其"举凡机关之设备，及其职掌、权限，规定纂详细，于采用各国制度之中，仍寓体察本国情形，尚系折中拟订"③。尽管如此，编查馆还是对草案进行精心修订，把奏稿的 15 章 140 条修订增至 16 章 164 条，并对相关内容进行归并。如在奏折中，宪政编查馆规定，法部先前会奏的《各级审判厅试办章程》之各条"有已定于法院编制法者应行作废"，法部大理院奏定各项章程有与编制法所载不符者，一律改正，以归划一。为保证编制法的实施，宪政编查馆在诉讼律未能颁布之前，先将"律内万不容缓各条，先行提出，作为诉讼暂行章程"，以使在实施编制法时不受牵制；同时，把先后制定的《法官任用考试暂行章程》、《司法区域分划暂行章程》和《初级及地方审判厅管辖案件暂行章程》作为《法院编制法》的附件一并实施，使整个审判组织法更趋完备。此外，关于独立审判权，编制法的规定更为具体、完备："其属于最高审判及统一解释法令事务，即由大理院钦遵国家法律办理。所有该院现审死罪案件，勿庸咨送法部覆核，以重审判独立之权。凡京外已设审判厅地方，无论何项衙门，按照本法无审判权者，概不得违法收受民刑诉讼案件"，从而使独立审判法定化、制度化。

在相关的组织法规已渐趋体系化的同时，各省各级审判厅的筹建工作亦先后展开。但各省审判厅的筹办工作，必然受制于地方官制改革的基本原则。光绪三十三年（1907 年）五

---

① 参见《大清法规大全·法律部》，卷七，"审判"。
② 《大清法规大全·法律部》，卷七，"审判"。
③ 《宪政编查馆奏核订法院编制法另拟各项暂行章程并清单》，载《大清法规大全·法律部》，第七卷，"司法权限"，1815～1834 页，台北，考证出版社，1972。

月，官制改革方案就确定了各直省官制改革的基本思路是"以旧制为主，酌量变通"，只要与地方自治、司法独立等大端无碍者，仍"率循祖制，无所惩忘"。为此，总司核定官制大臣奕劻在编订各省官制时认为，"注重之处，则仍不外两端"：一是各省审判各厅必须分立；二是各省佐治各官必须切实增易。其中关于省级司法行政，"按察司宜名为提法司，而非兼管释传事务，专管司法上之行政，监督各级审判"①。稍后颁行的《各省官制通则》第 12 条仍规定："按察使未改省份，暂仍旧制。"同时在第 34 条还规定，省属各级审判厅的筹设和职责由《法院编制法》定之。为稳妥起见，清政府对各省筹办审判厅情况提出由东三省先行试办，"俟有成效后，逐渐推广"，在"风气渐开"的直隶、江苏两省也可先行试办，其他各省"准由该督抚酌量变通，奏明请旨"筹设。这种缺乏统一规划的筹办计划，使各省各级审判厅在筹办过程中就打上了"地方化"的烙印，并直接影响司法独立体系的构建和独立审判制度的运作。

为督催各直省筹办进程，宣统二年（1910 年）四月宪政编查馆派馆员陆宗舆等四人，分赴各省，"凡省城、商埠及经过繁盛城镇，一一调查案卷，博采舆论，汇录成册"。宪政编查馆把调查结果与各省奏报情况相对比后，认为："大致尚属相符。惟财力有丰绌之殊，斯进行有迟速之异。而程度优劣，尤视用人之当否以为衡。固有形式无殊，而按之无甚实效者。亦有规模虽小，而办事尚有精神者。"② 关于筹备各级审判厅，调查报告认为："按照筹备清单，各省会及商埠审判厅，今年应一律成立，除东三省业已次第开办外，直隶则天津早经成立，保定正在筹设。山西则本年四月业经开庭试办。湖北、福建暂就地方官署附设各级审判厅，殊非司法独立本意，现在另行组织，改良办法。而福建因财政困难，关于法庭建筑，司法经费，不能不因陋就简，此则该省特别之情形也。司法研究馆，广东课程最为美善，浙江亦在刻意筹备，力求完全，江苏则不免敷矣。其余各省，依次进行，尚可不误期限。至各级审判厅，除奉天、吉林、山西业经建筑完竣外，直隶、山东、河南、湖北、浙江、广东，约计年内均可一律竣工。江苏、福建，正在赶办，不免稍后时日。"③ 实际上从 1909 年 2 月至 1911 年 3 月，先后有山东、湖北、安徽、四川、新疆、云南、广东、河南、广西、贵州、湖南等 14 个省总计 17 次奏拟了各自的筹办情形。④ 虽说各省情况不一，但基本上都按照"九年筹备清单"次第展开建设。但整个地方审判系统亦就此而止。因为，《法院编制法》第 164 条规定："本法自颁行后，各省应遵照逐年筹备清单所定年限，一体施行。"在"九年筹备清单"中，从第二年（1909 年）的"筹备各省省城及商埠等处各级审判厅"到第七年（1914 年）"乡镇初级审判厅限年内粗具规模"、第八年（1915 年）的"一律成立"尚经五至六年。但未及全面施行，辛亥革命爆发，清王朝已经灭亡。⑤

二、法部——司法行政部门的出现

如前所述，中央官职改革中将原清政府中央六部之一的刑部改为内阁之法部，作为全国

---

① 故宫博物院明清档案部编：《清末筹备立宪档案史料》，上册，504 页，北京，中华书局，1979。
② 故宫博物院明清档案部编：《清末筹备立宪档案史料》，下册，796 页，北京，中华书局，1979。
③ 故宫博物院明清档案部编：《清末筹备立宪档案史料》，下册，798 页，北京，中华书局，1979。
④ 参见故宫博物院明清档案部编：《清末筹备立宪档案史料》，下册，758～820 页，北京，中华书局，1979。
⑤ 以上有关清末官制改革的内容，参见韩秀桃：《清末官制改革中的大理院》，载《法商研究》，2000（6）。

最高的司法行政部门，其理由是："刑部掌司法行政，亦旧制所固有，然司法实兼民事、刑事二者，其职在保人民之权利，正国家之纪纲，不以肃杀为功，而以宽仁为用，徒命曰刑，于义尚多偏激"。由于牵涉官员权力划分，在大理院之增设和法部之改称间尚有一番斗争，史称"部院之争"。也正是由于这场斗争，司法权限才得以在各审判机关和各司法行政机关之间厘定清楚。

实际上从大理院独立之初，关于各自的管辖权限问题，一直备受法部和大理院双方的重视。在颁行厘定官制谕的半个月之后，大理院正卿沈家本，即于光绪三十二年（1906 年）十月初四日会同法部尚书戴鸿慈奏明关于在大理院尚未成立时发生的现有案件的处理问题。双方奏定"所有现审案件暂由法部照常办理。请俟三个月后查看情形，再行交待"①。实际上，为明确本院权限、编制和职责，大理院在奏呈《大理院审判编制法》时就提出："中国行政、司法二权向合为一，今者仰承明诏，以臣院专司审判，与法部截然分离，自应将裁判之权限等级区划分明，次第建设，方合各国宪政之制度"②。

在审判职权的划分上，大理院认为作为全国最高之裁判所，其权限应包括"凡宗室官犯及抗拒官府并特交案件应归其专管，高等审判厅以下不得审理。其地方审判厅初审之案，又不服高等审判厅判断者，亦准上控至院为终审，即由院审结。至案外一切大辟重案均分报法部及大理院，由大理院先行判定，再送法部覆核"。京师高等审判厅以下，也次第有相应之审判管辖权限，这一原则也体现在《大理院审判编制法》的相关规定里。该法第 22 条规定，大理院对下列事项有审判责任：（1）终审案件；（2）官犯；（3）国事犯；（4）各直省之京控；（5）京师高等审判厅不服之上控；（6）会同宗人府审判重罪案件。但同时，大理院还是对初建后的审判权限问题持较保守的态度，对有关京师地方审判厅和城谳局成立后三个月法部现审案件的移交问题、应否与宗人府会审宗室案件问题、法部覆核犯罪应否由大理院会衔问题、各省提督衙门是否只管缉捕不理词讼问题、民政之巡警厅与城谳局的权限划分问题等，提出再与有关衙门"熟商妥协"后，再请旨施行。

光绪三十三年（1907 年）四月初三，法部就权责问题又提出专折，认为："司法为国家法治所系，内谋全国之治安，外增法权之巩固，使版图之内无论何国人民胥受于法律之下，其关系甚重。"③ 而总核官制王大臣制定的法部权限过于笼统、抽象，必须加以细化，并提出了法部所掌乃"司法之上行政事务"，大理院所掌乃"司法上之审判"，两者皆为司法机关。其相互关系应该是大理院作为最高一级审判机构，必须级级独立，才能保持执法之不阿；同时，法部必须层层监督，才能防止大理院之专断擅权。这一思想成为日后两家责权划分的一条基本原则。据此法部提出了一个与大理院相互权责范围的"司法权限清单"，内容包括：

　　一、大理院自定死刑案件，皆送法部核定，将人犯送法部收监，仍由大理院主稿会
　　同具奏。秋后人犯于完案后，移送法部监禁。朝审册本由法部核议实缓，再由法部及钦

　　① 《大理院奏审判权限厘定办法折》，载《大清法规大全·法律部》，第七卷，"审判"，1849 页，台北，考证出版社，1972。

　　② 《大理院奏审判权限厘定办法折》，载《大清法规大全·法律部》，第七卷，"审判"，1849 页，台北，考证出版社，1972。

　　③ 《法部奏酌拟司法权限折》（并清单），载《大清法规大全·法律部》，第七卷，"司法权限"，1809～1810页，台北，考证出版社，1972。

派大臣覆核，黄册专由法部进呈。

二、外省秋审事宜仍照向章办理。

三、大理院自定遣军、流徒之件，由大理院定稿后咨送法部，查照例章办理。

四、大理院自定专案，军流以下之件，由大理院自行具奏，咨报法部备案。

五、高等审判厅、地方审判厅成立后，其犯罪案件分详部院，由大理院覆核后，咨法部核定，由法部主稿会同大理院具奏。其遣军、流徒以下案件均详法部办理。

六、速议之件，外省奏请奉旨后，专由法部核议。如情罪不符者，咨交大理院，俟供勘到后，援律驳正，仍由法部具奏。

七、汇案死罪之件，外省具奏奉旨交法部议奏者，应令各省将供勘分达部院，由大理院覆核，限十日咨法部核定，即由法部具折覆奏。如有情罪未协者，仍咨大理院驳正。

八、外省寻常军流以下咨案，应由法部覆核，笞杖等案造册报部。

九、大理院官制，因检察总厅隶于法部，及请简请补员缺，皆须会商，即应会同法部具奏，其推丞及总检察由法部会商大理院，请简推事及检察由法部会同大理院奏补。

十、各级审判厅官制、员缺及分辖区域、设立处所，由法部主稿，会同大理院具奏。

十一、法部监督各级审判厅、检察厅，由法部议定处分。

十二、死刑由法部宣告行令，该管检察官监视行刑。其监察厅未成立以前，暂由法部派员会同原审官监视行刑。

法部提出上述权限清单后，大理院也于四月二十日提出相应的厘定权限清单的专折。① 大理院认为，法部自行奏报的"十二条权限"有些是与大理院商定的，而有些尚未商定。同时，提出如下两点修改权限的理由：一是司法独立为日后宪政的基础，并非是"刑部现审办理不善，故事更张也"；二是审判独立系属中国之创举，"内则树直省之准的，外则系各国之观瞻"。基于此，大理院提出了四条修改意见：第一，认为第 1 条把死刑案件交法部覆核不合适，"法部只能监督裁判处理其司法上的行政事务，不能干涉其裁判权"。这是各国通例，若将大理院自审的死刑案件咨送法部，与各国规定不符，且"窃恐贻笑外人，而治外法权之收回，迄无效果"。第二，认为第 6 条送交大理院援律驳正的案件，应由法部与大理院会奏，而不应由法部独奏。第三，认为第 7 条外省死罪案件限大理院 10 日内咨覆法部的时间过短，应为 20 日。第四，认为第 9 条要求与法部会商奏补推丞、检察各官，与原旨要求各部院"贵司各缺仍著各该堂官自行核议，会同军机大臣奏明办理"之规定不符，应遵原慈谕办。

对于上述修改意见，钦批"著与法部会同妥议，和衷商办，不准各执意见"。根据这一硃批，法部与大理院再行会商，并于四月二十日共同提出《遵旨和衷妥议部院权限折》。② 在该折中，双方达成一致，并确定了今后如有类似交涉事件，"随时随事妥商办理，以敦同寅

<hr />

① 参见《大理院奏厘定司法权限折并清单按语》，载《大清法规大全·法律部》，第七卷，"司法权限"，1811～1814 页，台北，考证出版社，1972。

② 参见《法部、大理院会奏遵旨和衷妥议部院权限折（并清单）》，载《大清法规大全·法律部》，第七卷，"司法权限"，1814～1815 页，台北，考证出版社，1972。

协恭之谊"。妥议后的"权限清单"修改并增至 13 条。把第 1 条改为："大理院自定死刑之案，先行抄录，红供奏底，咨送法部覆核，有无签商，于三日内片覆大理院，再由院备稿送部会画，定期具奏。系立决人犯，即送交法部收监，以便执行处决。系秋后人犯，于定案后，移送法部监禁。朝审册本由法部核议实缓后，并照旧章奏请钦派大臣覆核，黄册专由法部进呈。"把第 6 条"仍由法部具奏"，改为"由法部缮折，会同大理院具奏。"把第 7 条的"十日"改为"二十日"，并增加"咨大理院驳正后，再行咨部缮折，会同大理院具奏"。把第 9 条改为："大理院官制，拟会同法部具奏后，所有附设之总检察、厅丞及检察官，由法部会同大理院分别开单请简请补。其刑科、民科推丞应由部院公同妥商，将大理院审判得力人员，开列清单，由部会院请简。"所增第 13 条为："外省奉到部文后，应即遵照新章，将死罪案件供勘分别咨达部院，听候大理院覆判，法部核定。如未经奉到部文之先，业已交部核议者，仍由法部照常办理，以免参差。"这一司法权限，标志着"部院之争"暂告结束，并在稍后奏进的《法院编制法》草案中得到体现。宣统元年（1909 年）十二月二十八日宪政编查馆在奏进《法院编制法》及各项暂行章程的折子中，亦将上述修改意见重新表述一次。[①]

1910 年《法院编制法》颁布后，部院权限终于有了一个明确划分的依据。据此，司法行政权专属法部，无须再会同大理院办理，最高审判权暨统一解释法令的权力专属大理院，死罪案件无须再经法部覆核。[②] 但是，法部并不甘心与司法审判保持疏离的状态，它仍试图通过监督死罪案件、参与恩赦事务参与司法审判，并试图制约大理院。与制约审判、分享审判权平行发展的是法部努力通过行使司法行政权，对包括大理院在内的司法审判系统进行渗透，从而对审判领域形成间接的影响力与控制力。

法部是中国近代历史上第一个司法行政机构，它是清政府在内忧外患之下被迫改制的产物。在"部院之争"中，大理院和法部都希望"重拾往日旧梦"，成为兼理司法审判与司法行政、职权复合的"多功能衙门"，它们强烈的扩权冲动和激烈的权限之争，无疑给后人留下了深刻印象。在制度转轨的关键时刻，部院都期望握有更大权限，以巩固和加强自身在新体制中的地位，并进而形成了司法审判权扩大化和司法行政权扩大化两种倾向，既违背了其作为司法改革的领导者所应该扮演的角色，也背离了司法改革的大方向。中央司法体制尚且如此，更遑论与之有着同样权力架构的地方各级司法审判机关和司法行政机关了。在锱铢必较的权力斗争中，天平必然会因行政部门追求自身利益的最大化而倾斜。[③] 司法独立不得不在权力竞逐的阴影中徘徊、择路而行。

如果我们将部院所表现出来的两种扩权倾向置于权力关系中加以考察，就不难发现：导致部院扩权乃至纷争的最终原因在于凌驾于部院之上的皇权。由于清政府名为宪政救国，实

---

① 以上有关大理院职权等内容，参见韩秀桃：《清末官制改革中的大理院》，载《法商研究》，2000（6）。

② 参见《宪政编查馆奏核定法院编制法并另拟各项章程折》，载《大清法规大全·法律部》，第四卷，"司法权限"，1817 页，台北，考证出版社，1972。

③ 司法独立从中央向地方推行，意味着要分割督抚手中的权力，因而，司法独立无法得到地方政府的襄助。地方督抚中反对司法独立者以晚清重臣张之洞最为引人瞩目。他以镇压革命党人为由，认为应由督抚而不是即将成立的审判机关继续行使司法权。张之洞奏折内容见《时报》，1907-01-16 和 1907-02-24，转引自王开玺：《清统治集团的君主立宪论与晚清政局》，载《北京师范大学学报》，1990（5）。

际上是以分权之名而行集权之实，因此，集权中央的官制改革方案得以出台，其中关于司法体制的设计严重违背了司法独立的要求，为部院之争埋下了祸根。而掌握皇权的清政府既软弱无能，又缺乏领导这场改革的才识与魄力，对于宪政与司法改革缺乏全局性的把握，只能十分被动地随波逐流。在部院发生争议时，也只能仍然靠高压的手段，以人事变动和平衡术来代替实质问题的解决，这种集权的运作方式显然无法与司法改革的前进方向保持一致。至于司法独立得以在制度层面逐步确立以及宪政对于皇权的胜利也都不是清政府主动推行宪政的结果，而是其为时势所迫不得不作出的让步。宪政及司法独立的命运系于时势，这种不确定性无疑加剧了权力斗争的激烈程度。①

三、检察机构的建立

　　检察制度并非中国传统法文化遗传之产物。作为舶来的制度，检察与我们祖先创造、发展并保留的"检非违使"的御史监察，有明显的本质区别。早在清末变法修律之初，到国外考察、学习西方法制的诸大臣就意识到检察官通过"发觉犯罪、实行公诉、执行判决等"职能而体现的"法律保障人民之义"，根本不是过去作为皇帝"耳目风闻之司"的御史能够同日而语的。正是在中外舆论普遍认为"中国改良司法，实以设立检察制度为一大关键"的环境中，清末封建专制王朝被迫于引进西法改革中律之际，继受与封建专制统治精神对立的检察制度。尽管这种继受一方面对处处抱着虚骄自尊心态、自视"文武制度远在西洋之上"的顽固守旧集团来说并不情愿，另一方面又包含着专制王朝冀望通过引进某些西方的法律制度以挽救其摇摇欲坠的统治的复杂动机，但这种继受本身同当时整个的变法修律一样，还是产生了不以人们的主观意志为转移的客观后果。

　　仅就检察机构之设立而言，它是一个从制度选择到制度落实的过程。

　　从 1906 年到 1911 年废除帝制，参与讲授外国检察制度的日本法学专家冈田朝太郎、志田钾太郎和松冈义正针对中国情形提出中国选择检察体制的建议：（1）大陆法系与英美法系国家，对检察制度规定不同，前者根源于国家对刑事诉讼采干涉主义，后者受保守沿革传统制约，对刑事诉讼采不干涉主义。（2）英美奉行不干涉主义，立足点是保障民主自由与人权；大陆法系国家"虽取干涉主义，要以公益事项为限，决非滥用干涉以致蹂躏人民之权利也"。（3）为维护公益，大陆法系国家不仅对刑事诉讼检控犯罪进行干涉，而且对民事法律关系中涉及公益和正义的诉讼，也赋予检察官干涉之权。（4）有关民事诉讼中检察官干涉的制度和范围，即使在大陆法系国家中，也并非完全一致。各国可以根据国情规定。其干预民事诉讼的制度，"法国较多，德国较少，日本更少"。（5）"中国改良司法，实以设立检察制度为一大关键"。设立检察官，可避免中国封建传统纠问式诉讼的弊端，"于法律保障人民权利之义，关系重大"。（6）中国设立的检察官，不能走过去"言官"即御史的老路。两者有根本区别。（7）中国的检察制度，适宜采用欧洲大陆主义。通过以上聘请法学专家的讲授和派大臣出国考察，基本上为清末朝廷选定大陆法系检察制度作为变法后检察制度的体制，形成了系统的理论，并给京内外检察机关及其检察官员提供比较系统的检察教育。这对清末检察制度建立的影响，无疑是积极的、有益的。

---

① 以上有关部院权能及相关内容，参见张从容：《晚清司法改革中的两种倾向》，载《学术研究》，2005，(2)。

清末各级检察机构，在变法修律过程中逐步展开，经历了预定设置计划、试建机构、正式推广等步骤。

（一）清末检察机构设立原则及计划

按照清末修律的指导思想，清末检察制度的机构，被原则上确定设于法院内。但具体怎样设置，清廷并非一开始就确定下来。

据当时档案记载，清廷最初于1906年拟定的检察机关为"检事局"。检事局配置于各级法院：（1）初级检事局设于初级法院，各城谳局内附设检察局；（2）地方检事局设于地方法院；（3）高级检事局设于高等法院；（4）最高检事局设于最高法院。确定检察机关为"检事局"，明显带有模仿日本的痕迹。因而为避免照搬日本之嫌，到正式修改颁行的诉讼法草案和法院编制法时，又将"检事局"改作"检察厅"。

检察机构名称确定的同时，清廷还拟出设立检察机构的计划：（1）检察机构设置与审判机构设置同步；（2）从光绪三十三年（1907年）十一月始，筹办京师各级审判厅，同时筹办京师各级检察厅；（3）光绪三十四年（1908年），京师各级检察厅随高等审判厅、内城审判厅和初级审判厅一起成立；（4）宣统元年（1909年），筹办各省城商埠等处各级审判厅及检察厅；（5）宣统二年（1910年），筹办京师外城地方审判检察厅。

（二）地方裁判处检察机构之初设

为落实朝廷设立司法机构和检察机构的计划，各地方督抚成立了专门筹办机构。根据黑龙江省《裁判处章程》，清末最早在地方试设审判检察机关，是在光绪三十二年（1906年）。黑龙江检察机构，始称"稽察委员"，"如检事之类，责成搜查犯罪，访察案中曲直"。由于稽察委员既有搜查罪犯、访察案中曲直之专责，"所以务须选派公正练达之人充之。其局中如有徇情舞弊及审断不公等事，该员得举起事揭禀于总办"。由此可见，"稽察委员"既有检控犯罪之权，又有监督审判之权，责任重大。故"该员如或挟嫌捏砌情节，查明重惩"。另外，黑龙江省《裁判处章程》还规定了相当于检事的"稽察委员"的级别与薪水。

（三）京师检察机构之建立

作为第一批正式的检察机关，清末朝廷非常重视京师各级检察局或厅的筹办。京师各级检察机关，根据光绪三十二年（1906年）颁布的《大理院审判编制法》，设置如下：（1）京师检察机关设置于大理院在京直辖的厅局内；（2）京师高等审判厅内附设京师高等检察局；（3）京师城内外地方审判厅内附设京师地方检察局；（4）京师分区城谳局内，附设京师分区检察局。

1907年，清政府任命安徽人徐谦出任第一任京师高等检察局（后改厅）检察长，具体负责筹建京师检察机关和行使检察职权。京师检察机构设置后，最初行使的检察职权仅限于对刑事案件的调查、公诉的提起、请求正当适用法律，以及监视判决的执行。到宣统元年（1909年）12月28日颁布法院编制法，才确定检察机关有权介入民事诉讼活动。

（四）京外检察机构之设置

清末京外检察机构的设置，经历了两个阶段：第一个阶段是先在省城商埠试行新型审判检察制度，把检察机构设立于省城商埠的审判厅内。第二个阶段则在全国范围内，普遍推广新型的审判检察制度，于京外各级审判厅内设置检察机构。

1. 省城商埠检察机构之设立

按照清朝设立审判检察机构的计划，宣统元年（1909年）即全面变法修律改制的第四年，各地方省城商埠始筹办审判检察机关。

宣统元年七月十日，清朝批准了《各省城商埠各级审判检察厅编制大纲》，确定了省城商埠各级检察厅的机构、编制等。各省城商埠检察机关的编制，基本上按每厅设检察长一人、检察官一人确定。由于各地方省城商埠检察机构的设置，必须同按照修律改制计划所定的法院编制法颁行以后的体制吻合，故《各省城商埠审判检察厅编制大纲》明确其作为过渡性规定的性质："系为权宜代用而设，将来法院编制法颁布，如有规定异同之处，应即改归一律"。

2. 京外地方各级检察厅之设立

宣统元年十二月二十八日，清廷批准颁行《法院编制法》，标志着清末新的学习继受西方的司法制度全面展开。按照统一审判检察体制的要求，各审判衙门要分别配置检察机构。因此，除原京师及省城商埠检察机构一律依《法院编制法》调整规范外，又把设立京外各级检察机构提上议事日程。

1910年到1911年4月，京外各级审判衙门基本设立，清末地方检察机构普遍建立。为督促京外各级审判检察厅司法，1911年4月21日，朝廷还颁行了《京外各级审判检察厅办事章程》，使各级审判检察官吏有章可循。各级地方审判检察机关均设置以后，清末检察机构设置方告完成，整个检察机构设置形成近代化的有机的系统，如下图：

$$
\begin{array}{l}
\text{总检察厅（大理院内）} \\
\qquad\qquad \text{总检察分厅（大理院分院内）} \\
\text{高等检察厅（高等审判厅内）} \\
\qquad\qquad \text{高等检察分厅（高等审判分厅内）} \\
\text{地方检察厅（地方审判厅内）} \\
\qquad\qquad \text{地方检察分厅（地方审判分厅内）} \\
\text{初级检察厅（初级审判厅内）①}
\end{array}
$$

四、警察机构的设立

近代警察制度产生于欧洲，其"大发达在第十八世纪以降"②。俟其传入中国，已是19世纪后半期。辛亥革命之前，清末警政思想实由改良派最先提及，葛元煦在其名为《沪游杂记》的小册子中介绍了租界警察制度的一些情况，但他并非为引进制度而写，只是为了使"四方文人学士远商巨贾，身历是邦，手一编而翻阅之，欲有所之者不至于迷于所往，即偶然莫辨者亦不必询之途人"③。大约到了19世纪90年代前期，中国人对西方警察制度的认识

---

① 以上有关清末检察机构设立的内容，参见张培田：《检察制度在中国的形成》，载《中国刑事法杂志》，2001（3）。

② 作新社编译：《警察学》，2页，清光绪三十年。转引自韩延龙、苏亦工等：《中国近代警察史》（上、下册），3页，北京，社会科学文献出版社，2000。

③ 葛元煦：《沪游杂记·自序》，啸园刻本，光绪二年。转引自韩延龙、苏亦工等：《中国近代警察史》（上、下册），5页，北京，社会科学文献出版社，2000。

大大前进了一步，中国早期的改良主义思想家何启、胡礼垣、郑观应、陈炽等提出要将此制度引入中国。

（一）湖南试验——中国近代警察制度的开端

湖南保卫局的建立与裁撤同一个人密切相关，他就是黄遵宪。黄遵宪较时人对外国有更多的认识，因他曾有长达 17 年出使外国的经历，同时他在学习借鉴改良派警政主张的基础上又有所发展，并得以在实践中实现自己的主张。黄遵宪借《周礼》、《管子》之名，打着托古改制的旗号推行新政在当时也许是最有效的方式，他力主开办警政的目的仍然未脱维护现存统治秩序、排斥人民反抗斗争的窠臼，甚至在警察制度的各项具体制度上也与改良派多有一致。不过，即便如此，我们也不能否认黄遵宪等维新派的警政理论比之后者进步不少。首先，视保卫局为推动和捍卫新政的坚强柱石。其次，确保湖南独立，推动全国自救。最后，官绅合办，让权于民。① 其中，"官民合办"、"保民"、"卫民"的原则着实在一定程度上彰显了维新派的民权、民主思想。

1897 年，黄遵宪赴湖南出任长宝盐法道，并署理湖南按察使。职务上的便利以及湖南巡抚陈宝箴的开明与支持，使他的警政思想得到了一次极为宝贵的实践机会。在湖南维新志士谭嗣同、唐才常、江标等人的协助下，黄遵宪兴办了中国第一个新式警察机构——湖南保卫局。

湖南保卫局从 1897 年 7 月开始筹办，黄遵宪在筹措经费、拟订章程、选聘人员等方面都投入了大量的精力，直到 1898 年 7 月 27 日才算告竣，历时将近一年。保卫局实行三级管理体制，长沙城内设立总局，总局下按方位设分局 5 所，每个分局下面又设小分局 6 所，每个小分局设巡查 14 人，具体执行各项勤务。另设迁善所直属总局领导，负责收容无业游民和违警人犯，并延聘工匠教习技艺，令其改过自新，艺成予以释放。保卫局的人事体制实行官绅并立的二元制，各级机关都由官吏担任正职，士绅出任副职，并且士绅在局中都担任重要工作，具体负责银钱出入、账目往来、巡丁募聘等事务。这是黄遵宪办警的一大特色。

保卫局的职能与日本警察大同小异，具体说来如下：一是缉捕盗贼，维护社会治安。巡查遇有杀人放火、打架斗殴、奸拐诱逃、当街聚众赌博以及江湖大盗等不法案犯"均即行捕拿"②。二是管理街道，整顿卫生，保障社会公益。巡查有权禁止商人发卖"溃烂朽坏各种食物"。禁止商人"霸占官道，阻塞行道"，禁止摊贩在街道摆摊设点。城中居民不得随意乱倒垃圾，所有垃圾集中存放，再由保卫局雇佣人夫运送出城。③ 三是清查户口。清查定于每年春二月、秋八月分两次举行，城中居民每家都要悬挂门牌，并填注户籍册，注明户长姓名、户口数目、性别、年龄、出身、职业等情况，然后造册报局备案。其他特殊场所如寺院、烟馆、饭店、客栈等也进行户口登记，巡查可以随时进行抽查。④ 四是消防救火。巡查遇有火灾，立即驰报局中，由局中派役驰请水龙各会前往救火。五是司法审判。保卫局具有一定的

---

① 参见韩延龙、苏亦工等：《中国近代警察史》（上、下册），18～23 页，北京，社会科学文献出版社，2000。

② 《湖南保卫局章程》。转引自韩延龙、苏亦工等：《中国近代警察史》（上、下册），42 页，北京，社会科学文献出版社，2000。

③ 参见《湘报》第 147 号。

④ 参见《湖南保卫总局清查户籍章程》。转引自韩延龙、苏亦工等：《中国近代警察史》（上、下册），44～46 页，北京，社会科学文献出版社，2000。

司法权，可以独自审理普通刑事案件及本局内部成员违法违纪案件，但没有民事审判权，"其户婚、田土、争讼之事本局不得过问"①。

保卫局开办以后，取得了一定的成效，"各局员绅倍极勤慎，日夜严饬巡丁渲巡街市，城中无赖痞徒渐皆敛迹"②，从而受到湖南商界人士的拥护，"大商贾亦知设巡捕好，无火警盗贼，颇愿出钱"③。维新变法失败后，保卫局作为新政色彩颇浓的机构，自然不能幸存，10月31日被裁撤，历时仅3个月。④

虽然湖南试验前后不过数月，又仅限于长沙城一隅，从时间和空间上看都是有限的，然而，湖南保卫局作为戊戌变法运动的一项重要成果，是维新派在理论和实践领域的双重收获，并且它也揭开了中国近代警察制度的序幕。⑤

（二）晚清"新政"下的警政

1900年的义和团运动和八国联军战争之后，中国社会的矛盾进一步激化，以慈禧太后为首的清政府为稳固自身利益、缓和国内各种矛盾，打出"新政"的旗号，实行变法。光绪三十一年（1905年），清廷迫于内外压力，不得不接受立宪派主张，同意实行"筹备立宪"。作为"新政"和"预备立宪"的一项重要制度——警察制度也在这一时期正式创办起来。

清廷创办警政实际上有其非同寻常的动机和原因。一方面，列强不断施压，清廷办理警政是为保护帝国主义在华利益被迫实行的。帝国主义要求清政府革新官职，确保其在华的经济、政治利益和人身安全，清政府各级官员更在"量中华之物力，结与国之欢欣"的无耻宣言及各项整饬命令的授权下，不断镇压人民的反抗斗争，确保洋人的各项自由。另一方面，清廷为了维护摇摇欲坠的统治，为严厉镇压和监视人民的反抗斗争，乐于效法洋人创办警政。中华大地已经处于水深火热之中，各种力量纷纷揭竿而起反抗清政府的无能政权，而作困兽之斗的清政府则希冀依靠效法西洋的政治制度，巩固自身的统治地位。在光绪三十一年（1905年）出洋考察五大臣启程车站被炸的刺激之下，清政府愈感"巡警关系紧要"，遂于是年九月初十下令设立巡警部，综理全国警察事务。

（三）警察机构安排

1. 中央警察机关

自1901年清廷下令创办巡警之后，京师及各省虽有不少尝试，但警政建设一直未能进入正轨，直到1905年正式宣布成立巡警部。据《清史稿·职官六》记载，它是全国专理警察事务的最高指挥监督机关。该部成立后，奏准裁撤绿营，连同巡捕一律改编为巡警。1906年，清政府实行官制改革，改巡警部为民政部，除将原巡警部主管的警察事务并入该部外，同时将步军统领衙门的执掌，户部兼管的疆里、户口、保甲事项，以及工部所掌之城垣、公

---

① 《湖南保卫局章程》。转引自韩延龙、苏亦工等：《中国近代警察史》（上、下册），46页，北京，社会科学文献出版社，2000。

② 《湘报》第124号。

③ 皮锡瑞：《师伏堂日记》，载《湖南历史资料》，1981（2）。

④ 参见田玉洪：《黄遵宪的警政思想及其实践活动探析》，载《山东教育学院学报》，2002（4）。

⑤ 近人何刚德认为，"庚子以前中国无警察也"，见何刚德：《春明梦录·客座偶谈》，卷一，上海，上海古籍书店，1983。笔者以为此说法不确，参见韩延龙、苏亦工等：《中国近代警察史》（上、下册），48页，北京，社会科学文献出版社，2000。

廨、仓廒、桥梁等工程，通通划归民政部管理。这两个部门的建立对全国的警察机构均有影响。

2. 京师警察机构

京师警政发轫于八国联军在北京设立的"安民公所"。1901 年八国联军退出北京之后，"安民公所"自然解散，清政府仿照这种殖民地式的警察机关设立了"善后协巡营"，不久改称"工巡总局"，作为维持京师治安、执行警察职能的机构。1902 年设立的工巡总局一方面掌理京师警察事务，同时兼管工程设施，其六项具体职权之首便是"执行京师城内的警察事务"①。

作为一个过渡性的机关，工巡总局虽然集市、政、警于一身，同时还兼有部分司法职能，与今日的警察机关在内容、名称上并不相类，但是它的创办却是中国警察制度迈向正规化的重要一步。

随着中央巡警部和民政部的建立，工巡总局改组为京师内、外城巡警总厅。这次改组，不只是名称的改变，它涉及京师警察机关体制、机构和人员的某些改变。首先，从体制而言，京师内、外城巡警总厅不再是市政、司法和警察相混合的组织，而是由巡警部或民政部直接指挥的掌理京师警政的专门机关。其次，就组织机构而言，内、外城巡警总厅比工巡总局更为严整。内、外城巡警总厅各设厅丞一人，为各该厅长官。厅丞下设参事官、警官等官员。两总厅内各设三处：总务处、警务处、卫生处，处下设股；两总厅各设五所：事务所、巡查所、守卫所、军装所、刑事巡查所；内城巡警总厅下辖五分厅，外城巡警总厅下辖四分厅，每分厅设知事一人，总理本分厅事务，每分厅内设三课六所治事；内外城各分厅之下设区。此外，内外城总厅还辖有内城官医院和外城教养局。再次，警察队伍相应扩大。据 1911 年内、外城巡警总厅的不完全统计，仅总厅、10 个分区和警卫队、保卫队，就拥有警官 418 名，巡警 3 843 名。②这次改组是清末京师警察制度趋于完备和定型化的重要步骤，虽然此后善耆对京师警政曾有整顿，但那不过是机构数目的增减，整个组织体系终有清一代基本没有改变。

这里，我们不得不提到步军统领衙门，因为原先负责京师治安任务的专门机构——步军统领衙门、五城察院和顺天府经过一系列改革之后，到光绪三十二年（1906 年）以后只剩下步军统领衙门了。步军统领衙门是以八旗和绿营官兵为核心而组成的半军半警性质的京师地方保安机构，其执掌着京师地区的卫戍、警备和治安，具体包括守卫、断狱、门禁、编查保甲、缉捕，此外它还负责巡夜、执行禁令、救火、发信号炮等。光宣之际，步军统领衙门的职权不断受到削弱，兵力人员也大大减少。宣统三年（1911 年），步军统领衙门降到了为警察机构"辅其不足"的地位。

3. 地方警察机构

若从湖南保卫局算起，清末地方警政的发展实早于中央及京师。光绪二十七年（1901年），清廷发布上谕，命令各省将军督抚裁汰绿营，改练"常备、续备、巡警等军"③。这是

---

① 中国社会科学院法学研究所法制史研究室编著：《中国警察制度简论》，304 页，北京，群众出版社，1985。

② 参见中国社会科学院法学研究所法制史研究室编著：《中国警察制度简论》，306 页，北京，群众出版社，1985。

③ 《大清德宗实录》（影印版），卷 485，北京，中华书局，1987。转引自韩延龙、苏亦工等：《中国近代警察史》（上、下册），124 页，北京，社会科学文献出版社，2000。

清政府决心创办警政的第一次明确的官方表态，此后直至清亡，各省陆续办起了警政。

各地警政的发展并不均衡，有的省份如直隶等，因为要员的领导而成绩突出；而有的省份则敷衍塞责，山西、福建等省份则将本省原有的绿营、团练和保甲兵员略作调整，并无大的改变，只是换上一个巡警军的名称而已，甚至连旧有的称号、官兵职衔和编制都未作改动；还有一些偏远闭塞、"新政"推行不力的省份，如云南等则迟迟未动，清廷的上谕没能贯彻。虽有袁世凯在直隶的成功经验，以及中央建立巡警部的统率之举，但直迄清亡，各省厅州县及乡镇巡警的普及程度仍然有限。徐世昌曾说："前清末年，有乡镇巡警之议，迄难实行。盖乡镇与城市不同，村落又与乡镇不同，酬费难异往往若宵壤。"①

综观各地情况，开始时由于中央尚无统一的领导机构和组建思想，各种名称纷繁多样，俟巡警部建立以后，各地始有样本可循，陆续建立起自己的地方警政。在最初的一段时间里，各省分别在省城或重要都会口岸设立警务局，省城所设之警察局往往冠以一省之名，名义上有权监督下属各州县的警察事务，但实际管辖往往并不超出省城的范围，名实不很相符。应当承认，清末地方警政始于各省的省城或重要的城市及商埠，有的城市的实践还要早于省城，例如直隶的天津在袁世凯的主导下率先设立警务处，开风气之先，清廷下令各省仿效，但却少有应承。直到光绪三十三年（1907年），清政府裁撤省巡警（警察）总局，增设巡警道，以期扭转各省办警不力的局面。民政部于次年（1908年）拟订了《巡警道官制并分科办事细则》十五条，奏请批准，经宪政编查馆考核、修正，于四月十六日奉朱批颁发各省执行。

各省设巡警道一员，受本省督抚领导，并受民政部监督，管理全省警务。其官署为警务公所，设于"所治地方"（一般是省城，但也有在其他重要城市、商埠的）。警务公所分设四科：总务、行政、司法、卫生，承办具体事项。各科之下各分设若干股，各省不尽相同，名目繁多。分科治事的本意是要权限分明，责有倸归，但有的地方不明就里，反以级别的高低区分办公场所，造成很多混乱。除以上人员外，警务公所还设有巡官、巡长、巡警若干名，"检查各区官警勤惰，报告公所"。

清末府厅州县开办警政更晚于省城，各省的发展情况也更不平衡，能称得上设立较为普遍的只是个别省份，绝大部分只在一部分筹建起来，还有边远的省份至清亡仍未办起州县警察。诚如时人评论，"虽有奋发图治之象，而亦仅惟省会灿然可观，各府厅州县大半哑然饰设"②。依据1908年颁布的《巡警道官制并分科办事细则》第12条的规定，各省纷纷将原本迥异的警察机构进行整改划一，使得各厅州县设巡警正局，主管所辖境内的警察事务，以下划分若干区，设分局。州县巡警正局受巡警道及本地方行政长官的双重领导，州县巡警正局对下指导各分局。州县之内，一般还设有坐办。坐办通常由地方官兼任，也有坐办同时兼任警长的。"坐办监督警察执行之范围，警长管理警务，为地方官之佐理。"③

至于基层的警政，不但早有明达之士向巡警部尚书徐世昌倡言推广基层警政的重要性，

---

① "知事"二"警察"，徐世昌：《将吏法言》，卷5，静远堂铅印本，1919。

② 《项左辅禀呈》，中国第一历史档案馆馆藏档案。转引自韩延龙、苏亦工等：《中国近代警察史》（上、下册），162页，北京，社会科学文献出版社，2000。

③ 四川调查局：《调查川省警察行政沿习利弊报告书》（手抄本）（下篇）。转引自韩延龙、苏亦工等：《中国近代警察史》（上、下册），166页，北京，社会科学文献出版社，2000。

更有直隶总督袁世凯在天津试办四乡巡警，袁在其奏折中称赞此法"事半而功倍"，"实为新政基础"①。光绪三十三年（1907年），民政部决定调查各地的"乡社办法"，大概用意是要为在全国范围内开办乡、镇巡警做准备。1908年宪政编查馆所定的"八年计划"中虽有"第四年（即宣统三年，1911年）筹办乡镇巡警"的字样，但刚开始的筹办工作却随着清政府的灭亡而寿终正寝了。

（四）警察种类

在一定程度上，警察种类也可以称为"警察业务"，对于它的认识恐怕还得有一个从模糊到清晰的过程。中国近代警察制度脱胎于古代长久的封建统治传统和乡土社会现实，原本混杂难辨的各种社会职能在创办警政的过程中逐步归属不同的警种，而清朝政府更是困于内忧外患，索性效法洋人之法②，根据警察活动的性质和作用不同，将其区分为若干种类。

从观念上讲，人们对于警察分类的认识相当早，几乎是与兴办警察同时开始的。光绪三十一年（1905年），巡警部初立，就有人提出区分警察类别的重要性："举今立部以来，凡百经营，不遗余力，比划所及，已具规模。然大纲虽立，细目尚多。如诘奸宄、治道涂、卫民生、保商旅、查户口、平争讼，下至沟渠疏浚、水火保险，凡有关绥靖地方之事，即皆在巡警范围之内。区分类别，或宜专司其事，或可兼司。要以简而不略、繁而不冗为断。"③

在巡警部奏定的官制章程中，警政司下设行政科，"掌凡关于警卫、保安、风俗、交通及一切行政警察事项"；警法司下设警法科，"掌审定司法警察章程"；国际科"掌定国际警察事务规则"。可见在当时，警察实务中已经明确区分了"行政警察"、"司法警察"和"国际警察"的不同属性，及它们各自在执行警务中的特定作用。1906年民政部的官制规定中载明，该部下设警政司，掌管"行政警察、司法警察、高等警察"事项。另据《民政部分科章程》，行政警察勤务包括"风俗警察"、"消防"、"营业稽核"、"对待外国人之警察"等事项；高等警察勤务包括"非常保安"、"新闻杂志及各种图书出版检查"、"集会结社"、"凶器及其余危险物品检查"等事项；司法警察勤务包括"罪犯搜索、逮捕、解送"、"罪证搜索、检查"、"复核违警罪处分"等事项。④ 同样，在地方各省级警察机构中也进行了类似的分工。

这种分工只是工作性质上的，还不是职业上的分类。清廷在预备立宪的过程中，也开始筹建一些专职的特种警察队伍，如水上警察、铁路警察、军事警察、侦探警察等。这些特种警察虽然有的已经具有自己的法令规章，组织机构也较完整，但是在清朝末年动荡的局势下，实在有危卵难保的窘境，其实施状况并不令人满意。

（五）警察法令

清末新政，仿行西法，崇法制，改夙习，变法修律运动更是成为这场"三千年未有之大

① 朱寿朋：《光绪朝东华录》，第五册，5393～5394页，北京，中华书局，1984。转引自韩延龙、苏亦工等：《中国近代警察史》（上、下册），170页，北京，社会科学文献出版社，2000。
② 其中，日本的影响尤重，参见黄晋祥：《日本与清末警政》，载《历史教学》，1998（3）。
③ 《袁崇镇条议》，中国第一历史档案馆藏档案。转引自韩延龙、苏亦工等：《中国近代警察史》（上、下册），222页，北京，社会科学文献出版社，2000。
④ 参见《京师警察法令汇纂》，京师警察厅编，撷华印书局，1915。转引自韩延龙、苏亦工等：《中国近代警察史》（上、下册），222页，北京，社会科学文献出版社，2000。

变局"中的闪光一页。近代中国的警察制度依据宪法和法律而存在，是循着资本主义国家的法治国之路走下来的。此为近代中国警察制度区别于古代的首要特征，不能不提。

清末的警察法规几乎与警察制度同时诞生。从湖南保卫局时的《湖南保卫局章程》，到地方警政初创时山西省的《巡警局详定章程》，从《大清违警律》到《报律》、《结社集会律》，这一时期的警察法令还是相当丰富的。从立法状况来看，清政府对警察立法比较重视，同时也比较注意借鉴东西各国的警察立法经验，光绪三十二年（1906 年）之后的立法状况明显优于前一时期。

此时期的警察立法，一方面警察组织结构方面的立法较多，这反映出清廷在不断摸索中试图寻找到治世良方；另一方面，以警察权行使为主要内容的法规大量出现，各种警察职权的行使更加有法可依。不过，几千年的恶习积重难返，各种现实问题层出不穷，不是几部法令就能解决得了的。

笔者认为，清末警政实为清政府为摆脱内忧外患而实行的缓兵之计，其政治用意是在危局中寻找可供利用的政治资源以便迎合帝国主义的无理要求，以及镇压国内日益高涨的人民反抗斗争，由封建政府主导的这场警政改革没有照顾到民众的基本诉求，我们甚至可以将其看作是这场"宪政"闹剧中的精彩笑料。虽然有学者称"清末建警失败"①，但我们不应当用太过严苛的眼光来要求古人，毕竟清末警政为中国近代警察制度的开端，从制度选择和法律发展的角度来看，它无疑为以后的警察制度乃至中国的法治建设打下了根基。②

五、新式监狱的管理制度

（一）狱政制度改革

近代刑法理论认为，刑事法律是"全体刑法"，包括刑法、诉讼法、监狱法，因此，在"模范立法"的清末立法活动中，产生了刑律、诉讼律、监狱律关系论。在此理论支配下，为配合刑律、诉讼律的实施，修订法律馆大臣沈家本聘请日本监狱学专家小河滋次郎，于1910 年起草了《大清监狱律草案》，这也是近代改良监狱的第一张蓝图。该草案规定：监狱是执行自由刑、限制受刑人自由，使受教化、服国法而后复归社会的场所。监狱分男、女监和少年监。该草案虽因清亡未及颁行，但对改进监狱仍有意义，并成为民国制定监狱法的蓝本。

同时，清政府还改革了监狱管理机构。清代监狱属原刑部提牢厅管理。1906 年改革官制，法部将旧刑部十七司裁并。其中专设典狱司，置郎中三人，员外、主事各四人，分管监狱、警察、习艺所，以及罪犯名册、衣粮费用和编纂监狱法规及统计书表等。

（二）"模范监狱"之设立

这一时期的新式监狱首推"模范监狱"。1903 年经清廷批准，仿资本主义国家监狱，建立京师模范监狱。它建筑新颖，管理严明，设有监狱办公楼、杂居监、分房监、工场、女监、病监，一扫以往狱室鄙陋、囚系惨刻的状况，成为第一个近代式构造的监狱。传统势力曾极力反对其管理体制的改变，指责"模范监狱颐养罪囚，人亦何乐而不犯罪"。但终因改

---

① 孟庆超：《清末建警失败原因分析》，载《中国人民公安大学学报》，2002（5）。

② 参见郑中午：《中国警史源流试探（三）》，载《中国人民公安大学学报》，1998（5）。

善犯人处境，便于监管而得以推广，各省遂竞相仿效（如奉天模范监狱等），这些促进了国家监狱设施和管理制度的近代化。

另外，"罪犯习艺所"也算作新式监狱的代表。1902 年，山西巡抚赵尔巽奏准设立罪犯习艺所，收受被判充军、流、徒刑等罪犯和不孝及奸、盗、诈伪的犯人，使其接受农业、手工业等职业训练，成为建立犯人劳动农场或工厂之始。1903 年获得批准后，罪犯习艺所即在全国各地陆续兴办。各地举办情形不一，边远省份大抵在省城专设一所，内地省份开办较为普及，如山东、河南两省议定各州县一律开办。这些习艺所在设立工厂、募请教习、购置器具、配备作业、制定课程等经营和管理制度等方面已经粗具规模。习艺所的兴办和改遣军流徒在当地服刑，实开近代惩役刑之先河，较原来的封建刑制有很大的进步。但对罪犯和贫民都采取习艺所的形式收押，混淆了刑制与民政的本质区别，带有明显的封建专制痕迹。[①]

除去以上两类，《大清律例》规定：妇女涉讼到堂及女"未决犯"，交官媒收押听候审判。官媒乘机敲诈勒索，蹂躏残害。为此，1908 年 10 月 17 日发布奏准革除官媒，建立女犯看守所。改变了"妇女凡一涉讼，差役需索于前，官媒留难于后，生命财产俱蹈危机"的状况。

这些新式监狱都成为日后专门化的监狱种类的雏形。

纵观清末监狱新政，数年时间，清政府在大量翻译西方刑事、监狱法规的基础上，废除苛刑酷法，限制刑讯逼供，仿效西方人道精神制订新律。1907 年，沈家本在实行改良监狱一折中主张颁布监狱规制。在他主持下，从 1908 年起，由修订法律馆狱务顾问、日本监狱学家小河滋次郎起草《大清监狱律草案》。《草案》结束了中国狱法依附于刑律的地位，成为独立的部门大法，它以教育刑思想取代旧提牢章程内容，其立法意义是不可低估的。《草案》虽因武昌起义爆发而未颁行，但它却成为民国时期法政学堂监狱专科课程的教材和制定监狱法典的蓝本。北洋政府 1913 年颁布的《中华民国监狱规则》，国民党政府 1928 年颁布的《监狱规则》以及 1946 年公布的《监狱条例》等法律，基本上是《草案》的翻版。《草案》孕成了近代监狱法的雏形，有学者誉之为"近代改良监狱的第一张蓝图"，并不过分。

在清末的司法官制改革中，监狱一端是被设计成与立法、司法鼎峙而三的。1907 年 1 月底，法部奏核议法部官制，规定法部下设八司，和原来刑部下设十七司，各省条块分割相比，明显有很大改进。其所设典狱司，"掌管各省监狱、警察、习艺所、罪犯名册、衣粮费用、编纂牢狱之规则、统计书表事项"。改革前的刑部提牢厅只掌刑部监狱，地方刑狱由行政官署管辖，司法行政纠缠不清。现在，典狱司统管全国狱政，一举结束了监狱附属于行政的历史，体现了司法独立。监狱内部建制也于此时初步定型，新监设典狱长统辖全监，设三课分掌戒护、作业、会计等事务，教务、医务所负责教诲治疗。同年 5 月，沈家本更从法理上明确阐明监狱地位之重要："泰西立宪诸国，监狱与立法司法鼎峙而三。纵有完备之法与明允之法官，无适当之监狱以执行刑罚，则迁善感化犹托空言，以故各国莫不从事于改良监狱……方今力行新政，而监狱尤为内政外交最要之举。"[②] 如此强调监狱问题，固然反映了特定的历史背景，但是，将监狱提到前所未有的重要地位，沈家本确是第一人。地方官制方

① 参见刘雪毅：《清末新政时期刑律监狱制度改革》，载《益阳师专学报》，2002（2）。

② 《东方杂志》，第 7 期，273～277 页。

面，1907 年庆亲王奕劻奏请按察司改为提法司，各州厅县设典狱员，原有佐贰杂职一律裁撤酌量改用。同年公布的《提法司办事划一章程》规定，提法司下设总务、刑民、典狱三科。州厅县下设典狱，各省电复多以"无才无费"为借口，筹办不力，编纂官制大臣载泽迫不得已，奏请保留吏目、典史。由此可见，地方各级政府在司法行政方面的官职改革大多有名无实。此外，该章程还明确规定司法警察由各级检察厅检察官统一调度指挥。

清朝在最后的改革中还注意大力培养新型监狱管理人才。沈家本认为"监狱以得人而治"，否则，"虽制度完善，构造整齐，设备完全，终无成效之可睹也"①，明确提出"典狱一官，统辖全监，非兼有法律道德及军人之资格者不能胜任"②。现有监狱管理人员的素质与改革要求差距极大，为此，清政府采取了一系列措施：开办法律学堂，设置监狱专修科。1905年夏，沈家本、伍廷芳会奏请专设法律学堂，仿效日本做法，开设法律原理学、大清律例要义、中国历代刑律、中国古今历代法制考、东西各国法制比较、各国宪法、各国民法及民事诉讼法、各国刑事及刑事诉讼法、各国商法、交涉法等主课，辅助课开设各国行政机关学、国家财政学等。从这些课程来看，要求学生会通古今中外律例，还旁及行政、财政等学科，其起点之高，立意之深，的确令人叹服！1906 年《东方杂志》刊载的一篇来稿《监狱改良大纲》则建议设立监狱专门学校，先设中央模范监狱附属监狱学校，各省模范监狱亦附设学校。1906 年 10 月，京师法律学堂正式开课，聘请日本法学博士冈田朝太郎主讲刑法，同年应聘的日本法律专家还有松冈义正法官。1908 年，"设监狱科于（京师）法律学堂，使司狱人才与司法人才同有储备之所"③，聘日本监狱学家小河滋次郎为狱务顾问，主讲监狱学。京师法律学堂设立后，短短几年，"毕业者近千人，一时称盛"。根据沈家本的奏请，清政府还在各省法政学堂一律增设监狱学专科，在新监狱附设监狱学堂，设巡警、革差役，颁布《司法警察职务章程》。1907 年 1 月 12 日，清政府谕令各省督抚速办警察，将原有差役全部裁撤，以根除积弊。同年 3 月 9 日，巡警部尚书徐世昌奏："请饬各省督抚从绿营兵里，挑选年富力强、身体合格、粗识文字别无嗜好者改编为巡警。各省会及商埠设巡警学堂，征募士民肄业，或将绿营挑选之警兵派入学堂，教以警法，再逐渐分别去留"④。政务处与兵部会议表示同意。为了将警察纳入法制化管理，1908 年 1 月 27 日，清政府颁布《司法警察职务章程》，规定：司法巡警分巡官、巡长、巡警三种，均有协助检察厅执行检察事务之责；巡警厅长官执行检察事务同检察厅有冲突时，须听任检察官办理；逮捕人犯应以审判衙门所发印票为凭，由检察厅备文送交巡警衙门执行，检察厅对有犯罪嫌疑者，可移知巡警厅侦查，巡警有权直接逮捕现行犯先行讯问，案情重大者应移交检察厅；审判厅传集人证质讯，应由检察厅知照原送巡警厅办理……从这些严密的法律条文看，其措施是较科学的，体现了近现代司法精神。

此外，清政府还提高了狱官品级。据《清史稿》所载，省府司狱仅为从九品，而州县的吏目、典史则为不入流。清末改革者意识到若不提高狱官品级，将无法吸引具有现代司法素养的人去从事监狱管理，也无法改变人们对狱官的传统看法。为此，1907 年，应沈家本之

① 王元增：《监狱学》，1917。
② 《东方杂志》，第 7 期，354～355 页。
③ 王元增：《监狱学》，1917。
④ 《东方杂志》，第 7 期，355 页。

请，法部上奏："拟请各省已成之大监狱，额设正典狱官一员，秩从五品，州县副管狱官一人，从八品。"①

以学校为载体，通过一系列措施，中国开始了正规化、专业化培养监狱管理人才的历史进程，并开始切实提高狱官地位，管理也试图纳入法制化轨道。这在中国历史上是首次，规模也大，其影响至深且巨。

纵观晚清新政，其狱制改革是取得了一定成效的。正如《清史稿》中说："终日言变法，逮至国本已伤，而收效卒鲜，岂法制之咎欤？然其中有变之稍善而未竟其功者，曰监狱。"②虽然"未竟其功"，但其在中国监狱发展史上具有一定的地位。③

第三节
近现代中国司法制度的发展

清朝末年虽经变法改制，但始终未能形成一套能够有效运作的司法系统。民国建立之后，资产阶级政府以高压手段维持了民国创建初期的基本司法架构，并且在司法制度建设的诸多方面取得了一定成绩。但是，尽管中国近代的司法改革取得了一定的成绩，作为资产阶级法制的基本原则，司法独立在民国时期的绝大多数时间内也得到了普遍的尊重，至少在法律条文的规定中和政客官僚的口头上如此；但是，若从实际的效果来看，我们对近代中国的司法改革的成绩却不能有丝毫乐观的评估。在司法改革的进程中始终存在"名"与"实"的矛盾和冲突。这主要体现在：司法权始终未能摆脱对行政权的依赖及受行政权的控制；军事干预司法现象突出；政党对司法的干预比较突出；财力、人力不足对法院建设影响较大；司法运作的腐败危害剧烈。④

一、南京临时政府司法制度

民国初建，孙中山先生在南京宣誓就职。历史上所称的"南京临时政府"时期虽然只有短短三个月寿命，但其历史地位不容忽视，而这一时期的司法制度更是在封建王朝司法制度之上建立起来的，因而，其虽如昙花一现，但意义重大。

较之清末变法修律时期的司法制度，南京临时政府时期的司法制度主要在以下几个方面有所发展。

（一）建立新型的司法机关

为贯彻三权分立，实现司法独立的资产阶级法治原则，中央设立"临时中央审判所"

---

① 《清史稿》，卷119，3473页。
② 《清史稿》，卷144，4217页。
③ 以上有关清末监狱改革的内容，参见刘雪毅：《清末新政时期刑律监狱制度改革》，载《益阳师专学报》，2002（2）。
④ 参见贾孔会：《中国近代司法改革刍议》，载《安徽史学》，2003（4）。

（亦称"裁判所"），作为全国最高审判机关，依《修正中华民国临时政府组织大纲》规定，裁判所由临时大总统征得参议院同意之后设立，《临时约法》改称法院，由临时大总统和司法总长分别任命的法官组成。地方审判机构的设置未及制定新法，暂沿清末司法改革后的体制，称"审判厅"，分县、府、省三级，行四级三审制。

法官独立审判，不受上级官厅干涉。各级地方审判厅内设同级检察厅，行使监督之权。为根本改造司法机关，临时政府法制局拟定了《法官考试委员会官制令》、《法官考试令》草案，要求所有司法人员，必须经过法官考试合格，方能任用，规定："法官在任中不得减俸或转职，非依法律受刑罚宣告，或应免职之惩戒处分，不得解职"。从而确保司法机关不受干涉，独立行使职权，一改过去行政干预、操纵司法的状况。

（二）改革审判制度

临时政府仿照西方文明的审判方式，对专制野蛮的封建审判制度加以改革，其主要内容之一就是废除刑讯体罚。刑讯为传统法律确认的制度，蹂躏人权，致使枉纵之狱丛生，乃封建苛政。临时政府为"提倡人道，注重民生"，保障人权，认为必须立即废除，并陆续颁布《大总统令内务司法两部通饬所属禁止刑讯文》、《司法部资格生都督停止刑讯文》、《大总统令内务司法部通饬所属禁止体罚文》，宣布："不论行政司法官署，及何种案件，一概不准刑讯。……其从前不法刑具，悉令销毁。"

由司法部随时派员巡视各地，若有滥用刑讯体罚的"不肖官司"，定予严惩、革职，并治以应得之罪。①

（三）采用律师制度

为确保诉讼当事人合法权益，南京临时政府在草拟《中央裁判所官制令草案》的同时，仿照西方国家律师制度草拟了《律师法草案》。事实上，律师辩护制度、公审制度、陪审制度，在临时政府司法实践中已经采用，如1912年2月下旬审理江苏山阳县令擅杀案，就由司法部派出精通中外法律的官员承审，由知名人士陪审，并允许聘请辩护士到庭辩护，这在中国司法史上是没有先例的。上述律令，因临时政府存在时间短暂，大多未及实施，但其除旧布新之功是不能抹杀的。

"判断历史的功绩，不是根据历史活动家没有提供现代所要求的东西，而是根据他们比他们的前辈提供了新的东西"②。临时政府所制定颁布的一系列法律令，较之传统王朝，对中国社会作出了无可比拟的贡献。临时政府的法制具有鲜明的反封建专制的进步性，给几千年封建法制笼罩下的中国带来了一线新的曙光，民主共和、主权在民、平等自由、保障人权、司法独立、法制原则等等开始深入人心，体现了民主主义思想和法律观。

但是，因为南北对峙，没有实际上的统一政权，只是"电报统一"致令不能遍达。随着政权交出，法令多成空文。

二、北洋政府的司法制度

北洋政府是对由北洋系军阀首领袁世凯篡夺辛亥革命成果以后建立起来的政权的统称。

---

① 参见《近代史资料·辛亥革命资料》，215～216页，北京，中华书局，1961。
② 《列宁全集》，2版，第2卷，154页，北京，人民出版社，1984。

从 1912 年 4 月 1 日孙中山正式宣布解除临时大总统职务起，到 1928 年 6 月奉系军阀张作霖从北京退回关外止，是北洋军阀实际统治时期。这一时期的司法制度一反南京临时政府时期的资产阶级民主倾向，而是进一步偏向帝国主义列强，出卖国家主权和民族利益，甚至较清末具有更加明显的封建性和买办性。

（一）司法机关体系

北洋政府时期的司法机关体系庞杂，其中又有普通法院、兼理司法法院、特别法院、平政院之分。

1. 普通法院系统

这是北洋政府习自日本法院系统的一套较为成熟的制度，从中央到地方，各级审判机构配置完整，层级之间衔接得当。

大理院是最高审判机关，内设院长一人，总理全院事务，下设民事庭和刑事庭，各庭设庭长一名，推事若干。审理案件时，由推事五人组成合议庭，以庭长为审判长。在离京师较远或交通不便的省高等审判厅内设立大理院分院。推事由大理院选任，或由所在高等审判厅推事兼任。

在地方上，各省设立高等审判厅。其内设院长一人，下设民事庭和刑事庭。由推事三人组成合议庭，由庭长任审判长。高等审判厅也可在下属地方审判厅设立分庭。在城市主要设置地方审判厅，其受理二审案件或重要的一审案件。属第一审者，由推事一人独任；属第二审者，采用合议制。最低一级的普通法院是初等审判厅，其主要审理第一审的轻微刑事案件或诉讼标的价值较小的民事案件。1915 年 6 月废除初级审判厅，行三级三审制。

按照北京政府法院组织法的规定，检察系统设总检察厅、高等检察厅、地方检察厅、初等检察厅。它们分别设置于各该级审判厅官署内，由检察长、检察官组成。对刑事案件负责行使侦查、提起公诉与监督判决执行等检察权，对于有关社会公益及风俗的民事案件，以国家代表身份参加。

2. 兼理司法法院

兼理司法法院是指未设普通法院的各县所设的司法兼理机构。

1913 年，北京政府在未设普通法院的各县建立审检所，由县知事专门负责检察业务，但人员由县知事呈请高等审判厅委用。1914 年颁行《县知事审理诉讼暂行章程》，1917 年颁行《县司法公署组织章程》，对县兼理司法的制度有所改进，如将检察、审判分开，县知事专司检察，但都未能实行。

北洋军阀政府建立之后，在遵从民国理想的口号下，却以财政经费紧张为借口，不仅不力求在全国建立基层法院以完善临时政府时期没有实现的司法建设事业，反而于 1914 年 4 月下令裁撤原有的地方和初级审判检察厅，致使在全国范围内建立统一的司法审判组织体系的构想中断，并直接导致了在整个民国时期司法审判制度的混乱。民国时期所特有的兼理司法制度不是南京临时政府时期司法审判制度正常发展的结果，而是一个在武人干政时代对司法审判制度进行肆意践踏而产生的制度怪胎。

3. 特别法院

在普通法院和兼理司法法院之外，北洋政府时期还设立了许多特别法院，这当中主要包括军事审判机关和地方特别审判机关两类。军事审判机关依照《海军审判条例》、《陆军审判条例》审判，海陆军分设高等军法会审、军法会审、临时军法会审三种组织，审理军人犯罪案件。地方特别审判机关则是临时在少数民族地区或特别区域设立的司法组织，即特区法院。例如，热河都统署、归绥都统署、察哈尔各旗等，设审判处但不用检察制度。又如东三省特别区，在哈尔滨设高等审判厅及地方分庭，并相应设主任检察官。

4. 平政院

平政院主管行政诉讼。自清末仿效日本筹设"行政审判院"，至民国初期，北洋政府正式设立了具有近代意义的行政法院——平政院，确立了普通诉讼与行政诉讼并行的二元司法体制。

北洋政府于1914年5月1日公布的《中华民国约法》，在政权组织方面对《中华民国临时约法》变动较大，但仍以根本法确认平政院制度。该法第8条规定："人民有诉愿于行政官署，及陈述于平政院之权。"1914年5月以后，北洋政府先后颁行《平政院裁决执行条例》、《平政院处务规则》、《诉愿法》、《行政诉讼法》，创建了有关平政院组织与运作的一整套完备的法律制度。

平政院的组织设置较有特色。从外部组织关系看，平政院纵向直接隶属于大总统，横向与大理院平行。从内部组织结构看，设院长1人；设评事（即行政法官）15人，分设3个行政审判庭，每庭5人；肃政厅设都肃政史1人、肃政史16人。皆由大总统任命，向其负责。

平政院的行政审判职权与纠弹权也有别于普通法院。依据北洋政府《行政诉讼法》第1条的规定，平政院的行政审判权及于官署的各种违法处分，包括违法之命令、决定、行政契约等；对于行政诉讼的受理，兼采直接诉讼主义和诉愿前置主义。行政诉讼的审理，以评事5人组成合议庭，且合议庭中须有一至二人为司法职务出身；案件审理以言词主义为原则，以书面审理为例外。在案件审理过程中，非经平政院许可，不得撤诉。肃政厅下属肃政史独立行使职务，其职务主要包括：第一，依《行政诉讼法》的规定以原告身份提起行政诉讼；第二，依《纠弹法》的规定纠举违法渎职官员，但纠弹处理权最终掌握在大总统手中；第三，监督执行平政院的裁判文书。

但是，北洋政府的平政院制度有两大弊端：一是平政院为一级一审制，除中央平政院外，地方并无行政诉讼机关，平政院一旦作出裁决，即为终审，缺乏上诉救济途径。二是平政院易受行政控制，难以确保独立。平政院所作出的裁决，必须呈请大总统批令有关官署执行，非一经审判终结即自动生效。肃政厅纠举的任何官员，只有获得大总统许可，才能启动弹劾案。①

（二）诉讼审判的主要特点

1. 运用判例和解释例

北洋政府确认了大理院的判例与解释例具有法律效力。在司法审判中，法院大量运用判例和解释例。从1912年到1927年的15年间，单从《大清律例》中就抄袭了1 892条。到1927年止，大理院汇编的判例达到3 900条，解释例达2 000多条，判例和解释例汇编共6 000多条。判例和解释例比起法条更适合统治需要，其为北洋政府任意解释法律、罗织罪名提供了便利，成为任意残害人民的工具。

---

① 参见王鑫：《我国设立行政法院的刍议》，延边大学硕士学位论文，2006。

　　在整个北洋政府统治时期，大理院的判例、解释例总计达到6 000多个。[1] 在实践中，大理院充分发挥解释法律之权，将民国初期的众多"暂行"、"补充"以及各种单行的法规、多变的政策，根据实际的案件情况，一一阐述清楚，较为出色地完成了自己的历史使命。通过判例、解释例的运作，大理院也维护了自己作为最高法院的权威地位，一度宣布独立的南方各省也把上诉案件报告至大理院，并以大理院为终审；司法审判中的疑难问题也仍然适用大理院的相关解释。这种对法制统一的维护，说明了大理院对于民国司法制度的巨大贡献。以判例、解释例汇集而成的法律体系就是大理院的立法成果，以至于"承法之士无不人手一编，每遇讼争，则律师与审判官皆不约而同，而以查大理院某年某字某号判决如何如何为讼争定之谳之根据"[2]。

　　另一方面，大理院的审判和"立法"的成效在当时的实践中又大打折扣。民国初期在中国近代史上又被称作"北洋军阀统治时期"，各路北洋军人基本上左右了国家组织生活，他们实行个人专制的直接军事统治，既不讲"文治"也不讲"法治"。在中央，国会、内阁随着军阀实力的消长更迭频繁；在地方，普遍以基层行政法官兼理司法，甚至地方军阀以军事裁判取代司法机关的独立审判，中央法令并不能有效约束军阀的肆意妄为。民国时期著名的张振武案、邵飘萍案、林白水案，皆为军阀武力干涉司法事件，而大理院、检察机关都只能作壁上观。

　　2. 四级三审制

　　在审判管辖上，北京政府基本上实行四级三审制。轻微案件由初等审判厅作第一审，稍重的案件由地方审判厅作第一审。高等审判厅不受理第一审案件，大理院可以作为"内乱"及"妨碍国交"、"外患"等罪的第一审及终审机关。在审级及管辖问题上，北京政府前后也出现过一些反复。1914 年，袁世凯裁并地方审判、检察厅以及初等审判、检察厅，审、检归县知事兼理。但两年后，因人民反对复辟帝制，又恢复了地方审判厅，增设大理院分院、高等审判厅、地方审判厅等。之后，段祺瑞政府重新恢复审、检制度。在审判机构设置上，除保留大理院、高等审判厅、地方审判厅外，在县一级设立地方审判厅或司法公署，受理当地刑、民案件，从而使四级三审制确立下来。

　　审级制度是指法律规定的审判机关在组织体系上设置的等级，当事人可以上诉几次，一个案件经过多少级法院审判后，判决、裁定即发生法律效力的一种制度。审级制度是一国司法制度的重要组成部分，它的构建是否科学合理，直接影响到司法的统一性、正义性、终局性和权威性等基本价值目标。审级制度的形成和演变受制于特定政治、经济、文化、历史背景，并反映出特定的司法观念和司法正义的实现途径。中国近代审级制度的变革历程从一个层面透射出中国近代社会变迁的面貌，又为我们深思、探析审级制度构建的基本原理提供了宝贵的历史参照。

　　3. 县知事兼理司法

　　在这一时期，实行四级制的审判系统，在县级政权的层面，基层的司法权依然顽固地保留着清末的运行方式——行政权高于一切。北洋政府于 1914 年 4 月下令裁撤原有的地方和

　　① 参见张晋藩总主编，朱勇主编：《中国法制通史》，第 9 卷，529 页，北京，法律出版社，1999。

　　② 胡长清：《民法总论》，36～37 页，北京，中国政法大学出版社，1997。

初级审判检察厅，致使县级司法裁判系统重又走回前清模式的旧途。民国时期，县级政权的司法改革遇到的阻力是最大的。从初期实行的审检厅到初级审判厅，再到县知事兼理司法和县司法公署制度，它始终走在一条异常艰难的发展道路上。

北洋政府在未设立初等审判厅的地方，就由县知事监理司法。出现这样的情况也是有原因的：首先，种种原因造成新式法院设置数量不足，难以满足现实的需要，而且新式法院还没有得到普通民众的积极认同；其次，民国时期行政机构依然能够受理案件；最后，新司法制度的推行主要关注高等以上的审判组织，新式法院的设置也始终集中在省城及商埠，这在无形中给广大县级地方上实行兼理司法制度预留了空间。1914年颁布的《县知事兼理司法事务暂行条例》规定，凡未设法院的地方各县之司法事务，"委托县知事处理之"。由县知事行使审判权和检察权，故称之为兼理司法县公署。由于受到政治形势变化的影响，兼理司法的具体组织形式也几经变动，先后出现过审检所制度、县知事兼理司法制度、司法公署制度和县司法处制度（此已为南京国民政府时期的制度）等。在各种制度中，县知事兼理司法制度具有很好的典型意义。

兼理司法制度不仅是对南京临时政府《文官试验章程草案》的反动，而且是对封建社会地方府县官主管司法审判的公开复活，突出体现了北京政府统治时期的司法专横。总体而言，兼理司法制度是民国时期在县级政权中实行司法改革、推行司法独立制度最大的变数。它虽是一种临时性的措施，但却贯穿整个民国；虽是一种权宜之计的制度设计，却是近代司法改革领域中向传统回归的最有代表性的做法。通过这一典型，我们可以清楚了解民国司法独立的理念在基层政权的层面是如何被同化的，这是一种从价值理念到工具理念的转化。

4. 军事审判取代普通审判

北京政府统治时期，由于军阀连年混战，全国经常处于战争时期或戒严时期，军法审判机关和军法审判在司法审判中占有突出地位。北京政府设有高等军法会审、军法会审和临时军法会审等三种军事审判机构。军法会审机构不仅审理军人违反《陆军刑事条例》和《海军刑事条例》的案件，而且把续备、后备和退役军人以及军属也包含在军法审判的范围。同时，军法会审机构的审判活动还随意强行审判其他非军人案件，任意残害革命志士和人民群众，这充分暴露了北京政府军事审判机构的反动本质。

审判中，军法和军法会审重于其他审判，一般司法审判只是军法审判的补充。依照《陆军刑事条例》和《海军刑事条例》的规定，军人触犯海、陆军刑事条例或刑律所列之罪，或违警罚及其他法律所定之罪，以及军人附带民事诉讼；非军人犯军法条例规定之罪，均依军法会审判。这样，军人、平民犯罪、刑、民案件均可由军法会审审判，它成为实际上最重要的审判机构。不仅如此，军法会审机构还可援用《惩治盗贼法》、《戒严法》，随时随地处理案件。由于军阀战乱不断，政府的审判权实际上为军阀官僚把持，现实审判中已无法可言。

5. 扩大帝国主义列强的在华领事裁判权

当时在华外国侨民达35万多人[①]，为便于侨民诉讼，北京政府继续承认领事裁判权，并赋予无领事裁判权国家的侨民某些法律特权。1913年颁布的《约定华洋诉讼办法》规定：审

---

① 参见黄逸平：《中国近代经济史论文选》，175页，上海，上海人民出版社，1985。

理涉外（华洋）诉讼案件以地方衙门为第一审，不服则以该省通商交涉使衙门或外交特派交涉员署为上诉机关，从而自毁司法体系与审判权的统一行使。1920年公布《审理无领事裁判权国人民犯罪变通处刑办法文》，更规定：如该国人犯重罪，依《暂行新刑律》应处死刑，而本国已废止死刑，酌处无期徒刑，且在判决理由书内声明。这进一步扩大了领事裁判权的适用范围和程度。

（三）狱政制度发展

北京政府成立后，改前清法部典狱司为司法部监狱司，管理全国监狱。1913年12月据袁世凯援用前清法律的命令，修订《大清监狱律草案》并予公布，定名《监狱规则》，成为民国首部监狱法典。依刑罚区分监狱为徒刑监、拘役监；以性别则分为男监、女监；依年龄分为成年监、幼年监。此开中国设立女监、幼年监之先例。监狱设典狱长一人，看守长三人，投出一人，另设男女看守、教诲师、医生、药剂师若干人，实行典狱长负责制。全国共设监狱及分监八十多处。

第一次世界大战，中国加入协约国，随着协约国胜利，中国的国际地位有所提高，政府在国内压力之下不得不在巴黎和会与华盛顿会议上同列强交涉收回领事裁判权事宜。列强一面拒绝废止该权利，一面同意派员来华考察刑罚、审判及监狱状况后再作决定。北洋政府遂模仿司法各国对监狱进行改良，如设立模范监狱、构筑新式监狱等。但因军阀战事频仍，狱政不遑顾及，这使得改革只能流于形式，并无多少实质性变化。

三、广州、武汉国民政府司法制度

在第一次国共合作的大背景之下，广州、武汉国民政府粉墨登场，一直存在至1927年国民党右派蒋介石背叛革命、建立南京政府为止。广州、武汉国民政府成立期间，为了巩固根据地，推动国民革命运动的发展，制定和颁布了一系列法律、法令和条例，并且改革了司法制度，从而初步形成了广州、武汉国民政府的法律制度。就司法制度而言，其在司法机构和司法制度改革这两个方面较有特点。

（一）司法机构

就审判机关而言，这一时期延续了北洋政府时期的基本架构，分为普通法院系统、军事法庭和特别法庭。国民政府初期，普通审判机关仍为四级三审制的设置，司法机关由初等、地方、高等审判厅及中央大理院组成。同时，为了配合军事和革命斗争，在国民革命军中，根据国民党中执委的命令，设立了临时特别法庭和军事法庭。此外，国民政府还设立了处理破坏香港罢工的特别法庭和惩治土豪劣绅的特别法庭。

就检察机关而言，其设置与审判机关并行。中央设总检察厅，地方设初等、地方及高等检察厅。在中央，大理院行使最高审判权，总检察厅行使最高检察权。大理院和总检察厅都接受国民党中央执委会的指导和监督。

就司法行政机关而言，其建立较晚。在国民政府初期，司法行政机关并没有独立出来，只是在大理院内设"司法行政处"。1926年1月，该处被撤销，建立了直属国民政府的"司法行政委员会"。同年11月15日，又改名司法部。依《国民政府司法部组织法》规定，司法部"受国民政府之命令，管理全国司法行政，并指挥、监督省司法行政"。

（二）司法制度改革

广州、武汉国民政府为了革新司法制度，于 1926 年 11 月在广州召开了第一次司法改革会议，通过了改造司法制度案。同年 12 月底，武汉国民政府又召开了司法会议，继续进行司法改革。1927 年 3 月，司法部又颁布了《新法制施行条例》11 条、《司法行政计划及政策》七项等。

总体而言，这次司法制度改革的基本内容包括：第一，改正法院名称，采用二级二审制。国民政府一律将"厅"更名为"法院"。同时，政府只设中央法院和地方法院，共二级，中央法院分为最高法院和控诉法院（冠以省名），地方法院分为县市法院（冠以县市之名）和人民法院。而就审级而言，原则上实行二审制，一般案件是以县、市法院为第一审的案件，则控诉法院为第二审；凡以控诉法院为第一审的案件，则以最高法院为第二审。而死刑案件可实行三审终审制，即县、市法院为第一审，控诉法院为第二审，最高法院为终审。第二，废除检察厅，在法院内设检察官。由于原有审判和检察机构分立，两家之间争权夺利出现矛盾，民国政府司法部一改审检分立的体制，将各级检察厅废除，在各级法院内酌设检察官，使检察成为法院的一个组成部分。改革之后的检察官有权对于直接侵害国家法益之犯罪及刑事被害人或其家属放弃诉讼之非亲告罪，得以向法院提起公诉；关于处死刑的犯罪，得向刑事法庭陈述意见；指挥军警逮捕刑事犯，并执行刑事判决等。第三，废除法院内的行政长官制，实行行政委员会制。原先的司法机关实行长官制，结果导致院长独断专行，为消除此项弊病，国民政府决定废止法院内行政长官制，院内事宜由行政委员会集体负责处理。行政委员会有权处理院内行政事务，编造预算、决算，稽查公费、罚金、赃物，编制统计表册等。第四，采用参审制和陪审制。国民政府为了吸引各类代表参加审判工作，在 1927 年年初，制定了专门的《参审陪审条例》共 34 条，划定了实施参审与陪审的审级，规定了参审员、陪审员的推选机关，确定了参审员、陪审员的资格，明确了参审员、陪审员的权利和义务。第五，废除了司法官不党之禁令。条例规定非有社会名誉之党员，兼有三年以上法律经验者，不得为司法官。第六，减少诉讼费和状纸费，征收执行费。为减轻诉讼人的负担，国民政府决定讼费减少 50％，状纸费减少 60％。但对于确定判决执行的民事案件，要征收累进执行费。

随着北伐战争的胜利推进和工农运动的蓬勃开展，沿用清末法律的状况已经不能适应国民革命的需要，司法制度与国民革命之间出现了矛盾。正是在这一背景下，1926 年广州国民政府成立不久，就专门成立了"改造司法委员会"，制定了《改革司法说明书》，从革新旧式司法观念、革新司法人员和创建新型司法制度三个方面推动司法改革。到武汉国民政府成立时，最终形成了以贯彻党治理论、保障国民革命、维护工农利益的新司法制度。在倡言"革命"的政治时期，司法改革已经不是出于建立宪政民主的需要，而是一种对革命性的司法工具的追求。在这一司法模式下其革命性主要体现在以下四个方面：一是改组后的中国国民党具有最高立法权和司法权。从立法权上看，中国国民党代行国家最高权力机关的职权，国民党的党纲以及国民党全国代表大会讨论通过的政纲和各项决议，具有最高的法律效力。中国国民党全国代表大会及其中央执行委员会是国民政府的最高立法机关。正是在这一时期，制定了民国第一批以政治价值作为定罪量刑依据的法律法规，如《党员背誓罪条例》、《国民政府反革命罪条例》等。从司法权上看，国民政府的司法活动都是在国民党的严格组织领导和制度框架内开展工作。二是党员义务的法律化。国民政府制定专门条例以法律的形式来严惩背叛革命誓言的行为，把对国民党党员的义务要求上升为法律责任。凡是犯有背誓罪的党员公务人员，在处罚标准上要加重一级，而且对党员的刑事处罚不需要经过司法程序，而由国民党中央执行委员会组织的法庭来判决。三是废止司法党禁，实行司法党化，明确规定"非有社会名誉之党员，兼有三年以上法律经验者，不得为司法官"。四是确立法院的集体领导体制，实行参审陪审制，在内部强化国民党的领导，在外部根据当事人不同的身份来确定不同的审判制度。革命式的司法模式，其最大的特色就是将司法附着于政治之上，并赋予其实现政治革命目标的使命。而当法制改革成为政治革命必要一环的时候，对法制变革本身的考量也就变得不那么重要。① 广州、武汉国民政府的司法改革基本是正确的，但是因为政府没有也不可能摧毁旧有的司法机器，所以这场改革也就不会彻底，也不可能完全实现。

四、南京国民政府司法制度

1927 年 4 月 12 日，依靠北伐战争获得军权的蒋介石，背弃孙中山的"新三民主义"，在中外反动势力的扶持下，于上海发动了一次成功的政变，以死亡几十人的代价，稳住了上海的局势，宣布清除共产党，与当时仍为国共两党合作下的武汉政府对抗，成立了南京国民政府。直到 1949 年年底被迫退至台湾省，它才结束了自己代表中国 22 年的统治。这时期的法律制度集清末以来近五十年中国近代法制变革之大成，以资产阶级的法律形式，形成了《六法全书》体系。这一时期的司法体系以完备的法律系统为依托，发展出自己的特色。

（一）司法机关体系

南京国民政府时期既秉承前制，又在特殊的动乱时期发展了自己的机构设置模式，出现了更多的常规司法裁判体系之外的裁判机构。

这一时期的最高司法机关是司法院。1928 年《中华民国国民政府组织法》规定："司法院为国民政府最高司法机关，掌握司法审判、司法行政官吏惩戒及行政审判职权。"司法院之下设立各级法院。司法院院长总理全院事务，经最高法院院长及所属各庭庭长会议议决后，统一行使解释法令及变更判决之权。1947 年《中华民国宪法》规定：司法院为国家最高司法机关，有掌握民事、刑事、行政诉讼之审判及公务员之惩戒、解释宪法，并有统一解释法律及命令之权。它兼具司法审判机构和司法行政机构的双重职能。

就司法裁判机构而言，南京国民政府时期的普通法院承袭前制，是根据 1932 年《法院组织法》建立起来的。它分地方、高等、最高法院三级，行三级三审制。地方法院设于县、市，大市设分院，管辖一审民刑事案件及非诉案件。高等法院设于省会、特别区、首都和院辖市，大省可设分院。它管辖内乱、外患及妨害国家罪等刑事一审案件；不服地方法院及分院一审判决而上诉的民刑事案件和不服地方法院及分院裁定而抗告的案件。最高法院设于民国政府所在地。它管辖不服高等法院及其分院的一审判决；不服高等法院及其分院的一审民刑事案件判决；不服高等法院及其分院裁定而抗告的案件；非常上诉案件。其实，在审判实践中，三级三审制并未完全实行。《刑事诉讼法》规定："上诉于第三审法院，非以判决违背法令为理不得之。"实际上变三审制为二审制。特别是根据《特种刑事案件诉讼条例》，对

---

① 参见韩秀桃：《近代中国对司法独立的价值追求与现实依归》，载《中国法学》，2003（4）。

"危害民国"经司法警察官署移送的案件，不须经检察官提起公诉，法院可径行判决，且不得上诉，只能声请复判，复判后还可作出重于原判的刑罚，这实际就使三审制变成了一审制。

就司法监督机构而言，国民政府依然实行审检合署制，将各级检察机构设于法院之内。最高法院内设检察署，置检察官若干人，以一人为检察长，地方各级法院内设检察处，置检察官若干人，以一人为首席检察官，其检察官为一人时不设首席检察官。依照《法院组织法》，检察机关的任务是：实施侦查、提起公诉、协助自诉、担当自诉、指挥刑事裁判的执行，及其他法令所定职务的执行。检察长及首席检察官有权监督下级检察官，提调其侦查的案件亲自处理或移转给下属其他检察官承办。检察机关实行垂直领导。最高法院和检察署均受司法行政部监督。

在常规的司法审判机构之外，南京国民政府时期尚存在若干特殊的审判机关。

第一类当属特别法庭，它们是依照特别法规而设置的实行法西斯统治的审判机关。1948年为加强镇压、迫害共产党人和爱国志士，南京国民政府颁布《特种刑事法庭组织条例》，设特种刑事法庭，分中央、高等特种刑事法庭两级。前者设于首都，隶属司法院，设庭长一人，总理行政、兼任审判长，监督该庭事务。置审判官若干人，检察官一至三人。中央特种刑事法庭复判高等特种刑事法庭判决的案件。高等特种刑事法庭设于重庆、兰州两地，设庭长一人，总理行政、兼任审判长，监督该庭事务。置审判官若干人，检察官一至三人。高等特种刑事法庭受理《戡乱时期危害国家紧急之罪条例》所规定的案件。

第二类是军事审判组织，当时称军法会审。它分简单、普通、高等军法会审三种。简单军法会审设在各种指挥部、各军部、各独立师部、各独立旅部或该管高级长官驻所。以各该部高级军法官两人为审判长、军法官两人为审判官组成，审判下属上尉以下官佐上兵及同等军人犯罪者。普通军法会审的设置处所与简单军法会审相同，以高于或等于被告级别的审判长一人、审判官两人组成，审判下属校官及同等军人犯罪者。高等军法会审设在总司令或军政部、海军部，以高于或等于被告级别的审判长一人、审判官两人组成，审判将官及同等军人犯罪者。军法会审行二审终审制，第二审称复审，据总司令或军政部长、海军部长或该管最高级长官的命令进行。但实际上，军法会审往往是一审终审。在实际审判中，不准旁听审判，军事检察官由各级司令部副官或军法官、宪兵官长、卫戍司令部或警备部稽查官长担任。

除此之外，国民党各级党部操纵司法审判权。《监察委员会组织条例》赋予各级监察委员会稽核同级政府施政方针，调阅当地党政机关案卷之权。这其中就包括参加同级司法机关审判活动之权。又如南京国民政府1929年公布施行的《反革命案件陪审暂行法》规定，法院受理反革命案件，适用陪审制。"陪审员就居住各该高等法院或分院所在地之中国国民党党员，年龄在二十五岁以上者选充之。"而当地最高一级党部对此类案件的一审判决声明不同意时，检察官立即上诉于最高法院。

另外，南京国民政府的军事机关，在戒严时期也有司法审判权。《戒严法》规定：凡戒严时期警戒地域内的地方行政长官和司法官处理有关军事事务，应受该地最高司令官指挥。戒严时期，接战地域内地方行政司法事务，移归该地最高司令官掌管，地方行政官及司法官应受该司令官指挥。接战地域内刑法规定的内乱、外患、妨害秩序、公共危险等罪，军事机关可自行审判或交法院审判。接战地域内无法院或与其管辖的法院交通断绝时，刑民事案件均得由该地军事机关审判。国民政府往往以戒严之名，控制地方司法审判权。

在司法实践中，特务机关也在某种程度上控制着司法审判权。国民党建有一套严密的特务组织，其中最大的是"国民党中央调查统计局"（即"中统"）和"国民政府军事委员会调查统计局"（即"军统"）。这些机关秉承蒋介石旨意，置政府"法纪"于不顾，不经法律程序而非法逮捕审讯，肆意屠杀共产党人和革命者。

南京国民政府虽然仿照西方资产阶级法律建立起来较为完备的司法审判体系，但是又通过颁布特别法等形式来设"法外之法"，许多特殊的司法机关侧立在常规审判系统之旁，实在是以政治上的浅近意图来恣意左右司法制度，大有"内法外儒"之古风。

（二）审判制度

就审判原则而言，这一时期的司法审判大致遵循"政治案件秘密审判原则"、"虚伪的'司法独立'原则"、"'自由心证'原则"、"'不干涉主义'原则"[1]。

为保证实体法实施，南京国民政府的法院逐渐形成一套完整的审判制度。在刑事诉讼中，一方面剥夺被害人的自诉权利，另一方面则剥夺共产党人和革命者的上诉权。《刑事诉讼法》剥夺了无行为能力人和限制行为能力人的被害人的自诉权（第311条）；规定了直系亲属或配偶不得提起自诉（第360条）；告诉或请求乃论之罪越过告诉期的不得再行自诉（第314条）；经检察官侦查终结或撤回自诉案件的不得再行自诉（第315条）。同时，法律规定对"内乱罪"、"外患罪"及"妨害国交罪"采用二审制；对特种刑案中"危害民国"的政治犯案件只能申请复判，而不得上诉；对特种刑事案件中的某些死刑实行电报摘叙呈批制度。

在民事诉讼中，南京国民政府时期的《民事诉讼法》规定，每一民事诉讼案件，原告向法院起诉，法院首先审查在程序上是否合法，如不合法，除命其补正外，法院驳回不予受理。所谓程序上不合法，是指"九不受理"：管辖不合不受理，当事人不适格不受理，未有合法代理不受理，书状不合程式不受理，不交讼费不受理，一事不再理，不告不理，已成立和解者不理，上诉非以违法为理由者不理。这一规定，把无钱无势的劳苦大众排斥在法院之外，完全剥夺了人民的诉讼权利。

（三）狱政制度

南京国民政府以北京政府监狱法为蓝本，规定了一系列监狱法规，如1928年10月公布的《监狱规则》、1929年公布的《反省院条例》、1930年公布的《军人监狱条例》、1932年公布的《拘留所规则》、1928年和1930年分别公布的《管收民事被告人规则》和《看守所暂行章程》等。1946年南京国民政府在总结以往经验基础上，全面修订监狱法规，公布了《监狱行刑法》、《监狱条例》、《行刑累进处遇条例》、《羁押法》和《看守所条例》，把监狱立法推向新的阶段。

在普通监狱之外，还设有特别监狱，它主要包括军人监狱、反省院和特别感化院。此外，南京国民政府还设有一些法西斯特种监狱，秘密关押和残杀共产党人、爱国志士等。

---

[1]　钱大群主编：《中国法制史教程》，461～463页，南京，南京大学出版社，1987。

(四) 律师及公证制度

中国律师公证制度，始于北京政府时期。1912 年 9 月制定的《律师暂行章程》、《律师登录暂行章程》，是中国律师立法之肇始。1920 年东三省特别区域法院沿用俄国旧例亦办理公证，此为中国公证制度的滥觞。南京国民政府在此基础之上，先后制定、颁布了有关律师、公证的法规，建立起适合统治需要的律师公证制度。

1. 律师制度

1927 年 7 月 23 日，南京国民政府公布实施《律师章程》，分"职务"、"资格"、"证书"、"名簿"、"义务"、"公会"、"惩戒"共 7 章 38 条。1941 年南京国民政府公布《律师法》，其后该法又于 1945 年 4 月和 1948 年 3 月修正。依照《律师法》，充当律师应当具备下列条件：一是中华民国人民，经律师考试及格者。二是曾任推事或检察官；或者曾在专门以上学校讲授主要法律科目二年以上；或者法科三年毕业，曾任荐任司法行政官，办理民刑事案件二年以上；或者曾任立法委员三年以上，经检核及格者。凡背叛中华民国证据确实者，或曾受一年有期徒刑之宣告者，或曾受律师除名之处分者，或曾任公务员而受撤职之惩戒处分者，或亏空公款者，或受破产宣告尚未复权者，不得充当律师。已经担任者撤销其资格。

该法规定：律师受当事人委托，依法院法令，在法院执行法定职务，办理其他法律文件。律师也可依特别法规定，在军事或其他审判机关执行职务。律师违反《律师法》及有关法律，依情节轻重，除受刑罚处罚外，还应受警告或申诉，或二个月以上二年以下停止职务或除名的惩戒处分。

据该法及有关法规规定，律师须向政府法院登录，须加入律师公会，只能在所登录的法院执行职务，非加入律师公会，不得执行职务。律师公会受南京国民政府司法行政部和所在地地方法院首席检察官的指挥监督。

国民政府成立之初，沿用北京政府《无领事裁判权国律师出庭暂行章程》，允许外国律师参与涉外诉讼。1944 年 3 月又颁布了《外国人在中国充任律师办法》，允许外国律师参加各种诉讼，不过对其作了限制性规定：外国人在中国担任律师，其所在国法律必须允许中国人充当律师，并且应参加中国的律师资格考试，遵守中国的法律法令，出庭时应使用中国语言，违法犯罪时，除依法惩处外，得吊销律师执照。但终因政府腐败，这些规定都成具文。

民国时期律师制度实际上起源于近代中国社会司法制度改革，它与中国传统的讼师并无关联。由于讼师在争讼中所体现的民间化取向和在司法审判中对官府的制约和平衡作用照映之下，这一角色始终被视为对传统国家权力尤其是司法权力的严重挑战。虽然近代律师制度的引进与传统的相关制度缺乏关联，但正可以从另一个侧面说明该制度在引进过程中的价值旨趣，以及在发展中所遇到的种种现实责难。[①]

律师制度是在一种内外交织的合力推动下形成的。从内在动因看，晚清律师制度是作为与改良司法审判相配套的制度来引进和建立的。[②] 从外部动因上看，因领事裁判权的确立而

---

①　参见韩秀桃：《司法独立与近代中国》，319～326 页，北京，清华大学出版社，2003。

②　也有人提出，晚清律师制度的引进，从内因上看是"中国社会的演进、法律自身的发展，已经在一定程度上对能够为民众提供法律服务的专门职业提出要求"的结果。参见徐家力：《中华民国律师制度史》，前言，北京，中国政法大学出版社，1998。

导致外国律师职业范围合法地从领事法庭扩展到会审公廨，对中国传统的司法审判模式产生了根本性的影响，并直接诱发对律师制度的引进需求。正是在这种内外双重合力之下，律师在近代中国表现出一种实用的价值取向和应急的建构态势。民国成立之后，建立在三权分立基础之上的民国共和政体，以根本法的形式宣布实行司法独立，这为律师的发展提供了合法性基础。1912 年 3 月，《内务部警务司长孙润宇建议实行律师制度呈孙大总统文》认为：司法独立，为法治国分权之精神所在，而不可不设立律师制度以相辅助。律师制度与司法独立相辅为用，凤为文明各国相通行。"诚以司法独立，推检以外，不可不设置律师与相辅相制，必使并行不悖，司法前途可达圆满之域。"[①] 孙中山在上述咨文中批道："律师制度不施行，则人民之对于司法官厅，不免生种种之恶感，致生诉讼上无穷之障碍，是非设置律师制度不可。盖有律师，为诉讼人攻击、辩护，事事依据法律，绅既无所容其觊望，官也不能稍有循违。而起诉、检查一切手续，皆有律师为之牵导，不致仍前无所适从。民间恶感，非但可以消除，而律师之信用既彰，则于司法机关，且可因以发展，其关系诚非浅鲜。"[②] 正是出于司法独立的价值追求和建立完善公正的司法制度的需要，民国时期的律师制度自此步入持续发展阶段。

民国律师制度的发展进程仍然沿袭清末实践先行而立法滞后，再逐渐完善相关制度的路径。1912 年 1 月 28 日中华民国律师总工会在上海成立。为了便于诉讼代理，各地律师业纷纷成立律师公会。[③] 律师业的发展，推动了相关法律制度的建设。1912 年 9 月 16 日，袁世凯政府颁布实施了中国历史上第一个专门关于律师制度的单行法规——《律师暂行章程》。该章程共 38 条，内容包括律师资格、律师证书、律师名簿、律师职务、律师义务、律师公会以及律师惩戒等，基本上涵盖了现代律师制度的方方面面。1912 年年底，民国第一次全国律师考试举行，经考试合格并由司法部颁发证书者共 297 人，此后经面试和甄录选拔，到 1913 年年底全国拥有律师资格证书达 2 716 人。[④] 1914 年初"（司法部）部中所发证书，已逾数千"[⑤]。

近代律师制度的历史命运及时代价值与整个民国时期宪政共和的政体原则、民主法治的思路相一致。因为律师制度在被引进之初，就肩负着上述双重责任，对内要建构完成三大司法职能的体制，以确保司法独立原则的充分实现；对外要树立新型司法制度的样式，为收回治外法权充任铺垫。而在整个民国时期，这两大使命一直是当时司法改革的根本的价值取向和核心改革目标。所以，尽管政权更迭不息，当政者如走马灯一般变幻不停，就像是不能公开放弃共和民主的大旗一样，任何的执政者只有想方设法地压制而没有从根本上拒斥律师制度的发展。这样，律师制度在上述两个冠冕堂皇的理由支撑下，在民主共和的大旗下，艰难

---

① 《南京临时政府公报》，第五十四号，载《辛亥革命资料》，404 页，北京，中华书局，1961。

② 转引自王申：《中国近代律师制度与律师》，39 页，上海，上海社会科学出版社，1994。

③ 稍后颁布实施的有关律师执业问题的法规，大都规定：律师必须先到所在地的律师公会登记以后，才能进行执业。也正是在此意义上，完全可以将律师公会的成立视为近代律师制度发端的标志。

④ 参见流水长：《中国律师史话》，29 页，北京，改革出版社，1996。转引自张志铭、张制越：《20 世纪的中国律师业》，载苏力、贺卫方主编：《20 世纪的中国：学术与社会》（法学卷），396 页，济南，山东人民出版社，2001。

⑤ 《司法总长梁启超呈大总统敬陈司法计划十端留条采译文》，第八端"宜严限律师资格也"，载《东方杂志》，第十卷第十二号；《内外时报》，1914-06-01。

曲折地取得了较大的发展。

2. 公证制度

国民政府 1935 年公布《公证暂行规则》。次年公布《公证暂行规则试行细则》，并以首都为实施区域。1939 年和 1942 年，各省高等、地方法院分批成立公证处。1943 年 3 月公布《公证法》，1944 年起施行全国。该法规定：地方法院设公证处办理公证，必要时，地方法院可在辖区内设公证分处。设专职公证人负责，或由地方法院推事负责。

公证处的公证事项，分公证法律行为和公证私权事实。公证人可应当事人或其他关系人要求，就法律行为或私权事实作出公证书。公证人也可就当事人或其他关系人所作的私权证书予以认证。法律行为包括债权、债务的契约行为；物权取得、设立、丧失、变更行为；商事行为及涉及私权的其他法律行为。私权事实包括时效、不当得利、无因管理、侵权行为、债务履行或不履行、不动产、相邻关系、无主物先占等及其他涉及私权的事实。据不完全统计，1937 年全国法院受理公证事件 1 000 余件，至 1947 年增至 10 万余件。截至 1947 年全国开办公证的地方法院计 550 处，其中已设专职公证人员的有 104 处。①

总体而言，南京国民政府是国民党内以蒋介石为首的军事实力派通过军事镇压而建立起来的党、政、军合一的政权，这一时期的立法和司法活动具有浓厚"党治"、"军治"和个人独裁专制的色彩。从中国当时的国情来看，孙中山建国时期的理论构想无疑具有一定的历史意义。但孙中山的匆匆离世为蒋介石、胡汉民曲解上述理论提供了借口，并将其发展为所谓的"训政保姆论"，从而为实现国民党一党专制、蒋介石的军事独裁埋下了祸根。在此背景下，国民政府甫经成立，司法党化也随之被强化。正如司法院院长居正在 1935 年所说的：在"以党治国"大原则统治着的国家，司法党化应该视作"家常便饭"②。即便是到 1947 年宣布实行所谓"宪政"时期，国民党的一党专制和蒋介石的军事独裁的本质都没有发生任何质的变化。因此，从《中华民国训政时期约法》到《中华民国宪法》，南京国民政府关于司法权的制度性规定都是在党治和军事专制的框架中来建构的。具体到司法党化的实践，包括四个方面：一是法律所未规定之处，应当运用党义来补充。二是法律规定太抽象空洞而不能解决具体问题时，应当拿党义去充实它们的内容。三是法律已经僵化，应该拿党义把它活用起来。四是法律与实际社会生活明显地矛盾而又没有别的法律可据用时，可以根据党义宣布该法律无效。至于如何实现上述的目标，其做法包括：令法官注意研究党义，适用党义；以运用党义判案作为审查成绩之第一标准；在司法官考试，设置党义科目和运用党义判案为试题；法官训练所应极力扩充范围，并增加"党义判例"、"党义拟判实习"等科目；注意研究党义在司法中之运用；编纂《判解党义汇览》等。③ 如从司法官的考选和司法官党员化上来看，在司法官考试中，有关党义党纲方面的题目占 60% 以上。④ 更有甚者，国民党中央执行委员会可以直接保送党务人员，在不经任何考选的情况下，直接进入法官训练所学习，然后派给司法实职。目的在于使"党务工作人员，充分取得服务于司法界之机会，成为党治之下

---

① 参见展恒举：《中国近代法制史》，302 页，台北，"商务印书馆"，1973。

② 居正：《司法党化问题》，载《东方杂志》，第三十二卷第十号，6～21 页。

③ 参见林长民为《法律评论》发刊之题辞，载《法律评论（合刊）》，第一年第一至八期，1924-05-10。

④ 参见《法律评论》，第八卷第六号，1931-11-16。

之良好司法人才"①。在司法官初试合格后再送往法院再教育。这样，经过甄录试中的党纲党义测验、法官训练所中的党纲党义学习，外加一个党员的司法官考试，完全将国民党的基本纲领融汇于司法官的记忆中。可以说，这些做法也是司法党化之于司法的最极端的办法，即将司法完全控制于国民党之下，这正好又与国民党推行的一党专制和军事独裁的政治策略是一致的。②

第四节
司法制度构造中的冲突与融合

纵观中国近代司法制度之架构，虽显混乱，但此遽然成型的近代司法制度体系确实为中国之发展奠定了坚实的基础。从中国传统司法制度固有的僵化与混乱中猛然转身，近代之司法制度构造必然有诸多别于前朝之处，或显生硬甚至怪诞；同时，在近代战火中数次转变学习方向的近代司法制度，本身就存有内在的冲突与矛盾，但是，国家的力量最终将中国近代司法体系塑造成型。

一、机构设置的特点

自清末官制改革开始，中国近代司法机构在全国权力架构中处于改革的重要地位。在整个民国时期，司法机构设置的主要由国家根本大法规定，并将司法权的独立作为近代社会改革的最终追求（至少名义上如此）。

清朝末年，三权分立的设置实际上并没有实现，议院未可急速设立，只能分设法部掌司法事务，设大理院专事司法审判。

民国时期，司法机构的配置往往成为权力争夺的焦点。国家立法机构的设置往往流于形式，在数次重要的国家立法活动中无法真正统摄全部活动；国家行政机构在实际上处于最高的领导地位，各种法律的行使往往受制于行政官署的运行；司法机构在设置上同样受制于行政机构的运行，只是司法独立之名下的实践往往令人失望。

二、司法机关权能分配的特点

中国近代时期的各个政权基本都在形式上保证了司法独立的基本制度设计，以实现资产阶级在国家权力分配上的三权分立格局。而在司法机构内部，司、法、检各机关之间的权力配置也呈现出一定的规律性。

就最高司法机关而言，各个政权都会设立一最高司法机关来统辖全部司法机关。清末官制改革，"刑部著改为法部，专任司法"，"大理寺著改为大理院，专掌审判"，"司法之权则专属之法部，以大理院任审判，而法部监督之"。但实际上内阁、军机处仍为政务中枢，法

---

① 《法律评论》，第十二卷第十八期，1935-03-03。
② 参见韩秀桃：《近代中国对司法独立的价值追求与现实依归》，载《中国法学》，2003（4）。

部、大理院隶属其下，资政院也非立法机构，并没有真正实现"三权分立"。民初南京临时政府设司法部，依《司法部官制》第7条规定，司法总长管理民事刑事非讼事件、户籍、监狱及出狱人保护事务，并其他一切司法行政事宜，监督所辖各官署及法官。① 直到1928年，南京国民政府设立司法院。依照《国民政府组织法》、《司法院组织法》之规定，司法院为最高司法机关，掌理民事、刑事、行政诉讼以及公务员惩戒之权，并负责统一解释国家法律、命令。司法院由办事机构和直属机关两部分组成，其办事机构负责管理各项司法内勤事务；其直属机关具有相对独立的司法权，例如，最高法院名义上受司法院统辖，但是在行使民事、刑事审判权时，则不受司法院的干涉。

就司法审判机关而言，专任司法裁判之职，为近代司法之标志。清末，经沈家本等人多方奔走，大理院和各级审判厅相继建立，希冀其"诚为改良裁判，收回治外法权之要领"。民国初建，南京临时政府则提出了同封建国家完全不同的方案：第一，国家设立同行政机关相分离的专门审判机关，暂时定名为"临时中央审判所"，待条件成熟正式成立"最高法院"及地方各级审判机关；第二，法官的任职需一定的"资格"，这个资格由国家法律予以规定，非同封建皇帝那样由个人意愿决定；第三，法官可以审判受到弹劾的临时大总统，换言之，国家各级官吏在其违法时，都有受到国家审判机关审判的可能。体现出临时政府在司法制度中力图贯彻司法独立和在法律面前人人平等的原则。民国北京政府时期，在袁世凯专权之下，他一手控制的政治会议通过决议案，将已设立之地方审判厅撤废了2/3，将刚刚建立起来的本来就不多的初级审判厅完全撤废掉。民刑事案件则由县知事兼理，或暂设审判处以管辖之。其余各地方暂设、特设之特殊民刑诉讼审判衙门均因事而立。高等审判厅仍然保留。民国北京政府将行政诉讼同普通刑民事诉讼分开。大理院及各级审判厅负责受理普通刑民事诉讼案件，专设平政院审理行政诉讼案件。平政院的职权除法律有特别规定的外，对以下各项行使审理权：一是中央或地方最高级行政官署的违法处分，致损害人民权利经人民陈诉的；二是中央或地方行政官署的违法处分，致损害人民权利，经人民依诉讼法的规定诉愿至最高行政官署，不服其决定而陈诉的。但平政院不得受理要求赔偿损害的诉讼。南京国民政府时期，审判机关更为繁复。1930年，国民党中央政治会议确立了采行三级三审制的立法原则，即在县（或市）设立地方法院，在省设立高等法院，在南京设立最高法院。在最高法院之下设高等法院和地方法院。在省或特别行政区设高等法院，按照当时的行政区域划分，全国共设置高等法院37所。又根据高等法院辖区范围的大小，可在高等法院之下设立高等法院分院。最高法院、高等法院、地方法院及县司法处管辖各该管案件。此外，大量特殊审判机构也可对某些案件行使司法管辖权。

就检察机关而言，各个政府所设立的专事起诉机关已与传统的司法监察机关有所区别，是按照西方资产阶级法律所设的新式司法机关。清末修律，在各级审判厅内，设置了各级检察厅，为各级监察机关。其职权是：在刑事诉讼中，"遵照刑事诉讼律及其他法令所定，实行搜查处分，提起公诉，实行公诉，并监察判断之执行"；在民事诉讼中，"遵照民事诉讼律及其他法令所定，为诉讼当事人或公益代表人，实行特定事宜"②。南京临时政府在检察机构

---

① 参见《参议院议案汇编》，甲部一册，95～96页，北京，北京大学出版社，1989。

② 《法院编制法》第90条。

设置方面对清末沈家本主持修律时所采取的审检分立制是肯定的，并要求真正做到分立，两厅人员从人事组织系统上就严格分开，不得相互兼任。对审判、检察机关工作人员的选拔任命也十分认真。南京国民政府建立之初，沿用了检察制度，并对检察官的权力有所扩大。由于检察制度在实际运行过程中存在许多流弊，20 世纪 30 年代，司法界对检察制度的存废问题产生了激烈争论。[①] 争论的结果是不需要废除检察制度，而是需要完善之。1946 年修正公布的《法院组织法》第 26 条规定：最高法院检察署置检察官若干人，以一人为检察长，其他法院及分院检察处各置检察官若干人，以一人为首席检察官，其检察官员额仅一人时，不置首席检察官。各级检察机关检察官员额在六人以上者，得分组办事，每组以一人为主任检察官，监督各该组事务。第 28 条规定检察官之职权包括：实施侦查、提起公诉、实行公诉、协助自诉、担当自诉，及指挥刑事裁判之执行；其他法令所定之职务。第 29、30 条规定：检察官对于法院，独立行使其职权；检察官于其所配置之法院管辖区域内执行职务，但遇有紧急情形时，不在此限。在原来的基础上，进一步扩大了检察官的职权。

就司法行政机关而言，自晚清以降，各个政权都将其作为设立的对象，以示区别于封建传统的司法行政与司法审判合一的旧局。清末官制改革之际，改刑部为法部，执掌司法行政事务。北洋政府时期以司法部掌理司法行政，司法部长官为司法总长，其地位甚高，为国务员之一，既可以参加议定国家大事的国务会议，也可以就具体事项向地方官吏发布指示令。国民政府在广州时，设有司法行政委员会；国民政府移驻武汉以后，设立了司法部，总揽司法行政事务。南京国民政府成立后，沿用了司法部的建制。1928 年司法院成立，为了与司法院相区别，同年 11 月公布《司法行政部组织法》，司法部作为司法院的直属机关改称司法行政部。司法行政部设部长一人，总理部务；设立政务次长、常务次长各一人，协助部长工作。全部分设总务司、民事司、刑事司、监狱司和人参司（后改为人事处）。司法行政部部长和各司长官就其主管事务，对于地方各级行政长官有指示、监督地方长官之权。此后，1932 年 1 月司法行政部由司法院改归行政院统辖，1934 年 10 月又归复为司法院直属机关，1943 年 1 月重新隶属于行政院，此后遂成定制。其间司法行政部的隶属关系多次发生变更，但是它的司法职能基本保持一贯。无论先前隶属于司法院，还是后来归属于行政院，司法行政部的主要职责大致有四项：第一，起草拟订各种法规；第二，制定实施司法改革计划；第三，负责狱政管理；第四，负责司法系统人员的选拔、任用、培训，以及司法经费的划拨。

总体而言，在司法机构内部，中央层面总设最高司法机关，总领全国各项司法相关事宜；将司法行政事务与司法审判事务分立，由力量大致对等的不同机关来分别行使职权；又设全国检察机关，实施侦查、提起公诉、实行公诉、协助自诉、担当自诉，及指挥刑事裁判之执行，只是这种与审判权对立的设计却没有多少实际效能。

三、参审陪审制度

广州、武汉国民政府为了吸引各类代表参加审判工作，在 1927 年年初，制定了专门的

---

① 民国时期著名法学家杨兆龙在《由检察制度在各国之发展论及我国检察制度之存废问题》一文中，对当时存废检察制度的论证做了全面评述。该文 1936 年 10 月发表在《东吴法学杂志》第九卷第五期。转引自张晋藩主编：《中国司法制度史》，531～533 页，北京，人民法院出版社，2004。

《参审陪审条例》① 共 34 条，主要内容如下：

第一，划定实施参审与陪审的审级。人民法院设立参审员，县市法院和中央法院设立陪审员，分别参与法律及事实审判。

第二，规定参审员、陪审员的推选机关。参审员和陪审员由所在地方的党部、农民协会、工会、商会、妇女部各选四人，每周轮流到法院执行职务，任期半年，每二个月改选半数。

第三，确定参审员、陪审员的资格。条例规定有中国国籍的人民，具有法律知识，在党部及农工商会确有工作成绩，年龄在 25 岁以上 60 岁以下，具备上述全部条件者，方可被选为参审员或陪审员。而土豪劣绅、讼棍衙役、僧道宗教师、不劳而获者、吸食鸦片者、被褫夺公权尚未恢复者、曾被国民党政府剥夺选举权和被选举权、曾在反革命军中服役或加入反革命党派者、不识文义字者，均不得被选为参审员和陪审员。

第四，规定参审员和陪审员的权利和义务。参审员和陪审员的最大权利就是参与审理，具体为阅卷查证权、发问权、审判评议权等。如果审判官和参审员各一人意见不一致时，审判官有权定案，但参审员有权向上级法院申请，以保证参审权。参审员、陪审员有应被告申请而回避的义务，以及对评议记录严守秘密等义务。

参审陪审制度一直延续到南京国民政府时期才告结束，后随蒋氏政权退居台湾而在该省继续适用。

民国政府时期的参审陪审制度是中国的司法改革者们从西方借鉴而来的。我国从清末引进继受西方先进法律文化至民国时期，人们在教育、司法实践和法学研究中一直把参审制当做陪审制。不仅在介绍国外审判制度时，把大陆法传统的参审制同英美法传统的陪审制一样称谓，而且司法实践中始终把人民参加审判的制度统称为人民陪审。事实上，参审制不等于陪审制，陪审制也不是参审制。两者从概念到实际运作，从文化传统、价值观念到社会效果，区别明显，各成体系。把两者混淆，相提并论，既不利于科学认知，也有碍于司法审判实践及改革。

从概念上分析，陪审制，是指经过公平选拔的一定数量的一般国民组成陪审团，参与到司法审判中，在法官的程序指导下，根据刑事或民事案件两造提出的维护自己主张的证据，独立地判断指控或起诉的事实之有无的制度。具体地说，陪审团与法官共同组成裁判法庭，在审理刑事案件时，陪审团判断被告是否有罪，法官根据陪审团的判断和刑法及先例，对有罪者计量刑罚及刑期，对无罪者宣告无罪开释。在审理民事案件时，陪审团也是与法官共同组成裁判法庭，由陪审团判断原、被告双方争议的主张或要求是否属实，然后由法官根据陪审团的判断和民事法律及先例，确定原、被告双方民事权利义务和相关责任。其基本特征表现为，陪审团在案件审理中，享有判断罪之有无或是否事实的专属权力，但却不能裁量刑罚轻重或决定如何处罚。而法官虽有定罪量刑或决定如何处罚之权，但却没有判断罪之有无或认定是否事实的实体权力。

而参审制，是指从一般国民中选拔出来的参审员或业余法官，参与到司法审判之中，与职业法官共同组成审判法庭，根据刑事或民事案件两造提出的主张及证据，独立地判断指控

① 参见《国闻周报》，第四卷，1927（9）新法令，载西北政法学院法制史教研室编：《中国近代法制史资料选辑》，第三辑，69～74 页，内部刊行，1985。

或起诉的事实的有无，并决定对犯罪者定罪量刑或对责任人处罚的制度。在参审制度运作时，参审员或业余法官对案件的审理，不仅有判断罪之有无或认定是否事实的权力，而且也能参与刑罚轻重裁量或决定如何处罚。业余法官或参审员在审理案件时享有与专职法官同等的权力，是参审制最主要最基本的特征。[①]

于近代欧陆、美洲等国家逐渐发展起来的西方资产阶级法律体系中的参审制和陪审制是不同法律传统与法律观念在司法审判制度选择中的必然反映。两者在主体的权力、主体的地位和职责、制度的适用范围、制度的裁判后果、审理组织、参与裁判的成员比例、成员的选任方式、成员的任期制等方面多有区别。

人类近现代社会司法审判过程中，体现国民当家作主、防止司法专横腐败的主要的有效制度，一是公开审判制度，二是国民直接参与审判的制度——陪审制与参审制。陪审制不等于参审制，参审制也并非陪审制。两者在发展演变过程中虽有联系，而且又都体现人类追求司法审判民主化的精神，反映人类社会遏止或克服司法专制与司法腐败的制度设计和选择，但两者的区别却非常明显。

参审制之所以没有完全跟在陪审制后面亦步亦趋，简单照搬陪审制的原则、规则、程序以及其有机的模式，根本的原因在于：人类社会受地理环境制约而逐步积淀形成的区域文化传统发展的差异规律的作用。一定的文化的形成和存续发展，总是存在于一定的区域或以一定的空间为载体，总要反映出一定文化与一定区域之间无法割裂的内在的关系。这种内在的关系使得在它基础上产生、发展的文化（包括法文化），总是会或多或少地暴露出区域的被人们称为文化传统的烙印。即使是人类为了生存发展而不得不面对扬弃传统的时代，只要能够做到不阻碍文明进步，不影响发展壮大，人们总是会自觉或不自觉地，尽可能地保留或创造显示自己区域文化的东西。陪审制在英美国家的出现和发展演变，参审制在英美法系以外国家的存续，尽管并不十分完善和理想，但都发挥着防止司法专横和司法腐败的作用，适应着其赖以生存的区域社会的文明进步。因此，任何一个国家或民族都没有理由在学习、借鉴或推广外来的司法民主的文明时，哗众取宠地鼓吹片面的、教条的、机械的、简单的继受或照搬，更不能以陪审制诋毁参审制，或以参审制贬低陪审制；或以陪审制和参审制的模式作样板，排斥其他方式的体现司法民主精神的制度。学习、借鉴外来的司法民主化制度的长处，围绕遏止或克服司法专制与司法腐败的目标，扬长避短，选择适应本民族、本区域的实际的体现司法民主化精神的制度，是各个国家、民族或区域基本的应当受到广泛尊重的无可厚非的权利。[②]

中国近代的参审陪审制是完全按照西方的陪审制模式，并结合当时中国的现实情况制定而成的。其主要内容有：一是为了通过设立参审员、陪审员参加诉讼，减少诉讼中可能出现的裁判不公，确保诉讼公平。二是在涉及党员、工人、农民、妇女的案件都有各自相关的组织派员参加诉讼，既可以维护当事人的利益，也容易了解当事人的情况，便于诉讼的最终解决，这也是人民群众参与监督国家司法权行使的初步尝试。这可以说是具有"中国特色"的

[①]　参见张培田：《司法审判民主化选择的理论与实践（一）：陪审制与参审制之比较》，载《国家检察官学院学报》，2000（1）。

[②]　参见张培田：《司法审判民主化选择的理论与实践（二）：陪审制与参审制之比较》，载《国家检察官学院学报》，2000（2）。

参审陪审制，而这一制度的核心内容就是发动广大人民群众参与司法审判事务，尤其是关于参审员的资格是由当事人的身份所确定的规定，从某种程度上说仍然是司法之外的因素在决定着司法制度的创建和走向。①

中国近代社会虽饱受战火动乱之苦，但在司法制度的构建中的继受和创新却是毋庸置疑的，只是这种创新多少有些"画饼充饥"的意味。以参审陪审制在中国的实践为例，最初的引进是为吸引多种人才参与司法审判，一方面以司法实践逐渐引导民众建立对于司法系统之信任，另一方面也可逐步树立基本的司法权威。只是自广州、武汉国民政府设立此一制度以来，国家战火连年，民众参与政治事务的热情和精力早已衰敝，能够参与审判的参审员和陪审员只是极少数。而且南京国民政府将国民党的党义无限扩大，司法早已成为其附庸，不仅有很多审判禁止普通民众旁听，更有多数审判不经普通法院系统，而是经过特别法院之审判即可定罪量刑。这样的司法实际早已将参审陪审制之有限创新所携新风消磨殆尽了。

四、调解制度的法律化

民国时期，中国在法律制度方面的尝试几乎是全盘西化的。1929 年、1930 年的民法典仿照了 1900 年的德国民法典，后者（根据韦伯的尺度）是所有西方法律模式中最形式主义化的典范之一。根据这部法典的构想，法庭应当按照西方的形式主义模式，以保护权利为目的裁决是非。② 同时，为了减轻法庭的负担，国民党政府曾经试图实施法庭调解制度。1930 年元月 27 日《民事调解法》正式颁布，要求所有的初审法院增设"民事调解处"，所有民事案件都要经过这里过滤，目的是"杜息争端，减少诉讼"③。根据 1934 年、1935 年和 1936 年三个年份的统计报告，经历了调解的案件数目与所有"终结"于常规法庭的民事案件数量两者相差无几。这些数据本身表明，法院收到的民事案件几乎全都例行先经过"调解处"，然后再交给常规法庭继续裁决。④

民国时期的先后两部《民事诉讼法》（1931 年、1945 年）都规定了特定案件的法院调解制度。就可调解事件而言，一是强制调解事件，包括房屋租赁、雇佣契约、离婚及夫妻同居、终止收养关系；二是任意调解事件，经当事人申请，由法院认可的其他诉讼事件。就调解期日而言，调解应于起诉前进行，具体期日由法院决定。就调解组织而言，它由调解法官和调解人组成，调解人可由两造推举，也可由法院选任。就调解方式而言，调解不用开庭形式，得不公开。就调解结果而言，期日结束仍不能成立调解，转入诉讼程序；若调解成立，其效力同于和解。

作为"东方经验"的调解制度在中国传统社会就存在，有学者就把中国传统的调解制度分为三种主要形式：民间调解、官批民调和官府调解。⑤ 适用调解的案件比较有限，一般为

---

① 参见韩秀桃：《司法独立与近代中国》，353～355 页，北京，清华大学出版社，2003。
② 参见黄宗智：《法典、习俗与司法实践：清代与民国的比较》，第四章，上海，上海书店出版社，2003。
③ 《奉贤县法院志》，187～188 页，内部发行，1986。参见《中华民国法制资料汇编 1927—1937 年》，43～44 页，台北，"司法行政部"，1960。
④ 参见［美］黄宗智：《中国法庭调解的过去和现在》，载《清华法学》，第 10 辑，2007。
⑤ 参见刘艳芳：《中国古代调解制度解析》，载《安徽大学学报（哲学社会科学版）》，2006（2）。近期对于中国调解制度的研究，参见强世功编：《调解、法制与现代性：中国调解制度研究》，北京，中国法制出版社，2001。

民事纠纷或轻微的刑事案件，对十恶、强盗、杀人等重大刑事案件不适用调解。调解依据的是法律和道德伦理规范。调解具有教化的功效，因古人认为词讼的多发是民风浇薄、教化有亏的表现，故州县官员在对具体案件的调处中，"更像一位调停子女争吵的仁爱父母，而非执法严厉的裁判官"①。在调解当中，息事宁人是调解的直接目标。而且，调解的形式具有灵活性和多样性的特点。与诉讼相比，调解具有非强制性。古代调解制度是建立在不平等的社会关系基础上的，是等级制度下特有的以训导、教化为主要手段的调解制度。古代的调解并非都出自当事人的自愿，因调解人与被调解人常常有等级差别，故而这种调解具有实际的强制性特征。一方面，民间调解受到官方体制和国家法律的制约，并不是完全自律和独立于官方制度的。另一方面，清代统治者通过运用各种手段对社会生活的各个方面进行不同程度的干预，以实现对社会的控制。但令人遗憾的是，清代的调解虽然在实践中形成了多元化的调解机制，但却始终没有形成正式的法律制度。调解虽然也按照一定的规律进行，却不能按照法律程序规范地运行并得到有效的保障。民国的调解制度在中国历史上第一次以国家法律的形式出现，既是对中国传统"和合文化"②的近现代呼应，也保证了调解制度的合法化地位。

五、法官考试任用制度

法官的专业化是司法发展之根本所在。早在南京临时政府时期，孙中山就强调，出于司法独立之需要，所有充任的司法官，必须参加司法官的统一考试，并获得相关的资格方可任职。1912年3月26日，孙中山在《孙大总统咨请参议院审议法制局拟定法官考试委员官职令及法官考试令》③，对司法官的考选和任用，提出了一系列办法。由于时局不稳定，司法官考试相关的规定直到1913年年底才制定出来。但是，以考试来确定司法官的任职资格，实际上也就意味着对司法官任职专业化要求的正式开始。

1914年1月，在甄录试验选拔的基础上，民国司法部举行了第一次全国司法官考试。共有1 100多人参加考试，最后合格的只有71人，及格率很低。④ 在经过三个月的培训之后，在1914年4月，民国首次考选的司法官正式走上实际岗位。同时，为了发挥已经离职或休职的司法官的作用，以弥补司法官人员不足的矛盾，1914年10月，民国政府司法部专门设立司法讲习所，对于那些没有任实职的司法官，授以教科，以为再选拔时任用。这些临时性的措施，在民国初年的确起到了拾遗补缺的作用。

1915年6月20日，司法部援用前清的《法院编制法》实行三级审判制。其中对于推事

---

① ［美］黄宗智：《民事审判与民间调解：清代的表达与实践》，12页，北京，中国社会科学出版社，1998。

② "和合文化"是古代"天人合一"的哲学宇宙观下形成的一种中国传统文化。"天人合一"强调世界上万事万物都是以"天"为中心，人与天的关系是宇宙间最基本的关系，天与人是感应的，天道与人道是合一的，因此，人必须顺应自然的客观规律，求得与自然界的和谐。这种和谐关系推演到人类社会生活，便是人与人之间的和谐，任何一种冲突都被视为对和谐的破坏。当冲突产生时，人们就会选择既能解决冲突、又能保持和谐的手段来解决冲突，调解无疑是最佳的选择。诉讼意味着双方的对抗，而调解意味着双方的融合，即和谐的回归。

③ 参见《南京临时政府公告》，第四十八号，载《辛亥革命资料》，404页，北京，中华书局，1961。

④ 参见叶龙彦：《清末民初之法政学堂（1905—1919）》，台湾"中国文化学院"史学研究所博士学位论文，352～353页，中国政法大学图书馆特藏部复印本。转引自韩秀桃：《司法独立与近代中国》，308页，北京，清华大学出版社，2003。

和检察官的任用，明确规定必须经法官两次考试合格，方能任用。为此，是年 9 月 30 日，袁世凯签署了大总统令，公布实施了《司法官考试令》和《关于司法官考试令第三条甄录规则》等一系列有关文官考试的资格限定和任用规程等的法律法规。在命令中，袁世凯说道："吏治张弛，系乎人才；而人才之盛衰，又视乎法规之良窳。在昔官人之法，代各异制。综其要旨，莫不以振拔贤能、杜绝沉滥为归。"为达到上述目的，"登进之资格、任用之程序，要必有法度可循，乃能整肃官常，用熙庶积。改革之始，成规荡然。"就司法官而言，由于其"职务较殊"，所以要专门制定法规加以规定，以区别于其他普通的文官。在大总统令的最后，明确提出："自此次各教令施行之后，无论何项文职，均以考试或甄用合格者为进身之正轨。其各项考试保荐不合于此次教令之规定者，即行停止。简、荐、委各职之任用，亦应各依本令规定，切实遵行，不得臆为出入，致滋循滥。"①

根据《司法官考试令》②，全国性的司法考试与文官高等考试的有关规定合并实施，有关文官高等考试的资格、时间、典试等规定，也同样适用于司法官考试。考试令首先规定了应试的资格。从规定来看，主要有两个方面，一是学校毕业的法律专科生，二是司法部直接甄录的人员。对于第一类人员，比照《文官高等考试令》中有关资格的规定，其中对于正规学校教育的要求，为保障司法官的基本素质奠定了基础。③ 对于第二类人员，根据《关于司法官考试令第三条甄录规则》，符合所列条件之一者，在提供相关的证明后，参加由司法部次长担任甄录委员长的甄录实验，再经过面试，即可以由司法部咨送参加司法考试。甄录试验室专门对富有法学理论和司法实践经验的人员所开设，这实际上是对司法官法律素养的一种保障。

关于司法官考试的内容，考试令规定，司法官考试共分为四试。前三试为笔试，第四试为口试。其中，第一试的科目为经义、史论、法学通论，第二试的科目为宪法、刑法、民法、商法，第三试的科目为刑事诉讼法、民事诉讼法、法院编制法以及从行政法规、国际公法、国际私法、监狱学、历代法制大要等五科中任选一科。这实际上与文官考试令中关于法律专科的考试科目是相当的。

按照《文官高等考试令》，正常情况下司法官考试每三年举行一次，必要时可以由大总统核准举行临时司法考试。经过司法考试合格的人员，由大总统依文官官秩令，授予上士。并按照京外各官署的实际需要分派到各省去实习两年，实习期满，成绩优异者，经过甄别试后，由政事堂铨叙局注册备案。遇有相当之职缺时，按照荐任职任用程序呈请任用。

司法官考试令颁布实施之后，民国政府不断对其进行补充修正，以期完善。1916 年 3 月，司法部颁布了《司法官考试试行细则》，具体规定了司法官考试的组织形式和实施办法。此后，1917 年 10 月 18 日北京政府以教令的形式重新公布了《司法官考试令》。④ 共分为总纲、典试委员会、甄录试、初试再试四章和附则，共 42 条。实际上是将原来的考试令、甄

---

① 1915 年 9 月 30 日大总统令，参见《东方杂志》，第十二卷第十一号，"中国大事记"，1915-11-10。
② 《司法官考试令》（教令第 51 号，1915 年 9 月 30 日公布），载《东方杂志》，第十二卷第十一号，"法令"，1915-11-10。
③ 参见韩秀桃：《司法独立与近代中国》，310 页，北京，清华大学出版社，2003。
④ 《司法官考试令》（教令第 18 号，1917 年 10 月 18 日公布），载《东方杂志》，第十四卷第十一号，"法令"，1917-11-15。

录试规则以及典试和再试的相关内容合为一体，便于操作。1919 年 5 月 15 日，北京政府又对司法官考试令做了修正，颁布了《修正司法官考试令各条》①，重点对参加司法官考试的人员资格限制、甄录试、典试和再试委员会的组成等做了修正，基本内容保持不动。经过这些修正和补充，民国的司法官考试制度日臻完备。南京国民政府时期，基本上在北京政府时期司法官考试制度的基础上，略作修订而成。

民国时期的司法官考试制度除了全国性的统一考试之外，还有一些临时性的司法官考试。② 在民国早期，甚至有些省份在招用一些低级的司法官时，也采用考试的方式。如浙江省高等审判厅在 1916 年 8 月间筹设审检所时，规定了考试制度。"考试专审员、书记官……规定资格极严。故（8 月）二十日应试者八百六十人，录取者只得四十二人。先得派学习等职，以重经验，遇有缺出，尽允补用。"所录取各员皆是优秀人员，很是适用。于是，高等检察厅也仿照审判厅的做法，举行典狱员考试，"延聘法律大家，校适资格。以法政三年毕业及监狱校二年毕业为合格"③。

民国司法官考试制度的基本精神，继承并发展了临时政府时期三权分立、司法独立的愿望，严格限定司法官资格条件和任用程序的种种制度规定。经过多年的实践以后，最终完成了制度化的建设。这一制度的核心就是强调司法官的教育背景、学历知识和实践经验三者并重的制度性价值取向，强调严格选拔程序和任用经过对于保障司法官的良好素质的积极意义。更为可贵的是，这种价值不仅仅是条文化、制度性的，而且是已经被当时社会所认可的。在全国第六次司法官考试揭晓之后，《法律评论》在 1930 年 12 月的一篇评论，对此司法官考试的积极意义即有十分中肯的评价："公务员之最清苦者，莫如司法官；而各种公务员中能勤于任事、严于律己，比较无玷于官箴官常者，亦惟司法官。此无他，惟司法官之进退有序，且能厉行考试制度。"④ 相比较而言，其他的公务员虽然也参加考试以为进退，但没有形成定制。也就是说，司法官考试的制度性优势，在整个民国时期尤为突出。因此，"民国法治之乱，不再无人才，而在无法律"⑤。同时，这也印证了梁启超所说的，即民国司法成就"半是法律半为人才"的结论。

六、监狱制度的发展

自 1907 年，沈家本在实行改良监狱一折中主张颁布监狱规制以来，中国近代监狱制度发展迅速，成绩斐然。从 1908 年起，由修订法律馆狱务顾问、日本监狱学家小河滋次郎起草《大清监狱律草案》。《草案》虽因武昌起义爆发而未颁行，但它却成为民国时期法政学堂监狱专科课程的教材和制定监狱法典的蓝本。北洋政府 1913 年颁布的《中华民国监狱规则》，国民党政府 1928 年颁布的《监狱规则》以及 1946 年公布的《监狱条例》等法律，基本

---

① 《修正司法官考试令》（教令第 7 号，1919 年 5 月 15 日公布），载《东方杂志》，第十六卷第六号，"法令"，1919-06-11。

② 参见《法律评论》，第十二卷第二十七期（1935 年 5 月 5 日出版）、第三十二期（6 月 9 日出版）。

③ 《武林杂缀》，载《晨钟报》，1916-08-31。

④ 平平：《卷头语——第六次法官考试揭晓感言》，载《法律评论》，第八卷第十号，1930-12-14。转引自韩秀桃：《司法独立与近代中国》，313 页，北京，清华大学出版社，2003。

⑤ 《人治与法治》，载《晨钟报》，1916-08-31，第 2 版。转引自韩秀桃：《司法独立与近代中国》，313 页，北京，清华大学出版社，2003。

上是《草案》的翻版。《草案》孕成了近代监狱法的雏形，有学者誉之为"近代改良监狱的第一张蓝图"，并不过分。

民国以降，新式监狱渐次推广全国。以清末为数不多建成使用的模范监狱为样本，近代监狱的建筑样式多仿京师模范监狱。它建筑新颖，管理严明，设有监狱办公楼、杂居监、分房监、工场、女监、病监，一扫以往狱室鄙陋、囚系惨刻的状况，成为第一个近代式构造的监狱。又如芜湖监狱，安徽省的模范监狱，它是一座八角楼张开四翼，冠名为"知、错、改、过"，底层为看守处，二楼为教诲堂，三楼为了望室。正前门（表门）朝向东内街，砌有花眼院墙以壮观瞻。两旁均有门卫室、待见室、看守室各一间，由表门入内，正中为事务所，囊括了典狱长及各科办公室、陈列室、材料库和职员宿舍。事务所之西为女监，以横墙划隔，女监正门为女犯接见处，右设转桶传递物品。东为病监，中有天井，设普通病室、精神病室和传染病室与其他病室隔离，南为医务所。炊所、浴池、染纱场、消防器具室、水井和非常门均设于后区（男监区）北端，合计容量四百多人。

就监狱管理制度而言，民国时期亦有发展。主要有以下一些内容：

第一，监狱劳役制度。国民党监狱把劳役作为监狱管理的重要内容，监狱作业的科目和从事劳役的人数比北洋军阀政府时期有了显著增加，开办的作业单位不限于少数新式监狱，也普及到一部分旧式的县监狱和看守所。国民党政府初期，劳役制度一度沿用北洋政府旧制，颁布《监狱规则》规定："除刑期不满一年者外，监狱长官认为必要时，得使监者在监外服劳役"，"少年受刑者的作业除前项规定外，还应顾及教养事项"等。

第二，收监与戒护制度。收监即人犯被送入监狱监禁与刑罚执行的开始。《监狱规则》第15条规定："入监者监狱非认定具备适法之公文，不得收之。"这里所指适法之公文系指法院的裁判书与指挥执行书。指挥执行书的内容包括：犯罪者姓名、身份、年龄、人像；应执行的刑名刑期；确定年、月、日；刑期起算日与通算时间；犯罪人的前科等。上述规定是犯罪者收监的必要条件，但监狱官认为不具备适法的公文，也就是缺少裁决书或指挥执行书，则不能收监。《监狱规则》第18条规定，具有下列情形之一者，可以拒绝收监：心神丧失者；现罹疾病，恐因执行而不能保其生命者；怀孕七个月以上者；生产未满一月者；罹急性传染病者等。同时于第19条对例外情况进行了规定，即"依前条规定拒绝收监者，若认为必要时，仍得暂行收监，监狱官吏对于精神病人、重疾病者、孕妇或产妇在'必要'时才可以暂行收监"，此对"必要"性的具体标准及解决办法并没有给出规定。1946年《监狱行刑法》第12条对此作了一定补充："前被拒绝收监者，应由法院斟酌情形送交医院或交戒护人或交其他适当处所。"戒护是指对人犯的警戒和保护，以防止犯人逃脱、暴动和自杀。国民政府实行较为严格的戒护制度。《监狱规则》规定："在监者有逃走、暴行、自杀之虞及在监外者，得加以戒具。戒具设窄衣、脚镣、手铐、捕绳、联锁五种。"

第三，分押分管制度。分管分押是监禁制度的重要形式之一。分押即分类关押，是指监狱对法院交付执行的罪犯，在按其性别年龄的不同由不同的监狱分开收监关押的基础上，进一步按犯罪类型、刑罪种类、刑期和改造表现等情况予以分别关押的制度。分管是指监狱根据不同类型罪犯的特点予以相应的管束，并根据罪犯的入监服刑时间和改造表现，确定不同的管理等级，给以相应的待遇制度。分管包括分类管束和分级处遇。分类管束是指监狱在对罪犯分类关押的基础上，根据不同类型的罪犯群体的特点而采取的有针对性的管理措施，分级处遇是指监狱将罪犯划分为不同的级别，并施以不同的待遇的管理方式。①《监狱规则》规定："各种监狱应严格区别男监女监。受刑者依其种类分别监禁。"

第四，教诲教育制度。国民政府接受资本主义国家监管制度，把教诲教育看成"执行自由刑之要素"。从感化主义刑罚思想出发，把教诲和教育作为监狱管理内容是资本主义监狱区别于封建监狱的重要标志。按照西方监狱学者的说法，教诲"即专注重于德育之谓也"，教育"即专注重于智育之谓也"。教诲的重点在于道德和人格的陶冶，教育的重点在于知识的灌输与训练。国民党政府仿效资本主义国家的监狱管理制度，认为教诲教育是指对在监人犯实施德育教训与智育启迪，也就是思想感化和文化初习教育。《监狱法》（草案）第 72 条规定："对于受刑者除休业日应施之教诲外，于就役前后随时教诲之。"第 74 条规定："受刑者一律施以教育。"抗日战争时期，监犯教育曾一度停止，1941 年后又逐渐恢复。教诲的形式主要有三种：其一，类别教诲。它是根据关押对象的罪质、犯数、职业、性情及判刑时间等，把同类型的人犯集中起来，分别于工场或监房施以教诲。其二，个人教诲。它是进行教诲的主要形式，是在人犯入监、出监、疾病、惩奖、亲丧以及入监后的表现、家庭来信、接见等情况引起的思想变化时进行的教诲。其三，集合教诲。每逢星期日、国庆日或纪念日，教诲师根据一些问题一次从监内提人犯若干进行教诲。在假释或赦免人犯时，典狱长（或管狱员）也要集合人犯举行假释或赦免仪式，实施教诲。教诲内容一般都由典狱长（或管狱员、所长）而谕，教诲师作出具体计划，提交狱务会议（这里主要指新监）通过后，由典狱长、管狱员、所长、教诲师等分别实施。教诲内容为蒋介石的反革命谬论和封建伦理道德统编讲义以及法律常识、政治、时事等。对犯人的教育事务则由专职的教师负责。1928 年《监狱规则》规定："未满十八岁者一律施以教育，但满十八岁者，自请教育或监狱长官认为必要时亦得教育之。"1946 年《监狱行刑法》布后，教育对象又扩至所有受刑人，整个民国时期，少年犯为主要的教育对象。

第五，生活待遇制度。生活待遇制度主要包括监狱卫生、人犯给养、书信、接见、赏罚等制度。首先，我们来看监狱卫生制度。国民党政府时期《监狱规则》第八章对狱内卫生作了较为系统的规定，"监狱需洒扫洁净房间及衣类杂具厕所便器等类须规定次数清洁"，同时，在监者必须沐浴，沐浴时间为夏季每三日一次，冬春秋季每七日一次，"在监者除有不得已事由外须每日运动半小时，但因劳役种类认为无运动之必要者不在此限"。其中每一条都体现了一定的"先进"性。其次，我们来看人犯给养制度。人犯给养，系指人犯的衣、食、住三者的供给待遇。《监狱规则》第七章规定："对于在监者，须斟酌其体质、年龄、劳役及地方气候等项，给予必要之饮食、衣类及其他用具。"国民党政府初期，财政部按预算拨款至高等法院，高等法院直拨各监所。自 1942 年起，改财政拨款为领拨实物。1946 年后，因政府豁免亩赋，又改领拨实物为财政拨款，由监所自行采购。拨款数目按定量及市场米价计算，如遇米价上涨，拨款数目也随之增加。因粮标准由司法行政部统一规定，高等法院可酌情作适当调整。再次，我们看接见与书信制度。《监狱规则》第 74 条规定："犯人接见与发受书信以其家属为限，有特别理由时方准与家属以外的人接见或发受书信。"至于接见与通信次数，"拘役犯人每十日一次，有特别理由时，可增加一至二次"。最后，我们看看赏罚

---

① 参见司法部政治部编：《监狱专业基础知识》，113 页，北京，法律出版社，2004。

制度。为了强化监狱纪律和人犯监管，《监狱规则》专门规定了对犯人的赏罚制度。关于奖赏的规定同北洋政府《监狱规则》基本一致，只是增加了"许其阅读私有书籍"一项。另外，每月增加的劳役赏与金的数额由过去的一元以内，改为二元以内，接见和发收书信的次数由一次改为一至三次。

第六，人犯疏通与释放制度。古代监狱管理基本秩序和正常狱禁状态的形成、调整与维持，依赖于一定的疏狱机制，而产生疏狱机制的则是疏狱制度。所谓疏狱制度，即能够产生对监狱疏导畅通机制的制度，抛开疏狱机制这一点，它们虽然和狱政有关但却是各不相同的法律制度。国民党政府时期各省新旧监狱关押人犯普遍超过定容犯数，"人满为患"，抗日战争时期尤为突出。当局为了减轻监狱压力，采取了很多疏通人犯的办法，主要有六种，即假释、保外服役、调服劳役、调服军役、临时保释和开释。假释，又称假出狱，就是对判处徒刑的人犯执行一定时间后，附条件地释放。这在当时只有极少数人犯一靠家族势力影响，二靠用金钱买通监狱官和司法官后，才能有此待遇。享受保外服役的人同样要用金钱买通监狱官才能获准。

国民党政府的监狱是保护地主与买办官僚资产阶级反动统治的工具，是镇压与束缚广大人民群众的武器，"它反映了剥削阶级对被剥削阶级的封建买办法西斯统治实质"，体现了国民党政府统治的黑暗与腐朽。①

---

① 以上有关民国时期监狱管理制度的内容，参见张宁：《国民党政府时期湖北监狱管理制度研究》，载《湖北警官学院学报》，2006（4）。

第十一章

法院的创设及运作

第一节
从大理院到法院——近现代审判机构的变迁

一、大理院的创设——近现代审判机构的开端

清代中央司法机关沿袭明朝的体制，主要由刑部、都察院和大理寺组成，简称"三法司"，在形式上既听命于皇帝，又构成互相制衡的中央最高司法机构。

刑部作为全国最高司法审判机关，在"三法司"中是职权最重，也是最受朝廷重视的一个司法机构，"掌天下刑罚之政令，以赞上正万民，凡律例轻重之适，听断出入之孚，决宥缓速之宜，赃罚追贷之数，各司以达于部，尚书、侍郎率其属以定议，大事上之，小事则行，以肃邦纪"①。由此可以看出，刑部的主要职责有三个方面：第一，在皇帝之下行使国家主要审判权，包括核拟全国死刑案件；办理秋审、朝审事宜；审理京师地区的"现审案件"；批结全国军流遣罪案件；第二，主持修订律例，在清朝，专门负责修订律例的"修订律例馆"即隶属于刑部之下；第三，掌管天下司法行政事务，如办理全国盗重案、秋审案件等方面的司法统计，指导全国狱政管理，等等。

都察院有"风宪衙门"之称，监察是其主要职责，司法事务也是其重要职责。按照《大清会典》规定，都察院"掌司风纪，察中外百司之职，辨其治之得失与其人之邪正。率科道官而各矢其言责，以饬官常，以兼国宪。……凡重辟则会刑部、大理寺以定谳，与秋审、朝审"②。显然，都察院的司法事务职责主要有两方面：一是会谳。即与刑部、大理寺共同复核、拟议全国的死刑案件。顺治十五年（1658年）奏准"嗣后凡三法司核拟事情，御史会同大理寺官（与刑部）面审同议"③。二是参加"秋审"及"朝审"。都察院作为"九卿"之一，参加秋、朝审的会审大典。除此之外，都察院在秋、朝审中还有单独的职责，包括复奏和勾到等。

---

① 《清光绪会典》，卷五三。

② 《清光绪会典》，卷六九。

③ 《钦定台规》，卷一〇，《会谳》。

　　大理寺作为"三法司"之一，其主要职责是"平反"冤狱，即复核死刑案件有无冤错。即所谓"掌平天下之刑名，凡重辟则率其属而会勘。大政事下九卿议者则与焉，与秋审、朝审"①。归纳起来，大理寺的主要司法活动，一是参加三法司"会谳"。京师的死刑案件，大理寺官员与都察院官员先后赴刑部"会小法"、"会大法"②，共同面审。意见相同没有疑义后，三法司会同题报皇帝裁决。如情罪不明，律例未协，将刑部所拟题稿送还，再为参酌，如彼此意见仍有不同，左、右寺官即另拟稿呈堂，送刑部、都察院酌议。如意见仍不能一致，三衙门可各自分别具奏（只准有两议），请皇帝作最后决定。各省重案督抚具题，以随本"揭帖"送大理寺。左、右二寺先据揭帖详推案情，看所拟罪名与引用律例是否符合，预拟意见呈堂，俟刑部定稿送寺，与所拟意见相合，没有疑义，即画稿会题。二是大理寺还会同刑部各司、都察院各道审决"热审"案件。热审在每年小满后、立秋前一日期内举行，对在押、杖罪以下人犯减等或宽免。左、右寺会向将刑部审办之案，审拟呈堂，苔罪宽免，枷杖减等，其人犯，暂交该旗各地方官保释，俟立秋后送刑部发落。另外，京内外永远枷示人犯，由该管衙门汇报大理寺，每年终，大理寺开列名单及所犯案情略节汇奏，满十年，由刑部疏枷发遣。

　　清朝的"三法司"制度，按照《大清会典》的说法，这三大司法机构的分工是明确的，顺治十年（1653年），时任大理寺卿的魏琯上条陈于顺治帝福临，申明大理寺的作用是"取其所问者而平反之也"。他进一步解释："持天下之事者（刑）部也，执法纠正者（都察）院也，办理冤枉者大理（寺）也。"③

　　清的地方司法体制，也基本上承袭了中国古代社会行政兼理司法的传统，地方各级行政长官兼行司法职权。因此，有行政机构设置的地方就有司法权的行使。清朝的地方司法体制从低到高分为县、府、按察司（又称臬司）和督抚四级。清律规定，县和与之平行的州、厅实施"初审"，"凡军民人等遇有冤抑之事，应先赴州县衙门具控，如审断不公，再赴该管上司呈明，若再屈抑，方准来京上诉"④。府有"决讼检奸"的职责，是州县的上一审级。府级的司法职责主要是复核州县上报的刑事案件，复审州县解来的人犯，查核有无翻供，查验人证、物证，审查州县上报案卷有无错误，州县的"拟罪"是否妥当。如果府级复核无异议，就作出自己的"看语"，即本级的审理意见，再上报省按察司。如有异议，可驳回。府级还接受军民百姓不服州县审判的上诉和中诉。雍正帝曾明确说："刑名案件，知府尤为上下关键，务期明允公当，地方始无冤民。不可听属员恳求，亦不可畏上司驳诘而草率苟且，以致讼狱颠倒。"⑤ 按察司，其司法职能颇多。除主管一省的治安及保甲外，还负责审理自理案件。大清律例中有"按察使自理事件，限一月完结"的规定。"属于按察使自理事件，大致有两个方面：一是审理督

---

　　① 《清光绪会典》，卷六九。

　　② "会小法"由承办的刑部清吏司长官充当召集人，大理寺派出一名寺丞或评事，都察院则派出一名御史参加。由于参加会审的并非各机构的最高长官，因此，这种会审又被称作"会小法"。会小法对会审案件所作出的处理意见被送往刑部会堂之后，即由该部堂召集三法司的高级会审。参加高级会审的成员都是组成三法司各机构的长官，因此，与"会小法"相对应，这一会审又被称作"会大法"。参见张晋藩主编：《中国司法制度史》，395～396页，北京，人民法院出版社，2004。

　　③ 《清文献通考》，卷七七。

　　④ 薛允升：《读例存疑》，卷三九，《诉讼·越诉》。

　　⑤ 阮元等：《广东通志》，卷一，《训典》一。

抚、藩司、学政、提督及本司等衙门书吏、差役、幕友、长随等人的轻微刑事案件，犹如刑部审理京师五城的刑事案件一样；二是审理所属州县上控的民间词讼。"① 按察司最重要的司法职能是复审府级上报的刑案，对徒刑案卷进行复核，对军流、死刑人犯进行复审。如无异议，便可加上"审供无异"的看语，上报督抚。如发现上报的案情有疏漏，供词、证据不符，可以驳回"重审"，或者改发别的州县（常常是发省城的首县）"更审"。另外，按察司还负责一省的狱政，并有监督考核全省官员政绩风纪的职责。清代的总督、巡抚是中央派驻地方的最高一级行政长官。因此，按察司虽综理全省刑名事务，但不是行使省级最高司法权力，所办案件仍须报呈督、抚，督、抚行使地方最高司法权。按照清朝的制度，督、抚的司法职能在于督促、查檄地方终审、具题等项；其中，督促所属按限结案是其重要职责，督、抚有权批复徒刑案件，按察司复核无异的徒刑案件，呈报督、抚，督、抚审核后，如无异议即批复执行；督、抚对军流刑的案卷复核，如对按察司的"看语"无异议，则咨报刑部，听候批复；对死刑案件，由督、抚进行复审，按察司将案卷和人犯一起解督、抚，督、抚按例当堂亲审。如与司、府、县审供相同，就作出"看语"，专案向皇帝具题，同时抄写副本咨送都察院、大理寺等。值得注意的是，按清朝制度，严禁"佐杂擅理词讼"，"官非正印者（长官），不得受民词"。就是说，审判权只授予地方长官，各种佐杂官均不得受理案件。

1840 年鸦片战争前，清朝的上述中央和地方司法体制一直平稳地运行着，但在鸦片战争后，由于以英国为首的西方列强对中国所进行的政治、经济、文化、军事的全面侵略，致使中国的社会各个方面发生了深刻的变化。自 1843 年 6 月 26 日中英签定的《中英五口通商章程：海关税则》确立了英国在华领事裁判条款之后，英国和美国又分别于 1843 年 7 月和 1844 年 7 月与中国签订了《中英五口通商附粘善后条款》和《中美五口贸易章程》即《望厦条约》，上述两个条约分别规定，英国人违反禁令，"擅到内地远游者，不论系何品级，即听该地方民人捉拿，交英国管事官以情处罪"②；"合众国民人在中国各港口，自因财产涉诉，由本国领事等官讯明办理；若合众国民人在中国与别国贸易之人因事争论者，应听两造查照本国所立条约办理，中国官员均不得过问"。自此，英、美两国取得了在华领事裁判权。接着，法国、德国、俄国、日本、意大利、荷兰、比利时、西班牙等国都援英、美先例，相继攫取了在华领事裁判权，并在中国相继设立了行使领事裁判权的专门司法审判机关。西方列强在拥有了"治外法权"之后，又"进一步以讹诈欺骗等手段，取得了对于中国人与外国人之间争讼的'观审'和'会审'权，由此形成了清末涉外诉讼中的观审制度和'会审公廨'"③。中国清朝的司法审判权自此由原来的独立自主及完整统一逐步走向了半殖民地化。然而，西方的现代审判制度也由此进入了中国人的视野，使得中国民众能切身感受到西方司法制度的文明。这也促使了一些社会有识之士产生了适应形势，学习资本主义文明的变法思想，发出了"时变矣，而犹欲袭先业而守旧教，恭已无为，坐致治平，是犹持方枘而周圆凿，其不得适也必矣的呐喊"④。甚至有人发出了"孔子而处于今日亦不得不一变"⑤ 的感

---

① 张晋藩主编：《中国司法制度史》，402 页，北京，人民法院出版社，2004。

② 《中外旧约章汇编》，第 1 册，35 页。

③ 曾宪义主编：《中国法制史》，260 页，北京，中国人民大学出版社，2000。

④ 陈虬：《治平通议·序》。

⑤ 王韬：《弢园文录外编》卷一，《变法》。

叹。他们主张改革清朝的狱讼制度，以"西法参用乎其间"。正是由于"治外法权"的丧失，清王朝统治危机的逐步加深，也使得清朝统治阶级认识到原有的司法体制已经不能适应维护统治的需要。终于到光绪二十六年（1900年）年底，清廷发布了变法诏书，"著军机大臣、大学士、六部九卿，出使各国大臣，各省督抚，各就现在情形，参酌中西政要，各抒所见"①。

　　光绪三十二年（1906年），清廷宣布"筹备立宪"，"从官制入手"的改革着手进行。是年七月，《出使各国考察政治大臣戴鸿慈等奏请改定全国官制以为立宪预备折》提出司法与行政分立，"中国今日实行变法，则行政与司法两权亟应分立，而一国之大审院必不可无。应于司法独立之后，改大理院为都裁判厅，以当其职"②。以首席军机大臣、庆亲王奕劻为首的官制编纂大臣，也将"厘定中央各衙门官制缮单进呈"，要求按照立宪国制，以立法、行政、司法三权分立为原则，对中央官制进行改革，提出"立法、行政、司法三者，除立法当届议院，今日尚难实行，拟暂设资政院以为预备外，行政之事则专属之内阁各部大臣"，"司法之权则专属之法部，以大理院任审判，而法部监督之，均与行政官相对峙，而不为所节制，此三权分立之梗概也"③。清廷迫于内外各种压力，采纳了官制编纂大臣的建议，并于1906年9月20日颁布上谕，"刑部著改为法部，专任司法"，"大理寺著改为大理院，专掌审判"④。至此，与行政相分离的相对独立的近代审判机构终于在中央一级加以建立。随后，作为大理院正卿的沈家本立即着手大理院的筹设事宜，1906年10月4日，他在上奏清廷的奏折中，详论设置全国最高审判机构的重要意义，认为："方今环海交通，强邻逼处，商约群争进步，教会遍布神洲，愚民每激而内讧，利源遂因之外溢；且复藉口于我之裁判法制不能完善，日谋扩张其领事裁判权。主权不伸，何以立国。故欲进文明之治，统中外而纳于大同，则大理院之设，诚为改良裁判，收回治外法权之要领。"⑤ 同时强调迅速筹建大理院的重要性在于"此举为变法之发轫，立宪之基础"⑥。并且提出借鉴西方法院体制，次第兴革的步骤："东西各国皆以大审院为全国最高之裁判所，而另立高等裁判所、地方裁判所，层累递上，以为辅冀，条理完密，秩序整齐。其大审院法庭，规模严肃，制度崇闳；监狱精良，管理有法……今欲仿而行之，则法庭宜先设也，监狱学宜讲求也，高等裁判所及地方裁判所与谳局，宜次第分立也，裁判人才宜豫为储备也。"⑦ 清廷最后批准了沈家本的这个上奏，"得旨：如所议行"。载泽等官制编纂大臣也认为，在议会尚难举办的情况下，在各省建立分级独立的审判机构，是预备立宪最重要的事，这是立宪的表现形式，也是立宪体制维护民权、缓解国内矛盾的关系所在。而且，载泽更认为："窃谓此次厘定官制，最切要、最平易、最少窒碍而最有关系者，莫如将行政司法分而为二之一事。"⑧ 即便缺乏专门的审判人员，也不妨便宜从事，"虽司法独立以后，设官分职需人孔多，一时不易得全才，可暂以行政官改补

　　① 《清德宗实录》，卷四七六。
　　② 《清末筹备立宪档案资料》，379～380 页，北京，中华书局，1979。
　　③ 《清末筹备立宪档案史料》，464 页，北京，中华书局，1979。
　　④ 《清末筹备立宪档案史料》，471～472 页，北京，中华书局，1979。
　　⑤ 朱寿朋：《光绪朝东华录》，5586 页，北京，中华书局，1984。
　　⑥ 《东方杂志》第四年第三期"内务"，第 156 页。
　　⑦ 朱寿朋：《光绪朝东华录》，5586 页，北京，中华书局，1984。
　　⑧ 《东方杂志》第四年第八期"内务"："附编纂官制大臣泽公等原拟行政司法分立办法说帖"，418 页。

司法官，反对者亦不至卫突。窃以为最切要、最平易者此也"①。

1906 年 10 月 27 日沈家本又上奏朝廷《审判权限厘定办法折》，提出仿照英美德法等国的体制，确定全国审判的四级三审制。即大理院下，京师、各省设高等审判厅，在省会及商埠等地各设地方审判厅和初级审判厅。大理院为全国最高之裁判所，"凡宗室官犯及抗拒官府并特交案件，应归其主管，高等审判厅以下不得审理；其地方审判厅初审之案又不服高等审判厅审判者，亦准上控至院为终审，即由院审结；至京外一切大辟重案，均分报法部及大理院，由大理院先行审定，再送法部复核"。高等审判厅不收初审案件，"凡轻罪案犯，不服乡谳局，并不服地方审判厅审判者，得控至该厅为终审。凡重罪案犯，不服地方审判厅之判断者，得控至该厅为第二审。其由该厅判审之案，内则分报法部及大理院，外则咨提法司以达法部，至死罪案件并分报大理院"。地方审判厅"自流徒以至死罪及民事讼案银价值二百两以上者，皆得收审、审实后拟定罪名；徒流案件，在内则径达法部并分报大理院，在外则详由提法司以达法部；死罪案件，在内在外，俱分报法部及大理院"。乡谳局审理"笞杖罪名及无关人命之徒罪，并民事讼案银二百两以下"案件，"讯实以后，迳自拟结，按月造册报告。在内则分报法部及大理院，在外则提法司以备考核"②。大理院的上奏再次被清廷允准，"如所议行"。此外，还有一个最重要的变化在于：在各审判厅内，相应设置了各级检察厅，其职权是：在刑事诉讼中，"遵照刑事诉讼律及其他法令所定，实行搜查处分，提起公诉，实行公诉，并监察判断之执行"；在民事诉讼中，"遵照民事诉讼律及其他法令所定，为诉讼当事人或公益代表人，实行特定事宜"③。随着法部 1906 年的《大理院审判编制法》和 1907 年的《各级审判厅试办章程》出台，地方上的各级审判厅相继进入了筹办阶段。1910 年清廷还颁布了《法院编制法》，就初级审判厅、地方审判厅、高等审判厅、大理院、检察厅等内容详加规定。然而，直到清朝灭亡，至民国成立，从中央到地方的完整的新型审判机构体制并没有建立起来。各省仅设立起高等审判厅、检察厅，地方审判厅、初级审判厅并未普遍设立。

二、临时中央裁判所、大理院——近代审判机构的艰难变革

清朝封建专制政权被推翻后，南京临时政府成立之初，就发布了有关司法法令，力图实施资产阶级的司法原则和司法制度。在所颁布的《中华民国临时约法》中，以根本法形式明确规定："中华民国以参议院、临时大总统、国务员、法院行使其统治权"；"法官独立审判，不受上级官厅之干涉"。为了使司法独立原则得到贯彻，南京临时政府积极筹组临时中央审判所，作为行使司法权的中央机关。1912 年 1 月 2 日颁布的《修正中华民国临时政府组织大纲》第 6 条规定："临时大总统得参议院之同意有设立临时中央审判所之权。"④ 3 月 11 日公布的《中华民国临时约法》规定："法院以临时大总统及司法总长分别任命之法官组成之。""临时大总统受参议院弹劾后，由最高法院审判官互选九人组织特别法庭审判之。"根据这些法令要求，南京临时政府司法部拟制了《临时中央裁判所官制令草案》，呈送孙中山临时大

---

① 《东方杂志》第四年第八期"内务"："附编纂官制大臣泽公等原拟行政司法分立办法说帖"，420 页。
② 朱寿朋：《光绪朝东华录》，5599～5600 页，北京，中华书局，1984。
③ 《法院编制法》第 90 条。
④ 《南京临时政府公报》，大总统府印铸局，1912 年编印，第 1、2 号。

总统。呈文称:"本部已经成立,所有全国裁判所各官职令,自应陆续编定,以重法权,而便执行。兹由本部拟就《临时中央裁判所官制令草案》十五条,另用缮就,理合各文一并呈送钧案,并法制院审定后,咨由参议院议决,再请察核颁布施行。"孙中山当即以《大总统令法制局审定临时中央裁判所草案文》,发送法制局审定呈复。① 至于地方司法机构体制,1912 年 2 月,南京临时政府司法部即咨文各省都督,要求调查审判厅、检察厅及监狱建设情形,文曰:"本部成立,拟实行司法独立,改良全国裁判所及监狱,以保护人民生命财产,亟应统筹全局,力图进步,现正督饬各职员分科办理。但因民国初建,本部既无卷案可稽,各省司法事务多不一致,非自行调查明确,不足以谋司法之改良。特请各省都督办理下列事务:(1)咨送裁判所及监狱调查两表样式,请转饬所属各府厅州县,将所有审判、检察各厅及监狱,已成立者若干处,按表式分别填写;(2)凡未成立审判、检察各厅及监狱者,应规仿新制,赶速设置,总期逐渐改良完善,一扫从前黑暗时代之恶习。"② 由于南京临时政府仅仅存在了三个多月,加之政局未定,军事浩繁,导致新式审判机构的组织建设并没有实际进行。但南京临时政府关于国家司法机关设置体制的设想已经明朗,"在中央设立中央裁判所,地方上至少设立高等与地方审判厅、检察厅,有条件的地方可增设初级审判厅(内设检察官),审级采清末修律中提出的四级三审制"③。

1912 年 4 月 1 日,孙中山正式宣布解除临时大总统职务,自此中国进入了 16 年的北洋军阀政府统治时期。1912 年 3 月,袁世凯就任北京政府临时大总统,他上台后,并没有完全遵循南京临时政府拟订的《临时中央裁判所官制令草案》的规定组织建设新式审判机构,而是一上台就公布了《临时大总统宣告暂行援用前清法律及暂行新刑律令》,命暂时仍适用前清法律,只是"同民国抵触"的各条则一律失效。1912 年 5 月,袁世凯发布大总统令,称:"司法总长王宠惠呈称,大理院正卿刘若曾等辞职,已蒙批准。审判不可中断,即法官不可虚悬。惟大理院正卿、少卿等官名不适于民国制度,现在《法院编制法》修正颁布尚需时日,新法未施行以前,应先更正其名称,而宜暂仍其组织,以便继续执行等语。大理院正卿可改为大理院长,少卿一席著裁撤,余暂如旧。俟《法院编制法》修改后,一律更正。"④ 而且,"随着袁世凯帝制自为思想的膨胀,北京政府的主要精力在于控制军事,强固集权统治,加之财政拮据,故对法院建设,逐渐取消极态度。不仅态度消极,袁世凯还对独立之司法常感芒刺在背,欲除之而后快"⑤。到 1914 年年初,按照清末《各级审判厅试办章程》和《法院编制法》的规定,全国共建成大理院 1 所,高等地厅 120 所,初级厅 179 所,设立审检所之县有 900 余处。⑥ 但在 1914 年年初,袁世凯通过控制的政治会议通过决议案,将已设立之地方审判厅撤废了 2/3,并要求民刑事案件由县知事兼理,或暂设审判处以管辖之。为此,民国政府还于 1914 年 4 月 5 日发布第 46 号教令公布了《县知事审理诉讼暂行章程》,这种以县知事兼理司法审判事务的做法,虽然北洋政府司法部在总结工作报告中对这一做法进行了

① 参见《大总统令法制局审定临时中央裁判所草案文》,载上海《民立报》,1912-03-12,12 页。
② 转引自张晋藩总主编:《中国法制通史》,第 9 卷,415 页,北京,法律出版社,1998。
③ 张晋藩主编:《中国司法制度史》,493 页,北京,人民法院出版社,2004。
④ 《临时大总统令》,载《政府公报》,1912-05-18。
⑤ 吴永明:《民国档案民国前期新式法院建设述略》,载《民国档案》,2004(2)。
⑥ 参见王宠惠:《二十五年来中国之司法》,载《中华法学》,第 1 卷第 1 号。

解释："司法制度，关系政体，法院普设，固期在必行，然国基初奠，经费人才既有所限，势不得不权衡缓急，故大总统有县知事兼理司法之令，政治会议复有分别去留之意。该会议议决案，既于四月三十日奉批照办，本部道即公布令各省一律分别裁并，除京外各高等审检厅暨省城及重要各商埠已设之地方厅照旧设定外，计裁并各省地方审检厅九十所，裁撤京外初级审检厅一百三十五所。"① 无论作何解释，县知事兼司法，地方司法与行政不分，这实际上是对清末以来司法审判权从行政权分离出来实现司法独立的倒退。

1915 年 6 月 20 日民国北京政府司法部呈准政府将清末的《法院编制法》分别修正刊行，次年（1916 年）2 月 2 日，再次予以修正，修正的内容主要是：删除关于初级审判厅、初级检察厅之规定；删去"各省提法使监督本省各级审判厅及检察厅"；大理院不置正卿、少卿以及民事科、刑事科，惟置院长一员，置民事庭、刑事庭；高等审判厅厅丞、京师地方审判厅丞，均改为厅长，总检察厅厅丞改为检察长；各审判衙门，各检察厅分置之典簿、主簿、录事，均改为书记官长、书记官。② 这些修正把清末制定的《法院编制法》所规定的职官名称，予以改革，使新式司法制度更具有民主共和国的色彩。鉴于有的地方审判厅管辖区域较为广泛，修订后的《法院编制法》规定各省可酌情设地方审判厅分厅，但地方审判厅分厅筹建缓慢。

袁世凯复辟帝制败亡后，1916 年 11 月，北洋政府司法部举行第二次全国司法会议。与会人员包括司法部次长、参事、司长，大理院庭长、总检察厅检察长、各特别区域审判处长，以及各省高等审检两长。会议以谋求司法统一与进步为宗旨，就司法改良、司法机关之推广等内容展开讨论。其间提出"议请各省旧府治宜增设地方厅各县设地方分庭案"，要求"于各省旧府治增设地方厅，依法编制而减少其员额，即以府之行政区域为其管辖区域，所属各县仿照日本地方裁判所分设支部办法增设地方分庭，视案件之多寡置推事一员或二员，由司法部委任分庭所在地之县知事兼充检察官，即以县之行政区域为其管辖区域"③。

1917 年民国政府规定在未设立分厅的各县，设立县司法公署，以完成四级三审之制建设。国会即议定《暂行各县地方分厅组织法》。这是国会第一次恢复后制定的惟一的一部法律，全文共 14 条，规定各县分厅的管辖区域与该县行政管辖区域同，受理属于初级或地方厅第一审管辖的民刑事案件，以一名推事审理之。不服地方分厅审理者，得上诉于地方审判厅本厅、高等审判厅或其分厅。该法于 1917 年 4 月 22 日公布施行。1917 年 5 月 1 日，民国政府发布第 6 号教令，公布《县司法公署组织章程》，共 21 条。规定司法公署设在该县之行政公署内，由审判官一人或二人及县知事组织之，管辖初审民刑事案件。关于审判事务，概由审判官完全负责，县知事不得干涉。关于检举、缉捕、勘验、递解、刑事执行事项，则由县知事负责办理。

在袁世凯政府灭亡后，由于南方军政府不承认北京政府的合法性，南方军政府拟根据三权分立的民主政治原则设想建立独立自主的司法制度。1918 年 2 月，军政府内政部上呈大元帅孙中山并由其咨交国会讨论的呈文中强调："欲期克尽保护人民之责任，为人民谋享受法

---

① 司法部呈文表明，此次变动"计裁并各省地方审检厅 90 所，裁撤京外初级审判厅 135 所"。《司法公报》，第 34 期。另参见张国福：《中华民国法制简史》，172 页，北京，北京大学出版社，1986。

② 参见罗志渊：《近代中国法制演变研究》，405～406 页，台北，正中书局，1986。

③ 《司法公报》，第 68 期，"特别记录"。

律保护之幸福，舍从速设立最高终审机关之大理院，其道无由。考大理院之组织，文明各国，各有不同。我国今日，宪法犹未成立，应根据何种方法，为组织大理院之标准，此成非片言可能解决。惟准情查势，我国既称共和，自无妨采取共和先进国之成例。查美国大理院长，由国会组织选举，我国现在既无成法可以为依据，似宜鉴时势之要求，采邻邦之法制。"① 由于当时国内存在南北两个政府，按照美国模式，设置大理院条件不成熟。因此，1918 年 4 月，遵照非常国会的决议，南方军政府制定并公布了《大理院暂行章程》共 8 条作为筹设广州大理院的依据。该章程的主要内容有："第一，强调该章程只是一个暂时性的规定，待将来国会正式开会后将以《大理院组织大纲》② 作为正式建院的根本；第二，大理院为最高审判机关，实行审检合署制，总检察厅附设于大理院；第三，除本章程外，大理院和总检察厅的职务、权限及办事方法依照北京政府颁布的法院编制法、各级审判厅试办章程、诉讼律管辖等法令；第四，特别强调大理院所辖案件的各种诉讼费用均加倍征收。"③ 1919年 3 月 5 日，广州军政府大理院成立。可见，成立的广州大理院和北洋政府的大理院并没有实质性区别，只是由于政治的需要，为解决广东高等审判厅、地方审判厅上诉案件的审理而设。

此外，根据《中华民国临时约法》第 49 条的规定，"法院依法律审判民事诉讼及刑事诉讼。但关于行政诉讼及其他特别诉讼，别以法院审定之"。北洋政府采取大陆法系的司法制度，专设平政院审理行政诉讼案件。1914 年 3 月北京政府组建平政院，制定和颁布了《平政院编制令》，规定平政院检察行政官吏之违法不正行为，可以就行政诉讼及纠弹事件行使审判权。平政院设院长 1 人，评事 15 人。平政院还设肃政厅，肃政厅设都肃政史 1 人，肃政史16 人，纠弹行政官吏之违宪违纪事件，并得提起行政诉讼，监视平政院裁决之执行。这一时期，北洋政府还设置了军事法院，分别设有陆军军事法院和海军军事法院，并于 1914 年 3月和 1918 年 5 月颁布了《陆军审判条例》和《海军审判条例》，在北洋政府时期，这些军事法院在审理案件时，按规定均暂准援用所有清末之法律；北洋政府为了撤废、收回领事裁判权以及处理租界内的华洋争诉案件，在东三省尚设有特区法院，于 1920 年 10 月颁布了《东省特别区域法院编制条例》，在上海、武汉、厦门等地还分别设有会审公廨。

综上所述，北洋政府时期，审判机构基本沿袭了清末的审判机构作法，虽然对清末的审判机构作了一些改革，甚至按照司法独立的要求进行了一些改革，但由于军阀混战、民主共和思想并未真正落实到政体中，又由于国家长期处于分裂之中，导致国家审判机关组织体系庞杂，审判机构既有普通审判机构，又有县知事兼理审判机构，还有特别审判机构和特区审判机构。"整个审判体系呈现出新式法院与行政机关二元化并行发展的趋势，既有现代化的进步倾向，也有封建传统的束缚，统系庞杂，杂糅新旧。"④

三、法院——现代审判机构的创设

1926 年 12 月，随着北伐军的节节胜利，广州国民政府北迁武汉。1927 年年初，武汉国

---

① 《军政府筹设大理院文》，载《上海民国日报》，1918-03-04。
② 《大理院组织大纲》是孙中山提议的，但由于资料缺少，对《大理院组织大纲》的内容无从得知。特说明。
③ 胡震：《南北分裂时期之广州大理院（1919—1925）》，载《中外法学》，2006（3）。
④ 吴永明：《民国前期新式法院建设述略》，载《民国档案》，2004（2）。

民政府着手进行司法改革，改革的主要内容包括：第一，为体现司法与行政分立，将各级审判厅一律改称法院，原最高审判机关大理院改称最高法院，在中国法制史上审判机关首次使用"法院"之名。第二，实行二级二审制，将审判机关分为中央与地方两级。中央法院又分做二级，即最高法院（设于国民政府所在地，并可以在一些省份设分院）和控诉法院（设于省城）。地方法院也分为县市法院（设于县或市，但诉讼案件少的县得与其他县合设一个法院）和人民法院（设在镇或乡村）二级。第三，废除司法官不得参加任何党派之法禁。民国北洋政府时期曾两次颁布禁令，不允许司法官加入任何党派，以保障司法中立性。武汉国民政府则废除了司法官不得参加任何党派的禁令，明令要出任司法官至少必须是国民党名誉党员、同时具有三年司法经验者。第四，废除原审判机构内的行政长官制，法院内的行政事务由本院审、检人员组成的"行政委员会"处理，不必由行政官插手，将司法机关与司法行政机关在职能上严加区分。第五，北京政府时期审判机关与检察机关相互独立，在行使职务时互相牵制。武汉国民政府则废除了各级检察厅，改为在各级法院内配置检察官执行职务。第六，采用参审制和陪审制，颁布施行了《参审陪审条例》。第七，实行诉讼费减免制，诉讼费减少50％，状纸费减少60％，对民事案件按照累进率征收执行费。[①] 上述改革措施，虽然在武汉国民政府时期几乎没有付诸实施，但诸如审判机关的称谓、审判机关与司法行政机关相分立、各级检察官配置在审判机关内、司法党化的司法组织原则等，均对南京国民政府的司法制度产生了直接的影响。

1927年9月，南京国民政府正式成立。10月25日，国民政府就公布了《最高法院组织暂行条例》14条，规定最高法院为最高审判机关；最高法院置院长1员，总理全院事务，并监督其行政，有统一解释法令及必要处置之权；置首席检察官1员，检察官5员，处理关于检察之一切事务；又置书记官长及书记官，分掌录供、编案、会计、文牍及其他庶务。[②] 根据《最高法院组织暂行条例》，1927年11月17日，最高法院正式成立。1928年10月，根据孙中山的"五权宪法"思想，南京国民政府制定了《中华民国国民政府组织法》，该法第5条规定："国民政府以行政院、立法院、司法院、考试院、监察院组织之。"司法院为五院之一，在政府职能的层面上，它是一个独立的系统，行使最高民事、刑事审判权的最高法院以及行使最高行政审判权的行政法院都直接隶属于司法院，而不受其他行政机关的统治，具有相对独立性。在五权宪法的权力组织系统内，原则上讲，整个司法系统则要受到国民大会的监督，以体现一切权力来源于人民的宪法理念。1928年以后，南京国民政府虽曾多次修订《中华民国国民政府组织法》，并先后制定实施了《中华民国训政时期约法》、《中华民国宪法》，但是五权宪法之组织原则始终没有更改，司法机关一直是依照这一原则来组织运行的。1928年10月，国民政府公布了《司法院组织法》，同月，司法院在南京正式成立。依照《国民政府组织法》、《司法院组织法》之规定，司法院为最高司法机关，掌理民事、刑事、行政诉讼以及公务员惩戒之权，负责统一解释国家法律、命令。司法院由办事机构和直属机关两部分组成，其办事机关负责管理各项司法内勤事务；其直属机关包括最高法院、行政法院、

---

① 参见《国闻周报》，第4卷，1927，第九期《新法令汇辑》。另见熊先觉：《中国司法制度新论》，17页，北京，中国法制出版社，1999。

② 参见谢振民编著，张知本校订：《中华民国立法史》，下册，1037～1038页，北京，中国政法大学出版社，2000。

司法行政部、公务员惩戒委员会,具有相对独立的司法权,例如,最高法院名义上受司法院统辖,但是在行使民事、刑事审判权时,则不受司法院的干涉。

1928 年 10 月,司法院院长王宠惠拟具的《最高法院组织法草案》提交立法院审议,立法院于同年 12 月 13 日将该草案交法制委员会审查,并经 1929 年 7 月 26 日和 8 月 3 日立法院 26 次和 38 次两次会议讨论通过了《最高法院组织法》14 条,8 月 14 日公布。该法与《最高法院组织暂行条例》相比,在最高法院组织设置上有四点变化:"第一,规定最高法院民事庭、刑事庭之庭数,以司法院院令定之;第二,最高法院配置检察署,并置检察长 1 人;第三,最高法院及检察署各设书记官长及书记官;第四,明定最高法院院长及以次简荐委任各人员任命之程序。"① 在此期间,南京国民政府司法部也拟具了《暂行法院组织法草案》,草案强调:"吾国司法既确定四级三审制,自应依据是项制度;各级法院,决不因司法院之成立而变更组织;法院有特别普通两种;为便于人民计,初级法院自不可省,惟目下所急者,为普设地方法院,初级尚可缓图,先于地方法院内附设简易庭;似不如别以检察处,从而规定其职务,可以减少多少之误会冲突;等十九项。"② 其后,于 1930 年 6 月,司法院草具《法院组织法》、《法院组织法立法原则》,1932 年 7 月,司法行政部部长罗文干就《法院组织法立法原则》中所确立的原则提出了自己的看法,认为"此项原则又为制定法典之重要基础,关系綦重,应不厌详求,务其允当,爰据二十年来之经验,揆诸吾国现在及将来之情形,并参考各国立法之趋势,认为是项原则,似有应行补充或变通之处"③。并拟具《法院组织法立法原则修正案》呈请中央政治会议讨论。中央政治会议讨论通过的《修正法院组织法原则》,该修正案的主要原则精神有:"第一,地方法院审判案件原则用独任制,遇特别重大之案件,可酌情形以三人之合议。高等法院审判案件用三人合议之;第二,最高法院不设分院……其实民刑事案件之上诉于最高法院者,率用书面审理……权衡轻重,实以不设分院为宜;第三,中央之最高检察机关,崇其体制,于高等法院内置检察署,其他各法院均仅配置检察官,其有检察官二人以上者,以一人为首席;第四,高等法院及地方法院,得于其所在地外适当之地点,定期开庭;第五,实行三级三审制"④。1932 年 10 月 28 日,根据《修正法院组织法原则》所制定的《法院组织法》正式公布实施。根据《法院组织法》的规定,法院系统确定为三级。即在县(或市)设地方法院,在省设立高等法院,在南京设立最高法院。

最高法院为司法院中行使最高民事、刑事审判权的机关。最高法院与清末民初的大理院相比,有以下几点不同:第一,清末民初的大理院是根据"三权分立"的政府组织原则设置的,而最高法院是遵循孙中山先生的"五权宪法"之政府组织原则设置,它隶属于司法院。第二,清末民初实行的是"审检分立"制度,与各级审判机关相对应,设立各级检察厅,在中央设立总检察厅与大理院相对应。南京国民政府 1932 年的《法院组织法》则规定了"审检合一",检察机关不再是与审判机关平等、对立的独立机构,而是将检察官配置于各级法院之内,最高法院之内设检察署,置检察官若干人,以一人为首席检察官。第三,最高法院

---

① 谢振民编著,张知本校订:《中华民国立法史》,下册,1038 页,北京,中国政法大学出版社,2000。
② 谢振民编著,张知本校订:《中华民国立法史》,下册,1039~1041 页,北京,中国政法大学出版社,2000。
③ 谢振民编著,张知本校订:《中华民国立法史》,下册,1045 页,北京,中国政法大学出版社,2000。
④ 谢振民编著,张知本校订:《中华民国立法史》,下册,1046~1407 页,北京,中国政法大学出版社,2000。

拥有"具体的法律解释权"。依照清末民初的《法院编制法》规定，大理院有解释法令、变更判例的权力，当时大理院拥有的法律解释权包括抽象的法律解释权和具体的解释权。南京国民政府的法律解释权则分为两部分，由大法官会议来行使"抽象的法律解释权"，由司法院院长与最高法院通过"变更判例会议"① 来共同行使"具体的法律解释权"。第四，最高法院拥有系统的民事、刑事案例汇编权。第五，由于案件数量的激增，最高法院的规模较清末民初的大理院大为扩大。北

图 11—1　1937 年的国民政府最高法院

京政府对期的大理院，其鼎盛时期民事审判庭与刑事审判庭之总和只有 7 个。而南京国民政府的最高法院在抗战以前设有民事审判庭 5 个，刑事审判庭 11 个。抗战期间减为民事审判庭 3 个，刑事审判庭 4 个。抗战胜利后，民事审判庭增至 12 个，刑事审判庭增至 14 个。②

依照《法院组织法》的规定，在省城和特别区域设高等法院；高等法院管辖区域过于广阔者，可酌设高等法院分院；在国民政府的首都南京市和行政院直辖市均设立高等法院。高等法院管辖关于内乱外患危害国交的第一审刑事案件；管辖不服地方法院及其分院第一审的民事、刑事案件；管辖不服地方法院及其分院裁定而抗告的案件。抗日战争胜利后，南京国民政府最多曾在全国范围内设立了 37 所高等法院（当时东北分为 9 个省，设有 6 所高等法院，在南京市、上海市及台湾均设有一所高等法院），高等法院分院 119 所。③ 高等法院院长还直接管辖监狱。

虽然按照《法院组织法》的规定，在县或市设立地方法院，地方法院管辖区域过于广阔者，可酌设地方法院分院。但由于司法经费紧张，司法人才缺乏，直到 1949 年，在全国还有很多县级行政地方没有设立地方法院。在这些地方，仍然沿用北洋政府时期实行的县司法处办理司法、县知事兼理司法的制度。由于在体制上，这一制度仍然是行政与司法合一的传统模式，与宪政民主政体不相切合；再加上，这种体制运行中，行政长官或承审员经常不能依诉讼时限审断案件，不能依法秉公裁判，深为世人所诟病。为权宜一时，南京国民政府决

①　"变更判例会议"是先由最高法院院长就具体的判例变更事项提请于司法院院长，司法院院长根据最高法院院长的提请召集"变更判例会议"。"变更判例会议"的法定参加人员包括，司法院院长、最高法院院长、最高法院各庭庭长，以司法院院长为会议主席。"变更判例会议"以参加会议者的多数来决定是否变更既有的判例，以及新判例的判例要旨内容如何确定。在整个变更判例的过程中，司法院院长只是起到会议召集者的作用，变更判例的提起、变更判例的议决、新判例要旨的内容等重要事项基本上都由最高法院的院长和各庭庭长来决定。参见张晋藩主编：《中国司法制度史》，527 页，北京，人民法院出版社，2004。

②　参见张晋藩主编：《中国司法制度史》，527～529 页，北京，人民法院出版社，2004。关于抗战胜利后的审判庭，另有学者认为，至 1948 年，最高法院有民事审判庭 10 个，刑事审判庭 14 个。参见曾宪义主编：《中国法制史》，320 页，北京，中国人民大学出版社，2000。

③　参见汪楫宝编著：《民国司法志》，9 页，台北，正中书局，1954。

定在应设立地方法院的县级政府所在地，先设县司法处。预定以半年为一个阶段，分三个阶段，在全国范围内普遍设县司法处，待到县司法处普及时，再将县司法处逐步改组为地方法院。为此，1936 年公布了《县司法处组织条例》，该条例主要规定了两项内容：其一，县司法处设于县政府，它的管辖范围与地方法院相同；在审判业务方面受高等法院院长的监督；其二，明定县司法处的审判官须有法科三年毕业经高等考试及格者或办理司法业务多年者，方可出任；具有任职资格者由高等法院院长呈请司法行政部核定任命。县司法处原则上独立行使审判权，比北京政府的县知事兼理司法的效果要好得多。但由于经费不足，县司法处均设立于县政府之内，其所需司法经费由政府直接支给，所需杂役雇员由政府雇员兼任，司法处审判官的党政关系由县政府、县党部控制；所以县司法处依旧属于行政与司法尚未完全独立的一种半司法半行政的组织形态。①

除了普通法院体系外，1932 年 11 月南京国民政府公布了《行政法院组织法》②，一改北洋政府时期平政院设置以及广州国民政府时审政院设置，建立了行政法院，掌理行政诉讼，1933 年 6 月行政法院组织成立。虽然行政法院与平政院、审政院的职能相同，但南京国民政府的行政法院完全属于司法机关，它隶属于司法院，拥有独立的行政审判权；不像以前的行政审判机关那样隶属于行政机关。此外，南京国民政府为镇压共产党人，还于 1927 年 12 月，设立了"特种刑事法庭"，颁布了《特种刑事法庭组织条例》，到 1948 年年底，全国有"特种刑事法庭"156 所③；与北洋政府一样，南京国民政府也设有军事审判组织——"军法会审"，审判军人犯罪案件，实行两审终审制，审判依据总司令或军政部长、海军部长或该管最高长官的命令进行。

第二节
审判组织管理的法制化

一、清末审判组织管理的法律化

在清末，随着"官制改革"以及法制变革运动的兴起，不仅促使了传统的中华法系的法律结构的解体，而且按照西方"三权分立"的原则筹建"宪政"制度，也使得新式审判组织的建构沿着法制化的方向发展。

虽然清廷意识到"中国预备立宪至少应在十五年"④，但在其对三权分立体制的筹建计划中，审判组织体制的建构是摆在优先先行的位置的。这不仅可以从光绪三十二年（1906 年）九月二十日，上谕刑部改为法部，专任司法；大理寺改为大理院，专掌审判，并迅速改组成

---

① 参见张晋藩主编：《中国司法制度史》，529 页，北京，人民法院出版社，2004。
② 1949 年前，1932 年 11 月公布的《行政法院组织法》经过了 1945 年、1948 年两次修订。
③ 参见曾宪义主编：《中国法制史》，320 页，北京，中国人民大学出版社，2000。
④ 故宫博物院明清档案部编：《清末筹备立宪档案史料》，"总核官制大臣庆亲王等奏续定各直省官制情形折"，505 页，北京，中华书局，1979。

立大理院以及颁行《大理院审判编制法》（1906 年）和《各级审判厅试办章程》（1907 年）的举动中看出，而且也可以从载泽等官制编纂大臣的奏折中看出，"在议会尚难举办的情况下，在各省建立分级独立的审判机构，是预备立宪最重要的事，这是立宪的表现形式，也是立宪体制维护民权、缓解国内矛盾的关系所在"①。还可以从光绪三十四年（1908 年）八月一日颁布宪政编查馆奏上的《逐年筹备事宜九年清单》上谕中看出，按照这个"九年的各项筹备立宪事宜清单"，《法院编制法》应于第二年（宣统元年，1909 年）颁布。② 光绪三十四年十二月二十八日，宪政编查馆奏上了经过核定的《法院编制法》，同时奏上了《初级暨地方审判厅管辖案件暂行章程》、《法官考试任用暂行章程》和《司法区域分划暂行章程》。宣统元年闰二月二十七日，法部奏上了《统筹司法行政事宜分期办法》，按照法部的规划，宣统元年需要筹办的司法行政事宜包括："实行法官惩戒章程"、"颁布审判厅试办章程"、"奏请推广诉讼状纸"、"编订法官进级章程"、"法官补缺轮次表"、"详订司法警察职务章程"，等等。③ 我们不难发现，这些做法以及规划事宜涉及司法组织制度的各个方面，也就是说，清末新式审判机构的建构，从一开始就非常重视审判组织管理的法律化。在组织法方面，已制定和颁布的《大理院编制法》、《各级审判厅试办章程》、《法院编制法》、《法官任用考试暂行章程》、《司法区域分划暂行章程》等相关法律，使整个新的审判机构在组织上有了较为完备的法律保障。这主要表现在以下几个方面：

第一，新式审判机构组织系统及其审级管理法律化。光绪三十二年（1906 年），大理院成立后，沈家本就上奏朝廷认为：大理院"现即与法部截然分离，专司审判，则应将裁判之权限等级，区划分明，次第建设，方合各国宪政之制度"④。在《大理院审判编制法》中，尽管"此法所定以京师为限"，但明确了京师审判机构分为次第四级，从高到低依次为：大理院、京师高等审判厅、城内外地方审判厅和城谳局；明确了各级审判机构的权限和四级三审制。大理院的审判责任包括终审案件、官犯、国事犯、各直省之京控、京师高等审判厅不服之上控、会同宗人府审判重罪案件；京师高等审判厅审理地方审判厅第一审判决不服之控诉和城谳局判决经过二审之上告案件；外地方审判厅与民刑事诉讼第一审、第二审案件及商事破产事件有审判责任；城谳局审理 200 两以下及 200 两以下价额物产和不论价额之事项的民事诉讼，违警罪有不服者、罚金 15 两以下者和枷号者、妇女折赎在 40 两以下者、徒罪无关人命者的刑事案件。⑤ 1906 年的《审判权限厘定办法折》中，进一步提出仿照英美德法等国的体制，确定全国审判的四级三审制。即大理院下，京师、各省设高等审判厅，在省会及商埠等地各设地方审判厅和初级审判厅，大理院为全国最高之裁判所。1907 年颁行的《各级审判厅试办章程》，重点在于理顺各级审判厅内部之关系，同时也明确了各级检察厅内部之关系，根据该章程，各级审判厅与各级检察厅合署办公，其内部分别实行不同的原则：各级审

---

① 《东方杂志》第四年第八期"内务"："附编纂官制大臣泽公等原拟行政司法分立办法说帖"，418 页。

② 参见《宪政编查馆、资政院会奏宪法大纲暨议院法、选举法要领及逐年筹备事宜折》，载故宫博物院明清档案部编：《清末筹备立宪档案史料》，上，54～75 页，北京，中华书局，1979。

③ 参见北京政学社编：《大清法规大全·宪政部》，筹备立宪一，14 页。

④ 谢振民编著，张知本校订：《中华民国立法史》，下册，984 页，北京，中国政法大学出版社，2000。

⑤ 参见谢振民编著，张知本校订：《中华民国立法史》，下册，985～986 页，北京，中国政法大学出版社，2000。

判厅依照四级三审制和级别管辖各自独立审判案件，各级检察厅隶属于法部，内部是上下级的组织关系，但检察司法机关不得干涉司法审判。1910 年颁布的《法院编制法》，则就审判机构组织系统及其审级管理作了系统详细的规定。可以说是对"此前的改革和立法进行了整合，规范了各级法院组织机构，建立了彻底的审判独立原则"①。《法院编制法》以日本《裁判所构成法》为蓝本，共十六章，一百六十四条、它再次明确规定：审判衙门为初级审判厅、地方审判厅、高等审判厅及大理院四级，实行三审终审制；规定"本章②所载各条不得限制审判上所执事务及审判官的审判权"（第 163 条），"检察厅对于审判衙门应独立行使其职务"（第 94 条），"检察官不问情形如何不得干涉推事之审判或掌理审判事务"（第 95 条），从而更加明确了司法部门之间和行政部门之间的权限和关系；从第一章审判衙门通则到第五章大理院详加规定了初级审判厅、地方审判厅、高等审判厅、大理院的审判权限和案件管辖范围，"明确了上级法院无权干涉下级法院审判事务"③。

第二，各级审判机构人员组成和审判组织形式的法律化。《大理院审判编制法》规定，其于法堂审判事件时，以推事官 5 人为问官，至少须以三分之二到堂，始可审判，以资高历深者 1 人为问官；京师高等审判厅，置厅丞 1 员，酌设一课或二课以上之民事、刑事课，以审判官 5 人编成一课，各置课长 1 人，其审问时亦以 5 人编制之，公推 1 人为文长；地方审判厅，置厅长 1 员，得置一课或二课以上之民事刑事课，以审判官 3 人编成一课，各置课长 1 人；城谳局置 2 人以上之审判官，以 1 人为监督审判。④ 宣统元年七月，法部上奏的《各省省城商埠各级审判、检察厅编制大纲》对地方各级审判、检察厅的编制进行了具体的规定：高等审判厅设厅丞 1 人，民刑科各置合议推事 3 人，设典簿 1 人，主簿 2 人，录事 4 人或 6 人；高等分厅除不设厅丞外，与高等审判厅同。省城商埠审判厅置推事长 1 人，民刑科各一庭，各置合议推事 3 人，每厅置典簿 1 人，主簿 1 人或 2 人，录事 4 人至 8 人。初级厅置独任推事 1 人或 2 人，书记生如推事数。高等检察各厅，地方检察各厅置检察长 1 人，检察官 1 人。高等检察厅，置录事 1 人或 2 人，初级检察厅置检察官 1 人，书记生 1 人或 2 人。⑤《法院编制法》的人事编制制度基本上与"编制大纲"相同。按照这一编制，大理院为最高审判衙门，置正卿、少卿各 1 员，置民事、刑事科，酌分民事、刑事庭数，各置推丞庭长各 1 员；高等审判庭置厅丞 1 员，置民事、刑事科，酌分民事、刑事庭数，各庭置庭长 1 员；地方审判庭酌分民事、刑事庭数，并置 2 员以上之独任推事，京师地方审判厅置厅丞 1 员，各省地方审判厅置厅长 1 员；初级审判厅置 1 员或 2 员以上之推事，置 2 员以上者，以资深者 1 员为监督推事。"到宣统二年十一月底，全国的审判检察各厅中置推事、检察官、书记官共 2 149 人（这个数据不包括高等审判厅的厅丞和高等检察厅的检察长在内）。"⑥ 根据《法院编制法》的规定，审判组织形式为：初级审判厅，以推事 1 员行审判权，为独任制；地方审判厅，第一审案件以推事 1 员行审判权，第二审及第一审繁杂之案件，以推事 3 员合

---

① 张从容：《析 1910 年〈法院编制法〉》，载《暨南学报（哲学社会科学）》，第 25 卷，2003（1）。
② 《法院编制法》第 163 条的"本章"是指《法院编制法》第十六章"司法行政之职务及监督权"。
③ 张从容：《析 1910 年〈法院编制法〉》，载《暨南学报（哲学社会科学）》，第 25 卷，2003（1）。
④ 参见谢振民编著，张知本校订：《中华民国立法史》，下册，985 页，北京，中国政法大学出版社，2000。
⑤ 参见《政治官报》，卷 241，影印本，336 页，台北，文海出版社，1964。
⑥ 《政治官报》，卷 411，影印本，201、242～243 页，台北，文海出版社，1964。

议庭行审判权；高等审判厅，以推事 3 员之合议庭行审判权；大理院以推事 5 员之合议庭行审判权；各分厅及分院均准用各本厅及本院之规定。

第三，推事、检察官培养、任用的法律化。宣统三年（1911 年）三月，法部在具奏"筹设各级审判厅，提前办法并预拟本年实行筹办事宜折"中，提出筹设临时法官养成所的培养方式。宣统三年五月，法部上奏了《临时法官养成所章程折》，该章程共 15 条，规定了临时法官养成所以"养成法官"为宗旨，由各省提法使筹办，并对报考者的资格作了如下规定：(1) 年龄 25 岁以下，品行端正。(2) 中等学堂以上毕业者，京外候补候选人员，不论品级以实官为限。(3) 生员以上出生者。(4) 旧充及现充刑幕者。① 宣统元年十二月与《法院编制法》同时出台了《法官考试任用章程》，它要求推事及检察官均照《法官考试任用章程》，经两次考试合格者始准录用。另外该章程还规定："京师及各省统由法部堂官主持，距离较远的省份由法部开单，奏请通习法律人员，会同各省提法使考试。"而且，还详细规定了参加第一次考试人员的资格，其条件有三："1. 举人及副拔优贡以上出身者；2. 文职七品以上者；3. 旧充刑幕确系品端学裕者。"② 宣统二年法部奏定"法官考试任用暂行章程实施细则"对法官考试制度进行了补充。第一，规定了"除四川、广西、云南、贵州、甘肃、新疆"六省外，其余各省一律赴京考试；第二，考试资格的重新规定，要求考生的年龄必须在 20 岁至 60 岁之间，旧充刑幕人员以历充五年以上而现任刑幕者为限；第三，第一次考试分笔试与口述。③ 但法部与宪政编查馆所对法官第一次考试资格的规定遭到了地方官员的异议。地方官员基于各种需要，普遍要求将法官考试的资格扩大，允许各地司法研究所的学员参加考试。浙江巡抚增韫在奏折中称："臣查该所学员为本年商埠各级审判厅成立时任用而设，又其课程可属完全，似未便令其向隅，不与考试，且此项人员，即由法部主试，但使严加甄别，既无冒滥之虑，仍操行舍之权。"④ 在法官考试任用章程没有颁布之前，法官任用基本上是依照《各省城商埠各级审判厅筹办事宜折》上的规定实施的。"凡高等审判厅厅丞高等检察厅检察长，均由法部择贤预保，临时请简，各督抚可就近遴选或指调部员，但必须咨明法部派署，不得径请简"。"各厅之推事，检察官各员，由各该省督抚同提法使认真遴派品秩相宜之员，应专系专门法政学校毕业者，旧系法曹出身者，或曾任正印官或曾充刑幕者，亦可指调部员，且应咨部先行派署。"⑤ 宣统元年十二月的《法官考试任用暂行章程》，以及随后的《法官考试任用暂行章程实施细则》，对法官的任用情况作了新的规定，要求以后法官任用得经过法官考试（合免试条件的除外）；通过第一次考试者，分发到地方各厅进行学习，学习期为两年，两年满后，由各审判检察厅长官出具考语，京师径呈法部，各省送由提法使申报法部。学习期满后经过第二次考试其合格者，才作为候补推事或检察官分发地方⑥，从而在法律制度形式上更加强化了法官考试任用制度。⑦

①　参见《政治官报》，卷 441，影印本，308～310 页，台北，文海出版社，1964。

②　何国桢、梁启超主编：《国风报》，第一年第六号，87 页，台北，汉声出版社，1974。

③　参见何国桢、梁启超主编：《国风报》，第一年第六号，1～91 页，台北，汉声出版社，1974。

④　《政治官报》，卷 331，影印本，3241 页，台北，文海出版社，1964。

⑤　何国桢、梁启超主编：《国风报》，第一年第六号，141 页，台北，汉声出版社，1974。

⑥　参见何国桢、梁启超主编：《国风报》，第一年第六号，131 页，台北，汉声出版社，1974。

⑦　参见柳岳武：《清末地方司法改革中的法官制度》，载《天府新论》，2005（2）。

二、北洋政府审判组织管理的法律化

民国成立后，虽然根据《中华民国临时政府组织大纲》和《修正中华民国临时政府组织大纲》的规定，南京临时政府设立临时中央裁判所，作为民事和刑事诉讼的最高审判机构。但由于南京临时政府成立时间较短，直到《中华民国临时约法》公布，也没有成立临时中央裁判所。关于南京临时政府的审判组织及管理体制，我们只能从《中华民国临时约法》中大概可以看出以孙中山为首的民国建国者的思想。《中华民国临时约法》第六章第四十八条到第五十二条规定了国家司法机关法院的属性和组织管理原则。《约法》第 48 条规定，由临时大总统及司法总长分别任命之法官组织之。法院之编制及法官之资格，以法律定之；第 52 条规定，法官在任中不得减俸或转职，非依法律受刑罚宣告或应免职之惩戒处分，不得解职。① 此外，南京临时政府一成立，还拟订了涉及法官管理和任用的一系列法令，主要有《临时中央裁判所官职令草案》、《法官考试委员会官职令草案》和《法官考试令草案》等。这些法令对法官的考选和任用，提出了一系列管理办法。1912 年 3 月，孙中山在《咨请参议院审议法制局拟定法官考试委员会官职令草案等文》中，更是强调"所有司法人员，必须应司法官考试，合格人员方能任用"②。上述这些法律、法令草案中有关审判组织管理的规定、说明，虽然由于时局变动没有实施，但是，这为北洋政府关于审判组织管理的立法奠定了基础，提出了方向。

北洋政府在继承了清末司法改革成果和沿袭使用清末审判组织管理法律的基础上，就审判组织的管理相继修订了清末的法律或出台了一系列的新法律、法令。使得有关审判组织的管理有了比较健全的法律保障。具体表现为：

首先，普通审判组织体制管理的法律化。通过 1915 年和 1916 年对清末制定的《法院编制法》的两次修订，明确了大理院设院长 1 人，总理全院事务，设民事、刑事庭，各庭设庭长 1 人，推事若干人。在审判案件时，由推事 5 人组成合议庭，以庭长为审判长，在交通不便和离京师较远的省高等审判厅内设立大理院分院，大理院分院的推事由大理院选任或由所在高等审判厅推事兼任；高等审判厅设厅长 1 人，下设民事、刑事庭，由推事 3 人组成合议庭审判案件，以庭长为审判长，高等审判厅也可在所属地方审判厅设立分庭；地方审判厅由推事 1 人独任，如设立合议庭 2 庭以上，或独任推事 2 人以上，以资深者 1 员为监督推事；在审级上，1915 年 6 月前实行四级三审制，后废除初级审判厅，改为三级三审制。③

其次，县知事兼理司法的组织体制管理的法律化。县知事兼理司法制度是在没有设立新式法院的地方，由县知事兼理司法审判，并以承审员相协助的司法制度。1914 年 4 月 5 日，袁世凯以大总统发布第 46 号教令的形式颁布实施了《县知事兼理司法事务暂行条例》④，规定"凡未设法院各县之司法事务，委任县知事处理之"⑤。虽然该制度的组织体制有违司法独

---

① 参见那思陆：《中国审判制度史》，350 页，台北，正典出版文化有限公司，2004。

② 《孙中山全集》，第 2 卷，281 页，北京，中华书局，1982。

③ 参见曾宪义主编：《中国法制史》，292～293 页，北京，中国人民大学出版社，2000。另见谢振民编著，张知本校订：《中华民国立法史》，下册，989 页，北京，中国政法大学出版社，2000。

④ 该条例分别于 1921 年 7 月 19 日和 1923 年 3 月 17 日两次修正。

⑤ 《新六法大全·宪法附属法令》，65～67 页，上海，世界书局，1924。

立的精神，是对清末司法改革的倒退，但正如有学者所言"确立这样一个原则既是现实的条件所限，更是不得已而为之的选择"①。其后，在此基础上，为消除和弥补县知事兼理司法审判制度在实际运行过程中的种种弊端，同时也是为了在形式上更加符合司法独立的要求，司法行政部于 1917 年 5 月 1 日制定颁布了《县司法公署组织章程》21 条，根据该《章程》的规定，县司法公署由审判官和县知事共同组成，"司法公署即设在县行政公署内，以审判官 1 人或 2 人及县知事组织之，管辖初审民刑案件"。此外，司法公署还设有书记监和书记官、承发吏、司法警察、检验吏等。上述人员根据各自不同的情况分别由不同的组织来考录任用。其中，审判官由高等审判厅厅长依照《审判官考试任用章程》办理，并呈请司法部任命，一旦任用即受荐任待遇。书记监由高等审判厅厅长和高等检察厅检察长共同选派，并报司法部备案。书记官由审判官选出，并会同县知事共同定夺，报高等审判厅、高等检察厅备案。书记监和书记官受审判官和县知事共同监督。而承发吏受审判官监督，检验吏则受县知事监督，司法警察则是受到审判官和县知事共同监督。而且当司法警察不敷使用时，可以随时调用县行政公署的巡警。为了保证审判官能够独立自主地审理案件，该章程明确规定"关于审判事务，概由审判官完全负责，县知事不得干涉"。而且"审判官受高等审判厅长之监督，县知事关于司法事务受高等检察厅检察长之监督"。这样，县知事只是办理案件的检举、缉捕、勘验、递解、刑事执行等事务，并负完全责任。②

再次，行政诉讼审判组织体制管理的法律化。北洋政府在行政诉讼立法上，实行行政诉讼机关组织法与行政诉讼程序法相分离的体例。1914 年 3 月 31 日，袁世凯以大总统教令 39 号颁布了《平政院编制令》。根据该法令规定，平政院于全国范围内仅设一所，它独立于立法、行政与普通司法机关之外，直接直隶于大总统，察理行政官吏之违法不正行为；平政院置院长一人，平政院院长为特任官，仅负责平政院之行政事务，不属于行政裁判官，他既不能干涉评事的裁判事务，其地位也不受《平政院编制令》中有关评事的法律规定保障；平政院的审理实行合议制，以平政院评事 5 人组织之庭行使审理权，平政院内分设三个庭，每庭以平政院评事一人为庭长，平政院庭长由平政院院长从平政院评事中提名，呈请大总统任命；平政院评事于行政官和司法官中由大总统选择任命，平政院评事定额 15 人，评事在任职期间不得为政治结社及政谈集会之社员或会员，以及国会或地方议会之议员，以保证评事的公正裁判立场。同时评事在任职期间非受刑法之宣告，或惩戒之处分，或因精神衰弱及其他不治之障碍，致无法履行职务，不得强令其退职、转职或减俸，以保障评事的独立裁判地位不受到威胁。此外，平政院内设肃政厅，置肃政史，置都肃政史一人，指挥监督全庭事务，肃政史由大总统选择任命，肃政史定额 16 人。③

又次，法官选拔任用和奖惩的法律化。相比起清末，北洋政府时期，制定颁布了比较理想化的系统的法官选拔、任用法律、法令。为了整顿司法，大总统袁世凯在《令整顿司法事宜》中强调："顾尝深维司法独立之本意，在使法官当审判之际，准据法律，返循良心，以

---

① 韩秀桃：《民国时期兼理司法制度的内涵及其价值分析》，载《安徽大学学报（哲学社会科学版）》，2003（5）。

② 参见《中华民国法规大全》，第四册，5398～5399 页，上海，商务印书馆，1936；韩秀桃：《民国时期兼理司法制度的内涵及其价值分析》，载《安徽大学学报（哲学社会科学版）》，2003（5）。

③ 参见《中华民国法令大全》，63 页，上海，商务印书馆，1920。

行判决……今京外法官，其富有学养，忠勤举职者，固不乏人，而昏庸尸位，操守难信者，亦所在多有，往往显拂舆情，玩视民瘼……岂国家厉行司法独立之本意哉？"要改变法官的这种状况，必须"意在厉行试验，以杜达进"①。为此，北洋政府确立了选拔法官以考试为凭的专门的司法考试制度。1913 年 11 月 8 日第一次公布并实施了《甄拔司法人员准则》，以选拔司法人员，充实司法队伍。同年 9 月 30 日，袁世凯签署了大总统令，颁布了《司法官考试令》和《关于司法官考试令第三条甄录规则》，对司法官考试的科目、内容和规程作了具体规定。1915 年 6 月 20 日，北洋政府司法部首次修订《法院编制法》，在修订后的《法院编制法》中明确规定，各级审检机构中的推事和检察官，必须经过两次考试合格，方可任用。根据《法院编制法》的要求，1917 年 10 月 18 日，北洋政府重新公布实施了《司法官考试令》，分为"总纲"、"典试委员会"、"甄录试及初试"、"再试"四章和附则。该考试令实质上是将原来的考试令、甄录规则以及文官高等考试令中的相关内容合并，并补充了一些新的内容，使其完整、合理，并有利于实际操作。11 月 14 日，司法部公布实施了《司法官再试典试委员会审议免试规则》，对免试的资格、程序作出详细规定。12 月 10 日，司法部又以"部令"的形式颁布了《司法官考试令施行细则》和《司法官考试规则》，使考试的具体实施办法以及监考规则有了明确的规定。1919 年 5 月 15 日，北洋政府又颁布了《修正司法官考试令各条》，对应试人的资格限制、甄录试、典试以及再试委员会的组成作了修正。通过制定并颁行上述法律法令，北洋政府对司法官考试的设计不断完善，并逐步使之纳入了法治化、制度化的轨道。② 从 1914 年 1 月至 1928 年北洋政府垮台止，北洋政府司法部共举行了 5 次全国性的司法官考试。③ 当时的社会对于司法官考试制度给予了充分的肯定。1930 年《法律评论》中的一篇评论，对民国初年的司法官考试制度给予极高的评价："公务员之最清苦者，莫如司法官；而各种公务员中能勤于任事、严于律己，比较无玷于官箴官常者，亦惟司法官。此无他，惟司法官之进退有序，且能厉行考试制度。"④ 此外，为了加强对法官的管理，北洋政府还颁布了《司法官官等条例》、《法院书记官官等条例》、《司法官不得沾染嗜好令》、《法官应杜绝应酬令》、《法官宜避嫌疑令》、《司法官惩戒法》、《司法官惩戒审查规则》、《司法官惩戒处分执行令》、《司法官惩戒法适用条例》、《司法官升转暂行规则》等一系列法规法令，对法官的职业操守做出明确规定，强调法官要居官清廉。⑤ 对于有成绩的法官通过提升、表彰和物质来奖励；对于违反职业行为准则的法官，根据情节分别给予辞退处分或行政处分⑥（夺官并除名、褫职、降官、停职、调职、减俸、诫饬）。正是由于对于司法官的选任采用考试制度，对于任用的司法官又有严格的管理法规规范，使得民国初期的社会对于司法官和司法界都给予了一定的肯定，1923 年 7 月 1 日梁启超在《法律评论》发刊的题词中，道出了民初司法的进步性："十年来国家机关之举措，无一不令人气尽。稍足以系中外之望

---

① 《令整顿司法事宜》，载《东方杂志》，第 10 卷第 8 号，1914 年 2 月。

② 参见毕连芳：《北洋政府对司法官考试的制度设计》，载《史学月刊》，2006（10）。

③ 1914 年 1 月举行的司法官甄拔考验只是确立了司法考选的做法，不是严格意义上的司法官考试，一般不把它归入正式的司法官考试范畴。根据《政府公报》、《司法公报》等报刊上的记载，五次全国性司法官考试时间分别是：1916 年、1918 年、1919 年、1921 年、1926 年。

④ 平平：《卷头语——第六次司法官考试揭晓感言》，载《法律评论》，第 8 卷第 10 号，1930-12-14。

⑤ 参见郭志祥：《民初法官素养论略》，载《法学研究》，2004（3）。

⑥ 参见《司法法令大全》，125 页。

者，司法界而已。"[1]

最后，审判机关内部管理制度的法律化。北洋政府时期，曾于京师地方审判厅及京师高等审判厅，推行审判机关管理制度，主要包括请假制度、考勤制度、值班制度、赃物登记保管制度等内容。北洋政府规定，裁判官及书记等"如因疾病或事故不能在署，逾三时者，均应以定式请假书，向院长（或厅长成庭长）请假。但因厅务出署，且得长官认可者，不在此限"。裁判官及书记官各厅员，上班和外出时，必须亲自记载于考勤簿。记载事项包括时间、理由等。如果各厅员的考勤记录与事实不符，其长官有权对裁判官和书记官长的考勤进行核正，书记官长则负责对各书记官及书记官以下人员的考勤，给予核正。对于厅员的考勤，各级审判机关长官有权"每日查阅，并饬书记官长按照考勤簿，编制各员每月及全年勤怠比较表。"各级审判机关的"每月勤怠比较表"应于下月上旬"抄报司法部"；"全年勤怠比较表，应于每年一月秒录一份，详送周法部"。各级审判机关长官在日常管理中，发现"厅员或有怠忽及不当情形者"，有权"随时告戒并匡正之"。各级审判厅厅员，除长官外，都应参加值日驻班。值班时间以本日上午8时到次日上午8时。有特别事故不能值班，应找人代理或请长官安排，然后再补值。有疾病不值班，可以不再补值。收案由书记员登记，交书记官长。立案审理的案件分配，由书记官长报院长或厅长或庭长决定。收受案件认为宜送简易庭，除即时讯明并制作笔录，交书记处标明要旨外，还要报审判机关长官核定后，分配于简易庭。收受案件认为不应立案的，除即时将理由谕知，或明白批示外，并饬回诉讼人。不立案的理由文书记处注明，送长官核阅，饬由书记官编号存档备查。收受案件认为应立案受理的，送报长官核阅分配。凡收案遇有赃物，由书记官详记附卷后，交由物品收贮室保存；赃证物品除应没收或应发还的，即时取具领结照数发还外，如无法查到领受人住所，在公告6个月后，无人受领，归属国库；若赃物破损，应速拍卖，保存其物品售价；但其保管费，从中扣除；提取赃物，须总务处盖戳。各级审判机关裁判官办案，必须收押人犯时，应由书记官填写押票，交由司法巡警护送看守所收押；看守所收押审判官送押的人犯，须于押票内盖用收戳；遇有嫌疑犯，认为应行取保，出该审裁判官速饬书记官将本厅定式用纸标明处分，交由司法巡警押带取具保结，仍交书记官收存附卷。无保带回的嫌疑犯，交检察官请示检察长酌量处分。[2]

三、南京国民政府审判组织的法律化

南京国民政府成立后，为了建立健全司法体系，进行了一系列有关司法组织的立法工作。1927年10月25日，南京国民政府颁行了《最高法院组织暂行条例》，明确了最高法院的法律地位及案件管辖范围，确立了最高法院内部的机构设置及人员组成与职责。1929年8月14日《最高法院组织法》颁布施行。1932年10月28日，《法院组织法》颁布并于1935年7月1日施行。南京国民政府的第一部法院组织法共计15章，凡91条，其中第一章总则，第二章地方法院，第三章高等法院，第四章最高法院，第五章检察署及检察官之配置，第六章推事检察官之任用及待遇，第七章书记官及通译，第八章检察员、执达员、庭丁及司法警

---

① 梁启超：《题辞》，载《法律评论》，创刊号，1923-07-01。

② 参见张培田、张华：《近现代中国审判检察制度的演变》，29～31页，北京，中国政法大学出版社，2004。

察，第九章司法年度及事务分配，第十章法庭之开闭及秩序，第十一章法院之用语，第十二章裁判之评议，第十三章法律上之协助，第十四章司法行政之监督，第十五章附则。该部法律成为南京国民政府时期法院设置、运作及其管理的基本法典，并先后于 1935 年 7 月 22 日、1938 年 9 月 21 日、1945 年 4 月 17 日、1946 年 1 月 17 日作过四次修正，但基本上没有太大的变动。① 为了适应行政诉讼与审判的需要，1931 年 1 月，司法院起草的《行政法院组织法草案》于同年 5 月 2 日审议通过，由国民政府于 1932 年 11 月 17 日公布施行。此外，南京国民政府还颁布实施了《特种刑事临时法庭组织条例》、《陆海空军审判法》、《捕获法院条例》、《县司法处组织条例》，等等。这些法律的颁行，形成了一套比较完整的规范南京国民政府审判组织的法律体系。较之北洋政府的法律，更加规范了审判组织制度和审级制度，更加明确了司法官员之管理制度。

第一，法院组织系统更加明确化、法制化。在南京国民政府时期，法院组织体系包括普通法院、特种刑事法院、军法会审和行政法院四个部分。

根据《法院组织法》的规定：普通法院由最高法院、高等法院和地方法院三级法院构成。各级法院设院长 1 人，综理全院事务。最高法院院内分设民事审判庭与刑事审判庭，每庭置庭长 1 人，推事 4 人，办理审判案件；每庭设书记科，置科长 1 人，书记官 2 人办理记录整理案卷及拟草文书等项；最高法院还设书记厅，另设人事会计、统计室；到 1948 年，最高法院员工配额 543 人。② 高等法院院内除设民事审判庭与刑事审判庭外，另设专业法庭、公设辩护人室、刑事资料室、书记室、人事室、会计室、统计室；其中书记室辖民事记录科、刑事记录科、专业法庭记录所、文书科、研考科、总务科。地方法院院内设民事庭、专业法庭、民法执行处、公设辩护人室、公证处、登记处、提存所、观护人室、书记室、人事室、会计室和统计室。在那些没有设立法院而实行兼理司法的地方，1935 年 9 月 16 日至 20 日召开的司法院会议形成决议，决定对县长兼理司法依下列原则进行改良：（1）承审员改为审判官，并提高待遇；（2）严定审判官资格；（3）严定审判官资格并慎重人选。根据这项决议，南京国民政府决定把所有兼理司法县改设司法处，以为将来设置地方法院之初步。③ 1936 年 4 月 9 日，国民政府公布《县司法处组织条例》，规定"凡未设法院各县之司法事务，暂于县政府设县司法处理之"。"县司法处审判官，独立行使审判职务。审判官有二人以上时，以一人为主任审判官。""县司法处检察官职务，由县长兼理之。"另外，司法处还配置有书记员、检验员、庭丁、执达员、司法警官等。显然，司法处是一个不隶属于县政府的人员配备比较齐全的独立的司法机构。普通法院诉讼实行三级三审制。

1927 年 12 月，国民党政府为了镇压共产党人而设立了"特种刑事法庭"，根据《特种刑事临时法庭组织条例》规定，在南京设"特种刑事中央临时法庭"，省市设"特种刑事地方临时法庭"，中央特种刑事法庭与最高法院地位相等。到 1948 年年底，全国此类法庭达 156 所。南京国民政府的军事审判组织称为"军法会审"，也是一种特别法庭。"军法会审"有以下三种：（1）简易军法会审，既在各种指挥部、各军部、各独立师师部、各独立旅部或该营高级长官的驻在处所，以及各该部高级军法官 1 人为审判长，军法官 2 人为审判官组成，审

---

① 参见公丕祥：《中国的法制现代化》，375 页，北京，中国政法大学出版社，2004。

② 参见曾宪义主编：《中国法制史》，320 页，北京，中国人民大学出版社，2000。

③ 参见司法院编：《全国司法会议汇编》，1935。

判所属上尉以下官佐士兵同等军人的犯罪者。（2）普通军法会审，设置处所与简易军法会审相同。它以高于或等于被告级别的审判长 1 人，审判官 2 人组成，审判所属校官及同等军人的犯罪者。（3）高等军法会审，设在总司令部或军政部、海军部。它以高于或等于被告级别的审判长 1 人，审判官 2 人组成，审判将官及同等军人的犯罪者。军法会审实行两审终审制。第二审称为复审，审判依据总司令或军政部长、海军部长或该管最高长官的命令进行。①

1928 年 10 月，南京国民政府公布的《国民政府组织法》第 33 条规定："司法院为国民政府最高司法机关，掌理司法审判、司法行政、官吏惩戒及行政审判之职权。"明定司法院中，普通诉讼与行政诉讼并立的二元司法体制。1931 年 12 月，修正公布的《国民政府组织法》第 36 条规定："司法院设最高法院、行政法院及公务员惩戒委员会。"这是第一次在立法中使用了行政法院这一机构名称。1932 年 11 月，南京国民政府颁布实施《行政法院组织法》和《行政诉讼法》。根据《国民政府组织法》和《行政法院组织法》的规定，南京国民政府行政法院在性质上属于司法机关，它隶属于最高司法机关司法院，行使的是司法权；行政法院掌理全国行政诉讼审判事务，置院长 1 人、法庭 2 庭到 3 庭；行政法院审判时，以评事 5 人之合议庭审理，审查案定为每评事 5 人中，应有曾充任法官者 2 人；审查案确定书记官员 10 人到 18 人。行政法院仍实行一审终审，准许当事人对行政裁判提起再审之诉。②

第二，司法官员管理制度化。司法官员管理制度化主要表现为司法官员任用资格法律制度化和任职保障法律制度化。

南京国民政府时期，将司法官统一纳入文官系列进行管理。1928 年 8 月 14 日公布的《最高法院组织法》规定了"最高法院院长及以次简荐委任各人员任命程序"③。1932 年公布并于 1935 年实施的《法院组织法》中，按照文官的官阶制度，把法官分为简任官和荐任官。④《法院组织法》第 33 条规定，担任法官，必须符合下列条件之一：（1）经司法官考试及格，并实习期满者；（2）曾在公立或立案之大学、独立学院、专门学校教授主要法律科目 2 年以上，经审查合格者；（3）曾任推事或检察官 1 年以上，经审查合格者；（4）执行律师职务 3 年以上，经审查合格者；（5）曾在教育部认可之国内外大学、独立学院、专门学校毕业，而有法学上之专门著作，经审查合格并实习期满者。具备以上资格，就可以被任用为法官。但即使是可以被任用为法官，也要分荐任法官和简任法官。《法院组织法》第 36 条规定，荐任法官资格是：（1）曾任推事或检察官 3 年以上者；（2）曾任推事或检察官，并任荐任司法行政官合计在 4 年以上者；（3）曾任推事或检察官并具有在公立或经立案之大学、独立学院、专门学校教授主要法律科目 2 年以上，经审查合格者。具备荐任资格，就可以被任用为地方法院法官或高等法院及其分院的法官。至于简任法官，则又需要具备比荐任法官更高的资格，《法院组织法》第 37 条规定，简任法官的任职条件为：（1）曾任简任推事或检察官 1 年以上，经审查合格者；（2）曾任地方及高等法院院长之推事或首席检察官或高等法院

① 参见曾宪义主编：《中国法制史》，320 页，北京，中国人民大学出版社，2000。

② 参见谢振民编著，张知本校订：《中华民国立法史》，下册，1056～1057 页，北京，中国政法大学出版社，2000。

③ 谢振民编著，张知本校订：《中华民国立法史》，下册，1038 页，北京，中国政法大学出版社，2000。

④ 南京国民政府文官有以下四个级别：（1）特任；（2）简任；（3）荐任；（4）委任。最高法院院长和行政法院院长为特任官，其他法官为简任法官或荐任法官，可见，法官的地位处于较高级别。

及其分院检察官 4 年以上者；（3）曾任地方及高等法院院长之推事，或首席检察官、高等法院及其分院检察官或推事，并任司法行政官合计在 5 年以上者。按《行政法院组织法》的规定，行政法院之院长与评事任职资格要求更高，行政法院院长为特任职，一般评事的遴选须以担任高级审判或检察职务至一定年限为条件；或在教育部认可之国内外专科以上学校修习法律政治、财经学科三年以上毕业，并任简任公务员四年以上者，又每一行政审判庭之评事应有曾充任法官者二人以上（平政院要求有 1 人或 2 人

图 11—2 司法院法官训练所第七届法官班开学典礼

曾任法官）；出任评事者须年满 30 岁以上且须对党义有深切之研究者。另外，《法院组织法》和《行政法院组织法》还规定了院长、评事、书记官长、书记官任命的程序，规定了可以用雇员及庭丁。

法官在任职期间，依法享有任职保障。《法院组织法》第 40 条规定"非有法定原因并依法定程序，不得将其停职、免职、转调或减俸"；第 41 条规定"推事、检察官之俸给，适用普通公务员俸级之规定"；第 42 条规定"任荐任法官 1 年以上而成绩优异者，得以简任职待遇"；第 43 条规定"推事、检察官任职在 15 年以上，因积劳不能服务而辞职者，应给退养金"。但如果法官任职期间兼有俸给或无有俸给之公职，除法律特别规定外，必须辞去或免去其法官任职。在其任职期间，法官若兼营商业或公务员等不应为之业务，也必须辞退或免官。

第三节
审判制度的移植

一、审判机关的独立执法

中国古代的政治生活遵循皇权至上的理念和原则，皇帝集立法、行政和司法诸权力于一身，诸法合一和行政与司法合一是古代中国法律和司法制度的最典型的特点。司法与行政合一，在中央实行混合制，如唐朝的"三司推事"、明朝的"三法司"会审、清朝的"九卿会审"、热审、朝审等，这种会审体制就是审判官员与其他行政官员一起判案。地方则实行兼任制，行政长官直接兼有审判职能，如明代的知府、知州、知县兼理司法，清代的知县、知州兼理司法。1840 年鸦片战争后，随着中国的半殖民地化，西方的司法制度也随之进入中国，并对传统的中国司法制度带来了极大的冲击，"经过痛定思痛的深刻反省，中国人终于

确认几千年来无可置疑的'祖宗之法'并非完美无缺，确乎需要像古代先贤们那样开展一场革新变化运动"①。就司法审判制度的革新变化而言，近代通过移植西方的政治法律制度，在司法改革中遵循分权原则，致力于司法权与行政权的分离，实践司法独立是司法改革的最大亮点。

在清末，早期维新思想家和后来主张立宪的官员们都充分注意到了西方分权学说及其制度构造的独特价值。康有为明确地把西方分权政体作为维新变法的政治蓝图，强调"近泰西政论，皆言三权：有议政之官，有行政之官，有司法之官。三权立，然后政体备。"②严复极力主张司法机关应与行政机关相分开，独立进行审判，指出"所谓三权分立，而刑权之法庭无上者，法官裁判曲直时，非国中他权所得侵官而已。然刑权所有事者，论断曲直，其罪于国家法典，所当何科，如是而止。至于用刑行罚，又系政权之事，非司法之官之职也。吾国行杖监斩，皆刑官为之，此乃立宪政体所无之事。"③载泽等出使各国考察政治与宪政制度的大臣们，在考察期间也十分关注西方各国及日本政体中关于司法制度的安排架构。载泽等在考察英国与法国后给清廷的奏折中分述道："大抵英国政治，立法操之议会，行政责之大臣，宪典掌之司法，君主裁成于上，以总核之。"④在近代法国，"其设官分职，则三权互相维系，无轻重偏倚之嫌"⑤。端方等考察回国后，在其所上的《请定国是以安大计折》中就着重说明了三权分立和司法独立的好处，认为："此外制度其等于责任内阁与议会之重要者，又有司法之裁判所据一定之法律，以裁判刑事民事之诉讼，乃以此保护人民之生命财产。而其所重要者，则司法权独立于行政之外，不受行政官吏之干涉。"⑥在其《奏请改定全国官制以为立宪预备折》中，则从西方国家及日本的经验出发，进一步认为："司法与行政两权对峙分立，不容相混，此世界近百余年来之公理，而各国奉为准则者也。盖行政官与地方交接较多，迁就瞻徇，势所难免，且政教愈修明，法律愈繁密，条文隐晦，非专门学者不能深知其意。行政官既已瘁心民事，岂能专精律文，故两职之不能相兼，非惟理所宜然，抑亦势所当尔。"⑦达寿在奏陈日本考察情形时，专门论及了司法的独立地位，在奏折中强调："大抵近今立宪国家，固以孟氏之论为基础，然舍美国实行分权制度外，余则未有不曲加改良者。其在日本，则如司法之裁判所，其法律本为君主所定，裁判官特以君主之名，执行法律，故裁判官直辖于天皇，不受他机关之节制，以此谓之司法独立。非裁判所别有法律，虽天皇不得干预其事也。此司法独立之未尝减少君权者一也。"⑧

还有一些立宪拥护者通过中西对比来认识司法独立，以说明司法独立与中国传统行政兼理司法的优劣。1905年9月，刑部候补郎中董康等三人从日本考察监狱和裁判所回国后，提

---

① 公丕祥：《中国的法制现代化》，236页，北京，中国政法大学出版社，2004。

② 康有为：《上清帝第六书》，参见丁守和主编：《中国近代启蒙思潮》，上卷，211页，北京，社科文献出版社，1999。

③ 严复译：《孟德斯鸠法意》，上册，419～420页，北京，商务印书馆，1981。

④ 故宫博物院明清档案部编：《清末筹备立宪档案史料》，11页，北京，中华书局，1979。

⑤ 故宫博物院明清档案部编：《清末筹备立宪档案史料》，15页，北京，中华书局，1979。

⑥ 《端忠敏公奏稿》卷六。载故宫博物院明清档案部编：《清末筹备立宪档案史料》，367～383页，北京，中华书局，1979。

⑦ 故宫博物院明清档案部编：《清末筹备立宪档案史料》，379页，北京，中华书局，1979。

⑧ 故宫博物院明清档案部编：《清末筹备立宪档案史料》，32～33页，北京，中华书局，1979。

交了考察报告《裁判所访问录》，沈家本在为该书所作的序言中写道："西国司法独立，无论何人皆不能干涉裁判之事。虽以君主之命、总统之权，但又赦免而无改正。而中国则由州县而道府、而司、而督抚、而部，层层辖制，不能自由。"① 庆亲王奕劻等在《奏厘定中央各衙门官制缮单进呈折》中对于我国传统行政与司法相混合这一积弊进行了揭示："以行政官而兼有立法权，则必有藉行政之名义，创为不平之法律，而未协舆情。以行政官而兼有司法权，则必有循平时之爱憎，变更一定之法律，以意为出入。以司法官而兼有立法权，则必有谋听断之便得，制为严峻之法律，以肆行武健，举人民之生命权利，遂妨害于无穷。"② 晚清修律大臣沈家本对于行政兼理司法的弊害有着更为深切的体会，他分析了行政兼理司法的四大弊害，并得出"司法独立为及今刻不可缓之要图"③ 的结论。出国考察大臣戴鸿慈等在《奏请改定全国官制以为立宪预备摺》中专门论说："司法与行政两权对峙分立，不容相混，此世界近百余年来之公理，而各国奉为准则者也。盖行政官与地方交接较多，迁就瞻徇，势所难免，且政教愈修明，法律愈繁密，条文隐晦，非专门学者不能深知其意。行政官既已瘁心民事，岂能专精律文，故两职之不能相兼，非惟理所宜然，抑亦势所当尔。"④ 御史吴钫在《奏厘定外省官制请将行政司法严定区别折》中充分论述了我国司法和行政合一的弊端以及西方司法独立的优点，他认为："泰西各国百年以来，皆病行政官之专横，而改设法堂公判之制，由是民气渐靖，治化日隆。中国审判向由州县兼司，簿书填委，各弊丛生，非延搁多时，即喜怒任意，丁役视为利薮，乡保借为护符。往往一案未终而家产荡尽，一差甫出而全村骚然，遂致驱民入教，干涉横生，民教相仇，变起不测，匪徒乘机煽惑，酿为劣阶，是国家欲藉州县官以宣德达情，而州县官以滥用法权，反致民离众畔。推原其故，则以州县事繁，既须抚字催科，而又劳形诉讼，跋前踬后，两所无居，贤者竭蹶不遑，不肖者恣睢自遂。且审判一事须平日熟谙法律，而案情万变，悉待推求，行政官以日不暇给之躬，用之于非素习之事，必致授权幕友，假手书差，枉法滥刑，何所不至。又以层层节制，顾忌良多，未免曲徇人情，无独立不挠之志。若使司法分立，则行政官得专意爱民之实政，而审判官惟以法律为范围，两事即分，百弊杜绝。"⑤

因此，借鉴近代西方模式，改革司法制度，实践司法独立，成为晚清立宪过程中摆在统治阶级面前的一项重要任务。立宪改革者通过借鉴西方的司法独立制度，提出了一系列的设想。庆亲王奕劻等在《奏厘定中央各衙门官制缮单进呈折》提出了"分权以定限"的官制改革方案，指出："立法、行政、司法三者，除立法当属议院，今日尚难实行，拟暂设资政院以为预备外，行政之事则专属之内阁各部大臣。内阁有总理大臣，各部尚书，亦均为内阁政务大臣。故分之为各部，合之皆为政府，而情无隔阂，入则参阁仪，出则各治部务，而事可贯通。如是则中央集权之势成，而政策统一之效著。司法之权则专属之法部，以大理院任审

① 沈家本：《裁判所访问录序》。转引自李贵连：《沈家本传》，242～243 页，北京，法律出版社，2000。
② 故宫博物院明清档案部编：《清末筹备立宪档案史料》，463 页，北京，中华书局，1979。
③ 沈家本：《裁判所访问录序》。转引自李贵连：《沈家本传》，242～243 页，北京，法律出版社，2000。
④ 参见故宫博物院明清档案部编：《清末筹备立宪档案史料》，379 页，北京，中华书局，1979。
⑤ "御史吴钫"，参见故宫博物院明清档案部编：《清末筹备立宪档案史料》，823～824 页，北京，中华书局，1979。

判，而法部监督之，均与行政官相对屹，而不为所节制。此三权分立之梗概也。"① 戴鸿慈建议："采各国公例，将全国司法事务离而独立，不与行政官相丽，取全国各县划为四区，区设一裁判所，名曰区裁判所。其上则为一县之县裁判所，又其上则为一省之省裁判所，又其上则为全国之都裁判厅，级级相统，而并隶于法部。""各裁判所皆附设检事局……以掌刑事之公诉。凡民间民事、刑事，小者各诉于其区，大者得诉于其县，其不甘服判决者，自区裁判所以至都裁判厅，均得层层递诉，而以都裁判厅为一国最高之裁判。……裁判管制不与行政各官同，其升转事权分析两无牵涉，在上者既能各行其事，小民自食其赐。"② 出使德国大臣杨晟在《条陈官制大纲摺》中，不仅列数了司法与行政两权混合之弊端，而且主张"郑重司法"、"别设各级裁判之官"，专理刑事与民事。甚至提出了效仿德、奥两国的行政法院制度，建立行政裁判制度，特设行政裁判官，以解决司法与行政之间的冲突。他不赞成将检事局附设于各裁判所，认为应单设，"使之与裁判所平行，不相统辖"③。当然，这些改革方向和方案，也受到了非议。为了说服"墨守先型"的守旧分子，消除他们对西法的隔阂与排斥，沈家本还以古代的制度来比附司法独立，认为"西法之中，固有与古法相同者"，在司法方面，"大司徒所属之乡、遂大夫诸官，各掌乡、遂之政教禁令，而大司寇所属之乡士、遂士、县士分主国中遂、县之狱，与乡、遂诸大夫分职而理，此为行政官与司法官各有攸司，不若今日州县行政司法混合为一，尤西法与古法相同大者"④。

光绪三十二年（1906年），基于收回法外治权和维护统治的立宪要求，也是基于出国考察大臣的呼吁，同年九月二十日，清廷下谕："内阁军机处一切规制，着照旧行……刑部著改为法部，专任司法，大理寺著改为大理院，专掌审判。"⑤ 并要求沈家本等筹设大理院，厘定大理院的审判权限。司法和行政分立、以司法独立作为构建司法体制时必须遵循的基本原则和标准的新式司法审判体制建设从此展开。这集中体现在《大理院审判编制法》和其后的清廷批复《大理院奏请厘定审判权限折》、《法院编制法》中。光绪三十二年十二月，法部编成《大理院审判编制法》，经核准颁行。该法共五节四十五条，第一节总纲，第二节大理院，第三节京师高等审判厅，第四节城内外地方审判厅，第五节城谳局。其中，第六条规定："自大理院以下及本院直辖各审判厅局，关于司法裁判，全然不受行政衙门干涉，以重国家司法独立大权，而保人民身体财产。"光绪三十三年奏准的《各级审判厅试办章程》，根据该章程规定，各级审判厅与各级检察厅合署办公，其内部分别实行不同的原则。各级审判厅依照四级三审制和级别管辖各自独立审判案件，各级检察厅隶属于法部，内部是上下级的组织关系，但检察司法机关不得干涉司法审判。该章程还对大理院曾染指过的司法警察及区域划分问题作了明确规定，从而将其明确地纳入法部权限范围内。虽然该章程重在理顺各级审判厅内部之关系，明确各级检察厅内部之关系，并无条文直接涉及法部与大理院之间的权限划分问题，但"司法独立"精神在该章程得到了较好的贯彻。⑥ 光绪三十三年（1907年）九月，

---

① 故宫博物院明清档案部编：《清末筹备立宪档案史料》，464页，北京，中华书局，1979。
② 故宫博物院明清档案部编：《清末筹备立宪档案史料》，380页，北京，中华书局，1979。
③ 公丕祥：《中国的法制现代化》，294页，北京，中国政法大学出版社，2004。
④ 沈家本：《裁判所访问录序》。转引自李贵连：《沈家本传》，244页，北京，法律出版社，2000。
⑤ 故宫博物院明清档案部编：《清末筹备立宪档案史料》，471页，北京，中华书局，1979。
⑥ 参见张从容：《晚清中央司法机关的近代转型》，载《政法论坛》，2004（1）。

修订法律馆为适应各地推行四级审判的需要，又在暂定施行于京师地区的《大理院审判编制法》的基础上，编成《法院编制法》奏呈。到宣统二年二月七日，经宪政编查馆两年多的核议，清廷遂正式颁布《法院编制法》。《法院编制法》大致采取日本之《裁判所构成法》，审判衙门之等级采德、日制。① 该法是"全面系统的各级审判机构组织法，它完全否定了中国传统的封建审判诉讼制度，将近代大陆法系国家的四级三审制、审判独立、公开审判、检察官公诉、合议制等进步的审判制度和原则移植过来，体现了沈家本等人倡导的近代西方司法制度和观念的思想。"② 关于独立审判权，《法院编制法》规定："其属于最高审判及统一解释法令事务，即有大理院钦遵国家法律办理。所有该院现审死罪案件，毋庸咨送法部覆核，以重审判独立之权。凡京外已设审判厅地方，无论何项衙门，按照本法无审判权者，概不得违法收受民刑诉讼案件。"与《法院编制法》同日颁布的谕旨也重申了审判独立原则："嗣后各审判衙门，朝廷既予以独立执法之权，行政各官即不准干涉。"仿照日制，《法院编制法》中用了多个具体的条文来贯彻司法独立精神，具体体现在：（1）司法不受行政部门干涉。该法第 163 条规定：本章（第十六章"司法行政之职务及监督权"）所载各条不得限制审判上所执事务及审判官之审判权。这一规定使司法独立于行政，杜绝了行政部门干预司法的可能性。（2）司法不受检察部门干涉。该法第 95 条规定：检察官不问情形如何不得干涉推事之审判或掌理审判事务。这项规定严格把握了检察机构对审判机关进行监督的尺度，保证了司法审判的独立。（3）审判机关彼此独立。各级审判机关虽有级别管辖的区分，但上级只能依据审级启动监督程序，而不能干预下级的独立审判权。（4）审判人员本身的独立。审判人员在审判案件时唯一的依据只来自国家的法律。该法第 35 条规定：大理院卿有统一解释法令必应处置之权，但不得指挥审判官所掌理各案件之审判。由于大理院卿是国家最高审判机构的最高长官，此项规定自然也杜绝了其他人员对于审判的干预。③ 另外，为了保证审判人员独立审判，《法院编制法》第 121、123、125 条还对法官的薪金、职位保障和独立人格等作了规定。《法院编制法》颁行，清廷在下谕内阁时又特别强调了司法独立："嗣后各审判衙门，朝廷既予以独立执法之权，行政各官即不准违法干预。该审判官吏等遇有民刑诉讼案件，尤当恪守国法，听断公平。"④ 至此，近代意义上的西方司法独立原则在晚清司法体制改革中以明确的法律规定的方式得到了体现。"尽管司法与行政的分立依旧以皇权为终极根据，因而是不彻底的，但是它标志着新的近代型司法制度的诞生，体现了近代中国法制与司法文明的历史进步。"⑤ 从此，以司法独立为原则的司法体制运作架构得以发展。

1911 年辛亥革命爆发后，清廷的司法改革进程被搁浅。但在南京临时政府和民国北洋政府时期，虽然社会纷乱，法律所规定的司法秩序遭到严重破坏，但司法改革实践中仍然处处体现司法独立的重要性。南京临时政府成立后颁行的《中华民国临时约法》中，明确规定了"法官独立审判，不受上级官厅之干涉"的审判独立原则；规定了保障法官独立地位的职业

① 参见谢振民编著，张知本校订：《中华民国立法史》，下册，987 页，北京，中国政法大学出版社，2000。

② 何勤华、李秀清：《外国法与中国法：20 世纪中国移植外国法反思》，475 页，北京，中国政法大学出版社，2003。

③ 参见故宫博物院明清档案部编：《清末筹备立宪档案史料》，464 页，北京，中华书局，1979。

④ 《大清宣统政纪》卷二十八。

⑤ 公丕祥：《中国的法制现代化》，296 页，北京，中国政法大学出版社，2004。

保障原则，即"法官在任中，不得减俸或转职，非依法律受刑罚宣告者，或应免职之惩戒处分，不得解职。惩戒条规，以法律定之。"到了北洋政府时期，虽然主要援用清末司法改革的成果，但对于司法独立的认识和实践有了更进一步的发展，这主要表现在五方面：一是分析总结了晚清司法独立"能言不能行之"等积弊原因。如民国临时政府期间的汪庚年在《上大总统及司法部条陈励行司法独立书》中曾说："何谓司法独立？普通行政，不得侵犯司法行政；司法行政不得侵犯司法之谓也。……故司法行政官，非但不能干涉司法官之拟律，并不得分担其拟律之责任，此司法独立之精神也。前清时代，审判官之判决案件，其拟律之判决文，必先受本厅长官之删改，再受法部之核稿，往返驳诘，不得其许可，其谳也不能定。……其结果终以牺牲人民之权利，而破坏司法之独立。其黑暗孰甚于是……"① 二是进一步阐述司法独立的精神，如民国元年就任司法总长的许世英在《司法计划书》中指出："司法独立，为立宪国之要素，亦即法治国之精神。"② 何为"司法独立"？民国二年就任司法部长的梁启超认为："细究司法独立之真精神，惟在审判之际专凭法律为准绳，不受他力之牵制。"③ 三是司法独立的根本在于从慎选法官入手，强调法官必须有"司法所司者法"的理念，而且还应有丰富的学说经验，否则，求司法独立，就是一句空话。为此，北洋政府学习西方的法官选任制度也，建立了一套比较完备的司法官考试、选任和考核、惩戒制度；四是更加明确确立了法院独立。如1912年9月5日，北洋政府国务院曾发布通告，称："立法、行政、司法分权鼎立，为共和国之精神，凡司法范围以内之事，无论何项机关，均不得侵越干预。"④ 又如在民国初期仿照日本《裁判所构成法》制定实行的《暂行法院编制法》第35条规定："大理院长有统一解释法令、必应处置之权"。第37条规定："大理院各庭审理上告案件，如解释法令之意见，与本庭或他庭成案有异，由大理院长依法令之义类，开民事科或刑事科或民、刑两科之总会审判之"。五是法官审判独立。如1916年10月30日，司法部在加强司法监督的部令中，强调"司法独立之意义，谓司法官独立审判，不受行政上之干涉，并不受监督长官之指挥，其微旨无非使司法官执法不阿，以保审判之公平，而尽听断之能事"⑤。《暂行法院编制法》第35条规定，大理院院长在行使统一解释法令、必应处置之权时，"不得指挥审判官所掌理各案件审判"；第76条规定"评议判断时，该（合议庭）庭员须各陈述意见"；第78条规定"判断之决议，以过半数之意见定之"。又如1917年4月30日，国务院复众议院的咨文中，国务院遵循《临时约法》关于法官独立审判的宪法性规定，强调指出："下级审判厅法官所为判决，只须在法律范围以内，纵使误解法令以至判决不当，亦不能遽加以处分，以法官有独立审判之权也。此为绝对之原则，亦即司法之精神。"⑥

南京国民政府时期，不仅在移植西方司法独立的观念和原则方面，做得比清末更加具体和更加进步，而且实践司法独立的制度建设也得到了加强。当时的司法改革者在五权宪法原

---

①　《民国经世文编》法律二，2000～2007页。

②　黄源盛：《民初大理院》，载《政大法学评论》，第60期。转引自郭志祥：《清末和民国时期的司法独立研究》（下），载《环球法律评论》，2002年夏季号，203页。

③　《司法公报》，第2年第4号。

④　张晋藩主编：《中国百年法制大事纵览1900—1999》，143页，北京，法律出版社，2001。

⑤　《司法部训令》，载《政府公报》，1916-11-01。

⑥　《答复现时军政民政司法隐弊有无救正办法》，载《司法公报》，1917-04-30。

则的框架下，深刻认识到实行宪政的最大愿望就是司法独立，认为："司法独立、为法治国家最重要的精神，也是立宪行宪国家所不可须臾或离的一个基本要素；司法而不能独立，便谈不上什么民主，更谈不上什么法治；行宪的成不成，全在司法能不能保持它的独立性。"① 南京国民政府实践司法独立主要体现在两方面：一是司法审判独立。1928 年建立的南京国民政府体制的设计和运行是以孙中山"权能分治"、"五权分立"、"权力制衡"理论为指导的。1929 年《训政纲领案》规定："治权分行政、立法、司法、考试、监察五项，付托于国民政府总揽而执行之，以立宪政时期民选政府之基础。"1931 年《修正中华民国国民政府组织法》规定："国民政府以左列五院独立行使行政、立法、司法、考试、监察五种治权：一、行政院，二、立法院，三、司法院，四、考试院，五、监察院。"其中，司法院为国民政府最高司法机关，掌握司法审判之职权，并兼理司法行政、官吏惩戒和行政审判事宜。1947 年《中华民国宪法》虽对训政时期的国家权力关系作了局部调整，但五权分立的基本格局仍然保持不变。这些规定，使得司法审判独立有了宪政的保证；二是法官独立审判地位的法律保障。南京国民政府时期，仿效欧美体制，在形式上保障法官独立审判的法律地位。如 1932 年中央政治会议决定的《法院组织法立法原则》第 11 项就明确："实任推事，除有法定原因并依法定程序外，对之不得有勒令停职转职及减俸等事。"1935 年颁布实施的《法院组织法》在此基础上作了进一步的规定："实任推事，非有法定原因并依法定程序，不得将其停职、免职、转调或减俸。前项规定，除转调外，于实任检察官准用之"（第 40 条）；"推事、检察官之俸给，适用普通公务员俸给之规定。候补推事或检察官之津贴，以命令定之"（第 41 条）；"推事、检察官任职在 15 年以上，因积劳不能服务而辞职者，应给退养金"（第 43 条）。与《法院组织法》相配套，民国 25 年，司法行政部模仿德国和法国之做法，通过了《司法官退养金条例》，规定：任职 15 年以上，因积劳而自己辞职者；年逾 60 国家强令退休者，退休后均由国家给予退养金。所有这些规定，使司法独立的观念得以实施。② 1936 年《中华民国宪法草案》第 80 条规定："法官依法独立审判"。第 81 条规定："法官非受刑罚或惩戒处分或禁治产之宣告，不得免职，非依法律不得停职、转任或解俸。"1947 年把《草案》第 80 条修订为"法官须超出党派以外，依据法律独立审判，不受任何干涉。"第 81 条增加了"法官为终身职"一句。就法官审判与司法行政监督之间的关系，《法院组织法》第 90 条规定："本章（司法行政之监督）各条之规定，不影响于审判权之行使。"这些规定保证了"法官以法为依归，法之外，绝无顾忌"③。

当然，中国近代移植西方司法独立原则，并在相关制度中作了规定，但诚如蔡枢衡先生所言："司法现代化非制度之创造问题，乃制度之实践问题"④。中国近代的司法独立实践，由于外有列强侵凌，内有军阀混战，整个社会一直处于动荡不安之中，致使司法权的独立行使实际上受到来自各方面的牵制，创建的相关司法独立制度并没有很好实施，最明显的例证就是在地方审判中"兼理司法"制度一直存在。此外，南京国民政府实行以党治国，司法党

---

① 《新法学》，第 1 卷第 2 期。
② 参见何勤华、李秀清：《外国法与中国法：20 世纪中国移植外国法反思》，494 页，北京，中国政法大学出版社，2003。
③ 朱广文：《法官之生活》，《法律评论》，第 105 期，1934。
④ 蔡枢衡：《中国法理自觉的发展》，181 页，1946。

化，强调"司法非受政治统一不可"①，甚至公开规定国民党组织有权干预司法，如《反革命案件陪审暂行法》规定：凡反革命案件，只能由法院所在地的国民党党部选任国民党党员担任陪审员，并参加案件裁判的评议；《特种刑事临时法庭诉讼程序暂行条例》规定：反革命罪，如各省市及中央国民党党部认为判决违法，分别有权直接向中央特种刑事法庭提起非常上诉和指令中央特种刑事法庭复审；同时，特务机构成为特别司法机关，特务机构不经过任何法律手续，随意处置公民人身、财产，随意设置集中营、反省院以及许多秘密监狱，以"莫须有"的罪名处决进步人士。这些现实情况说明，近代司法独立的实现程度是相当有限的。

二、公开审判制度和回避制度

审判公开是资产阶级革命胜利的成果，是反对封建主义的司法专横、秘密审判、法官擅断等的有力武器。对比秘密审判制，审判公开无疑是一个重大的进步，不仅在形式上保证了审判的公正性，而且更好地维护了人民的权利，是司法现代化的重要体现。

中国传统的审判方式在庭审时不准任何人进行旁听，实行秘密审判，到清末，由于受西方法律的影响，清末的司法改革引入了西方先进的审判公开制度。1906 年 2 月，清政府派出的考察团在德国考察期间，参观旁听了德国裁判所的开庭审理，感受了公开审理的法庭，在考察团的考察日记中记载："先观小法堂，上坐者五：中为正法官，次为陪法官，又次为书记官一人；政府所派检查官一人，旁一栏设有几被告者坐之。面法官者，为辩护士位。其余私人，率司书记者也。廷丁往来传递案卷及伺候观客。室前，即听审栏，入观者随意，惟严整勿哗而已。"② 1906 年沈家本、伍廷芳主持拟订的《大清刑事民事诉讼法草案》中，首次将西方的审判公开制度引进并作为一项制度予以确立，该草案第 13 条规定："凡开堂审讯，准案外之人观审，不得秘密进行。有关风化及有特例者不在此限。"第 72 条规定："凡审讯终结，即定裁判之期，先期知会该案原告、被告及各律师，届期到堂，听候宣告判词。"③ 显然，该草案中确立的审判公开制度包括审判过程公开和宣判结果的公开。该草案虽然被搁置，没有付诸实施，但在其后效仿日本《裁判所构成法》而制定实施的《法院编制法》中，不仅确立了公开审判原则，而且比较完整地移植、建构了公开审判制度。《法院编制法》非常明确的规定："诉讼之辩论及判断之宣告，均公开法庭行之。"同时，该法还第一次特别规定了非公开审的公开宣判原则，该法第 58 条规定："公开法庭有应行停止公开者，应将其决议和理由宣示，然后使公众退庭，至宣告判断时，仍应公开。"④ 1911 年 1 月 24 日，沈家本在《大清刑事诉讼律》草案编成并奏呈朝廷的奏折中进一步重申了公开审判制度的意义，沈家本认为："审判公开，此本为宪政国之第一要件，盖公开法庭许无关系之人傍听，具瞻所在，直道自彰。并可杜吏员营私舐法诸弊。"⑤ 公开审判制度，在晚清新式审判实践中也得

①　徐谦：《改革司法制度说明书》，载《民国日报》，1926-09-26。

②　转引自马小红：《沈家本传统法律变革之评价》，载刘笃才主编：《走向法治之路——20 世纪的中国法制变革》，80 页，北京，中国民主法制出版社，1996。

③　《大清法规大全·法律部》，卷十一，法典草案一。

④　《法院编制法》，载《大清宣统新法令》，第十五册。

⑤　转引自张培田：《中西近代法文化冲突》，195 页，北京，中国广播电视出版社，1994。

到了贯彻。奉天高等审判厅在 1908 年 1 月颁布的《议准人民听审示谕》中规定:"嗣后遇有本厅门前悬挂'今日公开'牌示,无论军民人等,概准入庭旁听。惟庭屋不甚宽敞,容人无多。现民刑二庭,凡愿旁听者,必先在号房挂号。除报馆别给旁听券外,其余皆由号房给予旁听券,始准入庭,号满即行停止。散庭时,将券缴回。入庭后,必须循守秩序。倘有不遵照章,分别驱出处罚。其遇不应公开或中止旁听之案,亦由本厅临时牌示'停止'。务各遵照。"① 奉天高等审判厅不仅开庭可以观审,而且"判词付之公布",并且取得了很好的效果,许世英在给朝廷的呈文说:"奉省各级审判检察厅自奉旨试办以来,恪遵奏定章程,并非自为风气。凡审判厅受理案件,除初级起诉系单独制外,地方、高等均系合议制。除预审之案,每案必须问官三人方能开庭,有检察之监督,人民之旁听,报馆之记载,是非虚实易于周知。设有违误,无论原被告不能输服,而检察官亦得纠正之,迥非州县官之一人独裁可以偏私武断。又况判决之日,必须将判词当庭朗诵,使诉讼人得以明白其罪之有无,理之曲直,尤非旧日问官之守秘密主义,不使人知之者可同日而语。"② 除奉天高等审判厅外,其他"各级审判厅都制订了自己的'旁听章程'允许民众旁听,它一方面加大了各级审判厅司法运作的透明度;另一方面使广大民众有较多的机会接触法律并了解近代司法运作,使广大民众接受了司法教育"③。

民国时期,清末移植的西方公开审判制度虽然得到了继承并在司法制度中得到了确立,但同时立法上也给公开审判制度的实行设定了许多限制。民国建立后,孙中山在关于民国法律和审判制度的制定和制度建设的设想和愿望中,明确指出"法律是四万万人民公意之表示,法律的目的是谋求人民共同幸福。"④"审判时允许人民旁听。"⑤ 孙中山的这一思想并没有完全得到贯彻。在南京临时政府时期所制定的《中华民国临时约法》中,在规定法院的运作原则时,第 50 条明确规定:"法院之审判,须公开之。但有人认为妨害安宁秩序者,得秘密之。"这一规定相比起晚清的公开审判制度的规定,应当是一种退步,这一规定被后来的民国立法所效仿。中国社会进入北洋政府时期,由于该时期前期主要援用清末司法制度以及诉讼法律,因而清末的公开审判制度也被一并全部继承并在审判时准用;到了中后期,虽然北洋政府修订了《法院编制法》并陆续制定颁行了《民事诉讼法草案》(1921 年 7 月)、《民事诉讼法草案施行条例》(1921 年 7 月)、《民事诉讼条例》(1922 年 1 月)、《民事简易程序暂行条例》(1922 年 1 月)以及《地方厅刑事简易庭暂行规则》(1915 年 4 月)、《刑事诉讼条例》(1922 年)等等,这些诉讼法令的制定和实施都贯彻了审判公开原则。到了南京国民政府时期,公开审判虽然是审判的原则得到了确立,如 1932 年 1 月 28 日公布的《中华民国法院组织法》以及其后于 1935 年修订的《法院组织法》都规定了公开审判原则,《法院组织法》第 65 条规定"诉讼之辩论及裁判之宣示,应公开法庭行之",但同时第 65 条也规定:"有妨害公共秩序或善良风俗之虞时,经法院之决议,得不公开。"第 65 条的这一规定"实

① 转引自刘焕峰等:《清末新式司法机构的运作》,载《河北理工学院学报(社会科学版)》,2005 (1)。

② 《高等审判厅呈明督抚重申审判定章并现时各厅办法及困难情形文》,载王家俭等编:《奉天司法纪实》第二编"文牍"第十章"杂类",336 页,陪京印书馆,1909。

③ 柳岳武、赵鉴军:《清末奉天新式审判制度的社会运作及评价》,载《唐都学刊》,2005 (3)。

④ 《孙中山全集》,第 1 卷,194 页,北京,人民出版社,1982。

⑤ 《孙中山全集》,第 2 卷,224 页,北京,人民出版社,1982。

际上就确认了秘密审判体制的合法性"①，使得南京国民政府在该规定下可以对很多案件采用不公开审理。

回避制度。在中国古代，官制中有规定为官不得在本省，故有异地为官之说，官制中设置异地为官制度的出发点在于保证官员能回避老乡、亲戚、故旧等关系，以免做官期间为上述这些人谋取私利，同时也是确保为官者能秉公管理、处理事务，保证皇权的稳定。异地为官制度虽与近代西方社会为保证司法公正而设计的回避制度在形式上有相通之处，但在法律观念上并不是一回事。近代司法中设立回避制度是为了确保法官的中立地位，以消除诉讼当事人的疑惑，从而保证审判过程和审判结果的公正性，达到维护司法的公正和权威形象的目的。

清末修律期间，在移植西方司法制度的过程中，西方的回避制度也被移植到中国。在立法方面更是制定了比较详尽的制度。在 1906 年的《大清刑事民事诉讼法草案》中，对回避制度作了专门的规定，该草案第 10 条规定："凡承审官有左列情形者，应向高等公堂声明原由陈请回避：一、承审官有被损害者；二、承审官与原告或被台有戚谊者；三、承审官于该案曾为证人或代理者；四、承审官于该案无论现在或将来有关涉利益或损害者"。第 11 条规定："凡陈请回避之案由高等公堂另委有审判权之官员审理"。1907 年的《直隶天津府属审判厅试办章程》，也用专章（第二编第五章）规定了回避制度，该章程第 28 条规定："在如下情形之下，审判官员必须回避：一、审判官自被损害者；二、审判官与原告或被告有戚谊者；三、审判官于该案曾为证人或抱告者；四、审判官于该案无论现在或将来有关涉利益或损害者。"同时规定："凡陈请回避之案由部长另指他审判官承其之。"同年生效的《各级审判厅试办章程》则用专节规定了回避制度，并且比前述草案和直隶试办章程更为详细，《各级审判厅试办章程》第二章第三节规定的回避对象为："（1）审判官自为原告或被告者；（2）审判官与诉讼人为家族或姻亲者；（3）审判官对于承审案件现在或将来有利害关系者；（4）审判官于该案曾为证人、鉴定人者；（5）审判官于该案曾为前审官而被诉讼人呈明不服者。"同时，该章程还规定，如审判官与诉讼人有旧交或嫌怨恐于审判有偏颇者，应检察官及诉讼人申请，也必须回避。在清末的其他诉讼立法中，如《大清刑事诉讼律草案》、《大清民事诉讼律草案》等，也对回避制度作了相应的规定。以西方特别是日本的模式为蓝本编纂的《大清刑事诉讼律草案》第一章第四节审判衙门职员之回避、拒却及引避中第 28 条规定推事如遇下述情况，必须回避："（1）推事自为被害人；（2）其配偶或四等亲内血族、三等亲内姻族；（3）推事系证人、鉴定人时；（4）其为法定代理人、监护人、保佐人、辅佐人；（5）推事曾为前承审官者。"几乎是完全抄袭德国《民事诉讼法》而编纂成的《大清民事诉讼律草案》②中，也用专章第五章自第 42 至 52 条、共 11 个条文详细规定了审判衙门职员之回避、拒却及引避。清末这些以西方特别是德国和日本的模式作出的关于回避的规定，尽管有的获得了施行、有的被暂时搁置，但后来都成为民国时期回避制度建立和完善的基础。③

民国时期，无论是广州军政府于 1921 年 4 月公布实施的《民事诉讼律》、《刑事诉讼律》，北洋政府于 1921 年 11 月公布的《民事诉讼条例》、《刑事诉讼条例》，还是南京国民政

---

①　公丕祥：《中国的法制现代化》，390 页，北京，中国政法大学出版社，2004。

②　参见谢振民编著，张知本校订：《中华民国立法史》，下册，991 页，北京，中国政法大学出版社，2000。

③　参见曹心宝：《清末司法制度改革研究》，广西师范大学硕士学位论文，2006。

府时期的《民事诉讼法草案》及其后的《民事诉讼法》以及《刑事诉讼法》，都以专节对回避制度作了具体规定。如 1935 年的新《刑事诉讼法》，在第一编第三章专章详细规定了法院职员之回避问题，涉及推事自行回避之事由、申请推事回避之事由，涉及推事自行回避之时期、申请回避之程序、申请回避之裁定、申请回避之效力、驳回申请回避之救济、职权裁定回避、法院书记官及通译之回避、检察官及办理检察事务书记官之回避等等诸多方面的具体事宜。[①]

三、合议制与陪审制

传统中国社会，地方官员在审理案件时都实行独任制。清末司法改革，在审理程序制度中借鉴、移植西方的合议审判和陪审制度，并在立法中加以确立，在司法中予以实践。

在清末修律中，修律馆的修律大臣们接受了冈田朝太郎的建议，在新式司法制度中建立了审判程序中独任制与合议制相结合的制度，即初级审判厅实行独任制，地方审判厅视情况可用独任制也可用合议制，高等审判厅以上由 3 名或 5 名审判官组成之合议庭进行审理。[②] 1906 年的《大理院审判编制法》第 9 条规定"大理院、京师高等审判厅、城内外地方审判厅、均为合议审判，以数人审判官充之"，"至城谳局、不妨以单独之一人审判充之"。在编纂《法院编制法》时，沈家本等修律大臣在"精研吾国律例，详察各国法规"的基础上，在冈田朝太郎的帮同审查下，《法院编制法》中更加明确地确立了合议制。沈家本在奏进《法院编制法》草案的奏折中介绍说，该草案经由修订法律馆馆员分门编纂，冈田朝太郎帮同审查，最后由他本人"折中刊定"、"阅八月始克属稿"[③]。初稿告成后，又根据各部、院官制清单，"详加对勘，剥肤存贞"[④]，最后形成了 15 章 140 条的奏进稿。奏折的重点，是解释"为各国通用，而于今日之实际及中国之风习未宜因袭"的几种制度。一为"定额"，即审判组织的人员组成。各国审判制度，通常是初级审判由一人实行单独制，地方审判、高等审判、最高审判分别以 3 人、5 人、7 人实行合议制。最后形成的《法院编制法》采德、日制，但对此稍有变通[⑤]，改："初级审判厅，以推事 1 员行审判权，为独任制；地方审判厅，第一审案件以推事 1 员行审判权，第二审及第一审繁杂之案件，以推事 3 员之合议庭行审判权，为折中制；高等审判厅，以推事 3 员之合议庭行审判权；大理院以推事 5 员之合议庭行审判权，均为合议制，各分厅及分院均准用各本厅及本院之规定。"[⑥] 而且《法院编制法》还用专章具体规定了合议庭的合议规则。《法院编制法》第 9 章《判断之评议及决议》，该章明确规

---

① 参见公丕祥：《中国的法制现代化》，377 页，北京，中国政法大学出版社，2004。

② 参见〔日〕冈田朝太郎讲授，熊元襄编辑：《法院编制法》，京师法律学堂笔记第 14 册，32～33 页，合肥，安徽法学社，1911。

③ 《修订法律大臣沈家本奏酌拟法院编制法缮单呈览折》，载故宫博物院明清档案部编：《清末筹备立宪档案史料》（下），843 页，北京，中华书局，1979。

④ 《修订法律大臣沈家本奏酌拟法院编制法缮单呈览折》，载故宫博物院明清档案部编：《清末筹备立宪档案史料》（下），843 页，北京，中华书局，1979。

⑤ 这种独任制与合议制相结合的"折中制"，虽然是清末冈田朝太郎的发明，但与后来的国际潮流相吻合。1929 年在罗马尼亚召开的第二届国际刑法大会专门讨论了审判上的独任制与合议制问题，并作出了相应的决议，采取折中制的立场。参见郑保华：《法院组织法释义》，81 页，上海，上海法学编译社，1936。

⑥ 参见谢振民编著，张知本校订：《中华民国立法史》，下册，987 页，北京，中国政法大学出版社，2000。

定了对合议庭审判的案件必须在审判长的主持下评议并作出决议，评议过程遵循保密原则，《法院编制法》第 79 条规定："评议判断之颠末及各员之意见均应严守秘密。"由于评议时各庭员应独立陈述意见，因此，为鼓励庭员独立发表意见，《法院编制法》对庭员的发言顺序作了明确规定，《法院编制法》第 77 条规定："评议判断时其陈述意见之次序以官资较浅者为始，资同，以年少者为始，以审判长为终。"第 78 条规定："对于判断之决议以过半数之意见定之。"另外，《直隶天津府属审判厅试办章程》、《大清刑事诉讼律草案》、《大清民事诉讼律草案》中，也对合议制度作了相应的规定。合议审判制度不仅在清末立法上得到了确立，而且在清末的新式司法制度的实践中也得到了实施并取得了较好的效果。由于实行合议制，审判官员缺乏，如何解决这一问题成了当务之急，1907 年由法部等衙门奏拟了一份《京外各级审判厅官制清单折》，这个奏折详细论证了司法统一与审级制之间的关系："夫审判之分为四等者，将以保裁判之公平，防人民之冤抑也。故凡民刑之轻罪案件，则属之第一审，原议名乡谳局，与新近王大臣奏定直省官制不符。今应改为初级审判厅，取外国单独制，以一承审官主之。事繁量增……此初级审判厅职掌员缺之大凡也。地方审判厅于重罪为始审，于轻罪为第二审，取外国合议制，以三承审官主之，举一人为之长……此地方审判厅职掌员缺之大凡也。高等审判厅于轻罪为终审，于重罪为第二审，而始审案件不与焉……此高等审判厅职掌员缺之大凡也。审级之名称确定，则权限无所侵；判官之职务既分，则责成有专属。其自臣院下，凡人民有从地方审判厅起诉或不服高等审判厅判结者，准自臣院为终审，于是而后裁判得其平，民隐得上达，一国之裁判权亦因之而得统一矣。"[①] 许世英在给朝廷的呈文说："奉省各级审判检察厅自奉旨试办以来，恪遵奏定章程，并非自为风气。凡审判厅受理案件，除初级起诉系单独制外，地方、高等均系合议制。除预审之案，每案必须问官三人方能开庭。"[②]

　　民国成立后，也继承了清末《法院编制法》中的有关独任制和合议制的规定和做法，北洋政府的《法院编制法》沿用了清末的规定，南京国民政府于 1927 年 10 月颁行的《最高法院组织暂行条例》，明确了最高法院的审判组织形式，即：审判不服高等法院第一审及第二审判决而上诉之案件和审判不服高等法院之裁决而控告之案件，其审判权以推事 5 员以合议庭行之。1928 年 8 月，司法部起草的《暂行法院组织法草案》，也提出高等法院管辖第三审案件，较之最高法院所受理者关系为轻，故纯以 3 人之合议制行之。国民党中央政治会议第 231 次会议通过的《法院组织法立法原则》第 4 项原则更进一步明确规定了独任制与合议制相结合的审判组织制度，即：地方法院审判案件，取独任制，高等法院审判案件，为 3 人合议制，最高法院为 5 人合议制。[③] 1935 年的《法院组织法》规定了独任制和合议制相结合的审判组织形式，该法第 3 条规定："地方法院审判案件，以推事 1 人独任行之，但案件重大者，得以 3 人合议行之；高等法院审判案件，以推事 3 人之合议行之，但得以推事一人行准备及调查证据程序；最高法院审判案件，以推事 5 人或 3 人之合议行之。"第 4 条规定："合议审判，以庭长充审判长，无庭长或庭长有事故时，以庭员中资深者充之。独任审判，即以

---

①　王家俭等编：《奉天司法纪实》，第一编"章制"第一章"官制"，3 页，陪京印书馆，1909。

②　《高等审判厅呈明督抚重审判定章并现时各厅办法及困难情形文》，载王家俭等编：《奉天司法纪实》，第二编"文牍"第十章"杂类"，336 页，陪京印书馆，1909。

③　参见谢振民编著，张知本校订：《中华民国立法史》，下册，1042 页，北京，中国政法大学出版社，2000。

该推事行审判长之职权。"

为防止司法机关徇私枉法，伤害到民众的基本人权，在西方，很早就设计了公民陪审的制度。这一制度及其观念，于13世纪在英国产生、定型之后，在17世纪英国资产阶级革命以后获得了广泛的传播，不仅是同属判例法系的美国等全盘照收，即使在大陆成文法系的法国等，也实施了有陪审员参加的审判。在清末修律过程中，沈家本、伍廷芳等对西方的陪审制度尤为赞赏，认为它代表了人类文明进化的发展方向。在《修律大臣奏呈刑事民事诉讼法折》中，沈家本将陪审制度与律师制度并列，作为改革中国旧式的司法制度的主要方面，认为这二者："俱我法所未备，尤为挽回法权最重要之端"，是各国通例中"我国亟应取法者"①关于设立陪审制度，他们认为，早在《周礼·秋官》中即有陪审员之制的雏形，即："司刺掌三刺之法，三刺曰讯万民，万民必皆以为可杀，然后施上服下服之刑。此法与孟子'国人杀之'之旨隐相吻合，实为陪审员之权舆。"②但秦汉以来，再也看不到这一规制了。"今东西各国行之，实与中国古法相近。诚以国家设立刑法，原欲保善良而警凶顽，然人情诪张为幻，司法者一人，知识有限，未易周知，宜赖众人为之听察，斯真伪易明。若不肖刑官，或有贿纵曲庇，任情判断及舞文诬陷等弊，尤宜纠察其是非。拟请嗣后各省会并通商巨埠及会审公堂，应延访绅富商民人等，造具陪审人员清册，遇有应行陪审案件，依本法临时分别试办。地如方僻小，尚无合格之人，准其暂缓，俟教育普及，一体举行。庶裁判悉秉公理，轻重胥协舆评，自无枉纵深故之虞矣。"③正因为此，在由他们主持起草的《大清刑事民事诉讼法草案》中，从第208条至第234条，共用了27个条文详细地规定了陪审制度。该草案第208条规定的陪审制度的职责是"有助公堂秉公行法刑事使无屈抑，于民事使审判公直"。关于陪审适用案件，该草案第20条规定，刑事案件，为监禁6个月以上、罚金500元以上、处刑在徒流以上者；民事案件，诉讼金额在300元以上者。对于上述案件，当事人可以请求适用陪审制度。关于陪审员的资格，该草案第213条和第214条规定，凡年龄在21岁以上65岁以下之男性退休官员、商人、有知识者、地主等，可以充当陪审员；凡有薪俸之现任官员、公堂人员、在该公堂管辖之地区执业的律师、医师、药材商人、残疾人、犯过罪者以及声名恶劣者，不得为陪审员。该草案第210条、第211条还规定了公堂应从上述符合陪审员资格的人员中选出陪审员后，必须造出清册，每年正月更定一次。这一清册的名单必须通过张贴告示等方式予以公布。在适用陪审制的情况下，草案第217条、第218条、第222条规定，如是刑事案件，就从上述清册中选出40名候选陪审员；如是涉及金额在1 000元以上之民事案件，则从清册中选出30名候选人，然后由法院通知他们本人。到时如不到堂或到堂之后退堂，将被处以100元以下的罚金。开庭时，如是刑事案件，由书记官从40名候选人中抽出12人；如是民事案件，则抽出6人，经两造评议无异议，就组成陪审团。这12人或6人陪审团因故到不齐时，可以从在公堂观审人员中选择合格者充任之。陪审员经过宣誓后，

---

① 参见伍廷芳、沈家本：《奏诉讼法请先试办摺》，载《伍廷芳集》，上册，280~281页，北京，中华书局，1993。

② 参见伍廷芳、沈家本：《奏诉讼法请先试办摺》，载《伍廷芳集》，上册，280~281页，北京，中华书局，1993。

③ 参见伍廷芳、沈家本：《奏诉讼法请先试办摺》，载《伍廷芳集》，上册，280~281页，北京，中华书局，1993。

就坐在承审官旁边，以随时提问（第 224 条）。当"两造证词及律师诉辩均已听毕，承审官即向陪审员将该案所有证据再诵一遍，并加评论。如有律例问题，务须逐一详解，使陪审员所议决词与例相符"（第 225 条）。经过此过程后，陪审团退席，至静室评议，作出有罪或无罪之决议，并由陪审团代表出来宣布结果。如有罪，由承审官按律判刑；如无罪，则当场释放；一般罪，依多数决；如是死罪，则要求全体陪审员观点一致。如退席议因分歧无果，则由承审官另行组织陪审团。陪审团一旦进入工作程序，就和外界隔离，直至作出结论（第 226 条至第 233 条）。从上述条文看，沈家本、伍廷芳是想把英国的陪审制度模式全部搬入中国。但该制度的引进，被许多人认为是与中国"礼俗不同，暂难更变"。袁世凯更是认为"惟于现在民情风俗，间有扞格难行之处"[1]。袁世凯认为应当向日本学习，他强调："陪审之制，创于英，沿于法、德。近世泰西学者，多言陪审制度之非，而尤以德国为甚。日本不用陪审制，特设检事以搜查证据，纠正谳词，主持公诉，与判事同为法律专家，而职务互相对峙，较为妥善，臣等编纂法部官制，采用其意，有检察官名目以当检事。"[2] 由于该草案中关于陪审制度的设置遭到各省督抚的反对，最终陪审制度没有能在晚清新式审判制度中实施。

民国初期，虽然仍然有人提倡建立陪审制度，认为审判案件，除"特派精通中外法律之员承审，另选通达事理、公正和平、名望素著之人为陪审，以期做到'大公无私，庶无出入之弊'"[3]。武汉国民政府时期，司法改革决定采用参审制和陪审制，甚至颁布了《参审陪审条例》。[4] 但终因该制度与中国现状差异太大，在其后的立法、司法中再没有涉及。

图 11—3 民国时期法庭审判实况

四、民刑分理制度

由于中国传统法律文化是建立在自然经济基础上的，与商品经济紧密联系的民商事法律不发达，所以在传统法律文化中，重视以家族和社会为本位，忽视个体的价值地位，表现为诸法合体、民刑不分、实体法和程序法不分的特点。在司法中，案件不分刑民，统一适用固定的司法程式审理案件，表现为"办理民事案件仅限于刑法之制裁"。而且，"传统中国的诉

---

① 袁世凯：《遵旨复陈新纂刑事民事诉讼各法折》，载《袁世凯奏议》，下，1421 页，天津，天津古籍出版社，1987。

② 袁世凯：《遵旨复陈新纂刑事民事诉讼各法折》，载《袁世凯奏议》，下，1421 页，天津，天津古籍出版社，1987。

③ 《南京临时政府公报》第 20 号。

④ 参见《国闻周报》，第 4 卷，第九期《新法令汇辑》，1927。

讼法律规范相当繁富"①，在清代，不仅《大清律例》中有关于诉讼、断狱和捕亡的规定，而且《大清会典》中也有关于民刑案件之程序的规定。凡此均为吾国之民刑诉讼法规。②

中国传统法律中民刑案件审理不分的情况也在晚清变法修律中被打破。光绪三十一年（1905年）四月，御史刘彭年所上"禁止刑讯有无窒碍请再加详慎"一折中，即涉及外国民刑分设一事，刘提出："东西各国裁判所，原系民事、刑事分设，民事即户婚、田产、钱债等是也。刑事即人命、贼盗、斗殴等是也。中国民事刑事不分，至有钱债细故、田产分争亦复妄加刑吓。问刑之法似应酌核情节，以示区别。所有户婚、田产、钱债等事，立时不准刑讯，无待游移。至于人命、贼盗以及情节较重之案，似未便遽免刑讯，相应请旨饬下修律大臣体察时势，再加详慎，并饬于刑事诉讼法告成后，即将民法及民事诉讼法赶期纂订，以成完备法律，则治外法权可以收回。"③伍廷芳等对刘彭年此议深表赞成，他在遵旨上给清廷的奏折中说："至该御史请于刑法及刑事诉讼法告成后，即将民法及民事诉讼法纂订，以成完备法律，洵属有条不紊。臣等拟俟刑律告竣后，即行分别编辑，陆续奏闻。再现在改章伊始，一切未能详备，必得诉讼法相辅而行，方能推行无阻。拟编辑简明诉讼章程，先行奏明办理，合并声明"④。

光绪三十二年（1906年）四月，沈家本、伍廷芳等在所上《奏诉讼法请先试办折》中，阐明："泰西各国诉讼之法，均系另辑专书，复析为民事、刑事二项。凡关于钱债、房屋、地亩、契约及索取赔偿者，隶诸民事裁判；关于叛逆、伪造货币官印、谋杀、强劫、窃盗、诈欺恐吓取财及他项，应遵刑律定拟者，隶诸刑事裁判。"日本明治维新后也以此"挽回法权"。近年华洋交涉之事日多，每因寻常争讼酿成交涉问题。因此他们提出将刑事、民事分开审理："若不变通诉讼之法，纵令事事规仿，极力追步，真体虽充，大用未妙，于法政仍无济也。中国旧制，刑部专理刑名，户部专理钱债、田产，微有分析刑事、民事之意。若外省州县，俱系以一身兼行政司法之权，官制攸关，未能骤改。然民事、刑事性质各异，虽同一法庭，而办法要宜有区别，臣等从事编辑，悉心比絜，考欧美之规制，款目繁多，于中国之情形，未能尽合。谨就中国现时之程序，公同商定阐明诉讼法，分别刑事、民事，探讨日久，始克告成。"⑤所编订的《大清刑事民事诉讼法草案》第一章总纲第一节明确规定了"刑事、民事之别"；第二章刑事规则，分逮捕，拘票、搜查票及传票，关提，拘留及取保，审讯，裁判，执行各刑及开释七节；第三章民事规则，设有传票、讼件之值未逾五百元者、讼件之值逾五百元者、审讯、拘提图匿被告、判案后查报财产、和解、各票及讼费共十一节；第四章为刑事民事通用规则。对沈家本、伍廷芳等"试办"的建议，清廷令地方大吏讨论。光绪三十二年四月初二日上谕："法律大臣沈家本、伍廷芳等奏刑事、民事诉讼各法，拟请先行试办一折，法律关系重要，该大臣所纂各条究竟于现在民情风俗能否通行，著该将军、督抚、都统等体察情形，悉心研究其中有无扦格之处，即行缕晰条分，据实具奏，钦此。"⑥

---

① 公丕祥：《中国的法制现代化》，278页，北京，中国政法大学出版社，2004。

② 参见谢振民编著，张知本校订：《中华民国立法史》，下册，980页，北京，中国政法大学出版社，2000。

③ 《伍廷芳集》，上册，269页，北京，中华书局，1993。

④ 《伍廷芳集》，上册，271页，北京，中华书局，1993。

⑤ 《大清法规大全·法律部》，卷十一。

⑥ 《清实录》德宗朝卷五六五。

由于各省督抚的反对，沈家本、伍廷芳等所上民刑分开审理之奏未获通过。

虽然《大清刑事民事诉讼法草案》被搁置，但是沈家本等人并没有放弃民刑分理的思想。相反，在吸取经验教训基础上，更加坚定了实施民刑分理的司法制度。沈家本等人在《各级审判厅试办章程》中，不仅明确区分了民事案件与刑事案件，即："凡因诉讼而审理之曲直者"为民事案件；"凡因诉讼而定罪之有无者"为刑事案件；根据案件的性质或归民事诉讼，或归刑事诉讼；规定了各审判分民事为专科。而且还对民事诉讼的几个主要环节作出明确规定，民事案件"除属大理院及初级审判厅管辖者外，皆由地方审判厅起诉"；民事诉讼费用，"责令输服者缴纳"；"职官、妇女、老幼、废疾为原告时，得委托他人代诉，但审判时有必须本人到庭者，仍可传令到庭"；民事上诉人包括原告人、被告人或代诉人，但上诉不得越级，上诉期限为十日。并且法部在关于《各级审判厅试办章程》上奏朝廷的说明中，进一步说明民事之区别以及与诉讼费之厘定："惟向来办理民事案件，仅限于刑法之制裁。今审判各厅既分民事为专科，自宜酌情理之平，以求尽乎保护治安之责。兹择其简要易行者，量为规定，庶与刑事显有区别，而适足相成。讼费一节，系比照天津审判现行之例更从轻，盖诉讼所用之费，取偿于输服之人，乃东西各国之通则。"① 1910 年的《法院编制法》第一章中也规定了民刑诉讼，尤其是关于分设民事、刑事科、庭的规定。在《各级审判厅试办章程》适用期间，修订法律馆根据《钦定逐年筹备事宜清单》，由沈家本负责刑事诉讼律和民事诉讼律的起草编订。

1911 年《大清刑事诉讼律草案》和《大清民事诉讼律草案》编成并奏呈朝廷。沈家本等人在上奏《刑事诉讼律草案编纂告竣折》中，进一步说明："查诸律中，以刑事诉讼律尤为切要。西人有言曰：刑律不善，不足以害良民；刑事诉讼律不备，即良民亦罗其害。盖刑律为体，而刑诉为用，二者相为维系，固不容偏废也。中国第有刑律，而刑事诉讼律向无专名。"② 在上奏《民事诉讼律草案编纂告竣折》中，强调："窃惟司法要义本非一端，而保护私权，实关重要。东西各国法制虽殊，然于人民私权秩序，维持至周。既有民律以立其基，更有民事诉讼律以达其用。是以专断之弊绝，而明允之效彰。中国民刑不分，由来已久，刑事诉讼虽无专书，然其规程尚互见于刑律，独至民事诉讼，因无整齐划一之规，易为百弊丛生之府。"③ 因此，在沈家本等人看来，缺乏民事诉讼法规，人民私权难保，而法律保护私权，乃至关重要之事。主张学习西方，以法律保护私权，维护私权秩序，做到"有民律以立其基，更有民事诉讼律以达其用"。如果不制订民事诉讼法律，定会"百弊丛生"。"曲防事制，政平讼理，未必可期，司法前途，不无阻碍。"正因为此，其在编订《大清刑事诉讼律草案》和《大清民事诉讼律草案》时，虽有几分急功近利的色彩，但其心可表可敬，其行可钦可佩。其用心之诚、用力之至，恰如奏折中的谦恭之言所证："所有名词字句，半多创制，改易再三，始克告竣。椎轮之作，因不敢遽信为完善，而比挈损益，亦不敢不力求精详。谨逐条加具案语，诠释译明，免滋疑误。"④

---

① 《大清法规·法律部》，卷七。又参见谢振民编著，张知本校订：《中华民国立法史》，下册，982～983 页，北京，中国政法大学出版社，2000。

② 转引自张培田：《中西近代法文化冲突》，193 页，北京，中国广播电视出版社，1994。

③ 转引自张培田：《中西近代法文化冲突》，198 页，北京，中国广播电视出版社，1994。

④ 转引自张培田：《中西近代法文化冲突》，199～200 页，北京，中国广播电视出版社，1994。

移植的民刑分理制度不仅在清末立法上予以制度化，而且事实上在天津府属审判厅也已试行。光绪三十三年六月，袁世凯向清廷呈上《奏报天津地方试办审判情形折》中，报告了试办审判的详细情形时谈到："各国诉讼，民刑二事，办法迥乎不同。盖民事只钱债细故，立法不妨从宽，刑事系社会安危，推鞫不可不慎。"① 虽然清末《大清刑事诉讼法草案》与《大清民事诉讼法草案》因清朝灭亡而未及颁布，但由于清末所颁布的《法院编制法》等许多法律被北洋政府所沿用，民刑分理制度因而得以确立并施行。其后，民国时期的司法审判制度一直采用民刑分理，并不断加以完善。

在移植西方司法制度方面，早期的立法者们始终遵循着的指导思想是吸收西方的先进的"人权"、"平等"思想，改革旧的司法制度，正如修律大臣沈家本所主张的"我法之不善者当去之，当去而不去，是之为悖；彼法之善者当取之，当取而不取，是之为愚"②。但在司法制度的真正移植过程中，由于有些制度的移植因缺乏生根发芽的社会文化基础而最终没有实施，如参审和陪审制度；有些制度的移植根据中国的国情作了变通，表现出一种对封建文化的固守和对传统体制的妥协，如对司法独立的变通，在标榜司法独立的同时，又强调"大理院自定死刑之案，皆送法部核定，以及要求大理院把'速议之件'和'自定军遣流徒之件'交法部备案或核议"，又如《各级审判厅试办章程》中规定"妇女不得充当代诉人"；有些制度的移植因封建军阀专制或压制民主的需要而作了保留或限制，如公开审判制度，在民国国民党南京政府时期在采用公开审判制度的同时，对于民主案件等采用秘密审理；等等。这些问题的存在，尽管现在看来，在移植司法制度方面表现为一种不彻底，但不可否认的是，近代司法制度的移植使得中国的近代型司法制度得以诞生，为中国的司法现代化奠定了基础，使得中国的司法制度得以向着法制文明的方向发展。

---

① 袁世凯：《奏报天津地方试办审判情形折》，载《袁世凯奏议》，下，1494 页。

② 《寄簃文存·裁判访问录序》。

第十二章

检察权的分立和行使

> 检察制度是社会发展到一定历史阶段的产物，是国家实施法律的一项重要制度。与审判制度、警察制度和监狱制度不同的是，检察制度并不是伴随着国家的产生而同时产生的。从国家权力分化的角度考察，检察机构的设立，源始于刑诉法史上检察权与审判权的分离。而现代意义上的检察制度，是资产阶级革命胜利后才出现的，是人类社会告别司法专擅的专制时代，迈向现代法治文明的产物。从这个意义上说，中国古代并无检察制度，正式的检察制度乃肇始于清末修律与民国初年的司法改制运动。

第一节
近现代检察机构的出现及其发展

一、清末检察机构的创立

自 1905 年清末仿行宪政开始，一场大规模的修律改制活动全面展开。基于清末改制"远师德法，近仿东瀛"的总体指导思想，加之在当时的社会转型时期，朝野上下直接看到日本明治维新变法自强的成功事例，因而清政府在起草编纂主要法律时，多延聘日本法学专家[1]，在检察体制的选择上，也以日本为主。具体到检察机构的设置，大致经历了两个阶段：第一阶段是最高检察机构和京师地区检察机构的设置；第二阶段是京外各直省各级检察机构的设置。

（一）最高检察机构和京师检察机构的创立

光绪三十二年（1906 年），军机处、法部、大理院会奏核议在大理院官制折中认为，各国通行的立法例是，与审判机构对应必须有检察院，以调度司法警察和检察罪案。检察制度对审判事项皆有所帮助而无干涉。同年 9 月 20 日，朝廷下谕将刑部改为法部，专掌司法行政；将大理寺改大理院，专掌审判，同时在大理院配置总检察长。[2] 同年 12 月 27 日，颁布

---

[1] 从 1906 年到 1911 年废帝制，参与讲授外国检察制度的法学专家，有冈田朝太郎、志田钾太郎和松冈正义。

[2] 参见谢振民编著，张知本校订：《中华民国立法史》，下册，984 页，北京，中国政法大学出版社，2000。又见《清史稿·志一百十九》。

《大理院审判编制法》，规定实行审检职能分离，同时确立了"审检合署"的机构设置原则。该法对审判采四级三审制度，所定以京师为限；将检察机关定名为"检事局"①，配置于京师各级审判机关：京师高等审判厅内附设京师高等检事局；京师域内外地方审判厅内附设京师地方检事局；京师分区城谳局内附设京师分区检事局。②

按照清政府的预先规划，检察机构设置应与审判机构同步，从光绪三十三年（1907年）十一月开始，筹办京师各级审判厅和各级检察厅，次年京师各级检察厅应一律成立。③ 1907年，清政府任命安徽人徐谦出任第一任京师高等检事局（后改为检察厅）检察长，具体负责筹建京师检察机关和行使检察职权。

（二）京师外各级检察机构的设立

清末京外检察机构的设置，也经历了两个阶段：第一阶段是先在省城商埠试行新型审判检察制度，将检察机构设立在省城商埠的审判厅内；第二阶段是则在全国范围内普遍推广新型审判检察制度，在京外各级审判厅内设置检察机构。

1. 省城商埠检察机构。按照清政府设立审判检察机构的计划，宣统元年（1909年）开始筹办各地方省城商埠审判检察机关。1907年6月，法部在《京内外各级审判厅官制并附设检察厅章程》的奏折中称，"各国法制，凡一裁判所必有一检事局，虽附设于裁判所之中，实对裁判所而独立，其职务代表公益监督判官的行为，纠正裁判的谬误。盖检事局属司法上之行政组织，检事并非裁判所之职员也，原议以司直局当外国之检事局，名称虽异，制度则同，今拟定名为检察厅，先从京师始，按各审判厅管辖区域，由臣部妥定位置附设其中。"为加快各省省城及商埠审判、检察机构筹办速度，法部先后制定《补订高等以下各级审判厅试办章程》和《各省城商埠各级审判检察厅编制大纲》。宣统元年7月10日，清廷批准了《各省城商埠各级审判检察厅编制大纲》④，将从前的检察局更名为检察厅，并确立了省城商埠各级检察厅的机构、编制，依层级分别为：省城高等检察厅、省城商埠地方检察厅、省城商埠初级检察厅，其中省城高等检察厅另设驻商埠分厅。各省城商埠检察机关的编制，基本上每厅设检察长1人，检察官1人确定。由于各地方省城商埠检察机构的设置必须与计划中的法院编制法颁行后的体制相吻合，故《各省城商埠各级审判检察厅编制大纲》同时规定，该法"系为权宜代用而设，将来法院编制法颁布，如有规定异同之处，应即改归一律"，从而明确了其作为过渡法规的性质。

2. 地方检察机构。按照"九年筹办事宜"，宣统元年12月，清政府颁行《法院编制法》。此法以日本《裁判所构成法》为蓝本，标志着清末学习继受西方司法制度的全面展开。根据该法，按照统一审判检察体制的原则，各审判衙门要分别配置检察机构，管辖范围与所附之

---

① 确定检察机关为"检事局"，明显带有模仿日本法的痕迹。为避免照搬日本法之嫌，同时也为表彰与定名为审判厅的审判机关地位平等，后来正式修改颁行的诉讼法草案和法院编制法将"检事局"改名为检察厅。转引自张培田、张华：《近代中国审判检察制度的演变》，241页，北京，中国政法大学出版社，2004。

② 参见《大理院审判编制法》第12条、第31条、第39条、第45条。京师分区城谳局设于光绪三十二年，是京师最低一级审判机关。参见《大清法规大全·法律部》，卷七。

③ 详见《法部奏统筹司法行政事宜分期办法折并清单》，载《大清宣统新法令》第三册，北京图书馆藏。转引自张培田、张华：《近代中国审判检察制度的演变》，242页，北京，中国政法大学出版社，2004。

④ 参见民国司法部参事厅编：《增订司法例规》，上，57~58页，1917。

审判衙门相同。该法第 85 条规定全国检察机构的设置从地方到中央分别为初级检察厅、地方检察厅、高等检察厅、总检察厅，其中地方及高等审判各分厅、大理院分别配置地方及高等检察分厅、总检察分厅。从 1909 年 2 月到 1911 年 3 月，先后有山东、湖北、安徽、四川等 14 个省总计 17 次奏拟了各自的筹办情形[①]，京师外各级审判检察机构基本设立。[②] 加上大理院及京师各级审判厅，清末有据可查的已设各级检察厅共有 181 所（详见表 12—1）。为督促京外各级审判检察机构的运作，1911 年 4 月，清廷另颁行了《京师外各级审判检察厅办事章程》，使各级审判检察事务有章可循。

清末各级检察厅数目及分布表（1911 年）

	总检察厅	高等检察厅	高检分厅	地检厅	地检分厅	初级检察厅	合计
中央	1						1
京师		1		1		5	7
奉天		1		6	1	9	17
吉林		1		8		15	24
黑龙江		1		1		1	3
直隶		1	2	3	1	7	14
江苏		1		4		7	12
安徽		1		2		2	5
山东		1		2		3	6
山西		1		1		1	3
河南		1		1		1	3
陕西		1		1		2	4
甘肃		1		1		2	4
新疆		1		4		4	9
福建		1		2	1	4	8
浙江		1		3		5	9
江西		1		2		3	6
湖北		1		4		4	9
湖南		1		1		2	4
四川		1		2		3	6
广东		1		4	2	7	14

---

① 故宫博物院明清档案部编：《清末筹备立宪档案史料》，上，758～820 页，北京，中华书局，1979。

② 清末各级审判检察机构设立后，其体系为：大理院—总检察厅（大理院分院—总检察分厅）→高等审判厅—高等检察厅（高等审判分厅—高等检察分厅）→地方审判厅—地方检察厅（地方审判分厅—地方检察分厅）→初级审判厅—初级检察厅。

续前表

	总检察厅	高等检察厅	高检分厅	地检厅	地检分厅	初级检察厅	合计
广西		1		2		3	6
云南		1		1		1	3
贵州		1		1		2	4
合计	1	23	2	57	5	93	181

资料来源 1.《直省高等审判检察分厅经费表第二》、《直省省城商埠地方审判检察厅员额表》、《直省省城商埠初级审判检察厅员额表》，汪庆祺编，李启成点校：《各省审判厅判牍》，第六编"附则"，442～446 页，北京，北京大学出版社，2007；2.《法部奏各级审判厅定期开办情形折》，载《东方杂志》，第五年第三期。

《法院编制法》颁布实施后，《大理院审判编制法》即行失效；法部和大理院奏定各项章程与编制法所载不符的，一律改正。《法院编制法》的施行，为清末检察机构的设立提供了较为完善的法律依据。中华民国成立后，分别于民国四年（1915 年）和民国五年（1916 年）对该法作了修正，但这些修正并没有对其有关检察制度的内容作出大的改变。① 该法一直适用到民国二十一年（1932 年）南京国民政府颁布《法院组织法》后，才被废止。其有关检察制度方面的规定，对近代中国检察制度的确立，具有重要意义。

（三）检察组织与管理制度

1. 检察组织制度。检察机关的组织制度包括各检察机构的设置及其相互关系、检察机构的人员配置等内容。清末各级检察机构的设置，已如前述。在上下级检察机关的关系上，清末实行的是"检察一体，垂直监督"原则。《各级审判厅试办章程》规定，凡属检察官职权内的司法行政事务，上级检察厅有直接或间接监督之权，同时，"各级检察厅联为一体，不论等级之高下，管辖之界限，凡检察官应行之职务，均可由检察长官之任命委任代理"②，表现出浓厚的行政垂直色彩，明显带有大陆法系的烙印。关于检察官的编制，主要是依检察厅设置而定。考虑到机构草创，各地管辖地域大小不一、情况各异，《法院编制法》只是原则规定了最低定编的限制，而对最高编制数额没有明确规定。该法第 86 条规定，检察厅分别置检察官如下：（1）初级检察厅置检察官一员或二员以上；（2）地方检察厅置检察长一员、检察官二员以上；（3）高等检察厅置检察长一员、检察官二员以上；（4）总检察厅置厅丞一员、检察官二员以上。

至于各级检察厅最多能置几个检察官，则"由司法部呈准定之"，总以使检察官人数能适应检察事务实际需要为原则。各级检察厅实行检察长（或总检察厅丞）负责制，对于没有设置检察长的初级检察厅及地方以上检察分厅，则由一名资深检察官作为监督检察官负担管理责任。③ 各级检察厅除设正式检察官外，还编有录事和书记生。各级检察厅的录事编制一

① 民国五年的修正，有关审判检察机构方面，删除了初级审判厅和初级检察厅。参见谢振民编著，张知本校订：《中华民国立法史》，下册，989 页，北京，中国政法大学出版社，2000。

② 具体的监督关系是：总检察厅丞监督检察厅及其下各级检察厅，高等检察长监督高等检察厅及高等审判厅管辖区域内的各检察厅，地方检察长监督地方检察厅及其所附置地方审判厅管辖区域内的各检察厅。参见《各级审判厅试办章程》第 98 条、第 102 条，《大清法规大全·法律部》，卷七。

③ 对于只设置一名检察官的初级检察厅，则由该管地方检察长负责。参见《法院编制法》第 87 条。《大清法规大全·法律部》，卷七。

般为一人或二人；书记生多设于初级检察厅，定编一人或二人。①

2. 检察官的任用条件。检察官任用条件可分积极条件与消极条件。前者指担任检察官必须具备的资格，后者则指禁止担任检察官的事项。依大陆法系国家立法例，清末检察官任用资格原则上比照法官或者推事。在《法院编制法》颁行以前，检察官任用条件并不十分严格，主要是为了使旧封建官僚与新型司法官之间能有一个过渡或衔接。② 为使推事或检察官符合新型司法制度对司法官专业化的要求，《法院编制法》对检察官的任用资格作了较严格的限制。根据该法第 106 条，"推事及检察官应照法官考试任用章程，经二次考试合格者，始准任用"。对参加考试的资格，也有限制，只有在法政法律学堂肄习三年以上领有毕业文凭的，才能参加第一次考试。对于具有相当法律知识，学有所成而又经朝廷赐予特定身份的，则有例外，该法第 107 条第 2 款规定："其在京师法科大学毕业，及在外国法政大学或法政专门学堂毕业，经学部考试给予进士出身者，以经第一次考试合格论。"第一次考试合格的，分发地方检察厅学习，时间为两年。学习检察官由所管检察长监督，并负责对其性格、品行等作出考评，并报司法部鉴定，对于不合格的随时罢免。两年学习合格，才可以参加第二次考试。考试合格的，列为候补检察官。但对于具有第一次考试资格或免试资格，且又在京师及各省法政学堂任教习或律师三年以上的，可以免试直接列为候补检察官。一旦成为候补检察官，就可以在遇到检察官出缺的时候即行历任，不受候补年限限制，只是在荐任时以地方优先为原则。③ 这只是一般检察官的任用资格。如果任用高等以上检察官，还有更严格的条件。根据《法院编制法》第 118 条和第 119 条，担任高等检察官，必须连续出任检察官 5 年以上，或者是具有前述免试列为候补检察官资格，而先前已在京师或省法政学堂任教习或任律师连续 5 年以上，后担任检察官的；对于担任总检察官的，则须有连续 10 年检察官经历，或者是如前所述担任京师或省法政学堂教习或者任律师连续 10 年以上的。为保障《法院编制法》的顺利施行，1910 年至 1911 年间，清廷先后颁布了《法官考试任用暂行章程》、《京师审判检察各厅缺任用升补暂行章程》及《法官考试任用暂行章程实施细则》，对法官与检察官的考选、任用程序作了具体规定。

关于检察官任用方面的禁止条件，包括两个方面，一是选任检察官时的禁止事项，二是检察官任中的禁止行为。在第一个方面，《法院编制法》第 115 条规定，凡有下列事项之一的，不得为推事及检察官：（1）因褫夺公权丧失为官吏之资格者；（2）曾受三年以上之徒刑或监禁者；（3）破产未偿债务者。这主要是保障检察官或推事具有一定的品格素质。在第二个方面，《法院编制法》第 121 条强调，推事及检察官在职中不得为下列事宜：（1）于职务外干预政事；（2）为政党员、政社员及中央议会或地方议会之议员；（3）为报馆主笔及律师；（4）兼任非本法所许之公职；（5）经营商业及官吏不应为之业务。这主要是保障司法官的独立和中立性质，以及维护司法官清廉公正的形象。

---

① 《各省城商埠各级审判检察厅编制大纲》，见《增订司法例规》，又见《大清宣统新法令》第七册。

② 如《法部奏酌拟京师审判检察各厅官员缺任用升补暂行章程并单》规定，京师审判检察的官员不仅可以从法律毕业生中选任，而且用以从"长于审判极崇事务"旧官僚中选拔，包括各司郎中、员外郎、进士拔贡等。转引自张培田、张华：《近代中国审判检察制度的演变》，247 页，北京，中国政法大学出版社，2004。

③ 参见《法院编制法》第 108 条、第 109 条、第 111 条、第 112 条、第 113 条、第 114 条。《大清法规大全·法律部》，卷七。

3. 检察官的任职保障。其一是职级保障。清廷对检察官的职级作了明确规定。根据《法院编制法》第 116 条，总检察厅厅丞、高等检察厅检察长、京师地方检察厅检察长均为简任官，各省地方检察厅检察长及检察官均为奏补官。其二是职权保障。清廷在变革司法体制时，设置了专门掌管司法行政的中央机构——法部，在地方则改省按察司为提法司，掌管地方司法行政。全国审判检察机关都受法部的行政监管，地方各级审判厅检察厅则受各省提法司的行政监督，同时明确规定审判、检察机关在履行其职权时，行政主管机关不得违法干涉。除检察官有法律规定的悖职行为外，主管行政机关不得将其调任、借补、停职、免职或者对其减俸。由于检察机构附设于审判机关，法律同时规定检察厅对于审判机构"应独立行其职务"，不受审判机构的干涉，从而确立了检察官职权保障措施。其三是任职待遇。清末检察官除享受与前述相应的待遇外，在任职期间或退任后，还享有系统的保障，主要是：检察官在任职期间不得扣俸、减俸；检察官在因惩戒调查或刑事被控时，廉俸仍应照给；检察官在退职后，法律仍保障其恩俸。

由此可见，清末司法改制过程中，对于检察机关从机构设置、组织原则、人员任免、履职保障等方面均有较全面的规定，检察制度已初具规模。但需要指出的是，在当时，这一"规模"的文本意义远大于现实意义。在清末社会混乱、政局失控的状况下，司法改制的"法典化"成果根本不可能完全贯彻执行。虽然如此，清末检察制度的引进，打破了沿袭几千年的司法、行政不分，审判、检察不分的司法擅断主义传统，顺应了世界司法文明发展的趋势，其本身亦具有值得肯定的价值。因而，当清王朝覆亡后，其司法改制的成果仍能在另一种社会政治结构中存活。其后的资产阶级革命政权、北洋军阀政府和南京国民政府的司法制度和检察制度，正是在这个基础上建立和发展起来的。

二、南京临时政府检察机构的设立

1911 年 10 月 10 日爆发的辛亥革命，将风雨飘摇中的清王朝送入历史，也结束了在中国历史上持续了两千多年的封建君主专制制度。其后建立的南京临时政府，实行资产阶级民主共和制度，政治结构上奉行三权分立的原则。由于南京临时政府是顺应迅速高涨的革命形势成立的，事先缺乏充分的组织准备，加之政府存在时间短暂，立法并未形成系统。其有关司法机构设置的规定，多见于一些政府公文，具有草创性特征。

(一) 关于调查各省审判、检察厅设置情况的咨文

南京临时政府成立后，即对全国各级司法机关进行调查，为拟定司法体制方案作准备。1912 年 2 月，临时政府司法部发布《司法部咨各都督调查裁判检察厅及监狱文》，指出：本部成立，拟实行司法独立，改良全国裁判所及监狱，以保护人民生命财产，亟应统筹全局，力图进步，现在正督饬各职员分科办理。但因民国初建，本部既无卷案可稽，各省司法事务多不一致，非自行调查明确，不足以谋司法之改良。特请各省都督办理下列事务：(1) 咨送裁判所及监狱调查两表样式，请转饬所属各府厅州县，将所有审判、检察各厅及监狱，已成立者若干处，按表式分别填写。(2) 凡未成立审判、检察各厅及监狱者，应规仿新制，赶速设置，总期逐渐改良完善，一扫从前黑暗时代之恶习。①

---

① 参见张晋藩总主编，朱勇主编：《中国法制通史》，第 9 卷，415 页，北京，法律出版社，1999。

（二）关于江宁地方审判检察厅呈请立案的批文

1912 年 3 月 20 日，司法部签发《司法部批江宁地方审判厅厅长杨年报请备案呈》和《司法部批江宁地方检察厅厅长刘焕报请立案呈》，指出该厅既于光复之初，由前江苏都督委任组织成立，应即准予立案，嗣后务率各该员等，认真供职。

（三）关于高等、地方审判检察厅不得相互兼任的批文

1912 年 3 月，司法部签发《司法部批江宁地方审判检察厅长杨年、刘焕组织高等审判检察两厅请备案呈》，批文指出：查审判检察各厅，关于人民生命财产至为重要。各国法律均无各级兼任之规定。该审判检察两长，以南京民国首都不能无上诉机关，亦应先行据情禀报核准，俟呈请大总统后，方能委任开办。该呈等竟于上月 28 日组织高等审判检察两厅，所有办事人员仍以该地方人员兼任，殊属不合，所请备案，实难照准。

（四）颁布《新法律未颁行前暂适用旧有法律案》

临时政府成立之初，根据清政府法律已失效，民国政府法律未颁行，而各省自治法规又极不统一的状况，司法总长伍廷芳呈文请求在民国法律未颁布前，暂时适用清政府的部分法律。1912 年 3 月 21 日，临时大总统孙中山向参议院提交《大总统据司法总长伍廷芳呈请适用民刑法律草案及民刑诉讼法咨参议院议决文》，指出："查编纂法典，事体重大，非聚中外硕学，积多年之调查研究，不易告成。而现在民国统一，司法机关将次第成立，民刑各律及诉讼法，均关紧要。该部长所请，自是切要之图，合咨贵院，请烦查照前情议决见复。"[①] 原则上同意对前清的某些法律进行删改，以供临时急需。参议院于 3 月 25 日对此法案进行审议，4 月 3 日正式通过《新法律未颁行前暂适用旧有法律案》。在参议院回复大总统的咨文中指出："金以现在国体既更，所有前清之各种法规，已归无效，但中华民国之法律未能仓猝一时规定颁行，而当此新旧递嬗之交，又不可不设补救之法，以为临时适用之。此次政府交议，当法律未经规定颁行以前暂酌用旧有法律，自属可行。所有前清时规定之《法院编制法》、《商律》、《违警律》及宣统三年颁布之《新刑律》、《刑事民事诉讼律草案》，并先后颁布之《禁烟条例》、《国籍条例》等，除与民主国体抵触之处，应行废止外，其余均准暂时适用。"[②]

综上可知，南京临时政府关于检察机构的设置，基本上沿用了清末《法院编制法》的规定，即实行审检合署制，在高等及地方审判厅设立相应的高等、地方检察厅。临时政府曾计划在中央设立临时中央裁判所，但由于临时政府仅存在了三个月，这一计划并未落实。[③] 由此，在临时政府存续期间，中央检察机构也付之阙如。

---

① 《临时政府公报》，1912 年 3 月 24 日，第 47 号。
② 张希坡：《南京临时政府司法行政法规考察研究》，载《法学家》，2000（5）。
③ 《修正中华民国临时政府组织大纲》第 6 条规定："临时大总统得参议院之同意，有设立临时中央审判所之权。"根据上述规定，司法部拟制《临时中央裁判所官制令草案》，呈送大总统。孙中山当即以《大总统令法制局审定临时中央裁判所草案文》，发送法制局审定呈复。1912 年 3 月 20 日《司法部批法学士辛汉等组织高级法院呈》，指出：所拟请组织上诉机关，洵为切要。惟本部已拟就临时中央裁判所官制令草案，呈请大总统咨交参议院议决后，即可发表施行。但在临时政府存续期间，没有完成该法案的立法程序。

三、北洋政府检察机构的设立

北洋政府时期，北京中央政府为不同派系的军阀集团所把持，其政权性质为代表大地主、大资产阶级的军阀专政。在袁世凯当权初期，基本沿用清末修律成果，保留了四级检察体制。其后随着军阀独裁统治的加强，司法专制的封建传统回潮，检察体制也随时局的变化而有所调整。

（一）初期的检察机关设置

北洋政府建立后，因当时的社会经济基础并没有根本改变，又为了迅速强化对社会和人民的控制，决定继续沿用清末法律。1912 年 3 月 10 日，袁世凯在京就任临时大总统职后即下令："现在民国法律未经议定颁布，所有以前施行之法律及新刑律，除与民国国体抵触各条应失效力外，余均暂行援用，以资遵守"①。据此，清末《法院编制法》得以延用。在检察机构的设置方面，继续采用审检合署制。在中央，于大理院内设总检察厅，置总检察长一人，监督总检察厅事务；设检察官 2 人以上。在地方，于各级审判机关内分别设置高等、地方与初级检察厅，其中高等审判分厅设高等检察分厅，高等审判分庭内不再另设检察厅，而是配置检察官。各检察机关的管辖范围与同级审判机关相同。

（二）检察机关设置的变化

1. 裁撤初级检察厅。袁世凯当政以后，中华民国的性质发生了根本的变化，北洋时期的历届政府，无不是假民主共和之名，行专制独裁之实。1914 年 4 月，袁世凯借口经费人才不足，通过政治会议修改《中华民国临时约法》，对清末以来的四级三审司法体制进行调整，改行三级三审制，将设立于各地的初级审判厅予以裁撤，初级检察厅也随之被废止。1915 年 6 月及 1916 年 2 月，司法部先后两次修正《法院编制法》，确认了这一变化。新法关于检察制度方面的修正主要有三点：（1）删去关于初级检察厅之规定；（2）删去关于各省提法使司监督本省审判厅、检察厅的规定；（3）将总检察厅厅丞改为总检察长，各检察厅分设的典簿、主簿、录事均改为书记长、书记官。②

初级检察厅被裁撤后，在北洋政府统治时期没有再恢复。继任袁世凯的段祺瑞政府虽然恢复了四级三审制，但在设置第四审级——地方审判分庭或司法公署的同时，并没有设立相应的一级检察组织，而是于其中分设检察官，执行检察职能。

2. 专设军事检察机关。袁世凯当权时期，为加强对军队的控制，北洋政府分别于 1915 年 3 月和 1918 年 5 月颁布《陆军审判条例》及《海军审判条例》，规定在陆军、海军中设立检察官。根据条例，军事检察官主要由宪兵军官和军、师、旅中的副职长官担任，但在当时军阀割据、战乱频仍的年代，军事检察官的任命难以严格统一。由于法律规定高级军官还可以担任审判官，故而实际情况往往是高级军官既当检察官、又当审判官③，加之其本身的军官职务，客观上形成了政刑军合一的军事司法独裁现象。军事检察官不仅在军法诉讼中享有侦查案件、逮捕疑犯、起诉犯罪的权力，而且有权处理与军队有关系的普通人的案件。如《海军审判条例》第 24 条规定："军事检察官……知有与军人共犯之常人"，得立即逮捕，并

---

① 《临时政府公报》，1912 年 3 月 11 日。
② 参见谢振民编著，张知本校订：《中华民国立法史》，下册，989 页，北京，中国政法大学出版社，2000。
③ 参见曾宪义主编：《检察制度史略》，222 页，北京，中国检察出版社，1992。

与同案件犯之军人共同起诉。① 由于当时战祸连绵不断，戒严几成常态，普通人民对于军队避之不及，也使军事检察机关得以经常干预普通刑事案件，一般人权遭受践踏，几无可免。

3. 行政兼理司法制度。行政兼理司法制度，是指在没有设立普通法院的地方，由行政长官兼理司法审判的一种制度。由于民初社会动荡、财政困难，新式司法人员严重不足，也由于新旧交替之际，人们受传统司法观念束缚较深，更由于当权者根本上仇视司法民主，行政兼理司法制度在北洋政府统治时期始终存在。受时局变化的影响，这一时期先后出现过三种兼理司法的形式：

（1）审检所制度。民国初立，地方法院设置严重不足。为此，北京政府规定在未设立法院的县设立审检所，主管本辖区内的审判、检察等司法事务。审检所内设帮审员，主持民事、刑事初审案件的审理，并审理邻县审检所的上诉案件。审检所的另一重要职能——检察事务，由县知事兼任。审检所制度在1912年底陆续在一些县级地方开始实行，1913年经北京政府确认，成为定制。由于审检所系附设于县知事公署，其实际执行必然受行政权的种种干预。并且，由于审检所实行审、检分离机制，实际上剥夺了县知事的审判权，因而遭到行政权的抵抗，推行受阻，不久便被废止。

（2）县知事兼理司法制度。1914年4月5日，北京政府颁布施行《县知事兼理司法事务暂行条例》，此后又颁布《县知事审理诉讼暂行章程》，从而废止了审检所制度，实施县知事兼理司法制度。该制度就是在没有设立法院的县由县知事执掌审判权，同时设承审员给予协助的一种司法制度。设立承审员的目的，是为弥补县知事缺乏法律训练、不具备法律知识的不足，实际上是仿照清朝幕僚辅助县令处理案件的做法。②《县知事审理诉讼暂行章程》第1条规定，"凡未设审检厅各县，第一审应属初级或地方厅管辖之民刑事诉讼，均由县知事审理"。《县知事兼理司法事务暂行条例》第6条规定，"凡刑事案件，因县知事之访问，被害人之告诉，他人之告发，司法警察官之移送，或自行投首，县知事认为确有犯罪嫌疑时，得径行提审。但必须亲告之事件，不在此限。"县知事集检察、审判职能于一身，县级政权行政、司法合一的体制重新获得合法地位。为此，袁世凯特别训令："民为邦本，本固邦宁。固本之责，惟在官吏。而官吏之责任最重者，尤莫如县知事。盖知事为亲民之官，与人民之安危利病，关系特切。值兹民生凋敝之余，自应共体世艰，力图上理。"③"谆谆"教诲，深藏为民之主的专制祸心。实行县知事兼理司法制度后，北洋政府加快了裁撤新式法院的步伐。在政治会议作出关于裁撤审检厅决议后，司法部"遵即饬各省一律分别裁并，除京外各高审检厅暨省级及重要商埠已设之地方厅照旧设立外，计裁并各省地方审检厅90所，裁撤京外初级审判厅135所"④。结果，在裁撤全部初级审检厅之外，全国2/3的地方审判厅和检察厅亦被裁撤，县知事兼理司法由此成为地方司法的主流。

（3）司法公署制度。初级审检厅以及大部分地方审检厅被裁撤后，地方各县刑事检控及司法审判处于失控状态，加之县知事在执行司法职能中存在各种任意司法的做法，致使在司法实践中黑幕重重，人民深受其苦。1919年，曾任怀柔县知事的李维垣在意见书中谈到，

---

① 参见1924年版之《法令大全》，转引自曾宪义主编：《检察制度史略》，223页，北京，中国检察出版社，1992。

② 参见张晋藩总主编，朱勇主编：《中国法制通史》，第9卷，526页，北京，法律出版社，1999。

③《第一次县知事进觐见大总统训词》，载《东方杂志》，第十卷第十二号。

④《东方杂志》，第十卷第十二号。

"县知事兼理司法，肆行无忌，受贿贪赃，违法判断，无所不至，遂至庸愚小民含冤莫诉，只好向隅叫苦，呼吁无门"①。由于县知事兼理司法制度疑窦丛生，北洋政府再次采取变通措施，于1917年5月1日颁行《县司法公署组织章程》，在县行政公署内设置司法公署，由审判官与县知事共同处理司法事务。在组织方面，县司法公署一般设审判官一至二人，书记监一人或书记官二至四人，另外还有承发吏、司法警察等司法辅助人员，俨然一个新式的基层法院。② 在人员选任方面，审判官由高等审判厅根据《审判官考试任用章程》办理，并呈司法部任命；书记监由高等审判厅长和高等检察厅检察长共同选派，报司法部备案；书记官由审判官选出，会同县知事共同决定，报高等审判厅、高等检察厅备案。在职能分工上，审判官主管审判，县知事则主管以检察事务为主的司法事务，包括检举、缉捕、勘验、解递、刑事执行等。前者受高等审判厅厅长监督，后者在司法事务上受高等检察厅检察长监督。

司法公署制度实际上是在司法独立与司法、行政合一之间选择的一条折中道路③，即将审判权从县知事权力中剥离，同时维持县知事对司法审判事务的有限参与和直接监督，实际上是把审检所制度中关于检察与审判分离的做法再次制度化，因而在当时专制氛围浓厚的大环境下，其实际施行必定阻力重重。至北洋政府末期，在全国2 000多个县中，设有司法公署的仅有46个。④

（三）检察管理制度

清末法律关于检察官组织管理及职务保障等方面已有规定，但比较简单。民国政府在对清末法律加以删修沿用外，又制定了一系列有关司法管理方面的法律，内容涉及检察官与法官的考试、任免、工作制度、考核奖惩等各个方面。

1. 考试制度。北洋政府时期，虽然《法院编制法》经重刊后依然有效，但在实践过程中，司法官考试制度一直以行政命令为法律依据。1913年11月8日，北洋政府司法部颁布了《甄拔司法人员准则》，作为司法官考试章程未定之前的过渡办法。1915年9月30日，大总统发布《司法官考试令》⑤和《关于司法官考试令第三条甄录规则》，北洋政府时期的司法官考试正式拉开帷幕。

（1）考试资格。根据1915年《司法官考试令》的规定，只有在法政大学或学院，或专科学校学习三年以上，有专科以上文凭者；或者具有同等学力，并由司法总长保送、批准者，才能参加司法考试。⑥ 1917年考试令增加了免试规定：对于本科修法律之学三年以上，

---

① 《荐任职任用李维垣对县知事兼理司法应考核成绩以清弊窦等情意见书》，1925年3月，中国第二档案馆藏1001（2）—133。

② 参见韩秀桃：《司法独立与近代中国》，141页，北京，清华大学出版社，2003。

③ 参见张晋藩总主编，朱勇主编：《中国法制通史》，第9卷，526页，北京，法律出版社，1999。

④ 参见《法律评论》第182期，1926年12月。转引自张晋藩总主编，朱勇主编：《中国法制通史》，第9卷，528页，北京，法律出版社，1999。

⑤ 该法经1917年、1919年、1923年三次修正。

⑥ 所谓同等学力，包括：（1）在国立大学或在经司法总长认可之私立大学或专门学校教授法律三年以上，经报教育部门有案者；（2）在外国专门学校速成法政一年半以上，得有毕业文凭，曾任推事、检察官，办理审判、检察业务一年以上，或在国立大学或高等专门学校教授法律之学一年以上，经报告教育部有案者；（3）曾充任推事或检察官，连续办理审判或检察事务三年以上者；（4）曾充"法部秋审要差"，确有成绩者；（5）曾充任前清"督抚臬司等刑幕"五年以上，品学凤著，经该署长官或荐任以上京官证明者。《增订司法例规》上，185页。转引自曾宪义主编：《检察制度史略》，224页，北京，中国检察出版社，1992。

成绩卓著，或任职五年以上、精通外国语者，给予免试资格。1923年考试令又规定，毕业于法律学校并且执律师业5年以上或曾担任过重大立法案顾问者，可以免于考试。由此可见，民国时期对检察官的选拔要求非常严格，候选人必须具有较高的文化水平。将该规定与清末相比较，可以发现应试者的资格限制更加严格，免试范围大大缩小，没有法律专业背景者逐步被排除在外，法律实践经验进一步得到重视。

（2）考试办法。1915年考试令规定，司法官考试分为四场，平均合格者为及格。前三场为笔试，第一场试经义、史论、法学通论；第二场试宪法、民法、刑法、商法；第三场在诉讼法、国际法等8科中选试一种。第四场为口试，在前三场考试内容之外另选题目。1917年考试令则规定，司法官考试分为甄录试、初试、再试。甄录试是笔试，科目为国文和法学通论；甄录试及格者，得应初试。初试分为笔试、口试两种，笔试及格者得应口试。笔试科目为宪法、行政法、刑法、国际公法、民法、商法、民诉法、刑诉法。1917年考试令增加了实习和再试的规定。初试及格授以司法官初试及格书，依学习规则之所定，分发各检察厅，为学习检察官。实习期满，必须参加再试。再试以考验实习成绩为主，分笔试和口试两种，笔试及格者，得应口试。笔试以二件以上诉讼案件为题，令应试人详述判词和理由，拟具判词作答。1919年考试令则规定分归讲习所学习，得有优良成绩证明者，以再试及格论。①

（3）考试机构。1915年考试令规定，司法官考试之典试，以文官高等考试之典试官襄校官兼充之，并适用文官高等考试典试令各条之规定行之。同等学力者所必须通过的甄录试，由司法部次长兼充的委员长以及司法总长遴派的4名委员组成的甄录委员会行之。1917年考试令将司法官考试典试委员会分为甄录试及初试典试委员会以及再试典试委员会两种，其成员包括典试委员长、典试委员、襄校委员及监试委员。同时还详细规定了各委员的任职资格。大体而言，采分派主义，从司法部、大理院、总检察厅、京师高等审判厅和检察厅各部的主管中遴选委员长，从各部成员中遴选典试委员、襄校委员。监试委员则从高等和地方检察厅检察官中遴选。以上人员均由司法总长遴选后，经由国务总理呈请大总统派充。1919年考试令还增加了法律馆副总裁总纂及纂修的任职资格。② 自此，司法官考试有了独立的考试机构。

2. 任用制度。北洋时期的检察官任用，分两种情况。一种是考试选拔。凡参司法考试及格被录取的，"由大总统依文官秩令，授以上士。其原官高于应授之秩者，仍从其原官。"③ 官秩确定后，即被分派到各级检察厅学习，期限两年。学习期满，成绩优异，经再试合格的，提升为候补检察官，遇有检察官缺额时，补为检察官。另一种是在任检察官的调配。对于正式检察官，根据《法官升转暂行规则》应该调任、补任、提升的，再进行新的任命。此外，北洋政府也规定了检察官的禁用条件：（1）曾受剥夺政治权利处分而未复权者；（2）曾受夺官处分或剥夺职务处分，尚未恢复职务者；（3）亏欠公款尚未缴清者；（4）体力衰弱，不便工作者。④ 从上述规定可见，在检察官的任用上，北洋政府时期除注重法律水平、司法经验外，还十分注重品德操守。

---

① 参见王立民主编：《中国法律与社会》，438页，北京，北京大学出版社，2006。
② 参见王立民主编：《中国法律与社会》，438页，北京，北京大学出版社，2006。
③ 《增订司法例规》上，185~187页。
④ 参见曾宪义主编：《检察制度史略》，225页，北京，中国检察出版社，1992。

除此之外，北洋政府还引入了西方国家的"司法官不党"原则，禁用加入政党者为检察官。1912 年 12 月，北洋政府颁布《法官不得入党令》，规定检察官除参加研究法律、讲习法学等会不予限制外，不得加入任何政党、社团，已入党者，必须宣告脱党，如不愿脱党，必须辞去现职。①

3. 工作制度。1915 年 10 月，北洋政府于京师地方及高等检察厅推行检察机关处务制度，对检察机关的考勤、办案等工作制度作了详尽的规定。②

（1）考勤制度。法律要求检察官按时出勤，不得无故缺勤。检察官及书记官等各厅员必须亲自将到署、出署时间记载于考勤簿，如果考勤记录与事实不符，检察长有权进行核正。"法定时间内厅员如因疾病或事故不能在署逾三时者，均应以定式请假书向检察长请假。""检察长每日应查阅考勤簿，并饬书记官长按照考勤簿编制各员每月及全年出勤总比较表。"各厅的每月"勤怠比较表"应于下月上旬抄报司法部各检察厅，全年勤怠比较表于每年一月抄报司法部。③

（2）收案制度。收案由书记员登记，交总务处，由检察长分配查办。对于认为宜送简易庭的，除即时讯明并制作笔录，交总务主任标明要旨外，还要报检察长核定，分配于简易庭。对于认为应不起诉的，除即时将理由谕知，或明白批示外，并饬回诉讼人；不起诉的理由交总务处注明，送检察长核阅，由书记官编号存档备查。对于应当侦查的，送报检察长核阅分配。认为可以批示驳回，或送分庭办理，或相验及起诉简易庭，交总务处分配处理。④

（3）赃物登记保管制度。凡收案遇有赃物，由书记官详记附卷后，交由物品收贮室保存。赃证物品除应没收或发还的，即时取具领结发还外，如无法查到领结人住所，在公告六个月后无人受领的，收归国库。若赃物破损，应及时拍卖，保存价款。提取赃物，须总务处盖章。⑤

（4）人犯收押取保制度。检察官办案，必须收押人犯时，应由书记官填写押票，交由司法警察护送看守所收押。遇有嫌疑犯，认为应行取保的，由检察官速饬书记官将检察厅格式文书标明处分，交由司法警察押带取保具结，仍交书记官收存附卷。无保带回的嫌疑犯，由检察官请示检察长酌量处分。⑥

4. 考核奖惩制度。这一时期的法律对检察官的执法活动及守法情况规定了较全面的考核办法，并据此对检察官进行奖励或惩处。

（1）考核制度。对检察官的考核主要有三个方面。⑦ 一是考核工作情况。这是考核的重心，也是决定检察官升转、降职的主要依据。法律明确规定了考核标准："配受较多较少之数与同庭最少最多者比较定之"。对于工作量的计算，"主办检察官未经上诉之案经由司法部纠正或令厅提起非常上告或由他检察官提起非常上告者，应填入应上诉而不上诉栏内"，"配

① 参见《增订司法例规》，196 页。

② 参见张培田、张华：《近代中国审判检察制度的演变》，261～264 页，北京，中国政法大学出版社，2004。

③ 参见《京师地方检察厅暂行处务规则》第 3、4 条，《京师高等检察厅暂行处务规则》第 3、4 条。

④ 参见《京师地方检察厅暂行处务规则》第 31 条至第 33 条，第 37 条至第 38 条，《京师高等检察厅暂行处务规则》第 31 条至第 33 条，第 37 条至第 38 条。

⑤ 参见《京师地方检察厅暂行处务规则》第 34 条至第 35 条，《京师高等检察厅暂行处务规则》第 34 条至第 35 条。

⑥ 参见《京师地方检察厅暂行处务规则》第 42 条，《京师高等检察厅暂行处务规则》第 42 条。

⑦ 参见曾宪义主编：《检察制度史略》，226 页，北京，中国检察出版社，1992。

受案件已结几分之几应于备考栏内记明"，等等。① 二是考核工作表现，包括出勤情况、工作态度及工作效率等。检察长在日常管理中，发现"厅员处务或有怠忽及不当情形者"，有权"随时告诫并匡正之"②。三是考核检察官守法情况。检察官作为执法者，首先自己要严格守法。这方面的考核规定主要是要求检察官遵守有关职务、身份方面的法律，以求不"失官职上威严或信用"。另一个要求就是遵守司法官不党的禁令，以保持超然的独立地位。

（2）奖惩制度。北洋政府规定，检察官的奖惩与法官及行政官采相同待遇。奖惩的主要依据是检察官的业绩。奖励的主要方法是表彰、提升或者物质奖励。惩处的方法有多种。最轻的是提出批评。对于工作懈怠、效率低下或经常出错的检察官，检察长可随时提出批评。对于检察官违反相关的行为准则，如加入政党等，从而丧失作为检察官资格的，应由其本人提出辞职请求，或由检察长给予辞退。③ 对于检察官在执行职务时违反法律，滥用职权或因不负责任而损害检察机关的权威与形象的，则要依法给予行政处分。行政处分主要有以下几种：

一是夺官，即剥夺其现有官职，并从官吏序列中除名。二是褫职，即剥夺现职。受处分者只享受原待遇，不再担任检察官职务，经一段时间考察，认为可以恢复其职务的，由其长官提出，呈报司法部批准。如因执行公务犯罪的，刑罚执行完毕后，须再经三年才有资格担任官职，而因犯贪污、盗窃、强奸等罪的，刑满后须再经十年才有复职资格。三是降低职务和官等。四是停职，期限一般为三个月以上一年以下。停职期间，停发薪俸。五是调职，有平级调，由实缺调往虚缺，权力大的部门调往权力小的部门；有从上级部门调往下级部门。调职的同时要减俸，并且两年内不得提升。六是减俸，在一个月至一年期间，每月减其原俸的 1/10 以上，1/3 以下。七是诫饬，由大总统令在政府公报上发布通报，予以批评。④

为落实对检察官的惩戒，北洋政府专门成立了司法官惩戒委员会。对于所受惩戒案件，惩戒委员会首先要将有关材料转交被控诉人，令其限期提出答辩书。此后，惩戒委员会将根据指控和答辩展开调查，对于决定予以惩戒的检察官，由惩戒委员会提出具体惩戒办法，上报大总统批准，经由司法部依法执行。⑤

总体来说，北洋政府统治时期，是中国法制现代化的重要阶段。清朝末年确立的司法制度和检察制度，在北洋政府统治的 15 年间，在形式上取得了新的进展。虽然北洋政府基于其独裁专制的本质，在推行司法民主方面并非真心实意，又由于长期军阀争战造成社会秩序混乱，国家法律多成具文，检察制度的实行效果不免大打折扣，但这一时期在检察制度立法方面的探索和努力，则为南京国民政府的检察立法打下了一定的基础，也提供了可贵的经验和教训。

四、广州、武汉国民政府检察机构的设立

从广州到武汉时期（1925 年 7 月至 1927 年 7 月）的国民政府，除军事上进行北伐战争，

---

① 参见《法令大全》1924 年，211 页。

② 《京师地方检察厅暂行处务规则》第 8 条，《京师高等检察厅暂行处务规则》第 8 条。

③ 参见张培田、张华：《近代中国审判检察制度的演变》，267 页，北京，中国政法大学出版社，2004。

④ 参见《增订司法例规》上，225 页。转引自曾宪义主编：《检察制度史略》，226 页，北京，中国检察出版社，1992。

⑤ 参见曾宪义主编：《检察制度史略》，229 页，北京，中国检察出版社，1992。

政治上执行孙中山所制定的三大政策外，还十分重视法制建设，先后颁布了许多重要的法规、法令、条例等，在司法检察制度方面也进行了一系列的改革。

（一）广州国民政府初期的检察机构设置

广州国民政府初期，因政局不稳，来不及进行司法改革，在司法制度上基本是沿用北洋政府旧制。在审检机构设置上，中央设大理院行使最高审判权，在大理院内设总检察厅，行使最高检察权。总检察厅设总检察长一人①，检察官二人以上。地方设高等、地方、初等三级审判厅和检察厅，实行审检合署制。实际上，当时初级厅多没有正式设立，审判检察事务或是由地方厅或其分厅代管，或是沿袭北洋旧制，由县知事兼理。

（二）武汉国民政府的司法制度改革

1927 年国民政府迁都武汉，为顺应高涨的革命形势需要，着手对司法制度进行改革，其中关涉检察制度的内容主要是②：

1. 废除审检机关名称，改变机构审级体制。废除原来的审检厅名称，一律改称"法院"③。废除四级三审制，中央法院分两级：最高法院（设在国民政府所在地）和控诉法院（设在省城）；地方法院也分为两级：县市法院（设在县和市）和人民法庭（设在镇和村）。在坚持二级二审制的前提下，对于一些重大案件和死刑案件以三审为终审。

2. 废除旧的审检分立制度。改革检察机关，废止各级检察厅，设置检察官于法院之内，行使检察职务。④

3. 废除法院内的行政长官制，改设行政委员会。其中县市法院以民事、刑事庭庭长、检察官、书记官为行政委员，控诉法院及最高法院以民事、刑事庭庭长、首席检察官、书记官为行政委员，负责院内一切行政事务。

4. 改革司法官制，废除司法官不党之禁。1924 年孙中山在广州建立国民党后，将实现三民主义的希望寄托于国民党一党，并提出"以党建国"、"以党治国"的政治构想。这一思想也成为武汉国民政府司法改革的指导原则。因为司法官不党的规定，使得司法不能成为革命的司法。时任司法行政委员会主席的徐谦在《在武汉国民政府第十三次会议上的报告》中指出，"现在要打破司法不党，要党化，要纯粹有学识的党员去做法官"⑤。武汉国民政府根据司法官党化的原则，在《新司法制度》第 2 条明确规定，"非有社会名誉之党员，兼有三年以上司法之经验者，不得为司法官"。

（三）检察官的考试与任用

司法官专业化是司法发展的必需条件。北洋政府时期的司法考试制度经过十多年的发展，已经相对完善，在选择司法人才方面发挥了积极作用。广州、武汉国民政府时期沿袭了

---

① 当时总检察长为卢兴原。
② 参见《武汉国民政府新司法制度》，载《国闻周报》第 4 卷第 9 期，1927。
③ 这是在中国法制史上第一次将审判机关称为法院。
④ 检察官职权为：（1）对于直接侵犯国家法益之犯罪，被害人及其家属放弃起诉权的，得向法院提起公诉；（2）对于得处死刑的犯罪，得向法院陈述意见；（3）指挥军警逮捕刑事犯并执行刑事判决；（4）其他职权。与北洋政府时期相较，检察官的侦查权、上诉权、参与审判权、监督审判及判决执行权被取消。
⑤ 转引自余明侠主编：《中华民国法制史》，271 页，徐州，中国矿业大学出版社，1994。

已实行多年的司法考试制度。1926 年 5 月，广州国民政府颁布《司法官考试条例》，根据本政府对司法官的要求，在北洋政府法律的基础上作了进一步修正。

1. 考试资格。《司法官考试条例》规定，凡中华民国国民年满 22 岁，并具有以下资格的，均可参加司法考试，即在本国国立大学或专门学校、外国大学或专门学校或经政府认可的本国公私立大学或专门学校修法政学科三年以上，获得毕业证书的；或在外国大学或专门学校学习速成法政学科一年半以上毕业，并曾充推事、检察官一年以上的；或曾在前列学校教授法政学科二年以上，并报告政府备案的。另外，该法还规定了免试资格：（1）在国内外大学或专门学校修法律之学三年以上毕业，并曾在国立大学或专门学校教授主要科目，任职三年以上的；（2）具有前述资格，曾任司法官或办理司法行政事务继续三年以上，具有成绩，并取得该管长官出具书面证明的；（3）曾在法官学校高等研究部修学期满，取得毕业证书的。以上条件，需经司法官典试委员会审查认可。①

2. 考试方式与考试科目。考试分笔试、口试两种，笔试及格的再应口试。为保障司法官党化的司法改革原则得到落实，政府特别对司法考试的科目作了调整，在法律专业知识之外，增加了党纲党义等内容，并且放在各科之首。当时的笔试科目是：三民主义、五权宪法、宪法史、行政史、刑法、国际公法、民法、商法、民事诉讼法、刑事诉讼法、国际私法、拟公判决请求书、民刑事判决书以及公文程式等。口试科目是民法、商法、刑法、民刑事诉讼法、普通社会状况，其中重点是考生的政治态度。

3. 录取与任用。考生依成绩分甲、乙、丙三等，其中平均分 85 以上的为甲等，70 以上的为乙等，60 以上的为丙等。不满 60 分的为不及格。录取甲等的，在检察官遇缺时得先补；录取乙等的，在候补检察官遇缺时先补。② 地方法院检察官由省政府委员会、中央法院检察官由司法部提交国民政府委员会正式任命，才能上任。

根据上述法律规定，1926 年，广东政府首次举行司法官考试，录 50 名，1927 年国民革命军已进至黄河以北，武汉国民政府后在武昌、河南、山西分别举行了法官考试。

五、南京国民政府检察机构的设立

南京国民政府是国民党内部以蒋介石为首的军派势力以自己的军事优势，对外通过征伐其他地方军阀，对内对抗国民党其他势力集团而确立的新的党政军中心，具有浓厚的"党治"、"军治"色彩。在国民党统治的 22 年中，检察制度的发展经过了曲折多变的历程。

（一）裁撤检察厅的曲折经过

南京国民政府初期的司法制度沿用北洋政府旧制，采四级三审制，在各级法院附设检察厅，实行审检组织分设、合署办公的制度。而早在广州国民政府时期，关于检察制度存在的

---

① 法律同时规定，虽具有以上资格，但如具有后列情形，也不得参加司法考试：（1）曾被判 5 年以上有期徒刑的；（2）被法院宣布禁治产或准禁治产，裁判尚未撤销的；（3）被宣告破产，尚未有复权裁决的；（4）有精神病的；（5）亏空公款未结清的；（6）其他法律有特别规定的。参见张晋藩总主编，朱勇主编：《中国法制通史》，第九卷，599 页，北京，法律出版社，1999。

② 参见张晋藩总主编，朱勇主编：《中国法制通史》，第 9 卷，599 页，北京，法律出版社，1999。

合理性就存在争论。"在民国十三至十四年间，有关废除检察制度的论调甚嚣尘上。"① 论者认为检察制度的存在剥夺了私人起诉权、延长了诉讼程序、有违司法独立精神，因而应予废除。② 南京国民政府成立时，废除检察制度的思想继续蔓延。考虑到检察制度已施行 20 年，遽行废止，于指控犯罪不利，"（检察制度）若一旦遽废，照吾国情形，亦恐尚有窒碍，与其多事更张，不如加以改善"③。故此南京国民政府并未全盘采纳此种观点，而是采取了折中办法，保存检察制度，同时裁撤检察组织。

1. 裁撤各级检察厅。1927 年 8 月 16 日，国民政府发布关于"裁撤各级检察厅并改定检察长名称"的第 148 号训令，宣布"司法事务，经纬万端。近值刷新时期，极应实行改进。即如检察制度，体察现在国情，参酌各国法制，实无专设机关之必要，应自本年十月一日起，将各级检察厅一律裁撤，所有原设之检察官暂行配置于各该级法院之内，暂时仍旧行使检察之职权。其原设之检察长及监督检察官一并改为各级法院之首席检察官"④。至于裁撤检察厅的理由，依司法部有关呈文所述，"检察制度以检察及执行两项为最大要素，故论其职掌，只是法院中司法行政部分之一种。吾国自改良司法以来，各级审判检察机关无不两相对峙，就经过事实而论，其不便之处有如下数点：一、靡费过多；二、手续过繁；三、同级两长易生意见。凡兹所举，无可讳言，识者怀疑，每思改革。复查各国司法制度，对于检察一项，并不另设与审判对峙之机关。当今国民革命庶政更始之际，亟应体察现在国情，参酌外国法制，立将各级检察机关一律裁撤"⑤。

1927 年 10 月 25 日，南京国民政府颁布实施《最高法院组织暂行条例》，规定"最高法院置首席检察官一员，检察官五员，依法令之所定处理检察一切事务"（第 6 条），从而以立法形式宣告正式裁撤检察机关。随后，各级检察厅相继撤销，改为在各级法院内设置由司法部选派的首席检察官及检察官，负责各项检察工作，由此结束了自清末以来的审检组织分设制。

2. 恢复设置最高检察机关。各级检察机关裁撤未久，南京国民政府又出于提高最高检察机构地位的考虑，决定恢复设置最高检察署。1929 年 8 月，国民政府将司法院院长王宠惠草拟，并先后经国民党中央政治会议议决、立法院法制委员会审查通过的《最高法院组织法》鉴核公布。该法规定："最高法院为全国终审审判机关"（第 1 条），"配置检察署。检察署置检察长一人指挥并分配该管检察事务，设检察官七至九人处理关于检察之一切事务"（第 6 条），"最高法院检察署检察长及检察官均为简任职"（第 9 条）。⑥ 最高检察署的恢复，在一

---

① 《关于检察机关不崇其组织即径予废除案第二十四案》，1935 年《全国司法会议汇编》。又见王新环：《公诉权原论》，68 页，北京，中国人民公安大学出版社，2006。

② 参见朱鸿达：《检察制度论》，原载《法律季刊》第 2 卷第 3 期，1925 年 1 月。载何勤华、李秀清主编：《民国法学论文精萃》（第五卷），499～511 页，北京，法律出版社，2004。

③ 民国《法院组织法立法原则》之一：说明。资料来源："法律史学术网"之"法史文库"。

④ 《国民政府司法例规》上，1930 年版，163 页。转引自最高人民检察院研究室编：《检察制度参考资料》第二编。1927 年 10 月 20 日，南京国民政府发布第 89 号指令，批准国民政府司法部关于实行裁撤检察机关改定法院名称延期实行的呈文，将第 148 号训令的实施日期延至同年 11 月 1 日。

⑤ 《民国政府司法例规》上，另参见张培田、张华：《近代中国审判检察制度的演变》，272 页，北京，中国政法大学出版社，2004。

⑥ 参见曾宪义主编：《检察制度史略》，238～239 页，北京，中国检察出版社，1992。

定程度上是对裁撤检察机关的否定。且 1927 年以后，一些地方法院，如浙江省高等法院及地方法院，实际上已开始设置检察处，作为原检察厅的替代机构。①

（二）三级三审制的确立与普通检察机关的设置

自清末建立近代司法体制以来，历届政府基本采行四级三审制。武汉国民政府进行司法改革时曾短暂实行过二审制（重大案件仍实行三审终审）。南京国民政府成立之初，恢复采用四级三审制。其后，国民政府着手对既有司法体制进行改革，除前述检察机关设置的改变外，并拟改四级三审制为三级三审制。1930 年国民党中央政治会议第 231 次会议讨论通过《法院组织法立法原则》，其中第三条原则为"实行三级制，地方法院为法院之单位，上级为高等法院，再上级为最高法院，以三审为原则，二审为例外"。其后解释道："我国旧制，为四级三审，然自民国三年裁撤初级审判厅后，四级之名实俱亡久矣。嗣乃于地方审判厅添设简易庭，而以向属初级审判厅管辖之案属之。所为判决，仍上诉于该地方审判厅，以同一之法院，得分之为二级，同一法院之判决，得名之曰两审诉讼，转滋纠纷，人民实受苦累。兹定为实行三级制度，曰地方法院，曰高等法院，曰最高法院，简单明了，民听不纷，其诉讼以三审为原则者，求诉讼之详慎也。沿用现行民刑诉讼之立法例，以二审为例外者，求诉讼之早结，减除人民缠讼之苦也。若其详细规定，应俟诸民刑诉讼法。"②

在《法院组织法》起草过程中，国民政府司法院曾提出恢复在各级法院均设置检察机构的做法。在《法院组织法立法原则》解释中提到，"凡法院均配置检察署，以为检察官员执行职务之所。旧制审判与检察分设公署，改革以来仅于法院设置检察官，行之稍久，颇有疑检察官系附属于法院者。是以修正最高法院组织法第六条规定最高法院配置检察署，亦求名实相符而已。兹更进一步，定为凡法院均配置检察署，以表示其独立执行职务之精神，非复旧也，乃从宜也。"③ 但 1932 年由时任司法行政部部长罗文干补充修正，并经国民党中央政治会议再次讨论议决的《修正法院组织法立法原则》又将此议否决，理由是"中央之最高检察机关，固宜崇其体制，称之曰署，并名其长官曰检察长。至各高等法院，地方法院及其分院，因检察官之职务，视前大为减少，将来所设员额，亦无复今日之多，自无庸别树一职，仅配置检察官可矣。关于检察事务，虽得独立行其职权，若关于会计、统计及其他行政事宜，则应统于其所配置之法院，既节靡费，亦可免历来互争权限之弊"④。

1932 年 10 月 28 日，南京国民政府公布《中华民国法院组织法》，确定三级三审制，地方法院为第一审，高等法院为第二审，最高法院为终审。初级法院自此被撤销。相应地，检察权的行使也分为三级：最高法院设检察署，设检察长 1 人，检察官若干人，检察长负责监督全国检察官；高等法院及其分院各置检察官若干人，以 1 人为首席检察官，监督所辖省或区域内的检察官；地方法院及其分院亦置检察官若干人，以 1 人为首席检察官，但检察官仅为 1 人时，不设首席检察官。检察官的职能是"实施侦查、提起公诉、协助自诉、担任自诉及指挥刑事裁判之执行"。

---

① 参见张培田、张华：《近代中国审判检察制度的演变》，272 页，北京，中国政法大学出版社，2004。
② 民国《法院组织法立法原则》，资料来源："法律史学术网"之"法史文库"。
③ 民国《法院组织法立法原则》，资料来源："法律史学术网"之"法史文库"。
④ 曾宪义主编：《检察制度史略》，240 页，北京，中国检察出版社，1992。

（三）特别检察机构的设置

1. 特种刑事法庭检察官。广州国民政府时期，为加强对破坏与抵制国民革命犯罪活动的打击，曾于 1925 年秋设立特别刑事审判所，管辖反革命及土豪劣绅犯罪案件。为此，当时的国民党中央政治委员会第 60 次会议通过《特别刑事诉讼条例》及《特别刑事审判所条例》。[①] 南京国民政府成立后，利用了这一非常时期的特别审判方式，于 1927 年 12 月 1 日颁布《特种刑事临时法庭组织条例》，规定设立中央与地方两级特种刑事临时法庭，专门审理所谓的"反革命"案件。1928 年 6 月 11 日，国民政府又颁布《特种刑事监督法庭诉讼程序暂行条例》，特别规定国民党各省党部、省政府或各特别市党部、市政府，若认为地方特种刑事临时法庭确定判决违法时，得向中央特种刑事临时法庭提起非常上诉；中央党部或国民政府认为中央特种刑事临时法庭判决违法时，得令复审[②]，从而为国民党及其控制的中央政府为镇压异己力量而公然干涉司法审判提供法律依据。关于特种刑事案件的起诉工作，该《条例》规定由相应的地方检察官及最高检察署负责。

1928 年 11 月，国民党政府为平息社会舆论，决定撤销特种刑事法庭，同时宣布废止《特种刑事临时法庭组织条例》与《特种刑事监督法庭诉讼程序暂行条例》，将所谓"反革命"案件交由普通法院审理。但 1929 年 12 月 2 日，国民党政府又颁布《反省院条例》，进一步加强对共产党人和进步人士的迫害。司法院于 1930 年发布的第 224 号解释例规定，"反革命"案犯送入反省院，"由检察官径行处分"。司法院于 1935 年发布的第 1187 号解释例规定，反省院对于所送入之案犯，"发觉新罪证，送交该管法院时，仍应由检察官侦查起诉莅庭。"对受教育案件行使评判之权的反省院评判委员会，由院长、总务主任、管理主任、训育主任及国民党党部代表 1 人、高等法院推事 1 人、检察官 1 人组成。1931 年 3 月颁布的《首都反省院组织条例》亦规定，最高法院检察署检察官 1 人参与首都反省院评判委员会。[③]

第三次国内革命战争时期，南京国民政府又恢复特种刑事临时法庭。1948 年 4 月，国民党政府颁布《特种刑事法庭组织条例》和《特种刑事法庭审判条例》，分设高等特种刑事法庭和中央特种刑事法庭，后者直接隶属于司法院，其地位与最高法院相等。中央与高等特种刑事法庭均设检察官 1 人至 3 人，负责检察事务，其中设 2 名以上检察官的，以 1 人为首席检察官。

2. 军事案件的检察机构。为加强对军队的控制，南京国民政府加强了军事检察机构。1928 年，南京国民政府颁布了由陆、海、空军总司令部在原广东国民政府立法基础上修正的《国民革命军陆军审判条例》，在该法第 4 章"陆军检察"中规定，"军人犯刑法上之罪或违警罚法及其他法律之罪者，有军事检察权诸官均有搜查凭证之权"，"该管各级长官知其所属有现行犯时，得为讯问及检察，或委军事检察官行之"。军事检察官由陆军宪兵长官军士，以及总军师旅各司令部副官或军法官担任。[④]

---

① 参见谢振民编著，张知本校订：《中华民国立法史》，下册，1036 页，北京，中国政法大学出版社，2000。

② 参见谢振民编著，张知本校订：《中华民国立法史》，下册，1039 页，北京，中国政法大学出版社，2000。

③ 参见曾宪义主编：《检察制度史略》，252 页，北京，中国检察出版社，1992。

④ 参见《国民政府现行法规》，下，转引自曾宪义主编：《检察制度史略》，253 页，北京，中国检察出版社，1992。

由于《陆军审判条例》系与《陆军刑律》相配套，而后者于 1929 年 9 月经修正，改名为《陆海空军刑法》，由此，《陆军审判条例》亦于 1930 年 3 月经修正并更名为《陆海空军审判法》颁布施行。新法沿袭了原来的军事检察制度。除此之外，国民党政府为镇压共产党领导的革命运动，还曾密令各地组织军事司法机构，如浙江即组织设立了临时军法会审机构。根据《浙江省临时军法会审组织大纲》规定，浙江临时军法会审由浙江省党部、高等法院、省政府共同组织，主要审判共产党人案件，审判庭由省党部 1 人、高等法院检察官 1 人、推事 1 人、省政府秘书长 1 人、保安处长 1 人组成。此类案件判处死刑的，经高等法院审核，由省政府核准执行。①

（四）检察组织与管理

1. 检察组织制度。为保障检察权的统一行使，南京国民政府实行检察一体化制度，强调下级检察官要服从同级或上级法院首席检察官的监督与命令；全国各级法院检察官要服从最高法院检察署检察长的监督与命令。1932 年颁布的《法院组织法》第 31 条确立了"检察官服从监督长官之命令"的重要原则。根据该法第 81 条，国民政府司法行政部部长监督最高法院检察署，最高法院检察署检察长监督全国检察官；高等法院首席检察官监督该省或该特别区域内的全体检察官，地方法院首席检察官监督该院及其分院的全体检察官。对于被监督者，监督权人得行使下列处分：关于职务上的各项事宜发布各种使其注意的命令，对于有废弛职务侵越权限或行止不检者加以警告，若情节严重或警告无效，监督长官可以依公务员惩戒法予以惩戒。除职务监督外，根据《最高法院检察官办事权限暂行条例》及《各省高等法院检察官办事权限暂行条例》及《地方法院检察官办事权限暂行条例》的规定，前述各有监督权者对于被监督人员均得行使职务上的指挥权。②

2. 检察工作制度。1935 年 6 月 28 日，南京国民政府司法院颁布施行《最高法院检察署处务规程》，对最高法院检察署的工作制度作了具体规定。根据规定，最高法院检察署检察长指挥监督全国检察事务，最高法院检察官办理检察长分配的检察事务。检察署设书记室，由书记官长与书记官组成，组成书记官长承检察长命令处理书记室及检察署内行政事务，并指挥监督书记官工作。书记室下设纪录科、文牍科、统计科、会计科，分别处理各种行政事项。由于高等法院与地方法院不设检察机构，故其各项检察行政事务由法院书记室具体负责。

3. 检察官的考试与任用。南京国民政府对检察官的遴选十分重视。当时对于检察官的选拔主要有两种途径：一是司法官考试，二是在符合特定条件的人员中选录。

司法官考试。南京国民政府承继了北洋政府时期发展起来的司法考试制度，以此作为选拔司法官的重要途径。1930 年 12 月，国民政府颁布《高等考试司法官考试条例》，当年即举行了司法考试。与北洋政府时期相比，条例内容有所变化。一是应试者资格有所改变，表现为：（1）允许确有法律专门学术技能或者著作经审查及格者应考；（2）允许有同等学力者通过检定考试获取应试资格；（3）增加了"修习法律政治学科一年以上并曾任法院记录事务三

---

① 参见《国民党政府政治制度档案史料选编》下册，639～640 页。转引自王圣诵、王成儒：《中国司法制度研究》，329 页，北京，人民出版社，2006。

② 参见曾宪义主编：《检察制度史略》，243～244 页，北京，中国检察出版社，1992。

年以上"者可以应试，这为书记官向司法官的升迁提供了一条途径；（4）允许经普通考试及格四年后和曾任司法机关委任官及与委任官相当职务三年以上者应考。二是对甄录试的内容进行了扩充，除国文（包括论文和公文）以及法律基础知识外，还必须考党义，包括三民主义、建国大纲、建国方略等内容，这是国民党的党化统治的反映。此后，又增加了中国历史、地理以及宪法、法院组织法等内容。三是将甄录试纳入初试阶段，为第一试，第二试包括必试科目和选试科目，第三试则就指定科目进行面试。同时，再试分为笔试、面试及学习成绩审查三种，三者平均计算分数。① 这种变化反映了司法官考试总体更严格、更繁难的趋势。

特别选录。司法官的考试和培训，规定严格、步骤繁重，远远不能适应全国普设法院的需要。为了适应对司法官的急需，当时规定各省可以因地、因事录取符合下列条件之一的人员为司法官②：（1）曾在教育部认可之专科以上学校教授主要法律科目二年以上，并著有讲义，经审查合格者；（2）曾任推事或检察官者；（3）在教育部认可之专科以上学校修习法律学科三年以上毕业，曾任荐任司法行政官办理民刑事案件二年以上，或曾任最高委任司法行政官办理民刑事案件三年以上，或曾任法院委任书记官办理记录事务五年以上，或曾任各县承审员四年以上，成绩优良者；（4）经律师考试及格，并执行律师职务一年以上，成绩优良者；（5）曾任县司法处审判官二年以上，成绩优良者；（6）在教育部认可之专科以上学校修习法律学科三年以上毕业，并在律师考试实施前曾执行律师职务三年以上，经甄别合格者；（7）在教育部认可之大学修习法律学科四年以上毕业，有法学专门著作，经审查合格并学习期满者。除了上述经过考试和甄审合格者外，不得任命为检察官。

初任检察官者应到基层司法机关即地方法院及其分院试任职一年，名曰候补检察官。试任职一年后，经考试合格即补实为正式检察官。南京国民政府时期的检察官属于文官序列，在职级方面，地方法院及高等法院检察官均为荐任官，最高法院检察署检察官为荐任或简任官，检察长则为简任官。③ 由此可见，当时检察官的职级待遇是比较高的。

总的来看，南京政府在司法体制上实行配置制，取消北洋政府时期的各级检察厅，在各级法院配设检察官（最高法院仍设最高检察署）。但法院与检察机关又分别行使审判权与检察权，各自独立，互不统辖。在行政监督上，检察机关接受司法行政部门监督，而高等以下各级法院也接受司法行政部门监督。这种业务上的分立制与行政监督上的合一制极可能对司法机关的正常功能产生消极影响，尤其表现在行政监督合一对审判与检察独立的侵害上。另外，除最高法院设立检察署，其他各级法院地仅设几名检察官，缺乏完善的检察系统，无论从人或物上，检察机关均不能与审判机关相提并论，其制衡审判机关的功能亦不能有效发挥，司法监督作用无从落实。

六、革命根据地民主政权检察机构的设立

在南京临时政府统治时期，面对国民党反动派的镇压迫害，中国共产党开展了长达22

---

① 参见冷霞：《近代中国的司法考试制度》，载何勤华主编：《20世纪外国司法制度的变革》，353页，北京，法律出版社，2003。

② 参见张晋藩主编：《中国司法制度史》，534～536页，北京，人民法院出版社，2004。

③ 当时国民政府的文官官阶有四个级别：特任、简任、荐任、委任。

年的武装斗争，在极其艰苦的条件下，建立和发展了根据地的民主政权和司法制度。此一特殊历史时期的检察制度，也随着革命形势的变化，经历了从土地革命战争时期的初建，到抗日战争时期的发展，再到解放战争时期的调整三个阶段。

（一）工农民主政权时期检察机构的初创

南昌起义、秋收起义和广州起义后，中国共产党领导的革命武装先后创建了井冈山革命根据地等十余个革命根据地，并陆续建立了乡、区、县以至边区（省）一级的工农民主政权。在此基础上，1931 年 11 月，中华苏维埃共和国宣告成立。1932 年至 1934 年，苏维埃政权先后颁布实施了《中华苏维埃共和国军事裁判所暂行组织条例》、《中华苏维埃共和国裁判部暂行组织及裁判条例》以及《中华苏维埃组织法》，这些法律文件中有关检察机关的设置、职权和任务等规定，构成了工农民主政权检察制度的主要内容。

关于检察机关的设置。根据当时的条件，苏维埃没有设立单独的检察机关，而是采取配置制，将检察人员附设于审判机关内，但是在军事裁判所所在地，设立了相应级别的军事检察所。具体是：临时最高法庭设检察长 1 人①，副检察长 1 人，检察员若干人，检察长和副检察长由苏维埃常设最高权力机构——中央执行委员会的主席团委任；省裁判部设正副检察员各 1 人，县裁判部设检察员 1 人，区裁判部不设检察员。地方各级裁判部的检察员并不直接隶属于最高法院检察长，而是隶属于最高法院。军事裁判所和军事检察机关实行分隶制，在初、高两级军事裁判所，分别设立初级和高级军事检察所。② 初级军事检察所设所长 1 人，副所长 1 人，检察员若干人；高级军事检察所设所长 1 人，副所长 2 人，检察员若干人。上下级军事检察所实行垂直领导制，检察所内部实行首长集权制，重要案件开会讨论，所长有决定权，检察员有不同意见时，可提请上级机关解决。

关于检察员的任务和职权。苏区检察机关的任务是管理刑事案件的预审和公诉，具体职权包括四个方面。一是负责预审。除简单明了的案件外，一切案件都须经检察员预审，并且检察员对一切违法行为都有检察权。二是采取强制措施。检察员发现有犯罪行为，如必须先行逮捕，然后才能检察的案件，有权先行逮捕犯罪嫌疑人。在审查案件时，对于与案件有关的人，检察员有随时传来审问之权。对于审问，必须写成预审笔录，由被审问者（被告人和见证人）和检察员签字盖章，作为该案件的证据。三是提起公诉并出庭支持公诉。经过预审后，检察员对于认为有犯罪事实和证据的案件，作出结论，提交法院审判。开庭审案时，检察员代表国家出庭告发。四是提出抗诉。对于各级裁判部所作的判决，如检察员不同意时，有权提出"抗议"，由上级审判机关审核处理。军事检察所是代表国家对于军事犯罪进行起诉的机关，管辖范围为与军事有关的一切犯罪案件。军事检察所检察员除具有地方裁判所检察员的相应职权外，还拥有犯罪侦查权，并有权调动检察所所在地的军队协助侦查。

在当时的艰苦条件下，由于物质、人员力量的缺乏，裁判所与检察制度的建立有一个逐

---

①　临时最高法庭是中华苏维埃共和国最高法院成立前的最高审判机关。1934 年的《中华苏维埃组织法》虽然规定设置最高法院，但一直没有成立，而是由临时最高法庭行使其职权。

②　只有师以上，才能设立军事裁判所检察所，有营组织之独立团，不能设立，除有特许情形，经高级军事裁判所和检查所批准，可临时设立。军事指挥员不得兼任检察员职务。参见《关于〈军事裁判所暂行组织条例〉的解答》，载《红色中华》，1932-04-06。转引自林海主编：《中央苏区检察史》，258 页，北京，中国检察出版社，2001。

渐发展的过程，特别是检察制度是相对新生的制度，缺乏现成经验可循，因而检察和审判机关的人员与职能分工，具有初步化色彩。《裁判部暂行组织及裁判条例》规定，在检察员制度未建立前，可从裁判员中抽出 1 人担任预审工作，代行检察员职务，但进行预审的裁判员，在法庭审判该案件时不得为法庭的主审和陪审。此外，在当时的战争环境下，工农民主政权的首要任务是保卫政权的生存和发展，因而中华苏维埃共和国在成立后即发布训令，规定"一切反革命的案件都归国家政治保卫局去侦查、逮捕和预审。国家政治保卫局预审之后，以原告人资格向国家司法机关（法院或裁判部）提起公诉，由国家司法机关审讯和判决"①。此一规定，被后来的《中华苏维埃共和国地方苏维埃暂行组织法》确认。当时中央政治保卫局下属的政治保卫委员会中，有一名委员出任苏区临时最高法庭检察员，各级政治保卫局均设有检察科，负责对反革命罪犯行使包括公诉权在内的检察权。②

值得一提的是，除刑事诉讼监督外，苏维埃革命政权已经注意到其他法律实施的监督问题，这一监督是通过中央工农检察人民委员部和地方各级工农检察部实现的。工农检察部属于地方各级政府的组成部分，其任务是监督国家机关、企业及合作社等"执行苏维埃的劳动法令、土地法令及其他一切革命法令……正确地执行苏维埃的各项政策"③。工农检察部实行双重领导体制，各级工农检察部门既受同级行政机关的领导，又受上级工农检察机关的领导，其组织设置显然是借鉴自同时期的苏联工农检察院，而不是仿自国民党政府的行政监察院。④

（二）抗日民主政权检察机构的设立

抗日战争时期，为建立抗日民主统一战线，根据中共中央决定，革命根据地的工农民主政权转变为抗日民主政权。按照国共两党关于联合抗日的协定，边区政权为南京国民政府统辖的地方政权，边区的司法制度名义上必须服从国民党中央政权的法统。为此，边区原来的司法部及地方各级裁判部被撤销，陆续在抗日根据地建立了高等法院、地方法院，并在名义上"受中央最高法院之管辖"。但由于抗日根据地"处在敌人的包围中，与国民政府的交通联系是很困难的，而最高法院又未在边区设立分院"⑤，更为重要的是，由于抗日根据地司法机关与国民党政权司法机关在性质、任务上有着根本的不同，因而边区政府的司法审判与检察制度不仅在内容上，而且在体系上与国民政府都没有实质联系。基于各边区民主政权的独立性和分散性特征，其检察制度也不完全统一，而是呈现不同的形式和特色。

在中共中央所在的陕甘宁边区，民主政权在建立审判制度的同时，也建立了检察制度。1939 年 4 月 4 日颁布的《陕甘宁边区高等法院组织条例》规定，边区检察机关采用审检合署制，高等法院设立检察处，内设检察长和检察员，独立行使检察职权。检察长的职权是：（1）执行检察任务；（2）指挥并监督检察员之工作；（3）处理检察员的一切事务；（4）分配

---

① "中华苏维埃共和国中央执行委员会训令（第六号）—处理反革命案件和建立司法机关的暂行章程"，参见《中国司法制度资料选编》，200～203 页，北京，人民法院出版社，1987。

② 邓发、李克农、郭滴人、娄梦侠、吴德锋、华质彬等人先后担任过反革命犯罪案件的公诉人。

③ 林海主编：《中央苏区检察史》，1 版，268 页，北京，中国检察出版社，2001。

④ 参见王桂五主编：《中华人民共和国检察制度研究》，51～52 页，法律出版社，1991。

⑤ 《晋察冀边区行政委员会工作报告》（1938，1942）。转引自张晋藩总主编，张希坡主编：《中国法制通史》，第 10 卷，438 页，北京，法律出版社，1999。

督查检察案件进行；（5）决定案件之裁定或公诉；（6）指定检察员莅庭陈述案件的处理意见；（7）对高等法院判决有不同意见的，向边区政府提出控告。检察员的职责是：（1）案件侦查；（2）对案件作出是否起诉的裁定；（3）搜集案件证据；（4）提起公诉，撰拟公诉书；（5）为诉讼当事人或公益代表人；（6）协助担当自诉；（7）监督判决的执行；（8）执行职务时，如有必要，可以咨请当地军警帮助。①

陕甘宁边区以外的抗日根据地，检察制度的建设各有特点。如山东抗日根据地，根据《山东省改进司法工作纲要》的规定，在各审判机关设置检察员的同时，建立各级检察委员会，以计划、推动检察工作。检察委员会由各级参议会选举，检察官由检察委员会推选。晋察冀边区检察制度则较多地借鉴了《中华民国法院组织法》的规定，同时体现了边区环境特点。1943 年 2 月 4 日颁布施行的《晋察冀边区法院组织条例》规定："各级法院各设首席检察官一人，检察官若干人，并得以该管辖区之地方行政官兼任首席检察官。县司法处设检察官一人，由县长兼理之。"该《条例》规定，检察官服从首席检察官的指挥，首席检察官得亲自处理所属检察官的事务，不得将其转移给所属的其他检察官处理。各级检察机关之间的关系是：高等法院首席检察官监督全边区之检察官，高等法院分院首席检察官监督该区域内的检察官；地方法院首席检察官监督其下属的检察官。有监督权的检察官对于被监督的检察官有提起注意、警告和依法惩戒的权力。检察官的职权有实施侦查、提起公诉、协助自诉、担当自诉、指挥刑事裁判执行，以及其他法令所定的职权。为切实加强司法检察工作，1943 年 2 月，晋察冀边区行政委员会作出司法机关改制的决定，根据决定，"各专员对普通刑事案件，兼任高等法院在各专区所设法庭之检察官；各县长对普通刑事案件，兼任县司法处之检察官，检察官均不另加委任，但须加强检察工作"②。

总的来说，抗日民主政权的检察制度以维护民主政权、捍卫人民利益为宗旨，在形式上部分借鉴了南京国民政府的检察制度，如普遍采用审检合一制；在检察官职权设定上以司法监督为基本内容；为适应战时的特殊环境，较多地强调了检察机关内部的行政管理色彩以及行政对检察工作的参与。山东抗日根据地检察委员会的出现，是抗日民主政权对我国人民检察制度的创造和发展。

（三）解放战争时期人民民主政权检察机构的设立

解放战争时期，人民民主政权的检察制度因人民解放军的胜利和解放区的扩大而发生变化。在解放战争初期，为适应战争形势需要，老解放区实行精减，将"公、检、法"等部门合并，抽出人才直接参战或支援新区。随着革命战争节节胜利，解放区迅速扩展，一些边区随之合并，先后成立东北、华北、华东等几个大的解放区，解放区民主政权相继成立了司法部，着力完善民主政权的司法制度。

解放区的检察制度基本上沿袭了老根据地制度的内容，但也有新的发展和变化。在检察机构的设置上，仍然实行"配置制"，但各审判机关内设置的专职检察员不多，一个共同的特点是由公安机关代行检察职权。如在晋冀鲁豫边区，只要案件预审完结需要起诉，就由公安机关以检察机关的资格向法院起诉。在东北地区，由于人民解放军已在关东建立了稳固有

---

① 参见曾宪义主编：《检察制度史略》，294 页，北京，中国检察出版社，1992。
② 《关于边区司法机关改制之决定》，晋察冀边区行政委员会 1943 年 2 月 12 日。

效的统治，司法制度建设得到了各级民主政权的重视。在汲取抗日民主政权经验的基础上，1947 年 6 月，人民政权拟定《关东各级司法机关暂行组织条例草案》，较全面地规定了检察制度的内容，主要是：（1）检察机关的设置采配置制，各级司法机关分别配置检察官，高等法院设首席检察官一人，检察官若干人；地方法院或司法处（科）设检察官，如有二人以上者得设首席检察官；视工作需要得设书记官若干人。（2）检察官的任命，高等法院首席检察官由关东人民代表大会选举，任期届至关东人民代表大会选举后，得连选连任；高等法院首席检察官以下各级检察官，由高等法院首席检察官任免。（3）实行检察一体制，各级地方法院检察官受上级检察官监督，高等法院首席检察官与高等法院院长同受关东公署行政会正副主席及人民的监督；各级法院首席检察官有亲自处理各该管区内检察官事务之权，并有将该管区的检察官事务移于别管区之权；各级检察机关遇有紧急事宜，得于管辖区域外行使其职权。（4）实行检察独立，各级检察机关不受审判机关及其他机关的干涉，独立行使职权，只服从上级检察机关首长的命令。（5）检察机关的职权包括实施侦查、处分、提起公诉、上诉、协助自诉、担当自诉人及指挥刑事裁判的执行。（6）享有最高检察权，对于关东所有机关、社团，无论公务人员或一般公民是否遵守法律，由检察官进行监督。① 另外，关东地区检察制度还包括了监所检察的内容，如 1947 年关东地区《暂行羁押规则》规定，"刑事被告对于看守所之处遇有不当者，得申诉于推事、检察官或视察员，推事、检察官或视察员接受前项申诉，应即报告法院院长或首席检察官"。又如关东《监外执行条例》规定，对于在押人犯保外就医和监外执行，首席检察官和法院院长均有批准权。②

此外，关东地区相关法令还详细规定了检察机关与审判机关的关系、检察机关会议制度、书记员工作制度等内容，关东地区民主政权的检察制度基本上步入科学化、规范化的轨道。值得注意的是，由于东北解放区地理位置的特殊性，关东地区检察制度较多地受到了苏联检察制度的影响，特别是其对最高检察权的引入，大大丰富了人民检察制度的内容，强化了检察机关法律监督的性质，也对日后的新中国检察制度产生了重要影响。③

革命根据地的检察制度是在战争年代的艰苦条件下草创和发展的。从组织形式上看，根据地检察制度部分地借鉴了民国政权检察制度的特点，如实行审检合署制或"配置制"；从职权内容上看，检察机关除具有指挥侦查、预审、公诉、刑罚执行监督等权能外，有的解放区还引入了一般监督权，一定程度上体现了苏联检察制度的影响；山东抗日根据地的检察委员会制度和苏区军事检察机关审检分立的模式，则集中体现了民主政权检察制度的创造发展，对当代中国检察制度产生了直接的影响。革命根据地检察制度的创建和施行，不仅为实现保护人民利益、巩固革命政权、支援革命战争的任务作出了重要贡献，而且为新中国人民检察制度的建立和发展积累了经验、创造了条件。同时，由于战争环境的限制，

---

①　参见东北旅大高等法院：《司法条例汇编》。另参见张培田、张华：《近现代中国审判检察制度的演变》，292～293 页，北京，中国政法大学出版社，2004。

②　参见东北旅大高等法院：《司法条例汇编》。

③　1954 年 9 月 21 日颁布施行的《中华人民共和国人民检察院组织法》规定，最高人民检察院对于国务院所属部门、地方各级国家机关、国家机关工作人员和公民是否遵守法律，行使检察权；地方各级人民检察院对于地方国家机关的决议、命令和措施是否合法，国家机关工作人员和公民是否遵守法律，实行监督。参见《中央政法公报》，1954 年 9 月。

以及各根据地具体情况的差异，这一时期的检察制度不免带有初创时期的不统一、不规范、不成熟特点。归纳起来，主要是检察机关的重要性未受到充分重视，独立地位没有具体保障，如没有单独设立检察机构，有的地区检察官系由审判人员或党政干部兼任。特别是在检察机关和公安机关的关系上，存在二者职能混淆的现象，有的地区检察权由公安机关兼行。这些情况都使得检察权对侦查权和审判权的监督与制约作用从实质上受到损害。诚如著名检察理论专家王桂五先生所言，这些情况的出现，除了有受战争环境限制这一客观因素外，也存在着受中国古代司法传统的影响以及对现代司法制度和司法原则、司法理论的生疏与排斥这一主观方面的原因。① 并且，后者因其影响的潜在性与长期性，更需要引起我们的重视。

第二节
近现代检察权能的构造

众所周知，古今中外的刑事诉讼制度，虽然必有审判者（法官）与被审判者，但未必有检察官。现代意义上的检察官，是法国为破除纠问诉讼模式而改革刑事诉讼制度的近代发明。大陆法系传统中的检察制度，以检察官代表国家行使指控犯罪职权而确立，并随检察官担负起保障社会秩序与公民权利、维护公共安全和司法正义、促进社会共同福祉的使命而逐渐丰富其内容。清末民初引进的检察制度，以法、德制度为蓝本，从而沿袭了大陆法系的传统，就其检察权能的构造分析，不仅包括公诉，也兼有公益代表与审判监督方面的内容。

一、公诉

（一）公诉权在西方的起源

公诉就是请求法院对特定的刑事犯罪进行审判，因为是由特定的国家机关主动发动，因而称为公诉。在刑事诉讼发展史上，追诉犯罪的模式主要有三种。第一种是将追诉权赋予个人，由被害人或其亲属直接向法院起诉，理论上称被害人追诉主义。第二种是公众控诉，发动主体不拘于被害人或其亲属，任何公民都可以对犯罪提起控诉。第三种是将追诉权赋予专门的国家机关，由其代表国家对犯罪进行追诉，并不以被害人控诉为条件。前两种模式都属于私诉范畴，因为其起诉主体是具有完全权利能力的公民，并且是基于个人权利对犯罪提出控告。② 最后一种属于公诉，亦称国家追诉主义。

---

① 参见王桂五主编：《中华人民共和国检察制度研究》，55 页，北京，法律出版社，1991。
② 古雅典人曾将据此两种诉讼区分为私人诉讼和公共诉讼，其效果在于：私人诉讼在未结案前可以中途停止，公共诉讼则必须进行到结案；私人诉讼只能取得赔偿或罚金，而公共诉讼只能处罚犯罪人。这种区分反映出当时法律制度的发达，但其所谓的公共诉讼与现代意义的公诉还是存在根本差别的。

　　公诉制度是人类对犯罪本质的认识不断发展的产物。在人类社会的早期，国家认为犯罪是对受害人个人权利的侵犯，犯罪的本质是个人之间的纠纷，因此实行私人控诉的原则，公共权力机关只是作为居中裁判者。但受害人或者因力不从心，或者一味着眼于赔偿，或者由于时过境迁，对于追诉犯罪和惩罚犯罪人并不总是积极主动。当大量的犯罪不受惩罚而严重危害社会秩序时，国家才意识到犯罪不仅是对个人权利的侵犯，更是对国家安全和社会公共利益的侵害。由于维护公共秩序、公共安全和社会福利是国家的重要职能，也是国家作为一种组织形式、一种统治体系得以存在的合理性依据和长治久安的必要条件，故而作为维护国家利益手段的刑罚权的行使，不能完全托付于被犯罪侵害的个体，换言之，犯罪行为应由国家主动进行追究。在封建时代，国王是国家的总代表，也是维护社会秩序和臣民安全之责任的承担者。于是在 14 世纪的法国，国王便将保护其私人财产利益的代理官任命为检察官，代表国王追诉犯罪，承担起公诉的职责。但由于纠问式诉讼模式的盛行，虽然在法律上确立了由检察机关提起公诉，法官在整个刑事诉讼过程中仍扮演积极角色，往往主动追查事实，依职权直接受理控告并自行发动公诉，以至有人总结出"任何法官都是检察官"这一诉讼规则。① 纠问式诉讼模式以牺牲个人权利来维护王权专制的社会秩序，在自由主义政治思潮不断兴盛的近代西方，日益遭到批判与反对。直到资产阶级革命胜利后，现代分权制衡制度确立，公诉权得以从纠问法官的审判权中分离出来。1808 年法国《刑事诉讼法典》正式规定，追诉犯罪的职权原则上由检察官行使。

（二）近代中国公诉权的确立

　　古代中国在追诉犯罪时，没有单独设立专门起诉的机关，在起诉的方式上也没有公诉与私诉的分别。清末在引进检察制度的过程中，全面继受了大陆法系传统。在 1906 年颁布的《大理院审判编制法》中，即已确立了刑事案件由检察官提起公诉的基本原则。1907 年颁行的《各级审判厅试办章程》"诉讼"章中，单设"起诉"一节，规定除亲告罪外，"凡刑事案件，因被害人之告诉，他人之告发，司法警察之移送或自行发觉者，皆由检察官提起公诉"，采取了以检察机关起诉为原则，以私人起诉为例外的原则。② 对于检察官提起公诉的案件，法院不得无故拒绝，被害人也不得自行和解。同时，对于属于公诉范围的案件，无论被害人是否愿意诉讼，检察官都应立即起诉③，采取了起诉法定主义原则。1910 年颁布的《法院编制法》第 90 条将"提起公诉、实行公诉"规定为检察官的首项权能，从而以法典的形式将检察机关的公诉权确定下来。

　　民国成立后相继存在的性质不同的各种政权，基本上沿袭了清末司法改革时所确立的检察公诉制度，只是在不同的时期根据政治形势的不同，在公诉权能的内容上有所变化，而且总的来说是呈权能逐渐增大的趋势。主要表现为：

　　1. 公诉自由裁量权扩大。首先，在特别案件中，检察官拥有"不起诉"的权力。清末法

---

　　① 参见［法］卡斯东·斯特法尼等：《法国刑事诉讼法精义》（上），罗结珍译，79 页，北京，中国政法大学出版社，1999。

　　② 该法同时规定，胁迫、诽谤、通奸等属于必须亲告的犯罪，不在公诉之限。参见《大清各级审判厅试办章程》第 46 条。

　　③ 参见《大清各级审判厅试办章程》，第 106 条、第 107 条。

律虽然确立了检察公诉制度，但在起诉的原则上，采行的是起诉法定主义，这主要是受日本法的影响。北洋政府的法律对此有所突破。1921年北洋政府颁布《刑事诉讼条例》，该法第284条规定："被告犯数罪时其一罪应受或已受重刑之判决，检察官他罪虽行起诉，于应执行之刑无重大关系者，得不起诉。"在此情形下，即使"其他罪起诉在前者，法院得依检察官之声请，停止其审判"。南京国民政府1928年《刑事诉讼法》第253条规定，"检察官认为案件具有下列情形者，得不起诉：（1）初级法院管辖之案件；（2）情节轻微以不起诉为有实益者；（3）被害人不希望处罪者。"由此，不仅轻罪案件的起诉裁量权完全赋予检察机关，即使是重罪案件，只要被害人要求或征得其同意，亦得不起诉，从而改变了以前的起诉法定主义原则，采行起诉便宜主义原则。其次，对于已经起诉的案件，检察机关可以撤回起诉。如南京国民政府1935年颁布的《刑事诉讼法》规定，对于已经被提起公诉的被告人，"于第一审辩论终结前，发现有不应起诉或以不起诉为适当情形者，得撤回起诉。"最后，在法庭审判过程中，检察机关可以追加起诉。南京国民政府《刑事诉讼法》规定，检察官"于第一审辩论终结前，得就与本案相牵连之犯罪或本罪之诬告罪，追加起诉"[①]。

2. 在简易刑事案件中的公诉权增大。为打击日益增多的轻微刑事案件，1914年，袁世凯政府颁布《地方审判厅刑事简易庭暂行规则》和《审检厅处理简易案件暂行细则》，1920年，段祺瑞政府颁布《处刑命令暂行条例》，1922年，颁布《刑事简易程序暂行条例》，规定在简易刑事案件的起诉与审判中，检察长有对是否属于简易刑事案件的认定权，检察官有对案件速诉权。为保证案件的快速起诉，法律一并取消了此类案件的预审程序，同时规定检察官受理案件后，应于二日内即行起诉。[②] 由于简易程序案件具有审查起诉期限短、审判程序简便的特点[③]，检察长对于刑事案件是否适用简易程序的认定，实际上涉及刑事被告人在刑事诉讼程序中的人权保护问题。为达到案件快速审结的目的，简易程序案件中对事实认定的准确性、适用法律的公正性的考虑退居次位，被告人的合法权益保护势必得不到有效保障。

3. 检察官对部分案件有直接定案权。北洋政府《处刑命令暂行条例》规定，"地方审判厅简易庭对于五等有期徒刑、拘役或罚金案件，得因检察官之声请，不经审判，径以命令处罚"[④]，从而赋予了检察官直接定案权。如此一来，检察官就集起诉与审判职能于一身，严重违背了近代民主国家控审分离、司法独立的法治原则，实际上是在近代法制建设努力方面的倒退。

二、公益代表人

公益，即公共利益，是作为有机整体的公众所共同享有的权益、福利和价值，包括公共秩序、公共道德、公共财产、公共安全等。近代检察制度的确立，其意义不仅在于实现控审分离，以此克服纠问式诉讼模式容易导致的司法擅断弊端，更在于赋予具有"革命之子"美誉的检察官以代表国家提起公诉的职责，使其作为公益代表人和社会秩序的维护者，致力于

---

① 南京国民政府《刑事诉讼法》第244~248条。

② 参见《地方审判厅刑事简易庭暂行规则》第4条。

③ 《审检厅处理简易案件暂行细则》规定，简易庭收受案件后，应于一小时内开庭审理；《刑事简易程序暂行条例》规定，对于简易程序案件，如只需处罚金，则只要被告人愿意按照法定最高额缴纳罚金，可以不经审判直接执行。

④ 黄荣昌编：《最近新编司法判解法令分类汇要》第四册之《刑诉之部》，241页，北京，中华图书馆，1926。

实现法律正义。就制度设计而言，清末民初检察机关之公益代表人性质，主要体现于其以下方面的职责：

（一）在刑事诉讼中担当公益代表人

广义来说，检察机关对犯罪提起公诉，即是其作为公益代表人而履行职责的表现。一方面，因为犯罪被认为是对公共秩序的反叛、对公共利益的挑战，因而检察机关指控犯罪的过程，也是恢复公共秩序、维护公共利益的过程。另一方面，检察机关作为公益代表的形象，还体现在其在进行刑事诉讼活动时所负的客观义务：法律要求检察机关对被告人、犯罪嫌疑人有利和不利的情形一律加以注意。也就是说，在刑事诉讼中，检察机关不仅要准确地指控犯罪以伸张正义，同时要维护犯罪嫌疑人、被告人的权利以主持公道。德国1879年《刑事诉讼法》引言中提到，"检察机关并不是反对被告人的一方。用片面地收集来的证据损害被告人，以及让被告人或辩护人自己收集证据，都不是它的任务。相反地，检察机关也必须调查有利于被告人的情况。"[①] 这种双方义务决定了检察机关与以往私人指控中原告角色的根本不同。《大清各级审判厅试办章程》第107条规定，除法律规定属于亲告罪的以外，"凡应公诉案件，不问被害人之愿否诉讼，该管检察厅当即时起诉。"体现了检察官提起公诉并非仅系为被害人寻求救济，而显系出于公益目的。不仅如此，对于判决对被告人不公的，检察官还可上诉。如《大清刑事诉讼律草案》第357条规定，"检察官因被告人利益亦得为上诉"。在其后的立法理由说明中，特别提到对被告人利益的保护问题："惟检察官为代表国家公益之官吏，有要求正当适用法律之职权。故依第二项，亦得因被告人利益而为上诉"，"盖为保护被告人利益起见，所设之例外耳"。此一职能，显示检察官在刑事诉讼中完全超脱于当事人的角色。此外，对于自诉案件，如果自诉人没有能力行使自诉权，或者案件涉及公共利益时，检察机关也可以主动介入。《大清刑事诉讼律草案》第264条规定，对于亲告罪，如果被害人死亡，又没有可以代行起诉的亲属的，"管辖检察厅检察官得因利害关系人之声请，指定代行告诉人。"南京国民政府《刑事诉讼法》规定，自诉案件的上诉及撤回必须经检察官同意。[②] 革命根据地民主政权的相关法律，也都赋予了检察机关协助自诉或者担当自诉的职权。

（二）在民事诉讼中担当公益代表人

检察机关作为公益代表人介入民事诉讼，最早起始于19世纪初的法国民事诉讼法改革。在此之前，民事诉讼被认为是单纯私人间的纠纷，国家对民事诉讼采不干涉主义，主张由当事人绝对处分。随着社会生活的日趋复杂化，国家逐渐结束了经济发展的自由放任状态，开始积极干预和参与社会经济生活，除制定一系列法律法规，进一步规范和促进社会经济的发展外，还加强了司法控制，表现为：一方面加强了法官在民事诉讼活动中的积极作用，使其享有更多的权力；另一方面，也赋予检察机关对于涉及国家利益、社会利益、公民重大权益的民事、经济案件的介入权，作为社会公益代表人进行诉讼监督，以维护上述利益。理由是虽然诉讼的提起、标的及诉讼的结束都是由当事人自己决定的，但诉讼活动的组织、程序、技术规范以及最后的诉讼结果都不是以个人意志为转移的。诉讼的裁决过程是法院代表公共

---

① 北京政法学院诉讼法教研室编印：《刑事诉讼法参考资料》，下册，146～147 页。
② 南京国民政府《刑事诉讼法》第347～348条，参见《检察制度参考资料》第二辑，最高人民检察院研究室编，1980。

权利，行使社会管理的特殊职能的实现过程，而检察机关作为社会公益代表人，有权利也有义务对涉及国家、社会、公民重大权益的诉讼进行监督。

根据 1806 年《法国民事诉讼法》的规定，法国检察官可以参与的民事诉讼包括"关于国家安宁之诉讼；关于官府之诉讼；关于属于官之土地、邑并公舍之诉讼；关于因贫人不公遗赠之诉讼"等。该法还规定，"检察官对于其他之诉讼，若认为必要自己干涉时，皆得求其诉讼之报告"。《德国民事诉讼法》规定，"检事（一）于婚姻无效事件、禁止治产事件及死亡宣告取消事件，因维持公益代表国家为主当事者而为诉讼。（二）于其他之人事诉讼，即如亲子间之法律关系确定事件，因保护公益参与诉讼陈述意见"①。受此影响，清末民初的检察制度也对检察机关参与民事诉讼作了规定。光绪三十三年（1907 年）颁布的《各级审判厅试办章程》规定，"民事保护公益，陈述意见"是检察官的职权之一。② 该法第 111 条规定，"检察官对于民事诉讼之审判，必须莅庭监督者如下：婚姻事件，亲族事件，嗣续事件。以上事件，如审判官不待检察官莅庭而为判决者，其判决无效。"宣统元年颁行的大清《法院编制法》第 90 条将检察官的职权分为二类，其一是刑事，其二为民事及其他事件。对于后者，检察官"遵照民事诉讼法律及其他法令所定，为诉讼当事人或公益代表人实行特定事宜"。其后的北洋政府、南京国民政府的检察制度承袭了此方面的内容。1939 年 4 月 4 日颁布的《陕甘宁边区高等法院组织条例》也规定，检察长的职责之一，是作为公益代表人参与诉讼。

三、法律监督

检察机关的公益代表人性质，决定了检察官在诉讼中不仅只是两造之一方，而是对整个诉讼活动是否合法都有注意义务与监督职责。检察官对审判活动及判决的执行实施监督，一直是大陆法系检察制度的传统。正因为如此，法国和德国的检察官也被称为法律的守护人。日本 1872 年制定的《司法职务定制》规定，检察官的职责是"保障宪法及人民权利，扶良除恶，监督审判当否"③。清末及民国的检察制度继受大陆法系中德、日等国经验，赋予了检察机关较为广泛的法律监督权。

（一）预审监督

刑事案件预审制度是由法国 1808 年《刑事诉讼法》最先确立的。日本法学家冈田朝太郎认为，"法国主义之预审者，其实质系搜查处分，其形式系审判事宜，因预审归判事行之。"④ 清末民初在引进西方刑事诉讼制度时，同时引进了预审制度。⑤ 对于由法院进行的预

---

① ［日］冈田朝太郎、松冈正义、小河滋次郎、志田钾太郎口授，郑言笔述，陈颐点校：《检察制度》，105～106 页，北京，中国政法大学出版社，2003。

② 《各级审判厅试办章程》第 97 条规定的检察官职权为："一、提起刑事公诉；二、收受诉状，请求预审及公判；三、指挥司法警察官逮捕犯罪者；四、调查事实，搜集证据；五、民事保护公益，陈述意见；六、监督审判并纠正违误；七、监视判决之执行；八、查核审判统计表。"

③ 转引自王桂五主编：《中华人民共和国检察制度研究》，247 页，北京，法律出版社，1991。

④ ［日］冈田朝太郎、松冈正义、小河滋次郎、志田钾太郎口授，郑言笔述，陈颐点校：《检察制度》，53 页，北京，中国政法大学出版社，2003。

⑤ 清末民初在预审程序的设置方面，经历了引进—取消—保留—废止多次反复；在预审权限的归属方面，经历了推事管辖—检事管辖—推事管辖的多次转换。1928 年南京国民政府颁布的《刑事诉讼法》最终取消了该制度。参见李春雷：《中国近代刑事诉讼变革研究（1895—1928）》，116～123 页，北京，北京大学出版社，2004。

审，法律同时赋予了检察官实行监督的权利。

光绪三十三年（1907 年）颁布的《各级审判厅试办章程》规定，"凡地方审判厅第一审刑事案件之疑难者，应行预审。"在程序上，一般由检察官请求或法官移送预审，只有对"现行犯事关紧急者"，预审推事方可"不待检察官请求，径行预审"，但必须"知照存案"。案件预审一般秘密进行，不许他人旁听，但应有检察官出席。[①] 1915 年，北洋政府颁行的《高等以下各级审判厅试办章程》对预审制度进行了修改，删除了《各级审判厅试办章程》中关于预审案件必须有检察官出席的内容，同时规定预审终结后、作出决定前，预审推事应咨询检察官意见并附送诉讼纪录；预审推事接受检察官意见书后，再行调查的，于调查终结后仍然应当经过咨询程序；在预审决定作出后的三日内，预审推事应将决定正本送交检察厅。[②] 1922 年北洋政府《刑事诉讼条例》再次对预审制度作出修正，除扩大预审案件的范围、修改预审程序外，针对预审推事拥有的特定案件不起诉的权力，条例第 267 条规定，"检察官对于不起诉之裁决得于三日内抗告"。由此可见，清末民初的法律对于检察机关对预审程序的监督制约始终非常重视。

（二）审判监督

1. 对庭审活动进行监督。检察官对审判的监督，最直接的途径就是出席法庭。清末法律规定，不仅是对于检察机关提起公诉的案件，检察官当然出席法庭支持公诉，对于自诉案件，甚至于特定的民事案件（婚姻、亲族、嗣续事件），也必须有检察官亲自莅庭监督。对于必须有检察官亲自莅庭的案件，如果审判官不待其莅庭而径行审判的，则判决无效。根据《各级审判厅试办章程》第 110 条规定，莅庭检察官"得纠正审判之违误"。为有效行使审判监督权，该法第 113 条规定，"检察官得随时调阅审判厅一切审判案卷"，不过"须于二十四小时内缴还"。

2. 检察长有权提请召开并列席审判厅有关会议。为拓宽检察机关进行审判监督的渠道，保障监督效果，清末法赋予了地方各级审判厅检察长提请召开并列席审判厅相关会议的权力，内容包括：在高等审判厅，高等检察长得列席每年一度的推事总会议，并有权讨论、评议下级审判厅的报告；就有关法律章程的执行，有权提请召开同级推事总体会议，并在会议上陈述意见；对于高等以下各级审判厅上年度成绩总结报告，有在高等推事总体会议上演述的权力；对于高等以下各级审判厅年终总结报告的评决演述，有上报法部或提法使的权力；等等。在地方检察厅，地方检察长有权就有关法律章程的执行提请召开同级推事总体会议，并在会上陈述意见；在推事总体会议上，有权对初级审判厅的报告评决讨论。[③]

3. 对未生效刑事判决有权上诉。检察官实行审判监督的另一种形式是针对未生效判决进行上诉。根据《各级审判厅试办章程》规定，上诉分控诉、上告、抗告三种，"凡不服从第一审之判决，于第二审审判厅上诉者曰控诉"、"凡不服第二审之判决，于终审审判厅上诉者曰上告"、"凡不服从审判厅之决定或命令，依法律于该管上级审判厅上诉者曰抗告"。拥有

---

① 参见《各级审判厅试办章程》第 22 条、第 24～25 条。

② 参见于树斌：《对清末至民国刑事诉讼中预审制度的建立与废止的考证》，载《中国人民公安大学学报》，1995（5）。

③ 参见《法部奏编定京外各级审判检察厅办事章程拟请颁行折并单》，载《国风报》第二年第二十号。

刑事案件上诉权的是检察官、自诉案件原告人、被告人、代诉人。与其他主体的上诉不同，检察官的上诉不可撤销。① 检察官的上诉，不仅可以是不利于被告人，而且可以是有利于被告人。

4. 对已生效刑事判决有发动再审的权力。所谓再审，是指"于受刑或释放之判决确定后，因发现事实上有重大错误或恐有重大错误，再行审判之程序"②。宣统二年（1910 年）的《大清刑事诉讼律草案》规定，"配置于管辖审判衙门之检察官"有权提起再审，而再审原则上"由原判决之审判衙门管辖之"，同时，"就控告案件中未经控告之部分请求再审者，亦由控告审判衙门管辖之"，"上告案件由掌理该案件之控告审判衙门管辖之"③。

刑事再审制度设立的理论依据有两种：一种是为保护被告人利益，只有在判决认定事实错误或适用法律不当，导致对被告人不利之结果时，才可以发动再审以为救济；另一种为了改正已生效判决的重大错误，因而不论判决是否对被告人有利，都得发动再审。我国法律传统历来以追求实体真实为根本，因此在再审的发动原因上，自然不以是否有利于被告人为转移，这也是与检察机关的审判监督职能相符的。《大清刑事诉讼律草案》依启动再审是否为被告人利益，分别作了规定。草案第 446 条规定了为受刑人利益起见请求再审的六种情况：（1）为判决基础之证据物因他确定判决证明其伪造者；（2）为判决基础之证言、鉴定或通译因他确定判决证明其伪造者；（3）为判决基础之告诉、告发因他确定判决证明其伪造者；（4）参与案件之推事因确定判决为于该案件犯职务上之罪者；（5）为判决基础之通常或特别审判衙门之裁判因确定判决已变更者；（6）因发现有免诉或撤销公诉或较原判决应受轻刑之确实证据可直接指摘原判决不当者。为贯彻保护受刑人利益的宗旨，草案第 456 条规定，"为受刑人利益起见行再审者，其判决不得较原判决加重"，此可谓再审不加刑原则。同时，为保护受刑人的名誉，草案第 457 条规定，"如谕知无罪之判决，应将该判决刊登官报"。即使受刑人已亡故，检察官也可为维护其名誉而申请再审，只是在此情形下不必开庭审理，只需在咨询检察官后作出相应判决。

（三）刑事判决执行监督

刑事判决的执行，是刑事诉讼的最后一个程序。加强对判决执行的监督，目的在于保障法院的判决切实生效，维护判决的严肃性。监督刑事判决的执行，是大陆法系国家检察机关的法定职权。仿行此例，清末及民国政府的刑事诉讼立法都赋予了检察机关对刑事判决的执行进行监督的权力。光绪三十三年颁布的《各级审判厅试办章程》第 114 条规定，"凡判决之执行，由检察官监督指挥之"。宣统元年颁布的《大清法院编制法》亦规定，检察官的职权之一是"监察判断之执行"（第 90 条）。北洋政府 1912 年颁布、1915 年修订的《中华民国暂行法院编制法》与清廷《法院编制法》规定基本相同。南京国民政府的刑事诉讼法也有类似规定。综合来看，检察官的刑事判决执行监督职权主要包括以下几个方面：

1. 死刑执行监督。根据《各级审判厅试办章程》的规定，死刑报经法部宣告后，由起诉检察官监视行刑。南京国民政府《刑事诉讼法》规定，死刑判决，由检察官上报最高司法行

---

① 参见《各级审判厅试办章程》第 58～59 条、第 66 条。
② 《刑事诉讼律》，载《现行中华法规大全》（民国元年至三年十二月止）第 49 册，第 15 类《司法》（11）。
③ 《大清刑事诉讼律草案》第 447 条、第 448 条。

政部门复核，并现场指挥、监督死刑执行；遇有被执行人"心神丧失"而未痊愈，或"妇女怀胎"，检察官可报告最高司法行政部门，下达停止执行命令。①

2. 监督其他刑罚的执行。对死刑以外的其他刑罚的执行，如徒刑的收监、罚金、罚锾、没收、缓刑、训诫以及保安处分等，也由检察官监督执行。对已交付执行的情况，"高等及地方检察厅长官"得"各巡视该管下级检察厅及所在监狱"，并将巡视情况呈报司法部。② 南京国民政府时期的法律规定，对收监场所及狱中犯人，司法部每两年视察一次，检察官也可进行巡视。③

3. 监督肉刑的执行。袁世凯当政后，力主恢复肉刑。1914 年 11 月，北洋政府颁布了《易笞条例》，假借"疏通监狱"之名，宣告复活笞刑，规定凡犯奸非罪、和诱罪、盗窃罪、诈欺取财罪、赃物罪及常业罪，应处三个月以下有期徒刑、拘役或 100 元以下罚金易科监禁者，不再执行本刑，而以笞刑代替。④ 同时规定，"笞刑由检察官或知事会同典狱官，于狱内执行"，确定了检察官监督野蛮落后的肉刑执行的制度。

检察官对刑罚执行的监督，主要是出于对死刑适用的慎重，以及杜绝刑罚执行中的徇私舞弊或侵犯人权等违法行为。由此可见，近代中国引进检察制度时，对于检察官的身份定位，亦类同大陆法系的"法律守护人"，而非系纯粹的犯罪指控者。

第三节
近现代检察权行使的方式

一、审检关系

检察制度在近代中国的确立，使得历史上集侦、控、审于行政长官一身的传统纠问式诉讼模式出现了重大变化。控、审分离的制度设计首先要解决指控与审判二机关之间的关系。对于近现代中国审判与检察机关之间的关系，可以从两个方面来考察：一是机构设置，二是职权分配。

（一）关于审、检机构的设置模式

就审判、检察机关在机构设置上的牵连关系而言，近代中国检察体制先后存在三种模式：一是审检合署制，二是审检分立制，三是配置制。

1. 审检合署制。所谓审检合署制，就是将各级检察机关设置于相应审判机关内部的模式。这种模式是大陆法系国家检察制度的重要特征之一，最早起源于法国，其后为德国及同属大陆法系的其他国家采纳。日本在引入检察制度之初，亦采审检合署制。⑤ 清末修律过程

---

① 参见南京国民政府《刑事诉讼法》第 464～468 条。

② 参见清廷《审判检察厅办事章程》第 42 条。转引自张培田、张华：《近现代中国审判检察制度的演变》，256 页，北京，中国政法大学出版社，2004。

③ 《中华民国监狱规则》，1928 年 10 月 4 日南京国民政府司法部公布。

④ 袁世凯垮台后，《易笞条例》被废除，但笞刑在北洋政府时期的司法实践中一直被沿用。

⑤ 第二次世界大战后，日本司法制度受美国法影响，转而实行审检分立制。

中，按照总体上仿照大陆法系的指导思想，检察机构原则上设于审判机关内部。1906 年 12 月 27 日，清政府颁布《大理院审判编制法》，规定实行审检职能分离，同时确立了"审检合署"的机构设置原则，在大理院配置总检察长，在地方各级审判机关设置检事局。1907 年 6 月，法部在关于奏设《京内外各级审判厅官制并附设检察厅章程》的奏折中称，"各国法制，凡一裁判所必有一检事局，虽附设于裁判所之中，实对裁判所而独立"，"盖检事局属于司法上行政之组织，检事并非裁判所职员也。原议以司直局当外国之检事局，名称虽异，制度则同，今拟正名为检察厅，先从京师始，按各审判厅管辖区域，由臣部妥定位置附设于其中"。1909 年 12 月，清政府颁行《法院编制法》，规定设置检察机关于各级法院，与法院的四级制相对应，全国检察机构的设置从地方到中央分别为初级检察厅、地方检察厅、高等检察厅、总检察厅，其中地方及高等审判各分厅、大理院分别配置地方及高等检察分厅、总检察分厅。其后的南京临时政府与北洋政府基本沿用了清末的修律成果，在检察机构的设置上采审检合署制及四级制。

2. 审检分设制。所谓审检分立制，是指检察机关与审判机关在机构设置上完全分设的模式。美国较早采用了这一模式。在中国近代司法制度史上，采用审检分设制的，主要是土地革命时期中华苏维埃政权的军事审判检察体制。根据《中华苏维埃共和国军事裁判所暂行组织条例》的规定，军事裁判所和军事检察机关实行分隶制，在初、高两级军事裁判所所在地，设立初级和高级军事检察所，作为代表国家对于军事犯罪的原告机关。

3. 配置制。所谓检察官配置制，是指国家并不设立自成体系的检察机关，而只是在各级审判机关内部配置一定数目的检察官，专门行使检察权。[1] 武汉国民政府在进行司法改革时，对检察机关的设置模式进行了改革，废除了清末以来的审检合署制度，将审检厅名称改为法院，并在各级法院内配置检察官，行使检察职务。只是当时南北尚属分治，北伐正在中途，武汉国民政府法令影响所及范围有限。其后，南京国民政府沿袭了这一做法。1927 年 8 月，国民政府以训令第 148 号宣布："司法事务，经纬万端。近值刷新时期，亟应实行改进，即如检察制度，体察现在国情，参酌各国法制，实无专设机关之必要，自本年十月一日起，将各级检察厅一律裁撤。所有原日之检察官，暂行配置于各级法院之内，暂时仍旧行使检察职权。其原设之检察长及监督检察官，一并改为各级法院之首席检察官。"[2] 南京国民政府统治时期，这一检察官配置于法院的模式一直相沿未改，只是出于提高最高检察机构地位的考虑，立法院于 1929 年 8 月在最高法院内恢复设置最高检察署；同时，一些地方法院仍然设有检察处。[3] 同一时期在革命根据地实行的司法制度，也大都采用在法院内配置检察官的模式，如前所述。

（二）关于审判权与检察权的关系

如前所述，清末宪改在试图依据司法独立原则构建现代司法体制的过程中，仿行德日立

---

① 理论界通常将此种模式亦归结为审检合署制的一种形式。但在审检合署制，虽然检察机关附设于审判机关，但仍自有组织，自成层级体系，如清末之各级"检察厅"。而在"检察官配置制"，只是在审判机关内配置检察官，并无一定之检察组织。为示区别，笔者将此种模式称为检察官配置制。

② 国民政府司法院参事处编纂：《国民政府司法例规》，上，163 页，1930。

③ 如浙江省高等法院及地方法院在 1929 年 8 月以后均设有检察处。

法，"打包"引进检察制度，一则以实行控审分离的诉讼模式，二则也是基于对"司法必须层层监督"的认识。因而，近代中国在审检职权分配上，一开始就贯彻了分权与制约的双重原则。

1. 审判、检察机关各自独立行使职权。虽然在机构设置上，清末及民国均采取了审检合署制或检察官配置制，即在法院内部设立检察机构或配置检察官，但这并不表明二者之间是从属关系。在各自职权的行使上，审判机关与检察机关是完全独立的。首先是审判权独立。在近代中国的宪政思潮中，司法独立极受重视，被认为是"立宪政治之根本"[1]。沈家本认为，"泰西各国宪政之萌芽，俱本于司法独立"，而司法独立的根本问题，则在于审判独立。[2] 清末《大理院审判编制法》第6条规定，"自大理院以下及本院直辖各审判厅局关于司法裁判全不受行政衙门干涉，以重国家司法独立大权，而保人民身体财产。"标志着审判独立原则在法律文本中的正式确立。民国成立后，审判独立原则在立法与司法中得以继续和发展。1914年颁行的《中华民国约法》规定，司法权由法官独立行使，法官由总统任命，依法独立审判民事刑事案件。1915年北洋政府将长期沿用的清末《法院编制法》重新修订颁行，进一步明确"检察官不问情形如何，不得干涉推事之审判或掌理审判事务"（第95条），使审判不仅独立于行政部门，而且独立于检察机关。其次是检察权独立。《各级审判厅试办章程》第四章"各级检察厅通则"首先即规定："检察官统属于法部大臣，受节制于其长，对于审判厅独立行使其职务"（第97条）。《法院编制法》第92条规定："检察厅之管辖区域与各该审判衙门相同"；第94条规定，"检察厅对于审判衙门，应独立行使其职务"。由此可见，检察机关在行使职权时，并不因机构附设而受缚于审判机关，而是完全独立的。民国政权承继了清末审检权能分离的司法体制，即便是南京国民政府时期裁撤了各级检察组织，改审检合署制为检察官配置制，也并未改变审、检分立，检察官独立行使职权的制度设计，检察官的职权范围甚而有所扩大。[3]

2. 审判机关行使预审权，决定是否提起公诉。《各级审判厅试办章程》第22条规定，"凡地方审判厅第一审刑事案件之疑难者，应行预审"，第一次引入预审制度。预审的目的是搜集证据，以决定是否将案件交付审判。关于预审程序的性质，当时人们认识不一。协助清政府制定刑事诉讼法律，并力主引入大陆法系检察制度的日本法学博士冈田朝太郎认为："按预审之目的，在决定交付案件于公判决与否，而获集调查各种资料。故其所施行，均系搜查处分。然于其形式，则有原告官，有被告人，有裁判官介于其中实施审理，不可不谓具备诉讼之性质也。"[4] 是此法国、德国及日本法均将预审权划归审判机关行使。清末及民国时期，在预审权限的归属上，则先后经历了从审判机关管辖，到检察机关管辖，再到审关机关管辖的多次转换。[5] 但总的来说，在1928年7月南京国民政府颁布的《刑事诉讼法》取消预

---

① 梁启超：《饮冰室文集》，105页，北京，中华书局，1989。

② 参见张晋藩等：《中国近代法律思想史略》，179页，北京，中国社会科学出版社，1984。

③ 南京国民政府时期，检察官的侦查权、起诉裁量权和审判监督权均有所扩大和加强。参见张培田、张华：《近现代中国审判检察制度的演变》，275～278页，北京，中国政法大学出版社，2004。

④ 熊元襄：《京师法律学堂笔记科目》之《刑事诉讼法》，161页，宣统三年三月二十三日，安徽法学社印。

⑤ 参见于树斌：《对清末至民国刑事诉讼中预审制度的建立与废止的考证》，载《中国人民公安大学学报》，1995（5）。

审程序前，预审权基本上是由审判机关行使的。《大清法院法院法》明确规定，"地方审判厅合议庭庭长，得派遣该庭推事，办理刑事案件预审事务，预审完毕后，该推事仍得加入本庭合议之数"。北洋政府于1922年颁布的《刑事诉讼条例》再次确认了预审由审判机关预审推事负责的原则。由于法官在预审之后有权作出起诉或不起诉的裁决，因此，由审判机关行使预审权，实际上是对检察机关公诉权的一种制约。

3. 检察机关对审判机关行使职权的情况进行监督。清末司法改制伊始，除认为"审判必级级独立"，才能确保司法的独立和公正外，同时认为"司法必层层监督"，才能防止司法专断的流弊。为此，法部在1907年6月12日关于奏设《京内外各级审判厅官制并附设检察厅章程》的奏折中称，检察机关"其职务代表公益监督判官的行为，纠正裁判之谬误"。随后颁布的《各级审判厅试办章程》赋予了检察官对审判活动实施监督的职权。清末及民国时期，检察机关对审判机关的监督内容十分广泛，包括预审监督、审判监督、裁判执行监督等各个方面（详见本章第二节）。此外，在清末检察制度确立初期，检察机关还有权对审判机关的有关行政管理活动进行监督。《各级审判厅试办章程》第97条赋予检察官八项职权，其中一项就是查核审判统计表，该法第118条进一步规定，"各级审判厅审判统计表，非经各该检察厅查核，不得申报"。立法目的当是为了使政府能够有效掌握全国犯罪情势，以及评定审判机关工作效果。不过，此种规定明显具有行政干涉司法的痕迹，因而与当时推动司法独立的改革方向不符。随后颁布的《法院编制法》即将检察机关监督审判统计的权力取消了。

二、检察机关公诉权能的实现

清末引进检察制度的目的，在于改变以往裁判官集侦、控、审权力于一身的落后模式，实现控、审分离。因此，法律将"提起公诉、实行公诉"规定为检察官的首项权能，并采取了以检察机关起诉为原则、以私人起诉为例外的原则以及起诉法定主义原则。为保障公诉权能的实现，法律同时赋予检察官侦查权；对于重大及疑难案件，实行预审制度。在侦查终结，符合起诉条件时，由检察官提起公诉并莅庭指控犯罪。对于检察官提起公诉的案件，法院不得无故拒绝，被害人也不得自行和解。

（一）公诉准备

1. 犯罪侦查。指控犯罪，必须有确凿的证据。在古代中国，证据都是由审判官在受案后自行收集，审判前的侦查程序对于近代中国乃是一个新概念。侦检一体，是大陆法系的传统模式，这一特点也并不例外地被清末民初的立法所吸收。《各级审判厅试办章程》规定，检察官有权"调查事实，搜集证据"，并"指挥司法警察官逮捕犯罪者"（第97条）。其后颁行的《法院编制法》进一步规定，检察官得"遵照刑事诉讼律及其他法令所定实行搜查处分"（第90条）；为实施侦查需要，"各检察厅得调度司法警察"（第104条）。这种搜查及指挥司法警察权，在紧急情况下还可以在由检察官在管辖区域外行使。实践中，基于人员配备、物质条件和侦查能力的限制，案件侦查一般由检察官指挥调度司法警察官进行。根据宣统二年（1910年）颁布的《检察厅调度司法警察章程》，检察官调度司法警察实行侦查的范围有[1]：

---

① 参见张培田、张华：《近现代中国审判检察制度的演变》，254页，北京，中国政法大学出版社，2004。

（1）逮捕人犯。由检察厅发出逮捕厅票，交司法警察执行；司法警察遇有人犯逃匿或湮灭罪证，也可报该管长官许可，先行逮捕并将口供录送检察厅。（2）搜索证据。由检察厅知照司法警察与警署进行查取，查取结果，应及时报检察厅。命盗重案的现场取证，须检察官莅勘或诣勘。（3）护送人犯。凡检察厅委令逮捕之人犯，司法警察必须听从调度，严防脱逃，加紧戒护。（4）取保传人。凡审判厅应行传集人证质讯者，由检察厅知照取保之警署办理。取保候讯的保金，由检察官同法官商定呈缴。违反取保的处分权，由检察官行使。（5）检验尸伤。在检察官到场后，会同司法警察各员办理。勘验后，经检察官决定，司法警察方可饬员抬理。（6）接受呈词。由司法警察移送检察官。但对民事诉讼概不受理。

北洋政府沿袭了上述规定，并于1922年颁布《刑事诉讼条例施行条例》，对检察机关的侦查权和指挥警察权作了进一步的扩展。首先是对检察机关侦查权的行使作了进一步的规范。条例明确了侦查不公开的原则，规定"检察官因告诉、告发、自首或其他情事，知有犯罪嫌疑者，应即侦查犯人及证据"；在出现由二名以上检察官分别侦查相互有牵连的案件的情况时，为避免侦查权相互冲突，规定"得经各该检察官同意，由其中一检察官并案侦查"；为避免检察官之间出现相互推诿、贻误侦查的情况，规定"检察官知有犯罪嫌疑而不属其管辖者，应即分别通知或移送管辖检察官侦查"。其次，扩大了检察机关指挥警察权的范围。依清末《检察厅调度司法警察章程》规定，受检察厅调度指挥的司法警察包括区长、区员、警务长、巡官、巡长、巡警。[①] 1914年4月，北洋政府制定《增订检察厅调度司法警察章程》，规定警察官长及宪兵官长军士为司法警察官，"为检察官之辅助"；警察及宪兵"为检察官及司法警察官之辅助，受其指挥，为司法警察，实施侦查犯罪"，从而将受检察机关指挥的司法警察官及司法警察范围扩大。更有甚者，1921年颁布的《修正陆军审判条例》规定，军事检察官既有权指挥警察，又有权调动军队。对于这些规定，1922年《刑事诉讼条例施行条例》都一一确认，此外，还规定检察官及其指挥的司法警察，在紧急情况下，不仅可以"请在场或附近之人为相当之协助"，而且"得请附近陆海军官长派遣军队辅助"，权力之大，世所罕见。

北洋政府法律所赋予检察官的侦查权虽然空前，但并非绝后，南京国民政府时期，检察官的侦查权有过之而无不及。一方面，检察官的侦查权行使区域扩大。根据1928年颁布的《刑事诉讼法》，检察官"因发现真实之必要，或遇有紧迫情形时，得于区域外执行职务"；即使对案件没有管辖权，检察官"如遇急迫情形，应于其管辖区域内为必要之处分"，从而将侦查处分权扩至检察官所办案件之外。另一方面，检察官指挥司法警察的能力得到加强。根据南京国民政府《最高法院组织法》、《刑事诉讼法》、《调度司法警察条例》等法律法规的规定，检察官不仅有调度军警之权，而且，在紧急情况下，普通检察官甚至可以调动宪兵营长以下的军官；除调动普通警察外，还可以调动铁路、森林、渔业、矿业或其他各种专业警察机关的警员及官长，以及海关、盐场的巡缉队官长。如果军警不听指挥，依法应受到申诫、记过、记大过直至撤职处分。北洋政府及南京国民政府时期赋予检察官强大的侦查指挥权，侧面反映了当时动荡的社会环境及混乱的治安状况。

---

① 参见张培田、张华：《近现代中国审判检察制度的演变》，254页，北京，中国政法大学出版社，2004。区长、区员类似于今天的社区警察，在清末负有执行司法警察职务之责。

2. 预审。清末法律规定，对于一审中的疑难复杂案件，须经过预审程序，以决定是否对案件提起公诉。预审一般由检察官申请移送，由预审推事主持，但对于"现行犯事关紧急者"，"预审推事可不待检察官之请求，径行预审"，但须告知检察官并存案。此外，对于未经预审的案件，提起公诉后，如果"证人、鉴定人供述不实"，或者"本罪受理时错认为是轻罪者，或由轻罪发觉其他重罪者"，均由审判法官移送预审。① 这实际上是诉讼程序的回逆。并且，预审是秘密进行的，"除预审推事、检察官及录供者莅庭外，不准他人旁听"。这些特点都体现了预审程序的侦查特性。正因为如此，清末及民国时期，对于预审应当属于审判机关还是检察机关管辖，出现了争议。表现在立法上，是清末在 1910 年制定的《大清刑事诉讼律草案》中，将预审作为一种特别侦查程序，划归检察机关管辖。立法者对此的解释是："侦查与预审均为准备起诉程序，故因决断是否提起公诉起见，应获集决断时所必须之资料。惟据第 274 条，原则上搜查中不许用强制处分，以保证臣民权利。惟预审中则许用强制处分以伸张公权。质言之，侦查乃不许强制之预审，预审乃许用强制之侦查耳。"② 但该草案未及通过施行，旋与清廷一同走入历史。其后的北洋政府虽对清末《刑事诉讼律草案》的内容多所援用，但将其中的"检事管辖预审"的做法重新改为"推事管辖预审"，并在 1921 年颁布的《刑事诉讼条例》中最终确定。除确定预审管辖外，《刑事诉讼条例》还明确了预审的任务，即"以断定案件之应否起诉为限"；扩大了预审案件的范围，规定"高等审判厅管辖第一审之案件，地方审判厅管辖第一审之案件其最轻本刑为二等有期徒刑者"须经预审；改变了预审秘密进行的方式，允许辩护人在预审讯问时在场；在程序上，规定预审推事在预审终结前应告知被告人涉嫌原因，听取被告人的辩解，等等。这些规定有利于维护被告人的知情权与辩解权，反映了当时社会在人权意识上的觉醒，以及立法对于人权保护的关注。

审判机关主导预审，有利于加强审判权对检察权的制约，以免无辜人民枉受刑事追诉。但审判机关在起诉前即介入案件审查，极易使其产生先入为主的成见，从而在日后的审判中不自觉地与检察机关持有同一立场，害及审判中立的根本原则。1928 年 7 月，南京国民政府颁布《刑事诉讼法》及其施行条例，将预审制度予以取消，将其中有关被告人权利保护的规定，纳入侦查程序之中。对此前立法关于预审程序设置上的变化，学者评价道："我国从前法制，有以预审属诸推事者，亦有以预审属诸检察官者，其预审程序，均可视为侦查程序之延长。就法律规定而论，凡在预审中可以实施之处分，侦查中均得为之，实无需此种复程序之必要"③，不无道理。

（二）提起公诉

案件经侦查程序获取证据后，即由检察机关起诉。在近代检察制度引进之前，传统司法体制中并无独立的指控主体，对于刑事犯罪，任何人均得向官府举发而引起诉讼程序，且对于重大犯罪嫌疑人，任何人均可以不需提票直接将其"捕送公堂审讯"④。1906 年颁布的

---

① 参见《各级审判厅试办章程》第 22～24 条。

② 《刑事诉讼律》，第 42 页。《现行中华法规大全》（民国元年至三年十二月止）第 49 册，第 15 类《司法》(11)。参见李春雷：《中国近代刑事诉讼制度变革研究（1895—1928）》，112 页，北京，北京大学出版社，2004。

③ 谢振民编著，张知本校订：《中华民国立法史》，下册，1021 页，北京，中国政法大学出版社，2000。

④ 《大清刑事民事诉讼法草案》（光绪三十三年）第 21～25 条，《大清法规大全》，第十一卷。

《大理院审判编制法》第一次设立了负责起诉的机构——检察局。1907 年颁行的《各级审判厅试办章程》单设"起诉"一节,规定"凡刑事案件,因被害人之告诉,他人之告发,司法警察之移送或自行发觉者,皆由检察官提起公诉"①;对于检察官提起公诉的案件,法院不得无故拒绝,被害人也不得自行和解;对于属于公诉范围的案件,无论被害人是否愿意诉讼,检察官都应立即起诉②,采取了以检察机关起诉为原则、以私人起诉为例外的原则以及起诉法定主义原则。在检察制度引进四年,京师内外检察机关纷纷设立后,1910 年,清廷制定《大清刑事诉讼律草案》,单设"提起公诉"一节,规定"检察官终结侦查或预审处分者,因职权或命令,应提起公诉而请求公判";"提起公诉应以书状行之",并"应举示被告人姓名、犯罪事实及罪名,并送交可为证据之文件及物"③。《大清刑事诉讼律草案》虽未及颁布施行,但其中关于提起公诉的基本规定多被后继立法所吸收。

北洋政府《刑事诉讼条例》在清末立法的基础上,对检察机关提起公诉的职权与程序作了更加详细的规定。首先是对起诉书的形式作了统一规定。该法规定起诉一律以书面诉状为之,起诉书应当载明"被告人之姓名及其他足资辨别之特征"和"犯罪事实确凿及所犯之法条"。其次,赋予起诉法定的约束力。一方面,起诉对于法院具有法定拘束力,"法院不得就检察官未经起诉之行为审判";另一方面,"起诉之效力不及于检察官所指定以外之人"。再次,赋予检察机关纠正起诉决定的主动权。条例规定,"起诉于第一审审判开始前得撤回之",但"起诉经撤回后不得再行起诉"。最后,赋予检察机关不起诉的裁量权。条例明确,"被告犯数罪时其一罪应受或已受重刑之判决,检察官他罪虽行起诉,于应执行之刑无重大关系者,得不起诉。"在此情形下,即使"其他罪起诉在前者,法院得依检察官之声请,停止其审判"④。

南京国民政府《刑事诉讼法》又以北洋政府《刑事诉讼条例》为基础,略加修改。⑤ 其中关于检察机关提起公诉的规定,主要有三点变化。一是增加了关于微罪不起诉的条款。该法规定,"检察官认为案件具有下列情形者,得不起诉:(1)初级法院管辖之案件;(2)情节轻微以不起诉为有实益者;被害人不希望处罪者。"从而改以前的起诉法定主义原则为起诉便宜主义原则。二是将检察机关撤回起诉的时限放宽。根据北洋政府《刑事诉讼条例》,在一审审判开始前,检察机关可以撤回起诉。《刑事诉讼法》对此修改为,检察机关"于第一审辩论终结前,发现有不应起诉或以不起诉为适当情形者,得撤回起诉。"三是在法庭审判过程中,检察机关可以追加起诉。根据《刑事诉讼法》,检察官"于第一审辩论终结前,得就与本案相牵连之犯罪或本罪之诬告罪,追加起诉"⑥。

由上述可见,随着时代的发展,法律关于检察机关提起公诉的程序规定得到逐步完善;同时,随着时局的变化,检察机关关于公诉的职权也呈现出逐步增大的趋势。

---

① 该法同时规定,胁迫、诽谤、通奸等属于必须亲告的犯罪,不在公诉之限。参见《大清各级审判厅试办章程》第 46 条。

② 参见《大清各级审判厅试办章程》,第 106、第 107 条。

③ 该法同时规定,在遇有"急速情形"时,公诉"得以言词行之"。参见《大清刑事诉讼律草案》第四节。

④ 《刑事诉讼条例》第 281～287 条。

⑤ 参见谢振民编著,张知本校订:《中华民国立法史》,下册,1019 页,北京,中国政法大学出版社,2000。

⑥ 南京国民政府《刑事诉讼法》第 244～248 条。

（三）出庭公诉

对于提起公诉的案件，检察官应当在法院确定的审判时间出庭实行公诉，法院对于开庭时间、地点等，负有告知责任。对于检察官而言，出庭支持公诉，既是职权，也是义务。《大清刑事诉讼律草案》第 312 条规定，"公判除定数推事始终出庭外，检察官及审判衙门亦应出庭。"北洋政府 1917 年的统字第 668 号解释例指出，"审理刑事案件，检察官不能拒绝莅庭"。

庭审开始后，先由审判长讯问被告人以核实其身份，其后即由检察官"陈述案件要旨"，相当于现代法庭程序中的宣读起诉书，实际上是代表国家向法庭提出追究被告人刑事责任的要求及其事实与法律根据。审判长根据检察官的指控讯问被告人，进行法庭调查，核实证据。检察官也可以请审判长讯问被告人、询问证人，或者请审判长许可自己直接发问。受传统纠问诉讼模式的影响，当时法庭上案件证据系由审判长出示。证据调查结束后，开始法庭辩论，由检察官、被告人、辩护人依次发表意见。[①] 北洋政府 1925 年统字第 1957 号解释令指明，"检察官在法庭辩论，无论其为何项主张，法律上既无制限，自难因与起诉文不符即谓系变更起诉，指为违法"。据此，检察官在法庭上的发言可以不受起诉书内容的限制。其后南京国民政府亦援用了这一解释。

三、检察机关公益代表人权能的实现

如前文所述，检察机关的公益代表人角色，一方面体现为在刑事诉讼中维护被告人利益的立场，以及协助自诉或担当自诉的职责，另一方面体现为参与民事案件从而保护公共利益。在前一方面，清末及民国政府法律均规定，检察官得为被告人利益而上诉。南京国民政府《刑事诉讼法》明确规定，"为被告之利益而上诉者，非得被告之同意，不得撤回"（第 347 条）。同时，对于自诉案件，如果自诉人没有能力行使自诉权，或者案件涉及公共利益时，检察机关也可以主动介入。《大清刑事诉讼律草案》第 264 条规定，对于亲告罪，如果被害人死亡，又没有可以代行起诉的亲属的，"管辖检察厅检察官得因利害关系人之声请，指定代行告诉人"。南京国民政府以司法解释规定："自诉权之行使与否，纯出于被害人之自由，倘自愿向检察官告诉，仍应予以侦查。"[②] 据此，检察官得应自诉人之请对案件进行侦查。

在后一方面，检察官主要是通过出席民事案件的庭审，实现对法庭审判的监督。《大清各级审判厅试办章程》第 111 条规定，"检察官对于民事诉讼之审判，必须莅庭监督者如下：婚姻事件，亲族事件，嗣续事件。以上事件，如审判官不待检察官莅庭而为判决者，其判决无效。"对于其他民事案件，检察官也可视情况而陈述意见，以实现保护公益的目的。其后的北洋政府、南京国民政府的检察制度承袭了此方面的内容。

---

① 参见《大清刑事诉讼律草案》第 325、327、331、332、344 条，南京国民政府《刑事诉讼法》第 265、268、269 条。

② 1928 年解字第 167 号解释例。

第四节
检察机构对近现代司法制度发展的意义

一、检察机构对近现代司法制度架构的意义

　　茅彭年先生认为，中国的诉讼与刑事司法起源于尧、舜时代，距今已有约4 500年历史。[①] 在漫漫历史长河中前起后继的各专制王朝，虽其司法制度亦因时而异、各具特点，但其基本的运行机制却一脉相承、相沿不改，那就是行政与司法合一，行政长官兼理司法。这反映了中国古代行政机关对司法的全面干预乃至直接控制。日本学者滋贺秀三也指出，虽然"中国自古以来就有与现代行政法和刑法一致的法律"，但"不像现代西方那样，司法和行政权力分离"[②]。美国学者沃拉甚至认为："中国没有出现过独立的司法机构或法学，县令集警察（他要拘捕罪犯）、起诉人、辩护律师、法官、法医、陪审团的职责于一身。"[③]

　　这种司法与行政不分的集权体制，使司法机关沦为附庸，助长了行政专横，妨碍了司法官依法审判，因而在西学东渐，特别是严复通过翻译孟德斯鸠《法意》引入近代资产阶级分权理论后，遭到近代中国启蒙思想家的猛烈批评。在严复看来，清朝行政与司法不分是造成司法腐败的主要原因。维新思想家康有为、梁启超也对"乾纲独断"、司法与行政不分的专制体制提出了批评。康有为在上光绪皇帝书中，力陈西方三权分立的政治法律原则对于当时中国的意义，指出："近泰西政论，皆言三权。有议政之官，有行政之官，有司法之官，三权立，然后政体备。"[④] 梁启超认为："尚自由之国，必设司法之制，使司法官吏无罢黜之患者，何也？盖司法官独立不羁，惟法律是依，故不听行政各官指挥也。"[⑤] 因此，必须彻底改革中国传统司法制度，建立近代民主司法制度。与此同时，清廷派赴西洋考察政治的大臣们回国后，也极言行政与司法分设的重要性，纷纷奏请朝廷改革司法制度。奕劻等人在吸收前述思想与考察成果的基础上，提出改革方案："首分权以定限。立法、行政、司法三者，立法当属议院……行政之事，则专属之内阁各部大臣……司法之权，则属之法部，以大理院任审判，而法部监督之，均与行政官相对峙，而不为所节制。"[⑥]

　　西方司法独立的诉讼法律原则对清末司法制度改革起到了重要的催化作用。1906年9月，清廷下"改革官制"谕："刑部著改为法部，专任司法。大理寺著改为大理院，专掌审判。"官制改革启动了清末司法制度改革进程，从体制上宣告了传统行政官兼理司法制度的

---

　　① 参见茅彭年：《中国刑事司法制度（先秦卷）》，17页，北京，法律出版社，2001。

　　② ［日］滋贺秀三：《明清时期的民间审判与民间契约》，16页，北京，法律出版社，1998。

　　③ ［美］R.沃拉：《中国：现代化前的阵痛》，靳海林译，26页，沈阳，辽宁人民出版社，1989。

　　④ 康有为：《上清帝第六书》，光绪二十一年（1895年）。载《康有为政论集》，上，214页，北京，中华书局，1981。

　　⑤ 转引自韩秀桃：《司法独立与近代中国》，96页，北京，清华大学出版社，2003。

　　⑥ 《庆亲王奕劻等奏厘定中央各衙门官制缮单进呈折》，故宫博物院明清档案部编：《清末筹备立宪档案史料》，上册，462~467页，北京，中华书局，1979。

灭亡。而大理院筹设伊始，并无前例可循。为此，军机处、法部、大理院于1906年会奏的大理院官制折认为，各国通行的立法例是，与审判机关相对应的必有检察院，以调度司法警察和检察罪案，检察制度对审判事项皆有所帮助而无干涉。为进一步推进司法改革，1906年至1909年间，清廷再次派员出国考察外国司法制度，包括检察制度。法部报告认为：检察制度代表公益，故必须赋予其"发觉犯罪、实行公诉、执行判决"等职权，"我国采用检察制度，亟宜使司法者确知检察之为用，要亦今之急务也"；检察官行使职权，"以达有罪必发之目的"，应直接指挥司法警察，因为大陆法系各国"检察官遇有搜查证据、逮捕人犯等事，无不指挥司法警察"；检察官与法官在司法中分工不同，但地位级别相等，因此，设置检察官应比照法官，"通盘筹划"，加意培养，"庶不致悬缺待人，亦不便滥竽充数"①。关于检察制度，清廷还专门延请外国学者到中国讲学。其中，日本学者志田钾太郎博士在分析介绍国外不同检察体制的差异的基础上，针对中国国情，提出了建立中国检察制度的建议，他认为，"中国改良司法，实以实行检察制度为一大关键"，设立检察官，可避免中国传统纠问式诉讼的弊端，"与法律保障人民权利之义，关系重大"；中国设立检察官，不能再走过去言官即御史的老路，"中国的检察制度，适宜采用欧洲大陆主义"②。通过实践考察与听取专家意见，清廷最终决定仿行大陆法系的检察制度。

　　1906年至1907年，清廷先后颁布《大理院审判编制法》和《各级审判厅试办章程》，在中央改大理寺为大理院，设置总检察厅；在地方设立各级审判机关，并于其中分别设置初级检察厅、地方检察厅和高等检察厅；检察机关不得以任何形式干涉审判，同时，检察官对于审判厅亦独立行使职务，拥有提起公诉、指挥司法警察实行侦查、保护公益、监督审判、监视判决的执行等职权。在刑事诉讼程序中，"推事为审判之主体，检察、律师、司法警察数者，为审判之辅助"③，检察机关与审判机关相辅，共同组成了清末司法独立的核心架构。清末检察机关的设置，打破了延续数千年的传统中国集权式司法格局，第一次实现了行政与司法的分离进而实现指控与审判的分离，为中国刑事诉讼的近代化奠定了制度基础。而检察机关负责侦查、公诉并监督审判，审判机关负责审判，二者各自独立行使职权的制度设计，不仅基本确定了近代中国的刑事诉讼模式和司法体制，对现代中国的刑事司法制度也具有深刻影响。

二、检察机构对近现代司法权能分设的意义

　　广义的司法，是指依法享有司法权的国家机关，依据法定的职权和程序处理诉讼纠纷的活动。④ 在刑事领域，依诉讼程序的不同，司法活动的内容大基本可分为侦查、指控、审判以及裁判的执行。其中侦查通常被视为指控的准备，总体上归入指控职能；裁判的执行则被视为审判的延伸，也由审判职能吸收。指控职能与审判职能的彻底分离，既是司法独立派生出来的一项诉讼原则，也是司法独立得以实质存在的重要保障。

---

① 《国风报》，第二年第十五号；《政治官报》，宣统元年八月初九日，第六八四号。

② 转引自张培田、张华：《近现代审判检察制度的演变》，239～240页，北京，中国政法大学出版社，2004。

③ 《条陈司法独立之始亟宜预防流弊以重宪政呈》，载故宫博物院明清档案部编：《清末筹备立宪档案史料》，下册，885页，北京，中华书局，1979。

④ 参见王利民：《司法改革研究》，6页，北京，法律出版社，2000。

从刑事诉讼发展的历史看，指控与审判职能经历了从分离，到合一，再到分离往复变化的历程，与之相对应的诉讼模式也走过了从弹劾式，到纠问式，再到控辩式不断发展的路径。弹劾式是人类社会早期的刑事诉讼结构模式。① 那时，犯罪被认为只是对个人权利的侵犯，公共权力机关仅仅以中立的裁判者身份进行裁决，国家并不设立专门的起诉机关，刑事诉讼如同民事诉讼一样完全由当事人推动进行。这种诉讼结构采用不告不理的原则，控与审是分离的，但起诉只是一种私人权利，并无公诉的概念。随着社会的不断发展，社会矛盾逐步深化，国家制度观念也日益加强，弹劾式诉讼由私人起诉的缺陷，导致大量的犯罪不受处罚，严重影响到统治者所极力维护的社会秩序，促使统治者醒悟到犯罪不仅是对个人权利的侵害，更是对国家的侵害，因而追究犯罪并不仅是受害人的私事，也是国家的责任。由是，追究犯罪的责任被交给了行使裁判职能的法官，弹劾式诉讼模式逐渐演变为纠问式诉讼。纠问式诉讼以国家追诉主义为基础，盛行于中世纪的欧洲，其特点是诉讼中只有纠问者（法官）与被纠问者（被告）的一面关系，侦、控、审诉讼程序由纠问法官一手包办。在今天看来，纠问式诉讼的功绩在于使人们认识到追究犯罪并非是受害人的私事，也是国家的责任；其严重错误则在于将追究犯罪的任务交给法官，使控与审合为一体。因为法官集控、审职能于一身，自行侦查追诉，控制犯罪成为唯一目的，审判公正无从谈起，被告人完全成为被追究的对象，刑讯逼供也就顺理成章。正如梅利曼教授所指出的，纠问式诉讼制度突出反映了人类社会从私人报复制度迈向文明社会门槛的又一重大进步，但诉讼权利的不平等以及书面程序的秘密性，往往容易形成专制暴虐制度的危险。② 在追究犯罪动机的驱使下，刑讯逼供在纠问式诉讼中泛滥成灾，国家权力在司法领域的膨胀和专横使公民的个人权利以及诉讼程序的公正性完全被淹没。这种野蛮落后的司法制度，受到启蒙思想家和新兴资产阶级的猛烈抨击。1789 年的法国革命，以摧枯拉朽之势破除了纠问式诉讼制度，将控辩原则作为重新构架整个刑事诉讼的基石。在控辩式诉讼中，诉讼程序被分为指控（包括侦查）和审判两个阶段，指控职能和审判职能分别由不同的国家机关行使，以不告不理为核心的控审分离原则重新得到确立。然而，此处的控审分离并非历史的简单复归。弹劾式诉讼采私人追诉主义，指控只是私人权利，控审分离只是表明国家对指控与否置之度外，并不存在权力分配的意味。而控辩式诉讼采国家追诉主义，指控与审判都属于国家职能，二者的分离系基于分权制衡的考量。从弹劾式到纠问式再到控辩式，反映了人类在对犯罪本质及如何控制犯罪的认识上质的飞跃，也体现了社会发展螺旋式上升的规律。控审分离与国家追诉主义的结合产生了新的国家机构—检察官。在控辩式诉讼中，检察官承担指控职能，基于不告不理的原则，理所当然地成为控制法官裁判入口的把关者，法官则处于消极被动的角色，籍此也实现其身为裁判者的中立与客观品格。正如台湾大学林钰雄先生所言，检察制度与控辩式诉讼相伴而生，创设检察官的目的在于通过司法分权模式，以法官和检察官彼此监督制约的方法，保障刑事司法权行使的客观性与正确性。③

从刑事诉讼模式的演进历史可知，纠问式诉讼与权力的极度集中密切相联。在封建时代的中国，适应于王权专制统治的需要，纠问式诉讼大行其道。当时的诉讼，从横向结构分

---

① 奴隶社会及英国的封建社会中，实行的是弹劾式诉讼。

② 参见［美］梅利曼：《大陆法系》，149 页，北京，知识出版社，1984。

③ 参见林钰雄：《刑事诉讼法》（上），43 页，北京，中国人民大学出版社，2005。

析，行政与司法融为一体，在中央，行政官员有权直接参与审判；在地方，司法审判只是行政长官的诸多职责之一，司法官员完全从属于行政长官。从纵向结构分析，没有审前阶段与审判阶段的划分，不存在独立的相当于今天的审查起诉阶段，没有专门的公诉机关，起诉实际上只是被害人或知情者向官府检举犯罪，其效果相当于提供犯罪线索，启动诉讼程序的权力属于审判机关，审判者集侦、控、审职能于一身，权力超强而无制约。纠问式诉讼在欧洲随着王权的强大、集中而走向鼎盛，随着分权政治的建立、民主共和体制的兴起而衰落，这种规律同样适用于中国。① 19 世纪末，随着民众民主自由意识的觉醒，司法独立呼声的高涨，清王朝被迫实行司法改革，在诉讼模式上引入大陆法系的控辩式，② 设立专门负责指控犯罪的检察机关，规定除必须亲告的几种犯罪外，"凡刑事案件因被害人之告诉，他人之告发、司法警察之移送或自行发觉者，皆由检察官提起公诉"③，检察官对于审判机关独立行使其职权，同时，也不得干涉审判机关独立审判。另外，检察官还负有监督审判及裁判执行的职责。总之，清末检察机构的设立，在中国历史上第一次引入了以司法权能分设为基本构想的控辩诉讼模式，意图通过控审分离、司法分权、检察与审判相互制约的方法，实现司法独立，保障司法公正。尽管由于特殊的历史环境和复杂的政治、社会原因，其实现效果并不理想，但设立检察机构所体现的司法分权思想，以及控、审职能分离所标志的控辩式诉讼模式的确立，在中国刑事诉讼史上仍具有无可否认的开创意义。

三、检察机构对维护民众权利的意义

近代检察制度的确立，其意义不仅在于实现控审分离，以此克服纠问式诉讼模式容易导致的司法擅断弊端，还在于赋予具有"革命之子"美誉的检察官以代表国家提起公诉的职责，通过检察官对犯罪的追究和对诉讼的参与，以强大的国家力量实现对民众权利的保护。近代检察机关对于维护民众权利的意义主要体现在以下四个方面：

其一，通过追诉犯罪，实现对民众权利的维护。法国刑法学家认为，"任何犯罪，除了直接危害到个人利益之外，在所有情况下都同时危害着社会利益。"④ 这是对犯罪本质的认识。而从形式上看，犯罪最直接的侵害对象则是公民个人权利。因而，国家有必要在刑事诉讼中加强对公民权利的保护，通过维护公民权利，实现对国家利益的保护。这种保护，自近代以来是通过设立检察机关代表国家追诉犯罪实现的，其直接表现是对被害人权益的保护。如清末《各级审判厅试办章程》规定"凡刑事案件，因被害人之告诉，他人之告发，司法警察之移送或自行发觉者，皆由检察官提起公诉"⑤；对于检察官提起公诉的案件，法院不得无

---

① 参见汪海燕：《刑事诉讼模式的演进》，371 页，北京，中国政法大学出版社，2004。

② 有人认为，与英美法系不同，大陆法系国家刑事诉讼模式并非纯粹的控辩式，而是审问式或职权主义模式，因其司法机关着眼于在依职权查明犯罪事实的基础上实现社会控制，从而不同于英美法系当事人主义中司法机关的完全消极中立角色。笔者赞同此种观点。此处着眼于诉讼模式基于控审关系的宏观划分，并不具体区分控审分离原则下的职权主义与当事人主义，因而笼统称之为控辩式。关于职权主义与当事人主义的区别，参见汪海燕：《刑事诉讼模式的演进》，15～17 页，北京，中国政法大学出版社，2004。

③ 《各级审判厅试办章程》第 46 条，《大清法规大全·法律部》，卷七。

④ ［法］卡斯东·斯特法尼等：《法国刑法总论精义》，罗结珍译，14 页，北京，中国政法大学出版社，1998。

⑤ 该法同时规定，胁迫、诽谤、通奸等属于必须亲告的犯罪，不在公诉之限。参见《大清各级审判厅试办章程》第 46 条。

故拒绝，被害人也不得自行和解；对于属于公诉范围的案件，无论被害人是否愿意诉讼，检察官都应立即起诉；为被害人利益，检察官可以上诉。同时，因为每一个公民都有可能成为犯罪行为潜在的侵害对象，检察机关对犯罪的追诉在客观上也是对其他公民权益的保护。

其二，通过对裁判入口的把关，保障无辜的人不受刑事追究。如果说检察机关指控犯罪是其保护民众权益功能的积极方面的话，那么这一功能的消极表现则是保护无辜者不受刑事追究。检察机关的这一功能，是对纠问诉讼模式根本缺陷的弥补，也是控辩式诉讼相对于纠问式诉讼的巨大进步。在纠问式诉讼中，审判机关自行侦查追诉，不告也理，极易为了社会控制目的而罗织成罪，屈打成招，普通民众生活在司法擅断的威胁下，个人权利难以保障。而设立检察机关专司追诉犯罪，实行控审分离的原则，并使检察官负客观义务，可以防止将无辜者纳入刑事诉讼程序之中，避免使其受到刑事追究。如北洋政府《刑事诉讼条例》一方面明确"法院不得就检察官未经起诉之行为审判"，另一方面强调"起诉之效力不及于检察官所指定以外之人"，即旨在以检察机关指控权对审判权进行约束。清末法律在赋予检察官提起公诉权的同时，强调"如检察官非因过失，妄为起诉，致使他人无故受害者，以惩戒处分规则行之"①，则是立法为保障无辜者免受追诉而对检察官的客观义务所作的规定。

其三，在刑事诉讼中担负客观义务，保障被告人的合法权利。依大陆法系对检察官作为法律守护人的定义，检察官在刑事诉讼中负有不同于一造当事人的客观义务，除了追诉犯罪，更重要的是保障人权。重视人权保障，是欧陆思想启蒙时代的核心观念，作为大革命时代产物的现代检察官，与生俱来地被赋予了保障人权的重要使命，如 19 世纪评论检察官制的名言："检察官应担当法律守护人之光荣使命，追诉犯罪者，保护受压迫者，并援助一切受国家照料之人民。"② 这就要求检察官在履行职责时，必须严格遵守合法性、客观性义务，以追求实体真实和正义为己任，做到不枉不纵。而检察官的职能，亦不仅仅在于追诉犯罪，更重要的是保障犯罪嫌疑人、被告人的人权免受法官、警察的恣意侵害。换言之，检察官并非片面的追诉者，当判决不利于被告人且不公正时，检察官亦有维护被告人权利的义务。如《大清刑事诉讼律草案》第 357 条规定，"检察官因被告人利益亦得为上诉"。在其后的立法理由说明中，特别提到对被告人利益的保护问题："惟检察官为代表国家公益之官吏，有要求正当适用法律之职权。故依第二项，亦得因被告人利益而为上诉"，"盖为保护被告人利益起见，所设之例外耳"。

其四，通过协助自诉和参与部分民事诉讼，实现对民众权利的维护。自诉案件，是公诉原则的例外。就其思想基础而言，"国家追诉原则课予国家追诉犯罪的任务，难免同时扩张国家权力的领域，告诉乃论则是以被害人之利益来限缩国家的权力"③，因而，自诉并非对国家追诉主义的违反，而仅是对它的限制。因为在某些侵犯社会秩序并不严重的案件中，被害人可能因对追诉犯罪没有利益，或者不追究反而对其有利，因而不愿追诉犯罪。在此情况下，将程序启动权赋予被害人，容许被害人以其自身利益来考量告诉与否，可谓利大于弊。

---

① 《各级审判厅试办章程》第 107 条。

② 林钰雄：《刑事诉讼法》（上），107 页，北京，中国人民大学出版社，2005。

③ 林钰雄：《刑事诉讼法》（上），43 页，北京，中国人民大学出版社，2005。林钰雄在此处将告诉乃论案件与自诉案件并列讨论，系因台湾地区立法对二者的区分。依我国现行刑诉理论，告诉乃论包括在自诉案件之中。清末法律仅规定了亲告罪（即告诉乃论罪），并未规定其他自诉案件类型。

但正如弹劾式诉讼的不足，在自诉案件中，也可能会出现被害人因自身能力受限、欲告诉而不能的情况。此时，法律即赋予作为法律守护人的检察官协助自诉或者担当自诉的职责，意在充分实现对被害人的权利保障。此外，对于部分民事案件（如婚姻无效事件、禁止治产事件及死亡宣告取消事件等），因其牵涉到社会公共利益，检察官亦得代表国家参与诉讼，以使一般民众的权利不致受到侵害。在此方面，清末及民国法律均有规定。①

四、检察机构对于维护司法公正的意义

德国法学家拉德布鲁赫认为，在刑事程序发展过程中，曾有两种因素起着作用：针对犯罪分子而增强的保护国家的要求，使中世纪刑事程序向纠问主义程序转化；针对国家而增强的保护无辜人的要求，促使纠问主义程序向现代刑事程序转变。② 诚然，纠问式诉讼制度固然反映了人类社会在对犯罪本质认识上的进步，但国家权力所固有的扩张本性，又使得这种集权模式的国家追诉必然走上以维护社会秩序为名而行牺牲民众权利之实的歧路。为了社会控制，不惜罪及无辜，司法公正荡然无存。检察机构的设立，正是人们在坚持国家追诉的必要性的基础上，将分权原则引入司法领域，从而治疗集权司法之弊的制度创造。由此可见，虽然被赋予指控犯罪的职责，但检察制度的创设并非为救济国家指控的不足，而是为防止集权式司法的滥权。作为欧陆"革命之子"、法律守护人的检察官，从一开始即肩负了维护司法公正的历史使命。从制度设计上看，近代检察机关的这一任务是通过以下两个途径实现的：

第一，指挥侦查，保障警察行为的合法性。纠问式诉讼的废除使得犯罪侦查权从审判权中脱离出来。但与国家机器同生的警察机构，同样易受打击犯罪热情的驱使，在侦查活动中始终具有漠视法治、侵害人权的危险和倾向。为避免警察用权逾限而害及司法公正，近代的制度设计是使检察官成为侦查程序的主导，领导、指挥、监督警察的侦查活动，"以受严格法律训练和法律拘束的公正客观的官署，控制警察活动的合法性，摆脱警察国家的梦魇"③。德国检察制度的创始人、法学巨匠萨维尼曾说："警察官署……的行动自始蕴藏着侵害民权的危险，而经验告诉我们，警察人员经常不利于关系人，犯下此类侵犯民权的错误。检察官的根本任务，应为杜绝此等流弊并在警察一行动时就赋予其法的基础，如此一来……此新创制（指检察官）在人民眼中才能获得最好的支持。"④ 在大陆法系的传统中，检察官因此享有完全的侦查权，警察机关只是附属于检察机关的一个机构。

在古代中国，侦查活动主要由地方行政官员私人雇佣的"捕快"进行。近代警察机构引入中国始于 19 世纪末 20 世纪初。⑤ 但在政刑不分的体制下，司法本身无从独立，审前侦查程序更不存在。在清末的司法改革中，随着司法独立原则的确立，审前侦查程序也随之独立

---

① 参见本章第二节第二部分。

② 参见［德］拉德布鲁赫：《法学导论》，米健、朱林译，121 页，北京，中国大百科全书出版社，1997。

③ 转引自孙谦：《检察：理念、制度与改革》，186 页，北京，法律出版社，2004。

④ 转引自林钰雄：《刑事诉讼法》（上），102 页，北京，中国人民大学出版社，2005。

⑤ 1902 年，清政府仿日本制设立工巡局，1906 年改设巡警部，负责国家治安、司法、消防等事务，标志着近代中国警察制度的建立。关于清末引进西方警察制度的过程，参见熊月之主编：《制度文明与中国社会——西制东渐》，87～90 页，长春，长春出版社，2005。

出来。而在清政府仿行德、日设立检察机构的同时，也采用了具有大陆法系特色的检察机关指挥侦查、主导侦查程序的制度设计。1906 年颁布的《大理院审判编制法》是中国第一部对检察制度作出规定的法律，该法第 45 条即规定，"城巡局内之检察局，其管辖地段之警察须听其指挥"。其后《各级审判厅试办章程》及《法院编制法》亦分别规定，检察官有权"指挥司法警察官逮捕犯罪"，"各检察厅检察官得调度司法警察官"，进一步明确了检察官指挥警察、主导侦查的职权。民国成立后，检察指挥侦查的体制不仅被北洋政府和南京国民政府的法律继受，而且检察官可以调度的司法警察范围一再被扩大，不仅包括地方各警种，而且包括宪兵，在紧急情况下，检察官甚至可以调动军队。这种强大的指挥侦查权，也是当时复杂社会环境的特殊产物。

第二，制约、监督审判，保障审判程序与实体的公正。近代检察制度对于维护司法公正的意义，还在于通过对审判活动的制约与监督，保障刑事审判程序的合法与正当，以及司法裁决结果客观与正确。

1. 从程序上防止法官的恣意，保障审判的公正。

其一，通过行使公诉权，控制法官裁判的入口。如前所述，控辩式诉讼对于纠问式诉讼的重要进步，即在于实行控审分离。在不告不理原则的支配下，只有检察官提起公诉，法官才能行使审判权，反之，法官则无案可审。控审分离、不告不理的原则克服了法官自侦自审制度的弊端，排除了法官片面追诉、网罗罪案的可能，使法官成为被动的裁判者。检察官通过行使提起公诉与不起诉的裁量权，客观上成了刑事审判程序上的把关者，以此防止法官恣意专断。其二，通过出庭支持公诉并监督审判，保障审判程序的合法。按照控辩式诉讼的原则，法院庭审时，检察机关必须派员出庭，"检察官起诉，提出不利于被告的犯罪事实和旁证，而辩护人则提出有利于被告的事实和旁证，审判官从中看到真实的材料，得出正确的判断"[①]，这是近代控诉式诉讼的基本结构。其中，检察官与被告方围绕指控事实相互对抗，法官则居中裁判，从而一改纠问式诉讼中法官既控诉又审判、控审合一"追击"被告的格局，形成两点抗衡、一点裁量的近代意义上的三角形诉讼结构。由于检察制度的确立，控辩格局的形成，庭审主体由法官一元变成控、辩、审三方，法庭不再是法官独言擅断的场所。并且，法律还赋予检察官监督庭审的职能，这些有利于保障审判按照法定程序进行。

2. 对错误裁判提起救济，保障审判的实体公正。

检察官除在程序上把住审判入口，监督庭审的进行外，对于违法或不当的判决，还有权提起上诉以阻止判决生效；即使判决已生效，检察官认为有认定事实或适用法律错误的理由时，还有权提起再审程序。这是法律赋予检察官监督审判，确保裁判合法、公正，防止出现司法不公的有效手段。

清末《各级审判厅试办章程》第 103 条规定，"凡刑事虽有原告，概由检察官用起诉正文提起公诉，未经起诉者，审判厅概不受理"，确立了不告不理的原则。该章程第 110 条规定，"预审或公判时，均须检察官莅庭监督，并得纠正公判之违误"，《刑事诉讼律草案》第 331 条规定，"审判长对被告人为第三十六条之讯问后，检察官应陈述案件要旨"，第 332 条规定，"言辞辩论以前条检察官之陈述为开始期"，确立了检察官出庭支持公诉并监督庭审的

---

① ［日］河和弘之：《律师职业》，康树华译，77 页，北京，法律出版社，1987。

原则。《各级审判厅试办章程》第 59 条规定，检察官不服从第一审或第二审之判决，均可以提起上诉。[①]《刑事诉讼律草案》第 447、448 条规定，检察官对于已生效的刑事判决，有权提起再审，赋予了检察官通过上诉及提起再审的方法监督审判，纠正错误判决的权力。这些规定共同铸成了近代检察官作为法律守护人的角色，是检察官维护司法公正的利剑。以现代目光视之，这些法律规定不免简单、粗疏，但置其于王权专制传统深厚、法治文明新风初起的近代中国，它们对于维护司法公正仍具有重要意义。

① 清末审判采用四级三审制。

第十三章

律师制度的形成与发展

第一节
从讼师到律师

律师制度是国家司法制度的重要组成部分，它对于保护公民和社会组织的合法权利，促进和完善法制，具有重要的意义。但是，作为一种法律现象的律师制度，并不是随着法律现象的出现而出现的，而是法律发展到一定阶段的产物。中国是世界著名的文明古国，中国古代的法律制度独具特色，源远流长，但现代意义上的律师和律师制度却是在晚清才出现的。

一、中国的讼师现象及其历史命运

我国古代没有关于律师的记载，也没有律师的称谓。① 但我国古代社会中一直存在着似带有西方律师制度色彩的职业现象——讼师现象。

讼师，也称为"辩护士"、"刀笔先生"等等。在中国古代，据文献记载，诉讼代理活动最早起源于西周，《周礼·秋官·小司寇》载："凡命夫命妇不躬坐狱讼。"意思是说，得到皇帝赐封的人不必要亲自到公堂上进行诉讼。《周礼疏》对此的解释为："古者取囚要辞皆对坐，治狱之吏皆有威严；恐狱吏衷，故不使命夫命妇亲坐，若取辞之时，不是不坐，当使其属或子弟代坐也。"可见，在周朝，为了贯彻"礼不下庶人、刑不上大夫"的礼法，已经要求并允许在公堂上由他人代理有地位的人进行一些诉讼活动。

到了春秋时期，诉讼代理活动已经相当兴盛。现有史料表明，春秋时代的士荣和邓析是古代中国社会最早的辩护士代表人物。根据《左传记事本末（三）》记载，公元前 632 年（鲁僖公二十八年）冬，卫侯与卫国大夫元咺发生诉讼，卫侯因不便与其臣下同堂辩论，针

---

① 在中国古代社会，"律师"一词原本为佛家用语，指熟知戒律，并能向人们解说的人，参见《涅经·金刚身品》："能否佛法所作，善能解说，是名律师。"另"律师"一词也用于道家修行的品号，参见《唐六典·祠部郎中》："道家修行有三号，其一曰法师，其二曰威仪试师，其三曰律师。"由此可见，古代社会所讲的律师完全不同于近现代意义上我们所说的律师。

庄子代理卫侯参加诉讼，大夫士荣担任卫侯的辩护士出庭，因其精通法律[1]，在公堂上与卫国大夫元咺进行了十分激烈的辩论，竭力维护卫侯的利益。后晋文公断元咺在理，结果"杀士荣；刖庄子；执卫侯归于京师，置诸深室"。在春秋末期的辩护士中，邓析是比较典型的代表人物。据史料记载，邓析，春秋战国时期郑国人，曾任"郑国大夫"，提出"事断于法"，主张颁布成文法，他曾编纂了一部成文法，刻在竹简上，后世称之为"竹刑"。邓析不仅法律知识渊博，而且能言善辩，可以"操两可之说，设无穷之词"[2]，"持之有故，言之成理"[3]，他在助讼活动中，不以周礼为准，《吕氏春秋·离谓》说他是"以是为非，以非为是，是非无度，可与不可日变。所欲胜因胜，所欲罪因罪"。邓析不仅助人诉讼，而且广招弟子，聚众讲学，传播法律知识和诉讼方法，当时跟他"学讼者，不可胜数"。据《吕氏春秋·离谓》记载："与民有狱者约：大狱一衣，小狱襦裤。民之献衣襦裤而学讼者，不可胜数。"在春秋末期，除了邓析外，还有尹文子、淳于髡、惠施、公孙龙等讼师名家，由于他们"把自己的才学与民众的需要结合起来，助民诉讼，维护个体权益，勇于与官为难。他们执著认真，注重逻辑，善于思辨，崇尚法律"[4]，使得讼师在民间很受欢迎，也使得讼师职业形成了一定的风气。但是，也正由于他们的思想和行为经常针对统治阶级以及掌权者，危害了奴隶主贵族的统治，因而他们被统治阶级认为是欺惑愚众、唯利是图、巧辩而乱法的"诈伪之民"[5]。邓析最后被奴隶主处死正说明了作为辩护士的讼师现象已开始为奴隶主统治阶级所不容。到了战国时期，现有的史料已没有讼师活动的记载。

从秦朝开始直至唐、宋，作为辩护士的讼师现象也几乎绝迹。[6] 秦朝的"焚书坑儒"、汉代的"汉承秦制"及后来的"罢黜百家、独尊儒术"，使得作为辩护士的讼师已无太大存在的空间。在秦朝，"只是规定对具有爵位的贵族可以不必亲自出庭，由代理人参加诉讼；对于无爵位的人，自然不享有由别人代理诉讼的权利。"[7] 但是，从秦朝直至唐、宋，代书活动一直存在并得到官方的认可，"刀笔先生"仍然大有市场。《秦简》中"爰书"字样，《汉书·张汤传》注："爰，换也，以文收代替其口辞也。"王先谦《补注》："传爰书者，传囚辞而著之文书。"即替人书写或照实书写之意。由于"汉承秦制"，汉代的法律制度中依然存在

---

① "士荣必熟刑法者，惟其熟刑法者，故可以为大夫……"杨鸿烈：《中国法律发达史》，上册，55～56 页，上海，上海书店，1990。

② 刘歆：《邓析子·序》。

③ 《荀子·非十二子》。

④ 党江舟：《中国讼师文化——古代律师现象解读》，28 页，北京，北京大学出版社，2005。

⑤ 《吕氏春秋·离谓》。

⑥ 有学者认为："秦朝以后至唐、宋，中国法律上没有关于诉讼代理的规定。"谢佑平：《社会秩序与律师职业——律师角色的社会定位》，170 页，北京，法律出版社，1998。

⑦ 张晋藩主编：《中国司法制度史》，487 页，北京，人民法院出版社，2004。这个结论性意见，在《秦简》中得到了证实。在《秦简》中有两个案例可以说明：一是《黥妾》爰书的案例，某里公士甲捆送大女丙，控告说："本人是某里伍大夫乙的家史。丙是乙的婢女。乙派甲来说：丙精悍，请求对丙施加黥劓。"审讯丙，供称："是乙的婢女，没有其他过犯。"此案中的伍大夫乙有爵位，故不必亲自出庭，派家史代讼。二是《告臣》爰书的案例，某里士伍甲捆送男子丙，控告说："丙是甲的奴隶，骄横强悍，不在田里干活，不听从甲的使唤。请求卖给官府，送去充当城旦，请官府给予价钱。"审讯丙，供称："是甲的奴隶，确系强悍，不听从甲，甲没有解除丙的奴隶身份，丙没有其他过犯。"此案中的甲，由于是一个无爵位的士伍，故须亲自出庭诉讼，不能由他人代理。转引自党江舟：《中国讼师文化——古代律师现象解读》，32 页，北京，北京大学出版社，2005。

着代写诉讼书状的规定，如《侯栗君所责寇恩事》包括"爰书"二件，其中提到"爰书"共八处之多；《九朝律考》中也有史料证明汉代的代书制度应是被允许的，如"教人诳告罪"载："义阳侯卫山，太始四年坐教人诳告罪，弃市"；又如"马援从南方将军而归，带了一车薏米，颗大如珍珠，回家吃用。他死后有人告他贪污珍珠，宾客故人莫敢吊，同郡朱勃替他写了辩解书"。

到了唐代社会，一方面，由于经济交往中普遍使用契约文书，再加上唐律规定，很多民事交往必须严格遵守法定的程序，否则无效。伴随着这种社会要求，在社会上就出现了专门替人写契的书契人和提供民事交往服务的熟悉法律的职业人员；另一方面，唐代社会对于起诉的方式、诉状的书写格式、控告的受理等都有明确的法律规定，如唐律规定："诸其人罪，皆须注明年月，指陈实事，不得称疑。违者，笞五十。官司受而为理者，减所告罪一等。"也就是说，如果告状不合要求，本人要受到惩罚；如官府受理也要受罚；控告者必须逐级告诉，不得越级，违者也要受到处罚。然而，当时社会中绝大多数民众未受过教育，不识文字。一旦涉讼，不仅不知法律条款，就连如何告、如何应诉、如何撰写诉状也都一无所知，于是社会上出现了专门以帮助他人撰写诉状、介绍诉讼程序及注意事项为生的"为人作词牒者"①。由于"为人作词牒者"通晓法律，在能够保护当事人利益的同时，也增加了官府断案的难度，因此，官府对讼师的活动作了一些限制性规定，如《唐律疏议·斗讼》规定："诸为人作辞牒，加增其状，不如所告者，笞五十；若加增罪重，减诬告一等"，"诸教令人告，事虚应反坐，得实应赏，皆以告者为首，教令为从"。

宋代社会由于"民间'好讼'之风"蔓延，春秋以来专门教人词讼和谋划打官司的学问又风行起来。加之宋代对诉讼有严格的要求，如在宋初，《宋刑统》便明定了对于书写诉状的要求："皆须注明年月，指陈事实不得称疑"②，"其所陈文状，或自己书，只于状后具言自书，或雇请人书，亦于状后具写状人姓名、居住去处。如不识文字，及无人雇请，亦许通过白纸。"③宋朝法制不仅对诉状书写的要求逐渐严格，而且出现了经官府批准设立的代写诉状的书铺，起诉人须经书铺代写诉状，官府方为受理。诉状的内容与格式也有新的规定。宋人李元弼曾有以下记述："某乡某村、耆长某人、耆分、第几等人户、姓某，见住处，至县衙几里（原注：如系客户，即云系某人客户），听论人系某乡村居住，至县衙几里。右某，年若干，在身有无疾、荫（原注：妇人即云有无娠孕及有无疾、荫），今为某事，伏乞县司施行。谨状。某年某月某日某押状"④。正是由于社会的需要和法制的许可，宋代的代人写状、教人辞讼的讼师队伍得到了空前的发展，关于社会对讼师的称呼有九种之多也说明了这点。⑤但是，也正因为社会的需要和法制的许可，在讼师队伍发展的同时，由于缺乏对讼师活动有

---

① 《唐律疏议·斗讼》。

② 《宋刑统》卷二四，《犯罪陈首》门。

③ 《宋刑统》卷二四，《越诉》门，"准"后周广顺敕文。

④ 李元弼：《作邑自箴》，卷六。

⑤ 宋代讼师的称呼主要有以下几种："讼师官鬼"（见《明公书判清明集》卷十二《讼师官鬼》），"把持人"（见《明公书判清明集》卷十二《事事把持欺公冒法》），"假儒衣冠"、"无赖宗室"（见《明公书判清明集》卷十二《先治依凭声势以为把持县道者之警》），"茶食人"（见《明公书判清明集》卷十二《教唆与吏为市》），"哗鬼讼师"（见《明公书判清明集》卷十三《哗鬼讼师》），以及"健讼之民"、"佣笔之民"、"珥笔之民"等。参见党江舟：《中国讼师文化——古代律师现象解读》，49～51页，北京，北京大学出版社，2005。

效的规范和约束，讼师中有不少人以敲诈勒索、贿役通吏、坑蒙拐骗为业，讼师的社会声誉受到严重影响，甚至为百姓所不齿，史料记载，将讼师称为"讼师官鬼"、"哗鬼讼师"、"无赖宗室"等，正说明了这一点。

自元代开始直至明、清，法律虽然规定了一定范围的诉讼代理制度，如元代规定："年老笃疾残废人等如告谋反叛逆子孙不孝及同居之内为人侵犯者，听。其余公事若许陈告，诚恐诬枉，难以治罪，合令同居亲人属代诉，若有诬告，合行抵罪，反坐原告之人"①；"妇女若或全家无男子，事有私下不能杜绝，必须赴官陈告，许令宗族亲人代诉，所告是实，代理归结，如虑不实，止罪妇人，不及代诉……"② 明代规定："凡官吏有争论婚姻、钱债田土等事，听令家人告官理对，不许公文行移。"③ 明代同样对于 80 岁以上、10 岁以下以及笃疾者和妇人规定了"须家中壮丁"代理诉讼，只有在"若夫亡、无子，方许出官告对；或自受损伤，元子代告，许令告诉。"④ 另外，事关"子孙不孝，或己身及同居之内为人盗诈、侵夺财产及杀伤之类，听告"⑤。清代的代理制度基本沿用了元代和明代的规定，代理适用范围同样限于官吏和老废笃疾两部分人。从这些规定中可以看出，在元代、明代和清代，诉讼代理人仅限于亲属。因此，在元、明、清，讼师的活动基本上很少涉及代理，他们的主要活动仍然是帮助他人书写诉状等法律文书，此外，也教他人诉讼方法。⑥

元代讼师多以书状人为其表面公开身份，但暗中则是助讼的讼师。⑦ 元代讼师在不同场合被称为"书状人"、"蝇营狗苟之徒"、"哗强之人"、"恶少无赖"，他们不仅在民间地位不高、口碑不好，而且也遭到元代法律的规制和打击。如《元史·刑法志·杂犯》记载："诸恶少无赖，结聚朋党，陵轹善良，故行斗争，相与罗织者。"《元史·刑法志》强调："诸哗强之人，辄为人伪增箱面者，杖八十七，红泥粉壁识过其门。"

明代助讼之风开始盛行，尽管现存明代诉状上印有"状内无写状人名者不准"一条⑧，但是，明代尚无"代书人"专称，代书人并非为官方确定的"代书人"、"官代书"。为了打击讼师教唆或者扛帮当事人诉讼，明代法律也对代书人的代书行为作了极为严格的规定，以有力惩处教唆词讼的行为。《大明律·刑律·诉讼》规定："凡教唆词讼及为人作词状增减情罪诬告人者，与犯人同罪。若受雇诬告人者，与自诬告向。受财者，计赃以枉法从重论。其见人愚而不能申冤，教令得实，及为人书写词状面罪无增减者，勿论。"

与明代相比，清代有了"代书人"专称，诉讼强调诉状的"官代书"的重要性。清代的告诉状有明确的格式要求，只有"官代书"盖上自己专用的"戳记"，呈词才有效而被州县

---

① 《元典章》，卷五三，《刑部》一五，《诉讼·代诉》。

② 《元典章》，卷五三，《刑部》一五，《诉讼·代诉》。

③ 《明律·刑律·诉讼》。

④ 《明会典》，卷一七七，《刑部·问拟刑名》。

⑤ 《明律·刑律·诉讼》。

⑥ 明、清两代代写诉状等法律文书的讼师已成为普遍存在的一种法律现象，甚至社会中还出现了传授代写词状要领、方法的书和专门汇编的讼师词状例。如明代的《做状十段锦》、清代的《刀笔铦锋》、《刀笔菁华》、《惊天雷》、《相角》、《法家新书》、《刑台秦镜》、《新镌透胆寒》等。

⑦ 参见党江舟：《中国讼师文化——古代律师现象解读》，59 页，北京，北京大学出版社，2005。

⑧ 参见档案《明代文件》第 9 号，万历七年徽州府休宁县诉状。转引自张耕主编：《中国律师制度研究》，15 页，北京，法律出版社，1999。

印官衙门收受。而且，"凡原告状准发房，被告必由房抄状……被告抄状人手，乃请刀笔讼师，又照原词破调，聘应敌之虚情，压先攻之劲势。"① 即是说，被告人接到原告人起诉状副本之后，就可以聘请代书讼师针对原告状词代为写答辩状了。正因为此，清代对"代书人"作了更为具体的规定，并形成了一定的制度，如雍正七年（1729 年）定例："内外刑名衙门，务择里民中之诚实识字者，考取代书，凡有呈状，皆令其照本人情词据实代写，呈后登记代书姓名，该衙门验明，方许收受。无代书姓名，即行查究。其有教唆增减者，照律治罪。"② 清代"官代书"，原本是为了杜讼之弊，但是，仍有"劣衿莠民藐法唆讼，阳假代书之图记，实系讼师之捏词。"于是，又严饬代书，"务照本人情词据实开写，其有教唆增减者，照律治罪外，如有将讼师底稿嘱其誊写者，许令代书出首，按律治罪；如代书容隐不首，滥用图记，一体治罪；劣衿挑唆词讼、应加倍治罪"③。然而严厉的法条虽然能起到一定的遏止作用，却不可能杜绝"官代书"的枉法徇私以及未取得"官代书"合法身份的"讼师"在社会上大量存在。在诉讼中，常常是他们与实际操作诉讼的刑名幕吏多方联手，共同为恶，以至"偶遇小事小故，辄代驾虚词投官府，以疾病老死为人命，以微债索捕为劫夺，以产业交易、户婚干连者为强占、为悔赖"④。鉴于民间讼师包揽词讼，"以搬弄是非为得计，以颠倒黑白而迷人，每当两造纷争，从中构祸"⑤，《大清律例》严格规定禁止讼师构讼害民，并规定了地方官放纵讼师应负的责任："讼师教唆词讼，为害扰民，该地方官不能查拿禁缉者，如止系失于觉察、照例严处。若明知不报，经上司访拿，将该地方官照奸棍不行查拿例，交部议处"⑥。另外，清代经济的发展以及诉讼的增加，加之清代对诉讼状的严格格式要求和法律制度中规定了"官代书"，使得讼师职业得到了空前的兴盛和发展。讼师所从事的业务范围，虽然在法律制度层面上仍然是代书，但事实上，讼师活动除了代书外，还包括教学讼学、作为民间的调解人调停纠纷等业务，如清代人徐珂所著的《清稗类钞·狱讼类》记载："雍正时，松江有吴墨憨者，通晓律例，人请作呈牍，必先呵实情，理曲即为和解之，若理直，虽上官不能抑也。"

综观整个中国古代封建社会，"讼师"这一现象一直存在，甚至在某个朝代还很兴盛，这说明，讼师所从事的活动具有社会必要性，是为社会所必需的。因为在当时，若无专业讼师，普通人要进行诉讼将很困难，如告状，须先写状词，但要写成可被受理的状词并非容易，且当时读书识字的是少数人，何况写一份以"无讼"为追求目标的官员能认可的状词更非易事。即使案件受理，如何与衙门打交道，对于那些"足未尝一履守令之庭，目未尝一识胥吏之面，口不能辩，手不能书"⑦ 的田里农夫和市井百姓来说，无异于登天之难，讼师自然成为举足轻重之人物，因此当时的实际状况是提出诉讼的人"必求讼师代书"。但是，从中国古代讼师产生和存在的经济、政治和文化土壤看：首先，两千多年的中国封建社会，商

---

① 《福惠全书·刑名立状式》。
② 《大清律例》，《刑律·教唆词讼》。
③ 《清朝通典》，卷八五。
④ 《牧令书》，卷一八，王元曦：《禁滥准词讼》。
⑤ 《戒讼说》，卷一七，46 页。
⑥ 《大清律例》，卷三十，《刑律·诉讼·教唆词讼》。
⑦ 中国社会科学院点校：《名公书判清明集》，卷十二，北京，中华书局，1987。

品经济并没有随着历史的前进而逐渐发展发达，社会基本上是农业社会，社会结构相对比较简单，社会资源流动性小，虽然争讼不可避免并一直存在，但在这样的社会中，争讼发生的可能性相对于商品经济社会要小，争讼的案件类型也相对固定和简单，再加上农业社会的封闭性，许多纠纷都是按照习惯解决的，这决定了讼师所从事的活动空间和复杂性小，讼师活动发生质的变化的前提条件不具备；其次，中国古代是大一统的高度集权的专制社会，不仅普通百姓的政治地位低下，就连统治阶级内部，也是等级森严，基本没有民主可言，皇帝集立法、行政和司法大权于一身。而且中国古代的法律基本上贯穿着君主独揽司法、解释法律、决定法律最终适用的精神。再加之，中国古代诉讼制度始终贯彻着不同等级的人们在法律面前不平等的精神，实行着"凡有狱讼，必先论其尊卑上下、长幼亲疏之分，而后听其曲直之辞"①。这一现象表明，中国古代的社会政治、法律制度不仅不可能承认讼师的合法身份，而且也没有提供给讼师广阔的空间，在这样的制度下，对于争讼案件，讼师的活动不可能发挥有效的作用；再次，中国古代社会，在人与人关系相处上，崇尚儒家的基本价值观念，儒家学说崇尚社会的和谐、宁静，要求人们"修己安人"、追求"无讼"、遵守"和为贵"的人际交往准则，即使人们之间发生纠纷不得不上公堂，人们在诉讼活动中，既不重视法律、相信法律，也不相信讼师，而是将所有的希望寄托在"青天大老爷"身上，相信"为政在人"；最后，由于讼师的出身和来源，主要是一些"运途不畅的士人、吏人、干人、衙役宗室等子弟，以及家室富有、好勇斗狠之人"②，又由于在整个中国古代社会，讼师的活动缺乏有效的规范和约束，不少人以敲诈勒索、坑蒙拐骗来维持生计，这使得古代讼师的形象很难为老百姓所认同。以上这些原因，决定了中国古代讼师不可能真正取得合法的身份，他们的活动只能是一种半公开、半地下的民间活动，当国家的经济、政治制度发生质的变化后，传统的讼师现象也必然要发生质的变化。

二、租界司法权丧失与律师服务需要

1840 年，鸦片战争打开了中国长期闭锁的国门，自中英《南京条约》签订开始，英、法、美、德、俄、日等列强国家逼迫清政府与其签订了一系列丧权辱国的不平等条约。根据这些不平等条约，在中国沿海、沿江的 9 个城市开辟了通商口岸，各列强国家在这些通商口岸建立了近三十个租界。这些不平等条约以及租界的存在与发展，严重侵害了中国的国家主权，包括中国的经济自主权、行政管辖权和司法管辖权。

1843 年 6 月 26 日中英签订的《中英五口通商章程：海关税则》已从司法审判角度确立了领事裁判条款，其内容为："英人华民交涉词讼一款，凡英商禀告华民者，必先赴管事官处投禀，候管事官先行查察谁是谁非，勉力劝息，使不成讼。间有华民赴英官处控告英人者，管事官均应听讼，一例劝息，免致小事酿成大案。其英商欲行投禀大宪，均应由管事官投递，禀内尚有不合之语，管事官即驳斥另换，不为代递。倘遇有交涉词讼，管事官不能劝息，又不能将就，即移请华官共同查明其事，既得实情，即为秉公定断，免滋讼端。其英人如何科罪，由英国议定章程、法律发给管事官照办。华人如何科罪，应治以中国之法，均应

---

① 朱熹：《无刑录·三》。

② 党江舟：《中国讼师文化——古代律师现象解读》，144～149 页，北京，北京大学出版社，2005。

照前在江南原定善后条款办理。"① 1843 年 7 月中英签订的《五口通商附粘善后条款》中规定，英国人违反禁令，"擅到内地远游者，不论系何品级，即听该地方民人捉拿，交英国管事官以情处罪"②。1844 年 7 月中美签订的《中美五口贸易章程》即《望厦条约》进一步规定："合众国民人在中国各港口，自因财产涉讼，由本国领事等官讯明办理；若合众国民人在中国与别国贸易之人因事争论者，应听两造查照本国所立条约办理，中国官员均不得过问。"接着，法国、德国、俄国、日本、意大利、荷兰、比利时、西班牙等国都援英、美先例，相继攫取了在华领事裁判权，并在中国设有行使领事裁判权的专门司法审判机关，这些机关的确立破坏了中国司法审判权的独立自主及完整统一，使凡是享有这种特权的国家在中国的侨民，如果成为民刑诉讼的被告时，中国法庭无权裁判，只能由各该国的领事或者法庭裁判。1853 年小刀会起义时，英、美、法驻上海领事乘机攫取租界内包括两造均为中国人的全部司法诉讼案件的审判权，到 1858 年在《天津条约》中确认了此制度。1868 年清政府与英、美、法驻上海领事协议订立了《上海洋泾浜设官会审章程》，在租界内设立了"会审公廨"。但事后法国领事不甘受《会审章程》约束，另于法租界设立了"会审公廨"。"会审公廨"随后扩大到汉口、厦门、哈尔滨等地。随着世界资本主义发展到帝国主义阶段，外国侵略者攫取中国司法主权的活动更加猖獗。1902 年，列强在《上海租界权限章程》中确定："华人在租界违法犯罪，不通过会审，而由'租界公堂'审判；被告居住于公共租界，其司法审判归租界公堂管辖；若居住在法租界，则由法租界领事及租界法庭审理。""会审公廨"及后来的"租界公堂"实际上成为租界内的外国法庭，它不仅管辖发生在租界内的外国人的民事、刑事案件，还管辖两造为中国人的案件，而且适用该外国的司法程序审理案件。

图 13—1　上海租界的"会审公廨"在开庭审理案件

　　"会审公廨"及后来"租界公堂"的出现为外国律师提供了活动场所，一些外国律师漂洋过海来到中国。③ 起初这些外国律师只为在华的外国人提供法律服务，承办外国人之间的诉讼案件；后来也为租界中的中国当事人提供法律服务。1869 年 3 月 27 日，上海众船商登

---

　　① 《中外旧约章汇编》，第 1 册，42 页。
　　② 《中外旧约章汇编》，第 1 册，35 页。
　　③ 根据会审公廨档案资料记录，外籍律师 1866 年就有在洋泾浜北首理事衙门出庭的记载，参见中国人民政治协商会议上海市委员会文史资料工作委员会编印：《文史资料选辑》第 9 期，第 5 页。到民国初年，外籍律师数量大增，以上海为例，1915 年在会审公廨登录的外籍律师为 37 人，1916 年即增到 63 人，参见王申：《中国近代律师制度与律师》，125 页，上海，上海社会科学院出版社，1994。

报启示："我帮船只进出各口每遭外国火轮及夹板船碰撞，殊多纠葛。为此特聘请英国律师哈华德总理此事。"这是中国人最早聘请外国律师的例子。1875 年 4 月 4 日，中国轮船招商局的"福星"轮满载粮米、木料等货物由上海驶往天津，在撩木洋地面被英国怡和洋行的"澳顺"轮撞沉，死亡 65 人，货物全部沉没。案发后，招商局及遇难者家属起诉怡和洋行，并聘请英国律师但文代理诉讼。这是中国人首次聘请外国律师代理出庭参加诉讼。1903 年 5 月，设立于上海公共租界内的《苏报》相继发表了邹容、章太炎宣传反清革命的一系列文章，后邹容、章太炎被公共租界公部局逮捕关押，《苏报》被查封，1903 年 7 月 15 日至 12 月 7 日，公共租界"会审公廨"组成"额外公堂"审理"苏报案"。清政府在法庭上以原告身份控告邹容、章太炎"大逆不道"、"谋为不轨"。邹容、章太炎则公开宣布不承认"野蛮政府"所控罪状。双方自始至终都聘请外籍律师进行辩护，"额外公堂"于 1904 年 5 月 21 日判处邹容监禁 2 年、章太炎监禁 3 年，这就是著名的"苏报案"，该案是清政府在本国领土上以原告身份聘请外国律师控告其臣民，并由外国领事主掌审判权，实乃中国司法史上一大丑闻。[1] 而且，此时清政府并没有公开正式承认外籍律师的合法地位。

　　领事裁判权和租界公堂的存在，虽然严重侵犯了中国的司法主权，但也使得国人了解到了完全不同于中国封建法律制度的西方资产阶级法律制度。当国人发现，租界公堂里审理的案件，由于律师的出庭，使得当事人的权益在一定程度上得到较好的保护，这从客观上促进了中国社会对律师制度的认识及对律师业的了解和需求。到了 19 世纪 70 年代，"在属于会审公廨管辖的纯属中国国民之间的案件中，当事人也总是想方设法要求将案件当做中外国民混合案件来处理，以获得聘请律师的机会"[2]。王揖唐在记述 19 世纪 70 年代会审公廨审案情形时说："从前华案概不能延用律师。故华人欲延律师者，往往托为此案与西人有若何关系，使成为会审案（会审案件则可聘请律师）。而廨员则常注意于此。如查系假托，律师即不能到堂。自领事团干预以后，华案亦许律师辩护。此事于公廨审判案件，殊有便利之处。盖律师于案中有关重要之节目自能提出，不必屡屡细陈，以费时间，且免使当事者商诸讼师，以增其虚伪"[3]。由领事裁判权而导致的外籍律师在华活动的日渐增多以及社会媒介对外籍律师在华执业的宣传，清末社会有识之士开始赞成律师制度和律师执业，甚至提出培养律师的设想，如"仆则以为：我中国不乏颖秀之才。现在通西文西语者既多，宜令往西国律例学堂用心研究，学之既久，尽可从西人考试，充作律师。他日航海回华，即可主持讼事。经人延致，其费较轻，而律意精通，案情熟悉，以之辩驳，不致受亏。岂不一举而两得耶。"[4] 同时，这一由西方人带来的律师制度，在一定程度上也得到了清末统治者的认同。如清末修律大臣沈家本、伍廷芳对律师制度就极为欣赏，认为设置律师可以代原告被告申诉权利，无论对公对私均为有利，特别在通商各埠已准外国律师办案，如不及时补救，会使治外法权更形膨胀之势，因此中国律师制度必须尽快施行。1906 年，沈、伍二人在《进呈诉讼法拟请先行试办折》中更认为陪审制度和律师制度"俱我法所未备，尤为挽回法权最重之端"，乃"我

　　① 参见李力：《近代中国的律师观》，载刘笃才主编：《中国法治之路——20 世纪的中国法制变革》，140～141 页，北京，中国民主法制出版社，1996。
　　② 徐家力：《中华民国律师制度史》，3 页，北京，中国政法大学出版社，1998。
　　③ 王揖唐：《上海租界问题》，7～8 页，上海，商务印书馆，1924。
　　④ 《华人宜习西律说》，载《皇朝经济文新编·西律》，卷二。

国亟应取法者"①。又如两广总督袁树勋甚至径自开设律师研究班，并称其目的"为求通民隐、补助法权起见"。袁树勋在开设律师研究班后给朝廷上《拟开律师研究班以资练习》奏折，要求朝廷"饬下法部，悉心核议，仿照日本《辩护士法》，订定律师专法颁行；一面通饬各省审判厅，准用律师参与审问"②。特别是 1903 年的"苏报案"使他们对于律师制度有了一次切身的体会。"尽管最终判决并没有完全按照清政府的意愿，但清廷所聘请的律师达鲁芒德（Drummond）与库柏（White Cooper）在法庭辩论中的表现，包括对中西法律条款的熟悉、对诉讼程序的利用技巧，尤其是完全站在委托人的立场，为实现委托人的目的而反复论辩的态度和精神，使清廷对律师的从业原则和实际作用有了更清楚的认识。"③ 清廷派赴欧美日本考察法律的大臣亦多次倡言在中国推行律师制度，并说实行律师辩护是"有利无弊"的。尤其到了 19 世纪末 20 世纪初，中国社会的商品经济得到了一定发展，与国外交往进一步扩大，这也刺激了中国社会对律师的需求。当然，从根本上促使清末进行包括引进西方律师制度在内的修律活动的直接导因，乃是列强在中国治外法权的恶性发展，而各列强国坚持治外法权的理由之一便是在华外籍人员不应受到中国这种落后的法律制度的审判与制裁。当时，英、日、美、葡等列强诸国又承诺：如果中国进行法制变革，引进西方法律制度，他们则可以放弃治外法权。1906 年 4 月 25 日，修律大臣沈家本在上奏给朝廷的奏折中为了论证修律的必要性，强调："日本旧行中律，维新而后，踵武泰西，于明治二十三年间，先后颁行民事刑事诉讼等法，卒使各国侨民归其钤束，借以挽回法权。"④ 正是基于社会经济的发展、社会各界的呼吁以及列强各国的承诺，也是力图限制、乃至收回治外法权的需要，1900 年清政府下诏变法。在西方实行已达数百年的律师制度，也正式进入中国清末立法者的视野。

第二节
近现代律师制度的发展阶段

一、清末律师制度的创设

清朝末年，清王朝的统治危机逐步加深，不仅中国封建社会所形成的"传统诉讼审判机制在与租界内西方诉讼审判机制的对照下相形见绌，其不适应社会近代化的缺陷或弊端日益明显。"⑤ 而且原有的诉讼审判体制已经愈加不能适应维护统治的需要。在社会各界的呼吁下，也是为了收回治外法权，更是为了维护统治的需要，腐朽、闭关的清政府为求自保，于光绪二十六年（1900 年）底，发布变法诏书，"著军机大臣、大学士、六部九卿，出使各国

---

① 商务印书馆编译处：《大清光绪新法令》，第 19 册，上海，商务印书馆印本，清宣统元年。
② 《政府官报·奏折类》，宣统二年三月，第 881 号。
③ 徐家力：《中华民国律师制度史》，15～16 页，北京，中国政法大学出版社，1998。
④ 《大清法规大全·法律部》，卷十一。
⑤ 张培田：《中西近代法文化冲突》，182 页，北京，中国广播电视出版社，1994。

大臣，各省督抚，各就现在情形，参酌中西政要"① 各抒所见。光绪二十七年（1901 年），清廷又下诏表示，"择西法之善者，不难舍己从人；救中法之弊者，统归实事求是"②。光绪二十八年（1902 年）四月，清廷任命刑部左侍郎沈家本、出使美国大臣伍廷芳为修律馆总纂，主持法律改革。

本着同"西律改同一律"的修律目标，在改革诉讼审判制度的过程中，沈家本等修律大臣就非常重视律师制度的引进和建立。在光绪三十二年（1906 年），沈家本等人在制定《大清刑事民事诉讼法草案》时，其中有"我法未备，为挽回法权而亟应取法各国通例者"，即有"宜用律师"一款，文中称："按律师一名代言人，日本谓之辩护士。盖人因讼对簿公庭，惶惊之下，言词每多失措，故用律师代理一切质问、对诘、复问各事宜。各国具以法律学堂毕业者，给予文凭，充补是职。若遇重大案件，即由国家拨给律师，贫民或由救助会派律师代伸权利，不取报酬补助，于公私之交，实非浅鲜。中国近来通商各埠，已准外国律师办案，甚至公署间亦引诸顾问之例。夫以华人诉案，借外人辩护，已觉扞格不通，即使遇有交涉事件，请其申诉，亦断无助他人而抑同类之理。且领事治外之权因之更形滋蔓，后患何堪设想。拟请嗣后凡各省法律学堂，俱培养律师人才，择其节操端严，法学渊深，额定律师若干员，卒业后考验合格，给予文凭。然后分拨各省，以备办案之用。如各学堂骤难选就，即遴选各该省刑幕之合格者，拨入学堂，专精斯业。俟考取后，酌量录用，并给予官阶，以资鼓励。总之，国家多一公正之律师，即异日多一习练之承审官也。"③ 1906 年 3 月，沈家本、伍廷芳等修律大臣遵照"参酌各国法律，务期中外通行"的修律原则拟定完成了《大清刑事民事诉讼法草案》（以下简称《草案》）。该《草案》第四章为刑事民事通用规则，设律师、陪审员、证人及上控四节。之所以采用律师制度并将其列为一节，在沈家本、伍廷芳等修律大臣看来，采用律师制度则是"尤为挽回法权最重要之端"。该节共 9 条（《草案》第 199 条到第 207 条），分别规定了律师的资格、注册登记、律师职责、违纪处分、外国律师在通商口岸公堂办案等。该节第 1 条（《草案》第 199 条）开宗明义规定："凡律师，俱准在各公堂为人辩案。"对于这个《草案》，清廷下谕要求地方将军督抚体察情形，悉心研究。其中有无扞格之处，即行缕析条分、据实具奏。④ 朝廷谕旨下达后，各地官僚均反对该《草案》，认为《草案》对于现行法律变动过大，在很多方面不适应中国社会的国情民风，难以试办。山西巡抚恩寿在光绪三十三年（1907 年）二月初四日的奏折中称："惟中国当此预备之初，民间之知识未尽开通，新政之人材（才）尤须培植，晋省地偏西北，近数年来，风气虽已渐开，地方士绅尚未有输入法律思想，而审判人员亦非能仓卒养成。此原奏内陪审员、律师两项不免有待踌躇也。奉颁刑事、民事诉讼各法，大要准中国之情形。"⑤ 于是该《草案》被搁置。

《大清刑事民事诉讼法草案》虽然被搁置，但来自统治阶级上层要求设立律师制度的呼声却越来越强烈。1910 年，综理两广军民要政的两广总督袁树勋，上书朝廷奏请仿照日本《辩护士法》，订定律师专门法规颁行，"准用律师参与审问（判）"，袁树勋在《拟开律师研

---

① 《清德宗实录》，卷四七六。

② 《清德宗实录》，卷四八六。

③ 《光绪朝东华录》，光绪三十二年四月，5506 页。

④ 参见《清实录》，德宗朝，卷五五八。

⑤ 《宫中档光绪朝奏折》，第二十四辑，台湾故宫博物院，1975。

究班以资练习》奏折中强调："律师则据法律以为辩护，不独保卫人民正当之利益，且足防法官之专横而剂其平，用能民无隐情，案成信谳，法至美也"，而且，他还下令着手准备开设律师研究班以资训练。① 邮传部主事陈宗蕃也在 1910 年上书朝廷的"司法独立之始亟宜预防流弊以重宪政"奏折中说："律师之用，所以宣达诉讼者之情，而与推事相对待，有推事而无律师，则推事之权横而恣。今推事设矣，而录用律师，必迟至一二年以后，则奚以故？或谓律师关系甚重，必待造就相当之人才，始可立，否则弊与旧日之讼师等。固也。然推事关系尤重于律师，奚为不待诸人才造就以后。或谓考试法官与考试律师同年并举，事务太繁，故不可不分年筹办。然法部所司为何，岂此一请考官预备试卷之劳，而亦靳之。此所未解者一也。"② 奉天高等审判厅也呈送公文，催促朝廷尽快实施律师制度，呈文强调："查审判制度，各国虽略有不同，而利用律师以保障诉讼人之权利，征之东西各国，殆无不一致。我国省城及商埠审判厅业于年前次第成立，自应及时筹设律师，以为人民辩护之资……则律师一项正宜及时试办……"③ 1910 年，清朝廷委派出使欧洲各国考察司法制度的京师高等检察长徐谦、奉天高等审判厅厅丞许世英等人回国后，在提交给朝廷的《考察司法制度报告书》的"法部制度"一章中，重点提及律师制度，强调"一律师制度也。欧美虽法派不同，要使两造各有律师。无力用律师者，法庭给助以国家之律师。盖世界法理日精，诉讼法之手续尤繁，断非常人所能周知。故以律师辩护，而后司法官不能以法律欺两造之无知。或谓我国讼师刁健，法律所禁。不知律师受教育与司法官同一毕业于法律。其伸辩时，凡业经证明事实，即不准妄为矫辩。是有律师，则一切狡供及妇女、废疾之紊乱法庭秩序在我国视为难处者，彼皆无之。因律师之辩护而司法官非有学术及行公平之裁判，不足以资折服，是固有利无弊者也。"④

与此同时，重新修订编撰刑事诉讼法和民事诉讼法仍然也被列入《钦定逐年筹备事宜清单》中，根据修订法律馆的分工，从 1907 年起，由沈家本等负责刑事诉讼律和民事诉讼律的起草编定工作。经过四年的努力，到 1911 年 1 月，《大清刑事诉讼律》和《民事诉讼律草案》分别完成。1911 年 1 月 24 日和 1 月 27 日，沈家本等人在《大清刑事诉讼律》和《民事诉讼律草案》完成后，上呈清廷的奏折中，对设立律师的必要性再次作了阐述。在《大清刑事诉讼律》草案编成并奏呈朝廷的奏折中，强调辩护制度对于刑事诉讼原被告待遇同等的意义。在奏折中，沈家本认为："同等云者，非地位相同，指诉讼中关于攻击防御，俾以同等便利而言。盖原告之起诉既为暗习法律之检察官，若被告系无学识经验之人，何能与对待？故特许被告人用辩护人及辅佐人，并为搜集有利证据，与以最终辩论之权。庶两造势力不至有盈朒。"⑤ 在《民事诉讼律草案》完成并奏呈朝廷的奏折中，沈家本等强调"民事诉讼非俟人民起诉不能成立。既有起诉人，则必有相对人。起诉人一曰原告，相对人一曰被告，其受委任而从事诉讼者，则有诉讼代理人。其偕同而就审判者，则有诉讼辅佐人，命名既殊，地

位各异，唯讼庭责无旁贷，案牍绝少牵连。庶两造有平等之观，而局外免波及之虑"①。并认为："古代之社会法律，关系甚为简单，无诉讼代理之事，则代理制度无自而生。近世之社会，法律关系至为烦杂，非有法律知识及特别技能之人，不能达诉讼之目的。故各国咸认诉讼代理之制度，并认为诉讼代理为职业之律师制度。本案亦采用之。"② 关于律师制度的规定，沈家本等修律大臣认为："律师之职务有两种：律师在民事则为代理人，或辅佐人，在刑事则为辩护人。……故律师之执行职务为当事人，非为国家也。所以律师非官吏也。"③ 在新修订的《大清刑事诉讼律》第一编第二章中，设有原告官和被告人辩护人及辅佐人二节。在《民事诉讼律草案》第二编当事人中，设第三章为诉讼代理人、第四章为诉讼辅佐人。此外，在1909年颁布、试行的《各级审判厅试办章程》和1910年2月7日颁布的《法院编制法》中，均有关于律师代理、律师辩护等的具体规定。

上述情况表明，随着宪政改革、官制改革以及司法改革的全面推进，律师制度在全国各地的创设已成大势。这个时期关于律师制度的相关创设"系仿日、德之立法例"④。不久，因辛亥革命爆发，清朝被推翻，刚完成的以上法律有的未及审核与颁行；有的虽已审核、颁行，但还未来得及真正实施。但现代意义上的律师及其制度的雏形在当时已基本形成，上述法律中的有关律师制度的规定，为民国时期律师制度的正式建立，提供了范本，奠定了良好的基础。

清末初创律师制度的主要内容有以下几个方面：

首先，关于律师资格的取得，包括两部分人才：一是各省法律学堂培养的专门法律人才，合格者给予文凭，分拨各省以备办案之用，二是选派"刑幕之合格者"，送入法律学堂进行培训，以补学堂骤难造就之不足。

其次，关于律师从业资格的获得程序，要求：一是申请人需将律师文凭亲自持往省高等公堂核验，并立誓声明没有假冒情节；同时申请人需有两名殷实之人立誓具保。申请一经批准即可在公堂办案。二是外省办案，需重新履行申请手续。申请人被批准以后，应向公堂照章宣誓，宣誓内容：不在公堂作伪或许人作伪；不故意唆讼或助人诬控；不因私利倾陷他人；尽份内之责，务代授托之人辩护，恪守法律。

再次，关于律师应尽的责任以及违纪处分，律师应尽的责任包括对原告的责任和对被告的责任两方面。原告律师的责任包括：律师应为原告撰写状书等书面材料；与原告一起到法庭办理所控事件；法庭开庭时，在法庭上代原告向法庭陈述所控之事，就具体案情，询问原告及证人，对被告一方对原告及证人"对诘"之后，原告律师仍可进行复问；当被告一方对所控事实进行申辩之后，可针对申辩，当堂进行批驳，并与被告方进行辩护等。被告一方律师的职责主要是：为被告代为答辩状，收集有利被告的各种证据，以备呈上公堂；在公堂为被告进行辩护，并注意公堂审讯是否根据证据，依据法律；代被告对原告人及其证人进行对诘；在原告及其证人公堂陈述之后，陈述辩护词提纲，然后传唤被告一方证人上堂作证；被告一方证人作证后，再将辩护词结合公堂调查及例案情况进行论述，等等。律师如果违背上

① 茅彭年、李必达主编：《中国律师制度研究资料汇编》，332页，北京，法律出版社，1992。
② 茅彭年、李必达主编：《中国律师制度研究资料汇编》，333页，北京，法律出版社，1992。
③ 茅彭年、李必达主编：《中国律师制度研究资料汇编》，333页，北京，法律出版社，1992。
④ 茅彭年、李必达主编：《中国律师制度研究资料汇编》，334页，北京，法律出版社，1992。

述应尽职责，则要受停业、黜革、判刑等处罚。

最后，有关外籍律师的规定。《大清刑事民事诉讼法草案》允许外国律师在中国执业，其业务范围仅限于与其本国国民有关的案件。《草案》规定："凡通商口岸公堂，中外交涉之案有外国陪审者，亦可准外国律师上堂为人办案。"但在程序上外国律师需要其本国领事的核准，为此，《草案》规定："该律师经本国驻该地方之领事官已准该律师在该领事公堂办案者，方准上堂办案"。

二、南京临时政府、北洋政府的律师制度

1911 年，辛亥革命胜利，以孙中山为代表的资产阶级革命派在废除封建专制制度、打碎旧的国家机器的基础上，仿效西方资本主义国家，建立了以资产阶级为主体的南京临时政府。在辛亥革命期间，随着资产阶级民主思想的传播，司法独立、司法民主的观念也逐步深入人心，要求仿照西方国家的法治原则，建立新型司法制度的呼声更加高涨。此时，各通商口岸的律师业也得到了极大的发展，各地民间力量对律师制度的建立起到了巨大的推动作用。1911 年 12 月中旬，由原江苏巡抚程德全领导的苏州新政府首先展开律师考验作业，1912 年 1 月 6 日，第一批获得证书的苏州律师，正式开始出庭代人辩护。继苏州之后，杭州也于 1912 年 1 月 20 日组成辩护士会，努力推动辩护士法的立法工作。1912 年 1 月 28 日，上海律师界发起并在上海召开了中华民国律师总公会成立大会，选举蔡寅为临时会长。① 上海律师公会的宗旨为："调和学说，保障人权，以宣扬法律精神，巩固民国之精神，巩固民国之始基（法治）。"② 并制定了《中华民国律师总公会章程》，《章程》共 6 章 18 条，内容包括总纲、律师资格、会员、职员、职务、公费，规定了律师的职责以及管理制度等基本原则。1912 年 1 月 28 日，这之后，各地律师公会设立后纷纷备妥简章及会员名单，呈文向中央司法部请求立案。③ 因此，规范律师执业，建立律师制度成为南京临时政府司法改革的主要内容之一。

在司法改革过程中，孙中山始终主张并支持建立律师制度。孙中山认为"律师制度与司法独立相辅为用，夙为文明各国所通行。"南京临时政府成立以后，孙中山指令法制局起草律师法草案，他在律师法草案的批文中明确表示"现各处纷纷设立律师公会，尤应亟定法律，俾资依据，合将原呈及草案发交该局，仰即审核呈复，以便咨送参议院议决，切切此令。"④ 并要求"务必在南京临时政府的法庭中加以实施，以保护当事人的合法权益，并给广大群众以新的法律教育。"⑤ 临时政府的首任司法总长伍廷芳曾明确主张在诉讼中"准两造聘请辩护士到堂辩护"⑥。强调："法庭之上，断案之权在陪审员；依据法律为适法之裁判，在裁判官；盘诘驳难之权，在律师。"⑦ 临时政府的内务部警务司长孙润宇对律师制度颇有研

---

① 参见邱远猷、张希坡：《中华民国开国法制史》，621～623 页，北京，首都师范大学出版社，1997。

② 《法政杂志》第 2 卷第 2 号。

③ 参见孙慧敏：《中国律师制度的建立——以上海为中心的观察（1911～1912）》，载《法制史研究》，2001（2）。

④ 《孙中山全集》，第 3 卷，274 页，北京，中华书局，1984。

⑤ 张晋藩主编：《中国法律史》，536 页，北京，法律出版社，1995。

⑥ 转引自张晋藩主编：《中国司法制度史》，503 页，北京，人民法院出版社，2004。

⑦ 转引自徐家力：《中华民国律师制度史》，38～39 页，北京，中国政法大学出版社，1998。

究，推崇建立律师制度，曾拟《律师法草案》。1912 年 4 月 1 日《临时政府公报》刊登了《内务部警务司长孙润宇建议施行律师制度呈孙大总统文》，孙润宇在该文中强调："司法独立为法治国家分权精神所系，而尤不可无律师以辅助之。"他认为：清末颁行法院编制法，设置司法官厅，单仅在少数都会成立，而民间已咸称不便。司法机关之所以不能发展，是由于律师制度不能施行，因而人民对司法机关不免生出种种恶感；他进而剖析清朝旧制的劣习：其一，司法、行政掌于一人之手，诉讼胜败往往取决于诉讼者之人情权势之有无，"朝进苞苴，夕释狴犴。大绅一刺，小民覆盆，固已现为惯常"。其二，官吏听诉，惯行专制手段，枉尺直寻，惟意听欲。清末虽另设官厅，而司法人才缺乏，多以旧时官吏考充，他们不过粗习法政，旧时积习，渐染已深，时有渎职之行，授人以口实者。以一浊而累众清，此恶感之由于不肖法官者也。其三，从前受诉，胥归州县，并蓄兼收，无所区划。自清末设立司法官厅以来，分设审判厅、检察厅，案件亦有民刑之别，其间多有阶级权限之殊。诉讼人不察，动以管区违却，东西奔走，几于欲诉无门，此乃不谙法律之故也。该文明确提出借鉴外国的经验，建立我国的律师制度。强调诚以司法独立、推检以外，不可不置律师，与之相辅相制，从当前实际看，自光复之后，苏沪各处，渐有律师公会组织出现，于都督府领凭注册，出庭辩护，人民称便，足为民国司法界放一线之光明。但因无法可据，往往依都督个人之意向，可以存废。固各处已设之律师机关，非但信用不昭，且复危如巢幕。若竟中止，则司法前途势必重坠九渊。最后恳切表明："因此特于公余之暇，采取东西成法，就吾国所宜行者，编成《律师法草案》若干条，呈请大总统，准予咨送参议院议决施行，庶司法机关得以完固，民间冤抑凭以雪伸。"[①] 与此同时，南京临时政府各部门也都纷纷行动，从官制、立法、舆论等方面为律师制度的正式确立创造条件。南京临时政府成立后，设立司法部为中央政府九部之一。其职掌就包括对于律师业务的管理。《司法部官职令（草案）》第 2 条规定："司法部承政厅除《各关官职令通则》所定外，并掌事务如下……（四）关于律师之身份事项"。很快南京临时政府法制局起草了《律师法草案》，但因临时政府仅存在了 3 个月便解散而没来得及颁布和实施。当然，对于是否立即建立律师制度，在这一时期，也有不同声音，1912 年 3 月 29 日《司法部批李水龄等请承认组织临时律师会呈》指出："该生等为保护人民权利，慎重诉讼事件起见，拟组织临时律师会，意图可嘉。但律师会会员必须有律师身份者，方为合格。律师身份应由法律规定。纵有临时录用者，亦必系临时规则所认许。此等事件，本部自有斟酌。该生等所请着毋庸议。"[②]

1912 年 4 月，袁世凯窃取政权后，开始北洋政府统治时期。1912 年 6 月 17 日，参议院审议通过《司法部官制》，对原南京临时政府所拟《司法部官职令（草案）》进行修改，但管理律师业务的职掌仍被保留。原承政厅改为总务厅，《司法部官制》第 5 条规定：总务厅"除《各部官制通则》所定外，掌事务如左……（三）关于律师事项。"1912 年 5 月 13 日，北洋政府司法总长王宠惠在参议院第五次会议中提出司法院致力解决五大问题，其中就包括律师辩护制度。王宠惠认为："近今学说以辩护士为司法上三联之一，既可以牵制法官而不至意为出入，且可代人之诉讼剖白是非，其用意深且远也。且以中国现状而论，国体已变为

---

①　转引自张晋藩主编：《中国司法制度史》，503 页，北京，人民法院出版社，2004。

②　邱远猷、张希坡：《中华民国开国法制史》，623 页，北京，首都师范大学出版社，1997。

共和，从事法律之人当日益众。若尽使之为法官，势必有所不能。故亟宜励行此制，庶人民权利有所保障，而法政人才有所展布。此关于辩护制度之所以亟宜创设者也。"① 1912 年 9 月 16 日，参照欧洲大陆国家及日本的律师制度并结合国情，北洋政府制定了《律师暂行章程》，并于 9 月 19 日公布，这是中国历史上第一部有关律师制度的成文法规，标志着现代律师制度在中国正式确立。该章程分为"律师资格"、"律师证书"、"律师名簿"、"律师职务"、"律师义务"、"律师公会"、"律师惩戒"等 7 章及附则，共 38 条，内容基本涵盖了现代律师制度的所有重要方面。在 1912 年末，根据《律师暂行章程》的规定，举行了民国第一次全国律师资格考试。《律师暂行章程》主要内容为：

第一，关于律师资格的取得。《律师暂行章程》第 1 章中规定，充任律师者，必须为中华民国人民，满 20 岁以上之男子，具备这些条件者，方可参加律师考试以取得律师资格，或者以其符合法律所规定的免试资格而直接获得律师资格，但曾处徒刑以上之刑者（国事犯已复权者不在此限）或受破产之宣告确定后尚未有复权之确定裁判者不得充任律师。参加律师考试资格者主要有三类：一是曾经接受过系统的法律教育者；二是现从事法学教育者；三是有一定的法律职业经历者，如曾经担任过推事、检察官的，均可参加律师考试。此外，对于在外国大学或专门学校修法律学或法政学 3 年以上，获得毕业文凭的；在国立、公立大学或专门学校修法律学 3 年以上，获得毕业文凭的或教授《律师考试章程》内主要科目之一满 3 年的等，均可以不参加律师考试，直接获得律师资格。

第二，律师执行职务和义务。《律师暂行章程》规定，律师受当事人之委托或审判衙门之命令，在审判衙门执行法定职务，并得依特别法之规定，在特别审判衙门行其职务；申请执业律师者，不得兼任有俸给之公职，不得兼营以营利为目的之商业，兼任国会或地方议会议员、国立公立学校教授或执行官署特命之职务者以及得到律师公会许可者不在此限；律师非证明其有正当理由不得辞审判衙门所命之职务；律师受诉讼事件之委托而不欲承诺者，应即通知委托人，律师不发前项通知或通知迟延者应赔偿因此所造成的损害；律师不得收买当事人间所争之权利；等等。

第三，对律师的管理。《律师暂行章程》规定了司法机关、行业团体两机构双重管理机制。律师通过考试或因符合法定免试条件而取得律师资格后，若要正式执业，首先必须在审判机关实行登录。律师登录的直接主管机关为各省高等审判厅。根据《律师暂行章程》，已领证书的律师，应在准备执业区域内的高等审判厅登录于律师名簿。登录后，高等审判厅通知本辖区的各级审判机构，准予该律师执行职务；同时，开始实施对该律师的监督、管理。对于律师执业的管理和监督，除了由司法机构通过名簿登录实现外，《律师暂行章程》还规定，由属于民间团体的律师公会对执业律师的业务活动进行经常性监督，律师非加入律师公会，不得执行职务。

第四，对律师的惩戒。依据《律师暂行章程》，对于律师的惩戒，必须依法提起诉讼，由司法机关按照法定程序确定惩戒与否。地方检察长对于执业律师，如认为其行为有违反法律规定、应予惩戒者，即可依其职权，呈请高等检察长，提起对该律师的惩戒诉讼于高等审判厅；律师公会对于律师惩戒的声请，也必须经由地方检察长呈请，不得径自呈请。被惩戒

---

① 转引自罗志渊：《近代中国法制演变研究》，413 页，台北，正中书局，1976。

律师或高等检察长对于惩戒裁判有不服者可以向大理院提起上诉。惩戒处分有训诫、五百元以下罚款、二年以下停职、除名四种。

1913年12月27日，北洋政府首次对该章程进行修正，对律师的惩戒改由各省高等审判厅所专设之律师惩戒委员会审理，不再采取诉讼程序方式。1915年，为了防止律师与法官狼狈为奸，影响司法公正，北洋政府司法部规定了律师的回避制度，禁止曾担任过法官、检察官以及法院、检察厅书记的律师，三年之内在其原机构辖区内执业。1916年10月24日，《律师暂行章程》第二次重新修订颁布，严格律师资格的取得。1917年11月23日、1920年4月19日、1921年12月，又三次对《律师暂行章程》进行了修正，修正的主要内容是：放宽免试取得律师资格的范围，缩小律师执行职务的区域，一名律师只能在其登录的地方审判厅所管辖的区域内执业、删除律师公会关于律师公益事件方面以及对检察厅之建议权。从北京政府对《律师暂行章程》的多次修正可以看出该政府对在中国建立起律师制度是十分重视的。此外，北洋政府自1912年到1926年间，还制定颁布了一系列有关律师制度的相关法规，如《律师应守义务》、《律师登录暂行章程》、《律师考试令》、《律师考试规则》、《律师甄别章程》、《律师惩戒会暂行规则》、《无领事裁判权国律师出庭暂行章程》，等等。这些法规的制定和实施，表明我国的律师制度已初步建立，近代律师法律体系已初步成型。

当然，由于北洋政府时期实质上是军阀混战时期，政治不稳定，审判机关也不健全。民国初年，除在省一级及中央的体制中确立了分权体制外，省以下的地方政府仍然是沿袭传统的司法、行政合一的体制，上述立法在实践中并未得到很好的施行。尤其是1913年，北洋政府司法部以第411号令颁布的《未设审判厅地方诉讼暂不用律师制度》，更是在法律上否定了律师制度在全国范围的实施。该法令强调："律师制度，为司法上三大职务之一。所以任当事人之辩护，防司法官之擅专，关系至为重要。顾行之于设备完全法庭，始能收互相为用之功，而无偏重不全之弊。查《律师暂行章程》第二十一条，内开'律师应于执行职务之审判衙门所在地置事务所。置前项事务所后，应即报告于各该级审判厅级检察厅'等语。是律师执行职务，当然在成立之审判厅。条文规定，本甚详明。惟恐解释太宽，转滋误会。合行明白宣告：凡未设立审判厅地方，诉讼事件，概暂不用律师制度。俟各处设有完全司法机关，再照现章办理。除令行高等审判、检察厅司法筹备处长外，仰该处长转饬暂时行使司法权之各县两长，转饬各该省律师公会，一体遵照此令。"另外，在北洋政府出台的《县知事兼理司法事务暂行条例》和《县知事审理诉讼暂行章程》中，更明确规定凡是未设新式法院各县之司法事务，委任县知事兼理，不实行律师制度。也就是说，现代律师制度在中国的实施，仅局限于大理院、各高等审判厅，以及为数甚少的地方审判厅。尽管如此，在北洋政府时期，由于律师制度的确立，还是直接促进了律师职业的兴起，据记载，到北洋政府末期，我国的从业律师人数达到了约3 000人左右①，并出现了像刘崇佑、施洋、沈钧儒这样的著名律师。其律师立法及司法活动为南京国民政府律师制度的建设和发展积累了丰富的经验。

三、南京国民政府的律师制度

1927年，南京国民政府成立。南京国民政府一方面沿袭北洋政府的律师制度，另一方

---

① 参见陈卫东、王福家主编：《中国律师学》，44页，北京，中国人民大学出版社，1990。

面，根据当时的社会情况和律师业的发展需要，对北洋政府的律师法律、法规进行了修正并制定出台了一些新的律师法规。

1927 年 7 月 23 日，南京国民政府在北洋时期颁行的《律师暂行章程》的基础上，修正颁布了《律师章程》和《律师登录章程》，与《律师暂行章程》相比，最大的变化就是取消了女子不能从事律师职业的规定；律师年龄提高到 21 岁以上；明确和加强了政府对律师的管理，尤其是对律师公会的监督和对律师的惩戒措施。1927 年 8 月 10 日，南京政府司法部还颁布了《甄拔律师委员会章程》，经过 1928 年和 1933 年的修订，《甄拔律师委员会章程》对于通过甄拔获取律师资格的条件作了重大修改，提出了以下严格的要求：在国立或经最高教育行政机关立案或承认的国内外大学、独立学院、专门学校学习法律之学满三年以上，得有毕业证书者，只有同时具备以下条件之一，方能接受甄拔：（1）成绩特别优秀；（2）毕业后进入研究院从事法律研究达一年半以上，类似于硕士课程者；（3）毕业后出国留学，研究法律一年半以上；（4）毕业后写作、出版了关于法律主要科目的著作；（5）毕业后在国立或经最高教育行政机关立案或承认的国内外大学、独立学院、专门学校讲授法律主要科目一年以上；（6）毕业后在司法或司法行政机关任委任以上实职一年以上；（7）毕业后参加文官高等、普通考试或县长、承审员考试，成绩及格者。另外，对于在国立或经最高教育行政机关立案或承认的大学、独立学院、专门学校讲授民、刑事法律五年以上的教师可以甄拔获取律师资格。在当时，从甄拔获取律师资格的条件看，这些条件比对国民政府的法官和检察官的要求还严，之所以这样规定，国民政府《律师法》的主要起草人赵琛认为："一、律师兼办事实审、法律审之诉讼事件，非有比较高深之法律知识，焉能胜任；二、律师经办案件，报酬远较法官为厚，职业也较自由，则其资格之取得，自不应流于宽滥；三、律师散处民间，日与社会接触，其行为是否失检，势不能如法官之可随时加以监督，故特严定其资格，提高其地位，使之厚自爱重，以转移社会之观感。"[1]

1929 年 5 月 11 日，南京政府司法部又在北洋政府《律师惩戒会暂行规则》的基础上，详细规定了律师惩戒委员会的组织、惩戒事件审查和评议，被惩戒对象申请不服的程序，复查律师委员会组织等内容。1941 年 9 月 13 日司法院正式颁布了《律师惩戒规则》。

1935 年南京政府开始起草《律师法》，经过五年的努力，到 1940 年《律师法》由立法院审议通过并于 1941 年 1 月 11 日正式颁布施行，该《律师法》共 48 条。其后，根据《律师法》的规定，又分别于 1941 年 3 月 24 日，司法院公布施行了《律师法施行细则》；1941 年 9 月 11 日司法行政部公布施行了《律师登录规则》；1945 年 9 月 23 日，考试、司法、行政院会同颁布实施了《律师检核办法》；等等。又由于在 1943 年，美、英、法等国先后撤废其在华的领事裁判权，这些国家在撤废其在华的领事裁判权时，分别与南京国民政府签订了条约，"在新签订的条约中都规定，在司法领域，中国与其他国家采取对等互惠的原则"[2]，因此，为了履行和规范条约约定的内容，1944 年司法行政部制定颁行了《外国人在中国充任律师办法》；1948 年 12 月南京国民政府公布实施了《外国人应律师考试条例》。而且，从 1941 年到 1949 年，根据社会的发展和完善律师制度的需要，南京国民政府又对《律师法》进行

---

① 转引自杜钢建、李轩：《中国律师的当代命运》，21～22 页，北京，改革出版社，1997。
② 张晋藩主编：《中国司法制度史》，539 页，北京，人民法院出版社，2004。

了三次修正，分别是 1945 年 4 月 5 日对《律师法》予以全面修正，该次修正涉及 1941 年《律师法》中的十多个条文，并增加了"律师不得以自己或他人名义刊登迹近恐吓之启事"和"外国人在中国参加律师资格考试和从事律师职业的有关规定"，条文由原来的 48 条增加到 51 条；其后，又分别于 1948 年 3 月 24 日和 1949 年 1 月 4 日两次对《律师法》第 30 条予以修正。这期间，在对《律师法》进行修正后，司法院也于 1943 年 12 月 25 日和 1945 年 10 月 8 日《律师法施行细则》进行了修正，1946 年 6 月 17 日修正第 4 条；1948 年 4 月 13 日修正第 4 条。这些立法逐渐替代了北洋政府的律师法规，初步构建了国民政府比较完整的律师法律体系，使得中国近代律师制度的发展有了真正意义上的法律保障，《律师法》和相关律师法规的内容主要有：

第一，关于律师资格。《律师法》规定，取得律师资格的途径有两个：分别是经律师考试及格者和检核合格者。经检核合格取得律师资格者必须具有下列资格之一：（1）曾任推事或检察官者；（2）曾在专门以上学校讲授主要法律科目二年以上者；（3）法科三年毕业，曾任荐任司法行政官，办理民刑事务二年以上者；（4）曾任立法委员三年以上者。依照《律师法》的规定，取得律师资格者有下列行为之一，即丧失律师资格：（1）背叛中华民国者；（2）曾受一年有期徒刑以上刑之宣告者；（3）曾受律师除名处分者；（4）曾任公

图 13—2　南京国民政府颁发的律师证书

务员而受免职处分者；（5）亏空公款者；（6）受破产宣告，尚未复权者；（7）吸用鸦片或其他代用品者。从实际情况来看，南京国民政府颁布施行《律师法》以后到 1949 年南京国民政府被推翻，仅组织过一次律师资格考试，真正通过专门考试取得律师资格的仅有一人；通过司法行政部检核取得律师资格的却有 2 284 人之多。①

第二，关于律师公会。《律师法》第 9 条规定，律师非加入律师公会，不得执行职务；在一地方法院登录的律师满 15 人者，即可以在该法院所在地设立律师公会；其未满 15 人者，应暂时加入临近地方法院所在地之律师公会，或临近之地方共同设立律师公会。《律师法》还规定，律师公会作为律师的职业自治团体，主要可以行使以下两方面的权力：（1）依法制定本公会的章程。在章程中具体规定律师入会、退会，律师作为公会会员应享有的权利，应尽的义务；律师代理民事、刑事诉讼及非诉讼案件的收费标准；本公会律师应遵守的风纪，轻微违反风纪的处罚；本律师公会职员选举、召开会议的规则等。（2）律师公会可以就法律、命令以及律师公会章程所规定之事项集会讨论。会议决议对会员具有约束力；律师公会集会议决司法院、司法行政部或首席检察官所咨询之事项，具有法律拘束力，关于法令修改、司法事务或关系律师共同利益之事项，律师公会有权向司法院、司法行政部或法院提出建议案。关于律师公会的职责，《律师法》第 16 条规定："律师公会除下列事项外，不得提议或决议：（1）法律命令及《律师公会章程》所规定之事项；（2）司法院司法行政部、法

---

①　参见任拓书编著：《中华民国律师考试制度》，145 页，台北，正中书局，1984。

院或首席检察官所咨询之事项；（3）关于法令修改司法事务或律师共同利益，建议于司法院司法行政部或法院之事项"。关于对律师公会的监督、管理机制，《律师法》第 10 条规定："律师公会受所在地法院首席检察官之直接监督"。1945 年修订《律师法》，对原有监督管理机制作了重大调整，在原有的检察官监督制之外，增加行政机构的行政监督，从而确立司法、行政等机构多重监督的体制。修改后的《律师法》第 10 条规定："律师公会之主管官署，在中央为社会部，在地方，为省、市、县社会行政主管机关。但其目的事业应受司法行政部及所在地地方法院首席检察官之指挥、监督"。

第三，关于律师执业机构和律师执业规则。《律师法》第 20 条规定，"律师应于执行职务之地方法院所在地设事务所，并报告法院及检察处。但同一地方法院管辖区域内，不得设二个以上之事务所，并不得在任何地区另设任何类似之名目"。律师只有受当事人之委托或法院之命令，才能在法院执行法定职务以及办理其他法律文件。《律师法》规定，律师执行职务应当切实履行下列义务：（1）执行法院所命职务之义务。律师非经释明有正当理由，不得辞法院所命之职务；（2）委托事件之忠实执行义务。律师接受事件之委托后，应忠实搜求证据，探究案情；（3）不得无故终止委托事件契约义务。律师必须依据法律维护委托人的合法权益，非有正当理由，不得解除与委托人之间的代理协议；如果有正当理由解除代理协议，也必须"于审期前十日通知委托人"，在未得委托人同意前，不得中止进行；（4）严格回避义务。《律师法》规定，律师与执业区域的法院院长或首席检察官有亲属关系（包括配偶、五等血亲、三等姻亲），那么该律师不能在这一法院的辖区内登录执业；如果律师与承办具体案件的推事及检察官有亲属关系（包括配偶、五等血亲、三等姻亲），那么律师应就该推事、检察官直接处理的案件进行回避；此外，《律师法》还规定，律师对于法院及委托人不得有蒙蔽或欺诱之行为；不得有足以损及其名誉或信用之行为；在法庭执行职务时，应遵守法庭之秩序的义务；不得为招揽业务，而有建讼、挑讼的行为；不得代当事人为显无理由之起诉、上诉或抗告；不得受让当事人间系争之权利；不得与司法人员进行不正常交往；不得兼任公职，不得兼营商业；等等。

第四，关于外国人在中国充任律师的规定。依据《律师法》、《外国人在中国充任律师办法》和《外国人应律师考试条例》的规定，中国政府允许外国人在华充任律师，但以双边互惠原则为基础；获准在中国取得律师资格、执行律师业务的外国人，必须依照中国相关法律的规定参加律师考试或依法接受司法行政部的检复，才能取得律师资格；取得律师资格之后，若要执行律师业务，还必须加入执业地区的律师公会，遵守中国关于律师之一切法令及律师公会章程；外国人在中国执行律师业务的过程中，在法庭上必须使用中国的语言和文字，在经过法庭许可的情况下，可以携带翻译共同出庭，向法庭提交的法律文书都必须有具备法定效力的中文文本；外国人在中国执行律师职务，如果违反中国法令以及律师公会的规章，除依法令惩处外，国民政府司法行政部可以对违反法纪的外国律师处以注销律师资格证书、撤销执业许可的处罚。

第五，关于律师惩戒。律师有违反《律师法》等相关法令以及违反《律师公会章程》的行为，情节重大者，应依法予以惩戒。《律师法》规定了四种惩戒措施，分别为：警告、申诚、二月以上二年以下之停止执业、除名。执行律师惩戒的机关为律师惩戒委员会，由高等法院院长、庭长、推事四人组成，院长为委员长；被惩戒人或高等法院首席检察官不服律师惩戒委员会的惩戒决定者，可以向律师惩戒复审委员会申请复议；律师惩戒复审委员会，由最高法院院长、庭长、推事四人组成，院长为委员长。

南京国民政府时期，律师自治性社会团体建设也不断得到完善。在 1919 年 11 月，为了参加在日本举行的国际律师协会大会，上海、北京、南京等地律师公会按照全国教育联合会、全国商会联合会的组建模式，组建了全国律师公会联合会。① 但该联合会组织松散、活动甚少，无法承担起应有的职责。为了密切彼此之间的联系，改良"国内法律暨司法制度"② 与统一法权，1928 年 6 月，上海、汉口、广州、天津等地律师公会纷纷倡议在联合会的基础上成立中华民国律师协会，并在上海召开了中华律师协会会议，会议确定中华律师协会以"促进政府修订法律，厉行法纪，维护国家主权，废除不平等条约，撤销领事裁判权，整束律师风纪，砥砺律师品德，提高律师地位，阐扬中华法系，并研讨世界法学为宗旨"③。之后，经过积极筹备，1929 年 5 月中华民国律师协会在南京召开成立大会，宣布"以运动法治为最高使命"④。律师协会成立后即在全国范围内发起了一场旨在保障人权、改良司法制度的冤狱赔偿运动。1928 年南京国民政府在制定《刑事诉讼法》时，没有对冤狱赔偿问题加以规定，这引起了律师界的极大关注。1931 年全国律师协会在杭州召开第三届代表大会时，在会上就通过了《政府对于过误裁判施行国家负赔偿责任之制度案》，并正式提交国民政府，以督促立法院拟订冤狱赔偿法草案。在 1931 年的提案没有获得国民政府回应的情况下，律师界没有灰心。1932 年 5 月，律师协会专门成立了"冤狱赔偿委员会"。1933 年 6 月在青岛召开全国律师协会第五届代表大会时，著名律师沈钧儒代表上海律师公会向大会提出了《请立法院即行制颁冤狱赔偿法案》，同时提交了由上海律师公会拟订的《冤狱赔偿法草案》。最后全国律师协会将以上两项提案作为大会提案，提交于南京国民政府。南京国民政府顾忌到冤狱赔偿法会助长民主运动，因此对全国律师协会的提案再次予以搁置。1934 年 9 月，律师协会第六届全国代表大会在广州召开，并推举上海律师公会代表沈钧儒、汉口律师公会代表萧崇勋、九江律师公会代表刘陆民、广州律师公会代表莫培元、天津律师公会代表唐宝锷等人组成"冤狱赔偿运动委员会"，该委员会成立后先后拟订并公开发布了《冤狱赔偿法原则草案》、《冤狱赔偿运动大纲》、《冤狱赔偿运动宣言》等文件，在全国掀起了声势浩大的冤狱赔偿运动，最终迫使国民政府着手研讨制定《冤狱赔偿法》。抗战胜利后，南京政府社会部指定江一平、戴天球、戴修瓒、王国鸿等著名律师负责筹备中华律师公会全国联合会，1948 年 9 月 9 日，全国律师公会在南京召开了第一届大会。大会决议通过了《中华民国律师公会全国联合会章程》，大会决定，9 月 9 日为中华民国律师节。《中华民国律师公会全国联合会章程》设总则、会员及其代表、职员及选举、会议、经费及会计和附则六章共 24 条，第 3 条明确阐明律师公会全国联合会的宗旨为："本会以促司法及法律制度之革新、砥砺律师之品德、增高律师地位、并阐扬中华法系、沟通世界法律思想为宗旨"。此后，律师公会全国联合会还与世界律师组织建立了联系。

① 参见杭县律师公会：《杭县律师公会十周年纪念集》，1924 年编印。
② 广州律师公会：《中华民国律师协会第六届代表大会特刊·闭会宣言》，1934 年编印。
③ 转引自杜钢建、李轩：《中国律师的当代命运》，23 页，北京，改革出版社，1997。
④ 中华民国律师协会：《中华民国律师协会第五届代表大会特刊》，1933 年编印。

第三节
近现代律师制度的内容变迁

一、律师的身份和资格变迁

由于律师职业的特殊性和在社会法制推进以及司法制度运行中的重要性，世界上任何一个国家在律师制度中都会重视对律师身份和资格的规定，都要求法律明确律师的身份并对充任律师者在资格上加以限制，以保障律师执业和律师队伍的素质。

（一）律师身份的变迁

清末，在律师制度的引进和筹建过程中，关于律师的身份一直没有在立法上予以明确确立。在沈家本、伍廷芳等人 1906 年拟定的《大清刑事民事诉讼法》（草案）有关律师规定的 9 个条文中，没有专门的法律条文对律师身份加以确立，从所有 9 个条文中也看不出有关律师身份的确定内容。在其后的《各级审判厅试办章程》、《法院编制法》以及 1911 年 1 月的《大清刑事诉讼律草案》和《大清民事诉讼律草案》中，也没有明确律师的身份。但是，沈家本、伍廷芳等修律大臣在上奏朝廷的奏折中，在论证说明律师制度的设立必要性和有关律师制度的具体问题时涉及关于律师身份的说明。光绪三十二年（1906 年），沈家本、伍廷芳向朝廷上奏折《进呈诉讼律拟请先行试办折》中，沈家本、伍廷芳等提出，"对于从律师业者，俟考取后，酌量录用，给予官阶，以资鼓励"。又说"拟请嗣后凡各省法律学堂，俱培养律师人才，择其节操端严，法学渊源，额定律师若干员，卒业后考验合格，给予文凭。然后分拨各省，以备辩案之用……总之，国家多一公正之律师，即异日多一习练之承审官也。"① 宣统二年（1910 年），沈家本、俞廉三在上奏朝廷的奏折中，强调说明："律师之职务有两种：第一，律师在民事则为代理人，或辅佐人，在刑事则为辩护人。而与审判衙门共事之司法机关也。故其职务实为公法上之职务。以能达民刑诉讼之目的，而收善良之结果为贵，不徒以谋当事人之利益为能。此所以为律师者必应具有法定之资格也。第二，律师在民事则因当事人委任为代理人或辅佐人，以从事于诉讼行为与非诉讼行为，而保护当事人之利益；在刑事则为辩护人，以保护刑事被告人之利益。故律师之执行职务为当事人，非为国家也。所以律师非官吏也。由前之说，律师对于国家，应从律师法之所定与官吏负同一之义务；由后之说，律师对于当事人，则有诉讼受任之关系。此所谓律师之职务有两种也。"②

从这些说明中我们可以看出，清末修律新政中，清朝统治阶级虽然意识到律师身份问题是设立律师制度的关键问题，但对于律师身份的确立存在模糊的认识，一会儿将律师与承审官相提并论，认为律师是执行"公法上之职务"，甚至提出"对于从律师业者，俟考取后，酌量录用，给予官阶，以资鼓励"；一会儿又认为"律师之执行职务为当事人，非为国家也。

---

① 《光绪朝东华录》，光绪三十二年四月，5506 页。
② 茅彭年、李必达主编：《中国律师制度研究资料汇编》，333 页，北京，法律出版社，1992。

所以律师非官吏也"。之所以出现这一情况，应当主要与当时的社会政治现状和修律者是否真正对西方律师制度在整个社会政治法律制度中的地位和作用有清醒的准确认识有关。应当说，立法者关于律师身份的相互矛盾的定位是清末专制政治的要求和修律变法的要求所产生的矛盾的必然反映，立法者在法律中没有明确、也无法明确律师身份是这一矛盾的必然结果。

清末变法修律之始，1901年1月29日的变法上谕申明："世有万古不易之常经，无一成不变之治法"，变法修律必须遵循"常经"，"不易者三纲五常，昭然若日星之照世。而可变者令甲令乙，不妨如琴瑟之改弦"①。在此变法指导思想下，形成了"参考各国成法，体察中国礼教民情，会通参酌，妥慎参酌"②的修律原则和"务期中外通行，有裨治理"的修律方针。这样的修律变法就是只能变"治法"，不能变"常经"，其实质是就是要以西方法文化形式，来巩固和维持封建专制统治。而现代律师是在民主政体基础上"以维护基本人权、改善法律制度、实现社会正义为使命的"③，清朝统治阶级在不变社会基本政治制度的情况下，迫于社会的要求，引进律师制度，必然导致西方式的律师制度在中国无生存和发展的政治基础，即使为了适应新式审判制度实施律师制度，在当时也无法对律师的身份进行准确定位。因为，专制的政治制度决定了要对"西方式的律师"进行严格的管理，管理的最好方式就是将律师纳入职官之列，这也是当时统治阶级内部的主流意识，但具体立法者也意识到，真正的律师在执行职务时必须以非官方的身份出现，是"非官吏也"。当时广西等省份的做法也证明了这一点。1910年9月广西按察使司向朝廷呈报《广西法院官代书章程》，奏请参仿日本"代言人"之设，在省内成立审判厅的地方酌设"官代书"，参与诉讼活动。广西拟设的"官代书"是沿用《大清律例》所定名称，而将其职责由单一的代撰诉状，进行"略与扩充，微寓律师之意……官代书受地方检察长之监督，无论开定期会、临时会，皆须将开会事项详告检察长"④。当然，由于清王朝很快灭亡，律师身份就再也不可能明确了。

民国初年，在讨论律师制度时，关于律师身份，曾考虑仿照西方普通法系国家对律师进行分类的制度，建立区别律师种类的民国律师制度。其具体做法是将处理上告案件的业务限于少量具有特殊身份的律师，实际上即意味着区分普通律师与上告律师。民国元年北京政府曾拟定《律师法施行法（草案）》，共4条。其中第2条规定：自《律师法》施行之日起，满二年内，凡依《法院编制法》及其施行法，有充判事官、检事官之资格者，得免律师考试，即充律师。但上告案件，以在国立大学或外国专门学校修法律之学三年以上，得有毕业文凭，或曾在国立大学或其他专门学校充律师考试规则内主要科目之一教授二年以上者为限。⑤该《草案》由于受到社会各界的反对而未获通过。1912年9月16日，北洋政府按照大陆法系国家律师制度和日本1893年制定的《律师法》为蓝本制定颁布了《律师暂行章程》。《律师暂行章程》并没有开宗明义地规定律师的身份，而是在第四章内以律师职务的形式加以认定，将律师身份定位于自由职业者。《律师暂行章程》第14条规定："律师受当事人之委托

① 《义和团档案史料》，914页。
② 《义和团档案史料》，915页。
③ 谭世贵主编：《律师法学》，5页，北京，法律出版社，1997。
④ 《广西官报》宣统二年九月第83期《按察使司拟呈广西法院官代书章程折》。
⑤ 参见徐家力：《中华民国律师制度史》，52~53页，北京，中国政法大学出版社，1998。

或审判衙门之命令，在衙门执行法定职务，并得依特别法之规定，在特别审判衙门行其职务"。依据该条规定，律师执业要么是接受当事人委托，要么是被法庭的指派。无论是当事人的委托还是法庭的指定，在执业过程中，律师的行为准则仍是法律，是执行法定的职务，而不是受制于当事人或法庭。而这正是律师作为自由职业者的最根本的特征。《律师暂行章程》确认律师执行职务过程中的这一特征，从而在近代中国第一部律师法规中，肯定了律师的"自由职业者"身份。与自由职业者身份相关，为保障律师执业的独立性、公正性，《律师暂行章程》限制律师兼职一些事务。例如，律师不得兼任有俸给之公职（议员、教师除外），律师不得兼营商业（但律师公会许可除外），等等。同时，为保证法律救济的正常进行，包括对于无力聘请律师为其辩护的当事人提供合适的法律救助，《律师暂行章程》规定，在法庭作出指派命令的前提下，受指派律师无正当理由，不得拒绝。律师作为自由职业者，如何对其实施有效管理与监督，《律师暂行章程》也作了如下规定：律师开展业务的区域，一般以省为单位，执业者在各该省高等审判厅登录后，高等审判厅通知本辖区各级审判厅，准予该律师执行职务，同时对其进行监督管理；同时律师也接受律师公会的监督和管理。

1912 年的《律师暂行章程》将律师身份确立为"自由职业者"一直为后来的《律师章程》和《律师法》所承继。1927 年的《律师章程》第 1 条规定："律师受当事人之委托或法院之命令得在通常法院执行法定职务，并得依特别之规定在特别审判机关行其职务，律师得受当事人之委托为契约遗嘱之证明或代订契约等法律文件。"1940 年的《律师法》第 20 条规定："律师受当事人之委托或法院之命令，得在法院执行法定职务，并办理其他法律文件。律师依特别法之规定，得在军事或其他审判机关执行职务。"1945 年的《律师法》第 19 条沿用了 1940 年《律师法》第 20 条的规定。从这些规定，我们可以看出，1912 年到 1949 年，在法律制度上，律师的身份是明确的，即律师是"自由职业者"。

（二）律师资格的变迁

关于律师资格，清末筹设律师制度时，沈家本、伍廷芳等在拟定的《大清刑事民事诉讼法》（草案）中，规定了律师资格以及获得程序。根据该《草案》第 200 条的规定，欲从事律师职业，在法庭为当事人进行辩护，必须符合以下条件：首先，必须为法律学堂毕业，并获取能作为律师的文凭；其次，已具备律师资格者，还必须到省高等公堂申请出庭辩护；再次，申请人向高等公堂申请时，必须有两名与该律师相识的殷实之人为其提供担保，保证该律师品行端正，文凭无假冒等；最后，律师本人再向高等公堂宣誓，不作伪，不故意唆讼，不因私利、私怨陷害他人，尽分内之责务，代委托人辩护，恪守法律。完成上列程序，高等公堂才将该律师姓名注册备案，该律师也才正式获得在该省各法庭出庭辩护的资格。当然，由于该《草案》被搁置，律师资格要求也只是落在纸上。

民国时期，自 1912 年颁行《律师暂行章程》到 1945 年修正的《律师法》的公布实施，在关于律师资格方面的规定，多次修改。

1912 年颁行的《律师暂行章程》第一章具体规定了律师资格条件，根据规定，要充任律师必须符合以下四个条件：第一，必须是中华民国人民；第二，必须是年满 20 岁以上男子；第三，必须是参加律师资格考试合格者或不经考试可以充任律师者；第四，必须依程序取得律师证书。可以参加律师考试的有五类人，分别是：在国立法政学校或公立私立法政学校修法政之学三年以上得有毕业文凭者；在本国或外国专门学校修法律法政之学二年以上得有证书者；在本国或外国专门学校学习速成法政一年半以上得有毕业文凭者；在国立公立私立大学或专门学校充律师考试章程内主要科目之一教授满一年半者；曾担任过推事、检察官者。不经考试可以充任律师者有五类人，分别是：在外国大学或专门学校及中国国立公立大学或专门学校学习法律学或法政学三年以上，获得毕业文凭者；根据《法院编制法》及其施行法，曾为判事官、检事官或试补及学习判事官、检事官者；在国立公立私立大学或专门学校充律师考试章程内主要科目之一教授满三年者；在外国专门学校学习速成法政一年半以上，得有毕业文凭并曾充推事、检察官、巡警官，或曾在国立公立私立大学或专门学校充律师考试章程内主要科目之一教授满一年者；曾经任律师之职，但已请求撤销律师名簿重新要求担任律师者。

1921年修订后的《律师暂行章程》及《甄拔律师委员会章程》提高了不经考试甄拔取得律师资格的条件，具体要求为：第一，在前述各类学校学习获取毕业文凭者，必须取得优良成绩；如果成绩未达到优良，但平均成绩为70分以上者，则须同时提供教育部或该校校长证明书。第二，无论在国内学校学习，还是在外国学校学习，都必须至少掌握一门外语；在日本学校毕业者，须掌握欧洲一国语言。第三，在国立、公立、私立大学或专门学校讲授司法官考试主要科目者，其授课时间增为满五年，学校须经司法部、教育部认可，且至少掌握一门外语。

1927年《律师章程》取消了1921年《律师暂行章程》中关于"中华民国人民满二十岁以上之男子"才能充任律师的规定，改为"中华民国人民满二十一岁以上者，具备左列律师的资格"。同时，在适用《甄拔律师委员会章程》关于不经考试甄拔取得律师资格条件的基础上，增加了"依司法官任用法令具有司法官资格者"可以"不经考试得充律师"的规定。

1933年修订的《甄拔律师委员会章程》，更加严格了通过甄拔获取律师资格的条件。在前述各类学校学习法律满3年以上，获得毕业证书者，须同时具备以下条件之一，方可甄拔：成绩特别优秀者；毕业后进入研究院从事法律研究，达一年半以上，类似于硕士课程者；毕业后出国留学，研究法律一年半以上者；毕业后写作、出版了关于法律主要科目著作者；毕业后在司法或司法行政机关任委任实职一年以上者；毕业后参加文官高等、普通考试或县长、承审员考试，成绩及格者；毕业后在国立或经最高教育行政机关立案或承认的大学、独立学院、专门学校讲授法律主要科目五年以上且所讲课程为民、刑事法律者。

1941年颁行的《律师法》第1条第1款规定："中华民国人民，经律师考试及格者，得充律师。"第1条第2款规定："对于具有左列资格之一者，前项考试，以检复之。1. 曾任推事或检察官者；2. 曾在公立或经立案之大学独立学院专门学校教授主要法律科目二年以上者。"从这个规定，明显表明，《律师法》与《律师暂行章程》、《律师章程》的最大区别在于，《律师法》首次确立了以律师资格考试合格取得律师资格为原则，以甄拔取得律师资格为补充的律师资格制度。而且，从甄拔取得律师资格的要求看，《律师法》一改此前在律师资格方面强调要求具有一定学历的做法，去除了单纯以学历为条件而免试取得律师资格的规定，突出了从事司法部门和教学部门实际工作的经历在甄拔取得律师资格方面的重要性；同时，《律师法》也取消了自律师制度确立之日起就开始实行的以司法行政经历作为免试取得律师资格的规定。《律师法》中有关律师资格条件的这些改变，显然是从律师的职业要求来规定的，其目的是为了实现按照上述条件取得律师资格的律师在法律知识和司法能力两方面都具备执业律师所应当具备的素质要求。

1945 年修正公布的《律师法》在律师资格的规定方面，与 1941 年的《律师法》相比，除了沿用了 1941 年《律师法》第 1 条第 1 款和第 1 条第 2 款第 1 项的规定外，对第 1 条第 2 款第 2 项作了修改，改变后的内容为："曾在公立或经立案之大学独立学院专门学校任教授、副教授、讲师讲授主要法律科目二年以上者。"在第 2 款下增加了 1 项，增加的第 3 项为："有法院组织法第 33 条第 4 款或第 37 条第 5 款之资格者"可以以检查取得律师资格。此外，还修改了该条的第 3 款，将 1941 年《律师法》第 1 条第 3 款的"前项检复办法由考试院会同司法院定之"改为"前面检查办法由考试院会同司法院、行政院定之"。从这些修正内容看，对第 1 条第 2 款第 2 项的修正，只是进一步明确了从事法律教育的教师免试取得律师资格必须是具有讲师职称以上的教师；其他的修正都是对 1941 年《律师法》的重大修改。尤其是增加的第 3 项"有《法院组织法》第 33 条第 4 款或第 37 条第 5 款之资格者"可以以检查取得律师资格，根据《法院组织法》第 33 条第 4 款的规定："在教育部认可之专科以上学校修习法律学科三年以上毕业，曾任荐任司法行政官办理民、刑事二年以上成绩优良者"；《法院组织法》第 37 条第 5 款的规定："曾任立法委员三年以上者"。从增加的这一条内容，我们可以看出，1945 年《律师法》又给予那些具有一定经历又有司法行政职务者重新开启了通过检核取得律师资格的方便之门。与《律师暂行章程》和《律师章程》相比，《律师法》对于司法行政官充任律师，虽然增列了一些附加条件，比如将原《律师章程》所定"委任"职提高到"荐任"职，以及要求其原职务必须与办理民、刑事案件有关，而且必须成绩优良等。但与 1941 年《律师法》关于律师检核资格的规定相比，仍然是一个倒退。"其立法意图很明显专为当时任职司法行政官者给予转业上的照顾，而将《法院组织法》第三十七条第五款引入律师检核资格，是明修栈道，暗度陈仓，通过立法方式为立法委员们谋求私利。"[①] 另外，关于免试取得律师资格的律师检核权的归属和运用问题，1945 年《律师法》确定"由考试院会同司法院、行政院定之"，这一规定，从形式上看，应当比 1941 年《律师法》的相关规定更加合理，表明了对免试取得律师资格的律师检核的重视和慎重。[②]

民国时期，关于律师资格的上述立法变化，总体上表现为，随着历史的前进，社会的发展以及社会对律师制度认识的深化，对取得律师资格的条件要求是一个渐趋严格的过程。

二、律师权利和义务的变迁

律师的权利和义务，是律师在执业过程中所享有的权能和应负的责任。律师的权利和义务是现代律师制度的核心内容之一。它源于律师职业在于维护社会成员合法权益的客观需要，是实现律师制度宗旨和律师执业目的的条件和保障。但是，近代中国律师制度，从晚清的《大清刑事民事诉讼法草案》直到 1945 年的《律师法》，都没有有关律师权利的明确的法律条文规定。相反，有关律师的义务和职责的规定却越来越详细、明确。

1906 年拟定的《大清刑事民事诉讼法草案》就有专门的条文明确了律师应尽的责任，这

① 徐家力：《中华民国律师制度史》，104 页，北京，中国政法大学出版社，1998。

② 对于这一款条文的修正内容以及 1941 年《律师法》相关条文的内容规定，有学者有不同看法，认为这两部法律所规定的该部分内容不符合民国的五权宪政体制。参见徐家力：《中华民国律师制度史》，106～107 页，北京，中国政法大学出版社，1998。

种责任包括对原告、被告两方面的。对于原告，律师应为原告撰写状书等书面材料；在法庭上代原告向法庭陈述，并与被告方进行辩护等。对于被告，律师应为被告撰写答辩状；收集有利于被告的证据；为被告进行详尽辩护；等等。律师如果违背上述应尽职责，则要受停业、黜革、判刑的处分，《草案》中对律师的权利只字未提。这在当时的社会，由于律师职业是一个新生事物，人们对律师还不完全了解，加之受讼师现象的困扰，对律师持不信任感或谨慎的态度，在立法上强化律师义务和职责，情有可原。

北洋政府时期，1912年的《律师暂行章程》规定律师所应履行的义务7条，具体体现在以下几个方面：第一，是对律师有关职业方面的限定。包括执业律师不得兼任领取薪金的公职，不得兼营商业等额外工作的限制；第二，是对法院的义务。如没有正当理由不得辞去审判衙门所命之职务，对法院不得有欺罔行为；第三，是对委托人的义务。律师受诉讼事件之委托而不欲承诺者应通知委托人，不通知或延迟通知造成委托人损害应赔偿；第四，律师所接受委托事件的限定。《律师暂行章程》规定：律师在接受委托之前，与该事件或当事人之相关人有特定关系时，不得对该事件行使律师职务。具体包括：曾经接受委托人之相对人的委托者，任推事或检察官时曾经处理过的案件，以公断人的资格、依公断程序处理的事件等；第五，律师不得收买当事人间所争之权利。除了《律师暂行章程》规定的律师义务外，各地律师公会会则也对律师的义务作了更为具体的规定，如制定于1913年的《奉天（沈阳）律师公会暂行会则》，共50条。其中第九章"风纪规程"规定的律师义务有：律师办理案件应听当事人自由委任，以尽辩护之责，不得唆讼挽越；律师应受公费及谢金须遵照公会章程办理，不得曲庇枉法滥行收纳；律师宜保守法律和平解释，不得稍存偏僻并涉及案外别情；律师并其延聘人及书记均不得沾染嗜好；等等。[①] 为弥补《律师暂行章程》在律师义务方面规定的不足，1915年7月21日，北洋政府司法部颁布了《律师应守义务》，对律师和委任人的关系作了详细规定，并强调律师应以诚笃及信实行使职务，不得有帮扛诉讼、教唆供述和虚构事实情事。[②] 1916年10月又对该规定加以修订，进一步明确了律师与当事人的利益关系、律师的疏忽责任以及律师应信守诚实、信用原则的要求。在与当事人关系上，《律师应守义务》规定：一旦委托关系形成，律师与当事人之间发生的与财产、利益相关的民事关系的成立，不适用普通民事法律条款，而附加限制性条件。如：委托人对于委托关系存在之时与被委托人签订的买卖、抵押等有偿契约，可随时请求解除契约关系，除非该项契约本身符合公平、正当原则，并且对于委托人有利；律师在处理所接受委任的事务过程中，不论以何种名义，也不论基于何种行为，其向委任人之相对人取得的利益，必须转归委任人所有。在律师的疏忽责任方面，《律师应守义务》规定：律师处理委任事务，负善良管理之责，因其疏忽而导致委任人的利益受损害时，应承担赔偿责任。疏忽行为包括三种：因对案件所适用的法律、法规及诉讼程序不熟悉；因律师本人懈怠；因律师行为上的过失。关于律师执业必须遵循诚实、信用原则，《律师应守义务》规定：以诚笃及信实行使职务，不得虚构案情；在接受委托处理民事诉讼案件过程中，如发现委托人所提诉讼请求明显无正当理由，即应告知，并停止诉讼，否则所需诉讼费用，应由律师本人支付，由此而对委托人的相对人造成损

---

① 参见《奉天律师公会暂行会则》，载《盛京时报》民国二年（1913年）1月8日、1月9日、1月10日。
② 参见《律师应守义务》，载《司法例规》，上册，719～720页，北京，（北洋政府）司法部，1922。

害时，还应承担对相对人的赔偿责任。另外，北洋政府司法部在1918年、1919年和1920年还多次下达训令，要求律师撰写词状时必须于状末署名并盖章，以方便监督机关考查律师是否有唆讼行为①，这无疑也是律师必须履行的义务。1927年7月南京国民政府颁布实施《律师章程》，《律师章程》将原《律师暂行章程》中所规定的律师义务7条扩展为11条，所增列4条（18条～21条），主要来自于原已生效的《律师应守义务》中的规定。分别为：第18条："律师应以诚笃及信实行其职务。对于法院或委托人不得有欺罔之行为。"第19条："律师对于委托人除约定之公费外不得别立名目索取报酬。"第20条："律师须以善良管理者之注意处理委托事务，如因懈怠过失致委托人受损失时负赔偿之责。"第21条："律师不得故意延滞诉讼之进行。"从以上的这些规定，不难看出，北洋政府时期和南京国民政府早期，对于律师应履行的义务的规定既广泛，也比较具体，甚至有些规定及要求还相当苛刻。比如，《律师应守义务》中规定的，律师发现委托人所提诉讼请求明显无正当理由，不告知、不停止诉讼将承担的责任义务；《律师章程》第20条规定的"律师善良管理之责"。而且，从这些规定中，我们也可以看出，这时期，律师制度中有关律师应尽义务的法律规范体系正在逐渐完善，但立法者对律师的职业的偏见和对律师的不信任的心态也仍然存在。

"作为定型时期民国律师制度的基本法规，《律师法》全面强化了有关律师义务的规定。"②《律师法》从六个方面用了18个条文之多来规定律师应尽的义务，具体为：第一，律师应诚实、信用执行职务的义务。《律师法》第28条规定："律师对于法院及委托人，不得有蒙蔽或欺诱之行为"；第29条规定："律师不得有足以损及其名誉或信用之行为"。第二，律师应忠于职守，尽心尽力为委托人利益展开活动的义务。就此义务，《律师法》从不同角度规定了律师应尽的义务。包括：律师接受委托后，应忠实搜集证据，深入研究案情，以准确了解受委托事件的真相，并采取恰当的立场，以维护委托人的利益；律师接受委托后，非有正当理由，不得任意终止与委托人的契约关系。如果律师有正当理由须与委托人解除契约的，必须于审期前十日通知委托人，并且必须在委托人同意的情况下，才能正式解除契约；律师接受委托，处理当事人之间的纠纷或其他事件，但不得利用与当事人的特殊关系，以任何方式获取当事人之间系争的权利；律师如因懈怠或疏忽，致委托书人受损害者，应对委托人所受的损害，负担赔偿责任；律师不得违背法令或律师公会章程要求期约或收受任何额外之酬金。第三，律师的回避义务。为保证律师执业的独立性和公正性，《律师法》规定了律师应回避之义务。《律师法》第26条和第39条第2款规定了律师应回避委托的事件。《律师法》第26条规定，律师对于下列事件，不得行其职务：（1）曾受委托人之相对人之委托，或曾与商议而予以赞助者。（2）任推事或检察官时曾经处理之事件。（3）曾依仲裁人之资格处理之案件。此外，对于当事人请求的，但律师依职务不应当做的行为，也应拒绝接受委托。第39条第2款规定，律师与办理案件之推事、检察官有配偶、五亲等内血亲或三亲等内姻亲的关系应当回避该案件。《律师法》第37条规定了律师应回避执行职务的区域。要求司法人员离职后担任律师的，自离职之日起三年内，不得在曾任职务的法院管辖区域内执行律师职务。第39条规定了律师执行职务应回避的人员。如果律师与法院院长或首席检察官

---

① 参见《司法例规》，上册，720～721页，北京，（北洋政府）司法部，1922。
② 徐家力：《中华民国律师制度史》，107～108页，北京，中国政法大学出版社，1998。

有亲属关系，包括配偶、五亲等内血亲或三亲等内姻亲的关系，该律师则不得在该法院登录，也就不能在该法院管辖区域内执行职务。同时，第32条还要求，律师不得与执行职务区域内的司法人员往还应酬。根据《律师法施行细则》第12条的解释，这里的司法人员包括：推事、检察官、公设辩护人、公证人、法医师、书记官、通译、佐理员、录事、检验员及执达员，可见其范围相当广泛。第四，在职业方面，律师不得兼任公务员、不得兼营商业的义务。第五，律师在法庭执行职务时，应遵守法庭秩序的义务；无正当理由，不得辞去法院所命职务的义务。第六，律师必须履行消极诉讼的义务。《律师法》第34条规定，律师不得挑唆诉讼，或以不正当之方法招揽诉讼；第35条规定，律师不得代当事人为显无理由之起诉、上诉或抗告。

《律师法》中规定的上述义务，相比《律师章程》，更加全面、具体、严格，这对于规范律师执业活动，保护当事人的合法权益，防止司法机构在审判中的偏颇，促进司法体制的完备和司法公正的实现，确实有不可替代的积极作用。但《律师法》中规定的有些律师义务，仍然沿用了民国初期的有关律师义务的规定或提法，由于内容和标准不明确，这些义务事实上在出台后的司法实践中就形同虚设。如"如因懈怠或疏忽，致委托人受损害者，应负担赔偿责任"等义务，在《律师应守义务》中就有规定，但由于立法条文内容难以标准明确，在这些义务出台后就没有真正发挥过有效规范作用，1915年至1920年有关受惩戒处分的律师，没有一个是因违反这些义务受处分的。[①] 而且，确认律师必须履行消极诉讼的义务，仍然体现了立法者对于律师作用认识的欠缺，正如有学者所言，"《律师法》反其道而行之，在律师义务中增列消极诉讼的义务，约束律师执行职务，其基本风格与1915年制定、颁布的《律师应守义务》中增加规定对于所谓'帮扛诉讼、教唆供述、虚构事实情事'的律师进行惩戒极为相似，说明《律师法》在律师义务方面的规定，在经历了近三十年的发展以后，出现了一个新的倒退。"[②]

三、律师管理和惩戒制度的变迁

（一）律师管理制度的变迁

近代律师制度的筹设、建立和发展过程中，关于律师的管理制度，在不同的历史时期，存在着较大的差别。在清末，沈家本、伍廷芳在奏呈《刑事民事诉讼法草案》折中提到，"各省法律学堂俱培养律师人才。如各学堂骤难造就，即遴选各该省刑幕之合格者，入学堂，专精斯业，俟考取后，酌量录用，并给予官阶，以资鼓励。"由政府确定律师名额，由政府分拨，并将律师纳入品官之列，这虽然表明了对律师的重视，但也说明，当时统治阶级对律师及律师职业的心存顾虑，认为必须将律师置于政府的管理和控制之下。给予官阶就是为了便于官府的控制。这一思路对以后律师制度的建立和发展产生了重大影响。

北洋政府时期的律师制度，在律师管理制度的规定方面，相比清末律师管理体制的设想有了很大的进步。在北洋政府看来，由于律师作为自由职业者，不是政府任命或社会选举产生的，但其职业行为关涉社会、国家、个人的利益；涉及司法体制的运作，民众对法律体系

---

① 参见张勤：《民初律师惩戒制度论析——以惩戒案例为中心》，载《河北法学》，2007（1）。

② 徐家力：《中华民国律师制度史》，117页，北京，中国政法大学出版社，1998。

的评价，以及社会正义的实现等。因此有必要从法律上建立律师的监管机制，以保障律师的职业道德和职业水准。借鉴日本《律师法》和大陆法系国家确立的律师监管机制，1912 年的《律师暂行章程》确立了以司法监管为主，行业管理为辅的双重管理体制。这一监管体制虽然在其后的《律师章程》和《律师法》中内容有所变化，但双重管理体制一直是近代律师制度所沿用的。

关于司法监管体制，根据《律师暂行章程》的规定，司法机关对于律师的监督管理，主要体现在对律师的登录和对律师公会的监督二方面。一方面，律师通过考试或因符合法定免试条件而取得律师资格后，若要正式执业，首先必须在审判机关实行登录。律师登录的直接主管机关为各省高等审判厅。登录程序有两个步骤：第一，获得律师资格者，须向司法总长领取律师证书，而司法总长在发放律师证书时，同时将该律师列入总名簿。第二，已领证书的律师，应在准备执业区域内的高等审判厅登录于律师名簿。这一过程实质上也是司法机关从身份上（男性公民、未有不良记录）、职业上（未有法律禁止之兼业）对律师进行检核的过程，以确定律师在身份上、职业上符合法定之要求。另一方面，律师公会的有关活动必须受到司法机关的监管。《律师暂行章程》规定，律师公会受设立之地方检察长之监督；律师公会应随时将会长、副会长、常任评议委员选举之详情，总会、常任评议委员会开会之日时处所，提议决议之事项报告地方检察长，并经由高等检察长报告于司法总长；地方检察长得随时出席律师总会及常任评议会并得命其报告会议详情；律师公会或常任评议委员会有违反法令及律师公会会则，司法总长或高等检察长得宣示其决议无效或停止其会议。在《律师暂行章程》中，律师公会虽是律师的自治性组织，但以上的这些规定实际上限制了律师公会的自治权，损害了律师公会的独立性。

1927 年南京国民政府修正颁布的《律师章程》在司法机关对于律师的监督管理规定方面，与《律师暂行章程》相比，进一步明确和加强了司法机关对律师和律师公会的管理，尤其是对律师的管理。在对律师的管理方面，《律师章程》明确要求，领有证书之律师得声请指定一高等法院管辖区域执行其职务，声请必须具声请书，原则上律师只能在该高等法院辖区内一地方法院管辖区域为限行使其职务，如果在必要情形下，律师要在其他一地方法院管辖区域行其职务必须呈请高等法院核准，并要求高等法院院长将登录之律师呈报司法部长、同时知照所属法院；而《律师暂行章程》只是规定，领有证书之律师若愿在各高等审判厅管辖区域内行其职务，只要将律师证书呈送高等审判厅长验明后登录即可，如果愿意在其他高等审判厅管辖区域兼任职务，按照原来的登录方式再登录就可以了，高等审判厅长也只要将登录之律师呈报司法总长，无须知照所属法院。显然，《律师章程》严格了律师的登录条件和律师执行职务的区域管理。在对律师公会的管理方面，《律师章程》也作了比《律师暂行章程》较为严格的规定。《律师暂行章程》第 23 条规定，律师公会受设立地之地方检察长之监督。而《律师章程》第 25 条则规定，律师公会受所在地地方法院首席检察官、高等分院（笔者注：高等法院三分院）首席检察官之监督。

1941 年南京国民政府公布实施的《律师法》更进一步加强了司法机关对律师登录和律师公会的监管要求。对于律师的登录管理，《律师法》第 5 条规定，律师得向二地方法院及其直接之上级高等法院或分院申请登录。第 7 条规定，律师得在所登录之法院及最高法院执行职务。上述规定与《律师章程》的相关规定相比，可以看出，《律师法》更加明确了律师只能在两个法院登录，而且执业仅限于登录的二地方法院及其直接之上级高等法院或分院以及最高法院，律师不能在两个以上的法院登录，也不能通过呈请高等法院核准的方式在登录之外的法院执业。为了方便以上规定的落实管理，《律师法》第 6 条规定，高等法院或分院或地方法院应置律师名簿，其应记载事项如下：（1）姓名、性别、年龄、籍贯、住址；（2）律师证号数；（3）学历及履历；（4）事务所；（5）登录年月日及其号数；（6）加入律师公会年月；（7）曾否受过惩戒；（8）其他法院之登录号数。与《律师章程》规定的记载事项相比，《律师法》规定的律师登录记载事项增加的"学历及履历、登录年月日及其号数、加入律师公会年月、其他法院之登录号数"都是为了方便对律师登录和执行职务的法院管理。1945 年对《律师法》进行修订时，涉及律师登录管理的相关条文没有修改，沿用了 1941 年《律师法》的规定。对于律师公会的监管，与《律师章程》相比，《律师法》也规定了更加严密的监督、管理机制，主要体现在《律师法》第 10 条以及第 17 条和第 19 条的规定上，根据《律师章程》的规定，地方法院首席检察官可以随时出席于律师公会总会及常任评议委员会并可以要求报告会议详情。而根据《律师法》的规定，律师公会受所在地方法院首席检察官之直接监督；律师公会所在地方法院首席检察官，在律师公会会员大会开会时，必须出席；其他会议开会时，也应该出席会议，并可以随时查阅会议记录；律师公会应将"会员名册及会员之入会退会、理监事选举情形及当选人姓名、会员大会理监事会议开会之日时处所及会议情形、提议决议事项"呈报给地方法院首席检察官。显然，1940 年的《律师法》加大了地方法院首席检察官对律师公会的管理职权和职责要求。1945 年修订《律师法》，对律师公会的原有监督管理体制作了重大调整，在原有的地方法院首席检察官监督机制之外，增加了行政机构对律师公会的行政监督，从而确立了司法、行政等机构多重监督的体制。修改后的《律师法》第 10 条规定："律师公会之主管官署，在中央为社会部，在地方，为省、市、县社会行政主管机关。但其目的事业应受司法行政部及所在地地方法院首席检察官之指挥、监督"。社会行政机关作为律师公会的主管机构，对律师公会的日常活动，包括人事、组织、会议等进行监督管理；而与业务相关的各项活动又受检察官的监督管理。从修改后的《律师法》的其他规定来看，首席检察官与社会行政部门对于律师公会的监督管理权涉及律师公会活动的各个方面，而且对这些方面的监督管理都比以前的司法机关的监督管理更加具体、明确、严格。《律师法》第 13 条规定，律师公会应订立章程。无论是制定章程，还是修改章程，都必须经由地方法院呈高等法院，并转呈司法行政部核准；同时，还必须将所制定或修改的章程报所在地社会行政主管官署备案。第 16 条规定，律师公会举行会议，必须呈请当地社会行政主管官署派人监督；律师公会召开会员大会时，必须由所在地方法院首席检察官参加；除了会员大会之外，首席检察官有权参加律师公会召开的所有会议，并可查阅会议议事录。第 18 条还规定，律师公会应主动将其所有活动置于社会行政主管机构以及首席检察官的监督、管理之下。包括将会员名册、入会退会名单，理监事选举情形以及当选人的姓名分别呈报监督、管理机构；会员大会及理监事会会议召开之前，必须将会议的时间、场所、提议事项等分别呈报，以便于其监督；会议的决议事项，也必须呈报。上述的这些规定，更是从法律上剥夺了律师公会的独立性，因而在更大程度上阻碍了律师自治制度的发展。

关于行业监管体制，民国时期的律师制度都规定由律师公会来实行。《律师暂行章程》第 22 条规定："律师非加入律师公会，不得执行职务。"经考试、登录取得执业资格的律师，只有加入律师公会，接受律师公会的监督、管理，方能最终取得执业资格，开始执业。律师公会对律师的管理职权，主要表现在四个方面：第一，维持律师德义的职责。《律师暂行章程》第 28 条规定，律师公会应制定会则，以"维持律师德义"，律师只有具备较高的执业道德水准，才能承担起维护正义、保护民众合法权益的责任；第二，制定律师收费标准，监督律师收费执行的职责。律师公会制定的会则应确定"公费"（律师办案费用）和"谢金"的最高限额，并监督其执行；第三，声请对违纪违法律师的惩戒职责。《律师暂行章程》第 33 条规定："律师有违反本法及律师公会会则之行为者，律师公会会长应依常任评议员会或总会之决议，声请惩戒于该地方检察长；"第四，沟通与司法机关的联系，保护律师自身权益的职责。以上四项管理职权在《律师暂行章程》中都没有明确化、具体化。在此之后颁布的《律师章程》、1941 年《律师法》以及 1945 年修订的《律师法》，基本上沿袭了《律师暂行章程》中关于律师公会对律师的四个方面的管理职权，甚至在某些方面进一步限制律师公会作为对律师实施行业管理的职能。1948 年通过的《中华民国律师公会全国联合会章程》也没有就律师公会对于律师的管理职权作出规定。由此，我们可以看出，民国时期，律师公会对于律师的行业管理的职权是有限的，这表明律师公会在职责权限、管理方式等方面所体现的自治程度都极为浅显，律师公会实际上并不能真正行使行业自治管理的有效职能，律师行业"远未达到律师行业自治的程度"[①]。

（二）律师惩戒制度的变迁

律师惩戒制度是律师制度中的重要组成部分，是以惩罚的方式监督律师履行其义务和职责，对维持律师的道德水准和专业素质起着规范和监督作用。因此，"律师制度比较健全的国家都规定了一整套严格的律师惩戒规则。"[②] 在清末律师制度的筹建中，沈家本、伍廷芳等人就非常重视律师惩戒作用，在他们奏呈的《刑事民事诉讼法草案》折中，就有明确的条款规定了律师如果不履行应尽职责，要受到停业、黜革、判刑等处罚。中国律师制度中的惩戒制度的正式确立应当是 1912 年北洋政府时期颁布的《律师暂行章程》。在《律师暂行章程》中，规定了对律师提起惩戒的理由、提起人、惩戒之诉的管辖机构、惩戒程序以及惩戒处分的种类。可以看出，律师惩戒机制的基本框架在《律师暂行章程》中已经基本确立。其后，又于 1913 年颁布了《律师惩戒会暂行规则》、1916 年大理院制定颁布了《复审查律师惩戒会审查细则》，以上这些法律规定构成了北洋时期律师惩戒制度的基本内容。

根据 1912 年《律师暂行章程》第 33 条规定，律师有违反本法及律师公会会则之行为者，律师公会会长应依常任评议员或总会之决议声请惩戒于该地方检察长；地方检察长接受声请后，应即呈请该管高等检察长提起惩戒之诉于该管高等审判厅；律师之惩戒，地方检察长以职权呈请之。第 34 条规定，被惩戒人或高等检察长对于惩戒裁判有不服者得提起上诉于大理院。第 35 条规定，惩戒处分分为四类，从轻到重依次为训诫、罚款五百元以下、停职二年以下以及除名。上述条文的规定，明确了以下事项：（1）对律师提起惩戒的理由必须是律师有违反《律师暂行章程》和律师公会会则规定的行为；（2）提起惩戒之诉的提起人只能为高等检察长；（3）申请惩戒之诉的申请人可以是律师公会会长或地方检察长；（4）惩戒之诉的管辖机构

---

① 徐家力：《中华民国律师制度史》，160 页，北京，中国政法大学出版社，1998。

② 章武生：《中国律师制度研究》，194 页，北京，中国法制出版社，1999。

为高等审判厅和大理院，律师公会无权行使惩戒权；（5）惩戒程序采用诉讼主义；（6）审级为省一级和中央一级两级两审制；（7）惩戒处分的种类。以上的基本规定在1913年和1917年修订《律师暂行章程》时部分内容作了修改，主要有：上诉于大理院的规定，在1913年修改为必须先向司法总长提出复审的请求，如同意才可上诉于大理院；1917年修订颁布的《律师暂行章程》将处分种类减为三类：训诫、停职和除名。删除了罚款的规定，将停职处分的最低期限明确为一月以上，并强调受除名处分者四年内不得再充律师。

1913年颁布实施的《律师惩戒会暂行规则》明确了律师惩戒的初审事宜由高等审判厅四名推事和高等审判厅厅长组成的律师惩戒会实施，惩戒程序采用诉讼方式，律师享有的申辩权，如果律师惩戒事件已进入刑事诉讼程序中，律师惩戒会则不得就同一事件开始审查，如果惩戒审查中对于被付惩戒律师已开始刑事诉讼时，其事件未经判决以前应停止惩戒之审查；如果高等检察长或被付惩戒律师不服律师惩戒会的初审决议，可以在接到初审决议通知之翌日起20日内向司法总长提出复审查请求，司法总长根据复审查请求书中的表示不服的理由以及初审记录及证据作出决定，如认为有理由者发交复审查律师惩戒会复审。根据《复审查律师惩戒会审查细则》的规定，复审查律师惩戒会以大理院推事为会员，大理院院长为会长，复审查律师惩戒会可要求被付惩戒律师到会陈述，在对初审决议的事实的认定及法令适用进行全面审查后，分别情况作出如下决议：声请有理由者将原决议变更之；声请无理由者驳回之；原决议虽系违法或有不当但因其他理由仍应维持者，将声请驳回之。决议的结果由书记官作成笔录并由会长指定的会员作成决议报告书咨报司法总长并通知总检察长。1927年司法部颁布实施的《律师章程》对《律师暂行章程》的第七章部分惩戒条款作了修改，吸收了1913年颁布实施的《律师惩戒会暂行规则》和1916年《复审查律师惩戒会审查细则》的有关内容，明确了高等法院的律师惩戒委员会和最高法院的复审查律师惩戒委员会是对被付惩戒律师的审理组织；沿用了1917年修订颁布的《律师暂行章程》的处分规定。

1940年颁行和1945年修订的《律师法》[①] 在《律师章程》的基础上，建立了更为严格的律师惩戒制度。

首先，第一次在规定律师制度的基本法上明确了律师应受惩戒的行为。依据《律师法》，律师有三类行为时，应付惩戒。第一类为违反《律师法》所规定的义务。包括：违反在执行职务之地方法院所在地设立一个事务所的规定；无正当理由而终止契约，或虽有正当理由，但未得委托人同意即中止契约；对于法定应回避的事件而不回避，仍然接受委托并行使其职务；对于法院或委托人有蒙蔽、欺诱行为；有足以损及律师名誉或信用的行为；兼任公务员或未得许可而兼营商业；与执行职务区域内的司法人员频繁交往；受当事人之间系争的权利；挑唆诉讼，或以不正当方法招揽诉讼；代当事人作明显无理由的起诉、上诉或抗告；违背法令或《律师公会章程》的规定而求期约或接受额外酬金等。第二类为有犯罪行为。第三类为有违背《律师公会章程》的规定，且情节重大的行为。

其次，严格了惩戒方式。《律师法》规定了四种惩戒处分：警告、申诫、停止执行职务

---

① 1945年修改的《律师法》就律师惩戒内容部分，基本没有修改1940年《律师法》的内容，只有一处涉及法律解释权属于哪个部门的改变，1940年《律师法》第47条规定："本法施行细则及律师惩戒之详细程序，由司法院定之。"1945年修改的《律师法》第50条第2款将其改为："律师惩戒详细程序由司法行政部拟订呈请行政院会同司法院核定之。"

二月以上二年以下、除名。与《律师章程》的规定相比,《律师法》增加了警告处分,将停止执行职务的最低期限由"一个月"提高到"二个月"。更严格的是对"除名"处分的规定,《律师章程》第 37 条规定:"受除名处分者,非经过四年不得再充律师。"而《律师法》则删除了四年后再充律师的规定,也就是说,对于曾受"除名"惩戒处分者,依据《律师法》将永远不得再任律师。

再次,强化了司法机关对律师惩戒的主动权和职责。这主要表现在对律师的声请惩戒和惩戒程序两个方面。在对律师的声请惩戒方面,《律师法》改变《律师章程》以律师公会声请为主、检察官司呈请为辅的制度,强化了检察官在律师惩戒声请方面的主动权和职责。无论是《律师暂行章程》还是《律师章程》,都首先强调律师公会对于律师惩戒的声请权,而在该条的最后,才说明检察官亦可依职权呈请惩戒。而《律师法》则完全改变了律师公会与检察官在律师惩戒方面的声请、呈请主次关系。《律师法》第 41 条第 1 款规定:"律师应付惩戒者,由高等法院或其分院各该首席检察官,依职权送请律师惩戒委员会处理。"第 2 款规定:"律师公会对于应惩戒之律师,经会员大会或理事、监事联席会议之决议,得声请所在地地方法院首席检察官送请惩戒,首席检察官应即转送。"虽然只是对律师公会惩戒声请与首席检察官的惩戒呈请在规定顺序上作了前后调整,但却表明,对于律师监督及声请惩戒的主要责任,不仅在名义上而且在实际上,也完全由检察官承担。在惩戒程序方面,依《律师暂行章程》的规定采取诉讼程序。虽然 1913 年修订后的《律师暂行章程》修改了惩戒程序,不再采取完全意义上的诉讼程序,而改行一种准诉讼程序。1927 年实施的《律师章程》,沿用 1913 年修订后的《律师暂行章程》关于律师惩戒适用准诉讼程序的规定,由专门处理律师惩戒事务的律师惩戒委员会及复审查律师惩戒委员会分别处理律师惩戒的初审和复审事项,而《律师法》则在惩戒程序方面进一步作出修改,对于应惩戒的律师,不再由首席检察官提起"惩戒之诉",而径自送请律师惩戒委员会处理,处理意见也不再以"裁判"作出,而是以"律师惩戒委员会之决议"的方式作出。显然,《律师法》在律师惩戒程序规定上,不再采用准诉讼程序,而是采用的行政性质的程序。

综上所述,中国近代有关律师惩戒制度的设置,是和律师管理制度相配套的,都是以限制或排除律师公会的管理权为目的的,这一点在律师惩戒制度的规定中反映得更明显,从北洋政府到国民党政府,对律师的惩戒权越来越明确化属于司法机关(包括审判、检察和司法行政),直到最后,完全将律师公会排除在外。律师公会作为自律性的行业组织对成员的违纪行为没有惩戒权。显然,这种制度不符合律师职业的自身的特点和律师惩戒机制的内在规律,不利于保持律师业整体独立和行业自治。

第四节
近现代律师制度的意义

一、近现代律师制度设立的目的

我国近现代的律师制度是在仿效西方大陆法系和日本的律师制度建立起来的,"而西方

现代的律师制度是资产阶级在 17、18 世纪同封建等级制度、宗教特权和司法专横的斗争中
逐渐形成的一种司法制度，它是资产阶级革命和资产阶级民主制度的产物，并伴随着资产阶
级革命的胜利而逐步发展起来。"① 因此，近代西方的律师制度以及日本的律师制度都是以促
进民主和法制的建设为目的的。日本 1903 年的《律师法》中就已经明确提出了律师的使命
就是维护当事人的合法权益、实现社会正义、努力维持社会秩序及改善法律制度。近代中国
律师制度建立的目的，无论是沈家本、伍廷芳等拟定的《刑事民事诉讼法草案》、北洋政府
制定颁布的《律师暂行章程》和《律师章程》，还是南京国民政府颁布实施的《律师法》，都
没有在立法上用明确的法律条文加以确立。但是从近代中国律师制度的筹建、建立和发展过
程中，立法者对律师制度的认识以及论述中，以及民国时期律师制度的确立、变迁和发展过
程，我们还是可以看出近代律师制度设立的目的。

　　在清末变法修律过程中，关于律师制度设立的目的，统治阶级的认识是不统一的，在沈
家本、伍廷芳等拟定的《刑事民事诉讼法草案》中第 199 条开宗明义，规定："凡律师，俱
准在各公堂为人辩案。"对于律师的职责，该草案也明确为："尽分内之责务，代受托人辩
护；然仍应恪守法律。"1906 年，沈家本、伍廷芳向朝廷上奏折《进呈诉讼律拟请先行试办
折》，认为我国"宜用律师也"，并"拟请嗣后凡各省法律学堂，俱培养律师人才，择其节操
端严，法学渊源，额定律师若干员，卒业后考验合格，给予文凭。然后分拨各省，以备辩案
之用……总之，国家多一公正之律师，即异日多一习练之承审官也。"显然，准用律师，培
养律师的主要目的，在沈家本、伍廷芳等人看来，是为了日后服务于司法改革的需要，尤其
是为了培养和储备司法官的需要。当然，沈家本、伍廷芳等人也认识到，由于律师的产生和
执业有严格的要求，便于管理，设立律师制度也可以起到"杜讼之弊"、有效控制和打击
"刁健讼师"的作用，因为在诉讼中，"非为律师之人，若许其任意代理当事人，而为诉讼行
为，恐养成唆讼之风，而妨害司法"②。在当时，也有人明确认识到律师制度对完善司法制度
所具有的重要意义，认为设立律师制度不仅可以维护当事人的权益，而且可以防止司法官的
专横，保障审判的公平，使案件得"以昭公允也"③。如严复以切身观察，论证了辩护律师出
庭参与审判的价值。他认为"夫泰西之所以能无刑讯而情得者，非徒司法折狱之有术，而无
情者不得尽其辞也，有辩护律师，有公听之助理，抵瑕蹈隙，曲证旁搜，盖数听之余，其狱
之情，靡不得者。"④ 又如两广总督袁树勋开设律师研究班以"为求通民隐、补助法权起见"，
并上奏朝廷"拟开律师研究班以资练习"，要求朝廷"饬下法部，悉心核议，仿照日本《辩
护士法》，订定律师专法颁行；一面通饬各省审判厅，准用律师参与审问"，认为"律师则据
法律以为辩护，不独保卫人民正当之利益，且足防法官之专横而剂其平，用能民无隐情，案
成信谳，法至美也。"⑤ 还有人认识到，设立律师制度主要有保障人之权利的意义，如奉天高
等审判厅在呈送公文，催促朝廷尽快实施律师制度时就强调："查审判制度，各国虽略有不
同，而利用律师以保障诉讼人之权利，征之东西各国，殆无不一致。我国省城及商埠审判厅

　　① 章武生：《中国律师制度研究》，2 页，北京，中国法制出版社，1999。
　　② 茅彭年、李必达主编：《中国律师制度研究资料汇编》，334 页，北京，法律出版社，1992。
　　③ 葛士睿：《皇朝经世文续编》，89 页，台北，文海出版社，1979。
　　④ 法学教材编辑部：《中国法律思想史资料选编》，859 页，北京，法律出版社，1983。
　　⑤ 《政治官报·奏折类》宣统二年三月 881 号"拟开律师研究班以资练习"奏。

业于年前次第成立，自应及时筹设律师，以为人民辩护之资……"① 更多的人则是从清末"华洋诉讼两造不平等待遇"以及收回"治外法权"的需要提出设置律师制度意义，认为设立律师制度有六大作用，"一是教民无从成立也；二是教士无从干预也；三是领事之不能越俎也；四是讼棍之自然消除也；五是律法明而民智大开也；六是渐可使国人收回治外法权也"②。

　　民国时期，在律师制度设立的目的方面，也有从不同的角度说明律师制度设立的目的。有人认为律师制度的设立对于司法独立具有重要的意义，如 1912 年，《内务部警务司长孙润宇建议实行律师制度呈孙大总统文》中强调：司法独立，为法治国家分权之精神所在，而不可不设立律师制度以相辅助。律师制度与司法独立相辅为用，为文明各国所通行，"诚以司法独立，推检以外，不可不设置律师与相辅相制，必须并行不悖，司法前途可达圆满之域"。也有人认为，设立律师对于防止司法不公，保障人民权利，解决法政人才就业有意义。如北洋政府司法总长王宠惠认为："近今学说以辩护士为司法上三联之一，既可以牵制法官而不至意为出入，且可代人之诉讼剖白是非，其用意深且远也。且以中国现状而论，国体已变为共和，从事法律之人当日益众。若尽使之为法官，势必有所不能。故亟宜励行此制，庶人民权利有所保障，而法政人才有所展布。此关于辩护制度之所以亟宜创设者也。"孙中山也非常重视律师制度，在对内务部警务司长孙润宇建议的批文和律师法草案的批文中，比较全面地说明了建立律师制度的目的。在孙中山看来，建立律师制度有以下几个目的：第一，律师制度的建立，有利于司法的独立，有利于改变司法的形象，有利于人民利用司法救济途径保护自身利益；第二，律师制度的建立，能促进法律的有效实施，有效地消除不依法办事、不依法执法的现象，促进法制的发展和完善；第三，建立律师制度，能起到对广大群众的法律教育作用，使广大群众接受新的法律观念，转变法律意识，提高法律素质。孙中山的这些有关律师制度设立目的的思想中，虽然没有明确提出律师制度的建立必须以促进民主和法制的建设为目的，但孙中山的上述思想实际上也是围绕着促进国家的民主和法制建设展开的，其中已经包含了对建立的律师制度必须符合现代律师制度的目的要求思想，尤其是对开启国人民主思想的期望。

　　但是，从律师制度的建立、演变和发展现实来看，从 1912 年律师制度建立开始，直到 1949 年国民政府被推翻，中国近代律师制度的设立、存在目的，从来就没有以促进民主和法制的建设为目的。虽然从结果意义上看，不能否认民国时期前后 37 年的律师制度的存在和发展，确实对民国的民主和法制建设起到了一定的促进作用。但我们应当看到，这种促进作用是与国家经济的发展、社会自身的进步对法律不断提出新的要求分不开的，是综合作用的结果。从当时的社会现实来看，无论是北洋政府还是南京国民政府，"在政权体制的设计上，既要实际有效地维护其统治阶级利益，维护其军阀专政、一党专政的专制制度，又要借用'民主'、'共和'、'法治'的名义。就本质而言，真正的民主、法治与军阀专政、一党专政是冰炭不相容的。民国时期国家政治中的'名'、'实'不相容"③。正是由于当时社会政治制度的本质是专制政体，因此，伴随着民主制度产生并以促进民主和法制建设为目的的现代律师制度就不可能真正在我国建立，即使建立并存在，也是"名"、"实"不符。更不可能奢望专制统治阶级建立的律师制度能以明示的条文宣告建立律师制度的目的是为了促进民主和法

　　① 转引自徐家力：《中华民国律师制度史》，22 页，北京，中国政法大学出版社，1998。
　　② 何勤华、李秀清：《外国法与中国法》，486 页，北京，中国政法大学出版社，2003。
　　③ 徐家力：《中华民国律师制度史》，151 页，北京，中国政法大学出版社，1998。

制建设。《律师暂行章程》、《律师章程》、《律师法》中没有规定律师的权利，律师制度发展过程中对律师管理越来越严格的司法管理体制、越来越受到限制的律师公会，这些也都说明了中国近代律师制度的设立目的与现代律师制度的目的相去甚远。

二、近现代律师制度的作用

虽然中国近代律师制度的设立从根本上不是为了促进中国社会的民主和法制进步，但客观上，已经存在的中国近代律师制度及其实践对中国近代社会的各个方面的改变产生了深刻的，甚至是巨大的影响，发挥了尽可能的作用。主要表现在以下几个方面：

第一，维护国家主权与民族利益。清末讨论建立律师制度的一个重要原因，就是为了收回"治外法权"。直到1926年，中国丧失了半个多世纪的司法主权才陆续被收回，在收回"治外法权"问题上，中国近代律师功不可没，发挥了不可替代的作用。比如，1925年，上海的著名律师董康、李祖虞、陈霆锐受上海律师公会的委托，进京请愿，向北洋政府面陈收回"治外法权"，废除领事裁判权案，并提出废除上海"会审公廨"的三条理由：（1）中国的司法主权应由中国人自己掌管，外人越俎代庖侵犯了国家主权；（2）上海已是中国经济金融中心，外人掌管司法权力将影响经济发展；（3）上海会审公廨审理案件使用自定的法律，规定所有参加诉讼的人都使用英语，中国人的权利无法得到保障。上海律师的呼吁很快得到京城各界人士的响应，当时的《法律评论》记载："自沪公团代表董康、李祖虞、陈霆锐诸人来京后，关于收回上海公廨案，日来颇有急进之趋势。"① 在他们的努力下，终于促使北洋政府下定决心，命令江苏省长与上海领事团磋商收回办法，1926年8月，双方议定收回上海《会审公廨暂行章程九条》，将上海会审公廨改为临时法院。1929年4月，中华民国律师协会召开的第一届第三次代表大会上，专门决定成立一个宣传收回"治外法权"的宣传组，选举著名律师吴迈为主任，从1929年11月7日起，宣传组进行了历时八个月、足迹遍及大半个中国的收回"治外法权"的宣传活动。同期，上海律师公会也向国民政府提出了收回法租界"治外法权"的议案，其他各地律师公会也纷纷响应、呼吁。上述活动，最终促使国民政府与各驻华列强国代表进行收回"治外法权"的谈判。1930年2月17日，国民政府外交、司法两部与驻华英、美、法、日、挪威、巴西等六国代表签订了《上海特区法院协定九条》，1931年7月，法租界原有的"会审公廨"撤销，设立中国法院。②

第二，促进和保障民主权利，维护民众合法权益。近代中国律师制度本来就是效仿西方现代律师制度建立起来的，因而，促进和保障民主权利，维护民众合法权益应是律师的使命，虽然近代中国律师制度根植于专制政体，但现代律师制度的形式也造就了一批追求民主、维护民众合法权益为使命的律师。如以"律师应仗人间义"为座右铭的近代著名律师刘崇佑。1920年，他在北京地方审判厅为因抗议北洋政府出卖国家主权行动而被提起公诉的学生进行辩护时，他称赞学生爱国大义，提出"国难当头，政府软弱，学生集会讲演，是想唤醒民众作政府的后盾，这是国民的正当权利。"同年7月，他在天津为"一二九"惨案中被抓捕的学生进行辩护时说："爱国救国本是合乎公理民意之壮举，根本说不上触犯刑律⋯⋯

---

① 《法律评论》，第50期，第10页，1924年6月出版。
② 参见杜钢建、李轩：《中国律师的当代命运》，25～27页，北京，改革出版社，1997。

如果政府认为是触犯了小日本的刑律，那我们就不得而知了。"① 刘崇佑律师于 1937 年还担任了著名的"七君子"案邹韬奋的辩护律师。"七君子"案是最典型的国民党政府压制民主的案件。"九一八事变"之后，日本帝国主义加快对中国的侵略，相继占领东三省，并继续进兵华北。而国民党当局强调"攘外必先安内"，对日本军队采取不抵抗政策。1935 年，中国共产党发表宣言，号召全国各党派在民族危难之际，摒弃前嫌，联合抗日。1936 年 5 月，宋庆龄、沈钧儒等在上海发起成立全国各界联合救国会，要求国民党当局采取行动，积极抗日，尽快建立统一的抗日政权，停止内战。全国各界联合救国会的参加者多为当时各界名流，在全国范围内有较大影响。救国会的行动造成了相当的声势，打乱了国民党当局的如意算盘。因此，国民党当局于 1936 年 11 月，逮捕了沈钧儒、章乃器、邹韬奋、史良、李公朴、沙千里、王造时七人，这就是震惊中外的"七君子案件"。1937 年 4 月 3 日，江苏省高等检察厅向省高等法院提出对"七君子"的起诉，指控"七君子"以危害民国为目的，组织非法团体，触犯《危害民国紧急治罪法》。上海律师界组织了一个 21 名律师的阵容强大的为"七君子"辩护的辩护团。辩护团为每一位被告都安排了三位律师。② 在开庭过程中，辩护律师针对起诉书的指控，指出："然以被告等爱国之行为而诬为害国，实属颠倒是非，混淆黑白，摧残法律之尊严，妄断历史之功罪……救国会鉴于外侮之日迫，发为内部团结之呼吁，政府既以和平、统一为怀，何能引为罪据？"经过两次开庭，辩护团律师义正词严地逐条批驳了检察官的指控。1937 年 7 月 30 日，江苏高等法院裁定将"七君子"交保开释。1939 年 1 月 26 日，江苏省高等法院第一检察处决定，对"七君子"案件"撤回起诉"。

第三，促进法制的完善与发展。近代律师制度的确立，促进了专业律师队伍不断发展壮大，他们在从事法律业务的过程中，基于工作的需要和职业习惯，使得他们更加了解社会需要那些法律，更加清楚哪些现行法律不合理、不健全，更加关注国家法制的建设和法律的实施状况。而近代中国社会也正处于社会制度的变更和转型时期，法律的新旧交替、新的法制正处于建设过程中，这促使很多律师热心参与国家的法制建设，以其法学方面的修为为国家的法制建设献计献策、奔走呼吁。近代律师参与法制建设，促进法制完善和发展的活动主要有以下方式：（1）热心研究国家拟订的法律草案，积极发表对新法律草案的评论，以促进法律制度的完善。比如，在讨论 1935 年新刑法草案的时候，全国律师协会即针对其中"通奸罪"严于女子而宽于男子的问题提出反对意见，在全国其他社会团体的响应下，终于迫使立法院修正了原草案的错误。（2）自动发起制定和完善法制的各种提议。例如，20 世纪二三十年代的冤狱赔偿运动就是由律师界发起的一次大规模立法改革运动。（3）积极寻求司法解释，促进法律实施的进一步准确和完善。例如，在女子继承的相关问题上，上海律师戴景槐和李时蕊两律师就先后数度寻求解释，最后最高法院和司法部分别回答了他们的问题。尤其是戴景槐提出的解释案更具意义，因为当时实行的《已嫁女子追溯继承财产施行细则》（在民法未颁布前所实行的法律文件）中对一些相关的问题并没有作出具体规定，因此戴律师提

---

① 转引自杜钢建、李轩：《中国律师的当代命运》，19～20 页，北京，改革出版社，1997。

② 为沈钧儒辩护的律师有：张耀曾，李肇甫，秦联奎；为章乃器辩护的律师为：陆鸿仪，张志让，吴曾善；为邹韬奋辩护的律师为：陈霆锐，刘崇佑，孙祖基；为史良辩护的律师为：刘祖望，俞钟骆，俞承修；为李公朴辩护的律师为：陈志皋，汪有龄，鄂森；为沙千里辩护的律师为：江一平，徐佐良，汪葆揖；为王造时辩护的律师为：江庸，刘世芳，李国珍。

出：既然未嫁和已嫁女子都享有继承权，那么已嫁女子在继承开始前死亡，其亲属是否有继承权？女子现在有了继承权，那么她们是否也承担"父债子还"的义务？司法部给他的解答是：已婚女子死亡后其亲属享有继承权；女子既有财产继承权，应负清偿其父母遗产之债。①这样的解释对法律条文作了进一步具体的规定，在一定程度上含有立法的意义。因为以后碰到类似问题，这一解释就可以作为法律依据援用。

第四，维护司法公正、制约司法机关。近代许多律师能够仗义执言、维护司法公正，在司法机关不依法行事的时候，对司法机关和司法人员起到了一定的制约作用。比如，1935年5月，发生的"《新生周刊》诽谤天皇案"就是一个著例。1935年5月4日，上海《新生周刊》第二卷第15期刊载了一篇题为《闲话皇帝》的杂文。这篇文章泛论古今中外的皇帝制度，其中有一段文字涉及日本天皇和伪"满洲国"皇帝。谈到日本天皇时，文章是这样写的：日本的天皇是一个生物学家，对于做皇帝，因为世袭的关系他不得不做，一切的事虽也奉天皇之名而行，其实早就作不得主，接见外宾的时候用得着天皇，阅兵的时候用得着天皇，举行什么大典的时候用得着天皇，此外天皇便被人民所忘记了；日本的军部、资产阶级是日本的真正统治者……然而目下的日本，却舍不得丢弃'天皇'这一古董。自然对于现阶段日本的统治是有很大的帮助的，这就是企图用天皇来缓和一切内部各阶层的冲突，和掩饰了一部分人的罪恶。在谈及日本扶植起来的伪满洲国傀儡皇帝时，文章用嘲讽的笔调写到在现今的皇帝中，最可怜的恐怕要数伪满洲国的伪皇帝溥仪了。《闲话皇帝》一文发表后，因其真实地揭露了日本军国主义的侵略行径故而引发了日本政府的无理干涉。日本驻上海总领事以该杂文蓄意"侮辱天皇，妨害邦交"为名，向南京国民政府提出严重抗议，并要求以"妨害国交罪"惩处《新生周刊》的主编和《闲话皇帝》的作者。因为当时日本已经侵占了中国的东北，有进一步扩大侵略战争的倾向，所以国民政府抛开法律不论，径行指令江苏省高等法院第二分院按照日本人的要求处理《新生周刊》的主编和《闲话皇帝》的作者。1935年7月9日，江苏省高等法院第二分院以"妨害国交罪"判处《新生周刊》主编杜重远有期徒刑一年零两个月（《闲话皇帝》一文的作者易水（艾寒松的化名）因地址不详，虽然被通缉，但是没有到案受审），同时裁定剥夺被告人的上诉权。江苏省高等法院第二分院对杜重远的判决公布以后，激起了全国民众的愤慨，沈钧儒与章士钊、江一平、吴国昌等22名律师以上海律师公会的名义，要求上海律师公会出面，伸张正义，营救爱国人士。上海律师公会迅速召开了会议，讨论司法机关在处理此案的过程中违反实体法和程序法的几个问题。经讨论议决、上海律师公会呈文监察院、司法院、司法行政部，要求：其一，纠正江苏省高等法院第二分院在审理杜重远一案中的违法行为；其二，对有违法行为的主审法官给予惩戒；其三，不得任意剥夺杜重远的上诉权，最高院应受理其上诉。通过上海律师公会依法力争，以及律师界在社会舆论方面的有力配合下，1935年9月，最高法院作出新的裁定，撤销关于该案不许被告人上诉的裁定。②

---

① 参见《上海律师公会报告书》（28），39～40页。转引自陈同：《在法律与社会之间：民国时期上海本土律师的地位和作用》，载《史林》，2006（1）。

② 参见徐家力：《中华民国律师制度史》，140～143页，北京，中国政法大学出版社，1998。

第十四章

监狱制度的变革

第一节
新式监狱——近现代监狱制度的建立

一、《大清监狱律草案》——中国近代监狱法的诞生

（一）《大清监狱律草案》出台及清末狱制改革的社会历史背景

1. 监狱制度改良成为世界历史发展的潮流

世界历史进入 18 世纪后，西方的各个资本主义国家进入高速发展时期。在这一时期，西方资产阶级所宣扬的自由、平等、民主等思想逐渐深入人心，成为社会思想的主流。而刑罚思想亦发生重大变化，主张废止死刑、改革肉刑、实行感化教育，由此以剥夺人身自由为特点的自由刑的呼声亦盛极一时。英国人约翰·霍华德的监狱改良理论和杰里米·边沁的辐射式监狱的规划对各国监狱改良产生了重要影响，随即各国进行监狱改良，各种改良型的监狱也陆续出现。1609 年后的荷兰监狱、1703 年的意大利撒末凯尔幼年监狱与 1772 年建立的比利时闵梭·契夫阿司监狱同是"狱制改良之先驱者"[①]。至 19 世纪，西方主要资本主义国家都进行了监狱改良，尤其是日本明治维新后仿效德国也对监狱制度进行的改良，对晚清时期的中国产生重大影响。日本监狱学家小河滋次郎的改良监狱思想传入中国后备受推崇。

2. 西方列强在华攫取领事裁判权与清政府欲收回治外法权

1840 年鸦片战争爆发后，晚清政府被迫与西方列强签订了一系列丧权辱国的不平等条约，中国社会逐渐沦为半殖民地半封建社会。列强在控制和侵犯中国的政治、经济、军事、内政、外交主权的同时，亦侵害到中国的司法主权。1843 年丧权辱国的《五口通商章程》签订以后，英国片面地攫取了在华的领事裁判权。英国人在中国犯法不受中国法律制裁，而受其本国法律管辖。随后，列强纷纷效法英国，大肆侵犯中国的司法主权。随着在华势力范围及租界的划定，英、美、法、俄、日等列强又纷纷在上海、香港、东北、天津等地设置监狱，用以囚禁其本国犯罪侨民以及未在华有领事裁判权或未在华设置监狱的其他国家的侨民

---

① 芮佳瑞编著：《监狱制度论》，8 页，上海，上海商务印书馆，1934。

罪犯和犯重罪的中国人。列强还制定了相关的监狱章程，监狱由其直接管辖和操纵。

20 世纪初，在中国人民争取司法独立、收回治外法权的斗争下，西方列强向清朝政府承诺，倘若清廷改良法律制度，他们即可放弃"治外法权"。光绪二十八年（1902 年），英国与清政府在上海议定《通商行船条约十六款》时，第 12 款便规定："中国深欲整顿本国律例，以期与各西国律例改同一律，英国允愿尽力协助以成此举，一俟查悉中国律例情形及其审断办法，及一切相关事宜皆臻妥善，英国即允弃其治外法权"。随后在与日、美、葡等国的商约中也有相似的规定。为收回"治外法权"，法部在《法部奏议复实行改良监狱折》中认为"东西各国以囹圄之良窳，觇政治之隆污。日本能撤去领事裁判权，首以改良监狱为张本，盖监狱与裁判互为表里，有密切之关系，非徒取壮外观而已。……自宜考酌东西洋办法，以示文明于诸国，为日后撤去领事裁判权及抵制租界监狱地步"。这也进一步刺激了修律和监狱改良的热情，推动了狱制改革的进行。

3. 晚清狱制的腐败及国际社会对晚清监狱的抨击

清朝的监狱制度基本上沿袭明朝，鸦片战争以后仍然保留了旧式监狱的结构及管理制度，监狱环境恶劣，瘟疫流行，狱吏贪赃枉法，敲诈勒索，残酷虐囚。监狱的卫生条件极差。据有关记载，"中国监狱黑暗秽臭，不见天日。饮食不洁，疾病丛生。往往狱未释而人已死"。晚清政府其实也已意识到旧式监狱的弊端，《法部奏议复实行改良监狱折》中有言，"中国监狱相沿日久，其地势湫隘，则疫疠易生，其墙宇卑陋，则防闲易弛，其居处丛杂，则恶习易染，于是有庾毙之惨，脱逃之虞，凶暴狡诈之转换"。而"各国莫不从事于改良监狱，并设立万国监狱协会，分年于各都府开会，派遣委员各将其国改良监狱事件提出互相讨论，几视为国际之竞争事业"①。因此，晚清监狱的黑暗不仅为当时国人诟病，也为国际社会所抨击，更成为列强攫取领事裁判权的一大借口。

4. 国内有识之士对改良监狱制度的倡议

晚清末期，清廷统治早已处于风雨飘摇之中，维新派提出了变法图强的口号，但维新运动最终失败。然清政府在镇压了维新派的变法运动之后，面对声势浩大的国内运动，也不得不扛出维新派的大旗，宣布"变法"、"实行新政"。而监狱制度改革即成为改革法律的重要组成部分被提了出来。康有为在《请改定法律折》中认为，要图强就要设议院、变法律、审狱法。严复认为西方列强之所以富强是由于监狱制度的先进，而本国的监狱则是"其残酷无人理"。他指出中国要改变落后的局面，就必须改革旧的法律制度。而光绪二十七年（1901年），两江总督刘坤一和湖广总督张之洞联名提出关于监狱改良的《江楚会奏》在清廷内部则更具影响力。他们在折中提出了三项主张：即修监羁，要求各处羁所务必宽敞整洁；教工艺，要求教犯人学习工艺，使其在监禁期间可以自给衣履，释放后也可以谋生自立；派专官，要求每个府衙派遣专门的官员管理所属的监狱事宜并定期检查。

（二）《大清监狱律草案》的内容

在上述的历史背景之下，面对国际和国内的双重压力，清政府于 1902 年发出修律上谕，令沈家本、伍廷芳等"将一切现行律例，参酌各国法律，悉心考订"。1904 年清政府正式开

---

① 沈家本：《奏实行改良监狱宜注意四事折》，载故宫博物院明清档案部编：《清末筹备立宪档案史料》，下册，北京，中华书局，1979。

办修订法律馆，并任清末著名法学家沈家本为修律大臣，主持修律工作，监狱立法被逐渐提上议事日程。清政府还派出刑部官员赴日本考察裁判和监狱的改良情况。随后，日本监狱学大家、日本监狱学的草创者之一、时任日本监狱局狱务课长的小河滋次郎被聘为狱务顾问兼法律学堂监狱学主讲，于1908年开始起草中国第一部监狱法《大清监狱律草案》。

《大清监狱律草案》（1910年）（本章以下简称《草案》）与昭和四十一年（1908年）颁布实施的《日本监狱法》在结构上具有极大的相似性，甚至连篇章名称也基本上没有差别。因此，《大清监狱律草案》可以说是《日本监狱法》的翻版。《大清监狱律草案》共14章，241条，分为总则和分则两个部分。第一章即总则，第二章至第十四章为分则，分别是收监、拘禁、管束、作业、教诲及教育、给养、卫生及医疗、出生及死亡、接见及书信、赏罚、保管、特赦减刑及假释、释放。

总则部分对监狱的种类、管理制度、基本原则及在监人权利等基本问题作了规定。

1. 监狱的种类。根据《草案》第1条的规定，监狱分为3种：（1）徒刑监，拘禁处徒刑者；（2）拘役场，拘禁处拘役者；（3）留置所，拘禁刑事被告人和受死刑宣告者。因此，徒刑监和拘役所是实质上的监狱。附属于警察署的拘留所，可以代用为监狱。此外，还有"特设监狱"，用来关押未满18周岁而处徒刑者。《草案》第2条规定："幼年犯罪之人，血气未定，往往一入监狱，传染种种恶习，不惟不能改良，且愈进于不良"。为避免少年犯在狱中受交叉感染，"改恶从善"，故特设拘禁场所，进行惩治和教育。徒刑监、拘役场和留置所应分区设置，若在同一区域的，亦应分界管理。对于男女犯则严格区分男监和女监。

2. 监狱的管辖。《草案》第4条规定，监狱归法部管辖。关于监狱管辖权的问题，沈家本早在《奏实行改良监狱宜注意四事折》（1907年）中即已提及，"唯监狱与习艺所性质不同，并须厘定名称，凡拘置浮浪贫乏者，名习艺所，隶民政部监督拘置。自审判厅判定拘置者，名监狱，隶法部监督。名称既定权限自分也"。而《草案》第5条规定，法部至少每两年巡视监狱一次。推事检察官也须巡视监狱，检查监督。

3. 在监人的待遇。《草案》规定拘禁囚待遇优于徒刑囚，对有悔罪表现的犯罪人，其待遇应优于一般犯罪人。《草案》还规定了监狱构造和卫生设施应无害在押犯人的健康，管理也不应伤害犯人的身体的原则。对于在监人有不服监狱处分的情况，《草案》规定其有申诉的权利。对于申诉裁决仍然不服的，允许其抗告至法部，法部之裁决具有最终的效力。《草案》还确立了收监须有收监文书的原则，目的是"保护人民权利"，强调"监狱为独立机关，自有独立作用，非有适法文书，不受审判厅之指挥。"收监不得侵害他人利益，执行收监手续时，"须注意保全本人之廉耻心"，及"非监房不能拘禁犯人"。

分则部分的条款则具体反映了改良的特点，体现出了近代狱政思想。其具体制度主要有：

1. 收监制度。《草案》所规定的收监制度，吸收了近代狱政思想，主要体现在其对女权一定程度上的保护。《草案》第25条规定，女性被告人可以携带不满三岁的子女一起入监，女性犯罪人可以携带不满一岁的子女一起入监。若被携带入监的这些子女超过了年龄的限制，且无人认领时，交由地方行政部门安置。第28条还规定了三种不得入监的情形，包括精神丧失或因拘禁不能保全生命的人不得入监；怀孕七个月及分娩不满一个月的女性犯罪人不得入监；有传染病者不得入监等。

2. 拘禁制度。为了防止罪犯之间的交叉传染，以达到更好的惩戒与教育的效果，《草案》

采取了独居拘禁与分类拘禁相结合的拘禁制度。第 36 条规定，"在监者，一切概以独居拘禁为原则。"除少数特殊情况外，对刑事被告人、刑期不满三月者、三十岁以下之受刑者、初犯之受刑者进行"独居拘禁，亦即分房监禁"。独居拘禁的时间不得超过三年。然考虑到实行普遍的独居拘禁成本太高"需费太巨"，因此《草案》第 43 条又规定了"杂居拘禁"（实际上即分类拘禁），"斟酌在监者之罪质、性格、犯数、年龄等，区别其监房及工场"。同时，对刑事被告人和犯罪人、徒刑囚和拘役囚、成年犯和未成年犯也采取分类拘禁的方法。拘禁制度的改良，相对于我国古代狱政采取的混合杂居式的拘禁制度，具有突出的进步意义。

3. 作业制度。《草案》第五章规定了监狱内的作业制度。第 75 条确立了作业的种类，要求卫生经济并且无害于监狱的纪律。作业场所限制在监内，但监禁的囚犯和未满 18 岁者可以监外作业。在监人作业的时间每天在 8 至 12 小时之间。《草案》第 86 条规定，"作业收入均归国库"。为了使在监人在释放之后的"将来生计"，回归社会，避免重新走上犯罪道路，《草案》还在作业制度中规定了习艺制度。为补救发遣、充军、流刑、徒刑罪犯在管理上的弊端，清政府在 1903 年批准山西巡抚赵尔巽关于通设罪犯习艺所的奏折以来，各省先后设立了许多罪犯习艺所。因此，《草案》的上述规定体现了起草者试图通过对犯罪人的监禁、劳作惩罚和习艺达到使其心生善念、自食其力的目的。

4. 教诲教育制度。《草案》第六章规定了对在监人的教诲及教育制度。规定在监人除休息日外应至少每十天接受教诲一次，内容为宗教礼仪和德育；除年龄在 18 岁以上或刑期不满三个月的罪犯外，在监人一般要接受教育，每星期应保证 24 小时的教育时间，内容以学校知识为主。对于有宗教信仰的在监人，《草案》规定，若在监人请求受教礼或者行宗教仪式，可以斟酌情况允许其请求。上述规定体现了起草者感化主义的狱政思想。沈家本认为"监狱者，感化人而非苦人辱人者也"。"纵不能尽人而感化之，第使十人而得六七人，或四五人，或二三人，则人之有害风俗有害治安者，必日见其少。积渐既久，风俗自日近于良，而治安可以长保焉"[①]。

5. 医疗卫生制度。清末的监狱，监牢不整、饮食不洁，以至疾病丛生、瘟疫流行，病死狱中的在监人不计其数。故不卫生的监狱素有无形断头台之称。因此，监狱的卫生状况历来最为国人所诟病，并且作为野蛮狱制的表现，也成为列强攫取领事裁判权的重要借口之一。所以，《草案》在第八章的医疗卫生制度中规定了监房清洁、入监者剔须、定期剔发、洗澡、运动、衣物消毒、传染病预防、疾病医疗以及在必要时允许犯罪人出外就医等大量条文，对监狱的设施也有所规定，如监狱要有浴室、运动场、医务所、病监等设施。内容丰富以至繁杂。较之于旧监，其进步性自不待言，而其中最为难能可贵的是《草案》起草者改革旧监弊制，以期革故图强的决心。

《大清监狱律草案》作为我国历史上第一部监狱法，由于清王朝的覆灭而未及颁行。但是它从法律上废除了中国传统监狱制度中腐朽的陈规陋习，体现了近代狱政思想，具有重要的进步意义。由于其采用的近代监狱理论、原则、体系和制度，在一定程度上体现了近代资产阶级人权保障的要求，因此《草案》并未被束之高阁，而是为后来的政府不断继承了下来。在很长一段历史时期，《大清监狱律草案》促进了中国监狱制度的近代化。

---

① 沈家本：《监狱访问录序》，载《寄簃文存》，卷六。

二、南京临时政府的监狱制度

1912年1月1日成立的南京临时政府在历史上仅存在三个月的时间，因此没有建立完整的监狱制度，但临时政府对监狱制度的改革有着新的设想。

中国民国宣告成立后，临时政府对筹建新的监狱予以积极的支持，1912年2月4日，发布了《令各省司法筹备处、地方检察厅速尊监狱改良办法筹划推行文》说："监狱改良急于救焚拯溺，本部前经拟定监狱图式公布施行，顾以经费浩繁，不得不分年筹备。当此新旧嬗迁之际，回顾昔日狴犴情形，莫不地狭人稠，空气不足，积污丛垢，疫疬繁兴，使不亟图改革，是凡收入新监狱者，则仍是颠连无告，日转辗秽污黯黩之区，何以示公平而遵人道，兹特拟定旧监狱改良办法八条，通令各该厅处长参照本部第一百二十二号及一百六十七号指令，务须详切筹画，克日推行，并将整理改良情形具图说报本部备核。此令。"该文所定的八项基本原则是：

1. 各旧监专收已定罪之人犯，但未设看守所地方，所有刑事被告人亦得羁禁于此，惟须另行划分一部严行隔离。

2. 各旧监狱除杂居房外，应酌设分房。

3. 各旧监狱之杂居房如系漫无区划者，即须酌量情势实行隔离。

4. 各旧监狱须视收入之多少，设相当之工场。

5. 各旧监狱应划设病室。

6. 各旧监狱大都空气缺乏，光线不足，地势卑湿，即须设法整理。

7. 刑事被告人收入各旧监狱者，应按本部第七号看守所暂行规则办理。

8. 管狱各职员应在监狱同值宿办事。

3月16日，司法部又以训令形式将此文再次下发。足见临时政府对改良旧式监狱的重视。①

从有关的文献来看，在临时政府相续时期，已着手继续清末以来的新式监狱的建设工作。如南京临时政府司法部即于1912年3月20日发布《司法部咨江苏都督提江宁模范监狱旧存款项文》，督促该模范监狱的继续建设工作。但由于时间短暂，临时政府对建设监狱制度的其他工作未及开展。

三、北洋政府的监狱制度

1912年4月12日，在帝国主义和国内反动势力的双重压力之下，袁世凯正式取代孙中山成为中华民国临时大总统，并下令迁都北京，成立北京政府。自此，以袁世凯为首的北洋军阀政府取代了孙中山的南京临时政府。至1928年，中国处于北洋政府的统治之下。在这期间军阀混战，北京政府频繁更迭。他们对内代表大地主买办资产阶级的利益，对外代表帝国主义的利益。因此，这个时期的监狱制度仍旧是半殖民地半封建的监狱制度。

北洋政府建立之后，基本上是全盘接受了清末的监狱制度。然而，由于北洋政府建立在辛亥革命之后，"民主"与"共和"的观念已经深入人心，"潮流所趋，万方同轨"，改革旧

---

① 参见薛梅卿、杨殿升等编：《清末明初改良监狱专辑》，96～97页，北京，中国监狱学会印行，1997。

制已是大势所趋，所以北洋政府为树立民主政治的形象不得不继续清末的狱制改良。

（一）北洋政府的监狱立法

北洋政府于 1913 年 12 月 1 日颁布的《中华民国监狱规则》（本章以下简称《规则》）基本上是照抄了《大清监狱律草案》，只是在个别条款内容及部分章节的名称和排列顺序上作了稍许修改。因此这一时期的狱制改良与清末一样，更注重东邻日本监狱制度的标本作用。

《规则》共 15 章，较《草案》增加了"附则"作为最后一章，故由总则、分则和附则三部分构成，共 103 条。第一章即总则，共 14 条，主要规定了监狱的一般原则。如《规则》第 1 条规定"监狱归司法部管辖"；第 2 条规定"监狱为监禁被处徒刑及拘役者之所。有不得已时，看守所得代用为监狱"；第 3 条规定"未满十八岁者监禁于幼年监，但满十八岁后三个月内刑期即可终结者，其残刑期仍得继续监禁之"；第 5 条规定"各监设在同一区域内者严行分界"。上述四条较《草案》有所不同，其余部分条文大多是抄袭了西方资本主义国家的监狱法律条文，即便是第 1 条亦未有实质的改变，而只是将"法部"改为"司法部"而已。第二章至第十四章为分则部分，共 88 条，分别具体规定了收监、监禁、戒护、劳役、教诲及教育、给养、卫生及医疗、接见及书信、保管、赏罚、赦免及假释、释放、死亡等管理制度。这些条款内容与《草案》的分则部分相差无几。然尽管是抄袭的结果，但《规则》却是我国第一部正式颁行的近代意义上的监狱法规。并且该规则又被南京国民党政府所继承，一直沿用到新中国成立之前。

除了《中华民国监狱规则》外，北洋政府在这一时期还颁布了一系列的监狱法律法规。包括：《监狱看守教练规则》（1912）、《监狱看守考试规则》（1912）、《监狱看守点检规则》（1913）、《监狱官制》（1914）、《县知事疏脱人犯扣俸修监章程》（1917）、《各县监狱看守所规则》（1919）、《监犯保释暂行条例》（1920）以及《在监人遵守事项》、《假释管理规则》、《视察监狱规则》、《监狱参观规则》、《监狱作业规则》、《监狱教诲师医士药剂士处务规则》、《监狱看守服务规则》、《监狱看守使用公物规则》、《出狱人保护事业奖励规则》、《监狱专科学校规则》、《监所职员任用暂行章程》、《监所职员奖惩暂行章程》、《监狱官考试暂行章程》《监所职员官等法》、《监所职员官俸法》等。这些规则大多是监狱的管理制度及监狱官员的任用、考核制度，尽管大都是清末未及颁行的法律法规，但却从不同角度对《监狱规则》作了一定的补充，从而形成了比较完备的监狱法规体系。

（二）北洋政府的监狱改良

北洋政府上台以后，继续了清末的监狱改良。但北洋政府的目的是为了捞取政治资本，采取了欺骗的手法。然而对于改良监狱毕竟还是采取了一定的措施。这些措施包括：

1. 对清末试办的模范监狱使之陆续竣工，此外还制定了筹建新监的具体规划。当时的司法总长许世英即拟制了包括监狱改良在内的司法计划书。计划书要求，当年开办北京监狱，树为模范；第二年筹办各省会及商埠监狱；四年内筹建县监；七年内全部完成。对新监的筹建模式也有所规定，"250 人以下者，采用单十字形"，"500 人以下者，采取双十字形"。此外，计划书还要求定期派遣官员出国学习监狱管理，五年内培养监狱官两千人。此后，北洋政府于 1912 年将京师模范监狱改名为北京监狱，接着建成保定监狱和宛平监狱。然而，由于北洋政府的目的只是在于捞取政治资本而并不真正有意改良监狱促进社会进步，再加上各派军阀之间连年混战，因此，监狱的经费和人力资源严重不足，监狱改良只好被搁置，或者"从权展缓"。司法部于 1916 年不得不修改计划，提出合数县或十数县而建一新监。所以，至 1926 年北洋政府统治末期，全国 2700 多所监狱中，新式监狱仅有 63 所。至 1928 年 6 月北洋政府垮台，各省新监分监仅 80 处。

2. 对沿用的清末监狱的名称进行统一。北洋政府的监狱制度基本是沿用了清末的狱制。而清末监狱改良时设立的"监狱"、"看守所"、"习艺所"等，名目繁多，没有统一的规制，以至管理上的诸多不便。于是，北洋政府司法部于 1913 年颁布了《划一监狱看守所名称办法令》，以强化对监狱的管理。其中提出的统一监狱、看守所名称的主要办法包括：（1）清末设立的罪犯习艺所全部改为监狱；（2）各省模范监狱一律以该监狱所在地的县名命名；（3）地方的旧监狱一律名为某县旧监狱；（4）在有模范监狱的县内有旧监狱或罪犯习艺所的，该监狱或习艺所一律作为该县模范监狱的分监，名为某县分监；（5）各省审判厅、审检所附属的看守所一律更名为"某厅看守所""某审检所看守所"。随即，司法部于 1916 年再次下令，将省会县的新监改称为某省第一监狱，该省的其他新监按照成立时间的先后更名为该省第二、第三监狱，而旧监仍称旧称。

根据上述规定，以北京为例，1913 年，顺天府习艺所改为宛平监狱。清末的京师模范监狱，在北洋政府接收后使之竣工，并改为北京监狱。1914 年北京监狱改为京师第一监狱，宛平监狱改为京师第二监狱，保定监狱改为京师第三监狱。由于犯人人数的增加，在北平彰仪门外又成立了京师第一监狱第一分监；在涿州成立了京师第一监狱第二分监。

图 14—1　北京模范监狱

摘自［荷］冯客：《近代中国的犯罪、惩罚与监狱》，徐有威等译，64 页，南京，江苏人民出版社，2008。

图 14—2　北京模范监狱的行政大楼外貌

摘自［荷］冯客：《近代中国的犯罪、惩罚与监狱》，徐有威等译，65 页，南京，江苏人民出版社，2008。

3. 对旧式监狱进行整顿改良。北洋政府接收清末改良及以后新建的监狱，其建筑的结构、设施及组织管理都有所进步，对犯人的居住、卫生等条件有一定的改善。但是，如前所述，新式监狱在当时的全国监狱的比例是极低的，遍布全国的仍然是大量的旧式监狱。在这些监狱中，仍然是环境恶劣、疫病流行，官员贪污腐败，监狱落后黑暗。出于政治上"民主"、"人道"形象的需要，标榜进步，北洋政府对旧监进行了一定的整顿和改良。北洋政府司法部于 1913 年制定了《旧监狱改良办法》，其中主要的改良措施有：（1）对犯人和刑事被告人划分区域进行隔离；（2）对旧监中的杂居房酌情设立分房实行隔离；（3）根据收入设立工厂；（4）整顿监舍，解决空气缺乏、光线不足、地势低隘潮湿等问题。

尽管司法部对旧监的改良整顿作出了一定的规定，但是基于当时的形势，大部分监狱并没有遵照该办法贯彻执行。同时可以看到，司法部的上述规定也只是一些表面措施，并未涉及改良的根本性内容。

（三）《中华民国监狱规则》的主要规定

在北洋政府统治期间，全国绝大多数仍然是旧式监狱，采用的也是旧式即封建式的管理模式，新式监狱数量极少，《规则》也主要适用于新监。《规则》规定的主要制度有：

1. 收监制度。首先，对于犯人，不论是已决犯或是未决犯，都要收监。收监则必须要有公文。没有公文监狱官不得接收犯人入监。而所谓的公文是指判决送监犯人的"执行指挥书"和"判决副本"。其次，对于将收监的犯人须进行身体检查和体格调查。在检查身体时，倘若发现有下列情形之一的，不得收监，包括：（1）患有精神病；（2）有传染病；（3）因收监而有生命危险的；（4）女犯怀孕已满七个月或分娩未满一个月的。同时又规定，对上述规定在认为有必要时可以暂行收监。违禁物品被严格禁止带入监狱，而其他贵重物品则由监狱负责保管，在犯人出

图 14—3 位于宛平的河北第二监狱的正门

摘自［荷］冯客：《近代中国的犯罪、惩罚与监狱》，徐有威等译，71页，南京，江苏人民出版社，2008。

监时再发还。体格调查则要求在犯人沐浴剃发后，措施包括照相、采集指纹和记录相貌特征，进行存档，以便日后查找监督识别。而对于上述两项检查，规定"非认为万不得已时不得裸体为之"。对犯人的"个人关系"也要进行调查，包括犯人入监时的职业、行为表现、嗜好等。此外，根据《规则》第16条的规定，允许女犯携带子女入监，而允许携带的子女（包括在监狱内分娩的子女）年龄不得超过一岁。但同时规定，在"若无相当领受人又无在外安置方法时"，对子女年龄的限制可以延展至三岁。

2. 监禁制度。对监禁制度，北洋政府继承《大清监狱律草案》中的相关内容，效法当时资本主义各国所普遍实行的"分房监禁"的制度，亦作了相似的规定。根据《规则》第22条之规定，对于在监的犯人，除个别精神身体不适当者外，一律以"分房监禁"为原则。所谓"分房监禁"也就是"独居监禁"，相较于当时旧监实行的混合杂居制具有重要的进步意义。但是，由于北洋军阀之间的连年混战，军费开支庞大，监狱经费匮乏，缺乏普遍实行分房监禁的条件，所以当时除极个别有条件的新监对部分犯人实行分房制外，实际上实行的仍然是杂居制。即便对部分犯人实行的分房制实际上也是有限的杂居制，即白天共同作业，只有在夜间才实行分房监禁。对于杂居的犯人，《规则》第25条的规定，须根据犯人的犯罪性质、次数、年龄等实行分类监禁。而《规则》第24条则规定了"访问"制度，即监狱官和教诲师至少每十日访问在监者一次，看守长则须经常进行访问。

3. 戒护制度。北洋政府对监狱的安全形势最为紧张，因此对监狱的警戒护卫的规定也尤为严密。除了将新监的建筑结构大多设计成扇形、放射形，以便于看守监视犯人外，规定对

在监内劳动的犯人每20至30人即须配置1名看守，而监外服役的每10人至多不超过12人即须配备1名看守。劳动结束时，对劳动所用的工具器械必须详细清点，存放于指定地点。犯人回监房时必须进行身体检查，以免有夹带。监房每日也须检查一次或多次。监房、病监、及工场随时清点犯人人数。由于北洋政府政治上的黑暗，甚至倒行逆施，激起人民的强烈反抗，所以北洋政府在监狱中采取高压政策措施，严防犯人的越狱暴动。首先，禁止犯人之间相互交谈，尤其不得低声耳语。在各个关键部位如大门、监房门口、工场口等严加守卫，或设置报警器。所有可供攀爬的用具一概清除，各种门房钥匙也是严加保管。其次，对有逃跑意图、自杀倾向以及在监外的犯人可以使用戒具。《规则》第26条规定的戒具包括"窄衣，手镣，捕绳，联锁四种"。使用戒具虽须有监狱长的命令，但情况紧急时可以先斩后奏。同时，根据《规则》第28条的规定，当犯人用危险暴行胁迫他人身体或被别人的危险暴行所胁迫时；当犯人持有足以造成危险的凶器而不肯放弃时；在犯人聚众骚乱时；在劫狱者逃跑，或帮助犯人逃跑，或与犯人用危险方法对他人实施胁迫或逃跑以及以暴力拒捕或遭遇制止仍决意逃跑时，监狱官吏、看守可以使用武器。而对于犯人逃跑后，《规则》第32、33条规定，在10日内监狱官可以进行逮捕，同时必须通知监狱所在地及相关警署协助逮捕。此外，由于监狱的武装力量有限，北洋政府也曾下令各地驻军协助监狱镇压监狱暴动事件。

4. 劳役制度。北洋政府将监狱劳役分为两类，即监内作业和监外劳役。劳役的种类包括：烧窑、木工、伐木、编织、纺织、铁工、畜牧、开垦、耕耘、建筑、修路、开矿、搬运等。对何种犯人进行何种劳役，《规则》第35条规定，须根据犯人的年龄、犯罪性质、刑期、身份、技能、职业以及将来的生计、体力的强弱等，进行分配。对于在监外劳役，《规则》则要求：犯人的刑期须在一年以上；估计无逃跑之可能者；犯人入监前的工作适于进行监外劳役或不妨碍进行监外服役；根据平日的表现监外服役不至于违反纪律；罪轻而无须严加监管等。《规则》第38条规定了犯人的劳役时间，为每天7小时至10小时。"教诲、教育、接见、询问、诊察及运动所需时间得计入劳役时间"。而犯人在国庆日、纪念日、12月末2日、1月1日至3日、星期日午后、祖父母、父母丧事期间（7日）及认为有必要时免服劳役（40条）。《规则》第42条规定，"因劳役所得之收入概归国库"；第43条规定，对服劳役者可根据其行为、犯罪性质、成绩等分别给予"赏与金"。赏与金由监狱代为保存，不发给个人，释放时发还。但若犯人逃跑，则赏与金全部没收。

图 14—4　北京模范监狱中的女犯在劳动

摘自［荷］冯客：《近代中国的犯罪、惩罚与监狱》，徐有威等译，68页，南京，江苏人民出版社，2008。

图 14—5　北京模范监狱中的犯人在喂猪

摘自［荷］冯客：《近代中国的犯罪、惩罚与监狱》，徐有威等译，68页，南京，江苏人民出版社，2008。

图 14—6　北京模范监狱的室外劳动

摘自［荷］冯客：《近代中国的犯罪、惩罚与监狱》，徐有威等译，69 页，南京，江苏人民出版社，2008。

图 14—7　河北第二监狱中的编织劳动

摘自［荷］冯客：《近代中国的犯罪、惩罚与监狱》，徐有威等译，71 页，南京，江苏人民出版社，2008。

5. 教诲教育制度。西方资本主义国家对犯人实施的教诲、教育与前述劳役制度构成了近代感化教育的三大要素。北洋政府的监狱制度仿效西方，所以，教诲教育制度也是北洋政府监狱改良的重要内容。《规则》第 48 条规定"在监者一律施教诲"。教诲的内容主要是德育，即希望通过培养犯人的道德观念，达到使其改恶从善的目的。其方式是在监狱中进行宗教因果报应论的宣传。然而北洋政府实际进行的教诲却是以奴化犯人思想，使其服从反动统治为宗旨的。监狱当局也只是利用宗教的力量毒化犯人意识，达到驯服犯人的目的。《规则》第 49 条规定，对不满 18 岁的少年犯及监狱官认为有必要的已满 18 岁的犯人进行教育。教育的内容基本上是小学程度的"读书、习字、算学、作文及其他必要学科"。"有同等学历者，依其程度设相当补习科"。教育的时间为每周 24 小时。但是，《规则》第 51 条又规定"在监者请求阅读书籍限于无碍监狱之纪律及感化宗旨得许之"。因此仍可以看出，北洋政府所谓的教育也是以奴化人民为目的的。

6. 给养制度。《规则》第 52 条规定，对犯人"须斟酌其体质、年龄、劳役及地方气候等项，给与必要之饮食衣类及其他用具"。但实际上犯人却长期处于饥饿之中。新监的待遇较旧监略好。第 54 条规定："在监者给以灰色狱衣，除一定狱衣外，所有衣被苟无碍于纪律及卫生者，得许在监者自备。"这其中狱衣颜色由封建社会含凌辱之意的红褐色囚衣改为灰色囚衣，具有一定的进步意义。灰色囚衣在一定程度上可以减少犯人的对抗心理。对女犯携带

图14—8　北京模范监狱的瞭望塔和教诲室

　　摘自〔荷〕冯客：《近代中国的犯罪、惩罚与监狱》，徐有威等译，66页，南京，江苏人民出版社，2008。

图14—9　北京模范监狱中的棋类活动

　　摘自〔荷〕冯客：《近代中国的犯罪、惩罚与监狱》，徐有威等译，70页，南京，江苏人民出版社，2008。

的子女，《规则》第56条特别规定，可以自备衣食及日用必需的杂物。此外还规定了冬季取暖的有关条款。《规则》第57至59条规定了监狱的卫生制度，要求监狱须打扫干净，犯人须定期洗澡及每日运动时间为半小时。对在监病人的医疗，《规则》规定了对重病犯人的自费招请狱外医生的制度、传染病隔离治疗制度及保外就医制度。其中，保外就医制度由于适用的范围有限，加之监狱官害怕负责，所以实际的实施效果不佳，基本上形同虚设。

　　7. 释放制度。北洋政府的释放制度包括刑满释放、假释、赦免、减刑等。根据《规则》第92条规定，刑满

图14—10　北京模范监狱教诲室中的五位老师，耶稣、老子、孔子、约翰·霍华德和穆罕默德

　　摘自〔荷〕冯客：《近代中国的犯罪、惩罚与监狱》，徐有威等译，70页，南京，江苏人民出版社，2008。

释放的时间为期满次日中午之前。对犯人的假释则须由典狱长确认犯人是否有悛悔实据，还须在监狱长官会议上多数人同意，经司法部批准后方可执行。假释时须举行仪式，由典狱长、教诲师训导，发给假释证书，发还代为保管的物品。而减刑后，如果剩余刑期和减刑后的刑期相等的，犯人也可以提前释放。赦免分为大赦和特赦，大赦无需执行官署决定；特赦则需要以各省检察官和各监狱典狱长的申请为依据，由司法总长批准。

图 14—11　北京模范监狱病人囚室

摘自［荷］冯客：《近代中国的犯罪、惩罚与监狱》，徐有威等译，65 页，南京，江苏人民出版社，2008。

图 14—12　北京模范监狱的厨房

摘自［荷］冯客：《近代中国的犯罪、惩罚与监狱》，徐有威等译，68 页，南京，江苏人民出版社，2008。

8. 死亡埋葬制度。根据《规则》的有关规定，犯人在监内死亡时，监狱官员须会同检察官检验其尸体。病死者须详细记录犯人死亡的相关细节，包括病名、病因、死因及死亡年、月、日、时。亲属应在 24 小时内认领尸体，逾期无人认领的即应将其埋葬。如果是非正常死亡的，则须会同警察署验尸。涉及刑事诉讼的，应由监狱作为刑事案件向法院告发。

综合上述北洋政府的监狱制度特别是《中华民国监狱规则》可以看出，北洋政府时期字面表现的监狱制度，特别是新监实行的制度较封建制监狱制度具有较大的进步意义。但是，实际上这些较先进的监狱制度的实施情况却大打折扣，甚至出现历史的倒退。北洋政府司法部在 1914 年的《核准北京第一监狱掌责办法令》中公然恢复"掌责"制度，对"顽梗不化故意反抗之犯"，准许各地监狱对犯人用肉刑惩处，"掌责"在 40 板以下由典狱长决定。在《徒刑改遣条例》中恢复了流刑和发遣刑。对被判处 5 年以上有期徒刑和无期徒刑的犯人，如果其犯的是"内乱"、"外患"、"妨害国家"、"强盗"等罪的，一律改为发遣，发往黑龙江、吉林、新疆、云贵等地。在《易笞条

图 14—13　北京模范监狱中的手术室和药房

摘自［荷］冯客：《近代中国的犯罪、惩罚与监狱》，徐有威等译，71 页，南京，江苏人民出版社，2008。

例》中恢复了笞刑，规定对犯罪较轻的"奸非"、"和诱"、"盗窃"、"诈欺取财"等罪而应处 3 月以下有期徒刑、拘役和百元以下罚金的犯罪人，可以折抵为笞刑。犯人若一次受不了的，须在伤好之后再执行。但是该条例不适用于现任官员和曾经担任过官员的人，也不适用于有身份的人，而完全是针对广大普通的劳动者，保护的是官僚阶级。而掌责制度作为封建肉刑之一，在清末修律之时即被废止，改为自由刑。流刑、发遣、笞刑也同时被废除了。很多监狱的犯人由于食不得饱、疫病流行以及北洋政府对监狱实行军阀式的统治管理而野蛮地任意虐待、摧残、折磨犯人等原因导致犯人的死亡率也极高。对在华没有领事裁判权的国家的犯

人则大都将其关押在条件较好的新监。所以，北洋政府时期颁布的仿效西方资本主义国家的先进的监狱制度具有极大的虚假性，其目的在于装饰和掩盖其实施的黑暗的监狱制度。标榜民主和进步，其本质是要镇压劳苦大众的反抗，维护其半殖民地半封建的统治。这一时期的狱制也是中国近代史上狱制最为黑暗的时期之一。

四、南京国民政府的监狱制度

1927 年 4 月 18 日蒋介石集团在南京建立了代表大地主、大资产阶级利益的南京国民政府，也称国民党政府。南京国民政府的监狱制度是对清末以来建立的监狱制度的继承和发展，在这一时期，监狱制度得到进一步的完备，在立法上达到了较高的水平。

（一）南京国民政府的监狱立法

南京国民政府对北洋政府时期遗留下来的监狱制度，除了一些所谓的与其党纲、主义及法令相矛盾的部分被去除外，基本上是予以全盘接收。国民党政府司法部于 1928 年 10 月重新颁布了《中华民国监狱规则》（以下简称《监狱规则》）。但实际上该规则只是北洋政府 1913 年颁布的《中华民国监狱规则》的翻版，其中的绝大部分内容都为国民党政府多保留。而由于南京国民政府的亲英美政治，所以这一时期的狱政也更倾向于英美的狱政思想。

1928 年《监狱规则》共分为 14 章，109 条，其章节名称、排列结构等与 1913 年的《规则》完全一致，只是将 1913 年《规则》的第十五章附则改称为第 109 条而已。第一章为总则，从第二章开始分别规定了收监、监禁、戒护、劳役、教诲及教育、给养、卫生及医治、接见及书信、保管、赏罚、赦免及假释、释放、死亡等制度。此后又相继出台了一系列的配套法规，这其中主要包括：1928 年颁布的《监狱处务规则》、《监狱教诲师、教师、医士、药剂士处务规则》；1930 年颁布的《军人监狱规则》；1932 年颁布的《监狱作业规则》、《视察监狱规则》、《在监人接见规则》、《在监人物品保管办法》、《在监人金钱保管办法》；1934 年颁布的《监犯外役规则》、《徒刑人犯移垦暂行条例》；1937 年的《战时监犯调服军役办法》、《非常时期监所人犯临时处置办法》等。各种有关监狱、看守所的单行法规 100 余件，训令指示难以计数。1946 年南京国民政府立法院又审议并公布了《监狱行刑法》、《羁押法》、《监狱条例》、《行刑累进条例》等一批监狱法律。这些法律既大量吸收了西方国家的监狱立法精神，又保留了许多封建监狱的传统，从而在形式上使中国的近代监狱法制趋于完备。

除了上述的普通监狱法律外，国民党政府还颁布了一系列特别法，包括：《反省院条例》、《首都反省院组织条例》、《反省院主任工作大纲》、《修正各省反省院训育课程教材大纲》、《特别感化院条例》、《共产党自首法》、《暂行反革命治罪法》、《危害民国紧急治罪法》、《共产党问题处置办法》、《中美特种技术协议》等。这些数量庞大、种类繁杂的监狱法律法规在体现了南京国民政府监狱立法的"西化"特点之外，还反映了南京国民政府监狱制度法西斯化的一面。

（二）南京国民政府的监狱体系

南京国民政府以北洋政府的监狱为基础，不断进行旧监的改建和新监的扩充，建起了种类繁多、体系庞杂的监狱系统。普通新监有 121 所，但按照 1930 年《训政时期司法行政工作大纲》的要求，预定在全国应增设新监 215 所。然而实际上从总体来看，由于南京国民政府的改良计划大都没有付诸实施，因此在全国范围内旧监的数量仍然大大超过新监的数量。各省和地区以收容犯人的多少来划分监狱的等级，共分为甲乙丙丁四级。法院的看守所以及警察机关的拘留所遍及全国，同时在中央和各省还大量设有军人监狱。1940年在四川平武建立了输边垦殖的外役监，其他边境各省的外役监也相继开始筹办。少年监建成有山东和武昌两所。国民党统治时期的监狱，除了大量的普通监狱外，其另一重大特点就是军警宪特在各自系统之下都设立了大量的特种监狱，秘密监狱遍布全国。而这些监狱的监禁对象大都是中国共产党、革命人士及爱国民主人士。

图 14—14　扩建中的上海华德路监狱（今提篮桥监狱）监楼（20 世纪 30 年代摄）

摘自［荷］冯客：《近代中国的犯罪、惩罚与监狱》，徐有威等译，272 页，南京，江苏人民出版社，2008。

图 14—15　上海华德路监狱（今提篮桥监狱）对日本战犯执行绞刑（1946 年 4 月 22 日）

摘自［荷］冯客：《近代中国的犯罪、惩罚与监狱》，徐有威等译，273 页，南京，江苏人民出版社，2008。

1. 普通监狱

普通监狱是监禁被法院判处徒刑和拘役的犯人的场所，属南京国民政府司法行政部监狱司管辖，各省的监狱由各省高等法院院长负责，各县的监狱则由各县县长负责。司法行政部每年派员视察各地的监狱。全国绝大部分的监狱仍属旧监，新式监狱一般设在首都、省会及一些重要的大城市之中。

看守所则是关押刑事被告人的场所，设在各级法院之内，仍由各省高等法院的院长负责监督。各看守所所长在法院院长的监督下管理全所事务。各法院院长除了可以就近随时视察外，每年还应派员视察辖区内的看守所一次。然而，实际上由于南京国民政府时期监狱人满为患，使得看守所基本上负担着与监狱相同的职能，成为事实上的监狱，许多被告人在被判刑之后不得不仍然被继续关押在看守所内。

图 14—16　国民政府司法行政部直辖第二监狱大门（1936 年）

摘自［荷］冯客：《近代中国的犯罪、惩罚与监狱》，徐有威等译，274 页，南京，江苏人民出版社，2008。

而管收所则是设在看守所内部的一种特殊监狱，其主管官员及办事人员由看守所所长及看守兼任。管收所的主要羁押对象是民事被告人，羁押期限最长不超过三个月。根据南京国民政府的有关法律规定，民事被告人如果没有相当的保证人或保证金，或者保证人死亡或退保等而有逃匿之可能情形的，以及有犯罪嫌疑的，可以羁押在管收所。只有在民事被告人有相当之保证人，或交纳相当之保证金，或已经履行了判决时，才能予以释放。很显然，管收所的设置，针对的是广大的穷苦大众无产阶级，保护的只是少数富人特权阶级的利益。

拘留所是南京国民政府警察机构直接管辖的监狱，是警察机构的重要组成部分。警察可以直接羁押人犯于拘留所内。拘留所由警察最高长官负责监督，配备有所长、医士、书记、看守等若干人，分工负责拘留所内的具体事务。

依照南京国民政府《监狱规则》的有关规定，未满 18 岁的犯人应监禁在少年监。所以少年监监禁的对象是已达刑事责任年龄但未满 18 岁的少年犯。将少年犯与成年犯相区别而单独监禁于专门的少年监，是南京国民政府监狱制度的进步。但是这种少年监却只是个别存在的现象而已。根据国民政府的计划，原本计划在六年之内筹建少年监 47 所，但实际上仅建成山东少年监和武昌少年监两所。对少年监的管理，除了增加了一定的文化学习和职业训练以外，与普通监狱并无两样。而即便这两处仅有的区别实际上也只是强迫少年犯接收国民党的反动理论宣传以及从事繁重的体力劳动，是对少年犯身心的一种事实上的残害。

2. 特种监狱

在普通监狱之外大量设置特种监狱是南京国民政府监狱制度的又一个显著特点。这些特种监狱主要包括军人监狱、反省院、集中营、宪兵司令部下辖的看守所以及执行"保安处分"的场所如所谓的"感化院"、"精神病院"、"救济院"、"教养局"、"习艺所"等。这些结构无制、非法设立的监狱，大都由国民党特务机关或国民党党部控制，关押的也主要是政治犯，专门针对中国共产党和革命志士，镇压中国革命。这些监狱里实行的是法西斯式的残酷血腥的镇压政策，更不存在什么"民主"、"法制"的管理模式，甚至其惨绝人寰之处根本谈不上"理性"。

军人监狱是监禁被判处徒刑和拘役的军人和视同军人及依照法令受到军事裁判的非军人的场所。南京国民政府的军人监狱归军政部管辖。中央军人监狱直接隶属于军政部，受陆军署军法司指挥，各省的军人监狱由各地最高军事机关负责监督。监狱官吏均系现役军人，并被授予军职。根据南京国民政府的有关法令，凡是在戒严区从事反对国民党反动政府活动的，均由军事机关审判，交由军人监狱执行。因此，实际上大量政治犯都被监禁在军人监狱之中。军人监狱是国民党实施反动统治的重要工具之一。

反省院的监禁对象，有的是被判处徒刑和拘役后，直接送到这里执行刑罚；有的是刑罚执行完毕而被认为仍有再犯之虞，移送这里长期监禁；有的是经国民党中央执行委员会决定送交这执行的"共党"嫌疑分子。总之反省院监禁的都是为推翻国民党统治而不断从事革命运动的共产党人和爱国志士。反省院较普通监狱的不同之处在于，这里更注重对犯人进行思想上的围剿。国民党专门选派顽固老辣的特务充当所谓的"训育员"，在进行思想清洗的同时再施加肉体上的折磨，进行精神和肉体上的双重摧残，以达到使反省人接受其反动宣传思想，逼迫其与革命队伍决裂，进而将反省人改造成革命的叛徒，消灭共产党。而为镇压日益高涨的革命运动，国民党特务机关在全国各地设立了大量的秘密监狱，各种各样的集中营。包括诸如臭名昭著的重庆"中美特种技术合作所"（简称为"中美合作所"，其中即包括渣滓洞、白公馆集中营）、贵州"息烽集中营"、江西"上饶集中营"、陕西"西北青年劳改营"

等。国民党特务在这些集中营里更是肆无忌惮地对被监禁的革命者进行惨无人道的折磨，监狱处于极端恐怖血腥的气氛之中。大批共产党员和爱国志士在这里惨遭酷刑被折磨致死或秘密处决。

（三）南京国民政府监狱制度的主要内容

南京国民政府的监狱制度以 1928 年《中华民国监狱规则》为代表，在照搬北洋军阀时期监狱制度的同时，又效仿西方资本主义国家先进的法律，出台了一系列的监狱法律法规。仅从这一时期的法律条文来看，已经逐渐形成了较为完备的监狱法律体系。主要规定包括：

1. 收监制度。南京国民政府对收监也规定了收监的法律文书原则。收监必须要有"法院裁判书"和"指挥执行书"，二者缺一不可。对心神丧失者、患有严重疾病而有生命危险者、怀孕七个月以上和分娩未满一个月者以及患有传染性疾病者，不准收监。对女犯，允许其携带子女入监。

2. 监禁制度。监禁仍以分房监禁为原则，兼采分类杂居制。南京国民政府引入了当时世界上公认为最先进的监禁制度等级制。所谓等级制，又称累进处遇制，是为了促使犯人悔改向善引导其积极向上，根据犯人的刑期和其他有关情况，将行刑的过程分为数个等段，将犯人的待遇分为数个等级，依犯人的悔改程度使其渐次升级，等级越高待遇就越好。但是阶级制只是在个别新监试行了一下，绝大多数监狱仍然是混合杂居、混乱不堪。

3. 戒护制度。出于维护反动统治的需要，国民党对监狱的安全保护一贯极为重视。军警宪特内外结合，对监狱严密监视、层层封锁。监狱官吏也可随时使用诸如窄衣、手铐、脚镣、捕绳、联锁等戒具惩罚在押的犯人。

4. 劳役制度。南京国民政府对在监的犯人也规定了有关作业制度。监狱作业分为监内作业和监外作业。监内作业主要是印刷、纺织、木工、竹工、搓绳、制鞋等。《监狱规则》的有关规定，除刑期不满一年的犯人外，监狱长官在认为"必要时"可以使犯人在监外服劳役。监外服役主要是建筑、伐木、修路、开垦等。而从事监外作业的犯人必须加带脚镣，并配备足额的看守人员。

5. 教诲教育制度。南京国民政府规定须设专职教诲师进行教诲事务。教诲有三种方式：集合教育，即把全体犯人集合到一处同时进行教诲；类别教诲，即根据罪犯的犯罪性质、犯数、职业、性情等不同情况，把同类型的犯人集中起来进行针对性的教诲；个别教诲，即对个别犯人在入监、出监、转监、疾病、惩罚、丧亲、接见和有书信时，进行教诲。对监狱的教育实务，南京国民政府也要求由专职的教师进行。根据 1928 年《监狱规则》的有关规定，除 18 岁以上、刑期不满三个月及监狱长官认为无教育之必要者外，对在监者一律施以教育。教育以小学

图 14—17　江苏第二监狱的集体教诲（20 世纪 20 年代）

摘自〔荷〕冯客：《近代中国的犯罪、惩罚与监狱》，徐有威等译，275 页，南京，江苏人民出版社，2008。

程度的国语、算术、习字、珠算、作文为内容,对已经具备一定文化程度的罪犯依其程度进行补习。教育的时间规定为每周 24 小时以内。

6. 给养制度。关于给养制度,南京国民政府规定,对犯人"须斟酌其体质、年龄、劳役及地方气候等项,给予必要之饮食衣类及其他用具";"在监者给以灰色狱衣,除一定狱衣外,所有衣被苟无碍于纪律及卫生者,得许在监者自备";"病重者经监狱长官许可,可自费招请医生治疗";"在监者患急性传染病时须与其他在监者严行离隔"。凡此种种,与北洋政府时期的规定无异。此外,还补充规定了"患精神病、传染病或其他之疾病认为监狱内不能施适当之医治者,得斟酌情形呈监督官署许可保外就医或移送医院"。

7. 假释和释放制度。南京国民政府在其刑法中规定,"受徒刑之执行而有悛悔实据者,无期徒刑逾十年,有期徒刑逾二分之一后,由监狱长官呈司法行政最高官署,得许假释出狱,但有期徒刑之执行未满一年者,不在此限。"因此,南京国民政府对已执行一定刑期的徒刑犯是允许有条件的予以提前释放的。但有两个条件,即有期徒刑已执行刑期的一半以上,且至少满一年,无期徒刑执行刑期十年以上以及有悛悔实据。关于释放制度,规定,对于因赦免、假释而释放的犯人,监狱当局要举行仪式,典狱长在全体犯人面前作训诲,并向释放者发放票证;对于因刑期届满而释放的犯人,监狱当局要在其期满前至少三日停止其劳役,使其独居,以期收到最后感化治疗的功效。还须通知其家属。同时还规定,被释放者无归乡旅费及衣类时"须斟酌给之","若罹重病请在监医疗时,依其情状得许之"。

从上述南京国民政府对监狱制度的主要规定中可以看出,它的监狱制度已经具备了近代监狱制度的一些特征,处处体现出了"人道"、"民主"的精神。但实际上,这些看似较为先进的近代监狱制度并没有被真正的加以贯彻,因而带有较明显的虚伪性。具体表现在:

其一,南京国民政府虽然允许女犯携带子女一起入监,看似是对子女的一种人文关怀,但实际上这些无辜的儿童甚至婴儿在监狱里同样遭受着非人的待遇,更有甚者与其母亲一起同遭杀害;

其二,所谓的"分房监禁",其目的并不是为了监狱管理的改善,而是为了遏制革命运动的发展,将"政治犯"与普通罪犯严格区分,视为了严防共产党人在狱中传播革命思想;

其三,劳役制度的实施,并不是为了使犯人学会劳动机能以备将来之生计,其真正目的在于惩罚和无偿榨取犯人的血汗。即使犯人身患重病、面黄肌瘦仍被驱使着进行繁重的体力劳动,犯人因体力不支饿死、累死的情况比比皆是;

其四,所谓的教诲和教育,实际上是一种愚民政策,其目的也只是在于将犯人从思想上驯服成为服从国民党反动统治的顺民;

其五,对犯人给养的规定周密而完善,但实际上南京国民政府给予犯人的待遇与其规定的却是大相径庭。粮食供应经过层层克扣,到犯人手里的都是少而又少的霉米烂菜。犯人的囚衣终年只有一套,冬日只能以稻草取暖。监房破败、黑暗潮湿、冬冷夏热、空气闭塞、疫病流行。

其六,对于几经折磨而最终获释的犯人,即便是饥寒交迫、伤病交加,监狱也从来都是推出狱门了事,很多犯人出狱之后反而不久即被饿死、冻死或病死。其规定的种种动人的人道待遇荡然无存,出狱形同死刑。南京国民政府监狱制度的恐怖性、虚伪性由此可见一斑。

第二节
近现代监狱制度的内容

一、监狱的宗旨

（一）监狱宗旨的内容

自清末狱制改良以来，近代监狱制度在中国逐步建立。其中最为深刻的变化，乃是监狱宗旨的转变。传统的封建主义监狱制度以重刑主义、报复主义、惩罚主义为根本指导思想，监狱黑暗、刑罚残酷。近代以后，西方资本主义国家的监狱管理思想发生了根本性的变化，由重视监狱的惩罚功能开始转向重视监狱的改造功能，资本主义监狱制度下的感化主义、人道主义的监狱管理思想逐步形成。近代监狱的宗旨亦完成向感化主义和人道主义的转变。中国传统的监狱管理思想根深蒂固，先进的人们也只能向西方寻找改革监狱的理论，由此感化主义、人道主义的思想在中国近代监狱制度中开始扎下根来。

对监狱宗旨的认识上，清末著名法学家沈家本有着极为深刻的论述。沈家本将我国古代的明刑弼教的优恤思想和近代西方所提倡的感化之说相结合，主张监狱应"以感化为归宿"，反对严酷的威吓主义。惩罚主义下的监狱，通过对人的监禁和对肉体的惩罚来惩治罪犯，无非也是希望达到使罪犯产生悔罪之意，但事实上只是使罪犯畏惧犯罪和诉讼，并不能达到矫正他的灵魂，重塑其道德品质的目的。因此，沈家本认为"犯罪之人歉于教化者为多，严刑厉法可惩肃于既往，难忘湔被于将来"[①]，要使罪犯改恶从善则必须在监狱内实行教诲，收感化之功。他认为，犯罪的人是可以感化的，很多犯罪人之所以犯罪是因为缺少教化，将其羁押起来进行感化教育才能取得最好的效果，而监狱不应仅仅是惩戒犯罪人的场所，也应该是感化犯罪人的场所。对此他曾多次有所表述，"设狱之宗旨，非以苦人辱人，将以感化人也"[②]。只有感化才能收到"无妄费，无怨因，无旷职，事半功倍之效"。

（二）监狱宗旨的体现

感化主义宗旨的体现大体上包含两个方面，即对成年犯人的感化教育和对未成年犯人的惩治教育。而对这两类不同的犯人的不同措施又包括监狱环境设置等"硬件"和监狱相关制度设计等"软件"两个方面。

1. 对成年犯的感化教育

对成年犯人进行感化，首先表现在监狱环境及犯人待遇的改善。要使犯人接受感化，达到感化的效果，使其改过自新，必须要有相应的措施。沈家本也曾强调了以下几个方面：包括设立罪犯运动场所；保障犯人的日常饮食及居处的卫生；设教诲室等。在清末狱制改良及

[①]　沈家本：《奏实行改良监狱宜注意四事折》，载故宫博物院明清档案部编：《清末筹备立宪档案史料》，下册，北京，中华书局，1979。

[②]　沈家本：《监狱访问录序》，《寄簃文存》，卷六。

其后的多个时期，在筹办的新式监狱中都设有运动场、教诲室，新监中犯人的居住及卫生状况也有所改进。

其次表现在相关的制度设计上，以《大清监狱律草案》为例，具体主要包括：

（1）教诲教育制度。该制度是监狱实行感化主义宗旨的最直接体现。《草案》阐明："行刑之三大要素，曰纪律，曰作业，曰教诲及教育"，专辟第六章，用七条之篇幅专门规定了教诲教育制度。针对成年人的主要是"教诲"，因为依据《草案》的规定，18岁以上的人一般不在"教育"之列。教诲的内容即为德育，还包括宗教，同时还详细规定了有关教诲的时间、仪式等具体内容，由监狱设专员对罪犯进行面对面的教诲，进行直接感化。

（2）作业制度。《草案》将作业制度与教诲教育制度一起列为积极感化的措施。作业制度是惩罚与习艺的结合。该制度的立法目的是希望通过作业劳役，不仅可以使罪犯掌握一定的劳动技能，以利于其以熟练劳动者的身份重新回归社会后的生存，更重要的是可以培养罪犯对劳动的正确态度，养成良好的劳动习惯，从而心生善念，痛改前非。

（3）监禁制度和医疗卫生制度。《草案》规定的是独居监禁，但考虑到成本的问题，实行与分类监禁相结合的监禁制度。这样的监禁制度与旧式的混合杂居制相比，除了体现近代的人道主义，更重要的是可以防止罪犯之间的交叉感染，执迷于罪恶，从而使对罪犯的感化措施达到最好的效果。医疗卫生制度也是人道待遇的体现，同时较好的环境卫生条件可以减少犯人的对抗情绪，巩固感化的效果。因此，这两项制度实是体现感化主义、对犯人进行感化的配套措施。

（4）假释制度。假释制度是对犯人进行感化的引导机制。根据《草案》的规定，假释的条件要求犯人在狱中的表现有"悛悔实据"，也就是要求犯人认真遵守监规、接受教育改造而有悔改表现。凡是较好地接受了感化而心生善念的并有一定悔改表现的罪犯，都有可能被予以提前释放。这实际上就是对犯人认真接受感化的引导和激励。

2. 对未成年犯的惩治教育

未成年犯即少年犯，对罪犯成年与否以年龄为标准，而不同时期的年龄（16岁或18岁）的规定有所不同。所谓惩治教育，就是为未成年犯设立专门的惩治场所或特别监狱，以教育为主，辅以惩戒手段，以期使未成年犯得到改造，重新回归社会，是监狱感化主义宗旨在未成年犯身上的具体体现。沈家本非常注重对未成年犯的教育，强调"刑罚与教育互为消长"[1]。本着感化主义的宗旨，他认为对16岁以下的未成年犯不宜实施惩罚，未成年犯由于认识能力有限，对是非的认识可能有不当才会犯罪。一旦对其进行刑事制裁，将其与普通成年罪犯监禁于一处，则容易沾染成年罪犯的恶习，将来不容易矫正。而又不能对未成年犯不加追究放任自流，交给家长又担心可能其家境或未成年犯性格桀骜因而家长无力教育。因此，沈家本主张学习德国的惩治教育管理的具体做法，开办"公同学校"，对未成年犯实行学校式的强制教育。他还奏请清政府核准这一做法，"通饬各直省设立惩治场"[2]。通过惩治场的管教，"化其恶习，使为善良之民也"[3]。沈家本首倡设立少年惩治场，通过惩治教育，以学校的形式矫正未成年犯，在中国监狱史上具有重要的意义。

---

① 沈家本：《奏进呈刑律草案折》，《大清法规大全·法律部》。
② 沈家本：《奏进呈刑律草案折》，《大清法规大全·法律部》。
③ 《沈寄簃先生遗书》甲编《丁年考》。

对未成年犯的感化主义惩治，具体体现在以下两个方面，即对未成年犯的教育制度和少年监的设立。仍以《大清监狱律草案》为例，在第六章教诲教育制度中，除对未成年犯进行"德育"以外，还要接受"智育"。《草案》详细规定了接受教育的对象，18 岁以上或刑期不满三个月的罪犯不在教育之列；教育的内容，进行小学程度的文化教育；教育的时间，每星期至少要保证 24 小时。希望通过这些教育教诲措施使未成年犯得以感化，使其思想、心理、行为等逐渐向良性方向转化。而清末的少年惩治所尽管由于当时的种种原因，只是停留在了规划设计上，未能付诸实施，但到南京国民政府时期，还是建成了山东和武昌两所少年监。

上述关于感化主义宗旨的各项具体措施，在清末以后的各个时期的监狱制度中基本上都有所体现。有的进行了细微的变动，如在未成年犯的年龄问题上南京国民政府的规定为 18 岁；有的甚至有所改进，如南京国民政府实行的累进处遇的监禁制度。尽管由于各方面的原因，有些制定的先进的监狱制度并没有实施，或者在实施过程中走了样，但是从各个时期的监狱法律法规来看，近代感化主义的监狱宗旨已经为世人所接受，并成为监狱制度改良的一大趋势。

二、监狱的地位

封建社会的传统监狱，只是附属于官府，是行政机构的附属机构。近代以来，对监狱的职能及其在民主国家机构中的角色开始有了新的认识。刑罚观念的转变，使监狱在惩罚犯罪人之外，又肩负着感化和改造犯罪人的任务。近代监狱逐渐取得了独立于其他机构的地位。监狱在国家政治中的重要性也越来越大，狱制的优劣甚至足以影响一国在国际上的地位。

在世界范围内，西方各国莫不重视监狱的改良。1910 年，奉命参加在美国召开的世界第八次监狱会议的清政府代表，时任京师高等检察厅检察长徐谦、法部参议上行走兼奉天高等审判厅厅丞许世英，在《法部奏派赴美万国监狱改良会徐谦等回国报告折》中写道，"各国莫不从事改良监狱……几视为国际竞争之事业"。而当时的中国，由于狱制的腐朽落后，被降为三等国，以示警告。

沈家本对监狱地位的认识也有相当高的评价。他认为，"觇其监狱之实况，可测其国程度之文野"[1]。他把监狱及管理制度的好坏看成是检验一个国家文明野蛮、进步迟速的标尺。他认为中国的狱政与西方相比，设备简陋、刑法残苛，中国要想自强就要仿照日本那样进行变法，努力革新监狱制度。

对监狱的重视，在中国近代监狱制度的发展中也有较为清晰的反映。从清末的监狱制度改良到南京国民政府时期的监狱制度，监狱在整个政府系统中的地位大大提高，主要表现在以下三个方面：

1. 独立的监狱立法的出现及监狱法律体系的形成

在清末狱制改良之前，有关监狱的事务是由刑部下属的提牢厅管辖，与监狱有关的规定也是在刑部奏定的提牢章程之内。由于传统的"诸法合体"的立法体例，在清末狱制改良之前根本不存在有关监狱制度的部门法。监狱制度主要附合于诸如《大清律例》及后来修订的《大清现行刑律》、《大清新刑律》之中。随着清末社会革命形势的发展，在国内外巨大的双

---

① 沈家本：《奏实行改良监狱宜注意四事折》，载故宫博物院明清档案部编：《清末筹备立宪档案史料》，下册，北京，中华书局，1979。

重压力之下，清政府不得不进行法律的改革，尤其重视对监狱及监狱制度的革新，而清末狱制改良的重要成果之一就是《大清监狱律草案》的修订完成。尽管《大清监狱律草案》并未来得及颁行，但《草案》的完成标志着有关监狱制度的独立的部门法的出现。此后，北洋政府和南京国民政府都颁布了专门的监狱立法——《中华民国监狱规则》，其他有关监狱的法律法规也相继出台。除了中央的监狱立法外，还出现了一大批的地区性监狱法规。例如在国民党统治期间，南京国民政府核准的地方性监狱法规包括《江苏上海第二特区监狱监犯修路暂行章程》、《江苏上海特区监所职员补助俸津办法》、《湖北武汉监所囚粮购置委员会简章》、《湖南省捐款修建监所奖励暂行章程》、《山东少年监狱教务所处务规程》、《广东省反省院暂行办事细则》以及《安徽省反省院暂行处务规则》等。并且，地区性的监狱法规在经过司法行政部的核准颁行后，与全国性的监狱法规具有同样的法律效力，其他各省也可以援用这些法规。大量的监狱法律法规的出现，逐渐形成了一套较为完备的监狱法律体系，彻底改变了以往监狱法律法规游离于其他刑事立法之外而只是作为其他刑事法律附属品的地位。

2. 独立的监狱系统形成

在清末狱制改良之前，清朝的监狱种类极为单一。在中央主要是刑部监狱，在地方则主要是各地衙门附属的监狱。无论是已决犯或未决犯、成年犯或是未成年犯都拘禁于一处。狱制改良之后，按照《大清监狱律草案》及其他监狱法规的有关规定对监狱的种类作了近代意义上的较为细致的规定。监狱种类大大增加，包括拘禁徒刑犯的徒刑监；拘禁处拘留刑的拘留场；拘禁刑事被告人的留置所。此外，还有罪犯习艺所、看守所等，对妇女也设立了专门的留置所。到南京国民政府时期，监狱的种类更是繁杂，在普通监狱体系中除了普通监狱之外，还包括外役监、看守所、拘留所、管收所，并建成两所少年监；其特殊监狱体系包括军人监狱、反省院、集中营、南京宪兵司令部看守所及"保安处分"执行场所等。尽管部分监狱的设置当时尚处于规划之中并未建成，甚至南京国民政府时期的特殊监狱体系还有法西斯的特点，但除此之外，监狱体系已经趋于完善，监狱的系统化、专门化已经呈现。

3. 监狱官员的选拔任用要求有所提高

沈家本认为管理监狱是一种专业技术，应"得人而治"，否则即便拥有了完善的制度和设备也不一定就能取得成效。在法部议复的《实行改良监狱折》中曾提出，"典狱一官统辖全监，非兼有法律道德及军人之资格者，不能胜任"。他建议"各省法律学堂或已成立之新监狱内，附设监狱学堂。以资造就监狱官吏，并改定狱官品级"。他主张学习西方国家的监狱官吏培养办法，使监狱官吏先入监狱学校学习刑法、刑事诉讼法、监狱诸规则及会计学知识，并进行考核，合格后须先当看守，在任职年限内如获得精勤证书的，方可依级晋升直至被任用为典狱官。清政府也认为，典狱官属高等官吏，需要特别训练任用，还要专科学理和实地练习兼备。1906 年 10 月，京师法律学堂正式开课，聘请日本法学博士冈田朝太郎主讲刑法，同年应聘的日本法律专家还有松冈义正法官。1907 年学部通令，京师和各省法政学堂，除设各种法律学科以外，都增设监狱学专科，编定监狱学专科课程，选拔高等法政学生，专门研究学理和管理技能，聘请小河滋次郎主讲监狱学，并将法律馆存款全部充拨为经费。由此揭开了中国通过正规教育系统培养监狱官吏的开端。

对监狱官员的特别任用，北洋政府时期还制定了《监狱官考试暂行章程》及《监狱看守考试规则》，规定年满 20 岁以上并且具有司法部核准的监狱学校毕业学历或法律专业毕业学历者才能获得参加监狱官考试的资格。考试合格者，授以监狱官考试及格证书，由司法部派往各新监实习，满六个月后由各监典狱长对其工作成绩写出评语，呈报司法部核定，由监狱发给练习证书，再分配到各地监狱充任监狱官吏。练习期间工作不合格者可适当延长练习期限，再不合格的即取消其充任监狱官吏的资格。监狱看守也要从具有小学以上文化程度的人员中通过考试选拔。考试合格者还要经过六个月的考察实习，合格者才能充任。而在南京国民政府时期的军人监狱，其监狱官员也要由现役军人充任，并授以军职。

三、监狱的设置

中国近代监狱以清末狱制改良筹建的新监为起点，其设置大都是仿照近代西方资本主义国家的监狱，形成了一批具有近代监狱特点的新式监狱。这些新式监狱基本上都满足了近代监狱设置的一些要求，清末政府法部曾下达命令，监狱建造监房工场、教室、病房等监狱建筑必须有利于在监人的健康，符合卫生标准；必须有利于对在监犯人进行教育感化；专门设置工场和生活区，便于组织罪犯劳动；有利于监管防范。清末新监的筹建最早是由地方实力派推动的，湖北、盛京等地率先试办新式监狱成功，然后才由法部统一规划、指导，由各省筹资，在全国推行。这些新式监狱，包括已经建成的和在建的，许多被其后的政权所接收，一直被沿用到南京国民政府时期。因此，这里仅选择中央和地方有代表性的一些新监作如下介绍：

（一）清末改良的监狱

1. 京师模范监狱

京师模范监狱，即民国初期北洋政府的北京监狱（后又改称为京师第一监狱）、南京国民政府的河北第一监狱的前身。由于当时清政府认为"京师为首善之区，观听所集"[①]，京师模范监狱更是"为各方荟精粹之所，万国观瞻所系"，故应建成"模范中之模范者"。1909年，清政府划拨专款，征购土地，特选址在右安门内镶蓝旗操场兴建。

京师模范监狱是仿照日本，构造图式由日本监狱学家小河滋次郎设计，由御史麦秩严、凌盛禧监督建造，于1910年开工兴建，耗资二十余万两白银。根据规划，监狱分前中后三个区，前区包括大门、看守教诲室、病监、幼年监、运动场等；中区包括中央事务所、典狱室、会议室、课员室、戒具室、书籍室、阅览室、囚人接见室、仓库等；后区是正是监房分布区。监房采双扇面形，南北两列各有五翼，呈扇面张开形状，容纳犯人三百至五百人，扇柄处设圆式看守大楼，楼房上设有了望楼，楼内有教诲堂楼下设有惩罚室和检查书信处。监狱内还设有囚犯作业的工场、附设伙房、浴室、医诊室、药术室、尸室等。京师模范监狱共有监房、办公用房七百余间，实行的是分房监禁与杂居监禁并行的制度。而分房监禁又有夜间分房和昼夜分房，杂居监房有8人杂居房和15人杂居房。幼年监和病监也分杂居房和分房两种，前区之北是病监，前区之南是幼年监，病监和幼年监南北对峙，严格隔离。

京师模范监狱的上述结构图式，只有幼年监被暂缓设计而并未动工，该监由于辛亥革命的爆发、清王朝灭亡也并未被投入使用，后为民国北洋政府接收而竣工。

2. 湖北省模范监狱

湖北省模范监狱兴建于1905年，于1907年竣工，是清末最早兴建的新式监狱。监狱设

---

① 《法部奏拟建京师模范监狱折》，《大清法规大全·法律部》。

在江夏县以东，与县署毗邻，占地 30 亩，实行的是省办县管的双重领导制。该监是仿照日本东京及巢鸭两处监狱规模，由时任湖北试用道的邹履和在日本学习后回鄂的补用知县廷启负责营造。

湖北省模范监狱其构造主要分为三区四监：内监设在后区，呈扇面形，是监禁已定罪犯人的牢房，可容纳犯人约百人，南设三人监 2 所，监房 20 间，北设一人监 2 所，中央还有瞭望楼、守卫军住房、炊室、浴室，西设关押"在监又犯罪一次者"的"严禁监"10 间，监房北设关押"在监又犯罪两次"的"独居暗室"8 间，每间七尺深、四尺五寸宽，空间狭小；外监设在中区，也呈扇面形，监禁未定罪的人犯，可容纳犯人约三百人，此外还有教诲楼、工场、接见室等；病监、女监设在前区，女监可容约四十人，病监可容约五十人；四监区夹道设有玻璃窗、汽屋，中间为十字巷道。

监狱附设工厂，其工种按湖广总督张之洞在《奏陈省城模范监狱开办情形折》中描述，多为"成本轻而工程易者"，如织布、裁缝、编草竹器、制造学校用品等。狱内还设有运动场、自来水等近代化设施。每周星期天和犯人歇工时进行教育，使之向善，幼年犯还要求学习小学课程。

3. 奉天模范监狱

奉天模范监狱，即民国初年沈阳监狱的前身，创办于 1908 年，监址在沈阳天佑门内。是由奉天府县两所旧监狱并建而成，前期羁押未决犯和已决犯，经改良后仅监禁未决犯。根据奉天模范监狱典狱官刘朝森向奉天司法筹备处呈递的《监狱成绩报告书》中所附《奉天监狱模范沿革纪略》的记载，奉天模范监狱的构造分为五部：第一部是官舍，分为前、中、后三段，设有事务室、会议室、看守长室等行政机构，中段大楼的最高层设有瞭望亭一座，监视全监；第二部是杂居监，呈十字形、分四翼，中央设一看守圆亭；第三部是分监房，呈扇面形，也分四翼；第四部是两个工场区；第五部是男囚病监、女监、工场和病室等。全监共有大小监房二百三十余间，可容纳囚犯四百人左右。此外，奉天模范监狱还试办了女监工厂。

北洋政府期间也曾出台有关监狱结构组织的规定，北洋政府司法部于 1913 年发布《拟订监狱图式通令》，附有监狱图目录、图书说明书、作法说明书各一件。各地根据该《监狱图式》的要求陆续把清末设立的一批罪犯习艺所、模范监狱改建成新监。这些新监内分别设有男监、女监和病监。监房有分房制和杂居制两种，一般可容纳犯人 600 人左右，较大的如山西第一监狱可容纳 1 000 人左右，较小的如江西第一监狱也可容纳近 300 人。监房的建筑平面图多采扇形、放射形、十字形，也有丁字形、一字形、三字形和星光形。监狱内还设有理发室、浴室、工场、教诲室、运动场以及惩罚犯人的暗室、行刑室等。此外还建有监狱管理人员办公用的事务楼及可监视全监的中央看守楼。部分新监还附设了少年监或游民习艺所，专门收容、监禁少年犯或无业游民。

（二）北洋政府时期的新式监狱

北洋政府根据图式建造的新监，除前已提及的继续改建清末新监外，其他较为突出的新监如：

1. 京师第二监狱

京师第二监狱，即民国二年（1913 年）的宛平监狱，民国三年（1914 年）改为京师第二监狱，民国八年（1919 年）最终竣工，也是新中国北京战犯管理处的前身。由清末顺天府习艺所改建而成，原位于北京功德林庙址。该监占地 57 亩，有监房 17 幢，监舍 358 间，可容纳犯人 1 000 人，其建筑结构采用双扇面及十字暨丁字形。狱内设病监一间，其余各监依"天、地、元、黄、宇、宙、洪、荒、日、月、盈、昃、辰、宿、列、张"十六字依次编名。设有五人杂居间、三人杂居间以及昼夜分居间和夜间分居间等。在监狱中央建有瞭望亭，在监狱东西面建有八方亭，监视整个监狱。设典狱长一人，看守长三人、候补看守长五人及教诲师、医士、办事员各一人。监狱辟有工场，作业项目较多，有：窑科、木科、藤竹科、柳条科、洋铁科、鞋科、纺织科等十几种，并建有仓库，堆放成品。

2. 京师第三监狱

京师第三监狱，即民国二年（1913 年）的清苑监狱，原为清末保定习艺所。该监有东、西、后、女、病五个监舍。东监为革、面、洗、心四监；西监为改、过、迁、善四监；后监为有、耻、且、格四监；女监则分为东、南、西、北四监。全监可容纳犯人近 600 人。监内另设有运动场、工场等设施。

3. 山西第一监狱

省监则以山西第一监狱为代表。该监即民国元年（1911 年）的太原监狱，也是在原习艺所的基础上改建而来，位于太原城东北角。该监采用的即是星光形，即正中菊花式外层扇面的建筑构造，可容纳犯人 1 000 余人。在中央设有瞭望楼，楼下设有询问室，另有幼年监、女监、病监等。监房分为安、静、守、法四部分。监狱四面都布有工厂，西北角设有对犯人行刑的监视厅。其行政组织机构除典狱长、看守长外，还增设教务所长、医务所长各一人，主任看守十人、看守八十余人，并有女看守、药剂士、技士、授业手等的设置。

（三）南京国民政府时期的监狱

南京国民政府时期最著名的是首都监狱，它原为清末的江南模范监狱，亦称江宁地方监狱。即民国初期的江苏江宁监狱、江苏第一监狱。抗战胜利后正式命名为首都监狱。由于监狱在城内进香河东侧，河上建有一座桥，名为老虎桥，通往监狱大门，监狱门号为老虎桥 45 号，故又称老虎桥监狱。

该监占地 47 万平方米，建有办公楼、接见室、教诲堂、中央岗亭、杂居监、独居监、工场及瞭望台等。监内设置有东、南、西监以及女监、病监五处。东、西监为双扇形，各有四翼，以"忠、孝、仁、爱、信、义、和、平"等八字区分；南监五翼以"温、良、恭、俭、让"五字区分。每监设有黑房一间，专门用来紧闭滋事犯人。此外还设有水牢一座，用以惩罚罪犯。病监设在东面，分杂居病监和独居病监。女监设在东南角，附有劳动场所，并有女看守管理。全监共有监房 170 余间，可容纳犯人 3 000 余人。此外还有浴室、运动场、手术室以及工场、成品室等，设施较为完备。

四、监狱的管理

（一）监狱的管辖

在清末监狱改良之前，监狱的管理仍然是采取司法行政合一的制度。皇帝作为国家的最高统治者，掌握着狱政大权。刑部作为专管刑狱的中央国家机关，其下设立司狱，专职负责监狱事宜。地方一级的狱政仍是一如前清时期的设置，由地方官府专职负责。在清末的预备立宪中，改革官制，将刑部改为法部，为最高司法行政机关，"管理民事刑事牢狱并一切司法上之行政事务"①，下设典狱司掌管监狱；习艺所由民政部下设的警政司管辖；改大理寺为大理院，看守所即由大理院下各级审判厅系统管辖；在地方上，改省按察使司为提法使司，专管全省司法行政，下设典狱科管理地方监狱。

南京临时政府于1912年1月成立司法部，部长伍廷芳，次长吕志伊。司法部内设置狱务司，管理全国狱政。并设有秘书长、秘书、参事、司长、签事、主事、录事各职员。狱务司设司长1人，承部长之命，总理本司一切事务。狱务司以下设三科：经画科，掌全国监狱之设置，废止及变更事项；监视科，掌监督全国狱官，视察罪犯习艺所，及假出狱、免幽闭、出狱人保护事项；营缮科，掌全国监狱之建筑事项。

北洋政府时期，改法部为司法部，直接隶属于大总统，管理司法行政，并在各省设置了司法筹备处。司法机构的变化也导致了对监狱管辖的变化。根据1913年《中华民国监狱规则》的规定，北洋政府的监狱由司法部直接管辖。司法部下设监狱司，专门负责管理全国的监狱行政。然而关于监狱官员的任免、升转、奖惩、叙进等级等事务则由司法部总务厅负责管理。根据1914年颁布的《监狱管制》的有关规定，对监狱的监督权，"监狱由司法部监督之。""各高等检察长由司法部委任监督各该区域内各监狱"。由此，在事实上将对监狱的监督权分成了直接监督和间接监督两种。京师监狱则一直由司法部直接监督，而地方各省的监狱则由司法部委任各高等检察长行使监督权。

南京国民政府普通监狱的管理体制与北洋政府时期大致相同。普通监狱统一由司法行政部管辖。司法行政部下设监狱司，掌管全国的监狱事务。司法行政部可以委托各高等法院院长为各该省监狱的中间监督长官，省级监狱的具体管理事务由该省高等法院院长负责。各县监狱管理事务，由该县县长负责，下设管狱员。军人监狱归军政部管辖，中央军人监狱直接隶属于军政部，受陆军署军法司监督指挥，各省的军人监狱由各地最高军事机关负责监督。反省院则由国民党中央和各省党部管辖。其他各种特种监狱则大都由国民党政府的军警宪特控制。

（二）监狱的管理机构

中国近代监狱管理机构的设置突破了古代司法行政的狱政不分、职守不明的旧制，对监狱管理机构按其职能进行了较为详细的划分，机构设置和人员配置也日趋合理。具体情况如下：

1. 清末狱制改良时期的监狱管理机构实行的是三课二所制。仍以湖北、奉天两省的模范监狱为例，设典狱长一人总管全监事务，在典狱长之下的"三课"是指：

文牍课：主要负责管理文书往来及保管犯人金钱物品等事务，设课长和书记等职。

守卫课：主要负责管理检查犯人及戒护惩罚等事务。设课长、看守长、看守部长、男女看守等职。

庶务课：主要负责管理土地建筑及会计工业等事务，设课长、会计等职。

"二所"包括教务所和医务所，各设所长一人，分别负责对犯人的教诲和医疗等事务。

可以看出，这一时期监狱管理机构的设置以及各部门之间职责的划分尽管较之封建监狱

---

① 《法部奏酌拟司法权限折》，《大清法规大全·法律部》。

的旧制已经有了明显的改良，但还是应该说清末监狱管理机构的这种设置还是较为简单的。这主要是由于清王朝的灭亡，许多监狱法律法规未及制定和颁布，使得中央未能统一规划监狱内部行政管理机构的设置，反倒是在地方实力派推动之下的地方监狱的管理机构的改良走在了前面。

2. 北洋政府新监管理机构实行的是三科二所制。根据北洋政府于 1913 年公布的《监狱处务规则》的有关规定。所谓三科二所制，一般包括第一科、第二科、第三科以及教务所、医务所。其主要管理的事务分别包括：

第一科，负责各种文件规则的起草及审查；职员的任免、试验和赏罚；印信的典守和盖用；文书的收发处理；在监人书信及领状等一切文书的收发；在监人领置物品的受付及保管；在监人刑期的计算及刑罚的执行处分；赦免、假释、减刑的申请及执行事务等。

第二科，主管监狱警备及在监人的戒护检束；看守的勤务配置以及教习训练；监房及诸门之启闭及其锁匙的管理；在监人的押送；在监人粮食、衣类、卧具、杂物的分给及保管；作业的监督检查；对在监人行状的视察及对书信、接见的监视检阅；在监人教诲教育的管理及赏罚的施行，监房、工场的检查及卫生消毒清洁法的施行，以及对在监人疾病死亡的处理等。

第三科，职掌物品的购入、收支及保管；建筑及修缮工事的施行；制作品的定做、保管、变卖；佣役的雇人；工业种类的选择；作业者的配置及转役等。

教务所，主要负责对犯人进行思想道德教育工作。

医务所，主要负责犯人的医疗事务及监狱的卫生工作。

与这种组织机构相适应，北洋政府的新监设置了典狱长、看守长、候补看守长、教诲师、教师、医士、药剂师、技师、看守等监狱官吏。

典狱长，为监狱内的最高长官，受司法部或高等检察官的委任，对所管辖的监狱全权负责。根据《监狱处务规则》的有关规定，典狱长"当严守关于监狱之一切法令并督率其他官吏之遵行"。"监狱职员之处务，在监人之待遇及遵守事项"，"典狱长可在法令范围内发相当之命令训示"。"在监人不守法者"，典狱长"除必要时不使其他官吏列席""须亲自审问"。

看守长，在典狱长领导下，分掌警备、教育、作业、卫生、用度及其他事务。根据《处务规则》的有关规定，监狱各科科长由看守长兼任。候补看守长任职两年以上，工作确有成绩的，可提升为看守长。

教诲师，在典狱长领导下，负责对犯人进行思想道德教育工作，同时充任教务所所长。

教师，受典狱长之命令，从事对犯人的文化知识教育事务。监狱中若未设专职教师，其有关的教育事务由教诲师兼任。

医士，承典狱长的命令，负责犯人的医疗及监狱的卫生工作，并充任医务所所长之职。

药剂师，掌管药剂调和事务，并协助医士管理监狱的卫生事务。

看守，在看守长的直接领导之下监督、管理犯人，并处理监狱的各项庶务。其最主要的职责是加强对犯人的戒护，是强迫犯人进行改造的主要武装力量。有的监狱看守较多的，设置主任看守一职，协助看守长指挥其他看守。

技师，负责监狱中的技术事务。一般监狱中只设技师一人，但由于监狱中技术事务种类繁多，且各需专门知识，非一人所能胜任，故各监狱又雇佣工师，指导犯人的生产作业。

新监若设有分监的，分监不设典狱长一职，而设分监长一人，在典狱长的领导下负责分监的各项工作。分监长下设看守长、候补看守长、看守、教诲师、医士等职员，协助分监长工作。

各看守所一般设所长一人，总理全所事务。较大的看守所还设有所官一人，负责协理全所事务。下设书记一人，负责文书工作，医士一人，男女所丁若干人。若所丁较多的，还设有所丁长，指挥所丁。

值得一提的是，北洋政府的监狱之中还设有监狱官会议制度。这是因为监狱的事务繁多，且各需要一定的专门知识，设立该制度就是为了统一狱务的需要。根据北洋政府《监狱规则》的有关规定，"关于在监者之待遇及其他监狱行政之重要事项，监狱长须咨询监狱官会议之意见。"监狱官会议由典狱长、看守长、教诲师、医士组成，典狱长为会议长。但会议只是为典狱长提供咨询而已，会议上的各种意见并没有拘束典狱长的效力。

3. 南京国民政府的普通新监实施的仍是三科二所制，除了个别科的个别职能与北洋政府时期有所不同外，大体上是一致的。典狱长总管全监事务，各科设主任看守长一人，各所设主任一人。其具体职权包括：

第一科，主管会计、名籍、印信、保管、文书、任免、收发、统计等事务。

第二科，主观戒护、纪律、训练、作业督饬、消防、检束、异别、赏罚施行等事务。

第三科，主管作业、作业费、材料、成品、雇佣、工程施行、粮食支配、物品财产出纳等事务。

图14—18 北京模范监狱全副武装的狱吏
摘自〔荷〕冯客：《近代中国的犯罪、惩罚与监狱》，徐有威等译，66页，南京，江苏人民出版社，2008。

教务所，负责对犯人进行个别教诲、分类教诲、集合教诲等教诲事宜以及进行小学程度的教育。

图14—19 国民政府司法行政部部辖第二监狱女看守合影（1936年）
摘自〔荷〕冯客：《近代中国的犯罪、惩罚与监狱》，徐有威等译，275页，南京，江苏人民出版社，2008。

图14—20 上海厦门路监狱管理人员合影（1933年）
摘自〔荷〕冯客：《近代中国的犯罪、惩罚与监狱》，徐有威等译，273页，南京，江苏人民出版社，2008。

医务所，负责对犯人的治疗、药剂使用和监狱的卫生事务。

法院看守所设所长或所官，受管辖法院院长的指挥，督率所属掌管全所事务。其下设医士、主任看守和看守等职，在所长的指挥下分工办理有关事务。

（三）监狱的管理制度

中国近代监狱的管理制度，诸如收监、拘禁、戒护、作业、教诲教育、给养、释放等制度，从清末狱制改良的《大清监狱律草案》到南京国民政府的《中华民国监狱规则》一脉相承，在上文已有说明，在此不再赘述。这里主要介绍这一时期的监狱司法统计制度。

监狱司法统计始于清末，其主要目的是通过对监狱数据资料的调查，以求掌握监狱执法的实际状况，并为有关部门的决策提供依据。沈家本认为：国力之盈虚消长，非特统计不能明，故近来各国以统计列为专门科学之一。他建议监狱统计应仿行西方各国"应由法部编写格式，颁发各省督抚，饬所属按式分年报告"，然后"由法部汇订成册，恭呈御览，以为累年比较之准则"。北洋政府认为，监狱司法统计，犹如"战争之有侦察"，"欲征服犯罪军，非用统计之侦察不可"，"犹如航海之有海图及指南针，不可须臾离也"。到民国时期，尤其是南京国民政府时期，有关监狱统计的法规、训令增多，逐渐制定了一系列的法律法规。

1. 统计官员的配备

民国时期，监狱专设了统计室负责统计工作，统计室设有统计主任、统计员。根据《法院监狱看守所办理司法统计考核规则》的有关规定，统计人员的选任由各监典狱长就所属人员中，指定算术精明或具有统计学知识的人充任。统计人员均需要付具姓名、详细履历，呈司法行政部备案。担任监狱司法统计的人员，若没有重大事由，不得更换调动。监狱根据他们工作的优劣对他们实施奖惩。

2. 统计的种类

民国时期，监狱司法统计的种类主要有行政执行册报、经费册报和司法统计等三种。

（1）行政执行册报。包括监狱总体情况、入监出监犯人人数、犯人犯罪次数、监狱作业综合情况、监狱教诲教育调查以及犯人假释、撤销假释等。其中监狱报告分为年报、月报、临时报三种。年报，各监于第二年一月之前填造完毕的监狱综合报告，由该监长官呈报司法部；月报，即按季节分为四期，每期月报于后期第一个月份二十日前，由各监填造完毕呈报司法部；临时报，包括监狱官吏的变更、调动及惩戒事项、监狱灾变事项、犯人逃跑事项、犯人逃走捕获事项等。此外，若发生犯人死亡或其他非常事件时。监狱须向监督部门报告，由监督部门核查后转交司法部。监狱填造的统计表，须由该监狱官署盖印，监狱长官、统计主任、统计员均须签名盖章。

（2）经费册报。根据民国时期《造办经费册报总说明》，监所系国家直辖机关，经费册报办法要严格按照国家机关的会计制度办理。整个经费管理必须分门别类制定财产目录、物品登记、现金支票出纳等明细账目。目的在于加强对监狱经费的管理。各机关所用的物品采用国内生产的产品，若改用外国货的，"以不经济支出论"，并追究有关人员的责任。若各机关以私人的名义，行捐款、庆贺、凭吊之事的，"往返费用不准作正当开支论"。

（3）其他司法统计。包括行政、民事、刑事、涉外、监狱五类。

3. 统计的内容

主要包括四个方面的内容：

（1）基本情况统计。包括对犯人的罪名、刑名、婚姻状况、财产状况等。

（2）监狱羁押情况统计。包括：监狱额定的容纳人数、实际容纳人数；普通监狱、女监、少年监独居杂居情况；病监房屋数量及使用状况；犯人每日平均囚粮及病犯所得囚粮状况；犯人书信的收发与检查情况，以及犯人接见次数与停止接见次数；监狱内已逃脱、未遂逃脱的人数与件数；脱逃手段的类别；捕回的时间和人数、未捕回的人数；脱逃期间是否重新犯罪，重新犯罪的罪名与件数；脱逃犯人所受刑罚种类及人数等。

（3）监狱行刑情况统计。包括：

入监统计，主要指经生效判决直接移交的犯人人数，经转监接收的人数，经取消假释收容的人数，经罚金易科为监禁刑的人数，脱逃捕获人数等；

出监统计，指因刑期届满出监，因特赦出监，因再审转监出监，因再审无罪出监，因保外就医出监，因假释出监，因脱逃出监以及因特赦出监的人数等；

教诲统计，包括该监教诲师的设置，被教诲人数，每周教诲时间，个别教诲、类别教诲、集合教诲、特别教诲的人数，教诲用书种类，成绩比较等；

教育统计，即教师人数，被教育人数，教育的科目，每周教育的时间，用书种类及数量，成绩比较等；

作业统计，即对监狱工场设置，作业种类，作业人数，每日作业时间，成品总值，成本与利润等；

假释统计，即监狱呈请假释犯人的数量，批准假释的人数，撤销假释的人数等。

（4）监狱行政管理统计。主要涉及管理人员统计、管理设施统计、管理日常文件、档案统计等。

第三节
近现代监狱制度的意义

一、刑罚教育观的确立

刑罚教育观即教育刑论，产生于 19 世纪后期，是由德国著名刑法学家李斯特在继承刑事人类学派成果的基础上首先提出来的，是近代西方资产阶级刑法理论中取代古典的报应刑论的主要思想。它的核心内容就是要教育犯罪人，使之尽快复归社会，重新成为社会的一员，从而维护社会的秩序与安全，所以被称为资产阶级刑法理论的新派。

教育刑思想之所以能够盛行，有着深刻的历史背景。欧洲文艺复兴之后，人道主义、人本主义的观念得到广泛传播，科技技术和知识的增长为行刑教育活动的科学化和个别化提供了观念与物质支持；同时，自由刑作为一种区别于死刑和肉刑的权利刑，为行刑留有充足的时空，使在行刑过程中采取各种各样的教育刑实践活动具备了可能性。"教育刑还能宽慰统治阶级和普通公民因良心发现而产生的罪己心理。"①

随着西方政治法律文化的东植，刑罚教育观的思想也开始为当时的中国所接受。由于这一时期狱制乃至所有法制都以"模范列强"为基本方针，就为把刑罚教育观作为立法的基础，把感化主义作为监狱的宗旨创造了有利的条件。由于其他刑事法律，如《大清新刑律》吸收了罪刑法定、时效、缓刑、假释等近代资产阶级刑罚理论的观点，《大清刑事诉讼律草案》引进了陪审等资产阶级审判制度，廓清了封建主义刑法制度，又为确立刑罚教育观明确了方向。从清末的《大清监狱律草案》，到北洋政府于 1913 年颁布的《中华民国监狱规则》，直至南京国民政府于 1928 年颁布的《监狱规则》，这些监狱法律从内容到理论都是一脉相承的，甚至可以说 1913 年与 1928 年的《监狱规则》是《大清监狱律草案》的翻版。而之所以如此，乃在于《大清监狱律草案》不仅在体例和内容上效法了当时西方资本主义国家先进的监狱法律，还在于其体现了风靡当时的刑罚教育观的思想。为叙述方便，以下仅以《大清监狱律草案》为例。

《大清监狱律草案》确立了刑罚教育观，首先体现在它把监狱作为执行自由刑、限制犯人自由，使其受教化后能够回归社会的场所。需要指出的是，自由刑的出现本身即是刑罚教育观思想的产物。近代自由刑的出现代替了封建的死刑和肉刑，其日益满足犯人身体健康和安全的需要，使对身体的直接损害减至最低限度。而作为自由刑的执行场所，"监狱所以惩戒人者，非所以残虐人者；所以仁爱人者，非所以痛苦人者"。沈家本也认为，自由刑的执行是"借监狱之地，施教诲之方"，"设狱之宗旨，非以苦人辱人，将以感化人也"，如果没有"以感化为归宿"的改良监狱相配合，则自由刑难以执行，新刑律、新刑制也无实效。

其次，《大清监狱律草案》在总则中把"待遇化导"作为宗旨。第 9 条规定："受刑者须以使其畏服国法威严，中心自知尊重国法之必要。出狱后能复归于有秩序适法生活"。这一规定实际上是把自由刑的执行过程，看成是对犯人进行服法的治疗教育过程，是"近代监狱采用教育刑论不同于古代监狱以报复惩罚为目的的根本标志"②。为了保证区别待遇各个犯人，《大清监狱律草案》规定了严格的收监制度，确立了监狱接收犯人的条件和原则。第 125 条规定："监狱非具备有令状或判决书及执行指挥书与其他适法之文书者，不得收监。"第 28 条规定："有精神丧失状态，或因监狱拘禁有不能保全其生命之虞者，受胎后七月以上或分娩后未满一月者，攉传染病者"，"得不收监"。同时，《大清监狱律草案》要求对所接收的囚犯必须"调查其身格及个人关系"，即调查囚犯的相貌、年龄、出生、职业、经历、性格以及社会关系等，从而确定对囚犯行刑处遇的标准，以示"真实的公平"。

再次，《大清监狱律草案》把实行感化教育个别化作为原则。根据刑罚教育观个别化适用刑罚的原理，《大清监狱律草案》对不同罪质、年龄、个性、犯数的犯人进行区别待遇，因人施教。监狱不仅有男监与女监之分，实行分房制，而且还依据自由刑的种类设立徒刑监、拘留场、留置所等。中国古代对于少年犯的处罚一般也都是从轻发落，或免减，或收赎，或颂系，但并无特监收容，而《大清监狱律草案》则专辟了少年监。《大清监狱律草案》的这一设置开启了中国对未成年犯进行教育改造的新路，同时也体现了近代犯罪学研究的重

---

① 郭明：《中外监狱教育刑的困惑及其启示》，载《犯罪与改造研究》，2000（11）。
② 薛梅卿、叶锋：《试谈〈大清监狱律草案〉的立法意义》，载《政法论坛》，1987（1）。

大发展，是刑罚教育观在立法中的具体反映。而尽管《大清监狱律草案》对少年监的规定由于武昌起义的成功、清政府的灭亡而没有能够实现，但在南京国民政府时期却得到了部分的实现，建成了山东和武昌两所少年监。

最后，《大清监狱律草案》还通过对作业、教诲教育、给养、卫生医疗、接见书信、赏罚等制度的具体规定，把作业作为基本的教育手段，教诲与教育作为普通的手段，赏罚作为辅助的手段，确立了教育改造囚犯的条件、手段以及原则。作业的目的实际上是为了劳动改造，虽然有助于监狱管理和国家的财政收入，但是其不是"出于贱视犯人"，作业的结果虽"有益于经济，非专为经济而设也"。更重要的是，犯人通过劳动不仅可以消除鄙视劳动的感情，养成勤劳的习惯，其终极目的乃是使犯人可以学会一定的生产劳动技能，从而以一个熟练的劳动者的身份回归社会。

《大清监狱律草案》以及两部《监狱规则》的出现，表明了近代的刑罚教育观已为当时先进的中国人所接受。这些监狱法律贯彻了刑罚教育观和感化主义的原则，在近代中国监狱制度的发展上具有重要意义，为改革中国封建重刑主义之下的腐朽的监狱制度展示了前景，为中国近代狱制的改良引导了方向。

二、权利保障的体现

在刑罚教育观理论的影响之下，近代监狱制度在对犯人的权利保障方面有所突破。给予犯人以人道主义待遇是对犯人施行教育刑的内在要求。刑罚教育观的理论认为，犯罪人实际上也是社会的灾难者、受伤者，因为社会的不良环境是造成犯罪的重要因素，所以社会有责任以相应的、适当的刑事政策和处遇拯救犯罪人。国家对犯罪人有实施刑罚的权利，也有扶助和挽救的义务。而犯罪人有接受刑罚的义务，也有请求扶助和挽救的权利。[①] 因此，在中国近代历史上，在仿效西方监狱制度的狱制改良过程中，对在监人或曰犯人的权利的重视在陡然间被提升到了一个相当的高度。虽然对于当时的中国社会来说，对人权保障尤其是对保障犯人权利观念的接受似乎有些被动，但这却是历史的必然趋势。当时的改革者们也充分意识到了人权保障思想对近代中国的意义。于是，这一时期对犯人权利保障的重视，成为近代中国狱制改良过程中的一个鲜明特征。

以清末的狱制改良为例，对犯人权利的保障主要体现在：

1. 《大清监狱律草案》在总则部分即对犯人的权利义务加以明确。《大清监狱律草案》实行保障人权的原则，尊重犯人的法律地位。对于犯人的义务，《大清监狱律草案》第 10 条规定，犯人"有确守本律及其他关于狱囚之各项章程，服从监狱纪律及监狱官吏命令之义务。"《大清监狱律草案》对于犯人权利的规定则主要包括了请求正常水平的生活待遇权、拒绝监狱虐待权、保护身体健康权、通信接见权、请求奖赏权、受教育权甚至宗教信仰权等。如此大密度地赋予犯人权利在当时的中国监狱法制的历史上可谓是空前的。

2. 详细规定了犯人的情诉权。所谓的"情诉权"，是指犯人享有的不服下级监狱官吏的处分而向上级官吏告诉的权利。这是为了保证犯人能够享受赋予其的诸多权利而特别设置的一项保障性权利。《大清监狱律草案》总则第 12 条规定，"在监者有不服监狱处置者，得情

---

① 参见薛梅卿、叶锋：《试谈〈大清监狱律草案〉的立法意义》，载《政法论坛》，1987 (1)。

诉于监督官署，或巡阅官吏"。并以较大的篇幅对这一规定作了解释。例如，所谓的"监狱处置"是指机关处置，"典狱为监狱之机关，其余官吏皆典狱之辅助"，在监者"受下级官吏之虐待，可告之典狱"。如果典狱支持虐待，就需要作"监狱处置"。犯人不服这种处置的，可用书面、口头等方式情诉于巡阅官吏或监督官署，"在京为法部，在外为提法司"。再有不服者，"许其抗告于法部，但法部之裁决有最终处分效力。"此外还规定了情诉的时限以及联名的禁止等。规定监狱实行典狱负责制，要求典狱披阅"情诉书"之后必须从速上达，而且至少每月访问一次分房独居的受刑人，每三个月检查一次为受刑人保管的物品，在天灾地变时护送受刑人转移，为受刑人申请特赦或减刑，以及命令监狱官吏每天检查监房，等等。此外还规定了监狱会议对于囚犯的待遇等问题可提出意见，以备典狱咨询。

3. 对出狱人的"保护事业"。《大清监狱律草案》对出狱人的保护也予以较高的重视。所谓"保护事业"，是指"在犯人出狱后代谋生计，使不至再犯。"《大清监狱律草案》第94、96条规定，囚犯在监作业所得的赏与金，根据改造程度，在其释放后交付本人。作业赏与金的利息、没收的作业赏与金或不交付的作业赏与金，可以作为保护出狱人事业的补助费，并要求监狱的囚犯刑期终了、释放十日以前调查释放后的保护事项。《大清监狱律草案》甚至指出：农工商界、官办、公办、私办事业"联络一气，彼此推荐"，则必能完成保护事业。

此外，《大清监狱律草案》在监狱收监、医疗卫生等制度的设计，对新监的设置、硬件设施的配置等方面都体现了对犯人权利的保护。例如《大清监狱律草案》规定，"监狱为独立机关，自有独立作用，非有适法文书，不受审判厅之指挥。"如果仅按审判厅命令照办，"收监而无罪"，则不仅"有害政体，而且侵害人民之自由"。这表明确立收监文书条件是为了"保护人民权利"。《大清监狱律草案》还规定收监不得"侵害他人之利益"，执行收监手续时"须注意保全本人之廉耻心"，以及"非监房不能拘禁犯人"，即不得随地监禁等内容。

需要指出的是，尽管这一时期的监狱制度中仍有一些保守的因素，诸如作业制度下的赏与金是出自国家"恩惠主义"而并不是出于对犯人劳动权利的尊重；在对监狱监督的制度设计中，推事与检察官的"巡视"只是一种参观，没有监督之意，以至较古代狱政"录囚"制度也有退步等。但仍不可否认，近代监狱制度在人权保障方面所取得是一种突破性的进步，是人类文明的一大发展。而这一点对于当时近代中国的狱制乃至法制改革无疑具有相当的意义。

三、法治文明的表现

近代中国社会是一个半殖民地半封建的社会，近代中国的历史是一部深受列强欺凌、丧权辱国、各方事业惨遭破坏的历史。但同时，近代中国的历史进程又是先进的中国人不断奋发图强、挽救民族危亡的过程。在这一过程中，无论是出于什么目的，领导维新、改良、革命的先驱者们首先都是将目光投向到了西方。从"师夷长技"到"模范列强"，在经历一次次的失败之后人们逐渐认识到，振兴家国不能仅仅依靠科技的进步，更需要先进的内部制度的支撑。西方资本主义国家法治文明所展现出来的力量令人畏惧，同时也给当时的中国指明了前进的路途，在革命尚未成熟之际，似乎唯有实行法治才能给中华民族带来希望。政治改革的触角首先延伸到法律领域，刑事法律的变革尤为迫切，其中以监狱制度的改良为"大端"。在仿效欧美日本狱制的改良过程中，尽管不能说改良派思想家是怀揣"法治"之理想，但在经改良后浸透西方近代因素的监狱制度中，法治文明端倪已露。

现代法治观念一般认为，法治的特征主要包括法制完善、公正执法、严格监督、权利保障等方面。中国近代监狱制度对法治的体现，则表现在以下几个方面：

1. 监狱法制已经较为完备，法律体系已经大体形成

近代监狱制度的改良是一项极为系统的工程，是中国几千年来刑罚制度的全新变革。新式监狱的建成，并不仅仅是设施的改善，其最主要的是反映了行刑方式变化。所以，《大清新刑律》、《大清现行刑律》等以自由刑代替封建肉刑的刑事法律的制定，是狱制改良的前提和基础。而《大清监狱律草案》、《中华民国监狱规则》等监狱法律的制定或颁布，则更加标志着摆脱了"诸法合体"的传统法制体例的束缚，独立的监狱部门法的诞生。大批涵盖监狱诸领域、内容涉及作业、假释、保释、监狱官吏的考核、任用、奖惩等方方面面的法律、法规、章程、条例的出台，则使监狱法这个部门不断等到充实而愈趋丰富，监狱法体系的构建已经初具规模。因此，可以说实现法治所必需的监狱法制工作在这一时期已经基本完成。

并且，这些监狱法律法规本身在当时来讲在世界范围内已属较为先进。由于近代中国自身毫无先进立法之经验，因此聘请外国法律专家、照搬外国先进法律制度成为了捷径。许多法律实际上都是外国先进法律的翻版。而当时世界范围内的狱制改良运动方兴未艾，西方资本主义国家进行的狱制改良也在深入推进，感化主义、人道主义、教育刑论等先进的刑罚理念为各国监狱法律所吸收，人权保护、法治国思想更是深入根髓。因此，引进的监狱制度基本上秉承了西方资本主义国家先进的狱政理念。

2. 监狱官吏的专业化程度及其监察力度提高

法治首先需要监狱法制的完善，但改良后的法律更需要能够被公正地执行，因此监狱官吏的选拔任用显得尤为关键。在提高充任监狱官吏的基本素质方面，这一时期不仅开办专业的法律学堂，开设监狱专科，还聘请外国的监狱学专家专职讲学。更重要的是对监狱官吏按照不同的专业要求设置了不同的岗位，履行不同的职责。监狱中的职务包括典狱长、看守长、看守、教诲师、教师、医士、技师等。监狱官吏的分类和职责的细化既有利于监狱的管理，使监狱的工作更加科学，也使监狱官吏的权力相对分散有利于犯人权利的保障。

对于监狱官吏的行为，这一时期也出台了许多专门法规予以监督。如对于监狱职员的考核、奖惩、公物使用等出台了《监狱官考试暂行章程》、《监所职员奖惩暂行章程》、《监狱看守服务规则》、《监狱看守使用公物规则》等。这些规则的颁布使得监狱官吏的行为也纳入到了法律的视野，能够进行有效的法律规制，对于消除旧监狱中普遍存在的腐败和黑暗，发挥监狱的教育改造功能具有极为重要的作用。因此，对监狱官吏严格的监察监督是实现法治的重要步骤。

3. 监狱工作的科学化及对犯人权利的保障

监狱工作的科学化，是监狱法治的内在要求。首先集中表现为罪犯的分类制度的建立和完善。罪犯分类制度是指依据一定的标准，对罪犯分成不同的类别，并依据其具体情况对其进行不同方案的矫正，使其回归社会。是否采用分类制度应该是传统狱制与近代狱制的重要区别之一，同时也是衡量一个国家监狱制度先进与落后的标志之一。中国这一时期的监狱制度在拘禁制度上都采用了分类监禁或者独居监禁，实现了犯人的个别化待遇，至南京国民政府时期甚至采用了累进处遇制度。科学化的特征还表现在监狱的设计与建筑上。这是近代监狱制度在硬件层面的表现。这一时期的新监，如前所述，在建筑样式上可谓是五花八门，但

明亮、卫生、整洁、便于管理是其总体特征。这种科学的监狱工作，既是时代进步性的必然要求，也是良法之治人文情怀的体现。

对犯人权利的保障，前已提及，在此不再赘述，然而却是法治的应有之意。应该说中国传统狱制之所以"残酷无人理"，其根本原因即在于对犯人权利的漠视。监狱制度改良的所有措施其着力点也是在于提升犯人的法律地位，保护其应有的权利。

中国近代监狱制度的改良过程中，尽管法律的实施往往不尽如人意，有些甚至形同虚设，但并不能因此就否定立法者以法治国、以法兴国的理想和努力，并且部分的设计也确实得以实现。更重要的是，对于打破传统观念的束缚，唤起国人之法治理念，无疑具有开历史之先河的重要意义。

第四编
法律观念：在冲突中变革

第十五章

从君主专制到民主共和

中国自古便确立了君主专制的国家制度。从秦王朝确立中央集权的君主专制政体到清王朝灭亡，君主专制政体在中国存续了二千一百多年的时间。客观地说，历史上存在于中国的君主专制制度适应了当时中国的社会结构和经济状况，具有一定的客观必然性。这种制度在窒息了中国社会内部新生力量和进步因素的同时，也维护了国家的统一和经济、社会的进步。

鸦片战争的炮火打破了中国旧有体制的内部和谐。随着此后中国民族危机的逐步加深，一批思想先进的中国人注意到了中国与西方国家在政治体制上存在的差异，开始尝试着以改革中国的君主专制政体为契机以谋求自强。在此后的一百多年时间里，中国国家的政治体制发生了天翻地覆的变化：君主专制政体被颠覆，民主共和政体获得了国人的认同。虽然在民主共和政体建立的过程中，中国人走过的道路并不平坦，特别是某些封建专制的因素总是打着民主共和的招牌与民主共和相抗衡，但民主共和的潮流却以不可阻挡之势而不断地向前涌动着。

具体而言，中国近代以来的政体变革大致沿用了两条思路：一方面，是对西方民主制度的借鉴和移植，例如总统制、内阁制、国会制度甚至政党制度；另一方面，是对古代政治制度的借取和沿用，如北洋政府时期的北京临时执政府等，这些政体形式实质上都是君主专制制度的死灰复燃。而孙中山倡导的三民主义、五权宪法则是西方民主共和思想在中国的具体落实。

从现象上看，中国近代政体的变更经历了从民主到专制的历史轮回，但从专制的出现也需要打着民主共和的旗号这种现象本身，我们不难看出：民主共和的脚步离我们越来越近。在全国范围内一直存在着的、此起彼伏的民主政治力量和民主政治运动，推动着中华大地上的政治体制逐渐由君主专制，过渡到了民主共和。

第一节
君主专制的没落

自秦始皇统一六国确立中央集权的君主专制制度，到清王朝从历史舞台上的退出，标志着这一政体形式的完结，君主专制制度在中国延续了两千多年。从历史的角度看，这种专制制度的形成和衰落都存在着特定的原因。

一、中国传统君主专制的形成

中国传统的君主专制制度，形成于春秋战国时期。作为中国传统君主专制形成的重要时期，这一阶段的国家制度经历了从诸侯分封走向局部的统一、集权，从局部的统一、集权走向全国性的统一、集权的过程。全国性统一、集权的完成，也表明中央集权的君主专制制度在中国的确立。我们认为，君主专制制度在中国确立的原因有如下诸端：

（一）经济方面，地主土地所有制和新兴地主的出现，为中央集权的君主专制制度的出现提供了经济条件

春秋时期，铁器和牛耕的广泛使用，较大地推动了生产力的发展，并使大范围地垦殖土地成为可能。土地大范围的垦殖逐步摧毁了井田制，并直接促成了以征收地租为主要剥削形式的"私田"的出现。公元前594年，鲁国实行"初税亩"，按土地数量征收赋税，从而使土地私有合法化；楚国于公元前584年实行"量入修赋"；郑国于公元前538年"作丘赋"……以井田制为标志的土地国有制，被以土地私有制为基础的地主土地所有制和小农土地所有制取代。

土地所有制的变更，促使社会生产关系发生变革，从而产生了不同的政治要求。井田制的经济状况下，诸侯对土地没有自由支配权，但在自己的封地内却握有完全的行政和军事权；"私田"出现以后，诸侯失却了对土地的完全控制。在地主拥有对土地支配权、诸侯仍然掌握行政和军事权的情况下，政治权力和经济力量实现了分离。因此，新兴地主阶级要求保护自己经济利益，要求中央集权的政府的出现。

（二）政治方面，各诸侯国独立的君主权力逐步形成

周平王东迁洛邑之后，周天子已徒有虚名。依靠宗法血缘关系而世代为官的"贵戚之卿"开始被"异性之卿"所取代。例如，齐国田氏取代姜氏政权；晋国出现的韩、赵、魏三家分晋……在此纷乱之际，一些诸侯国国君趁机扩大自己的权势。在楚国国君率先称王后，一些大国的君主相继称王。"礼乐征伐自天子出"变成了"礼乐征伐自诸侯出"①，各国具备了独立于周天子之外的主权。

在国家结构方面，以血缘关系为纽带的分封制被郡县制所取代。在春秋战国之际的诸侯兼并战争中，一些诸侯在夺取了大片的土地之后，不再以分封制的方式分割土地，而是设立郡县。秦国在秦穆公当政时期，曾在边地设郡②，春秋末年晋国也开始设郡。随着郡县制优势的显现，郡县设置逐渐从边境推广到内地，郡县制开始形成。由于郡县的长官由国君直接任命，不再拥有独立的政治、经济权力，每个区域都服从中央，于是国家组织结构由分权逐渐走向集权。

（三）军事方面，军事战争对中央集权的君主专制制度提出了客观的要求

春秋战国时期，诸侯之间的战争异常频繁。在《春秋》记载的242年的历史中，各国之

---

① 《论语·季氏》。
② 参见《国语·晋语》。

间的军事行动多达 483 次。尤其是在公元前 321 年以后一百年，战争的规模越来越大，次数也越来越频繁。战争改变着国家的形式。因为战争需要集中一国全部的力量、需要服从、需要集中、需要对社会各方面力量的有效控制，因此国家政治体制开始逐渐向中央集权方向发展。

基于上述经济、政治和军事的需要，在秦灭亡六国之后，中国历史上第一个中央集权的君主专制制度确立起来。

二、中国传统君主专制的理论基础

一定的政治哲学对于中国传统君主专制制度的确立和完善起着重要的指导作用。春秋战国时期，礼崩乐坏，旧的政治统治已经越来越不适应新的形势和局面。在这种情况下，一批有见解的政治学家涌现出来。归结起来，这些政治学说可以分为儒、道、墨、法等诸派别。各种不同的政治派别相互攻讦，最终法家的理论在各学派中脱颖而出，成为显学。

（一）法家学说：早期君主专制的理论基础

春秋战国时期，法家学说所以能够在各种不同的学说派别中脱颖而出，重要的原因在于法家强调耕战强兵的理论。耕战强兵的理论基于一种实用主义的哲学理念，使一些国家得以在群雄竞起的环境中占据优势地位。因此，魏国最早启用法家李悝进行变革，迅速成为战国七雄中的强国；吴起在楚国主持变法，楚国也迅速强大起来；后来，秦国启用商鞅，变法后的秦国日益强大，最终统一六国。可以说，正是法家耕战强兵的理论使秦国逐步强大起来。因此，在完成统一六国的伟业之后，秦始皇就很自然地以法家的理论作为新国家的理论基础了。法家的很多重要主张均为君主专制制度提供了理论上的支撑，这些理论主要表现在以下几个方面。

1. 中央集权是法家的理论核心。法家主张"事在四方，要在中央。圣人执要，四方来效"①。也就是说，法家主张君主居于核心地位、地方归于一统的中央集权模式的君主专制制度。法家认为，一个国家的最高执政者只能是一个人，"子有两位者，家必乱。子两位而家不乱者，父在也"，因此"臣有两位者，国必乱，臣两位而国不乱者，君在也，恃君而不乱矣"②。此外，法家还把君主与国家联为一体。韩非子所说的："国者，君之车也"③，就是把国家说成是君主的私有物的最好证明。

2. 法家主张君主必须独揽大权。他们认为，君臣之间所以存在差别，就是因为君主掌握着权势，所谓"权势者，人主之所独守也"。在君主的绝对独断之下，臣子必须绝对服从。法家以"人性恶"作为其学说的哲学前提，认为君主只有在独揽大权的情况下，才能动用手中的权势，杜绝臣民的恶行。

3. 法家主张君主通过严刑峻法治理国家。法家所说的"法"，包括"刑"与"赏罚"两个方面。法家强调，推行法的关键在于君主亲自掌握大权。"生法者，君也；守法者，臣也；

---

① 《韩非子·扬权》。
② 《慎子·德立》。
③ 《韩非子·外储说右上》。

法于法者，民也"①。法是君主掌握在手中的统治工具。因此，"民"就是君主统治的对象。商鞅说过："民胜法，国乱；法胜民，兵强"。要达到"法胜民，兵强"的目标，是通过贫民、愚民的具体措施，所谓"多禁以止能，任力以穷诈"② 就是这个道理。通过强法、弱民的具体手段，完成并保证君主的个人专权。

4. 法家主张耕战、富国强兵，同时主张钳制人民思想。耕战务实，而诗书游说影响耕战，对国家不利。商鞅指出："农战之民千人，而有诗书辩慧者一人焉，千人者皆怠于农战矣"③。韩非更是认为学者是国蠹之首；李斯同样认为：私学发展，使"天下散乱，莫能相一"，因此主张堵塞言路，钳制人们的思想。

秦王朝采取极端的君主专制主义，以致于二世而亡，很多人将秦朝灭亡的原因归于法家的思想。因此，秦朝灭亡之后，法家作为一个支持君主专制的思想流派逐渐失去了显要的地位，并被后来的儒家思想取而代之。

（二）儒家学说：中国传统君主专制的理论支柱

诚如前述，法家思想在早期的君主专制理论中发挥了巨大作用。但随着秦王朝的灭亡，法家思想失却其显学地位而被儒学所取代。自汉武帝"罢黜百家、独尊儒术"的治国方略提出以后，儒学在中国传统君主专制理论中取得了独尊的地位。

但我们必须注意到：儒家学说并没有对法家学说进行颠覆性的革命，而是在很大程度上保留并吸收了法家的很多思想。例如，在国家结构形式上，儒家继续为君主专制模式摇旗呐喊；此外"尊本抑末"的主张、定思想文化于一统的文化专制主义等主张，都被后来各朝代的统治者所推崇，并演变成君主专制国家的基本国策。

这里需要指出的是，儒家和法家在治国方式上的最大区别是：儒家强调以德治，代替法家所强调的严刑峻法。儒家的至圣先师孔子一再讲"为国以礼"④，强调"道之以政，齐之以刑，民免而无耻；道之以德，齐之以礼，有耻且格"。此外，孔子还说："上好礼，则民莫敢不敬。"⑤ 孟子在讲仁政时，对礼的作用也是十分重视的。荀子的政治思想更是围绕着"礼"展开的，甚至可以被视为礼治主义的典型。"礼之于正国家也，如权衡之于轻重也，如绳墨之于曲直也。故人无礼不生，事无礼不成，国家无礼不宁"⑥。儒家学派的作者们将"礼"提高到国家和社会政治生活中无以复加的高度，这样的论证比比皆是，无须太多引证。

自从汉武帝时期取得独尊的地位到清王朝灭亡，儒家思想一直都是中国传统君主专制制度的理论支柱。从外在形式上看，儒家思想似乎与此前对专制统治大加论证的法家思想不同；而实质上，汉代以来的儒家思想不过是把法家的某些思想披上了一层道德说教的外衣而已。因此，中国传统的君主专制的理论基础，不过是儒家化了的法家思想，并伴随着君主专制制度在中国前后延续了两千多年。

---

① 《管子·任法》。
② 《商君书·算地》。
③ 《商君书·农战》。
④ 《论语·先进》。
⑤ 《论语·为政》。
⑥ 《大略》。

三、中国传统君主专制的法律特征

中国传统的君主专制制度具有强大的法律后盾，也就是说君主专制的维系有赖于法律制度上的肯定与支撑。概言之，中国传统的君主专制制度的法律特征有以下几个方面。

1. 君主至尊的绝对地位

君主在中国传统君主专制的政治体制内处于至高无上的绝对地位，对君主的依赖和从属是君主专制的题中应有之意。自秦始皇确立了"命为制，令为诏"，"天下之事无小大皆决于上"① 的专制主义原则后，中国历代君主都把自己塑造成了集国家的立法权、行政权和司法权于一身的独裁者。

臣子对君主的依赖是全方位的、无条件的，臣下的一切都来自皇恩。"臣身虽贱微，然皆以选择得备学生，读六艺之文，修先王之道，粗有知识，皆由上恩"②。"臣等得生邦甸，幸遇盛明。身体发肤，尽归于圣育；衣服饮食，悉自于皇恩。"③ 臣下的一切，来源于君主，君主对臣下享有生杀予夺的大权。韩愈、柳宗元的说法，是对君主在整个国家权力体系中的地位的最好写照。

2. 中央集权的统治模式

中央集权是与地方分权相对而言的一个概念，它与君主专制主义存在着很大的不同。君主专制意味着"既无法律，又无规章，由单独一个人按照一己的意志与反复无常的心情领导一切"④ 的统治模式。君主专制，是国家政体的核心部分。中央集权制，是指国家的结构形式，即指国家的整体与部分之间的关系问题。中央集权制意味着国家政权全部集中于中央政府，而各地方政府只能根据中央的指令办事。

秦代以降，中国历史上的历代王朝无不实行中央集权的治理模式。消灭割据状态，建立统一的国家是衡量一个帝王是否开创了丰功伟绩的重要标志。中央集权的根本特点在于：（1）"海内的郡县，法令由一统"⑤。也就是地方各级政府没有立法权；（2）地方官员的政绩考核、升迁，全部由中央政府掌握，地方行政长官必须向中央负责；（3）就中央与地方关系的发展趋势而言，地方政府在司法、财政、军事等方面，全部受制于中央；（4）地方政府必须接受中央的监督。

中国的中央集权制，是国家完整性的象征。从积极方面看，中央集权制推进了我国统一的多民族国家的形成；从消极的方面看，中央集权不利于调动地方的积极性，容易禁锢人们的思想，需要庞大的官僚机构的支持……无论其优、缺点如何明显，它确实是中国传统政治制度和法律制度的重要组成部分。

3. 礼治优位的控制途径

社会控制是实现社会秩序的重要途径，而社会控制的手段又是多样的：法律、道德、宗教、习惯、政策等均是实现社会秩序的重要社会控制手段。在中国传统的君主专制制度下，

---

① 《史记》卷 6，《秦始皇本纪》。
② 《韩愈集》，629 页。
③ 《柳宗元集》，942 页。
④ ［法］孟德斯鸠：《论法的精神》，上册，张雁深译，8 页，北京，商务印书馆，1982。
⑤ 《史记》卷 6，《秦始皇本纪》。

"礼"亦即道德在各种社会控制手段中居于优先的地位。

前文曾经叙述了儒家思想在传统中国社会中的重要地位，儒家思想的影响主要体现为中国传统法律制度的"重伦理、轻法制"的现实社会治理结构。从更深的角度视之，"无讼"就是这种观念的体现。在《论语》中，孔子的话至今仍然回响在我们的耳边："听讼，吾犹人也，必也使无讼乎！"不要通过法律手段，而是通过道德教化，最终达到消弭诉讼的程度，这才是专制君主制度下的中国传统儒家所追求的大同世界。

4. 重农抑商的价值追求

中国传统的君主专制制度体现出"重农抑商"、"上农抑末"、"重本抑末"的法律特征。这三个词表达的意思是一致的，即农为本、商为末。这一传统的国策所以能在如此广袤的土地上推广下去，不外乎以下两个原因：第一，财政上的考虑居于首位。中国作为一个农业国家，农产是国家最重要的经济命脉。只有维持小农经济的简单再生产，才能保证国家的经济来源，也才能保证国家的长治久安；第二，这一政策也是中央集权的必然结果。只有通过把人们更多地束缚在土地上的政策，减少人口的流动，中央政府才能对全国实行有效地控制。因此，基于国家的实际需要，为保证重农抑商政策的推行，历代王朝在其法律制度中都透露着重农抑商的法律精神。

5. 等级森严的社会结构

等级森严的社会分层，是保证社会正常运转、减少管理成本的重要手段。从宏观范围看，中国传统君主专制政体下的社会分层主要可以分为君、臣、民三大社会等级。在中国传统君主专制政治体制之下，"尊卑"的社会等级结构既是一种社会体系，又是一种思想文化和社会观念。在所有社会关系中，只有帝王是独尊的。

与君王的独尊相对应的是臣卑。所谓臣，是指帝王以下的所有臣、民。作为贵族、官僚的"臣"相对于民而言无疑是尊者、贵者，但在帝王面前他们又是卑者。那些有机会与皇帝直接对话的臣子，必须把自己说成是无知、无用、无能的，在贬低自己主体性的同时使君主的主体性和尊者地位得到彰显。为强化社会等级观念，中国历代王朝的法典还对"民"进一步作了良、贱之分，其中良人包括贫民地主和自耕农。豪强大姓、富商巨贾虽然横行乡里、富甲一方，但如果没有获得政治功名，则与庶民无二。在这种大的背景下，等级森严的社会结构成了中国传统君主专制社会的重要组成部分。

6. 刑民不分的法律体系

中国传统君主专制制度下的法律制度建构蔚为大观，并开创了举世瞩目的中华法系。中国传统法律体系的重要特点之一，就是重刑轻民、刑民不分、诸法合体的法律制度建构模式。

以自然经济为主的社会经济结构，决定了传统中国社会民事法律制度并不发达。此外，"无讼"的法律意识强调人们之间最好是不要发生民事纠纷，即便发生了民事纠纷，最好也要通过道德手段解决。也就是说，在上述的经济和社会意识背景下，民事法律制度的不发达几乎是必然的。

但从另一角度看，为保证普通民事纠纷在民间通过道德手段解决，法律制度对诉至官府的普通民事案件大多采用了刑事法律制度予以解决。这种解决纠纷的方式使当事人承担了更重的法律负担，从而也从心理上遏制了人们寻求官府解决纠纷的热情。也就是说，中国传统专制制度下的刑民不分、诸法合体的法律体系，为保证国家秩序的稳定并最终达到"无讼"的理想状态还是作出了很大贡献的。

中国传统法律制度表现出来的上述特征都服务于一个目标：巩固中央集权的君主专制制度。这种法律体系在中国传统封建社会，已经沦落为封建帝王维护自己权威的重要工具。随着中国君主专制制度的崩溃，这一颇具特色和影响的法律体系也逐渐地淡出了人们的视野。

四、中国传统君主专制的没落

中国传统的君主专制制度经过秦、汉的初育，隋、唐达到全盛的时期，经过宋、明、清三个朝代的进一步强化后，最终于 19 世纪末 20 世纪初走到了历史的尽头。曾经盛极一时的清王朝，在开始推行其专制统治后不久，就流露出了专制制度行将没落的迹象，这些迹象主要表现在以下几个方面：

（一）中央集权的君主专制制度进一步强化

总体上看，清朝基本上延续了明朝时期的政治制度。此外，为满足对政治权力的绝对控制，清王朝又在明朝政治制度的基础上作了一些改进、更新，使其政治体制更加适合强化中央王权的需要。

1. 增设军机处。雍正年间，清政府在议政王大臣会议和南书房的基础上设立了军机处。设立军机处的本意是处理紧急军务，但雍正皇帝后来把它变成了辅佐皇帝工作的常设机构。军机大臣几乎每天都要向皇帝奏报各种情况、接受皇帝的旨意，然后由军机处按皇帝的旨意起草谕旨并下达，绝不许有任何篡改。军机处的设立，使皇帝直接控制国家权力的能力大大增强。

2. 改长子继承制为"密建皇储"制，这项制度也是由雍正皇帝下诏实行的。所谓"密建皇储"制，就是指皇帝于在位期间在自己的皇子中不分嫡、庶、长、幼，而挑选贤能者作为皇位继承人。清政府希望通过遴选贤德的皇位继承人，强化中央权力，保证其统治长治久安，江山永固。

3. 严禁嫔妃、宦官干政，并同时杜绝大臣结交朋党。这项制度的目的也是防止皇权旁落。

4. 推行密议奏折制度。康熙皇帝命令全国文武大臣可以把所见所闻以及各方面的情况写成密件，上奏皇帝。这项始于康熙年间的制度强化了皇帝个人的权力。

皇权的不断强化，也恰恰是中国传统封建专制制度衰落的标志。

（二）封建专制政治制度极度腐化

清朝大规模的政治腐败始于乾隆时期。乾隆皇帝好大喜功的性格，为喜欢阿谀奉迎的官吏创造了敛财的机会。此外，乾隆皇帝六下江南，耗资巨大，此举也极大地败坏了社会风气。据统计，乾隆皇帝在位期间，因贪污而被处死的二品以上官员就有三十多人。

嘉庆、道光年间，官吏的腐败进一步加剧，甚至到了无官不贪的地步。此间，出现了以假印冒领冒销的贪污新招。从嘉庆元年到十一年，直隶司书与保定府 24 州县官吏沆瀣一气，用这样的招数侵占白银三十余万两。

政治的腐败还体现在军队的腐败上。嘉庆年间发生的白莲教、天理教农民起义，使清政府军队难于应对。到了道光时期，士兵吸食鸦片的现象相当普遍，以致后来完全失去了抵御外来侵略的能力。

（三）清朝末年中国的半殖民地化

1840 年，英国发动了旨在维护鸦片贸易的侵华战争。战败后的清政府于 1842 年签订了中国近代历史上第一个不平等条约——《南京条约》，它标志着中国开始逐渐沦为半殖民地半封建社会。此后的 1856 年英法联军战争、1884 年的中法战争、1894 年的中日甲午战争、1900 年八国联军的侵华战争，一次次的军事失利以及一系列不平等条约的签订，把本来一个完整的封建社会的中国变成了一个半殖民地半封建社会的中国。

中国传统封建专制制度的没落以及中国半殖民地半封建社会程度的加深，激励着一些有志的中国人思考未来的出路。为挽救中国于水火之中，最早的一批仁人志士开始冲破封建专制制度的束缚，从西方政治文化中汲取养分。他们从批判中国传统的封建专制制度入手，宣传西方的民主共和思想。19 世纪末、20 世纪初发生的戊戌变法和立宪运动，就是这种思想影响的结果。虽然这两次运动没有成功，但清王朝最终被迫接受立宪派的某些主张，降旨推行"预备立宪"。中国历史上第一部成文宪法——《宪法重大信条十九条》的颁布，标志着民主、共和、宪政思想逐步走入了人们的政治生活。

第二节
民主共和思想的初兴

一、民主共和思想的输入

西方的民主共和思想是伴随着中国民族危机的加深而输入的。西方列强的坚船利炮既暴露了清政府的腐败无能，也激起了中华民族奋起自强的决心。为挽救民族危亡，早期的一些有识之士开始把关注的目光投向西方国家。在"放眼看世界"的第一批中国人中，林则徐和魏源最为著名。

（一）对西方民主共和思想的最早了解

林则徐是清朝高官中最早提倡"通夷务"的人。在广州禁烟的过程中，林则徐曾组织人力收集外文书报，进行翻译以了解国外的情况。在他的主持下，1836 年在英国出版的《世界地理大全》被翻译成汉文，并定书名为《四洲志》。该书对英国的议会制度进行了较为详细地介绍。虽然《四洲志》的译文并不十分准确，但它却第一次向国人介绍资本主义国家的民主共和思想和宪政制度，为中国人了解西方起了积极地引导作用。

1841 年 6 月，林则徐被革职后发配伊犁。在途经镇江时，他把《四洲志》交给了自己最好的朋友魏源，希望魏源能够撰写一部更详细的著作，以向国人介绍世界上的其他国家。在《四洲志》的基础上，魏源又查阅了大量的资料，并于 1842 年底完成了 50 卷的著作《海国图志》。1847 年，魏源将该书增补为 60 卷，1852 年又增补为 100 卷。《海国图志》以大量的篇幅介绍了西方的军事技术、养兵之法等自然科学知识，同时对西方的政治制度也作了比较详细地介绍，并对西方的民主制度表达了一定程度的认可。

在总结中国在鸦片战争中失利的原因时，魏源指出，武器不够尖利是一个方面的因素，而更重要的因素在于朝廷军事指挥的昏聩和军队的腐败。针对这一问题，他反问道："尽得夷炮夷艘，遽可大洋角逐乎？不知自反，而惟归咎于船炮之不若，是疾误庸医不咎方，而药材之无力也"[①]。他认为，与武器相比较，人心是"无形之兵"，而无形之兵才是决定战争胜负的最重要因素。因此，"欲平海上之倭患，先平人心之积患"。如何才能消除人心的积患呢？魏源认为必须广开言路，听取民间百姓的呼声。魏源的这些思想还是有一定的民主成分的。

作为放眼西方的第一批有识之士，林则徐、魏源等人的观点还有相当的局限性。但在当时的历史条件下，他们能够提出"师夷之长以制夷"的救国策略，为后来几代中国人指明了寻求真理、振兴中华的方向。因此，他们的思想具有划时代的启蒙意义。

（二）洋务运动

第二次鸦片战争和"辛酉政变"后，面临内外交困的严重形势，一些受西方思想影响的清政府重臣力主在不变更封建制度和"守定和议"、"曲全邻好"的前提下，开展以"求强"、"求富"为内容的"自强新政"，以达到"御外安内"，维持清朝封建统治的目的。这场将"师夷之长以制夷"的思想落实到中国器物层面上的现代化的改革，被称为"洋务运动"。

"洋务运动"所掀起的改革主要体现在四个层面上。（1）兴建近代工业企业。例如，曾国藩于1861年在安庆创办了军械所；李鸿章于1862年将上海制炮局迁至苏州，使之成为中国近代最早的军事工业企业；1865年以后，李鸿章、左宗棠等又陆续兴办了江南制造局（上海）、金陵制造局（南京）、福州船政局、天津机器局等一批近代兵工厂。（2）开办了一些民用工业企业。兴办民用工业企业的目的，主要是为了解决军事工业的燃料、原料、交通运输和经费等问题。这些企业一般采用官办、官商合办、官督商办的形式。自19世纪70年代后到甲午战争前夕，这样的民用工业企业达到了二十多个，其中比较著名的有轮船招商局、基隆煤矿、开平矿务局、漠河金矿、电报总局、上海机器织布局、湖北织布局、汉阳铁厂等。（3）实行以官费派遣留学生的制度。从1872年到1875年，清政府每年选派30名12岁左右的学童赴美国留学，总共派遣了4批120人。从1875年起，在李鸿章、沈葆桢的主持下，又有4批97人福州船政学堂学生和海军官兵被派往英、法、德等国家学习船政、兵技等。（4）设立翻译机构。为了解西方的政治、经济、社会以及军事等各方面的情况，清政府在洋务运动的过程中设立了一些翻译机构，其中以设在北京的同文馆最为有名。

洋务运动以"中学为体，西学为用"为指导思想，通过学习西方列强的先进技术来强化专制统治的工具，即"给中国封建主义的统治机器加上一些洋式的利爪"[②]。洋务运动的改革主要集中在器物层面上，对西方列强的政治制度则采取抵制的态度。在他们的内心深处，挥之不去的是"通过提高军事技术，就能够御敌于国门之外"的观念，而丝毫没有意识到中国传统的专制政治制度存在着重大弊端。退一步讲，即便洋务派认识到了政治制度的弊端，他们也无力改变之。但洋务运动所引进的西方物质文明，使人们在潜移默化中加深了对西方的

---

① 魏源：《海国图志·筹海片·议守上》。
② 胡绳：《从鸦片战争到五四运动》，上册，338页，北京，人民出版社，1981。

了解，并引发越来越多的人从中、西方的对比中，思考中国落后的原因。在这样的思考中，早期维新派诞生了。他们认为，引进西方的民主共和制度、废除封建的专制政体才是推动中国富强的正确道路。

（三）早期的维新思潮

早期维新派的代表人物有冯桂芬、王韬、薛福成、马建忠、郑观应、黄遵宪等人。可以说，洋务运动是造就早期维新派的温床。

虽然早期维新派孕育于洋务运动之中，但他们的思想却比洋务派激进得多。他们不仅主张学习西方国家的先进技术，而且认为对中国传统的君主专制制度大加鞭挞。王韬在抨击君主专制统治时写道："君即端拱于朝，尊无二上，而趋承之百执事出而莅民，亦无不尊，辄自以为朝廷命官，尔曹当奉令承教；一或不尊，即可置之死地，尔其奈我何？惟知耗民财，殚民力，敲骨吸髓，无所不至。囊橐既满，飞而飏去，其能实心为民者无有也"[1]。基于此，早期维新派认为除了学习西方的先进技术外，还要借鉴他们的政治制度。在他们看来，西方国家治乱的根本，不完全在于军事武器的先进，还在于民主制度的推行。"育才于学堂，论证于议会，君民一体，上下同心，移实而戒虚，谋定而后动，此其体也；轮船火炮、洋枪水雷、铁路电线，此其用也"[2]，西方国家的富强完全在于体用兼备的制度。1884年中法战争后，早期维新派看到洋务运动兴办起来的福建水师和福州船政局被法军摧毁，看到清政府在取得镇南关大捷、谅山大捷的有利形势下，反而向法军求和，并出让中国主权的惨状后，进一步挣脱了"中体西用"思想的羁绊，提出了采用西方民主政治制度、变革封建专制政体，实行"君民共主"的君主立宪制的主张。

郑观应在《易言》一书中比较全面地论述了"君民共主"的政治主张。他认为，西方的议会制度都在首都设有上、下议院：上院以国之宗室勋戚及各大员当之，以其近于君也。下院以绅耆士商、才优望重者充之，以其迩于民也。凡有国事，先令下院议定，详达之上院。上院议定，奏闻国主。若两院议意符合，则国主决其从违。倘彼此参差，则或令停止不议，或覆议而后定。故泰西政事举国咸知，所以通上下之情，期措施之善也。[3] 这种观点反映了早期维新派对建立"君民共主"型的君主立宪制的基本要求。具体说来，早期维新派设计的议院大致有以下三种类型：

1. 汤震设计的官办议院。其上议院由"自王公至各衙门堂官及翰林院四品以上者"组成，"以军机处主之"；下议院由各衙门堂官及翰林院四品以下之人员组成，"以都察院主之"。国家遇有大事，经请示皇帝，认为需要讨论的，由军机处、都察院分别召集上、下议院开会。经过上下议院讨论后，再上奏皇帝，决定最终是否实行。[4]

2. 陈炽提出的官办与民选相结合的议院。这种议院的上院由"国家爵命之官"组成；下院由"绅民公举之员"组成，选举议员有财产资格的限制。议员的选举按级进行，逐级选

---

① 王韬：《弢园文录外编》，23～24页，北京，中华书局，1959。
② 郑观应：《盛世危言·自序》，载《戊戌变法》，第1册，40页，上海，神州国光出版社，1953。
③ 参见《郑观应集》，上册，103页，上海，上海人民出版社，1982。
④ 参见汤震：《危言·议院》，载《戊戌变法》，第1册，177页，上海，神州国光出版社，1953。

出。议院的权力是对国家大政进行讨论，但"事之行否，仍由在上者主之"①。

3. 何启等人设计的民选议院。具体做法是：县、府、省三级均设议员 60 人，议员由公举产生，凡男子 20 岁以上能读书明理者均有选举权。议员的职责是议政，"地方之利弊，民情之好恶，皆藉议员以达于官。兴革之事，官有所欲为，则谋之于议员；议员有所欲为，亦谋之于官，皆以叙以之法为之，官与议员意合，然后定其从违也"。议会商定的事情，逐级上报，最终奏于皇帝。由皇帝签署后，决定是否实行。他们认为这种议会制度能够真正做到公平，可以"使天下为一家，中国为一人"，国家"长治久安，必基于此"②。

早期维新派思想家大力倡导"君民共主"的议会制度，提出了建设共和国的主张。他们上述主张的目的，是借用西方民主政治对中国传统的君主专制制度进行有限的改造，以期达到富国强兵的实际效果。他们中的一些人有的出任过驻外使节（如薛福成），有的在外国留过学，因此他们对西方的了解比林则徐、魏源等人要深入得多。他们发现了封建专制主义的种种弊端，主张用西学改变中学。可以肯定，早期维新派的"君民共主"的主张，推动了民主共和思想在中国的传播，为后来的戊戌变法进行了相应的思想铺垫。

二、民主共和思想的中国理解

（一）民主共和思想在中国渐入人心的社会背景

1894 年，清政府在甲午海战中失利、北洋水师全军覆没的结局，宣布了洋务运动的破产。甲午海战之后的中国，面临着被帝国主义列强瓜分的危机。这种危机不仅激励了国人的民族意识和爱国热情，也使更多的有识之士意识到：没有先进的制度，即便有先进的武器也是没有任何作用的。1895 年 4 月 17 日签订的《马关条约》在全国范围内引起了巨大的震动，当时正在北京会试的康有为与其门生梁启超、麦孟华以及各省举人 1 300 多人闻讯后在松筠庵集会，并推举康有为连夜起草了一份长达一万八千多字的上皇帝书。在这份上皇帝书中，维新派第一次公开地提出了自己的政治纲领，请求皇上采取拒和、迁都、练兵、变法的政治对策："上诏鼓天下之气，迁都定天下之本，练兵强天下之势，变法成天下之治"③。这份万言书在六百多名举人签名后，于 5 月 2 日呈交都察院代奏光绪皇帝。这就是中国近代史上著名的"公车上书"。

早在公车上书之前，康有为就对变法的问题进行了潜心的研究。1888 年，康有为曾利用进京会试的机会第一次上书光绪皇帝，提出了变成法、通下情、慎左右的改革主张，但该书未能上达皇帝。第一次上书失败的康有为回到广州后，于 1891 年和 1896 年分别写出了《新学伪经考》和《孔子改制考》，使之成为维新变法的理论依据。为宣传自己的改革主张，公车上书失败之后得中进士的康有为，以工部主事的身份，于 1895 年 8 月在北京自己捐资开办了《万国公报》。该报由梁启超、麦孟华编辑文稿，介绍西方各国的政治、经济和文化思想，阐发维新派变法维新的主张。同年 12 月，该报更名为《中外纪闻》。在办报的同时，康有为还于同年 11 月在北京成立了强学会。强学会以宣传变法、挽救危亡为宗旨，它是聚集

---

① 陈炽：《庸书·议院》，载《戊戌变法》，第 1 册，246 页，上海，神州国光出版社，1953。

② 何启、胡礼垣：《新政真诠·新政论议》，载《戊戌变法》，第 1 册，196～198 页，上海，神州国光出版社，1953。

③ 康有为：《上清帝第二书》，载《戊戌变法》，第 2 册，131～154 页，上海，神州国光出版社，1953。

维新力量的阵地，也是一个以学会形式出现的早期资产阶级性质的政治团体。梁启超认为，"强学会之性质，实兼学校与政党而一之焉"。他还说："彼时同仁固不知各国有所谓政党，但知欲改良国政，不可无此种团体耳"①。受强学会的影响，学会之风开始盛行。据统计，从1895 年到1898 年，全国各地共建学会 107 个，创办学堂 183 所，发行报刊 62 种。② 这些学会、学堂、报刊的开办和创立，为宣传维新派变法图强的主张发挥了巨大作用。

此外，当时的中国也面临着被列强瓜分的危险。1897 年冬，继德国占领胶州湾后，沙俄强租旅顺、大连，帝国主义各国掀起了瓜分中国的狂潮。在此情况下，光绪皇帝于 1898 年 6 月 11 日发布《明定国是诏》，开始推行变法。

（二）维新派对民主共和的理解

维新派为推动变法进行了大量的宣传工作，这些宣传工作的主题有哪些呢？这些宣传主题所表现的维新派的民主共和思想主要可以概括为如下几个方面：

1. 以进化论来论证君主立宪制的正当性

康有为在《孔子改制考》中提出了"据乱世—升平世—太平世"的三世演进说。所谓的据乱世，就是文教没有开启的时代；而在升平世，文教已经逐渐确立，人们的生活已达到小康的水平；而太平世，则是文教全备的大同世界。康有为在此基础上又进一步把三世说比附成"君主专制—君主立宪—民主共和"的三世说。也就是说，据乱世采取君主专制的政体；升平世是君民共主的政体；太平世则实行民主共和政体。从这一角度出发，康有为论证了中国从传统的君主专制制度过渡到君主立宪制政体的历史必然性和合理性。

2. 广泛地为民权思想造势

"民权"一词在魏源等早期维新派的著作中尚难得一见，但在后期的维新派那里已经成了一个重要的宣传主题。

梁启超以进化论的思想为基础宣传民权。他把人类有史以来的政体演变分为"多君为政之世"、"一君为政之世"和"民为政之世"三种，而且这三种政体在发展过程中经历着一个从前到后的顺序。三种政体从前到后的发展顺序是人类社会发展的规律，每一个国家和民族最终都将进入"民为政之世"的最后阶段。梁启超认为，民权政治的特点是每个人都享有权利，同时也要履行相应的义务，即人人"各尽其所当为之事，各得其所应有之利，公莫大焉，如此则天下平矣"③。中国历史上削弱民权的举措，是导致中国国势衰弱的重要原因。

谭嗣同也提出了兴民权、废君权的思想。他认为："生民之初，本无所谓君臣，则皆民也。民不能相治，亦不暇治，于是共举一民为君。夫曰共举之，则非君择民，而民择君也。夫曰共举之，则其分际又非甚远于民，而不下侪于民也。夫曰共举之，则因有民而后有君；君末也，民本也。天下无有因末而累及本者，亦岂因君而累及民哉？夫曰共举之，则且必可共废之。君也者，为民办事者也；臣也者，助办民事者也。赋税之取于民，所以为办民事之资也。如此而事犹不办，事不办而易其人，亦天下之通义也"④。他所提出的君因民而立，亦

---

① 康有为：《上清帝第二书》，载《戊戌变法》，第 2 册，254～255 页，上海，神州国光出版社，1953。
② 参见张学仁、陈宁生：《二十世纪之中国宪政》，16 页，武汉，武汉大学出版社，2002。
③ 《时务报》，第 9 期。
④ 《谭嗣同全集》，下册，339 页，北京，中华书局，1981。

可因民而废的思想，在当时还是有很大反响的。

维新派的理论言说，体现了清朝末年中国人对西方的民主共和思想的早期理解。实言之，这些理解无不深深地被打上了中国传统文化的烙印。在维新派的推动下，源于西方的民主共和思想在有着深厚的专制传统的国度里缓缓前行。

三、维新派君主共和的制度设计

在民主共和思想的影响下，维新派提出了构建君主立宪制国家的主张，并在理论上进行了相应的制度设计。维新派的主张在某种程度上迎合了清政府中的一些要员的想法：清政府内部的官僚立宪派迫于形势的压力，试图通过制定宪法、推行宪政的方式挽救清政府的专制统治。因此，在清政府内部官僚立宪派的支持下，维新派的君主立宪主张也产生了相应的影响。具体看来，维新派君主共和的制度设计包括以下几个方面。

（一）变法维新、反对人治

维新派主张变法，主要目的在于挽救中华民族的民族危机。康有为以突厥、波兰为例，论证了变法的重要性。他认为："观大地诸国，皆以变法而强，守旧而亡……观万国之势，能变则存，不变则亡，全变则强，小变则亡"[①]。梁启超通过分析印度、波兰以及非洲一些国家被瓜分的实际情况，论证变法的必要性。他认为，甲午战争以来的丧权割地已经使中国处于生死存亡的紧急关头，在此情况下"非变法万无可以图存之理"[②]。

变法的主要思路是变人治为法治。受西方启蒙思想家的影响，维新派总体上强调法律的重要作用，具有明显的法治主义倾向。在这一问题上，梁启超的思想最具代表性。他认为，立法是"立国之大本大原"[③]，"立法事业，为今日存国最急之事"[④]。基于此，梁启超运用西方的法律学说，提倡法治、反对人治。为了救亡图存，与西方发达国家相抗衡，梁启超更是把"法治"上升到了富国强兵，使中国崛起于世界强国之列的高度。即它所说的："法治主义，为今日救时唯一之主义"[⑤]。

在强调法治的同时，梁启超还反对人治。他对荀子提出的"有治人、无治法"的观点提出了尖锐的批判："荀卿有治人无治法一言，误尽天下，遂使吾中华数千年，国为无法之国，民为无法之民"[⑥]。因此，在《中国法理学发达史》一文中，梁启超指出了人治的若干不足。比如，人治是以一个人或几个人的意志为转移的，他们发挥作用的时间短、范围窄；人治是一种贤人政治，在君主昏聩的情况下，国家将陷于混乱；中国国家大、政务多，光靠人治是行不通的。

除了梁启超，维新派的其他代表人物如严复、谭嗣同等人也对法治有过论述。从总体上看，维新派将变法、行法治视为他们所倡导的君主共和制的重要内容。

---

① 康有为：《上清帝第六书》，载《戊戌变法》，第2册，神州国光出版社，1953。
② 梁启超：《变法通义》，载《饮冰室合集》，第1册。
③ 梁启超：《论立法权》，载《饮冰室合集》，第1册。
④ 梁启超：《中国法理学法发达史》，载《饮冰室合集》，第2册。
⑤ 梁启超：《中国法理学法发达史》，载《饮冰室合集》，第2册。
⑥ 梁启超：《论立法权》，载《饮冰室合集》，第1册。

（二）设议院、开国会，建立君主立宪制政体

在早期维新派的论述中，开议会、君民共主曾是他们的理想和追求；但在以康有为、梁启超为首的戊戌维新运动派那里，开议会实行君主立宪成了变法的政治纲领。在 1895 年 6 月 30 日的《上清帝第四书》中，康有为论证了"设议院以通下情"是西方列强发达的重要原因。他认为，开议会有若干好处：（1）人皆来自四方，故疾苦无不上闻；（2）政皆出于一堂，故德意无不下达；（3）事皆本于众议，故权奸无所容其私；（4）动皆谥于众听，故中饱无所容其弊。在后来的《请定宪法开国会折》中，他还强调了三权分立的重要性和必要性，并指出："以国会立法，以法官司法，以政府行政而人主总之"，"以行宪法，大开国会，以庶政与国民共之，行三权鼎立之制"。如果以这种方式进行改革，中国的强大将指日可待。但在康有为受到皇帝的恩宠以后，他的主张发生了改变。

梁启超也是君主立宪制的支持者。他对封建专制主义进行了猛烈的鞭挞："专制政体之在今日，有百害于我而无一利……我辈今组织大军，牺牲性命，誓剪灭此而后朝食"，"我辈实不可复生息于专制政体之下，我辈实不忍生于专制政体之下。专制政体者，我辈之公敌也，大仇也！有专制则无我辈，有我辈则无专制，我不愿与之共立，我宁愿与之偕亡"①。因此，梁启超主张建立君主立宪制的国家。建立君主立宪制的首要任务，就是开议院。但梁启超从另一个角度认为，开议院需要具备"风气已开，文学已盛，民智已成"的条件，否则盲目开议院不仅不能达到自强的目的，还有可能使国家陷于混乱。

除了康、梁以外，严复等人也提出了变君主专制为君主立宪制的主张，可以说这一主张也是维新派在宣传变法时的一面旗帜。在戊戌变法失败后，康、梁在国外都没有放弃建立君主立宪制政体的主张，这一主张在 20 世纪初的立宪运动中产生了重要的影响。

（三）制定宪法

在专制制度统治下的中国，维新派提出制定宪法的主张是颇具开创性的举措。康有为在《上清帝第五书》中提出："采择万国律例，定宪法公私之分"。在此后的《上清帝第六书》中，康有为又强调了制定宪法的主张。他认为，只有先制定宪法，才能促成变法、推动新证。如果没有宪法就实行新政，那么改革就没有标准可循，就会出现"恶之者驳诘而不行，决之者仓卒而不尽，依违者狐疑而莫定，从之者条画而不详"的现象。因此，在康有为看来，推行新政必以创制宪法为第一要义。

作为康有为的弟子，梁启超也认为创制宪法是维新变法中首当其冲的要事："采定政体，决行立宪，实维新开宗明义第一事"②。戊戌变法失败后，梁启超并没有放弃创制宪法的主张，他认为要限制君权、保障民权，就必须制定宪法。"夫宪法者，所以规定一国中君主臣民之权利义务者也"，又说："宪法者，何物也？立万世不易之宪典，而一国之人，无论为君主、为官吏、为人民，皆共守之者也，为国家一切法度之根源。此后无论出何令，更何法，百变而不离其宗者也"③。梁启超强调宪法的重要作用在于界定君权与民权，其目的实际上是希望通过宪法限制君权、保障民权。通过宪法界定君民权限、划分立法权的归属、行政官的

①　《拟讨专制政体檄》，载李兴华、吴嘉勋编：《梁启超选集》，380 页，上海，上海人民出版社，1984。

②　梁启超：《立宪法议》，载《饮冰室合集》，第 1 册。

③　梁启超：《立宪法议》，载《饮冰室合集》，第 1 册。

责任、法官的职责，这样整个国家的基本制度框架也就确定下来了。

在维新派看来，宪法的制定是区分君主专制制度和民主共和制度的重要标志之一。

（四）实行三权分立

维新派大多从理论上赞成孟德斯鸠的分权学说。在他们的理论中，分权论一直是他们所设计的变法蓝图的重要支点。

康有为上书光绪皇帝改君主专制政体为三权分立的君主立宪政体。他说："近泰西政论，皆言三权，有议政之官、有行政之官、有司法之官，三权立，然后政体备"。他认为，国家的政体，就像人的身体：议政者就像人的心思；行政者就像人的手足；司法者就像人的耳目。每一部分都能够正常运转，国家政体才能成行。但各部分之间必须实现有效的配合、分工，国家政体才能最终形成。因此，康有为力主按照分权的理念设立国家机构：由议政之官组成议会；中央设法律、学校、农工商等局掌管行政事务；设立脱离行政的司法官，专门掌管司法。百日维新期间，康有为进一步澄清了他所倡导的以分权为基本点的君主立宪政体："盖自三权鼎立之说出，以国会立法，以法官司法，以政府行政，而人主总之"，"行三权鼎立之制，则中国之治强可计日待也"[①]。

梁启超也是三权分立学说的倡导者。他极力推崇孟德斯鸠的学说："自百年前法儒孟德斯鸠提倡立法、行政、司法三权鼎立之说，风靡一世，各文明国皆循此以定国基焉。近今学者，虽于其说有所斟酌损益，然大体犹宗之"[②]。梁启超从人性的角度论证了三权分立的合理性，他认为人的本性是自私自利的，三权分立就是从国家体制上使各个部门之间相互牵制，防止因私侵犯公共利益。就此问题，他论述道："苟欲创设自由政治，必政府中之一部，亦不越其职而后可。然居其职者，往往越职，此亦人之常情，而古今之通弊也。故设官分职，各司其事，必使相互牵制，不至互相侵越"[③]。梁启超认为，立法权在三权之中是最重要的，因此立法权应该属于国民。当然，在强调立法权属于大多数国民的同时，梁启超同样强调君主的权威。他认为开设议院、将立法权赋予国民实行君主立宪政体，非但不会有损君主尊严，反而有助于保证君主的安宁，而且这种做法还是防止革命的重要措施。

维新派在理论上强调君主立宪制，希望通过君主立宪的政治体制改革，以民主共和制代替在中国已存在了两千多年的封建专制制度。在后来的政治运动中，他们以政治改良主义为指针，逐渐将他们的理想付诸推动民主共和的实践之中。

四、三民主义思想指导下的共和制度设计

与主张进行温和改良的维新派不同，以孙中山为首的资产阶级革命派主张以三民主义为指导思想建立资产阶级的民主共和国。1905 年，孙中山在同盟会机关报《民报》发刊词中，第一次将其政治主张归纳为"三民主义"。三民主义为中国现代宪政制度提供了一个基本的指导思想，其本身也蕴含着孙中山先生对他所期望的民主共和国的制度设计。

---

① 康有为：《请定立宪开国会折》，载《戊戌变法》，第 2 册，上海，神州国光出版社，1953。
② 梁启超：《法理学大家孟德斯鸠之学说》，载《饮冰室合集》，第 1 册。
③ 梁启超：《法理学大家孟德斯鸠之学说》，载《饮冰室合集》，第 1 册。

（一）民族主义

现代民主共和国的基本要求是各民族不分大小强弱，一律平等。孙中山所倡导的民族主义所要解决的恰恰就是这一问题。

民族主义的内涵有两个方面：对内，民族主义意味着消除满族少数民族的统治；对外，意味着消除帝国主义列强对中国的侵略和压迫。在孙中山的早期思想中，民族主义是推翻满族人的统治；到了后来，这种思想得到了升华，转而上升为推翻封建专制制度的压迫。此外，民族主义还是救国的重要法宝，"民族主义这个东西，是国家图发达和种族图生存的宝贝"①。在孙中山看来，中国之所以饱受列强欺凌，是因为中国人不团结，像一盘散沙。如何使国人团结起来？孙中山认为民族主义可以强化国人的团结意识，像美国人团结成美利坚民族一样，中国人也可以依靠民族主义把各族人团结成一个大的中华民族。这样，民族主义就转成了救国的法宝。

（二）民权主义

民族主义的目的在于推翻清政府的统治、推翻统治中国长达几千年的封建专制制度。在此基础上，建立主权在民的民主共和国才是最终的目标。因此，孙中山先生倡导的民权主义是对主权在君的君主制的坚决否定。

孙中山强调民权主义，主张直接建立民主共和国，保障民权。为实现他所主张的建立民主共和国的理想，孙中山进一步提出了建国的三程序论：第一步实行军法之治；第二步实行约法之治；最后才过渡到宪法之治。在阐述了上述建国的三个程序之后，孙中山先生进一步提出了五权分立的主张。五权分立是对三权分立思想进行的中国式改造，它包括立法权、行政权、司法权、考试权和纠察权。孙中山先生认为，只有实行分权的制度，国民的权利才能得到有效的保证。

（三）民生主义

民生主义是政治的中心，其根本是解决人们的生计问题。

孙中山理想的社会是经济富足、分配均衡，道德和正义成为人们生活中的重要准则的社会。他认为，民主共和国中国家的利益和人民的利益是一致的，因此民富就必然会国强。为了保障民生主义的实现，孙中山先生提出了土地国有，铁路、森林、矿山等国有的主张。此外，丈量土地、节制资本、振兴实业等具体措施，也是人民实现民生主义的重要途径。

孙中山的三民主义革命纲领，不仅对南京临时政府的立宪活动，而且对南京国民政府的立宪活动都产生了重要的影响。民族、民权、民生的基本含义，本身就代表着理想的民主共和政体的蓝图。在孙中山先生的思想中，根据三民主义构建汉、满、蒙、回、藏五族共和的民族主义国家是他为之奋斗的目标之一。三民主义为民主共和思想在中国的建立，作出了重要的思想贡献。

通观上述文字，我们不难看出不同派别对民主共和有着不同的理解。但不可否认的是，对民主共和有着自己看法的党派，特别是维新派和资产阶级革命派都用行动实践了他们的民主共和理想。

---

① 孙中山：《三民主义》，26 页，长沙，岳麓书社，2000。

第三节
民主共和的制度实践

一、从戊戌变法到仿行宪政——君主共和的实践

（一）戊戌变法

戊戌变法是维新派推动的、民主共和思想在中国的早期实践。在维新派的改革理论日渐成熟的情况下，面临当头国难的光绪皇帝决心变法。从 1898 年 6 月 11 日到 9 月 21 日的 103 天时间里，光绪皇帝陆续发布了几十件关于变法的诏令，内容也几乎囊括了国务要政所有方面。由于以慈禧太后为首的封建顽固势力的坚决抵制，维新变法很快失败。历史上，我们将这场昙花一现的改革运动称为"百日维新"。百日维新的主要内容包括：

1. 在经济方面：提倡实业，设立农工商总局和矿物铁路总局；兴办农会和商会；鼓励商办铁路、矿物；奖励实业方面的各种发明；创办国家银行，编制国家预算、决算，节约开支。

2. 在政治方面：广开言路，提倡官民上书言事；准许自由开设报馆、学会；撤销无事可办的衙门，裁减冗员；废除满人的特权，准许其自谋生计。

3. 在军事方面：裁减绿营，淘汰冗兵，改变武举考试制度，精炼陆军；筹办兵工厂；添设海军，培养海军人才。

4. 在文化教育方面：开办京师大学堂，并要全国各地开办兼学中学、西学的学校；废除八股，改试策论；派留学生到日本，设立译书局，编译书籍、奖励著作等。

9 月 21 日，慈禧太后发动政变，将光绪皇帝囚禁于瀛台，而由自己"临朝训政"，并下令逮捕维新派人士。康有为、梁启超事先闻讯逃亡日本，谭嗣同、杨锐、林旭、刘光第、康广仁、杨深秀六人于 9 月 28 日被斩首。轰轰烈烈的维新变法被淹没在血雨腥风之中。

戊戌维新运动不仅是一场爱国救亡运动、一场深刻的思想文化改革运动，还是一场意在推进民主共和的宪政运动。经过多年的理论经营，戊戌维新派的"君民共主"甚至是"君主立宪"的政治主张，比早期维新派要丰富、完备得多。

（二）清朝末年的仿行宪政

戊戌变法之后，民主共和思想在中国的影响越来越大。在此背景下，濒临灭亡的清政府迫于压力，于 1905 年派遣五大臣出洋考察，着手主动推行宪政。到 1911 年灭亡前，清政府先后通过、拟定了《钦定宪法大纲》和《宪法重大信条十九条》。这两个宪法性的法律文件，表明了清政府在形式上进行了君主共和的制度尝试。

1. 《钦定宪法大纲》

1908 年 8 月 27 日（光绪三十四年八月一日），清政府批准公布了《钦定宪法大纲》。《钦定宪法大纲》由正文"君上大权"（共 14 条）和附录"臣民权利义务"（共 9 条）两部分共计 23 条组成。《大纲》前两条，以法律的形式肯定了清皇帝对中国的绝对统治权。此后的 12 条，以列举的方式规定了大清皇帝从内政到外交等各方面几乎无所不包的大权。《钦定宪

大纲》对皇帝权力的规定，抄袭，甚至远远超过了日本的《明治宪法》。除了皇帝不得以命令的形式废止法律以外，《钦定宪法大纲》授予君主的权力基本上与封建专制制度下的王权没有什么差别。

《钦定宪法大纲》的附录部分规定臣民有言论、著作、出版、集会、结社、财产、居住、人身自由等权利和自由，但这些权利和自由必须在法律规定的范围内才能行使。因为宪法是钦定的，所以这些权利实际上也就是皇帝赐予臣民的。也就是说，这些"赐予的权利"本身并没有任何保证。

《钦定宪法大纲》作为一个为将来制定宪法提出准则的纲领性文件，其设计的政治体制是日本式的君主立宪政体——但大清皇帝的权力比日本《明治宪法》授予天皇的权力还要大。从形式上看，清政府似乎是愿意主动进行政治体制改革，但《钦定宪法大纲》的实际作用在于缓冲当时的社会压力。因此，反对共和、拖延立宪才是清政府颁布《钦定宪法大纲》的真实目的。

2. 资政院和咨议局

资政院和咨议局是清政府分别于中央和地方各省设立的议员议事机构。1907 年 9 月 20 日，清政府发布上谕，宣布设立资政院。1909 年 8 月，清廷公布了《资政院院章》的全文，该章程共 10 章 65 条。根据《资政院院章》的规定，资政院因为没有立法权而不具备资产阶级国家议会的性质，因此它只不过是一个供皇帝咨询政事的机构。资政院采用一院制，由钦选、民选议员各一百人组成。资政院成立后，曾经讨论过一些重要的议案，例如弹劾军机大臣案、设立责任内阁案、开放党禁案等。然而，资政院讨论的多数议案都是悬而未决，最终落下了一个不了了之的结局。当然，客观地说资政院的设立对民主共和思想在中国的传播还是起到了一定的作用。民选议员为实现宪政所表现出来的勇气，使人们感受到了一丝民主共和的气息，这些对于民主共和在中国的发展，都起到了一些作用。

此外，1908 年 7 月 22 日，清政府颁布了《各省咨议局章程》和《咨议局议员选举章程》。到 1909 年 10 月 14 日（宣统元年九月一日），除新疆外，各省咨议局一律开办。当时共有 21 个咨议局，共有议员 1 643 人。按照章程的规定，各省咨议局是地方民众议论本省时政的场所，它是民众参与民主决策的重要途径。各省咨议局的活动状况和议员组成虽有差别，但各省咨议局的选举都是在各省督抚的严密控制下进行的。因此，咨议局在某种程度上丧失了其当初设立的性质。但是，我们无法忽视的是：咨议局的成立训练了一批持有民主共和思想的仁人志士的参政议政水平。在后来的立宪活动，特别是各省请愿要求速开国会的活动中，各省咨议局发挥了重要作用。

3.《宪法重大信条十九条》

1911 年 10 月 10 日，武昌起义爆发。此后，在一个多月的时间内先后有 14 个省份宣布脱离清廷而独立。为扑灭遍燃全国的革命之火，清政府试图通过颁布宪法、实行宪政的方式帮助清王朝渡过危机。1911 年 11 月 3 日，根据资政院的奏请，清政府发布了《宪法重大信条十九条》，即我们通常所说的《十九信条》。

《十九信条》的精神实质与《钦定宪法大纲》保持了一致：它们都意在建立一个君主立宪的政体。二者不同的是，前者对君主的权力作了较大的限制。这种对君权的限制，使《十九信条》试图确立的政体颇有些像英国的"虚君共和"制。可以肯定，在革命的压力以及民主共和思想已经深入人心的情况下，清政府也不得不采取限制君权措施。

总之，从戊戌变法遭到清政府的镇压而失败，到清政府主动采取措施进行改革，前后经历了不到十年的时间。在如此短暂的时间内，清政府对实行共和体制的态度发生如此大的转变，说明民主共和思想已经成为一股不可抗拒的潮流，它将推动中国宪政发展的历史不断向前。

二、辛亥革命——五族共和的实践

辛亥革命使民主共和思想在中国获得了进一步的发展。1911 年 10 月 10 日，武昌起义爆发。在随后不到一个月的时间里，湖南、陕西、山西、云南、江西、上海、贵州、浙江、江苏、广西、安徽、广东、福建、四川 14 个省宣布脱离清政府而独立。清政府的统治迅速土崩瓦解。

为巩固革命成果，各省独立后都成立了军政府，而且还有若干省份通过了自己的约法。这里值得一提的，是湖北军政府通过的《中华民国鄂州约法》。由宋教仁起草的《中华民国鄂州约法》虽然是一个地区性的宪法文件，但它却是中国历史上第一个采用三权分立原则、正式规定了人民依法享有各种民主权利的根本法，它是资产阶级革命派民主共和思想第一次通过宪法性法律文件的形式表达出来。《中华民国鄂州约法》对辛亥革命后制定的最具代表性的宪法性法律文件《中华民国临时约法》，产生了不小的影响。概括起来，辛亥革命展开的、孙中山先生提倡的五族共和实践，包括以下几个方面：

（一）建立了总统制的共和制政府

摆在革命后的资产阶级革命派面前的首要任务，是如何组织政权的问题。1911 年 1 月 2 日，四次修正后的《临时政府组织大纲》出台，它为资产阶级政权的建立提供了法律依据。

由于孙中山在国内资产阶级革命派中享有极高的威望，因此他成了中华民国临时政府临时大总统的最佳人选。1911 年 12 月 29 日，各省代表依据《临时政府组织大纲》的规定在南京开会选举临时大总统，孙中山以绝对多数当选。在选举结果揭晓后，孙中山表示："今日代表选举，乃任文为公仆"。孙中山以国家元首的身份自称为"公仆"，就是对他一直提倡的三民主义思想的实践——此举体现了孙中山为人民服务的民权思想。在 1912 年元旦，孙中山在临时大总统就任誓词中再次表达了上述民主共和思想："颠覆满清专制政府，巩固中华民国，图谋民生幸福。以国民之公意，文实尊之，以忠于国，为众服务。至专制政府既倒，国内无变乱，民国卓立于世界，为列强公认，斯时文当解大总统之职"。随后，孙中山又发布了《临时大总统宣言书》和《告全国同胞书》，提出中华民国临时政府的任务是："尽扫专制之流毒，确定共和，以达革命之宗旨"，并规定了中华民国的对内和对外方针。

会议还选举黎元洪出任副总统，并选举、任命了各部部长。在此情况下，中华民国临时政府正式完全成立。中华民国临时政府的成立，标志着资产阶级共和国取代了中国传统的封建专制统治，它标志着中国近代史上民主共和制的来临，推动了中国近代政治民主的进程，为宪政制度在中国的实施创造了有利的环境。

（二）召集议会并制定了《中华民国临时约法》

召集议会，制定宪法一直是资产阶级革命派为之奋斗的目标。1912 年 1 月 28 日，临时参议院开始集会，近代资产阶级民主性质的会议召开了。在此之前，暂行参议院职权的各省都督府代表联合会曾于1912年1月5日选举景耀月、张一鹏、吕志伊、王有兰、马君武五人为"起草员"，负责修正《临时政府组织大纲》。起草员们认为，《临时政府组织大纲》没有规定人民的权利义务，因此增加了人民权利义务内容的法律文件应该更名为《中华民国临时约法》。[①] 1912年3月11日，《中华民国临时约法》由大总统孙中山正式公布实施。

《中华民国临时约法》共7章，56条。该法在中国确立了资产阶级的民主共和制度，是中国近代宪政史上真正具有资产阶级共和国宪法性质的法律文献。

（三）确立了主权在民的民主共和原则

《中华民国临时约法》第1、2条明确规定："中华民国由中华人民组织之"、"中华民国之主权，属于国民全体"。这两条集中地体现了孙中山所倡导的主权在民原则。

在当时的历史条件下，具有"民"的资格的人是有一定的限制的。[②] 即便是这样的"主权在民"，也比中国传统封建专制制度中强调的"主权在君"更为生动。主权在民，意味着国家政权掌握在国民手中，国民通过临时参议院、临时大总统、国务员、法院等国家机关行使统治权。此外，《中华民国临时约法》还规定了国民具有广泛的权利，这些权利包括平等权、人身、言论、著作、集会、结社、书信秘密、居住迁徙、保有财产、请愿诉讼等。

主权在民原则在当时有着重大的历史意义。它是对中国传统君主专制的一种否定，并对民主共和思想在中国的确立和传播发挥了重要作用。

（四）以三权分立的原则组织政府

《中华民国临时约法》第4条规定，"中华民国以参议院、临时大总统和国务员、法院行使其统治权"。三权分立的制度设计，是《临时约法》对《鄂州约法》和《临时政府组织大纲》从内容到精神的继承。中华民国的国家权力分为立法、行政和司法三种，且分别由参议院、临时大总统和国务员以及法院行使。

我们姑且不论三权分立的思想是否适合当时情况下的中国，但分权相对于中国历史上的专权而言确是一种无需言说的进步。绝对的专制导致绝对的腐败，要保证国家机构的健康运行，没有权力的分工和相互制约肯定是做不到的。《临时约法》恰恰是机械地运用了在西方思想史上已经广为人们所认可的三权分立思想。

概言之，辛亥革命胜利后建立的民主共和国，代替了在中国统治了长达两千多年的君主专制制度。孙中山从对西方资产阶级民主共和学说的介绍完成了缔造民主共和国的实践，使民主共和观念更为深入人心。在此后的革命斗争中，孙中山先生通过行动上的实践和理论上的总结，进一步丰富、发展五族共和思想。

三、《国民政府建国大纲》——五族共和的修正

三民主义在孙中山先生的思想体系中，是建立民主共和国的基本出发点。三民主义是一

---

① 当时的代表谷钟秀就此问题曾经说道："临时政府组织大纲，规定召集国会，限期六个月。恐不及，势须展缓，而根本法上之人权，不得不迅速规定，又不能纳入临时政府组织之范围，于是修改临时政府组织大纲之名称，而为临时约法。将临时政府组织大纲之缺漏着增补之，窒碍者修正之"。——参见张学仁、陈宁生主编：《二十世纪之中国宪政》，58页，武汉，武汉大学出版社，2002。

② 例如，根据1912年9月4日的《省议会议员选举法》的规定，当选省议会议员的必须是男子，且须年满25岁。此外，能够成为选举人的还受财产资格的限制等。

个动态的体系，它在不同的时代又有着不同的内容。例如，孙中山早期提倡的民族主义在一般意义上讲是指推翻满族人的统治，后来他又将民族主义的内涵上升到了一个崭新的高度："即汉族当牺牲其血统、历史与夫自尊自大之名称，而与满、蒙、回、藏之人民相见以诚，合为一炉而冶之，以成一中华民族之新主义，如美利坚之合黑白数十种之人民，而冶成一世界之冠之美利坚民族主义，斯为积极之目的也"①。在这种积极的民族主义思想的指导下，孙中山先生在后来的著作及政纲中发展了早期的建国思想。这种发展了的建国思想集中体现在1924 年 4 月 12 日公布的《国民政府建国大纲》（以下简称《建国大纲》）里。

由孙中山先生起草，并由国民党第 1 次全国代表大会审议通过的《建国大纲》共计 25 条。《建国大纲》对建国的指导思想、建国的程序进行了详细的说明。《建国大纲》所要建立的民主共和国与辛亥革命结束后所要建立的共和国存在着不同之处。归纳起来，这些不同之处主要有如下几个方面：

（一）明确地界定了人民主权的宪政目标

首先，《建国大纲》将民生问题置于三权之首，就是对人民主权的最好说明。民生问题，就是"全国人民之食衣住行四大需要"。政府和人民共同协力，解决人民的基本生活需要，是宪政国家各种事务中的首要任务。

其次，《建国大纲》赋予人民以选择国家政治体制形式的政治权利。在"宪政告成之时，而全国国民依宪法行全国大选举。国民政府则于选举完毕之后三个月解职"。《建国大纲》将建设什么样的共和国的决定权，交给了人民。

最后，人民有选举各级代表的权利。人民享有选举权、罢官权、创制权和复决权，以参与国家决策和对行政官员进行有效的监督。

这些都是《建国大纲》中明确提出的建国蓝图。

（二）明确提出了建国的三个程序

《建国大纲》第 5 条明确地指出："建设之程序分为三期：一曰军政时期；二曰训政时期；三曰宪政时期"。而且，《建国大纲》对军政、训政和宪政的三个时期的起止时间及具体操作手段都作了较为详细的说明。关于建国程序的说法，也是辛亥革命结束后制定的《中华民国临时约法》中所没有的。

（三）明确地提出了中央和地方之间的关系

《中华民国临时约法》没有明确地提出处理中央和地方之间的具体制度，而《建国大纲》对中央和地方之间权力的划分、行政区划等问题作了规定。根据大纲的规定，中央和地方之间既不采取集权主义也不采取分权主义，而是采取"均权制度"。有涉及全国性的事务，其管理权属于中央；需要结合地方实际情况而作出决策的事宜，其管理权属于地方。

（四）明确提出了五权分立的宪政思路

与以往宪法性法律文件不同的是，《建国大纲》确立了五权分立的制度。即在宪政开始之时，中央政府完成五院的设置，实行五权之治。这五院分别是：行政院、立法院、司法

① 孙中山：《三民主义》，240 页，长沙，岳麓书社，2000。

院、考试院、监察院。行政院下又设立内政、外交、军政、财政、农矿、工商、教育、交通八个部。在宪法没有颁布之前，五院院长由总统任免并由总统"督率之"。孙中山先生认为，三权分立并不完善，因为西方官吏都是通过选举和委任两个途径任命的，选举可以作弊，委任也很难避免任人唯亲。考试权保证了合格的官吏得以任用；监察权保证了对不合格官吏的罢免。所以，孙中山的五权分立思想是对三权分立的一种中国式的发展。

总之，《建国大纲》较辛亥革命时期的宪法性法律文件对于民主共和又有了不同的理解。这种不同的理解可以概括为：《国民政府建国大纲》所构建的民主共和蓝图，是用西方的民主共和思想结合中国的实际情况而规划出来的。因此，《建国大纲》中的内容从实践的角度看，应该更多地考虑了中国的实际情况，更具可操作性。同时，《建国大纲》的颁布，也反映出中国早期的资产阶级革命家在政治上更为成熟的一面。

四、《训政时期约法》——专制的轮回

1931 年 6 月 1 日，南京国民政府正式公布并施行《中华民国训政时期约法》。该约法被宣扬为训政时期的宪法。作为由训政到宪政、由"党治"到"法制"的过渡性的重要文献，《训政时期约法》的制定在当时是具有重要影响的事件。这个包含 8 章 89 条的宪法性法律文件，是由蒋介石一手策划的，其目的在于加强国民党蒋介石集团的专制权力。从总体上看，《训政时期约法》相较于此前的《建国大纲》等宪法性文件，显露出了向专制回归的迹象。这种倾向的表现主要有：

（一）《训政时期约法》对人民的权利有所限制

不可否认，《训政时期约法》对中华民国国民的权利作了较为详细的规定，例如："中华民国国民，无男女、种族、宗教、阶级之区别，在法律上一律平等"；"在完全自治之县，享有建国大纲第九条所规定选举、罢免、创制、复决之权"；人民有结社、集会、迁徙、通信通电秘密之自由等权利，类似规定总计多达二十多条。整体上看，大多数资本主义国家关于公民权利保护的法律规定，《训政时期约法》似乎均有规定，但该约法却没有为上述自由权利的实现提供支持。非但如此，《训政时期约法》几乎对每项人民权利都加上了"非依法律不得停止或限制之"的规定。从字面上看，这些规定似乎是在强调人民权利的神圣不可侵犯，但实际上却透露出这样的信息：人民的权利可以通过法律的手段进行停止或限制的！因此，《训政时期约法》并没有给国民提供真正的权利保障。

（二）明确规定了国民党在国家政治生活中的统治地位

虽然《训政时期约法》对人民权利的规定显得有些苍白，但在确立国民党于国家中的统治地位方面却显得非常明确。该法第 30 条规定："训政时期由中国国民党全国代表大会代表国民大会行使中央统治权。中国国民党全国代表大会闭会时，其职权由中国国民党中央执行委员会行使之"。此条是从《中国国民党训政纲领》中移入的，但这样做却产生了非同寻常的效果：在训政纲领中，此规定只对国民党人有效力；但在《训政时期约法》中，则该规定对全体国民有法律上的效力！自此，国民党对全国的统治权、国民党以党权取代全国人民的政权获得了法律依据。国民党中央成为法定的中华民国的最高权力机关。此外，约法赋予国民党中央行使"约法之解释权"的做法，更使国民党获得了至高无上的权力。

（三）关于中央和地方之间的关系，《训政时期约法》背离了《国民政府建国大纲》的基本路线

《训政时期约法》对中央和地方之间的关系问题，特辟专章进行了规定，并申明要"依建国大纲第十七条之规定，采均权制度"。诚如前述，均权制是孙中山先生一直强调的、划分中央和地方权限的基本宗旨。但在蒋介石等人主持制定的《训政时期约法》中，除了规定工商业之专利专卖特权属于中央外，对哪些属于中央的权力、哪些属于地方的权力并没有明确的规定，而只是笼统地留待以后"以法律定之"。在关于地方制度的规定中，则把"综理全省政务"的省政府，明确规定为"受中央之指挥"，又把"综理全县政务"的县政府，明确规定为"受省政府之指挥"[①]。实际上，这种规定已经将中央和地方之间的关系确定为中央集权制了。孙中山先生确定中央和地方权限的思想与遗愿，在《训政时期约法》中只留下了一层空洞的文字外壳，而其实质内容则被蒋介石等人远远抛在了脑后。

（四）国民党在实践中的做法，背离了《训政时期约法》中促进民主共和的一些条款

《中华民国训政时期约法》在其前言中写道："国民政府本革命之三民主义，五权宪法，以建设中华民国。即由军政时期入于训政时期，允宜公布约法，共同遵守，以期促成宪政，授政予民选之政府"。也就是说，国民党应努力创造条件实现由党治向民治的过渡，但实际的情况却恰恰与之相反：国民党制定了一系列与上述精神相左的法律文件。例如，1931年12月26日由国民党四届一中全会通过的政治改革案，规定国民政府主席、国民政府委员、五院院长都必须"由中央执行委员会选任之"；"在宪法为颁布以前，行政、立法、司法、监察、考试各院，各对中央执行委员会负其责任"。这种政治改革的内容显然与《训政时期约法》的规定不相一致。在作出上述政治改革的决定后的1932年3月15日，国民党在修正《中华民国国民政府组织法》时，把"各院设院长、副院长各一人，由中国国民党中央执行委员会选任之"、"宪法未公布以前，行政、立法、司法、监察、考试各院各自对中国国民党中央执行委员会负责"写进了修正后的法典中。类似规定都明确地流露出了党治大于法治的政策倾向，而与《国民政府建国大纲》的基本精神相悖。

作为外源性法制现代化的国家，我国的法制现代化进程显示出了较强的反复性的特征：民主共和与专制在中国政治文明的进程中轮流登场就是最好的证明。不可否认的是，民主共和是人们所趋的大势。因此，在中国民主共和的近代实践中，民主共和国制度的建构也显得越来越成熟，民主共和思想也在中国广为传播。

第四节
民主共和制度的历史局限

在民主共和国的建构上，中国人走过了一条艰辛而曲折的道路——在这条道路上，许多仁人志士的鲜血和汗水仍然依稀可见。没有近现代中国人寻求国家出路、探寻民主共和的艰

---

① 《中华民国训政时期约法》，第78、81条。

难历程，就不可能有我们现在的人民共和国。因此，近现代国人探寻民主共和制度所付出的努力，为后人能够在民主、平等、自由的制度下和谐地生活作出了巨大贡献。但我们也不能忽视：由于历史和阶级的原因，近现代国人在探寻民主共和制度方面也显示出了某些特定的局限性。

一、国家主义的共和

国家主义强调国家、政府在政治生活中的重要作用。民主共和制度在中国的建构过程中，打上了深深的国家主义烙印。

首先，民主共和制度的建构过程，大多是国家采取自上而下的改革来推动的。自清末的预备立宪到1947年《中华民国宪法》，我国民主共和制度的推进力量均主要来源于政府。其中最典型的恐怕是清末的立宪骗局——清政府在风雨飘摇之中，还试图通过《钦定宪法大纲》来挽救颓败的局势，就是国家主义在中国的一种现实表象。

其次，这种国家主义在民主共和制度建构中的影响力，来源于中国传统社会的中央集权制度。中国历史上视中央集权的专制制度为常态的思维定势，为国家主义在民主共和制度建构中的运作提供了意识形态上的支持。

最后，中国公民社会力量的薄弱也是国家主义在民主共和制度建构中勃兴的重要因素。在自给自足的自然经济条件下，中国公民社会的力量并没有发育起来。整个社会缺少相应的组织力量，"外国旁观的人说，中国人是一片散沙"[1]。孙中山的表述反映了民主共和制度构建过程中中国社会的现实状况。

所有上述因素，必然会造成中国民主共和制度缔造过程中的国家主义倾向。

二、民族主义的强化

所谓民族主义，是指对一个民族的忠诚和奉献，特别是指一种特定的民族意识，即认为自己的民族比其他民族优越，特别强调促进和提高本民族文化和本民族利益，以对抗其他民族的文化和利益。[2] 民族主义的核心是承认并伸张每个民族的自决权，认为每个民族都有权组成一个独立的国家，实现民族独立。[3] 中国近代的民主共和制度建构，打上了鲜明的民族主义的烙印。

中国的民族主义产生于鸦片战争以后，并随着孙中山先生的三民主义思潮而逐步完善、壮大。在近代中国民族主义兴起的大潮中，围绕着民族独立和民族进步，主要有守旧救国和变革救国两种民族主义思潮。守旧救国的民族主义思潮基本上反对民主共和制度的建设；而变革救国的民族主义则大体上都支持民主共和制度的建设。

守旧救国的民族主义坚持中国所有的一切，希望以不变应万变来改变中国被动挨打的局面，因此该派在中国民族主义的形成方面并未发挥多大的作用。变革的民族主义在推动民主

---

[1] 孙中山：《三民主义》，2页，长沙，岳麓书社，2000。

[2] 参见徐迅：《民族、民族国家和民族主义》，载李世涛主编：《知识分子立场——民族主义与转型期中国的命运》，29页，长春，时代文艺出版社，2000。

[3] 参见刘军宁：《民族主义四面观》，载李世涛主编：《知识分子立场——民族主义与转型期中国的命运》，12页，长春，时代文艺出版社，2000。

共和制度在中国构建的过程中，比较清醒地认识到了中华民族在世界民族之林中的地位。基于这种较为正确的认识的基础上，他们开始一方面向西方学习、一方面批判中国的传统。洋务运动、戊戌变法、清末修律以及孙中山的一切革命努力，都是力图通过变革来达到强国富民的目的，以使中华民族屹立于世界民族之林。这里特别值得一提的是孙中山。他为之奋斗一生的目标，恐怕就是要中华民族的富足、强大："五族云乎哉。夫以世界最古、最大、最富于同化力之民族，加以世界之新主义，而为积极之行动，以发扬光大中华民族，吾决不久必能驾美迭欧而为世界之冠。此固理有当然，事所必至也，国人其无馁"①。实际上，我们从孙中山倡导五权宪法的理念中，也可以看到他的民族主义情怀——三权分立不适应中国的国情。为使分权思想适合中国国情，孙中山先生对其进行的五权分立的改造，恰恰是以中华民族的自身特点作为出发点的。

概言之，近代的民主共和思想，是中华民族的民主共和。民族主义一直是国人为民主共和制度而奋斗的一条主线。

三、阶级力量的软化

资产阶级力量的软弱，也是中国近代民主共和思想推进乏力的重要根源。资产阶级力量的软弱，主要体现在经济基础薄弱和人力资源的匮乏上。

（一）经济方面

希望构建民主共和国的资产阶级的经济实力非常薄弱。诚然，甲午战争后中国的民族工业发展迎来了第一次高潮。但从 1895 年至 1900 年，全国范围内设立的工厂也仅有 110 家，资本总额仅有 1 700 万元；到 20 世纪初清末新政的实施，中国民族工业出现了发展的新阶段：1901 年到 1908 年，新设厂数为 364 家，资本总额 9 000 多万元；随着民族工商业者的力量的壮大，1901 年上海总商会成立，1905 年，江苏、江宁、广州、福州、河南、成都等商务总会成立。1906 年起，各地商会的数目迅速增加。② 这些进步看似神速，但还远远不能满足资产阶级试图建立民主共和制度的要求。

（二）人力资源方面

当时中国受教育人口的低数量，无法为试图推进民主共和制度的资产阶级提供足够的人力资源和领导力量。关于这一问题，有下表为证：

学生数量

年代	学校数量	学生数量	占全国人口（四亿）之百分比
1906	4 222	102 767	0.03%
1911	52 650	1 625 534	0.41%
1924	100 000	6 615 772	1.65%

---

① 孙中山：《三民主义》，240 页，长沙，岳麓书社，2000。
② 参见张玉法：《中国现代政治史论》，9 页，台北，东华书局，1988。

中国派遣的留学生，也大多去了日本和美国两个国家。其中在留日学生方面，情况大致为：1900 年 100 人、1902 年 1 000 人、1905 年 8 000 人、1906 年 15 000 人；留美学生的数量为：1898 年 6 人、1905 年 106 人、1906 年 300 人、1910 年 650 人、1914 年 847 人、1918 年 1 500 人、1922 年 2 600 人。归国留学生以留日者最多，在 1916 年的名人录中占 2/3，在 1923 年仍占 56％。[1] 受教育人口在全国总人口中所占的低比例，无法为资产阶级提供有力的组织力量。

总之，经济和组织力量的薄弱，决定了资产阶级领导的、建设民主共和制度的脆弱性。关于这一点，毛泽东曾做过精辟的论述："由于他们是殖民地半殖民地的资产阶级，他们在经济上和政治上是异常软弱的，他们又保存了另一种性质，即对于革命敌人的妥协性。……这样，中国资产阶级民主革命的两个基本问题，两大基本任务，中国民族资产阶级都不能解决"[2]。

四、人民权利的淡化

在中国近代民主共和制度的建构上，人民权利受到不同程度的忽视是一个基本的特点。

从清末的预备立宪到南京国民政府的所有宪政活动，民主共和制度的逐步深入是主流。但在民主共和的招牌下，往往隐藏着对公民权利的剥夺或者敷衍。也就是说，近代中国历史上制定并公布的宪法性法律文件虽然大多都规定了国民的权利和义务，并对国民的权利给予了相应的保护，但这种权利在现实生活中的实现却缺少相应的保障。关于此点，我们在上文曾经提及的《中华民国训政时期约法》就是最好的例证。

当然，维新派以及以孙中山为首的资产阶级革命派在学说中提及了许多保障民权的措施，但由于他们掌握政权的时间如一现的昙花，故而人民权利在整个中国近代民主共和制度的建构过程中都没能获得有效的保障。

近代中国民主共和制度的建构虽说存在着若干缺陷，但它对后世国人建设结合中国实际的、真正的民主共和制度提供了有效的铺垫，并进而对世界范围内的民主共和思想、制度作出了自己独特的理论和实践上的贡献。

---

[1]　参见张玉法：《中国现代政治史论》，13 页，台北，东华书局，1988。
[2]　《毛泽东选集》，2 版，第 2 卷，673～674 页，北京，人民出版社，1991。

第十六章

从家族本位到社会本位

所谓"本位"①，是指存在着多元价值并立或对立时，用以说明谁最重要的一个概念，也即用以说明谁是第一位价值的概念。"本位"一词是一个多学科共同使用的词，如经济学中所用的"金本位"、"银本位"、"货币本位"；教育学中的"人格本位"；政治学中的"民本位"、"官本位"；法学中的"权利本位"、"义务本位"等。

在论述中国传统法律时，学者们不约而同地使用了"家族本位"一词来说明中国传统法律的特征。梁启超先生曾说：中国古代政治是"家族本位的政治"②。瞿同祖先生也说："家族主义及阶级概念始终是中国古代法律的基本精神和主要特征，它们代表法律和道德、伦理所共同维护的社会制度和社会价值观念。"③ 这说明中国古代法律最重要的是维护家族的利益，这些论断确实在一定层次上反映了中国古代法律在法统上的特征。

家族是构成中国古代社会的最基本的单位。中国古代的先民们认识到国家秩序的稳定依赖于社会秩序的稳定，而社会秩序的稳定则依赖于家族秩序的稳定，所以孟子说："天下之本在国，国之本在家，家之本在身。"④ 这表达了中国古代社会的秩序观念，这种秩序观念在长期的社会发展过程中形成了以家族为基础的秩序精神，即家族主义、家族本位。

中国古代的家族本位是一种集体本位，是以血缘等级为序列所形成的一种集体等级秩序，并通过血缘关系的政治化形成政治等级序列，最终形成了以"君君、臣臣、父父、子子"为观念形态的宗法伦理精神。而这种宗法伦理精神渗透到了社会各个领域，成为社会伦理道德的基点。反映到法律中，法律就是维护宗法等级制度的工具，宗法等级秩序是法律的出发点也是法律的归宿点，从而形成了中国传统社会特有的宗法伦理的法统。

---

① "本位"一词在词义上是指"货币制度的基础或货币价值的计算标准"或是"自己所在的单位，自己的工作岗位。"（中国社会科学院语言研究所词典编辑室编：《现代汉语词典》修订版，60 页，北京，商务印书馆，1996。）

② 王焰编：《梁启超学术论著：先秦政治思想史》，43 页，杭州，浙江人民出版社，1998。

③ 瞿同祖：《中国法律与中国社会》，载《瞿同祖法学论著集》，360 页，北京，中国政法大学出版社，1998。

④ 《孟子·离娄上》。

鸦片战争以后，中国的国门被迫打开，中国传统的家族政治、法律结构体系受到了外来的冲击，不能够再固守原来的价值体系了。同时，"睁眼看世界"的知识分子们通过与西方社会的政治制度的比较认识到家族政治等级结构的落后，对中国传统家族主义的法统进行了深刻地批判，最终在中国近代形成了社会本位的立法原则。

第一节
家族主义法律观的形成

中国传统的家族主义是从氏族演变而来的，氏族在中国早期国家的产生和发展中起到了重要的作用。氏族在中国古代社会的发展中，逐渐演变成公族、宗族和家族，并逐步形成各种家族主义的理论和观念。中国家族主义法律观是伴随着中国古代国家的发展而发展的，其间也经历了相当复杂的过程。

一、家族主义立法观的形成

中国传统社会的家族主义立法观是伴随着家族在中国古代国家结构中的地位的不断加强而产生的。从早期国家的形成中露出端倪，至汉时全面形成，其间经历了复杂的发展过程。

（一）家族主义的发轫

中国的家族主义可以说最早发轫于中国的氏族时代。摩尔根在《古代社会》中将人类政治形态的发展归结为两种方式："第一种方式以人身，以纯人身关系为基础，我们名之为社会。这种组织的基本单位是氏族"；"第二种方式以地域和财产为基础，我们可以名之为国家"。而且摩尔根强调地域方式一出现，"古代社会与近代社会之间的界线就分明了"，而"氏族组织像野蛮社会所留下的一片残襟被抛在一边"①。但是，中国古代社会发展的过程中，氏族并没有像"一片残襟"被抛在一边，反而中国的先民们正是创造性地利用了氏族中的血缘关系进入到文明社会的。

中国古代的氏族出现于何时实无以可考，从典籍上来看，《尚书·尧典》，《大戴礼记·五帝德》、《史记·五帝本记》均记载了黄帝、尧、舜时代氏族的情况。《左传·文公十八年》还具体说明了属于黄帝族的高阳氏八族、高辛氏八族的组成情况，并称："此十六族，世济其养，不陨其名。"《左传·文公十八年》也有黄帝族对"四凶族""投诸四裔"的记载。

从甲骨文的记载中可以发现，夏、商时期是氏族作为社会的基本单位不断壮大的时期。司马迁曾对夏、商的氏族情况进行过综述："禹为姒姓，其后分封，用国为姓，故有夏后氏，有扈氏，斟寻氏、彤城氏、褒氏、费氏、杞氏、缯氏、辛氏、冥氏、斟戈氏"；"契为子姓，

---

① 〔美〕摩尔根：《古代社会》，上册，杨东莼、马雍、马巨译，6～7、12、274页，北京，商务印书馆，1977。

其后分封，以国为姓，有殷氏、来氏、宋氏、空桐氏、稚氏、北殷氏，目夷氏"①。

虽然夏商两代均建立了公共权力，但这种公共权力对氏族结构的破坏是极小的。在一定的意义上来说，夏商国家只不过是一个建立了政权的氏族部落联盟，诚如徐仲舒先生所说："殷代的社会基础组织是彻头彻尾的氏族组织……殷代帝王也不过是当时的一个大部落的酋长"②。夏商两朝的政治结构基本上与氏族本身的结构相同，是氏族结构的政治化，这种氏族结构的政治化导致了后来的家族结构的政治化。

（二）中国古代氏族结构的宗族化

西周的建立是周武王借"八百诸侯"之力推翻了商朝，这八百诸侯实质上就是氏族。周初的社会依然是族群林立，然而维护政权的长久性使得周初的统治者们开始考虑对天然林立的氏族人群的处理。建立在嫡长继承基础上的血缘分封既成为西周政治秩序建构的选择，也成为解决统一氏族人群的方法。借三百年分封的血雨腥风，西周灭国九十，服国六百，建国五十，几乎在每一个氏族人群中楔入了姬姓人群。③

周人所创造的血缘分封建国，其"封建"的终极目标是利用血缘关系的天然亲和力，以强化一家一姓的血缘关系来消弭、融合其他族姓的血缘关系，以防止异姓族群对政治权力的威胁，来维护其政权的统一性、长久性。西周的封建是按照一家一姓的血缘结构以政治组织的方式解构原来的多家多姓的政治组织方式的过程，在这一过程中强化了一家一姓的血缘结构。这种强化使因天然血缘关系产生的亲疏远近关系转化为了政治等级，原始亲情的远近成为衡量等级贵贱的标准。这使周人内部产生了等级分化，形成了等差有序的政治结构。这种血缘关系的政治化在"封建"的历史运动过程中，凝固成了中国古代家族主义的核心——宗法制度。

按照西周的宗法制度，宗族中有大宗、小宗之分，周天子自称是天帝之子，是天下的大宗，同姓诸侯则为小宗。诸侯在封国内是大宗，卿大夫则为小宗。而卿大夫又是所在采邑内的大宗。无论王位，诸侯国君位，以至卿大夫位，都由嫡长世袭继承。宗主不仅享有对宗族成员的统治权，而且享有政治上的特权。此外，这种宗法制度还被用作区别贵族等级的标准，形成了"王臣公，公臣大夫，大夫臣士"④，"天子建国，诸侯立家、卿置侧室，大夫有贰宗，士有隶子弟"⑤ 的政治等级阶梯。

西周的血亲分封，不仅解决了周人与异姓外族之间的治与被治的关系，而且自周王以至诸侯、诸大夫形成了一个金字塔式的政权组织结构。西周以血缘关系的政治化为代价，构建了一个新型政权结构。建立在血亲分封建基础上的宗法制度不仅强调血缘的亲和力，更强调了大宗、小宗之间的等级性，任何同姓贵族都不得以血缘亲情干扰、影响与君主之间的君臣关系。《礼记·大传》"君有合族之族人不得以其戚戚其位"，《谷梁传·隐公七年》称"诸侯之尊，兄弟不得以属通"，《礼记·丧服四记》则记载了不同等级之间的称谓："诸侯之子称

① 《史记·夏本纪》、《史记·殷本纪》。
② 《徐中舒历史论文选辑》下册，812 页，北京，中华书局，1988。
③ 参见《逸周书·世俘解》、《左传·昭公二十六年》、《荀子·效儒》、《史记·汉兴年表》等。
④ 《左传·昭公七年》。
⑤ 《左传·桓公五年》。

公子，公子不得称先君；公子之子称公孙，公孙不得祖诸侯，此自卑于亲。"可见，在这种等级关系中，王对于王族，诸侯对于公族，论的是君臣关系，而非血缘关系，即"血缘关系要服从政治关系，宗统要服从君统"①。在西周的分封中，氏族结构并没有因分封而瓦解，反而因血缘分封使氏族结构得以进一步政治化、宗族化。诸侯、士、卿、大夫之族，则在新的历史条件下成为宗族。

至此，宗族是一种强调了血缘正统性的氏族组织，更多的体现宗法性、政治性的特点，但宗族人群的结合方式与氏族人群的结合方式是一致的，其基本结构仍然是氏族。但宗族不再是简单的氏族人群，而是西周政治结构运作所必须依赖的群体。

（三）宗族结构的观念化

春秋时期则是氏族宗族化进一步发展的时期。春秋时期，宗族进一步成为政治权力运作的依赖，"少子孙，疏宗族，衰国也"②，"公族，公室之枝叶也，若去之，则本根无所庇荫矣。"③"公修公族，家修家族，使相连以事，相及以禄，则民相亲矣。"④"凡人忍者，覆载万民而兼有之，独立万族而事使之。"⑤ 这些均说明了国家政治对公族、氏族人群的依赖关系。"弃官，则族无所庇。"⑥"守其官职，保族宜家。"⑦"公族不亲，足以亡"⑧ 则说明了权力对宗族的保护，以至于人们提出了"为父绝君，不为君绝父"⑨ 的原则。

春秋不仅是中国古代氏族宗族化的重要时期，同时也是中国古代宗族观念，尤其是家族观念形成的时期。春秋以来的诸子学派开始反观西周宗族结构基础上的政治结构及其运作，并提出了自己的政治设计。但这些政治设计都没有摆脱"家—国"统一的结构。

从道家而言，老子说"修之于身，其德乃真；修之于家，其德乃馀；修之于乡，其德乃长；修之于邦，其德乃丰；修之于天下，其德乃普。故以身观身，以家观家，以乡观乡，以邦观邦，以天下观天下。吾何以知天下然哉？以此。"⑩ 从此段文字可以看出，老子虽然否认西周以来的以"礼"为核心的宗族式的政治等级结构和政治秩序，但他亲不否认"家"对于"国"的重要性。

以法家而言，管仲说："天下者，国之本也；国者，乡之本也；乡者，家之本也；家者，人之本也。"⑪"以家为家，以乡为乡，以国为国，以天下为天下。"⑫ 商鞅则说："故民壹务，其家必富，而身显於国。"⑬"王者，国不蓄力，家不积粟。国不蓄力，下用也；家不积粟，

---

① 金景芳：《中国奴隶社会史》，147 页，上海，上海人民出版社，1983。
② 《尹文子·大道》。
③ 《左传·文公七年》。
④ 《管子·幼官》。
⑤ 《管子·殷法解》。
⑥ 《左传·文公十六年》。
⑦ 《左传·襄公三十一年》。
⑧ 刘向：《说苑·敬慎》。
⑨ 《郭店楚墓竹简·六德》，188 页，北京，文物出版社，1988。
⑩ 《道德经》五十四章。
⑪ 《管子·修权》。
⑫ 《管子·牧民》。
⑬ 《商君书·壹言》。

上藏也。"① "爵大夫而为国治，就为大夫；故爵大夫，就为公大夫；就为公乘；就为五大夫，则税邑三百家。故爵五大夫；皆有赐邑三百家，有赐税三百家。爵五大夫，有税邑六百家者，受客。大将、御、参皆赐爵三级。故客卿相，论盈，就正卿。就为大庶长；故大庶长，就为左更；故四更也，就为大良造。"② 从早期法家的两个代表人物的言语中，我们可以发现虽然他们政治设计的核心并不在家，但无不认为家是国家的基础。

墨子则说："家君得善人而贵之，得暴人而罚之，善人之赏，而暴人之罚，则家必治矣。然计若家之所以治者何也？唯以尚同一义为政故也"；"家既已治，国之道尽此已邪？则未也。国之为家数也甚多，此皆是其家，而非人之家，是以厚者有乱，而薄者有争。故又使家君，总其家之义，以尚同于国君。"③ 也可见墨家依然以家国统一的模式论述其"尚同"的理论。

但是，上述三家学派虽然从家国一体的结构上论述了自己的政治主张，但并没有将视为国之根本。唯独儒家将家视为国之根本，以家出发来论证其治国的方略。

儒家学说以"仁"的概念为核心，以成"君子"为个人道德实践的目标，以"仁政"为政治实践的目标，构建了理想的政治结构的模式。孔子虽然从多层次、多角度上解释了"仁"的概念的，但其基本含义"爱人"④，是"泛爱众"⑤。在解释如何行"仁"时，他论述了行"仁"的诸多道德要求，这些要求最终归结为："克己复礼为仁"⑥。而仁的行为起点在什么地方呢？孔子说："弟子入则孝，出则悌，谨而信，泛爱众，而亲仁。"⑦ "孝弟也者，为仁之本与！"⑧ 孟子则说"亲亲，仁也。"⑨ 《中庸》说："仁者，人也，亲亲为大"⑩。可见，"孝悌"是"仁"的根本，"家"是仁的行为起点。由此，儒家经典思想家们指出了在家庭、家族中行孝是人们成仁的根本起点和方法，并说明了行仁的目的是以成"君子"，达到君子的行为要求是"克己复礼"。

但是，孔子提出成"君子"只是个人道德实践的目标，而在政治生活中行仁的目的是成"王"，是成为"圣人王"，"修身、齐家、治国、平天下"⑪ 说明了中国古代"圣人王"的实践途径。成为圣人王以后，治国的方法是"为政以德"、"推仁于民。"孔子说："为政以德，譬如北辰，居之所，而众星拱之。"⑫ 孟子则说："故推恩足以保四海，不推恩无以保妻子。"⑬ 如何推恩呢？当行教化之法，孔子说："有教无类。"⑭ "善人教民七年，亦可以即戎

---

① 《商君书·说民》。

② 《商君书·境内》。

③ 《墨子·尚同下》

④ 《论语·颜渊》："樊迟问仁，子曰'爱人'"。

⑤ 《论语·学而》。

⑥ 《论语·颜渊》。

⑦ 《论语·学而》。

⑧ 《论语·学而》。

⑨ 《孟子·尽心上》。

⑩ 《礼记·中庸》。

⑪ 《礼记·大学》。

⑫ 《论语·为政》。

⑬ 《孟子·梁惠王上》。

⑭ 《论语·卫灵公》。

矣。"① 以什么教化民众呢，对此孔子没有明确地说明，孟子则说："教以人伦，父子有亲，君臣有义，夫妇有别，长幼有叙，朋友有信"②。从孟子所提出的"五伦"教化的内容可以发现其中三伦在于家中。孟子之所以如此说，因为他确信"天下之本在国，国之本在家"③。至此，儒家学说完成了理论上的循环，以个人行仁为起点，以"圣人王"教化人行仁为终点，以实现"人人皆可为尧舜"的理想社会。但是，实现这一理想的实践基点是"家"。

由是观之，家族观念在中国古代早已经存在，但春秋时家族观念得以理论化、系统化。尤其是儒家学说将"家"上升为国之根本的地位，为中国家族主义的法律观的形成准备了理论基础。

（四）宗族的家族化

战国时期是中国古代氏族社会的衰退时期，随着各诸侯国的变法运动的大规模展开，土地私有化的进程的进一步加速，依户授田成为瓦解氏族结构的一种主要的方法。商鞅改革时"举民众口数，生者著，死者削。民无逃粟，野无荒草，则国富"。其试图达到："四境之内，丈夫女子皆有各于上，（生）者著，死者削"的社会管理目标。这样民众所耕种的田地由国家授予，并依此向国家交纳赋税，提供劳役。民众与国家的经济关系不再以氏族（宗族）这个层次作为中介了。为保证这种授田形式的顺利进行，商鞅从法律制度上加强了建设。如秦国改制时规定："民有二男以上不分异者，倍其赋"；同时商鞅在秦献公"为户籍相伍"的基础上，"令民什伍而相收司连坐"，以加强对分户而耕的民众的控制。④

秦王朝"匿户"、"匿田"、"弗傅"等罪名的出现，说明氏族（宗族）结构在商鞅变法中遭到彻底性的破坏。国家通过户籍制度，也即编户制度对农民进行强制性的管理。社会公众不再属于氏族（宗族）成员，而是属于国家的"齐民"了。所谓"齐民"其意为整齐划一，指使民众整齐划一地存在于国家的户籍管理制度中。汉代称颂吕后时有"为天下齐民计所以安宗庙社稷甚深"之誉。⑤《盐铁论·通有》记载西汉昭帝时，"宋、卫、韩、梁好本稼穑，编户齐民，无不家衍人足"。可见，"编户齐民"成为秦汉之后的社会结构建构的理想和政治实践的重点。

秦始皇统一天下是"家国同构"时代的结束，氏族结构不仅从政治结构中消失了，并且在社会生活中的影响也弱化了。但是，氏族（宗族）的影响并没有消失，氏族（宗族）则在新的历史条件下演化为家族，中国古代社会由此进入了家、国并行的时代。

（五）家族观念的正统化

家族观念的正统化是伴随着儒家思想的正统化而发展的。中国古代社会发展至汉武帝时期，中国古代的社会在君主权威、政治结构、指导思想等方面面临着一系列的问题，其中最重要的问题是选择何种思想作为国家建设的指导思想。历史选择了儒家学说，以董仲舒为代表的汉代儒家学者适应了历史的要求，将先秦儒家学说加以改造，使儒家学说成为真正意义

---

① 《论语·子路》。

② 《孟子·滕文公上》。

③ 《孟子·离娄上》。

④ 参见《商君书·去强》、《商君书·境内》、《史记·商君列传》。

⑤ 《史记·吕太后本纪》。

上的政治哲学、统治哲学。董仲舒吸收了韩非子"臣事君、子事父、妻事夫，三者顺则天下治，三者逆则天下乱，此天下之常道也，明王贤臣而弗易也"① 的思想，提出了"君为臣纲、父为子纲、夫为妻纲"的"王道三纲"作为统治的核心思想。并称："王道之三纲，可求于天。"② 而"天道之大在阴阳"③，阴阳之间是"阳尊阴卑"，是"阳贵而贱阴"④。"君臣、父子、夫妇之义，皆取诸阴阳之道。君为阳，臣为阴；父为阳，子为阴；夫为阳，妻为阴。"⑤以阳尊阴卑论证了"王道三纲"的合理性。

从董仲舒的论述里，我们可以看到"王道三纲"中有二纲是发生在家庭、家族之中。因为在儒家的理论逻辑上，"孝"是"忠"的基础，"忠"是"孝"的延伸，所以"孝慈则忠"⑥。从秩序序列上看，"家"是"国"的细胞，君权是父权的放大，所以"迩之事父，远之事君"⑦，"出则事公卿，入则事父兄"⑧。这里，董仲舒糅合了儒家、法家的思想中"家国统一"的思想，提出在新的历史条件下建立君主权威的理论体系。

在实践上，董仲舒继承了先秦儒家的"教化"之说，他说："凡以教化不立而万民不正……是故南面而治天下，莫不以教为大务。"⑨ 王者"下务明教化民，以成性也。"⑩ 教化的内容则是以"五常"为核心的道德观念，他说："夫仁、谊、礼、知、信五常之道，王者所当修饬也"⑪。"修饬"的目的是"以立尊卑之制，以等贵贱之差"⑫。教化的具体内容则是礼，"夫礼，体情而防乱者，民之情不能制其欲，使之度礼，目视正色，耳听正声，口食正味，身行正道，非夺之情，所以安其情也"⑬。"教以爱，使以忠，敬长老，亲亲而尊尊"⑭。其目的是要使人们"修孝悌敬让，明以教化，感以礼乐，所以奉人本也"⑮。最终达到"列君臣父子之礼，序夫妇长幼之别，虽百家不能易也"⑯ 的政治目标。

至此，由于儒家学说上升为中国古代社会的正统思想，成为国家哲学，儒家的家族理论也上升为治理国家的主导思想。成书于汉代的《白虎通》提出了家族生活的理想图式："上凑高祖，下至玄孙，一家有吉，百家聚之，合而为亲，生相亲爱，死相哀痛，有会聚之道，故谓之族。"⑰ 汉代以后的中国古代社会，无不视家族秩序为社会秩序的根本。以至清代的法

---

① 《韩非子·忠孝》。
② 《汉书·董仲舒传》。
③ 《汉书·董仲舒传》。
④ 《春秋繁露·阳尊阴卑》。
⑤ 《春秋繁露·基义》。
⑥ 《论语·为政》。
⑦ 《论语·阳货》。
⑧ 《论语·子罕》。
⑨ 《汉书·董仲舒传》。
⑩ 《汉书·董仲舒传》。
⑪ 《汉书·董仲舒传》。
⑫ 《春秋繁露·保位权》。
⑬ 《春秋繁露·天道施》。
⑭ 《春秋繁露·王道第六》。
⑮ 《春秋繁露·立元神》。
⑯ 《史记·太史公自序》。
⑰ 《白虎通·宗族》。

律明确规定了族长的选择方式："聚族而居，丁口众多者，择族中有品望者一人，立为族正，该族良莠，实令查举"①。这说明了氏族、宗族、家族观念和理论在中国古代发展的长久性，而这种长久性对中国古代社会的社会结构、政治制度、法律制度以及社会观念产生了极其深刻的影响，诚如费正清先生所说："宗族（又称为氏族）是一种超阶级界限的拥有自治权的组织……法律总是维护族长的威信，并且按照亲属关系进行惩处，国家就这样给家庭结构以法律上的支持。这是它维护社会秩序的一个明显手段。"②

产生于中国古代氏族社会的家族主义在中国古代早期社会的发展中，经历了从氏族到公族、宗族、家族的演变，也经历了从实践到理论的升华，至汉朝后成为中国古代社会正统思想的重要内容之一，并长久地影响着中国古代的法律实践。

二、家族本位法律观的内容

中国传统社会家族本位的法律观在法律实践中的表现是多元的，既表现在立法的指导思想方面，也表现在具体的法律内容中，还表现在司法制度中。家族主义法律观念在法律实践中的全面体现说明了中国传统法律是家族法的特征。

（一）立法思想上的家族观念

中国古代政治制度建设对家族的重视始于很早，在《尚书》中就有"克明俊德，以亲九族。九族既睦，平章百姓。百姓昭明，协和万邦"③ 的记载。《周礼》则载："令五家为比，使之相保；五比为闾，使之相受；四闾为族，使之相葬；五族为党，使之相救；五党为州，使之相赒；五州为乡，使之相宾"④。"五曰宗，以族得民。"⑤ 可见，中国古代很早就在政治制度建设方面重视家族的作用。

春秋时的政治制度建设也是极其重视家族的作用，如管仲治理国家时是"五家为轨，轨为之长；十轨为里，里有司；四里为连，连为之长；十连为乡，乡有良人焉"⑥。"三十家为邑，邑有司；十邑为卒，卒有卒帅；十卒为乡，乡有乡帅；三乡为县，县有县帅；十县为属，属有大夫。五属，故立五大夫，各使治一属焉；立五正，各使听一属焉。是故正之政听属，牧政听县，下政听乡。"⑦ 战国时期，郡县制有所发展，秦朝则全面建立了郡县制。但在县以下的社会组织系统，并没有改变"五家为伍，十家为什"⑧ 的结构，依然是通过家族结构完成对基层社会的制度控制的。

至汉代，儒家思想占统治地位以后，更加重视家族的作用。陈顾远先生对此总结说："百家为里，里有里魁；民有什伍，善恶相告；十里为亭，亭有亭长，主捕盗贼；十亭为乡，

---

① 《清会典事例》，卷一五八，《户部·户口》。

② ［美］费正清：《剑桥中国晚清史》，上卷，中国社会科学院历史研究所编译室译，14～15 页，北京，中国社会科学出版社，1985。

③ 《尚书·虞书·尧典》。

④ 《周礼·地官·大司徒》。

⑤ 《周礼·天官·大宰》。

⑥ 《国语·齐语》。

⑦ 《国语·齐语》。

⑧ 《史记·商君列传》：商鞅"令民为什伍，而相收司连坐。不告奸者腰斩，告奸者与斩敌首同赏"。

有乡老、啬夫及乡佐、有秩等员，分掌教化、听讼和赋税等事。"可见，汉代的社会管理依然是以"家"为最基本单位的。

董仲舒创造的"《春秋》决狱"的审判方式，更使儒家的家族理论成为司法的指导原则。董仲舒亲自编写了以《春秋》经义断案的二百三十二个案例。① 董仲舒所编的案例现仅存五则，在我们所能见到的四则中，均是关乎家族成员之间犯罪或纠纷的案件，如："时有疑狱曰：甲无子，拾道旁弃儿乙养之，以为子。及乙长，有罪杀人，以状语甲，甲藏匿乙，甲当何论？（董）仲舒断曰：甲无子，振活养乙，虽非所生，谁与易之。《诗》云：螟蛉有子，蜾蠃负之。《春秋》之义，父为子隐，甲宜匿乙而不当坐。"② 可见，这将孔子的"父为子隐，子为父隐，直在其中"③ 的观念直接用于司法审判中了。至汉宣帝地节四年下诏规定："自今子首匿父母，妻匿夫，孙匿大父母，皆勿坐。"尊长隐匿卑幼如有死罪，也可以上告廷尉奏皇帝减免刑罚："其父母匿子，夫匿妻，大父母匿孙，罪殊死，皆上请廷尉以闻。"④ 以此为标志中国传统法律进入了全面儒家化的时期，儒家所有关乎家族伦理的内容开始演化为法律的概念、原则，成为中国传统法律的立法精神。

中国传统法律的儒家化经三国两晋南北朝的全面发展，至隋唐全面完成。作为中国传统法律的杰出代表的《唐律》，从其内容上可以看出其是不遗余力地维护家族等级伦理制度的。纵观唐律全文，涉及维护家族等级伦理制度的法律条文达166条之多，具体涉及父子之间、祖孙之间、夫妻之间、尊长与卑幼之间的各种违法犯罪。对于这些犯罪唐律本着重惩卑幼、轻处尊长的原则，全面地维护家族等级伦理制度。《唐律》的这些内容体现了中国传统法律重视维护家族等级伦理制度的特点，这一特点一直影响着唐以后的中国传统法律。

（二）家族主义法律观在法律内容上的体现

1. 家族主义法律观在刑事法律中的表现

（1）将违反家族等级伦理严重的犯罪设为"十恶"。汉朝以后随着儒家思想对法律的影响日益加强，一些违反家族伦理纲常的行为也被视为严重犯罪，如"不孝"、"禽兽行"等。曹魏《新律》规定："夫五刑之罪，莫大于不孝"⑤。北齐修律时，总结了历代统治经验，将严重危害国家利益和违背纲常礼教的行为概括为十条，称"重罪十条"，置于律典的首篇，以示重点打击。这十条是："一曰反逆（危害封建统治的造反及篡权行为）、二曰大逆（毁坏皇家宗庙山陵与宫殿的行为）、三曰叛（背叛本国，暗通外国的行为）、四曰降（战时投降敌人的行为）、五曰恶逆（谋杀及殴打尊亲属的行为）、六曰不道（使用残酷手段杀人的行为）、七曰不敬（盗用皇室器物及过失危害皇帝安全的行为）、八曰不孝（不奉养父母及未依礼服丧的行为）、九曰不义（部民杀害官长的行为）、十曰内乱（亲属之间的犯奸行为）。"并且规定："其犯此十恶者，不在八议论赎之限。"⑥ 隋朝《开皇律》在此基础上稍加增减，更名为

---

① 参见《后汉书·应劭传》、《汉书·董仲舒传》。

② 程树德：《九朝律考》，164 页，北京，中华书局，1963。另外三则案例分别见程树德：《九朝律考》，164 页，北京，中华书局，1963；《太平御览》卷六百四十引，北京，中华书局，1960。

③ 《论语·子路》。《礼记·檀弓》亦载："事亲有隐无犯。"

④ 《汉书·宣帝纪》。

⑤ 《三国志·魏书·少帝纪三》。

⑥ 《隋书·刑法志》。括号中的内容为引者所加。

"十恶"大罪，唐沿用"十恶"之名不改，为"谋反、谋大逆、谋叛、恶逆、不道、大不敬、不孝、不睦、不义、内乱"十个罪名，"十恶"之罪一直沿用至明清。

从"十恶"的内容看，其中一半罪名是破坏家族纲常伦理的犯罪，如"恶逆、不孝、不睦、内乱"四项罪名直接就是破坏家族等级伦理的行为，"不义"中也有部分内容是这样的犯罪。将这些行为规定为"常赦所不原"的大罪，说明了中国古代社会对家族等级秩序的维护，也说明了家族主义法律观在法律内容上的表现。

（2）确认亲属间相犯同罪不同罚的处罚原则。中国古代卑幼侵犯尊长加重处罚的做法很早就有了，如《周礼》中规定："凡杀其亲者，焚之。"① 这种处罚远远重于一般的杀人罪。但在立法上确立亲属间相犯同罪不同处罚的原则是从西晋开始的。② 《晋书·刑法志》记载，西晋在制定《泰始律》时，"峻礼教之防，准五服以制罪也。"其后，《北齐律》作了同样的规定，《隋书·经籍志》记载齐有《五服制》一卷在刑法篇，沈家本解释说："五服亲疏，关于刑法，故在此篇。"③

晋律"准五服以制罪"的原则是：服制愈近，即亲属关系愈亲，以尊犯卑，处刑愈轻；以卑犯尊，处刑愈重。服制愈远，即亲属关系愈疏远，以尊犯卑，处刑相对加重；以卑犯尊，处刑相对减轻。可见，"准五服以制罪"是儒家纲常礼教法律化的一个重要表现形式，以后历代刑律均相沿袭。至元朝时法律文献记载有"五服图"④，明清更将"五服图"列于律首，便于官吏检索。

具体而言，亲属间相犯同罪不同罚的处罚原则体现在四类犯罪中：其一，亲属间相互的杀伤犯罪。这一类犯罪处罚的基本原则是尊长亲属杀伤子孙卑幼的处罚要轻于一般主体的杀伤罪，而子孙卑幼杀伤尊长亲属的处罚则重于一般主体的杀伤犯罪。如《唐律》总第 253 条规定："诸谋杀期亲尊长、外祖父母、夫、夫之祖父母、父母者，皆斩。谋杀缌麻以上尊长者，流二千里；已伤者，绞；已杀者，皆斩。即尊长谋杀卑幼者，各依故杀罪减二等；已伤者，减一等；已杀者，依故杀法。"

其二，亲属间相互的殴詈犯罪。此类犯罪的处罚原则是尊长亲属殴詈子孙卑幼的处罚要轻于一般主体之间的殴詈犯罪，而子孙卑幼殴詈尊长亲属的处罚则重于一般主体之间的殴詈犯罪。如《唐律》总第 329 条规定："诸詈祖父母、父母者，绞；殴者，斩；过失杀者，流三千里；伤者，徒三年。若子孙违犯教令，而祖父母、父母殴杀者，徒一年半；以刃杀者，徒二年；故杀者，各加一等。"其疏文说"子孙于祖父母、父母，情有不顺而辄詈者，合绞；殴者，斩"。而尊长亲属詈骂子孙卑幼不构成犯罪。

其三，亲属间相互的财产犯罪。此类犯罪的处罚要轻于一般主体之间的财产犯罪。如《唐律》总第 287 条规定："诸盗缌麻、小功亲财物者，减凡人一等；大功，减二等；期亲，减三等。"其疏文说："其尊长于卑幼家窃盗若强盗，及卑幼于尊长家行窃盗者，缌麻、小功减凡人一等，大功减二等，期亲减三等。"

其四，亲属间的奸罪。亲属间奸罪的处罚要重于一般主体的奸罪，而子孙卑幼奸尊长亲

---

① 《周礼·秋官·掌戮》。

② 有学者认为始于《魏律》。参见丁凌华：《中国丧服制度史》，200～203 页，上海，上海人民出版社，2000。

③ 沈家本：《历代刑法考·律令考三》"齐五服制"。

④ 《元典章·礼部》。

属的处罚则更重。如《唐律》总第 410 条规定一般主体的通奸罪，仅处"徒一年半"，强奸罪依各种情节，"各加一等"。而总第 411 条规定："诸奸缌麻以上亲及缌麻以上亲之妻，徒三年；强者，流二千里。"总第 412 条规定："诸奸从祖祖母姑、从祖伯叔母姑、从父姊妹、从母及兄弟妻、兄弟子妻者，流二千里；强者，绞。"

（3）严惩家族立嫡的违法犯罪。中国古代继嗣问题是有关家族血缘结构正统性的大事，中国古代自商朝就确立了"嫡长继承"制度，历朝因袭不改，而且法律对此也给予了特别的关注。如《唐律》总第 158 条规定："诸立嫡违法者，徒一年。"其疏文说："嫡妻之长子为嫡子，不依此立，是名'违法'"。唐代《封爵令》还规定了立嫡的特殊制度："无嫡子及有罪疾，立嫡孙；无嫡孙，以次立嫡子同母弟；无母弟，立庶子；无庶子，立嫡孙同母弟；无母弟，立庶孙。曾、玄以下准此。"[①] 宋代的法律也规定："立嗣合从祖父母、父母之命，若一家尽绝，则从宗族尊长之意"。换言之，即"立继由族长，为其皆无亲人也"[②]。清律则明确规定："妇人夫亡，无子守志者合承夫分，须凭族长择昭穆相当之人继嗣"[③]。这些内容全面体现了中国传统法律对家族中立嫡问题的关注。

2. 家族主义法律观在民事法律方面的表现

（1）确认家长的法律地位。中国古代的民事主体在一定程度上并不是以个人为单位，而是以户为单位的，在对外的民事财产流转过程中均以家长的意志为转移。对此，陈顾远先生也说："关于国家的构成分子或单位，英美国家迄今采个人制度，我国往昔却把重点放在家族方面。"[④]

而"户"在中国古代是一个集体的概念，有点类似于现代"法人"的概念。法律首先规定的是家长作为户主的法律地位，如《汉书·昭帝纪》注中如淳引律："请当占租者，家长自各以其物占，占不以实，家长不身自书，皆罚金二斤，没入所不自占物。"又如唐开元二十五年（738 年）《户令》直接规定："诸户主，皆以家长为之。"[⑤] 这些规定明确地说明了家长作为户主的法律地位。

（2）确认家长的财产支配权。首先，中国古代法律确认了家长的财产占有权。如明清律在《户律》"田宅"中规定："凡欺隐田粮，脱漏版籍者，一亩至五亩笞四十，每五亩加一等，罪止杖一百；其田入官，所隐税粮依数征纳。"[⑥] 辑注："一户以内所有田粮，家长主之；所有钱财，家长专之。"[⑦] 清代学者沈之奇在《大清律辑注》中也称："一家之产，皆统于家长。"[⑧] 这些内容说明了法律对家长财产占有权的确认。其次，中国古代法律确认了家长的财

---

① 《唐律疏议》总第 158 条疏文。《唐律疏议》，刘俊文点校，北京，中华书局，1983。另见［日］仁井田升：《唐令拾遗》，栗劲、霍存福、王占通、郭延德译，219 页，长春，长春人民出版社，1989。

② 《名公书判清明集》，211、260 页，北京，中华书局，1987。

③ 《大清律例》卷 8《户律·立嫡子违法》。

④ 陈顾远：《家族制度与中国固有法系之关系》。载范忠信、尤陈俊、翟文喆编校：《中国文化与中国法系》，212 页，北京，中国政法大学出版社，2006。

⑤ ［日］仁井田升：《唐令拾遗》，栗劲、霍存福、王占通、郭延德编译，131 页，长春，长春人民出版社，1989。

⑥ 《大明律·户律·田宅》，《大清律例·户律·田宅》。

⑦ 转引自陈顾远：《家族制度与中国固有法系之关系》。载范忠信、尤陈俊、翟文喆编校：《中国文化与中国法系》，192 页，北京，中国政法大学出版社，2006。

⑧ 沈之奇：《大清律辑注·户律·田宅·欺田隐粮》。

产处分权。如唐开元二十五年（738 年）《杂令》规定："诸家长在（'在'谓三百里内，非隔关者），而子孙弟侄等，不得辄以奴婢、六畜、田宅及余财私物私自质举及卖田宅。"① 《唐律》第 160 条疏文引《户令》说："放奴婢为良及部曲、客女者，并听之。皆由家长给手书，长子以下连署，仍经本属申牒除附。"

（3）确认家长对子女的主婚权。中国古代婚姻的成立必得"父母之命，媒妁之言"。《诗经》也说："娶妻如之何，必告父母。"② 孟子则说："不待父母之命，媒妁之言，钻穴隙相窥，逾墙相从，则父母国人皆贱之。"③ 因此，家长对子女婚嫁的主婚权，是婚姻具有合法性的首要条件，故而明朝的《户令》明确规定："凡嫁娶，皆由祖父母、父母主婚；祖父母、父母俱无者，从余亲主婚。"④

（三）家族主义法律观在司法中的表现

首先，卑幼不得控告尊长。《礼记·内则》"父母有过，下气怡色柔声以谏，谏若不入，起敬起孝，说则复谏，不说，与其得罪于乡党州闾，宁孰谏。"因此，父母尊长若有犯罪，子孙决不可以控告，否则子孙构成犯罪。《唐律》总第 345 条直接规定："诸告祖父母、父母者，绞。"其疏文明确说明"父为子天，有隐无犯。如有违失，理须谏诤，起敬起孝，无令陷罪"。《大明律》则规定："凡子孙告祖父母、父母，妻、妾告夫及夫之祖父母、父母者，杖一百，徒三年。但诬告者，绞。若告期亲尊长、外祖父母，虽得实，杖一百。（告）大功，杖九十；（告）小功，杖八十；（告）缌麻，杖七十。"⑤

其次，规定了家长的"送惩权"以罪维护家长的地位。中国古代对"孝"的重视是不言而喻的，凡是违反父母的教诲的行为均可以定为"不孝"的行为。"父母怒不悦，而挞之流血，不敢疾怨，起敬起孝。"⑥ 至唐时直接设"违反教令"罪加以处罚，"诸子孙违犯教令，徒二年。"⑦ 该条疏文说明了立法意图："祖父母、父母有所教令，于事合宜，即须奉以周旋，子孙不得违犯。"这就赋予了家长对子女的送惩权。

中国古代家族主义法律观在法律实践中的表现远不止上述的几个方面，但这几个方面的内容已经足以说明中国传统法律的家族主义的特色。

三、家族主义法律观与国家主义法律观的冲突与平衡

中国古代的家族主义并不是国家秩序、社会秩序建立的目的，而是国家秩序、社会秩序建立的基础。中国古代毕竟是一个专制的国家，君主统治秩序的维护才是法律、典章制度建立的真正目的。西周就有"变乐易乐者，为不从（王命——引者注），畔者君讨"⑧ 的记载；

---

① ［日］仁井田升：《唐令拾遗》，栗劲、霍存福、王占通、郭延德编译，788 页，长春，长春人民出版社，1989。

② 《诗经·齐风·南山》。

③ 《孟子·滕文公》。

④ 转引自［日］仁井田升：《唐令拾遗》，栗劲、霍存福、王占通、郭延德编译，159 页，长春，长春人民出版社，1989。

⑤ 《大清律例·刑律·干名犯义》，括号内的内容为引者加。

⑥ 《礼记·内则》。

⑦ 《唐律疏议·斗讼律》（总第 348 条）。《唐律疏议》，刘俊文点校，北京，中华书局，1983。

⑧ 《礼记·王制》。

《左传》也称"有君不事，国有常刑"①。因此，中国古代立法的真正目的，是维护以君权为核心的国家主义，这也就是我们所说的立法的国家主义。

在一定的意义上来说，中国古代法律的国家主义与家族主义在目的上是统一的，但在法律制定和运用过程中却时常存在着冲突。中国古代的立法者和执法者运用着自己的智慧，实现了这两者的平衡。

（一）中国古代国家主义的概念分析

中国古代并没有现代严格意义上的国家的概念，夏曾佑先生论及夏、商、周的"国"时曾说："夫故国能如是之多者，大抵一族即一国，一国之君，殆一族长耳"②。"国"字虽然在春秋战国之际被大量适用，但更多的是指诸侯国。古代类似现代国家是"天下"一词，在春秋战国之前的语言中"天下"一词总是与"王"联系在一起的，《诗经》中"溥天之下，莫非王土；率土之滨，莫非王臣"③ 所表达的正是这样一种国家观念。《战国策》中所运用的词语，诸如"霸王"、"霸王之业"、"帝"、"一天下"、"定于一"、"天子"、"兼天下"、"尽亡天下"、"并诸侯"、"吞天下"、"称帝而治"、"跨海内制诸侯"、"地无四方，民无异国"、"天下为一"等，所表达的是天下不统一时人们追求天下统一于一君一帝的要求。秦汉之后，中国古代建立了大一统的国家，"天下"一词则与"皇帝"相对应了。李斯入秦后对秦王说："夫以秦之强，大王之贤，由灶上骚除，足以灭诸侯，成帝业，为天下一统，此万世之一时也。"④ 由此，可以看出中国古代的国家在概念上是由"天下"来表达的，而在外在形式上是由"君主"来体现的，李斯所说的："主独制于天下而无所制也"⑤ 明确地说明了这一点。在一定意义上来说，中国古代的君主就是国家，忠于国家就是忠于君主，国家主义就是君主主义。

中国古代君主统治的合法性是建立在"天命"的基础上的，即"君权天授"。这一观念是西周就形成的。《左传·僖公五年》引《周书》称"皇天无亲，惟德是辅"；《尚书·诏诰》称"我不可不监于有夏，亦不可不监于有殷。我不敢知曰，有夏服天命，惟有历年，我不敢知曰，不其延。惟不敬厥德，乃早坠厥命。今王嗣受厥命。我亦惟兹二国命，嗣若功"。至此，西周在理论上完成了"天"与"君"的统一。《尚书·康诰》集中说明"天"与"君"的统一，"惟乃丕显考文王，克明德慎罚，不必侮鳏寡、庸；祗祗，威；显民。……惟时怙，冒闻于上帝，帝休，天乃大命文王，烈士殪戎殷，诞爱厥命"。秦汉统一以后，这一观念不仅没有削弱反而更加强化了。这可从秦始皇的玉玺上刻有"受命于天，既寿永昌"⑥ 八个字得到印证。后世的帝王们的玉玺上几乎都有类似于"受命于天"⑦ 的字样。这说明秦汉以后

---

①　《左传·昭公二十一年》。

②　夏曾佑：《中国古代史》，35页，北京，三联书店，1958。

③　《诗经·小雅·北山》。

④　《史记·李斯列传》。

⑤　《史记·李斯列传》。

⑥　韦曜：《吴书》，《三国志》裴松之注引。

⑦　隋朝的传国玉玺刻有"受天之命，皇帝寿昌"（《隋书·卷十一·礼仪六》）；唐朝太宗皇帝的玉玺刻有"皇天景命，有德者昌。"（《新唐书·卷二十五·志第十四·车服》）；宋代皇帝的玉玺刻有"皇帝恭膺天命之宝。"（《宋史·卷一百五十四·志第一百七·舆服六》）

的中国古代帝王们依旧以"天命"作为自己权力合法性的来源。这样，就使得中国古代的国家主义在观念表现为"天命"、"天不可违"。

因此，中国古代的国家主义就是君主主义，其在观念形态上表现为"忠君"、"敬天"。以君主主义为核心的中国古代国家主义对中国传统法律制度的制定和运作产生着重大的影响。

（二）国家主义的法律表现

中国古代的国家主义，或称君主主义在法律上的表现是全方位的。在一定意义上来说，法律对君主主义的全面体现从根本上说明了中国古代法律的阶级属性。

首先，法律全面维护皇帝政治权力的安全。早在西周就有"变乐易乐者，为不从（王命——引者注），畔者君讨"① 的规定，隋唐承继于《北齐律》的"十恶"中"谋反、谋叛、谋大逆"三个罪名是直接侵犯皇帝政治权力的犯罪，也是中国古代社会惩罚最重的犯罪。如《唐律》对谋反罪的规定是不要求真反，只要有"谋"即构成犯罪，《唐律》总第248条疏文说："人君者，与天地合德，与日月齐明，上祇宝命，下临率土。而有狡竖凶徒，谋危社稷，始兴狂计，其事未行，将而必诛，即同真反。"其处罚是"诸谋反及大逆者，皆斩；父子年十六以上皆绞，十五以下及母女、妻妾、祖孙、兄弟、姊妹若部曲、资财、田宅并没官，男夫年八十及笃疾、妇人年六十及废疾者并免；伯叔父、兄弟之子皆流三千里，不限籍之同异。"即便是"词理不能动众，威力不足率人者"谋反，也要处斩。由此可见对君主政治权力保护的力度。

其次，法律全面保护皇帝的人身安全。中国古代是君主专制的统治，皇帝的人身安全是当然处于最重要的位置的。法律也必然将保护皇帝的人身安全放在首要位置，设立了大量的罪名严惩侵犯皇帝人身安全的犯罪。以唐律为例，《卫禁律》、《职制律》中规定了大量的侵犯皇帝人身安全的犯罪。如"阑入罪"之下又具体设为"阑入殿门"、"阑入上入阁"、"仗卫入阁"、"阑入御在所"、"阑入御膳所及禁苑"、"冒名而入及夜出入"等罪名，具体而又全面地保护皇帝的人身安全。以至于《唐律》总第66条规定："诸登高临宫中者，徒一年；殿中，加二等。"

再次，法律全面维护皇帝命令的贯彻执行。中国早在夏朝就有对对不从王命的处罚，如《尚书·甘誓》记载夏启讨伐有扈氏之前曾经发布命令："左不攻于左，汝不恭命；右不攻于右，汝不恭命；御非其马之政，汝不恭命。用命赏于祖，不用命戮于社，予则孥戮汝。"秦始皇建立帝制以后，则更加强了对不从王命（君命）的惩罚，至隋唐时建立了完整的罪名体系。以《唐律》为例，《杂律》（总第438条）规定："诸弃毁制书，准盗论；亡失及误毁者，各减二等。"其注文称："若欲动事者，从诈增减法。"而《诈伪律》（总第367条）规定："诸诈为制书及增减者，绞；未施行者，减一等。"再如，《唐律疏议·职制律》（总第111条）规定："诸稽缓制书者，一日笞五十，一日加一等，十日徒一年。"可见对皇帝命令的重视与维护。

最后，法律全面维护皇帝的尊严。对皇帝尊严的维护主要体现在对违反"大不敬罪"的惩罚中。"不敬"之罪早已有之，只不过这一罪名的明确始于汉代，至北齐列为"重罪十

---

① 《礼记·王制》。

条"，隋唐为"十恶"。《唐律》总第 6 条"十恶"中"大不敬"条所细列的罪名主要有"谓盗大祀神御之物、乘舆服御物；盗及伪造御宝；合和御药，误不如本方及封题误；若造御膳，误犯食禁；御幸舟船，误不牢固；指斥乘舆，情理切害及对捍制使，而无人臣之礼。"这些罪名均是冒犯皇帝权威的行为。除此之外，还一些罪名也属冒犯君主权威的犯罪，如《唐律》总第 115 条规定："诸上书若奏事，误犯宗庙①讳者，杖八十；口误及余文书误犯者，笞五十。"可见，在上书或奏事的过程中提及前代皇帝的名讳也是冒犯皇帝权威的行为。

（三）家族主义法律观与国家主义法律观的冲突与平衡

国家主义与家族主义是中国古代两种最重要的价值观，它们相互支持、相互配合，共同支撑着中国古代的价值观体系，维持着传统专制社会的运作。但是，这两者在一些时候也存在着冲突与平衡，在法律上也是如此。当这两者出现冲突时，一般是国家主义成为解决冲突的最后价值判断，但国家主义在一定的场合也会对家族主义作出让步。

1. 家族主义对国家主义的服从

首先，家族利益服从国家利益在法律上首先表现在家族连坐之法的适用上。以《唐律》为例，多处条文规定了家族连坐的处罚。其中最为严重的是"谋反"、"大逆"之罪，《唐律》（总第 248 条）规定："诸谋反及大逆者，皆斩；父子年十六以上皆绞，十五以下及母女、妻妾、祖孙、兄弟、姊妹若部曲、资财、田宅并没官，男夫年八十及笃疾、妇人年六十及废疾者并免；伯叔父、兄弟之子皆流三千里，不限籍之同异。"即便是"词理不能动众，威力不足率人者"犯"谋反"罪，其"父子、母女、妻妾并流三千里。"再如《唐律》总第 251 条对"谋叛"的规定："诸谋叛者，绞。已上道者皆斩，妻、子流二千里；若率部众百人以上，父母、妻、子流三千里。"这体现了家族主义与国家主义的对立，最终是家族主义服从国家主义。

其次，家族利益服从国家利益在法律上还表现在赋税制度方面。税收是国家财政的来源，也是中国古代国家统治的物质基础，在这一点上无疑是要求绝对地服从于国家主义的。以"脱户"罪为例，《唐律》总第 150 条明确规定："诸脱户者，家长徒三年。"可见家长承担着家庭成员赋税的征纳责任，一旦试图脱漏户口逃避赋税，家长要受到相应的惩罚。《唐律》中类似的罪名还有"相冒合户"、"私入道"等罪，如"相冒合户"条疏文说："律、令所荫，各有等差，若以疏相合，即失户数；规其资荫，即失课役。"②"私入道"条注文规定："若由家长，家长当罪。"其疏文则说明了该条的立法意图："若州县官司所度人，免课役多者，当条虽有罪名，所为重者自从重论，并依上条'妄增减出入课役'科之。"可见，其立法意图在于防止家长将子女私自入道以逃避国家的赋税。

再次，家长的特权受到国家利益的限制。以唐代为例，《唐律》虽然在许多条文中规定了父母尊长在侵犯子孙卑幼时较常人减轻处罚，但并没有至不处罚的地步。也即家长在家族中特权的行使不得破坏国家的统治秩序。如《唐律》（总第 329 条）规定："若子孙违犯教令，而祖父母、父母殴杀者，徒一年半；以刃杀者，徒二年；故杀者，各加一等。"即家长对子女的"教令权"的行使不能超过必要的限度。再如对于子孙控告父母，唐律一般以"不

---

① 此处"宗庙"指前代皇帝的名讳。参见钱大群：《唐律论析》，133 页，南京，南京大学出版社，1989。
② 《唐律疏议·户婚》（总第 161 条）。《唐律疏议》，刘俊文点校，北京，中华书局，1983。

孝"罪处罚。《唐律》(总第 345 条) 规定:"诸告祖父母、父母者,绞";即祖父母、父母犯了罪,子孙不得向官府告发,告者一律处死。但该条注文同时规定:"谓非谋叛以上而故告者。"即"祖父母、父母"犯有"谋反"以上罪时,子孙可以控告他们,子孙并不由此获罪。可见,家长在家族中所享有的特权是受到限制的,实际上是受统治秩序限制的,是家族主义对国家主义的服从。

2. 国家主义对家族主义的妥协

(1) 具体法律制度上的妥协。中国古代的法律是在尊重家族等级伦理的基础上形成和发展起来的,其全面地体现了对家长、尊长在家族中的特权的尊重。在一些特定的场合国家主义还体现对家族主义的妥协,其中最为典型的就是"存留养亲"制度。

存留养亲,简称"留养",是指如果犯罪人的直系尊亲属(父母、祖父母)年老应被侍奉而家无其他成年男丁时,犯非十恶死罪的单丁允许上请,流刑可免发遣,徒刑可改杖刑,而将犯人留下照顾老人的制度。这一制度确立于北魏孝文帝时期,《北魏律·法例》规定:"诸犯死,若祖父母、父母七十以上,无成人子孙,旁无期亲者,具状上请。流者鞭笞,留养其亲,终则从流。不在原赦之例。"①"存留养亲"制度也是三国两晋南北朝时期法律儒家化、伦理化的重要表现之一,并为后世法律所承袭。《唐律》在《名例律》(总第 26 条) 规定:"诸犯死罪非十恶,而祖父母、父母老疾应侍,家无期亲成丁者,上请。犯流罪者,存留养亲。"《大明律》也在《名例律》(总第 18 条) 规定:"凡犯死罪,非常赦所不原者,而祖父母、父母老疾应侍,家无以次成丁者,开具所犯罪名奏闻,取自上裁。若犯徒流者,止杖一百,余罪收赎,存留养亲。"《大清律例》也在《名例律》(总第 18 条) 规定了"留养"制度:"凡犯死罪,非常赦不原者,而祖父母父母老疾应侍,家无以次成丁者,开具所犯罪名奏闻,取自上裁。若犯徒流者,止杖一百,余罪收赎,存留养亲。"

"存留养亲"制度典型地体现了国家主义对家族主义的妥协、让步,以至于达到了扭曲、牺牲法律的功能以维护家族主义。

(2) 在家法族规方面的妥协。法规家族,或称家族法,是指调整家族或者家庭内部成员人身以及财产关系的一种规范。从现代法的意义上理解,家法族规不是法律。但从规范层次上来说,家法族规是一种家族自治的规范。这种家族自治性规范与国家成文法之间存在着彼此协调、妥协的关系,这种关系形成了中国古代特有的二元化的法律渊源。

前文已述,家族在中国古代政治秩序、社会秩序的形成中具有重要的意义。家族在中国古代是一个自治的系统,在长期自治的过程中形成了与社会价值观协调同步的规范体系,这就是家族法。中国的家族法起源于何时,实难考证。但一般认为东汉经学家郑玄的《诫子书》、三国时期诸葛亮的《诫子书》、嵇康的《家诫》、杨椿的《诫子孙书》、王褒的《幼训》、颜之推的《颜氏家训》是中国早期家族法的典范,尤以《颜氏家训》最为著名,被称为"古今家训,以此为祖"②。唐后期,出现的陈氏《义门家法》③ 是流传至今的最古老的家法族规。宋代家族复兴成为一时之风气,社会上出现了诸多家训与族规混合的家族规范。如司马

---

① 《魏书·刑罚志》。

② 王三聘:《古今事物考》二,上海,上海商务印书馆,1937。

③ 《义门陈氏家法》,1937 年本。参见方小芬:《家法族规的发展历史和时代特征》,载《上海社会科学院学术季刊》,1998 (3)。

光的《家范》、《家仪》，袁采的《袁氏世范》、陆游的《放翁家训》、朱熹的《朱子家礼》等。元明以后，家法族规中虽然仍有着家训的因素，但其惩戒条文不断增多，惩罚强度也不断加重。

从中国古代家族法的内容上看，其中包含很多惩罚的内容。如明代《遂安洪氏家谱》中的《宗约》有这样的记载："如有违约……会众鸣鼓，拘赴家庙重治之、罚之"[1]。但是，家族法中惩罚措施的适用必须得到国家的认可方可适用。如明代徽州祁门《奇峰郑氏本宗谱》中记载了向地方官府（县府）申请制定族规的批文，该批文说："……据此，参照所告营复宗祠以奉祀显祖、定立堂规、以联属族人等事，皆有裨于民风，且无背于国法，诚可嘉尚，拟合准行。"[2] 同时，该族谱还记载了向徽州府申请后的批文，该批文说："……不惟自近乎仁孝，实且有裨于风俗，似合准行给贴。"[3]

可见，家族法必须符合"孝、仁"的社会价值观，同时不得与有背于国法，方可得到国家的认同，允许施行。正是在这个意义上，也体现了法律的国家主义对家族主义的妥协，但这种妥协并没有损害国法的权威，反而使国法的贯彻执行获得了家族法的支持。

（3）司法方面的妥协。中国古代国家司法活动对家族主义的妥协表现在两个方面：其一，认可家族中族长的裁判权和惩罚权。如明代《商山吴氏宗法规条》中族规部分规定了"惩治宗族恶人、责罚破坏宗族义举者、旌善惩恶、禁治悍妇、惩治族中棍徒、惩治迫害族人之事"[4]。明代《遂安洪氏家谱》中的《宗约》有这样的记载："如有违约，三五成群，好穿好赌，好吃好用，贪饕荡产者，会同家族长，鸣鼓拘赴堂下惩治"；"如有违约，动因小节，不顾名义得罪长上，恃己骄傲凌辱宗族，结党成群败坏风气者，会众鸣鼓，拘赴家庙重治之、罚之"[5]。可见，中国古代国家通过认可家族法的方式授予了中国古代家长、族长对子孙、族人一般过错的裁判权和惩罚权。但这种裁判权、惩罚权要受到国家法律的制约，这种制约主要体现在国家法律对家长、族长使用惩罚权过度的惩罚。如《大明律·刑律》规定："凡祖父母、父母，故杀子孙及家长故杀奴婢图赖人者，杖七十，徒一年半。"也即家长、族长的惩罚权受到国家法律的限制。

其二，在司法活动中对因维护家族伦理的犯罪的妥协。中国古代司法对家族主义的妥协早在西周就开始了，《礼记》所载："凡听五刑之讼，必原父子之亲，立君臣之义以权之"[6]。汉代董仲舒所确立的"春秋决狱"为司法对家族主义的妥协寻找了理论上的依据——"原心定罪"，即只要犯罪的动机是为了维护家族伦理道德的都可以宽大处理，甚至免于处罚。历代这样的事例不胜枚举，仅择两个事例加以说明。如董仲舒所编的"春秋决狱"的案例之一："甲父乙与丙争言相斗，丙以佩刀刺乙，甲即以杖击丙，误伤乙，甲当何论？或曰殴父也，当枭首。论曰：臣愚以父子至亲也，闻其斗，莫不有怵怅之心，扶杖而救之，非所以欲诟（侮辱）父也。《春秋》之义，许止父病，进药于其父而卒，君子原心，赦而不诛。甲非

---

① 明洪汝仲等纂修：《遂安洪氏家谱》，上海图书馆藏明抄本。
② 《奇峰郑氏本宗谱》，明祁门郑岳修，嘉靖四十五年歙县黄镒刊本，安徽省图书馆藏。
③ 《奇峰郑氏本宗谱》，明祁门郑岳修，嘉靖四十五年歙县黄镒刊本，安徽省图书馆藏。
④ 《商册吴氏宗族法规》，国家图书馆藏，明抄本。
⑤ 明洪汝仲等纂修：《遂安洪氏家谱》，上海图书馆藏明抄本。
⑥ 《礼记·王制》。

律所谓殴父，不当坐"①。再如《明史》记载："周琬，江宁人。洪武时，父为滁州牧，坐罪论死。琬年十六，叩阍请代。帝疑受人教，命斩之，琬颜色不变。帝异之，命宥父死，谪戍边。琬复请曰：'戍与斩，均死尔。父死，子安用生为，顾就死以赎父戍。'帝复怒，命缚赴市曹，琬色甚喜。帝察其诚，即赦之，亲题御屏曰'孝子周琬'。寻授兵科给事中"②。可见，中国古代司法对家族主义的妥协，有时甚至到了"曲法伸礼"的地步。也正是在这个意义上，中国古代的法律体现了"人情法"特征。

中国古代家族主义支撑了中国古代国家秩序和家族秩序的二元秩序体系中所形成的国家主义和家族主义，是中国古代社会秩序的观念基础，也是中国古代立法的价值基础。由于它的存在使得中国古代法律呈现出独特的家族伦理的秉性。但是，中国古代的家族主义法律观到近代以后，由于社会结构变化和西方政治法律观念的影响，全面地受到了挑战。

第二节
家族主义与近代社会的冲突

自鸦片战争以来，中国传统社会的结构由于西方列强的入侵、民族工商业的兴起，逐步地发生着变化。中国社会的观念由于西方政治文明的输入，发生着激烈的震荡。这些也毫无疑问地对中国传统的家族主义的观念提出了挑战。

一、中国近代家族结构的变化

中国古代社会大家族的内部结构在明代中叶以后，就受到了社会经济发展变化的影响，开始向中小家族演变。清鸦片战争以后，家族的内部结构受到经济、教育观念的全面影响，开始走向全面的解体。

（一）明清赋税制度的改革使家族的紧密性降低

中国的家族结构从明代中期就开始向中小家庭过渡。明代中期，在江南等一些地区，随着商业、手工业的迅速发展，新兴城镇不断兴起，人口流动频繁。"一条鞭法"实施以后，"但征粮银，置丁不问"③，这使得农业生产对家族的依赖性减小，至使析产分户之事增多。

清代行"摊丁入亩"之法，中国传统大家族结构的变化更为明显。雍正四年（1726 年），直隶总督李绂，就以"直隶丁银业已照粮均摊，是编丁之增损与一定之丁银，全无关涉，而徒滋小民繁费"，上疏请求停止对户丁的编审。④ 而经济较发达的江南地区，自"摊丁入地"后，"贩夫牧竖优游于光天化日之下，无征输之苦"⑤。

---

① 程树德：《九朝律考》，164 页，北京，中华书局，1963。
② 《明史·列传第一百八十四》。
③ 吕正音：乾隆《湘潭县志》，卷之十，《赋役》中。
④ 参见《穆堂初稿》，卷三十九，《请通融编审之法疏》。
⑤ 言如泗：乾隆《常昭合志》，卷之三，《户口》。

晚清时农村分家离析者渐益增多。光绪十八年（1892 年），山西太原赤桥村的刘大鹏在一则日记中说："每见近世，父母在堂，兄弟尚觉和翕，迨父母没而心遂变矣。或兄憎其弟，或弟恶其兄，概不念同气枝连，相视胜于仇人，每欲荡析离居。……甚至有父母在堂，即分家离居者"[1]。这样，中国传统社会的大家族结构开始向中小家庭演变了。故而有学者称：晚清中国除少数地区家庭人口是 6 人或 7 人之外，绝大多数地区的户均人口都是 4 人至 5 人，这较清中后期 5 人至 6 人的平均家庭规模已有明显的缩小。[2]

（二）帝国主义的资本输入加速了家族型自然经济的崩溃

鸦片战争以后帝国主义对中国的资本输出，对家族型自然经济的解体起到了摧毁性的作用。恩格斯明确指出，甲午战争"给古老的中国以致命的打击，闭关自守已经不可能了"[3]。

首先，西方国家的商品输入冲击了自然经济。西方列强在中国直接或间接地修建了一万多公里的铁路，商埠和租界数目剧增，这为帝国主义的商品输入广大内地创造了条件。到 20 世纪初，外国进口商品已经由华中、华南的通商口岸迅速扩及华北、东北及西北地区，加速了自然经济的解体。上海、广州及长江中下游地区"纺织之户，十停八九"，"洋布洋纱大行，中国织户机女，束手饥寒者，不下九千万人"。山西地区也是"十室之邑，八口之家，无一人身无洋货者"[4]。

其次，外国资本家开办的工厂破坏了自然经济。外国资本家在中国广设工厂，利用中国廉价劳动力和便宜的原料，制造产品就地推销，这就可以廉价为武器，打击中国的手工业，从而彻底摧毁了自然经济的抵抗能力。到 1894 年，外国资本在中国经营的近代工业资本共达19 724 000元，投资总额达27 914 000元。[5] 这些外资工厂对中国传统的以家庭、家族生产为特征的自然经济产生了破坏性的影响。

最后，新型的城市结构对自然经济产生了破坏性的影响。"第一次鸦片战争之后签订的条约中规定五口通商，当时在华的外国人不过 350 名，到了 20 世纪初，就发展为约 90 处通商口岸，约 25 处中途港，在华的外国人也达到了 30 余万。这些西方人在通商口岸发展起各种西方的城市制度，如新闻报纸事业、学校、图书馆、医院、下水道与供水设施、马路及照明等。"[6] 以上海为例，从 1840 年至 1859 年，上海的外侨人数仅为 408 人，至 1865 年时就达2 757人。[7] 这期间的上海建立了图书馆、西洋戏园、跑马厅、公园、动物园、博物院。有学者说道："鸦片战争后的 20 年，上海地区逐渐向开放型的社会过渡；士农工商已非畴昔，中外杂糅，五方聚居，商品经济是其有机的纽带；经济的变动打破了原有封闭式僵化的社会结构和社会秩序，使这一地区信息灵便，风气日开；西洋的文化，尤其是西人近代的生活方式，又使人们耳濡目染，潜移默化，思想、情感、价值观念和生活追求都有了新的蕴含。"[8]

---

① 刘大鹏：《退想斋日记》，16 页，太原，山西人民出版社，1990。
② 参见徐永志：《晚清家庭的变动》，载《历史教学》，1998 (1)。
③ 《马克思恩格斯资本论书信集》，568 页，北京，人民出版社，1976。
④ 李文治编：《中国近代农业史资料》，第 1 辑，328 页，北京，三联书店，1957。
⑤ 参见王先民：《中国近代文化史论》，347 页，北京，人民出版社，2000。
⑥ 费正清：《中国：传统与变迁》，张沛译，370 页，北京，世界知识出版社，2002。
⑦ 转引自郑师渠：《思潮与学派：中国近代思想文化研究》，125 页，北京，北京师范大学出版社，2005。
⑧ 郑师渠：《思潮与学派：中国近代思想文化研究》，125～127 页，北京，北京师范大学出版社，2005。

因此，中国近代出现的新的城市结构及其新的设施不能不对中国传统的以家族聚居为特征的经济结构产生影响，从而加速了中国近代家族结构的解体。

（三）新兴教育形式的出现促使了中国传统家族的解体

1905 年，绵延千余年的科举制度最终废止，新式学堂如雨后春笋般地大规模兴起。统计资料表明，1907 年，即科举制度正式废除后的两年，学生人数即达到 1 024 988 人。光绪三十四年至三十五年，仍以每年净增 30 万人的速度扩大，达 1 638 884 人。[①] 此外，除了官方的正式统计外，尚有未经申报立案的公私立学堂、教会学堂、军校等。估计辛亥前后学生人数当在 300 万左右。

在各类新式学堂中，幼稚舍、蒙养学堂、初等学堂等初级教育占有相当比例，女子学堂的数量也很引人注目。如上海历年开办学堂共 249 所，而初等、两级、高等三类小学堂就有 161 所。直至 1907 年开办各类学堂 4 519 所，学生总数 88 744 人，而小学堂一类就有 4 287 所，学生人数 77 445 人。[②] 1915 年，当时各式政府出资兴办的学校达 12 万所，在读学生达 400 万人。[③]

此外，大量的学生留洋海外，早在 1896 年中国就有青年学生留学日本，到 1905 年年底有 8 000 人留学日本，至 1906 年时至少有 1.3 万人在日本留学。[④]

不言而喻，新式学堂和出洋留学的大规模兴起，不仅使受教育者人数大为增加，而且改变了传统的家族观念。

中国传统社会的家族结构在近代，由于西方列强经济上的入侵、城市的形成和文化教育的发展，面临着全新的解释，家族主义观念也受到了全面挑战。

二、民族资本主义的发展与家族本位的冲突

中国的民族资本企业的发展始于 19 世纪 60 年代，在其后的发展过程中虽然历经艰难，但依旧是向前发展的。伴随着民族资本主义的发展，中国经济结构的变化、近代企业的发展、产业工人的增加和农村生产模式的变化都对中国传统的家族主义生产方式和观念产生了革命性的影响。

（一）经济结构的变化

中国传统的经济结构是以小农生产为形式的自给自足的自然经济模式，几乎没有大规模的工业生产企业，有的也只是以家庭为单位的手工业作坊。到了近代以后，由于工商业的发展，中国传统的经济结构被动地发生着变化。费正清先生指出：1850 年之前的清朝财政收入主要来源于农业，但到了 19 世纪末，商业财政收入已经是 1850 年全国总收入的两倍有余。[⑤]

近代工业的产生是始于 19 世纪 60 年代的洋务运动。洋务运动最初以军事工业为核心，19 世纪 70 年代开始兴办民用企业，以民用企业的发展求国家的富强，当时兴办的企业主要

---

① 数据参见桑兵：《清末兴学热潮与社会变迁》，载《历史研究》，1989（6）。
② 参见中华民国教育部：《中华民国第四次教育统计图表》。
③ 参见费正清：《中国：传统与变迁》，张沛译，512 页，北京，世界知识出版社，2002。
④ 参见费正清：《中国：传统与变迁》，张沛译，456 页，北京，世界知识出版社，2002。
⑤ 参见费正清：《中国：传统与变迁》，张沛译，359 页，北京，世界知识出版社，2002。

有：1865 年设立于上海的江南制造局；1872 年设立的上海轮船招商局；1877 年设立于滦州的开平矿务局；1887 年设立的漠河金矿；1882 年设立的上海机器织布局；1889 年设立的湖北织布官局。此外，还有火柴业、电报局等。至甲午战争之前，中国近代的民族企业总数达 40 个以上①，至 19 世纪 90 年代中国先后出现过 300 余家新式工业企业。② 这标志着中国近代企业的体系已经初步建立，也标志着中国近代工业的产生，彻底改变了中国传统的自然经济经济结构形式。

（二）产业工人大量增加

洋务运动以后，中国出现了第一代产业工人。产业工人的人数到 1919 年时已经达到了 200 万。③ "聚集于这些企业中的成百成千的雇佣工人体现了近代中国新的社会力量。这些人的存在依连于大机器生产，他们操作机器，而机器生产的特性又会养成他们不同于传统手工业生产的利益和观念。"④ 有学者指出："城市生活和工厂做工打破了旧的家庭纽带。当儿女们开始自己挣工资吃饭、女性成员在经济上获得独立时，家庭就不再是一个控制着个人生活的自我封闭型的社会经济单位。在城市劳动力市场上，不受私人关系左右，普遍适用的工作能力标准也替代了家庭地位和亲缘关系。"⑤ 数量日益庞大的产业工人，他们不再依附于家族、土地，而逐步地依附于机器、商品和资本家，这使中国传统的家庭结构遭到极大地破坏。

（三）农村生产方式的变化

农村从属于城市，中国近代社会城市产业结构的变化，必然会影响到农村，并促进了中国传统的家族式生产方式的变化。

首先，农村生产方式的变化体现在手工业的解体。鸦片战争以后，大量的洋纱、洋布、五金、煤油、火柴等"洋货"向农村渗透，冲击着中国传统的手工业生产和人们的生活方式。如陈炽曾记述道："东南各省所植甘蔗获利颇丰。自通商以来，洋舶所带洋糖，色泽莹白，人咸爱之。旧日之糖，销路日微，销数日绌，糖商折阅，无可挽回。"⑥ 张之洞也曾说到："粤省民间素用花生油……山农贫苦，以此为生，花生既收，必须榨制工作万千藉以糊口，即榨油所余之花生枯如北方之豆饼，用以粪田种蔗，取资甚多，为利甚厚，所销亦复不资……自火油盛行，相形见绌，销路愈滞，价值日昂。"⑦ 可见，西方的"洋货"对中国近代农村传统手工业的冲击。

其次，农村生产方式的变化体现商业性农业的迅速发展。所谓商业性农业是指生产棉花、蚕丝、茶叶等产品的农业，这些产品中一些是近代工业的原料，一些是高档消费品。19 世纪 70 年代以后，中国的主要出口产品就是这些，同时由于国内民族资本企业的发展，使

---

① 数据参见陈旭麓：《近代中国社会的新陈代谢》，121 页，上海，上海社会科学院出版社，2006。
② 数据参见陈旭麓：《近代中国社会的新陈代谢》，143 页，上海，上海社会科学院出版社，2006。
③ 参见郑师渠主编：《中国近代史》，269 页，北京，北京师范大学出版社，2007。
④ 陈旭麓：《近代中国社会的新陈代谢》，121 页，上海，上海社会科学院出版社，2006。
⑤ 费正清：《中国：传统与变迁》，张沛译，511～512 页，北京，世界知识出版社，2002。
⑥ 陈炽：《种蔗制糖法》，《续国富论》卷 1，32 页。
⑦ 《致总署》，书札四，《张文襄公全集》卷 217，7 页。

得这一类产品的生产迅速发展。温丰曾记述了浙江南浔当年产丝的情况："蚕事乍毕丝事起，乡农卖丝争赴市。市中人塞不得行，千声万语聒人耳。……一日贸易数万金，市人谁不利熏心。"[1]

最后，商业性农业促使了农村的城镇化。在商业性农业的发展过程中，新的市镇迅速产生、发展。如湖北羊楼峒集 3 万余人加工洞茶，因此而成了一个新的市镇[2]，在江浙一带这类的小城镇更多。这些地方传统的家族生产方式在一定程度上遭到了破坏，并且自给自足的传统自然经济的观念受到了很大的冲击。

中国近代民族资本主义的产生和发展改变了中国传统的自然经济的结构，产生了大量的产业工人，使城镇、农村的生产方式也发生了一定的改变。这些影响改变着中国传统的家族结构的模式，冲击着中国传统的家族主义观念。

三、民权主义与家族本位观念的冲突

中国传统社会以"三纲五常"为核心的君主本位、家族本位，及其所强调的君权、父权、夫权在近代受到了进步知识分子以西方"天赋人权"为武器的平等的民权观念的全面批判。

（一）对家长制的批判

中国近代对家长制的批判是以批判中国传统社会的"三纲"为起点的，这动摇中国传统社会家族主义的基础。如何启、胡礼垣从批评封建"三纲"的角度批判了中国的家族主义。他们说："大道之颓，世风之坏，即由于此。何则？君臣不言义而言纲，则君可以无罪而杀其臣，而直言敢谏之风绝矣；父子不言亲而言纲，则父可以无罪杀其子，而克谐允诺之风绝矣；夫妇不言爱而言纲，则夫可以无罪而杀其妇，而伉俪相庄之风绝矣。由是官可以无故而杀民，兄可以无罪而杀弟，长可以无罪而杀幼，勇威怯，众暴寡，贵凌贱，富欺贫，莫不从三纲之说而推。是化中国为蛮貊者，三纲之说也。"[3]

谭嗣同首先批判了中国古代的"三纲之说"，他说：三纲之害，烈毒异常，"不唯关其口，使不敢昌言，乃并固其心，使不敢涉想……三纲之慑人，足以破其胆，而杀其灵魂。"[4]其次，谭嗣同论述了父子关系的平等性，他说："子为天之子，父亦为天之子，父非人所得而袭取也，平等也。"[5]

"五四"新文化运动中的旗手陈独秀对"三纲"的批判最为深刻，他一针见血地指出："三纲之根本义，阶级制度是也。所谓名教，所谓礼教，皆以拥护此别尊卑、明贵贱之制度者也。"[6]"宗法社会之奴隶道德，病在分别尊卑，课卑者以片面之义务，于是君虐臣，父虐子，姑虐媳，夫虐妻，主虐奴，长虐幼。社会上种种之不道德，种种罪恶，施之者以为当然之权利，受之者皆服从于奴隶道德下而莫之能违，弱者多衔怨以殁世，强者则激而倒行逆施

① 温丰：《南浔丝市行》，载《南浔志》卷 31，26 页。
② 参见陈旭麓：《近代中国社会的新陈代谢》，150 页，上海，上海社会科学院出版社，2006。
③ 何启、胡礼垣《〈劝学篇〉书后》，《新政真诠》五编，12 页，格致新报馆印。
④ 谭嗣同：《仁学》，载《谭嗣同全集》，下册，348 页，北京，中华书局，1981。
⑤ 谭嗣同：《仁学》，载《谭嗣同全集》，下册，348 页，北京，中华书局，1981。
⑥ 陈独秀：《吾人最后之觉悟》，载《青年杂志》，第一卷第六号。

矣。此种道德支配今日之社会，维系今日之人心，欲其不浇漓堕落也，是扬汤止沸耳，岂但南辕北辙而已。"①"君为臣纲，则民于君为附属品，而无独立自主之人格矣；父为子纲，则子于父为附属品，而无独立自主之人格矣；夫为妻纲，则妻于夫为附属品，而无独立自主之人格矣。""金科玉律之道德名词，曰忠，曰孝，曰节，皆非推己及人之主人道德，而为以己属人之奴隶道德也。人间百行，皆以自我为中心，此而丧失，他何足言！"②陈独秀明确指出：中国的"尊卑贵贱之制度"与西方的"自由、平等、独立之说"为"东西文明之一大分水岭也"③。"盖共和立宪制，以独立、平等、自由为原则，与纲常阶级制为绝对不可相容之物，存其一必废其一。"④

吴虞则对中国传统家族主义的理论基础提出了全面的批判，他说："详考孔子之学说，既认为孝为百行之本，故其立教，莫不以孝为起点，所以'教'字从'孝'。凡人未仕在家，则以事亲为孝；出仕在朝，则以事君为孝……由事父推之事君事长，皆能忠顺，则既可扬名，又可保持禄位……孝之范围，无所不包，家族制度与专制政治，遂胶固而不可以分析。而君主专制所以利用家族制度之故……其为人也孝弟而好犯上者鲜，不好犯上作乱者，未之有。其于销弭犯上作乱之方法，惟持孝弟以收其功。"⑤

中国近代进步的知识分子以平等、权利为武器，对以儒家思想为核心的传统家族主义的理论进行了全方位的批判，动摇了家族主义的理论基础。

（二）对夫权的批判

中国近代对中国古代"夫权独尊"的批判是多方位的。如王韬对古代"一夫多妻制"提出了批评，他说："一夫一妻，实天之经也，地之义也，无论贫富悉当如是"，欲齐家治国平天下，"则先自一夫一妇始"⑥。

宋恕是中国近代改良派中系统批评"夫为妻纲"的第一人。他提出了婚姻自主的主张：一切婚姻，凡有亲父母者，除由父母作主外，"仍须本男妇于文据上亲填愿结，不能书者画押。其无亲父母者，悉听本男女自主，严禁非本生之母与伯叔兄弟等强擅订配"⑦。

康有为则从民权平等之说出发，提出了"男女平等"的观点，他说："人者，天所生也，有是身体，即有其权利，侵权者谓之侵天权，让权者谓之失天职。男女虽同异形，其为天民而共受天权一也。人之男身，既知天与人权所在，而求与闻国政，亦何抑女子攘其权哉？女子亦何得听男子擅其权而不任天职？……以公共平等论，则君与民且当平等。"⑧

"鉴湖女侠"秋瑾作了著名的弹词《精卫石》宣扬男女平等、男妇平权，她说道："三从更是荒唐话，把丈夫抬得恍如天帝尊。虽然名曰称夫妇，内主何能任己行！般般须听夫之命，一事自为众口腾。夫若责时唯婉应，事事卑微博顺名，由夫游荡由夫喜，吵闹人讥妒妇

① 陈独秀：《答傅桂馨语》，载《新青年》，第三卷第一号。
② 陈独秀：《一九一六年》，载《青年杂志》，第一卷第五号。
③ 陈独秀：《吾人最后之觉悟》，载《青年杂志》，第一卷第六号。
④ 陈独秀：《吾人最后之觉悟》，载《青年杂志》，第一卷第六号。
⑤ 吴虞：《家族制度为专制主义之根据论》，载《新青年》，第二卷第六号。
⑥ 王韬：《原人》，载《弢园文录外编》，7 页，北京，中华书局，1959。
⑦ 宋恕：《伦始章》，载《六斋卑议》，30 页，敬乡楼丛书，1928。
⑧ 康有为：《大同书》，210 页，上海，中华书局，1935。

人。吃尽艰劳受尽苦，到贵时眼前姬妾早成群……或是家庭常反目，凌虐妻房不当人，闺中气死还啼死，夫已逍遥花柳行。"[1]

何大谬则提出了男女平等的具体方案，其中有一方案独具特色，即女嫁男，男亦可嫁女。他说："自今以往，男子之昆弟足以事其父母，而其妇鲜昆弟者，则往就其妇；女子之昆弟足以事其父母，而其夫鲜昆弟者，则往依其夫。夫妇相恶，则其罚惟均；夫妇相悼，则其服唯一。女子之对于夫之父母，男子之对于妇之父母，均崇以长上之仪而已，不得更有所进也。女子父母之视其婿，男子父母之视其妇，均接以卑幼之礼而已，不得复有所求也。"[2]

金天翮以"金一"为笔名，于1903年出版了《女界钟》。在此书中他控诉了中国古代妇女所受的痛苦，如缠足之苦、装饰之苦、迷信之苦、拘束之苦。对于缠足之苦，他说："悲哉天刑乎？夫天刑犹可言，而人刑又何为者？女子不幸生于地球，既不能逃产育之大难，艰辛劳苦，视男子为剧，而复加以残忍札割之苦痛，世界男子其无人心矣！夫非洲妇人之压首，西洋女子之束腰，已为酷异，然未尝如吾中国缠足之甚者也。冠可裂而履不可弃，颅同圆而趾不同方，名为戴天履地，而偏有此径寸之物，钳制嵌缚以不能直接也……宛转呼号，求死不得，血肉秽臭，肢体摧残。吾拷问作俑，吾恨不能起李昇于九幽之狱，处以筋悬庙屋之刑也。"[3] 他还深刻地指出民权与女权之间的关系，他说："民权与女权，如蝉联蚹萼而生不可遏抑也。"[4] 金天翮提出了女子参政、议政的权利，他说："女子议政之问题，在今日世界已不可得而避矣……女界风潮，盘涡东下，身无彩凤，突飞有期。"[5] "二十世纪新中国新政府，不握于女子之手，吾死不暝……吾祝吾女子之得为议员，吾尤愿异日中国海军、陆军、大藏、参谋、外务省皆有吾女子之足迹也；吾更愿异日中国女子积其道德、学问、名誉、资格而得举大统领之职也。"[6] 他呼吁广大妇女"爱自由，尊平权，男女共和，以制造新民国为起点，以组织新政府为终局"[7]。

中国近代进步的知识分子们以西方的"天赋人权"、"平等"、"自由"为理论武器，对传统的"三纲五常"的批判，动摇了中国传统社会的理论基础，并使得"人权"、"平等"、"自由"的观念在一定程度上深入到民众中去，这对中国近代家族主义观念的解体产生了最深刻的影响。

四、家族主义立法观与法治主义立法观的冲突

中国传统的家族主义立法观在中国近代最先受到的挑战是在清末修律活动中。1906年、1907年修订法律馆分别上奏了《大清民事刑事诉讼律》和《大清新刑律草案》，围绕着这两部法律的立法基点，发生了清末著名的"礼法之争"。"礼法之争"就其争论的内容而论，完全体现了家族主义立法观与西方先进的法治主义立法观之间的冲突。

---

① 秋瑾：《精卫石》，载《秋瑾集》，148页，北京，中华书局，1960。
② 何大谬：《女界泪》，17页，河北，京都官书局，1908。
③ 金一：《女界钟》，3页，上海，上海大同书局，1903。
④ 金一：《女界钟》，4页，上海，上海大同书局，1903。
⑤ 金一：《女界钟》，63页，上海，上海大同书局，1903。
⑥ 金一：《女界钟》，65～67页，上海，上海大同书局，1903。
⑦ 金一：《女界钟》，84页，上海，上海大同书局，1903。

"礼法之争"的核心内容是立法是依中国传统的"三纲五常"为基点，还是以西方国家的平等、人权和法治主义为基点。基于不同的观点，形成了以沈家本、伍廷芳为代表的"法理派"和以张之洞、劳乃宣为代表的"礼教派"。"礼教派"的主要观点是"中国旧政，首重明伦，司徒五教，尤我立国之根本"①。"名教纲常，为我数千年相传之国粹，古先帝王之制治，圣人贤人之垂训，莫不以是为先，必宜特立防闲，兢兢保守。"② 法理派则从法律进化论的角度提出了学习西方法律的观点，沈家本说："谓古法皆可行于今，诚未必然；谓古法皆不可行于今，又岂其然？西之于中，亦犹是耳"，"我法之不善者当去之，当去之而不去，是谓之悖；彼法之善者当取之，当取而不取，是谓之愚。夫必熟审乎政教风俗之故，而又能驭乎法理之原，虚其心，达其聪，损益而会通，庶不当悖且愚乎？"③ "礼教派"与"法理派"的争论主要集中在"干名犯义"、"存留养亲"、"无夫奸"、"亲属相奸"、"子孙违反教令"等罪名的存留以及子孙卑幼对尊长能否行使正当防卫权的问题上。这些问题集中体现了中国传统家族主义法律观与近代西方法治观的冲突。

对于"干名犯义"，礼教派认为："中国素重纲常，故于干名犯义之条，立法特为严重。"④ 对于存留养亲，礼教派认为其是"仁政"的表现；对于无夫奸和亲属相奸，礼教派认为"大犯礼教之事，故旧律定罪极重"。对于子孙违反教令，礼教派则认为"子孙治罪之权，全在祖父母、父母，实是教孝之盛轨"。

对于礼教派的这些观点，法理派给予了全面的反驳，沈家本在《书劳提学新刑律草案说帖后》中称："（干名犯义）此告诉之事，应于编纂判决录时于诬告罪中详叙办法，不必另言专条。""（犯罪存留养亲）古无罪人留养之法……此所当敬议寻绎者也，此法不编入草案似尚无悖于礼教。""（亲属相奸）此等形同禽兽，固大乖礼教，然究为个人之过恶，未害及于社会，旧律重至立决未免过严。……处以三等有期徒刑与旧法之流罪约略相等，似亦不过为宽，应于判决录详定等差，毋庸另立专条。""（子孙违反教令）出乎家庭，此全是教育上事，应别设感化院之类，以宏教育之方，无关于刑事，不必规定于刑律中也。""（无夫奸）无夫之妇女犯奸欧洲法律无治罪之文。……此事有关风化，当于教育上别筹办法，不必编入刑律中。孔子曰：'齐之以刑'，又曰：'齐之以礼'，自是两事，齐礼中，有许多设施非空颁文告遂能收敛也，后世教育之不讲，而惟刑是务，岂非圣人之意哉！"⑤

最终，针对这场争论，清政府于1909年发布了《修改新刑律不可变革义关伦常条谕》，该上谕称："惟是刑法之源，本乎礼教。中外各国礼教不同，故刑法亦因之而异，中国素重纲常，故于干名犯义之条，立法特为严重。良以三纲五常，阐自唐、虞、圣帝明王兢兢保守，实为数千年相传之国粹，立国之大本。今寰海大通，国际每多交涉，固不可默守故常，致失通变宜民之意，但祇可采彼所长，益我所短。凡我旧律义关伦常诸条，不可率行变革，

---

① 《署邮传部右丞李稷勋奏新纂刑律草案流弊滋大应详加厘订折》，载故宫博物院明清档案部编：《清末筹备立宪档案史料》下册，854页，北京，中华书局，1979。

② 《山西巡抚宝棻奏刑律草案签注呈览并陈名教纲常宜特立防闲折》，载故宫博物院明清档案部编：《清末筹备立宪档案史料》下册，868页，北京，中华书局，1979。

③ 沈家本：《寄簃文存法学文著序》，193页，北京，中华书局，1990。

④ 《修改新刑律不可变革义关伦常条谕》，载故宫博物院明清档案部编：《清末筹备立宪档案史料》，下册，858页，北京，中华书局，1979。

⑤ 《中国法律思想史资料选编》，861~863页，北京，法律出版社，1983。

庶以维天理民彝于不敝。该大臣务本此意以为修改宗旨，是为至要。"① 最终公布的刑律后面被附上了五条"附则"，称《暂行章程》。规定了无夫妇女通奸罪，对尊亲属有犯不得适用正当防卫，加重卑幼对尊长、妻对夫杀伤害等罪的刑罚，减轻尊长对卑幼、夫对妻杀伤等罪的刑罚等。

发生于清末修律过程中的这场争论，充分体现了中国传统的家族主义法律观与西方法治主义法律观之间的冲突。虽然这场争论以清政府发布上谕强调维护中国传统的家族主义伦理纲常而告终，但其争论的主题，即中国传统的家族主义立法观与先进的法治主义立法观之间的冲突，以及如何谋求中国传统的家族本位与西方先进的法治文明之间的融合，却一直影响着中国近代社会的法律观的形成。

可见，近代以来，中国传统的家族结构在经济、城市、教育的发展中，逐步地趋于解体；家族主义的观念在来自于西方的平等、民权等观念的冲击之下，也处于动摇之中。

第三节
家族本位立法观与社会本位立法观的抉择

中国近代社会家族主义的国家观、立法观的动摇，迫使人们重新选择国家的组织方式和立法的文化本位，重新选择社会秩序形成的基点。在这一选择过程中，观点纷呈，论战不断。既体现了思想文化上的杂糅，更体现了抉择的艰难。

一、"体用"之争中的文化本位

近代中国接受西方的政治文明之后，如何处理中国传统文明与西方进步的政治文明之间的关系，是近代中国面临的一个重要的问题，也是中国近代思想发展的一条明线，更是保守与进步的分水岭。

魏源在《海国图志·叙》中指出："是书何以作？曰：'为以夷攻夷而作，为以夷款夷而作，为师夷长技以制夷而作。'"后来人们将之总结为"师夷长技以制夷"。但更重要的是魏源第一次提出了中学与西学的抉择方式。而后来张之洞在《劝学篇·设学》中提出了"中学为体"，强调以中国的纲常名教作为决定国家社会命运的根本，张之洞认为："君为臣纲、父为子纲、夫为妻纲……天不变道亦不变之义本……此其不可得与民变革者……圣人所以为圣人，中国所以为中国，实在于此。故知君臣之纲，则民权之说不可行也；知父子之纲，则父子同罪、免丧废祀之说不可行也；知夫妇之纲，则男女平权之说不可行也。"② 他提出了"西学为用"的方针，主张采用西方资本主义国家的近代科学技术，效仿西方国家在教育、赋税、武备、律例等方面的一些具体措施，举办洋务新政。张之洞的"中学为体，西学为用"的观点代表了当时的守旧派们对于西学的态度。

---

① 《修改新刑律不可变革义关伦常条论》，载故宫博物院明清档案部编：《清末筹备立宪档案史料》，下册，858页，北京，中华书局，1979。

② 张之洞：《明纲第三》，载《劝学篇》内篇，13页，两湖书院光绪戊戌刊本。

张之洞等人的观点受到了以康有为为代表的立宪派的反对。康有为说："人者，天所生也，有是身体，即有其权利，侵权者谓之侵天权，让权者谓之失天职。男女虽同异形，其为天民而共受天权一也。人之男身，既知天与人权所在，而求与闻国政，亦何抑女子攘其权哉？女子亦何得听男子擅其权而不任天职？……以公共平等论，则君与民且当平等。"① 康有为于著名的"公车上书"中向皇帝提出了设立议院的要求。他说："令公举博古今、通中外、明政体、方正直言之士，略分府县，约十万户，而举一人，不论已仕未仕，皆得充选……名曰议郎……以备顾问，并准其随时应对，上驳诏书，下达民间，凡内外兴革大政，筹饷事宜，皆令会议于太和门，三占从二，下部施行。"② 他认为这样可以"上广上之圣聪……下合天下之心志……君民同体……休戚与共"③。康有为的《公车上书》将维新运动者的改良主义的思想进行了具体化，成为中国最早的宪政运动的纲领。而这与张之洞的观点发生着尖锐的冲突，形成了中国近代最初的"体用之争"，使得文化本位的问题首次出现于中国近代的社会。

但是，梁启超、严复等近代民权、宪政的倡导者们晚年由于看到了西方政治制度不足的一面，走向了文化的复古主义的道路。梁启超 1919 年与张君劢等人在欧洲考察一年后，大叫"科学破产"。在梁氏看来，非但"科学万能的大梦破灭了"，物质文明的进步也成了人民的灾祸，而且"我们素来认为天经地义尽善尽美的代议政治，今日竟会从墙脚上筑筑摇动起来，他的寿命，竟没有人敢替他保险！"于是他开始鼓吹中国的"孔、老、墨三大圣"和"东方文明"去"调剂"西洋的物质文明，去"超拔"大洋彼岸好几万万喊救命的欧洲人。④ 对于中国传统的儒学，梁启超则说："我国儒家主义之人生哲学，为陶养人格至善之鹄，全世界无论何国，无论何派之说，未见其比，在今日有发挥光大之必要。"⑤

1913 年的严复开始赞成"民可使由之，不可使知之"的愚民哲学。⑥ 1914 年的严复发表了《〈民约〉平议》系统批评了卢梭的社会契约论的思想和以国民公意为基础的人民主权论，他认为："今之所急者，非自由也，而在人人减损自由，而以利国善群为职志。"⑦ 对于孔孟之道，1918 年的严复说："回观孔孟之道，真量同天地，泽被寰区。"⑧ 1921 年 10 月，严复留给子女的遗嘱，第一条竟是"须知中国不灭，旧法可损益，必不可叛。"⑨

对于梁启超、严复等人后期思想上的反复，也许人们更多的是批评。但他们思想上的一方面说明了中国近代知识分子对西方政治文明的表象性认知，另一方面也说明中西文化冲融合点寻找的艰难。

二、资产阶级民主革命中的民族主义本位观

以孙中山为代表的中国民族资产阶级以"民族革命"为旗帜，掀起了中国近代资产阶级

① 康有为：《大同书》，210 页，上海，中华书局，1935。
② 康有为：《公车上书》，中国史学会主编：《戊戌变法》，第 2 册，152～153 页，神州国光社，1953。
③ 康有为：《公车上书》，中国史学会主编：《戊戌变法》，第 2 册，152～153 页，神州国光社，1953。
④ 参见梁启超：《欧游心影录节录》，载《梁启超选集》，723～733 页，上海，上海人民出版社，1984。
⑤ 梁启超：《为创立文化学院求助于国中同志》，载《梁启超选集》，826 页，上海，上海人民出版社，1984。
⑥ 严复：《"民可使由之，不可使知之"讲义》，载《严复集》，第 2 册，326 页，北京，中华书局，1986。
⑦ 严复：《〈民约〉平议》，载《严复集》，第 2 册，337 页，北京，中华书局，1986。
⑧ 严复：《与熊纯如书·七十五》，载《严复集》，第 3 册，692 页，北京，中华书局，1986。
⑨ 严复：《遗嘱》，载《严复集》，第 2 册，360 页，北京，中华书局，1986。

民主革命的浪潮。在这场革命中，资产阶级革命派们希图坚持民族主义的立场，学习、改造西方民主政治体制，以建立民主共和国。在这个大背景之下，产生于清末的"体用之争"在如何建立民主国家的大议题之下被暂时地搁置起来了。

以孙中山为首的中国民族资产阶级革命派们之所以坚持民族主义的立场，是看到了西方以个人主义为基础的民主政治制度的不足。如孙中山对西方的代议制说："欧美人争民权，以为得到了'代议政体'，便算是无上的民权……大家都知道现代的代议士，都变成了'猪仔议员'。有钱就卖身，分赃贪利，为全国人民所不齿。……大家对于这种政体，如果不去闻问，不想挽救，把国事都托付到一般'猪仔议员'，让他们去乱作乱为，国家前途是危险的。所以外国人所希望的'代议政体'，以为就是人类和国家的长治久安之计，那是不足信的。"[1]"欧美革命，有了两三百年，向来的标题都是争民权，所争的结果，只得到男女选举权。"[2] 对于西方的民权，孙中山也说道："考察欧美的民权事实，他们所谓先进的国家，像美国、法国，革命过了一百多年，人民到底得了多少民权呢？照主张民权的人看，他们所得的民权，所争的结果，还是很少。"[3] 应该说孙中山先生在一定程度上认识到了西方民主政治制度形式化的缺陷。因此他总结说："如果我们仿效外国的政治，以为也是像仿效物质科学一样，那便是大错特错。"[4]"外国的民权办法不能做我们的标准，不足为我们的导师。"[5]

孙中山在其思想中运用了两个内容来防止出现西方政治民主制度形式化的不足。一是宪政思想上的"五权宪法。"他于1906年12月2日，在东京《民报》创刊周年庆祝大会的演说中说道："历观各国的宪法，有文宪法是美国最好，无文宪法是英国最好。英是不能学的，美是不必学的。英的宪法所谓三权分立，行政权、立法权、裁判权各不相统，这是从六七百年前由渐而生，成了习惯，但界限还没有清楚。后来法国孟德斯鸠将英国制度作为根本，参合自己的理想，成为一家之学。美国宪法又将孟氏学说作为根本，把那三权界限更分得清楚，在一百年前算是最完美的了……现在已经是不适用的了。兄弟的意思，将来中华民国的宪法是要创一种新主义、叫做'五权分立'。"[6]"那五权除刚才所说三权（立法、行政、司法）之外，尚有两权。一是考选权。平等自由原是国民的权利，但官吏却是国民公仆。……所以将来中华民国宪法，必要设独立机关，专掌考选权。大小官吏必须考试，定了他的资格，无论那官吏是由选举的抑或由委任的，必须合格之人，方得有效。这法可以除却盲从滥举及任用私人的流弊。中国向来铨选，最重资格，这本是美意，但是在君主专制国中，黜陟人才悉凭君主一人的喜怒，所以虽讲资格，也是虚文。至于社会共和的政体，这资格的法子正是合用。因为那官吏不是君主的私人，是国民的公仆，必须十分称职，方可任用。但是这考选权如果属于行政部，那权限未免太广，流弊反多，所以必须成了独立机关才

---

① 《孙中山选集》，下卷，721～722 页，北京，人民出版社，1981。

② 《孙中山选集》，下卷，714 页，北京，人民出版社，1981。

③ 《孙中山选集》，下卷，707～708 页，北京，人民出版社，1981。

④ 《孙中山选集》，下卷，727 页，北京，人民出版社，1981。

⑤ 《三民主义·民权主义，第五讲》（1924 年 4 月 20 日），载《孙中山全集》第 9 卷，320 页，北京，中华书局，1981。

⑥ 《在东京〈民报〉创刊周年庆祝大会的演说》（1906 年 12 月 2 日），载《孙中山全集》，第 1 卷，329～330 页，北京，中华书局，1981。

得妥当。"①

　　他说："在人民和政府两方面彼此要有一些什么的大权，才可以彼此平衡呢？在人民一方面的大权……是要有四个权，这四个权是选举权、罢免权、创制权、复决权。在政府一方面的，是要有五个权，这五个权是行政权、立法权、司法权、考试权、监察权。用人民的四个政权来管理政府的五个治权，那才算是一个完全的民权政治机关。有了这样的政治机关，人民和政府的力量才可以彼此平衡。"② 从这里可以看出，孙中山的设想是要改造运用中国古代早就有的官吏考铨、御史弹劾的制度来克服西方政治制度中的弊端。

　　孙中山用以克服西方政治制度上的弊端的另一个武器是以中国传统家族主义为核心的民族主义。他说："我们鉴于古今民族生存的道理，要救中国，想中国民族永远存在，必要提倡民族主义。"③ 孙中山所理解的民族主义的内涵是"民族主义就是国族主义。中国人最崇拜的是家庭主义和宗族主义，所以中国只有家族主义和宗族主义，没有国族主义。……所以中国人的团结力，只能及于宗族而止，还没有扩张到国族。"④ 对于如何恢复民族精神，他说："我们想要恢复民族的精神，要有两个条件：第一个条件是要我们知道现在处于极危险的地位；第二个条件是我们既然知道了处于很危险的地位，便要善用中国固有的团体，像家族团体和宗族团体，大家联合起来，成一个大国族团体。""所以中国从前的忠孝仁爱信义种种的旧道德，固然是驾乎外国人，说到和平的道德，更是驾乎外国人。这种特别的好道德，便是我们民族的精神。我们以后对于这种精神不但是要保存，并且要发扬光大，然后我们民族的地位才可以恢复。"⑤ "所以救中国危亡的根本方法，在自己先有团体，用三四百个宗族的团体来顾国家，便有办法。无论对付哪一国，都可以抵抗。"⑥ "中国有很坚固的家族和宗族团体，中国人对于家族和宗族的观念是很深的。譬如有两个中国人在路上遇见了，交谈之后，请问贵姓大名，只要彼此知道是同宗，便是非常亲热，都是认为同姓的伯叔兄弟。由这种好观念推广出来，便可由宗族主义扩充到民族主义。"⑦

　　这里，我们可以清楚地看出孙中山试图在中国传统的家族主义、宗族主义的基础上重新构建新的"民族主义"，并以民族主义的精神融合中国的家族主义和西方法治主义，并以此来克服西方资本主义国家的个人主义精神所带来的困境。

　　但是，孙中山的这种民族主义（团体主义）思想依然没有摆脱中国古代"家—族—国"

　　① 《在东京〈民报〉创刊周年庆祝大会的演说》（1906年12月2日），载《孙中山全集》，第1卷，329～330页，北京，中华书局，1981。
　　② 《三民主义·民权主义·第六讲》（1924年4月26日），载《孙中山全集》，第9卷，352页，北京，中华书局，1986。
　　③ 《三民主义·民族主义·第一讲》（1924年1月27日），载《孙中山全集》，第9卷，188～189页，北京，中华书局，1986。
　　④ 《三民主义·民族主义·第一讲》（1924年1月27日），载《孙中山全集》，第9卷，184～185页，北京，中华书局，1986。
　　⑤ 《三民主义·民族主义·第六讲》（1924年3月2日），载《孙中山全集》，第9卷，242页，北京，中华书局，1986。
　　⑥ 《三民主义·民族主义·第五讲》（1924年2月24日），载《孙中山全集》，第9卷，237页，北京，中华书局，1986。
　　⑦ 《三民主义·民族主义·第五讲》（1924年2月24日），载《孙中山全集》，第9卷，237页，北京，中华书局，1986。

的理论逻辑，并没有摆脱近代中国"民族富强为体，宪政为用"① 的套路，这也体现其建设资产阶级民主共和国的理论武器的不足。

辛亥革命后的中国政治建设并没有能真正改变中国的面貌，也没有能使中国真正走上富强的道路。反而由于政治权威的多元化使得中国的政治秩序呈现出更加混乱的状况，正如当时有人所说"无量头颅无量血，可怜购得假共和"。然而，孙中山的民族主义却是中国近代在文化本位上谋求中国传统政治文化与西方政治文明融合的伟大实践。

三、全盘西化的文化本位观

"五四"新文化运动在反观辛亥革命及北洋政府的政治统治的过程中，以"民主"与"科学"的旗号对中国传统文化进行了全面的批判。新文化运动的领袖们对传统文化的批判应该说是统一的，但对于如何建设中国新的文化却是众说纷纭。但有一点是肯定的，即对西方文化的崇拜，以致出现了"全盘西化"的文化本位观。杨振声先生在《从文化观点上回首五四》一文中回忆说："中国菜的味道好，外国人都一致点头；可是中国人那时把西餐捧为'大餐'，请客非此不文明。新人物一定住洋房，连沙发椅子都得从欧洲运来。小说中新戏上的主要角色，一定是洋装革履。呱呱登场。"② 更有甚者，钱玄同提出要废灭汉文、汉字，采用英文或法文，理由是"欲废孔学，不可不先废汉文；欲驱除一般人之幼稚的、野蛮的、顽固的思想，尤不可不先废汉文。"他称："二千年来用汉字写的书籍，无论哪一部，打开一看，不到半页，必有发昏做梦的话。"③

但"五四"运动中也有否定西方文化的论者。《东方杂志》主编杜亚泉以伧父为笔名先后发表了一系列的文章否定西方文明，强调中国传统文明的价值，甚至形成了以《东方杂志》为中心的守旧派联盟。杜亚泉分析了当时中国盲目崇拜西洋文明的现实，"近年以来，吾国人之羡慕西洋之文明无所不至，自军国大事以至日用细微，无不效法西洋，而于自固有之文明，几不复置意。然自欧战发生以来，西洋诸国日以其科学所发明之利器戕杀其同类，悲惨剧烈之状态，不但为吾国历史之所无，亦且为世界从来所未有。吾人对于向所羡慕之西洋文明，已不胜其怀疑之意见，以为西洋文明与吾国固有之文明，乃性质之异，而非程度之差；而吾国固有之文明，正足以济西洋文明之弊，济西洋文明之穷者"④。杜亚泉还说"救济之道，在统整吾固有之文明，其本有系统者则明了之，其间有错出者则修整之。一面尽力输入西洋学说，使其融合于吾固有文明之中。西洋之断片的文明如满地散钱，以吾固有文明为线索，一以贯之。今日西洋之种种主义主张，骤闻之似有与吾固有文明绝相凿柄者，然会而通之，则其主义主张往往为吾固有文明之一局部，扩大而精详之者也。吾固有文明之特长，即在于统整且经数千年之久未受若何之摧毁，已示世人以文明统整之可以成功。今后果能融合西洋思想以统整世界之文明，则非特吾人之自身得以赖以救济，全世界之救济亦在于

---

① 王人博先生也称近代中国是"富强为体，宪政为用"。参见王人博：《宪政文化与近代中国》"引言"，6 页，北京，法律出版社，1997。
② 杨振声：《从文化观点上回首五四》，载《观察》，6 卷 13 期，1950 年 5 月。
③ 钱玄同：《中国今后之文字问题》，载《新青年》，第 4 卷第 4 号，1918 年 4 月 15 日。
④ 伧父：《静的文明与动的文明》，载《东方杂志》，第 13 卷第 10 号，1916 年 10 月。

是。"① 今天看来，杜亚泉的论析不乏冷静的思考，但处在"五四"那个社会激进的时代，其声音是微弱的。

1929 年前后，胡适提出了"全盘西化论"。这使近代以来所提出的"中学为体，西学为用"的主张走向了另一个极端。胡适的具体主张体现在 1929 年在《中国基督教年鉴》发表的《中国今日的文化的冲突》，1935 年 3 月 31 日在《独立评论》发表的《试评所谓"中国本位的文化建设"》和同年 6 月 21 日在天津《大公报》发表的《充分世界化与全盘西化》等文章中。胡适说："我们必须承认自己百事不如人，不但物质机械上不如人，不但政治制度上不如人，并且道德不如人，知识不如人，文学不如人，音乐不如人，艺术不如人，身体不如人。"要拯救我们这个"又愚又懒的"，"一分像人九分像鬼的不长进的民族"，唯一的出路就是"死心塌地的去学"，学习"西洋的近代文明"②。

除胡适外，陈序经也持全盘西化的态度。③ 支持他们的还有"察见中国全部的文化已不及全部西洋文化"、预期"中国全盘西化是可能的事"④ 的吕学海、主张"更深刻更广泛地西洋化"⑤ 的梁实秋、主张"尽量西化"⑥ 的严既澄、主张"从基础上从根本上从实质上西化"⑦ 的张佛泉、主张"大部分西化"或"现代化"⑧ 的张奚（熙）若，主张"全盘的吸取西洋文化之根本精神"⑨ 的熊梦飞等人。这些人中，除陈序经、吕学海等极少数人外，"西化派"的大多数都不主张"全盘西化"，但他们都主张"大部分西化"或"根本上西化"。

作为对"中学为体"和复古主义的反动，作为对中国传统文化批判的武器，"全盘西化论"是具有一定历史进步意义的。但作为民族虚无主义和民族悲观主义的文化表现，"全盘西化论"不能不遭到中国人民的唾弃。⑩

四、国家社会本位的萌生

近现代中国在文化本位的问题，无论是"中体西用"还是"全盘西化"，都处于"中学"、"中国"、"西学"、"西方"这些名词的争论上。但这些名词并不能从根本上准确地说明东西方文明的优劣，更不能说明近代中国文化的具体走向。诚如常乃惠先生于 1927 年说："现在横在中国文化运动当前的问题，不是我们应不应该准备文化运动的问题，乃是我们应当向什么方向，或者怎么去做文化运动的问题。我们先已经明白，我们的民族所以能够持续到四千年以上的缘故，全赖有一种固有旧文化基础，假使这种旧文化不发生裂绽，不有改革

① 伧父：《战后东西文明之调和》，载《东方杂志》，第 14 卷第 4 号，1917 年 4 月。
② 胡适：《介绍我自己的思想》，载《胡适文存》，卷首，上海亚东图书馆印，1929。
③ 参见陈序经：《中国文化的出路》，商务印书馆，1934。
④ 穆超：《再论"全盘西化"》，载广州《民国日报》，1934-07-10。
⑤ 梁实秋：《自信力与夸大狂》，载《文化建设》（1935），第 1 卷第 10 期。
⑥ 严既澄：《"我们的总答复"书后——向"中国本位文化建设宣言"的十位起草者进一言》，载天津《大公报》，1935 年 5 月 22 日至 23 日。
⑦ 张佛泉：《西化问题之批判》，载天津《国闻周报》（1935），第 12 卷第 12 期。
⑧ 张熙若：《全盘西化与中国本位》，载天津《国闻周报》（1935），第 12 卷第 23 期。
⑨ 熊梦飞：《谈"中国本位文化建设"之闲天》，载《文化建设》（1935），第 1 卷第 9 期。
⑩ 参见李兴华：《民主与近代中国》，25～26 页，上海，上海社会科学院出版社，2006。

的必要，则我们当前的文化运动只是保存维持旧文化的运动，便不必彻底去重新创造。他的工作没有现在这样难，他的问题也没有现在这样复杂。但新文化的不能完全持续于今日，除了极少数的人以外，大约没有不承认这个事实的。我们须知这已是事实，事实不是能以口舌争的。我们现在可以口舌争的，是在这个旧文化业已破裂以后，我们对于未来，新中国的新文化，应当采取何种态度？我们还是用全力来恢复中国的固有旧文化？还是以旧文化为主，部分地吸取西洋新文化呢？我们还是分中西文化，择善而取之呢？我们还是彻底抛弃中国旧文化，去迎受西洋的新文化呢？我们迎受西洋文化是迎受希腊罗马的文化，还是迎受基督教的文化，还是迎受文艺复兴以后的新文化，还是迎受欧战以后的世界最新文化，还是迎受尚在虚无缥缈之际的未来派文化呢？倘若也不要全盘承受西洋文化，则我们是不是想要抛弃了本国和西洋两层文化的固有形态而彻底去自由创造新文化呢？除了这些方式以外，我们没有其他更好的方式了吗？这些都是研究中国新文化问题的当前必须先解决的问题。"① 从常乃惠先生所提出的问题中，我们可以清楚地看到中国近代知识分子在如何形成国家文化基础问题上的焦虑。

1935 年由王新命、陶希圣、何炳松等十位教授提出了"本位文化"论才使得近代以来的"体用之争"获得了具体而真实的内涵。他们的具体主张体现在王新命等十位教授于1935 年 1 月 10 日在《文化建设》第 1 卷第 4 期发表的《中国本位的文化建设宣言》和同年5 月 10 日在《文化建设》第 1 卷第 8 期发表的《我们的总答复》两文中，基本主张在《宣言》里，《总答复》是对批评派的回应和对《宣言》的补充，这次讨论的成果结集为《中国本位文化建设讨论集》。这次讨论形成了关于如何建设中国文化的诸多派别，如主张"中西调和"的穆超，主张催动中国旧文化的"老根"再发"新芽"的张东荪，主张"继续新文化运动的精神"、"保存"和"采纳"中国和西洋"优美文化"、"还要创造新文化"的吴景超，主张"民族本位"的陈石泉，主张"三民主义即中国本位之文化建设纲领"的陈立夫，拥护"中国本位"的文化建设、反对"中国文化本位"的文化建设的常燕生，强调要有一种"国民性之道德"精神的太虚法师，认为"建设中国本位意识"是"建设中国本位文化"之"前提"的刘絜敖，主张"破中求立"的"中国本位的文化建设"的丁遥思，赞成"中国化"的"新启蒙运动"的张申府，主张"一切物质文化建设采用最新的发明，一切精神文化建设非有批评态度不可"的李麦麦等。"本位派"认为，从发生了以解放思想束缚为中心的"五四"文化运动以来，中国人的思想遂为之一变。在文化的领域，我们看不见现在的中国了，中国在文化领域是消失了。中国政治的形态、社会的组织和思想的内容与形式，已经失去了它的特征。由这没有特征的政治、社会和思想所化育的人民，也渐渐地不能算得中国人。②

所以我们可以肯定地说：从文化的领域去展望，现代世界里面固然已经没有了中国，中国的领土里面也几乎已经没有了中国人。要使中国能在文化的领域抬头，要使中国的政治、社会和思想都具有中国的特征，必须从事中国本位的文化建设。③ "如何建设中国的文化却是一个有待讨论的问题。有人以为中国该复古，但古代的中国已成为历史。历史不能重演，也

① 常乃惠：《中国民族与中国新文化之创造》，载《东方杂志》，第 24 卷第 24 号，1927 年 12 月。
② 参见何爱国：《调适、整合与重建：儒家现代化进程的十二种方式》，载《河北学刊》，2005 (5)。
③ 参见王新命等十位教授：《中国本位的文化建设宣言》，载《文化建设》，第 1 卷第 4 期，1935 年 1 月 10 日。

不需要重演；有人以为中国应完全仿美，英美固有英美的长处，但地非英美的中国应有其独特的意识形态，并且中国现在是在农业的封建的社会和工业的社会交嬗的时期，和已完全进到工业时代的英美，自有其不同的情形，所以我们决不能赞成完全模仿英美。除却主张模仿英美的以外，还有两派：一派主张模仿苏俄；一派主张模仿意、德。但其错误和主张模仿英美的人完全相同，都是轻视了中国空间的特殊性。"①

"本位文化论"反对复古，也反对崇外。"本位文化论"提出了有关中国文化建设的五个认识：其一，"本位"就是"中国的"与"本土的"，就是"此时此地的需要"。其二，"必须把过去的一切，加以检讨，存其所当存，去其所当去；其可赞美的良好制度、伟大的思想，当竭力为之发扬光大，以贡献于世界；而可诅咒的不良制度、鄙劣思想，则当淘汰务尽，无所吝惜。"其三，吸收欧美的文化是必要的，是应该的，但是在吸收的过程中要有选择，吸取其所当吸取者，拒绝所不当吸收者。坚决反对"全盘西化"思想，主张对西方文化"不应以全盘承受的态度，连渣滓都吸收过来。吸收的标准当决定于现代中国的需要"。其四，中国本位的文化建设是创造，是迎头赶上去的创造。其创造的目的是恢复中国的文化特征。其五，在文化上建设中国，并不是要抛弃大同的理想，是首先将中国建设成为"一整个健全的单位"，"在促进世界大同上能有充分的力"②。

1935 年，张东荪在《现在的中国怎样要孔子》一文中说："须知凡民族国家主义无不宝贵其国的自己文化。中国的固有文化既不能和西方文化相媲美，则如何能唤起其人民对于旧文化的爱护心呢？所以问题就在于此。我们可说：中国的民族性是未受民族国家主义陶冶的；而西方各国的民族性却是经过这种陶冶而出的。两者的区别在此，今后要解决这个问题亦得注于此"③。

1935 年，陈立夫发表了一篇题为《文化与中国文化之建设》的文章，宣称："三民主义者，即以中国为本位之文化建设纲领也，故以如此之信仰建设国家，则国家得其生存，贡献世界，则世界得其进化，中国本位文化建设这真义，其在斯乎。"④

应该说，20 世纪 30 年代的"文化本位的讨论"在一定的意义上来说，是清末"体用之争"的延续，但这时的讨论更多却指向于中国社会本身的发展了。也正是在这个意义上来说，这场讨论真正关注的并不是西方文明和中国传统文明的概念及其因素，而是要综合东西方文明，为自己本民族的发展而用，从而形成了"民族为体，东西为用"新型的社会本位思想的雏形。

这期间，以陈立夫为代表的中国国民党的知识分子所提出的以"三民主义"为基础的国家社会本位思想由于其既尊重、吸收西方的政治文明，又倡导中国传统的家族、民族文化，在这次讨论中占据着非常重要的地位，后来则成南京国民政府的各项政治主张的基石。

---

① 王新命等十位教授：《中国本位的文化宣言》，载《文化建设》，第 1 卷第 4 期，1935 年 1 月 10 日。
② 何爱国：《调适、整合与重建：儒家现代化进程的十二种方式》，载《河北学刊》，2005（5）。
③ 张东荪：《现在的中国怎样要孔子》，载《正风半月刊》，第 1 卷第 2 期，1935 年 1 月。
④ 陈立夫：《文化与中国文化的建设》，载《文化与社会》，第 1 卷第 8 期，1935 年 5 月 10 日。

第四节
社会本位法律观的确立

南京国民政府的立法一方面改造了孙中山先生的三民主义中的民族主义，一方面吸收了20世纪30年代文化本位大讨论中所形成的"社会本位"的思想，并结合国民党"一党统治"的需要，全面确立了社会本位的法律观，全面影响了南京国民政府自20世纪30年代以来的立法活动。

一、南京国民政府的社会本位立法观

始于20世纪30年代之际的南京国民政府的全面立法，正是吸收了20世纪30年代"文化本位"讨论中所形成的"国家社会"本位的思想，并将其作为立法的指导思想的。其在表现上声称"三民主义"是法制的"主旨"，公开倡导所谓"国家社会本位的法律原则"，并以此指导整个立法工作。

（一）在立法上强调社会责任

南京国民政府在立法上首先强调的不是民众的自由和权利，而是强调民众对社会、对国家的责任和义务。南京国民政府第一任立法院院长胡汉民说："人如果是一个自然人，在社会没有责任，在人群间没有相互的义务，那便在法律上没有地位，甚至可以说，人如果只是过一种自然人的生活，则他除受物质界的自然法所支配外，便无所以异于草木鸟兽的地方，所以人之所为人，全因为他是社会的一分子。与其他的个人，同此社会的目的，同此一社会的生活。他的个人地位是因社会承认其为一分子而来的。他的权利义务，都是因为社会的承认才能存在，否则便无权利义务之可言。""无社会无国家无民族则一切法律可以不需要。有此最大团体之存在，便有最大团体之生存目的，然后法律上所以规定的权利义务才发生。我们要把这种最大团体的公共目的视为三民主义立法的出发点，然后所定出来的法律，才不会违背三民主义的原则。"①

我国台湾地区"最高法院"院长查良鉴则说："人类是社会的动物，人类的思想与行为，一方面构成社会的一部分，另一方面却又处处受于社会的牵制，人类法律思想的产生与变迁，自更离不了社会影响。我们可以这样说，无社会便无由产生法律，无法律之'社会'亦不成其为社会（只能称为人群），法律与社会两者必然互相依赖，始克生存延绵。同时民生又为社会之起点，社会之荣枯莫不以民生问题为中心，是以民生与法律的关系是异常密切的。简单说来，法律常因民生的需要而产生，民生又常赖法律的抉择而得滋生繁荣。"②

以胡汉民为代表的南京国民政府立法者们的言论，体现了在立法上强调民众的社会责任

---

① 胡汉民：《三民主义之立法精义与立法方针》，载《胡汉民先生文集》，第4册，784～785页，台北，1978。
② 查良鉴：《民生法学导论》，载《中国法学论著选集》，台北，汉林出版社，1976。转引自公丕祥：《中国法制的现代化》，339页，北京，中国政法大学出版社，2004。

和社会义务，体现了自由、权利对国家、社会利益的服从，这与国民党政府"一党专政"的政治利益是统一的。

（二）强调以三民主义为立法基础

南京国民政府的立法在名义上一直强调孙中山先生的"三民主义"是其立法的基础。对此，立法院长胡汉民曾明确地说："离开三民主义，便不能立法，这是根本的重点。""三民主义的立法，是富于创造性的；创造并不是离开事实而只顾理论，也不是离理论而迁就事实所能作成的；它必须依三民主义为图案，以国家的实际情形为材料，从而立出新的法律，然后这个法律才有真实的新生命。"[①]

曾担任过南京国民政府司法院院长兼最高法院院长、司法行政部部长的居正认为，立法应当以三民主义为最高指导原则，必须把民族、民权、民生三大主义贯彻到具体的法律之中，他说："如法制不主义化，则缺乏一贯之中心思想，不能辅翼主义之推行；主义不法制化，则仅为少数人所信仰，而不具施有力，为全体国民共守之准绳。"[②]

我国台湾地区"最高法院"院长查良鉴认为："由于中山先生学问的渊博，思想基础的深厚及其方向之正确，发明三民主义，创制五权宪法，不仅发扬中国固有法律思想的精义，而且撷中西文化的优长，而使中华民国施行法治暨立法上有其最高的指导原则。"[③]"……民生又为社会之起点，社会之荣枯莫不以民生问题为中心，是以民生与法律的关系是异常密切的。简单说来，法律常因民生的需要而产生，民生又常赖法律的抉择而得滋生繁荣。"[④]因此，"凡国家之设施，亦即一切管理及服务众人之事的方法，皆以三民主义为依归。"[⑤]

南京国民政府立法以孙中山先生的"三民主义"为立法基础只不过是表面文章而已，蒋介石的言论已经明确地说明了他对孙中山先生"三民主义"的改造。蒋介石用以改造"三民主义"的理论依然是中国传统的儒家思想，依旧是"忠孝信义"之类的家族主义的伦理道德。

（三）强调三民主义立法观与中国古代立法及欧美立法观的不同

南京国民政府也十分强调"三民主义立法"与中国古代法律文化及近代欧美法律观念的区别。胡汉民说："我国之革命，国民革命也。其目的在求整个民族、民权、民生问题之总解决。即其立法亦当同时为谋求解决整个民族、民权、民生问题而立法。故三民主义的立法，与我国古代法律思想不同，与欧美的法律观念尤异。"[⑥]

---

① 胡汉民：《三民主义之立法精义与立法方针》，载《胡汉民先生文集》，第 4 册，777、779 页，台北，1978。

② 居正：《为什么要重建中华法系》，大东书局，1947。转引自公丕祥：《中国法制的现代化》，338 页，北京，中国政法大学出版社，2004。

③ 查良鉴：《中国法律思想之基本精神》，载刁荣华主编：《中西法律思想论集》，台北，汉林出版社，1984。转引自公丕祥：《中国法制的现代化》，338 页，北京，中国政法大学出版社，2004。

④ 查良鉴：《民生法学导论》，载《中国法学论著选集》，台北，汉林出版社，1976。转引自公丕祥：《中国法制的现代化》，339 页，北京，中国政法大学出版社，2004。

⑤ 查良鉴：《民生法学导论》，载《中国法学论著选集》，台北，汉林出版社，1976。转引自公丕祥：《中国法制的现代化》，338~339 页，北京，中国政法大学出版社，2004。

⑥ 胡汉民：《社会生活的进化与三民主义的立法》，载《胡汉民先生文集》，第 4 册，797~798 页，台北，1978。

南京政府在立法中强调"三民主义"立法观不同于中国古代家族主义立法观的地方在于以民族主义为立法基点。"盖中国历代制礼立法，完全是立于家族制度的基础上。而今日之立法，则纯为维护民族利益之立场，与其不同者一也。从前立法，维护君主专制，而现在的立法，不独拥护人民的利益，且以保障民族精神、民权思想、民生幸福为中心的一切组织。此其不同者二也。从前立法，独注意农业社会家庭经济之关系；而现在则当注重于农业工业并进的民族经济之关系。此其不同者三也。更就社会组织与国家组织上观之，从来中国之法律，每以公法与私法相混，换言之，私法每可完全纳于公法之中，此种简陋之法律制度，自不能适应时代之需求。现在三民主义之立法，不独将严于公法私法之辩，且将法的基础，置于全民族之上。此其不同者四也。总此四端，即为三民主义的立法与中国历代不同之点。"①

南京国民政府也强调其立法不同于欧美国家的个人主义立法本位，其不同在于以民族主义立法观区别于个人主义立法观。"至于三民主义的立法，所以与欧美不同者，盖因欧美近代之立法基础，俱以个人为本位，根本上认为个人为法律的对象。拿破仑法典可推为代表。欧美个人思想的法律制度，迨至十九世纪之末二十世纪之初，其立法趋向，始由个人的单位，移至社会的单位。惟欧美各国有其特殊情势，在妥协性的思想占优势之国家，多数因袭从前认为个人为单位的旧观念，认定个人有天赋的权利，有其不可侵犯的自由，自然人的权利与自由，成为人权观念的内容，而人权观念，则成为立法的基础。现代虽有变更，亦不过于社会共同福利之最低限度内，抑制诸个人自由了，顾其偏重于个人自由，忽略社会全体之利益，初无大异！此种法律制度，较诸我国家族主义的法律制度，大觉落后，盖我国以家族团体为单位的立法夙以团体之利益为立法之出发点，不过其团体之构成，较现代社会为稍狭耳，三民主义的立法，对此尤觉不满，况此种个人单位的法律制度欤？至于改造性的思想占优势之国家，虽已将社会为单位的观念，代替个人为单位之思想，惟误认社会生存关系为阶级对立关系，而不知社会生存关系为协动关系，为连带关系，须以整个社会为单位，决不能分化社会以任何阶级为单位也。即此以观，以上两者之法律观念，均不能适应于现代社会之生存关系，尤与三民主义的精神不相吻合，此三民主义的立法，所以与欧美的制度异趣也。"②

（四）国家主义立法观的形成

以蒋介石为代表的南京国民政府表面上接受了孙中山的三民主义思想，但他们更关心的是国家主义，确认国家比个人重要，个人要绝对忠实于国家，保护个人权利应当让位于使国家统一和强盛的目标。因此，蒋介石提出了国家主义法治观："惟颁法为一事，行法又为一事，我国从来守法尊法之习惯较为缺乏，民主与自由之意义常被误解，致一盘散沙之讥，以贻国家危乱之祸，是则法治精神之培养，又为训政工作之要件。必使法律有效，而后国家乃可久安，建设方得实现。在积极方面，凡法律之规定，其应为者，必须各尽其事，而不可放

---

① 胡汉民：《社会生活的进化与三民主义的立法》，载《胡汉民先生文集》，第 4 册，798～799 页，台北，1978。

② 胡汉民：《社会生活的进化与三民主义的立法》，载《胡汉民先生文集》，第 4 册，798～799 页，台北，1978。

弃职责；在消极方面，凡法律所限制，其不应为者，必须绝对遵守而不可丝毫畔越。今后全国国民，以至政府官吏与军人，必须皆知守法为立国立己之要则，不可再蹈放纵恣肆之错误，以陷国家于凌乱不安。无法既无自由，皮之不存，毛将焉附，此为吾全国同胞所应共勉；而在教育方面，亦应以严格规律生活之培养，造就国民崇法守纪之精神，则民权主义乃得以充分实现，而宪政亦克见其完成。"①

蒋介石的御用文人叶青则曲解孙中山的民权主义，他说：民权主义"没有分权性，政府'可以发出无限的威力'，因而它有'一个万能政府供人民使用'，不像一般民权国家那样遭受节制，软弱无力。……因为民权主义没有自由权，它主张把'一盘散沙'变成'一块坚固石头'，所以它有组织性而无散漫性。至于完全的和充分的民权之实现，则分成三期，即由军政而训政而宪政，有一定的步骤，它不是突然性的而是带有渐进性。"②

总之，以"三民主义"为核心的社会本位立法思想强调主体的社会责任，既不同于西方国家的立法，也不同中国传统的立法，是西方个人本位的立法观与中国传统的家族主义立法观的混合体。

二、南京国民政府社会本位法律观的表现

20 世纪 30 年代南京国民政府开始了大规模的立法，在其后的近二十年中逐步地形成了以宪法为核心的"六法"体系。南京国民政府在立法上坚持了社会本位的立法观，这一立法上的文化本位和价值本位在南京国民政府的法律体系中都有明显的表现。

（一）社会本位立法观的宪法表现

社会本位的立法观在南京国民政府的立法中，首先体现于宪法中。在宪法的内容中，他们强调的并不是个人的权利、平等、自由等内容，而是强调个人对社会、国家的义务。

1928 年始任国民政府立法院长的胡汉民对于权利、义务的观念作了解释，这一解释可以体现出南京国民政府宪法立法的基本思路："盖民与民权，俱因社会的生活，民族的生存，与国家的存在而确立。故个人离社会，则无权利义务的对象，个人与个人或对于社会之权利义务，因社会之存在而发生。因各个人同此社会的目的，同此社会的生活，互相认识其权利义务而始存在，社会亦始承认对于其权利义务应予保障。""社会对于个人权利承认之条件，亦只可较量其对于社会所尽义务之程度，而认其相当权利。断无对于社会绝不须尽义务，而能有单独的权利之存在也。"③

1932 年至 1948 年期间任南京国民政府立法院长的孙科也说："我们革命是为国家的解放、独立和自由。所以中国宪法不能像欧美以个人自由为出发点。因为中国人是自由的，但国家却不能自由。所以国民要有组织，不能再如从前一样放任。宪法不能以个人自由为目的，要以国家至上，民族至上为目的。……这样，由人民立法以限制个人的自由，来保护国

① 蒋介石：《在国民会议第八次会议闭幕式上的讲话——努力完成训政之大义》（1931 年 5 月 17 日）。中国第二历史档案馆编：《中华民国史档案资料汇编》第五辑第一编·政治（一），255 页，南京，江苏古籍出版社，1991。

② 叶青：《三民主义底创造性》（1939 年 5 月 30 日），载蔡尚思主编，姜义华编：《中国近代思想史资料简编》，第四卷，305 页，杭州，浙江人民出版社，1983。

③ 胡汉民：《法律与自由》（1928 年 12 月 10 日），载《胡汉民先生文集》，第 4 册，807～808 页，台北，1978，转引自公丕祥：《中国法制的现代化》，384 页，北京，中国政法大学出版社，2004。

家民族的自由，不是很合理吗？不是很合中国的需要吗？"①

南京国民政府 1947 年宪法的基本精神之一，便是把社会连带主义法学派的观点引进宪法文件之中，突出社会连带责任原则的地位，确认社会公共利益高于个人利益。② 1947 年《中华民国宪法》序言中说："为巩固国权，保障民权，奠定社会安宁，增进人民福利，制定本宪法。"③ 如果从这段序言中认识这部宪法的目的，其有四个方面的目的。但这四个目的中"巩固国权"、"奠定社会安宁"与"保障民权"、"增进人民福利"在一定程度上是冲突的。从这部宪法的制定过程和在大陆的实施来看，"巩固国权"、"奠定社会安宁"才是这部宪法的真正目的。这可由这部宪法的第 23 条的规定可以看出："以上列举之自由权利，除了为防止妨害他人自由，避免紧急危难，维持社会秩序，或增进社会公共利益所必要者外，不得以法律限制之。"也即人民的自由权利的实现是以"维持社会秩序，或增进社会公共利益"为前提的，体现了社会"公共利益"至上的立法精神。诚如有学者所指出的"人民的自由权利不得妨害国家公共利益和社会秩序。这是西方法律社会化运动在《中华民国宪法》中的一束折光"④。

我国台湾学者林纪东说明了"五权宪法"与社会连带观念之间的关联，"社会既然是每个人的集合体，每个人和社会之间（也就是个人和个人之间）既然有密切不可分离的关系，自然要人人有不忍人之心；有和别人共遂其生之愿，休戚与共，痛痒相关，然后才能够共同生存，且进而谋社会的发展。这种社会连带观念，为 20 世纪政法思想的主流，五权宪法之并重民主和效能，要建立万能政府，也是由社会连带观念而来，所以它是五权宪法第一个基本精神之所在"⑤。

应该说，每一个人都离不开社会，社会是由具体的个人所组成的集合体。个人权利与社会责任之间存在着平衡，但这种平衡是为更广泛的个人实现权利、平等、自由，这才是个人权利与社会责任之间平衡的目的。但南京国民政府在宪法上片面强调了个人的社会责任，使个人的权利完全淹没在社会责任之中，其根本目的是为国民党的"一党专政"服务。

（二）社会本位立法观的刑法表现

社会本位在刑事立法上的表现就是片面地强调社会秩序重要性，在设定罪名、刑罚时常常牺牲个人的权利和利益，以维护社会秩序。应该说在孙中山的思想中早就有社会本位的内容，他多次强调的家族、民族的概念说明他是将社会秩序作为一个整体来看的。早在南京临时政府的立法中就已经体现了这一点，孙中山在《临时大总统关于禁止刑讯致内部司法两部令》中指出："近世文化日进，刑法之目的在维持国权，保护公安。人民触犯法纪，由个人之利益与社会之利益不得其平，互相抵触而起。国家之所以惩创罪人者，非快私人报复之私，亦非以示惩创，使后来相戒，盖非此不足以保持国家之生存，而成人道之均平也。故其

① 孙科：《我国宪法与欧美宪法的区别》，转引自李光灿、张国华总主编：《中国法律思想通史》，第十卷，495页，太原，山西人民出版社，2001。

② 参见公丕祥：《中国法制的现代化》，385 页，北京，中国政法大学出版社，2004。

③ 夏新华、胡旭晟等整理：《近代中国宪政历程：史料荟萃》，1104 页，北京，中国政法大学出版社，2004。

④ 公丕祥：《中国法制的现代化》，385 页，北京，中国政法大学出版社，2004。

⑤ 林纪东：《论五权宪法的基本精神》，载刁荣华主编：《中国法学论著选集》，98 页，台北，汉林出版社，1976。

惩罚之程度，以足调剂个人之利益与社会之利益之平为准，若暴残酷，义无取焉。"① 这段文字明确反映了西方刑事社会法学派的观点。

南京国民政府建立初期，国民党中央政治会议规定在新刑法未制定颁行之前，除了与中国国民党党纲或主义，或与南京国民政府法令相抵触的外，一律援用以前的法律、法令。其中也包括北洋政府时期所援用过的清末《暂行刑律》。后来，时任南京国民政府司法部长的王宠惠根据北洋政府的第二次刑法修正案，编定了刑法草案，1928 年颁布，即 1928 年的《中华民国刑法》。

1931 年以后，南京国民政府为了加强独裁统治，适应国际、国内政治形势的变化，参照德、意、日等法西斯国家的刑事立法和刑事政策的经验，开始修订《中华民国刑法》，于1933 年完成刑法修正案初稿。"初稿的立法精神，已由客观事实主义倾向于主观人格主义，既重社会的一般预防，尤其重在个别化的特殊预防，强调刑法之社会的促全机能与教育机能，以谋取个人利益与社会利益之协调，而将小我——个人利益置于大我——社会利益之下，与三民主义的精神相契合。"②

1935 年，南京国民政府颁布了修订后的《中华民国刑法》，该刑法进一步体现了社会法学派的观念。如侧重于主观主义，对教唆犯实行独立处罚主义，就其主观恶性课以责任，不能犯亦得课以刑罚；设立保安处分专章，以与刑罚相辅相成，补充刑罚的功能；等等。

（三）社会本位立法观的民法表现

南京国民政府立法的社会本位思想主要体现在民事立法上。1929 年至 1930 年陆续编成的《中华民国民法》以德国、瑞士、苏俄、法国、意大利的民法为蓝本，以保护所谓的"社会公益"或"团体利益"为首要任务。③

《中华民国民法》制订时任立法院长的胡汉民对《民法》的制定说："我们的民法极注重社会团体的公益，与从前个人主义的民法立足点不同。固然，民法是私法，其目的在确认人的生活规范，其间自然脱不了个人的关系，在我们的民法中，个人主义的原则也是不能绝对的消灭和铲除的。但是团体生活尤其重要，个人主义的存在，绝不能妨碍及社会主义的推进。所谓个人主义的原则有三：一是个人意思自由，一是人的责任，一是个人财产的保障。这三个原则都是从个人方面着想的，如果放到人人所共有的社会组织里去，那不免要发生许多阻碍了。所以到了近代，社会组织发达，这三大原则便很受摇动。我们编订民法，首先注意到：凡是公众所认可不良的，有损于整个社会的公益之下，个人的行为、责任、财产，当然仍受法律的保护。例如一个公司口燥唇干达到它自家获利的目的，而破坏他人的营业时，法律定不能允许它。所以现在民法总则里定明：'法院于法人之目的或行为，有违反法律，或公共秩序、善良风俗时，得因主管署检察官，或利害关系人之声请，宣告解散；清算之后，所有剩余财产，除章程另有规定或总

---

① 中国第二历史档案馆编：《中华民国史档案资料汇编》，第二辑，30 页，南京，江苏古籍出版社，1991。
② 周治平：《近百年来之刑事思想与三民主义》，载《中国法律思想史论集》，326 页。转引自公丕祥：《中国法制的现代化》，389 页，北京，中国政法大学出版社，2004。
③ 参见何勤华、李秀清：《外国法与中国法——20 世纪中国移植外国法反思》，244～254 页，北京，中国政法大学出版社，2003。

会另有决议者外，归给地方自治团体，以举办地方公益事业'，这就是所以注重社会的公益的。因为社会的存在，绝不是专为许多个人，社会的公益必须尽力提高。我们今后立法，应该注意到社会全体。"①

史尚宽先生在说明中华民国民法立法的社会本位的原因时说："个人主义之立法与人民以政治上之解放，而且使人人有经济上自由发展之机会，以促成产业之革命，大企业占绝对优势，昔之手工业及其独立工作之人，皆失其独立性，而降为雇佣之劳动者，于是形成劳资之对立，遂发生社会问题。为解决社会问题，自 19 世纪末以至今日，法律生莫大之变化，废去自由放任主义，而代以国家干涉主义。法律由个人主义渐趋于社会主义，由权利本位渐趋于社会本位。此种新趋势，名为法律社会化。所有权不可侵犯之观念，已不存在。法律上渐有各种之限制，无过失损害赔偿之责任渐以确立。上述意思自治及契约自由之原则，亦渐加以限制。其限制方法举其要者，约有五端。即（1）对于契约之内容，设一定法律上之限制，以缩小当事人自由约定的范围。即任意法规之强行法则化是也。（2）已成立契约之内容，使依法律之理想而变更，团体协约、标准协约均有此效。（3）使定型化之契约，受国家之监督，例如工厂之服务规则，独占事业之特许条件。（4）使定型化之契约约款，依经济力之均衡为自由之协定，以定其范围，例如团体契约、租赁规范协约。（5）契约之强制订立，例如强制协约（我劳资会议处理法第 7 条）。此外，公营事业日以增加，故私法又渐有公法之倾向。"②

首先，南京国民政府民事立法的社会本位体现在《民法》的总则中。民法总则立法理由之起草说明书说："自个人主义之说兴，自由解放之潮流，奔腾澎湃，一日千里，立法政策，自不能不受其影响。驯至放任过甚，人自为谋，置社会公益于不顾，其为弊害，日益显著。且我国人民，本以自由过度，散漫不堪，尤须及早防范，藉障狂澜。本党既以谋全民幸福为目的，对于社会公益，自应特别注重，力图社会之安全。此编之所规定，辄孜孜致意于此点，如对于法人取干涉主义，对于禁治产之宣告，限制其范围，对于消灭时效，缩短期间等皆是。"③ "自以个人本位之立法，害多利少，已极显然，故特注重社会公益，以资救济。"④ 该民法典在总则部分体现出社会本位法律观的主要规定如下："民事所适用之习惯，以不背于公共秩序或善良风俗为限"（第 2 条）；"自由之限制，以不背于公共秩序或善良风俗为限"（第 17 条）；"受设立许可之法人，其业务属于主管机关监督。主管机关得检查其财产状况及其有无违反许可条件与其他法律之规定"（第 32 条）；"受设立许可法人之董事或监察人，不遵主管机关监督之命令，或妨碍其检察者，得处五千元以下之罚款。前项董事或监察人违反法令或章程，足以危害公共利益或法人之利益者，主管机关得请求法院解除其职务，并为其他必要之处置"（第 33 条）；"法律行为，有悖于公共秩序或善良风俗者无效"（第 72 条）；"权利之行使不得违反公共利益，或以损害他人为主要目的"（第 148 条）。

---

① 胡汉民：《新民法的新精神》（1929 年 4 月 15 日），载吴经熊、华懋生主编：《法学文选》，434～435 页，北京，中国政法大学出版社，2003。

② 史尚宽：《民法总论》，68 页，北京，中国政法大学出版社，2000。

③ 转引自谢振民编著，张知本校订：《中华民国立法史》，下册，756 页，北京，中国政法大学出版社，2000。

④ 转引自谢振民编著，张知本校订：《中华民国立法史》，下册，764 页，北京，中国政法大学出版社，2000。

其次，南京国民政府民事立法的社会本位体现在对物权的规定中。对于物权制度，胡汉民说："我们通常所说的所有权，乃物权的一种，普通国家很尊重它，但所有权固该尊重，而为社会一般公益起见，法律上也应同时予以相当的限制。……因为社会生活和社会存在，为法律所由产生的源泉，法律所以要保障各个人生命财产之安全，其最高的目的，由于社会的安全，而不是纯粹为个人的安全。所以个人的利益，必定置诸社会公共利益之下，一切权利之行使，只能在法律范围之内。便是所有权亦须受此限制。"① 该民法典在物权部分一方面规定了财产自由的原则，"所有人，于法令限制之范围内，得自由使用、收益、处分其所有物，并排除他人之干涉"（765 条）。另一方面则设立了物权法定原则，禁止以契约、习惯创设物权，以强化社会公益原则，"物权，除本法或其他法律有规定外，不得创设"（757 条）。对此，胡汉民曾说："物权编的制定精神和债编一样的精神，同时根据党义，以社会利益为重，采取各国法理之长，而同时保持我国固有的良好习惯，而这种习惯一定是合乎所谓王道精神的。"②

最后，南京国民政府民事立法的社会本位体现在契约的规定中。对于契约，该民法典规定（153 条）："当事人互相表示意思一致者，无论其为明示或暗示，契约即为成立"。但同时又规定（153 条）："当事人对于必要之点，意思一致，而对于非必要之点，未经表示意思者，推定其契约成立，关于该非必要之点，当事人意见不一致时，法院应依其事件之性质定之"。可见，其一方面承继了社会法学派的"合意契约"的观点，另一方面是私法争议的公法决断化。

可见，南京国民政府立法的社会本位观在民事法律中的体现是全面地限制个人的权利、利益，以维护社会的利益，使个人权利、利益完全受制于抽象的社会利益、国家利益。

南京国民政府在立法上的社会本位主义、国家本位主义在法律上的全面体现，不仅说明了其立法受中国传统的家族主义的影响，也说明了其受西方社会法学派的影响，但更为重要的是受国民党政府追求"一党专政"的目的的影响。

三、社会本位法律观的历史分析

近代国家由于西方垄断资本主义产生以后，出现了由个人主义观念的极端扩张对社会利益的侵蚀的现象，为维护个人利益与社会公共利益的平衡，产生了社会本位的立法观。而南京国民政府对社会本位立法观的继受和运用并不是基于个人利益的扩张而对社会公共利益的破坏的现象，而是基于中国传统的家族主义法统和维护国民党的一党利益。

（一）西方社会本位思潮的影响

第一次世界大战以后，西方世界进入了垄断资本主义时期，出现了一系列新的自由资本主义时期没出现过的新问题，这些新问题的核心是个人利益的极度膨胀对社会公共利益产生了对抗和破坏。在法律发展过程中出现了以解决这类问题的立法"社会化"的理论，出现了

---

① 胡汉民：《民法物权的精神》（1929 年 12 月 2 日），载吴经熊、华懋生编：《法学文选》，446 页，北京，中国政法大学出版社，2003。

② 胡汉民：《民法物权的精神》（1929 年 12 月 2 日），载吴经熊、华懋生编：《法学文选》，446 页，北京，中国政法大学出版社，2003。

社会法学思想。其内容就是强调充分利用国家权力、加强国家对自由经济的干预，以平衡社会各阶层的矛盾。

社会法学派的创始人之一，德国法学家鲁道夫·冯·耶林认为，法律的目的是在个人原则与社会原则之间达成一种平衡，进而调和个人利益与社会利益。在某种意义上，甚至可以说，法律是个人对社会所负的责任。①

美国社会法学的代表人物庞德把这种法律的社会化阶段看作是法律发展的第五个阶段。他认为在这一阶段的法律是从 19 世纪抽象的平等过渡到根据各人负担的能力而调整负担；法律的重点从个人利益逐步转向社会利益；法律的目的就是以最小限度的阻碍和浪费以尽可能地满足人们的要求，对财产的使用以及对违反社会利益的自由的限制，对契约自由的限制，对债权人或受害人的求偿权的限制，对处分权的限制，实行无过错的损害赔偿责任等。②

孙中山早年曾在美国留学，作为一个政治家，他必然关注美国的政治、法律制度的建设。可以说他看到了西方民主政治制度的优越性，同时他也看到了西方社会存在的不足，如他曾说："考察欧美的民权事实，他们所谓先进的国家，像美国、法国，革命过了一百多年，人民到底得了多少民权呢？照主张民权的人看，他们所得的民权，所争的结果，还是很少。"③ 因此他在后来的民主共和国的政治设计中试图避免西方社会中存在的问题，"如果我们仿效外国的政治，以为也是像仿效物质科学一样，那便是大错特错。……外国政治的进步，是差得很远的，速度是很慢的"④。"欧美对于民权问题，还没有解决的办法，今日我们要解决民权问题，如果仿效欧美，一定是办不通的。欧美既无从仿效，我们自己便应该想一种方法，来解决这个问题。"⑤ 在解决这一问题时，西方的社会法学派成为他的理论基点。

孙中山的观点完全符合社会法学派的观点。如孙中山对西方社会批判时说："近世欧美各国之工业革命，物质发达，突如其来，生活程度遂忽由安适地位而骤进至繁华地位。社会之受其影响者，诚有如佐治亨利氏之《进步与贫乏》一书所云：'现代之文明进步，仿如以一尖锥从社会上下阶级之间，突然插进。其在尖锥之上者，即资本家极少数人，则由尖锥推之上升。其在尖锥之下者，即劳动者大多数人，则由尖锥推之下降。此所以有富者愈富，贫者愈贫也。'是工业革命之结果，其施福惠于人群者为极少之数，而加痛苦于人群者为极大多数也。所以一经工业革命之后，则社会革命之风潮，因之大作矣。盖不平则鸣，大多数人不能长为极少数人之牺牲者，公理之自然也。"⑥ 而对于民主革命，他说："我们革命的目的

---

① 参见〔德〕R. V. 耶林：《法律的目的》。转引自何勤华：《西方法学史》，215 页，北京，中国政法大学出版社，1996。

② 参见〔美〕罗斯科·庞德：《法理学》第一卷。转引自沈宗灵：《现代西方法律哲学》，91～92 页，北京，法律出版社，1983。

③ 孙中山：《三民主义·民权主义第四讲》，载《孙中山选集》，下卷，707～708 页，北京，人民出版社，1966。

④ 孙中山：《三民主义·民权主义第五讲》，载《孙中山选集》，下卷，727 页，北京，人民出版社，1966。

⑤ 孙中山：《三民主义·民权主义第五讲》，载《孙中山选集》，下卷，733 页，北京，人民出版社，1966。

⑥ 孙中山：《建国方略·孙文学说》（1917—1919 年），载《孙中山全集》，第 6 卷，178 页，北京，人民出版社，1985。

是为众生谋幸福。"① 对于民生主义，他说："经济问题继政治问题之后，则民生主义跃跃然动，二十世纪不得不为民生主义之擅场时代也。"② "我们的民生主义是图四万万人幸福的，为四万万人谋幸福就是博爱。"③

（二）家族主义的历史惯性

自鸦片战争以来的中国近代社会虽然发生了天翻地覆的变化，但是，传统的家族结构无论其在形式还是在观念上都没有从根本上产生动摇，家族依然是构成中国社会的最基本单位之一。不仅如此，中国近代许多进步的思想家们，如严复、梁启超等在发现了西方政治制度的不足以后，均回归到中国传统的家族主义中寻找改造社会的方法。

孙中山也是如此，他说："中国有很坚固的家族和宗族团体，中国人对于家族和宗族的观念是很深的。……由这种好观念推广出来，便可由宗族主义扩充到国族主义。我们失了的民族主义要想恢复起来，便要有团体，要有很大的团体。我们要结成大团体，便先要有小基础，彼此联系起来，才容易做成功。我们中国可以利用的小基础，就是宗族团体。……依我看起来，中国国民和国家结构的关系，先有家族，再推到宗族，再然后才是国族。这种组织一级一级地放大，有条不紊，大小结构的关系当中是很实在的。如采用宗族为单位，改良当中的组织，再联合成国族，比较外国用个人单位当然容易得多。……在每一姓中，用其原来宗族的组织，拿同宗的名义，先从一乡一县联系起，再扩充到一省一国，各姓便可以成一个很大的团体。……有了国族团体，还怕什么外患，还怕不能兴邦吗？《尚书》所载的时候，'克明俊德，以亲九族；九族既睦，平章百姓；百姓昭明，协和万邦。黎民于变时雍。'他的治平功夫，亦是由家族入手，逐渐扩充到百姓，使到万邦协和，黎民于变时雍。岂不是目前团结宗族造成国族以兴邦御外的好榜样吗？"④

可见，孙中山以运用中国传统的家族主义的集合方式以达到民族团结，并以此来实现民族强盛的目的。后来，南京国民政府立法的社会本位思想与此紧密相联。

（三）国家主义和家族主义的折中

辛亥革命以后的中国，社会结构并没有发生重大的变化。军阀势力的抬头和两次帝制的复辟，使中国的政治秩序更加动荡。诚如美国学者摩尔所说："在中国的广大地区，帝制的结束并没有使上层地主阶级政治、经济地位发生根本的变化。他们在国民党大员并不严格的统一控制下，继续扮演着军阀时代甚至是满清时代充当过的相同角色。"⑤

南京国民政府的建立，虽然在形式上国家有了一个统一的政府。但是，各派政治力量并没有得到统一，军阀割据以另一种形式持续着，同时国内的各种民主运动是一浪接着一

---

① 孙中山：《在东京〈民报〉创刊周年庆祝大会的演说》（1906 年 12 月 2 日），载《孙中山全集》，第 1 卷，329 页，北京，人民出版社，1981。

② 孙中山：《在东京〈民报〉创刊周年庆祝大会的演说》（1906 年 12 月 2 日），载《孙中山全集》，第 1 卷，288 页，北京，人民出版社，1981。

③ 孙中山：《三民主义·民权主义·第二讲》（1924 年 3 月 16 日），载《孙中山全集》，第 9 卷，283 页，北京，人民出版社，1986。

④ 孙中山：《三民主义·民族主义·第五讲》，载《孙中山全集》，第 9 卷，237~241 页，北京，人民出版社，1986。

⑤ ［美］B. 摩尔：《民主和专制的社会起源》，拓夫、张东东等译，153 页，北京，华夏出版社，1987。

浪。在这样的背景下，南京国民政府的整体的立法指导思想强调着国家主义和社会本位，即强调国家秩序至上、社会秩序至上。因而，在立法上他们曲解了孙中山的三民主义，强调社会本位。胡汉民曾说："欧美向来的立法是个人的；而我们现在三民主义的立法乃是社会的。"①

在实现立法的社会本位时，南京国民政府将中国传统的家族制度在一定程度上加以改造，以适应立法社会本位的需要。对此，胡汉民曾明确地说："中国家族制度所以能特殊巩固，有两千余年的历史，乃至到今日在我们民法中必欲保存其精神而不能全部改造，如一般感受新思潮的青年所想象，完全为物质生活的生产方式所决定的。中国自来是农业社会的组织，农业社会需要分工合作，互相为助，而最需要的，无过于劳动力，一族人数增加，便是劳动力增加，于是家族愈大，生产也愈多，由是而土地共有，在一族中，财产消费不分彼此，都正应合他们生活的要求。于是大家族便应运而生长，而巩固，而至于牢不可破……我们在编订民法，起草亲属继承两编的时候，对于家族制度，便斟酌损益于此。据我们调查社会情况的结果，中国若干都市，已进化到 20 世纪欧美式的工业社会而无逊；而大部分农村，却还滞后在中世纪的农业组合中，这种社会进步不齐一的现象，更使立法者不能不从'令令可行'方面去着想，于是承认保存家族制度的精神而酌为变革，在民法上使令行确定了。"②

如《中华民国民法》"亲属编"立法原则第八点规定："个人主义与家属主义在今日，孰得孰失，固尚有研究之余地，而我国家庭制度，为数千年来社会组织之基础，一旦欲根本推翻之，恐窒碍难行，或影响社会太甚，在事实上似以保留此种组织为宜，在法律上自应承认家制之存在，并应设专章详之。"③ 这部民法典依中国传统的亲属划分方法——血统和婚姻将亲属分为血亲和姻亲；确认家长在家庭中的至尊地位；在继承方面强调嫡子女的优先承继权，亲属会议协调处理家族内部矛盾等。当然，这部民法典也对中国传统社会的家族制度作了一定的改造。如在继承制度方面强调："关于承继一切事项，均采男女机会均等主义。亲女无论已未出嫁，对其父母之遗产，均有继承之权，与子男毫无二致，而寡妇鳏夫，对于配偶之遗产所得享受之权利，亦完全相同。"④

但是，南京国民政府立法对社会本位的强调，并不是如西方社会那样强化对自由权利的社会性限制，并建立大量的社会立法来保证社会的公平、公正，而是片面地强调了权利行使的社会性限制。这种社会本位观是在强调国家主义和家庭主义的折中基础上的本位观，更多的是为国民党"一党政治"的利益而服务的。

在中国古代历史上长久存在的，并发生过重要作用的家族主义立法观，在近代由于社会经济、社会结构和文化观念的变迁，受到了全面的挑战。近代中国在新的历史背景重新寻找国家秩序、社会秩序形成的文化基点，无论是"中学为体、西学为用"，还是"富强为

---

① 胡汉民：《国民政府立法院开幕辞》，载立法院秘书处编：《立法专刊》，第一辑，6 页，上海民智书局，1929。

② 胡汉民：《民法亲属继承两编中家族制度规定之意义》（1930 年 1 月 17 日），载吴经熊、华懋生编：《法学文选》，458 页，北京，中国政法大学出版社，2003。

③ 转引自谢振民编著，张知本校订：《中华民国立法史》，下册，787 页，北京，中国政法大学出版社，2000。

④ 谢振民编著，张知本校订：《中华民国立法史》，下册，751 页，北京，中国政法大学出版社，2000。

体、宪政为用"，还是"全盘西化"、"部分西化"都表达了国家秩序建构观念的寻找与努力，其间也充斥着进步与落后的斗争。南京国民政府结合中国传统的家族主义立法观与西方社会法学观所形成的社会本位立法观，在表象上融合了近代以来中国传统的家族主义与西方权利主义的冲突，在法律的文化本位上暂时终结了各种争论。但传统的家族主义与权利主义的冲突并没有彻底地解决，而是因为国民党政府的"一党专制"而暂时地搁置起来了。

第十七章

权利意识的觉醒

　　"权利"一词无论是作为一个政治学的范畴，还是作为一个法学的范畴，其产生的历史并不久远，它是近代西方资产阶级民主革命中产生的一个具有"革命性"的词汇。"直至中世纪结束前夕，任何古代或中世纪的语言里都不曾有过可以准确地翻译成我们所谓'权利'的词句。大约在 1400 年前，这一概念在希伯来语、希腊语、拉丁语、阿拉伯古典或中古语里缺乏任何表达的方式，更不用说在古英语里或晚至 19 世纪中叶的日语里了。"①

　　17 世纪至 18 世纪前期，西方资产阶级在反封建的斗争中创造了"自然权利"、"人权"等概念，成为西方"权利"观念的先导。而当时的"自然权利"、"人权"更多的是具有政治性意义。同样，这一时期许多哲学家们开始关注权利的内涵，但是"权利"却始终没有统一的含义。诚如康德所说："问一位法学家'什么是权利?'就像问一位逻辑学家一个众所周知的问题'什么是真理?'那样使他感到为难。"②

　　18 世纪后期，资产阶级民主革命相继在英国、美国、法国取得胜利以后，权利一词进入了法律领域。19 世纪中期以后，"由于社会生产方式的推动，法定权利和义务成为社会生产、交换和社会秩序的机制，'权利'和'义务'被作为法律（法学）的基本概念总结出来，权利和义务研究进入实证化的阶段。"③ 然而，时至今日，西方学者在论及权利的基本内涵时，依旧没有统一的内容。美国社会法学家罗斯科·庞德说："'权利（right）'一词的含义极其纷繁复杂。19 世纪所有的法学论著都因为'权利'这个词的含义超载且含混不清的术语而变得晦涩难懂，矛盾重重且漏洞百出。"④

　　19 世纪，随着西学东渐，西方的"权利（right）"概念也由西方传教士在翻译西方政治法律著作的过程中引入了中国，中国近代进步的知识分子们开始接纳了这

---

　　① Alasdair Macintyre，After Virtue：A Study in Moral Theory，London：Duckworth，1981，p. 67. 转引自[英]米尔恩：《人的权利与人的多样性——人权哲学》，夏勇、张志铭译，5 页，北京，中国大百科全书出版社，1995。

　　② [德]康德：《法的形而上学原理》，沈叔平译，39 页，北京，商务印书馆，1991。

　　③ 张文显：《法哲学范畴研究》，285 页，北京，中国政法大学出版社，2001。

　　④ [美]罗斯科·庞德：《法律史解释》，邓正来译，236 页，北京，中国政法大学出版社，2003。

个概念。"权利"概念在中国近代最早出现于丁韪良翻译的《万国公法》中①，丁韪良将"right"定义为"凡人理所应得之分，有时增一'利'字，如谓人本有之权利，云云"②。

　　鸦片战争以后的中国，由于所面临的特殊历史境遇，掀起了以"民权"为核心的社会变革运动。在这场运动中，"权利"以其特殊的"中国式"的面相进行到了中国的政治生活、经济生活和法律生活之中，并标志着以"平等"、"自由"为基础的权利意识在中国近代社会的全面觉醒。

第一节
中国古代权利结构及权利观

　　在概念意义上，中国古代并不存在与西方"权利"相同的概念，但中国古代社会存在着大量的权利内容和权利观念。只是，这些权利内容是在等级制度的基础上形成其特有的结构的，权利观念也是儒学理论中"仁"的延伸。相较于近代西方的权利观念，正是在权利的平等性上体现了中国古代等级权利的不正当性。

一、中国古代权利分析的概念标准

　　概念，相对于学科发展而言其意义也许是微小的。对于描述事物和科学研究而言，概念的意义依然是重大的。当代美国人类学家 E. 霍贝尔教授在其代表作《原始人的法》说："一个探索者在任何领域中的工作总是从创造该领域中有用的语言和概念开始。"③ 我国也有学者指出：概念是科学研究的起点，"科学研究的首要任务，便是对概念进行分析"④。可见，概念对于科学研究来说，它不仅能使研究者能准确地把握研究对象，而且能表明研究对象的语境论域。只有当不同的研究者所使用的概念的内涵和论域相同时，才不致于出现对立化的结论。因此，我们认为，对于中国古代权利的研究也必须首先确定"权利"概念的内涵，这样才能使不同的研究者对中国古代权利的研究处于相同的论域之中。

　　在以权利为研究对象的学术史上，很多的学者给权利下出了各种不同的定义。张文显先生曾总结了在学术史上有过重要影响的权利概念，包括资格说、主张说、自由说、利益说、

　　① 持此观点者还有王健先生。参见王健：《沟通两个世界的法律意义》，227 页，北京，中国政法大学出版社，2001。
　　② 王健：《沟通两个世界的法律意义》，166 页，北京，中国政法大学出版社，2001。
　　③ ［美］E. 霍贝尔：《原始人的法》，严存生等译，17 页，贵阳，贵州人民出版社，1992。
　　④ 刘作翔：《从文化概念到法律文化概念——"法律文化"：一个新文化概念的取得及其"合法性"》，载《法律科学（西北政法学院学报）》，1998 (2)。

法力说、可能说、规范说、选择说等①，还有学者提出了正义说。② 这些概念都从一定的角度和层面揭示了权利的特征，但这些概念中的大部分的分析逻辑是从近现代权利的表现形式上来反推权利的内涵的，并没有从权利内涵的历史演变过程中来形成权利的概念。

权利在近现代社会中的表现形式是多元化的，然而权利在人类历史上最初的表现形式却是简单的，其发展过程正是由简单到复杂的过程。因此，概括权利内涵时必须认识到权利发展的特点，正如恩格斯所说："不能把它们限定在僵硬的定义中，而是要在它们的历史或逻辑的形成过程中来加以阐明。"③ 只有这样才能真正把握权力的核心内涵。

纵观权利的发展过程，我们可发现"利益"是权利内涵发展的原点，也是权利概念的原初内涵和核心内涵。现代权利概念的资格说、主张说、自由说、法力说、可能说、规范说、选择说、正义说均是在"利益"的基础上发展起来的。19 世纪初分析法学大师奥斯丁明确指出："权利的特质在于给予所有者以利益。"④ 19 世纪末德国法学家耶林也明确地说权利就是受到法律保护的一种利益，并指出不是所有的利益都是权利，只有法律承认和保障的利益才是权利。⑤ 耶林的学说揭示了权利学说真正的、现实的逻辑基础。即"利益既是权利的基础和根本内容，又是权利目标的指向，是人们享受权利要达到的目的（以及起始动机）之所在"⑥。

正是在利益方面，中国古代"权利"才能与近现代"权利"在内涵上完成对接，也才能以近现代"权利"概念对中国古代的"权利"进行辨析，否则这两者之间将失去共同的论域。

单纯地从词语上来说，中国古代很早就有了权利一词。如战国时期荀子就说"是故权利不能倾也，群众不能移也，天下不能荡也。生乎由是，死乎由是，夫是之谓德操。"⑦ "接之以声色、权利、忿怒、患险而观其能无守也。"⑧ 汉代司马迁说："家累数千万，食客数十百人。陂池田园，宗族宾客，为权利，横于颍川。"⑨ 在中国古代思想家那里，"权利"两个字都是实词，"权"是指权势，"利"是指利益，而这两者的共同指向都是"利益"。再如商鞅说："一兔走，百人逐之，非以兔可分以为百也，由名分之未定也。夫卖兔者满市，而盗不敢取，由名分已定也。故名分未定，尧、舜、禹、汤且皆如鹜焉而逐之；名分已定，贪盗不取。……名分定，则大诈贞信，民皆愿悫，而自治也。姑夫名分定，势治之道也；名分不定，势乱之道也。"⑩ 慎到也举了相应的例子说："一兔走街，百人追之，分未定也；积兔满市，过而不顾，非不欲兔，分定不可争也。"⑪ 这里，商鞅、慎到所说的"名分"、"分"实际

① 参见张文显：《法哲学范畴研究》，修订版，300 页，北京，中国政法大学出版社，2001。
② 参见夏勇：《人权概念的起源》，39 页，北京，中国政法大学出版社，1992。
③ 《马克思恩格斯全集》，第 25 卷，17 页，北京，人民出版社，1974。
④ J. Austin, The Province of Jurisprudence Determined, Weidenfeld & Nicholson, London, 1954, p. 140.
⑤ 参见张文显：《法哲学范畴研究》，修订版，285 页，北京，中国政法大学出版社，2001。
⑥ 文正邦：《有关权利问题的法哲学思考》，载《中国法学》，1991 (2)。
⑦ 《荀子·劝学》。
⑧ 《荀子·君道》。
⑨ 《史记·魏其武安侯列传》。
⑩ 《商君书·定分》。
⑪ 《意林》卷二引《慎子》佚文。

上表达的是财物的"归属"之意，而"归属"则是利益的另一种表述。

可见，"利益"才是理解中国古代权利的基点，也是对中国古代的权利状况进行分析的逻辑基点。

二、中国古代的权利结构与特点

当我们以"利益"为权利的核心内涵来分析中国古代的权利时，可以发现中国古代不仅有丰富的权利形式和内容，还有丰富的权利观念。当然，中国古代社会的权利是在其特殊的社会结构之下展开的。

(一) 中国古代权利的结构

对中国古代权利的内容可以从不同的理论角度进行结构性地探讨，诸如政治权利、民事权利、经济权利等。但是任何权利都是依附于主体的，权利内容的原点应落在主体要素上。在社会生活中，权利是处于动态中，动态中的权利是由主体的意志和行为来决定和表现的。[①]因此，社会主体的结构决定着权利结构的特点。正基于此，我们依中国古代社会主体结构的特点来说明中国古代权利结构的特点。

中国古代的社会结构从主体集合的形式上来看，是一个等级社会。诚如侯外庐先生所说："中国封建制的等级是按品级、身份、地位、门第来划分的。"中国古代社会是一种对"直接生产者统治的品级联合"[②]。中国古代社会正是在这种"品级联合"的基础上形成了独特的权利结构形式。从具体的等级构成看，君主和官僚构成了政治等级，家长和尊长构成了家族等级。中国古代社会正是在这两种等级的基础上形成了以人身权利、身份权利、财产权利、政治权利和司法上的权利为内容的权利结构。[③]

1. 中国古代君主的权利

中国古代从夏、商、周时代就建立了君主统治的社会结构模式，秦朝时皇帝制度的建立为整个中国古代社会的权利制度奠定了一个基本的原则，构造了一个基本的框架，即一切权利的享有和实现首先都要服从于皇帝权利的享有和实现。

描述中国古代君主在现实中享有多少权利，这确实是一件很困难的事。"王，天下所归往地"[④]；"有天下曰王"[⑤]；"溥天之下，莫非王土；率土之滨，莫非王臣"[⑥]。这些都表达了皇帝是整个国家的主宰，他拥有着整个国家的一切权利。我们只能从古代的成文法大约地总结出古代皇帝所享有的权利范围。

(1) 君主的人身权利。中国古代的人身权不同于现代民法中的人身权的内容，其更多的是指人的生命权和健康权。中国古代皇帝的人身安全是所有的制度、法律都必须要保护的最

---

① 参见北岳：《法律权利的定义》，载《法学研究》，1995 (3)。

② 侯外庐：《中国思想通史》，第 4 卷（上册），37、43 页，北京，人民出版社，1980。

③ 对于中国古代权利的分类，我们不得不借鉴现代法学中对权利分类的方法，这样才能完成中国古代社会的具体权利与现代社会具体权利的对应。当然，这种分类与现代法学中的分类又不完全一样，如中国古代的身份权具有特别的意义，我们将其从人身权中独立出来。

④ 《说文·王部》。

⑤ 《六故书·疑》。

⑥ 《诗经·小雅·北山》。

重要的内容之一。如刑事法律中，从秦汉时"谋反"、《北齐律》中的"重罪十条"到隋唐以后的"十恶"中的相关罪名，中国古代无一不把保护皇帝的人身安全放在首位。《唐律》（总第6条）"十恶"中"谋反"的疏文规定"而害于君父者，则必诛之"，明确表明了对君主人身安全的维护。即便是可能对君主的人身安全产生危害的行为，也严惩不贷。如《唐律》（总第102条）规定"诸合和御药，误不如本方及封题误者，医绞。"《唐律》还将此罪名纳入了"十恶"加以严惩。可见，中国古代的法律对君主的人身权维护的全面性。

（2）君主的身份权利。君主的身份权在中国古代更多的是以君主的身份权威体现出来的。君主的身份权利不仅体现在君主个人的言行方面，还体现在与君主相关的一切事物上，诸如宫殿、陵墓、服饰、称谓等，都与君主的身份权威紧密相联，也都是法律全面保护的对象。如对于宫殿，《唐律疏议·卫禁律》（总第66条）规定："诸登高临宫中者，徒一年；殿中，加二等。"对于皇帝的陵墓，宋代《丧葬令》规定："先代帝王陵，并不得耕牧樵採。"① 对于皇帝的称谓，唐开元七年的《仪制令》和唐开元二十五年的《仪制令》均规定："皇帝、天子（夷夏通称之），陛下（对扬朌尺上表通称之），至尊（臣下内外通称之），乘舆（服御所称），车驾（行幸所称）。"② 这些称谓，不能用错。倘有敢对皇帝指名道姓，妄议皇帝者，直接就规定了"指斥乘舆"③ 的罪名。可以说，中国古代的君主权威很大一部分是通过君主所享有的特殊身份权体现出来的。

（3）君主的财产权利。中国古代的任何一部法律都没有规定过皇帝的财产权，但不能说法律没有规定皇帝的财产权，皇帝就没有财产权。相反，法律之所以不规定皇帝的财产权，是因为天下都是他的财产，"溥天之下，莫非王土"④ 说明君主是整个国家财产的拥有者。中国古代的成文法对君主财产权的法律维护也是全面的，如《唐律》（总第270条、第271条）规定盗窃君主大祀神御的物品、盗窃君主服饰的行为须处流刑⑤，并且入"十恶"。可见，法律对君主财产权维护的细致性。

（4）君主的政治权利。中国古代的政治权利不同于现代宪政制度之下的政治权利，中国古代的政治权利更多的是指治理、管理国家的权利。⑥ 皇帝在中国古代是政治权力的核心，其政治权利也是最广泛的，帝制设计的最根本目的就是维护君主最广泛的管理国家的权利。中国古代的成文法中几乎都没有直接地、正面地规定皇帝的政治权利有多少，但是中国古代的刑法中却都规定了侵犯皇帝政治权利的罪名。如皇帝的命令任何人不得延误，否则将受到严惩，《唐律》（总第111条）规定："诸稽缓制书者，一日笞五十，一日加一等，十日徒一年。"这正体现了法律对皇帝政治权利的保护。

2. 中国古代官员贵族的权利

中国古代自秦王朝全面地建立了官僚制度以后，官僚贵族等级成为政治等级制度中的重

---

① 《天一阁藏明钞本天圣令校证（附唐令复原研究）》，下册，424 页，北京，中华书局，2006。

② ［日］仁井田升：《唐令拾遗》，栗劲、霍存福、王占通、郭延德编译，400 页，长春，长春出版社，1989。

③ 《唐律疏议·职制律》（总第122条）规定："诸指斥乘舆，情理切害者，斩；非切害者，徒二年。"

④ 《诗经·小雅·北山》。

⑤ 《唐律》将这两种行为归入"十恶"中"大不敬"，意为这两种行为侵犯了君主的权威。但这两种行为也是对君主财产权的一种侵犯。

⑥ 中国古代的政治权利经常被解释为政治权力。但是，权力概念从权利的角度上解读时，其就是指权力主体所享有的特殊的治理、管理国家的权利。

要内容。中国古代的法律也是通过对他们权利的维护而维护着官僚等级制度的。

（1）官员贵族的人身权。中国古代官员贵族的人身权主要体现在法律对他们人身安全的特别保护上。如《唐律》总第252、312、314、315、316、317条集中规定了对皇亲、贵族、官员及官员家人的人身伤害行为的处罚，这些处罚均比一般社会主体之间伤害行为的处罚要重，《唐律》还将其中的部分行为纳入"十恶"予以严惩。具体如《唐律》（总第252条）规定："诸谋杀制使，若本属府主、刺史、县令及吏卒谋杀本部五品以上官长者，流二千里；已伤者，绞；已杀者，皆斩。"即刺杀官员的行为尚在谋划之中，谋划者即须处流刑，而一般社会主体则没有此罪名。又如《唐律》（总第315条）规定："诸皇家袒免亲而殴之者，徒一年；伤者，徒二年；伤重者，加凡斗二等。缌麻以上，各递加一等。死者，斩。"而一般的斗殴罪，《唐律》（总第302条）规定："诸斗殴人者，笞四十；伤及以他物殴人者，杖六十。"通过这两个条文的比较，可以发现法律对皇亲、贵族人身权的特别保护。再如对于侵害官员家人的人身安全的行为，《唐律》（总第314条）规定："诸殴本属府主、刺史、县令之祖父母、父母及妻、子者，徒一年；伤重者，加凡斗伤一等。"从上述内容可见，中国古代法律对官员、贵族人身权的保护是全面的、具体的。

（2）官员贵族的身份权。中国古代官员的身份权是指他们基于特定身份所享有的特殊权利。中国古代官员的身份性权利的内容极其广泛，也是中国古代社会等级制度的主要表现。具体而言，中国古代官员贵族的身份权主要体现在以下两个方面：

其一，依官员贵族身份直接确定的权利。中国古代官员贵族的身份一旦确定以后，其俸禄、住宅、服饰、器物的使用都依据品级得到了确定，这些内容既显示了官员贵族与他人的身份上的不同，也说明他们所享有的权利与他人的不同。如唐代专门设有《衣服令》、《仪制令》规定各级官员贵族的日常服饰、朝参之服、车、食器等方面的内容。这种等级身份的权利不仅存在于官员生前，还影响至官员死后，如《明礼令》规定品官死后的墓地的规格如下："职官一品茔地九十步，坟高一丈八尺，二品茔地八十步，坟高一丈四尺。三品茔地七十步，坟高一丈二尺。"① 正是这些方面的权利，使得中国古代的官僚等级制度具备了复杂的外在形式。

其二，基于官员贵族身份而产生的权利。这方面的权利主要是指因官员贵族的等级身份而派生出来的权利，如官员赋税、劳役的免除以及对子孙的庇荫等。诚如侯外庐先生所指出：这些等级程度不同地享有因优越于"常品"而带来的免租、免役、免罪刑的特权。② 如对于官员赋税的免除，唐开元二十五年《赋役令》规定："诸文武职事官三品以上若郡王父祖兄弟子孙，五品以上及勋官三品以上有封者若国公父祖子孙，勋官二品若郡县公侯伯子男并（父）子，并免课役。"③ 又如官员、贵族因其身份对子孙赋税方面的减免，唐开元二十五年《赋役令》规定："诸荫亲属免课役者，其散官亦依职事例。"④

当然，中国古代官员贵族的身份权远不止上述的这些内容，正是内容庞杂的身份权构成

---

① 转引自［日］仁井田升：《唐令拾遗》，栗劲、霍存福、王占通、郭延德编译，765页，长春，长春出版社，1989。

② 参见侯外庐：《中国思想通史》第4卷（上），39页，北京，人民出版社。1980。

③ 《天一阁藏明钞本天圣令校证（附唐令复原研究）》，下册，271页，北京，中华书局，2006。

④ 《天一阁藏明钞本天圣令校证（附唐令复原研究）》，下册，273页，北京，中华书局，2006。

了中国古代官僚等级特权制度的主体。

（3）官员贵族的财产权。中国古代官僚贵族的财产权在内容上与普通民众所享有的财产权基本相同，主要包括不动产财产权（土地、田宅）、动产财产权、债权、继承权等，他们的这些财产权也与普通民众的财产权一样受到法律的保护。但是，中国古代官员贵族在财产的获得方式、财产的数量等方面，要比普通民众享有更多的权利。如官员财产的获得方式有俸禄、授予、赏赐等，而普通民众财产的获得则主要依靠自己的劳作。如对土地的占有，唐开元二十五年《田令》规定普通民众"诸丁男给永业田二十亩，口分田八十亩"①。而官员授田却是"诸京官文武职事职分田，一品十二顷②，二品十顷，三品九顷，四品七顷，五品六顷，六品四顷，七品三顷五十亩，八品二顷五十亩，九品二顷。"③

从这些的内容可以看出，中国古代官僚贵族享有比普通民众更广泛的财产权。而且财产权的内容和范围是依据官僚贵族的等级身份享有的，财产权获得的过程本身就具有不平等的特点。

（4）官僚贵族的政治权利。中国古代政治机构的运作主要是通过官员来实现的，因此官员享有管理国家的政治权利，他们的政治权利也与他们的权力紧密相联。中国古代的官员们享有参与国家政策的制定、国家事务的决策、具体事务的管理和执行等比较广泛的政治权利。

中国古代官员管理国家的政治权利是与其职权联系在一起的，历朝历代都通过立法规定了中国古代官员的政治权利。以唐代为例，各级官员的职权都明确地规定在各种《职员令》中，如唐开元二十五年《三师三公台省职员令》规定"御史大夫一人（掌肃清风俗，弹纠风外，总判台事），中丞二人（掌副大夫，通判台事）。"④ 再如唐开元七年《狱官令》规定不同品级官员的审判权限时说："诸有犯罪者，皆从所发州县推而断之。在京诸司，则徒以上送大理寺，杖以下当司断之。"⑤

但是，我们必须注意到，官僚贵族的政治权利是在人格不独立的基础上享有的，是在皇帝授予的范围内行使的，他们所行使的管理国家的政治权利不过是一种执行权，实际上"一兵之籍，一财之源，一地之守，皆人主自为之也。"⑥ 皇帝与他们的关系是"如身使臂，如臂使指"⑦。对此，王亚南先生明确指出："官僚政治是当做专制政体的配合物或补充物而产生的。"⑧

（5）官僚贵族司法上的权利。中国古代的官员在司法过程中不仅享有一般民众所享有的诉讼权利，诸如控告、上诉、直诉、举证、质证、辩论的权利，更享有普通民众所不能享有的特殊权利，这也是中国古代等级制度的一个重要的表现。

---

① ［日］仁井田升：《唐令拾遗》，栗劲、霍存福、王占通、郭延德编译，542 页，长春，长春出版社，1989。

② 唐开元二十五年《田令》规定："百亩为顷。"［日］仁井田升：《唐令拾遗》，栗劲、霍存福、王占通、郭延德编译，539 页，长春，长春出版社，1989。

③ ［日］仁井田升：《唐令拾遗》，栗劲、霍存福、王占通、郭延德编译，575 页，长春，长春出版社，1989。

④ ［日］仁井田升：《唐令拾遗》，栗劲、霍存福、王占通、郭延德编译，38 页，长春，长春出版社，1989。

⑤ ［日］仁井田升：《唐令拾遗》，栗劲、霍存福、王占通、郭延德编译，689 页，长春，长春出版社，1989。

⑥ 叶适：《水心别集》，卷十，《始仪二》。

⑦ 《宋史纪事本末》，卷2。

⑧ 王亚南：《中国官僚政治研究》，39 页，北京，中国社会科学出版社，1981。

中国古代官员在司法上的特权首先体现在他们在定罪量刑过程中所享有的特权上。以《唐律》为例，其在开篇的《名例律》中用了相当的篇幅规定了官吏所享有的"八议"、"官当"等司法特权。

其次，体现在司法过程中官员所享有的各种特权上。如对于犯罪人所戴的刑具，唐开元七年《狱官令》和开元二十五年《狱官令》规定：官员犯"公坐流、私罪徒（并谓非官当者），责保参对。其九品以上及无官应赎者，犯徒以上，若除、免、官当者枷禁。公罪徒并散禁。"① 这些均说明了中国古代官僚贵族在司法方面的特权。

3. 中国古代家长的权利

中国古代的等级特权不仅表现在以皇帝、官僚、贵族为主体的政治生活中，而且还表现在以家长制为核心的家庭生活中，家长制在权利方面主要表现为家长在家族生活中的特殊权利。

（1）家长的人身权。中国古代社会中家长的人身权除了与普通社会主体的人身权一样受到法律保护外，还在许多方面受到法律的特别保护。如体现在对子孙侵犯家长、尊长人身权的行为加重惩罚方面。以《唐律》为例，《唐律》总第 329 至 331 条集中规定了对侵犯父、祖尊长的人身权加重处罚的内容。《唐律》（总第 329 条）规定："诸詈祖父母、父母者，绞；殴者，斩；过失杀者，流三千里；伤者，徒三年。若子孙违犯教令，而祖父母、父母殴杀者，徒一年半；以刃杀者，徒二年；故杀者，各加一等。"从该条子女殴父祖与父祖殴子女的不同处罚中，可以看出对家长、尊长人身权的特别保护。

（2）家长的等级身份权。家长的身份权是指中国古代社会中的家长、尊长基于其特殊身份而产生的权利。家长的身份权主要体现在以下几个方面：

户主权。是指法律规定家长为户主，其他人不得为户主的权利。如唐开元二十五年《户令》规定："诸户主，皆以家长为之。"②

教令权。是指家长对子女的教育、管束的权利。中国古代法律不仅全面保护家长对子女的教令权，还规定了对子女不服从教令时，家长有将子女送官府惩戒的送惩权。如《唐律》（总第 348 条）规定："诸子孙违犯教令，徒二年。"其疏文说："祖父母、父母有所教令，于事合宜，即须奉以周旋，子孙不得违犯。"即子孙不服教令，父祖告官，子孙即被处二年徒刑。

主婚权。是指父母对子女婚姻的决定权、主持权，如《唐律》第 180 条则规定："诸祖父母、父母被囚禁而嫁娶者，死罪，徒一年半；流罪，减一等；徒罪，杖一百。"又如《明户令》规定："凡嫁娶，皆由祖父母、父母主婚；祖父母、父母俱无者，从余亲主婚。"③

中国古代社会的家长们基于其身份所形成的特殊权利，成为中国古代家族等级制度的核心内容。

（3）家长的财产权。中国古代社会构成社会的基本单位是家族而不是个人，在一定的意义上来说，个人是没有独立的财产权的，家长掌控着整个家族财产的管理、使用等一系列权

---

① ［日］仁井田升：《唐令拾遗》，栗劲、霍存福、王占通、郭延德编译，716～717 页，长春，长春出版社，1989。

② ［日］仁井田升：《唐令拾遗》，栗劲、霍存福、王占通、郭延德编译，131 页，长春，长春出版社，1989。

③ 转引自［日］仁井田升：《唐令拾遗》，栗劲、霍存福、王占通、郭延德编译，159 页，长春，长春出版社，1989。

利。首先，历代法律均规定子女不得任意地要求分家立户，以保证家长对家族财产的统一管理，如《唐律》总第 155 条规定："诸祖父母、父母在，而子孙别籍者，徒三年。"即便有些财产权利是赋予个人的，但也仍由家长统一管理支配，如唐代的授田制度表面上是依个人授田，但实际上是依户为单位，按每户的丁男数来授田的，故唐开元二十五年《户令》规定："诸户主，皆以家长为之"①。其次，家长的财产权最重要的内容是财产处分权，中国古代的法律是全力保护家长的财产处分权的，如唐开元二十五年《杂令》规定："诸家长在（'在'谓三百里内，非隔关者），而子孙弟侄等，不得辄以奴婢、六畜、田宅及余财私物私自质举及卖田宅。"② 不仅如此，唐代还将子孙私自使用财产的行为规定为犯罪，《唐律》（总第 162 条）规定："诸同居卑幼，私辄用财者，十疋笞十，十疋加一等，罪止杖一百。"

从这些规定中可以看出家长在的财产权利方面的特殊内容。当然，家长的财产权实际上是对家族内财产的控制权、处分权，并不是对于家族外的人享有财产方面的特权。

（4）家长司法上的特殊权利。中国古代家长在司法上的权利包括两个方面，一方面是作为一般主体所享有的司法上的权利，如告诉、上诉等；另一方面是相较于家族成员，家长在司法上所享有的特殊权利。家长在司法上所享有的特殊权利主要表现在以下几个方面：

家长不受子孙告诉的权利。中国古代均规定子孙在一般情况下不得控告父母，如《唐律》（总第 345 条）规定："诸告祖父母、父母者，绞。"

家长在定罪量刑中的权利。在定罪量刑方面，家长对子孙的人身伤害行为要比一般社会主体之间人身伤害行为的处罚要轻。如《唐律》（总第 306 条）规定一般主体杀人行为的惩罚时说："诸斗殴杀人者，绞。以刃及故杀人者，斩。"而父母杀自己的子孙的行为处罚要轻得多，《唐律》（总第 329 条）规定："若子孙违犯教令，而祖父母、父母殴杀者，徒一年半；以刃杀者，徒二年；故杀者，各加一等。"此外，家族成员之间相互犯罪时，法律对家长的处罚相对较轻。如《唐律》第 330 条规定："诸妻妾詈夫之祖父母、父母者，徒三年；须舅姑告，乃坐。殴者，绞；伤者，皆斩；过失杀者徒三年，伤者徒二年半。"而父母、祖父母"殴子孙之妇，令废疾者，杖一百；笃疾者，加一等；死者，徒三年；故杀者，流二千里。妾，各减二等。过失杀者，各勿论"。

家长容隐包庇子孙犯罪的权利。为维护家族的等级伦理，中国在汉代就确立了"亲亲得相首匿"制度，汉宣帝地节四年（公元前 66 年）下诏规定："其父母匿子，夫匿妻，大父母匿孙，罪殊死，皆上请廷尉以闻。"③ 至隋唐时，容隐制度进一步发展，容隐的范围扩大至"同居"的人员，《唐律》（总第 46 条）规定："诸同居，若大功以上亲及外祖父母、外孙，若孙之妇、夫之兄弟及兄弟妻，有罪相为隐。"其疏文解释说："'同居'，谓同财共居，不限籍之同异，虽无服者，并是。"因此，家长对子孙的犯罪有容隐、包庇的权利。

中国古代法律从维护家族等级伦理和等级秩序出发，在一定程度上规定维护了家长在司法上的一些特殊权利。

4. 中国古代普通民众的权利

中国古代虽然是等级社会，但处于等级最底层的普通民众也享有一定的权利，权利的范

---

① ［日］仁井田升：《唐令拾遗》，栗劲、霍存福、王占通、郭延德编译，131 页，长春，长春出版社，1989。

② ［日］仁井田升：《唐令拾遗》，栗劲、霍存福、王占通、郭延德编译，788 页，长春，长春出版社，1989。

③ 《汉书·宣帝纪》。

围也比较广泛。

（1）普通民众的人身权。中国古代社会普通民众的人身权也是受到法律的保护的，这种保护主要是通过对杀人、伤害罪的严惩体现出来的。历代成文法中均有对杀人、伤害罪的处罚。《周礼》中规定："凡杀人者，踣诸市，肆之三日。"① 汉高祖刘邦入咸阳城时的"约法三章"中就有"杀人者死，伤人及盗抵罪"②。至隋唐时，杀人、伤害这类犯罪规定得更加周密、严谨了。如《唐律》从第 302 条至 339 条集中规定了对各种杀人、伤害犯罪的处罚，条文总数达到 28 条。这些内容说明中国古代民众的人身权也受到法律的保护。

（2）普通民众的身份权。中国古代社会将普通民众在社会和家族两个领域划分为一定的等级，中国古代普通民众的身份权就是指因身份等级所形成的一些权利。

其一，普通民众在家族中的身份权。中国古代社会中的家族以尊卑、长幼、夫妻、妻妾、妾媵、嫡庶为形式，形成了特殊的家族身份等级。在每一种等级序列上，地位高的等级均享有比地位低的等级更为广泛的权利。如对于妻妾关系，《唐律》（总第 178 条）规定："诸以妻为妾，徒二年。"该条疏文说："妻者，齐也，秦晋为匹。妾通卖买，等数相悬。婢乃贱流，本非俦类。"可见，妻在家族生活中享有比妾高的地位，也享有更多的权利。

其二，普通民众在社会领域的身份权。中国古代社会的普通民众在社会生活中也是通过等级来完成社会角色定位的，这种定位主要是通过确定良贱、主奴身份来实现的。以唐代社会为例，法律将普通民众在身份上分为九等，唐开元二十五年（737 年）《户令》规定："诸天下人户，量其资产，定为九等。"③ 由此可以看出，唐代普通民众的身份分为良人和贱民两类，贱民中又分官贱民和私贱民，官贱民分为杂户、官户、工户、乐户，私贱民分为部曲、奴婢。每一种不同身份的民众在权利的享有上均有不同。如在良贱的婚姻关系中，《唐律》（总第 192 条）规定："诸杂户不得与良人为婚，违者，杖一百。官户娶良人女者，亦如之。良人娶官户女者，加二等。"可见，中国古代普通社会主体在社会领域中等级身份的不同，其享有的权利也不同。

（3）普通民众的财产权。任何一个社会都必须在一定程度上对普通民众的财产权给予法律上的承认和保护，否则将会动摇这个社会秩序的经济基础，中国古代社会也是如此。中国古代普通民众所享有的财产权主要体现在以下几个方面：

其一，不动产所有权。主要是指土地所有权和住宅所有权。中国古代自秦王朝开始，一直到明、清均在一定程度上承认了田宅的相对私有权。以土地所有权为例，唐朝的永业田是可以由民众继承的，唐开元二十五年（737 年）《田令》规定："诸永业田皆传子孙，不在收授之限。即子孙犯除名者，所承之地亦不追。"④ 对于田宅的买卖，《宋刑统》规定："应典、卖、倚当物业，先问房亲；房亲不要，次问亲邻；四邻不要，他人并得交易。"⑤ 从而规定了田宅不动产所有权买卖转移的程序。

其二，动产财产权。中国古代社会有着丰富的动产所有权的内容，不仅规定了一般财产

---

① 《周礼·秋官·掌戮》。
② 《史记·高祖本纪》。
③ ［日］仁井田升：《唐令拾遗》，栗劲、霍存福、王占通、郭延德编译，151 页，长春，长春出版社，1989。
④ ［日］仁井田升：《唐令拾遗》，栗劲、霍存福、王占通、郭延德编译，550 页，长春，长春出版社，1989。
⑤ 《宋刑统》卷十三《户婚律·典卖指当论竞物业》。

的所有权，还规定了一些特殊财产所有权的确定方式，诸如遗失物、飘流物、埋藏物等。宋朝仁宗天圣年间的《杂令》规定："诸于官地内得宿藏物者，皆入得人；于他人私地得者，与地主中分之。"①

其三，债权。中国古代普通民众之间因财产流转而产生的债权也得到了法律的认可和保护。中国古代的债早在西周就出现了，至唐宋时关于债的法律制度日臻完善。如对于债权的法律承认，早在汉代就有"民有私契如律令"之说②；唐开元二十五年的《杂令》规定："诸以公私财物出举者，任依私契，官不为理。"③ 如对于债的履行，《唐律》第 389 条规定"诸负债违契不偿，一疋以上，违二十日笞二十，二十日加一等，罪止杖六十；三十疋，加二等；百疋，又加三等。各令备偿。"这说明法律还是保护普通民众的财产流转的。

其四，继承权。继承权是中国古代普通民众很早就享有的一项财产权利，早在商代中国就产生了"嫡长继承"制度，虽说其时继承制度更多的是指权力的继承。至秦汉时，中国古代的继承制度中就包含了财产继承。隋唐时，继承制度进一步得到了发展，如唐开元二十五年（737 年）《户令》规定了财产的继承方法："诸应分田宅及财物者，兄弟均分。"④ 宋朝时，中国古代的继承制度得到了进一步的发展，不仅规定了未出嫁的女子的继承权⑤，还规定了户绝之家的财产的继承⑥，甚至还规定了养子的继承权是"依亲子法"⑦。这说明中国古代的民众还是享有较广泛的继承权的。

中国古代民众的财产权不仅体现在上述的具体权利中，还体现在法律对普通民众财产权的保护之中，这主要体现在对"盗窃"、"强盗"罪的严惩方面。中国古代早在西周时期对这类犯罪就加以严惩了，《尚书·大传》中记载了西周对"奸宄盗窃"行为的惩罚："决关梁，逾城郭而略盗者，其刑膑……奸宄盗攘伤人者，其刑劓。"《尚书·费誓》亦载："无敢寇攘，逾垣墙，窃马牛，诱臣妾，汝则有常刑。"隋唐时法律对"盗窃"、"强盗"罪的规定也更加完备，如《唐律疏议》从第 270 条至 291 条，共 22 个条文规定了对各种"盗窃"、"强盗"罪的处罚，这在很大程度上保护了普通民众的财产权。

因此，中国古代的普通民众所享有的财产权还是比较广泛的。当然，我们只是以普通民众为视角说明他们财产权的内容，中国古代的其他等级，如官僚贵族也是享有这些财产权的。

（4）普通民众司法上的权利。从司法的层面上来看，即使是最专制的社会也必须使普通民众获得一定程度的司法权利，这是社会纠纷得以解决的最后途径。如果普通民众没有司法上的权利，这个社会的矛盾将会激化，最终会暴发动荡。中国古代的统治者们也充分地认识到了这一点，在立法上都确认了普通民众一定的司法权利。

中国古代民众司法上的权利首先表现在诉权上。应该说中国古代社会的每个王朝都赋予

① 《天一阁藏明钞本天圣令校证（附唐令复原研究）》，下册，371 页，北京，中华书局，2006。
② 参见张晋藩：《论中国古代民法研究中的几个问题》，载《政法论坛》，1985（5）。
③ ［日］仁井田升：《唐令拾遗》，栗劲、霍存福、王占通、郭延德编译，789 页，长春，长春出版社，1989。
④ ［日］仁井田升：《唐令拾遗》，栗劲、霍存福、王占通、郭延德编译，155 页，长春，长春出版社，1989。
⑤ 参见《宋刑统》，卷十二，《户婚律·卑幼私用财》。
⑥ 参见《宋刑统》，卷十二，《户婚律·户绝资产》，另见《名公书判清明集》，卷八，《户婚门·立继》。
⑦ 《皇宋两朝中兴圣政》，卷五十九，《孝宗皇帝》。

了普通民众诉权，早在西周就有了民众诉权的规定。《周礼·秋官·司寇》篇对各种诉讼制度做了详细的规定："以两造禁民讼，入束矢于朝，然后听之，以两剂禁民狱，入钧金。""以肺石达穷民，凡远近茕独、老幼之欲有复于上，而其长弗达者，立于肺石三日，士听其辞，以告于上，而罪其长。"至隋唐则规定得更为详细，如唐代对民事诉讼的时间作了细致的规定："诸诉田宅、婚姻、债负，起十月一日，至三月三十日检校，以外不合。若有文案，交相侵夺者，不在此例。"①

中国古代民众司法上的权利还表现在上诉、直诉权方面。中国古代历朝均有这方面的规定，如唐代规定："凡有冤滞不申，欲理诉者，先由本司本贯，或路远而踬碍者，随近官司决断之，即不伏，当请给不理状；至尚书省，左右丞为详审，又不伏，复给不理状；经三司陈诉，又不伏者，上表，受表者又不达听，挝登闻鼓。"②《唐六典》还记载："凡天下之人，有称冤无告者，与三司诘之。"其注文解释道："三司，御史大夫、中书、门下，大事奏裁，小事专达。"③为保证上诉、直诉的顺利实现，《唐律》（总第 82 条）规定："即被枉徒罪以上，抑屈不申及使人覆讫，不与理者，听于近关州、县具状申诉，所在官司即准状申尚书省，仍递送至京。"可见，唐代对民众上诉权、申诉权规定的细密程度。

中国古代民众在司法上的权利除了上述的内容外，还包括在具体的诉讼活动中的举证、质证、辩论等权利。正是在这些权利的基础上，普通民众的合法权益才可能获得一定的保障。

（二）中国古代权利结构的特点

任何一个社会都存在着权利，只是权利的分配方式有所不同。由不同的权利分配方式形成的权利结构呈现出不同的特点，从而在权利层面上显现出一个社会的特点。中国古代社会由于社会结构的等级化，其权利结构也呈现出等级性的特点。具体而言，中国古代社会权利结构的特点表现在如下几个方面：

1. 以皇帝的权利为核心

皇帝是中国古代社会一切制度的核心，他处于等级"金字塔"的最顶端，他是权利最集中的享有者。"溥天之下，莫非王土；率土之滨，莫非王臣"④ 所表达的不仅是皇帝政治地位的至高无上，也表达了皇帝所享有权利的至广无伦。明代黄宗羲对此一针见血地指出：君主是"以天下之利尽归于己"⑤。

也正是皇帝权利的至广无伦，才使中国古代社会从根本上表现为专制社会的性质，也成为中国古代社会向近代社会变迁过程中的最大障碍。中国社会在鸦片战争以后的近代化过程中对皇帝权利的尖锐批判，也说明了这是中国古代权利结构的最大弊端。

2. 权利分配以等级身份为基础

等级制度是中国古代秩序的基础，而等级制度的核心内容是官僚等级和家族等级。在权

---

① ［日］仁井田升：《唐令拾遗》，栗劲、霍存福、王占通、郭延德编译，788 页，长春，长春人民出版社，1989。

② 《唐六典·刑部尚书》。

③ 《唐六典·御史台》。

④ 《诗经·小雅·北山》。

⑤ 《明夷待访录·原君》。

利分配方式上，无论是官僚等级，还是家族等级，中国古代都坚持着这样一个权利分配原则，即高等级的人享有较多的权利，低等级的人享有较少的权利。从而形成了权利总量上的"倒金字塔"式的结构，表现为等级"金字塔"上部的少数人群享有绝大部分的权利，而等级"金字塔"底部的大部分民众只享有很少的权利。再加上君主、官僚集团还通过各种手段攫取社会权利，欺压、剥削民众，使得社会民众很少的权利还经常受到君主、官僚的侵害。中国古代权利分配的方式，依现代社会权利分配的基本原则之——权利享有的平等性来看，从一开始就丧失了合法性。

3. 有限地承认民众的权利

任何一个社会都得在一定的程度上允许民众享有权利。因为民众是社会得以存在的真正基础，也是统治秩序得以建立的真正基础。从统治与被统治的对立统一关系上而言，统治者如果使民众没有任何权利，其统治必然瓦解。中国古代丰富的民本思想正是在这种对立统一的关系上告诫统治者的，无论是西周的"民之所欲，天必从之"①。还是孟子的"民贵君轻"② 之说，还是清末王韬所说："天下之君，以民为重。所谓民为邦本，本固邦宁。"③ 都是告诫统治者们要允许普通民众有生存的空间，尤其是要有一定权利空间。

中国古代的历史因循过程也告诫历代统治者，当对百姓的权利被剥夺到极限的时候，也是他们统治结束的时候。历史上商朝、秦朝、隋朝、元朝的灭亡都说明了民众权利的存在对统治的重要性。身处历史因循过程中的中国古代帝王们，不可能不认识到这一点。故而唐太宗皇帝组合了荀子和孔子的话，重申民众对统治的重要性，"荀卿子曰：'君，舟也，民，水也。水所以载舟，亦所以覆舟。'故孔子曰：'鱼失水则死，水失鱼犹为水也。'"④ 唐太宗的话其中也包含对民众权利的清醒认识。

然而，由于中国古代普通民众的权利是相对于统治而必须有限存在的对立物，其权利范围、权利的总量相较于皇帝、官僚贵族而言是有限的。权利的获得方式只能来自于统治者的恩赐，权利的实现也要受制于皇帝、官僚贵族的许可。这使中国古代的民众在极权之下不可能认识到自身权利的正当性，更不可能提出更多的权利要求。

4. 民众政治权利的缺失

专制社会在权利分配上的另一个显著的特征就是广大民众普遍没有参与国家管理和国家决策的政治权利，专制社会的政治结构也不允许民众在整体上享有参与国家管理、国家决策的权利。中国古代几千年的文明史，还没什么重大事件是由民众来决定的。

诚然，中国古代的科举制度使中国古代的普通民众能够获得政治身份，参与到国家管理和国家决策之中，但这一制度的受益主体是很少的一部分人。换言之，只是很少的一部分人能够通过科举制度获得政治权利，这一制度设计本身就不具有普遍性的效果。其次，通过科举考试而成为官员的人，并不能全面地代表民众的利益，更多的人是为了改变自己的身份，获得更多的个人权利，"范进中举"式的悲剧正说明了这一点。当然，我们并不排除那些具备一定的道德素养的人为官后能够造福民众、为民请命，但这与民众参与国家管理和国家决

---

① 《尚书·泰誓》。

② 《孟子·尽心下》。

③ 王韬：《弢园文录·重民中》。

④ 《贞观政要·君臣鉴戒》。

策的普遍性没有任何联系。

　　虽然在局部时段，中国古代的政治生活中可能出现过民众的身影，但并不能由此说明中国古代民众享有政治权利的普遍性。秦朝时的"焚书坑儒"、汉朝时的"罢黜百家，独尊儒术"以及明、清时的"文字狱"反而说明了中国古代民众在整体上的参政、议政的政治权利的缺失。正是由于中国古代民众政治权利的缺失，导致了鸦片战争以后民权观念的兴盛。

　　总之，以利益为核心的权利概念为分析工具，我们可以发现中国古代存在着大量的权利的形式和内容。但这些权利在形成其结构时却是以等级制度为基础的，权利分配的等级标准使中国古代的权利结构对应于现代社会权利结构，丧失了道德上的合法性，也使中国古代普通民众权利的实现存在着巨大的障碍。

三、中国古代的权利观念

　　中国古代有没有权利观念这样的命题应该说本身就暗含一个悖论，即说中国古代有权利观念是正确的，说中国古代没有权利观念也是正确的。如王亚南先生说："中国自来就不许让人民具有什么基本的权利观念，所以他们对于任何自身基本权利被剥夺、被蹂躏的事实很少从法的角度支考虑是非。"① 而夏勇先生则认为：在中国古汉语里没有一个可以翻译为西语"权利"的单词，也不曾出现"民权"这样的词汇。这并不意味着中国古代汉语中就没有自己的关于"权利"的表达方式，更不意味着古代中国人没有权利观念，没有权利语言，没有权利思维。② 之所以出现这样的悖论，其根本原因在于我们是以今天的权利概念、范围、种类及保护方式的基础上考察中国古代社会的权利，还是以"权利"概念的原初含义，即利益的立场上考察中国古代社会的权利。对于我们而言，应当在利益的立场上去分析中国古代的权利观念，然后比照今天的权利观念对中国古代的权利观念作出评述。

　　首先，中国古代存在着权利观念。"且夫天地之间，物各有主，苟非吾之所有，虽一毫而莫取。"③ 这表达的是一种自然权利观。"溥天之下，莫非王土；率土之滨，莫非王臣"④ 本身也是一种权利观念，只不过这代表的是一种帝王式的权利观念，是一种专制式的权利观念。"一人得道，鸡犬升天"⑤ 表达的也是一种权利观，只不过这是一种官僚式的权利观念。孟子所说的"使民有恒产"⑥ 所表达的是一种圣人爱民的权利观。另外从大量的成文法和古代的案例中均可以发现中国古代存在着丰富的权利观念。

　　其次，中国古代权利观念的主要内容是特权观念。中国古代是一个等级社会，等级制度就是把所有人或团体分成各个等级的制度，各个等级拥有不一样的权利，上层等级权利大，下层等级权利小，大多数的权利掌握在少部分人手里；而且往往下层等级的人数众多，受到人数较少的上层等级的统治和管辖，这就构成了阶梯状的社会结构。等级制度规定了其所属者的权利与义务的多寡，等级之间一般是壁垒森严，界限分明的。因而，中国古代的权利观

---

①　王亚南：《中国官僚政治研究》，45 页，北京，中国社会科学出版社，1981。
②　参见夏勇：《民本与民权——中国权利话语的历史基础》，载《中国社会科学》，2004（5）。
③　《前赤壁赋》。
④　《诗经·小雅·北山》。
⑤　典出西晋葛洪：《神仙传》卷六《刘安》。
⑥　《孟子·梁惠王上》。

念是等级权利观。

再次，中国古代存在着丰富的普通民众的权利观念。中国古代普通民众的权利观念是丰富的，是多元化的。"刑无等级，自卿相、将军以至大夫、庶人，有不从王令、犯国禁、乱上制者，罪死不赦。"① 商鞅的这一思想表明了中国古代知识分子对王权之下的司法平等性的追求；秦末陈胜、吴广起义时喊出的"王侯将相宁有种乎?"② 无疑是中国古代社会要求人人平等权的最强音；南宋末年钟相、杨幺起义时，钟相明确提出了"法分贵贱贫富，非善法也，我行法等贵贱，均贫富"③ 的口号，表明了中国古代农民追求平等的政治权、财产权的愿望；太平天国时提出的"有田同耕，有饭同食，有衣同穿，有钱同使，无处不均平，无人不饱暖"④ 的社会理想表达了中国普通农民对经济平等权的追求；"王子犯法与民同罪"这句民谚说明了中国古代民众对司法权平等的强烈愿望。

在其他的权利观念方面，诸如财产、契约、婚姻、司法等方面，中国古代无论是官员还是普通民众均有着丰富的权利观念，甚至是权利哲学。"君子爱财，取之有道"、"拾金不昧"、"瓜田李下之嫌"、"童叟无欺"、"饿死不为盗"等中国民谚、习语中均透射出丰富的权利观念和权利哲学。

在一定的意义上来说，中国古代普通民众的权利观是人们长期生活所形成的对权利的一些零散的认识，这些观念不具有系统性，更不具有完整的理论性。但是我们不能由此否认中国古代的权利观念，尤其是中国古代民众长期所形成的具有恒久价值的权利观念。

但是，我们也必须承认，由儒家思想为核心的中国古代文明对个体人格的设计却存在着致命的缺陷。儒家思想的重要特点在于用群体去定义个体，这是以家族本位为中心的文化整合的必然结果。"与西方人的'良知系统'比较，中国人的'良知系统'在结构分化上无疑更为简化——后者非但没有西方人的'个性'原则。而且将西方人视为人之肉体部分（'身'与'情'）当作是'人'的全部设计。……正如同一部设计较简化的机器不能担任过多的功能一样，这样的结构使'个体'不能成为一个内在的动态展开过程，而只能是一个外部人伦关系的堆砌。"⑤ 在这样的文化熏陶下的中国古代普通民众的权利观不可能是一种主动性的权利观。加之，专制制度对权利的压制，使得中国古代民众的权利观更加呈现出一种被动性的特征。

第二节
近代西方权利观的输入与中国传统权利观的冲突

近代西方"权利"观念的输入是伴随着西学东渐的进程而不断深入的。西学东渐是指近

---

① 《史记·商君书》。
② 《史记·陈涉世家》。
③ 李心传:《建炎以来系年要录》，卷31。
④ 《天朝田亩制度》。
⑤ 孙隆基:《中国文化的深层结构》，33 页，香港，集贤社，1983。

代西方学术思想向中国传播的历史过程，作为史学术语，通常是指在明末清初以及晚清民初两个时期，欧洲及美国等西方学术思想的传入。在西学东渐的过程中，来华的西方人、较早地接触到西方文明的中国进步的知识分子以各种报刊、书籍，以及新式教育等作为媒介，以澳门、香港、其他通商口岸以及日本等作为重要窗口，将西方的哲学、天文、物理、化学、医学、生物学、地理、政治学、社会学、经济学、法学、应用科技、史学、文学、艺术等知识大量传入中国，对于中国的学术、思想、政治和社会经济产生了重大影响。

一、近代西方权利观的输入过程

伴随着西学东渐的发展，西方的权利观也逐渐地输入中国。但权利观的输入与西学东渐的进程并不是同步的，它有自己的发展过程。我们认为可以将西方权利观的输入分为四个阶段，即洋务运动之前的输入、戊戌变法之前的输入、辛亥革命之前的输入和辛亥革命之后的深化。

1. 洋务运动之前的西方权利观的输入

早在17世纪初，西学就随着来华的传教士开始传入中国，但19世纪之前传入中国的西学主要集中在在哲学、天文、物理、化学、医学、生物学、地理等方面。西方政治学及政治思想的传入始自清代后期，以1840年魏源的《海国图志》为标志，西方的政治、法律学说开始传入中国，权利观也由此输入到中国。我们所说的这一阶段就是指1840年至1860年之际西方权利观的输入。

洋务运动之前的西方权利观的输入，应该说是不全面、不系统的，只是散见在各种翻译的西方著作之中。如1839年伯驾（Parker）、袁德辉分别摘译滑达尔的《国际法》而成的《各国律例》、魏源的《海国图志》以及徐继畬的《瀛环志略》中，对西方政治制度有了介绍，尤其对民主制度介绍尤多，这其中涉及西方的权利观。其后对西方政治学说的翻译介绍不断增多，这中间对西方的权利观也有一定程度的介绍。

2. 戊戌变法之前的西方权利观的输入

洋务运动伴随着甲午战争的失败而告终，中国进步的知识分子们认识到中国与西方的真正差别不在于"器物"，而在于"制度"。于是，他们开始大量的翻译、宣传西方的政治、法律学说，并于1898年掀起了中国近代史上的第一次维新变法活动。这一时期，是西方政治、权利学说输入中国的主要时期。

这一时期西方权利观的输入表现为两种形式：

一是对西方经典政治法律学说的翻译。从翻译方面来看，1864年丁韪良（W. P. A Martin）翻译的《万国公法》（Elements of International Law），1876年联芳、庆常译出《星轺指掌》；1878年由汪凤藻等人译出《公法便览》；1880年由丁韪良等人译出《公法会通》；1883年丁韪良等人译出《陆地战例新选》；1884年汪凤藻译出丁韪良所著《中国古世公法论略》；1886年至1894年之间由傅兰雅译出《万国公法总论》；1894年傅兰雅译出《各国交涉公法论》；1898年由丁祖荫译出《万国公法释例》。① 此外，卢梭《民约论》的第一章，在1898年由日译本译出。

---

① 参见王健：《沟通两个世界的法律意义》，150页，北京，中国政法大学出版社，2001。

二是对西方政治权利学说的鼓吹，并以之批判中国传统的政治制度。中国第一代初步具有资产阶级维新思想的知识分子们在这一时期接受了西方的政治文明，开始大力地鼓吹西方的政治制度。他们中的代表人物有：马建忠、薛福成、郑观应、陈炽、陈虬、汤震、王韬、何启、胡礼垣等，最具代表性的人物是康有为、梁启超、谭嗣同。他们写出了中国近代最早的一批关于政治制度的著作，其中影响较大的有王韬的《弢园文录外编》；薛福成的《筹洋刍议》；马建忠的《适可斋记言、记行》；郑观应的《盛世危言》；何启、胡礼垣的《新政真全》；陈炽的《庸书》；陈虬的《治平通义》；汤震的《危言》；康有为的《大同书》；谭嗣同的《仁学》等。在他们的著作中，一方面以西方先进的政治理论为武器对中国传统的专制制度进行了全面的批判，另一方面则全面鼓吹建立西方式的以民权、平等为基础的政治制度，他们的著作对于西方政治制度和权利观念的中国化具有重要的意义。

3. 辛亥革命之前的西方权利观的输入

戊戌变法的失败并没有能够阻挡西方政治法律思想的输入，也没有能阻止中国进步的知识分子对西方政治法律思想的学习、吸收。戊戌变法至辛亥革命之前的这一段时期，是中国知识分子全面接受、深化西方政治、权利学说的时期。这一时期西方政治、权利观的输入形式主要是翻译西方的法律、经典理论著作；兴办报刊宣传、探讨西方的政治、权利学说。

从翻译方面论，1898 年至 1902 年傅兰雅译出《各国交涉便法论》（或称《交涉便法论》）；1898 年至 1902 年唐才常译出《公法通议》，1901 年傅兰雅译出《邦交公法新论》；1902 年蔡锷编译出《国际公法志》；1903 年林乐知译出《万国公法要略》；1903 年丁韪良译出《公法新编》；1903 年上海商务印书馆编译了《国际公法大纲》；1903 年范迪吉编译了《国际公法》和《国际私法》；1903 年严复将孟德斯鸠的《论法的精神》以《法意》之名译出；马君武将密尔的《自由论》译出；卢梭的《民约论》（今译为《社会契约论》）、耶林的《权利竞争论》（今译《为权利而斗争》）也在这时期译成中文。

在这一时期创办的报刊杂志主要有：《译书汇编》（《法政学报》，1900）、《法政杂志》（日本东京法政杂志社，张一鹏，1906）、《预备立宪官话报》（上海预备立宪社，1906）、《宪政杂志》（上海宪政研究会，1906）、《北洋法政学报》（由《法政学报》和张一鹏《法政杂志》合刊而成，1906）、《北洋学报》（天津，北洋官报总局，1906）、《地方白话报》（保定，王法勤，1906）、《新译界》（日本东京，范熙壬，1906）、《中国新报》（日本东京，杨度，1907）、《法政学交通社杂志》（孟森、孟昭常、杨荫杭、秦瑞玠等，1907）、《法政学报》（日本东京法政学报社，沈其昌等，1907）、《牖报》（李庆芳，1907）、《大同报》（恒钧，1907）、《预备立宪会公报》（上海预备立宪会，孟昭常等，1908）、《学海（甲编）》（北京大学留日学生编译社，1908）、《法政介闻》（柏林，留德法政学生马德润、周泽春，1908）、《广东地方自治研究录》（卢乃潼等，1908）、《福建法政杂志》（福建法政学堂，1908）、《湖北地方自治研究会杂志》（日本东京，湖北地方自治研究会，1908）、《宪政新志》（吴冠英，1909）、《北洋政学旬刊》（由《北洋法政学报》改成，吴兴让等主编，1910）、《法政杂志》（上海法政杂志社，陶保霖，1911）、《法学会杂志》（北京法学会编辑部，1911）、《北京法政学杂志》（北京潮州会馆，1911）、《法政浅说报》（北京，1911），等等。①

---

① 转引自程燎原：《中国近代法政杂志的兴盛与宏旨》，载《政法论坛》，2006（4）。

中国进步的知识分子们通过对西方法律、经典著作的翻译，并以报刊杂志为阵地宣传、探讨西方的政治、法律、权利学说，这使西方的权利学说的输入得到了进一步的深化。

4. 辛亥革命后西方权利观的深化

1912 年元旦，孙中山即位为临时大总统，宣告了中国数千年的专制国家的终结，诞生了中国历史上第一个民主共和国。他就任临时大总统后，为把中国建设成真正的民主国家进行了艰苦的努力，制定了一系列的法律规定了人民的权利，试图以法律的形式来巩固权利。

但是，君主制虽然在形式上被推翻了，但君主统治的意识并没被清除。袁世凯执政以后，颁布了一系列法律试图在法律的框架内再度恢复专制制度，这些法律主要有：《暂行新刑律》、《治安警察法》、《戒严法》、《出版法》、《惩治盗匪法》、《乱党自首条例》、《惩办国贼条例》等。并废除《临时约法》，解散国会。

袁世凯的这些做法，使得中国刚刚建立起的民主共和国处于风雨飘摇之中。虽然，袁世凯在当了 83 天的"洪宪"皇帝之后，在全国的"倒袁"声中死了，但是，民国初年的政治实践，向人们提出了一个更加深刻的问题。在一个每一角落里都充满着专制主义幽灵的国度里，民主共和国建立了，是不是就代表着民主、民权的实现？

民国建立以后的政治实践说明，民主共和国形式的建立并不能真正地实现民主、民权。鲁迅先生在"五四"运动前夕发表的著名小说《药》以文学的笔触，说明了这一点。1919 年以陈独秀、胡适、李大钊、鲁迅为代表的新一代知识分子掀起了"五四"新文化运动。这场运动虽然可以从各个不同的角度去解读，但有一点是肯定的，就是他们要在思想上、观念上清除专制主义的思想、观念，确立现代民主制度所必须的民主与科学的精神。

"五四"新文化运动在内容上表现为两方向上的扩张，一是对以儒家思想为核心的专制主义思想基础进行了深刻地批判，一是对民主、科学精神的宣扬。他们的思想武器依然是从西方输入的民主主义、自由主义、个人主义、人文主义等。[①] 虽然，表面上没有"权利"的概念，但这是近代西方权利制度真正得以建立和实现的基础。对民主、科学精神的宣扬，正表达出近代中国权利观的进一步深化。

二、近代西方输入中国的权利观之主要内容

从鸦片战争到辛亥革命，中国在"救亡"的主题之下，寻求救亡的道路中经历了洋务改良—变法维新—民主革命这样的路径。因此，伴随中国近代救亡道路的曲折前行，中国进步的知识分子在选择西方的政治、法律思想时主要是集中国家的政治制度和公法方面。从权利的角度而言，中国进步的知识分子也是更多地集中于对政治制度架构中的民众地位和政治权利方面的吸收，而对私权则很少涉及，它致使中国近代对西方的"权利"概念理解是不完整的，这是历史的遗憾。但是就权利而言，中国近代的知识分子从三个方面吸收了西方的权利观念。

1. 民权（政治权利）

应该说，政治权利是中国最早认识的西方"权利"的概念。从概念而言，"权利"一词在中国近代最早出现在丁韪良所翻译的《万国公法》中，丁韪良在 1864 年翻译《万国公法》

---

① 参见熊月之：《中国近代民主思想史》，533 页，上海，上海社会科学院出版社，2002。

时就大量地使用了"权"字,但"权"字在《万国公法》中也有多重含义。1877 年时丁韪良在翻译《公法便览》时将西文"right"定义为"凡人理所应得之分,有时增一'利'字,如谓人本有之权利,云云。"① 这可能近代以中文对权利的最早阐释。

但是,从西方输入中国政治权利观念并不是从权利的概念开始的,而是西方政治制度开始的。王韬盛赞英国君主立宪制,认为最适合中国:"惟君民共治,上下相通,民隐得以上达,君惠得以下逮"②。徐继畬在《瀛环志略》则比较系统地记述了欧美民主议会制度的形式、职能及议事程序。如对英国两院议会制度,他说:"英国之制⋯⋯都城有公会,内分两所,一曰爵房(贵族院),一曰乡绅房(平民院)。爵房者,有爵位贵人及耶苏教师处之;乡绅房者,由庶民推择有才识、学术者处之。国有大事,王谕相,相告爵者,聚众公议,参以条例,决其可否,复转告乡绅房,必乡绅大众允诺而后行,否则,寝其事勿论。其民间有利病欲兴除者,先陈说于乡绅房,乡绅酌核,上之爵房,爵房酌议,可行由上之相而闻王,否则报罢。⋯⋯大约刑赏、征伐、条例诸事,有爵者主议,增减课税,筹办帑饷,则全由乡绅主议"③。这是早期中国进步的知识分子对东西方政治制度的差异的最初认识。虽然,在这一时期中国的知识分子们没有能提出"民权"的概念,但这种认识初步涉及了民众参与国家管理的形式,而这一形式是西方民众政治权利体现的主要形式。

"民权"一词是个舶来品,中国古代浩瀚的典籍中不见其身影。从现有资料看,在中文中最早使用这个词的是郭嵩焘,他在光绪四年四月(1878 年 5 月)的日记写道:"西洋政教以民为重,故一直取顺民意,即诸君主之国,大政一出之议绅,民权常重于君。"随后黄遵宪、恭福成分别于 1879 年、1890 年开始使用这一概念。④ 黄遵宪在纂始于 1879 年,成于 1887 年《日本国志》中多次使用"民权"一词,如"府县会议之制,仿于泰西,以公国是而伸民权。""近民心渐染西法,竟有倡民权自由之说者⋯⋯百姓执此说以要君,遂联名上书,环阙陈诉,请开国会而伸民权。"⑤ 薛福成于 1890 年在他的日记里也提到了民权:"西洋各邦立国规模,以议院为最良。然如美国,则民权过重";欧洲的君民共主之国,"其政权亦在议院,大约民权十之七八,君权十之二三"⑥。从中国近代最早的"民权"概念的内涵中,我们不难发现其含义主要是集中于民众参政、议政的权利。

后来,何启、胡礼垣则从选举制度和民众议事的角度上地界定了"民权"的形式概念。他们说"民权者,其国之君仍世袭其位;民主者,其国之君由民选立,以几年为期。吾言民权者,谓欲使中国之君世代相承,践天位勿替,非民主之国之谓也。"⑦ "民权者,以众得权之谓也。如以万人之乡而论,则五千人以上所从之议为有权,五千人以下所从之议谓之无权;中国以四万万人而论,则二万万人以上所从之议为有权,二万万人以下所从之议为无

① 王健:《沟通两个世界的法律意义》,166 页,北京,中国政法大学出版社,2001。

② 《韬园文录外编·重民说下》,24 页,北京,中华书局,1959。

③ 徐继畬:《瀛环志略》,卷七。

④ 参见熊月之:《中国近代民主思想史》,修订版,9 页,上海,上海社会科学院出版社,2002。

⑤ 黄遵宪:《日本国志》,卷一四,《职官志二》,35 页;卷一,《国统志一》,1~2 页,羊城富文斋,1890。参见熊月之:《中国近代民主思想史》,修订版,9 页,上海,上海社会科学院出版社,2002。

⑥ 薛福成:《出使四国日记》,卷三,134 页;卷五,225 页,长沙,湖南人民出版社,1981。

⑦ 何启、胡礼垣:《劝学篇·书后》,载《新政真诠》五编,44 页,格致新报馆印。

权。……止问可之者否之者人数众寡，不问其身分之贵贱尊卑也。此民权之大意也"①。何启、胡礼垣的民权概念依然是指民众议政、参政的权利。

梁启超则从民与国的关系上论述了民权的重发性，他说："民权不必待数千年之起点明矣。盖地球之运，将入太平，固非泰国西之所专，亦非震旦之所得避。吾知不及百年，将五洲而悉唯民之从，而吾中国亦未必能独立而不变"②。"言爱国，必自兴民权始"、"能兴民权者，断无可亡之理"③。梁启超更多地是将民权当做救国的武器。

其间郑观应、陈炽、陈虬、汤震、康有为、谭嗣同等人对民权均有详细的论述。但纵观辛亥革命前"民权"的概念，其并不是一个法律概念，而更多的是一个政治概念，是用以质疑中国传统专制制度的合法性，用以说明西方国家因何强盛的概念。这一概念的运用表达了中国进步知识分子对中国近代政治改良的基本设计，也表达了他们对中国古代最缺乏的参政、议政权利的渴望。

2. 平等权、自由权

西方权利观输入中国的第二个方面的内容是"平等权"、"自由权"。中国的知识分子通过对西方政治、法律著作的研读，开始了对"平等权"、"自由权"中国式的解释。

何启、胡礼垣通过对"公"、"平"概念的解释说明他们对"平等权"的理解，他们说："吾所谓国之基址者，不须求之远也……公与平者，即国之基址。公者无私之谓也，平者无偏之谓也。公则明，明则以庶民之心为心，而君民无二心矣；平则顺，顺则以庶民之事为事，而君民无二事矣"④。"夫政者，民之事也，莫若以公而平之。"⑤

康有为从公理角度论证了平等是人类不证自明的公理，他说："人类平等是几何公理。"⑥ "天地生人，本来平等。"⑦ 不仅如此，他还从人生而平等的角度论述了平等的含义："人人既是天生，则直隶于天，人人皆独立平等。"⑧

谭嗣同将不平等与中国社会的腐朽黑暗联系起来，"中国之官之尊也，仰之如鬼神焉。平等亡，公理晦，而一切惨酷蒙蔽之祸，斯萌芽而浩瀚矣……且夫权也者，固非一人之智力所得而司也。以藐藐之躬，肩亿万人之权，不啻为亿万人之室家，而代谋其生殖。童子而代大匠斫，侏儒而举乌获任，其不断指而绝脰，宁有幸也"⑨。

梁启超则从人与人的交往中论述了平等的含义，他说："凡两人或数人欲共为一事，而彼此皆有平等之自由权，则非共立一约不能也。审如是，则一国中人人相交之际，无论欲为

---

① 何启、胡礼垣：《劝学篇书后》，载《新政真诠》五编，50 页，格致新报馆印。
② 梁启超：《论君政民政相嬗之理》，载《饮冰室文集》之二，11 页，北京，中华书局，1989。
③ 梁启超：《爱国论》，转引自张晋藩：《中国近代社会与法制文明》，191 页，北京，中国政法大学出版社，2003。
④ 何启、胡礼垣：《曾论书后》，《新政真诠》初编，3 页，格致新报馆印。
⑤ 何启、胡礼垣：《新政议论》，载《新政真诠》二编，8 页。
⑥ 康有为：《实理公法全书》，载刘梦溪主编：《中国现代学术经典·康有为卷》，6 页，石家庄，河北教育出版社，1996。
⑦ 康有为：《实理公法全书》，载刘梦溪主编：《中国现代学术经典·康有为卷》，15 页，石家庄，河北教育出版社，1996。
⑧ 康有为：《中庸注》，转引自张晋藩：《中国法律的传统与近代转型》，418 页，北京，法律出版社，1997。
⑨ 谭嗣同：《治事篇第五》，载《谭嗣同全集》，下册，439 页，北京，中华书局，1981。

何事，皆当由契约之手段亦明矣，人人交际既不可不由契约，则邦国之设立，其必由契约，又岂待知者而决乎?"①

对于自由，中国近代思想家们也是从"天赋权利"的角度来说明了其公理性。如严复将"天赋权利"说成"民之自由，天由所界"②。谭嗣同说："一曰'平等'；二曰'自由'；三曰'节宣惟意'。总括其义，曰不失自主之权而已。""公理昭然，罔不率此。"③ 梁启超也说："自由者，天下之公理，人生之要具，无往而不适用者。"④

何启、胡礼垣通过"自主"的概念解释了自由的含义，他们说："各行其是，是谓自主。自主之权，赋之于天，君相无所加，编氓亦无所损；庸愚非不足，圣智亦非有余。人若非作恶犯科，则此权必无可夺之理也。"⑤ 他们进一步举例说："今人独在深山之中，与木石居，与鹿豕游，则其人之权自若，无庸名其自主之权矣。而唯出而与人遇，参一己于群侪之中，而自主之权以出。是自主者由众主而得名者也"⑥。

中国近代知识分子们对于自由有各种各样的理解，但唯独严复将自由与西方的政治制度紧密地联系在一起来理解。他认为西方的政治制度是"以自由为体，以民主为用"⑦。他的这种理解在一定程度上认识到了西方政治制度的理论基础。

严复将自由界定为"自由者，各尽其天赋之能事，而自承之功过者也"⑧。在此基础上严复还强调了自由对于个人的重要意义，"故人人各得自由，国国各得自由，第务令毋相侵损而已。侵人自由者，斯为逆天理，贼人道。其杀人、伤人及盗蚀人财物，皆侵人自由之极致也。故侵人自由，虽国君不能，而其刑禁章条，要皆为此设耳。"⑨ 不仅如此，严复还强调了自由对于国家富强的意义，他说："是故自强者，不外利民之政也，而必自民之能自利始；能自利自能自由始；能自由自能自治始；能自治者，必其能恕，能用絜矩之道者也。"⑩

其他进步的知识分子也有大量的对"平等权"、"自由权"的论述，他们通过自己的言论表达了对中国古代等级社会的否定。

3. 人权

人权是近代资产阶级民主革命所大力倡导的一项权利，可以说是近代资产阶级立国的根本理论之一。随着西学东渐，人权的观念也被中国进步的知识分子所接受，傅兰雅在介绍"天赋人权"时说道："天既赋人以生命，又必赋人以材力，使其求衣食以保其生命。顾人既有此材力，必当用力操作，自尽职分……故无论何国何类何色之人，各有身体，必各能自

---

① 梁启超：《论政府与人民之权限》，载《饮冰室合集》，第 2 册，文集之十，1 页，北京，中华书局，1989。

② 严复：《辟韩》，载《严侯官文集》，93 页。转引自夏勇：《民本与民权——中国权利话语的历史地位》，载《中国社会科学》，2004（5）。

③ 谭嗣同：《仁学》，载《谭嗣同全集》（增订本），350 页，北京，中华书局，1998。

④ 梁启超：《新民说·论自由》，载《饮冰室合集》，第 6 册，专集之四，40 页，北京，中华书局，1989。

⑤ 何启、胡礼垣：《劝学篇》，载《新政真诠》，五编，52 页，格致新报馆印。

⑥ 何启、胡礼垣：《新政真诠后总序》，15 页，格致新报馆印。

⑦ 严复：《原强》，载《严复集》，第 1 册，16～17 页，北京，中华书局，1986。

⑧ 严复：《主客主义》，载《严复集》，第 1 册，117～118 页，北京，中华书局，1986。

⑨ 卢云昆选编：《社会剧变与规范重建》，5 页，上海，上海远东出版社，1996。

⑩ 严复：《原强》，载《严复集》，第 1 册，14 页，北京，中华书局，1986。

主，而不能稍让于人。苟其无作奸犯科之事，则虽朝廷官长，亦不能夺其自主之本分。"①

郑观应从"天赋人权"角度解释了"人权"，并强调了"人权"的自然性。他说："民受生于天，天赋之以能力，使之博硕丰大，以遂厥生，于是有民权焉……故其在一人，保斯权而不失，是为全天。其在国家，重斯权而不侵，是为顺天，勿能保，于天则为弃。疾视而侵之，于天则为背。全顺者受其福，而背弃者集其殃。"②"民权者，君不能夺之臣，父不能夺之子，兄不能夺之弟，夫不能夺之妇，是犹水之于鱼，养气之于鸟兽，土壤之地草木。"③

何启、胡礼垣也从"天赋人权"的角度解释了"人权"，"权者乃天之为，非人之所立也。天既赋人以性命，则必畀以顾此性命之权；天既备人以百物，则必与以保以身家之权……讨曰天讨，伐曰天伐，秩曰天秩，位曰天位，一切之权皆本于天。然天不自为也，以其权付之于民……加以民之所欲，天必从之。是天下之权，唯民是主"④。他们并强调了"人权"对于国家强盛的意义，"人人有权，其国必兴，人人无权，其国必废，此理如日月经天，江河行地，古今不易，遐迩无殊"⑤。

康有为则从平等的角度说明了人权的平等性，他说："人者，天所生也，有是身体，即有其权利，侵权者谓之侵天权，让权者谓之失天职。男女虽同异形，其为天民而共受天权一也。人之男身，既知天与人权所在，而求与闻国政，亦何抑女子攘其权哉？女子亦何得听男子擅其权而不任天职？……以公共平等论，则君与民且当平等。"⑥

中国近代社会对人权的宣传和解释，并没有将这一概念限于法律的框架中，也没有将其作为一个独立的概念加以解释，而是将这一概念融于"民权"之中进行解释的，使人权概念从一开始也具有了政治性内涵。

三、东西方权利观在近现代中国的冲突

西方建立在平等、自由基础上的权利观念及其各种表现，尤其是在政治制度中的表现，与中国传统以等级为基础的权利及其各种表现，在近现代中国出现了全面的冲突。这些冲突不仅使中国的进步知识分子们进一步认识了中国传统专制制度的腐朽与黑暗，也使西方的权利观念被中国近现代社会进一步所认同和接受。

（一）君权与民权的冲突

君权与民权的关系探讨是中国近代思想家们讨论的核心论题。中国古代虽然强调"民为邦本"，但在本质意义上却是"君为邦本"。因此，中国近代知识分子在接受西方先进的民权观的同时，运用了中国传统思想中有关君民关系的论述，对君权与民权之间的关系进行了新的阐释，从而体现了君权与民权在新的历史条件下的冲突。

何启、胡礼垣说："今夫国所以自立者，非君之能自立也，民立之也；国之所以能兴者，

①　傅兰雅口译、应祖锡笔述：《佐治刍言》，5 页，上海江南制造局翻译馆本。
②　郑观应：《原君》甲午后续，《郑观应全集》，上册，334 页，上海，上海人民出版社，1982。
③　郑观应：《原君》甲午后续，载《郑观应全集》，上册，334 页，上海，上海人民出版社，1982。
④　何启、胡礼垣：《劝学篇》，载《新政真诠》，五编，38 页，格致新报馆印。
⑤　何启、胡礼垣：《劝学篇书后》，载《新政真诠》，五编，50 页，格致新报馆印。
⑥　康有为：《大同书》，210 页，北京，中华书局，1935。

非君之能兴也，民兴之也。"① "天下之权，唯民是主，然民亦不自为也，选立君上，以行其权，是谓长民。乡选于村，邑选于乡，郡选于邑，国选于郡，天下选于国，是为天子。天子之去庶民远矣，然而天子之权得诸庶民，故曰得乎邱民而为天子也，凡以能代民操其之权也。选于村不善，则一乡废之；选于乡者不善，则一邑废之；选于邑者不善，则一都废之；选于郡者不善，则一国废之；选于国者不善，则天下废之。故曰失其民斯失天下也，凡以不能代民操其权也。"②

谭嗣同一针见血地指出："中国所以不可为者，由上权太重，民权尽失。官权虽有所压，却能伸其胁民之权，昏暗残酷，胥本于是"③。"二千年来，君臣一伦，尤为黑暗否塞，无复人理，沿及今兹，方愈剧矣。"④ 他在《仁学》中写道："生民之初，本无所谓君臣，则皆民也。民不能相治，亦不暇治，于是共举一民为君。夫曰共举之，则非君择民，而民择君也。……夫曰共举之，则因有民而后有君，君末也，民本也，天下无有因末而累及本者，亦岂可因君而累及民哉？夫曰共举之，则且必可共废。君也者，为民办事者也；臣也者，助办民事者也。赋税之取于民，所以为办民事之资也，如此而事犹不办，事不办而易其人，亦天下之通义"⑤。故而他激愤地说："二千年来之政，秦政也，皆大盗也"，"誓杀尽天下君主，使流血满地球，以泄万民之恨"⑥。

梁启超认为中国积贫积弱的病根在于专制。"先王之为天下也公，故务治事；后世之为天下也私，故务防弊……自秦迄明，垂二千年，法禁则日密，政教则日夷，君权则日尊，国威则日损。上自庶官，下至亿姓，游于文网之中，习焉安焉，驯焉扰焉，静而不能动，愚而不能智。历代民贼，自谓得计，变本而加厉之"⑦。他深刻地指出专制制度与愚民政策是紧密地联系在一起的，"秦始皇之燔诗书，明太祖之设制艺，遥遥两心，千载同揆，皆所以愚黔首，重君权。驭一统之天下，弭内乱之道，未有善于此者也"⑧。他广泛地宣传民权，提出了"强国以议院为本，议院以学校为本"的民权政治的思想，"是故权之与智相倚者也。昔之欲抑民权，必以塞民智为第一义，今日欲伸民权，必以广民智为第一义"⑨。

中国近代的知识分子们看到了西方民权的兴盛，在一定程度上认识到了中国专制制度是腐朽没落的根本原因。因而对以君权无边为表现的专制制度提出了全面的批判，也体现了中国近代知识分子们对于建立君权与民权交融的新式政体的渴望。

（二）等级特权与平等权的冲突

中国传统社会是一个等级社会，其权利结构是一种"倒金字塔"式的特权结构，即权力金字塔上部的皇帝和官僚贵族，他们的人数虽然非常少，但他们所享有的权利却是最广泛

---

① 何启、胡礼垣：《曾论书后》，载《新政真诠》，初编，15 页，格致新报馆印。
② 何启、胡礼垣：《劝学篇》，载《新政真诠》，五编，38～39 页，格致新报馆印。
③ 谭嗣同：《报唐才常书》，载《谭嗣同全集》，上册，248 页，北京，中华书局，1981。
④ 谭嗣同：《仁学》，载《谭嗣同全集》，下册，337 页，北京，中华书局，1981。
⑤ 谭嗣同：《仁学》，载《谭嗣同全集》，下册，339 页，北京，中华书局，1981。
⑥ 谭嗣同：《仁学》，载《谭嗣同全集》，下册，337～340 页，北京，中华书局，1981。
⑦ 梁启超：《论中国积弱由于防弊》，载《饮冰室文集》，之一，96 页，北京，中华书局，1989。
⑧ 梁启超：《变法通议·学校总论》，载《饮冰室合集》，之一，15 页，北京，中华书局，1989。
⑨ 梁启超：《上陈宝箴书论湖南应办之事》，载《戊戌变法》，第二册，551 页。

的；而支撑权力金字塔的广大民众所享有的权利却是极少的。而支持这一特权结构的理论是源于儒家学说的"三纲五常"。中国近代知识分子对于中国专制社会中的等级特权并不是从其表现形式上进行批判的，而是将批判的矛头直接指向了中国古代等级特权的理论基础——三纲五常。在众多的近代知识分子中，康有为对"三纲五常"进行了最为系统的批判。

对于"君为臣纲"，康有为从天赋人权的观点出发进行了批判，他认为"人皆天所生也，同为天之子，同此圆首方足之形，同在一种族之中，至平等也"。所谓"君为臣纲"皆是人为造出来以限禁名分、遂其私欲的教条。他列数了汉高祖刘邦、明太祖朱元璋滥杀臣民，兴文字狱，厉行专制的罪恶，"刘邦、朱元璋之流，以民贼屠伯，幸而为帝，其残杀生民，不可胜数，所谓天下汹汹为吾两人也。至于韩信、彭越之俎醢，李善长、蓝玉之诛，淫刑及于三族，党祸株连数万，甚至以一'则'字音近于'贼'，中其忌讳，杀文士百余。……又或以文字生狱，失言语之自由；笞逮随时，无身体之保护；一言之失，死亡以之。即使不然，而长跪白事，行道辟人。或强选秀女于良家，或苛派征役于士庶，妄定宫室衣服车马之禁……政权不许参预，赋税日以繁苛，摧抑生民，凌锄士气，务令身体拘屈，廉耻凋丧，志气扫荡，神明幽郁。"[1]

对于"父为子纲"，康有为认为父母生育子女，非君臣关系可比，但是"人非人能为人，天地所生也，托籍父母身体而为人，非父母所得专也。人人直隶于天也，无人能间制之"。他从自由、平等的思想出发，认为"一人身有一人身之自立，无私属焉"，如果父母虐害子女，那就"失人道独立之义，而损天赋人权之理"，"父为子纲"也是人类走向太平大同的"巨碍"，"不得不除"[2]。

对于具体体现"夫为妻纲"的"三从四德"之说，他从理论和事实上进行了深入的批判，他认为"在家从父"，婚姻完全听从父母之命、媒妁之言，这实际上是侵犯了妇女天赋的自立、自主之权；所谓"出嫁从夫"、"烈女不事二夫"，为守节或者以身殉夫，这些是"背孔子之经，又苦生人之道"，因为古代并无这些规定，"夫妇不合，辄自离异"，即使圣人"孔氏之世，亦多出妻"[3]；所谓"夫死从子"，则更是远离公理人伦，因为儿子是母亲生的，母对子，"以尊言，则过之，以恩言，则育之，何事从之哉"[4]。因此，康有为认为"夫为妻纲"是根本违背人道、极端残忍的，是违背公理的。

康有为还将资产阶级天赋人权的思想具体运用于说明妇女的地位问题，认为男女平等乃是天赋予人之权利，男尊女卑则完全违背了天赋人权的公理："人者，天所生也，即有其权利，侵权者谓之侵天权，让权者谓之失天职。男与女虽异形，其为天民而共受天权一也。人之男身，既知天与人权所在，而求与闻国政，亦可抑女子攘其权哉？女子亦何得听男子擅其权而不任其天职？……以公共平等论，则君与民且当平，况男子之与女子乎"[5]。

他不无创见地把妇女解放问题提到人类社会进步的一切问题的首要地位，他写道："故全世界人欲去家界之累乎，在明男女平等，各有独立之权始矣，此天予人之权也。全世界人

① 康有为：《大同书》，65页，北京，中华书局，1935。
② 康有为：《大同书》，66页，北京，中华书局，1935。
③ 康有为：《大同书》，210页，北京，中华书局，1935。
④ 康有为：《大同书》，65页，北京，中华书局，1935。
⑤ 康有为：《大同书》，199页，北京，中华书局，1935。

欲去私产之害乎，在明男女平等各自独立始矣，此天与人之权也。全世界人欲去国之争乎，在明男女平等，各自独立始矣，此天予人之权也。全世界人欲去种界之争乎，在明男女各自独立始矣，此天予人之权也。全世界人欲致大同之世、太平之境乎，在明男女平等，各自独立始矣，此天予人之权也。全世界人欲致极乐之世、长生之道乎，在明男女平等各自独立始矣，此天予人之权也……"① 任何时代，妇女解放都是社会解放的自然尺度，中国近代明确地从权利的角度来谈妇女解放问题的，康有为是第一人。

　　以康有为等人为代表的中国近代思想家们以"天赋人权"为理论武器，全面地批判了中国专制社会之下的不平等制度，提出了平等的要求，从而引发了近代中国等级特权与平等权之间的全面冲突。

（三）人权与司法专制的冲突

　　对于人权，中国近代思想家们并没有在理论上作出全面的论述，而是将其包融在"民权"、"自由"、"平等"的权利中论述的。如康有为是将人权与自由权糅合在一起说明的，他说："所求自由者，非放肆乱行也，求人身之自由。则免为奴役耳，免不法之刑罚，拘囚搜检耳。"② 梁启超则从"天赋人权"的角度论述人权，"人权者出于天授予，故人人皆有自主之权，人人皆平等"③。

　　中国近代的知识分子还通过批判清末司法制度中对人权的侵犯来表达了他们对人权的渴望。如包世臣描述刑讯逼供时说："问官乱喝乱叫，先教供，后逼供，箠楚无数，号恸盈廷，是非曲折安得不颠倒乎？"④ 康有为描述清末司法制度的黑暗时说："小民有冤。呼号莫达，书差讹索，堂署森严，长跪问讯，刑狱惨酷，乃至有人命沉冤，鬻子待质，而经年不讯者。"⑤ 作为清末修律大臣的沈家本对中国司法的黑暗揭露得更为深刻，他在《实行改良监狱注意四事折》中说："中国监狱责之典史司狱等官，品秩卑下……从而横据，持较泰西，仁暴悬如霄壤。"⑥ 严复在欧洲游学期间，对西方的法庭审判有着直接的感观，他"尝入法庭，观其听狱，归邸数日，如有所失，尝语湘阴郭先生，谓英国与诸欧之所以富强，公理日伸，其端在此一事。"⑦ 同时他对中国古代的司法批评道："于刑政则屈私以为公而已"⑧。

　　应该说，中国近代的思想家们对于人权的认识还是粗浅的，还是杂糅于民权、自由、平等之中进行论述的，并没有准确地说明人权的内涵。但是，他们从表象上对清末司法制度的批判，在一定程度上接近了现代人权的内容，这些批判体现了近代中国对司法中保护人权的要求。

---

　　① 康有为：《大同书》，65 页，北京，中华书局，1935。

　　② 汤志钧：《康有为政论集》，下册，708 页，北京，中华书局，1981。

　　③ 梁启超：《梁启超全集》，第 1 册，458 页，北京，北京出版社，1999。

　　④ 包世臣：《吴安四种》，十卷三十一下，《与次儿论狱书》。

　　⑤ 康有为：《上清帝第四书》，《康有为政论集》，上册；转引自张晋藩：《中国近代社会与法制文明》，194 页，北京，中国政法大学出版社，2003。

　　⑥ 转引自李光灿、张国华主编：《中国法律思想通史》，第十卷，93 页，太原，山西人民出版社，2001。

　　⑦ 严复：《法意》，第十一卷第六章按语，载《严复集》，第 1 册，145 页，北京，中华书局，1986。

　　⑧ 严复：《论世变之亟》，载《严复集》，第 1 册，2 页，北京，中华书局，1986。

虽然，中国近代社会中，西方权利观念与中国传统特权观念的冲突远不止上述几个方面，但这些方面的内容足以说明中国近代社会对西方进步的权利观念以及权利表现的渴望，尤其是对政治上的参政、议政权利的渴望。

四、西方近代权利观的中国认识

西方权利产生的路径首先是以财产权为核心的私权利的全面发展，从而导致了对人的重新认识，产生了以"人本主义"为核心的权利观念。其次在私权利与君主专制权利冲突、斗争的过程中产生了权利的基础理论、权利的法律要求、权利的政治要求。最后，在私权利的政治化、法律化的过程中诞生了以保障权利为核心的资产阶级宪政国家的政治架构。

近代中国对西方权利观念的认识并没有依照西方权利产生的真正路径去认识，并不是从现实的"权利"为出发点。而是基于救亡、强国的现实要求，从认识西方的政治制度开始的。近代中国对于西方权利的认识路径是：政治权利—法律权利—现实权利，而法律权利、现实权利在中国近代的认识中只占据很小的一部分。这一认识路径使得近代中国对权利一开始就存在着认识不完整的缺陷，形成了中国近代独特的权利观。

首次将西方的"right"翻译成中文的是伯驾（Parker）、袁德辉，1839 年他们摘译滑达尔的《国际法》时将"right"译成中文。但从其译文看，伯驾和袁德辉均未将"right"译为权利，而是各以"其他的方式予以表述"。从他们的译文中看"right"有"当""应有""应""权"之意。[①] 首先将"right"的含义对应于"权利"的是丁韪良，但在丁韪良所译的《万国公法》里面，"right"也有"权"、"权利"、"私权"、"主权"、"司法之权"的不同含义。[②]

但是，中国的知识分子们并没有时间去很好地梳理这个概念的西方内涵及其发展路径，而是从中国的词语中去寻找与这个词的内涵最接近的词汇，他们找到了"民权"一词。从现有资料看，在中文中最早使用这个词的是郭嵩焘、黄遵宪和薛福成。后来，"民权"一词的使用就日益多了起来，到戊戌变法时"民权"一词成为最积极的词汇之一。[③] 总体而言，1919 年以前的近代中国"民权"概念在使用上有如下的特点。

（一）"民权"与"民主"的对立

西方政治学说的发展进程说明，西方的民主制度是广大民众权利观念高度发达的产物，是民众权利精神高度张扬后在政治上的表现，而且民主制度设计的一个根本性的目的就是要保护民众的权利。

中国近代在认识西方权利观念时，并没有认识到"权利"与"民主"之间的发展逻辑与相互关系，而是将这两者对立起来认识的。据熊月之先生考证，黄遵宪和薛福成所用的"民权"概念来自于日本，而日文中的"民权"是对西方"民主"的日译，在日文辞典中"民权"意为"政治上人民的权利"，与西方"民主"的本义"人民的权力"是同义的。[④] 但中国近代的知识分子们并没有认识到君主专制才真正是中国积弱的根本原因，而是希望出现开明

---

① 参见王健：《沟通两个世界的法律意义》，106 页，北京，中国政法大学出版社，2001。
② 参见王健：《沟通两个世界的法律意义》，164 页，北京，中国政法大学出版社，2001。
③ 参见熊月之：《中国近代民主思想史》，修订版，9 页，上海，上海社会科学院出版社，2002。
④ 参见熊月之：《中国近代民主思想史》，修订版，11 页，上海，上海社会科学院出版社，2002。

君主尊重民权、广开言路,以达国家富强。因此,他们并没有从民主的本义上去理解民权,而是仅在与君权相对应的意义上去理解民权的,如何启、胡礼垣曾说:"民权者,其国之君仍世袭其位;民主者,其国之权由民选立,以几年为期。吾言民权者,谓欲使中国之君世代相承,践天位勿替,非民主之国之谓也"①。这里,何启、胡礼垣将西方统一的"民权"、"民主"概念在形式上割裂开来,这种割裂正体现了对"民权"、"民主"认识的形式化和表象化。再如,宋育仁一边在谈开议院、张民权,一边担心议院开设后会出现:"政之舍用,大臣之黜陟,总统之举废皆由议院,实举国听于议院,势太偏重,愈趋愈远,遂有废国法、均贫富之党起于其后"②。可见,当时中国的知识分子们并不理解"议院"、"民权"与"民主"的真正内涵。正缘于此,他们将"民权"与"民主"割裂开来,并使这两者处于对立状态。以至于梁启超在维新变法失败后还在说:"民权与民主二者,其训诂绝异。"③

即便是孙中山的民权主义在一定程度上也只注重了民主的形式。1924 年,孙中山对民权主义作了专门的演讲,在演讲中他将法国大革命中的"自由、平等、博爱"的思想与他的"三民主义"作了比较,他说:"用我们三民主义的口号和法国革命的口号来比较,法国的自由和我们的民族主义相同,因为民族主义是提倡国家自由的。平等和我们的民权主义相同,因为民权主义是提倡人民在政治之地位都是平等的,要打破君权、使人人都是平等的,所以说民权是和平等相对待的。此外还有博爱的口号,这个名词的原文是'兄弟'的意思,和中国'同胞'两个字是一样解法,普通译成博爱,当中的道理,和我们的民生主义是相通的。因为我们的民生主义是图四万万人幸福的,为四万万人谋幸福就是博爱。"④ 可见,孙中山对"自由、平等、博爱"的理解也具有形式化的特征。1918 年,他将共和国比作一个公司,认为人人都是股东,从大总统到政府办事人员都是股东的公仆。⑤ 并且他认为辛亥革命以后,民族主义、民权主义任务已经完成。⑥ 这些均说明孙中山也没有摆脱对民主、民权的形式化理解。

"五四"运动之际的陈独秀、李大钊在一定程度认识了民主、民权之根本在于"民众",而不在于民主的形式。陈独秀说:"所谓立宪政体,所谓国民政治,果能实现与否,纯然以多数国民能否对于政治,自觉其居于主人的主动地位为唯一根本之条件。自居于主人的主动的地位,则应自进而建设政府,自立法度而服从之,自定权利而尊重之。倘立宪政治之主动地位属于政府而不属于人民,不独宪法乃一纸空文,无永久厉行之保障,且宪法上之自由权利,人民将视为不足轻重之物,而不以生命拥护之,则立宪政治之精神已完全丧失矣。"⑦ 李大钊则呼吁说:"立宪的青年啊,你们若想得个立宪的政治,你们先要有个立宪的民间,你们先要把黑暗的农村变成光明的农村,把那专制的农村,变成立宪的农村。……这样的民主主义,才算有了根底,有了源泉。"⑧ 可以说,陈独秀、李大钊对于民主、民权的认识在他们

---

① 何启、胡礼垣:《劝学篇·书后》,载《新政真诠》,五编,44 页,格致新报馆印。
② 宋育仁:《风采记》,光绪乙未冬月袖山房石印本,11 页。
③ 熊月之:《中国近代民主思想史》,修订版,153 页,上海,上海社会科学院出版社,2002。
④ 《孙中山选集》,723 页,北京,人民出版社,1981。
⑤ 参见自李光灿、张国华主编:《中国法律思想通史》,第十卷,363 页,太原,山西人民出版社,2001。
⑥ 参见自李光灿、张国华主编:《中国法律思想通史》,第十卷,360 页,太原,山西人民出版社,2001。
⑦ 陈独秀:《吾人最后之觉悟》,载《青年杂志》,第一卷第六号。
⑧ 李大钊:《青年与农村》,载《李大钊选集》,77 页,北京,人民出版社,1959。

所处的历史时期是最深刻的，已经认识到了民主、民权最根本的因素是民众，而不是君主和形式化的宪政。

然而，1918年以后的中国，民族危机进一步加深，"救亡"成为一切的主题，对西方民主制度的理论探讨变得断断续续了。诚如李泽厚先生说：中国近代"根本不能有足够的时间和条件来酝酿成熟一些较完整深刻的哲学政治的思想体系"①。

（二）政治化的民权

西方权利学说的形成过程说明权利内容的发展经历了长期的过程，由民众的具体权利，诸如财产、人身安全、言论等权利，发展到政治制度和政治权利，诸如议会政治、宪政制度等内容。

中国近代知识分子们没有去很好地梳理西方"权利"内容的发展路径，而是在描述国家的政治制度中使用"民权"概念，其更多地指向于"政治权利"，是"政治化的民权"。作为政治化的民权，主要在两个方面体现了"政治性"的内涵。

其一，中国近代知识分子最初使用民权概念时，主要是用以描述西方国家的政治制度。郭嵩焘作为近代使用"民权"概念的第一人，其民权的内涵是指"西洋的政教"中民众的决策权重于君主决策权，他说："西洋政教以民为重，故一切取顺民意，即诸君主之国，大政一出之议绅，民权常重于君。"②

其二，中国近代知识分子最初使用民权概念时，更主要的是说明在帝制之下的中国政治制度的理想。在这个意义上，民权的基本含义还不完全是指民众参政、议政的权利，更多是要求君主在决策时尊重民众的意见。如何启、胡礼垣认为"民权"是政治决策人数的多寡，他们说："民权者……止问可之者否之者人数众寡，不问其身份之贵贱尊卑也。此民权之大意也。"③ 正是在这个理解的基础上，早期的知识分子们，如郑观应、陈炽、宋育仁、康有为等人强调了开设议院对中国富强的意义，如郑观应说："议院者，公议政事之院也，集众思，广众益，用人行政，一秉至公，法诚良意诚美矣。"④ "故欲行公法，莫要于张国势；欲张国势，莫要于得民心；欲得民心，莫要于通下情；欲通下情，莫要于设议院。中国而终自安卑弱，不欲富国强兵，为天下之望国也，则亦已耳；敬欲安内攘外，君国子民，持公法以保太平之局，其必自设立议院始矣。"⑤ 可见，他们仅仅是将"开设议院"作为通民情的一种手段，并没有清楚地认识"议院"在西方国家政治制度中的意义。

因此，中国近代知识分子们所认识的"民权"更多的是一个政治概念，是政治决策形式的概念。应该说西方的"权利"概念也表现为政治概念，但西方的"权利"作为政治概念是指"民主"，是政治制度的基础，而不是简单的决策形式。对于这一点，五四运动的领袖人物陈独秀一针见血地指出"夫西洋之民主主义（democracy）乃以人民为主体，林肯所谓由民（by people）而非为民（for people）者，是也。所谓民视民听、民贵君轻，所谓民为邦

---

① 李泽厚：《中国近代思想史论》，392页，天津，天津社会科学院出版社，2004。
② 转引自熊月之：《中国近代民主思想史》，修订版，9页，上海，上海社会科学院出版社，2002。
③ 何启、胡礼垣：《劝学篇书后》，载《新政真诠》，五编，50页，格致新报馆印。
④ 郑观应：《议院》，载《盛世危言》，19页。光绪丙申上海书局石印本卷一。
⑤ 郑观应：《议院》，载《盛世危言》，卷一，21页，光绪丙申上海书局石印。

本，皆以君主之社稷——即君主祖遗之家产为本位。此等仁民爱民为民之民本主义……皆自根本上取消国民之人格，而与以人民为主体由民主主义之民主政治，绝非一物。"① 在这里，陈独秀抛弃了简单的"民权"的概念，转而寻找到了近代国家正当性的真正基础。

（三）民本化的民权

中国近代知识分子们在接受和理解西方的政治制度时，由于智识背景的作用，他们总是不自觉地运用中国传统思想中的概念来完成与西方概念的对接。梁启超曾说："盖当时之人，绝不承认欧美人除了能制造能测量能驾驭能操练之外，更有其他学问，而在译西书中求之，亦确无他种学问可见。康有为、梁启超、谭嗣同辈，即生育于此种'学问饥荒'之环境中，冥思枯索，欲以构成一种'不中不西即中即西'之新学派，而已为时代所不容。盖固有之旧思想，既深根蒂固，而外来之新思想，又来源浅觳，汲而易竭，其支绌灭裂，固宜然也。"② 熊月之先生在论述中国近代接受西方的民主思想也说：中国近代学者"都是在知道了西方的民主思想以后，再戴着有色眼镜，到传统的诗云子曰中阐幽发微的。……其结果，民主思想中羼入了貌似民主、实非民主的内容，在一定程度上混淆了近代民主思想与传统的重民、仁政之类思想的界限"③。

对于"民权"，他们在中国本土的思想资源中寻找到了"民本"来与之对接。如康有为说："民之立君者，以为己之保卫者也。盖又如两人有相交之事，而另觅一人以作中保也。故凡民皆臣，而一命之士以上，皆可统称为君。"④ 谭嗣同说："生民之初，本无所谓君臣，则皆民也。民不能相治，亦不暇治，于是共举一民为君。""夫曰共举之，则因有民而后有君；君末也，民本也。""夫曰共举之，则且必可共废之。"⑤ 严复则说："君臣之伦，盖处于不得已也！唯其不得已，故不足以为道之原。""斯民也，固斯天下之真主也。"⑥ 从他们的言论中可以发现他们的理论背景依然是中国古代社会君民对立中所产生的"民本"思想。因此，他们所理解的"民权"与中国古代的"民本"在理论根源上是大致相当的。

"权利"概念本非中国本土的概念，中国近代知识分子在接受这个概念时运用中国古代的"民本主义"的智识背景，这是文化冲突与融合的一个必然过程，这也是"权利"概念中国化的必由之路。但是，民本化的民权理解过程，使近代中国对权利概念的本原含义在认识上出现了一定的偏差，这种偏差不仅影响着中国近代社会对"权利"概念的理解，也影响着中国现代社会对"权利"概念的理解。

（四）抽象化的平等、自由

西方权利学说的发展进程说明，"平等"、"自由"概念是在对大量的具体权利抽象总结的基础上产生出来。以自由为例，是在社会生活中已经大量存在着具体的行动自由、言论自

---

① 转引自陈崧：《五四前后东西文化问题论战文选》，95 页，北京，中国社会科学出版社，1985。

② 梁启超：《清代学术概论》，97 页，上海，上海古籍出版社，1998。

③ 熊月之：《中国近代民主思想史》，修订版，576 页，上海，上海社会科学院出版社，2002。

④ 康有为：《实理公法全书》，刘梦溪主编：《中国现代学术经典·康有为卷》，13 页，石家庄，河北教育出版社，1996。

⑤ 谭嗣同：《仁学》三十一，载《谭嗣同全集》，下册，339 页，北京，中华书局，1981。

⑥ 严复：《辟韩》，王栻编：《严复集》，第 1 册，34、36 页，北京，中华书局。1986。

由、集会自由等具体的自由形式的前提下，人们从中抽象出"自由"的一般含义。

中国近代知识分子们在中国近代社会还不存在类似于西方具体的平等、自由的情况下，接受了西方"平等"、"自由"的观念，使得这些概念在中国近代知识分子那里一开始就具有极强的"抽象性"，这种抽象性的致命缺陷在于缺乏现实的权利形式为基础。

近代对平等权、自由权的探讨最具代表性的是康有为、梁启超和严复。康有为在"天赋人权"的基础上论述了"平等"的重要性，他在早期所撰写的重要著作《实理公法全书》中说："人类平等是几何公理。"① "天地生人，从来平等。"② 在《大同书》中他也说："其惟天予人权、平等独立哉，其惟天予人权、平等独立哉！"③ 在康有为那里，他只论述了"人人平等"的公理性根据，"人人平等"的表现形式却很少。

梁启超也是在"天赋人权"的基础上探讨"平等"、"自由"的，他说："自由者，天下之公理，人生之要具，无往而不适用者。"④ 他还认识到自由与道德之间的关系，"且自由权又道德之本也。人若无此权，则善恶非己出，是人而非人也"⑤。但梁启超论证平等权、自由权的目的是为了论证国家主义的合法性。他说"民权之论，洋洋盈耳，诚不忧其夭阔，所患者，甚嚣尘上，钝国家之作用，不获整齐于内况胜于外耳。故在今日，稍畸重国权主义以济民权主义之穷，此宪法所宜采之精神一也。"⑥ 这里可以看出，梁启超在主张国家利益高于个人利益的同时，将个人自由与权利问题逐渐淡化和遗忘。

严复是近代较早探究自由，也是探究得最深刻的思想家。早在 1895 年的《原强》一文中，他就用"以自由为体，以民主为用"⑦ 来描述西方政治制度的特质，他指出："彼西洋者，无法与法并用而皆有以胜我者也。自其自由平等观之，则捐忌讳，去烦苛，决壅蔽，人人得以行其意，申其言，上下之势不相悬，君不甚尊，民不甚贱，而联若一体者，是无法之胜也。"⑧ 他对自由的定义是"自由者，各尽其天赋之能事，而自承之功过者也。"⑨ 并强调自由是"生人所不可不由之公理。"⑩ 他还将"自由"与"平等"、"民主"联系起来考察，"自由者，各尽其天赋之能事，而自承之功过者也。虽然彼设等差而以隶相尊者，其自由必不全。故言自由，则不可以不明平等，平等而后有自主之权；自自主之权，于以治一群之事者，谓之民主。"⑪ 但是严复提倡自由的目的，依然是希冀国家在政治上的自强，他说："是故自强者，不外利民之政也，而必自民之能自利始；能自利自能自由始；能自由自能自治

---

① 康有为：《实理公法全书》，刘梦溪主编：《中国近代学术经典·康有为卷》，6 页，石家庄，河北教育出版社，1996。

② 康有为：《实理公法全书》，刘梦溪主编：《中国近代学术经典·康有为卷》，15 页，石家庄，河北教育出版社，1996。

③ 康有为：《大同书》，65 页，北京，中华书局，1935。

④ 梁启超：《新民说》，55 页，沈阳，辽宁人民出版社，1994。

⑤ 梁启超：《卢梭学案》，《饮冰室合集》，第 1 册，文集之六，101 页，北京，中华书局，1989。

⑥ 梁启超：《宪法之三大精神》，范忠信选编：《梁启超法学文集》，349 页，北京，中国政法大学出版社，2000。

⑦ 严复：《原强》，载王栻主编：《严复集》，第 1 册，11 页，北京，中华书局，1986。

⑧ 严复：《原强》，载王栻主编：《严复集》，第 1 册，11 页，北京，中华书局，1986。

⑨ 严复：《主客主义》，载王栻主编：《严复集》，第 1 册，117 页，北京，中华书局，1986。

⑩ 严复：《论教育与国家之关系》，载王栻主编：《严复集》，第 1 册，166 页，北京，中华书局，1986。.

⑪ 严复：《主客主义》，载王栻主编：《严复集》，第 1 册，117～118 页，北京，中华书局，1986。

始；能自治者，必其能恕，能用挈矩之道者也。"① 因而，他更多的是强调国家的自由，他说："观吾国今处之形，则小己自由尚非所急，而所以祛异族之侵横，求有立于天地之间，斯真刻不容缓之事。故所急者，乃国群自由，非小己自由也。"② 由于严复所强调的自由的最终目的是国家的自由，因而在他对自由的论述中很难找到具体的自由的表现形式，他对自由的论述更具有抽象性。

因此，中国近代知识分子们对"平等"、"自由"等概念是在抽象的理论思辨中理解的，并没有清晰地认识到"平等"、"自由"是由现实权利向抽象理论的发展逻辑。他们的这种理解在中国近代历史上缺乏现实的权利支撑，这就显得对这些概念的理解是抽象的、支离破碎的。即便是中国近代对自由阐述得最深入的严复也是如此，这从严复晚年在"自由"理论上的反复以及对儒家思想的重新重视可以得到证明。1914 年的严复发表了《〈民约〉平议》系统批评了卢梭的社会契约论和以国民公意为基础的人民主权论，他认为："今之所急者，非自由也，而在人人减损自由，而以利国善群为职志。"③ 1918 年的严复说："不佞垂老，亲见支那七年之民国与欧罗巴亘古未有之血战，觉彼族（指西方各民族）三百年之进化，只做到'利己杀人，寡廉鲜耻'八个字。回观孔孟之道，真量同天地，泽被寰区。"④ 严复在思想上的反复虽然有其个人境遇变化的原因，但也充分反映了中国近代知识分子对"自由"、"平等"抽象性理解上的反复。

（五）私权的缺失

在西方权利学说的产生过程中，先是具体的私权极度发达，然后致私权观念的产生与发达。"私有财产神圣不可侵犯"的观念是私权发达的具体表现，也是权利学说产生的民众心理支持。西方"天赋人权"、"契约论"学说的产生正是在私权观念充分发展，并足以与公权利（专制权利）对抗，并在实际对抗中产生的。在一定的意义上说，西方的政治权利学说的真正基础是坚实而广泛的私权观念。

中国近代以来，"权利"一词得到了广泛的使用，具体的以财产为核心的私权利概念也被引入中国。1880 年，在刑部尚书王文韶倡导下，由在同文馆任教的法国人毕利干将《法国六法》译成中文，定名为《法国律例》，这是中国历史上第一部由官方组织系统翻译的外国法典。其中包括《法国民法典》，中文译为《民律》，这是西方《民法》第一次被引进中国。⑤ 在《法国律例》中，《民律》和《民律指掌》的位置是在最后，其"凡例序"对《民律》的说明是："其所制这民律，系制定民间一切私利之事也。而此民律，复分为三纲，共计二千二百八十一条，其一纲论人，二纲论资材，三纲论以何法能获得利益并互相有勉行应尽之责。其所制《民律指掌》，系制定各项范围，以便人人行其所执之权也，一遇因事到官，考其所执之权是否切实，如无异议，则其所执之权，系为牢不可破之权，应令照权遵行。"⑥ 这在中国近代第一次出现了私权的法律和私权的概念。

①　严复：《原强》，载王栻主编：《严复集》，第 1 册，14 页，北京，中华书局，1986。
②　严复：《〈法意〉按语》之八十二，载王栻主编：《严复集》，第 4 册，981 页，北京，中华书局，1986。
③　严复：《〈民约〉平议》，载王栻主编：《严复集》，第 2 册，337 页，北京，中华书局，1986。
④　严复：《与熊纯如书·七十五》，载王栻主编：《严复集》第 3 册，692 页，北京，中华书局，1986。
⑤　参见王健：《沟通两个世界的法律意义》，193～194 页，北京，中国政法大学出版社，2001。
⑥　转引自王健：《沟通两个世界的法律意义》，196 页，北京，中国政法大学出版社，2001。

　　1902 年，由基督教会所设立之上海广学会出版了《泰西民法志》（英国人甘格士著，胡贻縠翻译，上海蔡尔康删订），这是中国正式引入的第一部西方民法学专著①，也是中国近代史上第一次使用"民法"的概念。后来，在沈家本主持下，修订法律馆开始大量地翻译引进西方尤其是日本的民法学著作，如富井政章的《民法原论》、梅谦次郎的《民法讲义》、志田鉀太郎的《民法总则》等。② 至沈家本 1911 年主持制定了《大清民律草案》，在中国近代的法律体系中才有"私权"法。

　　但是，中国近代进步的知识分子由于"强国"的愿望，更多地关注了国家政治制度的架构。在中国近代"民权"话语体系中，以财产权为核心的私权利并没有得到全面的诠释和使用。"私权"概念仅流转于法学家的眼中，其真正的内涵及其与近代西方政治发展的关系，却没有得到很好地研究。从魏源到康有为、孙中山，以财产为核心的私权虽然也有所提及，但却不在近代"权利"话语体系中占主导地位。可以说，"私权"淹没在近代的"民权"话语中了。

　　总之，近代西方的权利观虽然引入了中国，也对中国近现代社会权利结构、权利观念产生了巨大的影响。但是由于中国近现代知识分子对西方权利的概念、观念的表象性和急功近利式的理解，使得中国近现代社会对于权利的认识存在先天的不足，这对中国后来的政治制度的建设和法律制度的建设都产生了特定的影响。

第三节
权利观念在近现代中国的觉醒

　　西学东渐使近现代中国进步的知识分子们认识到了平等、自由基础上的权利的重要意义。虽然，近代中国最初接受西方的权利学说，尤其是政治权利学说，是为了在皇权之下实现富国强兵。但随着西方权利学说的进一步输入和知识分子认识的进一步深入，他们发现在中国不平等的权利结构基础上的政治制度是中国积弱的根本原因。辛亥革命之后的权利要求就不再简单是富国强兵的要求，而是要建立平等、自由的资产阶级民主共和国了。同样权利观念也不再仅仅表现为政治权利的要求，而是在更广泛的领域内提出了具体的权利要求，这标志着权利意识在中国近现代社会的全面觉醒。

一、中国近代权利观的发展

　　鸦片战争的失败使中国的政治集团和知识阶层全面地检讨这场战争失败的原因，建立在特权基础上的中国传统政治制度落后于西方的政治制度是人们寻找到的一个重要的原因。这个原因的准确认识，使人们开始思考改变这种状况的途径和方法，这也促进了中国近代权利观念的发展。中国近代权利观的发展大致可以分为三个阶段。

---

①　参见田涛、李祝环：《清末翻译外国法学书籍评述》，载《中外法学》，2000（3）。

②　参见何勤华：《中国近代民商法学的诞生与成长》，载《法商研究》，2004（1）。

其一，洋务运动前后的权利观念。鸦片战争以后的中国人，尤其是知识分子们开始"睁眼看世界"，他们全方位地比较中国与西方的差别。有的认识到东西方的差别在于器物，有的则认识到东西方的差别在于制度。但在这一时期，人们更多地认识到东西方的差别在于器物。洋务运动正是在这样的背景下产生的，洋务运动是以曾国藩、李鸿章、张之洞为代表的地主阶级在认识到东西方器物层次上的差别后，所兴起的学习西方技术，兴办制造业的运动。洋务运动的形式最初是官商合办，后发展到官督商办。在兴办的过程中，虽然地主阶级的官僚资本占了很大的比重，但也在一定程度上尊重了商人的权利。1880 年的翻译出来的《法国律例》将《贸易定律》放在《民律》的前面，虽然"可能与当时洋务运动兴起的'重商'、'商战'、要求制定商法的形势有关"①，但无论是进步知识分子对西方政治制度的粗浅的认识，还是在这一时期所翻译的西方国家的法律，都促使中国近代的学术领域中出现了权利的身影。

其二，戊戌变法前后的权利观念。应该说，从 1840 年以后就有少数进步的知识分子们认识到东西方之间真正的差别在于制度，他们对西方政治制度的介绍中涉及了大量西方政治权利的内容。戊戌变法前后，越来越多的人们认识到了这一点。在戊戌变法中，"君主立宪"是当时中国进步的知识分子们的政治要求。这一要求中，他们系统地表达自己的以"民权"、"自由权"、"平等权"、"人权"为核心的权利观念。即便是统治集团内部的开明官僚也提出重视具体权利的希冀，如 1901 年 1 月 29 日清政府颁布"变法诏"；要求大臣们就变法事宜"各抒所见"。是年 7 月，两江总督刘坤一、湖广总督张之洞连续上奏《变通政治人才为先遵旨筹议折》、《遵旨筹议变法谨拟整顿中法十二条折》、《遵旨筹议变法谨拟采用西法十一条折》，此即有名的《江楚会奏变法三折》。② 张之洞提出变法第三折时，十分明确在提出了定路矿律、商律。如提出："必中国定有商律，则华商有恃无恐，贩运之大公司可成，制造之大工厂可设，假冒之洋行可杜。"③ 由此可见，在洋务运动中，洋务派官员也提出了重视商人、商事权利的要求。

其三，辛亥革命前后的权利观。戊戌变法的失败，使中国进步的知识分子们清楚地认识到在维护皇权之下实现"君主立宪"只不过是一种天真的想法。中国资产阶级革命派们开始致力于推翻清王朝。清政府在内忧外困之中进行了行政制度改革和法律改革。1908 年清政府颁布了《钦定宪法大纲》，虽然这部宪法性文件具有极大的欺骗性，但它使"民权"、"自由权"、"平等权"在中国有了最初的法律表现。1904 年沈家本主持制定的《大清新刑律》虽然保留了五条暂行章程，但废除了凌迟、枭首、刺字等酷刑，使得"人权"在中国近代法律上有了相对具体的内涵。1911 年沈家本主持制定的《大清民律草案》虽然没有颁布，但它毕竟是中国近代以财产权为核心的私权法律化、体系化的一次重大实践，使得以财产权为核心的私权在中国近代第一次获得了法律表现。1906 年完成的《大清刑事民事诉讼法》（草案）虽然未及颁行，但其对于公开审判制度、陪审制度和律师制度的法律上的明确毕竟是中国近代法律文本中的第一次表现，也体现了在司法制度中维护"人权"的客观要求。

---

① 王健：《沟通两个世界的法律意义》，199 页，北京，中国政法大学出版社，2001。

② 参见《张之洞·张文襄公全集》，楚学精庐刊本，民国二十六年。

③ 李光灿、张国华主编：《中国法律思想通史》第十卷，62 页，太原，山西人民出版社，2001。

以孙中山为代表的中国近代民族资产阶级在辛亥革命前后明确表达了自己的权利要求和权利设计。他们以建立资产阶级民主共和国为核心，以"民族、民权、民生"为核心完整地提出了自己的权利观。自辛亥革命以后，南京国民政府和武汉国民政府短暂的政治实践在一定意义上来说，是中国近代伟大的权利实践运动。在这期间所形成的权利观念因为这场运动的广泛性，在历史所能提供的场域进入了可能进入的中国社会的各个领域，使得近代中国逐步形成以政治权利为核心内容的权利体系和权利观念体系。

中国近代权利观念的发展进程实际上很复杂，其间夹杂着各种观点和思想，但大体上是以"民权"为核心的观念体系，这一体系的形成对中国近代权利观的形成具有重要的影响。

二、中国近代权利观的内容

在中国近代社会的发展中，权利观呈现出众多内容交织在一起的极其复杂的状况，既有中国新兴力量的立宪派、资产阶级民主革命派们先进的权利观，也有代表着旧官僚贵族的权利观，还有中下层民众的权利观，等等。对此，我们选取对中国近代社会的发展产生深远影响的权利观进行分析。

(一) 民族自决权

追求民族自权、国家主权是近代中国社会运动的核心命题。无论是魏源所提出的"师夷长技以制夷"，还是洋务运动中所兴办的洋务，还是维新运动中所提出的"君主立宪"都表达了一个潜在的权利要求，即追求国家的独立，追求民族的自决权。

孙中山领导的资产阶级民主革命中将这一要求鲜明地表达为"恢复中华"。1894年孙中山在亲定的《兴中会章程》中指出："中国积弱非一是矣，上则因循苟且，粉饰虚张，下则蒙昧无知，鲜能远虑……盖我中华受外国欺凌，已非一日。"[①] 故而，孙中山将"驱除鞑虏、恢复中华"写进了《兴中会章程》中所附的秘密誓词中，第一次以政治纲领的形式表明对国家主权独立、民族自决权的追求。

近代中国的历史在一定的意义上来说是追求民族自决的历史，无数仁人志士为实现这一理想浴血奋战。虽然在中国近代史上并没有完全实现这一目标，但是，对民族自决权的追求是数代中国人的理想。

(二) 平等权

在近代西方自然权利观念的影响下，中国近代也形成自己的平等权概念和法律要求。在平等权方面，早在鸦片战争之后不久，中国进步的知识分子就零散地提出了"人人平等"的要求。辛亥革命以后，平等权不仅表现在观念的要求上，而且成为法律的内容。

从平等权的内容上来看，一是在观念上追求"人人平等"。如何启、胡礼垣以"公平"的概念表达了平等的观念："夫政者，民之事也，莫若以公而平之。"[②] 二是追求男女平等，陈炽于1892年所成的《庸书》百篇中有一篇《妇学》，他在这一篇中主张严禁女子缠足，违禁者惩之以刑；他提倡男女平等，提倡广增学校，对女子进行教育，并认为此是"富国强兵

---

① 《孙中山全集》，第一卷，19页，北京，中华书局，1981。
② 何启、胡礼垣：《新政议论》，载《新政真诠》二编，8页，格致新报馆印。

之本计也"①。秋瑾则呼吁:"吾辈爱自由,勉励自由一杯酒,男女平权天赋就,岂甘居牛后。愿奋然自拔,一洗从前耻垢。若安作同俦,恢复江山劳素手。"② 三是废除奴婢制度。孙中山在1905年所发表的《同盟会宣言》中说:"风俗之害,如奴婢之蓄养,缠足之残忍,鸦片之流毒,风水之阻害,亦一切禁止。"③ 辛亥革命以后南京临时政府通过立法废除奴婢,提倡人人平等。在《大总统令内务部禁止买卖人口文》中孙中山说:"今查民国开国之始,凡属国人咸属平等。背此大义,与众共弃。"④ 对于闽粤之疍户、浙之惰民、豫之丐户等奴婢之户,均享有国家的一切权利。⑤ 即便是1947年《中华民国宪法》第7条在形式上也规定:"中华民国人民,无分男女、宗教、种族、阶级、党派,在法律上一律平等。"⑥ 可见,近代以来平等权的观念已经深入人心。

(三) 自由权

自由权主要表现在观念和宪法性文件上。从思想观念上来说,严复的自由思想是中国近代最具代表性的思想。他认为西方的政治制度是"以自由为体,以民主为用"⑦。就个人而言,若无自由"民固有其生也不如死,其存也不如亡。"对于国家而言,"身贵自由,国贵自主,生之与群,相似如此"⑧。在现代的政治思想发展中,李大钊提出了思想自由的具体内容,"而思想自由之主要条目,则有三种:一出版自由,一信仰自由,一教授自由是也"⑨。

在法律上第一次出现"自由"的概念是《钦定宪法大纲》,在其附录《臣民权利义务》的第2条中称:"臣民于法律范围以内,所有言论、著作、出版及集会、结社等事,均准其自由。"⑩ 这是"自由"一词最早出现于宪法性文件中。中国近代第一部具有资产阶级民主共和国性质的宪法性文件《中华民国临时约法》第6条规定了民众所享有的七项自由权利。即便是蒋介石用以欺骗人民的1947年《中华民国宪法》也在第二章"人民之权利义务"中用四个条文规定了人民的自由权。由此,亦可见近代以来"自由"不仅成为民众的追求,也成为政府具有合法性的一项重要内容。

(四) 民权 (政治权利)

民权是近代中国发展中的核心词汇之一。自鸦片战争以来,各种进步的知识分子都以自己的理解表达了对"民权"的渴望。无论是魏源等人最初对民权的有限理解,还是洋务运动中开明的地主阶级和官僚所提出的有限民权,还是百日维新的领袖们所提出的君主立宪政体

---

① 陈炽:《妇学》,《庸书外卷篇下》,第13页,自强学斋治平十议版,光绪刊本。

② 秋瑾:《勉女权歌》,《中国女报》第二期。转引自熊月之:《中国近代民主思想史》,429页,上海,上海社会科学出版社,2002。

③ 《孙中山选集》上卷,68~70页,北京,人民出版社,1956。

④ 《大总统令内务部禁止买卖人口文》,《临时政府公报》第二十七号(三月二日)令示,载《辛亥革命资料》,216页,北京,中华书局,1961。

⑤ 参见《大总统通令开放蛋户惰民等许其一体享有公权私权文》,《临时政府公报》第四十一号(三月十七日)令示,载《辛亥革命资料》,302~303页,北京,中华书局,1961。

⑥ 夏新华、胡旭晟整理:《近代中国宪政历程:史料荟萃》,1105页,北京,中国政法大学出版社,2004。

⑦ 严复:《原强》,载《严复集》,第1册,16~17页,北京,中华书局,1986。

⑧ 严复:《原强》,载《严复集》,第1册,23页,北京,中华书局,1986。

⑨ 《李大钊文集》(上),247页,北京,人民出版社,1984。

⑩ 夏新华、胡旭晟整理:《近代中国宪政历程:史料荟萃》,128页,北京,中国政法大学出版社,2004。

下的形式化的民权，都表达了中国近代以来的社会对国家、君主、民众关系的一种新认识，无论从何角度而论都具有一定的历史进步性。当然，近代以来只有以孙中山领导的资产阶级革命派们比较准确地理解了"民权"的原意，使民权成为近代民主国家的立国之基。

从近代宪政的发展来看，民权并不是一个抽象的概念，它具体化为一系列的政治权利。民权的具体化是从《钦定宪法大纲》开始的，其在"臣民权利义务"中规定："臣民中有合于法律命令所定资格者，得为文武官吏及议员"①，无论我们今天怎么贬斥《钦定宪法大纲》，这都是中国近代第一部关于政治权利的法律规定，至少从形式上我们无法否认其在中国近代宪政发展史上的地位。至 1912 年的《中华民国临时约法》在第二章"人民"中自第 7 至 12 条规定了人民所享有的请愿、陈诉、起诉、考试及选举与被选举之权②，这使中国近代民众的政治权利有了具体的内容。1947 年的《中华民国宪法》则在第二章"人民之权利义务"中规定了请愿、诉愿、诉讼、选举、罢免、创制、复决及考试服公职之权。③ 在形式上使中国近代民权进一步具体化。

在一定的意义上来，20 世纪以前的"民权"更多地表现为观念形态，20 世纪以后则更多地表现为观念和法律上具体的"政治权利"。虽然，这前后"民权"的表现形式不一致，但 20 世纪以后民权的具体化更表达了中国近代社会对民主的具体化要求，这也成为政权、政府具有合法性的依据之一。

（五）人权

人权在 20 世纪以前的中国在观念上具有抽象和具体的两种表现形式。作为抽象的人权，是与西方的"天赋人权"联系在一起的。中国近代进步的知识分子在运用抽象的人权概念时也论证人的平等性和自然权利的神圣性。至于具体的"人权"的观念，人们更多是用抽象的人权概念来批评中国传统社会中剥夺人权的内容，诸如司法黑暗、男女不平等、买卖人口、使用奴婢等，这样使"人权"概念在中国近代具有了一定具体的内涵。

从法律而言，《钦定宪法大纲》也第一次规定了"臣民非按照法律所定，不加以逮捕、监禁、处罚"这样的形式上维护人权的内容，同时还规定了"臣民应专受法律所定审判衙门之审判"④。《中华民国临时约法规定》第 6 条第 2 项、第 3 项规定："人民之身体，非依法律，不得逮捕、拘禁、审问、处罚；人民之家宅，非依法律，不得侵入或搜索。"⑤ 1947 年《中华民国宪法》第 8 条则是更加全面地规定了维护人权的内容，虽然这一条文根本就没有得到很好的实施。

总之，近代以来"人权"观念的提出，表明中国近代知识分子们认识到人作为国家、社会主体所享有的基本权利的重要性。同时，"人权"观念也是近代反对专制、暴政的理论和法律武器。

---

① 夏新华、胡旭晟整理：《近代中国宪政历程：史料荟萃》，128 页，北京，中国政法大学出版社，2004。
② 参见夏新华、胡旭晟整理：《近代中国宪政历程：史料荟萃》，157 页，北京，中国政法大学出版社，2004。
③ 参见夏新华、胡旭晟整理：《近代中国宪政历程：史料荟萃》，1105 页，北京，中国政法大学出版社，2004。
④ 夏新华、胡旭晟整理：《近代中国宪政历程：史料荟萃》，128 页，北京，中国政法大学出版社，2004。
⑤ 夏新华、胡旭晟整理：《近代中国宪政历程：史料荟萃》，156 页，北京，中国政法大学出版社，2004。

（六）财产权

应该说，财产权在中国近代主流的话语中并不占主导地位。但是，并不能说财产权的观念没有产生和发展。相反，近代以来以"财产权"为核心的私权利的观念不仅产生、发展了，而且还得到了法律化。

中国近代财产权的法律化首先体现在宪法中。中国近代第一部宪法性文件《钦定宪法大纲》在"臣民权利义务"中称："臣民之财产及居住，无故不加侵扰。"1912 年颁行的《中华民国临时约法》也在第 6 条人民的自由权中规定了："人民保有财产及营业之自由。"① 《中华民国宪法》（1947 年）在第 15 条规定："人民之生存权、工作权及财产权，应予保障。"②

其次，中国近代财产权体现在民事法律中。1911 年编纂而成的《大清民律草案》于第三编《物权》中全面地规定了民众享有的财产权，如第 983 条对所有权规定："所有人于法令限制之内，自由使用、收益、处分其所有物。"③ 1914 年至 1925 年编成的《民国民律草案》第三编"物权"用了 310 个条文规定了民众的财产权。④ 这些民事法律对于财产权的全面规定也说明了中国近代私权观念的发展。

由此可见，财产权虽然在近代中国以"民权"为核心的权利体系中并不占据着主导地位，但是我们不能因此而忽略了它的存在和发展，也许正因为它的存在和发展，才能使我们在当代能更好地理解权利概念本身。

中国近代在以"民权"为核心概念的基础上，逐步地形成了以平等、自由为基础的权利要求，既包括政治上参政、议政的要求，也包括男女平等、废除奴婢的要求，还包括具体的财产权利的要求，这些内容共同构成了中国近代权利观念的内容。虽然，中国近代很多权利观念还较肤浅，但它们在广度上的进一步发展说明了中国近代权利意识的全面觉醒。

三、中国近代权利观的全面深入

权利意识的觉醒并不是说中国古代没有权利思想和权利观念，这里我们所指的是以平等权、自由权为基础的，以政治权利（民权）为核心的权利思想、权利观念在中国近代的兴起。也因为这些权利观念的兴起，使得中国近代的民主制度、宪政制度在一定程度上得到了发展。

（一）权利观念的社会化

中国近代的思想运动虽然说对普通民众的影响不是全面的，也不是根本性的。但随着社会的发展，民主、自由、权利这样的观念还是以各种各样的形式走向了民众之中，使这些观念开始植根于中国这片古老的土地。

袁世凯的复辟仅 83 天就覆亡了，1917 年的张勋复辟仅 12 天就失败了，这本身就说明民主共和的观念深入人心。史载辛亥革命胜利以后，有一位八十多岁的盐商萧某，专程从扬州来至南京，求见孙中山。门卫问他何事，他回答道："没有什么公事，只想看

① 夏新华、胡旭晟整理：《近代中国宪政历程：史料荟萃》，156 页，北京，中国政法大学出版社，2004。
② 夏新华、胡旭晟整理：《近代中国宪政历程：史料荟萃》，1105 页，北京，中国政法大学出版社，2004。
③ 《大清民律草案、民国民律草案》，杨立新点校，130 页，长春，吉林人民出版社，2002。
④ 参见《大清民律草案、民国民律草案》，杨立新点校，305～343 页，长春，吉林人民出版社，2002。

看民主的气象"。孙中山闻讯后派人将萧某接进去，他一见孙中山就要行三跪九叩之礼，孙中山忙把他搀扶起来。孙中山并说："总统在职一天，就是国民的公仆，是为全国人民服务的。"萧某问："总统若是离职后呢？"孙中山回答道："总统离职后，又回到人民的队伍里面去，和老百姓一样"。这位萧老先生十分高兴，笑着说："我今天总算见到民主了。"① 朱执信对民国建立后的形势曾这样说道：民国初年"国民相信自己是主人翁，官吏自问没有什么威光"②。

"五四"运动中，中国进步的知识分子们认识到中国根本出路问题在于动员民众，李大钊敏锐地指出"只要农村有了现代青年的足迹，作现代文明的导线，那些农民们，自然不会放弃他们的选举权，不会滥用他们的选举权，不会受那都市中流氓的欺、地方上绅董的骗，每人投的清清楚楚的一票，必能集中到一个勤苦工作、满腹和劳工阶级表同情的人身上。他来到议院，才能替老百姓说话，也就是老百姓说话，他的话才有无限的权威；万一有种非礼的压迫无端相加，老百姓才能作他们的后援。这样的民主主义才算有了根底，有了源泉。"③

"五四"运动以后，中国近代的权利观念宣传是伴随救亡运动的发展进一步深入到民间，后来的各种学生运动、反抗运动不仅仅是要求民族独立、解放的运动，同样也是权利解放的运动，是权利观念深化的运动。在一定的意义上来说，中国共产党所领导的新民主主义革命更是一场波澜壮阔的权利解放运动。

虽然，在中国近现代权利社会化的过程中，是以民族独立权、民族解放权为核心的，但是其他权利的观念也一样深入社会。因为，越来越多的人认识到没有民族独立、民族解放，一切权利都将不能实现。

（二）权利的宪法化

近代中国，权利的宪法化是权利意识觉醒在国家根本制度上最重要的表现。权利的宪法化首先表现在"权利"一词写进了宪法。"权利"入宪最早是在中国近代的第一部宪法性文件《钦定宪法大纲》中，1908 年 8 月 27 日颁布的《钦定宪法大纲》的附录部分标明了"臣民权利义务"。虽然，《钦定宪法大纲》在内容上是虚伪的，但在形式上第一次将"权利"一词标明，这不能不说是中国近代权利意识觉醒的一个标志。

其次，权利的宪法化表现在宪法列明了民众的权利。中国近代第一次列明民众的权利的依旧是《钦定宪法大纲》，其在附录部分规定了民众的被选举权、政治自由权（言论、著作、出版及集会、结社）、人身自由权、诉权、财产和居住权。虽然，这些权利是以附录形式出现的，在当时也得不到真正的保障。但其毕竟在形式上列明了这些权利，这也不能不说是一个进步。在《钦定宪法大纲》以后的宪法中，均用专章规定了民众的权利。如 1912 年颁行的《中华民国临时约法》是中国近代史上第一部具有资产阶级民主共和国宪法性质的文件，其将民众的权利摆在了第二章的重要位置，并用八个条文规定了广大民众的权利。④ 1923 年

---

① 郭汉章：《南京临时大总统府三月见闻录》，载《辛亥革命回忆录》第六册，294 页，北京，中华书局，1963。

② 《朱执信集》（下集），865 页，北京，中华书局，1997。

③ 李大钊：《青年与农村》，载《李大钊选集》，77 页，北京，人民出版社，1959。

④ 具体条文参见夏新华、胡旭晟等整理：《近代中国宪政历程：史料荟萃》，156 页，北京，中国政法大学出版社，2004。

的《中华民国宪法》在第四章"国民"中从第 4 条到第 18 条，用了共 15 个条文规定了民众的权利。① 1947 年前后，蒋介石政府的独裁专制的面目对于全国民众而言已经是十分清晰的了，但他们在 1947 年 1 月 1 日颁布的《中华民国宪法》也不得不在形式上将"人民的权利义务"放在了第二章这样重要的位置，并用 12 个条文规定了民众的权利。②

可见，自《钦定宪法大纲》之后，中国近现代的宪法性文件及宪法，无不规定民众的权利。这是历史的要求，是任何一个政府都不敢违拗的，否则这个政府将丧失合法性，这是中国近代权利觉醒的最重要的标志，也是最重要的成果。

（三）权利的法律化

权利的法律化是指在宪法之外的其他法律中规定权利内容和保护权利的方法。辛亥革命之后，中国近代权利的法律化才真正开始，至国民政府《六法全书》制定完毕后，才完成了中国近代权利的法律化。

清末的法律改革意图仿照日本建立中国的法律体系，但由于资产阶级民主革命的到来，使得清末的法律改革未能真正实现，大量的立法只是草案，未及实施。但是，清末制定的大量的法律草案为中国后来的立法提供了经验和法律范本，应该说清末的法律改革对中国近代权利的法律化还是有经验和文本的意义的。如清末修订的《大清民律草案》、《大清商律草案》、《大清诉讼律草案》对中华民国的法律体系的形成起到了一定的作用。正如陈顾远先生所说："清末变法，参取欧西法制精神，虽在当时未能有成，实开民国后新法制之先河。"③

中国近代权利法律化的真正开端应该是辛亥革命之后的法律建设。虽然，由于历史的原因，辛亥革命以后的南京临时政府没有能完成权利的全面法律化，但它启动了权利法律化的实践。南京临时政府成立后先后颁布了一些单行的令文以维护民众的权利，如《大总统令内务部通饬保护人民财产令》、《内务部奉大总统令凡谒陵时被践损伤田苗准照数赔给示文》、《内务部批绅士梁尚忠等为保护人民财产令有疑问之处恳请指示呈》、《大总统令内务司法两部通饬所属禁止刑讯文》、《大总统内务部禁止买卖人口文》、《大总统内务司法部通饬所属禁止体罚文》、《大总统通令开放疍户惰民等许其一体享有公权私权文》等。如在人权方面，法律规定："审理及判决民刑案件，不准再用笞杖、枷号及他项不法刑具，其罪当笞杖、枷号者，悉改科罚金、拘留。"④ "嗣后不论何种案件，一概不准刑讯。凡鞫狱应视证据之充实，不宜偏重口供。其从前一切不法刑具，悉令焚毁。"⑤ "通饬所属嗣后不得再有买卖人口情事，违者罚如令。其从前所结买卖契约悉予以解除，视为雇主雇人之关系，并不得再有主奴名分。"⑥ "任意拘

---

① 具体条文参见《中国近代法制史资料选辑》，第一辑，101～102 页，西北政法学院法制史教研室编印，1985。

② 具体条文参见夏新华、胡旭晟等整理：《近代中国宪政历程：史料荟萃》，1105 页，北京，中国政法大学出版社，2004。

③ 陈顾远：《中国法制史概要》，20 页，台北，三民书局，1977。

④ 《大总统令内务司法部通饬所属禁止体罚文》，载中国人民大学法制史教研室编：《中国近代法制史资料选编》，第一分册，700 页，1979。

⑤ 《司法部咨各省都督停止刑讯文》，载中国人民大学法制史教研室编：《中国近代法制史资料选编》，第一分册，698 页，1979。

⑥ 《大总统令内务部禁止买卖人口文》，载中国人民大学法制史教研室编：《中国近代法制史资料选编》，第一分册，692 页，1979。

掠者枪毙……焚杀良民者枪毙；无长官命令，窃取名义，擅封民屋财产者枪毙；硬搬良民箱笼及银钱者枪毙。"① 在保护民众财产权方面，法律规定："凡在民国势力范围之人民，所有一切私产，均归人民享有。"② "凡为谒孝陵时，被车马及军队一路践损之田苗，准有地主到本部呈报，核明实情，照数赔给。"③ 这些法律虽然从形式到内容都十分简陋，但都是当时维护民众权利最切实的法律，在中国近代史留下了光辉的一页。

南京国民政府时期，虽然以蒋介石为首的政治集团本质上是反人民的，但他们在法律中也规定了人民的权利。对于民事权利的规定集中体现在自 1929 年始陆续颁布的《民法》上，如对所有权法律规定："所有人于法律限制之范围内，得自由使用、收益、处分其所有物，并排除他人之干涉。"④ 在物权方面，该《民法》还规定了永佃权、质权、典权、留置权等内容，在形式上体现了民法对民众财产权的保护。南京国民政府于 1928 年颁布的《刑法》也在形式上体现了对民众权利的保护，如《刑法》第 277 条规定："伤害人之身体或健康者，处三年以下有期徒刑、拘役或一千元以下罚金。"⑤

由是观之，中国近代权利的法律化经历了由具文至简单的条文，再到完备的体系的发展过程，无论这些条文执行得如何，都表明权利法律化的要求已经成为时代的要求，是历史的要求，任何人都无力违拗。

权利的社会化、宪法化和法律化是中国近代权利意识觉醒的结果，尤其是权利的宪法化和法律化，不仅标志着中国近代法律在形式上进入了"权利"的时代，更重要的是奠定中国近代国家和法律的精神基础。

总之，"权利"一词在中国近代社会中虽然是一个舶来品，中国近代的知识分子对其认识也存在着各种各样的偏差，虽然权利在中国近代的立法中不完整，甚至存在着形式化的倾向，但这些都不能阻断权利意识在近代中国的觉醒，更不能阻断近代中国权利的宪法化和法律化。在一定的意义上来说，正是在"权利"观念的形成、发展和深化的过程中，中国近代社会依其自身发展的历史逻辑完成了向现代社会转型的过程。

———————————

① 《陆军部颁行维持地方治安临时军律文》，载中国人民大学法制史教研室编：《中国近代法制史资料选编》，第一分册，681 页，1979。

② 《内务部通饬保护人民财产令》，载中国人民大学法制史教研室编：《中国近代法制史资料选编》，第一分册，679 页，1979。

③ 《内务部奉大总统令凡谒陵时被践损田苗准照数赔给示文》，载中国人民大学法制史教研室编：《中国近代法制史资料选编》，第一分册，685 页，1979。

④ 《民法·物权》，载中国人民大学法制史教研室编：《中国近代法制史资料选编》，第二分册，685 页，1980。

⑤ 《中华民国刑法》（1928 年），载中国人民大学法制史教研室编：《中国近代法制史资料选编》，第二分册，594 页，1980。

第十八章

权力制约理念的兴起

第一节
重新认识权力

一、君主专制：传统中国的政治权力架构

在理论上，人们对权力的认识并不一致。西方最负盛名的社会学家马克斯·韦伯对权力有个经典的定义：权力是指"某一社会关系内的行动者取得贯彻实现自己意志的职位的可能性，而对那种无视此种可能性存在的基础的抗拒行为置之不理"[1]。这个定义对后世学者影响很大。在传统的政治哲学和社会学领域，人们通常将权力视为一种支配性的力量。在广义上，权力泛指社会经济、政治、文化等各个领域中，人与人、人与组织之间以及各种组织之间的一种控制或支配的社会关系。狭义上的权力则仅指政治权力，它是一切政治组织及其成员所掌握对一般社会成员所具有的一种支配性的控制力量。英国哲学家罗素在其所著《权力论》中曾指出，"就权力而言，不同的社会在许多方面是有区别的。首先，在个人或组织所享有的权力的程度上，各社会是不同的。例如由于组织的增强，今天的国家的权力显然比以前要大。其次，就何种组织最有势力这一点来说，各社会也是不同的：军事专制国家、神权国家、财阀国家都是不同的类型。再次，在获取权力所用的方法上，各社会也是不同的：世袭王权产生一种重要人物，高级教士所须具备的各种条件又产生另一种显要人物，民主政治产生第三种，战争又产生第四种"[2]。但总体而言，通常从权力运行的角度，将政治制度区分为专制制度和民主制度。"专制"一词最早见于希腊语，意为把权力授予一人的治理方式，后专指由最高统治者一人掌握的政体。理论上，也不局限于一人治理，少数人治理也认为是一种专制制度。因此，学者们普遍认为，在古代历史上，不同的国家都不同程度地存在过专制性的政治制度。也正是在这种意义上，罗素提出了军事专制国家概念。实际上，在西方历史上，贵族专制都曾是古希腊和古罗马实行的政治治理方式。而在近代史上，德国纳粹、意

---

① 转引自［美］迈克尔·曼主编：《国际社会学百科全书》，袁亚愚等译，521 页，成都，四川人民出版社，1989。

② ［英］伯特兰·罗素：《权力论》，吴友三译，5 页，北京，商务印书馆，1991。

大利法西斯、日本军国主义都是一种典型的专制制度。在我国，专制制度具有十分悠久的历史，与西方不同的是，先秦以来，直到辛亥革命胜利之前，我国实行的是君主专制制度，这与古代西方的贵族专制具有明显不同的特点。

我国的专制政体具有悠久的历史。早在先秦的夏、商、周时期，所有的法律制度及其实际操作都是围绕国王进行的。王权高于法律，法律由王所出，刑罚由王自定。经济、军事、宗法、宗教以及司法的一切权力皆由国王垄断。所谓"溥天之下，莫非王土；率土之滨，莫非王臣"①，是这种王权专制制度的典型写照。

秦统一以后至辛亥革命推翻帝制止，君主专制逐渐制度化、法律化。

其一，以法律的形式，划分君臣名分，维护君尊臣卑的关系，严密防范非法逾制。如在唐代，法律明确规定臣下的衣食住行必须遵照礼典政令，违者处以刑罚。

其二，严厉制裁侵犯皇权统治，威胁皇帝人身安全的犯罪。犯者一律科以重罪，处以严刑。如唐代以来的各代，法律中皆规定了"十恶"不赦之罪，对危及皇帝专制统治的犯罪处以最为严厉的处罚。

其三，确认皇帝拥有最高的国家权力。一是皇帝掌握着国家的最高立法权。所谓法自君出，君主言出法随。皇帝拥有凌驾于一切法律之上的特权，法律受其支配，君权不受法律的约束与限制。二是皇帝控制着国家的最高行政权。从中央到地方，各级政府的一切政务决定权都集中到皇帝一人之手，全国上下一切事务，原则上都由皇帝说了算。所谓"天下之事无大小皆决于上，上至衡石量书，日夜有呈，不中呈不得休息"②。明代皇帝朱元璋则要求，一切中外奏章都得呈上御案由他过目，"每断大事，决大疑，臣下唯面奏取旨"③。三是皇帝掌握着国家的最高司法权。在司法方面，皇帝的意志就是法律，即便有既定的法律，也可以随着皇帝的喜怒任意更改。皇帝与司法的关系，汉代司法官杜周的言论可谓最好的诠释："三尺法安出哉？前主所是著为律，后主所是疏为令，当时为是，何古之法乎？"④ 也就是说，一切法律制度都是皇帝制定的，皇帝有权订立任何法令，也有权撤销任何法令。法律对最高皇权没有任何约束力。

除了立法权、行政权、司法权外，皇帝还控制着国家军事指挥之权、臣民们的生杀予夺之权，甚至于对臣民的生活方式以及婚丧嫁娶等，也都有过问之权。总之，皇帝的威权几乎无处不在，没有任何东西可以超越于皇权之上。

二、对专制制度的批判

如上所述，我国的君主专制制度早在先秦时期即已出现，秦朝建立皇帝制度后，这种制度最终得以确立，汉代以降直至晚清成为中国古代封建社会的政治传统。与此相适应，思想界大都是为专制制度鼓与呼的论调，在相当长的历史时期内，只能听到对君主专制制度的支持与辩护的声音，而与之相反的批判甚至质疑的声音是不存在的。

在古代，为君主专制进行辩护的理论主要有：

---

① 《诗经·北山》。
② 《史记·秦始皇本纪》。
③ 转引自廖道南：《殿阁词林记》。
④ 《汉书·杜周传》。

1. 以夏商以来的神权法思想进行辩护。其代表者有荀子、董仲舒。荀子说："君子者，天地之参也，万物之总也，民之父母也。无君子，则天地不理，礼义无统"①。董仲舒则说："古之造文者三而连其中谓之王。三画者，天地与人也，而连其中者通其道也。取天地与人之中以为贯而参通之。非王者熟能当是？"② 他还提出了天人感应说："天生民……为之立君以善之，此天意也"，"王者承天意以从事"③，"天子受命于天，天下受命于天子"④。这种思想认为，君主的地位至高无上，君主具有至高无上的权力。这是上天赐予的。以此为"君主至上"的合理性进行辩护。

2. 以尊卑有序为内容的政治伦理学说进行辩护。其代表者有董仲舒、朱熹。董仲舒在古代的尊尊亲亲的政治学说的基础上，创立了"三纲五常"说。所谓的"君为臣纲、父为子纲、夫为妻纲"的"三纲"，和"君仁臣忠、父慈子孝、兄友弟恭、夫义妻顺、朋友有信"的"五学"，构成了君权至上为核心的政治伦理秩序。到了南宋，以朱熹为代表的理学家还提出了"存天理，灭人欲"的教条。"存天理"是以天的权威肯定了专制集权的封建秩序，所谓"父子君臣，天下之定理，无能逃乎天地之间"⑤。所谓"灭人欲"是要求人们安于现状，无怨、无求、无争。在这种伦理秩序中，君主体现着规律，体现着必然，人们要遵从规律和必然，首先必须遵从君主。

3. 鼓吹君临万物，君主拥有全面的绝对的所有权。自《诗经》提出"溥天之下，莫非王土；率土之滨，莫非王臣"⑥ 后，君权至上成为一种普遍观念得以流传，《史记》对皇帝的权力是这样描写的："六合之内，皇帝之土；人迹所至，无不臣者"⑦。也就是说，天下万物包括土地和人，都归皇帝所有。因此，皇帝也就拥有对臣民的一切进行任意处置的权力，从而把君主置于绝对的地位，为君主专制提供了强有力的理论根据。

可见，在我国漫长的社会历史中，理论和文化总体上都是为君主专制制度进行辩护的。这种情况到明末清初才有所改变。在这一时期，主流思想依然支持君主专制制度，为君主权力进行辩护，但以黄宗羲、王夫之、顾炎武等为代表的启蒙思想家则对封建君主专制制度进行了尖锐的批判。

黄宗羲的《明夷待访录》是反对封建专制主义的光辉著作。他在书中，主要是从君民关系和君臣关系入手对君主专制制度进行了批判。在君民关系上，他指出，远古时期并没有君主，"有生之初，人各自私也，人各自利也，天下有公利而莫或兴之，有公害而莫或除之。有人者出，不以一己之利为利，而使天下受其利，不以一己之害为害，而使天下释其害。"⑧ 人类社会初期，由于人都有自私自利的想法，加之个人的力量又比较单薄，使得社会公利不能得到振兴。为了使得社会保持一定的秩序，就需要有人站出来为大家做事，最初的君主也

---

① 《荀子·王统》。
② 《春秋繁露·王者通三》。
③ 《春秋繁露·尧舜汤武》。
④ 《春秋繁露·为人者天》。
⑤ 《遗书》卷五。
⑥ 《诗经·北山》。
⑦ 《史记·秦始皇本纪》。
⑧ 《原君》。

就孕育而生了。"古者天下为主，君为客"①。在阐发民主思想的同时，黄宗羲对封建君主专制进行了系统的批判，他指出，后来的封建专制君主与原来为人民谋利的君主不同，"后之为人君者必然，以为天下利害之权皆出于我，我以天下之利尽归于自己，以天下之害尽归于人……以我之大无私为天下之大公……视天下为莫大的产业，传之子孙，受享无穷"②。这种封建专制君主将全国的财富统统作为自己的财产，将自己的奢侈淫靡作为自我产业的花息，原有的"天下为主，君为客"的格局被打破，主客关系被颠倒。这种混乱是天下不得安宁的根源所在。矛盾的激化，带来的是"天下之人怨恶其君，视之如寇仇，名为独夫，固其所也"③。天下的百姓把君主视为洪水猛兽，视为不共戴天的仇人，也是基于被压迫的无奈之言。

在君臣关系上，黄宗羲认为，君臣不应当是一种主从关系，应该是一种平等关系。在《原君》一文中，他就对"君为臣纲"提出了非常尖锐的批评。他认为，实际上君臣"名异而实同"，是为人民服务的。这样，为人臣的职责就是"为天下，非为君也，为万民，非为一姓也"。在理顺了这样的一种关系之后，对君主的言行，不可以随声附和，不可以盲目听从。为臣的不为天下民众尽力，不拯救万民于水火就不能说尽到了为人臣之道。在他看来"君臣之名，从天下而有之者。吾无天下之策，则吾在君为路人。出而仕于君也，不以天下为事，则君之仆妾也；以天下为事，则君之师友也。"④ 为天下民众服务，才有君臣之名，否则，就会沦为君主的奴仆。尤其是对那些"暴君"还要讲"愚忠"的人，是目光短浅、不识时务的。黄宗羲的思想不仅影响了同时代的王夫之、顾炎武、颜元等，对后世特别是近代的康有为、梁启超、孙中山等思想家也影响深远。

康有为对专制制度批判的思想体系中最丰富、最完整的内容是他的宪法和宪政思想，他对宪法问题论述的核心问题就是鼓吹君主立宪制度。在他看来，中国封建制度的弊端根源在于"上体过尊而下情不达"。上自皇帝到督抚、司道、守令，下到黎民百姓，其间官级重重。各级贪官只知道对上级讨好，阿谀逢迎，而对百姓的疾苦则漠不关心。国家成为封建皇帝的私有财物，可以由他为所欲。对此，康有为指出："吾国行专制政体……国安得不弱！"又说："专制者，君主视国为己有，土地人民皆为其私产也。故君主与国为一，路易十四所谓朕即国家也。"⑤ 在进行分析的基础上，康有为进一步指出，为君私有的专制国家已经不合时宜，成为"旧世之义"了，因此要以"新世之义"来加以取代，即建立"立宪国为全国人民所公有"。

梁启超维新变法的核心内容是提倡民权和君主立宪。戊戌变法前后，梁启超曾连续发表文章，宣传民权和自由，批判君主权力的高度集中和专制。他强调国民的重要性，"国也者，积民而成。国之有民，犹身有四肢、五脏、筋脉、血轮也。未有四肢已断，五脏已瘵，筋脉已伤，血轮已枯能存者"⑥。他认为，法国和日本之所以能让国家富强起来，都是因为限制了

---

① 《原君》。
② 《原君》。
③ 《原君》。
④ 《原君》。
⑤ 康有为：《戊戌奏稿》，载汤志钧：《康有为政论集》，上册，338页，北京，中华书局，1981。
⑥ 梁启超：《新民说·叙论》，载《饮冰室合集》，第一册。

君主权力，维护了国民的权力。中国自秦汉以来，历代君王都把国家视为自己的私人财产，实行专制统治，结果就是君权日益尊贵，国威衰落。

梁启超以西方资产阶级的民权学说为武器，批判君主专制，这在当时是有积极作用的。不足之处则在于他的思想仍囿于资产阶级改良主义的樊篱之内，这就导致了他一方面高唱民权，另外一方面又眷恋着君主权力。他和康有为一样，都是一种浮于表面的抨击，未能提出动摇君主专制之根本——封建制度。

孙中山先生作为近代资产阶级革命的先驱者，他对于君主专制的批判更为深入和彻底。他认为，"中国数千年以来，都是君主专制政体，这种政体，不是平等自由的国民所堪受的"[①]。在封建君主的专制统治之下，皇帝就是法律的化身，可以一言废法，也可以一言代法。这样，也就没有什么真正的法制可言。在他看来，封建君主专制制度是中国人民长期遭受苦难的根源，特别是到了近代，封建专制主义和帝国主义相结合，使得中国人民陷入灾难的深渊。因此，他主张以革命的手段去摧毁这种专制制度，建立一个民主自由的共和国。

对于以康有为梁启超为首的资产阶级改良派提出的君主立宪的政体，孙中山认为他们都没有彻底的否定君权，没有彻底否定君主存在的必要性。因此也就没有能把法治和民主真正的结合到一起。因此，他明确提出来推翻帝制，建立共和，第一次将反对专制的思想和实践真正的结合起来。在建立了中国历史上第一个资产阶级意义的共和国之后，他庄严宣布："敢有帝制自为者，天下共击之"[②]。用资产阶级民主共和国代替君主专制制度，其决心可见一斑。

通过历史考察可以发现，近代以来的思想家对君主专制制度的批判，受到西方思想的影响比较明显。可以说，是西方的政治学说，使近代中国的进步知识分子重新审视君权问题。

三、近代西方的权力理论

西方权力理论源远流长，从古希腊的早期思想家开始就对这个问题有着不懈的探索。其间理论经过了多次的升华和飞跃，尤其是在中世纪的欧洲，在一个充斥着封建专制统治和僵化体制的王权时代里，人们在受到封建权力的强大压迫之下，开始对权力有了新的认识。从当时的社会背景来看，这个时期控制着民众生活的权力来自两个方面，一个是来自天堂的神的至高无上的权力，另外一个是来自地上的封建君主权力，而后者，由于是来自于前者的"授权"，同样也披上了神圣的外衣。按照这个理论，上帝的权力当然就是不可分割的，所以分权学说在这个时期是没有任何生存的条件的。

然而，随着文艺复兴运动在意大利和整个欧洲的兴起，世界历史进入了新的阶段。这是一个充满创造力的时代，而如亚里士多德和波里比阿德分权思想，在经历了十多个世纪之后被重新摆到研究的前台，并进一步得到了发展。推动这项工作的代表人物，就是英国人洛克。

洛克（John-Locke，1632—1704）是英国经验主义哲学家，古典自然法学派的代表。洛克作为一名新兴资产阶级的代表，其思想在当时是具有相当程度的先进性和代表性的，洛克

---

① 孙中山：《三民主义与中国前途》，载《孙中山选集》，上卷，75页，北京，人民出版社，1956。
② 孙中山：《军政府宣言》，载《孙中山全集》，第1卷，297页，北京，中华书局，1985。

的全部政治哲学思想，特别是他的分权论，正是为立宪君主制作论证的。

洛克认为，每个国家都有三个方面的权力，包括：立法权、行政权和联盟权（外交权）；每一种国家权力都要由一个相应的特殊机关来掌握。立法权是指如何运用国家的力量以保障每个社会及其成员的权利，并且可以公布法律。立法权应当由立法机关掌握，并且不准转让给任何他人。行政权就是执行法律的权力。洛克的设计是，由权力机关来负责执行业已制定和继续有效的法律。行政权由以国王为代表的执行机关掌握。联盟权（外交权），是指处理公共的安全和利益，决定国家的战争和和平、联合等同外国的社会或者个人所进行的一切事务的权力。就这三种权力的关系而言，洛克在《政府论》中有明确的论述。首先，立法权、行政权和联盟权这三种国家权力必须分立，如果权力落入一个人或者一部分人的手中，他们就不但不会遵守自己制定的法律，而且会按照自己的一己私利去变动法律。同时，他也指出，在这三种权力中，每种权力的地位并不是完全等同的，其中，立法权应当作为一个国家中的最高权力，神圣和不可侵犯，任何人在没有得到经过公众选举、受到公众委托的立法机关的批准的情况下，都不得采取任何形式撼动这一点。

孟德斯鸠（Montesquieu，1689—1755）是法国的启蒙思想家，他重点关注的是新型的资产阶级的政体。从当时的欧洲形势来看，英国作为君主立宪的典型，备受他的青睐。在1729年到1730年之间，孟德斯鸠在英国进行了长达两年的访问和学习，期间他多次出席旁听英国的议会会议，掌握了大量第一手资料。这些调查研究，对于他的《论法的精神》的最终完成提供了大量的素材和条件。在他的著作中，孟德斯鸠使用了大量材料对古希腊罗马、西班牙、中国、日本的政治制度作了分析和论述。但是，基本上是以英国的制度为准绳。

孟氏极力推崇英国的立宪体制。他认为，只有英国的政治制度最符合他的政治理念。在他看来，立宪君主制之所以是"自由的"、"宽和的"政治制度，就在于它符合人们的"习惯"和"爱好"，即温和的、保守的资产阶级人士的利益和愿望。由此，我们不难看出，孟氏实际上是主张这样的一种权力分配方式，把行政权交给一位君主，把立法创制权、财政权交给资产阶级来处理。这种分权方式适合在像法国这样有一定资产主义发展基础的欧洲大陆国家；而那种所谓"美妙"的共和制只能在人口稀少，领土狭小的国度里才能实行。在他看来，大国财富和人口都众多，人心难以节制，领土广大，使得号令难以抵达，因此必须依靠专制来推行政令。这种思维的惯性，在此后的政治生活中起到了非常消极的作用。思维的惯性，使得这种观点为很多人怀疑、抵制。

孟德斯鸠认为，在任何国家体制之下，"有权力的人们使用权力一直到遇有界限的地方才休止"[①]。如果国家权力过分集中，超出了人民所能承受和控制的范围，来自于民众的国家权力也会转化为专制地统治人民的工具强权，各种腐败现象也会孳生。由此得出分权是必要的结论。他主张，所谓"三权分立"，就是把这三种权力交给不同的国家机关执掌，通过法律规定的方式，既互相牵制，又互相保持平衡。这种制度是一种"宽和"的政治制度，不仅君主专制的国家通过分权，走向立宪君主制，而且共和制的国家也要通过三权分立实现其政治的宽和性。

总的来说，孟德斯鸠的分权学说在理论体系和结构上，相当程度上继承了洛克的观点。

---

① ［法］孟德斯鸠：《论法的精神》，上册，张雁深译，154 页，北京，商务印书馆，1961。

但是在分权学说上有了很大的发展，在表述上也很有自己的特色，他对司法权独立地位的确认，尤其是对制衡理论的系统阐述，都是独创的。这些重要的贡献，使得分权论由"两权分立"的水平，前进到了完全意义上的"三权分立"的理论。

让·雅克·卢梭（Jean Jacques Rousseau，1712—1788）是法国18世纪激进民主主义思想家，他的哲学思想、政治思想、法学思想充分体现了法国18世纪启蒙思想的发展水平。他的著作《社会契约论》在法国大革命中发挥了旗帜和号角的作用，并成为《独立宣言》、《人权宣言》的蓝本。

卢梭对权力制约的理论主要是主权在民的人民主权说。他认为，权力是属于人民的，而这种人民所拥有的主权是不可让与的。"立法权力是属于人民的，而且只能是属于人民的。"[①]它只能由全体人民的意志所构成。虽然人民在制定国家契约的时候，为了自己和整个社会的利益，把自己的平等和自由交给国家和国家首领去行使，但是，人民的意志不曾交出；在人民订立的契约遭到破坏的时候，人民有权反抗，有权收回交给国家首领的权力。同时，由于他认为人民主权是不能代表的，所以应当实行直接民主制，由人民自己通过立法表达自己的意志。反对孟德斯鸠用两院制的代议机关来代表人民的意志的做法。在这个问题上，两个人的观点显然不同，但也不完全对立。他认为，人民主权是不可分割的。这个观点迥然不同于传统的分权思想，卢梭看来，"三权分立"不符合最高权力的真正概念，不仅是不正确的，而且是不可能的。在他看来，孟德斯鸠对国家权力的三分法，并不是对主权的根本划分，只不过是对主权表现形式的划分，把不可分割的国家主权分离得支离破碎。

整体上，卢梭的人民主权思想适应了急转直下的法国革命的形势，从法国的实践情况来看，卢梭的观点实际上得到了执行，但是，由于自身的局限性，卢梭本人并没有为大革命的发展和法国资产阶级的政权的建立提供多少具体的办法。

西方的政治思想于17、18世纪传入北美大陆，给殖民地的人民思想上带来很大的冲击，在很大程度上促进了殖民地人民的觉醒。北美的政治思想家们接受了这类思想，在获得最终独立的同时，也形成了一套符合当地实际的宪政制度。在这一时期也涌现出一批活跃的政治思想家，通常将这样的一批人统称为联邦党人。

亚历山大·汉密尔顿（1757—1804）是美国联邦党人的主要代表。他参加了1787年在美国费城召开的"制宪会议"，是美国联邦宪法的主要起草人之一。1787年美国联邦宪法制定后，汉密尔顿将他与杰伊、麦迪逊合作发表的85篇关于宪法的论文编写成《联邦党人文集》。该书是对新宪法与合众国政府所依据的基本原则的分析和说明，成为美国宪法最重要的理论基础。在这本书中，他详细地描述了他的权力控制思想，主要包括以下几个方面：其一是限制政府权力。限制政府权力，保障公民权利，是美国制宪者们思考的根本问题。他认为，"所谓限权宪法指为立法机关规定一定限制的宪法。如规定：立法机关不得制定剥夺公民权利的法案；不得制定有追溯力的法律等。"[②] 在权力控制的问题上，他们指出，"人类社会是否真正能够通过深思熟虑和自由选择来建立一个良好的政府，还是他们永远注定要靠机遇和强力来决定他们的政治组织。"[③] 其次是分权与制衡理论。联邦理论认为，为了反对政府

---

① ［法］卢梭：《社会契约论》，何兆武译，75～76页，北京，商务印书馆，1980。
② ［美］汉密尔顿等：《联邦党人文集》，程逢如等译，392页，北京，商务印书馆，1980。
③ ［美］汉密尔顿等：《联邦党人文集》，程逢如等译，3页，北京，商务印书馆，1980。

建立暴政的企图，保障公民自由，必须进行分权，认为没有分权就没有任何自由。分权，即严格划分立法、行政、司法三个部门的权力界限，把权力均衡地分配给不同部门，使各个部门独立地行使权力，做到局部混合和相互牵制。"为了要给政府分别行使不同权力奠定应有的基础——在某种程度上都承认这对维护自由是必不可少的——显然各部门应该有它自己的愿望，因而应该这样组织起来，使各部门的成员对其他部门成员的任命尽可能少起作用。如果严格遵守这条原则，那就要求所有行政、立法和司法的最高长官的任命，均应来自同一权力源泉——人民"①。按照他们的理念，在社会中保障人民权利的最有效的办法，就是保持权力按照设定的目的运行，防范其侵害人民的利益，这就需要国家权力机关之间的横向制衡。为了防止立法权过于强大，他又把立法权分为两部分，认为，"在共和政体中，立法权必然处于支配地位。补救这个不便的方法是把立法机关分为不同单位，并且用不同的选举方式和不同的行动原则使他们在共同作用的性质以及对社会的共同依赖方面所容许的范围内彼此尽可能少发生联系。"② 这样就通过力量均衡设置为防止越权滥用提供了屏障，这就是既要有国家权力机关之间的分权制衡，又需要有联邦与州政权的纵向制约。再次是代议制民主共和国理论。他认为，民主共和政体是优秀的政体，这是一种在广阔的地域上发扬的民主，同样适宜有效的管理。从这一时期的实践和理论来看，我们可以对比发现孟德斯鸠理论的局限性，孟氏认为，"美妙"的共和制只能在人口稀少，领土狭小的国度里才能实行。而大国财富和人口都众多，人心难以节制，领土广大，使得号令难以抵达，因此必须依靠专制来推行政令。这种思想对后世的政治思想产生很大的影响，对于那些一直信奉他理论的人们的头脑产生了一定程度的桎梏。直到 18 世纪美利坚合众国的建立，才真正从实践上推翻了这种理论，对于这个问题的看法才真正得到放开。③

按照汉密尔顿等人的看法，共和国政府是建立在人类自治能力上的政府，但是，由于人类自治能力的局限性，因此，组建政府的时候必须考虑到规模的问题。民主的建立，首先需要一定数量的民众来参加，但是人数过多，就会造成混乱和过激。因此，需要对人数有个比较严格的控制。在美国就建立了这样的一种代议政体，在共和政府下，他们通过代表和代理人组织和管理政府。所以民主政体将限于一个小小的地区，共和政体能扩展到一个大的地区。④

四、权力制约的提出

在西方世界，提出对权力要进行制约或制衡的思想有着相当长的历史，但人们的出发点是不尽相同的。也就是说，在不同的历史时期，不同国家的学者提出权力制约的主张，是从不同的角度进行论证的。有的是从人性的角度，有的是从社会契约论的角度，有的则从政治主权角度，还有的是从自由哲学角度，但最终都得出权力必须受到制约的结论。

亚里士多德是较早提出权力制约主张的思想家。他之所以提出权力要受到制约，主要基于其所主张的人性本恶的认识。他说："人间的争端或城邦的内讧并不能完全归因于财富的

①　[美]汉密尔顿等：《联邦党人文集》，程逢如等译，264 页，北京，商务印书馆，1980。
②　[美]汉密尔顿等：《联邦党人文集》，程逢如等译，265 页，北京，商务印书馆，1980。
③　参见安东：《国家权力控制论》，武汉大学博士学位论文，2005。
④　参见 [美]汉密尔顿等：《联邦党人文集》，程逢如等译，66 页，北京，商务印书馆，1980。

失调。"① 按照他的看法，"人类倘若由他任性行事，总是难保不施展他内在的恶性"②。因此，他认为，对于掌权都要进行必要的控制。

孟德斯鸠提出权力制约的主张也由人性恶论引出的："一切有权力的人都容易滥用权力，这是万古不易的一条经验。有权力的人们使用权力一直到遇有界限的地方才休止。说也奇怪，就是品德本身也是需要界限的。"③ 也就是说，由于权力约束是一个普适性要求，因此，即使贤德者也不例外。事实上，在自由民主制度的理论设计者眼里，当权者能否具备并持久地展示所谓崇高的德行，是大有疑问的。至少他们不对自足完备的德治怀有过分的奢望。这不是说政治家具备优良的道德人格不好，而是因为它太好了，以至于在政治现实中根本就缺乏赖以扎根的生活土壤。因此，一种现实可行的良好的制度设计，似应从防范最坏的结果入手。④ 美国的联邦党人也是从人性本恶的角度提出权力制约的主张的。汉密尔顿指出："从人类历史来判断，我们将被迫得出结论说，战争的愤怒和破坏性情感在人的心目中所占的支配地位远远超过和平温和而善良的情感"⑤。杰弗逊则指出："世界上每一个政府都表现出人类的某些痕迹，即腐化和堕落的某种萌芽。狡黠的人会发现这种萌芽，坏人则会慢慢地扩大、培养和利用这种萌芽。任何一个政府，如果单纯委托给人民的统治者，它就一定要退化。因此，人民本身是政府唯一可靠的保护者。"⑥

洛克提出权力制约的主张则中从社会契约论上进行论证的。在社会契约论的框架之下，洛克对"政治权力"和"专制权力"作了严格的区分。他指出，当"政治权力"为官吏所有的时候，"除了保护社会成员的生命、权利和财产以外，就不能再有别的目的或尺度；所以它不是一种支配他们的生命和财产的绝对的、专断的权力，因为生命和财产是应该尽可能受到保护的"。而"专制权力"则"不是一种自然所授予的权力……也不是以契约所能让予的权力"⑦。因此，社会普通成员要对国家行为进行必要的防范。

卢梭则在社会契约论的基础上，进一步从人民主权的角度论证了权力制约的必要性和正当性。他认为，构成国家成员之间的约定才是政治共同体的基础和合法性的来源。在由单个个人交出全部权力，相互缔约而产生政府的公共选择过程中，原来分散的个别利益在结合过程中上升为普通公共意志，公意构成主权，主权不可转让，不可分割，不能代表，至高无上。⑧

自由主义思想家密尔则是出于个人自由的考虑提出权力制约问题的。在他看来，个人自由只以不损害他人同样的自由与权利为限，除此之外，对于个人的思想与行为国家都不应干预。密尔在《论自由》中指出，"本文的目的是要力主一条极简单的原则，使凡属社会以强制和控制方法对付个人之事，不论所用手段是法律惩罚方式下的物质力量或者是公众意见下的道德压力，都要绝对以它为准绳。这条原则就是：人类之所以有理有权可以各别地或者集

---

① [古希腊] 亚里士多德：《政治学》，吴寿彭译，10 页，北京，商务印书馆，1983。
② [古希腊] 亚里士多德：《政治学》，吴寿彭译，319 页，北京，商务印书馆，1983。
③ [法] 孟德斯鸠：《论法的精神》上册，张雁深译，154 页，北京，商务印书馆，1961。
④ 参见叶皓：《西方权力制约论的思想渊源和制度架构》，载《南京大学学报》，2003 (6)。
⑤ [美] 汉密尔顿等：《联邦党人文集》，程逢如等译，164 页，北京，商务印书馆，1980。
⑥ [美] 杰弗逊：《杰弗逊文选》，王华译，72 页，北京，商务印书馆，1963。
⑦ [英] 洛克：《政府论》，下篇，叶启芳，瞿菊农译，105～106 页，北京，商务印书馆，1964。
⑧ 参见叶皓：《西方权力制约论的思想渊源和制度架构》，载《南京大学学报》，2003 (6)。

体地对其中任何分子的行动自由进行干涉，唯一的目的只是自我防卫。这就是说，对于文明群体中的任一成员，所以能够施用一种权力以反其意志而不失为正当，唯一的目的只是要防止对他人的危害，若说为了那人自己的好处，不论是物质上的或者是精神上的好处，那不成为充足的理由。"①

在中国，权力制约的观念起于何时，这是一个值得讨论的问题。在西方理论中，权力制约论与分权论几乎是同一个概念，因为现代政治中的权力制约理论是在传统分权论的基础上形成和发展起来的。现代分权论的典型是美国的分权制。其特点是：国家的立法权、行政权和司法权三权完全分立，国会掌握立法权，总统掌握行政权，法院掌握司法权。这是横向的分权，也是一般意义上的分权。在美国还存在纵向分权，即在联邦和各州之间也实行分权。这种分权制度是西方国家沿袭的古希腊分权思想传统的体现。也正因此，多数学者坚持，分权制是西方国家特有的政治理念。在中国古代，政治上实行相对集中的君主专制体制，没有所谓的立法、行政和司法三权分立的概念，如果从现代政治理论的角度，中国古代当然就没有分权的理念和制度，也就无所谓权力制约的思想。

先秦时期，夏、商、周时代流行的是神权法观念，认为国王的权力来源于神的授予，既然"受命于天"，自然也就无所不能，不可违背，不受怀疑。这种情况下，对权力制约的思想也就不可能产生。

春秋时期，虽然神权法思想受到了怀疑甚至是否定，但君权的神圣性依然没有动摇。当时思想界的代表儒家和法家都没有提出权力制约的主张。孔子为代表的儒家提出"礼治"、"德治"和"人治"的思想，不是现代的"宪政"，而是所谓的"仁政"。他从来没有怀疑过统治者权力行使的合法性，而建立以仁为核心的伦理政治则是其追求的理想目标。在君臣关系上，他主张"君使臣以礼，臣事君以忠"②，如果臣子妄图僭越君权，则属于破坏伦理的行为。因此，对于主张尊君的儒家来说，当然也没有限制和制约君权的想法。虽然后期儒家另一位重要思想家孟子提出了"民贵君轻"的思想，甚至主张"暴君放伐"论，即可对为政不仁的君主，人民可以抛弃他甚至是讨伐他，但其思想核心依然是"仁政"，认为统治者要"以德服人"。孟子的思想中依然没有考虑到去限制君权，相反，如孔子一样，主张尊君，而且坚持天下要"定于一"，他认为国家的"统一"不仅是政权的统一，更主要的是人心的统一。正是这种思想，后来成为主张君主专制的封建正统法律思想的理论基础。

先秦法家十分重视研究权力问题，商鞅、慎到和申不害提出的"法"、"术"、"势"概念几乎都与君主的权力有关，但他们更多的是为君主行使权力提供方法和谋略，从来也没有考虑去限制君权，后期法家的代表韩非的"法治"主张，实际上是为君主实行专制统治提供"法律"方法，在他那里，法律是帝王之具，是君主实现至高无上权威的重要途径。在韩非的法治思想指引下，秦代形成了中央高度集权的封建君主专制的政治体系。这种思想和制度传统，经过汉代政治家和思想家的改造，成为封建正统思想和政治传统的重要组成部分。

汉代确立的封建正统法律思想实际上是先秦法家、儒家思想和黄老学说的融合，他们对

---

① ［英］密尔：《论自由》，许宝骙译，9～10 页，北京，商务印书馆，1959。

② 《论语·八佾》。

于权力的立场是明确而坚定的,即王者法天,君权神圣,最高统治者也就是皇帝的权力没有边界,无所不包,不受任何限制。这种思想一起延续到清朝末年,在两千多年的封建专制历史中,是不容怀疑和否定的。也正因此,绝大多数的学者认为古代中国不存在西方那种分权论和权力制约思想,主张我国权力制约观念是由近代以来,在西方法律文化和权力理论引入后,由一批先进的思想家提出的。

但是,对于这种所谓的通说,理论界也有不同的看法。最具代表性的是国学大师钱穆。他认为,分权制度和分权意识,不是西方特有的,不能认为立法、司法和行政三权分立的模式是一种唯一的分权模式。中国古代的监察制度体现的是中国本土所具有的分权理念。按照钱穆先生的看法,中国古代的分权主要是指君权与相权,决策权、执行权与监督权的划分。如果从君权与相权划分的意义上来说,从秦到明初,这种分权制度确实在中国古代是断断续续存在的,而且在有的朝代,相权对君权的制约也是颇具实效的,这是不争的事实。如果承认这种分权模式,那么,在中国古代,分权观念应当可以追溯到更早的先秦时期。

君主专制制度的基本特征是君主个人独裁、专断和排斥民主,这种制度本身是不能容许和容忍企图制约君主权力的机构和观念存在的。但事实上,中国历史上大多数朝代都存在谏议制度和谏官这种设置。这种进谏的理论,一定程度上是与君主专制的逻辑相左的,它不承认君主是万能的,更不承认君主是绝对正确和一贯正确的。从现代的政治理论看,谏议制度毕竟是君主专制制度的内生结构,虽然具有一定的民主色彩,但它绝不是一种民主制度。这样的评价应当说是符合历史的实际的。的确,这种制度不管是从设置的初衷,还是最终的效果上看,它本身并不是为了否定和消除君主的专制,相反,它的存在正是为了使这种君主专制制度得以延续,它根本无法成为限制和制约君主权力的有效机制。不过,即使如此,谏议制度和谏官制度一定意义上也反映出抵制君权的任意性和随意性行使的精神,暗合着现代权力制约观念的某种要素,这似乎也不应当一概否定。

从思想的脉络来看,中国古代也存在要求限制君主权力的主张。先秦时期,管子曾说,"令尊于君"①,要求君主"行法修制先民服"②,即要带头守法。东汉张敏认为,"王者承天地,顺四时,法圣人,从经律"③。汉文帝、唐太宗则以自己的言行塑造了"屈己遵法"的典范。明末清初的思想家黄宗羲更是在批判君主专制制度的基础上,提出以"天下之法"代替"一家之法"④,变集权为分权,变专制为自治的设想。可见,权力制约的思想在古代中国也是不能断然否定的。

无论如何评判古代中国存在的所谓的分权模式和分权意识,都要承认近代以来思想界所提出的权力制约观念是我国前所未有的。因此这种权力制约观念并非本土生成,而是由经由一批先进的中国人从西方引介进来的。而且,从法律发展的角度来说,这种分权和权力制约模式和理念,在未来的中国政治法律生活中是越走越远,成为不可逆之大势。从这种意义上说,中国法律史上权力制约观念的提出应当从近代说起。

---

① 《管子·重令》。
② 《管子·法法》。
③ 《后汉书·张敏传》。
④ 关于"天下之法"与"一家之法"的区分,见黄宗羲:《明夷待访录·原君》。

第二节
近现代中国权力制约的理论主张

一、君主立宪——君臣共治的权力制约

（一）君臣共主——早期资产阶级改良派的权力制约观

在中国传统社会中，封建君主把持着无上的权力，几乎不受任何制约。但近代以来，这种权力架构不断受到挑战乃至批判。越来越多的思想家提出了他们的权力制约的主张。在以康有为、梁启超为代表的资产阶级改良派提出君主立宪的权力制约思想之前，早期改良派人物提出了"君臣共治"的政治主张，其代表人物有王韬、薛福成、马建忠、郑观应等。

1874 年至 1882 年，王韬在其创办的报纸《循环日报》上发表了多篇文章，表达了他在中国实行英国式"君民共主"的资产阶级君主立宪制的愿望。他把西方资本主义国家的政体分为"君主之国"、"民主之国"和"君民共主之国"。他认为在三种政体中，"君民共主之国"最为理想。他说，"一人主治于上而百执事万姓奔走于下，令出而必行，言出而莫违，此君也。国家有事，下之议院，众以为可行则行，不可则止，统领但总其大成而已，此民主也。朝廷有兵刑礼乐赏罚诸大政，必集众于上下议院，君可而民否，不能行，民可而君否，亦不能行也，此君民共主也。""君为主，则必尧、舜之君在上，而后可久安长治"，但 19 世纪的中国已经找不到毫无私心的尧舜之人，所以实际上君主制是导向衰乱之制；"民为主，则法制多纷更，心志难专一，究其极，不无流弊"；只有君主立宪制，"君民共治，上下相通，民隐得以上达，君惠亦得以下逮，都俞吁咈，犹有三代以上之遗意焉"[1]。他认为中国之所以受列强欺凌，根本原因在于"上下之交不通，君民之分不亲，一人之秉权于上，而百姓不利参议于下也"[2]。

王韬之外，马建忠对英国的君主立宪制下的君民共主也充满赞赏与向往。1877 年，他在给李鸿章的书呈《上李伯相言出洋工课书》中写道："各国吏治异同，或为君主，或为民主，或为君民共主之国，其定法、执法、审法之权分而任之，不责于一身，权不相侵，故其政事纲举目张，粲然可观……人人有自主之权，即人民有自爱之意。"[3]

另一位早期改良派的代表人物郑观应也极为赞赏君民共主的政治模式。他在 1875 年所写的《易言》一书中，就希望中国"上效三代之遗风，下仿泰西之良法，体察民情，博采众议，务使上下无格之虞，臣民泯异同之见，则长治久安之道，有可预期者矣"。在《盛世危言》一书里，他又再次提出要使中国富强，必须首先从政治上实行改革、设立议院。他说："欲行公法，莫要于张国势；欲张国势，莫要于得民心；欲得民心，莫要于通下情；欲通下情，莫要于设议院。中华而自安卑弱，不欲富国强兵，为天下之望国也，则亦已耳。苟欲安

---

① 转引自李兴华：《中国近代思想史》，138～139 页，杭州，浙江人民出版社，1988。

② 王韬：《弢园尺牍》，170 页，北京，中华书局，1959。

③ 马建忠：《适可斋记言记行》，载沈云龙主编：《近代中国史料丛刊》，第十六辑，台北，文海出版社，1999。

内攘外，君国子民，持公法以永保升平之局，其必自设立议院始矣。"他把设立议院、通上下之情、合君民一体看作是中国富强和实现近代化的前提条件。他说，"议院者，公议政事之院也，集众思，用人行政，一秉至公，法诚良诚美矣"；他认为，"议院之设，分为上下。其上议院由王公大臣议之，所以率作兴事，慎宪省成，知其大者远者也；下议院由各省民间公举之人议之，所以通幽达隐，补弊救偏，兴利除害，知其小者近者也"。并认为，"设议院者，所以因势利导，而为自强之关键也"。有了议院，则"昏暴之君无所施其虐，跋扈之臣无所擅其权，大小官司无所卸其责，草野小民无所积其怨，故断不至数代而亡，一朝而灭也"①。

早期改良派所提出的"君民共主"思想对于传统君主专制下的权力格局无疑具有否定性，但其重大局限在于，这种主张总体上是在保留君主权力的基础上，寻求对君权进行制约，实际上并没有真正地远离中国传统"仁政"观念下"君主"的圈子，不可能实现权力制约的最终目标。

（二）君主立宪——资产阶级维新派的权力制约观

相比于早期改良派，以康有为、梁启超为代表的资产阶级维新派的权力制约理论则更为成熟和系统。这集中地体现在他们所提出的君主立宪思想之中。康有为认为，中国之所以积贫积弱，主要原因就是君权太尊，下情不能上达，君民不能合为一体。因此，为了要让国家富强，就必须改革专制政治，实行君主立宪制。在《公车上书》中，他比较系统地提出了具体主张："令公举博古今、通中外、明政体、方正直言之士，略分府县，约十万户而举一人，不论已仕未仕，皆得充选……名曰议郎……以备顾问，并准其随时请对，上驳诏书，下达民词，凡内外兴大革大政，筹饷事宜，皆令会议于太和门，三占从二，下部实行"，这样才能"上广皇上之圣聪"，"下合天下之心态"，"军民同体"②。其后，康有为在几次向清朝皇帝的上书中进一步提出了"设立议院以通下情"的说法，不难看出，康有为在对待议会对君王的限制上已经形成了一套比较先进和完备的看法。

对于国会的建议，康有为指出，"国会者，君与国民共议一国之政法也"，"今欧日之强，皆以开国会行立宪之故"，只有"大开国会，以庶政与国民共之"，方能求得中国之富强。为了推动和组织实施新政，康有为提出了"开制度局"的构想。他建议："设制度局于廷内，选天下通才十数人，入直其中，王公卿士，仅皆平等。"③ 按照康有为的设计，在制度局之下设法律、度支、学校、农、工、商、铁路、邮政、矿务、游会、陆军、海军等十二局。可见制度局实际上是一个掌握行政的"维新内阁"。正因为如此，他才说"制度局之设，尤为变法之原也"④。

此外，康有为对于改变旧法，建立新的法制同样比较重视，他指出，"变法全在定典章宪法"。他要求"采择万国律例，定宪法公私之分"⑤。即制定一部英、日式的资产阶级宪法，

---

①　郑观应：《盛世危言·议院上》，载《郑观应集》，上册，311～315页，上海，上海人民出版社，1982。

②　康有为：《公车上书》，载《戊戌变法》，第二册。

③　《谢赏编书银两乞预定开国会期并先选才议政许民上书事折》，载《戊戌变法》，第二册。

④　《上清帝第六书》，载《戊戌变法》，第二册。

⑤　《上清帝第五书》，载《戊戌变法》，第二册。

使君民同受其治，借以划定君民权限，限制君权，以保证君主立宪制度的实施。同时，他主张建立三权鼎立式的分权体系，指出"近泰西政论，皆言三权，有议政之言，有行政之言，有司法之言，三权立，然后政体备"，"夫国之政体，犹人之身体也……而后体事成。然心思虽灵，不能兼持行；手足虽强，不能思义理。今万几至繁，天下至重，军机为政府，跪对不过须臾，是仅为出纳喉舌之人，而无论思经邦之实。六部总署为行政守例之官，而一切条陈亦得与议，是以手足代谋思之任，五官乖宜，举动失措"①。他批评在清朝的专制统治之下，行政机构都沦为专制的工具。只有实行按三权分立原则建立起来的君主立宪制，才能既限制君权，又明确国会、政府及司法机构的职责，并且使得"国民"代表能参政议政。

梁启超的君主立宪论继承了康有为的主要思想，但有所发展。他认为君主立宪制的"最高机关"属于君主。为此他提出了有名的"三世说"，即"多君世"、"一君世"和"民政世"②。他主张在民智未开的情况下，作为国家的"最高机关"君主有必要像日本天皇那样"总揽"三权，但同时又应是接受限制的"虚器"。为了对君主的"虚器"化进行制度上的保障，他提倡应该导入实行大臣副署制那样的责任内阁制。他一方面认为责任内阁对国民选举产生的国会负责，即是对国民负责③，另一方面，又把议会构想成可以代表将"国民全体的意志"作为"国家意志"加以代表的、从而可以拥有立法权的机关，认为它才是君主立宪制的根本。梁启超的立宪思想内含了"限制君权"主张。概括来说，他提倡立宪，但首先要直面担当立宪政治的"民"处于"民智未开"的状态，因此他认为在实现真正的立宪政治的"民政世"阶段到来之前，只能实行"君民共主"的立宪君主制。而为了制约传统的绝对君权，他构想确立责任内阁制，并将代表"全国各方面的势力"、"民意"的议会这一机关放在非常重要的位置。但是，既然议会是作为代表"民意"的一种"意志机关"，其最终就必须有待于摆脱"民智未开"的状态，有待于能够参加"普通选举"的"国民"的存在。

二、由义务本位到权利本位的追求

在中国古代的法典，虽然详细规定了庶民对国家应负的纳税、守法、尽忠、服徭役、兵役等种种义务，但是没有对于庶民权利的明确法律规定。这种义务本位的法律文化，产生于单一封闭的小农自然经济结构与严格的专制统治相结合的环境。同时，中国古代法律过分强调制裁作用，也使得人们更多的是考虑遵守法律，趋利避害，缺少自我保护的意识和观念。随着近代以来西方法文的输入，中国人的权利意识逐渐产生，传统的义务为本位的法文化观受到了冲击，并发生改变。

从19世纪60年代到70年代，洋务派和早期改良派在人权问题上有了相对体系的论述，比如郑观应指出："民受命于天，天赋之以能力，使之博硕丰大，以遂厥生，于是有民权焉。民权者，君不能夺之臣，父不能夺之子，兄不能夺之弟，夫不能夺之妇，是犹水之于鱼，养气之鸟兽，土壤之于草木。故其在一人，保斯权而不失，是为全天。其在国家，重私权而不侵，是为顺天。勿能保，于天则为弃。疾视而侵之，于天则为背。全顺者受其福，而背弃者

---

① 康有为：《请讲明国是正定方针折》，载《康有为政论集》。
② 梁启超：《论君民政相嬗之理》，载《梁启超选集》，45～49页，上海，上海人民出版社，1984。
③ 参见《政闻社宣言书》，载梁启超：《饮冰室文集》，卷20，25页。

集其殃。"①

甲午战争以后，维新派把天赋人权的思想具体化为天赋的自由权和平等权。康有为说："人人既是天生平等，则直隶于天，人人皆独立平等"②。又说，"凡人皆天生，不论男女，人人皆有天与之体，即有自立之权，上隶于天，人尽平等，无形体之异也"。康有为对天赋自由平等权的论述，最后归结到对三纲的批判上，他抨击作为最高传统道德"君为臣纲"只能是"民贼稳操其术以愚制民"，只能使"其民枯槁屈束，绝无生气"③。严复通过翻译西方资产阶级政治、法律学说，介绍了资产阶级法学派的天赋人权论、民约论，并在他所翻译的书中，把具有反封建意义的自由、平等观念融入中国的法律思想领域。为了反对专制斗争，他积极宣传西方近代自由思想，在比较了中西国情之后，认为中国所缺乏的是西方的进化观念和自由观念，这不是偶然的，因为"自由一言，真中国历古圣贤之所深畏，而从未尝立以为教也"④。既然造成中国落后西方的原因在于此，他于是就提出了"物竞天择，适者生存"的进化理论，激励人民奋起斗争争取自由权利，这就是"身贵自由，国贵自主"的观点。他在《原强》中指出，"知吾身之所生，则知群之所立也；知寿命之所弥永，则知国脉之所以灵长也，一身之内，形神相资，一群之中，力德相备"⑤。为了发挥法律在推进民权方面的作用，严复认为要通过立法来保护这种天赋人权，尤其是天赋人的自由权。所以，虽然是国君也无权侵害人的自由权，法律的主要内容，都是为了保护天赋的自由人权而设立的。正是由于人们的自由有了保障，因而激发他们勇于承担法律上的义务，国家也才能富强。

在民主共和的思潮中，最具代表性的是孙中山的民权思想，早在 1894 年，孙中山先生便提出了"驱除鞑虏，恢复中华，创立合众政府"的口号，标志着他的民权思想的确立。在东京《民报》创刊周年庆祝大会上，孙中山先生指出："我们退到满洲政府，从驱除满人那一面说是民族革命，从颠覆君主政体那一面说是政治革命。""政治革命的结果，是建立民主立宪政体。"⑥ 他主张按照"自由、平等、博爱"的精神，给国民充分的"民权"。为了保护人民应该享有的自由平等权利，资产阶级民主派主张制定民主的宪法。认为，"宪法者，一国根本法，又人民权利之保障也"，又说，"夫所谓宪法者何？法治国也。法治国者何？以所立之法，为一国最高之主权机关。一国之事皆以归法以范围之，一国之人皆归法以统治之，无所谓贵，无所谓贱，无所谓尊，无所谓卑，无所谓君，无所谓臣，皆栖息于法之下。非法之所定者，不能有命令；非法之所定者，不得有服从。凡处一国主权之管辖者，皆同一阶级而无不平等者"⑦。

概言之，从 19 世纪 60 年代以来，传统的义务本位的法观念，逐步让位给对权利的追求。西方启蒙思想家关于天赋人权、自由、平等的理念逐步深入人心。随着人们权利意识的

---

① 郑观应：《郑观应全集》，上册，334 页，上海，上海人民出版社，1982。

② 康有为：《中庸注》。

③ 康有为：《大同书》。

④ 严复：《论世事之亟》，载《戊戌变法》，第三册。

⑤ 严复：《原强》，载《戊戌变法》，第三册。

⑥ 孙中山：《在东京〈民报〉创刊周年庆祝大会上的演说》，载《孙中山全集》，第 1 卷，325 页，北京，中华书局，1981。

⑦ 孙中山：《论宪法上之君主神圣不可侵犯之谬说》，载《辛亥革命前十年间时论选》，第三卷，830 页。

觉醒，为共和而奋斗的目标也越加明确，在广大人民群众中形成了这样一种思想，用国民革命的方法，推翻那些桎梏着自由和平等的专制制度。这种法观念的变化不仅仅体现在辛亥革命前的群众性的为权利而斗争，也反映在辛亥革命后南京临时政府的立法实践中。作为辛亥革命的重要产物之一的《中华民国临时约法》中，对于人民权利的问题就做出如下的规定："中华民国人民一律平等"、"人民享有自由权"等。此外，南京临时政府还通过单行立法保护人权。如，1912 年 3 月 2 日发布了《大总统令内务部禁止买卖人口文》，1912 年 3 月 17 日发布了《大总统通令开放疍户惰民等许其一律享有公权私权文》，1912 年 3 月 19 日连续发布了《大总统令外交部妥禁绝贩卖"猪仔"及保护华侨办法文》、《大总统令广州都督严行禁止贩卖"猪仔"文》，等等。

第三节
近现代中国权力制约的实践

一、仿行宪政中的权力制约

1840 年鸦片战争之后的中国，是一个贫弱成疾的庞大国家。在法制现代化的理论中，通常将 1840 年鸦片战争作为法制近代化的开端。在中国内外交困的当时，也涌现出大批的仁人志士为改变这种积贫积弱的现状而前赴后继。战争失败的原因，起初认为是因为技术和科技上的落后，因而洋务运动便应运而生，以期通过"师夷长技以制夷"。然而甲午战争中水师的惨败的教训和明治维新的启发，使得国人逐步意识到，中国同西方强国的差距，真正出现在制度上。这种制度上的差别，一方面是政治制度的落后，另外一方面是法律制度的空白。在这样的内外交困的情况之下，清朝政府不得不采取措施以顺应民心和历史潮流，于是开展了轰烈一时的"清末立宪运动"。

清末立宪运动的最主要成果，是 1908 年 9 月的《钦定宪法大纲》和 1911 年 1 月的《宪法重大信条十九条》。这两部宪法性文件都是清政府在几近无计可施的情况下的权宜之计，其目的不过是蒙蔽立宪派和广大群众，缓解内外矛盾，维护封建专制统治，因此在历史上被称为"假立宪"。仿行宪政虽然实际上只具有形式上的意义，但从权力制约的角度来说，它却具有划时代的意义。从内容上来看，这一时期权力制约在模式上具有以下的表现：

1. 从皇权无限开始向皇权有限的历史转变

在清政府颁布的《宪法重大信条十九条》中，虽然仍强调巩固皇权，但也规定了皇权范围应以宪法为依据，同时引进了西方议会理论，缩小了皇权，扩大了国会权力。关于以国会权力制约皇权的规定，从形式上讲是一种君主立宪模式。在对君主权力的限制上，《钦定宪法大纲》中规定，审判权通过审判机关依法行使，皇帝不得通过诏令加以更改判决，干涉司法审判，不得随意更改废止法律。《重大信条十九条》中则进一步规定，"皇帝之权，以宪法所规定者为限制"，"宪法由资政院起草决议，由皇帝颁行之"，"宪法改正提案权属于国会"。其他的有关皇帝对军权，命令权，宣战媾和等权力都要受到国会的限制。这样就进一步限制了皇权的无限扩大。

2. 从否定民权向有条件地确认民权的转变

中国传统的文化思想、法制观念，对于民权采取否定的态度，而晚清统治集团则变过去的彻底否认民权为有限度的承认民权，并且在《钦定宪法大纲》中用 9 个条款规定了臣民的权利、义务，《钦定宪法大纲》主要表现在"臣民于法律范围以内，所有言论、著作，出版和集会、结社等事，均准其自由"；"臣民之财产及居住，无故不加侵扰"等等。

3. 从行政与司法合一向司法独立的转变

中国古代政治生活以君权为上，皇权集立法、司法、行政为一身，因此古代中国司法制度特征之一就是行政与司法合一，在《法院编制法》奏准颁布后，以司法独立为特征的政治权力分立的格局开始出现在近代中国法律文化体制中，尽管权力分立依旧以皇权为依据，但却标志着司法体系的诞生，体现了近代中国法制文明的历史进步。

但从这一时期的法律的本质来说，其主旨主要不是为了限制或制约权力，更不是为了保障民权。《钦定宪法大纲》无论从体例上还是从内容上都是以维护君权为中心的，民权只是附属品。它只不过是在内外压力之下清朝政府统权于上的一种变通形式而已，内容实际上是维护封建皇权。《宪法重大信条十九条》，在开篇第 1 条就再次强调了皇帝权力的神圣和不可侵犯性，意图建立一个"万世不易"的皇位统治。在这种统治前提之下，皇帝可以牢牢控制军政大权，享有任命总理大臣和国务大臣的权力。通篇来看，《宪法重大信条十九条》，主要还是有关保护皇权的条款居多，如类似"凡法律虽经议院决议而未奉诏令颁布者，不能见诸实行"，"用人之权操之于君上……议员不得干涉"，"国交之事交由皇帝亲裁，不负议员议决"。这些条款无疑在权力控制和分配方面，天平明显倒向了封建皇权，而那些所谓的制约机制，无论是通过公民的权利制约还是通过议会等机构制约，明显带有形式主义的色彩。从这种意义上来说，该一时期并没有真正确立权力制约的制度模式。

二、南京临时政府的权力制约

1911 年，辛亥革命的爆发，统治中国两千多年的封建专制制度在中国大地上结束了最后的残喘。1912 年 1 月，资产阶级在南京成立了中华民国临时政府，开创和形成了资产阶级的新型政治模式。

这种模式的集中表现，就是中华民国南京临时政府的《中华民国临时约法》。在这部《临时约法》中，根据资产阶级宣扬的"主权在民"的思想，建立了第一个真正意义上的"资产阶级共和国"。《临时约法》中明确指出"中华民国由中华人民组织之"，"中华民国之主权属于全体国民"。从这开篇的两条我们不难看出，这样的制度是同传统的封建专制主义政治制度是根本对立的。

政治制度方面，《临时约法》仿照西方资产阶级国家构造了三权分立、互相掣肘的现代政治体制。设置参议院，为行使立法权的机关；临时大总统和国务院是行使行政权的机关；设置法院，是行使司法权的机关。这样，将原先集权于封建帝王和各级行政长官的权力，分配到立法、司法和行政三方行使。同时，《临时约法》依古典自然法学派的"天赋人权"理论，明确确认和保障人民权利和自由，规定人民享有人身、居住、言论、出版、集会、结社、通信和宗教信仰等自由，以及选举、被选举等基本权利。

但是，由于当时的政治局势的动荡和资产阶级力量的薄弱，南京临时政府在政治体制的架构方面实际上经历了一个从总统制到内阁制的变化过程。1912 年《修正中华民国临时政府组织大纲》中，同盟会实际上通过了实行总统制的决议。但是，从当时的实际情况来看，由于分立的三权实际上都操控在总统一个人的手中，所谓的总统，几乎就是封建君主的翻版。清帝退位前夕，孙中山承诺将大总统让位给袁世凯，一些原本支持总统制的资产阶级分子意识到一旦总统制为少数别有用心的人所利用，就会使得政治重新陷入专制统治的泥沼当中。这样，他们就放弃了总统制，转而支持建立一个具有牵制作用的内阁制度。事实上，在那个刚刚从封建统治中走出来的时代，几千年的封建专制统治，已经在中国人的脑海形成了万千权力于一身的思想定势，实行内阁制比实行总统制更能防止类似复辟事件的发生。

综合来看，以《中华民国临时约法》为代表的南京临时政府所推出的一系列政策和纲领，是资产阶级在夺取政权之后建立的一系列成果的结晶。其历史作用和功绩是不容抹杀的。民主共和国的缔造者们通过对西方政治制度的学习和模仿，制定出了一系列限制君主权利的制度，并且通过约法的形式将三权分立、司法独立等原则确立下来。为了防止可能出现的专制和独裁，又设计出了责任内阁制，扩大参议院的权利，规定约法的严格的修改程序等。并且秉承西方资产阶级的"天赋人权"、"主权在民"的思想，强化了对公民权利的保障放宽了人民享有的权利。总的来说，以约法为代表的一系列纲领性文件的出台符合当时的政治潮流和趋势，基本表现出了那个时代资产阶级的自身力量和意识的发展水平。

同时，我们也应当看到，这一系列政治实践的局限性也是客观存在的。比如在对人民权利的保障方面，虽然规定了一定数量的自由和权利条款，但是，由于没有确保其实现的物质基础和条件，相反却以"本章所载的权利，有认为增进公益、维护治安或紧急情况时，得以法律限制之"，这就很容易成为当权者任意剥夺人民民主自由权利的借口。当然这种现象的出现，同以孙中山先生为代表的资产阶级革命党人对国民的不信任有很大关系，但是，这种制度的缺陷却是值得提出的。另外，由于阶级和认识能力的限制，导致革命的成果中，并未触及封建制度的基础——封建土地所有制的内容，这就使得约法的行使丧失了现实的社会支持。当然这些都是表面现象，对于这种现象的根本原因主要体现在：临时约法的运行缺乏一定的社会基础。临时约法的精神来源于西方的宪政文化，需要商品经济、民主政治的支持。但是，积贫积弱的中国，资本主义的发展远远落后于同时代的西方国家，甚至落后于欧洲萌芽阶段的资本主义发展水平，所以建立在封建经济基础之上的资本主义国家机器是不够稳定的。此外，约法缺乏现实的政治和思想基础。广大从前清时代走出来的国民，根本不知道民主人权为何物，由臣民意识到公民意识的转变并非朝夕之功。在这样的状态之下，具有现代精神的民主法律很难获得普遍的社会认同。

三、北洋政府的权力制约

北洋军阀政府时期的政治体制和权力制约实践的突出特征，就是北洋政府的以民主法制为幌子，实行军事独裁。北洋军阀的各届政府都制定了自己的宪法或者宪法性文件，从 1912 年到 1925 年 12 年间，前后制定了 12 部宪法性文件，其中具有代表性和影响力的主要包括 1913 年《天坛宪草》、1913 年 3 月的《袁记约法》、1914 年 1 月的《总统选举法》；1923 年曹琨政府的《中华民国宪法》；1925 年的《中华民国宪法草案》。

从这一时期的政治发展情况来看，由于中华民国的建立和民主共和的观念已经逐步开始走向大众，北洋政府的民主幌子在适应了潮流的需要的同时，也客观上推进了民主的进一步发展。这些宪法和宪法性文件，大都确立了"主权在民"、"三权分立"和"天赋人权"的思想，法律在政治体制中的地位也得到了提升。但是，我们也应当清醒地看到，所有的这些进步，大都表现在形式上，实质上，历届军阀政府大多是在制定宪法文件的同时肆意践踏宪法精神。从袁世凯开始，撕毁"临时约法"，强行解散国会，用强迫手段制定"袁记约法"；曹锟用欺骗和贿赂的手段制定了臭名昭著的"贿选宪法"。这其实就出现了一个看似矛盾的情形，一方面这些独裁者为了推行独裁不择手段，另外一方面却要制定一部自缚手脚的宪法。但是，实际上，宪法只不过是独裁者们顺应历史和社会压力而被迫作出的让步和妥协而已。这样，我们就不难对这一时期的政治体制和权力分配方式的畸形进行理解了。

这时期的宪法在高唱"民主"、"共和"高调的同时，实质上却充斥着类似封建专制统治的军阀独裁。总统独揽统治权力，资产阶级的民主分权变成了专制独裁的"三权合一"。约法所确认的"主权在民"的原则逐步变成了空话。总统总揽民国的行政权力，并且作为陆海空三军大元帅，总统有权"停止众议院或参议院之会议"，有权解散众议院，这样就扩大了总统的权力，破坏了国会对行政的制约。将总统的权力凌驾于国会之上，实际取消了三权分立原则。其次是取消了对总统权力的种种限制性规定，使得总统在国会休会期间不受任何限制。再次是对内阁权力的规定："中华民国的行政权，由大总统以国务员之赞襄行之"，"国务总理于国会闭会期间出缺时，大总统得为署理之任命"，且不必经过国务员之副署。这实际上就确认了大总统对内阁的领导，使得内阁沦为总统的办事机构。北洋军阀的宪法绝大多数规定了公民的权利和自由，主要包括人民的平等权，不受到逮捕、监禁、审问、处罚的权利；自由选择职业住宅的权利；选举权和被选举的权利等等。但是，同它的先行者一样，它许诺的人民的这些民主自由的权利，都是附有"依法"的条件，因而这些宪法上的权利都是大打折扣的，而从实际情况来看，北洋军阀对专制独裁权力的过度滥用，人民权利的掣肘变得更加微乎其微。

四、南京国民政府的权力制约

南京国民政府时期，大致可以从 1927 年的"四一二"反革命政变到 1949 年蒋介石国民党战败退至台湾。通观这一时期的政治体制和权力运作方式，是一个交织着传统人治和现代意义上的法治冲突和融合的阶段。作为政治形式的集中体现，这一时期的宪法和宪法性文件主要有：1931 年的《中华民国训政时期约法》、1936 年"五五宪草"、1947 年《中华民国宪法》。从南京国民政府政治建设的实践来看，自清朝末年以来历届政府的特点，即高举民主、自由、法制为名，而实行专制、独裁、人治。对于这种制度的起源，我们可以追溯到孙中山先生在建立国民党之初的一些政治理念和政治设想。早在 1905 年，孙中山就提出"军法之治"、"约法之治"和"宪法之治"的三步理念，并且在 1914 年在《中华革命党总章》中提出军政时期、训政时期和宪政时期三阶段理论，这里思想的实质都是意图从开明专制导入宪政。在孙中山先生的五权宪法中，政权和治权都与个人自由没有关系，在他的思想深处，他是反对个人自由的。"今天，自由这个名词该如何用呢？如果用到个人，就成一盘散沙，万不可再用到个人上去。要用到国家上去。个人不可太自由。国家要完全的自由。"① 他的国家自由实际上是国家独立的问题。在这一点上，他作出了充分的解释："我们为什么要国家自由呢？因为中国受到列强的压迫，失去了国家的地位，不只是半殖民地，实在是已成次殖民地。"② 不难理解，孙中山先生的这种思想对他的后来的继承者们产生了多大的影响，尤其是在蒋介石手中，这样的思想就更加成为维护国民党一党专制和蒋的个人独裁的最好的借口。这样，以蒋介石为首的国民政府就堂而皇之地打着"三民主义"的旗号，大搞国民党法西斯专政和独裁，使得中国法律发展在形式上有很大进步，但是在实质上却徘徊不前。

《训政时期约法》是在 1928 年《训政纲领》基础之上制定的。国民党训政时期的理论基础就源于孙中山先生的上述学说。从形式上看，这部约法是同民主相适应的。基本确立了"主权在民"的原则，规定了人民享有广泛的权利，涉及政治权、平等权、人身自由权等一系列权利，最重要的是，这部约法确立了约（宪）法至上的法治原则。"凡法律与本约法抵触者无效"。但是，从实质上看，约法体现的是国民党专政和蒋介石独裁，所规定的权利也是虚假的。该约法虽然在第 2 条确立主权在民原则，但是在第 3 条又规定："训政时期，由中国国民党大会闭会时，其职权由中国国民党中央执行委员会行使之。"这样，就使得"主权在民"成了一句空话，实质上是确立了主权属于国民党的原则。约法确立了中国国民党是最高权力机关，也就是确立中国国民党一党专政的政治制度。约法所规定的人民的民主权利，也由于这些制度的缺陷，造成了随意被剥夺的现象。

《中华民国宪法草案》（"五五宪草"），采用的是法律限制主义的原则，即通俗的"非依法律不得限制"人民的自由权利，换句话说，就是依照法律便可以限制人民的自由权利。实际上这样的立法模式就为变相任意剥夺和限制人民权利大开了绿灯，为了"维护社会秩序"或者是"保障国家安全"，"避免紧急危难"，就可以制定些单行法规来实现这一目的。在这部草案中，确立的实质上是总统独裁政体，"总统为国家元首，对外代表中华民国"，并统率全国陆海空军，有公布法律、发布命令、宣战媾和、缔结条约等权力，和任命行政院、司法院和考试院院长、紧急事件发布紧急命令的权力。这样看来，"五五宪草"是一部在形式上具有资产阶级民主色彩实质上充满了独裁反民主的草案。1947 年 1 月，《中华民国宪法》正式公布，这部法律在出台之初就遭到了包括共产党在内的政党和团体的抵制。通观全法，在民主法治方面，法案指出主权在民原则，确认基本人权原则，基本体现了权力分配和制衡的原则，在规定了实行五院制的同时，进一步明确了五院的分工，行政院为国家最高的行政机关，立法院为国家最高立法机关，监察院为国家最高监察机关，考试院为国家最高考试机关，司法院为国家最高司法机关。对各机关的权力确定的职权范围，且各机关之间也确定了一定制约机制，如行政院依法对立法院负责，司法院组成人员要经监察院同意等。同它的前部法律一样，专制和独裁同样充斥在条文当中。其中，总统具有同"五五宪草"中同样的至高无上的权力，享有在紧急情况下单独处理国家大事的绝对权威，这样，使得总统实质上获得了一种凌驾于国会和五院之上的独尊地位。其次，宪法所罗列的人民的权利义务有 18 条之多，但是，在下面又规定，"以上各条所列举之自由权利，除为防止妨害他人自由、避免

---

① 转引自邵德门：《孙中山政治学说研究》，55 页，长春，东北师范大学出版社，1992。

② 《孙中山全集》第 9 卷，182 页，北京，中华书局，1984。

紧急危难、维持社会秩序，或增进公共利益"的借口下，用法律进行限制和取消。在这样前后矛盾的文字游戏之下，很多所谓的人民权利和自由便沦为了一纸空文。

第四节
近现代权力制约理论检视

一、权力来源理论

对于权力的来源，学者有不同的见解。权力如何获得的？通过什么方式获得的？盖尤斯说："一切权利都是从人民来的。皇帝的命令何以有法律的效力呢？因为皇帝的地位是由人民给他的；官吏为什么有权力呢？因为官吏是人民选举出来的。"乌尔比安认为："皇帝的旨意具有法律效力，因为人民通过 Lex regia（《国王法》）中的一段话把他们自己的全部权力授予了他。"① 资产阶级学者更是普遍承认并论证了"主权在民"的权力根据。

从权力的性质和自身的特点我们不难看出，权力一旦从它的本源的主体中剥离开去，就自然而然的产生了一种离心力。要使本源的主体保障他的权力不被滥用，就必须对权力的使用者加以限制和控制。而权力的强制性和它的无限增长性又使得权力一旦脱离了限制和控制，就会变得容易远离和背叛。因此，权力的来源和权力的制约是一对共生的话题。

从权力获得的正当性、合理性的逻辑来看，历史上对于权力的来源的看法归纳起来主要有以下三种：

首先是基于传统的继承获得权力的理论。恩格斯对此有一段评论："习惯地由同一家庭选出他们的后继者的办法，特别是从父权制确立以来，就逐渐转变为世袭制，人们最初是容忍，后来是要求，最后便僭取这种世袭制了；世袭王权和世袭贵族的基础奠定下来了。于是，氏族制度的机关就逐渐脱离了自己在人民、氏族、胞族和部落中的根子，而整个氏族制度就转化为自己的对立物：它从一个自由处理自己事务的部落组织转变为掠夺和压迫邻人的组织，而它的各机关也相应地从人民意志的工具转变为旨在反对自己人民的一个独立的统治和压迫机关了。"② 自从人类跨入文明的门槛，便逐渐产生了阶级和国家，产生了公共权力。人类历史的最初阶段，权力作为重要资源，就像财产一样被一代一代继承下来，直到一个政权被推翻，开始新政权的建立和历史的重演。这种权力最初的产生有两个方面的原因，其一是自然渐进地获得。当某个个人或者家族的财富积累到一定程度，当通过财富可以对他人的行为产生影响之后，权力就自然而然产生，而这种权力反过来又可以保护财富和资源的稳定。这种通过渐进方式获得的权力是和平的，缺少尖锐斗争的。另外一种是通过强制和暴力获得的权力。通过暴力获取权力和依靠暴力执掌权力是迄今为止人类社会的一种普遍现象。一般说来，一个王朝、一个政权的最初产生都是通过暴力获取的，当某些力量已经获得权力，而另外一些力量在有攫取这些有限权力的欲望的时候，他们所能做的，就是通过暴力的

---

① 陈允、应时：《罗马法》，3、5页，上海，上海商务印书馆，1931。

② 《马克思恩格斯全集》，第21卷，188页，北京，人民出版社，1965。

斗争来取得。所以可以说，起义、革命和政变等暴力形式是文明社会产生以来获取国家权力的主要形式。迄今文明社会的历史上，新旧政权之更迭，一般是借助于暴力实现的。①

其次是契约理论，其代表人物是卢梭。严格说来，契约理论是在中世纪后期，随着商品经济的发展和市民社会的兴起而逐渐形成与发展的。什么是"契约"？卢梭对此的表述是："要寻找出一种结合的形式，使它能以全部共同的力量来维护和保障每个结合者的人身和财富，并且由于这一结合而使得每一个与全体相联合的个人又只不过是在服从其本人，并且仍然像以往一样地自由。这就是社会契约所要解决的根本问题。"②

契约理论是商品经济的产物，商品经济的特性内在地要求一切社会交往都必须遵循等价交换的原则；而等价交换原则又内在地要求交易者人格地位平等，并以自愿方式进行交换。为了维持这个原则，就需要自由平等的社会秩序。建立在这一秩序基础上的国家，也必然地被要求根据契约来获取权力。在卢梭看来，社会约定是国家权力的唯一合法性基础。他说，国家的创制有一个"构成国家中一切权利的基础的社会契约"，等等。契约理论对近现代社会变革所产生的影响却是不可低估的。后期的资本主义国家的政权的建立，在很大程度上都受到了卢梭思想的影响。恩格斯对卢梭的评价是："……卢梭起了一种理论的作用，在大革命中和大革命之后起了一种实际的政治的作用，而今天在差不多所有的国家的社会主义运动中仍然起着巨大的鼓动作用。这一观念的科学内容的确立，也将确定它对无产阶级鼓动的价值"③。

按照卢梭的理论，社会契约是以"公意"为基础的，而法律无外乎就是"公意"的体现，宪法则被认为是社会契约的一种规范化的表现形式。所以，权力的契约基础内藏着权力法治化的隐喻。可见，一方面，合法性是权力的前提，没有法律上的根据，不但无以行使权力，而且不存在所谓权力，如果有实存权力，则只能是一种失当的暴力；另一方面，规范权力的产生、存在和运行是法治权力条件下法律的重要使命，法律倘不能有效地规范、制约和保障权力的产生、存在和运行，那么，其正当性便将大打折扣。④

近代中国的权力理论是在"主权在君"这一传统原则的历史基础上革命性地发展起来的，从君民共主论，经君主立宪论，到民主共和论，最终确认了"主权在民"的原则。这一原则确认人民是权力的最终来源。任何权力都由一定社会成员共同赋予的。根据这种逻辑，权力来自人民，当它一旦与人民相分离，就具有一种脱离人民的倾向和离心力。要确保权力忠实于作为其基础的人民，就必须有对于权力的必要控制，防止权力远离人民或背叛人民。因此，"主权在民"原则不仅确立了权力的来源，也是现代社会权力制约原则的正当根据。

二、国家权力理论

从权力的类型来说，理论上存在国家权力与社会权力的区分。近代西方的思想家重点讨论的是国家权力问题。在这方面，卢梭和孟德斯鸠的理论最具特色。

卢梭的国家权力理论的出发点，是人的个体的"性善论"和整个社会的"性恶论"。他

---

① 参见安东：《国家权力控制论》，武汉大学博士学位论文，2005。
② ［法］卢梭：《社会契约论》，何兆武译，19 页，北京，商务印书馆，2003。
③ 《马克思恩格斯选集》，2 版，第 3 卷，444 页，北京，人民出版社，1995。
④ 参见谢晖：《法律信仰的理论与基础》，387 页，济南，山东大学出版社，1997。

主张人的个体的"性善论"和整个社会的"性恶论"。卢梭认为，人本来是善良的、淳朴的、富有同情心的、乐于助人的。但是，随着科学技术的发展和人类艺术的进步，人类由自然状态进入了社会状态，人类本性中的美德和优秀道德品质的退化也由此开始。道德异化和退化的社会，又造成了一批邪恶的个人。"我们的风尚里，有一种邪恶而虚伪的共同性，每个人的精神仿佛是一个模子里铸出来的。我们不断地遵循着这些习俗，而永远不能遵循自己的天性。我们不敢再表现真正的自己；而且在这种永恒地束缚之下；人类便组成了我们称之为社会的那种群体。因此，我们永远也不知道，我们是在和什么人打交道。"① 他进一步认为，"随着人类日益文明化，每个人都开始注意别人，也愿意别人注意自己。于是，公众的重视具有了价值。这就是走向不平等的第一步；同时也是指向邪恶的第一步"②。在卢梭看来，"野蛮人和社会人所以有这一切差别，其真正的原因就是：野蛮人过他自己的生活，而社会人则终日惶惶，只知道生活在他人意见之中"③。因此，国家的权力的运用就是要建立一种公正、合理的社会秩序，这种秩序能够保障人们的自由、平等的权利，能够培养和恢复像自然人那样的美德，使每一个人恢复为像自然人那样具有美德和优秀品质的真正的人。这就要求国家必须是道德共同体，国家里的公民是道德公民。如果是这样，国家的权力就不可能被滥用。④

在对国家权力的划分和限制方面，尽管卢梭继承了洛克关于立法权力属于人民的思想，但却反对对国家权力进行划分。卢梭在《社会契约论》中，曾经以嘲笑的口吻写道："我们的政论家们既不能从原则上区分主权，于是便从对象上区分主权：他们把主权区分为强力和意志，分为立法权力和行政权力，分为税收权、司法权和战争权，分为内政和外交权。他们时而把这些部分混为一团，时而又把他们拆开。他们把主权者弄成是一个支离破碎、拼凑起来的怪物；好象他们是用几个人的肌体来凑成是一个人的样子，其中一个有眼，另一个有臂，另一个又有脚，都再没有别的部分了。据说日本的幻术家能当众将一个孩子肢解，把他的肌体一一抛向天空去，然后就能再掉下一个完整无缺的活生生的孩子来。这倒有点像我们的政论家们所玩的把戏了，他们用的不愧是一种江湖幻术，把社会共同体加以肢解，随后不知怎么回事又居然把各个片段重新凑合在一起。"⑤ 卢梭认为，权力分立思想家的主要错误在于没有形成主权权威的正确概念，把仅仅是主权权威所派生的东西误认为是主权权威的构成部分。在卢梭看来，人们只要把主权看作是分立的，那么，就要犯错误，而被认为是主权的部分的那些权力实际上是从属于主权的，并且永远是以至高无上的公意，即人民的意志为前提的。主权是永远属于人民的，是整体的、是不能分割的。

卢梭主张国家的立法权力属于国家的全体人民集体拥有，但是，他坚决反对人民代表制度。卢梭认为，主权者就是组成这个国家的全体人民，它拥有至高无上的权力。从本质上说，它是既不能被分割、也不能被代表的。因而，卢梭反对通过人民代表行使国家最高权力的思想，并且明确指出："代表的观念是近代的产物；它起源于封建政府，起源于使人类屈

① ［法］卢梭：《论科学和艺术》，何兆武译，5页，北京，商务印书馆，1997。
② ［法］卢梭：《论人类不平等的起源和基础》，温锡增译，118页，北京，商务印书馆，1982。
③ ［法］卢梭：《论人类不平等的起源和基础》，温锡增译，124～125页，北京，商务印书馆，1982。
④ 参见宋全成：《论孟德斯鸠与卢梭国家权力理论之分野》，载《山东大学学报》（哲学社会科学版），2003（1）。
⑤ ［法］卢梭：《社会契约论》，何兆武译，37页，北京，商务印书馆，1987。

辱并使'人'这个名称丧失尊严的、既罪恶又荒谬的政府制度。在古代的共和国里，而且甚至于在古代的君主国里，人民是从不曾有过代表的，他们并不知道有这样一个名词……主权在本质上是由公意所构成的，而意志又是绝不可以代表的；它只能是同一个意志，或者是另一个意志，而决不能有什么中间的东西。因此，人民的议员就不是，也不可能是人民的代表，他们只不过是人民的办事员罢了；他们并不能作出任何肯定的决定。凡是不曾为人民所批准的法律，都是无效的；那根本就不是法律。"① 这样看来，卢梭向往的民主不是代议制民主，而是人民一致同意的直接民主，是一种像古希腊人那样经常集会来既行使主权，又行使部分行政权的程序极为简单的民主。

卢梭在他的描述中以崇高的道德从根本上就否定了权力滥用的可能性，因此在他的立论中也并没有针对权力滥用进行技术性的安排。卢梭认为，当人们缔结社会契约时，转让了自己的全部权力，而构成了一个政治共同体、道德共同体或主权者。在这个共同体中，"只有私人意愿与公共意志完全一致，每一个人才是道德的……既然道德不是别的，就是个人意志与公共意志的一致，那么，同样的事情可以换句话说，那就是创造了一个道德王国"。在道德王国中，公意是至高无上的绝对权威，任何人都必须服从公意。因此，主权者的权力是不可能被滥用的，因而，也无须对公民提供任何的防范权力被滥用的技术的保证。"主权者既然只能自组成主权者的各个人所构成，所以主权者就没有，而且也不可能有与他们利益相反的任何利益；因此，主权权力就无需对于臣民提供任何保证，因为共同体不可能想要损害它的全体成员；而且我们以后还可以看到，共同体也不可能损害任何个别的人。主权者正由于他是主权者，便永远都是他当然的那样。"②

孟德斯鸠的国家权力理论，也是建立在对人性研究的基础上的，然而，与卢梭相反，他认为，人就其本性而言，并不是至善至美的，而是存在丑恶、自私等不完善的方面，并对人的这种不完善性保持着高度的警惕。因为人的道德天性完全不能普遍抗拒权力的腐蚀，所以，同样的，在权力问题上，"一切有权力的人都容易滥用权力，这是万古不易的一条经验。有权力的人们使用权力一直到遇有界限的地方为止"。因此，"从事物的本质来说，要防止滥用权力，就必须以权力制约权力。"③ 既然国家建立的目的，就是保障公民的生命、自由、平等和财产权，那么，国家的权力就不能像封建专制主义那样高度集中，而必须分权。由此，孟德斯鸠创造性地继承了洛克的国家分权理论，将国家的权力划分为立法权、行政权和司法权，从而实现了国家权力的分立。而为了防止人性恶的方面，即滥用权力，孟德斯鸠在国家权力的运用上，没有赋予这三种权力的任何一种以绝对的、至高无上的意义，而是彼此牵制、相互制约。显然，他不是从人的内在本性的道德纯化，而是从人的本性的外部即社会的方面给予权力以强有力地制约，即以恶制恶、以权制权。孟德斯鸠认为，有了这种政治制度的技术性安排，才能使那些拥有国家权力的人，有无限的能力去从善，而无任何能力去作恶；也只有这样，才能保障公民的生命、自由、平等和财产权。

正是由于人们的本性和道德的缺陷，在孟德斯鸠那里，国家权力被设计为以权力制约权力，互相制约，彼此制衡，从而有了防止国家权力被滥用的技术性安排。在国家权力分割的

① ［法］卢梭：《社会契约论》，何兆武译，125 页，北京，商务印书馆，1987。
② ［法］卢梭：《社会契约论》，何兆武译，28 页，北京，商务印书馆，1987。
③ ［法］孟德斯鸠：《论法的精神》，上册，张雁深译，154 页，北京，商务印书馆，1961。

问题上，孟德斯鸠极力主张国家权力的分割而治。认为国家的权力决不能集中于一个人或一个集团手中，如果拥有没有制约的绝对权力，由于人的本性恶的一面，就必然滥用权力，践踏人们的正当权利。因此，国家权力必须分割。据此，孟德斯鸠将国家权力划分为立法权、行政权和司法权。立法权就是制定、修正废止法律的权力；行政权，就是媾和或宣战、派遣或接受使节，维护公共安全，防御侵略的权力；司法权，就是惩罚犯罪或裁决私人诉讼的权力。从这里可以看出，孟德斯鸠的行政权是包括对外权在内的维护公共安全，防御侵略的权力，而将执行法律、惩罚犯罪、裁决诉讼的权力称之为司法权，并主张它与行政力的分离和独立。司法权与行政权的分离和独立，对于现代化社会的推进，对于民主政治的建立，对于公平合理秩序的创建，具有至关重要的意义，它不仅监督着社会成员的行为，而且监视着行政机关的社会行为，对于任何方面的违法犯罪，不论是来自于社会大众层面的个别的社会成员，还是来自于社会上层的行政机关，都有权提起诉讼，进行司法调查。

就技术操作的层面而言，孟德斯鸠关注的核心问题是国家立法权力如何运作的问题。他完全接受了洛克关于立法权是一个国家的最高权力，应由人民集体享有的观点，并明确指出："在一个自由的国家里，每个人都被认为具有自由的精神，都应该由自己来统治自己，所以立法权应该由人民集体享有。"① 但孟德斯鸠又认为："人民是完全不适宜于讨论事情的，这是民主政治的重大困难之一。""古代的大多数共和国有一个重大的弊病，就是人民有权利通过积极性的、在某种程度上需要予以执行的决议。这是人民完全不能胜任的事情。"至于全体人民直接参与立法，"在大国是不可能的，在小国也有许多不便，因此，人民必须通过他们的代表来做一切他们自己所不能做的事情。"也就是说，人民享有的最高的国家立法权力，不是通过全民的集体参与来实现的，而是通过选举他们的代表组成立法机关来行使的。在立法机构中，立法代表是如何产生的呢？孟德斯鸠将立法机关设计成平民团体和贵族团体两部分组成。平民团体的成员由每一个主要区域的选民选出的代表组成；而贵族团体的成员是由世袭的贵族组成，与平民无关。显然，孟德斯鸠以英国的立法机构作为其理论创作的蓝本，尽管孟德斯鸠为贵族议员在立法机构享有不经选举的特权，保留了位置，但是，他仍然为现代民主政治不可缺少的代议制，奠定了丰厚的理论基础。②

在近代中国，对国家权力理论进行系统阐述的思想家当属于孙中山先生。他把国家权力区分为政权和治权两个部分。他称前者为"权"，后者为"能"，从而形成了他的"权能分治"理论。孙中山说："政是众人之事，集合众人之事的大力量，便叫做政权，政权就可以说是民权；治是管理众人之事，集合管理众人之事的大力量，便叫治权，治权就可以说是政府权。所以政治之中，包含有两个力量：一个是政权，一个是治权。这两个力量，一个是管理政府的力量，一个是政府自身的力量。"③"要把政权放在人民的掌握之中"，"用四万万人来做皇帝"。而治权则完全交给政府，由其来行使治理全国事务的权力。他认为，"有了这样的政治机关，人民和政府的力量，才可以彼此平衡"④。孙中山的国家权力理论深受西方思想

---

① ［法］孟德斯鸠：《论法的精神》，上册，张雁深译，158 页，北京，商务印书馆，1961。

② 以上相关内容参见宋全成：《论孟德斯鸠与卢梭国家权力理论的分野》，载《山东大学学报》（哲学社会科学版），2003（1）。

③ 孙中山：《三民主义》，载《孙中山选集》，791 页，北京，人民出版社，1981。

④ 孙中山：《三民主义》，载《孙中山选集》，799 页，北京，人民出版社，1981。

的影响，但不是照抄照搬。他指出，"欧美有欧美的社会，我们有我们的社会，彼此的人情风土各不相同。"因此，不能完全仿效欧美，必须重新想出自己的办法，这就是他所提出的"权能分治"的理论。

从中国近代法律发展的历史看，西方的权力理论的影响不不言而喻的，他所促生的孙中山先生的权力学说，对中国的政治法律实践发生了十分深远和影响。

三、权力制约理论

权力制约，就是对权力主体拥有和行使的权力进行限制和约束。古今中外，很多思想家都对这个问题阐述了自己的看法，形成了各种各样的权力制约理论。有关权力制约的思想，其核心是"分权理论"。

在西方，分权理论的源头可以追溯到古希腊。其代表者是著名的思想家亚里士多德。在《政治学》一书中，他将一切政体的要素分为三个方面，即议事机能、行政机能和审判机能，从而开创了人类分权理论的先河。亚里士多德的目的不在于强调权力职能划分，他所真正关心的主要问题是如何达到社会不同同阶层的均衡，使不同阶层的利益都能在政府组织中得以体现。

其后，古罗马思想家波里比阿认为国家的最好形式是把君主制、贵族制、民主制三种政体形式的优点结合起来，建立混合政体。在这种政体中，各种要素得到精确的调整并处于恰好平衡的状态。其中，执政官是君主政体优点的体现，元老院是贵族政体优点的体现，人民大会则是平民政体优点的体现。他强调，国家权力虽然由执政官、元老院和人民大会分别掌握，但他们不应是彼此孤立的。执政官在行使军队供给、职务续任、论功行赏的权力时，要受到元老院的制约，在决定战争与和平时，要受到平民会议的制约。元老院在行使权力时，要受到人民大会的立法制约。而人民大会在财政上要受元老院的牵制，平民服兵役时又要受执政官的指挥。因此，任何越权的行为都必然会被制止。

近代西方的分权理论是在古希腊罗马的理论基础上发展起来的。其代表者是洛克、孟德斯鸠。

洛克是西方资产阶级分权学说的创始人，他首次把国家权力分为立法权、执行权、对外权，并且指出这三种权力必须由不同的机关行使。洛克的分权理论体现了明确的权力制约思想。在他看来，立法权虽然至高无上，但也要受到制约，立法权的性质决定它只能被限制在立法程序之内，不能专断，不能扩大到"随时发出命令和其他各种决议"①，立法机构也不得将立法权委托他人，因为这种权力是由社会以不可更改的方式置于其手中的。另外，由于行政机关的权力是由立法机关授予的，因此，行政机关的权力要受到立法机关的制约。而且，洛克强调，立法权和行政权不宜置于同一机构。洛克的分权思想对现代分权理论的贡献十分巨大，它为资产阶级的"三权分立"和制衡思想奠定了基础。

孟德斯鸠在洛克分权理论的基础上，发展出了"三权分立"的学说。作为法国人，他对本国的君主专制制度进行了尖锐的批判，而对英国的君主立宪制度则极为赞赏。他将英国的立宪制归结为立法、行政、司法三权分立，以及三权之间的制约与均衡。他指出，从事物的

---

① ［英］洛克：《政府论》，下篇，叶启芳、瞿菊农译，94 页，北京，商务印书馆，1964。

性质来说，"要防止滥用权力，就必须以权力制约权力。"① 为了使三种权力之间互相制约、互相监督，孟德斯鸠主张立法机关不但有权制定法律，而且拥有对行政机关执行法律和公共决议情况的监督权，拥有对行政首脑的弹劾权并以此制约行政机关；行政机关则以其否决权来制约立法权，立法机关只能根据行政机关的要求召开会议。

孟德斯鸠之所以特别强调三权的分立，是因为在他看来，要保证政治自由，三权必须由不同的人和机关掌握，"当立法权和行政权集中于同一个人或同一机关之手，自由便不复存在了"。同样，"如果司法权不同立法权和行政权分立，自由也就不存在了。如果司法权同立法权合而为一，则将对公民的生命和自由施行专断的权力，因为法官就是立法者"②。

从近代以来分权理论的发展形成过程来看，三权分立学说不仅对资产阶级革命产生过巨大作用，也成为各资本主义国家建立政府体制所奉行的基本原则和组织模式。

受西方思想的影响，近现代中国也曾出现各种各样的权力制约学说，最为典型也最具特色并对中国现实的政治实践产生深远影响的，莫过于孙中山先生的"五权宪法"思想。根据孙中山先生的说法，他提出的"五权宪法"的目的就是为了建造一个万能政府。他认为："在一国之内，最怕的是有了一个万能政府，人民不能管理；最希望的是要一个万能政府，为人民使用，以谋人民的幸福。"③ 为此，他把国家的政治大权分为政权和治权两个部分。他所说的政权即民权，应交由人民直接行使，而治权则是政府权，要完全交给政府行使。政权分为选举权、罢免权、创制权和复决权，治权分为立法权、行政权、司法权、考试权和监察权。他提出，治权所分出的五权分别归五个独立的部门来行使。由此形成了五权独立的原则。按照他的设想，政府掌握的五权受制于人民掌握的政权，"由各县人民投票选举总统以组织行政院，选举代议士以组织立法院，其余三院之院长由总统得立法院之同意而委任之，但不对总统、立法院负责，而五院皆对国民大会负责。各院人员失职，由监察院向国民大会弹劾之；而监察人员失职，则国民大会自行弹劾而罢黜之。"④

---

① ［法］孟德斯鸠：《论法的精神》，上册，张雁深译，154 页，北京，商务印书馆，1961。
② ［法］孟德斯鸠：《论法的精神》，上册，张雁深译，156 页，北京，商务印书馆，1961。
③ 《孙中山全集》，第 9 卷，351 页，北京，中华书局，1985。
④ 《孙中山全集》，第 9 卷，205 页，北京，中华书局，1985。

第十九章

司法独立思想的确立

第一节
司法独立：近代鼓吹

近代以来，坚船利炮、欧风美雨对中国传统思想文化的社会基础带来了巨大的冲击，形成了"三千年来未有之大变局"。社会环境的变化，实际上也就意味着传统法律所赖以产生和发生作用的条件开始发生变化。追求社会内部诸多关系之间和谐的传统法律，转而要去应对一片陌生的调整领域。就这样，在传统法律浑然不觉的状态中，危机已经悄悄地来临了。这种危机从一个更加直观的层面，折射出传统法律的缺点，反映了传统法律对已经发展变化了的社会的不适应性。因此，需要重新确立一种新的社会调整手段，以满足对新的社会关系的控制力度。正是这一追求，把传统的中国法律从封闭带向了开放的状态，从司法行政合一的司法权运作模式，逐步走向司法、行政和立法的分立模式，最终走向司法独立。

一、中国传统司法权的地位

19 世纪 80 年代到中国进行采访的英国游历者亨利·诺曼在描述中国古代衙门中的酷吏和古代衙门的行刑场面时，曾隐喻了这样一种说法：不了解中国古代的司法，就不算是了解了中国传统的社会；而不了解中国司法的最后一幕，也不能算是了解了中国传统的司法。因为"中国司法制度的最后一幕是最能让人明白中国到底是怎么一回事"[①]。这位英国人的话虽然是直接了点，但的确既符合司法的"社会关联性"，又符合传统中国社会的某种真实的表象。以皇权为中心的传统法律，使得古代的立法和司法都深深地刻着专制与集权的印记。首先，皇帝是最权威的立法者，他所颁布的诏、令、敕、诰、谕等都是具有绝对权力和广泛指挥国家活动的法律形式。更为重要的是，封建国家所颁布的任何法律，都要被标上"钦定"字样，以示慎重。从司法而言，无疑皇帝是最高级别的审判官，皇权是最高的司法权，其权力的行使无论是通过"躬操文墨"还是"谕令诏狱"，都预示着这样一个原则：从法律上讲，

---

① ［英］吉伯特·威尔士、亨利·诺曼：《龙旗下的臣民——近代中国社会与礼俗》，260 页，北京，光明日报出版社，2000。

只有皇帝一人握有最高的司法裁判权。从一般意义上说，中国传统社会中，司法权的地位和实际运作大体上可以通过以下几点加以描述。

（一）全能型的司法

司法是国家的最为重要的管理活动，也是最能体现国家统治职能的一种活动，以至于举凡国家存有力图求治或是成就霸王之业的想法，都无一例外地首先想到通过一种最原始的司法手段——权威、命令与一致性的规则来统一号召并动用全国的力量。中国古代的国家在运用司法，以实现国家的统一和强盛方面，大体上仍是沿着这样的一个规律。传统的全能型司法集中体现在司法职责的行使上。单单从职责上看，中国古代的司法机关从设立之初就是一种全能型的设置模式。这种全能型的司法机关所行使的近乎是当代西方司法制度有关广义司法的职责，而且是最为广义的权限与职责。正如罗兹曼所说："作为一县之长，县令在执行其司法功能时，他是万能的，既是案情调查员，又是检察官、被告辩护人，还是法官和陪审员。在权力结构的顶峰，具有全权的皇帝是立法者和最高法官，至少在理论上是如此。"① 于是，民间百姓对地方长官的第一印象就是裁断是非的法官形象。② "州县官听理其辖区内所有的案件，既有民事也有刑事。他不只是一个审判者。它不仅主持庭审和作出判决，还主持调查并且讯问和侦查罪犯。用现代的眼光来看，它的职责包括法官、检察官、警长、验尸官的职务。这包括了最广义上的与司法相关的一切事务，未能依法执行这些职务将引起（正如许多法律法规所规定的）惩戒和处罚。"③ 因此，在这样的一种体制下，"中国没有出现过独立的司法机构或法学。县令集警察（他要拘捕罪犯）、起诉人、辩护律师、法医、法官、陪审团的职责于一身"④。

（二）伦理性的司法

中国古代社会是一个亲血缘、重亲情的社会，中国古代的法律是贯穿着伦理精神的法律。从指导思想上看，中国传统法律的精神是以儒家学说为核心，在吸收法、道、墨等各家学说的基础上发展起来。在这一指导思想中起支配地位的，则是伦理主义法律观。伦理观念是从人们对祖先的崇拜中引申出来的有关人与人之间的一种哲理。其核心就是孔子所说的"仁"，即"爱人"。其价值取向是强调人对于他人的关注要重于对自己的关注，把人际关系看得比自己更重要。这一价值取向体现在具体的法律关系中，表现为法律明确要求人人恪守本分，实现所谓的尊尊、卑卑、亲亲、疏疏的等级秩序。地位卑下者必须敬重年长者、尊贵者，不允许以下犯上，否则就是"犯上作乱"。位高权尊者应当体恤下情，爱民如子，为民作主。具体到中国传统的司法，伦理主义的法律观也同样是体现对"人"及其与此相关的社会价值标准的关注。这种伦理性的司法主要体现在，一是司法依据的情理化，也就是说在传

---

① ［美］吉尔伯特·罗兹曼主编：《中国的现代化》，国家社会科学基金"比较现代化"课题组译，120～121页，南京，江苏人民出版社，1998。

② 参见郭建：《帝国缩影——中国历史上的衙门》，196页，上海，学林出版社，1999。论者认为，在传统的戏曲、小说中，官员的形象总是走堂审案的法官。公案戏、清官戏流传至今盛演不衰，以至于在当代人的心目中，古代的地方官就是包拯、海瑞之类坐大堂、拍惊堂木的形象。

③ 瞿同祖：《清代地方司法》，载《瞿同祖法学论著集》，443页，北京，中国政法大学出版社，1998。

④ ［美］兰比尔·沃拉：《中国：前现代化的阵痛——1800年至今的历史回顾》，廖七一、周裕波、靳海林译，26页，沈阳，辽宁人民出版社，1985。

统的司法审判活动中，法官或者州县官并不恪守法律条文的规定，更多的是按照纲常礼教等方面的观念和规范作为其法源，综合运用纲常礼教中的伦序、道德、风俗、习惯等种种约定俗成的所谓的"情理"来决定案件的是非，表现出典型的"循礼重于依法"的司法特色，司法判决既要合法，更要原情，往往是情理优先于法理，判决的依据主要是对伦理道德规则的就靠，最终实现天理、人情、国法的三者合一。① 二是司法过程的人情化。在传统的司法实践中，既然司法的法源并不严格限制在法条之内，那么对于司法过程的人情化的追求则又成为一种必然。事实上，传统司法审判的过程，与其说是一个司法的过程，倒不如说是一个道德说教的过程。清康熙年间的四川道监察御史陆陇其在其知事任上，曾就一件兄弟争财案件作过妙判，"乃不言其产之如何分配，及谁曲谁直，但另兄弟互呼。"此唤弟弟，彼唤哥哥，"未及五十声，已各泪下沾襟，自愿息讼。"末了还要写上一段道德说辞，"夫同气同声，莫如兄弟，而乃竟以身外之财产，伤骨肉之至情，其愚真不可及也"。并判定"所有产业，统归兄长管理，弟则助其不及，扶其不足"②。就这样一件涉及财产纠纷的案件，在"当事人悔恨的泪水"中被熄灭了，道德再次战胜了法律，亲情得到了维护，伦理得到了宣扬。

（三）"非讼"的司法

从传统法律的理念上来看，和谐无疑是其最高的追求。与此相关的问题是，任何形式的犯罪都是对这种和谐社会秩序的破坏，换句话说，犯罪是社会缺乏和谐的表现。从这样一个基点出发，就可以确立一个标准，既可以判断出一个社会的治与乱，也可以判断出地方官员治绩之优劣。正是在这一意义上，可以说"传统中国州县管理制度的实质，与其说是行政官兼理诉讼，不如说是司法官兼理行政。"因为，"基层官僚的主要任务是审判案件"③。因此，在"无讼"的治世理念支配下，就形成了一个"非讼"的司法体制。在这一体制下，并不是说没有诉讼的存在，或是对于已经存在的诉讼案件采取漠视的态度，而是主张采取一些诉讼以外的方式来解决诉讼中的问题。在这种司法体制下，通过官府衙门这一类的"法庭"来解决彼此间的纠纷从来都没有受到官方的鼓励。相反，国家却是自觉地采取一些阻止普通民众使用这些"官方法庭"的政策。"假如人们害怕法庭，假如他们抱有信心，觉得在那里总是能得到快捷、圆满的审判，那么诉讼势必会增加到一个可怕的数量。由于人在涉及其自身利益时容易自欺，纷争于是就会漫无止境，帝国的一半人会无力解决帝国另一半人的诉讼。因此，我想，那些诉诸法庭的人不会得到任何同情，这样一来，对待他们的态度使得他们厌恶法律，并且一到司法行政官面前，就浑身哆嗦。"④ 这种官方的观点，使得那些受到影响的个人利益，必须服从于国家行政便利和行政需要的要求，至于自己的一己之利，则是一个等而次之的事情。对于诉讼的厌恶程度更是与日俱增，于是，不到万不得已，诉讼决不会黯然提出。正如费孝通在谈到乡土社会中诉讼观念的问题时所指出的那样："在乡土社会里，一说

① 有关天理、国法、人情三者合一的全面阐述，参见范忠信、郑定、詹学农：《情理法与中国人》，北京，中国人民大学出版社，1992。
② 《陆稼书判牍·兄弟争产之妙判》。
③ 季卫东：《法治秩序的建构》，57页，北京，中国政法大学出版社，1999。
④ Jerome A Cohen, Chinese Mediation on the Eve of Modernization, California Law Review 54（1966）：X1201—1215. 转引自［美］诺内特、塞尔兹尼克：《转变中的法律与社会——迈向回应型法》，张志铭译，47页，北京，中国政法大学出版社，1994。

起'讼师',大家就会联想到'挑拨是非'之类的恶行。"① 对待讼师的这种鄙视,显然并不是乡土社会中独有的一种观念,而是一种社会共有的意识形态。传统司法中的非诉讼倾向,是中国传统社会制度性资源稀缺的一种表征。以封建官僚体制为中心的法制,在对中国传统社会进行冲突控制和解决争端时,并没有完全依赖王朝的法典,法律规范的运用与伦理调解的实行是同等重要的。正是从这样一个角度上来说,罗兹曼认为,清代中国在控制社会和解决冲突方面的办法,"与其说是专门政治机构的执法,还不如说是对社会相互关系的调解"②。这应该是对传统司法的最好的注解了。

二、近代西方三权分立中司法权的地位

与传统中国在被动的情形下走出中世纪,或是形象地被喻为"被大炮轰出中世纪"不同,欧洲大陆在走出黑暗的中世纪的过程中,经历了从罗马法复兴、人文运动和技术革命的漫长过程。在这一过程中,基于人类智慧和思想的结晶,创制了许多至今仍然发挥着重要作用的价值理念、思想观念和制度规范。这其中,司法独立的制度设计无疑是西方法律传统中的最亮点:它历经一个从无到有的过程,至今已经成为西方国家经常引以为自豪的一项政治成就、一个法治学说、一种制度文明,并以其独特的观念和制度而成为近代西方法律传统中一道亮丽的风景,具有非凡魅力。③ 因此,无论是作为一种思想观念,还是作为一种制度文明,相对于近代中国而言,司法独立制度是一个典型的舶来品。

(一)作为一种观念的司法独立

司法独立最早是作为一种观念被用来对抗王权的肆意妄为和对民众权利的切实保护,其后这种观念在限制王权、保护民权的法律规范中得以体现,并最终以宪法为根据,并在国家政治制度上实现了完整的建构。④ 从来源上看,司法独立的思想和按照这一思想建立起来的司法独立体制最初发生在17世纪中叶的英国。早在13世纪大法官布莱克顿有一句名言:国王不应在任何人之下,但应在上帝和法律之下。这句体现了司法独立的至理名言,在1616年被著名的上诉法院大法官爱德华·柯克爵士用以对抗詹姆斯一世国王对司法之干涉。虽然科克爵士被詹姆士国王免去了职务,但科克的这种冲破封建司法的藩篱、崇尚独立司法的勇气正好预示着英国君主专制末日的来临。

半个世纪以后,英国建立独立的司法体制所需要的政治基础和"技术支持"都已经具备。⑤ 从政治基础上看,自封建社会后期开始,工商业活动日趋发达,新兴的资产阶级在地

---

① 费孝通:《乡土中国生育制度》,54~58页,北京,北京大学出版社,1998。

② [美]吉尔伯特·罗兹曼主编:《中国的现代化》,国家社会科学基金"比较现代化"课题组译,120页,南京,江苏人民出版社,1998。

③ 参见李艳华:《司法独立学说在西方的轨迹和魅力》,载范忠信、陈景良主编:《中西法律传统》,第1卷,292页,北京,中国政法大学出版社,2001。

④ 关于司法独立的历史渊源,参见易延友:《司法独立之理念》,载《中国政法大学第八届研究生学术论文报告会获奖论文集》,145~165页,北京,中国政法大学研究生院2000年6月编。另见李艳华:《司法独立学说在西方的轨迹和魅力》,载范忠信、陈景良主编:《中西法律传统》,第1卷,292~304页,北京,中国政法大学出版社,2001。

⑤ 参见李艳华:《司法独立学说在西方的轨迹和魅力》,载范忠信、陈景良主编:《中西法律传统》,第1卷,301页,北京,中国政法大学出版社,2001。

方上形成了巨大的经济势力，并将这种势力转化为一种政治上的要求，从而在体制上形成了对一些重大事情的立法和决定，国王在不经议会同意的情况下不能公布实施法律，这意味着行政权与立法权的初步分离。从技术支持上来看，自11世纪诺曼底征服开始，英国的法官就在国王的令状之下，成为法律制度（判例法）的中坚，创造了一系列独到的法律观念和司法原则。在"法官不干涉政治"意识的支配下，法官们可以在错综复杂的政治斗争中保持自己职业的独立性。正是这种消极的独立精神和顽强的司法精英的存在，为英国司法独立体制的最终建立提供了技术准备。1660年的《威斯敏斯特议会宣言》宣布：议会不得干涉行政，也不得干涉司法机构的活动。1689年的《权利法案》确定了议会至上的原则，使议会成为英国最高权力机关，彻底斩断了传统司法与行政之间的最后一丝联系。议会在驱逐了詹姆士一世之后于1701年颁布的《王位继承法》确立了法官独立制和终身制的原则。至此，体制意义上的司法独立已经完成。

（二）作为一种制度的司法独立

司法独立在英国完成了它从一种思想观念到制度准则的发展历程，而从一种制度准则完全过渡到一种切实的法律规定，并具有至上地位的宪法性原则则是在美国。1787年《美利坚合众国宪法》第1至第3条的第1款分别规定："本宪法授予的全部立法权，属于由参议院和众议院组成的合众国国会"、"行政权属于美利坚合众国总统"、"合众国的司法权属于最高法院及国会不时规定和设立的下级法院。最高法院法官和下级法院的法官如行为端正，得继续任职，并应在规定的时间得到服务报酬，此项报酬在他们继续任职期间不得减少"[①]。自此，司法权由法院独立行使从一个政治口号、一种思想观念、一个学说内容，变成了一个实实在在的法律规定，并以此为核心借助于诸多的判例，形成了美国独特的司法制度。在美国的示范作用下，形成了西方世界普遍而至关重要的一个司法准则——司法独立。

虽然是一个法治原则，但司法独立从它萌芽的那一天起，就一直带有一种强烈的"政治情结"[②]。而这种政治情结的基础就是政治分权理论的提出及其实践。古希腊亚里士多德的政体三要素论，首次把国家的职能划分为议事、行政和审判三个方面，为分权理论的提出提供了可能性的前提。古罗马波里比阿在"政体三要素"的基础上，发展为三要素之间要能够相互配合、相互制约，丰富了日后分权学说的理论内涵。资产阶级革命胜利以后，洛克把传统的政治理想赋予了新的内涵，提出了切实的分权学说。而完整意义上的三权分立理论，直到孟德斯鸠《论法的精神》的问世使司法权代替了洛克对外权，司法独立才最终得以完成。

（三）关于司法独立的经典表述

在孟德斯鸠的著作里，基于三权分立理论而提出的三权制衡以及相关的司法独立原则，

---

① 关于《美利坚合众国宪法》的文本，参见王希：《原则与妥协：美国宪法的精神与实践》，附录一，北京，北京大学出版社，2000。王希先生在详细考察美国宪法的历史发展过程的基础上，认为：应当毫不犹豫地承认美国宪法是人类文明史上一个重要的里程碑。它的最重要的历史意义在于它将欧洲文艺复兴时期以来人类对于理性政治的追求变成了现实。另一个重要而独特的贡献在于它创立了一套新的原则和实践，使共和政治成为了一种可操作的现实。实际上，仅仅就司法的发展史而言，美国宪法所确立的原则与实践也正印证了作者上述的价值判断。

② 李艳华：《司法独立学说在西方的轨迹和魅力》，载范忠信、陈景良主编：《中西法律传统》，第1卷，302页，北京，中国政法大学出版社，2001。

是出于对"与政制相关联的政治自由的法律"的分析而产生的一种选择。① 在孟德斯鸠看来，滥用权力是一种普遍的现象，国家也不例外，因为"一切有权力的人都容易滥用权力"，这是一条万古不易的经验，而且存在着"有权力的人们使用权力一直到遇有界限的地方才休止"这样一个规律，所以要创设这样一种制度来作为一个权力使用的界限，以防止权力被滥用。② 因此，从政治自由的角度来说，一个国家的权力分为三个方面，即立法权力、行政权力和司法权力，如果权力之间不是相互制约而是混为一谈的话，那么其结果该是怎样的一番景象呢？

"当立法权和行政权集中在同一个人或同一个机关之手，自由便不复存在了；因为人们将要害怕这个国王或议会制定暴虐的法律，并暴虐地执行这些法律。如果司法权不同立法权和行政权分立，自由也就不复存在了。如果司法权同立法权合而为一，则将对公民的生命和自由施行专断的权力，因为法官是立法者。如果司法权同行政权合而为一，法官便将握有压迫者的力量。如果同一个人或是有重要人物、贵族或平民组成的同一个机关行使这三种权力，即制定法律权、执行公共决议权和裁判私人犯罪或争讼权，则一切便都完了。"③ 显然，孟德斯鸠的分权说"不是空洞的政治理论，而是对时代提出的活生生的政治纲领"④。也正是在这个意义上，可以说建立在分权理论之上的司法独立，其政治前提或者说政制基础就是权力分立。换言之，司法独立首先是一个政治意义上的概念，建立独立的司法体制首先是要建立一个权力分立的政治体制。没有分权的政治体制，也就不可能有司法上真正的独立。

探讨司法独立的历史渊源，主要是为了了解这一西方社会核心的司法制度的背后所蕴涵的人文背景和知识传统。而这正是我们探讨司法独立在近代中国的历史命运所不可缺少的一个认识前提。因为，在这一制度的背后，自然渗透着西方国家的人文传统和价值观念。对司法独立的价值取向和制度功能进行探索和揭示，将有助于增进人们对这一制度的了解和把握，这也是我们在进行现代的司法改革时所必须要考虑的问题。实际上，近代中国在参照西方政体模式建立现代民族国家的过程中，无法回避的事实就是要事先确立一个标准，以取舍西方诸种制度，而这种取舍又是以传统的政治资源为依托的。具体而言，以司法独立为核心的司法改革，对于近代中国而言，是作为"救国之因"而不是"治国之果"而存在的。所以，司法独立从传入中国的那一天起，就卷入了一场没有终点的政治竞争中。即便是一些具体的操作层面的分支性制度，也是饱受争议，反复无常而不得宁日。

三、近代中国司法独立思想的发展

无法否认，晚清司法改革的思想及其在此思想指导下所建立的三权分立、司法独立的体制，是在国门洞开、西方法学知识大量传入的情况下，才逐渐形成的一种社会思潮，并进而发展成为一种普遍的社会呼声。尤其是治外法权的丧失，和伴随着治外法权而来的西方司法

---

① 参见［法］孟德斯鸠：《论法的精神》，张雁深译，153 页，北京，商务印书馆，1997。在这里，孟德斯鸠是把"同政制相关联的政治自由的法律和同公民相关联的政治自由的法律区别开来的"，其目的是为了从保证自由的角度来创制一种法律制度，即以法律来限制权力从而达到保证自由的目的。

② 参见［法］孟德斯鸠：《论法的精神》，张雁深译，154 页，北京，商务印书馆，1997。

③ ［法］孟德斯鸠：《论法的精神》，张雁深译，156 页，北京，商务印书馆，1997。

④ ［法］孟德斯鸠：《论法的精神》，张雁深译，前言，北京，商务印书馆，1997。

文明，动摇了人们一系列根深蒂固的传统司法观念，并对清政府司法制度的合理性产生了怀疑。那些亲眼目睹西方司法制度的出国人员和在国内亲历洋人法庭审判实情的普通官员、民众，其经历和感悟无疑有助于他们把西方的一套司法理念和制度当做活生生的参照物来批判晚清已经运转不灵的司法体制。应当看到，司法独立的思想在晚清社会中的出现和发展，经历了一个认识不断深化的过程。

（一）启蒙思想家论司法独立

如前所述，司法在一个社会的政治生活中居于枢纽地位，其运转的状况牵动着社会的方方面面。在传统的专制社会中，司法不公、案狱不平是唤起民众反抗现有政权的有力武器。因此，司法腐败往往是造成社会动乱的根源。对此，诸多的有识之士痛心疾首、大加批判。但是，直到鸦片战争前后，当时社会的思想家和开明人士拘泥于知识视野的限制，致使他们纵然有非凡的洞见，还是不能对传统的司法问题进行彻底的批判，更不能在批判的基础上进行重构和改造。究其原因，缺乏相关的法律知识启迪和必要的批判工具，无疑是最直接的制约因素。① 事实上，近代中国最早对西方司法独立问题有所体认的恰恰是对西方了解最早的一批人。虽然只是区区几个，却是弥足珍贵。这也印证了"虽然出洋之人未必产生变革司法制度的思想，但是出洋却成为了解西方法制文明的必要条件"这一说法的正确性。

在早期出国留洋的官员中，马建忠是最早对西方的制度性文明有所认识的人之一。他在1877年就致信当时的朝廷重臣李鸿章，谈到了自己对欧洲的看法是如何转变的。"初到之时，以为欧洲各国富强专在制造之精，兵纪之严。及披其律例，考其文事，而知其讲富者，以获商会为本；求强者，以得民心为要。"② 至于如何获利、如何得民心，马建忠在考察了英、美、法三国以后得出一个结论，认为在于建立了上下通气的议院制度。在阐述这一制度运作的过程中，马建忠向李鸿章介绍了三权分立制度的好处。"其定法、执法、审法之权，分而任之，不责一身，权不相侵。故其政事纲举目张，灿然可观。"③ 把西方的强富归结于三权分立的政治制度，这应是马建忠出洋学到的最有价值的"工课"。

郑观应从治国应该"待时"与"乘势"这一思路指出，西方的治乱之源、富强之本，"不尽在船坚炮利，而在议院，上下同心，教养得法"④。相对于船坚炮利这一西方之"用"来说，其西方之"体"则是"育才于学堂，论政于议院，君民一体，上下同心"。在郑观应看来，"议院者，公议政事之院也。集众思，广众益，用人行政，一秉至公，法诚良，意美善矣。无议院则君民之间，势多隔阂，志必乖违。力以权分，权分而力弱，虽立乎万国公法

---

① 也正是基于这样一种考虑，论者在表述近代中国人对西方化的司法独立制度进行认识的过程中，没有对当时思想界对传统司法制度和司法腐败问题的批判给予充分的关注，尽管这种批判对时人对文明的司法独立制度的思想依归起到了十分关键的作用。本节论述的重点不在于他们如何的批判，而在于他们如何的认识和理解。

② 马建忠：《上李伯相出洋工课书》，光绪三年（1877年）。

③ 日本历史学家、早稻田大学依田憙家教授在谈到日中两国对于近代国家观念的认识，曾有一个基本的判断：日本虽然有着派遣海外使节等措施，使得日本有着直接接触西方社会的机会，但对于近代国家观念的理解并没有因此而有特别的进展。论者以为，这一判断大体符合清朝早期留洋派对西方的认识，包括对司法独立的认识和理解。这样我们也就不难理解司法独立从刚开始传入中国时是怎样的一个理想化的描述。关于依田憙家的相关表述参见[日]依田憙家：《日中两国现代化比较研究》，卞立强、严立贤、叶坦、蒋严松译，124页，北京，北京大学出版社，1997。

④ 郑观应：《盛世危言》，初刊本自序，光绪十八年（1892年）。

之中，必至有公不公、法不法，环起交攻之势。故欲借公法以维大局，必先设议院以固民心。"① 应当说，上述思想认识与只知道选购船炮的做法相比较，更注重于抓住富强之本，并将这种富强之本归结到"集思广益、力权相分"议院体制上。

陈炽从实证的角度对于议院作了更直观的表述。他认为所谓的议院就是"合君民为一体，通上下为一心"制度。自从华盛顿不堪"苦英人之虐政"而建立议院式的民主政体以后，"泰西各国，靡然向风，民气日舒，君威亦日振"②。如果实现了民主式的议院政体，上下一心，那么"举无过言，行无费事，如身使臂，如臂使指，一心一德，合众志以成城也。即敌国外患纷至沓来，力竭势孤，莫能支柱，而人心不死，国步难移。"同时期的何启、胡礼垣在君主之治和民主之治之间提出君民共主的主张，认为国家"长治久安，必基于此。吾故终之曰：开议院，以布公平"③。在强敌压境、外患渐重的情况下，将开设议院、实行民主政体视为救国强国的对策而提出，富有时代价值。

近代启蒙思想家严复是最早较为系统提出司法独立的近代思想家。1895 年甲午战败以后，严复批评了张之洞的"中学为体、西学为用"为一种非驴非马的理论，极力倡导要虚心向西方学习，而且要全面的学习才能够摆脱目前的困境，而学习的最好的方法就是翻译西学著作，这也是他翻译孟德斯鸠《法意》一书的基本动因。他认为：清朝司法与行政不分是造成司法腐败的主要原因，也是造成整个社会矛盾的主要原因。因此，主张将司法与行政严格划分，使审判权由专门的司法机构来行使。"所谓三权分立，而行权之法庭无上者，法官裁判曲直时，非国中他权所得侵害而已。然刑权所有事者，论断曲直，其罪于国家法典，所当何科，如是而止。"④ 而孟德斯鸠《法意》的出现，对中国上下理解司法独立的真实含义，推动司法体制的改革，无疑起到了巨大的作用。⑤

（二）维新思想家论司法独立

以康有为为首的戊戌维新思想家，在思想上突破了洋务派所主张的"器不变而道亦不变"框框，提出了以设议院、开国会、定宪法为主要内容的君主立宪制的政治改革方案，力主按照西方政治原则来改造国家，建设君主立宪的政体模式。他在上光绪皇帝书中，力陈西方三权分立的政治法律原则及其对于当时中国的意义。"近泰西政论，皆言三权，有议政之官，有行政之官，有司法之官。三权立，然后政体备。"⑥ 康有为在另一份《请定立宪开国会折》中继续表达了上述的认识。他说："臣窃闻东西各国之强，皆以立宪法、开国会之故。国会者，君与国民共议一国之政法也。盖自三权鼎立之说出，以国会立法，以法官司法，以政府行政，而人主总之。"

另一位维新思想家梁启超，是最早接触到《法意》译本的人，其思想中实行宪政、权力分立的诸多观点直接来源于对孟德斯鸠观点的复述。1899 年，梁启超在《各国宪法异同论》一文中，从考察各国宪政入手，对三权分立问题作了介绍："行政、立法、司法三权鼎立，

---

① 郑观应：《盛世危言》，"议院"，光绪十八年（1892 年）。
② 陈炽：《庸书外篇》，卷下，"议院"，光绪二十年（1894 年）。
③ 何启、胡礼垣：《新政真诠》，"新政论议"，光绪二十年（1894 年）。
④ 《法意》，第十九卷，按语。
⑤ 参见郭志祥：《清末司法独立观念的引进和法制变革》，中国法律史学会 2001 年学术年会论文。
⑥ 康有为：《上清帝第六书》，光绪二十一年（1895 年）。

不相侵轶，以防政府之专恣，以保人民之自由。此说也，自法国硕学孟德斯鸠始倡之。孟氏外察英国政治之情形，内参以学治之公理，故其说逐为后人所莫易。今日，凡立宪之国，必分立三大权。行政权则政府大臣辅佐君主而掌之，立法权则君主与国会（即议院也）同掌之，司法权则法院承君主之命而掌之，而三权皆统一于君主焉。虽然，其实际则不能尽如此。如英国之巴力门（即英国之国会）有黜陟政府大臣之权（凡宪法政府大臣之进退，其权皆归君主），盖行政立法二权，全归国会之手。故英国之谚有之曰：国会之权，无事不可为，除非使男变女、女化男，乃做不到耳。观此可知其权之大矣。惟司法之权，则仍归于法院也。"①

在梁启超看来，三权应当分而不立，是统一在君主之下的政体，这实际上也是他对英国君主立宪制推崇的原因。关于国会权力过大的问题，在梁启超看来，主要是因为政党的作用。"凡政党习气之国，其国会之权力亦甚大，不特能压倒行政官而已，亦时能黜陟之"。反之亦然。显然，当时的晚清社会的政治环境是属于后者的。这可能也是日后梁启超热心政党政治的思想根源。应当注意的是，梁启超在介绍孟德斯鸠三权分立理论的同时，又引用了另一位硕学布龙哲对孟德斯鸠的批判意见，认为"三权全分离，则国家将有不能统一之患。故三权绝不可分，而亦不可不分，惟于统一之下而歧分之，最为完善"②。这其中可能还隐藏着这位维新思想家的某种理想与期望。实际上也是如此，随着形势的变化，尤其是 1778 年的美国独立，以及按照三权分立的模式建立一个崭新的国家政权体制，对当时世界各国的政治改革都产生了巨大的震动。梁启超也转而把这一世界性的政体发展潮流，归功于孟德斯鸠。1902 年，梁启超在《法理学大家孟德斯鸠之学说》一文中作了如下的表述："自 1778 年美国独立，建新政体，置大统领及国务大臣，以任行政；置上下议院，以任立法；置独立法院，以任司法。三者各行其权，不相侵压，于是三权鼎立之制，遂遍于世界。今所号称文明国者，其国家枢机之组织，或小有异同，然皆不离三权范围之意。政术进步，而内乱几乎息矣，造此福者谁乎，孟德斯鸠也。"③

正是基于这样一个主旨，梁启超较为详细地介绍了孟德斯鸠的三权分立理论的内容，尤其阐述了三权不分可能造成的危害。关于司法独立，梁启超认为，"尚自由之国，必设司法之制，使司法官吏无罣黜之患者，何也？盖司法官独立不羁，惟法律是依，故不听行法各官之指挥也。"在梁启超看来，这种"三权分立，使势均力敌，互相牵制而各得其所"是孟德斯鸠思想"千古不朽"的真正原因。所以，在全文的最后，梁启超用了一系列的数字化的表述来确证自己的判断："孟氏 1755 年卒，得年 66 岁。卒后 20 年，而美利坚合众国独立；34年，而法国大革命起；49 年，而拿破仑大法典成；110 年，而美国南北战乱平，颁禁奴令于国中，著为宪法。"

应该说，在司法独立思想观念和理论认识传入中国的初期（从甲午战争到戊戌变法），中国思想理论界的先驱人物有关司法独立的主张，是较忠实于西学之原旨的。他们的主要目标不是要"中体西用"，割裂西学，而是致力向西方全面学习。④ 这样的一个努力的方向，再

---

① 梁启超：《梁启超法学文集》，范忠信选编，2～3 页，北京，中国政法大学出版社，2000。

② 梁启超：《梁启超法学文集》，范忠信选编，3 页，北京，中国政法大学出版社，2000。

③ 梁启超：《梁启超法学文集》，范忠信选编，17～18 页，北京，中国政法大学出版社，2000。

④ 参见郭志祥：《清末司法独立观念的引进和法制变革》，中国法律史学会 2001 年学术年会论文。

经过戊戌维新的思想洗礼，西方化的司法独立至少在中国的新知识界树立了自己的地位。此后，强烈要求实行立宪改革的社会思潮，为司法独立思想的勃兴提供了深厚社会土壤。这无疑更强化了三权分立以及司法独立思想在改造近代中国社会中的作用：这一纯粹西方化的东西，反而成了解决传统中国诸多问题的资源。这不能不说是一种历史的契合。①

（三）清末官方人士论司法独立

光绪三十二年（1906 年）九月二十日，钦颁御旨，改刑部为法部，专管司法行政。改大理寺为大理院，专任司法审判。② 这犹如一道死亡宣判：从体制上宣告传统的行政官兼理司法制度的灭亡。这既是自 19 世纪六七十年代以来思想界宣传鼓吹三权分立、司法独立思想之果，也是开启近代中国沿着司法独立的模式进行全新的司法体制的构建之因。

1905 年 9 月，沈家本在为《裁判所访问录》一文所作的序言中说："西国司法独立，无论何人皆不能干涉裁判之事。虽以君主之命、总统之权，但又赦免而无改正。而中国则由州县而道府、而司、而督抚、而部，层层辖制，不能自由。"③ 并认为西方这种制度在中国古代已经初现端倪，"大司徒所属之乡大夫遂大夫诸官，各掌乡遂之政教禁令；而大司寇所属之乡士、遂士、县士，分主国中遂县之狱，与乡遂大夫分职而理。此为行政官与司法官各有攸司，不若今日州县官行政、司法混合为一"。尽管如此，在沈家本看来，是否实行司法独立仍是中西司法审判制度之根本差别。

1906 年 7 月，考察政治大臣戴鸿慈草拟了一个对中央官制通过增置、裁撤、归并等方法进行调整的方案。其中，建议把刑部改作内阁之法部，其理由是："刑部掌司法行政，亦旧制所固有，然司法实兼民事、刑事二者，其职在保人民之权利，正国家之纪纲，不以肃杀为功，而以宽仁为用，徒命曰刑，于义尚多偏激。臣等以为宜改名曰法部，一国司法行政皆统焉。司法之权，各国本皆独立，中国急应取法。所由各省执法司、各级裁判所及监狱之监督，皆为本部分支，必须层层独立，然后始为实行。"④ 至于改并大理寺为都裁判厅，戴鸿慈提出："大理寺之职颇似各国大审院，中国今日实行变法，则行政与司法两权亟应分立，而一国最高之大审院必不可无。"⑤ 同时，由于议院一时"遽难成立，此次厘定官制，先就行政、司法厘定，当采用君主立宪国制度"。对行政、司法各官以次编改，"凡与司法行政无甚关系各署，一律照旧"⑥。

---

① 罗志田先生认为："20 世纪中国知识分子不论是维护传统还是反对中国传统，基本都是以西方观念为思想武器。"参见罗志田：《权势转移——近代中国的思想、社会和学术》，自序，3 页，武汉，湖北人民出版社，1997。按照上述思路，我们是否可以说：近代中国社会中，不论是反传统的，还是反西化的，其所依据的标准或者工具都是西方的。因为，传统已经不足为凭，足资引以为豪的精神世界已经消失。另类的世界尽管陌生，但是总是伴随着种种幻想，更何况还有船坚炮利的物质载体和神甫天国的心灵寄托。就司法独立而言，从一开始，晚清政府就没有把它看成是分权的标志、民主的象征，相反只是一个尽快摆脱被动局面的渠道。

② 参见故宫博物院明清档案部编：《清末筹备立宪档案史料》，上册，"裁定奕劻等覆拟中央各衙门官制谕"，471 页，北京，中华书局，1979。

③ 沈家本：《裁判所访问录序》，载《寄簃文存》，卷六。

④ 故宫博物院明清档案部编：《清末筹备立宪档案史料》，上册，372 页，北京，中华书局，1979。

⑤ 故宫博物院明清档案部编：《清末筹备立宪档案史料》，上册，375～376 页，北京，中华书局，1979。

⑥ 《立宪纪闻》，转引自吴春梅：《一次失控的近代化改革——关于清末新政的理性思考》，159 页，合肥，安徽大学出版社，1998。

1907 年 8 月，两江总督端方在代奏江西副贡徐敬熙关于《整饬行政立法司法机关折》[①]中，指出：对于预备立宪，要做的事情是千头万绪，必须要择其纲要之事，全力以赴，则其他事情就迎刃而解。那么，可以称得上是"纲要的事情"是什么呢？"所谓的纲要有三：一曰行政机关宜整理也。……二曰立法机关宜组织也。……三曰司法机关宜独立。司法不独立，则狱讼无由平，行罚无由，当此犹就本国统治权言之。至于欲伸张国权，必先收回治外法权，必相爱两刑律，必先使司法独立。其致力也近，其成功也远。且司法机关独立，固著明于宪法，而为万国所通行也。"

1910 年 10 月，邮传部路政司主事陈宗蕃提出了《陈司法独立之始亟宜预防流弊以重宪政呈》[②]认为"宪政之本，首重三权分立。三权者，立法权、司法权、行政权也。立法权以国会行之，司法权以审判厅行之，行政权以内阁行之。有是者，谓之立宪；无是者，谓之非立宪，此通义也。"进而认为"司法独立，首重者法。今者新刑律虽已编订，而实行尚未有期。民法、商法、刑事诉讼法、民事诉讼法则颁布之期尚远，登记法非讼事件手续法之类，更无论矣。言司法独立，仅于审判之机关，推事、检察之组织，稍事更张，而于司法之精神则未也。然法者虚器，新法虽未备，而旧法尚可遵行，苟得其人，犹足以治"。

总之，经过近半个世纪宣传和鼓吹，司法独立思想在清末最后十年得到充分的发展。更为重要的是，当时社会之改革思想、宪政意识已有相当的基础，"司法独立为立宪国之唯一主义"[③]、"司法行政分立，为实行宪政之权"[④]、"司法之权，义当独立；而司法之官，必别置于行政官厅之外"[⑤] 等认识也已经为当政者所普遍接受。这样，司法独立从一种思想、观念，逐渐走向体制、机制层面，并逐渐主导了清末新政改革中司法体制的框架设置。

第二节
司法独立：实践路径

毫无疑问，司法独立是一个典型的舶来品。它与中国传统的司法理念是格格不入的：立法、行政、司法"三权分立"，互为制约，互不统属，相互独立是西方民主政治和宪政制度的一个基本标志。而中国传统政治体制下正好与此相反：从中央到地方，皆是三权合一，高度集权。虽然如此，不论是作为一种价值理念，还是作为一种工具手段，也不论是怎样地不协调，以司法独立为核心的法制改革却贯穿中国近代司法发展和法制近代化之始终。而这历经一个多世纪的法制改革，其源头正是在晚清那特定的社会政治环境中渐次进行的。司法独立制度本身就是一部司法权充分发展的历史，它与权力分立和政治民主是分不开的。而高度

---

① 参见故宫博物院明清档案部编：《清末筹备立宪档案史料》，上册，261～264 页，北京，中华书局，1979。
② 参见故宫博物院明清档案部编：《清末筹备立宪档案史料》，下册，882～887 页（宣统二年十月二十七日　军机处原件），北京，中华书局，1979。
③ 故宫博物院明清档案部编：《清末筹备立宪档案史料》，上册，75 页，北京，中华书局，1979。
④ 故宫博物院明清档案部编：《清末筹备立宪档案史料》，下册，821 页，北京，中华书局，1979。
⑤ 故宫博物院明清档案部编：《清末筹备立宪档案史料》，上册，390 页，北京，中华书局，1979。

集权、皇权专制的晚清政府决议仿行宪政、进行政治改革时，就意味着它必须按照三权分立的原则创建一整套新的体制，使立法权、司法权从行政权中分离出来，同时使传统的专制政体向近代民主政体转变。在清末最后十年以及整个民国时期进行的一场涉及政治、经济、文化、军事等各个领域的近代化改革运动，其政体方面改革的核心就是改变传统的司法行政不分的体制，体现了司法独立的主旨，并以此正式揭开中国近代司法体制改革的序幕，对中国法制近代化产生积极而深远的影响。

一、清末司法独立的实践

自 1901 年颁布变法圣谕后，清政府面对一个完全陌生的改革前景，不得不重又拾起维新派的政治主张，在确保"皇位永固、外患渐轻、内乱可弭"① 的情况下，最高当局推行变法、实行宪政，"一变而为新的改革政策的积极推进者"②。1905 年 10 月谕设考察政治馆、派五大臣出国考察各国宪政，揭开了预备立宪的序幕。1906 年 7 月"预备立宪先行厘定官制谕"的出台则宣示着新政改革的正式起步。

实行官制改革，当然就是要按照立宪国的官制模式来进行，而改革的核心内容也就是政体的重新划分问题："此次官制既为预备立宪之基，自以所定官制与宪政相通为要义。按立宪国官制，不外立法、行政、司法三权并峙，各有专属，相辅而行，其意善法美。"③ 而中国当时的行政司法不分之体制，集中表现为"权限之不分，职任之不明，名实之不符"。为此，官制改革之始，首要任务是分权以定限、分职以专任、正名以覆实。立法权"当属议院，今日尚难实行"；行政权"专属之内阁之各部大臣"，司法权"专属法部，以大理院任审判，而法部监督之，均与行政官相对峙，而不为所节制"。上述改革意见，在 9 月 20 日慈禧颁发的懿旨中得到了体现："刑部著改为法部，专任司法；大理寺著改为大理院，专掌审判。"④ 司法独立的进程正式启动。总体上看，清末司法独立的实践主要内容是筹设大理院和审判权限的划分两个方面。

（一）筹设大理院

晚清司法独立改革的一个中心就是大理院的筹备和创设。从时间上看，晚清筹设大理院、实行司法审判独立大体经历了两个发展阶段：从 1906 年 9 月"官制改革"谕旨的颁行，到 1908 年 5 月"议院未开以前逐年筹备事宜"（即"九年筹备事宜"清单）为第一阶段，其主要筹办事项是参照西方的"三权分立"模式，制定相关的审判组织法规，以及人员调备、经费筹措、场所建设和司法权限划分等。从"九年筹备事宜"清单公布到 1911 年辛亥革命的爆发为第二阶段，其主要任务是根据第一阶段所制定的相关法规，筹建各级审判厅，并制定相配套的规章制度和实施细则。从内容上看，第一阶段主要是京师各级审判厅的建设阶段，建立起京师地区独立的审判体系；第二阶段则是各直省各级（主要是省城及商埠）审判厅的建设。

---

① 故宫博物院明清档案部编：《清末筹备立宪档案史料》，上册，174 页，北京，中华书局，1979。
② 萧功秦：《危机中的变革——清末现代化进程中的激进与保守》，119 页，上海，上海三联书店，1999。
③ 故宫博物院明清档案部编：《清末筹备立宪档案史料》，上册，463～467 页，北京，中华书局，1979。
④ 故宫博物院明清档案部编：《清末筹备立宪档案史料》，上册，471 页，北京，中华书局，1979。

由于大理院作为司法独立之象征而为"中外之观瞻所系"。因此，在其初设之后，即要制定相关的审判组织法。1906 年 10 月，在详细考察日本裁判所制度的基础上，并"取中国旧制详加分析"，制定了《大理院审判编制法》。① 该法共 5 节 45 条，并第一次对司法独立有了明确的法律表述，"自大理院以下及本院直辖各审判厅司，关于司法裁判，全不受行政衙门干涉，以重国家司法独立大权，而保人民身体财产"（第 6 条）。该法同时还规定了具体的审判组织原则以及大理院对法律的解释之权。按照上述规定，到 1907 年年底，京师高等、地方、城谳局基本建成，并开始按照新的审判模式处理案件，其中仅京师地方审判厅每月处理案件近二百起。②

1907 年 10 月，法部根据时任直隶总督袁世凯编定的《天津府属审判厅试办章程》，并参照同年 8 月修订法律大臣沈家本奏呈的《法院编制法》（草案），制定了共 5 章 120 条的《各级审判厅试办章程》。该章程对审判体制、诉讼程序以及具体的制度都作了比《大理院审判编制法》更具体的规定。"兹拟编次之法，以总纲居首，释民刑之定义，次审判通则，明司法之权能。次诉讼通则，详呈诉之方法，次检察通则，尽补助之作用。而以附则终之，定施行之期间。"③ 此后不久，为加快各省省城及商埠审判厅筹办速度，法部在上述章程的基础上制定了《补订高等以下各级审判厅试办章程》和《各省城商埠各级审判检察厅编制大纲》，并从"经费、建设、人员和管辖"四个方面拟就了"各省城商埠各级审判厅筹办事宜"④。这些补充规定和《试办章程》成为各省筹办审判厅的主要指导性原则。

1910 年年底，《法院编制法》正式颁布实施，并把《法官任用考试暂行章程》、《司法区域分划暂行章程》和《初级及地方审判厅管辖案件暂行章程》作为附件，一并实施，使整个审判组织法更趋完备。关于独立审判权，编制法的规定更为具体、完备，"其属于最高审判及统一解释法令事务，即有大理院钦遵国家法律办理。所有该院现审死罪案件，毋庸咨送法部覆核，以重审判独立之权。凡京外已设审判厅地方，无论何项衙门，按照本法无审判权者，概不得违法收受民刑诉讼案件"，从而使独立审判法定化、制度化。

与此同时，各省各级审判厅的筹建工作亦先后展开。由于受到地方官制改革的限制，1907 年 5 月，清政府确定的各直省官制改革的基本思路是"以旧制为主，酌量变通"，只要与地方自治、司法独立等无碍者，仍循其旧。关于省级司法行政，"按察司宜名为提法司，而非兼管驿传事务，专管司法上之行政，监督各级审判"⑤。并规定，"在按察使未改省份，暂仍旧制。省属各级审判厅的筹设，清政府决定先由东三省以及直隶、江苏两省先行试办，然后逐渐推广"，其他各省"准由该督抚酌量变通，奏明请旨"筹设。这种缺乏统一规划的筹办计划，使各省各级审判厅在筹办过程中就打上了"地方化"的烙印，并直接影响司法独立体系的构建和独立审判制度的运作。

为督促各直省筹办进程，1910 年 4 月宪政编查馆派员，分赴各省调查地方审判厅筹设情

① 参见《大清法规大全·法律部》，卷七，"审判"。
② 参见《大清法规大全·法律部》，卷七，"审判"，法部奏请拨地方审判厅公署经费折。
③ 《大清法规大全·法律部》，卷七，"审判"，法部奏酌拟各级审判厅试办章程折。
④ 《大清法规大全·法律部》，卷七，"审判"，法部奏筹办外省省城商浮各级审判厅补订章程办法折并清单。
⑤ 故宫博物院明清档案部编：《清末筹备立宪档案史料》，上册，504 页，北京，中华书局，1979。

况。经过调查认为，各省筹设情况"大致尚属相等，惟财力有丰绌之殊，斯进行有迟速之异"①。调查报告显示，从1909年2月到1911年3月，先后有山东、湖北、安徽、四川等十四个省的高等和地方两级审判厅已经基本成立。② 根据"九年筹备清单"中的计划，到1916年全国各级审判厅才能"一律成立"。但1911年辛亥革命爆发，清朝已亡，各项筹备计划——作古。据统计，到清朝灭亡以前，总共设立了大理院1所，在22个省设立了22所高等审判厅、2所高等审判分厅、56所地方审判厅、88所初级审判厅，共计173所。③ 晚清审判独立体制层面的改革，基本上就到此为止了。

（二）划分审判权限

司法独立的核心是司法权限的划分。在大理院组织章程和诉讼程序基本确定后，司法权限问题遂成为司法与行政分立的关键。实际上从大理院独立之初，关于各自的管辖权限问题，一直备受法部和大理院双方的重视。在颁行厘定官制谕的半个月之后，大理院正卿沈家本，即于1906年10月会同法部尚书戴鸿慈奏明，关于在大理院尚未成立现有案件的处理问题。双方奏定"所有现审案件暂由法部照常办理。请俟三个月后查看情形，再行交待"④。

1906年10月大理院在奏呈《大理院审判编制法》时就提出："中国行政、司法二权向合为一，今者仰承明诏，以臣院专司审判，与法部截然分离，自应将裁判之权限等级区划分明，次第建设，方合各国宪政之制度"。在审判职权的划分上，大理院认为作为全国最高之裁判所，其权限应包括"凡宗室官犯及抗拒官府并特交案件应归其专管，高等审判厅以下不得审理。其地方审判厅初审之案，又不服高等审判厅判断者，亦准上控至院为终审，即由院审结。至案外一切大辟重案均分报法部及大理院，由大理院先行判定，再送法部覆核"。京师高等审判厅以下，也第次有相应之审判管辖权限，这一原则也体现在《大理院审判编制法》的相关规定里。

1907年4月，法部就权责问题又提出专摺，认为："司法为国家法治所系，内谋全国之治安，外增法权之巩固，使版图之内无论何国人民胥受于法律之下，其关系甚重。"⑤ 而总核官制王大臣制定的法部权限过于笼统、抽象，必须加以细化，并提出了法部所掌乃"司法上之行政事务"，大理院所掌乃"司法上之审判"，两者皆为司法机关。其相互关系应该是大理院作为最高一级审判机构，必须级级独立，才能保持执法之不阿；同时，法部必须层层监督，才能防止大理院之专断擅权。这一思想成为日后两家权责划分的一条基本原则。据此法部提出了一个与大理院相互责范围的"司法权限清单"，内容包括：大理院自定案件的范围、哪些案件需咨送法部、外省秋审案件的管辖、地方各级审判厅上报案件的管辖，以及大理院官员的任免权等十二项。

法部提出上述权限清单后，大理院又提出相应的厘定权限清单的专折。⑥ 大理院认为，法部自行奏报的"十二条权限"有些是与大理院商定的，而有些尚未商定。同时，提出如下

---

① 故宫博物院明清档案部编：《清末筹备立宪档案史料》，下册，796页，北京，中华书局，1979。
② 参见故宫博物院明清档案部编：《清末筹备立宪档案史料》，下册，758～820页，北京，中华书局，1979。
③ 参见刘子扬：《清代地方官制考》，137～139页，北京，紫禁城出版社，1994。
④ 《大清法规大全·法律部》，卷七，"审判"，大理院奏审判权限厘定办法折。
⑤ 《大清法规大全·法律部》，卷七，"审判"，法部奏酌拟司法权限折（并清单）。
⑥ 参见《大清法规大全·法律部》，卷七，"审判"，大理院奏厘定司法权限折（并清单按语）。

二点修改权限的理由：一是司法独立为日后宪政的基础，二是审判独立系属中国之创举，"内则树直省之准的，外则系各国之观瞻。"基于此，大理院提出了四条修改意见。其中最为重要的一条就是，认为把大理院判处死刑的案件交法部覆核不合适，"法部只能监督裁判处理其司法上的行政事务，不能干涉其裁判权"这是各国通例，若将大理院自审的死刑案件咨送法部，与各国规定不符，且"恐贻笑外人，而治外法权之收回，迄无效果。"对于上述修改意见，光绪帝朱批"著与法部会同妥议，和衷商办，不准各执意见。"根据这一朱批，法部与大理院再行会商，并于4月底双方达成一致。① 1910年颁布《法院编制法》时，亦将上述司法权限划分问题专题提出。随着《法院编制法》则附章程的正式实施，有关大理院及各级审判厅司法权限的基本定型。此时，离清廷灭亡已为时不远。

二、民国司法独立的制度性实践

司法独立是西方近三百年政治革命和文化发展的结晶，是现代司法的核心理念。中国传统司法向来司法行政合一，司法权既无法获得独立，也没有必要的权威。近代已降，面对西方的冲击，在清末新政改革中，传统司法按照西方司法独立的制度框架开始了艰难的近代转型，这一转型成为民国时期法律变迁和司法改革的主脉。但是，由于种种原因，民国时期对于司法独立思想的实践很大程度上仅仅停留在制度层面，或者说是形式化的司法独立，在具体的司法实践中，司法独立很难得到充分地展开并发挥其真实的法律效果。因此，只能就制度性实践作一描述。

(一)《中华民国临时约法》与司法独立

《中华民国临时约法》以中华民国根本法的性质，明确规定了南京临时政府的组织形式和政权机构，成为中华民国得以合法存在的法律依据。《临时约法》按照"主权在民"和自由、平等的思想原则，从法律上根本否定了君主专制、君民共主制等政治制度，并按照资产阶级"三权分立"原则，确立了国家政权体制和政权组织形式，第一次向传统的中国社会展示了资产阶级民主共和国的基本精神和共和政体的基本组织原则。作为国家的根本大法，《临时约法》郑重规定："中华民国之主权，属于全体国民"。在此前提下，明确规定了在新政府建立的过程中，要按照资产阶级行政、立法、司法三权分立的理论来进行运作。这样，实行司法独立成为临时新政府的必然之路。实际上，司法独立是现代司法权在宪政体制下的直接表现，也是西方近现代各个民主宪政国家的必然选择。南京临时政府在坚持按照资产阶级民主共和国的模式来组建国家的过程中，也必然要采取这一宪政国家的基本原则。这实际上也是孙中山所倡导的"裁判人民的司法权独立"② 原则的直接体现。

从约法的条文来看，《临时约法》所规定的司法独立制度主要包括以下两个层面，一是从制度上对司法独立的规定，二是保障司法独立得以实施的配套制度。前者的规定主要是为

---

① 参见《大清法规大全·法律部》，卷七，"审判"，法部、大理院会奏遵旨和衷妥议部院权限折（并清单）。在该折中，双方达成一致，并确定了今后如有类似交涉事件，"随时随事妥商办理，以敦同寅协恭之谊"。在稍后奏进的《法院编制法》草案中具体规定了法部和大理院各自的权限划分。

② 《与该鲁学尼等的谈话》，载中国社会科学院近代史研究所中华民国史研究室编：《孙中山全集》，第一卷，320页，北京，中华书局，1981。

司法独立制度确立了合法性的依据，其内容包括两个方面，即法院组织机构的独立和法院行使审判权的独立。首先是审判组织机构的独立。《临时约法》规定，中华民国的统治权分别由参议院来行使立法权，法院来行使审判权，临时大总统、副总统、国务员行使行政权。规定："中华民国以参议院、临时大总统、国务员、法院，行使其统治权"（第4条）。从上述的规定来看，在南京临时政府组织内部，行政、立法、司法三权不仅是分立，而且三者之间相互独立，互不统属，各自具有一个独立的组织体系。在当时立法权和行政权（尤其是行政权）都相对较重的情况下，如此的规定对于司法独立来说，尤显得意义深远。其次是法院独立行使审判权。根据《临时约法》的规定，法院独立行使审判权主要有两层含义：一是审判权只能由法院或者法律规定的机关来行使，其他机关则不能行使。"法院以法律审判民事诉讼及刑事诉讼。但关于行政诉讼以及其他特别诉讼，别以法律定之"（第49条）。二是法官审判案件只服从法律，不受其他个人或者机关、组织的干涉。"法官独立审判，不受上级官厅之干涉"（第51条）。

为了保障司法独立制度的实行，《临时约法》还规定了一些具体的措施。同时临时政府也根据约法的精神规定了一些配套的制度。首先是为了保证法院独立行使审判权所采取的措施。《临时约法》为了保障法院和法官的独立审判，明确规定了法官的身份和待遇的法定标准以及不得随意废免。"法官在任中，不得减俸或转职，非依法律受刑罚宣告，或应免职之惩戒处分，不得解职。惩戒条规以法律定之"（第52条）。其次是关于司法官的素养问题。《临时约法》规定："法院之编制及法官之资格，以法律定之"（第48条），对于司法独立至关重要的司法官的素养问题，也是临时政府主政者们所格外关注的。临时政府甫经成立，法制局就拟制了《法官考试委员官职令草案》、《法官考试令草案》等有关司法官培养方面的法律法规以及相关的规章制度，并交由临时大总统咨送参议院议决。在上述的文件中，都一再强调，"所有司法人员，必须应考法官考试，合格人员方能任用"①，开创了法官资格制度化的先河。此后的民国政府，继续在上述的有关司法官考试任用制度设想的基础上，创建并逐步完善了民国司法官考试任用制度，为司法独立奠定了扎实的人才基础。再次是律师制度的渐次实行。鉴于司法独立与律师制度相辅相成，南京临时政府成立不久，就拟制定律师法，逐步推行律师制度。在实践中，前述姚荣泽案、宋汉章案都有律师参与其中。虽然这些建议、制度和规定等由于临时政府存在的时间极为短暂，而没有来得及完全得以实施，但却是北洋时期相关的制度和规定的样本。

（二）《中华民国约法》与司法独立

袁世凯当上了临时大总统以后，首先要做的事情就是要把"临时"两个字去掉，成为民国的正式大总统。为此，他要做的第一件大事就是制定一部正式的约法。在袁世凯的一手操纵下，《中华民国约法》于1914年5月1日正式公布实施。《中华民国约法》与《临时约法》的最大不同之处，就在于指导制定约法的思想已经发生了根本性的变化：从以建立民主共和国为目标的三权分立思想，退化为以实现军事独裁为目的的专制思想。因此，《中华民国约法》最直接的手法就是确立了"变三权为一权"的政体模式。从根本上将司法独立所赖以存

---

① 中国社会科学院近代史研究所中华民国史研究室编：《孙中山全集》，第二卷，281页，北京，中华书局，1982。

在和发展的政治基础——民主代议制和三权分立理论进行了釜底抽薪式的破坏：绝对地扩大行政权，主要是大总统的权力，内阁成了总统的附庸。在这一政体格局中，立法权限制重重，其权力严重萎缩。司法权虽具原有之形式，但其实质已经发生根本的蜕变。

鉴于上述原因，《中华民国约法》在司法独立制度设计上基本上走的是形式化的路数。即在条文上明确规定了实行司法独立的愿望，以保证至少在形式上尚能符合民国的称号。首先，袁记约法在主权在民（第2条）、法律面前人人平等（第4条）的幌子下，规定了人民的诉讼权，即"人民依法律所定有诉讼于法院之权"（第7条）。其次，废除《临时约法》中所规定的"法官独立审判制度"，只是原则性地规定了实行法院的独立审判，"法院依法律独立审判民事诉讼、刑事诉讼，但关于行政诉讼及其他特别诉讼，各依其本法之规定行之"（第45条）。再次，为防止司法权通过弹劾而构成对总统权力的侵扰，袁记约法明确规定对于弹劾事件另以法律定之，"大理院对于第31条第9款之弹劾事件，其审判程序别以法律定之"（第46条）①。最后，约法也规定了法官的资格和法官的任职保障以及公开审判等。"司法以大总统任命之法官组织法院行之。法院之编制及法官之资格以法律定之"（第44条），"法官在任中不得减俸或转职，非依法律受刑罚之宣告或应免职之惩戒处分，不得解职。惩戒条规以法律定之"（第48条），"法院之审判须公开之。但认为有妨害安宁秩序或善良风俗者得秘密之"（第47条）。仅仅从条文上来看，袁记约法似乎并没有比《临时约法》落后多少，但由于其指导思想上的转变，使得其实质也一起发生根本的变化。因为在实践中，一些反司法独立的举措比比皆是。比如，裁撤地方及初级审判庭，实行兼理司法制度；实行军事审判制度，从制度上突破了司法独立原则规定，形成了普通司法与军事司法并行，而军事司法居于主导性地位的司法审判体制。

（三）《中华民国宪法》与司法独立

在后袁世凯时期，国会以制定一部正式宪法为首务。而通过贿选方式当上总统的曹锟，也正需要一部宪法来为自己正名。于是，议员们用手中的选票换来了曹锟的支票，匆匆于1923年10月5日选举曹锟为大总统，紧接着在三天之内完成了《中华民国宪法》二读和三读程序，并于曹锟就职的同一天（10月10日）公布实施。从民国以来，举国上下都在一直盼望着有一部民国的宪法，却没有想到宪法是背负着肮脏的骂名制定出来的。如此一来，宪法当然也无法得到人们的承认和尊重。

《中华民国宪法》之所以得有如此的骂名，显然不是宪法的本身，而是它的制定者：总统既然都是贿选而产生，那么所制定的宪法当然也不例外。但相对于《临时约法》（7章56条）和《中华民国约法》（10章68条）而言，《中华民国宪法》（13章141条）无论在内容还是在形式上都表现出日臻完善的趋势，有的甚至看上去是过于烦琐的规定。关于司法独立，《中华民国宪法》的规定比《临时约法》、《中华民国约法》都更进一步明确。首先，严格按照三权分立的政体框架，明确规定了由国会行使立法权（第39条）、大总统并国务员行使行政权（第71条）和法院行使司法权，并严格界定了三权的划分以及职权范围，改变了《临时约法》将上述权力笼统地规定为统治权的状况。其中，第97条规定，"中华民国之司法权

---

① 《中华民国约法》在立法院的职权中规定了对于总统的弹劾事项。第31条第9款规定："对于大总统有谋叛行为时，以总议员五分之四以上出席，议员四分之三之可决提起弹劾之诉讼于大理院。"

由法院行之"。据此,"法院依法律受理民事、刑事、行政及其他一切诉讼"(第99条)。在三权分立的政体框架下,保证了司法权的专属性。其次,按照三权制衡的原则,不仅强调分权,更注重三权之间的制约,以此保证了司法权在独立行使过程中不被立法和行政权所侵扰。《中华民国宪法》规定,国会有对政府提出不信任案以及对违法失职的官吏咨请查办的权利,有对大总统、副总统弹劾之权,但审判和定罪都由最高法院决定。大总统虽有对国会制定的法律有异议之权,但必须按照正常的法律程序提出,并依法律形式才能够生效。同时按照"法律非依法律不得变更或废止"(第106条)的规定,法院编制、法官资格、法官惩戒等都是依法律定之(第98条),大总统非依正常程序制定法律就不能变更或废止。再次,在强调司法权的专属性前提下,把法院的独立行使司法权与法官独立审判相结合,第一次形成了完整意义上的司法独立。《中华民国宪法》一改司法官由行政长官选任的办法,明确规定"最高法院院长之任命须经参议院之同意"(第98条),同时规定"法官独立审判,无论何人不得干涉之"(第101条),"法官在任中非依法律不得减俸、停职或转职。法官在任中非受刑法宣告或惩戒处分不得免职"(第102条),这就从制度上保证法院和法官在行使司法权时的完全独立性。

(四)《新司法制度》与司法独立

《新司法制度》是武汉国民政府时期推行的司法体制。其中,废除司法党禁,推行党员义务法律化是该制度的主要特点。禁止司法官加入政治党派是为了防止司法官因为党派利益而影响司法公正。所以民国以降,尽管党派林立、政治纷争不断,但民国初年所确立的宪政与民主、共和与法制观念并没有因此而被彻底抛弃,至少在形式上被保留下来。袁世凯1914年禁止司法官加入任何党派的命令,在当时的政治环境中,多少是顺应坚持民主共和、保证司法公正的必然反映。从那时起,一直到广州、武汉国民政府决定实行新司法制度时为止,关于司法党禁问题始终在民国的法制框架中占有重要位置。但"以党建国"、"以党治国"的党治理论的推行,将党派利益与国家的利益、社会的利益相互竞合以后,那种担心因党派利益而损害司法公正的问题便也无从谈起。这实际上也为司法党化的实施奠定了理论基础。

上海《民国日报》1926年9月20日刊登了司法行政委员会主席徐谦的《改革司法制度说明书》。在《说明书》中,徐谦说:"旧时司法观念,认为天经地义者,曰'司法独立',曰'司法官不党',此皆今日认为违反党义及革命精神之大端也。如司法独立,则司法可与政治方针相背而驰。甚至政治提倡革命,而司法反对革命,势必互相抵触,故司法非受政治统一不可。观苏联之政治组织,立法行政,固属合一,即司法机关,亦非独立,此即打破司法独立之新制也。"① 很显然,在徐谦等国民党人看来,司法是政治的一部分,而以前的革命只是政治的革命,司法向来没有随着政治的革命而革命,司法不革命的结果就变成了反革命,革命的基础就不稳固了。所以,现行的司法制度非根本改造不可。根据徐谦提出的《司法改革说明书》,广州、武汉国民政府司法改革的主要内容包括三个方面:一是革新司法观念。旧法律的司法独立、司法官不党的原则,与国民党的三民主义背道而驰,故此司法机关必须要接受国民党的领导,必须要接受政治之统治。二是革新司法人员。三是革新各项法规。辛亥革命以来所制定的许多法律法规,已经不能适应革命形势的需要,必须要进行

---

① 转引自张国福:《中华民国法制简史》,221页,北京,北京大学出版社,1986。

改革。

按照上述指导原则，武汉国民政府确定了实行司法改革、推行新司法制度的主要内容。① 其中，《新司法制度》的核心就是要废止司法官不党之禁、实行司法党化。因为，司法官不党的规定，使得司法就不能成为革命的司法，不利于国民革命的实际需要。因此《新司法制度》第 2 条明确规定："非有社会名誉之党员，兼有三年以上法律经验者，不得为司法官。法院用人地方法院由司法厅长提出于省政府委员会任免。中央法院由司法部长提出于国民政府委员会任免。"正如徐谦在《在武汉国民政府第十三次会议上的报告》所说："现在要打破司法不党，要党化，要纯粹有学识的党员去做法官。"② 法官由国民党党员来担任，直接行使司法审判权，这就彻底否定原有的为了保证司法官公正而禁止其参加任何政党的规定，实际上这也是为了国民党党员对司法权的控制而采取的制度上的保障。在实行司法官党化之后，为了保证这一制度能够得到真正的实行，武汉国民政府采取了两个办法。一是在法官考试中，首先测试国文基础和党纲党义，然后再测试法律专业知识。在口试时，重点测验应试考生的政治态度。二是举办法官政治党务训练班，学习科目主要是革命道理，学期为四个月。该班先后在广州和武汉都举行过，既培养新法官，又改造旧法官。这些措施的实施，保证了司法党化改革的实行。必须看到，废除司法党禁、实行司法官的国民党化，这一制度性建设在民国特定的社会背景下，也并非一帆风顺。早在 1924 年广州大元帅府时期，大理院院长赵士北就因为主张"司法不党"，被孙中山以违反"以党治国"原则而下令免去其职务。③

（五）《中华民国训政时期约法》与司法独立

1931 年 6 月 1 日，"正式将国民党的纲领作为全体国民必须执行的法律"的《中华民国训政时期约法》（以下简称《训政时期约法》）正式颁布实施。《训政时期约法》的制定纯粹是出于一种实用主义的政治观点。就国民党当权派而言，凡是对当前的政治有用的，就将其规定在约法之中，并推崇其作为自己行动的法律依据。若与政治需要不合，则另搞一套，不论其是否符合约法，都我行我素。正因为如此，才会在制定的过程中引出种种所谓的权力之争。在约法正式颁布施行以后，"理论上党治原则已经国民正式接受；民党政权在训政时期可以益形巩固矣"④。所以，《训政时期约法》的颁布实施，其最严重的后果是国民政府对人民的专制加强了：从以党的纲领来说明代人民行使政权的合理性，到从根本法的角度来说明国民党的训政责任。也就是说，以前代行和训政还有一点自说自怜的意思，而《训政时期约法》颁布以后则是一种完全"合法"的代行和训政。对此，也只能用强奸民意来表达其用意了。

---

① 参见《国闻周报》1927 年版，第四卷，第 9 期新法令。载西北政法学院法制史教研室编印：《中国近代法制史资料选辑》，第三辑，279～282 页，1985。武汉国民政府《新司法制度》的内容主要包括废除党禁和法官不党、实行法官必党；改正法院名称、实行新的审级制度；实行参审陪审制；废除审检分立检察制度、实行审检合一；简化诉讼程序；减少诉讼收费六个方面。

② 转引自余明侠主编：《中华民国法制史》，271 页，徐州，中国矿业大学出版社，1994。

③ 参见张晋藩总主编，朱勇主编：《中国法制通史》，第 9 卷，596～597 页，北京，法律出版社，1999。

④ 陈茹玄：《中国宪法史》，192 页，转引自徐矛：《中华民国政治制度史》，223 页，上海，上海人民出版社，1992。

　　鉴于《训政时期约法》上述属性，《训政时期约法》关于司法权和司法独立的制度性规定，也表现出其自身的一些特点。首先，彻底否定三权分立的政体组织原则，强调国民党在训政时期的绝对领导地位。具体说来，这种绝对的权力主要表现在对中央统治权的行使上。《训政时期约法》明确规定，"训政时期由中国国民党全国代表大会代表国民大会行使中央统治权。中国国民党全国代表大会闭会时，其职权由中国国民党中央执行委员会行使之"（第 30 条）。仅此一条就可以看出，《训政时期约法》关于中央统治权的规定已经完全背离了 1912 年临时约法所确立的三权分立原则。同时，按照自己的意志制定的约法，国民党中央执行委员会当然享有对约法的解释权（第 85 条），而且明确规定凡是法律与约法相抵触的当然无效（第 84 条），显然法律是否无效与国民党中执委的解释密切相关。在国民党中央行使中央统治权这一有"权"的大前提下，国民政府发挥了其"责"的作用。《训政时期约法》第 31、32 条分别规定"选举、罢免、创制、复决四种政权之行使，由国民政府训导之"。"行政、立法、司法、考试、监察五种治权，由国民政府行使之。"这样再加上一个国民党中央政治会议这个纽带，可以说国民党已经将全国的各种权力全部都控制在自己的手中。

　　《训政时期约法》重申了司法权只是作为国民政府的一项治权而存在，并没有其独立的行使权力的空间。《训政时期约法》明确规定，"国民政府总揽中华民国之治权"（第 65 条），而治权的行使主要是通过五院和各部委来落实（第 71 条）。关于国民政府的组成，约法规定"国民政府设主席一人，委员若干人，由中国国民党中央执行委员会选任。委员名额以法律定之"（第 72 条），而五院和各部委的长官又是由国民政府主席提请任免，"各院院长及各部会长以国民政府主席之提请，由国民政府依法任免之"（第 74 条）。这样，五院院长和各部会长，包括司法院院长任免与否，都最终决定于国民党中央执行委员会。此外，基于上述两个原因，《训政时期约法》即便是连表面上的司法独立都没有作出规定，而决定司法审判实际价值取向的则是司法党化的原则和政治追求。纵观约法的条文，其没有对司法独立作出规定正隐含着一种对人民权利的漠视和对国民党一党专制的推崇的立法取向。关于人民的自由和权利，虽然《训政时期约法》也作出了一些规定，但又都明确提出可以依据法律的规定加以限制，这实际上是授国民党以训政为名而独揽大权以口实。与此相关，在"三民主义为中华民国教育之根本原则"（第 47 条）的旗帜下，司法审判只能在党纲党义指导下来进行。所以后来的有识之士说道，"民初还有司法独立，但是'训政'之后便没有了"。因为现在的司法界，遵从国家法律不如顺从政府的意思；顺从了政府的意思而违背了法律，没有关系；假如遵从了法律而违背了政府的意思，恐怕法官的位置就要发生问题了。[①]

（六）《中华民国宪法草案》与司法独立

　　"九一八"事变以后，日本加紧对中国的侵略。在国难当头和严重民族危机面前，全国人民强烈要求国民党政府尽早结束训政，实行民治、宪政，以便于集中国力抗拒帝国主义的侵略。1931 年年底召开的国民党四大通过了蔡元培等人提出的"组织国难会议案"，决定于

---

　　①　1948 年 3 月 6 日，上海《观察》杂志有法官撰文对当时法制状况的一种评价，并认为："法治"、"行宪"只是对司法人员的一种讽刺。这种情况自训政以来更为严重。转引自张仁善：《一个旧中国"自由主义者"的法治心路——试论储安平的法治观》，载《华东政法学院学报》，2001（2）。

第二年的二月召开国难会议，以集思广益，共渡国难。① 1932 年 4 月国难会议如期召开，但代表们所关心的已经不是国民党政府所提出的"御侮、救灾、绥靖"三项议题，而是主张尽早召开国民大会，筹备制宪，结束训政。同年底，孙科在国民党四届三中全会上第一次公开提出了要尽早制定宪法，进行宪政的筹备。在全国一片舆论压力下，国民党政府最终接受孙科的建议，开始宪法的起草工作。从 1933 年 1 月提出草案，到 1936 年 5 月《中华民国宪法草案》（又称"五五宪草"）正式公布，大体经过了起草、登报征求意见、立法审查、立法院三读通过、国民党中央审查四个环节。就这样，如上所述，"五五宪草"经过国民党中央"马拉松式的精密审查"之后，才最终颁布实施。从形式看，从《训政时期约法》到《宪法草案》是一个进步。但从制定的过程似乎又能看到两者的共同之处：都是国民党一手包办的、旨在强化自己统治地位的根本法。所不同的是，虽然"五五宪草"之于人民权利的规定没有超出训政约法的框框②，但其宪法性的形式又决定了其内容在许多方面是在为结束训政、实行宪政构筑一个法律基础。这样的一种属性，也同样决定该草案对于司法权和司法独立的制度性规定表现出既不同于《训政时期约法》，也不同于正式宪法的独特之处。

在制度设计上，"五五宪草"正式提出所谓"中华民国为三民主义共和国"（第 1 条），开创了党、国一体化的政权组织模式，并以根本法的形式提出了国民大会为最高权力机关，试图在重新构筑国家统治权的分配模式。"五五宪草"同时宣称"司法院为中央政府行使司法权之最高机关，掌理民事、刑事、行政诉讼之审判及司法行政"（第 76 条），但是司法院院长、副院长却要由总统任命之，而司法院院长又向国民大会负责（第 77 条，总统也向国民大会负责）。这一相互矛盾的组织模式，也蕴涵着司法权的受限制性。所以"五五宪草"关于司法院的特赦、减刑、复权事项，不能直接由司法院行使，而只能由司法院提请总统行之（第 78 条）。虽然宪草也对立法院行使最高立法权（第 64 条）、行政院行使最高行政权（第 55 条）作了规定，但从司法院长官的任命就可以看出，在宪草所确立的行政、立法、司法三权分立的政体中，司法权是最弱小的。这一规定既不同于原来的五院制和《训政约法》，也不是完整意义上的、建立在权力分立基础上的司法权概念。在形式上，宪草对司法独立制度作出了规定。宪草首先对法官的独立审判作了明确规定，并对实现司法官的独立审判作了职务上法律保障。"法官依法律独立审判"（第 80 条）、"法官非受刑罚或惩戒处分或禁治产之宣告不得免职，非依法律不得停职转任或减俸"（第 81 条）。其次，宪草规定了司法院作为最高的行使司法权的机关所应当具有的权利，如宪法解释权（第 142 条）、统一解释法律命令权（第 79 条）和对新法律是否违宪的审查权（第 140 条）等，而这些权力在原有的五院制之下，是不可能具有的。同时，宪草还规定了一般人民不受军事裁判制度（第 10 条）和国家赔偿制度（第 26 条），从而使得形式意义上的司法独立稍稍具有一些实质性的内涵。

---

①　《组织国难会议案》，载荣孟源主编：《中国国民党历次代表大会及中央全会资料》，下册，37 页，北京，光明日报出版社，1985。

②　宪法草案关于人民权利的规定，仍然采用《训政约法》中所提出的"法律限制主义"的立法模式，而没有采取"宪法保障主义"的立法模式，这实际上为国民党和国民政府借机侵犯人民的权利提供了合法性理由。详见"五五宪草"第 12 条到第 17 条，"五五宪草"在规定人民享有迁徙、言论、秘密通信、宗教信仰、集会结社等自由的同时，都加上一个限制性的条件，即"非依法律不得限制之"，这其中隐含着可以通过制定其他的法律来对人民的权利和自由进行限制。虽然第 25 条规定："凡限制人民自由或权利之法律，以保障国家安全，避免紧急危难，维持社会秩序，或增进公共利益所必要者为限"，但这并不妨碍国民政府以此为借口的任意性立法。

第三节
司法独立：发展阶段与障碍分析

司法独立从其传入中国古老土地那一刻起，就是在一种"文化性误读"的状态下被引进的。[①] 它之所以被引进，完全是出于一种功利的被动性的需要，这一现状决定了近代中国在引进司法独立思想和制度的时候，对其所具有的内在价值可以先不去管，只求其外在之形。其结果是虽然在表面上遵循了司法独立的原旨，但形式与内容却严重背离，其后果使得近代中国在最初引进司法独立的过程中，对其现实性几乎没有作出评判，完全出乎理想的安排或者是纯粹理论上的推理与分析。

一、司法独立在近现代中国的发展阶段

从历史阶段性上看，近现代中国的司法独立大体经历了以下五个不同的发展时期。

（一）清朝末年：联想型的司法独立

高度集权、皇权专制的晚清政府决议仿行宪政、进行新政改革就意味着它必须按照西方的政体原则来创建一套新的机制。具体到司法体制而言，即是按照三权分立的政体架构，把立法权、司法权从行政权中分离出来，建立起符合西方法治原则的新的司法体制。从思想来源上看，晚清司法改革的思想及其在此思想指导下所建立的司法独立体制，是在国门洞开、西方法学知识大量传入的情况下，逐渐形成一种社会思潮。司法独立的理念被从清末思想界逐渐到统治高层所认可，从认识的阶段性上说是处于一个从"盲眼"到"独眼"的过渡时期[②]：当时官方或者知识界对于纯粹西方化的三权分立和司法独立的理解，仍然是基于自身的体认和现实的逼迫。尤其是治外法权的丧失，和伴随着治外法权而来的西方司法文明，动摇了人们一系列根深蒂固的传统司法观念，并对清政府司法制度的合理性产生了怀疑。那些亲身目睹西方司法制度的留学人员和在国内亲历洋人法庭审判实情的普通官员，其经历和感悟无疑有助于他们把西方的一套司法理念和制度当做活生生的参照物来批判晚清已经运转不灵的司法体制。这样就决定了司法独立在近代中国，首先是被看作解决几千年中国传统的司法行政合一体制下效率低下、司法腐败的一剂良方。换言之，近代中国司法独立的实践价值

[①] 关于文化误读，有学者的定义为：按照自身的文化传统、思维方式，自己所熟悉的一切去解读另一种文化时所产生的一种误解。产生文化误读的原因缘于个人的文化背景以及受这种文化背景所决定的思维上的视域，具体表现在两个方面：一是基于民族中心主义而产生的对待异文化有偏见地贬低；二是对异文化充满理想化的浪漫式的幻想。参见乐黛云、〔法〕勒·比松主编：《独角兽与龙——在寻找中西文化普遍性中的误读》，110～113 页，北京，北京大学出版社，1995。

[②] 此处借鉴吴孟雪先生在形容欧洲人在 16 世纪到 19 世纪，即明清时期对中国的认识及其变化的过程时，认为欧洲人对中国的认识经历了从"盲眼"到"独眼"、"双眼"乃至"独具慧眼"的变化过程（参见吴孟雪：《明清时期欧洲人眼中的中国》，4 页，北京，中华书局，2000）。实际上，近代以来直至现代，中国的知识界、思想界对司法独立的认识，大体也是要经历一个从"盲眼"到"独眼"、再到"双眼"乃至"独具慧眼"的变化过程。

并不是来源于对现实社会政治经济条件的考量，而是出于对济世存真的方法的追求而存在。这一认识状况和实践价值取向使得清末新政主政者，从一开始就从分权、宪政的理想出发，把建立独立的司法体制、实行司法独立视为推行宪政的基础改革工程，既是立宪国之要素，又是法治国之精神所在；并且想当然地认为只要实行宪政改革、推行司法独立，就可以像西方一样尽快富强起来，以摆脱被动局面。这种联想型司法独立改革的最大特征就是主政者在关注西方诸国宪政体制这一目标时并没有对实现这一目标作细致的理解，表现为不顾现实条件而推行诸项司法改革措施，其结果只能是徒具外形而实质未变。如在九年筹备立宪清单中，在既无适当经费又无合适人才且无配套法律的情况下，要求"州县于二年之间悉将各级审判厅剋期成立"①，于是"法官多用旧人；供勘则纯取旧式，刑讯方法，实未革除；律师制度，尚未采用，虽规模初具，亦徒有其名而已"②。实际上，上述建立完整的新式法院体系直到民国结束也未完成。

（二）民国初年：理想化的司法独立

经过清末近二十年的政治思想宣传，尤其是许多留学海外的知识分子的亲身经历，民国初年的政治环境大为改变，表现在民主共和观念已经深入人心，建立资产阶级民主共和国已经成为全社会的一个共识。实行三权分立、摒除人治、推行法治是民主共和政体国家建设的这一题中应有之义。正因为此，以孙中山为代表的革命党人在建设中华民国的过程中提出了"首重法律"的建国方针。也就是说，新生的民国要通过法律手段来重新整合晚清统治者留下来的破败的社会局面，进行社会秩序构建。但当革命者满怀着希望将自己矢志奋斗的法治理想蓝图精心描绘的时候，他们显然没有对新生的中华民国所赖以存在的社会政治基础给予充分的考量。于是，在法治理想向现实社会迈进的过程中，种种的艰险和阻碍层出不穷。而且这种种问题，已经远远超出了司法制度本身的范围，进入了一个更加宽泛的社会领域。因为辛亥革命只是在政治框架上打破了传统的权力结构，但是新的政治秩序并不是建立在一种稳定而既成的社会秩序之上，相反法律所赖以发生作用的社会环境和文化背景在相当大的程度上仍然保持着它的原貌，于是对传统的依赖也就成了一种必然选择。如在《中华民国临时约法》所确定的政权体制上，革命派原本希望以责任内阁制代替总统制来限制袁世凯权力以确保民主共和的实现，于是强化立法机关的职权，并加强立法机关对行政机关的限制和约束，因而造成了权力机构之间的不对等，破坏了三权之间的制约机制。作为国家的根本法，这种因人设制、因事设制的做法，对约法的权威无疑产生了重要的影响，更是给整个民国时期各派政治势力玩宪法与国会于股掌之间开了一个恶例。同时《临时约法》有关司法独立的规定同样存在一些先天性的缺陷，如只规定了法院行使审判权，却未规定是司法权，这就从制度上对法院独立行使审判权作出了限制，为其他机关尤其是行政机关由此介入司法审判打开了方便之门。片面强调法官的独立性，并规定行政长官对法官选任的权力等，皆表明了民初司法独立构建过程中对法治理想的追求与适应现实条件过程中的无奈。

（三）北洋政府：形式上的司法独立

民国以降，宪政共和思想、民主法治原则已经成为各个时期的当政者借此换取社会普遍

---

① 故宫博物院明清档案部编：《清末筹备立宪档案史料》，下册，1052页，北京，中华书局，1979。

② 杨鸿烈：《中国法律发达史》，下册，919页，上海，上海书店，1990。

认可的"招牌"。虽然北洋政府时期是一种典型的军阀政治统治，所信奉的是军事实力和强权，而且每一次政权的更迭都是军事上成败的结果，但任何一个当政者都无法再从"皇帝"身上寻找到其存在的合法性，唯有挂出"宪法"的招牌，宣称实行宪政共和和民主法治才能够换取社会层面的认同和支持。宪政体制下，司法独立乃是必然内涵，这使得在整个北洋时期尽管政权走马灯式更换不停，但对于司法独立却是不能不提的，至少在形式上是如此。只是此时的以建立民主共和国为目标的三权分立思想已经退化为以实现军事独裁为目的的专制思想，司法独立的形式与内容严重地背离。如在袁世凯授意下制定出的《中华民国约法》首先确立了变三权为一权的政体模式。手握重兵的强权势力当然不能公开地对抗尊重民主共和的誓言，于是将这种势力合法化就成了当务之急。按照这一政治目标，袁记约法从根本上将司法独立所赖以存在和发展的政治基础——民主代议制和三权分立理论进行了釜底抽薪式的破坏：即绝对地扩大行政权（即大总统的权力），严格限制立法权和司法权。尽管如此，形式化的司法独立制度在袁记约法中仍然得以体现，以保证至少在形式上符合民国的称号。如保障人民享有广泛诉权、实行法院的独立审判、法官的资格和法官的任职保障以及公开审判等。但是，即便是这种形式上的司法独立，在实践中还受到袁世凯政府以及后袁世凯时期的大小军阀执政者裁撤地方及初级审判庭、实行兼理司法制度和军事审判干涉普通司法等等制度的严重损害。1923 年，在历经 11 年的制宪历程之后，民国第一部正式的宪法《中华民国宪法》颁布实施。虽然从条文上看，该宪法从形式到内容更加符合民主共和的宪政框架，如对于司法独立规定不仅强调三权之间的分立，还强调相互之间的制衡；既明确规定司法权的法院专属性，又规定司法官独立审判，从而在中国近代史上第一次规定了完整意义上的司法独立制度。但由于它的制定者大都是一些"用选票换支票"议员，使其一开始就背负着贿选的骂名，实施仅仅一年即被废止。

（四）广州、武汉国民政府（1925—1927 年）：革命式的司法独立

1925 年到 1927 年的国民政府，又称为广州、武汉国民政府，其历史背景是建立在改组后的国民党基础上的第一次国共合作，其政权性质是反帝反封建的革命联合政府。随着北伐战争的胜利推进和工农运动的蓬勃开展，沿用清末法律的状况已经不能适应国民革命的需要，现行的司法制度与国民革命之间出现了矛盾。正是在这一背景下，1926 年广州国民政府成立不久，就专门成立了"改造司法委员会"，制定了《改革司法说明书》，从革新旧式司法观念、革新司法人员和创建新型司法制度三个方面推动司法改革。到武汉国民政府成立，最终形成了以贯彻党治理论、保障国民革命、维护工农利益为主旨的新司法制度。在倡言"革命"的政治时期，司法改革已经不是出于建立宪政民主的需要，而是一种对革命性的司法工具的追求。在这一司法模式下其革命性主要体现在以下四个方面：一是改组后的中国国民党具有最高立法权和司法权。从立法权上看，中国国民党代行国家最高权力机关的职权，国民党的党纲以及国民党全国代表大会讨论通过的政纲和各项决议，具有最高的法律效力。中国国民党全国代表大会及其中央执行委员会是国民政府的最高立法机关。正是在这一时期，制定了民国第一批以政治价值为定罪量刑依据的法律法规，如《党员背誓罪条例》、《国民政府反革命罪条例》等。从司法权上看，国民政府的司法活动都是在国民党的严格组织领导和制度框架内开展工作。二是党员义务的法律化。国民政府制定专门条例以法律的形式来严惩背叛革命誓言的行为，把对国民党党员义务要求上升为法律责任。凡是犯有背誓罪的党员公务

人员，在处罚标准上要加重一级，而且对党员的刑事处罚不需要经过司法程序，而由国民党中央执行委员会组织的法庭来判决。三是废止司法党禁，实行司法党化，明确规定："非有社会名誉之党员，兼有三年以上法律经验者，不得为司法官。"四是确立法院的集体领导体制，实行参审陪审制，在内部强化国民党的领导，在外部根据当事人不同的身份来确定不同的审判制度。革命式的司法模式，其最大的特色就是将司法附着于政治之上，并赋予了其实现政治革命目标的使命。而当法制改革变成了政治革命的必要一环的时候，对法制变革本身的考量就变得不那么重要。

（五）南京国民政府（1927—1949 年）：专制下的司法独立

南京国民政府是国民党内以蒋介石为首的军事实力派通过军事镇压而建立起来的党、政、军合一的政权，这一时期的立法和司法活动具有浓厚"党治"、"军治"和个人独裁专制的色彩。从中国当时的国情来看，孙中山提出的建国三时期的理论构想无疑具有一定的历史意义。但孙中山的匆匆离世为蒋介石、胡汉民曲解孙中山的革命理论提供了借口，并将其发展为所谓的"训政保姆论"，从而为实现国民党一党专制、蒋介石的军事独裁埋下了祸根。南京国民政府甫经成立，司法党化也随之被逐渐强化。正如司法院院长居正在 1935 年所说的：在"以党治国"一个大原则统治着的国家，司法党化应该视作"家常便饭"①。即便是到1947 年宣布实行所谓"宪政"时期，国民党的一党专制和蒋介石的军事独裁的本质都没有发生任何本质性的变化。因此，从《中华民国训政时期约法》到《中华民国宪法》，南京国民政府关于司法权的制度性规定都是在党治和军事专制的框架中来建构的。具体到司法党化的实践，包括四个方面：一是法律所未规定之处，应当运用党义来补充。二是法律规定太抽象空洞而不能解决实际的具体问题时，应当拿党义去充实它们的内容。三是法律已经僵化，应该拿党义把他活用起来。四是法律与实际社会生活明显地表现矛盾而又没有别的法律可据用时，可以根据一定之党义宣布该法律无效。至于如何实现上述的目标，其做法包括：令法官注意研究党义，适用党义；以运用党义判案作为审查成绩之第一标准；在司法官考试，设置党义科目和运用党义判案为试题；法官训练所应极力扩充范围，并增加"党义判例"、"党义拟判实习"等科目；注意研究党义在司法中之运用；编纂《判解党义汇览》等。② 如从司法官的考选和司法官党员化上来看，在司法官考试中，有关三民主义、建国大纲、建国方略的内容是必须要考的，在答题中党义、党纲方面的题目占 60％以上。③ 更有甚者，国民党中央执行委员会可以直接保送党务人员，在不经任何考选的情况下，直接进入法官训练所学习，然后派给司法实职。目的在于使"党务工作人员，充分取得服务于司法界之机会，成为党治之下之良好司法人才"④。在司法官初试合格后再送往法官训练所进行为期两年的训练。其学习的内容半是司法实践和司法技能之训练，半是党义学习和党纲再教育。这样，经过甄录试中的党纲党义测验，再经过法官训练所中的党纲党义学习，外加一个党员的司法官考试，完全将国民党的基本纲领融汇于司法官的记忆中。可以说，这些做法也是司法党化之于司法的

---

① 居正：《司法党化问题》，载《东方杂志》，第三十二卷第十号。
② 参见居正：《司法党化问题》，载《东方杂志》，第二十二卷第十号。
③ 参见《法律评论》，第八卷第六号，1930 年 11 月 16 日。
④ 《法律评论》，第十二卷第十八期，1935 年 3 月 3 日。

最极端的办法，即将司法完全控制于国民党之下，这正好又与国民党推行一党专制和军事独裁的政治策略是一致的。

二、司法独立的障碍分析

司法独立是民主政治的基石，是现代法治社会的标志。不难想象，在两千多年传统高度集权统治的社会政治条件下，在晚清皇权专制的土壤中，司法独立这一粒"现代法治文明种子"是怎样艰难地入土、发芽。从清末新政到民国历届政府，至少在形式上都是从分权、宪政的理想出发，把建立独立的司法体制、实行司法独立视为推行宪政的基础改革工程，认为行政与司法分立，推行司法独立。很显然，主政者出于理想化的安排明显多于对现实的真实考量，以至于造成中国法制近代化在一开始就举步维艰。本节以清末推行司法独立过程中存在的问题来分析司法独立在近代中国推行的障碍。

（一）司法独立的经费物质保障问题

在清末实行审判独立以后，主管司法行政事务的法部，以缺乏经费为理由，决定只是在京师、奉天以及直隶省的天津府等少数几个地方先行试行，而不是在全国一体施行。实际上就等于把司法独立的制度框架局限在极少数地区。按照规定，新政改革所需经费由掌管财政大权的度支部一体请旨筹措，"一切院厅设备、官吏俸胥，无非出自公家"①。但此时的清政府财政在支付高额的赔款之后，"民穷财尽，各省皆然，几有无从罗掘之势，几近无可用之资"②。且大理院初办各项事务皆为首创，经费的支持尤其重要。1906 年在《大理院奏厘订司法权限折》中便称："臣等恭承简命，夙夜祗惧。以衙门初设，既无经费可筹；而臣院承受之大理寺，夙称问曹，又乏人才可用。"法部在奏请拨给京师地方审判厅公署经费的折子中，提出为改变审判厅租用民房办公的现状，拟请拨给专项经费。在所需的七万两建设经费中，法部"可专备建筑是厅者仅有上年节存开办审判经费及罚金余款，除前已奏明报经七千两帮助内务府派盖库外，止余现款四万两，尚不敷银三万两，不得不仰恳天恩，饬下度支部拨款兴筑。"③ 无奈之心情，跃然纸上。辛亥革命前夕，晚清政府借口财政困难而未设立各级审判厅的举措，成为民国革命中的战斗口号。1911 年 12 月 13 日《中华民国公报》刊载了湖北军政府司法部的第一号布告，对晚清政府以经费缺乏为借口提出了尖锐的批评："假预备立宪之徽号，司法独立之美名，所筹设之审判厅是也，以省会商埠提前，以厅州置后，固因经费支绌，徐图次第举行，然颐和园之修葺，水晶宫之建筑，以及嬖幸携优伶赠与十岁数十万弗少稀惜而独于筹办审判计较锱铢，是视我人民之生命财产远不及若辈之宴乐优游之重且大也。"④ 实际上，在当时的经济状况下，晚清政府维持"国家生计"尚且困难，更不用说拿出巨资用于司法改革。

（二）司法专业人才短缺问题

中国传统的律学教育在很大程度上是私人性质的，这既限制了对传统法律人才的培养，

---

① 《大清法规大全·法律部》，卷七，"审判"。
② 故宫博物院明清档案部编：《清末筹备立宪档案史料》，上册，348 页，北京，中华书局，1979。
③ 《大清法规大全·法律部》，卷七，"审判"。
④ 转引自张国福：《中华民国法制简史》，53 页，北京，北京大学出版社，1986。

又阻碍了律学研究的发展。在传统司法制度下，研究刑名之学不仅仅是为了阐明机理、解释律意，更重要的是为了如何通过刑民官司来匡扶正义、辅理朝政。清末新政以后，上上下下都意识到能够适应新政的人才之短缺。"为政之道，首在得人。新政日多，需才日众，若不预储才于平日，断难收效于临时"①。而且"法政本专门之学，此时预备立宪，一切自治行政事宜，尤待此项人才相助为理。"新政主持者虽然明白"司法之职，原需专门学问"、"明法律者多，则审判不致棘手"② 这个道理，但由于"各处法律学堂毕业者犹不多见"，人才问题，特别是法政人才的不足是制约司法改革和推行司法独立进程的又一重要因素。这在实践中就造成了一个矛盾：一方面是法政人才的缺乏，另一方面又不能在已开办各审判厅"悬事待人"，解决办法只能是通过降低用人标准和开办法政速成科来完成，而降低审判人员标准的直接后果就是司法官整体素质的下降，反过来又直接影响司法审判独立的具体落实。随着"九年筹备事宜"的实施，各省筹办审判厅陆续展开，法政人才从中央到地方的缺乏情况更加严重。如广西有六十个厅州县，按每厅二科，每科一至二庭，每庭三名推事，全省仅地方审判推事一项，至少需五六百人，且不包括初级及高等审判厅推事和检察官、主簿等官。虽然在1908年秋也开办了省属法政学堂，但入学堂者层次不一，"经三次考选，送入学堂者，先后共一百六十员，佐杂居十之七八，县以上仅十之二三，其中年龄已长、难期深造者，又居十之八九，大都由于强迫，勉就讲习科，以期速成，其热心乡学肯入别科者，尽无一焉。"1909年3月，法部规定了法官考试时间为4月15日，但是，广西全省报名合格者仅有18人。往后延迟了一个月，也只有一百多人报名。最后录取32名，这个人数只够省城各级审判厅之用。③ 所以，广西巡抚张鸣岐感叹："无才之困难，将有较无款而更甚者"④。

（三）传统习俗对司法独立的阻碍问题

司法独立本身是对传统司法行政体制的否定，这对沿袭两千多年的传统社会政治结构而言，其震动和影响是巨大的。清末新政的主持者也意识到这一问题的严肃性，并在仿行宪政的各项改革措施上，大多考虑到因"民智未开"而采取缓行的态度。但这种对传统民俗民情的尊重，既没有成为主导性意见，且又被激进的改革者批评为保守。因此，厘定司法官制，筹建各级审判厅，虽然是社会历史发展的主流，但其来自传统习俗的阻力仍影响着各级审判组织，尤其是州县一级审判厅的规划和建设。在各级审判厅筹设的过程中，最主要的问题是认为中国传统司法行政合一模式已合民情，突然改变使民众手足无措。认为"行法首重宜民，若于民情习惯不能相治，必致滋生事端，求安反扰。中国郡县之制行已一二千年，乡民心目中只知州县衙门为其本管官衙，应行服从。若于州县之外，别设法庭，乡民少见多怪，别生疑虑。如建洋式房屋，尤将疑虑为洋教，更易生事……乡曲愚氓，难以理喻，惟有顺其习惯，使之不觉，自然默化于无形。"⑤ 而且考虑到理讼为州县官的专责，若不听词讼，则州县各官形同虚设，造成管理资源的浪费。"各省既有府厅州县之地方官，又设审判官以治

---

① 故宫博物院明清档案部编：《清末筹备立宪档案史料》，下册，1006页，北京，中华书局，1979。
② 故宫博物院明清档案部编：《清末筹备立宪档案史料》，上册，504页，北京，中华书局，1979。
③ 参见《法政杂志》第一年第六期（宣统三年六月二十五日），21～22页。
④ 故宫博物院明清档案部编：《清末筹备立宪档案史料》，下册，1006页，北京，中华书局，1979。
⑤ 故宫博物院明清档案部编：《清末筹备立宪档案史料》，上册，594页，北京，中华书局，1979。

讼狱之事。查亲民之官，听断是其专责，若不听词讼，则州县各官几同虚设，岂不图靡廉俸。况审判官权既不重，易生刁民玩视之心，控告滋繁，良懦受累。"① 考虑到社会一般民众的上述习惯，各地州县新设的审判厅，"皆宜以原有州县衙门改设"，这样民众涉讼仍在原来的州县衙门，原来的州县官大都一变成为新式的推事或者检察官。司法独立在地方上便成了摆设。《法政杂志》记载了河南省在新设立审判厅以后，老百姓仍然到旧时衙门去上告的问题，以及由此而引发的其他诉讼问题。"河南审判厅设立以来，愚民无知，多仍往县署控案。县署循例不收，执拗之徒，有隐忍息讼，坚不往审判厅呈控者，因之讼案颇减……检察长特出白话告示，详解诉讼之法，俾民得知定章所在云。"② 由于风俗浓厚，人民更习惯按照传统的处理纠纷模式来解决争端，新的诉讼审判程序无疑需要一个漫长的熟悉和适应的过程。

（四）缺乏体系化的法律制度

司法在一个社会中始终居于核心地位，往往是各种社会关系的枢纽之所在，这也是司法改革，尤其是审判制度改革之所以牵一发而动全身的根源。因为，这种改革所涉及的不仅仅是制度本身的事情，还牵涉其他相关制度的改革和创设。以审判独立制度而论，它至少包含三个方面的必要条件：完备的法庭组织系统、公正的实体法和程序法体系，以及受过法律专业训练并具备法律专门知识的法官队伍。显然，这些条件决非是在一日之间就可以造就。但是，在清末新政的特定历史时期，主政者对于上述的必要条件，或是未予重视，抑或是重视了却已经是无法改变。"司法独立，首重者法。今者新刑律虽已编订，而实行尚未有期。民法、商法、刑事诉讼法、民事诉讼法则颁布之期尚远，登记法、非讼事件手续法之类，更无论矣。言司法独立，仅于审判之机关，推事、检察之组织，稍事更张，而于司法之精神则未也。然法者虚器，新法虽未备，而旧法尚可遵行，苟得其人，犹足以治。"③ 其实，早在1909 年年初，宪政编查馆在"宪政法律馆、编查馆奏核订法院编制法并另拟各项暂行章程折（并清单）"④ 中，提出：为了保障司法独立的真正实施，要制定三个相关法律。一是在诉讼律一时难以制定的情况下，由"法律馆将诉讼律内万不容缓各条，先行提出，作为诉讼暂行章程"。二是鉴于法院编制法中明确规定了律师制度，应当制定相关的律师参与诉讼的暂行章程。三是仅仅将法官任用章程颁布实施，但必须尽快制定法官惩戒章程。应该说，宪政编查馆对于与司法独立相关的法律体系的制定工作还是相当明确的，但是在当时的条件下，构建完整的实施司法独立体制的法律体系显然缺乏必要的社会环境。因此，直到1910 年年底，法律馆也没有制定出上述三个法律。在 1909 年 12 月 28 日，宪政编查馆在《法院编制法》颁布实施的同时，将法部和大理院共同制定的《法官考试任用暂行章程》、《司法区域分划暂行章程》和《初级暨地方审判厅管辖案件暂行章程》三个暂行章程作为附件一并颁布，以保证各级审判厅在筹设过程中大体能够按照《法院编制法》的要求来进行。但这种权宜之计的办法对于司法独立的制度创设来说，显然是一个硬伤：在缺乏必要的程序保障的前提下，建立

---

① 故宫博物院明清档案部编：《清末筹备立宪档案史料》，上册，349 页，北京，中华书局，1979。
② 《法政杂志》第一年第二期（宣统三年二月二十五日），"记事"，19～20 页。
③ 故宫博物院明清档案部编：《清末筹备立宪档案史料》，下册，882～887 页，北京，中华书局，1979。
④ 《大清法规大全·法律部》，卷四，"司法权限"，总第 1815～1837 页。

在独立、公正的诉讼程序之上的司法独立体制也就成了真正的空中楼阁。①

（五）治外法权对司法独立的干涉

根据清政府与各国签订的不平等条约，领事裁判权的管辖范围以是否与中国签订涉及领事裁判权的条约为标准，把在中国的外国人分为"有约国外国人"和"无约国外国人"。据此，治外法权主要包括：第一，中国人与有约国外国人之间的案件，依"被告主义原则"实施司法管辖，由被告所属国家驻华领事等官员审理。第二，有约国外国人与无约国外国人之间的案件，若前者为被告，由其本国领事实施司法管辖；若后者为被告，则由中国的司法机关实施司法管辖。第三，同一有约国国民之间的案件，由该国领事实施司法管辖。第四，不同有约国国民之间的案件，一般也适用被告主义原则，由被告所属国家的领事实施司法管辖。② 其实，治外法权对中国司法主权的干涉，不仅限于具体的民刑事案件的审理，还涉及对中国法律的适用与遵从。而无论是哪一个方面的干涉，都与司法独立的精神相违背，并对司法改革的推行和司法独立制度的真正贯彻实行带来直接的消极影响。根据《法院编制法》确定的审判管辖原则，各级地方审判厅在各自的地域内，享有专属管辖的权利。这一符合司法独立精神的规定，至少在两种情况下会与领事裁判权相冲突。一是对华洋民事诉讼案件的管辖，二是华人与租界内华人之间的诉讼管辖问题。此外，在具体的审判过程中，还涉及传唤当事人、收集证据以及是否允许外国人出庭作证、是否允许聘用外国律师等问题。以强权维持的领事裁判权，往往在与地方各级审判厅相冲突的时候，表现出似乎有理的蛮横。地方督抚和行政当局对外国列强的畏惧，更加深了审判厅在贯彻执行司法独立精神的过程中，即便是委屈受尽，还是难以求全。如，汉口地方审判厅在受理"华人与住在租界内华人"案件，按照规定，派遣司法警察持票送请所属领事签字后，即可逮捕传讯。但是，各国领事皆不遵守上述规定，并认为"今审判厅，实不便在租界行其逮捕之权。当经审判厅长……申明中国现在司法独立，特设审判厅，专理刑民诉讼。凡属华洋交涉控案，照约暂归夏口厅办理……至华人控诉租界内华人，则审判厅现时确有逮捕权。争执良久，该领事仍不允许，坚言有违向章，非得有该国政府及公使命令，不能承认。厅长无可如何"③。文中所述的审判厅长为了维护实现司法主权和司法独立的神圣，在蛮横的领事和愚懦的都督映照下，更加显得意义深远：为了使司法独立这面大旗在租界这块中国人自己的土地上猎猎飘扬，渺小而执著的法官们是多么令人可敬。

---

① 修订法律馆未能制定完备的与司法独立相关法律，非不愿也，而不能也。但是缺乏必要的法律法规相配套，司法独立制度的运作的确又难以开展。当时，有人专门就此提出了批评，并认为这是"司法独立之缺点"。其文曰："凡一机关而欲其运用自如，克尽其机关之能事焉，必待他机关各各能运用自如、尽其能事而后可。未有种种机关不尽其职而能独立无碍者，吾国今日之政治。故一机关未尽其职，各机关必胥受其害，况各机关无一能尽其职，而欲一机关尽其职，无是理也。近日之所谓司法独立是其明证也。"参见《法政杂志》第一年第六期（宣统三年六月二十五日），69～71页。雪堂：《司法独立之缺点》。

② 参见朱勇主编：《中国法制史》，498页，北京，法律出版社，1999。

③ 《法政杂志》第一年第二期（宣统三年二月二十五日），"记事"，15～16页。根据记载，此事经湖北省提法使齐关道，禀明鄂督，并制定了一个变通办法。规定：凡有华人告状案件，如原告或被告有一人住在租界者，援照华洋互控案件办法，仍归夏口厅办理。如先赴审判厅起诉，或业经审判厅审理，尚未判决，旋又牵涉到租界内之华人，不得不传案备质者，亦得有审判厅移送夏口厅衙门办理。而当时汉口一镇，长不过二十英里，半属租界，半属华界，向来夏口厅受理词讼，华洋交涉居其四，华人与租界华人互控居其三，下余则内地华人互控之案。如果华洋交涉仍归夏口厅办理，而租界华人互讼案，审判厅复不得过问，则审判厅将无事可办。

第四节
司法独立：启示与评价

建立在三权分立、相互制衡基础之上的司法独立思想，自从其被美国的政治实践变为现实性的制度以后，其制度性的优势到 19 世纪中叶已经普遍被西方世界所接受。相比之下，近代中国人对此的认识却是出于无奈之举。"司法独立，而后国家乃有法治之可言。法治非郅治，不得已而出于此途。"[1] 而这种不得已而为之的选择，同时也就剥离了司法独立的价值内涵，转而将其变成一种工具性的制度。

一、近现代中国司法独立的启示

立足于近现代中国社会变迁的大环境，考察以司法独立为核心的司法改革，追思司法独立在近现代中国的发展历程，可以得出这样一个基本的结论：近现代中国在对司法独立进行价值追求的过程中，逐渐抽空其内在的生命，转而崇拜其外在的空壳，并将这个空壳视为真实的存在，以便于使其依归于中国的现实，实现其一种本土化的选择目标——从理想到现实的转换、从价值理念到工具理念的嬗变。

第一，司法独立是在近现代中国大变迁的社会环境下被催生的，并被赋予了不是维护旧有的社会秩序而是建构新秩序的历史重任，这注定了近现代中国的司法独立选择了一条似乎是误入歧途式的发展进路。

前近代的中国是个典型的传统型国家，期间尽管也出现了许多新的变迁，但基本上属于"适应性变迁"，即"可以在很大程度上为既有的政治体系所适应，而不能从根本上突破既有的政治体系中的制度和逻辑前提"，这种变迁"可以带来一系列具体的变化，但是却不能改变政治制度的基本规范和基本象征"[2]。这种适应性的变迁一直持续到鸦片战争前夕。但这种状况在被马克思称之为中国现代化启动的"不自觉的工具"——西方的扩张的冲击之下，中国传统社会发生了"三千年未有之大变局"。社会已经发生了如此大的变化，但建构其上的种种制度，包括法律制度却没有随着发生相应的变化。强权之下，真理是没有发言权的。抱残守缺式的"适应性的变迁"已经不能满足变化了的社会现状，这正是"革命性的变迁"的前奏——撇开现实的社会条件，试图通过制度的建构来重新整合现有的社会资源。这时与传统法律体系相异甚远的新的法律制度的建立，已经不是出于对现有秩序的维护，而是一种对传统的破坏。法律作为一种社会现象，不是独立存在的，而是深深根植于社会发展的过程之中，却无力改变这种过程；试图用法律来改组社会，无异于打算通过社会成分的再分配来改组我们的世界。[3] 晚清及民国时期法律与现实社会的扞格与不协调，尤其是与民国的感情冲

---

① 林长民为《法律评论》发刊之题辞，载《法律评论（合刊）》第一至第八期，1924 年 5 月 10 日。

② 周积明：《关于中国早期现代化启动的一点思考》，载《新华文摘》，2001（2）。

③ 参见［英］罗杰·科特威尔：《法律社会学导论》，潘大松译，22 页，北京，华夏出版社，1989。罗杰·科特威尔先生从法律社会学的观点出发，否认法律的独立性，认为法律与哲学、宗教、道德一样都不是独立存在。相关的阐述请参见陈金钊：《论法律的独立性及其意义——评罗杰·科特威尔的〈法律社会学导论〉》，载《山东大学学报》，2000（5）。

突以及由此而引发的社会公众对法律的不信任，使得新生的法律制度几乎没有多大的施展空间。于是旧有的秩序是破坏了，但新的秩序却始终未能如愿。因此，近代中国的司法独立在破坏传统法律制度之下的社会既有秩序的同时，也正在失去其赖以存在和发挥作用的基础。对新秩序的构建，即便不是全无收获，也是一种在与旧有社会规则相互为用情况下的点点出新而已。

第二，司法独立是在一个高度集权、皇权专制和缺乏司法权威的情况下被引入近代中国的，一开始所接触到的是一种强烈的对法律的漠视和对司法的恐惧的社会氛围，这似乎又注定了它在上述的发展进路中更添艰难和曲折。

这是司法独立在近代中国的先天缺陷。在传统的司法体制下，法律只有在推行极端化的"以法治国"的秦代获得过真正"权威"，而司法充其量是劝谕教化和刑杀威吓的代名词。行政、司法、立法三者合一而集权于皇帝或者各级官吏之一身，权力性的制约和程序性的监督被弹性的伦理规则，以及发自官吏内心的道德修养与儒家品性和罢官免职所替代。正如曾任北洋时期司法总长的林长民所言，民国十余年来基于司法独立而实行的法治是不得已而为之的选择，是为古代士子所不齿的法家的法制，只是在民国建立以后出现了所谓的"举国无维"的情况下才被迫实施的。[①] 民国初建，共和肇兴，民主与法治思潮的勃兴。此时虽然传统的司法已不复存在，但"传统的司法"体制下所形成的种种"司法的传统"[②]，以及这种传统之下的习惯性做法和意识却没有即刻消失，相反却顽强地生存下来，并牢牢地控制着绝大多数社会成员的司法观念。不仅如此，即便是民国司法之象征的司法部，其成员也大半来自旧时的法部和其他衙门机构。[③] 更有甚者，从袁世凯的帝制自为、张勋复辟、皖奉军阀的独断专横以及蒋介石集党政军三权合一集权与专制模式上，还隐约能够看到传统的印记。而在兼理司法制度之下，刑讯逼供、任意司法似乎与古时的衙门也有许多相同之处。从制度到观念上的种种羁绊，使得司法独立在近代中国的发展始终是步履维艰，前进的勇气逐渐被现实的羁绊所磨灭。司法独立犹如漂浮在近代中国社会层面上的浮油，始终没有与中国社会形成水乳交融之势。[④] 于是对传统的复归，似乎更符合社会的需要，在司法独立的躯壳之下，兼理司法制度虽是几经变革，但却畅行于整个民国时期。"司法的传统"之于现代的司法独立的影响足见一斑。

第三，司法独立在近现代中国的强力出现与传统政体制度下司法权式微的现状相映照，不仅没有取得独立的地位，甚而始终被外来的领事裁判权和内在的行政权尤其是武力和军权的恣意介入，其近代化的蹒跚发展之路又多了一丝悲壮和无奈。

这是司法独立在近现代中国的后天之不足。从晚清新政改革司法制度开始，司法权往往

---

① 参见林长民为《法律评论》发刊之题辞，载《法律评论（合刊）》第一至第八期，1924 年 5 月 10 日。

② 有学者认为，"法律传统"是"传统法律"在漫长的历史演变过程中凝结而成的一种法律文化。"传统法律"作为一个在过去一个特定时限内的法律其整体在现代条件下已经不复存在。但"法律传统"却从过去沿袭传承至今，成为现代人们法律生活的一个有其组成部分。公丕祥：《法制现代化的理论逻辑》，346～351 页，北京，中国政法大学出版社，1999。

③ 根据对 1912 年 7 月 26 日组成的以许世英为总长的司法部人员组成情况的统计，在总共 47 名成员中，属于前清法部和其他衙门的官吏共 24 人，另有 3 人任职不详。即旧有人员占大多数。参见《司法部长官及荐任官职官表》，载《中华民国法令》，第二十三号，北京，中华书局，1912。

④ 参见潘大松：《中国近代以来法律文化发展考察》，载《社会学研究》，1989（2）。

受制于行政权以及其他外来的干涉，表现为司法权并不是掌握在司法机关的手中，至少不是完全属于司法机关。在清末司法改革中法部与大理院的权限之争，其实质是传统的皇权（行政权）与现代的司法权之争。辛亥以还，司法权更加式微而不振，"攘于外人者百分之几十，委之行政官者百分之几十，剥夺于军人、豪右、盗贼者又百分之几十，所谓真正之司法机关者，其所管辖曾有几何？有力之人处心积虑，更随时利用或摧残之。司法得习保其独立者实在无多。"① 再者，政治格局因军阀与派系间的争夺而处于极不稳定状态，以至于政权更替频繁，司法改革难以建立在一个持续而始终如一的政治和经济基础之上。如此情形之下，司法权不仅仅是式微，可以说是纷扰杂乱。以司法体系的最高长官司法总长的任命为例，民国北京政府统治的十六年间，就有三十六次变动，其中在职二年以上的只有一人，就职不足三个月的却多达十五人。② "一朝君子一朝臣"的历史剧在民国的政治舞台上始终演得热火朝天，对于司法官的制度性保障，往往让位于军政当权者一己之私利。而"法官既失保障，则司法独立破毁无余。人民对于司法之信赖，亦将不可得而期"③。古希腊历史学家修昔底德说道："公理只有在双方相等时才谈得上，强者做他们能做的一切事情，弱者受他们必须受的苦难。"④ 先天不足是发展基础的缺乏，后天乏力是发展条件的缺损。如此的情景，作为弱者的司法权，只能做它应该做的事情，受它应该受的苦。

第四，司法独立在近现代中国的推进是在其"画饼充饥"式的实践模式中进行的，不仅其内在的配套条件严重缺损，其外在的支撑因素条件更是捉襟见肘，庄严的司法大厦在岌岌可危之下惨淡经营，神圣不存，权威不再。

基于司法独立原则的司法是现代民主法治国家文明有序运作的穹天支柱。于内，它需要刚性的制度、正当的程序、公平的法官。于外，它需要适足的经费、正义的信仰、法权的观念。这些配套条件和支撑因素的缺损，必将直接引起国家法治支柱的坍塌。纵观近代以来的司法独立所受到的种种磨难，这根支柱即便没有坍塌，也已经是在苦撑了。清末司法独立实践中所存在的司法经费、司法人才、传统习俗、治外法权和配套法律等诸多障碍，不独是清末所有而是贯穿于整个民国时期，以至于上述障碍在民国行将结束也没有基本解决。在这样的社会条件下，司法独立在近现代中国，即便是委曲求全，也难保其身。如制度与人才方面，一方面有关司法独立的制度自清末到民国一直是断断续续而不能终其事，更有许多特别的审判组织法规和审判制度掺杂其间。即便是制定了法律，"但它无非是一种行政机关的工具，而宪法更是如美国的党纲一般富于变化"⑤。司法人才在清末几乎是清一色的外国法律产品的使用者，民国以降也仍然占半数以上，这样不仅是法律与社会之间的扞格，司法与社会之间也是严重的不适应。再如司法经费一项，清末新政，国库枯竭已成为一种既成事实，大理院与京师审判检察厅不用说有适足的经费保障，就连像样的司法公署也迟迟未能建成，其

---

① 林长民为《法律评论》发刊之题辞。

② 据台湾学者展恒举先生统计，从 1911 年 10 月 27 日张知本就任武昌军政府首任司法部长，到 1928 年 2 月 25 日王荫泰任北洋政府最后一任司法总长，正好是 36 人。其中任职两年以上的有 2 人（章宗祥、朱深），任职一年以上不足两年的有 3 人（许世英、董康、程克），任职三个月以上不足一年的有 12 人，其余 19 人的任职时间皆不满三个月。参见展恒举：《中国近代法制史》，121～127 页，台北，台湾商务印书馆，1973。

③ 平平：《人地不宜与法官保障》，载《法律评论》，第八卷第十二号，1930 年 12 月 28 日出版。

④ 转引自〔美〕威尔·杜兰特：《哲学的故事》，金发荣译，31 页，北京，三联书店，1997。

⑤ 〔美〕费正清：《剑桥中华民国史》，78 页，上海，上海人民出版社，1992。

至租用民房来审案。民国政府甫经成立，曾制定初级审判检察厅的年度开办经费近 7 000 元，而当时的整个司法部年度经费不足 50 万元，泱泱大国凡 1 700 余县，如此经费犹如杯水车薪，所以会出现老百姓集资来建法庭的独特景象。① 寰宇之下，可能再也没有如此做法了。军阀争战时，仅有一点国库收入大都随着呼啸的炮火而灰飞烟灭。所以屡屡出现法庭为生存而以案勒索或私自收费，更有甚者，地方上的军政长官籍经费之口而迫司法屈从。② 辗转周折之下，直到 1936 年国民政府才议定了第一个将司法经费列入国库开支的法律案。经费的制约使得司法独立最为关键的基层法庭系统的建设根本无法完成，南京国民党政府曾宣称用三年时间全部完成，但直到 1947 年宣布实行"宪政"时也只是完成了一半。③ 如此一来，民国法治大厦一片残垣断壁的景象也就不足为怪了。

第五，司法独立在近现代中国被抽空其内核以后，被刻意地加上了许多违背其原旨的东西，于是法院不再独立，法官不再独立，相反在政治至上的旗帜下各种"主义"盛行，法治从慈禧太后、光绪皇帝王冠上的饰物，到北洋军阀们腰带上的点缀，再到国民党"党国一体"化机制上的外套，成为真正的治世之具。

从洛克、孟德斯鸠再到汉密尔顿，司法独立从理论到实践都是一个与政治密切相关的议题，从分权的角度看它几乎就是个政治问题。司法独立的这一属性决定了在近现代中国必定是时运不济，因为无论是分皇帝的权，还是分军阀们的权，抑或是分政客的权，对于皇帝、军阀、政客而言绝对是件十分痛苦而不情愿的事。但情急之下或是形势所迫，点缀与装饰还是需要的。司法独立以及民主法治的躯壳是决不能丢弃的，只是把这个躯壳内重新装上一些自己愿意看到的东西。清末立宪在帝国万世一系永永尊戴和皇权不可侵犯大框框内，以审判案件关系重要为据而要求审判衙门总揽司法权，但司法审判的依据却是钦定的法律。袁记约法一改临时约法三权分立的政体架构，无限扩大总统的权力，而司法权却一再萎缩，其制度性优势只是在有限的范围内发挥着作用。政治上愈挫愈勇的孙中山目睹军阀们视国家与法律为玩物的卑劣行为，提出了党治理论以希强化党内的组织来对抗军阀的暴虐和反复无常。没想到这一特殊时期的策略在孙中山语焉不详的情况下，被其后继者无限地扩大，提出所谓"国父之外无领袖，三民主义以外无信仰"极端化的党治思想，"离开三民主义不能立法"④，司法当然也是必须要彻底党化。五权分立实质上是"五职分工"而已，训政的思想基础是建立在人民因无知而不会行使自己权利的前提下，于是训政纲领

---

① 参见《司法部批营西京郊第五区议事会移请在蓝靛厂设立西郊初级审判厅呈附组织办法》，载《中华民国法令》，第二十号，北京，中华书局，1912。

② 参见《令禁兼理司法县知事籍案勒索》(1919 年 4 月 28 日)，载《东方杂志》，第十六卷第六号。

③ 司法院院长居正在 1935 年元旦发表的《一年来司法之回顾与前瞻》一文中曾记述道："新式法院设立未普遍，致使司法独立精神未能贯彻"，这是司法上的缺点。"查十八年训政时期司法工作六年计划，原定首二年间应设县法院一千三百六十七所，第三年后改为地方法院；六年间应增设地方法院一千七百七十三所，增设高等法院一所，高等分院四十二所，最高分院四所。少年监狱四十七所，普通监狱一百七十四所，累犯监狱二十二所，肺病及精神病监二十一所。这是本党在训政时期完成司法独立之计划。可是，目前情形也很感到缺憾，大抵因为国家财政困难，所以许多计划不能按期举办，及至二十三年底止，现有县法院三十七所，地方法院一百二十九所，高等法院二十四所，高等分院三十八所少年监狱一所，普通监狱九十二所。比较原来计划，相差甚巨。"转引自阮毅成：《所期望于全国司法会议者》，载《东方杂志》第三十二卷第十号，22～33 页。

④ 胡汉民：《三民主义之立法精神与立法方针》(1928 年 12 月 5 日立法院成立就职典礼上的讲话)。

中将"政治保姆"的国民党的权力法律化，三民主义成为南京国民政府的最高信仰并可以弥补立法与司法上的缺陷，把袁世凯下令禁止司法官参加政党的规定又复归从前①，1935年"五五宪草"甚至将国民政府最高法院的设置问题排除在根本法之外。总括到一点，司法权在中国传统的政治词典中是属于不能分立的权力，既然要司法独立，那么法院和法官的独立只能是在符合皇帝、军阀或者国民党的希望和要求之下才可以，否则绝没有存在的道理和发展的机会。

二、如何评价近现代中国的司法独立

追思百年来司法独立在中国的历史命运，从严复翻译孟德斯鸠的《法意》开始算起，三权分立和司法独立思想被系统地介绍到中国将近一个世纪。从清末的改法修律到民国时期的大规模法律改革运动，有关司法独立的误读和曲解比比皆是，甚至出现了"司法独立害民"的言论。② 司法独立这一西方法治原则中的明珠，在中国近现代的社会土壤中，正是在这误读和曲解中开始它的本土化变迁的。对于近现代中国社会而言，在一个"双向互动的历史语境"中，强调司法独立制度的现实必然性显然比那些出于想象中的历史性构想更具有说服力，这就是近现代中国司法独立历程的真实写照。对此，应当坚持以下三个观点。

（一）必须明确评价近现代中国司法独立发展历程的前提条件

对于历史事实的评判，在尊重历史客观性的基础上必须有一个主观的先验性的标准。就近代中国的司法独立而言，其标准不外乎三个方面。一是近代法律发展过程中的二律背反规律。中国法制近代化，不能仅从其发展的目的——法律制定者的立法意图来论证。相反，应当更多地关注实现这一过程的有效手段，可能其立法本意并非如此，但其客观现实恰恰又是如此。正如在晚清的政治现代化过程中一样，光绪、慈禧虽然算不上政治现代化的领导者，但在结果上却不幸符合了现代化潮流，因为他们无意地"败坏"了旧体制，客观上为创立新体制提供了理由。"君主们不太成功的改革，在影响方面却是成功的。"③ 晚清修律、民国法律的创制、北洋时期的法律发展和南京国民政府法律体系的构建，应该说大都是一种非法律的因素在促使这些法律的颁布。也就是说，立法的目的可能不是出于促进法律发展的需要，但其结果正是符合并促进了法律自身的发展。二是近代以来司法改革的价值取向。近代以来诸多的法律改革，其主旨都是基于一种实用主义的思路：救亡图存、收回法权。为此要力争使中国的法律至少在形式上"中外通行"以实现与西方"接轨"，这使得法律成了应急之作，而非社会之需。随之，立法不是社会的反映，而是要求社会作出回应。三是如何关注历史的局限性问题。历史都有它的局限性。柯文把它称之为历史发展过程中的"代际逻辑"，即"在任何给定的一代中所能发生的变化都是有限度的，而这种限

---

① 1914 年 2 月 15 日，大总统袁世凯颁布命令，禁止司法官参加任何政党。参见"中外大事记"，载《法政学报》第二卷第二号，1914 年 2 月 25 日出版。

② 参见章宗祥为《法律评论》发刊之题辞，载《法律评论（合刊）》第一至第八期，1924 年 5 月 10 日。

③ ［美］兰比尔·沃拉：《中国：前现代化的阵痛——1800 年至今的历史回顾》，廖七一、周裕波、靳海林译，中译本序，第 3 页，沈阳，辽宁人民出版社，1989。

度是任何人物——无论多么卓越——都无法超越的。这是历史变迁进程中的否定方面。就正面来说，每一代人都为世界改变这种限制贡献了某些新东西，并就此为下一代人改变这种限制提供了可能性"①。近代法制的发展历程也大体走过了这样的一条代代相因又代代迭相发展的道路。② 早期国际法的传入，是近代的中国人第一次真正接触到的西方法。随着洋务运动开启的大规模译介西方政法著作的活动，西方先进的政治法律思想相继传入中国，并成为维新志士的思想武器。新政的主持者也没有抛弃这一武器，而且在朦朦胧胧中走得更远。尽管如此，民国的革命者仍然觉得这一步伐太慢，所以只能完全推倒重来。建构显然没有破坏那样容易，于是在武力和金钱的双重压力下，宏大的理想被一点一点地压缩成纷乱的现实。完全的否定之后，需要的是矫枉过正的补救。司法独立就这样在理想与现实之间作了一次完整的轮回。

（二）必须充分肯定近现代中国司法独立框架下的司法发展

在"文化性的误读"状态下被引进近现代中国的司法独立，虽然命运多舛，却顽强地生存下来。虽然屡受排挤，却没有一个统治者敢于公开地完全把它排挤出自己的政治领域。因为，在近代中国，司法独立的传入从一开始就被作为救国于危难的良剂而为社会时贤和主政者所敬重，并成为民国以降民主共和国的象征，在不自觉中按照卢梭所提出的"有法律者为共和，无法律者为专制"这样一个标准，坚称"民主法治不存，共和民国不在"，这为司法制度的建立和发展提供了历史性的契机。实际上，近现代中国在任何一个时期的任何形式和规模上的司法改革，都是将西方社会的司法独立原则作为一种参照，并按照司法独立的框架来构建近代中国自己的司法体制。因此，近代以来的种种改革传统司法制度的规范设计和实际操作，无不是以司法独立作为判断其是否合理的一个准据。这样，近代尤其是清末和北洋政府时期，整个社会对于公正、合理的司法制度的期望，使得上至社会精英下至普通民众都格外关注西方化的司法独立制度在当时中国的实现程度。虽然鉴于中国社会整体经济社会发展水平较低，司法独立在社会认知和实践层面都很有限，但作为一种法制化社会的基本标志和实现民主共和的正当性根据，其意义不容置疑。正是基于司法独立的要求，从清末到南京国民政府时期，在司法组织、审判程序、律师制度、司法人员的考选和司法官的素养，以及整个社会的法律意识的勃兴都较以往有更大的进步。正如梁启超在 1924 年所讲"十年来国家机关之举措，无一不令人气尽。稍足以系中外之望者，司法界而已"③。1926 年法权调查委员会在调查报告中也总结说，民国以来的法律制定最为费心，而司法制度最为满意的是新式法院和法官素质。④ 1927 年《法律评论》的一篇评论也说道，"民国肇始，十有六年，政治则萎靡痍败，教育则摧残停顿，军政则纪律荡然。言及国是，几无一不令人悲观。其差强

---

① ［美］柯文：《在传统与现代性之间——王韬与晚清革命》，雷颐、罗检秋译，8 页，南京，江苏人民出版社，1998。

② 张晋藩教授对此有精彩的评价。他说，中国法制的近代转型，不是沈家本主持的十年修律之功，而是半个多世纪输入西方法律文化的积累；不是沈家本一人之力，而是自林则徐、魏源到孙中山几代人的努力；不是简单的法律条文的移植，而是几代中国人思考、探索以至流血牺牲的结果。参见张晋藩：《中国法律的传统与近代转型》，472～474 页，北京，法律出版社，1997。

③ 梁启超为《法律评论》发刊之题辞，载《法律评论（合刊）》第一至第八期，1924 年 5 月 10 日。

④ 参见《法权会议报告录》，第二编第一章和第五章，载《东方杂志》第二十四卷第二号，119～166 页。

人意、稍足系中外之望者，其惟我司法界"①。应当说这种进步既是司法独立本身所具有的制度性优势之体现，更是近代的中国人在困境中反思，在苦难中奋进的结果，表明近代的中国人在走出传统的中世纪之后对人类自身禀赋与理性的思考。伴随着这一思考的是近代法制的进步。在近现代中国历史发展进程中，司法独立也经历了历史与现实的检验和再检验，对渣滓不断地扬弃，对精粹不断地保留，从而实现了近现代法律的进步与发展。

（三）必须关注近现代中国司法独立所给予的历史启迪

将孟德斯鸠的三权分立理论付诸实践的美国政治家汉密尔顿曾严肃地说道：法院的重要性与它经常所处的地位是不相称的。虽然法院在保障宪法和保护人民的权利方面意非凡，但与立法、行政部门相比，司法部门既无军权，又无财权，不能支配任何的社会力量和财富，不能采取任何主动的行动。因而它既无强制，又无意志，只有判断，而且其判断亦需借助于行政部门的力量。② 司法权是三权中最弱的一个，无法与其他二种权力相比拟。而近代以来的司法权式微的现状也正印证了上述的理论判断。所以，近现代中国司法独立是在一种毫无保障的情况下推进的，既无法像立法权那样获得政府和社会的尊重，也无法期望会得到像行政权一样广泛而无节制的权力。同时，从法律发展进程中的三种指导力量来看③，历经三百年西方文明进化历史的司法独立原则在近现代中国社会的推行，既缺乏哲学的理性和历史的逻辑以使其价值与理念为中国社会所接受，也没有习惯的导引，而是将其生成和发展的历史语境整个地弃置到一个陌生的境况中。发展的力量来自本能的反应，而发展的阻力则是习惯的使然，二者皆无可厚非。在这一点上，司法独立在近现代中国的发展历程，典型地反映了中国法律近代化的关键问题和疑难之点。因为对于中国社会而言，西方法律精神与中国法律传统不完全是一个简单的优劣、是非问题，毕竟"先进并不必然合适"④。近代以来司法独立的改革在理论与经验两个层面都在昭示我们，无论是出于民族中心主义式的误读，还是基于理想化、浪漫式的误读，抑或是两者兼而有之，对于司法独立及其在近现代中国的命运，我们既不应感到彻底的悲哀而痛心疾首，以至于感言海涅所说的"播下去的是龙种，收获的可能是跳蚤"的悲壮局面，也不应觉得它美妙如歌而独唱天下，从而又走回到清末的知识界、思想界所理解的那样"只要引进司法独立，中国的种种司法问题就可以迎刃而解"的思想误区。我们认为，这种误区是一种对历史的苛求，而对历史的苛求与对历史的无知一样是愚笨和可笑的。所以，史学大师们才会有"同情的理解"和"移情的手法"。司法独立，更像一首美妙的协奏曲，它需要的不是高歌猛进式大起大落，而是各种乐器之间有序与和谐的演奏。

---

① 直夫：《司法之前途》，载《法律评论》第四年第三十二期，1927 年 2 月 6 日。该文主要是为了庆祝司法储才馆的开馆而写，其中对于司法储才馆注重对司法官的实际司法经验之考核，尤其赞赏。

② 参见《联邦党人文集》，第七十八篇，载法学教材编辑部西方法律思想史编写组编：《西方法律思想史资料选编》，377～378 页，北京，北京大学出版社，1983。

③ 参见［美］本杰明·卡多佐：《司法过程的性质》，苏力译，38 页，北京，商务印书馆，1998。法律发展进程中的三种指导力量，即哲学的、历史的和习惯的。哲学赋予其理性，历史赋予其进程，而习惯赋予其行为。

④ 张晋藩总主编，朱勇主编：《中国法制通史》，第 9 卷，572 页，北京，法律出版社，1999。朱勇先生认为：与自然科学不同，法律作为一种包含人文内容的制度与文化，既要体现代表最新水平的进步性，同时也应具备与特定社会协调的兼容性。

后　记

及时变革是所有面临不可抗拒变革压力的法律制度获得生命力的关键。革命的历史含义是冲破法律制度凝聚力的急剧的、打破连续过程的和激烈的变革。

—— ［美］伯尔曼《法律与革命》①

综观近现代中国激荡的一百年社会变迁史，其核心内容即为由各种内外因素相互交织、共同推进的法律变革运动。回溯晚清，历史大流，风云变幻，惊涛拍岸催人觉醒；西风东渐，文化撞击，中西之争，促人奋起寻求自强更生之道。1840 年，垂暮的中华帝国束手无策地迎来了船坚炮利的西方列强，随后而来的百年血雨争战、政权更迭、社会变迁、法律变革、文化整合，彻底打破了封闭的旧世界，粉碎了中国人唯我独尊的帝国梦想，瓦解了曾被奉为太上皇的祖宗成法。

文明起落，文化兴废，民族强弱，以至国家力量的成败得失，其关键因素莫不在于法律的变革，以及由此衍生的法治精神之弘扬与法律文化之生命力。因此，面临中国近代这场史无前例的文化碰撞和生存危机，有识之士争相投身于法律变革的大业，以此争取民族独立，实现国家振兴，维护法律尊严，促进文化兴盛。其间每一阶段的阵痛与解放，除旧与布新，都是极其艰难的拼搏。时而痛苦万分，代价惨重；时而矛盾重重，屡有倒退。然而，近现代中国的法律变革毕竟是符合社会发展进步要求的历史性运动，反映了历史发展规律的不可违抗性。经过百余年的努力，古老的中华法系已嬗变为一个颇具近现代特征的法律体系，近现代中国的法律变革实现了中华法律文化从传统向现代的初步转型。

应当指出，法律变革、法制现代化等颇具“现代性”的语词，无论是作为事件与运动，还是作为成果与经验，在任一国度均饱经沧桑。即使在相对发达的西方国家，法律变革也是迂回曲折，光荣与梦想、内容与形式、真实与虚假、宣言与欺骗，纷然杂陈，交织前行。勿用说在落后的近代中国，每部“新法”的欺骗性得到了最充分的展现，法律变革的成效更是可想而知。真正发端于 20 世纪初的轰轰烈烈的中国近代法律变革，使中国人似乎在不到半个世纪的时间内看到了一个新的初步现代化的法律体系，至于这个法律体系究竟代表着一种

---

① 参见 ［美］H. G. 伯尔曼：《法律与革命——西方法律传统的形成》，贺卫方、高鸿钧、张志铭、夏勇译，25 页，北京，中国大百科全书出版社，1993。

什么样的法律秩序和文化，当时的中国人并没有机会深思。但今天的我们，却有着恰当的时运来体会他们当时那种百感交集的心情，反思法制变革进程中形式与价值二律背反的深刻根源，从而为当代中国法律的发展获取裨益。

2005年，由著名法学家、法学教育家曾宪义教授任首席专家的教育部哲学社会科学研究重大课题攻关项目、"十一五"国家重点图书出版规划《中国传统法律文化研究》（十卷本）获得立项。在曾宪义教授的主持和指导下，我们承担了其中第七卷《冲突与转型：近现代中国的法律变革》的研究与撰写工作。本卷的研究意义及任务就是客观记述近现代中国法律变革的历史过程与重大事件，全面总结近现代中国法律变革的历史经验教训，深刻反思法律变革中的重大理论与实践问题，进而揭示中国法律未来发展的方向与动力，以此推动当代中国如火如荼的法制现代化事业。

本卷是高校与司法部门的法学同人通力合作、集体研究的成果。为本卷撰写初稿的作者及分工如下（按撰写章节先后为序）：

夏锦文（法学博士、南京师范大学法学院教授、博士生导师）：引言，第一、三、十六章，后记；

董长春（法学博士、南京师范大学法学院副教授）：第一、五、十六、十七章；

韩德明（法学博士、江苏警官学院教授）：第二、十章；

孙文恺（法学博士、南京师范大学法学院教授）：第四、十五章；

王　敏（法学博士、南京师范大学法学院教授）：第六章；

眭鸿明（法学博士、南京师范大学法学院教授、博士生导师）：第七、八章；

汤　尧（法学博士、南京师范大学法学院副教授）：第九章；

刘　俊（法学博士、南京师范大学法学院副教授）：第十一、十三章；

桂万先（法学博士、江苏省人民检察院公诉二处副处长）：第十二章；

程德文（法学博士、南京师范大学法学院副教授）：第十四、十八章；

韩秀桃（法学博士、司法部司法研究所研究员）：第十九章。

在本卷的研究、写作和修改过程中，董长春副教授和南京师范大学法律史学硕士陈小洁、翟元梅、陆娓、朱佩参与了写作大纲初稿的讨论；法学硕士、南京师范大学继续教育学院陈小洁讲师参加了全书初稿许多章节的增删、改写和修订工作，以及相关文献资料的查核和书稿的技术整理工作；董长春副教授和陈小洁讲师参与了本卷的统稿工作。全书最后由夏锦文教授修改定稿。

本卷的写作得到了中国法学会法学教育研究会会长、中国人民大学法学院名誉院长曾宪义教授的关心、扶持、指导和鼓励，也得到了中国人民大学出版社和南京师范大学法学院的大力支持。在此，我们谨一并致以衷心的感谢。近现代中国的法律变革过程是中国传统法律文化在近代遭遇冲击并不断转型的过程，也是一个既充满研究诱惑又极富研究潜力的学术领域。由于我们的理论功底和学术水平有限，全书一定存在错谬、疏失和不当之处，敬祈学界同人和读者朋友不吝指正。

夏锦文
2010年8月

图书在版编目（CIP）数据

冲突与转型：近现代中国的法律变革/夏锦文主编 . —北京：中国人民大学出版社，2011.12
（中国传统法律文化研究）
ISBN 978-7-300-15007-9

Ⅰ.①冲…　Ⅱ.①夏…　Ⅲ.①法律-思想史-研究-中国-近现代　Ⅳ.①D909.25

中国版本图书馆 CIP 数据核字（2011）第 273701 号

"十一五"国家重点图书出版规划
教育部哲学社会科学研究重大课题攻关项目资助
中国传统法律文化研究
总主编　曾宪义
冲突与转型：近现代中国的法律变革
主　编　夏锦文
Chongtu yu Zhuanxing：Jinxiandai Zhongguo de Falü Biange

出版发行	中国人民大学出版社		
社　　址	北京中关村大街 31 号	邮政编码	100080
电　　话	010 - 62511242（总编室）	010 - 62511398（质管部）	
	010 - 82501766（邮购部）	010 - 62514148（门市部）	
	010 - 62515195（发行公司）	010 - 62515275（盗版举报）	
网　　址	http://www.crup.com.cn		
	http://www.ttrnet.com（人大教研网）		
经　　销	新华书店		
印　　刷	涿州星河印刷有限公司		
规　　格	185 mm×240 mm　16 开本	版　　次	2012 年 1 月第 1 版
印　　张	54 插页 1	印　　次	2012 年 1 月第 1 次印刷
字　　数	1 080 000	定　　价	148.00 元